TRAUNER VERLAG
BILDUNG
Bildung, die begeistert!

Naturwissenschaften

Physik ■ Chemie

inkl. digitalem Zusatzpaket

HEINER ZECHMANN
BARBARA SCHWAIGER
FRANZ JAKOB
JOHANNES JAKLIN
PETER FISCHER

I/II

HTL

Wir weisen darauf hin, dass das Kopieren zum Schulgebrauch aus diesem Buch verboten ist – § 42 Absatz 6 Urheberrechtsgesetz (Stand: 1. 8. 2015): „Die Befugnis zur Vervielfältigung zum eigenen Schulgebrauch gilt nicht für Werke, die ihrer Beschaffenheit und Bezeichnung nach zum Schul- und Unterrichtsgebrauch bestimmt sind."

PEFC
PEFC/06-39-364/05

Impressum

Naturwissenschaften I/II HTL
Physik ■ Chemie
inkl. digitalem Zusatzpaket
6. Auflage 2018, Nachdruck 2019
Schulbuch-Nr. 155.842
Schulbuch-Nr. Kombi E-Book 176.473
TRAUNER Verlag, Linz

Die Autorinnen und Autoren

DR. HEINER ZECHMANN,
Professor i. R. an der Höheren technischen Bundeslehr- und Versuchsanstalt Villach

DI BARBARA SCHWAIGER,
Professorin an der Höheren technischen Bundeslehranstalt Leonding

MAG. DI FRANZ JAKOB,
Professor an der Höheren technischen Bundeslehranstalt Leonding

DI DR. JOHANNES JAKLIN,
Professor an der Höheren technischen Lehranstalt Pinkafeld

MAG. DI PETER FISCHER,
Professor an der Höheren technischen Bundeslehranstalt für Automatisierungstechnik und Betriebsinformatik Neufelden

Approbiert für den Unterrichtsgebrauch an Höheren Technischen Lehranstalten im Unterrichtsgegenstand Naturwissenschaften für den I. und II. Jahrgang (Lehrplan 2015), GZ BMBF-5.048/0079-IT/2016 vom 24. April 2017

Die Inhalte entsprechen dem vorgeschriebenen Kompetenzraster laut Bildungsstandards und sind laut Lehrplan zu vermitteln. Eine Auswahl bzw. Gewichtung ist nur innerhalb einzelner Kapitel (Beispiele bzw. Vertiefungsangebote) gewährleistet, nicht jedoch dürfen lt. Ministerium einzelne Kapitel oder Kompetenzbereiche ausgelassen werden.

Liebe Schülerin, lieber Schüler,
Sie bekommen dieses Schulbuch von der Republik Österreich für Ihre Ausbildung. Bücher helfen nicht nur beim Lernen, sondern stehen Ihnen auch im Berufsleben zum Nachlesen und Nachschlagen zur Verfügung.

Lektorat/Produktmanagement:
Mag. Christoph Schacht
Korrektorat: Mag. Silvia Wiedemann
Titelgestaltung: Mag. Wolfgang Kraml
Grafik und Gestaltung:
Michael Wenigwieser, Johann Weisböck, Gertrud Šimec
Schulbuchvergütung/Bildrechte:
© Bildrecht GmbH/Wien
Gesamtherstellung:
TRAUNER DRUCK GmbH & Co KG, Linz

ISBN 978-3-99062-152-3
Schulbuch-Nr. 155.842

ISBN 978-3-99062-153-0
Schulbuch-Nr. Kombi E-Book 176.473

www.trauner.at

Ziele und Aufbau dieses Lehrbuches

Dieses Buch bereitet Sie auf die in der Technik so häufigen naturwissenschaftlichen Anforderungen vor. Es bildet aber auch die Grundlage für die im Lehrplan vorgesehene verstärkte naturwissenschaftliche Allgemeinbildung. Nicht zuletzt wird die Reifeprüfung für viele von Ihnen die Hochschulreife bringen.

Reines Auswendiglernen kann nicht das Ziel einer höheren Schule und damit des naturwissenschaftlichen Unterrichts sein. Sie werden daher ständig aufgefordert, durch eigene Überlegungen am Lernfortschritt mitzuarbeiten.

Wesentliche Elemente und verwendete Symbole

Am Beginn eines Abschnittes erfahren Sie, welche Ziele gesteckt werden. Die **Ziele kennzeichnen,** was Sie nach Durcharbeiten des Kapitels können sollen. Die Ziele sind farblich nach der **Kompetenzstufe gekennzeichnet.**

Meine Ziele

Nach Bearbeitung dieses Kapitels kann ich
- Blau (Wiedergeben, Verstehen)
- Rot (Anwenden)
- Schwarz (Analysieren und Entwickeln)

Beim Text der Grundlagen-Kapitel sind keine Kürzungen möglich. Es ist unumgänglich, das Basiswissen Schritt für Schritt zu erarbeiten. Bei anwendungsorientierten Kapiteln sind Schwerpunktsetzungen möglich.

Wesentliche Begriffe und Inhalte (Kernaussagen) sind blau unterlegt.

Beispiele zu den Inhalten sind sandfarben unterlegt.

Die Randspalte dient nicht nur der Illustration und unverbindlichen Ergänzung, sondern enthält zum Teil Aufforderungen und Informationen, die für eine entwickelnde Lernweise notwendig sind.

Am Ende eines Abschnitts finden Sie:

Ziele erreicht?

Zur Erarbeitung der Kenntnisse und Fertigkeiten sowie zur Kontrolle des Lernerfolgs stehen den Lernenden Wissensfragen, Aufgaben und Abschlusstests („Ziele erreicht?") zur Verfügung. Die Aufgabenstellungen und „Ziele erreicht?"-Aufgaben sind ebenfalls nach dem Kompetenzmodell mit den Farben Blau, Rot und Schwarz gekennzeichnet. Es wird unterschieden zwischen Aufgaben, bei denen die Schüler/innen
- die gelernten Fachinhalte verstehen und wiedergeben;
- erworbenes Wissen anwenden können;
- eigenständig Probleme analysieren und Lösungen entwickeln.

Auch die Niveaustufe laut Bildungsstandards ist angeführt. Alle Aufgabenstellungen sind in Anforderungsniveau 1 [+] bzw. Anforderungsniveau 2 [++] eingeteilt.

IHR DIGITALES ZUSATZPAKET

Ihre Downloads zum Buch sind verfügbar unter www.digi4school.at. Auf der Rückseite des Buches finden Sie dafür einen Zugangscode. Einfach einmal kostenlos registrieren und die Dateien freischalten.

Viel Freude und Erfolg wünschen Ihnen die Autorinnen/Autoren.

Folgende Piktogramme unterstützen das Lehren und Lernen im Buch:

für Verknüpfungen zu anderen Kapiteln, zum zweiten Band dieser Serie oder zu anderen Gegenständen.

für Verweise zu Gesetzen, Normen, rechtlichen Rahmenbedingungen oder für Auszüge aus Gesetzestexten.

weist auf ergänzende und vertiefende Inhalte und Aufgaben hin, die Sie im digitalen Zusatzpaket finden. Das Zusatzpaket enthält auch interaktive Wissenstests zu den einzelnen Kapiteln.

für Recherchen bzw. Fragestellungen, die dem Verständnis der Inhalte dienen oder das Thema abrunden. Die Antworten finden sich im digitalen Zusatzpaket.

für Wissenswertes und Tipps, für Fragestellungen komplexerer Natur. Die Antworten finden sich im digitalen Zusatzpaket.

Aufforderung, mit den Kollegen und Kolleginnen in der Klasse ein Thema zu diskutieren. Die Antworten finden sich im digitalen Zusatzpaket.

„Achtung!" – „Beachten Sie!". Vielfach wird mit diesem Piktogramm auf häufig vorkommende Fehler hingewiesen.

für Experimente.

Beim Experimentieren ist den Sicherheitsanweisungen des Buches und der Lehrkraft unbedingt Folge zu leisten. Vergewissern Sie sich zuvor, dass Ihnen die sicherheitsrelevanten Symbole geläufig sind und dass Sie die Sicherheitseinrichtungen im Physik- bzw. Chemiesaal kennen. Experimentbeschreibungen im Buch bzw. im digitalen Zusatzpaket sind nicht als Anleitungen für Schülerinnen und Schüler gedacht, sondern als Anregungen und Vorschläge für sachkundige Lehrkräfte.

Vorwort

Die Durchdringung unseres Alltags mit Gedanken, Anwendungen bzw. technischen Hilfsmitteln aus den **klassischen Bereichen der Naturwissenschaften – Physik, Chemie und Biologie** – ist größer denn je.
Ausgewählte Beispiele sind
- die Telekommunikation (Internet und Handy),
- die Medizin (Röntgenstrahlung, Magnetresonanzuntersuchung, Dopplersonografie, Medikation und Gentherapie),
- die Industrie (Automatisation und Roboter),
- die Philosophie und Religion (Weltbild und Evolution),
- die Energieversorgung (regenerative Energieformen, fossile Brennstoffe und Atomenergie), die Landwirtschaft (biologische und konventionelle),
- das Transportwesen (zu Erde, zu Wasser und in der Luft),
- der Sport (Hightechausrüstungen und Windkanalexperimente) und
- die Kriegstechnologie (Chemische Kampfstoffe, GPS und Drohnen).

Roboter sind in der Industrie unverzichtbar. Die Naturwissenschaften liefern die Grundlagen zum Verständnis dieser Art der Automatisation.

Die Bedeutung der Naturwissenschaften soll durch das internationale Jahr der Physik 2005 und das internationale Jahr der Chemie 2011, die von der UNESCO ausgerufen wurden, betont werden. Neben den zahlreichen wünschenswerten Segnungen bzw. Erleichterungen durch die Naturwissenschaften, führt unverantwortliches Handeln zu Problemen. Etwa in den Bereichen Ökologie (Luftverschmutzung, Ausbeutung von Bodenschätzen und Rodung von Regenwäldern), Nahrungsmittelversorgung (Verteilungsproblematik und Genmanipulation), Ökonomie (Wirtschafts- und Bankenkrise), Medizin bzw. Informationstechnologie (gläserner Mensch), Energieversorgung und Verkehr (Treibhauseffekt, Endlagerung von radioaktivem Abfall).

Triebfeder für das menschliche Forschen war schon immer das Bestreben, sich das Leben zu erleichtern. Durch besseres Verstehen der **naturwissenschaftlichen Zusammenhänge** ist dies möglich. Dieses Buch hat sich die Aufgabe gestellt, das Verstehen und sinnvolle Handeln zu fördern. Dem vorliegenden Band liegt der aktuelle Lehrplan zugrunde, sodass die Einteilung nach Inhaltsebenen erfolgt und die Ziele nach Inhalts- und Kompetenzmodulen eingeteilt sind. Damit hat nun die Lehrerin/der Lehrer eine Grundlage für das zeitgemäße, kompetenzbasierte Unterrichten. Die Erreichung **fachbezogener** und **fächerübergreifender Kompetenzen** wird mit diesem Sammelband erleichtert.

Die Physikautoren Peter Fischer und Franz Jakob sowie die Chemieautoren Johannes Jaklin, Barbara Schwaiger und Heiner Zechmann sind für Anregungen und Kritik dankbar (office@trauner.at). Die Autoren danken der Firma NTL für die freundliche Unterstützung.

Inhaltsverzeichnis

Sicherheit bei naturwissenschaftlichen Experimenten

Theophrastus Bombastus von Hohenheim, genannt Paracelsus, 1493 (Einsiedeln) bis 1541 (Salzburg)

„Dosis sola venenum facit" (deutsch: „Allein die Menge macht das Gift") oder „Alle Dinge sind Gift und nichts ohne Gift" – diese Aussprüche finden sich in den „Sieben Villacher Defensiones" von Paracelsus. Der in Einsiedeln (Schweiz) geborene Paracelsus wuchs in Villach auf, wo sein Vater Arzt war. Mit 16 Jahren begann er seine Lehr- und Wanderjahre und studierte dann unter anderem an den Universitäten von Basel, Wien und Ferrara. Er war der berühmteste Arzt und Alchemist des Mittelalters und der Neuzeit. Er heilte vielfach mithilfe von Giften, dürfte aber bei der Behandlung einer eigenen Krankheit an einer Bleivergiftung gestorben sein.

Mein Ziel

Die Beachtung dieses Kapitels soll helfen, Gesundheitsschäden oder Unfälle im Unterricht (und auch im Alltag) zu vermeiden.

Kennzeichnung – Gefahrensymbole

Noch gültige **Gefahrensymbole der EU:** Stoffe mit Gefahrensymbolen auf orangem Grund (Auslieferung bis 1. Dezember 2012). Für die Umetikettierung von Lagerbeständen auf das GHS gibt es derzeit keine Frist.

Zapfsäule für Treibstoffe

T+ sehr giftig	T giftig	Xn gesundheitsschädlich	C ätzend	Xi reizend
E explosiv	F+ hoch entzündlich	F leicht entzündlich	O brandfördernd	N umweltgefährlich

giftig = toxisch

CLP = Classification, Labelling and Packaging

Das **GHS** (Globally Harmonized System of Classification and Labelling of Chemicals) ist eine Empfehlung der UNO, die durch die EU mit der CLP-Verordnung umgesetzt wurde und daher auch in Österreich bindend ist. Es gelten damit weltweit einheitliche Einstufungen und Gefahrensymbole.

Bei den GHS-Symbolen sind die zugehörigen Bezeichnungen nicht genormt.

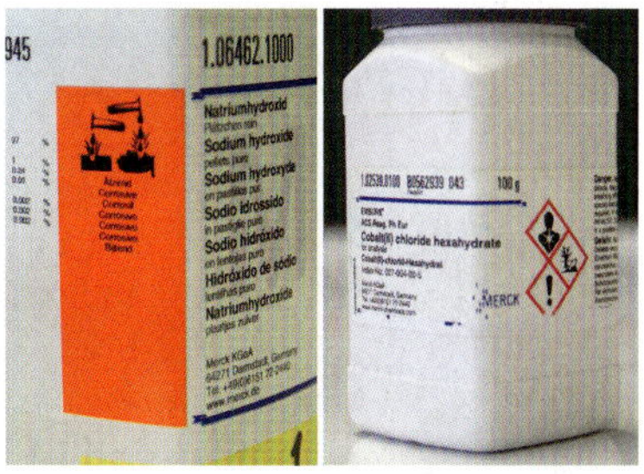

Alte und neue Kennzeichnung

Vergleich der alten und neuen Einstufung von giftigen und gesundheitsschädlichen Stoffen über die LD_{50}

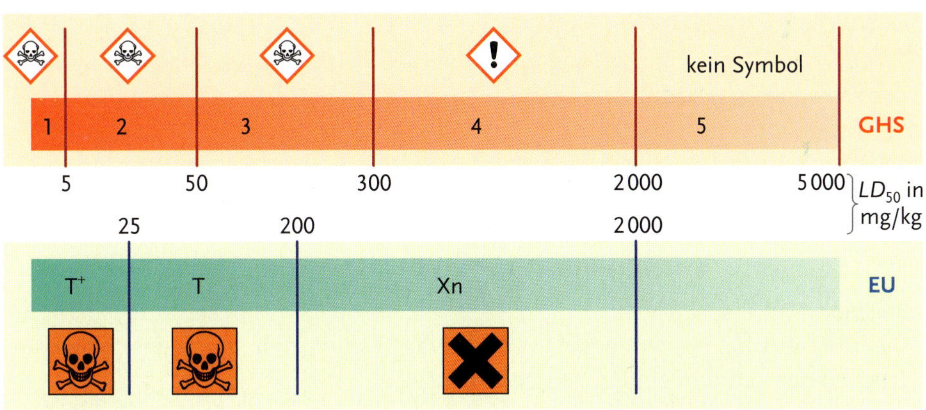

LD_{50}: letale (tödliche) Dosis eines Feststoffes oder einer Flüssigkeit für 50 % der Versuchstiere.

Keinesfalls dürfen Chemikalien in Lebensmittelgebinden aufbewahrt werden!

Für den Transport von Stoffen werden ähnliche Symbole verwendet.

Beispiele

(volles Symbol: Flüssigkeit; gestreift: Feststoff)

Kennzeichnung von Straßenfahrzeugen:

Beispiel

Gefahrnummer (33 = sehr entzündliche Flüssigkeit)

Stoffnummer (1203 = Benzin)

Tankfahrzeug mit Gefahrentafel

Kennzeichnung von Druckgasflaschen auf der Flaschenschulter: brennbare Gase (außer Acetylen): rot; Acetylen: kastanienbraun; oxidierende Gase (außer Sauerstoff): blau; Sauerstoff: weiß; giftige oder korrosive Gase: gelb; inerte Gase (außer Stickstoff): grün; Stickstoff: schwarz; sonstige Gase: grau; Luft: schwarzweiß.

Auswahl sicherheitstechnischer und gesundheitsrelevanter Kennzahlen

Flammpunkt: Temperatur, bei der sich eine brennbare Flüssigkeit mit einer kleinen (genormten) Zündflamme entzünden lässt. Ab dieser Temperatur befindet sich ausreichend entzündbarer Dampf über der Flüssigkeit. Aus nebenstehender Tabelle ist ersichtlich, dass sich Dieseltreibstoff bei Zimmertemperatur nicht mit einem Streichholz entzünden lässt, Benzin aber sehr wohl.

Zündtemperatur (Entzündungstemperatur): Temperatur, ab der sich eine brennbare Substanz spontan entzündet. Die Zündtemperatur liegt immer über dem Flammpunkt.

Explosionsgrenzen: Angabe, innerhalb welcher Grenzen der Dampf der Substanz bei Mischung mit Luft explosionsfähig ist. Darunter findet keine Reaktion statt, darüber kommt es nur zu einer normalen Verbrennung. Die Einspritzpumpe eines Verbrennungsmotors muss ein Treibstoff-Luft-Gemisch herstellen, das innerhalb der Explosionsgrenzen liegt.

MAK-Wert: maximale Arbeitsplatzkonzentration eines gesundheitsschädlichen Stoffes unter der Annahme, dass der Arbeitnehmer acht Stunden pro Tag dieser Konzentration ausgesetzt ist.

TRK-Wert: technische Richtkonzentration. TRK-Werte werden angegeben, wenn der MAK-Wert nicht sinnvoll ist (wie bei krebserregenden Stoffen), sondern das technisch Machbare erreicht werden soll.

Beispiel
Der TRK-Wert für Benzendampf in Luft beträgt 1 ppm (d. h., nur jedes millionste Teilchen der Luft darf ein Benzenmolekül sein).

LD_{50}: letale (tödliche) Dosis eines Feststoffes oder einer Flüssigkeit für 50 % der Versuchstiere. Die Angabe erfolgt üblicherweise in Milligramm Stoff pro Kilogramm Körpergewicht.

Beispiel
Die nebenstehende Angabe besagt, dass man mit 1 mg Botulinustoxin 180 000 Menschen oder 20 Millionen Mäuse töten könnte.

ADI-Wert: "acceptable daily intake". Bezieht sich auf Lebensmittel; von der FAO und WHO herausgegeben. Der ADI-Wert bezeichnet jene Stoffmenge, die man täglich ohne Gesundheitsschäden zu sich nehmen darf.

Beispiel
Bei Ethanol (Trinkalkohol) gilt für einen Erwachsenen ein ADI-Wert von 7 g pro Tag (100 mg pro Kilogramm Körpergewicht).

Zum Schweißen benötigt man Sauerstoff und Acetylen

Beispiele für den Flammpunkt in °C nach DIN 51758:

Benzin	–10 bis +20 (je nach Sorte)
Ethanol	+ 12
Dieselöl	+ 55
Diethylether	– 40

Beispiele für die Zündtemperatur in °C nach DIN 51794:

Benzin	+ 220
Dieselöl	+ 250
Ethanol	+ 425
Diethylether	+ 170
Wasserstoff	+ 560
Methan	+ 595

Beispiele für die unteren bzw. oberen Explosionsgrenzen in Volumsprozenten (in Luft):

Benzin	0,6 bis 8
Dieselöl	0,6 bis 7
Ethanol	3 bis 15
Diethylether	2 bis 36
Wasserstoff	4 bis 76
Erdgas	1 bis 10
Acetylen (Ethin)	1 bis 82

Beispiele für MAK-Werte in mg/m³ Luft:

Ammoniak	18
Essigsäure	25
Benzin	180
Ethanol	1 900

Beispiele für LD_{50}-Werte in mg/kg:

Kochsalz	3 000
Kaliumcyanid	10
Curare	0,5
TCDD (Sevesogift)	0,001
Tetanustoxin	0,000 000 1
Botulinustoxin	0,000 000 03

Brandgefahr – Brandbekämpfung

Für einen Brand sind immer drei Faktoren notwendig: Neben dem brennbaren Stoff sind dies ein Oxidationsmittel (meist Luft) und die Entzündungstemperatur. Das Branddreieck macht dies deutlich. Fällt ein Faktor weg, erlischt der Brand. Feuerlöschmittel greifen an einer Seite des Branddreieckes an. Die meisten Löschmittel verhindern den Zutritt von Sauerstoff. Wasser wirkt, indem es den Brand unter die Entzündungstemperatur herabkühlt.

Branddreieck:

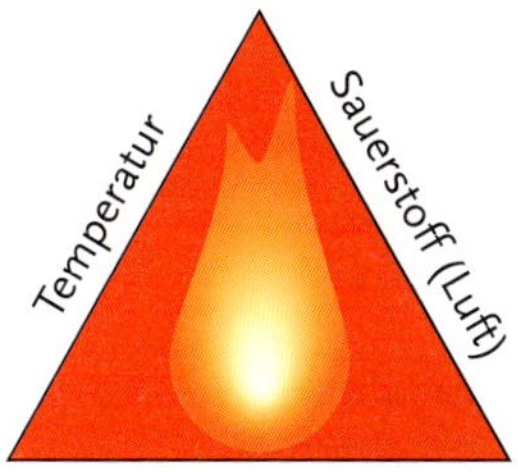

Die fünf Brandklassen A bis F (mit bevorzugtem Löschmittel):

A	feste Stoffe	Wasser
B	flüssige Stoffe	Schaum
C	Gase	Pulver
D	Metalle	Sand
F	Fette und Öle	Ersticken

Sicherheit bei physikalischen Experimenten

Bei der Durchführung von physikalischen Experimenten sind einige **grundlegende Regeln** zu befolgen. Dabei ist es meist egal, ob der Lehrer/die Lehrerin einen Demonstrationsversuch durchführt oder die Schüler selbst experimentieren.

Ein Not-Aus-Schalter ist nicht nur in der Maschinenhalle eines Betriebes ein notwendiges Sicherheitselement

Experimentierregeln

- Der Physiksaal darf von Schülern/Schülerinnen nur in Anwesenheit des Lehrers/der Lehrerin betreten werden und ist nach dem Unterricht wieder zu verschließen.
- Essen, Trinken oder gar Rauchen ist im Physiksaal nicht gestattet.
- Den Anweisungen des Lehrers/der Lehrerin ist unbedingt Folge zu leisten.
- Die Schüler/innen sind über das Vorhandensein von Schutzvorrichtungen (z. B. Not-Aus-Schalter, Feuerlöscher) und deren Funktion in Kenntnis zu setzen.
- Von dem Lehrer/der Lehrerin ausgefolgte Schutzvorrichtungen (z. B. Brille, Handschuhe) sind laut Anweisung zu verwenden.
- Vor Inbetriebnahme einer Experimentalanordnung ist immer der Lehrer/die Lehrerin zum Zweck der Kontrolle zu befragen.
- Beim Verlassen des Saales ist die korrekte Abschaltung bzw. Verwahrung des Experimentalmaterials zu kontrollieren.

FI-Schutzschalter sichern gegen Fehlerströme ab und schützen somit auch Benutzer von Elektrogeräten

Es ist empfehlenswert, diese Richtlinien in den zu Experimenten verwendeten Räumen gut sichtbar anzubringen.

Aufgrund des **Gefahrenpotenzials** wird nun im Speziellen auf die Verwendung **elektrischen Stroms** sowie **Laserlichtes** zu Experimentalzwecken eingegangen.

Sicherheit im Umgang mit elektrischem Strom

- Für den Stromkreis, der für Experimentalgeräte verwendet wird, ist eine normgerechte Ausführung mit **Sicherung, FI-Schutzschalter und Not-Aus-Schalter** unabdingbar.
- Vor der Verwendung elektrischer Geräte ist die **Handhabung des Not-Aus-Schalters** zu erklären und zu überprüfen.
- Für Experimente mit offenen Leitungen und Kontakten dürfen **keine Spannungen über 25 V** verwendet werden. Ab 50 V kann es bei Berührung spannungsführender Teile zu unwillkürlicher Verkrampfung der Muskulatur kommen.

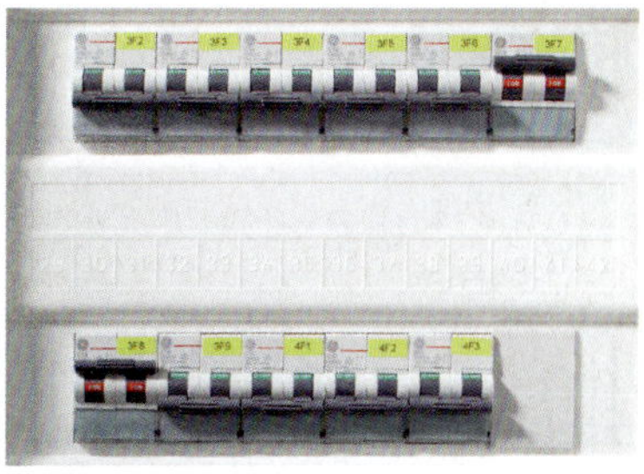

Sicherungen sind meist als Leitungsschutzschalter (umgangssprachlich: Sicherungsautomaten) ausgeführt

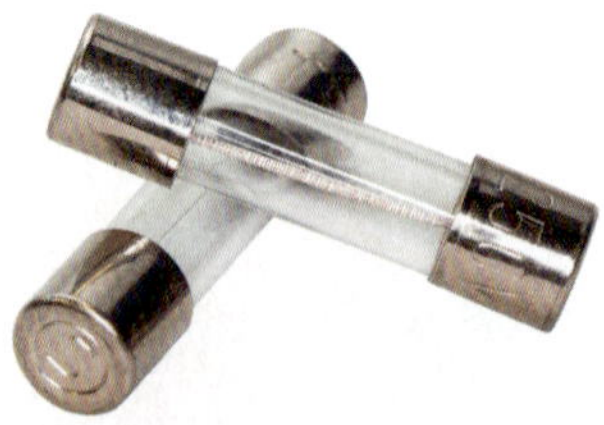

Elektrogeräte sind häufig mit Schmelzsicherungen gegen Überlastung geschützt

- Offensichtlich **defekte Geräte** dürfen **nicht an die Netzspannung** angeschlossen werden bzw. müssen sofort abgeschaltet werden.

Wenn dennoch ein Defekt an Geräten mit Netzspannung auftritt oder Manipulationen an solchen Geräten zu erledigen sind, sind die **fünf Sicherheitsregeln im Umgang mit Strom** zu beachten. Geräte oder Stromkreise sind

- allpolig und allseitig abzuschalten,
- gegen Wiedereinschalten zu sichern,
- auf Spannungsfreiheit zu prüfen,
- zu erden und kurzzuschließen,
- gegen benachbarte unter Spannung stehende Teile zu schützen.

Sicherheit im Umgang mit Laserlicht

Laser sind in der Lasersicherheitsnorm EN 60825-1 in verschiedene Laserklassen eingeteilt.

Schild zur Warnung vor Laserstrahlung nach EN 60825-1

Klasse	Leistung	Wellenlänge nm	Anmerkungen
1	< 25 μW	400 – 700	Die zugängliche Strahlung ist ungefährlich.
1M	< 25 μW	302,5 – 4 000	Die zugängliche Strahlung ist ungefährlich, wenn keine optischen Geräte verwendet werden.
2	≤ 1 mW	400 – 700	Die zugängliche Strahlung ist bei kurzzeitiger Bestrahlung (< 0,25 s) ungefährlich.
2M	≤ 1 mW	400 – 700	Wenn keine optischen Geräte verwendet werden, wie bei Klasse 2.
3R	1 – 5 mW	302,5 – 10^6	Die zugängliche Laserstrahlung ist für das Auge gefährlich.
3B	5 – 500 mW	302,5 – 10^6	Die zugängliche Laserstrahlung ist für das Auge und in speziellen Fällen für die Haut gefährlich. Diffuses Streulicht ist ungefährlich.
4	> 500 mW	302,5 – 10^6	Die zugängliche Laserstrahlung ist für Auge und Haut gefährlich. Auch diffuses Streulicht ist gefährlich. Es besteht Brand- und Explosionsgefahr.

Da man bei Schülerversuchen mit Laserpointern eine längere Bestrahlung der Netzhaut nicht ausschließen kann, dürfen sie nicht verwendet werden

Weitere Anmerkungen

Im Bereich des Laserresonators, also im geöffneten Gerät, herrschen Strahlungsintensitäten, die einem Vielfachen der abgegebenen Strahlintensität entsprechen. Deshalb spricht die Norm immer nur von der zugänglichen Strahlung. Die Zeit von 0,25 s entspricht der Dauer des Lidschlussreflexes (Selbstschutz) des menschlichen Auges. Jeder Laser ab der Klasse 1 M muss verpflichtend ein Warnschild mit der Laserklasse und Hinweisen aufweisen. **Im Unterricht ist nur die Verwendung von Lasern der Klassen 1 und 2 zulässig.** Die für Unterrichtszwecke erhältlichen Laser sind meistens Klasse-2-Laser.

Laser werden industriell häufig für präzises Schneiden oder Schweißen verwendet

Sicherheit bei chemischen Experimenten

Dass Chemikalien gefährlich sein können, ist bekannt. Weniger bekannt ist, dass in der chemischen Industrie oder im Chemieunterricht wenig Unfälle vorkommen – und wenn, dann handelt es sich meist um mechanische Ursachen (Stürze etc.) und nicht um chemikalienbezogene. Diese gute Bilanz ist aber nur durch ein hohes Sicherheitsbewusstsein aufrechtzuerhalten. Chemieunterricht ist auch Sicherheitserziehung, die in den Haushalt und Alltag hineinwirken soll. Gefahren dürfen weder dramatisiert noch verniedlicht werden.

Jede Schule sollte eine im Chemiesaal aushängende **Laborordnung** haben, die sämtliche Regeln über den Umgang mit Chemikalien und allgemeine Hinweise für das Verhalten im Chemiebereich enthält.

Auszug

- Der Chemiebereich darf nur in Anwesenheit der Chemielehrkraft betreten werden.
- Schülerinnen und Schüler sind über Sicherheitseinrichtungen und Sicherheitsbestimmungen zu informieren.
- Essen, Trinken und Rauchen sind im Chemiebereich verboten.
- Sicherheitseinrichtungen sind zu benutzen. Die Schutzbrille ist beim Experimentieren immer zu tragen, andere Einrichtungen (Schutzscheibe, Handschuhe, Abzug) sind auf Anordnung der Lehrkraft zu verwenden.
- Lange Haare sind wegen der Brandgefährdung im Nacken zu bündeln.
- Chemikalien dürfen nicht gekostet werden.
- Der Hautkontakt mit Chemikalien ist zu vermeiden. Bei Kontamination ist mit viel Wasser zu waschen. Gegebenfalls ist ein Arzt zu kontaktieren (Chemikalienetikette vorweisen).
- Zum Ansaugen von Flüssigkeiten ist ein Peleusball oder eine Sicherheitspipette zu verwenden.
- Leicht und hoch entzündliche Stoffe dürfen nicht mit offener Flamme erhitzt werden.
- Auf ordnungsgemäße Entsorgung von Chemikalien ist zu achten.
- Nach Arbeitsende sind die Hände gründlich zu reinigen.
- Beim Verlassen des Chemiebereiches ist darauf zu achten, dass alle Gas- und Wasserhähne geschlossen und die Geräte abgeschaltet sind.

Geruchsprobe (zufächeln)

Pipettieren

Ziel erreicht? – „Sicherheit bei naturwissenschaftlichen Experimenten“

S.01 + Nennen und erläutern Sie die Sicherheitseinrichtungen für den Stromkreis der Experimentalgeräte.

S.02 + Nennen Sie die Spannungen, die für Experimente mit offenen Stromkontakten verwendet werden dürfen.

S.03 + Nennen Sie die fünf Sicherheitsregeln im Umgang mit elektrischem Strom.

S.04 + Zählen Sie die Laserklassen auf, die zu Unterrichtszwecken verwendet werden dürfen.

S.05 + Geben Sie an, ob Sie bei Verwendung der Laserklasse 1M zum Betrachten eines Versuches eine Lupe verwenden dürfen.

S.06 + Darf man beim Experimentieren mit verdünnter Salzsäure auf das Tragen der Schutzbrille verzichten? Darf man beim Experimentieren mit verdünnter Natronlauge auf das Tragen der Schutzbrille verzichten?

S.07 + Geben Sie an, was zu tun ist, wenn man sich beim Experimentieren einige Milliliter konzentrierte Schwefelsäure auf die Kleidung geschüttet hat.

S.08 + Geben Sie an, was zu tun ist, wenn der Mitschülerin/dem Mitschüler trotz Schutzbrille verdünnte Base ins Auge gelangt ist.

S.09 + Schlagen Sie Gefahrensymbole für konzentrierte Salzsäure, verdünnte Essigsäure, Sauerstoff, Benzin bzw. Kaliumcyanid vor.

S.10 ++ Begründen Sie, warum Kohlenstoffdioxid als Feuerlöschmittel gut geeignet ist, der ebenfalls erstickende Stickstoff aber deutlich weniger.

S.11 + Geben Sie an, an welcher Seite des Branddreieckes das Feuerlöschmittel Kohlenstoffdioxid (K-Löscher) vorzugsweise angreift.

S.12 + Wählen Sie zwischen Stoff A ($LD_{50} = 0{,}001$ mg/kg) und Stoff B ($LD_{50} = 0{,}000\,1$ mg/kg) den giftigeren aus.

S.13 + Nennen Sie den explosionsgefährlichsten Stoff, der in diesem Kapitel angeführt ist.

S.14 + Geben Sie an, welches Löschmittel zur Bekämpfung eines Benzinbrandes verwendet werden sollte.

S.15 ++ Finden Sie den schweren Fehler auf dieser Etikettierung und begründen Sie Ihre Antwort.

A Grundlegende physikalische Größen und ihre Messung

In unserer Umwelt sind wir ständig mit verschiedensten physikalischen Phänomenen konfrontiert. Die erste Reaktion ist häufig Erstaunen oder Bewunderung dieser Erscheinungen der Natur. Wenn man dann aber versuchen will, das Beobachtete bzw. Gemessene genauer zu verstehen, ist eine logische scharf folgernde Denkweise nötig. Die Physik hat dafür Strategien der qualitativen und quantitativen Beschreibung entwickelt. Das Bild des Wassertropfens soll hier einerseits den ersten Schritt des naturwissenschaftlich denkenden und arbeitenden Menschen – die Beobachtung – versinnbildlichen. Die sichtbaren Wasserwellen können aber auch für die Hypothesenbildung herangezogen werden. Das **Internationale Einheitensystem** hilft beim weltweiten Austausch in den Naturwissenschaften. Bei vielen physikalischen (= messbaren) Größen ist der Betrag und die Richtung von Bedeutung. Daher behandeln wir kurz **vektorielle** (= gerichtete) **Größen. Messfehler** sind auch bei sorgfältiger Planung und Durchführung von Messungen unvermeidbar.

1 Einführung in die Arbeitsweise der Physik

Albert Einstein, Isaac Newton, Johannes Kepler und Galileo Galilei sind Physiker, die sich auch heute durch sehr große Bekanntheit weltweit auszeichnen. Alle vier waren geprägt von der unbedingten Suche nach den Ursachen der verschiedenen Naturphänomene. Sie besaßen eine ausgezeichnete Beobachtungsgabe, Freude am Experimentieren und den Willen, das Können und die Ausdauer, mathematische Beschreibungen ihrer Erkenntnisse zu finden.

Das Jahr 2005 wurde zum Gedenken an Albert Einstein von der internationalen Union für Reine und Angewandte Physik und der UNESCO zum Weltjahr der Physik erklärt.

Albert Einstein, 1879 bis 1955, deutscher Physiker

Isaac Newton, 1642 bis 1727, englischer Physiker

Johannes Kepler, 1571 bis 1630, deutscher Physiker

Der 123 m hohe Fallturm des Zentrums für angewandte Raumfahrttechnologie und Mikrogravitation in Bremen ist einzigartig in Europa und bietet die Möglichkeit zu erdgebundenen Experimenten unter kurzzeitiger Schwerelosigkeit.

Meine Ziele

Nach Bearbeitung dieses Kapitels kann ich
- die Arbeitsweise der Physik wiedergeben und anwenden;
- eine näherungsweise Beschreibung der Natur durch Modelle angeben.

Fast 2 000 Jahre beherrschten die Theorien des Aristoteles (384 v. Chr. bis 322 v. Chr.) das naturwissenschaftliche Denken. Galileo Galilei (1564 bis 1642), dem Bertolt Brecht (1898 bis 1956) ein literarisches Denkmal gesetzt hat, war einer der Begründer jener Physik, in der das **Experiment** und damit das **Messen** eine zentrale Rolle spielt. Galileo Galilei hat die **Mathematik als Sprache der Physik** etabliert und ihm wird der Satz **„Messen, was messbar ist – messbar machen, was nicht messbar ist."** zugeschrieben.

Für die Arbeitsweise der Physik sind die vier Begriffe **Beobachtung, Versuch oder Experiment, Hypothese und Theorie** grundlegend.

Arbeitsweise der Physik

- Aus **Beobachtungen** alleine gelingt es nur ganz selten, Gesetzmäßigkeiten zu erkennen.
- Daher führt man **Experimente** durch, die zur **Messung** einiger der beteiligten physikalischen Größen dienen.
- Gelingt es, aus diesen **Messdaten** einen Zusammenhang zwischen den gemessenen Größen festzustellen, so kann man eine **Hypothese** formulieren, die durch weitere Experimente bestätigt oder widerlegt werden muss.
- Wird eine Hypothese durch verschiedene Experimente immer wieder bestätigt oder kann man die Hypothese sogar aus anderen (Natur-)Gesetzen ableiten, gelangt man zu einer **Theorie.** Diese erlaubt dann im Allgemeinen **Vorhersagen,** die erneut überprüft werden können.

Beispiel 1.01: Arbeitsweise der Physik – die Fallgesetze

Beobachtung:	Viele Körper fallen (aus geringen Fallhöhen) gleich schnell.
Experiment:	Messung der Fallzeit bei gleicher Ausgangshöhe im Vakuum.
Hypothese:	Alle Körper fallen im Vakuum gleich schnell.
Theorie:	Im Vakuum erfährt jeder Körper die gleiche Fallbeschleunigung. Damit ergibt sich dieselbe Fallgeschwindigkeit und Fallzeit.

Modellbildung

In den Naturwissenschaften bedient man sich anschaulicher Bilder zur Beschreibung komplizierter Naturvorgänge, wobei man sich auf möglichst **objektive** – also vom Beobachter unabhängige – **Merkmale** konzentriert.

Typische Modellbildungen

- Die Bewegung eines Körpers wird auf die Bewegung des **Schwerpunktes** bzw. **Massenmittelpunktes** beschränkt.
- Ein **starrer Körper** ist ein Festkörper mit einer unveränderlichen äußeren Gestalt, die auch unter größter Krafteinwirkung erhalten bleibt. So ist etwa eine Billardkugel im Allgemeinen als starrer Körper beschreibbar.
- Eine **ideale Flüssigkeit** besteht aus starren Flüssigkeitsteilchen, die reibungsfrei aneinander vorbeigleiten.
- Ein **ideales Gas** ist aus punktförmigen Gasteilchen, die keine gegenseitigen Anziehungskräfte ausüben, zusammengesetzt und kann daher auf beliebig kleine Volumina gebracht, aber nicht verflüssigt werden.
- Das **bohrsche Atommodell** von Niels Bohr (1885 bis 1962) erklärt den Atomaufbau modellhaft durch Elektronen, die sich auf Kreisbahnen um den Atomkern bewegen.
- Das **newtonsche Teilchenmodell** des Lichts beschreibt das Licht modellhaft durch sich im Allgemeinen geradlinig ausbreitende Teilchen.

Zur Problematik der Unabhängigkeit der Ergebnisse vom Beobachter werden wir in der Quantenmechanik noch ausführlich Stellung beziehen.

Der dänische Physiker **Niels Bohr** erhielt den Nobelpreis für Physik im Jahr 1922 „für seine Verdienste um die Erforschung der Struktur der Atome und der von ihnen ausgehenden Strahlung“. Rechts neben Bohr steht **Max Planck** (1858 bis 1947). Planck ist einer der Gründerväter der Quantentheorie.

Ziele erreicht? – „Einführung in die Arbeitsweise der Physik“

1.01 + Geben Sie die vier zentralen Begriffe für die **Arbeitsweise** der Physik an.

1.02 + Nennen Sie mindestens drei **Modelle,** die in der Physik zur näherungsweisen Beschreibung der Natur verwendet werden.

1.03 ++ Führen Sie die beiden Punkte – **Beobachtung und Experiment** – der typischen Arbeitsweise der Physik für einen freien Fall eines starren Körpers aus der Höhe h aus. Messen Sie die **Fallzeit** bei geringen Fallhöhen.

1.04 ++ Beobachten Sie das Schwingen einer Masse m an einer (Stahl-)Feder. Messen Sie die **Dehnung** s der Feder. Die Dehnung s_0 ergibt sich aufgrund der Gewichtskraft F_G der Masse m. In der Ruhelage (= Gleichgewichtslage) sind die Gewichtskraft F_G und die Federkraft F_F gleich groß. Beachten Sie, dass sich bei einer Auslenkung aus der Ruhelage eine Rückstellkraft F_{res} ergibt.

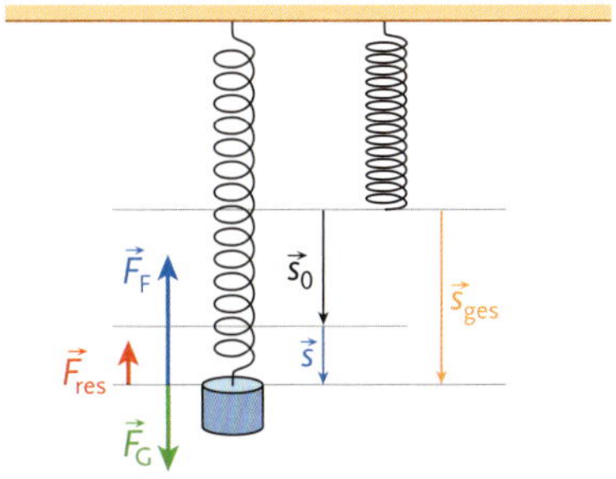

Galileo Galilei war ein begnadeter Experimentator und scharfsinniger Beobachter. Er hat mit einer **Fallrinne** experimentiert, hat **Linsen** geschliffen und die vier größten **Jupitermonde** entdeckt. Galilei untersuchte das **Pendeln** eines Kerzenleuchters im Dom von Pisa und vieles mehr. Zudem war er ein begabter Musiker.

1.05 ++ Führen Sie die drei Punkte – **Beobachtung, Experiment und Hypothese** – für die **Dehnung** s einer (Stahl-)Feder (z. B. in Druckkugelschreibern) aus. Beobachten und untersuchen Sie insbesondere den Zusammenhang zwischen Dehnungskraft und Dehnung.

1.06 ++ Wie Aufgabe 1.05 für die **Schwingungsdauer** eines Fadenpendels der Länge l. Beobachten und untersuchen Sie insbesondere den Zusammenhang zwischen Schwingungsdauer und Fadenlänge. Beachten Sie, dass ein Teil der Gewichtskraft der Masse m am Ende des Fadens als Rückstellkraft wirkt.

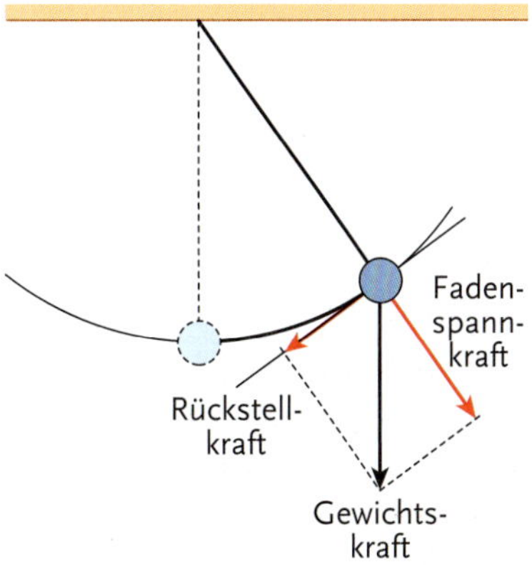

Die Schwingungsdauer eines Fadenpendels bezeichnet die Zeit für eine Hin- und Rückbewegung, also für eine volle Schwingung. Eine volle Schwingung führt das Fadenpendel im nebenstehenden Bild aus, wenn es beispielsweise von rechts nach links und von links nach rechts schwingt.

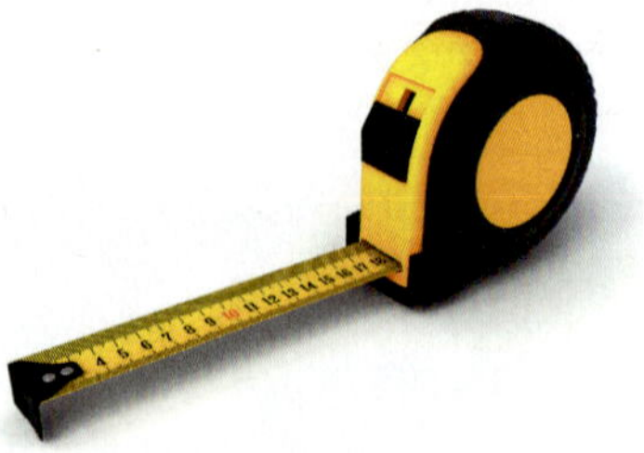

Mit dem Rollmeter werden im Alltag viele Längen gemessen

2 Das Internationale Einheitensystem

Meine Ziele

Nach Bearbeitung dieses Kapitels kann ich

- die **sieben Grundgrößen** und die zugehörigen **Grundeinheiten** des **Internationalen Einheitensystems** angeben;
- **abgeleitete Größen** nennen und ihre Einheit ableiten;
- die wichtigsten **Zehnerpotenzen** und die zugehörigen Kurzzeichen (Präfixe) benennen und damit physikalische Größen ausdrücken;
- mit **physikalischen Größen** rechnen.

Um weltweit vergleichbare Messungen durchführen zu können, muss man sich auf **Einheiten** einigen.

Für alle nur denkbaren messbaren Größen wurden **sieben Grund- oder Basisgrößen** definiert.

Das Internationale Einheitensystem, abgekürzt SI (von frz. Système international d'unités) wurde in Österreich 1973 per Gesetz eingeführt.

Die sieben Grundgrößen des SI und deren Einheiten

Grundgröße	Symbol	Grundeinheit	Abkürzung
Länge	l	Meter	m
Zeit	t	Sekunde	s
Masse	m	Kilogramm	kg
Temperatur	T	Kelvin	K
Stromstärke	I	Ampere	A
Lichtstärke	I	Candela	cd
Stoffmenge	n	Mol	mol

Beispiel 2.01: Die Grundeinheit Meter

Licht legt im Vakuum in einer Sekunde eine Strecke von 299 792 458 Metern zurück. Daher ist ein Meter die Strecke, die das Licht im Vakuum in einer Zeit von $\frac{1}{299\,792\,458}$ Sekunde zurücklegt.

Diese Definition gilt seit Oktober 1983. Damals wurde die Lichtgeschwindigkeit im Vakuum mit 299 792 458 m/s festlegt.

Physikalische Größen

- Die Physik beschäftigt sich mit **messbaren Merkmalen** der Natur.
  Diese **messbaren Merkmale** werden **physikalische Größen** genannt.
  Dabei unterscheiden wir zwischen den **sieben Grundgrößen des SI** und **abgeleiteten Größen.**
- **Abgeleitete Größen** wie Geschwindigkeit, Beschleunigung, Impuls, Kraft, Energie, Leistung, Ladungsmenge und elektrische Spannung werden aus den Grundgrößen mithilfe von **Definitionsgleichungen** gewonnen.

⚠ Die **Fläche** (eines Rechtecks) ist eine abgeleitete Größe:
Fläche $A = a \cdot b$

⚠ Die (mittlere) **Geschwindigkeit** (Durchschnittsgeschwindigkeit) ist eine abgeleitete Größe:

mittlere Geschwindigkeit $\bar{v} = \frac{s}{t}$

Mittlere Geschwindigkeit

Benötigt ein Körper für eine Strecke s die Zeitspanne t, hat er die mittlere Geschwindigkeit (Durchschnittsgeschwindigkeit)

$$\textit{Mittlere Geschwindigkeit} = \frac{\textit{zurückgelegter Weg (Länge)}}{\textit{benötigte Zeit}} = \bar{v} = \frac{s}{t}$$

Mit der Wegdifferenz $\Delta s = s_2 - s_1$ ergibt sich die mittlere Geschwindigkeit

$$\bar{v} = \frac{\Delta s}{\Delta t}$$

Einheit der (mittleren) Geschwindigkeit:

$$\text{Einheit der Geschwindigkeit} = \frac{\text{Einheit des zurückgelegten Weges}}{\text{Einheit der benötigten Zeit}}$$

$$[\bar{v}] = \frac{[\Delta s]}{[\Delta t]} = 1\,\frac{\text{m}}{\text{s}}$$

Delta:
Δ ... großes griechisches D
δ ... kleines griechisches d
Das große Delta verwenden wir für Differenzen.

v ... velocity
t ... time

Beispiel 2.02: Race Across America

a) Der österreichische Extremsportler Wolfgang Fasching hat das Race Across Amerika, bei dem etwa 5 000 km zurückzulegen sind, bereits dreimal gewonnen. Aus der zurückgelegten Strecke und der benötigten Zeit erhalten wir die Durchschnittsgeschwindigkeit: 2002 benötigte er 9 Tage 3 Stunden und 38 Minuten.

$$\textit{Durchschnittsgeschwindigkeit}\ \bar{v} = \frac{s}{t} = \frac{5\,000\ \text{km}}{\left(9 \cdot 24 + 3 + \frac{38}{60}\right)\text{h}} \approx 22{,}8\,\frac{\text{km}}{\text{h}}$$

b) Ebenfalls 2002 stellte Fasching den 24-Stunden-Weltrekord auf der Straße auf: er legte dabei 856 km zurück.

$$\textit{Durchschnittsgeschwindigkeit}\ \bar{v} = \frac{s}{t} = \frac{856\ \text{km}}{24\ \text{h}} = 35{,}\dot{6}\,\frac{\text{km}}{\text{h}} \approx 35{,}7\,\frac{\text{km}}{\text{h}}$$

Das Windschattenfahren erlaubt den Fahrern, sich zwischendurch etwas zu erholen

In der Praxis kann bei Fahrzeugen mit Tempomat die Geschwindigkeit konstant gehalten werden. Bei dichtem Stadtverkehr ändert sich die Geschwindigkeit sehr häufig. Es liegt eine beschleunigte Bewegung vor. Die Beschleunigung gibt an, um welchen Wert sich die Geschwindigkeit pro Sekunde ändert.

Mittlere Beschleunigung

Wenn ein Körper seine Geschwindigkeit ändert, spricht man von einer Beschleunigung.

$$\textit{Mittlere Beschleunigung} = \frac{\textit{Geschwindigkeitsänderung}}{\textit{benötigte Zeit}}$$

$$\bar{a} = \frac{\Delta v}{\Delta t} = \frac{v_2 - v_1}{t_2 - t_1}$$

Einheit der Beschleunigung:

$$\text{Einheit der Beschleunigung} = \frac{\text{Einheit der Geschwindigkeitsänderung}}{\text{Einheit der benötigten Zeit}}$$

$$[\bar{a}] = \frac{[\Delta v]}{[\Delta t]} = 1\,\frac{\frac{\text{m}}{\text{s}}}{\text{s}} = 1\,\frac{\text{m}}{\text{s}^2}$$

$g \approx 10\,\frac{\text{m}}{\text{s}^2}$
ist die Fallbeschleunigung auf der Erdoberfläche, kurz **Erdbeschleunigung.** Auf dem Mond ist die Fallbeschleunigung nur etwa ein Sechstel der Erdbeschleunigung:

$$g_{\text{Mond}} \approx \frac{1}{6} \cdot g$$

Die Erdbeschleunigung g wird auch als Gravitationsbeschleunigung bezeichnet.

$v = 1 \frac{m}{s}$ bedeutet, pro Sekunde wird eine Strecke von einem Meter zurückgelegt.

$a = 1 \frac{m}{s^2}$ bedeutet, dass sich die Geschwindigkeit pro Sekunde um $1 \frac{m}{s}$ ändert.

Beispiel 2.03: Von null auf hundert

In Motorzeitschriften liest man im Allgemeinen die **Beschleunigungszeit** von 0 km/h auf 100 km/h. Wir berechnen die mittlere Beschleunigung $\overline{a}$ für eine Beschleunigungszeit von sieben Sekunden, d. h. $\Delta t = 7$ s.

$$\overline{a} = \frac{\Delta v}{\Delta t} = \frac{100 \frac{km}{h}}{7\,s} = \frac{(100 : 3{,}6)\,\frac{m}{s}}{7\,s} \approx 4\,\frac{m}{s^2}$$

$\overline{a} \approx 4\ m/s^2$

bedeutet, dass sich die Geschwindigkeit während der Beschleunigungsphase pro Sekunde um etwa 4 m/s = 14,4 km/h erhöht.

Zu den Symbolen:
- s ... space
- v ... velocity
- a ... acceleration
- t ... time
- F ... force

Kraft

Das Produkt aus Masse m und Beschleunigung a ist die **Kraft *F*.**
***Kraft* = *Masse* · *Beschleunigung*,** also ***F* = *m* · *a*.**

Einheit der Kraft: $[F] = 1\ kg \cdot 1\ \frac{m}{s^2} = 1\ \frac{kg \cdot m}{s^2} = 1$ Newton (1 N)

Die Kraft ist ebenso wie der Weg, die Geschwindigkeit und die Beschleunigung eine gerichtete Größe.
Die Richtung ist also zur vollständigen Beschreibung anzugeben. Mehr dazu im nächsten Kapitel.

Beispiel 2.04: Bremskraft und mehr

Ein Pkw mit einer Masse von einer Tonne wird innerhalb von 5 Sekunden von 108 km/h in den Stillstand verzögert.

a) Es ergibt sich eine **mittlere negative Beschleunigung** von

$$\overline{a} = \frac{\Delta v}{\Delta t} = \frac{(0 - 108)\,\frac{km}{h}}{5\,s} = \frac{-(108 : 3{,}6)\,\frac{m}{s}}{5\,s} = -\frac{30\,\frac{m}{s}}{5\,s} = -6\,\frac{m}{s^2}.$$

Die Geschwindigkeit v nimmt also pro Sekunde um 6 m/s = 21,6 km/h ab.

b) Wir berechnen den Betrag der **Bremskraft:**

$$|F| = |m \cdot a| = \left|1\,000\ kg \cdot \left(-6\,\frac{m}{s^2}\right)\right| = 6\,000\,\frac{kg \cdot m}{s^2} = 6\,000\ N$$

In der Praxis wird bei Berechnungen von physikalischen Größen die Einheit oft erst beim Ergebnis angegeben.

Messen

Um eine Messung durchführen zu können, bedarf es einer **Maßeinheit.**

Die Länge eines Tisches können wir mit einem Meterstab messen. Die Länge des Meterstabs stellt die Maßeinheit dar. Dann stellen wir durch **Vergleichen** fest, wie oft diese Maßeinheit in der zu messenden Größe (Länge) enthalten ist. Dieses Ergebnis ist die **Maßzahl.**

Insgesamt erhalten wir beispielsweise:

Länge des Tisches = 1,8 mal Meter
Physikalische Größe = Maßzahl · Maßeinheit
$\mathbf{G = \{G\} \cdot [G]}$

Jede **physikalische Größe *G*** lässt sich als Produkt von Maßzahl $\{G\}$ und Einheit $[G]$ schreiben: $G = \{G\} \cdot [G]$.

Beispiel 2.05: Umrechnen zwischen km/h und m/s

a) Wir rechnen die Geschwindigkeit $v = 36$ km/h in m/s um.

$$36\,\frac{\text{km}}{\text{h}} = \frac{36\,000\text{ m}}{\text{h}} = \frac{36\,000\text{ m}}{3\,600\text{ s}} = 10\,\frac{\text{m}}{\text{s}}$$

allgemein: $x\,\frac{\text{km}}{\text{h}} = (x : 3{,}6)\,\frac{\text{m}}{\text{s}}$

b) Beim Umrechnen von m/s in km/h erhält man:

$$1\,\frac{\text{m}}{\text{s}} = \frac{1\text{ m}}{\frac{1}{3\,600}\text{ h}} = \frac{3\,600\text{ m}}{\text{h}} = 3{,}6\,\frac{\text{km}}{\text{h}}$$

allgemein: $y\,\frac{\text{m}}{\text{s}} = (y \cdot 3{,}6)\,\frac{\text{km}}{\text{h}}$

Die Maßzahl hängt von der Einheit ab, wie das Tischlängenbeispiel zeigt.

Tischlänge $l = 1{,}8$ m
$l = 18$ dm
$l = 180$ cm
$l = 1\,800$ mm
$l = 1{,}8 \cdot 10^3$ mm
$l = 0{,}001\,8$ km
$l = 1{,}8 \cdot 10^{-3}$ km

Beim Messen treten sehr kleine Maßzahlen (Atome und Moleküle; Nanotechnologie) und sehr große auf (Taktfrequenz und Speicherkapazität eines Laptops; Masse eines Planeten oder Sterns; Entfernungen im Weltall).

Oft ist es daher bequemer, **Bruchteile** oder **Vielfache einer Maßeinheit** zu verwenden. Man benützt in der Regel **Zehnerpotenzen** mit positiven oder negativen Exponenten und setzt vor die Einheit Vorsätze.

Gerade durch die **Informationstechnologie** (Speicherkapazitäten wie GB und TB und Taktraten wie GHz und THz) gehen die Präfixe in die Alltagssprache ein. Die **Nanotechnologie** hat ihren Namen direkt von der Vorsilbe übernommen und ist mittlerweile ein enorm wichtiger Wirtschaftszweig geworden.

Unsere Erde wird auch als blauer Planet bezeichnet.
Der Erddurchmesser beträgt rund 12 742 000 m = 12 742 km.

Zehnerpotenzen

Zehnerpotenz	Wert	Vorsilbe (Präfix)	Abkürzung
10^{18} = 1 000 000 000 000 000 000	Trillion	Exa	E
10^{15} = 1 000 000 000 000 000	Billiarde	Peta	P
10^{12} = 1 000 000 000 000	Billion	Tera	T
10^{9} = 1 000 000 000	Milliarde	Giga	G
10^{6} = 1 000 000	Million	Mega	M
10^{3} = 1 000	Tausend	Kilo	k
10^{2} = 100	Hundert	Hekto	h
10^{1} = 10	Zehn	Deka	da
10^{0} = 1	Eins	–	–
10^{-1} = 0,1	Zehntel	Dezi	d
10^{-2} = 0,01	Hundertstel	Zenti	c
10^{-3} = 0,001	Tausendstel	Milli	m
10^{-6} = 0,000 001	Millionstel	Mikro	µ
10^{-9} = 0,000 000 001	Milliardstel	Nano	n
10^{-12} = 0,000 000 000 001	Billionstel	Piko	p
10^{-15} = 0,000 000 000 000 001	Billiardstel	Femto	f
10^{-18} = 0,000 000 000 000 000 001	Trillionstel	Atto	a

Eine **Potenz** besteht aus Grund- und Hochzahl bzw. aus Basis und Exponent:

Potenz = Grundzahl^{Hochzahl}

Potenz = Basis^{Exponent}

Beispiele für Potenzen

- $10^2 = 10 \cdot 10$
- $10^{-1} = \frac{1}{10} = 0{,}1$
- $10^{-4} = \frac{1}{10^4} = \frac{1}{10\,000} = 0{,}000\,1$
- $a^3 = a \cdot a \cdot a$
- $a^{-2} = \frac{1}{a^2} = \frac{1}{a \cdot a}$
- $a^0 = 1$

Die Vorsätze der **Zehnerpotenzen** sind zum Teil Altsprachen entnommen:

- gigos (griech.) Riese
- mille (lat.) tausend
- nanos (griech.) Zwerg

Beispiele für Vorsilben für Vielfache

1 dag = 10 g
1 hl = 100 L
1 km = 1 000 m
1 Mt = 1 000 000 t
1 GV = 1 000 000 000 V
1 TW = 1 000 000 000 000 W

Beispiele für Vorsilben für Teile

1 dm = 0,1 m
1 cl = 0,01 L
1 ms = 0,001 s
1 µg = 0,000 001 g
1 nF = 0,000 000 001 F
1 ps = 0,000 000 000 001 s

Normierte Gleitkommadarstellung: $x = \pm a \cdot 10^z$ mit $1 \leq a < 10$ und $z \in \mathbb{Z}$

Die Dichte = Masse/Volumen ist eine abgeleitete Größe.

$\rho = \frac{m}{V}$

Das Kilogramm als Basiseinheit der Masse *m* ist gleich der Masse des im Internationalen Eichamt in Paris aufbewahrten Urkilogramms.
Die Masse eines Körpers ist für seine **Trägheit** (Widerstand gegen Bewegungsänderung) und seine **Gravitation** (Massenanziehungskraft) verantwortlich.

Zur Masse und Dichte vergleichen Sie Kap. B, 1.2.2.

Beispiel 2.06: Zehnerpotenzen – wissenschaftliche Darstellung

Um mit einem Blick die **Größenordnung** einer physikalischen Größe bzw. einer Zahl x erkennen zu können, verwendet man die **normierte Gleitkommadarstellung:** $x = \pm a \cdot 10^z$ mit $1 \leq a < 10$ und $z \in \mathbb{Z}$

a) Die **Masse der Erde** beträgt rund 6 000 000 000 000 000 000 000 000 kg = $6 \cdot 10^{24}$ kg.

b) Die Entfernung Erde – Sonne, die als **astronomische Einheit AE** bezeichnet wird, ist im Mittel 149 600 000 000 m = $1{,}496 \cdot 10^{11}$ m groß.

c) **Atome** haben Durchmesser von ungefähr 0,000 000 000 1 m = $1 \cdot 10^{-10}$ m = 10^{-10} m.

d) Für **Atomkerne** gibt es die Näherungsformel $r(A) = r_0 \cdot \sqrt[3]{A}$ mit der Massenzahl A und $r_0 \approx 0{,}000\,000\,000\,000\,001\,2$ m $= 1{,}2 \cdot 10^{-15}$ m, also $r(A) = 1{,}2 \cdot 10^{-15} \cdot \sqrt[3]{A}$ m.

Ziele erreicht? – „Das Internationale Einheitensystem"

2.01 + Geben Sie die **sieben Basisgrößen** des Internationalen Einheitensystems samt ihren Einheiten an.

2.02 + Geben Sie drei **abgeleitete physikalische Größen** samt ihren Einheiten an.

2.03 ++ Leiten Sie die **Einheit des Drucks (= Kraft pro Fläche)** aus den Basiseinheiten kg, m und s ab.

2.04 ++ Geben Sie physikalische Größen samt Einheiten an, die sich aus nur einer Basisgröße bzw. aus zwei verschiedenen Basisgrößen ableiten lassen.

2.05 + Leiten Sie die Einheit der (Massen-)**Dichte** ab und geben Sie den Umrechnungsfaktor für kg/dm^3 in kg/m^3 an.

2.06 ++ Bei Rennmaschinen und Sportwagen hört und liest man von unglaublichen **Beschleunigungszeiten,** um von 0 km/h auf 100 km/h zu beschleunigen.
a) Berechnen Sie den Beschleunigungswert für eine Beschleunigungszeit von 5 s bzw. 4 s.
b) Berechnen Sie die Beschleunigungszeit für eine Beschleunigung von 80 Prozent der Gravitationsbeschleunigung.

2.07 ++ Berechnen Sie analog zu Beispiel 2.04 für einen 40-t-Lkw die mittlere negative Beschleunigung und den Betrag der Bremskraft, wenn der Lkw von 90 km/h innerhalb von 10 s in den Stillstand verzögert.

2.08 ++ Beim Urkilogramm handelt es sich um einen gleichseitigen Platin-Iridium-Zylinder von etwa 39 mm Durchmesser. Berechnen Sie das Mischungsverhältnis von Platin und Iridium, wenn die Dichte von Platin 21,45 kg/dm^3 und die von Iridium 22,42 kg/dm^3 beträgt.

2.09 + Geben Sie den Umrechnungsfaktor für Geschwindigkeiten von m/s auf km/h an und begründen Sie das Ergebnis.

2.10 + Rechnen Sie die Geschwindigkeiten $v_1 = 18$ km/h, $v_2 = 54$ km/h, $v_3 = 72$ km/h, $v_4 = 90$ km/h, $v_5 = 108$ km/h und $v_6 = 180$ km/h in m/s um.

v in km/h	*v* in m/s
18	3 000
54	15000
72	20 000
90	25 000
108	30000
180	50 000

2.11 + Rechnen Sie folgende Geschwindigkeiten in km/h um: $v_1 = 8$ m/s, $v_2 = 14$ m/s, $v_3 = 22$ m/s, $v_4 = 40$ m/s, $v_5 = 100$ m/s und $v_6 = 200$ m/s.

v in km/h	*v* in m/s
28,8	8
50,4	14
79,2	22
144	40
360	100
720	200

2.12 + Die **Schallgeschwindigkeit** in einem Klassenzimmer betrage rund 330 m/s. Rechnen Sie diese Geschwindigkeit in km/h um.

2.13 + Licht breite sich in einem bestimmten Festkörper mit 200 000 km/s aus. Rechnen Sie diese **Lichtgeschwindigkeit** in m/s und km/h um.

2.14 ++ Leiten Sie den näherungsweisen **Umrechnungsfaktor** für Geschwindigkeiten, die in Meilen pro Stunde angegeben sind und in km/h bzw. in m/s angegeben werden sollen, her. Geben Sie auch die Rückrechnungsfaktoren an.

2.15 + Schreiben Sie die folgenden physikalischen Größen jeweils in normierter Gleitkommadarstellung.

a) 314 nm = $3{,}14 \cdot 10^2$ nm = $3{,}14 \cdot 10$ µm.

b) 5 270 ms = $5{,}27 \cdot 10^3$ ms = $5{,}27 \cdot 10^{-3}$ s.

c) 100 008 µg = $1{,}00003 \cdot 10^5$ µg = $1{,}00008 \cdot 10^{-3}$ mg

= ______ g.

2.16 + Schreiben Sie die folgenden Flächen jeweils in normierter Gleitkommadarstellung.

a) 1 205 mm² = $1{,}205 \cdot 10^3$ mm² = $1{,}205 \cdot 10^{-1}$ cm².

b) 50,736 m² = $5{,}0736 \cdot 10^4$ m² = $5{,}0736 \cdot 10^6$ dm².

c) 0,004 78 km² = $4{,}78 \cdot 10^{-3}$ km² = $4{,}78 \cdot 10$ m².

2.17 + Schreiben Sie die folgenden Volumina jeweils in normierter Gleitkommadarstellung.

a) 0,000 452 dm³ = $4{,}52 \cdot 10^{-3}$ dm³ = $4{,}52 \cdot 10^{-1}$ cm³.

b) 0,050 1 m³ = $5{,}01 \cdot 10^{-2}$ m³ = $5{,}01 \cdot 10^3$ dm³.

c) 178 km³ = $1{,}78 \cdot 10^2$ km³ = $1{,}78 \cdot 10^3$ m³.

Das Urkilogramm wird in Paris aufbewahrt

1 Meile ist im angloamerikanischen Sprachraum 1 609,344 m.

Bei Flächenumwandlungen helfen Quadrate.

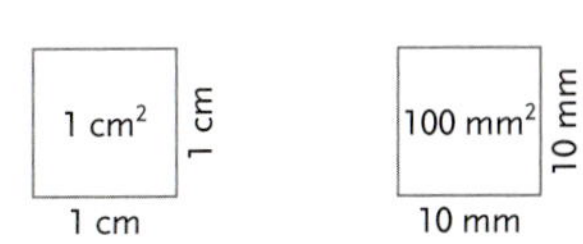

Also 1 cm² = 100 mm² = 10^2 mm²

Bei Volumenumwandlungen helfen Würfel.

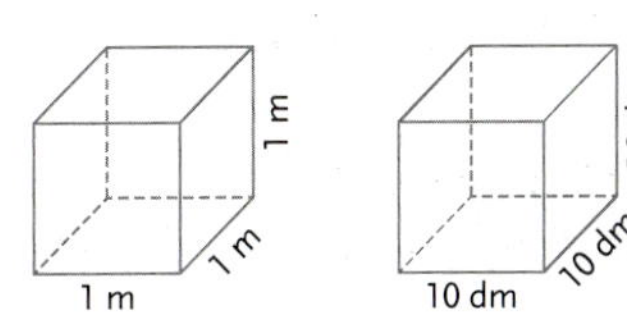

$1\ \text{m}^3 = 10 \cdot 10 \cdot 10\ \text{dm}^3 = 1\,000\ \text{dm}^3$

$1\ \text{m}^3 = (10\ \text{dm})^3 = 10^3\ \text{dm}^3$

3 Skalare und vektorielle Größen

Meine Ziele

Nach Bearbeitung dieses Kapitels kann ich

- den Unterschied zwischen **skalaren** und **vektoriellen (gerichteten) Größen** benennen;
- **Vektoren** mittels Vektorparallelogramms in zwei Komponenten zerlegen.

Der Name **Vektor** bedeutet Träger (oder Fahrer). In der Physik misst der Vektor (oder Fahrstrahl), wohin ein Ding getragen wird. Angenommen, das Ding wird drei Meter nach vorn, dann fünf Meter nach rechts und schließlich sechs Meter nach oben getragen. Sein Verschiebungsvektor wäre dann (3, 5, 6). Vektoren kann man sich als Pfeile vorstellen, die den Ort, woher ein Ding getragen wird, mit dem Ort verbinden, wohin das Ding getragen wird.

(AUS L. EPSTEIN: DENKSPORT PHYSIK)

Skalar oder skalare Größe

Ein **Skalar** oder eine **skalare Größe** ist durch eine Maßzahl und eine Einheit bestimmt und beschreibbar. Eine **skalare Größe** ist eine **nicht gerichtete Größe.**

Die **sieben Basisgrößen** des Internationalen Einheitensystems Länge, Masse, Zeit, Temperatur, Stromstärke, Lichtstärke und Stoffmenge sind **skalare Größen.**

Der **Weg** $\vec{s}$ hingegen ist eine **gerichtete Größe,** wie das folgende Beispiel zeigt.

Beispiele für Skalare
- Länge l
- Zeit t
- Masse m
- Volumen V

Zu einem Skalar kann nur ein dimensionsgleicher Skalar addiert werden. Z. B. $l_1 + l_2 = l_{ges}$

Beispiel 3.01: Schulweg

Katharina benötigt für ihren Schulweg durchschnittlich 30 Minuten. Diese Zeitspanne ist eine **skalare Größe:** $t = 30$ min.

Ob Katharina jedoch zur Schule fährt oder von der Schule nach Hause, macht einen großen Unterschied, da der Weg eine **gerichtete** oder **vektorielle Größe** ist.

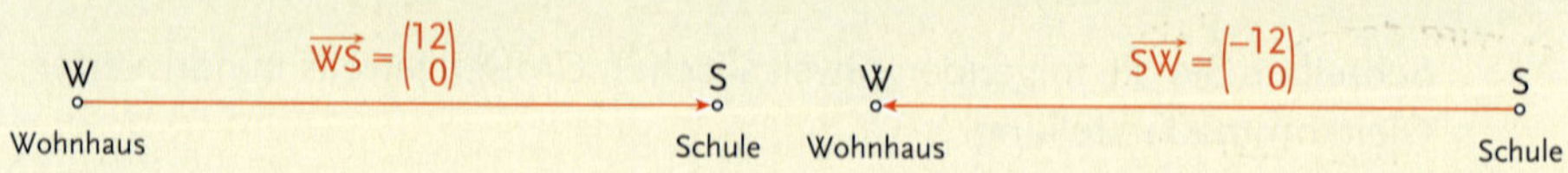

Zwar ist der Weg gleich lang, aber die Vektoren sind **entgegengesetzt gerichtet.**

Das Beispiel 3.01 hat uns gezeigt, dass der Weg durch Angabe einer Maßzahl und einer Einheit nicht ausreichend beschrieben ist. Man muss auch die **Richtung** des Weges angeben. Ebenso verhält es sich bei Geschwindigkeiten, Beschleunigungen und Kräften.

Vektoren

- Ein **Vektor** (vektorielle Größe, **gerichtete Größe**) wird durch die Angabe seines Betrages und seiner Richtung vollständig beschrieben.
- Man bezeichnet vektorielle Größen durch die entsprechenden Buchstabensymbole mit **darüber liegendem Pfeil.**
- **Die grafische Darstellung** vektorieller Größen erfolgt durch einen **Pfeil.** Die **Länge des Pfeiles** gibt den **Betrag** an, die **Richtung des Pfeiles** ist gleich der **Richtung des Vektors.**
- Zwei Vektoren sind nur dann **gleich,** wenn sie **dieselbe Länge** (denselben Betrag) und **dieselbe Richtung** haben.

Beispiele für Vektoren
- Weg $\vec{s}$
- Geschwindigkeit $\vec{v}$
- Beschleunigung $\vec{a}$
- Kraft $\vec{F}$

Deren **Beträge** sind:
$s = |\vec{s}|$, $v = |\vec{v}|$, $a = |\vec{a}|$ und $F = |\vec{F}|$

Zu einem Vektor kann nur ein dimensionsgleicher Vektor addiert werden. Z. B. $\vec{F}_1 + \vec{F}_2 = \vec{F}_{ges}$

Beispiel 3.02: Roboter – Vektor

Ein Roboter verschiebe Bauteile auf einem Feld, das mit einem kartesischen Koordinatensystem unterlegt ist, jeweils längs der kürzesten Strecke.

a) Wenn ein Bauteil von der Position A (0|0) auf die Position B (4|3) verschoben wird, so ist der Roboter **5 Längeneinheiten** (LE) in Bewegung, weil sich gemäß Pythagoras $3^2 + 4^2 = 5^2$ ergibt.

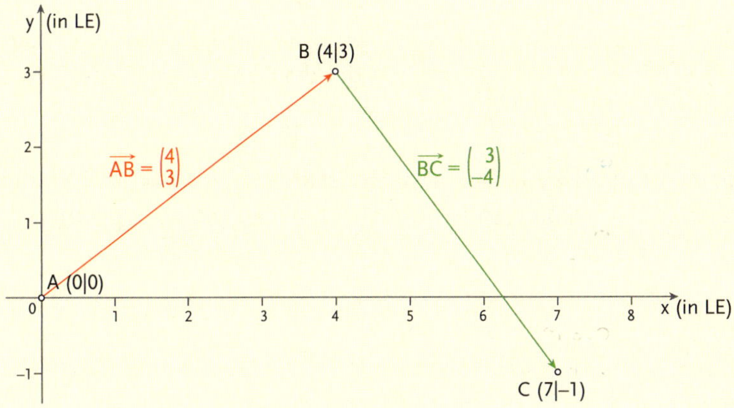

b) Wird dann der Bauteil von B (4|3) nach C (7|–1) verschoben, wird wieder eine Strecke von **5 Längeneinheiten** zurückgelegt, allerdings in eine **andere Richtung.**

c) Durch Angabe des **Vektors** $\overrightarrow{AB} = B - A = \begin{pmatrix}4\\3\end{pmatrix}$ sind sowohl die Länge als auch die Richtung angegeben.

d) Die Verschiebung von B nach C wird durch den **Vektor** $\overrightarrow{BC} = C - B = \begin{pmatrix}3\\-4\end{pmatrix}$ beschrieben.

e) Wird der Bauteil direkt von A nach C verschoben, so gilt:

$$\overrightarrow{AC} = \begin{pmatrix}7\\-1\end{pmatrix} = \begin{pmatrix}4\\3\end{pmatrix} + \begin{pmatrix}3\\-4\end{pmatrix} = \overrightarrow{AB} + \overrightarrow{BC}.$$

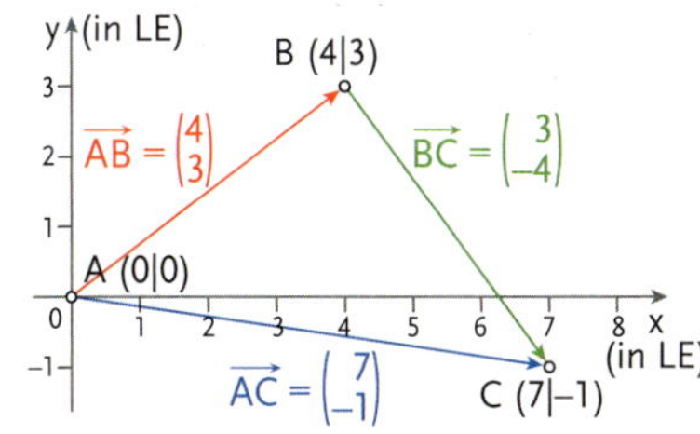

Der Bauteil wird von A nach B und dann von B nach C verschoben. Der direkte Weg von A nach C wird durch den Vektor $\overrightarrow{AC}$ beschrieben.

⚠ Es gilt:

- Skalar · Vektor = Vektor
- Vektor + Vektor = Vektor

Bei der Addition von **parallelen Vektoren** werden die **Beträge** der Vektoren entweder addiert oder subtrahiert.

Vektoraddition

$\overrightarrow{AB} + \overrightarrow{BC} = \overrightarrow{AC}$ mit $\overrightarrow{AB} = B - A$

Beispiel 3.03: Mit bzw. gegen den Wind

Ein **Rennradfahrer** trainiere in einem ebenen Gelände mit einer annähernd konstanten Geschwindigkeit von $v_R = 35$ km/h bei Windstille.

a) Wenn plötzlich starker **Rückenwind** mit $v_W = 15$ km/h aufkommt, schafft der Rennfahrer bei gleicher Anstrengung näherungsweise eine Geschwindigkeit von $\boldsymbol{v_{ges} = v_R + v_W = (35 + 15)}$ **km/h = 50 km/h.**

b) Wendet der Radfahrer, schafft er wiederum bei gleicher Anstrengung eine näherungsweise Geschwindigkeit von $\boldsymbol{v_{ges} = v_R - v_W = (35 - 15)}$ **km/h = 20 km/h.** Das sind nur mehr 40 % der zuvor mit Rückenwind erreichten Gesamtgeschwindigkeit.

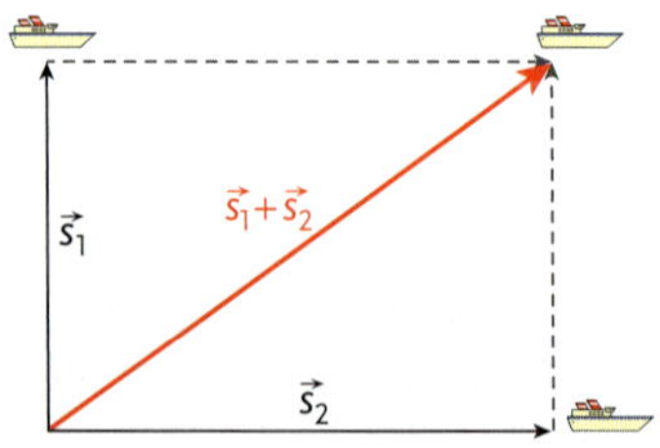

$\vec{s}_1$ ... Weg des Schiffes infolge der Strömung
$\vec{s}_2$ ... Weg des Schiffes ohne Strömung
$\vec{s}_1 + \vec{s}_2$ ... Der tatsächliche Weg ist die Diagonale im Parallelogramm aus $\vec{s}_1$ und $\vec{s}_2$.

Beispiel 3.04: Es kommt ein Schiff ...

Wir beobachten ein Schiff (Geschwindigkeit $\vec{v}$) auf einem Fluss (Fließgeschwindigkeit $\vec{v}_F$) eine bestimmte Zeit Δt. Es gilt: $v_F < v$ und $\vec{v}$ senkrecht zu $\vec{v}_F$.

- Würden wir den Motor des Schiffes ausschalten, würde das Schiff den Weg $\vec{s}_1$ auf dem Fluss dahintreiben.
- Wenn wir die Strömung abschalten könnten, würde das Schiff den Weg $\vec{s}_2$ zurücklegen.
- Bei laufendem Motor und mit Strömung überlagern sich die beiden Bewegungen und das Schiff legt den Weg $\vec{s}$ zurück, der die Summe der Einzelwege ist: $\vec{s} = \vec{s}_1 + \vec{s}_2$.

Bis jetzt benötigen wir nur die drei Operationen Vektor + Vektor, Vektor – Vektor und Vektor mal Skalar. In der nachfolgenden Übersicht stellen wir wichtige Spezialfälle zusammen.

Spezielle Vektoren – Kurzform

$\vec{a} + \vec{a} = 2\vec{a}$	doppelte Länge und gleiche Richtung.
$\vec{a} - 2\vec{a} = -\vec{a}$	gleiche Länge wie erster Vektor, aber entgegengesetzt gerichtet.
$c \cdot \vec{a}$	Streckung für $c > 1$; Stauchung für $0 < c < 1$ Stauchung und Richtungsumkehr für $-1 < c < 0$ Streckung und Richtungsumkehr für $c < -1$
$\vec{F} = m \cdot \vec{a}$ $\vec{a} = \frac{1}{m} \cdot \vec{F}$	Die Beschleunigung $\vec{a}$ erfolgt stets in Richtung der wirkenden Kraft!

Mal angenommen, Sie wollen gar nicht Physiker werden. Warum sollten Sie sich dann um den Unterschied zwischen Skalaren und Vektoren scheren? Nun, weil viele Leute, z. B. Bürokraten, ohne Physiker zu sein gefordert sind, Sachen zu klassifizieren, zu kategorisieren oder Bewertungsschemata zu erstellen. Solche Leute versuchen, Sachen auf einer Skala von eins bis zehn oder A bis F (amerikanische Zensuren) einzuordnen, ohne überhaupt erst mal zu überlegen, was genau sie da eigentlich klassifizieren. Manchmal bringen sie dadurch ein richtiges Durcheinander in das, was sie erreichen wollen.

(Aus L. Epstein: Denksport Physik)

Ziele erreicht? – „Skalare und vektorielle Größen"

3.01 + Skizzieren Sie zwei **parallele** und gleich lange Vektoren $\vec{v}$. Welche beiden Fälle ergeben sich für den **Summenvektor** der beiden?

3.02 + Skizzieren Sie zwei gleich lange und zueinander **senkrechte** Vektoren und addieren Sie diese grafisch. Welchen Winkel schließt der **Summenvektor** mit den beiden Einzelvektoren ein?

3.03 ++ Ein bestimmtes Flugzeug ist bei **Windstille** mit $v_F = 400$ km/h unterwegs und benötige für eine bestimmte einfache Flugstrecke eine Stunde. Berechnen Sie, wie lange der Hin- und Rückflug dauert, wenn ein konstanter Rücken- bzw. Gegenwind mit $v_{Wind} = 10\,\%$ von v_F weht.

3.04 ++ Skizzieren Sie zwei zueinander **senkrechte** Vektoren mit einem Betragsverhältnis von 2 : 1 und addieren Sie die Vektoren grafisch. Welchen Winkel schließt der **Summenvektor** mit den beiden Einzelvektoren ein?

3.05 ++ Ein **Motorboot** wird mit einer Eigengeschwindigkeit von 6 m/s quer zur Strömungsrichtung eines Flusses gesteuert. Die Strömungsgeschwindigkeit des Flusses ist 7,2 km/h.

a) Konstruieren Sie die maßstäblichen Geschwindigkeitsvektoren sowie den Summenvektor und messen Sie die resultierende Geschwindigkeit.
b) Berechnen Sie die resultierende Geschwindigkeit sowie den Winkel, unter dem sich das Motorboot zur Strömung bewegt.

3.06 ++ Ein **Ruderboot,** das in einem ruhenden Gewässer mit $v_R = 3$ m/s bewegt werde, soll quer über einen langsam strömenden Fluss mit $v_F = ½$ m/s gesteuert werden.

a) Skizzieren Sie die Geschwindigkeitsvektoren.

b) Konstruieren Sie die maßstäblichen Geschwindigkeitsvektoren mit Zirkel und Lineal und messen Sie die resultierende Geschwindigkeit sowie den Winkel, unter dem gegen die Strömung angesteuert werden muss (= Ansteuerwinkel).

c) Berechnen Sie die resultierende Geschwindigkeit und den Ansteuerwinkel.

3.07 ++ Wie Aufgabe 3.06, nur mit einem relativ zum **Ruderboot** schnell strömenden Fluss mit $v_F = 2$ m/s.

Zum Beispiel wird ein gängiges Maß der Intelligenz mit einer einzigen Zahl namens IQ (Intelligenzquotient) verknüpft. Dies unterstellt, dass Intelligenz ein Skalar sei. Doch ist Intelligenz wirklich ein Skalar? Manche Leute haben ein gutes Gedächtnis, können aber nicht schlussfolgern. Manche Leute lernen schnell und vergessen auch schnell (Büffler!). Intelligenz hängt von vielen Faktoren ab wie Lernfähigkeit, Erinnerungsvermögen, Fähigkeit zu schlussfolgern usw. Also ist Intelligenz ein Vektor und kein Skalar.

(Aus L. Epstein: Denksport Physik)

4 Messfehler

Meine Ziele

Nach Bearbeitung dieses Kapitels kann ich
- nachvollziehen, dass **Messfehler** unvermeidbar sind;
- zwischen **zufälligen** und **systematischen Fehlern** unterscheiden.

Beispiel 4.01: Experimentelle Frequenzermittlung eines Fadenpendels

Man kann eine bestimmte Messdauer Δt vorgeben und abzählen, wie viele Schwingungen in dem Zeitintervall stattfinden.

a) Die Anzahl der abgezählten Schwingungen nennen wir n (engl. number).

b) Dann gilt für die Periodendauer T des Pendels:
$T = \frac{\Delta t}{n}$ und damit $f = \frac{1}{T} = \frac{n}{\Delta t}$.

c) Der Fehler beim Ermitteln von n ist bei entsprechender Sorgfalt im ungünstigsten Fall ±1.

d) Damit ergibt sich für die Frequenz f ein Messfehler (eine Unsicherheit) Δf:
$f \pm \Delta f = \frac{n \pm 1}{\Delta t} = \frac{n}{\Delta t} \pm \frac{1}{\Delta t}$ und damit $\Delta f = \pm \frac{1}{\Delta t}$

e) Wir erkennen, dass der Messfehler der Frequenz umso kleiner wird, je mehr Aufwand wir treiben, also je länger wir die Schwingung beobachten und die Schwingungszahl n ermitteln. Aber auch bei größter Anstrengung bleibt ein nicht verschwindender Fehler übrig.

f) Dies gilt für alle wellenartigen Phänomene.

g) Dass der Fehler von der zu bestimmenden Frequenz f unabhängig ist, nehmen wir mit Genugtuung zur Kenntnis.

Üblich ist auch die Unterscheidung in
- systematische Messfehler und
- statistische Messfehler.

Messen – Beobachten
Jetzt hat einmal ein gescheiter Mann gesagt, wenn du den Beobachter beobachtest, dann veränderst du allein dadurch sein Verhalten, und dadurch weißt du erst recht wieder nicht, wie er es ohne dich gemacht hätte.

(Aus Wolf Haas: Wie die Tiere)

Zeigten früher alle Messgeräte die Werte analog an, dominieren heute digitale Anzeigen, was Ableseungenauigkeiten beinahe ausschließt, Messfehler aber nicht.

Während eine analoge Messung eine stufenlose oder stetige Messung ist und daher grundsätzlich jeden Wert in einem bestimmten Intervall liefern kann, ist eine digitale Messung eine stufenförmige Messung.

Prozent und Promille
1 Prozent (1 %) ist ein Hundertstel = 1/100 = 0,01.
1 Promille (1 ‰) ist ein Tausendstel = $\frac{1}{1\,000}$ = 0,001.

Der **absolute Fehler** der Messlatte im Beispiel 4.02 ist 2 mm. In Relation zur Solllänge von 1 m = 1 000 mm sind das = 0,002 = 2 ‰.
Also ist der relative Fehler 2 Promille oder 0,2 %.

Pro mille: lateinisch für pro tausend.

Beispiel 4.02: Systematische Fehler

Irene benötigt 20 m Stoff für ihre neuen Vorhänge. Die Verkäuferin verwendet eine Messlatte aus Holz, die schon seit Generationen verwendet wird und die nicht mehr einen Meter lang ist, wie sie und auch Irene glauben, sondern nur noch 99,8 cm.

Wenn die Verkäuferin den Vorhangstoff durch 20-maliges Anlegen der Messlatte abmisst, macht sie möglicherweise einen systematischen Fehler von 20 · 2 mm = 40 mm = 4 cm.

Weil systematische Fehler innerhalb einer wiederholten Messung oder eines Experimentes immer gleichartig auftreten, sind sie
- nicht leicht zu identifizieren und daher sind
- ihre Auswirkungen oft nicht genau bekannt.

Systematische Fehler können durch wiederholte Messungen und erhöhten Rechenaufwand nicht verringert werden.

Statistische Fehler

- Ungenauigkeiten beim Ablesen einer analogen Anzeige, aber auch Temperaturschwankungen, Stromschwankungen, vorbeifahrende Autos, Handymasten und vieles andere können Einfluss auf Messergebnisse nehmen.
- Daraus resultierende Fehler entziehen sich einer Kontrolle, sie verfälschen das Messergebnis von Messung zu Messung in anderer Weise.
- Solche durch Zufälligkeiten hervorgerufene Fehler heißen **statistische Fehler.** Sie sind mathematisch erfass- und korrigierbar.

Der statistische oder zufällige Fehler ist prinzipiell unvermeidbar. Er kann jedoch durch wiederholte Messungen und geeignete Auswertungsmethoden abgeschätzt werden.

Ziele erreicht? – „Messfehler"

4.01 + Geben Sie drei Beispiele für statistische (zufällige) Fehler an.

4.02 + Ermitteln Sie den absoluten und prozentuellen systematischen Fehler, wenn eine Länge von 20 Metern auf einer Baustelle mit einem 5-m-Maßband gemessen wird und das Maßband durch oftmaliges Verwenden um 1 mm gedehnt wurde.

B

B Physikalische Phänomene und Methoden

Mechanik, Elektrizitätslehre, Optik und Wärmelehre (Thermodynamik) zählen zu den Grunddisziplinen der klassischen Physik.
Mit **Mechanik** verbindet man alles, was mit Kräften und Bewegungen zu tun hat. Viele sind begeistert, wie man mit Getrieben Kräfte und Drehmomente übertragen kann.
Phänomene der **Elektrizität** beschäftigen seit Urzeiten die Menschen. In unserer modernen Gesellschaft basieren sehr viele Technologien auf der Elektrizitätslehre.
Die ersten Sehhilfen wurden vor etwa tausend Jahren hergestellt. Heute ist es uns möglich, eine Vielzahl von Fehlsichtigkeiten zu korrigieren. Eine Fülle **optischer** Instrumente erweitert unsere Sinneswahrnehmung ins Mikroskopische und bis in die Tiefen des Alls hinein.
In der **Thermodynamik** beschäftigen wir uns mit vielen Alltagsphänomenen. Beispielsweise der Wärmeleitung, der Konvektion, der Wärmestrahlung und der Anomalie des Wassers.

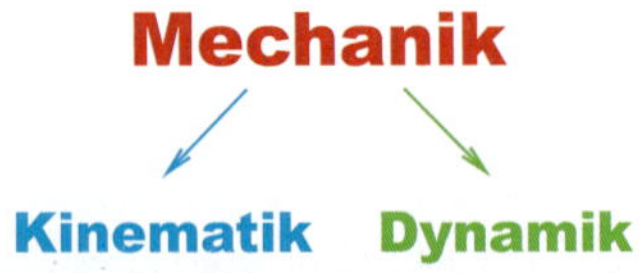

Die Mechanik wird in Kinematik und Dynamik unterteilt.

1 Mechanik

Die Physik wird üblicherweise in klassische Physik (Theorien bis zum Ende des 19. Jahrhunderts) und moderne Physik (hauptsächlich Quantenmechanik und Relativitätstheorie) unterteilt.
Physiker/innen werden im Allgemeinen in experimentelle und theoretische Physiker/innen eingeteilt.
Zur klassischen Physik rechnet man die klassische Mechanik (Kinematik und Dynamik), die Elektrodynamik, die Thermodynamik und die Optik.

Ein Navigationsgerät zeigt den Ort und die Fahrtrichtung an.

1.1 Kinematik

In der **Kinematik** (Bewegungslehre) werden Bewegungen untersucht, ohne sich um ihre Ursachen zu kümmern. Die Kinematik beschreibt die Beziehungen zwischen **Weg** (Ort bzw. Position), **Geschwindigkeit** und **Beschleunigung** eines Körpers in Abhängigkeit von der Zeit.

1.1.1 Bezugssysteme

Meine Ziele

Nach Bearbeitung dieses Kapitels kann ich
- **Translationen, Rotationen** und **Deformationen** im Alltag erkennen;
- die Begriffe **Bezugssystem, Massenmittelpunkt** sowie **Translation, Rotation** und Deformation und zusammengesetzte Bewegung unterscheiden;
- eine Bewegung durch die drei Größen **Weg s, Geschwindigkeit v** und **Beschleunigung a** beschreiben.

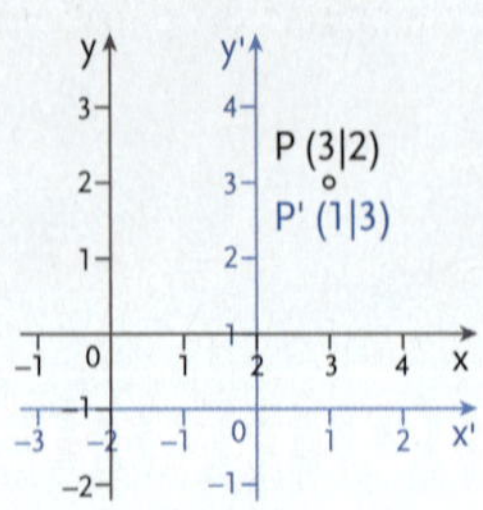

Der eingezeichnete Punkt P hat in einem Koordinatensystem die Koordinaten (3|2) und im anderen die Koordinaten (1|3).

Wie können wir feststellen, ob sich ein Körper **bewegt,** ob er also seine Lage im Lauf der Zeit verändert?
Wenn wir uns in einem allseits geschlossenen Fahrzeug befinden und es sich mit konstanter Geschwindigkeit auf einer geraden Bahn bewegt, merken wir nichts. Erst wenn wir z. B. durch ein Fenster die Umgebung des Fahrzeuges beobachten können, stellen wir eine Bewegung fest. Diese Umgebung ist dann ein **Bezugssystem** für die Bewegung.
Je nach Wahl des **Bezugssystems** erhalten wir verschiedene Beschreibungen der Bewegung.

Beispiel 1.1.01: Autobahn – Relativgeschwindigkeiten

Ein **Lastwagen** fährt mit **80 km/h** auf dem rechten Fahrbahnstreifen einer Autobahn. Ein **Pkw,** der **100 km/h** fährt, überholt ihn. Ein **Sportwagen** überholt den überholenden Pkw auf der dritten Spur mit **130 km/h.**
- Die drei Geschwindigkeiten sind alle **relativ zur ruhenden Umgebung** angegeben.
- Der Pkw hat im Bezugssystem Lkw eine Geschwindigkeit von 20 km/h. Anders ausgedrückt: Der Pkw hat **relativ zum Lkw** eine Geschwindigkeit von 20 km/h.
- Der Sportwagen fährt um 50 km/h schneller als der Lkw. Seine **Relativgeschwindigkeit** zum Lkw ist daher 50 km/h.
- **Relativ zum Pkw** beträgt die Geschwindigkeit des Sportwagens 30 km/h.

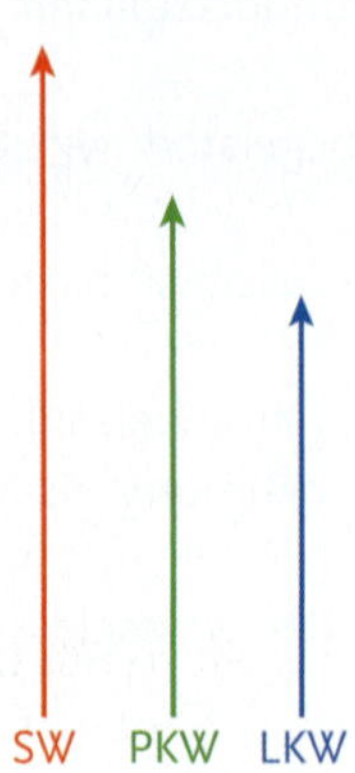

Zu Beispiel 1.1.01: Drei Fahrzeuge auf einer Autobahn: Der Sportwagen überholt den überholenden Pkw. Die Geschwindigkeitsvektoren sind 80, 100 und 130 Längeneinheiten lang und stellen daher die Situation im richtigen Verhältnis dar.

Jede Bewegung ist **relativ** zu einem gewählten **Bezugssystem.**

Beispiel 1.1.02: Raumschiff Erde

Im Allgemeinen verwenden wir die **Erde** näherungsweise als **ruhendes Bezugssystem,** obwohl

- sie sich mit einer Geschwindigkeit von circa 464 m/s, das sind unglaubliche 1 670 km/h, am Äquator um ihre Achse dreht und
- sich mit etwa 30 km/s um die Sonne bewegt.
- Zudem strebt unser Sonnensystem mit circa 20 km/s in Richtung Sternbild des Herkules und dreht sich schließlich mit einer Geschwindigkeit von circa 200 km/s um das Zentrum der Milchstraße.

30 km/s klingt nicht viel. Das sind aber 1 800 km/min und damit 108 000 km/h.

Das erfolgreiche Arbeiten der Naturwissenschaften mit Modellen haben wir schon erwähnt. Statt einen Körper oder ein System von Körpern vollständig zu beschreiben, ersetzen wir ihn oder das Körpersystem im einfachsten Fall durch einen einzigen Punkt, den **Massenmittelpunkt.** Der Massenmittelpunkt (= Schwerpunkt) wird in der Dynamik oft als Bezugssystem verwendet. Beispielsweise werden wir bei Stoßvorgängen die Geschwindigkeiten relativ zum Schwerpunkt angeben.

Ziele erreicht? – „Bezugssysteme"

1.1.01 + Skizzieren Sie zwei gegeneinander um fünf Einheiten verschobene kartesische **Koordinatensysteme** und geben Sie die Koordinaten von drei selbst gewählten Punkten relativ zu beiden Systemen an.

1.1.02 ++ Rechnen Sie die **Tangentialgeschwindigkeit** an der Erdoberfläche sowie die **Bahngeschwindigkeit** der Erde um die Sonne aus Beispiel 1.1.02 nach. Verwenden Sie für den Erdradius 6 370 km und die mittlere Entfernung Erde – Sonne 149,6 Gm.

1.1.03 ++ Ein Bus (v_B = 100 km/h) überholt einen Lastwagen (v_L = 99 km/h). Geben Sie die **Relativgeschwindigkeit** der beiden Kraftfahrzeuge an. Wie lange dauert der **Überholvorgang** etwa? Recherchieren Sie realistische Werte für die Bus- und Lkw-Länge sowie für den Sicherheitsabstand und fertigen Sie eine beschriftete Skizze an.

1.1.04 ++ Vor Ihnen fährt ein Pkw auf einer Landstraße. Sie haben ungefähr 200 m freie Sicht. Sollte Ihr Chauffeur noch überholen bzw. mit welcher Geschwindigkeit sollte er dies, wenn der erste Pkw mit 80 km/h unterwegs ist? Nehmen Sie realistische Werte für die beiden Pkw-Längen sowie für den Sicherheitsabstand an und fertigen Sie eine beschriftete Skizze an.

Ein **kartesisches Koordinatensystem** entsteht durch zwei aufeinander normal stehende, gleich skalierte Zahlengeraden mit einem gemeinsamen Nullpunkt.

1.1.2 Kinematik der Translation

Meine Ziele

Nach Bearbeitung dieses Kapitels kann ich

- die **mittlere Geschwindigkeit** aus einem **s-t-Diagramm** und die **mittlere Beschleunigung** aus einem **v-t-Diagramm** ablesen;
- die **gleichförmige** und die **gleichmäßig beschleunigte Bewegung** beschreiben und für beide die zugehörigen s-t-, v-t- und a-t-Diagramme zeichnen und interpretieren;
- den **lotrechten,** den **waagrechten** und den **schiefen Wurf** unterscheiden;
- die zugehörigen **Formeln** und **Funktionen** verstehen und anwenden.

Translatio: lateinisch für Übertragung

Transferre: lateinisch für übertragen bzw. hineintragen

Rotare: lateinisch für im Kreis herumdrehen

Bewegungsarten eines Körpers

Im Allgemeinen bedeutet das Fahren mit einem Auto eine **Translation,** eine fortschreitende Bewegung. Wenn das Auto ins Schleudern gerät, führt es eine zusätzliche Drehbewegung, eine **Rotation,** aus. Kommt dann noch ein Hindernis hinzu, folgt eine **Deformation** (Formänderung). Jede Bewegung eines **starren Körpers** kann in eine Translation und eine Rotation zerlegt werden.

Die ruhige Fahrt mit einem **Sessellift** ist eine **Translation.** Muss der Lift abrupt abgebremst oder beschleunigt werden, kommt eine **Rotation** um die Aufhängung dazu. Zudem kommt eine Auf- und-Ab-Bewegung des gesamten Seils mit allen Sesseln hinzu. Beim Auspendeln kommt häufig zur Rotation um eine horizontale Querachse (vor und zurück) eine Rotation um eine horizontale Längsachse (links und rechts) dazu.

Translation (Schiebung)
Fortschreitende Bewegung

Alle Punkte der Fahrzeuge, ausgenommen jene auf den Rädern, beschreiben **deckungsgleiche** geradlinige oder krummlinige **Bahnen.** Die Orientierung der einzelnen Autos ändert sich nicht.

Rotation (Drehung)
Drehbewegung

Alle Punkte der Compact Disc beschreiben **Kreisbahnen,** deren Mittelpunkte auf einer gemeinsamen Achse, der **Drehachse,** liegen.

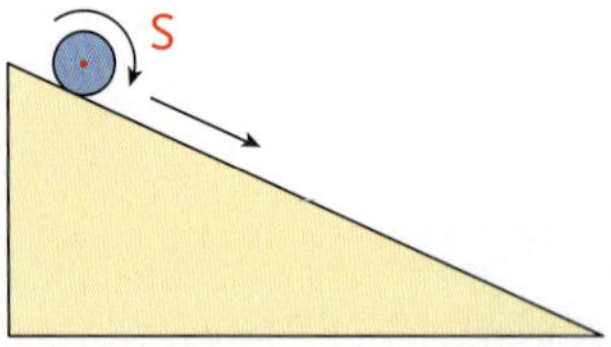

Der Schwerpunkt S (Massenmittelpunkt) des rollenden Balles führt eine Translation aus, während der Ball zusätzlich rotiert.

Beispiel 1.1.04: Translation und Rotation

- Die **Gondel** einer Seilbahn führt im Allgemeinen eine Translation aus,
- die **Autofahrt** auf gerader Straße ohne Hindernisse ist auch eine Translation,
- der **Zeiger** einer mechanischen Uhr rotiert ebenso wie
- das **Rad** eines Fahrzeuges.
- Die **Turbine** eines Wasserkraftwerks wird durch die nach unten stürzenden Wassermassen zum Rotieren gebracht.
- Während früher in der Landwirtschaft hauptsächlich **Balkenmäher** zum Einsatz kamen, haben die **Kreiselmähwerke** ihren unaufhaltsamen Siegeszug angetreten.

Im Alltag haben wir es sehr häufig mit **zusammengesetzten Bewegungen** zu tun.

Der Ball wird beim Schlagen **deformiert**

Zusammengesetzte Bewegungen

Ein Ball, der auf einer schiefen Ebene abrollt, **rotiert** zum einen und führt andererseits eine **Translation** aus. Ist der Ball nicht völlig starr, wird er zusätzlich **deformiert.** Dasselbe gilt für das Rad bzw. den Reifen eines fahrenden Autos.

Bei allen Ballsportarten führen die Bälle Translationen und zusätzliche Rotationen aus.

In der Bedrängnis ist der **Slice** eine Möglichkeit, sich Zeit zu verschaffen. Der Schläger geht von oben nach unten und zwingt damit dem Ball eine Rückwärtsdrehung auf, während er beim Topspin von unten nach oben geschlagen wird.

Beispiel 1.1.05: Translation und Rotation im Sport

- Eine **Tennisspielerin** schlägt den Ball, wenn sie ihn schnell spielen will, mit Topspin und gibt ihm dabei einen Vorwärtsdrall mit. Wenn sie den Ball langsam(er) spielen will, wählt sie einen Slice und spielt den Ball mit einem Rückwärtsdrall.
- Ein **Frisbee** führt nur dann eine ruhige Translation aus, wenn es gleichzeitig schnell genug rotiert. Es ist unmöglich, ein Frisbee ohne Rotation ruhig fliegen zu lassen.

- Der Lauf eines (Sport-)**Gewehres** ist so beschaffen, dass dem Projektil eine Rotation aufgezwungen wird und es so stabiler fliegt.
- Die x-Fighters rotieren zusammen mit ihren **Motocrossmaschinen,** während sie von einer Schanze zur anderen springen.

Geradlinige gleichförmige Bewegung

Beispiel 1.1.06: Autofahrt mit $v = 95$ km/h

Wir geben für eine idealisierte zweistündige Fahrt eines Autos auf einer Landstraße, die mit konstant 95 km/h erfolgt, die zwei Bewegungsgrößen Weg s und Geschwindigkeit v an und stellen sie grafisch dar.

Geschwindigkeit v
Die Geschwindigkeit bleibt in den zwei Stunden konstant bei 95 km/h. Damit ergibt sich das nachfolgende ***v-t*-Diagramm.**

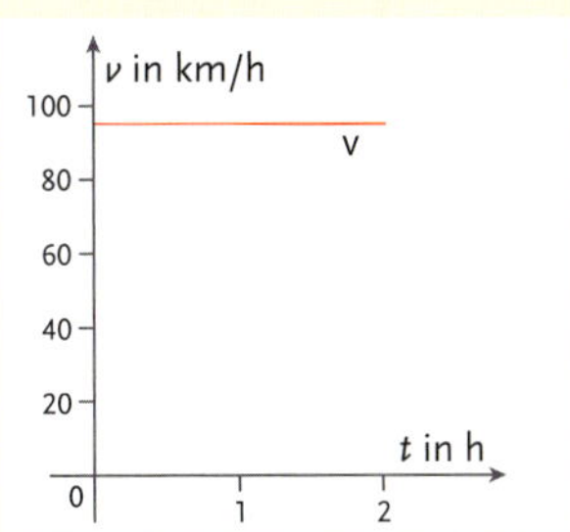

Weg s
In der ersten Stunde werden 95 km und in der zweiten erneut 95 km, also zusammen 190 km, zurückgelegt. Somit erhalten wir das nachfolgende ***s-t*-Diagramm.**

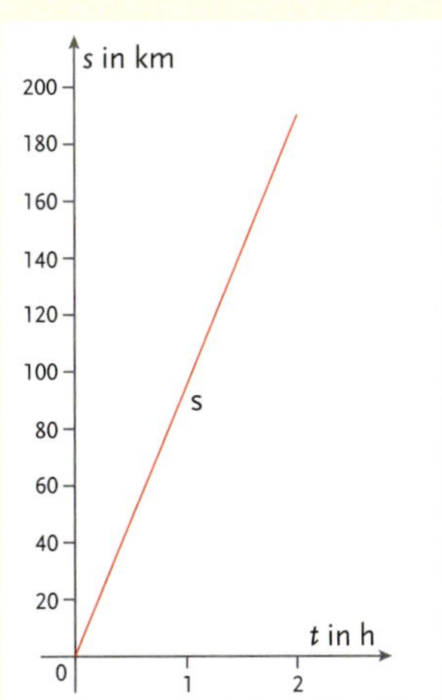

Für eine Bewegung mit konstanter Geschwindigkeit ist der Weg im s-t-Diagramm eine Gerade. Deshalb besitzen alle Sekanten und alle Tangenten die gleiche Steigung. Daher ist in jedem Zeitpunkt die Momentangeschwindigkeit mit der durchschnittlichen Geschwindigkeit identisch.

Passante, Tangente und Sekante

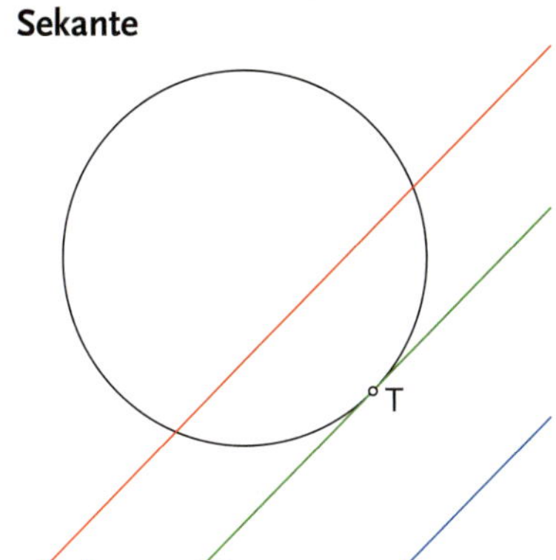

Eine Gerade kann an einem Kreis vorübergehen (Passante), den Kreis in einem Punkt berühren (Tangente) oder in zwei Punkten schneiden (Sekante).

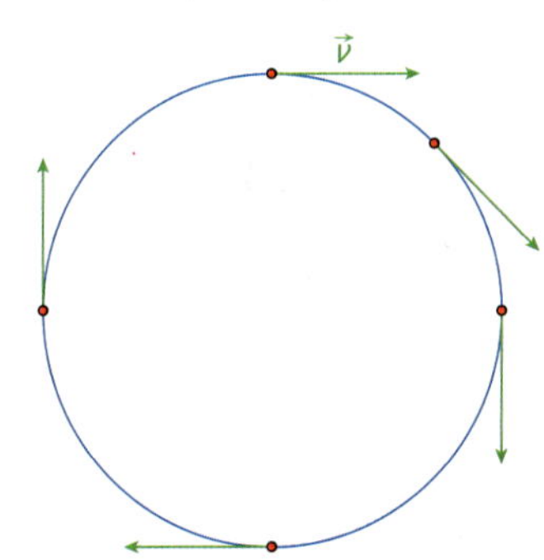

Der Geschwindigkeitsvektor $\vec{v}$ ist bei einer Kreisbewegung mit konstantem Geschwindigkeitsbetrag zwar immer gleich lang, zeigt aber während einer Periode stets in eine andere Richtung. Daher liegt eine beschleunigte Bewegung vor.

Gleichförmige Bewegung

Eine **Bewegung** heißt **gleichförmig,** wenn die **Geschwindigkeit nach Betrag und Richtung immer gleich** (konstant) bleibt.

Dies bedeutet, dass eine gleichförmige Bewegung stets auch geradlinig ist und der Körper in beliebigen gleichen Zeiten gleich lange Wege zurücklegt.
Die konstante Geschwindigkeit v ist so groß wie der je Sekunde zurückgelegte Weg.

Gleichförmige Bewegung

Der Geschwindigkeitsvektor ändert bei einer gleichförmigen Bewegung weder seinen Betrag noch seine Richtung.

Beispiel 1.1.07: Gleichförmige Bewegung – Scooter

Eine Schülerin fährt mit ihrem Scooter zur Schule. Wir betrachten einen Zeitausschnitt von 5 Sekunden und nehmen vereinfachend an, dass sich die Geschwindigkeit von 3 m/s in diesem Zeitintervall nicht ändert.

Für diese gleichförmige Bewegung mit $v = 3$ m/s geben wir die **drei Bewegungsgrößen**

- **Weg *s*,**
- **Geschwindigkeit *v*** und
- **Beschleunigung *a***

an und stellen sie für $0 \text{ s} \leq t \leq 5 \text{ s}$ grafisch dar.

a) Beschleunigung *a*

Die Beschleunigung ist null.

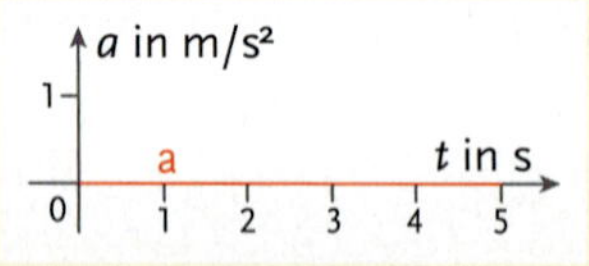

b) Geschwindigkeit *v*

Die Geschwindigkeit bleibt in den fünf Sekunden konstant, weil $a = 0 \text{ m/s}^2$.

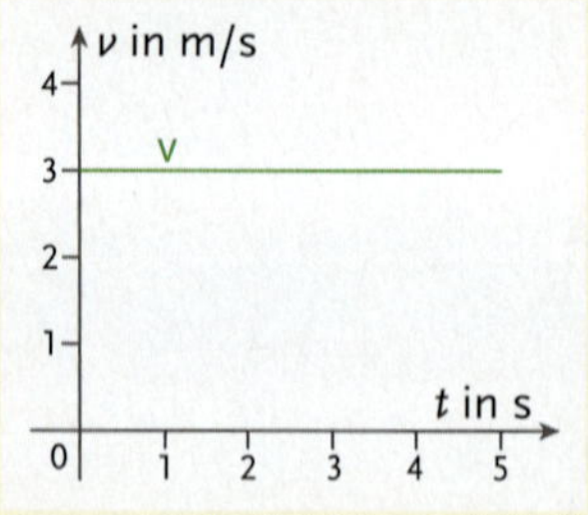

c) Weg *s*

In jeder Sekunde werden drei Meter zurückgelegt.

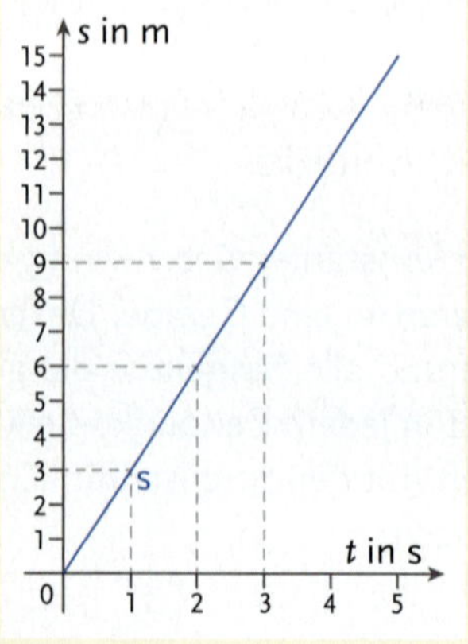

Gleichförmige Bewegung mit $v = 3$ m/s

Zeit *t* in s	Zurückgelegter Weg *s* in m
0	0
1	3
2	6
3	9
⋮	⋮
t	3 · t

$s(t) = 3 \frac{\text{m}}{\text{s}} \cdot t$

Gleichförmige Bewegung mit v m/s

Zeit *t* in s	Zurückgelegter Weg *s* in m
0	0
1	v
2	2v
3	3v
⋮	⋮
t	v · t

$s(t) = v \cdot t$

In der Mathematik ordnet eine Funktion f jedem Argument x genau einen Funktionswert y zu. y = f(x)

Gleichförmige Bewegung: v = konstant

- Zwischen dem **Weg *s*** und der **Zeit *t*** besteht ein **linearer Zusammenhang:** Gesamtweg $s(t)$ nach t Sekunden bei gleichförmiger Bewegung $s(t) = v \cdot t$
- Die grafische Darstellung des zurückgelegten Weges ist daher im s-t-Diagramm eine **Gerade.** Ihre Steigung ist gleich der Maßzahl der Geschwindigkeit v, sodass die Gerade umso steiler ist, je größer die Geschwindigkeit ist.

Beispiel 1.1.08: Gemächlicher Spaziergang – gleichförmige Bewegung

a) Zwei Schülerinnen spazieren mit 0,5 m/s über den Schulhof. Welchen Weg legen sie in 3,5 Sekunden zurück? Kurz: $s(3{,}5\ \text{s}) = ?$

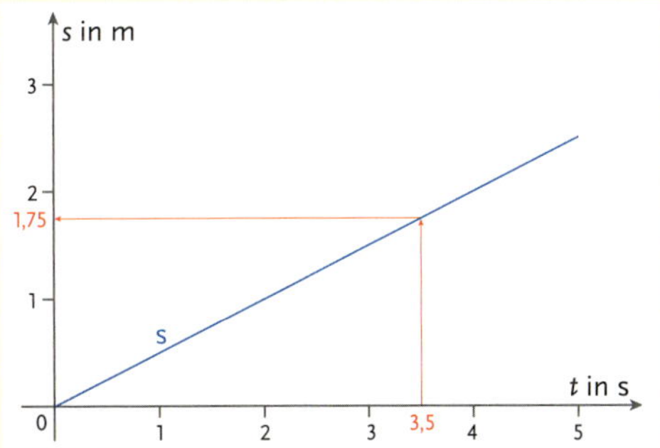

Wir lesen ab, dass nach 3,5 Sekunden ein Weg von 1,75 m zurückgelegt wurde, und überprüfen rechnerisch: $s(3{,}5\ \text{s}) = 0{,}5\ \text{m/s} \cdot 3{,}5\ \text{s} = 1{,}75\ \text{m}$

b) In welcher Zeit haben die Schülerinnen 2,2 m zurückgelegt? $s(t = ?) = 2{,}2\ \text{m}$.

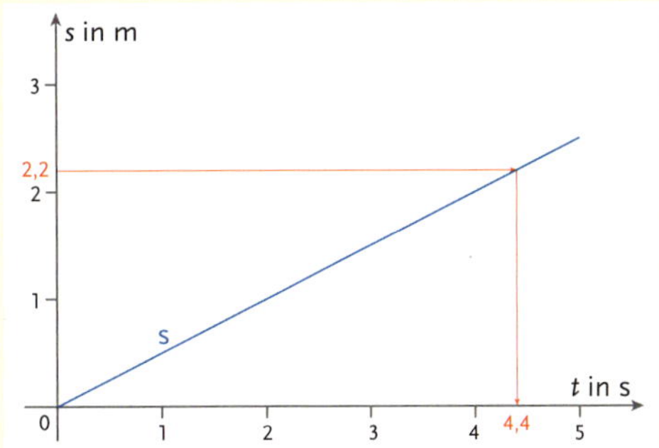

Das Diagramm liefert t rund 4,4 s und die Rechnung

$$t = \frac{2{,}2\ \text{m}}{v} = \frac{2{,}2\ \text{m}}{0{,}5\ \frac{\text{m}}{\text{s}}} = 4{,}4\ \text{s}$$

ebenso. Für die 2,2 m benötigen die beiden 4,4 s.

Zeit t in s	Weg s in m
3,5	?
?	2,2

Die Fragen aus dem nebenstehenden Beispiel fassen wir in einer Tabelle zusammen.

Ein Körper hat im Allgemeinen im Gegensatz zu Beispiel 1.1.08 zu jedem Zeitpunkt eine bestimmte, zeitlich veränderliche **Momentangeschwindigkeit.**

Momentangeschwindigkeit

Im s-t-Diagramm ist die **Steigung der Tangente** die Momentangeschwindigkeit und die **Steigung der Sekante** die **Durchschnittsgeschwindigkeit.**

Eine gekrümmte **Wegfunktion s:**

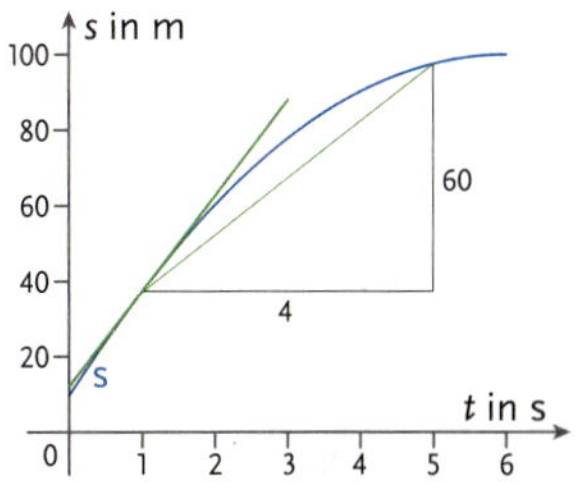

Die **mittlere Geschwindigkeit** im Intervall [1; 5] ist mit 60/4 m/s = 15 m/s kleiner als die **Momentangeschwindigkeit** zum Zeitpunkt 1, die 25 m/s beträgt.

Geradlinige beschleunigte Bewegung

Anfahr- und Bremsvorgänge sowie der freie Fall sind typische Beispiele für Bewegungen mit veränderlicher Geschwindigkeit, also **beschleunigte Bewegungen.**

Gleichmäßig beschleunigte Bewegung

- Eine Bewegung heißt **gleichmäßig beschleunigt,** wenn in jedem Zeitpunkt die **Beschleunigung nach Größe und Richtung gleich** (konstant) bleibt.
- Bei der gleichmäßig beschleunigten Bewegung ist also die **Geschwindigkeitsänderung** pro Zeiteinheit konstant.
- Da die Richtung der Beschleunigung gleich bleibt, ändert auch die durch sie hervorgerufene Geschwindigkeit ihre Richtung nicht: **Jede gleichmäßig beschleunigte Bewegung ist geradlinig.**

Eine gekrümmte **Geschwindigkeitsfunktion v:**

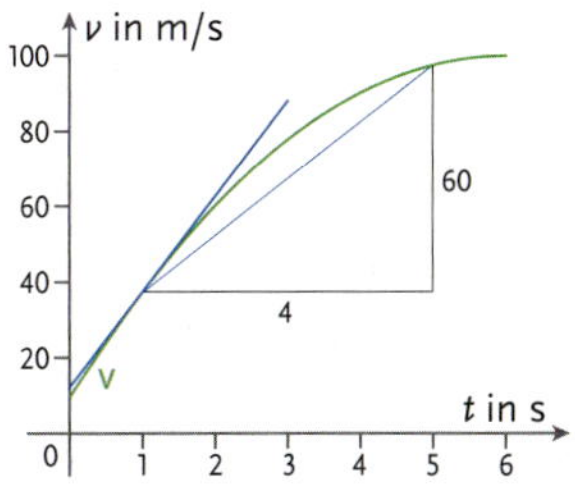

Die **mittlere Beschleunigung** im Intervall [1; 5] ist mit 60/4 m/s^2 = 15 m/s^2 kleiner als die **Momentanbeschleunigung** zum Zeitpunkt 1, die 25 m/s^2 beträgt.

Zeit t in s	Geschwindigkeit v in m/s
0	0
1	2
2	4
⋮	⋮
t	$2 \cdot t$

Die Geschwindigkeit v einer gleichmäßig beschleunigten Bewegung mit 2 m/s^2 ist

$$v(t) = 2\,\frac{m}{s^2} \cdot t.$$

Zeit t in s	Geschwindigkeit v in m/s
0	0
1	a
2	2a
⋮	⋮
t	$a \cdot t$

Die Geschwindigkeit v einer gleichmäßig beschleunigten Bewegung mit a m/s^2 ist $v(t) = a \cdot t$.

Der Flächeninhalt eines rechtwinkeligen Dreiecks mit den Katheten a und b ist:

$$A = \frac{a \cdot b}{2}$$

Zeit t in s	Weg s in m
0	0
1	2
2	4
3	9
⋮	⋮
t	t^2

Der zurückgelegte Weg s einer gleichmäßig beschleunigten Bewegung mit $a = 2\ m/s^2$ ist $s(t) = t^2$.

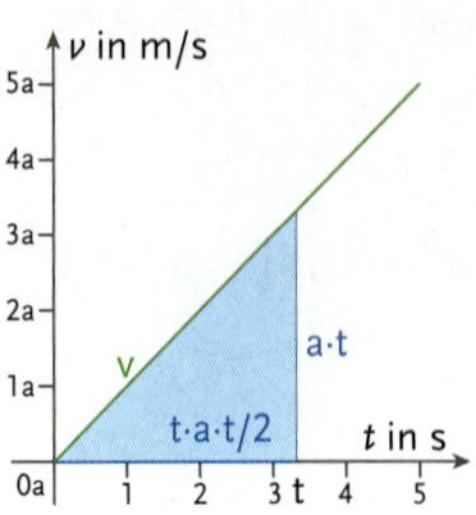

Der nach t Sekunden zurückgelegte Weg $s(t)$ einer gleichmäßig beschleunigten Bewegung mit a m/s^2 ist die Fläche unter v, also

$$s(t) = \frac{a}{2} \cdot t^2.$$

Beispiel 1.1.09: Gleichmäßig beschleunigte Bewegung – Mofa

Wir geben für eine gleichmäßig beschleunigte Bewegung eines Mofas mit $a = 2\ m/s^2$ die **drei Bewegungsgrößen Weg** s, **Geschwindigkeit** v und **Beschleunigung** a an und stellen sie für $0\ s \le t \le 5\ s$ grafisch dar.

a) Beschleunigung a (a-t-Diagramm)

Die Beschleunigung ist konstant.

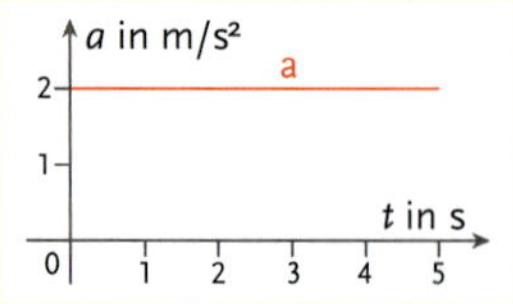

b) Geschwindigkeit v (v-t-Diagramm)

Die Geschwindigkeit nimmt in jeder Sekunde um 2 m/s zu.

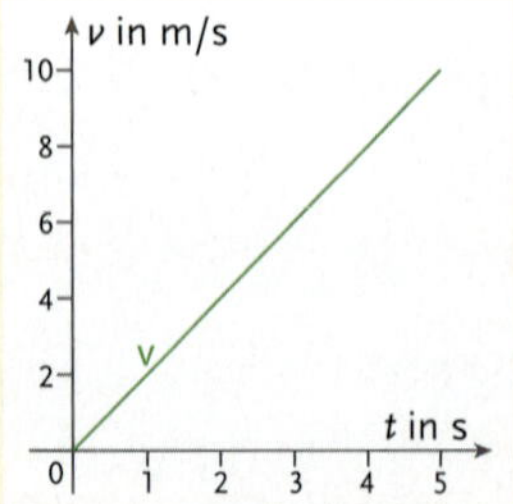

Um die Grafik nicht unnötig groß zu machen, haben wir für die Skalierung des Koordinatensystems das Verhältnis 1 : 2 gewählt.

c) Weg s (s-t-Diagramm)

Zum zurückgelegten Weg s kommen wir mit der Fläche unter dem Graphen im v-t-Diagramm.
Diese Fläche ist jeweils ein rechtwinkeliges Dreieck und daher einfach zu berechnen.
Nach 1 s sind die Katheten 1 s und 2 m/s, also $A = s(1) = 2\ m/s \cdot 1\ s/2 = 1\ m$
Nach 2 s sind die Katheten 2 s und 4 m/s, also $A = s(2) = 4\ m/s \cdot 2\ s/2 = 4\ m$
Nach t Sekunden sind die Katheten t Sekunden und $2 \cdot t$ m/s, also $A(t) = t^2$ m

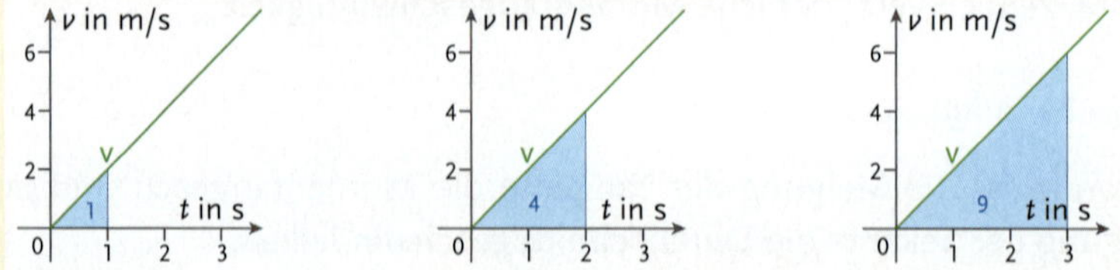

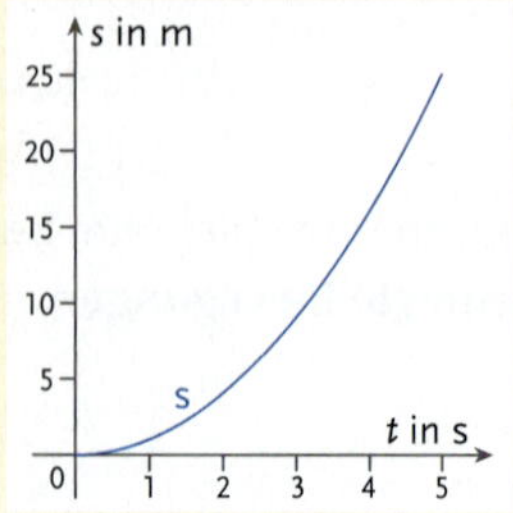

Zeitfreie Gleichung

Wir verwenden $t = v/a$ aus $v = a \cdot t$ und setzen in $s = \frac{a}{2} \cdot t^2$ ein:

$$s = \frac{a}{2} \cdot \left(\frac{v}{a}\right)^2 = \frac{a}{2} \cdot \frac{v^2}{a^2} = \frac{v^2}{2a}$$

Damit ist $v^2 = 2 \cdot a \cdot s$ und $v = \sqrt{2 \cdot a \cdot s}$

Gleichmäßig beschleunigte Bewegung mit $v_0 = 0$ m/s und $s_0 = 0$ m

- Zwischen der **Geschwindigkeit *v*** und der **Zeit *t*** besteht ein **linearer Zusammenhang: $v(t) = a \cdot t$.**
- Zwischen dem **Weg *s*** und der **Zeit *t*** besteht ein **quadratischer Zusammenhang:** $s(t) = \frac{a}{2} \cdot t^2$
- Die grafische Darstellung des zurückgelegten Weges ist daher im s-t-Diagramm eine **Parabel.**
- Endgeschwindigkeit $v = \sqrt{2 \cdot a \cdot s}$.

Beispiel 1.1.10: Gleichmäßig beschleunigte Bewegung mit $a = 2{,}5\ \text{m/s}^2$

Ein Auto beschleunigt aus dem Stand gleichmäßig mit $a = 2{,}5\ \text{m/s}^2$. Wir stellen die Geschwindigkeit *v* und den Weg *s* für die ersten drei Sekunden, $t \in [0\ \text{s}, 3\ \text{s}]$, grafisch dar und stellen vier Fragen, die wir **grafisch** und **rechnerisch** beantworten.

Vier Fragen und vier Antworten

1) Welche Geschwindigkeit *v* hat das Auto nach 2,5 Sekunden erreicht?
Kurz: $v(2{,}5\ \text{s}) = ?$

2) Wann ist das Auto 4 m/s schnell? Kurz: $v(t = ?) = 4$ m/s.

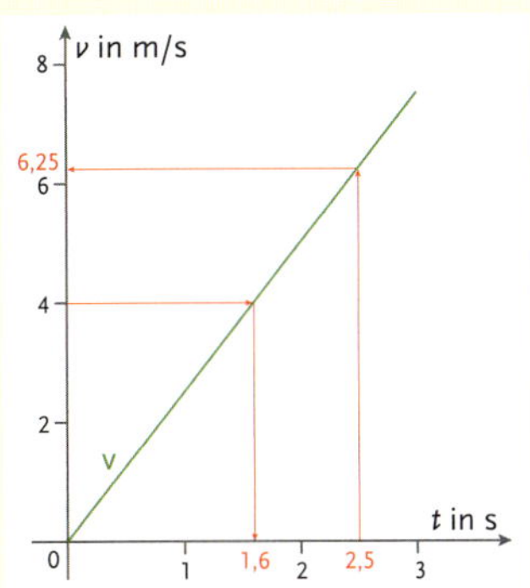

Wir lesen ab, dass das Auto nach 2,5 Sekunden rund 6,25 m/s schnell ist.
Berechnung: $v(2{,}5\ \text{s}) = 2{,}5\ \text{m/s}^2 \cdot 2{,}5\ \text{s} = 6{,}25\ \text{m/s}$
Ablesen: Nach 1,6 s ist das Auto 4 m/s schnell.

$$\text{Berechnung: } t = \frac{4\,\frac{\text{m}}{\text{s}}}{a} = \frac{4\,\frac{\text{m}}{\text{s}}}{2{,}5\,\frac{\text{m}}{\text{s}^2}} = 1{,}6\ \text{s}$$

3) $s(2{,}5\ \text{s}) = ?$

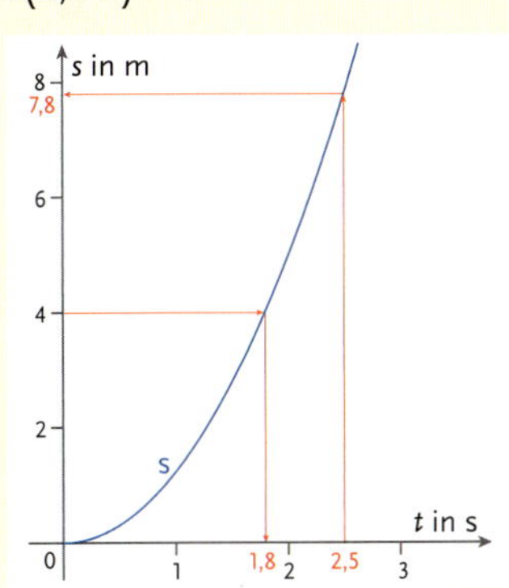

Wir lesen ab: Das Auto hat nach 2,5 s etwa 7,8 m zurückgelegt.

$$\text{Berechnung: } s(2{,}5\ \text{s}) = \frac{2{,}5\,\frac{\text{m}}{\text{s}^2}}{2} \cdot (2{,}5\ \text{s})^2 \approx 7{,}8\ \text{m}$$

4) $s(t = ?) = 4$ m
Wir lesen ab: In etwa 1,8 s wurden vom Auto 4 m zurückgelegt.

$$\text{Wir rechnen: } t = \sqrt{\frac{2s}{a}} = \sqrt{\frac{8\ \text{m}}{a}} = \sqrt{\frac{8\ \text{m}}{2{,}5\,\frac{\text{m}}{\text{s}^2}}} \approx 1{,}8\ \text{s}$$

Zeit *t* in s	Weg *s* in m
0	0
1	a/2
2	2a
3	4,5a
⋮	⋮
t	$a \cdot t^2/2$

Der zurückgelegte Weg *s* einer gleichmäßig beschleunigten Bewegung mit a m/s^2 ist

$$s(t) = \frac{a}{2} \cdot t^2.$$

Ein spezielles **v-t-Diagramm:**

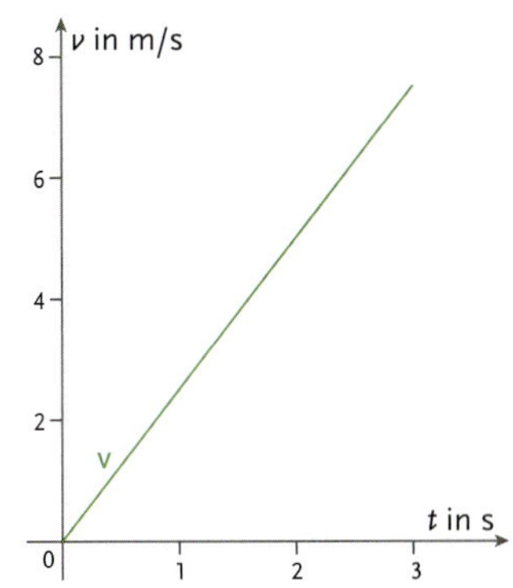

Die Geschwindigkeit *v* einer gleichmäßig beschleunigten Bewegung mit $a = 2{,}5\ \text{m/s}^2$ ist

$$v(t) = 2{,}5\,\frac{\text{m}}{\text{s}^2} \cdot t.$$

Ein spezielles **Weg-Zeit-Diagramm:**

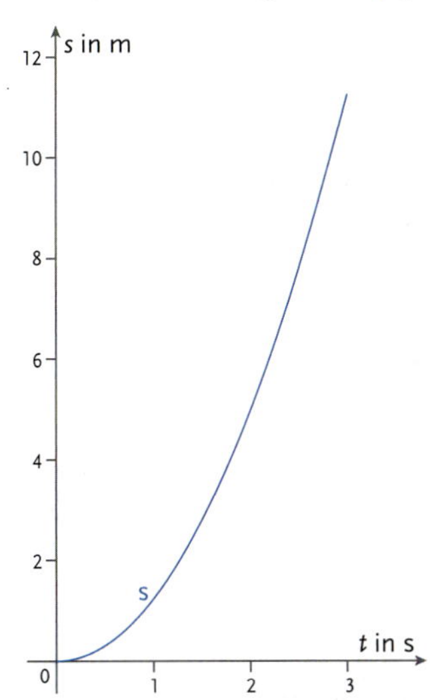

Der zurückgelegte Weg *s* einer gleichmäßig beschleunigten Bewegung mit $a = 2{,}5\ \text{m/s}^2$ ist

$$s(t) = 1{,}25\,\frac{\text{m}}{\text{s}^2} \cdot t^2.$$

B

Weil die Erde einem Rotationsellipsoid ähnelt und nicht homogen ist, hat die Gravitationsbeschleunigung g an verschiedenen Orten der Erde unterschiedliche Werte:
Am Nordpol: $g \approx 9{,}83\ \text{m/s}^2$
Am Äquator: $g \approx 9{,}78\ \text{m/s}^2$

Vacuum: lateinisch für Leere, leerer Raum

Die Erdbeschleunigung g nimmt mit der Höhe über der Erdoberfläche ab. Man kann aber bei nicht allzu großen Höhenunterschieden g als konstant betrachten.

Die quadratische Gleichung $t^2 = 2\ \text{s}^2$ hat die beiden Lösungen $t_1 = \sqrt{2}\ \text{s} \approx 1{,}41\ \text{s}$ und $t_2 = -\sqrt{2}\ \text{s} \approx -1{,}41\ \text{s}$. Was bedeutet die Lösung $t_2 = -\sqrt{2}\ \text{s}$?

Kapitel 1.5 Gravitation

Fallbeschleunigungen auf drei anderen Himmelskörpern

g_{Mond}	$\approx 1{,}65\ \text{m/s}^2$	$\approx g/6$
$g_{Jupiter}$	$\approx 25\ \text{m/s}^2$	$\approx 2{,}6\ g$
g_{Sonne}	$\approx 273\ \text{m/s}^2$	$\approx 27{,}8\ g$

Neil Armstrong fotografierte Edwin Aldrin bei seinem ersten Mondspaziergang (1969).

Freier Fall

Der freie Fall kann als Spezialfall einer gleichmäßig beschleunigten Bewegung angesehen werden, wenn man vom Luftwiderstand absieht.
Fällt ein Körper frei zum Erdboden, so geschieht dies entlang einer geraden Linie in Richtung Erdmittelpunkt (Massenmittelpunkt der Erde) gleichmäßig beschleunigt.

Freier Fall – alle Körper fallen im Vakuum gleich schnell

- Die **konstante Beschleunigung** ist beim freien Fall im Vakuum **unabhängig** von der **Masse,** der **Gestalt** und der **Größe** des Körpers.
- Die Beschleunigung des freien Falles heißt **Erdbeschleunigung,** Fallbeschleunigung, Gravitationsbeschleunigung oder Schwerebeschleunigung g.
- Sie ist zum Erdmittelpunkt gerichtet und für jeden Ort eine Konstante.
- $g = 9{,}806\,65\ \text{m/s}^2 \approx 9{,}81\ \text{m/s}^2$ ist die mittlere Fallbeschleunigung auf der Erde.
- Für Überschlagsrechnungen verwenden wir im Allgemeinen $g \approx 10\ \text{m/s}^2$.

Beispiel 1.1.11: Zehnmeterturm

Wir lassen eine Holzkugel von einem Zehnmeterturm fallen.
v- und h-Funktion und Fallzeit

$v(t) = -g \cdot t \approx -10\ \frac{\text{m}}{\text{s}^2} \cdot t$

Das Minus vor der Gravitationskonstante deutet den Vektorcharakter von v an.

$h(t) = 10\ \text{m} - \frac{g}{2} \cdot t^2$

Fallzeit t_F: $h(t_F) = 0\ \text{m}$.

$h(t_F) = 10\ \text{m} - 5\ \frac{\text{m}}{\text{s}^2} \cdot t_F^{\,2} = 0\ \text{m}$

$t_F^{\,2} = 2\ \text{s}^2$

$t_F = \sqrt{2}\ \text{s} \approx 1{,}41\ \text{s}$

Die Holzkugel ist etwa 1,41 s in der Luft, bevor sie in das Wasser eintaucht.

Geschwindigkeit v

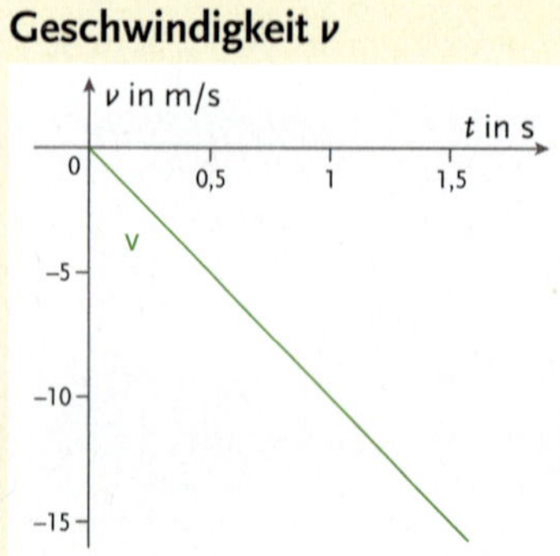

Die Holzkugel trifft mit etwa $14{,}1\ \text{m/s} \approx 51\ \text{km/h}$ auf der Wasseroberfläche auf.

Höhe h

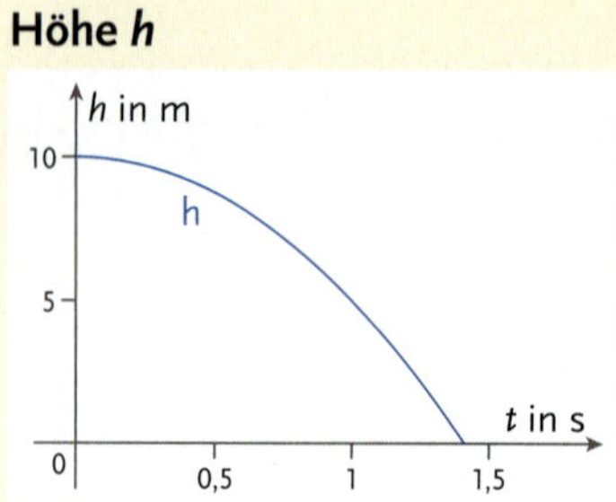

Für die ersten 5 m braucht die Holzkugel 1 s. Die nächsten 5 m legt sie in weniger als der Hälfte der Zeit (≈ 0,41 s) zurück.

Freier Fall aus der Höhe h_0

- Die Beschleunigung ist konstant und zum Erdmittelpunkt gerichtet: $a = -g$
- Zwischen der **Geschwindigkeit v** und der **Zeit t** besteht ein **linearer Zusammenhang: $v(t) = -g \cdot t$.**
- Die Höhe nimmt quadratisch mit der Zeit ab: $h(t) = h_0 - \frac{g}{2} \cdot t^2$
- Die Geschwindigkeit nach dem Durchfallen einer Höhe h ist $v = \sqrt{2 \cdot g \cdot h}$
- Die grafische Darstellung der Höhe ist im h-t-Diagramm ein Teil einer nach unten offenen **Parabel.**

Eine Turmspringerin verschafft sich durch das Hochspringen einige Zehntelsekunden, um ihre Übung vom Zehnmeterturm zu absolvieren. Beim Fallenlassen hätte sie nur etwa 1,5 s Zeit, bevor sie mit rund 50 km/h ins Wasser eintaucht.

Zusammengesetzte Bewegungen

Bisher haben wir für eine Bewegung stets entweder **v = konstant** oder **a = konstant** vorausgesetzt.

Im nachfolgenden Beispiel setzt sich der Anhaltevorgang aus zwei nacheinander stattfindenden Teilbewegungen zusammen.

- Während der Schrecksekunde gilt **v = konstant.**
- Für das Verzögern in den Stillstand **a = konstant.**

Beispiel 1.1.12: Der Anhalteweg

Ein Pkw fährt auf der Autobahn mit rund 144 km/h. Plötzlich erkennt der etwas unkonzentrierte Lenker eine dichte Nebelwand. Nach einer Schrecksekunde verzögert er mit $-5\ \mathrm{m/s^2}$ in den Stillstand, da er im Rückspiegel kein nachfolgendes Kfz erkennt.

Wir beschrieben den Anhaltevorgang mit Hilfe von zwei Teilbewegungen.

- Während der Schrecksekunde legt der Pkw 40 m zurück.
- Der Bremsweg s_B selbst ergibt sich zu

$$\frac{v^2}{2a} = \frac{40^2}{10}\ \mathrm{m} = \frac{1\,600}{10}\ \mathrm{m} = 160\ \mathrm{m}.$$

Der Anhalteweg setzt sich aus dem Reaktions- und den Bremsweg zusammen.
Anhalteweg = Reaktions- + Bremsweg

$$s_A = s_R + s_B$$

$$s_A = 40\ \mathrm{m} + 160\ \mathrm{m} = 200\ \mathrm{m}$$

Hätte sich der Lenker mit 120 km/h bewegt, so hätte der Anhalteweg unter den gleichen Voraussetzungen „nur" rund 144,4 m betragen.

Die Wegdifferenz von rund 56 m ($200 - 144{,}4 \approx 56$) kann lebensrettend sein.

Auf österreichischen Autobahnen beträgt die gesetzlich erlaubte Höchstgeschwindigkeit 130 km/h.

Freier Fall aus der Höhe h_0

$a \approx -10\ \mathrm{m/s^2}$

$v(t) \approx -10\ \frac{\mathrm{m}}{\mathrm{s^2}} \cdot t$

$h(t) \approx h_0 - 5\ \frac{\mathrm{m}}{\mathrm{s^2}} \cdot t^2$

Die beiden negativen Vorzeichen von a und v betonen den Vektorcharakter von Beschleunigung und Geschwindigkeit.

Acapulco-Springer

Zusammengesetzte Bewegungen

Bei **zusammengesetzten Bewegungen** können wir die einzelnen – auch gleichzeitig stattfindenden – Bewegungen unabhängig voneinander rechnerisch behandeln und dann vektoriell zusammensetzen.

Im obigen Anhaltewegbeispiel können wir auf die vektorielle Zusammensetzung verzichten, weil die beiden Einzelbewegungen – gleichförmige Bewegung während der Schrecksekunde und gleichmäßige Verzögerung – längs einer (gedachten) Gerade erfolgen.

Können Leichtathleten bei Olympischen Spielen in Australien bessere Ergebnisse erzielen als etwa in Moskau?

Weil beim lotrechten Wurf nach oben die beiden gleichzeitigen Bewegungen – gleichförmige mit der Abwurfgeschwindigkeit und gleichmäßig beschleunigte wegen der Gravitationskraft – längs einer Gerade erfolgen, können wir die Einzelgeschwindigkeiten und die Einzelwege einfach subtrahieren.

Lotrechter Wurf

Beim lotrechten Wurf nach oben kommt zur gleichmäßig beschleunigten Bewegung nach unten eine gleichförmige Bewegung mit einer Anfangsgeschwindigkeit v_0 nach oben dazu.

Beispiel 1.1.13: Lotrechter Wurf mit v_0 = 20 m/s nach oben

Wir geben für den Wurf die **drei Bewegungsgrößen Beschleunigung** a, **Geschwindigkeit** v und **Höhe** h an und stellen die Beschleunigung, die Geschwindigkeit und die Höhe grafisch dar.
Wir nehmen an, dass der Wurf vom Boden aus erfolgte.

Beschleunigung *a*

$a(t) = -g \approx -10\,\frac{\text{m}}{\text{s}^2}$

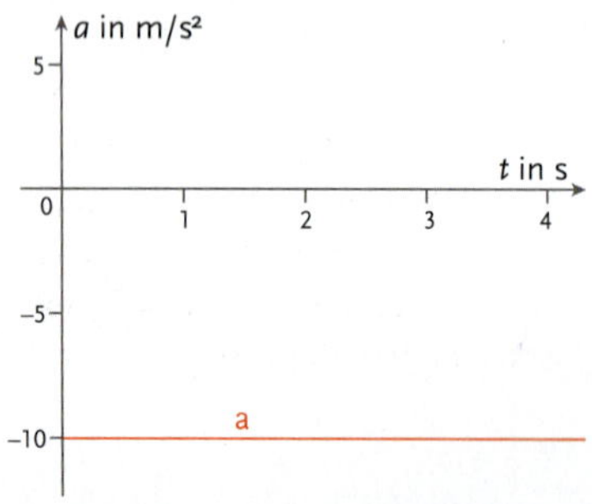

a-t-Diagramm für das Beispiel 1.1.13: Zu jedem Zeitpunkt im Intervall [0 s; 4 s] ist die Beschleunigung –10 m/s^2.

Geschwindigkeit *v*

$v(t) = v_0 - g \cdot t \approx 20\,\frac{\text{m}}{\text{s}} - 10\,\frac{\text{m}}{\text{s}^2} \cdot t$

- $v(1\text{s}) = 10\,\frac{\text{m}}{\text{s}}$
  Der geworfene Körper hat nach einer Sekunde noch eine Steiggeschwindigkeit von 10 m/s.
- $v(2\text{s}) = 0\,\frac{\text{m}}{\text{s}}$
  Nach zwei Sekunden ist der Umkehrpunkt erreicht.
- $v(3\text{s}) = -10\,\frac{\text{m}}{\text{s}}$
  Nach drei Sekunden hat der Körper eine zum Erdmittelpunkt gerichtete Geschwindigkeit von –10 m/s.
- $v(4\text{s}) = -20\,\frac{\text{m}}{\text{s}}$
  Nach vier Sekunden trifft der Körper wieder am Boden auf.

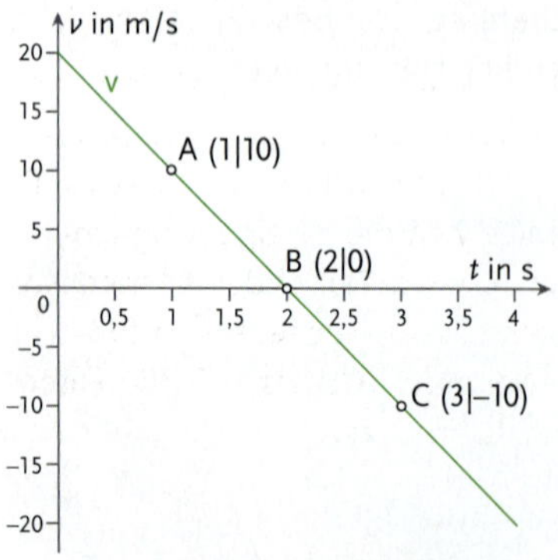

v-t-Diagramm für das Beispiel 1.1.13: Die Geschwindigkeit nimmt beim lotrechen Wurf nach oben linear ab.

Höhe *h*

$h(t) = v_0 \cdot t - \frac{g}{2} \cdot t^2 \approx 20\,\frac{\text{m}}{\text{s}} \cdot t - 5\,\frac{\text{m}}{\text{s}^2} \cdot t^2$

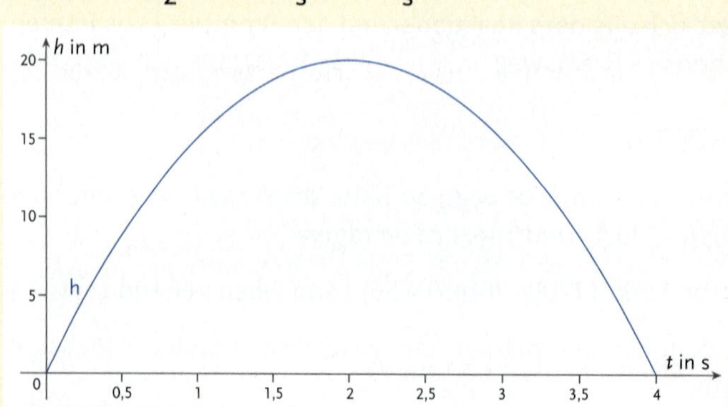

Beim Service (Aufschlag) führen einige Tennisprofis näherungsweise einen lotrechten Wurf aus der Höhe h_0 aus.

Lotrechter Wurf aus der Höhe h_0 mit v_0 nach oben

- Zwischen der **Geschwindigkeit *v*** und der **Zeit *t*** besteht ein **linearer Zusammenhang: $v(t) = v_0 - g \cdot t$.**
- $h(t) = h_0 + v_0 \cdot t - \frac{g}{2} \cdot t^2$
- Zeit zum Erreichen des Umkehrpunktes = Steigzeit $t_H = \frac{v_0}{g}$
- Die Steighöhe (= maximale Höhe über der Abwurfposition) beträgt $\frac{v_0^2}{2g}$.

Beim lotrechten Wurf nach oben mit Anfangshöhe ändert sich nur die Formel für die Höhe nach t Sekunden Wurfdauer gegenüber den Formeln beim lotrechten Wurf (vom Boden).

Waagrechter (horizontaler) Wurf

Beim waagrechten Wurf **ohne Luftwiderstand** kommt zur gleichmäßig beschleunigten Bewegung in y-Richtung eine gleichförmige Bewegung in x-Richtung hinzu. Dass die beiden Bewegungen gleich lang dauern, können wir mit einer Federpistole, die mit zwei Projektilen bestückt werden kann, experimentell überprüfen. Wird die im Bild rechts oben befindliche Feststellschraube gelöst, wird die rechte Kugel waagrecht weggeschleudert. Die linke Kugel hingegen fällt senkrecht zu Boden. Die beiden Kugeln treffen gleichzeitig am Boden auf.

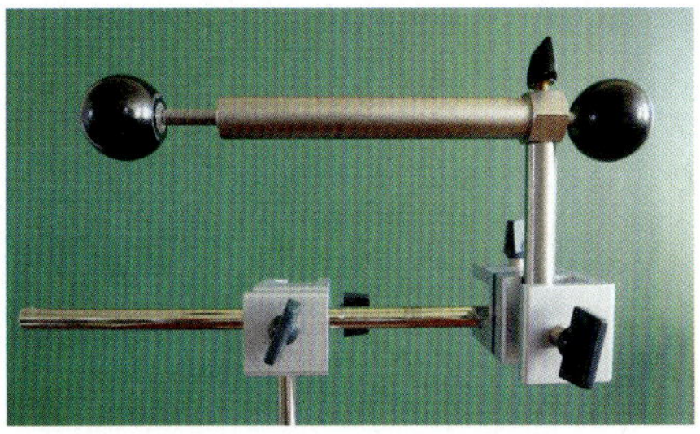

Zu den bisherigen Diagrammen kommt daher das y-x-Diagramm, in dem man die tatsächliche Flugbahn mitsamt der Reichweite sieht, hinzu. Die Geschwindigkeit muss entweder vektoriell behandelt oder in **zwei Komponenten** v_x und v_y zerlegt werden.

Da beim waagrechten Wurf dem Körper eine bestimmte Anfangsgeschwindigkeit v_0 in x-Richtung erteilt wird, können wir die Wurfbahn durch **Zusammensetzung** der gleichförmigen Bewegung in x-Richtung mit dem freien Fall in y-Richtung ermitteln:

- x-Koordinate: $x(t) = v_0 \cdot t$ wegen der Anfangsgeschwindigkeit v_0
- y-Koordinate: $y(t) = h(t) = h_0 - \frac{g}{2} \cdot t^2$ wegen des freien Falles
- v_y ergibt sich analog zum freien Fall als $v_y(t) = -g \cdot t$.

Aus $y(t_W) = 0$ folgt die Wurfdauer t_W

$$t_W = \sqrt{\frac{2 \cdot h_0}{g}}$$

Beispiel 1.1.14: Abwurf von Medikamenten

Ein Flugzeug soll einen Beutel mit Medikamenten in ein Auffangbecken werfen. Es fliegt mit einer Geschwindigkeit von 250 km/h in einer Höhe von 50 m. In welcher waagrechten Entfernung vom Auffangbecken muss der Beutel abgeworfen werden, wenn aufgrund des Luftwiderstandes die Wurfweite um 70 m kürzer ist?

$$t_W = \sqrt{\frac{2 \cdot h_0}{g}} = \sqrt{10} \approx 3{,}16 \text{ s}$$

Das Paket ist daher etwa 3,16 s unterwegs.

$$x = v \cdot t \qquad x = \frac{250}{3{,}6}\,\frac{\text{m}}{\text{s}} \cdot 3{,}16 \text{ s} \approx 219{,}4 \text{ m}$$

Der Beutel muss daher etwa in 150 m Entfernung vom Auffangbecken abgeworfen werden.

Waagrechter Wurf aus der Höhe h_0 mit v_0 nach rechts

- $v_x(t) = v_0 =$ konstant und $v_y(t) = -g \cdot t$. $v(t)^2 = v_x(t)^2 + v_y(t)^2$
- $x(t) = v_0 \cdot t$ und $h(t) = h_0 - \frac{g}{2} \cdot t^2$
- Zeit zum Erreichen des Auftreffpunktes = Wurfzeit $t_W = \sqrt{\frac{2 \cdot h_0}{g}}$
- Auftreffwinkel $\alpha = \arctan \frac{v_y(t_W)}{v_0}$
- Reichweite $x_R = v_0 \cdot t_W$. In Abhängigkeit von den Anfangsgrößen:

$$x_R = v_0 \cdot \sqrt{\frac{2 \cdot h_0}{g}}$$

Horizontal und vertikal:

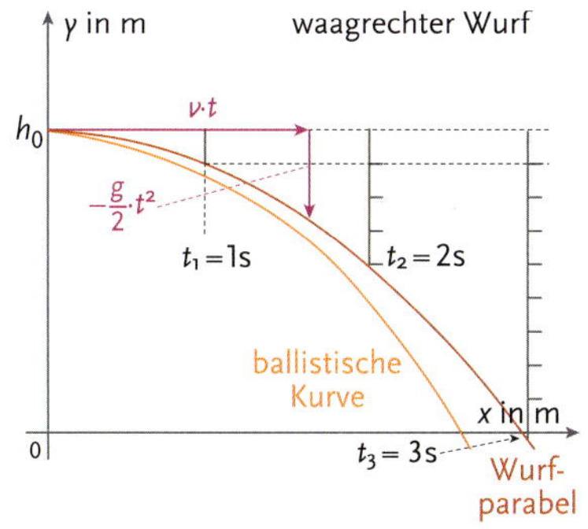

Die Bahnkurve beim waagrechten Wurf ist ohne Berücksichtigung des Luftwiderstandes eine **Wurfparabel.** Tatsächlich ergibt sich eine **ballistische Kurve** mit einer geringeren Reichweite auf Grund der verringerten Geschwindigkeit in waagrechter Richtung.

Der Abwurf von Hilfsmittelpaketen war in Haiti im Jänner 2010 für einige Zeit die einzige Möglichkeit, die Not leidenden Menschen nach einem verheerenden Erdbeben mit mehr als 300 000 Toten zu unterstützen.

Zur **Reichweiteformel**

$$x_R = v_0 \cdot \sqrt{\frac{2 \cdot h_0}{g}}$$

Die Reichweite verdoppelt sich, wenn man

- die Anfangsgeschwindigkeit verdoppelt bzw.
- die Abwurfhöhe vervierfacht.
- Eine geringere Gravitationsbeschleunigung vergrößert die Reichweite bei sonst gleichen Bedingungen ebenfalls.

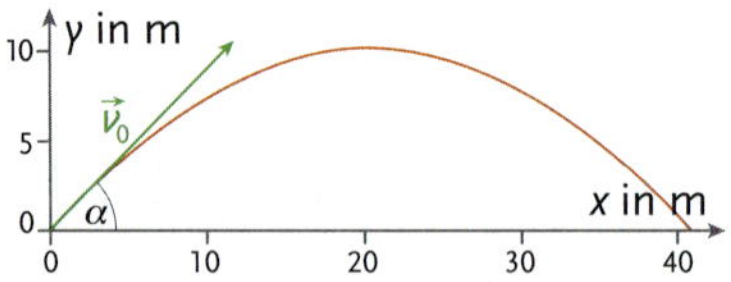

Die Abwurfgeschwindigkeit beim schiefen Wurf schließt mit der Horizontalen den Abwurfwinkel α ein.

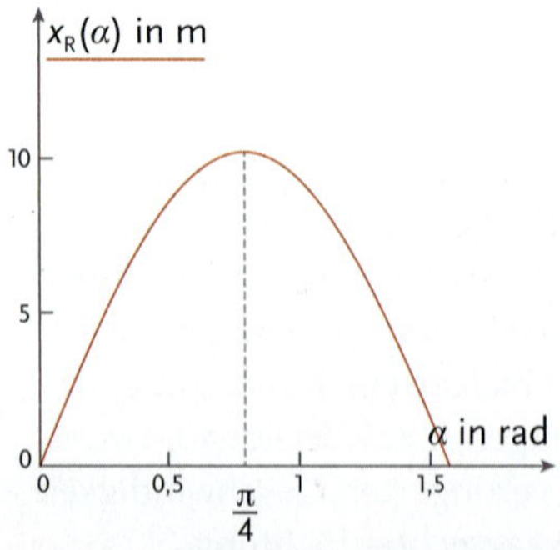

Die Reichweite als Funktion des Abwurfwinkels α in rad.

Die **Reichweiteformel**

$$x_R = \frac{v_0^2 \cdot \sin(2\alpha)}{g}$$

zeigt uns – ebenso wie die Abbildung – ein Maximum für die Reichweite bei einem Abwurfwinkel von 45°, falls v_0 und g konstant sind.

Thomas Muster gewann 1995 die French Open und war 1996 für insgesamt sechs Wochen Weltranglistenerster. In diesem Jahr hat er sieben Turniere gewonnen und wurde Sportler des Jahres in Österreich.

Schiefer Wurf

Beim schiefen Wurf **ohne Luftwiderstand** setzen wir einen lotrechten und einen waagrechten Wurf zusammen und ersetzen jeweils v_0 durch die entsprechende Komponente v_{0x} bzw. v_{0y}. Der schiefe Wurf erfolge unter dem Winkel α zur Horizontalen.

Schiefer Wurf vom Boden mit v_0 unter dem Winkel α

- $v_x(t) = v_{0x} =$ konstant und
  $v_y(t) = v_{0y} - g \cdot t$
  $v(t)^2 = v_x(t)^2 + v_y(t)^2$
- $x(t) = v_{0x} \cdot t = v_0 \cdot \cos\alpha \cdot t$ und $y(t) = v_{0y} \cdot t - \frac{g}{2} \cdot t^2 = v_0 \cdot \sin\alpha \cdot t - \frac{g}{2} \cdot t^2$
- Zeit zum Erreichen des Auftreffpunktes = Wurfzeit $t_W = \frac{2v_{0y}}{g}$
  Folgt aus $y(t_W) = 0$
- Reichweite $x_R = v_{0x} \cdot t_W = v_0 \cdot \cos\alpha \cdot 2 \cdot \frac{v_0 \sin\alpha}{g} = \frac{v_0^2 \cdot \sin(2\alpha)}{g}$

Beispiel 1.1.15: Thomas Muster

Nach seiner schweren Beinverletzung trainierte Thomas Muster viel mit einer **Ballwurfmaschine.** Wenn die Maschine in den Tennisplatz eingebaut ist, können wir den schiefen Wurf einfach beschreiben. Welche Geschwindigkeit musste eingestellt werden, um bei einem Abwurfwinkel von 30° eine Reichweite von 15 Metern zu erreichen, wenn durch Luftwiderstand und Topspin nur 50 % der Reichweite für verlustfreie Würfe erreicht werden?

$$x_R = \frac{v_0^2 \cdot \sin(2\alpha)}{g}$$

$$v_0 = \sqrt{\frac{x_R \cdot g}{\sin(2\alpha)}} \approx 18{,}6\,\frac{\text{m}}{\text{s}}$$

Die Ballwurfmaschine muss die Bälle mit rund 18,6 m/s = 67 km/h werfen.

Ziele erreicht? – „Kinematik der Translation“

1.1.05 + Fertigen Sie das a-t-, v-t- und s-t-Diagramm für eine **gleichförmige Bewegung mit v = 144 km/h** für 5 Sekunden mit s(0 s) = 0 m an und beantworten Sie folgende Fragen **grafisch** und **rechnerisch:**
a) v(3 s) = ?, b) s(3 s) = ? und c) s(t = ?) = 120 m.

1.1.06 + Geben Sie eine Formel für den zurückgelegten **Weg s** bei einer **Bewegung mit konstanter Geschwindigkeit** und bei einer **Bewegung mit konstanter Beschleunigung** an.

1.1.07 ++ Fertigen Sie das a-t-, v-t- und s-t-Diagramm für eine **gleichmäßig beschleunigte Bewegung mit a = 3 m/s²** für 10 Sekunden mit s(0 s) = 0 m und v(0 s) = 0 m/s an und beantworten Sie folgende Fragen grafisch und rechnerisch: a) v(4 s) = ?, b) v(t = ?) = 24 m/s, c) s(3 s) = ? und d) s(t = ?) = 96 m.

1.1.08 ++ Fertigen Sie das a-t-, v-t- und s-t-Diagramm für eine **gleichmäßig verzögerte Bewegung** für die gesamte Bremsdauer von 5 Sekunden an, wenn s(0 s) = 0 m und v(0 s) = 90 km/h und beantworten Sie folgende Fragen grafisch und rechnerisch: a) v(4 s) = ?, b) v(t = ?) = 24 m/s, c) s(3 s) = ? und d) s(t = ?) = 60 m.

1.1.09 ++ Fertigen Sie das v-t- und h-t-Diagramm für einen **Acapulco-Springer,** der sich aus ca. 40 m in die Tiefe fallen lässt.

1.1.10 + Berechnen Sie, aus welcher Höhe h_0 ein Körper frei fallen muss, um eine **Aufprallgeschwindigkeit** von a) 72 km/h, b) 108 km/h bzw. c) 144 km/h zu erreichen.

1.1.11 + Vervollständigen Sie die nachstehende Tabelle für einen freien Fall ohne Luftwiderstand und stellen Sie den Zusammenhang in einem v-h-Diagramm dar.

Aufprallgeschwindigkeit v in m/s	Aufprallgeschwindigkeit v in km/s	Fallhöhe h_0 in m
5		
10		
15		
20		
⋮		
50		

1.1.12 + Geben Sie die Formel für die Geschwindigkeit und die Höhe beim freien Fall aus der Höhe h_0 an.

1.1.13 ++ Fertigen Sie das a-t-, v-t- und s-t-Diagramm für einen **Anhaltevorgang** auf der Landstraße analog zu Beispiel 1.1.12 mit v rund 108 km/h an.

1.1.14 ++ Kontrollieren Sie die nachstehend angegebenen Wege sowie die **Brems-** und **Anhaltezeit** rechnerisch. Welcher Bewegungstyp wird jeweils angenommen?

Geschwindigkeit			90	⦿ km/h ○ m/s	
Verzögerung (siehe unten)			8	m/s²	
Reaktionszeit	0.35	s	Reaktionsweg	8.75	m
Umsetzzeit	0.2	s	Umsetzweg	5	m
Ansprechzeit			Ansprechweg		
Schwellzeit	0.05	s	Schwellweg	1.25	m
Bremszeit	0.22	s	Bremsweg	5.3	m
Anhaltezeit	3.01	s	Anhalteweg	36.36	m
	3.83	s		56.66	m
Wege berechnen			neu		

1.1.15 + Berechnen Sie die **Verzögerungen** für die Abbildung in der Randspalte, wenn Sie den angegebenen Anhalteweg als Bremsweg verwenden.

1.1.16 ++ Interpretieren Sie die beiden **Fahrschulformeln:**

$$s_R \approx \left(\frac{v \text{ in km/h}}{10}\right) \cdot 3$$

$$s_B \approx \left(\frac{v \text{ in km/h}}{10}\right)^2$$

s_R und s_B ergeben sich in Metern.

Berechnen Sie insbesondere die angenommene Reaktionszeit t_R und die verwendete Verzögerung a.

1.1.17 + Fertigen Sie das v-t- und h-t-Diagramm für einen **Springbrunnen** an, bei dem die Wasserfontäne eine maximale Höhe von 30 Metern erreicht.

1.1.18 ++ Mit welcher Geschwindigkeit muss ein **Ball** aus einer Höhe h_0 von 1 m abgeworfen werden, um eine maximale Höhe von 21 Metern zu erreichen? Skizzieren Sie das h-t-Diagramm.

Bei der Wurfdauer t_W mit $h(t_W) = 0$ m sollten Sie sich mit einer Näherungslösung begnügen.

1.1.19 ++ Fertigen Sie das y-x-Diagramm für einen **Stuntman,** der über eine waagrechte Rampe mit einer Höhe von 10 m mit 108 km/h saust. Messen Sie den Auftreffwinkel durch Einzeichnen des Geschwindigkeitsvektors und kontrollieren Sie durch Berechnung.

Der schiefe Wurf aus der Höhe h_0 mit
$x(t) = v_0 \cdot \cos\alpha \cdot t$ und
$y(t) = h_0 + v_0 \cdot \sin\alpha \cdot t - \frac{g}{2} \cdot t^2$
liefert für
- $\alpha = 0°$ den waagrechten und für
- $\alpha = 90°$ den lotrechten Wurf.

B

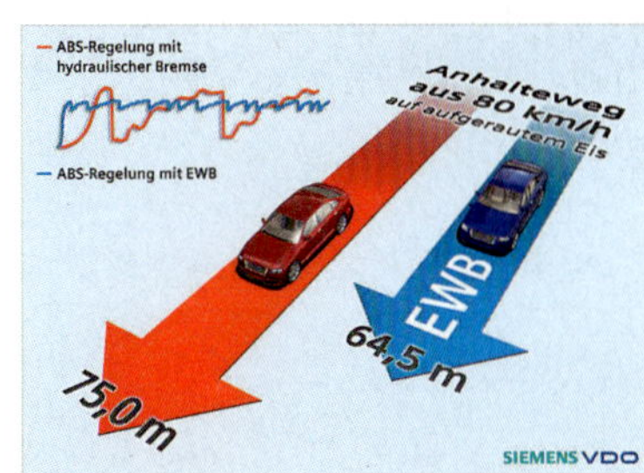

Vergleich zweier Bremstechnologien.

Bei der Olympiaabfahrt der Herren im Februar 2014 sprangen viele Athleten bis zu 50 m weit. Ebenso der österreichische Triumphator Matthias Mayr.

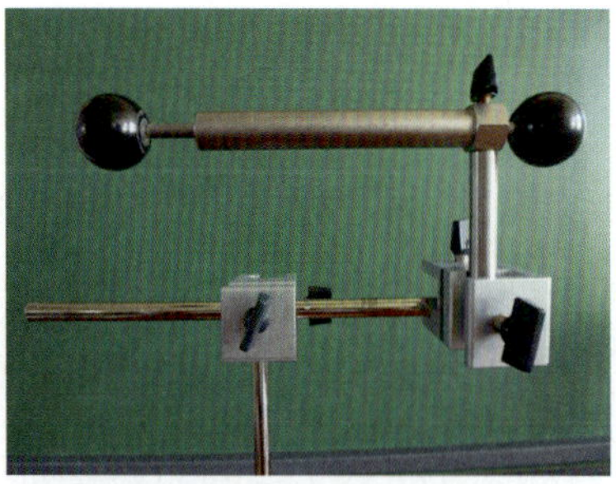

Bild zur Aufgabe 1.1.20: Eine Federpistole für Experimente im Unterricht

1.1.20 + Berechnen Sie die Geschwindigkeit, mit der eine **Federpistole** ein Projektil in einer Höhe von 2 m waagrecht abschießen muss, damit die Reichweite 5 m beträgt.

1.1.21 + Geben Sie die **Formeln** für die **Geschwindigkeit in y-Richtung** bei einem lotrechten, waagrechten und schiefen Wurf an.

1.1.22 + Berechnen Sie die **Reichweite** für einen schiefen Wurf vom Boden mit v_0 für 30°, 45° und 60°. Was erkennen Sie? Für welche beiden Winkel ergibt sich stets die gleiche Reichweite?

1.1.23 + Fertigen Sie das y-x-Diagramm für einen **Speerwurf,** der eine weltrekordnahe Marke von ca. 98 m erreicht, wenn Sie die Anfangshöhe und den Luftwiderstand vernachlässigen und einen Abwurfwinkel von 45° annehmen.

1.1.3 Kinematik der Rotation

Uhren haben viele Menschen seit jeher in ihren Bann gezogen. Auf Kirch- und Uhrtürmen sind sie weithin sichtbar. An den Handgelenken vieler Menschen findet man Uhren aus industrieller Massenfertigung ebenso wie erlesene Meisterstücke mit limitierter Auflagezahl.

Grazer Uhrturm

Betrachten wir die Bewegung eines **Minutenzeigers** etwas genauer.
Jeder Punkt im Abstand r vom Drehpunkt des Zeigers legt in einer Stunde die Strecke $s(r) = 2 \cdot r \cdot \pi$ zurück. Damit ergibt sich für jeden Punkt eine unterschiedliche Geschwindigkeit $v(r) = \frac{2 \cdot r \cdot \pi}{60\ \text{min}}$.

Für einen Abstand von einem Meter vom Drehpunkt beträgt die Geschwindigkeit rund $10{,}5\ \frac{\text{cm}}{\text{min}}$.

Rotation

Jeder Punkt eines rotierenden Zeigers überstreicht in gleichen Zeiten
- den **gleichen (Dreh-)Winkel** und
- hat daher das **gleiche Verhältnis von Winkeländerung und benötigter Zeit,**

wenn wir eine gleichförmige Rotation voraussetzen können.

Meine Ziele

Nach Bearbeitung dieses Kapitels kann ich
- Drehbewegungen anhand von Alltagsbeispielen erklären;
- die Definition der Drehgrößen **Winkel, Winkelgeschwindigkeit** und **Winkelbeschleunigung** wiedergeben und verstehen;
- die **mittlere Winkelgeschwindigkeit** aus einem **φ-t-Diagramm** und die **mittlere Winkelbeschleunigung** aus einem **ω-t-Diagramm** ablesen;
- die **gleichförmige** und die **gleichmäßig beschleunigte Drehbewegung** analysieren und für beide die zugehörigen Diagramme zeichnen und interpretieren;
- jede **Kreisbewegung** als **beschleunigte Bewegung** beschreiben.

Translation	Rotation
Weg s	Winkel φ
Geschwindigkeit v	Winkelgeschwindigkeit ω
Beschleunigung a	Winkelbeschleunigung α

Translations- und entsprechende Drehgrößen

Analog zu den **Bahngrößen** der **Translation** definiert man **Drehgrößen** für die **Rotation:**
- Dem Weg s entspricht der Drehwinkel φ,
- der (Tangential-)Geschwindigkeit v die Winkelgeschwindigkeit ω
- und der Beschleunigung a die Winkelbeschleunigung α.

Drehwinkel

$$\varphi = \frac{b}{r} = \frac{\textit{Bogenlänge}}{\textit{Radius}}$$

$$[\varphi] = \left[\frac{b}{r}\right] = \frac{[b]}{[r]} = \frac{1\ \text{m}}{1\ \text{m}} = 1\ \text{Radiant (1 rad)}$$

Der Drehwinkel ist eine dimensionslose abgeleitete physikalische Größe, die im Allgemeinen in Radiant angegeben wird. Für eine Drehung um 180° gilt Bogenlänge b = halber Kreisumfang = $r \cdot \pi$, sodass 180° = π Radiant gilt.

Bei einem Winkel von 1 rad = 180°/π ≈ 57,3° sind Kreisbogen und Radius gleich groß.

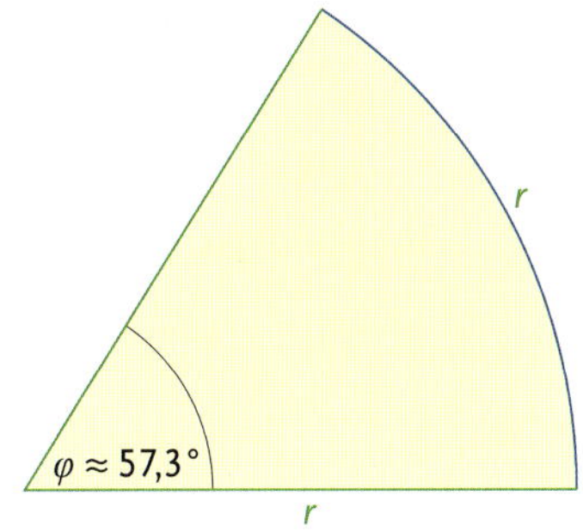

Drehen wir uns mit ausgestreckten Armen um die eigene Körperachse, so besitzt jeder Punkt unserer Arme im Abstand r von der Drehachse eine Geschwindigkeit, die proportional zu r ist. Für jeden Punkt ist aber das Verhältnis von Drehwinkeländerung zu benötigter Zeit konstant. Wir definieren daher die Winkelgeschwindigkeit.

Winkelgeschwindigkeit

$$\omega = \frac{\Delta\varphi}{\Delta t} = \frac{\textit{Drehwinkeländerung}}{\textit{benötigte Zeit}}$$

$$[\omega] = \left[\frac{\Delta\varphi}{\Delta t}\right] = \frac{[\Delta\varphi]}{[\Delta t]} = \frac{1\ \text{rad}}{1\ \text{s}} = 1\ \frac{\text{rad}}{\text{s}}$$

⚠ ω wird auch in $\frac{1}{\text{s}} = \text{s}^{-1}$ und α auch in $\frac{1}{\text{s}^2} = \text{s}^{-2}$ angegeben.

Wenn wir uns mit ausgestreckten Armen immer schneller um die eigene Körperachse drehen wollen, muss ein Punkt unserer Arme im Abstand r von der Drehachse eine Beschleunigung erfahren, die von r abhängig ist. Für jeden Punkt ist aber das Verhältnis von Winkelgeschwindigkeitsänderung zu benötigter Zeit konstant. Wir definieren daher die Winkelbeschleunigung.

Größe	Einheit
s, b, r	1 m
Winkel φ	1 rad = 1
v	$1\ \frac{\text{m}}{\text{s}}$
ω	$1\ \frac{\text{rad}}{\text{s}} = \frac{1}{\text{s}}$
a	$1\ \frac{\text{m}}{\text{s}^2}$
α	$1\ \frac{\text{rad}}{\text{s}^2} = \frac{1}{\text{s}^2}$

Spezielle physikalische Größen mit ihrer SI-Einheit

Winkelbeschleunigung

$$\alpha = \frac{\Delta\omega}{\Delta t} = \frac{\textit{Winkelgeschwindigkeitsänderung}}{\textit{benötigte Zeit}}$$

$$[\alpha] = \left[\frac{\Delta\omega}{\Delta t}\right] = \frac{[\Delta\omega]}{[\Delta t]} = \frac{\frac{1\ \text{rad}}{\text{s}}}{1\ \text{s}} = 1\ \frac{\text{rad}}{\text{s}^2}$$

Wie bei der Translation unterscheiden wir bei Drehbewegungen zwischen den beiden Sonderfällen

- **gleichförmige Rotation** mit konstanter Winkelgeschwindigkeit und
- **gleichmäßig beschleunigte Rotation** mit konstanter Winkelbeschleunigung.

Zwei spezielle Drehbewegungen:
- **gleichförmige Rotation:** ω = konstant
- **gleichmäßig beschleunigte Rotation:** α = konstant

Gleichförmige Drehbewegung

Beispiel 1.1.15: Diesel- oder Benzinmotor

Der **Drehzahlmesser** eines Pkw mit Dieselmotor zeige 3 000 U/min und der eines mit gleicher Geschwindigkeit fahrenden Pkw mit Benzinmotor 3 600 U/min an. Die Winkelgeschwindigkeit ω ergibt für den Dieselmotor bzw. Benzinmotor

$$\omega_{\text{Dieselmotor}} = \frac{3\,000 \cdot 2\pi\ \text{rad}}{60\ \text{s}} = 100\,\pi\ \frac{\text{rad}}{\text{s}}$$

$$\omega_{\text{Benzinmotor}} = \frac{3\,600 \cdot 2\pi\ \text{rad}}{60\ \text{s}} = 120\,\pi\ \frac{\text{rad}}{\text{s}}$$

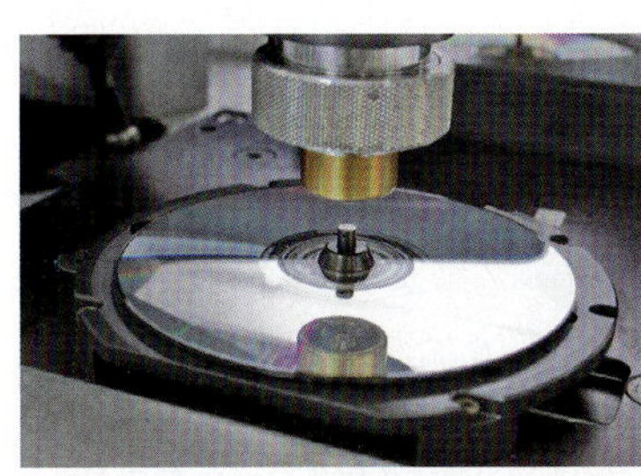

In einem CD-Player rotieren die CDs mit 200 bis 500 Umdrehungen pro Minute und haben damit eine Winkelgeschwindigkeit ω von $\frac{20\pi}{3}\ \frac{\text{rad}}{\text{s}}$ bis $\frac{50\pi}{3}\ \frac{\text{rad}}{\text{s}}$.

Gleichförmige Rotation mit Anfangswinkel φ_0

Der **Drehwinkel** φ nimmt linear mit der Zeit t zu: $\varphi(t) = \omega \cdot t + \varphi_0$

Translation	Gleichungen
Gleichförmig v = konstant	$s(t) = v \cdot t + s_0$
Gleichmäßig beschleunigt a = konstant	$v(t) = a \cdot t + v_0$ $s(t) = \frac{a \cdot t^2}{2} + v_0 \cdot t + s_0$

Gleichförmige und gleichmäßig beschleunigte Translation

Gleichmäßig beschleunigte Drehbewegung

Beispiel 1.1.16: Turbine

Eine **Turbine** soll innerhalb von 30 Sekunden auf eine Umdrehungszahl von 3 600 U/min aus dem Stillstand beschleunigt werden und dann mit konstanter Drehzahl für 10 Sekunden laufen, um anschließend innerhalb von 20 Sekunden in den Stillstand abgebremst zu werden.

$$\omega = \frac{\Delta\varphi}{\Delta t} = \frac{3\,600 \cdot 2\,\pi\,\text{rad}}{60\text{ s}} = 120\,\pi\,\frac{\text{rad}}{\text{s}}$$

Für die Winkelbeschleunigung α_1 innerhalb der ersten 30 Sekunden bzw. für die Winkelverzögerung α_2 beim Abbremsen gilt:

$$\alpha_1 = \frac{\Delta\omega}{\Delta t} = \frac{120\,\pi\,\frac{\text{rad}}{\text{s}}}{30\text{ s}} = 4\,\pi\,\frac{\text{rad}}{\text{s}^2} \qquad \alpha_2 = \frac{-120\,\pi\,\frac{\text{rad}}{\text{s}}}{20\text{ s}} = -6\,\pi\,\frac{\text{rad}}{\text{s}^2}$$

Rotation	Gleichungen
Gleichförmig ω = konstant	$\varphi(t) = \omega \cdot t + \varphi_0$
Gleichmäßig beschleunigt α = konstant	$\omega(t) = \alpha \cdot t + \omega_0$ $\varphi(t) = \frac{\alpha \cdot t^2}{2} + \omega_0 \cdot t + \varphi_0$

Gleichförmige und gleichmäßig beschleunigte Rotation

Gleichmäßig beschleunigte Rotation mit Anfangswinkel φ_0 und Anfangswinkelgeschwindigkeit ω_0

- Die **Winkelgeschwindigkeit** ω hängt linear von der Zeit t ab: $\omega(t) = \alpha \cdot t + \omega_0$
- Der **Drehwinkel** α ist eine quadratische Funktion der Zeit t:
  $\varphi(t) = \frac{\alpha \cdot t^2}{2} + \omega_0 \cdot t + \varphi_0$.
- Daher zeigt das **φ-t-Diagramm** eine Parabel und das **ω-t-Diagramm** eine Gerade mit der Steigung α.

Beispiel 1.1.17: Gleichmäßig beschleunigte Drehbewegung

Wir geben für eine gleichmäßig beschleunigte Rotation mit $\alpha = 2\text{ rad/s}^2$, $\omega_0 = 2\text{ s}^{-1}$ und $\varphi_0 = \pi$ rad die **drei Bewegungsgrößen Drehwinkel** φ, **Winkelgeschwindigkeit** ω und **Winkelbeschleunigung** α an und stellen sie für $0\text{ s} \leq t \leq 5\text{ s}$ grafisch dar.

Die **Winkelbeschleunigung** α ist konstant.

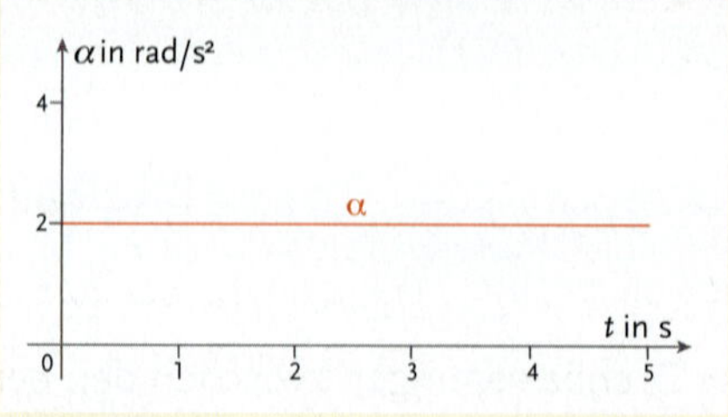

Zu den Diagrammen vergleichen Sie die entsprechenden Diagramme im Kap. 1.1.2, Kinematik der Translation.

Die **Winkelgeschwindigkeit** ω nimmt in jeder Sekunde um 2 rad/s zu: $\omega(t) = 2 \cdot t + 2$.

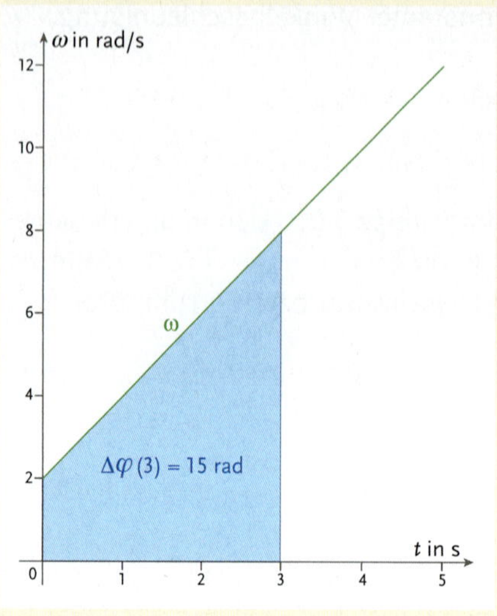

Zeit t in s	Winkelgeschwindigkeit ω in rad/s
0	2
1	4
2	6
⋮	⋮
t	2 · t + 2

Die Geschwindigkeit ω einer gleichmäßig beschleunigten Drehbewegung mit $\alpha = 2\text{ rad/s}^2$ und $\omega_0 = 2\text{ s}^{-1}$ ist $\omega(t) = 2 \cdot t + 2$.

Zum **überstrichenen** (zurückgelegten) **Drehwinkel** $\Delta\varphi$ kommen wir erneut mit der Fläche unter dem Graphen im ω-t-Diagramm.
Nach t Sekunden sind die Seiten dieses Trapezes ω_0 und $\omega_0 + \alpha \cdot t$, die Trapezhöhe ist t Sekunden, also
$A(t) = \Delta\varphi(t) = (\omega_0 + \omega_0 + \alpha \cdot t) \cdot \frac{t}{2} = \omega_0 \cdot t + \frac{\alpha}{2} \cdot t^2$.
$\varphi(t) = \varphi_0 + \omega_0 \cdot t + \frac{\alpha}{2} \cdot t^2$.

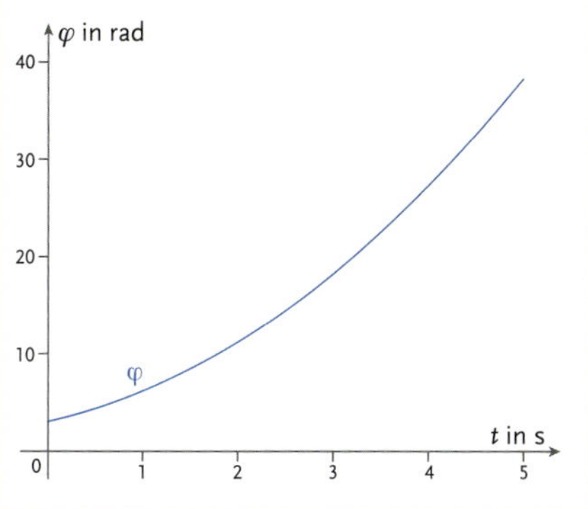

Zeit *t* in s	Winkelgeschwindigkeit *ω* in rad/s
0	0
1	α
2	2α
⋮	⋮
t	α · t

Die Winkelgeschwindigkeit ω einer gleichmäßig beschleunigten Drehbewegung mit α rad/s² aus dem Stillstand ist $\omega(t) = \alpha \cdot t$.

⚠ Die Beziehung

$\varphi(t) = \omega_0 \cdot t + \frac{\alpha}{2} \cdot t^2$

kann auch als Rechtecks- mit aufgesetzter Dreiecksfläche gelesen werden.

Im Alltag werden häufig die physikalischen Größen Drehzahl und Frequenz verwendet.

Frequenz

Um periodische Vorgänge wie eine Rotation zu beschreiben, wird unter anderem der Begriff **Frequenz *f*** verwendet. Ein Vorgang heißt **periodisch,** wenn er sich in regelmäßigen Zeitabständen wiederholt.

Frequenz

Die **Frequenz *f*** ist die **Anzahl der periodischen Vorgänge pro Sekunde.**

$$\text{Frequenz } f = \frac{\text{Anzahl der periodischen Vorgänge}}{\text{dazu benötigte Zeit in Sekunden}}$$

$[f] = \frac{1}{s} = 1$ Hertz (1 Hz)

Die Frequenz beträgt 1 Hz, wenn sich der periodische Vorgang nach jeder Sekunde wiederholt.

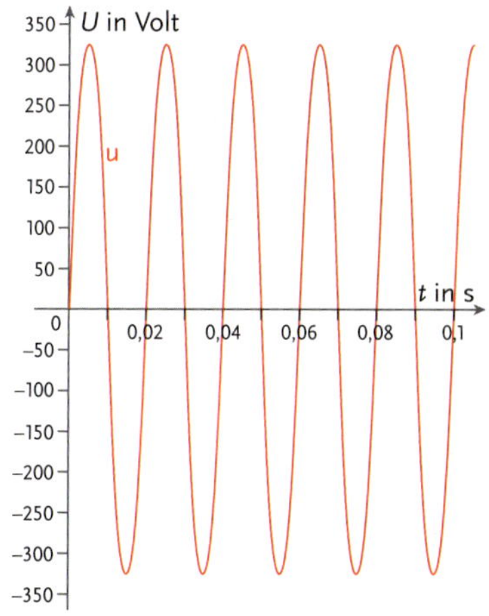

Der in Österreich am häufigsten verwendete elektrische Strom ist ein Wechselstrom, der mit 50 Hz wechselt. In einer Zehntelsekunde führt daher die Spannung fünf Schwingungen aus.

Die Einheit **Hertz** ist nach **Heinrich Rudolf Hertz** (1857 bis 1894), dem Entdecker der elektromagnetischen Wellen, benannt.

Beispiel 1.1.18: Drehzahl *n* und Frequenz *f* einer Handkurbel

Wir drehen die Handkurbel einer Projektionsleinwand mit 3 Umdrehungen pro Sekunde.

Die Drehzahl n ist also 3 pro Sekunde, also $n = 3/s$.
Die Frequenz beträgt $f = 3/s = 3$ Hz.

Wir erkennen, dass die Drehzahl in Umdrehungen pro Sekunden mit der Frequenz in Hertz übereinstimmt.

Der Kehrwert der Frequenz f gibt die **Periodendauer *T*** = Zeit für einen vollständigen Ablauf des periodischen Vorganges an.
Beispielsweise ist für eine Periodendauer von $T = 1$ s die Frequenz f gleich 1 Hz. Für $T = 2$ s ist $f = ½$ Hz, weil in einer Sekunde eine halbe Umdrehung (ein halber periodischer Vorgang) geschafft wird.

Frequenz *f* in Hz	Periode *T* in s
1	1
2	½
3	1/3
⋮	⋮
½	2
1/3	3
⋮	⋮
f	1/f
1/T	T

Frequenz f und Periode T periodischer Vorgänge: $f = 1/T$.

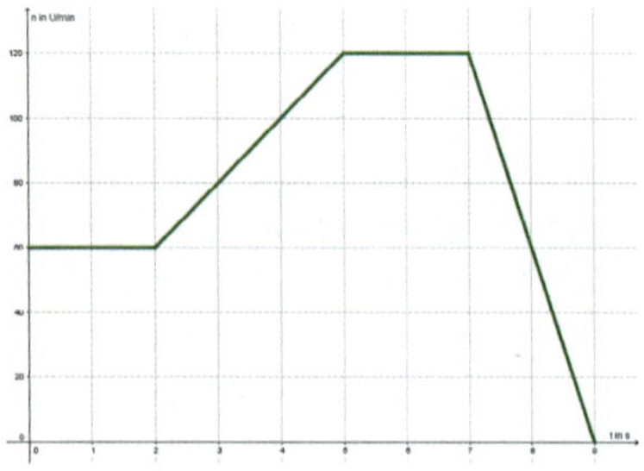

Ein typisches Drehzahl-Zeit-Diagramm. Fertigen Sie das zugehörige Winkelbeschleunigungs-Zeit-Diagramm und das Drehwinkel-Zeit-Diagramm an.

Periodische Vorgänge begleiten Uhrenträger auf Schritt und Tritt. Auffällig sind die periodischen Vorgänge bei mechanischen Uhren.

Beispiel 1.1.19: Zeiger einer mechanischen Uhr

Wir berechnen für den Sekunden-, Minuten- und den Stundenzeiger einer mechanischen Uhr die zugehörige Frequenz *f*.

- Der Sekundenzeiger macht eine Umdrehung in einer Minute (60 Sekunden), daher ist seine Frequenz $f_{\text{Sekundenzeiger}} = 1 \ / \ (60\ \text{s}) \approx 0{,}017\ \text{Hz}$.
- Der Minutenzeiger macht eine Umdrehung in einer Stunde (60 Minuten), daher ist seine Frequenz $f_{\text{Minutenzeiger}} = 1 \ / \ (60 \cdot 60\ \text{s}) \approx 0{,}000\,278\ \text{Hz}$.
- Der Stundenzeiger macht eine Umdrehung in zwölf Stunden, daher ist seine Frequenz $f_{\text{Stundenzeiger}} = 1 \ / \ (12 \cdot 60 \cdot 60\ \text{s}) \approx 0{,}000\,023\ \text{Hz}$.

Heinrich Rudolf Hertz, 1857 bis 1894, deutscher Physiker
Die Einheit der Frequenz wird ihm zu Ehren mit Hertz bezeichnet.

Ziele erreicht? – „Kinematik der Rotation“

1.1.24 + Berechnen Sie die **Winkelgeschwindigkeit** für den Stunden-, Minuten- und Sekundenzeiger einer mechanischen Uhr.

1.1.25 + Berechnen Sie die Winkelgeschwindigkeit unserer Erde bei Ihrer Drehung um die eigene Achse.

1.1.26 ++ Fertigen Sie das α-t-, ω-t- und φ-t-Diagramm für das Beispiel 1.1.16 an. Beachten Sie, dass die Drehbewegung der Turbine durch drei idealisierte Abläufe beschrieben werden kann.

1.1.27 + Ein **Motor** wird mit einer konstanten Winkelbeschleunigung von $\alpha = 2\ \text{rad/s}^2$ aus dem Stillstand beschleunigt. Wann erreicht dieser Motor eine Drehzahl von 6 000 U/min?

1.1.28 + Ein **Lamborghini** beschleunigt in 4,2 Sekunden von 0 km/h auf 100 km/h.

a) Ermitteln Sie die zugehörige Winkelbeschleunigung eines der vier (nicht durchdrehenden) Reifen dieses Pkw, wenn Sie mit einem Raddurchmesser von ca. 55 cm rechnen.

b) Wie viele Umdrehungen macht ein Rad, bis die Geschwindigkeit von 100 km/h erreicht ist?

c) Nehmen Sie zusätzlich an, dass der Lamborghini bis 280 km/h weiter beschleunigt. Wie viele Umdrehungen macht ein Rad während dieser gesamten Beschleunigung?

1.1.29 + Geben Sie für eine gleichmäßig beschleunigte Rotation mit $\alpha = 4\ \text{rad/s}^2$ und $\omega_0 = 2\ \text{s}^{-1}$ sowie $\varphi_0 = \pi$ rad die **drei Bewegungsgrößen** φ, ω und α an und stellen sie diese für $0\ \text{s} \leq t \leq 5\ \text{s}$ grafisch dar.

1.1.30 ++ Eine Turbine mit einem Durchmesser von zwei Metern wird innerhalb von 10 Sekunden von 1 200 U/min in den Stillstand verzögert. Fertigen Sie die drei zugehörigen Diagramme für die **Drehgrößen** an. Welche drei Diagramme ergeben sich für die Bahngrößen eines Punktes auf dem Umfang der Turbine?

1.1.31 + Berechnen Sie die Frequenz des **Sekundenzeigers** einer mechanischen Uhr.

1.1.32 + Der **Königspinguin** führt bis zu 120 Flügelschläge in der Minute aus und erreicht 36 km/h unter Wasser. Das entspricht etwa dem Tempo der 100-m-Sprinter. Berechnen Sie die Frequenz und die Winkelgeschwindigkeit des Pinguinflügels.

Bild zur Aufgabe 1.1.32

1.2 Dynamik

Wie ist es möglich, dass ein kleiner Flugzeugschlepper mit gut einer Tonne Eigenmasse am Flughafen ein Flugzeug rangiert, das mehr als 50 Tonnen schwer ist? Warum tut es uns mehr weh an einen schweren Gegenstand anzustoßen, als an einen leichten? In diesem Kapitel erfahren wir mehr über den Zusammenhang zwischen wirkenden Kräften und den Bewegungsänderungen eines Körpers. In der ***Kinematik*** *(Bewegungslehre) haben wir die Bewegungen eines Körpers in Raum und Zeit beschrieben. In der* ***Dynamik*** *(Kräftelehre) behandeln wir die* ***Kraft*** *als Ursache aller Bewegungen.*

Ein Flugzeugschlepper rangiert beim sogenannten Pushback ein Flugzeug, das mit dem Bug am Flughafengebäude steht, rücklings auf die Rollbahn. Das ist nötig, weil Flugzeuge mit Strahltriebwerken nicht aus eigenem Antrieb rückwärts rollen können. Der momentan stärkste Schlepper mit Allradantrieb weist 1 360 PS (1 000 kW) auf.

Dynamis: griechisch für Kraft, Vermögen

1.2.1 Die newtonschen Gesetze

Die Auswirkung von Kräften spüren wir im wahrsten Sinne des Wortes in unserem Alltag am stärksten im Verkehr oder beim Sport. Beim starken Abbremsen eines Autos vor unvorhergesehenen Hindernissen drückt es uns nach vorne in den Sicherheitsgurt. Zum Beschleunigen beim Radfahren oder bei einer anderen Sportart fühlt man unmittelbar die dazu nötige Kraft. In diesem Kapitel untersuchen wir das Verhalten eines Körpers bei Krafteinwirkung.

Meine Ziele

Nach Bearbeitung dieses Kapitels kann ich
- die **newtonschen Gesetze** wiedergeben und Beispiele für ihre Beobachtbarkeit im Versuch und im Alltag nennen;
- die **Arten von Bezugssystemen** unterscheiden;
- die Auswirkungen von **Kräften zwischen Körpern** erklären sowie die **elementaren Wechselwirkungskräfte** in der Physik nennen.

Die Gesetzmäßigkeiten zur Beschreibung der Bewegung von Körpern wurden in aller Exaktheit zum ersten Mal von **Sir Isaac Newton** formuliert. Er legte sie bereits im Jahre 1687 in seinem Werk **Philosophiae Naturalis Principia Mathematica** („Mathematische Prinzipien der Naturphilosophie") dar. Vor Newton hatten schon Nikolaus Kopernikus, Tycho Brahe, Johannes Kepler und Galileo Galilei Gesetzmäßigkeiten der Bewegung mechanischer Körper, im Speziellen von Planeten, formuliert. Newtons Verdienst war es aber, diese Gesetzmäßigkeiten zu drei einfachen Axiomen zusammenzufassen.

Galileo Galilei, 1564 bis 1642, italienischer Physiker, einer der Begründer der Mechanik

Versuch 1.2.01: Erstes newtonsches Gesetz

Auf einer möglichst glatten, ebenen Oberfläche stoßen wir eine Glasmurmel an und lassen sie rollen. Sie bewegt sich gleichförmig und geradlinig mit so gut wie konstanter Geschwindigkeit.

Die Murmel bewegt sich in diesem Versuch, obwohl nach dem Loslassen **keine weitere Kraft** auf sie wirkt. Tatsächlich könnte man bei entsprechend langer Oberfläche eine Verringerung der Geschwindigkeit feststellen. Der einzige Effekt, der die Kugel abbremst, ist Reibung. Einerseits ist dies die Rollreibung mit der Oberfläche, andererseits ergibt auch der Luftwiderstand (Reibung mit der Luft) eine bremsende Wirkung.

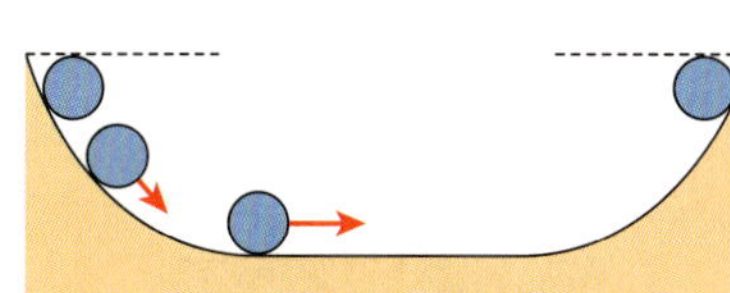

Eine reibungsfreie Kugel erreicht ihre Ausgangshöhe wieder

Lässt man eine **reibungsfrei rollende Kugel in einer Schale** bei einer bestimmten Höhe los, so setzt sie sich aufgrund der Schwerkraft in Bewegung. Auf der anderen Seite erreicht sie dann wieder ihre Ausgangshöhe (siehe Randspalte). Nun stellen wir uns vor, dass wir den Rand der rechten Seite der Schale immer weiter nach

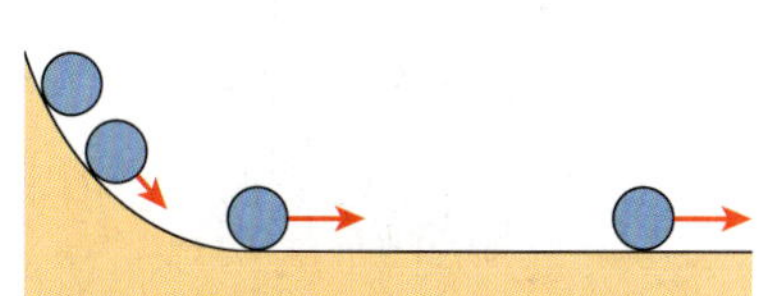

Wenn die Reibungskraft nicht berücksichtigt wird, bleibt die Geschwindigkeit auf der Horizontalen konstant

außen verschieben. Dadurch ergibt sich ein immer längerer und flacherer Verlauf zwischen den Rändern, in dem die Kugel gleichbleibende Geschwindigkeit hat. Im Grenzfall ergibt sich die Situation, dass wir den **rechten Rand bis ins Unendliche verschieben,** so bleibt die Geschwindigkeit auf der Horizontalen konstant. Dies führt zur ersten Aussage von Newton.

Das erste newtonsche Gesetz wird häufig auch als **Trägheitssatz** bezeichnet.

Erstes newtonsches Gesetz (erstes newtonsches Axiom)

Jeder Körper verharrt im **Zustand der Ruhe oder gleichförmigen geradlinigen Bewegung,** solange **keine Kraft** auf ihn wirkt.

Diese von Isaac Newton formulierte Gesetzmäßigkeit wird auch als Axiom (oder Postulat) bezeichnet, weil sie eine nicht beweisbare Annahme ist.

Starkes Abbremsen eines Autos bei einem Crashtest

Beispiel 1.2.01: Erstes newtonsches Gesetz

- Bei **schnellem Einfahren** eines Fahrzeuges **in eine Kurve** kann ungesichertes Ladegut auf der Ladefläche in Richtung Kurvenaußenseite umstürzen. Der Schwerpunkt des Ladeguts versucht dabei, auf einer geradlinigen Bahn zu bleiben.
- Beim plötzlichen **Abbremsen eines Autos,** zum Beispiel bei einem Anprall, werden die Passagiere nach vorne in die Sicherheitsgurten gedrückt. Auch Ladegut muss gut verstaut oder verzurrt werden, da es in solchen Situationen wie ein Geschoss im Fahrzeug nach vorne fliegt. Die Körper versuchen, ihre Geschwindigkeit und Bewegungsrichtung beizubehalten.
- Legt man eine **Kugel** auf eine ebene Fläche **in einem anfahrenden Fahrzeug,** so rollt die Kugel nach hinten. Tatsächlich versucht sie, von außen gesehen, im Zustand der Ruhe zu bleiben. Tut man dasselbe in einem Fahrzeug, das mit **gleichbleibender Geschwindigkeit** fährt, bewegt sie sich relativ zum Auto nicht mehr.

Das **Euro NCAP**-Programm (European new car assessment programme) führt Crashtests durch und bewertet Neuwagen nach ihrer Sicherheit.
Euro NCAP ist eine Gesellschaft europäischer Verkehrsministerien, Automobilklubs und Versicherungsverbände.

Versuch 1.2.02: Erstes newtonsches Gesetz

- **Münze ins Glas:** Wir legen eine Karte oder ein Blatt Papier auf ein Glas, darauf eine Münze. Dann schnippen wir die Karte mit einem Finger weg oder ziehen ruckartig am Blatt. Die Münze fällt aufgrund ihrer Trägheit ins Glas.
- **Teller auf einem Tischtuch:** Wir stellen einen Teller auf einen mit einem möglichst glatten Tischtuch bedeckten Tisch. Zieht man rasch das Tischtuch weg, bleibt der Teller auf dem Tisch stehen.
- **Toilettenpapierrolle abreißen:** Ziehen wir mit einer Hand schnell an einer drehbar gelagerten Klopapierrolle, reißt sie an der Perforation ab. Ziehen wir dagegen langsam, beginnt sie sich zu drehen.
- **Stapel von Münzen:** Wenn wir mit einer Fünf- oder Zehncentmünze auf einen geraden Stapel gleicher Münzen schießen, indem wir sie mit dem Zeigefinger anschnippen, können wir die unterste Münze entfernen, ohne dass der Turm umfällt.
- **Rollende Kugel:** Mit einer Stroboskopbildkamera oder einer Digitalkamera machen wir Aufnahmen einer rollenden Stahlkugel auf einer Glasplatte, nachdem wir sie durch Anstoßen in Bewegung versetzt haben. Messen wir nun die pro Zeit zurückgelegten Wege aus der Folge der einzelnen Bilder heraus, erhalten wir eine (beinahe) konstante Geschwindigkeit.

Christiaan Huygens, 1629 bis 1695, holländischer Physiker, von ihm stammt die erste korrekte Formulierung des Trägheitssatzes

Bei den obigen Versuchen zum ersten newtonschen Gesetz wird versucht, die ständig wirkenden Reibungskräfte zu minimieren. Bei manchen Versuchen wird aber auch eine nicht weiter zu minimierende Reibung durch starke Krafteinwirkung kompensiert. Warum dies möglich ist, verdeutlicht uns das zweite newtonsche Gesetz.

Versuch 1.2.03: Zweites newtonsches Gesetz

Ein Wägelchen mit einer am hinteren Ende befestigten Feder wird gegen eine Rückwand gedrückt. Lässt man das Wägelchen los, setzt es sich beschleunigt in Bewegung. Versieht man das Wägelchen mit einer Masse *m* und führt den Versuch nochmals durch, sieht man, dass die Beschleunigung geringer wird. Verstärkt man die Feder oder ihre Spannung, erhöht sich die Beschleunigung wieder. Zum Schluss sei vermerkt, dass die Bewegung nach Entspannen der Feder gleichförmig ist.

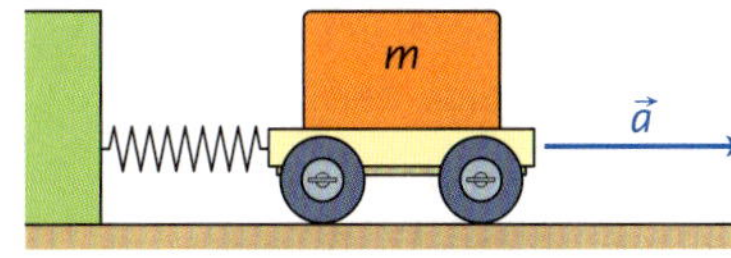

Versuch: Wägelchen mit Feder

Aus diesem Versuch schließen wir, dass die Beschleunigung eines Körpers direkt proportional zu einer auf ihn wirkenden Kraft ist. Außerdem ist sie **indirekt proportional zur Masse** des Körpers. Je größer seine Masse, umso geringer ist bei gleichbleibender Kraft die Beschleunigung, die er erfährt.

Ein Fußball lässt sich problemlos wegschießen. Bei einem Stein in derselben Größe wäre ein solcher Versuch nicht anzuraten. Nicht nur, weil der Stein härter als der Ball ist.

Zweites newtonsches Gesetz (zweites newtonsches Axiom)

Die **Beschleunigung** eines Körpers ist proportional zu der auf ihn wirkenden **Kraft.** Die **Proportionalitätskonstante** ist die **Masse.** Es gilt:

$F = m \cdot a$ oder in vektorieller Form $\vec{F} = m \cdot \vec{a}$

Beispiel 1.2.02: Zweites newtonsches Gesetz

- Wenn wir mit **dem Fuß** einen leichten **Ball** sowie eine schwerere Holzkugel **wegschießen,** erreicht der leichtere Ball eine höhere Geschwindigkeit. Es sei vermerkt, dass wir das Wegschießen der Kugel auch stärker im Bein spüren. Darauf kommen wir später zurück.
- Wenn wir einen **Handwagen in Bewegung versetzen** wollen, benötigen wir bei schwererer Ladung mehr Kraft, um ihn auf dieselbe Endgeschwindigkeit zu beschleunigen.
- Ein voll besetztes und dazu noch **schwer beladenes Auto** benötigt für die Beschleunigung auf eine bestimmte Endgeschwindigkeit mehr Zeit als ein nicht beladenes. Der Motor kann nur eine bestimmte maximale Kraft zur Beschleunigung liefern.

Je schwerer der Handwagen beladen ist, umso mehr Kraft wird benötigt, um ihn auf eine bestimmte Geschwindigkeit zu bringen.

Versuch 1.2.04: Zweites newtonsches Gesetz

Fahrbahn mit Wagen: Auf einem gängigen Fahrbahnsystem aus dem Physikinventar wird ein Wagen durch eine angehängte Masse beschleunigt. Die Masse des Wagens sowie die beschleunigende Kraft (Gewicht der angehängten Masse) sind zu variieren. Die sich daraus ergebenden Beschleunigungen werden protokolliert und mit dem zweiten newtonschen Gesetz verglichen.

Versuch: Fahrbahn mit Wagen

Im Zuge des zweiten newtonschen Gesetzes haben wir bereits erwähnt, dass es nicht ratsam wäre, einen sehr schweren Gegenstand mit dem Fuß wie einen Ball wegzuschießen. Schmerzhaft würde man dabei verspüren, dass auch der Gegenstand eine Kraft auf den Fuß ausübt. Wenn man einen Nagel mit den Fingern aus der Wand zieht, verspürt man die Kraft, die an den eigenen Fingern zieht.

Versuch 1.2.05: Drittes newtonsches Gesetz

Tauziehen: Zwei Schüler/innen ziehen gegeneinander an einem starken Seil. Sie sollen versuchen, ein Gleichgewicht herzustellen, sodass sich das Seil nicht bewegt. Die Wahrnehmungen der beiden Schüler/innen werden dann grafisch in einer Kräfteskizze dargestellt (siehe Randspalte).

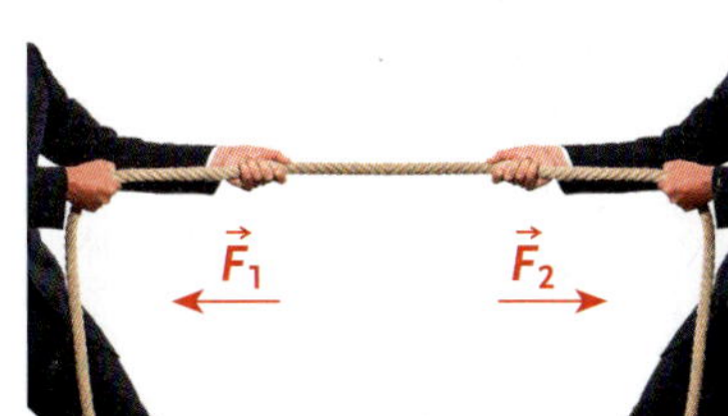

Beim Tauziehen üben die beiden Kontrahenten aufeinander gleich große entgegengerichtete Kräfte aus

Bei Kraftwirkungen zwischen zwei Körpern treten die Kräfte immer paarweise auf.

Drittes newtonsches Gesetz (drittes newtonsches Axiom)

Wirkt ein Körper mit einer Kraft $\vec{F}_{1\to2}$ auf einen zweiten, so wirkt dieser mit einer gleich großen entgegengerichteten Kraft $\vec{F}_{2\to1}$ auf den ersten Körper zurück.

$$\vec{F}_{1\to2} = -\vec{F}_{2\to1}$$

Eine lateinische Kurzformulierung des dritten newtonschen Gesetzes lautet: **„Actio est reactio"** (die Aktion ist gleich der Reaktion).

Das dritte newtonsche Gesetz wird auch als **Wechselwirkungsprinzip** oder als **Reaktionsprinzip** bezeichnet. Als **abgeschlossenes System** bezeichnen wir ein System von Körpern, auf das von außen keine Kraft einwirkt. In einem abgeschlossenen System ist die **Summe aller Kräfte gleich null.** Kräfte zwischen Körpern innerhalb des Systems treten nach dem dritten newtonschen Gesetz immer paarweise auf. Da sie gegengleich sind, heben sie sich immer gegenseitig auf.

Start einer Saturn-V-Rakete mit Apollo 8 an der Spitze

Beispiel 1.2.03: drittes newtonsches Gesetz

- Wenn eine **Rakete** startet, stößt sie mit hoher Geschwindigkeit eine große Menge verbrannten Treibstoff aus. Diese große Menge Treibstoff stößt nach dem dritten newtonschen Gesetz die Rakete von sich weg. Diese Art des Antriebs funktioniert auch im Weltall, wo es keine Reibung und so gut wie keine Wechselwirkung mit anderen Körpern gibt.
- Auf eine **Masse,** die **an einer Federwaage** in Ruhe aufgehängt ist, wirkt die Schwerkraft. Man sieht sofort, dass die Feder die Kraft aufbringt, die der Schwerkraft genau entgegengesetzt ist.
- Beim **Gehen** stoßen wir mit den Beinen die Erde von uns weg nach hinten. Die Erde stößt uns daher nach vorne, wir beschleunigen. Da die Erde wesentlich schwerer ist als eine Person, bewegt sich in erster Linie die Person und nicht so sehr die Erde. Eine Person, die auf einer Oberfläche mit geringer Reibung beschleunigen will (z. B. sehr glattem Eis), kann diese Wechselwirkungskraft nicht effektiv aufbringen. Daher funktioniert die Beschleunigung nur sehr schlecht.

Beispiel 1.2.03: Masse an Federwaage

Für jede Art der Beschleunigung ist die Anwendung des dritten newtonschen Gesetzes nötig. Entweder gibt es einen direkten Kontakt zwischen Körpern mit Reibung an den Kontaktflächen oder aber man nutzt das Prinzip des Rückstoßes.

In der Physik können Körper auch wechselwirken, ohne direkten mechanischen Kontakt **(Nahwirkung)** zueinander zu haben. Diese Wechselwirkungen bezeichnet man als **Fernwirkungen.** In der von uns beobachtbaren Welt gibt es zwei Fernwirkungen. Zum einen ist dies die **Gravitation,** die Anziehungskraft zwischen Massen. Zum anderen gibt es die **elektromagnetische Wechselwirkung.** Dies ist die Kraftwirkung auf Ladungen durch elektrische und magnetische Felder. Zusätzlich gibt es im subatomaren Bereich die **starke und die schwache Wechselwirkung.** Diese sind für uns nicht ohne weiteres beobachtbar. Insgesamt benötigt man für das Verständnis des ganzen Universums nur **vier Fernwirkungskräfte** (vier Wechselwirkungen).

Starke und schwache Wechselwirkung siehe NAWI III/IV Kap. E, 2.5.

Versuche 1.2.06: Drittes newtonsches Gesetz

- **Tauziehen auf Rollen:** Zwei Schüler mit ähnlicher Masse stehen auf Rollschuhen oder Skateboards einander gegenüber. Sie spannen zwischen sich ein Seil. Nun werden drei Versuche gemacht. Zuerst zieht nur der linke Schüler, dann der rechte und dann beide. Man sieht, dass sie sich immer in der Mitte treffen.
- **Federkraftmesser:** Zwei Federkraftmesser werden über den Haken aneinandergehängt und an zwei Stativstangen befestig. Erhöht man die Entfernung zwischen den Stativstangen, erhöht sich die Kraftwirkung zwischen den Federkraftmessern. Man sieht, dass sie immer mit der gleichen Kraft aufeinander einwirken.

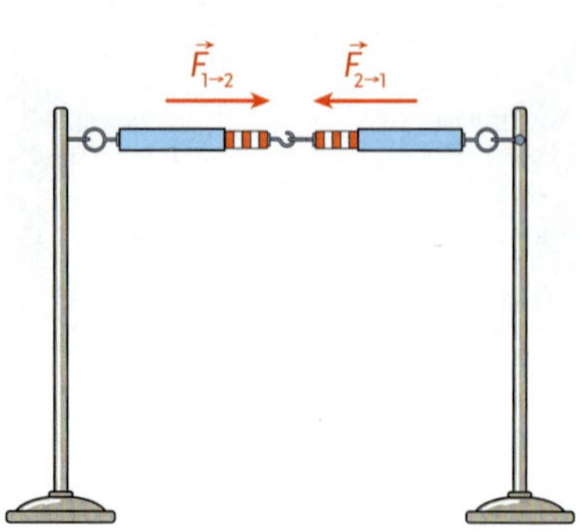

Versuch: Federkraftmesser

Wo gelten die newtonschen Gesetze?

Die Bewegung eines Körpers wird beschrieben durch **Orts- und Zeitangaben in einem ausgewählten System,** dem sogenannten **Bezugssystem.** In unseren Versuchen zu den newtonschen Gesetzen haben wir in einigen Fällen das Klassenzimmer als Bezugssystem gewählt. Da nach unseren Beobachtungen die drei newtonschen Gesetze gelten, scheint es ein taugliches Bezugssystem zu sein. Anders verhält sich die Situation bei einem Körper in einem Fahrzeug, das beschleunigt. Das schon angeführte Beispiel einer Kugel auf einer ebenen Fläche in einem anfahrenden Fahrzeug zeigt, dass die newtonschen Gesetze im beschleunigten System des Fahrzeugs nicht gelten. Die Kugel setzt sich in Bewegung, ohne dass eine äußere Einwirkung sichtbar ist. Ein Beobachter/eine Beobachterin außerhalb des Fahrzeuges würde aber wahrnehmen, dass die Kugel in seinem System nur versucht, im Zustand der Ruhe zu bleiben, ganz nach den vorher formulierten Gesetzmäßigkeiten. Das Fahrzeug beschleunigt unter der Kugel weg. Man kann nun zusammenfassen:

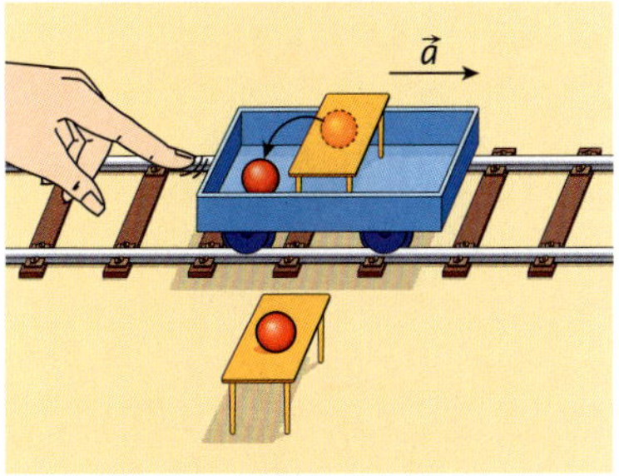

In zueinander beschleunigten Systemen gelten die newtonschen Gesetze nicht gleichzeitig

Die newtonschen Gesetze gelten **nicht gleichzeitig** in zwei zueinander beschleunigten Bezugssystemen.

In einem sich gleichförmig bewegenden Fahrzeug bleibt eine Kugel in Ruhe und setzt sich erst nach einer Krafteinwirkung geradlinig in Bewegung. Daher gelten in diesem System die newtonschen Gesetze. Eine gleichförmige Bewegung in dem einen System ist auch im anderen eine gleichförmige Bewegung. Nur die Geschwindigkeit ist eine andere.

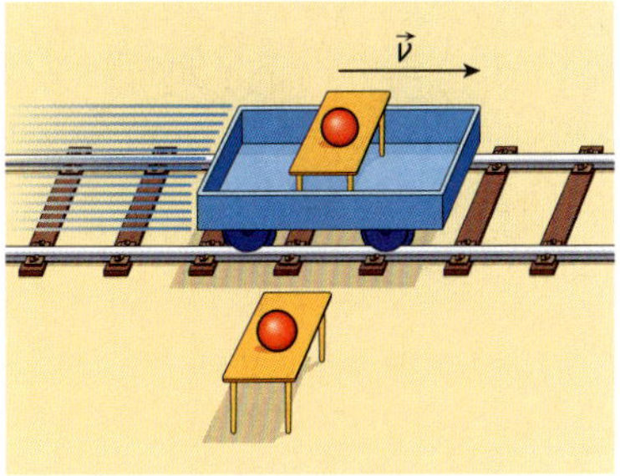

Gelten in einem Bezugssystem die newtonschen Gesetze, so gelten sie auch in jedem dazu gleichförmig bewegten System

Wenn die newtonschen Gesetze **in einem Bezugssystem gelten,** dann gelten sie auch in allen anderen, die bezüglich des ersten Bezugssystems **gleichförmig bewegt** sind.

Versuch 1.2.07: Bezugssystem

Kreidespuren auf bewegter Tafel: Ein Schüler nimmt eine Kreide in die Hand und drückt sie leicht gegen die Tafel. Dann geht er mit konstanter Geschwindigkeit und geschlossenen Augen oder mit einer Augenbinde die Tafel entlang. Dabei zieht er eine Kreidespur über die Tafel. Einmal bei ruhender Tafel, einmal führt ein zweiter Schüler die Tafel mit konstanter Geschwindigkeit nach oben, einmal führt er sie beschleunigt nach oben. Im ersten Fall erhalten wir eine horizontale Gerade, im zweiten eine schräg nach unten verlaufende, im dritten eine nach unten gekrümmte Kurve.

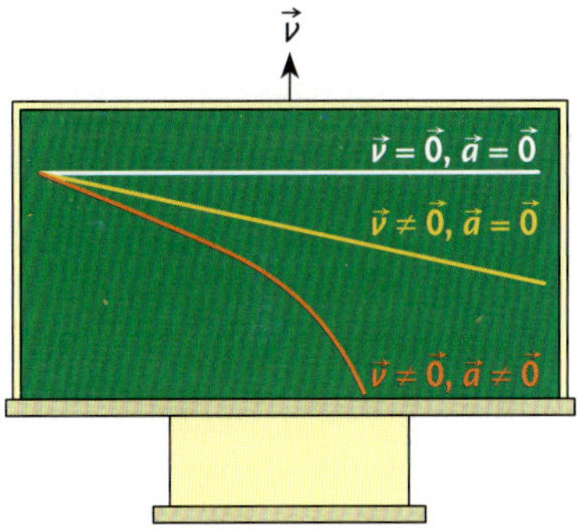

Kreidespuren auf ruhender bzw. bewegter Tafel

Die Kreidespur ist der Graph einer geradlinigen gleichförmigen Bewegung, solange das System Tafel nicht beschleunigt wird. Die geradlinige gleichförmige Bewegung ist laut dem ersten newtonschen Gesetz die Bahn eines Körpers, auf den keine Kraft einwirkt. Für den Fall der Beschleunigung des Systems Tafel ergibt sich eine gekrümmte Bahnkurve.

Alle unsere bisher erwähnten Versuche wurden im **System Erde** durchgeführt. Dort **gelten die newtonschen Gesetze in sehr guter Näherung.** Dabei ist die Erde eigentlich ein beschleunigtes Bezugssystem, da sie sich um die eigene Achse dreht und außerdem um die Sonne kreist. Die dabei auftretenden Beschleunigungen sind aber sehr gering.

Für **nicht beschleunigte Systeme** verwenden wir den Begriff **Inertialsysteme.**

⚠ **Inertia:** lateinisch für Trägheit

Inertialsysteme

Bezugssysteme, in denen die newtonschen Gesetze exakt gelten, heißen **Inertialsysteme.**

Die **Inertialsysteme** bilden eine Gruppe **ausgezeichneter Bezugssysteme.** In ihnen nehmen die Bewegungsgesetze, aber auch alle anderen physikalischen Gesetze ihre **einfachste Form** an.

Es wurde bereits erwähnt, dass das erste newtonsche Gesetz auch häufig als Trägheitssatz bezeichnet wird.

Zusammenfassung: die drei newtonschen Gesetze

In **Inertialsystemen** gelten die **drei newtonschen Gesetze:**

1. Jeder Körper verharrt im Zustand der Ruhe oder geradlinigen gleichförmigen Bewegung, solange keine Kraft auf ihn wirkt.
2. Wirkt eine Kraft auf einen Körper, wird er beschleunigt. Die Proportionalitätskonstante zwischen Kraft und Beschleunigung ist die Masse.

   $\vec{F} = m \cdot \vec{a}$
3. Wirkt ein Körper mit einer Kraft auf einen zweiten, so wirkt dieser mit einer gleich großen entgegengerichteten Kraft auf den ersten Körper zurück.

   $\vec{F}_{1\to2} = -\vec{F}_{2\to1}$

Gegenstände, die auf einem Tisch ruhen, sind nicht kräftefrei. Auf sie wirkt die Schwerkraft. Sie fallen nur deshalb nicht nach unten, weil der Tisch mit einer gleich großen Kraft von unten auf sie entgegenwirkt.

Kaum ein Körper in unserer Umgebung ist **wirklich kräftefrei.** Meist existiert eine Wechselwirkung mit anderen Körpern in der Umgebung. Dies gilt auch dann, wenn sich der beobachtete Körper nicht bewegt. In diesem Fall **heben sich häufig mehrere wirkende Kräfte gegenseitig auf.**

Ziele erreicht? – „Die newtonschen Gesetze“

1.2.01 + Erklären Sie, wann man ein System als abgeschlossen bezeichnet.

1.2.02 + Nennen Sie die fundamentalen Wechselwirkungskräfte in der Physik.

1.2.03 + Erklären Sie, warum Sie zu Sturz kommen, wenn sie mit Rollerblades mit höherer Geschwindigkeit von der Straße in die Wiese fahren.

1.2.04 + Hängen Sie eine größere Masse so an einem Faden auf, dass dieser gerade noch nicht reißt. Befestigen Sie sodann einen weiteren Faden unten an der Masse. Ziehen Sie an diesem einmal langsam und im zweiten Versuch schnell. Erklären Sie, was dabei geschieht.

1.2.05 ++ Um ein Tischtuch unter den bereits gedeckten Tellern wegzuziehen, ohne dass diese vom Tisch fallen, muss man sehr abrupt am Tischtuch ziehen. Erklären Sie, warum das so ist.

1.2.06 ++ Beschreiben und begründen Sie, wie man ohne weiteres Werkzeug einen sich lösenden Hammerkopf wieder auf den Stiel treiben kann.

1.2.07 ++ Begründen Sie, warum man die Axt, die beim Holzspalten im Scheit festsitzt, verkehrt samt Holzscheit auf den Hackstock schlägt.

1.2.08 + Geben Sie die Voraussetzung dafür an, dass ein Körper von selbst ständig in Bewegung bleibt.

1.2.09 + Führen Sie mindestens zwei der Versuche zu den newtonschen Gesetzen selbst durch und dokumentieren Sie sie.

1.2.10 ++ Kann man in einem Nichtinertialsystem aus auftretenden Beschleunigungen auf das Wirken einer fundamentalen Wechselwirkungskraft schließen?

1.2.2 Masse, Trägheit und Gewicht

Eine der ersten Aktivitäten eines Babys ist das Erkunden der unmittelbaren Umgebung. Es greift nach verschiedenen Gegenständen und versucht, sie zu bewegen. Es erfährt so rasch, dass es leichte und schwere Gegenstände gibt und dass der Aufwand, um sie zu bewegen, unterschiedlich ist. Man vergleiche auch den unterschiedlichen Kraftaufwand beim Anschieben (Beschleunigen) eines Autos und eines Fahrrades.

Meine Ziele

Nach Bearbeitung dieses Kapitels kann ich

- die **SI-Einheiten der Masse** nennen;
- die Definition der **Massendichte** wiedergeben;
- die **Masse als Erhaltungsgröße** eines Körpers erläutern;
- den Unterschied von **träger und schwerer** Masse erklären.

Im vorigen Kapitel haben wir erfahren, dass die **Masse** laut zweitem newtonschen Gesetz ein **Maß für den Widerstand** eines Körpers **gegen Bewegungsänderung** ist. Es gilt:

$$F = m \cdot a$$

Je größer die Masse eines Körpers ist, umso geringer ist bei gleichbleibender Krafteinwirkung die daraus resultierende Beschleunigung. Diese Eigenschaft der Masse bezeichnen wir als **Trägheit.**

Weiters wissen wir, dass zwei Massen m_1 und m_2 aufgrund der **Schwerkraft (Gravitation)** aufeinander eine **anziehende Kraft** ausüben. Für diese Kraftwirkung gilt:

$$F = G \cdot \frac{m_1 \cdot m_2}{r^2}$$

Dabei ist G die **universelle Gravitationskonstante** (Wert siehe Randspalte) und r der Abstand zwischen den Schwerpunkten der beiden Massen. Diese Eigenschaft von Masse bezeichnen wir als **Schwere** eines Körpers. Aus der obigen Formel für die Gravitationskraft ersieht man, dass die Größe der Kraft von der Entfernung der Massen zueinander abhängt. Bei einem Körper, der an der Erdoberfläche einige Meter angehoben wird, bleibt die wirkende Schwerkraft in jeder Höhe annähernd gleich. Die Änderung der Höhe ist im Vergleich zum Erdradius (siehe Randspalte) verschwindend klein. Daher fällt ein Körper **an der Erdoberfläche** mit annähernd **gleichbleibender Beschleunigung** zu Boden. Weiters könnte man der Meinung sein, dass ein schwerer Körper schneller zu Boden fällt als ein leichter, da auf ihn ja eine größere Gewichtskraft wirkt. Diese steigt linear mit seiner Masse. Umgekehrt steigt aber auch seine Trägheit linear mit seiner Masse. Daraus folgt, dass die Fallbeschleunigung eines Körpers unter Vernachlässigung des Luftwiderstandes konstant und unabhängig von seiner Masse ist. Für die Gewichtskraft an der Erdoberfläche gilt:

Die **Gewichtskraft ist gleich** der **Masse mal** der **Fallbeschleunigung.**

$$F_G = m \cdot g$$

In Österreich ist der Wert für die Fallbeschleunigung $g = 9{,}81\ \text{m/s}^2$. Dieser Wert hängt vom Ort ab (siehe Randspalte).

Die Masse eines Körpers kann man auf **zwei Arten** messen. Entweder mit seiner **Schwere** oder mit seiner **Trägheit.** In der Praxis misst man die Masse fast ausschließlich mithilfe ihrer Schwere. Dabei erfolgt ein Massenvergleich mit Waagen oder eine

Alle Gegenstände unserer Umwelt haben eine Masse

In der Umgangssprache wird häufig **irrtümlich** der Begriff **Gewicht** anstatt **Masse** verwendet. Wenn z. B. vom Eigengewicht gesprochen wird, ist eigentlich eine Masse gemeint.

Der Wert der universellen **Gravitationskonstante** beträgt $G = 6{,}673\,84 \cdot 10^{-11}\ \text{m}^3/(\text{kg} \cdot \text{s}^2)$.

Der Wert für den Erdradius variiert zwischen 6 378,1 km am Äquator und 6 356,7 km an den Polen. Die Erde ist durch die Fliehkräfte der Eigendrehung zu einem Ellipsoid verformt. Daraus folgt für die **Erdschwerebeschleunigung *g***

an den **Polen:**	$9{,}832\,19\ \text{m/s}^2$
am **Äquator:**	$9{,}780\,33\ \text{m/s}^2$
am **45. Breitengrad:**	$9{,}806\,20\ \text{m/s}^2$

Die Masse eines Körpers ist konstant, seine Gewichtskraft aber standortabhängig.

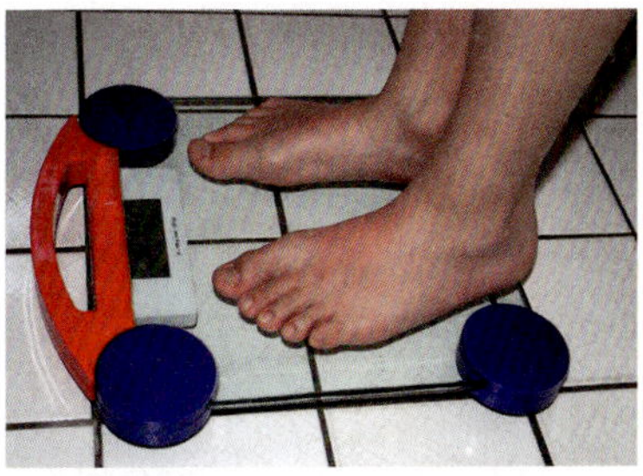

Digitalwaagen ermitteln die Masse durch die Änderung des elektrischen Widerstands eines Dehnungsmessstreifens auf einem Biegebalken, der sich bei Belastung verformt.

Messung der Gewichtskraft. Auf einer Balkenwaage vergleicht man unmittelbar die **Gewichtskraft zweier Massen.** Auf einer **Digitalwaage** wird die **Gewichtskraft** auf elektrischem Wege nach einer Eichung des Gerätes mit Normmassen gemessen. Die Gleichheit von Massen kann man über die Gleichheit ihrer Gewichtskräfte definieren.

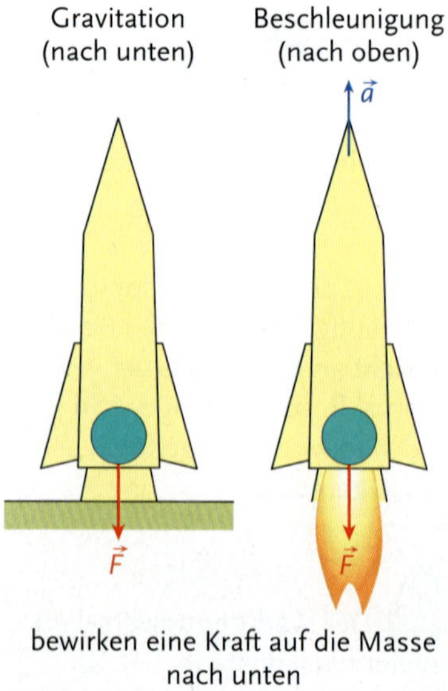

Träge und schwere Masse

Masseneinheit im SI

Ein **Kilogramm (kg)** ist gleich der Masse des internationalen Kilogrammprototyps. Bei diesem sogenannten Urkilogramm handelt es sich um einen Platin-Iridium-Zylinder mit einer Höhe und einem Durchmesser von 39 mm.

Die Masse ist eine **skalare** und **positive Größe.**

Gleichheit von träger und schwerer Masse

Der uns natürlich erscheinende Zusammenhang zwischen den beiden Eigenschaften der Schwere und der Trägheit eines Körpers erweist sich tatsächlich als richtig. Dies zeigten Versuche von Baron Loránd **Eötvös,** einem österreichisch-ungarischen Physiker, mit einer empfindlichen **Torsionswaage** im Jahre 1889 mit sehr hoher Genauigkeit. Die theoretische Begründung, dass träge und schwere Masse gleich sind, erfolgte durch die Allgemeine Relativitätstheorie von Albert Einstein.

Eigenschaften der Masse

Die **Masse** eines Körpers ist in der **klassischen Mechanik** eine **Erhaltungsgröße.** Die Masse eines Körpers bleibt **konstant** auch bei Änderung

- seines Aggregatzustands (etwa beim Verdampfen oder Schmelzen),
- seiner Form oder seines Volumens,
- der äußeren Bedingungen wie Druck und Temperatur.

In der Kernphysik werden wir aber sehen, dass Masse keine Erhaltungsgröße im eigentlichen Sinn ist.

Die Dichte von Körpern

Wie bereits erwähnt, ist die Masse eines Atoms eine typische Eigenschaft eines Reinstoffes. Eine weitere Eigenschaft ist das Volumen, das dieser Stoff in einem bestimmten Aggregatzustand benötigt. Also ist die Masse pro Volumseinheit eine charakteristische Stoffeigenschaft.

Stoff	Dichte in kg/m³
Balsaholz	100 – 200
Kork	480 – 520
Holz (Fichte)	500
Wasser	1 000
Glas	2 500 – 2 600
Aluminium	2 710
Eisen, Stahl	7 700 – 7 900
Messing	8 100 – 8 700
Nickel	8 910
Kupfer	8 950
Silber	10 490
Blei	11 340
Quecksilber	13 595
Gold	19 302
Platin	21 450

Massendichte verschiedener Stoffe bei 20 °C

Massendichte ρ

$$\text{Massendichte} = \frac{\text{Masse}}{\text{Volumen}} \qquad \rho = \frac{m}{V} \qquad [\rho] = \left[\frac{m}{V}\right] = 1\,\frac{\text{kg}}{\text{m}^3}$$

Die Dichte eines Materials wird auch als **spezifische Masse** bezeichnet.

Beispiel 1.2.04: Masse einer Drahtrolle

Die Masse einer Rolle mit 200 m Draht aus Kupfer mit einem Querschnitt von 2,5 mm² ist zu berechnen.

Volumen: $V = A \cdot l = r^2\pi \cdot l = 2{,}5 \cdot 10^{-6}\,\text{m}^2 \cdot 200\,\text{m} = 5 \cdot 10^{-4}\,\text{m}^3 = 500\,\text{cm}^3$

Masse: $m = \rho \cdot V = 8\,950\,\frac{\text{kg}}{\text{m}^3} \cdot 5 \cdot 10^{-4}\,\text{m}^3 = 4{,}475\,\text{kg}$

Ziele erreicht? – „Masse, Trägheit und Gewicht“

1.2.11 + Geben Sie die Formel zur Berechnung der Gravitationskraft an.

1.2.12 + Berechnen Sie die Masse eines Würfels aus Fichtenholz mit einer Seitenlänge von 50 cm.

1.2.13 + Die Verglasung einer Tür ist 90 cm breit und 150 cm hoch. Das Glas hat eine Stärke von 7 mm. Welche Masse hat die Verglasung?

1.2.14 ++ Berechnen Sie die Dichte eines Quaders mit einer Masse von 20 dag, der 30 cm lang, 20 cm breit und 15 cm hoch ist.

1.2.15 ++ Erklären Sie den Unterschied zwischen träger und schwerer Masse.

B

1.2.3 Das Grundgesetz der Dynamik

Nach der Erkundung der Gegenstände in der Umgebung beginnt ein Baby mit den Versuchen sich selbst fortzubewegen. Im ersten Lebensjahr lernt es eifrig, den eigenen Körper durch Muskelkraft zu bewegen. Letztlich lernt es durch Training der Muskelkraft und der Koordination, nicht nur sich selbst, sondern auch andere Körper zu bewegen. Den für uns intuitiv klaren Begriff der Kraft werden wir in diesem Kapitel noch genauer betrachten. Weiters werden wir uns mit der Anwendung der newtonschen Gesetze beschäftigen.

Das Kleinkind erkundet mithilfe eigener Muskelkraft die Umwelt

Meine Ziele

Nach Bearbeitung dieses Kapitels kann ich

- die **Definition der Kraft** wiedergeben und anwenden;
- die unterschiedlichen **Wirkungen von Kräften** nennen.

Das **Grundgesetz der Dynamik** ist nur eine andere Bezeichnung für das **zweite newtonsche Gesetz.** Das erste newtonsche Gesetz besagt, dass ein Körper, auf den keine Kraft wirkt, in Inertialsystemen in Ruhe bleibt oder sich **gleichförmig geradlinig** fortbewegt. Erst bei äußerer Einwirkung ändert er seine Geschwindigkeit und wird beschleunigt. Die **Ursache dieser Beschleunigung** wurde in den vorherigen Kapiteln als **Kraft** bezeichnet. Nun wird das Grundgesetz der Dynamik zur Definition der Kraft und zur Herleitung der Einheit der Kraft herangezogen.

Eine Kraft beschleunigt einen Körper.

Grundgesetz der Dynamik oder zweites newtonsches Gesetz

Die auf einen Körper wirkende Kraft $\vec{F}$ ist das Produkt aus seiner Masse m und seiner Beschleunigung $\vec{a}$ in einem Inertialsystem.

Betragsmäßig: $F = m \cdot a$ oder vektoriell: $\vec{F} = m \cdot \vec{a}$

Die **Beschleunigung** erfolgt immer **in Richtung der** wirkenden **Kraft.**

$[F] = [m \cdot a] = 1\ \text{kg} \cdot 1\ \text{ms}^{-2} = 1$ Newton (1 N)

Die **Einheit der Kraft im SI** heißt **Newton.** Eine Kraft von 1 N beschleunigt einen Körper der Masse 1 kg mit 1 ms^{-2}.

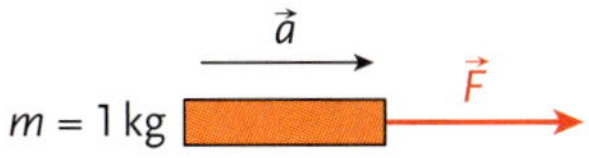

Beschleunigung einer Masse durch eine Kraft von 1 Newton

$m = const.$ und $F = 0 \Leftrightarrow v = const.$ Das erste newtonsche Gesetz folgt aus dem Grundgesetz der Dynamik.

Versuch 1.2.09: Abhängigkeit der Beschleunigung von Kraft und Masse

Luftkissenbahn: Auf einer Luftkissenbahn variieren wir einmal die Masse des Reiters und ein anderes Mal die beschleunigende Kraft mit angehängten Massen. Wir sehen das Grundgesetz der Dynamik qualitativ bestätigt.

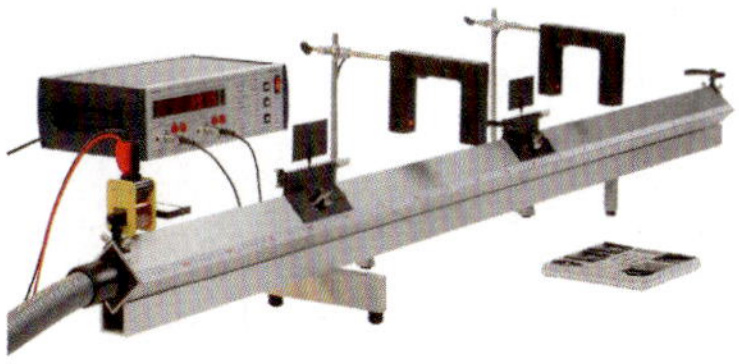

Luftkissenbahn mit Reiter

Im vorigen Kapitel haben wir erfahren, dass zwischen Massen eine Wechselwirkungskraft auftritt, die Schwerkraft. Bei schlampiger Verwendung der Begriffe kommt es häufig zu einer **Verwechslung von Masse und Gewicht (Gewichtskraft der schweren Masse)**.

Die Gewichtskraft einer Masse von $m = 1$ kg beträgt 9,81 N ≈ 10 N.

Beispiel 1.2.05: Gewichtskraft einer Masse

Wir berechnen die Kraft, die bei durchschnittlicher Erdanziehung auf einen Körper mit einer Masse von 1 kg wirkt.

$F = m \cdot g = 9{,}81\ \text{N} \approx 10\ \text{N}$

Die Gewichtskraft einer Masse von 1 kg beträgt also näherungsweise 10 N.

Die dargestellte V-Brake ist eine besonders effektive Bremse für Fahrräder. Da der Seilzug im rechten Winkel an den Bremshebeln zieht, wird die gesamte Zugkraft an den Bremsbacken umgesetzt. Zusätzlich wird die Bremswirkung durch eine geschickte Ausnutzung der Hebelwirkung verstärkt (vgl. Kap. B, 1.3.1, Beispiel 1.3.02).

Wirkt auf einen Körper eine **konstante Kraft,** so ist auch die daraus resultierende **Beschleunigung konstant.** In der Kinematik haben wir bereits gelernt, dass dies zu einer **gleichmäßig beschleunigten Bewegung** führt. Einfache Beispiele für auftretende konstante Kräfte sind der freie Fall, die Bewegung auf der schiefen Ebene oder auch die Vollbremsung eines Fahrzeugs.

Beispiel 1.2.06: Bremskraft eines Fahrrades

Wie groß ist die auf ein Fahrrad konstant wirkende Bremskraft, wenn das Rad bei einer Anfangsgeschwindigkeit von 27 km/h innerhalb einer Strecke von 15 m zum Stehen kommt? Die Gesamtmasse von Rad und Radfahrer sei 85 kg.

$$a = \frac{v^2}{2s} = \frac{(7{,}5\ \text{m/s})^2}{2 \cdot 15\ \text{m}} = 1{,}875\ \text{m/s}^2$$

$F = m \cdot a = 85\ \text{kg} \cdot 1{,}875\ \text{m/s}^2 \approx 159{,}4\ \text{N}$

Die Bremskraft beträgt etwa 159,4 N. Dies entspricht zum Beispiel der Gewichtskraft von mehr als 16 kg.

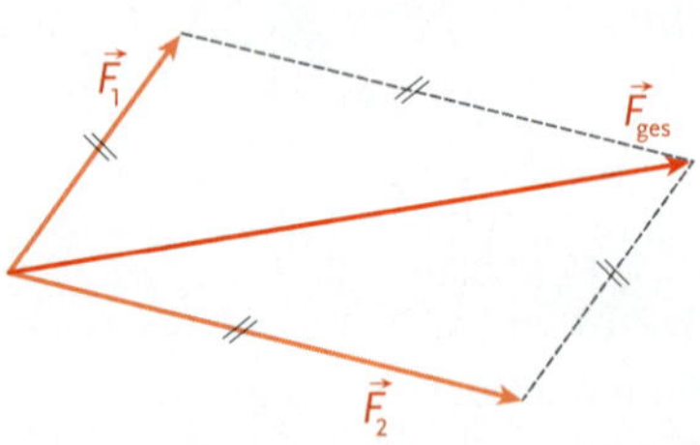

Superposition von Kräften

Wenn **mehrere Kräfte gleichzeitig** auf einen Körper einwirken, ergibt sich die **resultierende Kraft** aus der **vektoriellen Addition der wirkenden Kräfte.** Dies ist eine leicht einsichtige Folgerung aus der vektoriellen Addition von auftretenden Beschleunigungen und dem dynamischen Grundgesetz.

Superpositionsprinzip der klassischen Mechanik

Greifen **mehrere Kräfte gleichzeitig** an den Schwerpunkt einer Masse an, haben sie die gleiche Wirkung wie eine einzige Kraft, die gleich der **Vektorsumme der Kräfte** ist.

$\vec{F} = \vec{F}_1 + \ldots + \vec{F}_n = m \cdot \vec{a}_1 + \ldots + m \cdot \vec{a}_n = m \cdot (\vec{a}_1 + \ldots + \vec{a}_n) = m \cdot \vec{a}$

Beispiel 1.2.07: Superpositionsprinzip: treibende Kraft auf ein Flugzeug

Ein Flugzeug steuert genau in Richtung Norden. Sein Antrieb bewirkt eine Vortriebskraft von 10 kN. Gleichzeitig übt ein Westwind eine seitliche Kraft von 3 kN auf das Flugzeug aus. Wir berechnen nun die auf das Flugzeug wirkende Gesamtkraft und ihre Richtung.

Da die wirkenden Kräfte normal aufeinanderstehen, errechnet sich die Gesamtkraft mithilfe des Satzes von Pythagoras.

$$F_{ges} = \sqrt{(F_F)^2 + (F_W)^2} = \sqrt{(10\ \text{kN})^2 + (3\ \text{kN})^2} \approx 10{,}44\ \text{kN}$$

Die Gesamtkraft aus Antriebs- und Windkraft beträgt 10,44 kN.

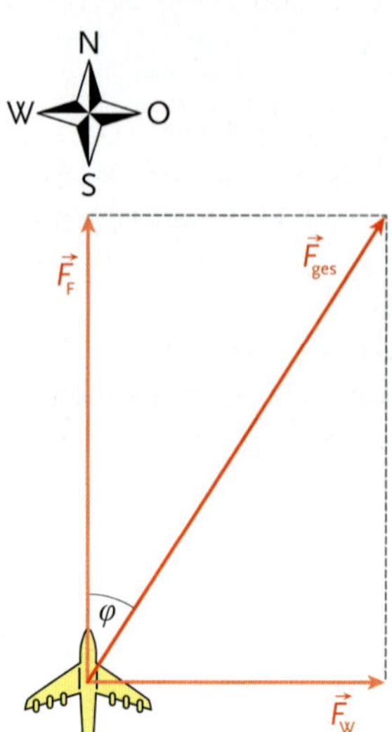

Beispiel 1.2.07: Auf das Flugzeug wirken Antriebs- und Windkraft

Die Abweichung von der Nordrichtung in Grad ergibt sich aus

$$\varphi = \arctan\left(\frac{F_W}{F_F}\right) = \arctan\left(\frac{3\text{ kN}}{10\text{ kN}}\right) \approx 16{,}7°$$

Die auf das Flugzeug wirkende Gesamtkraft weicht um etwa 16,7° in Richtung Osten von der Nordrichtung ab.

Im Beispiel 1.2.07 haben sich zwei Kräfte mit unterschiedlicher Richtung zu einer Gesamtkraft addiert. Im folgenden Bespiel betrachten wir **Kräfte, die sich teilweise aufheben.**

Bei einem **Lift mit Gegengewicht** sind zwei Massen über eine Seilverbindung starr gekoppelt, sodass sich ihre Gewichtskräfte zum Teil kompensieren. Diese Anordnung hat den Vorteil, dass der Antriebsmotor zwar eine größere Masse beschleunigen muss, aber nur einen Teil der Gewichtskraft der Kabine heben muss. Es sei angemerkt, dass das Gegengewicht physikalisch korrekt als Gegenmasse bezeichnet werden müsste.

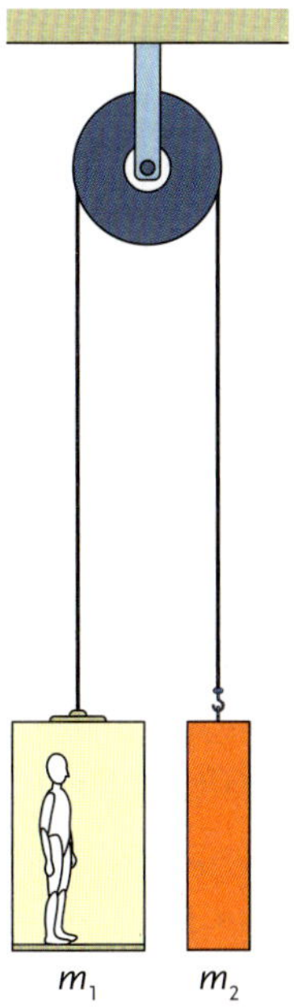

Beispiel 1.2.08: Liftkabine und Gegengewicht

Beispiel 1.2.08: Beschleunigung einer Liftkabine

Eine Liftkabine hat samt ihrer Last eine Gesamtmasse von $m_1 = 700$ kg. Das Gegengewicht zur Entlastung des Antriebsmotors hat eine Masse von $m_2 = 500$ kg. Nach Ausfall des Antriebsmotors, noch bevor die Sicherheitsbremse greift, beschleunigt die Kabine nach unten. Wie groß ist die Beschleunigung? Die Reibung und die Masse des Seiles sind zu vernachlässigen.

Die auf die beiden Massen wirkende Kraft ist die Differenz der beiden Gewichtskräfte. $F = F_1 - F_2 = m_1 \cdot g - m_2 \cdot g = (m_1 - m_2) \cdot g = 200\text{ kg} \cdot 9{,}81\text{ m/s}^2 = 1\,962\text{ N}$

Beschleunigt werden aber beide Massen. $m = m_1 + m_2 = 1\,200$ kg

Somit erhalten wir für die Beschleunigung: $a = \frac{F}{m} = \frac{1\,962\text{ N}}{1\,200\text{ kg}} = 1{,}635\text{ m/s}^2$

In einem weiteren Beispiel wollen wir nun das **Grundgesetz der Dynamik** im Zusammenspiel mit dem **dritten newtonschen Gesetz (Wechselwirkungsgesetz)** anwenden. Im All steht einer Rakete für die Veränderung ihrer Bewegung keine Möglichkeit einer Wechselwirkung mit ihrer Umgebung zur Verfügung. Die einzige Möglichkeit zur Beschleunigung ist das **Rückstoßprinzip.**

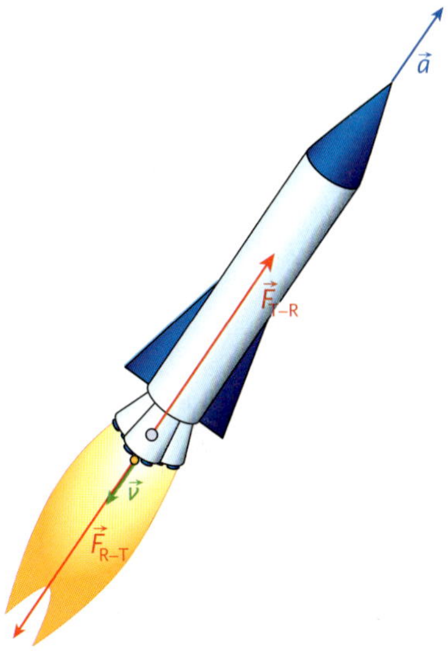

Beispiel 1.2.09: Antriebskraft einer Rakete

Mit derselben Kraft, mit der die Rakete den Treibstoff nach hinten ausstößt, wirkt der Treibstoff auf die Rakete zurück und beschleunigt sie.

Beispiel 1.2.09: Antriebskraft einer Rakete

Eine Rakete verbrennt Treibstoff und stößt die Verbrennungsgase mit einer Geschwindigkeit von $v = 1\,800$ km/h aus. Dabei wird eine Masse von 700 kg Treibstoff in einem Zeitraum von 7 s verbrannt. Berechnen sie den Schub (die Antriebskraft) des Raketentriebwerkes.

Die Schubkraft ist gleich der Kraft, die den Treibstoff von 0 km/h auf 1 800 km/h beschleunigt hat.

$$F = \frac{m \cdot \Delta v}{\Delta t} = \frac{700\text{ kg} \cdot 500\text{ m/s}}{7\text{ s}} = 50\,000\text{ N} = 50\text{ kN}$$

Auch Flugzeuge mit **Strahltriebwerken** nutzen dasselbe Prinzip zur Fortbewegung. Bei Kampfjets wird zur weiteren kurzfristigen Erhöhung der **Antriebskraft (des Schubs)** Treibstoff in den Abgasstrahl hinter der Turbine eingespritzt. Der sogenannte Nachbrenner erhöht die Geschwindigkeit der Abgase nochmals.

Saab 35 Draken mit eingeschaltetem Nachbrenner

Die Beschleunigung einer Rakete wird noch durch einen weiteren Effekt begünstigt. Im vorigen Beispiel haben wir errechnet, wie der ausgestoßene Treibstoff der Rakete den nötigen Schub verleiht. Gleichzeitig verliert die Rakete dadurch aber auch an Gesamtmasse, die zu beschleunigen ist. Dies erhöht die Wirkung der konstanten Schubkraft nochmals.

Ziele erreicht? – „Das Grundgesetz der Dynamik"

1.2.16 + In welchen Bezugssystemen gilt das dynamische Grundgesetz?

1.2.17 + Ein Radfahrer (Masse $m = 70$ kg) beschleunigt sein Rad (Masse $m_{Rad} = 15$ kg) mit $a = 1{,}5\ \mathrm{ms^{-2}}$. Welche Kraft muss er aufbringen, wenn der Rollwiderstand nicht berücksichtigt wird?

1.2.18 + Geben Sie die Kraft an, die auf einen Autofahrer ($m = 75$ kg) bei einer Beschleunigung des Autos von $3 \cdot g$ wirkt.

1.2.19 + Ein Auto (Masse $m = 1\,200$ kg) beschleunigt in 3 s aus dem Stand auf die Geschwindigkeit $v = 54$ km/h. Welche Kraft ist dazu nötig?

1.2.20 + Geben Sie die Beschleunigung an, die eine Lokomotive mit einer Masse von 86 t bei einer Beschleunigungskraft von 30 kN erreicht.

1.2.21 + Ein Flugzeug ($m = 15\,000$ kg) setzt mit einer Geschwindigkeit von 120 km/h auf eine 1 300 m lange Piste auf. Welche minimale Kraft müssen die Bremsen aufbringen, um das Flugzeug noch auf der Piste zum Stehen zu bringen?

1.2.22 ++ Ein Handwagen (Masse $m = 150$ kg) wird mit einer Kraft von 200 N aus dem Stand 5 s lang beschleunigt. Wie groß sind die Beschleunigung, der zurückgelegte Weg und die Endgeschwindigkeit, wenn gegen einen konstanten Reibungswiderstand von 80 N angeschoben werden muss?

1.2.23 ++ **Masse an Schnur:** Ein Faden reißt bei einer statischen Belastung mit einer Masse von 5 kg. Nehmen Sie an, dass eine Masse ($m = 250$ g), die man aus einiger Höhe in den Faden fallen lässt, mit einer Beschleunigung von $a = 180\ \mathrm{ms^{-2}}$ verzögert wird, sobald sich der Faden spannt. Reißt der Faden?

1.2.24 + Ein Autofahrer bremst sein Fahrzeug von $v_0 = 72$ km/h innerhalb einer Strecke von 25 m auf $v_e = 0$ km/h ab. Wie groß muss die **Kraft des Sicherheitsgurtes** sein, um den Fahrer (Masse $m = 85$ kg) im Sitz zu halten?

1.2.25 ++ **Atwoodsche Fallmaschine:** Auf einer reibungsfreien Rolle hängen eine Masse $m_1 = 1$ kg und eine unbekannte Masse m_2. Es tritt eine Beschleunigung von $a = 0{,}05\ \mathrm{ms^{-2}}$ auf (siehe Skizze). Wie groß ist m_2?

1.2.26 + Eine Lokomotive ($m = 75$ t) rollt auf horizontaler Strecke mit einer Geschwindigkeit $v = 81$ km/h, als der Antrieb ausfällt. Nach 15 000 m kommt sie zum Stillstand. Wie groß war die bremsende Kraft?

1.2.27 ++ Auf den Schwerpunkt einer Masse von $m = 100$ kg wirken gleichzeitig zwei Kräfte ($F_1 = 300$ N und $F_2 = 400$ N). Die Wirkungsrichtungen dieser beiden Kräfte stehen senkrecht aufeinander. Berechnen Sie die daraus resultierende Gesamtkraft F_{ges}. Welche Beschleunigung erfährt die Masse durch diese Gesamtkraft?

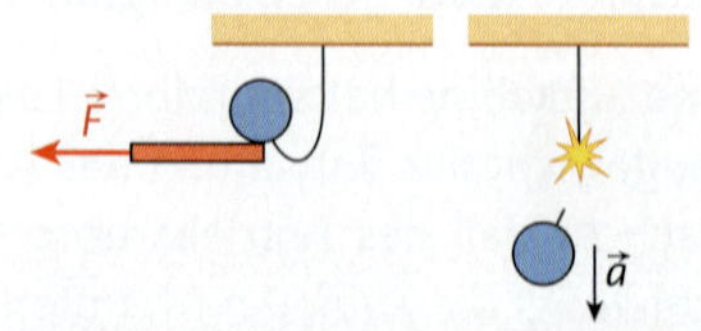

Aufgabe 1.2.23: Masse an Schnur

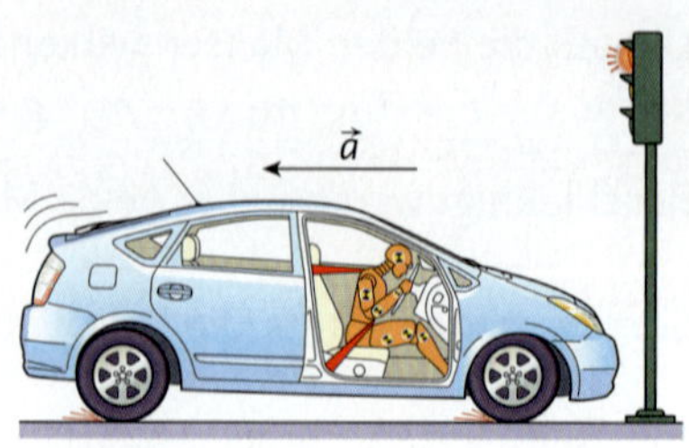

Aufgabe 1.2.24: Kraft des Sicherheitsgurtes

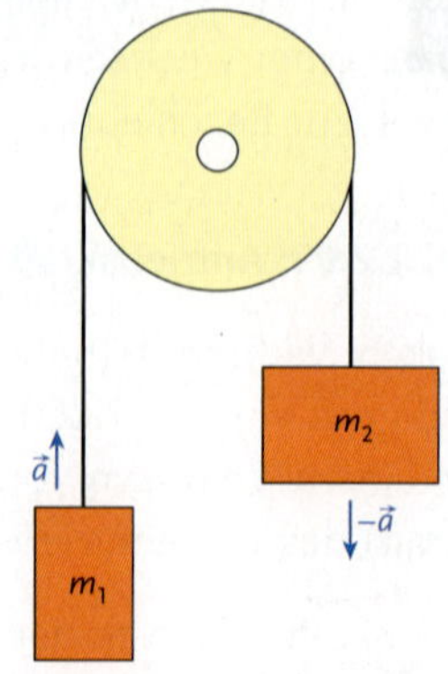

Aufgabe 1.2.25: atwoodsche Fallmaschine

1.2.28 ++ Eine Rakete mit einer Startmasse von 5 t verbrennt den mitgeführten Treibstoff von 3 t in einem Zeitraum von 20 Sekunden. Die Abgase haben dabei eine Austrittsgeschwindigkeit von 2 100 km/h. Berechnen Sie den Schub, den das Triebwerk entwickelt. Geben Sie die Beschleunigung der Rakete beim Start bzw. bei Brennschluss an. Bei der Berechnung ist anzunehmen, dass die Rakete senkrecht zur Erdoberfläche startet und fliegt.

1.2.29 ++ Unter den technischen Daten eines Autos finden sich die folgenden Angaben: Masse des Fahrzeuges: 1 349 kg, Beschleunigung 0 – 100 km/h: 11,9 s; Welche durchschnittliche Antriebskraft ist bei diesem Fahrzeug für den Beschleunigungsvorgang auf 100 km/h nötig?

1.2.4 Kräfte und ihre Auswirkungen

Die beschleunigende Wirkung der Gewichtskraft kennt jeder aus dem Alltag. Am eigenen Leib spüren wir sie am deutlichsten beim Sprung aus relativ großer Höhe, z. B. beim Wassersport beim Sprung vom Drei-Meter-, Fünf-Meter-, oder Zehn-Meter-Turm sowie beim Skifahren und Snowboarden.

Dass durch eine Kraft (elastische) Körper gedehnt und gestaucht werden, beobachten wir auch beinahe täglich. Beispielsweise, wenn wir eine Feder (z. B. eines Kugelschreibers oder Druckbleistiftes) stauchen oder wenn wir eine mechanische Waage (z. B. Küchen- oder Personenwaage) verwenden.

Beim Turmspringen erfährt man die beschleunigende Wirkung der Gewichtskraft unmittelbar

Meine Ziele

Nach Bearbeitung dieses Kapitels kann ich

- die **Gesetze von Hooke** und **Coulomb** angeben;
- das **hookesche,** das **coulombsche** und das **dynamische Grundgesetz** anwenden;
- die **Feder-** und die **Reibungskraft** erklären.

Das Gesetz von Hooke

Mit einfachen Versuchen mit Schraubenfedern kann die Formel für die Federkraft bzw. allgemeiner das Gesetz von Hooke gefunden werden. Wir belasten – wie in der Randspalte gezeigt – eine Schraubenfeder mit verschiedenen Massen. Die Dehnung Δx der Feder ist umso größer, je größer die Masse m ist.

Zwei Arten von Verformungen durch Kräfte werden unterschieden.

Federn finden in vielen Formen alltäglich Anwendung in der Technik und im Haushalt

Die elastische Verformung

Eine Verformung ist **elastisch,** wenn sich nach der Entlastung die ursprüngliche Form des Körpers wieder einstellt.

Bei vielen Versuchen kann eine elastische Verformung angenommen werden. Diese Elastizitätsgrenze liegt für Stahl in der Größenordnung von 300 N/mm². Im Beispiel 1.2.10 werden wir diese Elastizitätsgrenze interpretieren. Zuvor geben wir aber die Zweite Art einer Verformung an.

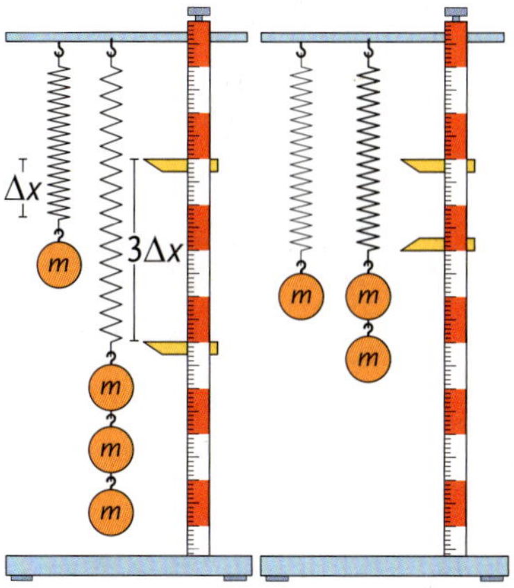

Elastische Dehnung: 3-fache Last ergibt 3-fache Dehnung.

Die rechte Feder ist doppelt so hart.

Allgemein gilt bei einer elastischen Verformung, dass eine n-fache Last eine n-fache Dehnung ergibt.

Die plastische Verformung

Eine Verformung ist **plastisch,** wenn nach der Entlastung eine bleibende Verformung besteht.

Elastos: griechisch für dehnbar, biegbar

Plastein: griechisch für formen, bilden

Beispiel 1.2.10: Mission Impossible – Stahldraht

In vielen Actionfilmen seilen sich Stunt(wo)men an dünnen Stahlseilen ab oder führen waagemutige Schwingungen damit aus.

Wir berechnen, welche maximale Masse m_{max} an einem hängenden Stahldraht ($A = 1\ \text{mm}^2$) befestigt werden kann, damit noch eine elastische Verformung vorliegt.

Mit einer Elastizitätsgrenze von 300 N/mm² erhalten wir

$$300\ \text{N/mm}^2 = \frac{m_{max} \cdot g}{A}.$$

Diese Gleichung wird nach der maximalen Masse umgeformt.

$$m_{max} = 300\ \text{N/mm}^2 \cdot \frac{A}{g} = 300 \cdot \frac{\text{N}}{g}$$

Wenn g durch 10 m/s² ersetzt wird, ergibt sich $m_{max} = 30$ kg.

Wir fassen zusammen: Wird ein Stahldraht mit einer Querschnittsfläche von 1 mm² mit mehr als 300 N belastet, tritt eine plastische Verformung auf. Andernfalls bleibt keine Verformung bestehen.

Federkraft (Gesetz von Hooke)

Der englische Naturforscher **Robert Hooke,** 1635 bis 1703, hat die nach ihm benannte Gesetzmäßigkeit für elastische Verlängerungen formuliert.

Die elastische Dehnung Δx einer Schraubenfeder (eines Körpers) ist proportional der verformenden Kraft F.

$$F = D \cdot \Delta x$$

Die Proportionalitätskonstante D heißt **Federkonstante** oder **Richtgröße.** Als Einheit der Federkonstante ergibt sich daher

$$[D] = \frac{[F]}{[\Delta x]} = 1\ \frac{\text{N}}{\text{m}}.$$

Die Federkonstante gibt an, wie weich oder hart eine Feder ist. Ist die Federkonstante groß, nennt man die Feder hart; andernfalls handelt es sich um eine weiche Feder.

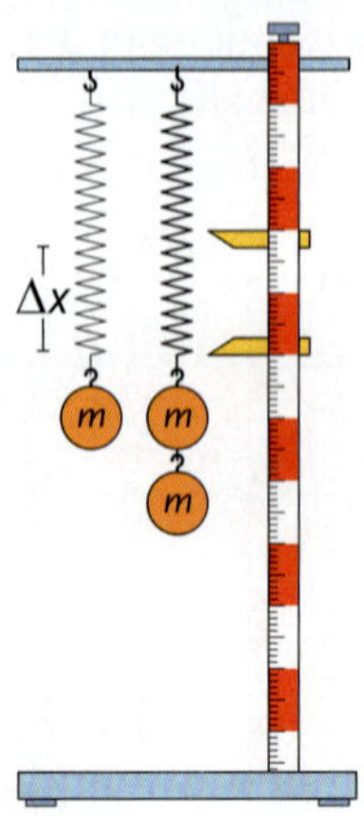

Die rechte Feder ist doppelt so hart wie die linke Feder.

Beispiel 1.2.11: Weiche versus harte Feder

- Dehnt sich eine Schraubenfeder bei einer Belastung mit 200 g um 10 cm, so ist die Feder weich. Die Federkonstante ergibt sich als

  $$D = \frac{F}{\Delta x} = \frac{m \cdot g}{\Delta x} \approx \frac{0{,}2 \cdot 10}{0{,}1} \cdot \frac{\text{N}}{\text{m}} = 20\ \frac{\text{N}}{\text{m}}.$$

  Bei einer Belastung mit zwei Kilogramm würde sich diese Feder um einen Meter dehnen.

- Bei einer harten Feder ergibt sich beispielsweise bei einer Belastung mit 200 g nur eine Dehnung von 1 mm.

  $$D = \frac{F}{\Delta x} = \frac{m \cdot g}{\Delta x} \approx \frac{0{,}2 \cdot 10}{0{,}001} \cdot \frac{\text{N}}{\text{m}} = 2\,000\ \frac{\text{N}}{\text{m}}.$$

  Diese Feder würde sich erst bei einer Belastung mit 20 kg um rund 10 cm dehnen. Die zweite Feder ist um einen Faktor 100 härter als die erste Feder.

Ob eine Feder weich oder hart ist, erkennt man auch im **Kraft-Dehnungs-Diagramm.** Je härter die Feder ist umso steiler verläuft die Kennlinie. In der Randspalte sind zwei **Federkennlinien** eingetragen.

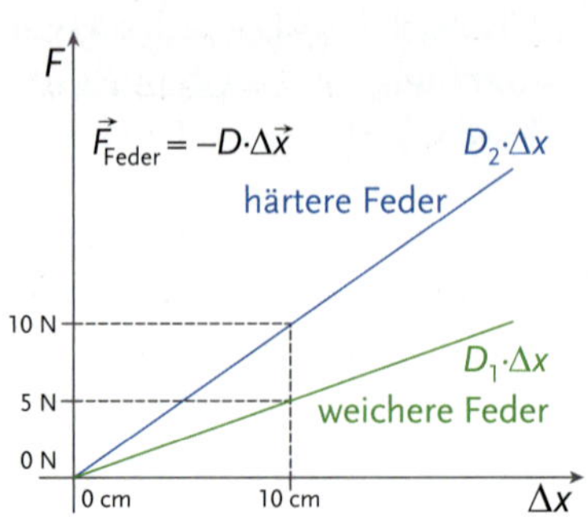

Im Kraft-Dehnungs-Diagramm liest man anhand der Steigung die Federkonstante ab.

Das Kraft-Dehnungs-Diagramm

Im Kraft-Dehnungs-Diagramm trägt man auf der Abszisse (x-Achse) die Dehnung Δx und auf der Ordinate (y-Achse) die verformende Kraft F auf.

Beispiel 1.2.12: Kugelschreiberfeder

Um eine Feder eines bestimmten Kugelschreibers um $\Delta x = 1$ cm zu stauchen, wird eine Druckkraft von $F_{Druck} = 2$ N benötigt.

Die Feder hat daher eine **Federkonstante**

$$D = \frac{F}{\Delta x} = \frac{F_{\text{Druck}}}{\Delta x} = \frac{2\text{ N}}{1\text{ cm}} = 2\frac{\text{N}}{\text{cm}} = 2\frac{\text{N}}{0{,}01\text{ m}} = 200\frac{\text{N}}{\text{m}}.$$

Würden wir eine Masse von zwei Kilogramm an diese Feder mit einer Federkonstante von $D = 200\text{ N/m}$ hängen, würde sie sich um

$$\Delta x = \frac{F}{D} = \frac{F_G}{D} = \frac{m \cdot g}{D} \approx \frac{20\text{ N}}{200\frac{\text{N}}{\text{m}}} = 0{,}1\text{ m},$$

also um rund 10 cm, dehnen.

Nach der Federkraft widmen wir uns nun den im Alltag allgegenwärtigen Reibungskräften.

Reibungskräfte

Die Wichtigkeit der Reibung wird uns jeden Tag vor allem im Winter vor Augen geführt. Ohne Reibung wäre Gehen oder Rollen unmöglich. Wir müssten das Rückstoßprinzip einer Rakete anwenden, um zu beschleunigen. Reibung bedingt aber auch unerwünschte Verluste beim Sport, im Verkehr und in der Fertigung.

Reibung ist die Kraft zweier sich berührender, gegeneinander bewegter Körper. Diese Kraft hemmt die Bewegung. So kommt z. B. ein rollender Reifen in der Ebene ohne ersichtliche äußere Kraftanwendung zur Ruhe.

Bei der Reibung werden zwei Fälle unterschieden.

Äußere Reibung

Die äußere Reibung tritt an den Außenflächen von Festkörpern auf.

Innere Reibung

Innere Reibung tritt zwischen Fluidteilchen auf. Als Fluide werden Flüssigkeiten, Gase und Dämpfe bezeichnet.

Fluidus: lateinisch für fließend

Wir beschränken uns in diesem Band auf die mathematische Beschreibung der äußeren Reibung.

Nach **Charles Augustin de Coulomb** unterscheiden wir **Haftreibung, Gleitreibung** und **Rollreibung.**

Größenordnung der Reibungskräfte

Die Haftreibung ist stets größer als die Gleitreibung. Die Gleitreibung ist stets größer als die Rollreibung.

$F_{\text{Haftreibung}} > F_{\text{Gleitreibung}} > F_{\text{Rollreibung}}$.

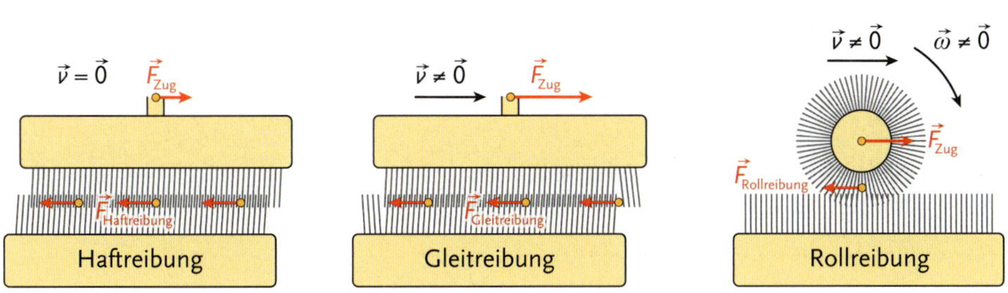

Die Haftreibung ist stets größer als die Gleitreibung und diese ist stets größer als die Rollreibung. Dies gilt für alle Materialpaarungen.

$F_{\text{Haftreibung}} > F_{\text{Gleitreibung}} > F_{\text{Rollreibung}}$
Daher war das Rad eine der größten Erfindungen der Menschheit.

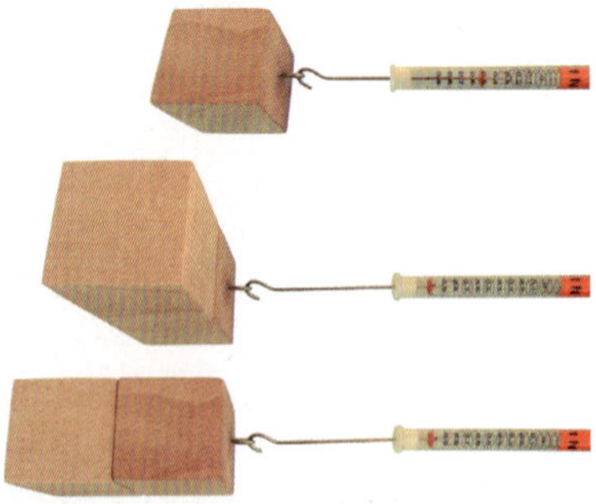

Zum Versuch 1.2.10: Bei der **Haftreibungsmessung** erkennt man die Unabhängigkeit von der Größe der Auflagefläche. Die Haftreibungskraft verdoppelt sich bei doppelter Gewichtskraft.

Material	μ_H
Eisen/Eisen	0,18 ... 0,25
Stahl/Stahl	ca. 0,15
Stahl/Holz	0,50 ... 0,65
Holz/Holz	0,30 ... 0,65
Gummi/Asphalt	0,55 ... 0,90
Gummi/ nasser Asphalt	0,20 ... 0,30
Gummi/Asphalteis	ca. 0,10
Stahl/Eis	ca. 0,03

Typische **Haftreibungszahlen**

Material	μ_G
Stahl/Stahl	0,05
Stahl/Teflon	0,04
Metall/Holz	0,40 ... 0,50
Holz/Stein	0,30
Holz/Holz	0,20 ... 0,50
Stahl/Eis	0,01

Typische **Gleitreibungszahlen**

Material	μ_R
Stahl/Stahl	0,0005 ... 0,002
Gummi/Asphalt	0,01 ... 0,02
Gummi/Stein	0,03 ... 0,06

Typische **Rollreibungszahlen**

Bei der Erklärung der Reibung hilft das oben dargestellte Bürstenmodell. Die Oberflächen zweier einander berührender Körper sind ineinander verhakt. Es wird eine Mindestkraft benötigt, um den oberen Körper relativ zur Unterlage in Bewegung zu setzen. Bewegen sich die beiden Körper relativ zueinander, verhaken sich ihre Oberflächen nicht mehr so stark.

- Die **Haftreibung** (Ruhereibung) ist als Reaktionskraft immer gegengleich zur angreifenden Gesamtkraft, bis diese einen maximalen material- und oberflächenabhängigen Wert überschreitet. Dann setzt eine Gleit- oder eine Rollbewegung ein.
- Die **Gleit-** und die **Rollreibung** versucht, eine Relativbewegung der beiden Körper zu verzögern. Abrieb bzw. Verschleiß sind bei Gleit- und Rollreibung nicht zu verhindern.

Mit einem einfachen Versuch kann gezeigt werden, dass die (Haft-)Reibungskraft **unabhängig** von der Größe der Auflagefläche ist.

Versuch 1.2.10: Unabhängigkeit der Reibungskraft von der Größe der Auflagefläche

- Wir legen dazu – wie in den nebenstehenden Bildern gezeigt – zwei gleiche Quader auf eine waagrechte Unterlage. Mit einer Federwaage wird die Kraft, bei der ein einzelner Quader zu gleiten beginnt, ermittelt.
- Als zweiten Fall legen wir die beiden Quader übereinander.
- Dann legen wir die beiden Quader hintereinander und verbinden sie.

Jeder kennt den Einfluss von Regen und Schnee bzw. Eis auf den Brems- bzw. Anhalteweg eines Autos. In den Tabellen für Reibungszahlen kann man das überprüfen.

Versuch 1.2.11: Abhängigkeit der Reibungskraft von der Art und Beschaffenheit der Auflagefläche

Variiert man die Unterlage (Glas, Holzplatte, Filz usw.) und das Material der Quader, stellt man fest, dass die Reibungskraft stark von der Beschaffenheit und Art der **Oberfläche abhängt.**

Versuch 1.2.12: Unterscheidung zwischen Haft- und Gleitreibung

- Ein Quader wird auf eine waagrechte Unterlage gelegt. Wir befestigen eine Federwaage am Quader und dehnen die Federwaage so weit, dass der Quader nicht rutscht.
- Wird der Quader seitlich leicht angestoßen, wird er durch die Feder beschleunigt. Die Federkraft sinkt dabei ab. Die Gleitreibung ist kleiner als die Haftreibung.

Reibungskraft (Gesetz von Coulomb)

Die **Reibungskraft** $F_{Reibung}$ ist der Verschieberichtung entgegengerichtet, parallel zur Berührungsfläche und proportional der Normalkraft F_N auf die Berührungsfläche.

$$F_{Reibung} = \mu \cdot F_N$$

Die dimensionslose Proportionalitätskonstante

$$\mu = \frac{F_{Reibung}}{F_N}$$

heißt **Reibungszahl** oder **Reibbeiwert.**

Beispiel 1.2.13: Ermittlung von Reibungszahlen auf einer waagrechten Unterlage

Ein Holzquader mit einer Masse von 45 g wird auf eine waagrechte Unterlage gelegt. Der Holzquader wird mit einer Zusatzmasse von 200 g belastet und ist über eine Umlenkrolle mit einer Zugmasse verbunden.

Der Quader beginnt sich bei einer Masse $m_{Zug} = 90$ g über die Unterlage zu bewegen. Bei einem leichten Stoß bewegt sich der Quader bereits bei $m_{Zug} = 50$ g. Wir ermitteln die Haftreibungszahl μ_H und die Gleitreibungszahl μ_G für die verwendete Unterlage.

$$\mu_H(\text{Holz-Unterlage}) = \frac{F_{Haftreibung}}{F_{Normal}} = \frac{90}{245} \approx 0{,}37$$

$$\mu_G(\text{Holz-Unterlage}) = \frac{F_{Gleitreibung}}{F_{Normal}} = \frac{50}{245} \approx 0{,}20$$

Das Verhältnis von Haftreibungszahl μ_H zu Gleitreibungszahl μ_G ist $\frac{0{,}37}{0{,}2} = 1{,}85$.

Die Haftreibungszahl für diese Holz-Unterlage-Kombination ist also um 85 % größer als die Gleitreibungszahl.

Bisher haben wir die Reibungskraft bei waagrechter Unterlage untersucht. Jeder weiß, dass Körper zu gleiten bzw. rollen beginnen, wenn die Neigung der Unterlage einen bestimmten Grenzwinkel übersteigt. Betrachtet man die Normalkraft, ist dies sofort einsichtig. Mit dem Steigungswinkel φ erhalten wir die Normalkraft $F_N = F_G \cdot \cos(\varphi)$. Je größer der Steigungswinkel, desto kleiner ist $\cos(\varphi)$ und damit die Normalkraft und die Reibungskraft.

Dass bei Rädern auch die Haftreibung zwischen Unterlage und Rad entscheidend ist, verdient eine gesonderte Erwähnung. Die Haftreibung bewirkt beim Abrollen eines Rades, dass es an der Berührungsstelle nicht durchdreht. Die maximale Beschleunigung, die beispielsweise mit einem Auto erzielt werden kann, ist auch durch die Haftreibung festgelegt.

Beispiel 1.2.14: Maximale Bremsverzögerung eines Sportwagens

Bei einem Motorsportrennen kommt nach einem Unfall ein Rennwagen auf der Rennstrecke zum Stehen. Ein nachfolgender Rennfahrer versucht, bei einer Geschwindigkeit von 216 km/h durch eine Vollbremsung einen Auffahrunfall auf einer Bremsstrecke von $s = 200$ m zu vermeiden.

Wir berechnen, ob dies mit Reifen mit einer Haftreibungszahl von 0,9 auf nasser und rutschiger Fahrbahn möglich ist.

Dazu ermitteln wir zuerst die Bremsverzögerung, die nötig ist, um auf 200 m den Sportwagen zum Stillstand zu bringen. Wir lösen die zeitfreie Gleichung

$$s = \frac{v^2}{2 \cdot a}$$

nach der Beschleunigung auf.

$$a = \frac{v^2}{2 \cdot s}$$

Einsetzen der gegebenen Größen ergibt eine notwendige Beschleunigung von

$$a = \frac{60^2}{2 \cdot 200} \frac{\text{m}}{\text{s}^2} = \frac{3\,600}{400} \frac{\text{m}}{\text{s}^2} = 9 \frac{\text{m}}{\text{s}^2}.$$

Die maximale Bremsverzögerung ergibt sich als Produkt aus Haftreibungszahl und Gravitationsbeschleunigung.

$\cos(0°) = 1$ und $\cos(90°) = 0$

Die Reibungskraft ist proportional zur Normalkraft $F_{Reibung} = \mu \cdot F_N$.

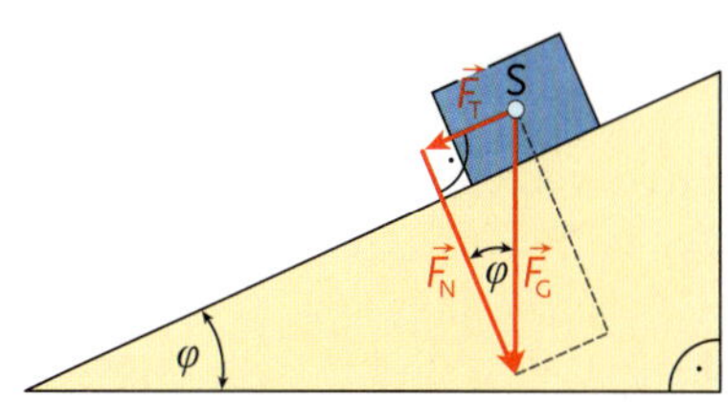

Die im Schwerpunkt angreifende Gewichtskraft wird in eine Tangential- und eine Normalkomponente zerlegt. Die Unterlage übt eine zur Normalkomponente gleich große, aber entgegengerichtete Kraft auf den Körper aus. Die Reibungskraft ist zu dieser Reaktionskraft proportional.

Die **Normalkraft auf einer schiefen Ebene** ergibt sich als
$F_N = F_G \cdot \cos(\varphi)$.
Für den Sonderfall $\varphi = 0°$ gilt
$F_N = F_G$.
Für $\varphi = 90°$ ist $F_N = 0$.

Die **Haftreibungszahl** μ_H ist der Tangens des Steigungswinkels φ der schiefen Ebene, bei dem der Körper zu rutschen beginnt.
$\mu_H = \tan(\varphi)$
Bei diesem Winkel stimmt die Hangabtriebskraft mit der Haftreibungskraft überein.

In der Praxis wird bei der Transportsicherung oft die Paarung Hobelholz-Schichtholz/Sperrholz verwendet. Laut einer ÖNORM ist dann mit $\mu_H = 0{,}45$ zu rechnen.
Bei dieser Paarung beginnt bei $\varphi = \arctan(0{,}45) \approx 24°$ der Rutschvorgang.

Die **Gleitreibungszahl** μ_G ist der Tangens des Steigungswinkels der schiefen Ebene, bei dem der Körper gleichförmig gleitet.
$\mu_G = \tan(\varphi_G)$

In der Praxis werden im Sport extreme Bremsverzögerungen erreicht.

Für den Porsche 911 GT3 RS wird ein gemessener Bremsweg von 130,1 m bei einer Anfangsgeschwindigkeit von 200 km/h angegeben. Die entsprechende Bremsverzögerung ergibt sich aus der zeitfreien Gleichung

$$a = \frac{v^2}{2 \cdot s} = \frac{(200/3{,}6)^2}{2 \cdot 130{,}1} \frac{\text{m}}{\text{s}^2} \approx 11{,}86 \frac{\text{m}}{\text{s}^2}.$$

Dieser Wert ist größer als die Gravitationskonstante und kann durch zusätzliche aerodynamische Effekte (Spoiler) und spezielle Reifen erklärt werden.

Die maximale Beschleunigung auf einer waagrechten Unterlage ist durch die Gravitationskonstante und die Haftreibungszahl festgelegt.
$a_{max} = \mu_H \cdot g = \mu_H \cdot 9{,}81 \text{ m} \cdot \text{s}^{-2}$.

Taurus ist eine geschützte Bezeichnung der ÖBB (Österreichischen Bundesbahn) für die von Siemens erzeugten Elektrolokomotiven ES64U2. Die Anfahrzugkraft wird mit 300 kN angegeben.

Eine Taurus der ÖBB mit Euro2008-Lackierung. Im Juni 2008 wurde die Endrunde der 13. Fußball-Europameisterschaft in Österreich und in der Schweiz ausgetragen.

Die **Schafbergbahn** ist eine Zahnradbahn. Sie führt von St. Wolfgang am Wolfgangsee auf den Schafberg (1 782 m) und überwindet dabei eine maximale Steigung von rund 25 %.

$a_{max} = \mu_H \cdot g = 0{,}9 \cdot 9{,}81 \text{ m} \cdot \text{s}^{-2} \approx 8{,}83 \text{ m} \cdot \text{s}^{-2} < a$

Mit diesem Reifensatz kann der Rennfahrer den Auffahrunfall nicht vermeiden. Die Auffahrgeschwindigkeit ist aber auf etwa 18 Prozent der Anfangsgeschwindigkeit von 216 km/h reduziert, wie wir im nächsten Beispiel zeigen.

Beispiel 1.2.15: Auffahrgeschwindigkeit eines Sportwagens

Wir berechnen, mit welcher Geschwindigkeit der Sportwagen aus dem vorangegangenen Beispiel auf den auf der Rennstrecke stehenden Rennwagen auffährt.

Für die Geschwindigkeit des Sportwagens t Sekunden nach dem Beginn des Bremsvorgangs gilt

$v(t) = v_0 - a_{max} \cdot t.$

Einsetzen der maximalen Verzögerung liefert $v(t) \approx (60 - 8{,}83 \cdot t) \cdot \text{m/s}$.

Um die Dauer des Bremsvorganges t_b zu erhalten, schreiben wir die Gleichung für die Bremsstrecke an.

$$s(t) = v_0 \cdot t - a_{max} \cdot \frac{t^2}{2}$$

Einsetzen der Bremsstrecke und der anderen physikalischen Größen liefert

$$200 \approx 60 \cdot t_b - 8{,}83 \cdot \frac{t_b^2}{2}.$$

Diese Gleichung können wir durch Probieren oder mithilfe einer mathematischen Formel lösen. Wir schreiben die kleinere der beiden Lösungen an.

$t \approx 5{,}9 \text{ s}$

Damit ergibt sich die Auffahrgeschwindigkeit

$v_{Auffahr} = v(t_b) \approx (60 - 8{,}83 \cdot 5{,}9) \cdot \text{m/s} \approx 10{,}9 \text{ m/s} \approx 39 \text{ km/h}.$

Man kann die Auffahrgeschwindigkeit auch folgendermaßen abschätzen. Um von 216 km/h = 60 m/s mit 9 m/s² in den Stillstand zu verzögern, benötigt man fast sieben Sekunden. Der Rennfahrer stößt aber nach rund 5,9 s bereits mit dem stehenden Rennwagen zusammen. Das ergibt eine Restgeschwindigkeit von etwa 10 m/s. Der Sportwagen verzögert aber nur mit 8,83 m/s². Auch daraus resultiert eine Restgeschwindigkeit.

Oft wird gefordert, zur Entlastung der Umwelt mehr Güter mit der Bahn anstatt mit Lkws zu befördern. Eine Rollreibungszahl von rund 0,02 für das Abrollen von Eisenrädern auf Eisenbahnschienen lässt dies auch aus naturwissenschaftlicher Sicht sinnvoll erscheinen.

Beispiel 1.2.16: Taurus

Wir berechnen die Rollreibungskraft für eine Taurus-Lokomotive der ÖBB. Die Masse ist mit 86 t angegeben.

Auf waagrechter Strecke ergibt sich daher eine Rollreibungskraft von

$F_{Rollreibung} = \mu_R \cdot m \cdot g = 0{,}02 \cdot 86\,000 \cdot 9{,}81 \text{ N} \approx 16\,873 \text{ N}.$

Man benötigt nur eine geringe Kraft, um große Massen auf Rädern in langsamer Bewegung zu halten.

Ein Nachteil von Eisenbahnen ist die geringe Steigung der Streckenführung, weil die geringe Haftreibung zwischen Eisen und Eisen keine großen Steigungen ermöglicht. Technische Abhilfe hat man mit Zahnradbahnen geschaffen.

Nach der Federkraft und den Reibungskräften behandeln wir nun Trägheitskräfte, die nur in beschleunigten Bezugssystemen auftreten.

Trägheitskräfte

Bei stark beschleunigenden U-Bahnen muss man sich in Bewegungsrichtung stemmen, um nicht umzufallen. Beim starken Abbremsen droht man in Bewegungsrichtung, also entgegen der Beschleunigungsrichtung, zu kippen. Das sind Folgerungen der Trägheitskraft (vgl. Kapitel B, 1.2.2). Für den Transport von Gütern gibt es gesetzliche Regelungen, die die Ladungssicherung betreffen.

Stellen Sie sich vor, Sie sitzen in einem Zugabteil. Eine Trinkflasche liegt vor Ihnen. Wenn der Zug beschleunigt, rollt die Flasche. Aufgrund des Trägheitsgesetzes möchte die Flasche in ihrem ursprünglichen Zustand verharren.

Trägheitskraft

In einem mit $\vec{a}$ beschleunigten Bezugssystem tritt eine **Trägheitskraft** $\vec{F}_T$ auf. Sie ist zur Masse m und zur Beschleunigung a proportional, aber der Beschleunigung $\vec{a}$ entgegengerichtet.

$$\vec{F}_T = -m \cdot \vec{a}$$

Die Trägheitskraft $\vec{F}_T$ hat keine Gegenkraft.

Für den Betrag der Trägheitskraft gilt $F_T = m \cdot a$.

Beispiel 1.2.17: Trägheitskraft beim Beschleunigen eines Pkw

Ein Pkw beschleunige mit 2 m/s^2. Wir berechnen die Trägheitskraft, die auf die Lenkerin wirkt.

$$\vec{F}_T = -m \cdot \vec{a} = -m \cdot 2\ \text{m/s}^2$$

Diese Trägheitskraft drückt die Lenkerin in den Sitz.

Bei einer Masse von 60 kg ergibt sich eine Trägheitskraft von 120 N. Diese Trägheitskraft wirkt entgegen der Beschleunigungsrichtung.

Ziele erreicht? – „Kräfte und ihre Auswirkung"

1.2.30 + Geben Sie das **Gesetz von Hooke** an und beschreiben Sie alle auftretenden physikalischen Größen.

1.2.31 + Bestimmen Sie die **Federkonstanten** D_1 und D_2 mithilfe der Steigung im Kraft-Dehnungs-Diagramm in der Randspalte auf Seite 62. Die Steigung ist das Verhältnis von Ordinaten- zu Abszissenänderung.

1.2.32 ++ Führen Sie **Versuche** zur Dehnung einer Schraubenfeder durch. Zeichnen Sie die Kraft-Dehnungs-Diagramme und bestimmen Sie die Federkonstante.

1.2.33 + Die **Feder** eines Kugelschreibers wird durch eine Kraft von 1 N um 1 cm gedehnt. Berechnen Sie die Federkonstante.

1.2.34 ++ Ein **Kleinlastwagen** (m = 2,6 t) wird von vier Federn mit D = 60 000 N/m gefedert. Berechnen Sie, wie weit jede Feder bei horizontal stehendem Kleinlastwagen auf einer ebenen Straße zusammengedrückt wird. Hinweis: die Gewichtskraft kann gleichmäßig auf die vier Federn aufgeteilt werden.

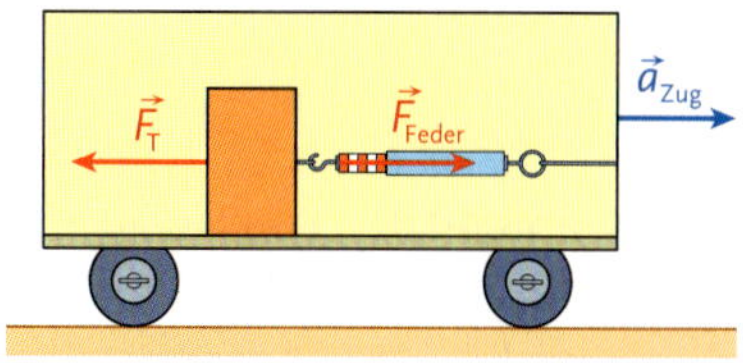

Die Trägheitskraft $\vec{F}_T$ wirkt in die **negative Beschleunigungsrichtung** und wird hier durch eine Federwaage gemessen

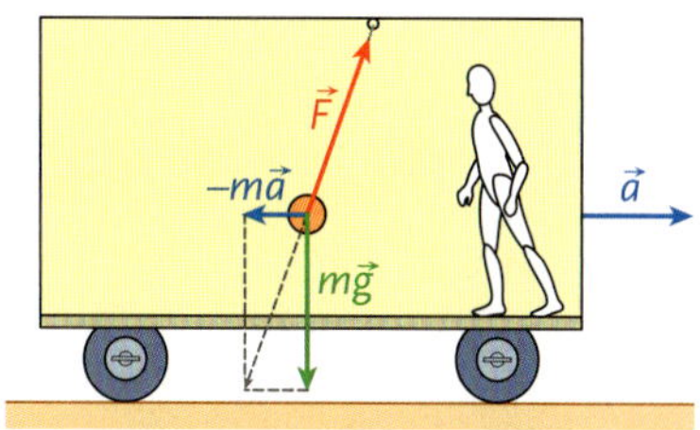

Durch die Trägheitskraft $\vec{F}_T = -m \cdot \vec{a}$ wird das Pendel in einem beschleunigten Waggon aus der Vertikalen ausgelenkt. Wir haben hier die Beschleunigung a fast halb so groß wie die Gravitationsbeschleunigung g gewählt.

Ausschnitt aus der ÖNORM EN 12195-1:

Materialpaarung an der Berührungsfläche	Reibbeiwert
Schnittholz	
Schichtholz/Sperrholz	0,45
Geriffeltes Aluminium	0,4
Schrumpffolie	0,3
Stahlblech	0,3
Hobelholz	
Schichtholz/Sperrholz	0,3
Geriffeltes Aluminium	0,25
Stahlblech	0,2
Kunststoffpalette	
Schichtholz/Sperrholz	0,2
Geriffeltes Aluminium	0,15
Stahlblech	0,15
Stahl und Metall	
Schichtholz/Sperrholz	0,45
Geriffeltes Aluminium	0,3
Stahlblech	0,2
Beton	
Rauer Beton – Schnittholzlatten	0,7
Glatter Beton – Schnittholzlatten	0,55
Rutschhemmende Matte	
Gummi	0,6

Ein **Inertialsystem** ist ein Bezugssystem, in dem sich kräftefreie Körper mit konstanter Geschwindigkeit geradlinig bewegen. Beschleunigte sowie rotierende Bezugssysteme sind keine Inertialsysteme.

Lkw auf einer Landstraße

Rollende Landstraße

Als rollende Landstraße bezeichnet man ein kombiniertes Transportsystem. Es können komplette Lastwagen bzw. Sattelzüge mit der Bahn befördert werden.

1.2.35 + Geben Sie das **Gesetz von Coulomb für die Reibungskraft** an und beschreiben Sie alle auftretenden physikalischen Größen.

1.2.36 + Ein gefüllter Kleiderschrank mit einer Masse von 60 kg kann auf einer waagrechten Unterlage durch eine Kraft von 500 N gerade in Bewegung versetzt werden. Bestimmen Sie die **Reibungszahl.** Begründen Sie, welche Reibungszahl Sie ermitteln.

1.2.37 ++ Führen Sie **Versuche** zur Bestimmung von **Reibungszahlen** durch. Fertigen Sie eine ordentliche Dokumentation an. Vergleichen Sie die Versuche zur Reibungskraft.

1.2.38 ++ Ein **Pkw** (m = 1,2 t) muss auf einer waagrechten Straße möglichst stark verzögert werden. Berechnen Sie die maximale Verzögerung auf einer trockenen Fahrbahn mit $\mu_H = 0{,}8$ und einer stark verschmutzten, regennassen Fahrbahn mit $\mu_H = 0{,}2$. Ermitteln Sie jeweils die Bremszeit und den Bremsweg. Stellen Sie beide Situationen durch a-t-, v-t- und s-t-Diagramme dar. Hinweis: Bewegungsdiagramme wurden bereits im Kap. B, 1.1, ausführlich behandelt.

1.2.39 + Eine **Tauruslokomotive** der ÖBB hat eine Anfahrzugkraft von 300 kN. Berechnen Sie, welche maximale Masse eine Tauruslokomotive auf waagrechter Bahn in Bewegung versetzen kann. Geben Sie die von Ihnen angenommenen Bedingungen an.

1.2.40 ++ Ein **Holzquader** wird auf eine schiefe Ebene mit variablem Steigungswinkel gelegt. Der Steigungswinkel wird so lange vergrößert, bis der Quader zu gleiten beginnt. Leiten Sie die Formel für die **Beschleunigung** des Quaders allgemein ab. Überprüfen Sie Ihre Formel für sinnvoll gewählte Haft- und Gleitreibungszahlen. Führen Sie Versuche durch und dokumentieren Sie sie. Hinweis: Wegen $\mu_G < \mu_H$ wird der Quader, so bald er zu gleiten beginnt, gleichmäßig beschleunigt.

1.2.41 + Ein **Lkw** mit einer ebenen Ladefläche, soll Eisenbahnschienen transportieren. Berechnen Sie die Beschleunigung des Lkw, bei der die Schienen zu gleiten beginnen, wenn die Ladefläche mit Eisenblech geschützt ist. Reibbeiwerte finden Sie umseitig in der Randspalte sowie bei den Versuchen zur Reibungskraft.

1.2.42 + In einem komfortablen **Campingbus** hängt eine Deckenlampe an einem Stromkabel von 20 cm Länge. Berechnen Sie den Winkel, den das Stromkabel mit der Vertikalen einschließt, wenn der Campingbus mit 2 m/s^2 beschleunigt bzw. bei einer Notbremsung mit –4 m/s^2 verzögert. Skizzieren Sie die Lampe und die Beschleunigungsrichtung. Vergleichen Sie die Skizze zur Trägheitskraft auf ein Pendel in einem beschleunigten Waggon.

1.2.43 + Ein **Lkw** mit einer ebenen Ladefläche soll einen Holzstamm mit nahezu gleichbleibendem kreisförmigem Querschnitt transportieren. Berechnen Sie, bei welcher Beschleunigung des Lkw der Holzstamm zu rollen bzw. zu gleiten beginnt, wenn die Ladefläche mit Eisenblech geschützt ist. Fertigen Sie eine Skizze an und geben Sie an, wie der Stamm relativ zur Beschleunigungsrichtung ausgerichtet ist. Reibbeiwerte finden Sie umseitig in der Randspalte sowie bei den Versuchen zur Reibungskraft.

1.2.44 ++ Recherchieren Sie über **Ladungssicherung.** Führen Sie nachvollziehbare Berechnungen in Analogie zu den zwei vorangestellten Aufgaben durch.

1.2.5 Die Rotation und ihr dynamisches Grundgesetz

In unserem Alltag sind wir häufig mit Drehbewegungen konfrontiert. Motoren, Generatoren, Autos, Festplatten, DVDs enthalten Teile, die um ein festes Zentrum rotieren. Wir werden in diesem Kapitel die Ursachen für Drehbewegungen beschreiben.

Meine Ziele

Nach Bearbeitung dieses Kapitels kann ich

- die Formeln für die **Zentripetal-**, die **Zentrifugal-** und die **Corioliskraft** anschreiben;
- die Definition des **Drehmoments** anführen;
- **Zentripetal-**, **Zentrifugal-** und **Corioliskräfte** berechnen;
- **Dreh-** und **Trägheitsmomente** ermitteln;
- das **dynamische Grundgesetz der Rotation** anwenden.

Eine Turbine als Beispiel für einen rotierenden starren Körper

Bei einer Kreisbewegung mit konstanter Winkelgeschwindigkeit ist der Betrag der Tangentialgeschwindigkeit für einen festen Abstand vom Drehzentrum konstant. Daher bedarf es einer speziellen Bewusstmachung, dass bei der Bewegung eines Körpers auf einer Kreisbahn in jedem Augenblick eine Beschleunigung wirken muss.

Viele Bilder und Vorgänge vermitteln uns diese Kraft eindrücklich, z. B. der Funkenflug beim Schleifen, das tangentiale Wegfliegen des Hammers beim Hammerwerfen oder des Lassos beim Lasso-Werfen. Nach dem Wegfall der zum Zentrum wirkenden Kraft erfolgt die Bewegung tangential zur ursprünglichen Kreisbahn.

Funkenflug beim Schleifen an einem rotierenden Schleifstein

Beispiel 1.2.18: Beschleunigung am Einheitskreis – Zentripetalbeschleunigung

Wir berechnen die **Beschleunigung** für einen Körper, der sich mit einer Periodendauer von einer Sekunde auf einem Einheitskreis (Radius = 1 m) bewegt.

Mit $T = 1$ s und $r = 1$ m ergibt sich der zurückgelegte Weg in einer Periodendauer.
$\Delta s = 2 \cdot \pi \cdot r = 2 \cdot \pi \cdot 1\,\text{m} = 2 \cdot \pi\,\text{m}$

Bahngeschwindigkeit: $v = \dfrac{\Delta s}{\Delta t} = \dfrac{2\pi\,\text{m}}{1\,\text{s}} = 2\pi\,\dfrac{\text{m}}{\text{s}} \approx 22{,}6\,\text{km/h}.$

Damit der Geschwindigkeitsvektor immer senkrecht auf den Radiusvektor gerichtet ist, muss in jedem Augenblick eine Beschleunigung zum Zentrum, das ist der Mittelpunkt der Kreisbahn, gerichtet sein.

Für diese zum Zentrum zeigende Beschleunigung – die **Zentripetalbeschleunigung** a_{Zp} – gilt:

$$a_{Zp} = \frac{\Delta v}{\Delta t} = \frac{2 \cdot \pi \cdot v}{T} = \frac{2 \cdot \pi \cdot 2 \cdot \pi \frac{\text{m}}{\text{s}}}{1\,\text{s}} = 4 \cdot \pi^2\,\frac{\text{m}}{\text{s}^2}.$$

Wir stellen uns dazu vor, dass auch der Geschwindigkeitsvektor und der Beschleunigungsvektor eine Drehung mit der Winkelgeschwindigkeit ω gegen den Uhrzeigersinn ausführen. Diese Drehung wird in der zweiten Abbildung in der umseitigen Randspalte dargestellt. Ersetzt man die Periodendauer T durch

$$T = \frac{u}{v} = \frac{2 \cdot \pi \cdot r}{v}, \text{ so gilt } \quad a_{Zp} = \frac{\Delta v}{\Delta t} = \frac{2 \cdot \pi \cdot v}{T} = \frac{2 \cdot \pi \cdot v}{\frac{2 \cdot \pi \cdot r}{v}} = \frac{v^2}{r}.$$

Wenn wir nun versuchen, im Klassenzimmer eine Kreisbahn mit einem Radius von einem Meter mit einer Geschwindigkeit von rund 23 km/h zu durchsprinten, erfahren wir am eigenen Leib, wie groß die nötige Beschleunigung ist.

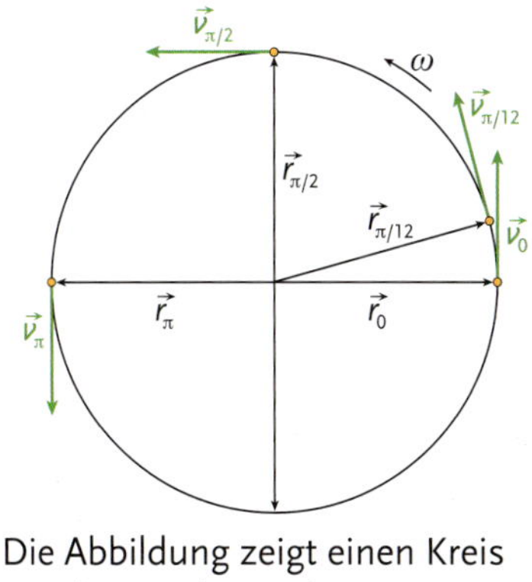

Die Abbildung zeigt einen Kreis mit dem Radius r, der von einer Kugel mit der Winkelgeschwindigkeit ω gegen den Uhrzeigersinn durchlaufen wird.
Die Indizes der Vektoren geben den Winkel des Radiusvektors zur positiven x-Achse in Radiant an.

Zentripetalbeschleunigung

$a_{Zp} = \dfrac{v^2}{r}$

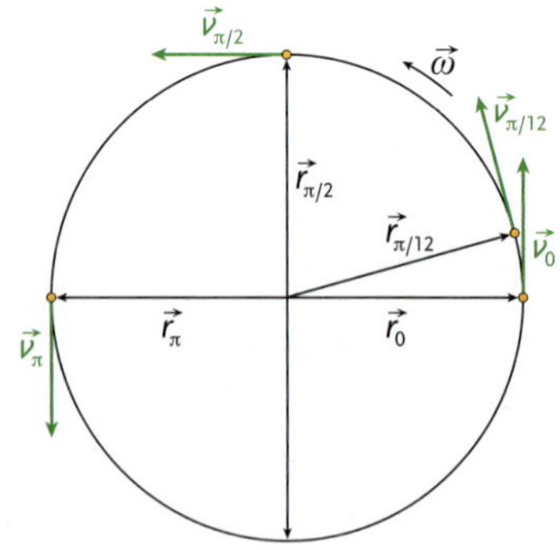

Die Abbildung zeigt, dass der Radiusvektor mit der Winkelgeschwindigkeit ω gegen den Uhrzeigersinn umläuft. Auch der Geschwindigkeits- und Beschleunigungsvektor führen diese Drehung aus.

Versuch 1.2.13: Zentripetalkraft

Kreisbahnlauf: Wir messen die Zeit, die Freiwillige aus der Klasse brauchen, um eine Kreisbahn mit dem Radius r zu laufen. Je kleiner der Radius wird, umso mehr haben sie mit dem Wegrutschen zu kämpfen.

Die angeführten Überlegungen für den Einheitskreis verallgemeinern wir jetzt für eine Kreisbahn mit beliebigem Radius.

Zentripetalbeschleunigung und Zentripetalkraft

Damit ein Körper eine Kreisbahn beschreibt, muss auf ihn eine zum Zentrum gerichtete Beschleunigung, die **Zentripetalbeschleunigung** wirken. Diese Beschleunigung hängt von der Geschwindigkeit v des Körpers und vom Radius r der Kreisbahn ab.

$$a_{Zp} = \frac{v^2}{r}.$$

Auf ihn wirkt die **Zentripetalkraft** $F_{Zp} = m \cdot a_{Zp} = m \cdot \frac{v^2}{r}$.

Mit dem Zusammenhang $v = \omega \cdot r$ ergibt sich die Zentripetalbeschleunigung durch $a_{Zp} = \omega^2 \cdot r$ und die Zentripetalkraft durch $F_{Zp} = m \cdot \omega^2 \cdot r$, wobei ω die Winkelgeschwindigkeit ist.

Beispiel 1.2.19: Zentripetalbeschleunigung und Zentripetalkraft

Wir berechnen die **Kraft,** die wir aufbringen müssen, damit wir eine Masse von einem Kilogramm an einem Seil von einem Meter Länge pro zwei Sekunden einmal über unserem Kopf kreisen lassen können.

Wir schreiben die gegebenen physikalischen Größen $m = 1$ kg, $r = 1$ m und die Periodendauer $T = 2$ s an und berechnen die Winkelgeschwindigkeit ω der Masse.

$\omega = 2 \cdot \pi/T = 2 \cdot \pi \text{ rad}/(2 \text{ s}) = \pi \text{ rad/s} \approx 3{,}14 \text{ rad/s}$

Damit erhalten wir für die **Zentripetalbeschleunigung** der Masse

$a_{Zp} = \omega^2 \cdot r = \pi^2 \cdot 1 \text{ m/s}^2 = \pi^2 \text{ m/s}^2 \approx 9{,}87 \text{ m/s}^2$.

Die von uns aufzubringende Beschleunigung ist dem Betrage nach der mittleren Erdbeschleunigung sehr nahe.

Wir müssen daher eine **Zentripetalkraft** von $F_{Zp} = m \cdot a_{Zp} = 1 \text{ kg} \cdot \pi^2 \text{ m/s}^2 \approx 9{,}87$ N aufwenden.

Diese Zentripetalkraft ist betragsmäßig kaum von der Gewichtskraft der Masse zu unterscheiden. Die beiden Kraftvektoren stehen aber bei horizontaler Kreisbahn der Masse senkrecht aufeinander.

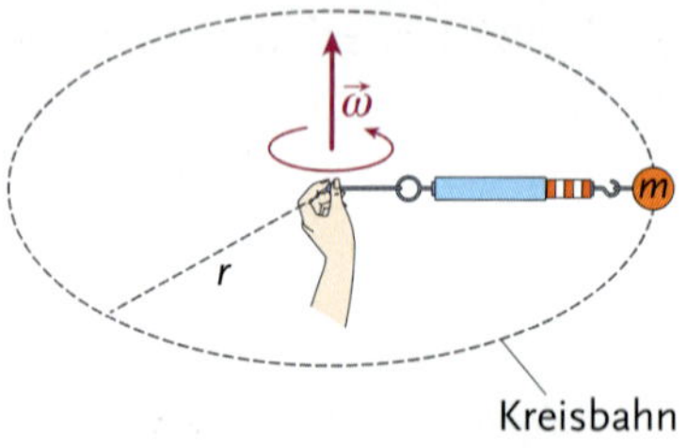

Messung der Zentripetalkraft

Versuch 1.2.14: Messung der Zentripetalkraft

Wir befestigen eine Federwaage zwischen Seil und Masse (vgl. Randspalte). Der Abstand kann mit dem Seil variiert werden. Die Haltekraft der Feder und die Frequenz der Drehbewegung werden gemessen. Die Beschleunigung ist proportional zum Quadrat der Frequenz und zum Abstand vom Drehzentrum.

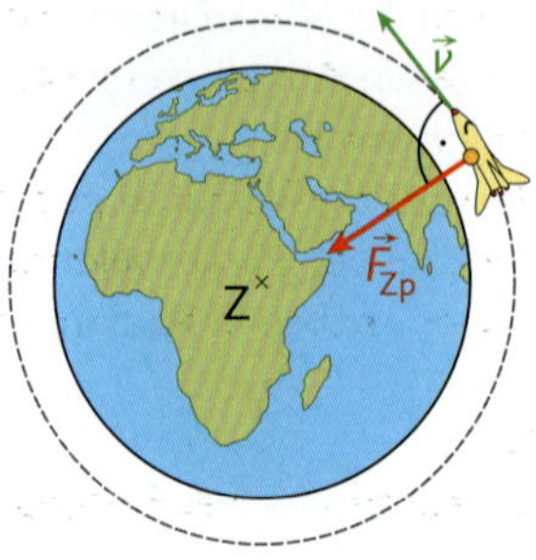

Ein Spaceshuttle umkreist die Erde

Beispiel 1.2.20: Spaceshuttle

Wir berechnen die Geschwindigkeit, mit der sich ein Spaceshuttle in 10 km Höhe über der Erde bewegen müsste, um eine Kreisbahn um den Erdmittelpunkt zu beschreiben. Reibungsverluste werden vernachlässigt.

Die Zentripetalkraft wäre dann näherungsweise die Gewichtskraft.

$F_{Zp} \approx F_G \qquad m \cdot v^2/r \approx m \cdot g \qquad v \approx \sqrt{g \cdot r} \qquad$ mit $r = r_{Erde} + 10$ km

Vereinfachend verwenden wir g für die Erdoberfläche anstelle von $g(r)$. Einsetzen des Erdradius von 6 370 km und der Erdbeschleunigung g liefert

$v \approx \sqrt{9{,}81} \cdot 6{,}38 \cdot 10^6 \text{ m/s} \approx 7{,}9 \text{ km/s} = 474 \text{ km/min} = 28\,440 \text{ km/h}.$

Die Dauer eines Umlaufs wäre dann

$T = 2 \cdot \pi \cdot r/v = 2 \cdot \pi \cdot 6\,380/7{,}9 \text{ s} \approx 5\,067 \text{ s} \approx 1 \text{ h } 24 \text{ min } 27 \text{ s}.$

Wenn wir mit einem Rad, einem Motorrad oder einem Auto eine (kreisförmige) Kurve fahren, spüren wir deutlich eine Kraft, die Zentrifugal- oder Fliehkraft, die uns nach außen drückt. Diese Zentrifugalkraft zeigt vom Zentrum der Bahn weg und ist der Zentripetalkraft entgegengerichtet.

$\vec{F}_{Zf} = -\vec{F}_{Zp}$

Die Zentrifugalkraft tritt als Trägheitskraft nur in beschleunigten (Bezugs-)Systemen auf.

Zentrifugalkraft

Für einen Körper der Masse m wirkt in einem mit der Winkelgeschwindigkeit ω rotierenden System die **Zentrifugal-** bzw. Fliehkraft

$F_{Zf} = m \cdot \omega^2 \cdot r = m \cdot \frac{v^2}{r}.$

Beispiel 1.2.21: Zentrifugalkraft in der Formel I

Wir berechnen die **Zentrifugalkraft,** die auf einen Formel-I-Piloten mit einer Masse von 80 kg wirkt. Der Rennwagen durchfährt mit 288 km/h einen kurzen Ausschnitt eines kreisförmigen Kurvenstückes mit einem Radius von 160 m.

Die gegebenen physikalischen Größen sind $m = 80$ kg, $v = 288$ km/h = 288/3,6 m/s = 80 m/s und $r = 160$ m.

Die **Zentrifugalkraft,** die auf den Piloten wirkt, erhalten wir als

$$F_{Zf} = m \cdot \frac{v^2}{r} = \frac{80 \text{ kg} \cdot \left(80 \frac{\text{m}}{\text{s}}\right)^2}{160 \text{ m}} = 3\,200 \text{ N}.$$

Das ist betragsmäßig etwa die vierfache Gewichtskraft des Piloten.

Die **Zentripetalbeschleunigung** entspricht betragsmäßig rund einer **vierfachen Erdbeschleunigung.**

$$a_{Zp} = \frac{v^2}{r} = \frac{\left(80 \frac{\text{m}}{\text{s}}\right)^2}{160 \text{ m}} = 40 \frac{\text{m}}{\text{s}^2}; \qquad \frac{a_{Zp}}{g} = \frac{40 \frac{\text{m}}{\text{s}^2}}{9{,}81 \frac{\text{m}}{\text{s}^2}} \approx 4{,}08$$

Versuche 1.2.15: Zentrifugalkraft

- **Erdabplattung:** Bei schneller Rotation werden die elastischen Streifen eines Erdmodells stark zusammengedrückt. Aus der Kugel wird ein Rotationsellipsoid, weil die Zentrifugalkraft die Streifen nach außen zieht.
- **Zentrifugalküvette:** Wir füllen gefärbtes Wasser in eine Küvette. Je weiter weg vom Drehzentrum sich die rotierende Flüssigkeit befindet, desto höher steht sie. Bei gleichförmiger Rotation der Küvette ist deutlich die Form einer Parabel zu erkennen.

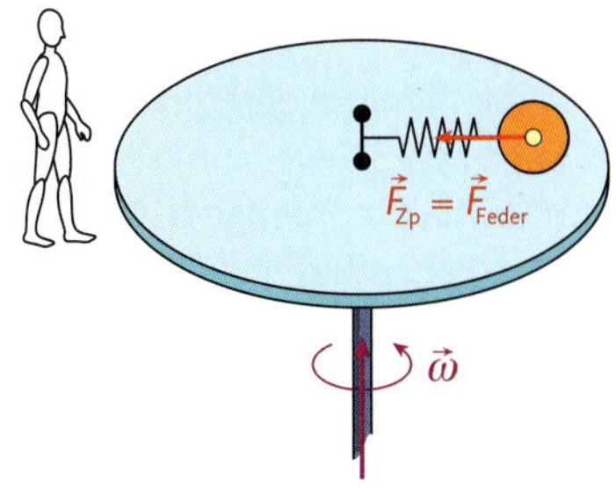

Der Körper bewegt sich für einen Beobachter außerhalb der Scheibe auf einer Kreisbahn. Der Beobachter stellt eine Dehnung der Feder fest. Die Feder bringt die Zentripetalkraft auf, die den Körper auf die Kreisbahn zwingt.

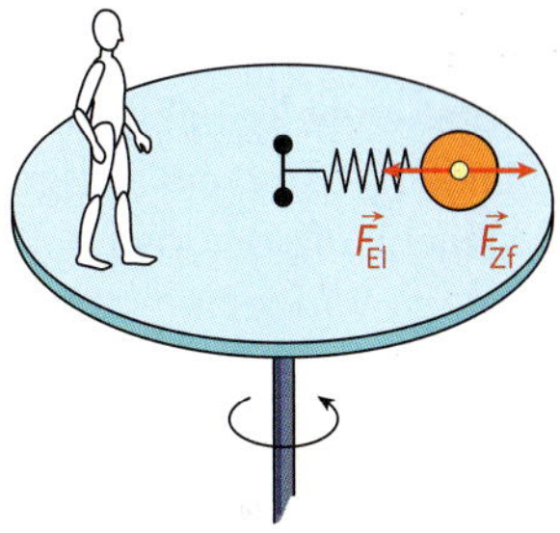

Der Körper ruht für einen mitbewegten Beobachter innerhalb der Scheibe auf einer Kreisbahn. Er stellt dennoch eine Dehnung der Feder fest. Die Federkraft hält der **Zentrifugalkraft** das Gleichgewicht.

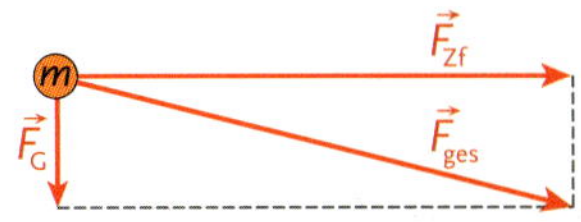

Damit der Formel-1-Wagen (Beispiel 1.2.28) bei $F_{Zf} = 4 \cdot F_G$ nicht umkippt, muss der Schwerpunkt sehr tief sein.

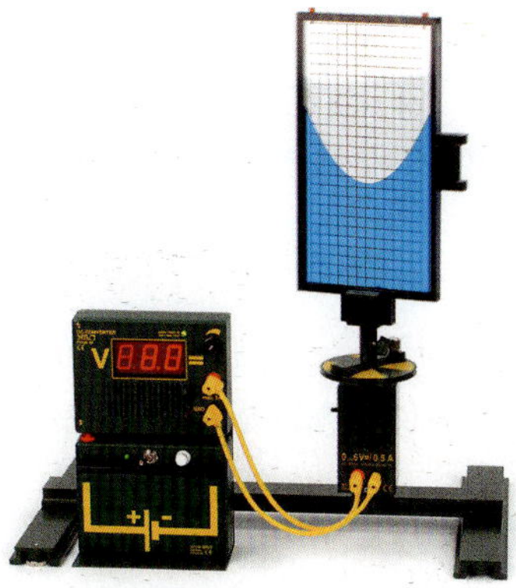

Zentrifugalküvette

Wie hängen die Spurbreite, die Lage des Schwerpunktes und die maximale Kurvengeschwindigkeit von Fahrzeugen zusammen?

Im Tiefdruckgebiet kann man an den Wolken die Strömung erkennen.
Rechtsdrehende Spiralen auf der Nordhalbkugel sind eine Folge der Rechtsablenkung der ins Zentrum strömenden Winde durch die Corioliskraft.

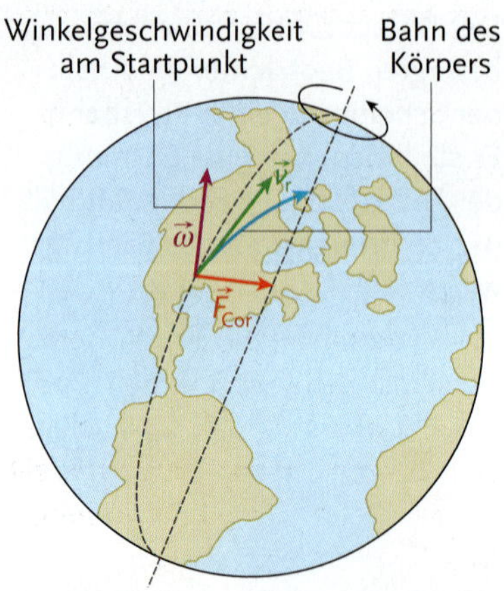

Corioliskraft

Foucaultpendel: Am Nordpol behält ein drehbar gelagertes Pendel seine Schwingungsebene bei. Mit einem Pendel gelang Jean B. Foucault 1851 im Pariser Pantheon der Nachweis der Erdrotation.

Corioliskraft siehe Kap. C, 3, Wärmetransport in der Umwelt.

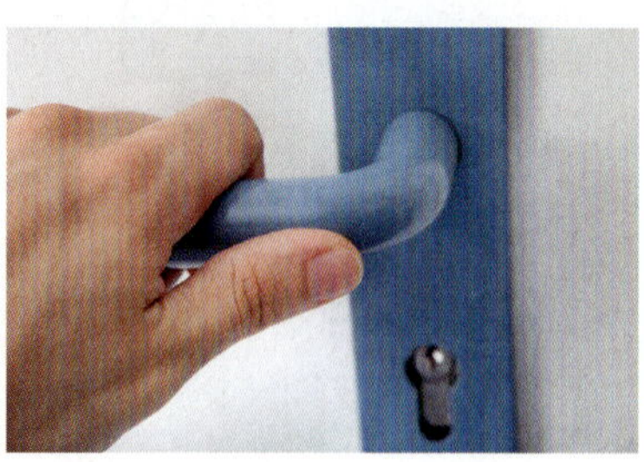

Die Zentrifugalkraft nützt man täglich.

- Stoffe verschiedener Dichte trennt man in **Zentrifugen.** Die Zentrifugalbeschleunigung kann in Ultrazentrifugen bis $10^6 \cdot g$ betragen.
- Die Fliehkraft presst Wasser in **Kreiselpumpen** aus tangentialen Ausflussrohren hinaus.
- Die Zentrifugalkraft hebt die Schwerkraft in der **ISS** (internationalen Weltraumstation) auf. Die Raumfahrer sind schwerelos.
- Auf der **Erde** wird in Abhängigkeit von der geografischen Breite ein Teil der Erdanziehung durch die Fliehkraft aufgehoben.

Die Erde ist ein Beispiel für ein nahezu gleichförmig nach links (gegen den Uhrzeigersinn) rotierendes System. Bilder wie in der Randspalte kennt man aus der Wetterberichterstattung.

Corioliskraft

Bewegt sich ein Körper mit der Masse m in einem mit der Winkelgeschwindigkeit ω rotierenden System, so wirkt auf ihn die **Corioliskraft** F_{Cor} mit

$$F_{Cor} = 2 \cdot m \cdot \omega \cdot v_r \cdot \sin\beta.$$

$\vec{v}_r$ ist die Relativgeschwindigkeit des Körpers, bezogen auf das rotierende System. β ist der Winkel zwischen $\vec{\omega}$ und $\vec{v}_r$.

Die Beschleunigung normal zur Geschwindigkeit $\vec{v}_r$ und entgegen der Drehrichtung heißt Coriolisbeschleunigung a_{Cor}.

Die Corioliskraft bewirkt auf der Nordhalbkugel eine Ablenkung nach Osten. Bei Winden spricht man vom Nordostpassat. Wasserstrudel drehen auf der Nordhalbkugel nach rechts. Auf der Südhalbkugel erfährt eine (ungeführte) Bewegung eine Abweichung nach Westen. Daher sind auf der Südhalbkugel die westlichen Flussufer ausgewaschen. Durch die Corioliskraft ist es möglich, die Erddrehung mit einem Pendel nachzuweisen. Der französische Physiker **Jean Foucault** hat sie erstmals mit einem 67 m langen Pendel nachgewiesen.

Versuch 1.2.16: Foucaultpendel

Ein auf einer drehbaren Scheibe montiertes Pendel behält seine Schwingungsebene während der Rotation bei.

In der Technik kommt es durch die Corioliskraft bei Drehbewegungen von Maschinenteilen mit großen Winkelgeschwindigkeiten zu erheblicher Beanspruchung von Führungen und Lagern. Besonders dann, wenn Massen mit großen Geschwindigkeiten bewegt werden.

Drehmoment

Bisher haben wir eine (gleichförmige) Rotation vorausgesetzt, ohne ihre Ursache zu hinterfragen. Zuerst überlegen wir uns an Hand eines aus dem Alltag bekannten Hebels (z. B. einer Schaukel), unter welchen Bedingungen dieser (die Schaukel) beschleunigt. Wir beginnen mit folgendem Sonderfall einer Türklinke. Eine waagrechte Türklinke kann nur dann nach unten gedrückt werden, wenn die Wirkungslinie der Kraft nicht durch die Drehachse verläuft.

Als Ursache einer Drehbewegung eines starren Körpers (der Türklinke) haben wir mit dieser Überlegung das Produkt aus Kraft und Normalabstand ausgemacht. Man definiert das Drehmoment M.

Drehmoment (Normalabstand)

Greift eine Kraft F mit Kraftarm (Normalabstand) r_N vom Zentrum Z an, so hat sie das **Drehmoment**

$M = F \cdot r_N$

bezüglich des Drehzentrums Z.

Bewirkt das Drehmoment eine Drehung des Körpers gegen den Uhrzeigersinn, so wird das Drehmoment positiv gerechnet.

Die Einheit des Drehmomentes ist

$[M] = [F \cdot r_N] = [F] \cdot [r_N] = 1\ \text{N} \cdot 1\ \text{m} = 1\ \text{Nm}.$

Beispiel 1.2.22: Schraubenschlüssel

Wir berechnen den größtmöglichen Betrag des **Drehmoments** eines Schraubenschlüssels mit einer Länge von 10 cm, wenn wir mit $F = 200$ N anziehen.

$M = F \cdot r_N = 200 \cdot 0{,}1\ \text{N} \cdot \text{m} = 20\ \text{N} \cdot \text{m} = 20\ \text{Nm}$

Das gleiche Drehmoment können wir ausüben, wenn wir einen doppelt so langen Schraubenschlüssel verwenden und dafür nur die halbe Kraft aufwenden.

Die Richtung des Drehmoments stimmt mit der Bewegungsrichtung einer in der Drehachse mit gleichem Umlaufsinn gedrehten Rechtsschraube überein.

Drehmoment (Abstand r)

Greift eine Kraft $\vec{F}$ im Abstand r von einer Drehachse unter dem Winkel φ an, hat sie bezüglich der Drehachse das **Drehmoment**

$\vec{M} = \vec{r} \times \vec{F}.$

$\vec{r}$ ist der Vektor von der Drehachse zum Angriffspunkt.
φ ist der Winkel zwischen $\vec{F}$ und $\vec{r}$.
Für den Betrag des Drehmoments gilt $M = F \cdot r \cdot \sin(\varphi)$.

Für den Sonderfall, dass die Kraft unter 90° zur Drehachse angreift, erhalten wir wieder unsere obige Formel $M = F \cdot r_N$.

Die Gewichtskraft greift im Massenmittelpunkt (Schwerpunkt) an. Damit die Gewichtskraft bei einem drehbar gelagerten Körper kein Drehmoment verursacht, muss er im Schwerpunkt gelagert sein.

Schwerpunkt

Der **Schwerpunkt** eines Körpers ist der **Angriffspunkt der gesamten Gewichtskraft** des Körpers.

Versuch 1.2.17: Schwerpunkt

Ein Körper wird an einem gewählten Punkt A aufgehängt. Im Punkt A befestigen wir auch ein Lot und zeichnen das Lot auf dem Körper nach. So erhalten wir eine Schwerlinie. Der Vorgang wird für einen oder zwei weitere Punkte wiederholt. Die Schwerlinien schneiden sich im Schwerpunkt S.

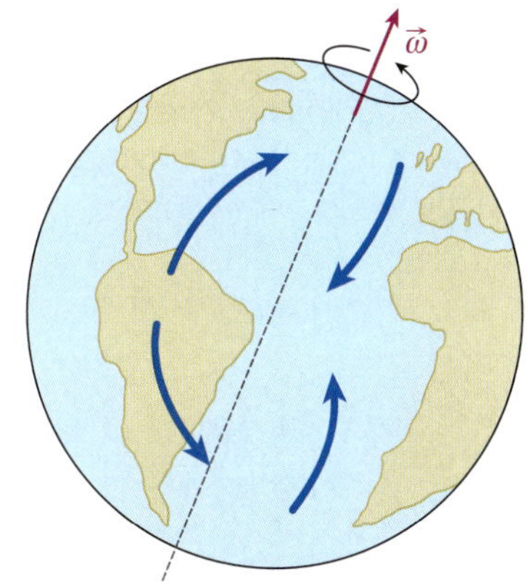

Die Corioliskraft beeinflusst die Windsysteme

Die Erde dreht sich gegen den Uhrzeigersinn um die eigene Achse, sodass der Vektor der Winkelgeschwindigkeit gemäß der Rechte-Hand-Regel in die positive z-Richtung zeigt.

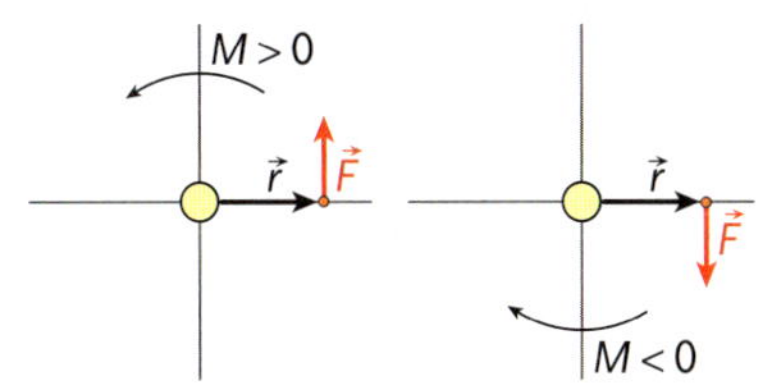

Vorzeichen des Drehmoments

Bezeichnet φ den Winkel zwischen dem Kraftvektor $\vec{F}$ und dem Vektor $\vec{r}$ von der Drehachse zum Angriffspunkt der Kraft $\vec{F}$, gilt für den Betrag des Drehmoments $M = F \cdot r \cdot \sin(\varphi)$.

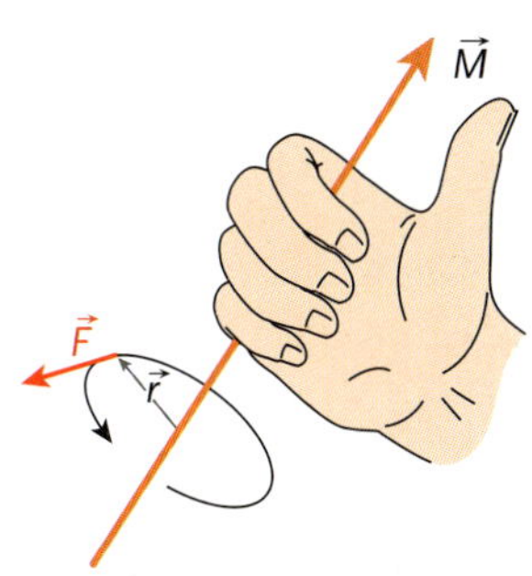

Rechte-Hand-Regel: Hält man die rechte Hand in Drehrichtung, zeigt der Daumen in die Richtung des Drehmoments

Alle geraden Linien, die man sich durch den Schwerpunkt gelegt denken kann, sind Schwerlinien.

Schwerlinien verwendet man auch in der Mathematik zur Ermittlung des Schwerpunkts.

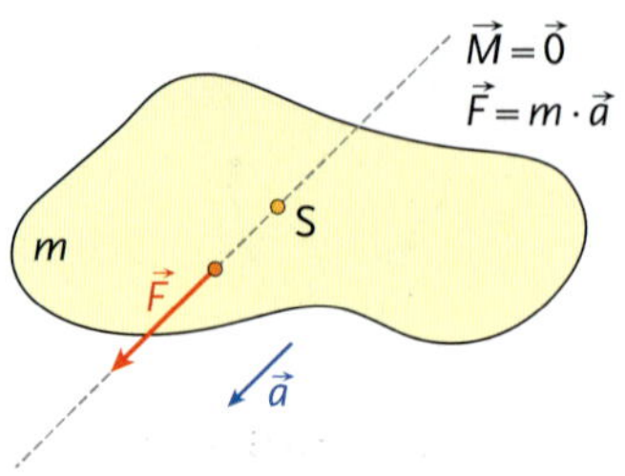

Eine Kraft, deren Wirkungslinie durch den Schwerpunkt S verläuft, beschleunigt den starren Körper gemäß $a = \frac{F}{m}$. Der Körper wird nicht gedreht, weil kein Drehmoment wirkt.

Translation	Rotation
Masse m	Trägheitsmoment J
Kraft F	Drehmoment M

Entsprechende physikalische Größen bei einer Verschiebung (Translation) und einer Drehung (Rotation).

Wirkung einer Kraft durch den Schwerpunkt eines starren Körpers

Greift eine Kraft $\vec{F}$ an einem frei beweglichen starren Körper der Masse m an und verläuft die Wirkungslinie der Kraft durch den Schwerpunkt, bewirkt die Kraft eine reine Translationsbeschleunigung

$$\vec{a} = \frac{\vec{F}}{m}.$$

Verläuft die Wirkungslinie der Kraft im Normalabstand r_N von der Drehachse des starren Körpers, erzeugt die Kraft das Drehmoment $M = r_N \cdot F$ und erteilt dem starren Körper eine Rotationsbeschleunigung.

Das Trägheitsmoment bei der Rotation entspricht der Masse bei der Translation. Das Trägheitsmoment ist aber keine Konstante des Körpers, sondern hängt von der Drehachse ab.

Trägheitsmoment

Die Summe $\sum m_i \cdot r_i^2$ der mit dem Abstandsquadrat r_i^2 gewichteten Massen m_i heißt das **Trägheitsmoment** J des starren Körpers bezüglich der Achse A.

Das Trägheitsmoment gibt die räumliche Massenverteilung eines starren Körpers und damit seinen Widerstand gegen eine Winkelbeschleunigung an.

Einheit des Trägheitsmoments

$$[J] = [m \cdot r^2] = [m] \cdot [r^2] = 1\ \text{kg} \cdot \text{m}^2.$$

Im folgenden Beispiel begnügen wir uns mit einer einzigen rotierenden Masse, sodass die Summe der mit dem Abstandsquadrat r_i^2 gewichteten Massen aus einem einzigen Summanden besteht.

Beispiel 1.2.23: Trägheitsmoment eines gedachten Massenpunktes

Wir denken uns einen Massenpunkt von 1 kg Masse, der sich im Abstand von 1 m um einen festen Punkt dreht. Die gegebenen physikalischen Größen sind $m = 1$ kg und $r = 1$ m.

Das **Trägheitsmoment** des gedachten Massenpunktes ist

$$J = m \cdot r^2 = (1\ \text{kg}) \cdot (1\ \text{m})^2 = 1\ \text{kg} \cdot \text{m}^2.$$

Ein ausgedehnter Körper besteht aus unendlich vielen Punkten. Die unendliche Summe kann für bestimmte Körper mit mathematischen Regeln ermittelt werden.

Exemplarisch berechnen wir das Trägheitsmoment einer Kugel. Wir nehmen dazu an, dass die Dichte für jeden Punkt innerhalb der Kugel gleich groß ist, die Masse also gleichmäßig verteilt ist. Die Kugel ist homogen.

Körper	Trägheitsmoment J
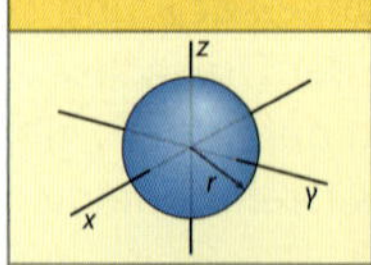	$\frac{2}{5} \cdot m \cdot r^2$
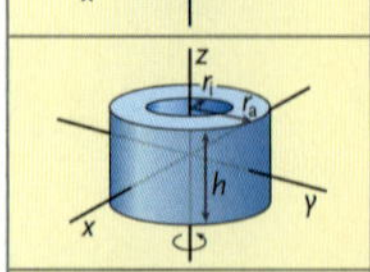	$\frac{1}{2} \cdot m \cdot (r_a^2 + r_i^2)$
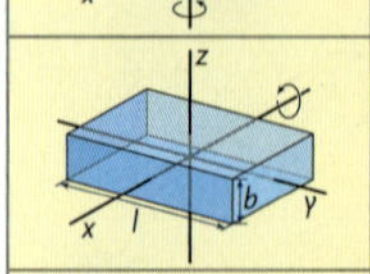	$\frac{1}{12} \cdot m \cdot (l^2 + b^2)$
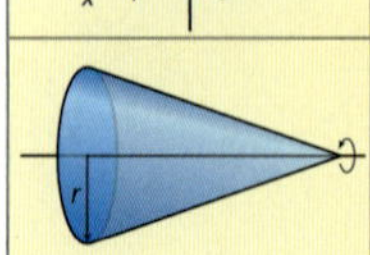	$\frac{3}{10} \cdot m \cdot r^2$

Trägheitsmomente ausgewählter homogener Körper

Bei einer Kugel ergibt jede Drehachse durch den Kugelmittelpunkt das angeführte Trägheitsmoment. In der Zeile zwei ergibt sich für $r_i = 0$ der Sonderfall eines Vollzylinders.

Beispiel 1.2.24: Trägheitsmoment einer Kugel

Wir berechnen das Trägheitsmoment einer Holzkugel bezüglich einer Drehachse durch ihren Mittelpunkt.

Die Masse beträgt etwa 200 g und der Radius ist etwa 4 cm.

$m \approx 200\ \text{g} = 0{,}2\ \text{kg};\ r \approx 4\ \text{cm} = 0{,}04\ \text{m}$

Mit der Formel

$$J_{\text{Kugel}} = \frac{2}{5} \cdot m \cdot r^2$$

berechnen wir das **Trägheitsmoment** der Holzkugel

$J_{Kugel} = 2 \cdot m \cdot r^2/5 = 2 \cdot (0{,}2\ kg) \cdot (0{,}04\ m)^2/5 = 0{,}000\,128\ kg \cdot m^2 = 0{,}128\ g \cdot m^2$.

Trägheitsmoment zusammengesetzter Körper

Das Gesamtträgheitsmoment eines aus Einzelkörpern zusammengesetzten Körpers ergibt sich als Summe der Trägheitsmomente der Einzelkörper.

Das Trägheitsmoment bei der Rotation entspricht der Masse bei der Translation, das Drehmoment der Kraft und die Winkelbeschleunigung der Beschleunigung. Wenn wir diese Entsprechungen (vergleichen Sie die Tabelle in der Randspalte) in das dynamische Grundgesetz der Translation einsetzen, erhalten wir das entsprechende Grundgesetz der Rotation.

Translation	Rotation
Weg s	Drehwinkel φ
Geschwindigkeit v	Winkelgeschwindigkeit ω
Beschleunigung a	Winkelbeschleunigung α
Masse m	Trägheitsmoment J
Kraft F	Drehmoment M
Dynamisches Grundgesetz $F = m \cdot a$	Dynamisches Grundgesetz $M = J \cdot \alpha$

Gegenüberstellung von Translation und Rotation

Dynamisches Grundgesetz der Rotation

Wirkt ein Drehmoment M auf einen um eine Achse drehbaren starren Körper mit dem Trägheitsmoment J, so ist das Produkt aus Trägheitsmoment und Winkelbeschleunigung gleich dem Drehmoment.

$M = J \cdot \alpha$.

Beispiel 1.2.25: Dynamisches Grundgesetz der Rotation

Wir erteilen der Tür des NAWI-Saales ($J = 5\ kg \cdot m^2$) eine konstante Winkelbeschleunigung von $\alpha = 1\ rad/s^2$.

Dazu benötigen wir ein konstantes **Drehmoment** von

$M = J \cdot \alpha = 5\ kg \cdot m^2 \cdot 1\ rad/s^2 = 5\ N \cdot m = 5\ Nm$.

Ein Drehmoment von 5 Nm üben wir beispielsweise aus, wenn wir mit einer konstanten Kraft von 5 N in einem Abstand von einem Meter von der Drehachse der Tür drücken oder ziehen.

Das sind realistische Werte für übliche Türen in öffentlichen Schulen.

Translation	Rotation
$a = \frac{F}{m}$	$\alpha = \frac{M}{J}$
$[a] = 1\frac{m}{s^2}$	$[\alpha] = 1\frac{rad}{s^2}$

Vergleich der Beschleunigungen

Formen wir das dynamische Grundgesetz $M = J \cdot \alpha$ nach der Winkelbeschleunigung um, so erhalten wird $\alpha = \frac{M}{J}$.

Winkelbeschleunigung – Dynamisches Grundgesetz

Wirkt ein konstantes Drehmoment M auf einen starren Körper, so erfährt er eine konstante Winkelbeschleunigung.

$\alpha = \frac{M}{J}$.

Versuch 1.2.18: Grundgesetz der Rotation

Ein Voll- und ein Hohlzylinder mit gleicher Masse werden auf einer schiefen Ebene gleichzeitig losgelassen. Der Vollzylinder rollt schneller hinab.

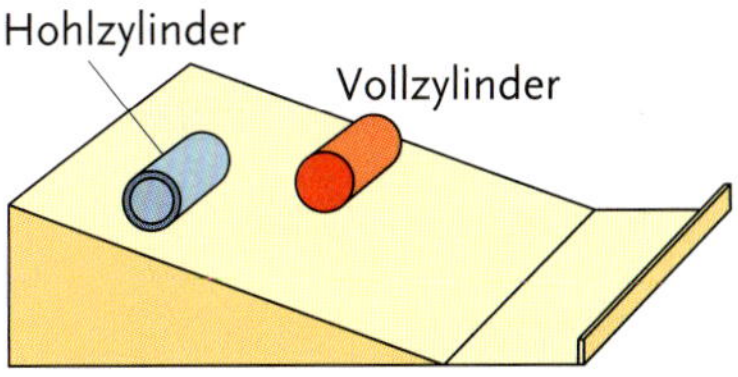

Schiefe Ebene – Zylinder: der massengleiche Vollzylinder rollt schneller, weil er ein geringeres Trägheitsmoment besitzt und daher eine größere Beschleunigung erfährt. Der Vollzylinder besitzt im Vergleich zum Halbzylinder ein kleineres Trägheitsmoment, weil seine Masse im Durchschnitt näher an der Drehachse ist als beim Hohlzylinder.

Das Trägheitsmoment J ist keine Konstante des Körpers, sondern hängt von der Drehachse ab. Eine Kugel lässt sich beispielsweise am leichtesten in Rotation versetzen, wenn die Drehachse durch den Kugelmittelpunkt verläuft. Wenn die Drehachse nicht durch den Kugelmittelpunkt verläuft, muss ein größeres Drehmoment aufgewendet werden, um der Kugel die gleiche Winkelbeschleunigung zu erteilen.

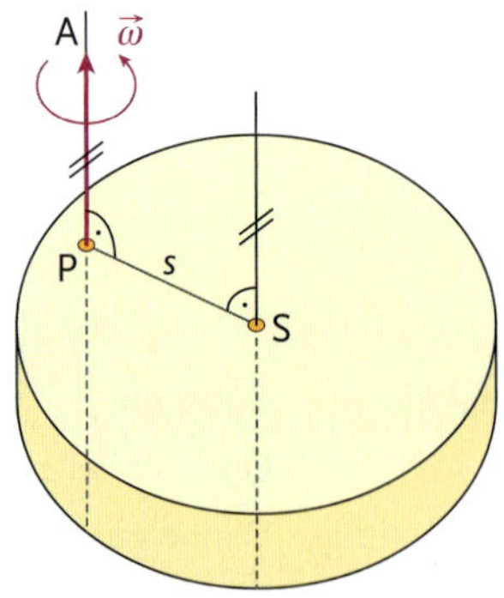

Satz von Steiner: $J_P = J_S + m \cdot s^2$
J_S ist das Trägheitsmoment bezüglich der Drehachse durch den Schwerpunkt.

Der Körper dreht sich um die Achse A, die durch den Punkt P verläuft, gegen den Uhrzeigersinn. P hat den Normalabstand s vom Schwerpunkt S.

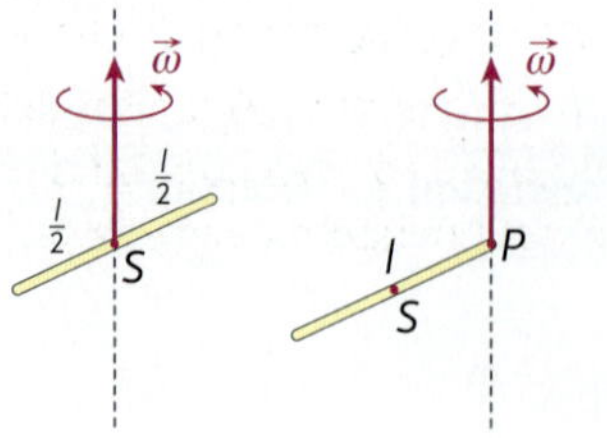

Skizze zu Beispiel 1.2.26: $J_P = 4 \cdot J_S$

Leistung	ca. 1 380 PS
Vierblattrotor-Durchmesser	10,20 m
Maximales Abfluggewicht	2 835 kg
Rotordrehzahl	ca. 400 Umdrehungen/min
Höchstgeschwindigkeit	287 km/h
Reisegeschwindigkeit	260 km/h
Steigrate	10 m/sec
Einsatzhöhe	4 000 m
Reichweite	750 km
Maximale Flugdauer	3,5 Stunden

Diese Daten findet man auf der Homepage des Notarzthubschraubers „Christophorus 9“, der in Wien im 22. Bezirk stationiert ist

Satz von Steiner

Für das **Trägheitsmoment** eines starren Körpers der Masse m gilt $J_P = J_S + m \cdot s^2$. J_S ist das **Trägheitsmoment** bezüglich einer Drehachse durch den Schwerpunkt und J_P das **Trägheitsmoment** bezüglich einer parallelen Drehachse durch einen Punkt P im Normalabstand s vom Schwerpunkt S.

Wir erkennen, dass wegen $m \cdot s^2$ größer gleich null das Trägheitsmoment J_P mindestens so groß ist wie das Trägheitsmoment J_S bezüglich der Drehachse durch den Schwerpunkt.

Beispiel 1.2.26: Stab mit Drehachse an einem Ende

Wir berechnen das **Trägheitsmoment** eines homogenen, dünnen Stabes der Masse m und Länge l für eine Drehachse normal zum Stab an einem Ende.

Mit dem Satz von Steiner ergibt sich mit $J_S = m \cdot l^2/12$ das Trägheitsmoment $J_P = J_S + m \cdot (l/2)^2 = m \cdot l^2/12 + m \cdot l^2/4 = m \cdot l^2/3 = 4 \cdot J_S$.

Das Trägheitsmoment für eine Drehung um eine Achse am Stabende J_P ist also viermal so groß wie das Trägheitsmoment bei einer Drehachse durch den Schwerpunkt J_S. Bei gleichem Drehmoment ergibt sich damit ein Viertel der Winkelbeschleunigung bei Drehung um die Achse am Stabende im Vergleich zur Beschleunigung bei der Drehung um die Achse durch den Schwerpunkt.

Ziele erreicht? – „Die Rotation und ihr dynamisches ...“

1.2.45 + Geben Sie Formeln für die **Zentripetal-** und die **Coriolisbeschleunigung** an.

1.2.46 + Geben Sie an, in welche Richtung auf der Nordhalbkugel der Erde Winde abgelenkt werden.

1.2.47 + Berechnen Sie die **Zentripetalbeschleunigung,** die eine Skifahrerin aufbringen muss, um mit 54 km/h einen Kurvenradius von 15 m fahren zu können.

1.2.48 + Der Rotor eines Hubschraubers hat einen Durchmesser von 10 m. Berechnen Sie die **Zentrifugalkraft,** die auf ein Rotorblatt wirkt, wenn der Rotorblattschwerpunkt 1,5 m von der Drehachse entfernt ist. Die Rotorblattmasse beträgt 80 kg und die Rotordrehzahl 360 U/min. Hinweis: $\omega = 2\pi \cdot n = \frac{v}{r}$ wobei n die Drehzahl bezeichnet.

1.2.49 + Eine waagrechte Scheibe rotiere mit 180 Umdrehungen pro Minute. Eine Masse von 1 kg bewege sich radial mit 36 km/h vom Mittelpunkt nach außen. Berechnen Sie die **Corioliskraft.** Vergleichen Sie Beispiel 1.2.29.

1.2.50 + Eine handelsübliche Waschmaschine erreicht eine maximale Drehzahl von 1 600 Umdrehungen pro Minute. Berechnen Sie die **Zentrifugalbeschleunigung,** wenn der Trommeldurchmesser 50 cm beträgt.

1.2.51 ++ Ein **Triebwagen** fährt durch eine Kurve mit einem Radius von 250 m. Berechnen Sie die Geschwindigkeit, bei der der Triebwagen zu kippen beginnt. Der Schwerpunkt liegt 1,4 m über der Schienenoberkante. Der Abstand von Schiene zu Schiene beträgt 1 435 mm (Normalspurbreite). Fertigen Sie eine Skizze an und tragen Sie alle wirkenden Kräfte ein.

1.2.52 ++ In der Randspalte ist ein **Fliehkraftpendel** schematisch dargestellt. Recherchieren Sie zum Hub eines **Fliehkraftpendels.**

1.2.53 + Geben Sie die Definition des **Drehmoments** an.

1.2.54 + Berechnen Sie das **Drehmoment,** wenn Sie mit einer Kraft von 200 N unter einem Winkel α in einem Abstand von 30 cm von einer Drehachse drehen. Diskutieren Sie den Einfluss des Winkels zwischen Kraft und Abstandsvektor auf das Drehmoment. Stellen Sie das Drehmoment als Funktion des Winkels α grafisch dar.

1.2.55 + Geben Sie die Definition des **Schwerpunkts** an.

1.2.56 + Geben Sie die Definition des **Trägheitsmoments** an.

1.2.57 + Berechnen Sie das **Trägheitsmoment** einer Kugel ($m = 1$ kg, $r = 3$ cm). Verwenden Sie als Drehachse einmal eine Mittelpunktsachse und ein anderes Mal eine dazu parallele Drehachse im Abstand von $r/2$. Verwenden Sie dazu den Satz von Steiner.

1.2.58 + Berechnen Sie das **Trägheitsmoment** einer CD ($m = 16$ g). Geben Sie an, welche Drehachse Sie für Ihre Berechnung wählen. Verwenden Sie einen äußeren Radius von 6 cm und einen inneren Radius von 7,5 mm. Überprüfen Sie die Radien durch Messung. Formeln für spezielle Trägheitsmomente finden Sie in der Randspalte neben der Definition des Trägheitsmoments.

1.2.59 + Ein **Motor** ($M = 10$ N · m) treibt eine homogene Scheibe ($r = 70$ cm, $m = 40$ kg) an. Berechnen Sie, wie lange der Motor benötigt, um die Scheibe aus der Ruhe auf 2 s^{-1} zu beschleunigen. Verwenden Sie dazu das dynamische Grundgesetz der Rotation.

1.2.60 ++ Ein Vollzylinder (aus Holz) wird auf einer **schiefen Ebene** von der Höhe h losgelassen. Berechnen Sie die Rollzeit des Vollzylinders in Abhängigkeit von h, g und dem Neigungswinkel φ der schiefen Ebene. Beschreiben Sie den Einfluss der Parameter h, g und φ auf die Rollzeit.

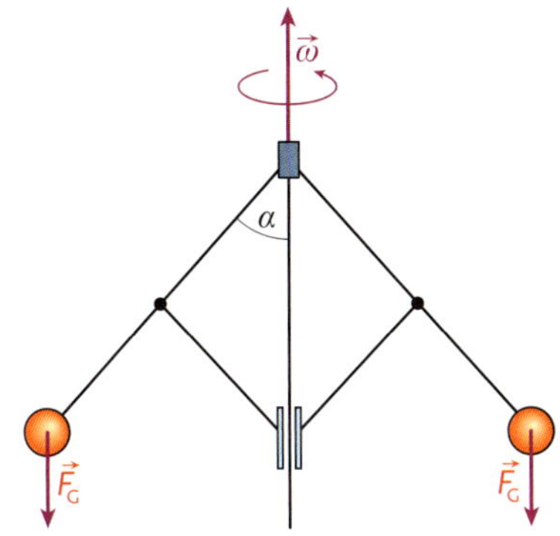

Schematische Darstellung eines Fliehkraftpendels

Bei Dampfmaschinen werden Fliehkraftpendel als Drehzahlregler verwendet.

Auch in der Automobilindustrie werden Fliehkraftpendel verwendet. So etwa im Spritsparmodell von BMW 320d Efficient-Dynamics Edition. Auch Modelle von Audi und Mercedes sind mit Fliehkraftpendeln ausgestattet.

1.2.6 Impuls und Drehimpuls als Erhaltungsgröße

Kaum jemand kann sich der Faszination eines Newtonpendels entziehen. Bei der Erklärung hilft der Impulserhaltungssatz. Bei Sportarten, in denen Saltos und Drehungen ausgeführt werden, bedienen sich die Ausführenden der Drehimpulserhaltung. Auch bei technischen Geräten ist das der Fall. Eine Katze schafft es meist, auf ihren Beinen zu landen. Auch sie beherrscht die Erhaltung des Drehimpulses. In den Naturwissenschaften erleichtern Erhaltungssätze die Beschreibung und Analyse von Vorgängen.

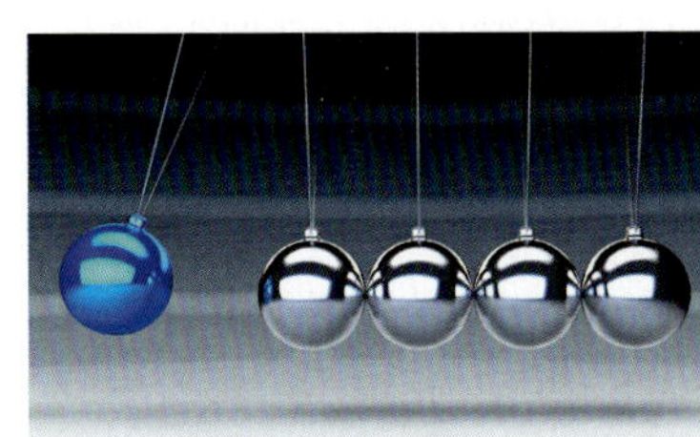
Newtonpendel

Meine Ziele

Nach Bearbeitung dieses Kapitels kann ich

- die Definition des **Impulses** und des **Drehimpulses** sowie den **Impuls-** und **Drehimpulserhaltungssatz** wiedergeben;
- **unelastische** und **elastische Stöße** berechnen;
- **Stoßvorgänge** und die **Präzession** des freien Kreisels analysieren.

Impuls

Der **Impuls** $\vec{p}$ eines Körpers ist das Produkt aus seiner Masse m und seiner Geschwindigkeit $\vec{v}$.

Impuls = Masse · Geschwindigkeit $p = m \cdot v$

In Vektorschreibweise $\vec{p} = m \cdot \vec{v}$

Die Einheit des Impulses ist $[p] = [m] \cdot [v] = 1$ kg · m/s = 1 N · s.

Beispiel 1.2.27: Tennisball gegen Fußball

Wenn die Geschwindigkeit eines Tennisballes ($m \approx 60$ g) beim Aufschlag 180 km/h beträgt, hat der Tennisball einen Impuls

$p = m \cdot v \approx 0{,}06\ \text{kg} \cdot 50\ \text{m/s} = 3\ \text{kg} \cdot \text{m/s}.$

Diesen Impuls $p = 3\ \text{kg} \cdot \text{m/s}$ hat beispielsweise auch eine Masse von 1,5 kg, die sich mit 2 m/s bewegt.

Hat ein Fußball ($m \approx 450$ g) beim Freistoß eine Geschwindigkeit von 90 km/h, hat er einen Impuls

$p = m \cdot v \approx 0{,}450\ \text{kg} \cdot 25\ \text{m/s} = 11{,}25\ \text{kg} \cdot \text{m/s}.$

Der Fußballimpuls ist um 275 Prozent größer als der Tennisballimpuls.

Ein völlig elastischer Stoßprozess ist eine idealistische Modellvorstellung, welche in der Praxis nur näherungsweise realisiert wird.

Der Impulsvektor $\vec{p}$ hat wegen $\vec{p} = m \cdot \vec{v}$ die Richtung des Geschwindigkeitsvektors $\vec{v}$. Der Impuls hilft, Stoßvorgänge zu untersuchen. Bei Stößen unterscheiden wir zwischen elastischen und unelastischen Stoßprozessen.

Bei einem Auffahrunfall handelt es sich um einen unelastischen Stoß. Ein Teil der kinetischen Energie wird in Verformungsenergie umgewandelt.

Elastischer Stoß

Beim **völlig elastischen Stoß** ist die **Summe der kinetischen Energie** der Stoßpartner **konstant.**

Unelastischer Stoß – plastischer Stoß

Beim **unelastischen (plastischen) Stoß** wird ein Teil der kinetischen Energie in **innere Energie** umgewandelt. Beim völlig unelastischen Stoß haften die beiden Stoßpartner nach dem Zusammenstoß aneinander.

Impuls(erhaltungs)satz

In einem abgeschlossenen System bleibt der Gesamtimpuls konstant.

$\vec{p}_{ges} = \sum_i \vec{p}_i = \vec{p}_1 + \ldots + \vec{p}_n = \overrightarrow{const}.$

Ein realer Stoß zwischen zwei Massen ist immer eine Mischform aus völlig elastischem und völlig unelastischem Stoß.

Mit dem dynamischen Grundgesetz $\vec{F} = m \cdot \vec{a} = m \cdot \Delta\vec{v}/\Delta t$ und der Definition des Impulses $\vec{p} = m \cdot \vec{v}$ finden wir die Beziehung $\vec{F} \cdot \Delta t = \Delta\vec{p}$. Wirkt eine konstante Kraft $\vec{F}$ eine Zeit Δt, sprechen wir von einem Kraftstoß.

Kraftstoß

Die Impulsänderung $\Delta\vec{p}$ eines Körpers während der Zeit Δt ist gleich dem einwirkenden **Kraftstoß** $\vec{F} \cdot \Delta t$.
$\Delta p = F \cdot \Delta t.$
In Vektorschreibweise $\Delta\vec{p} = \vec{F} \cdot \Delta t$.

Die Einheit des Kraftstoßes ist eine Newtonsekunde.
$[\vec{F} \cdot \Delta t] = 1\ \text{N} \cdot 1\ \text{s}$

Die Gleichung $\Delta\vec{p} = \vec{F} \cdot \Delta t$ besagt, dass die Änderung des Impulses in Richtung der wirkenden Kraft erfolgt.

Eine symmetrische Auslenkung beim Newtonpendel

Beispiel 1.2.28: Mittlere Kraft, die auf einen Tennisball wirkt

Wir berechnen die **mittlere Kraft** $\overline{F}$, die auf einen Tennisball ($m \approx 60$ g) während eines Aufpralls ($\Delta t = 4$ ms) wirkt. Die Geschwindigkeit vor dem Aufprall beträgt 30 m/s und nach dem Aufprall 25 m/s.

Wenn der Ball lotrecht aufprallt und zurückschnellt, ist die Geschwindigkeitsänderung $\Delta v = (30 - (-25)) \cdot \mathrm{m/s} = 55 \cdot \mathrm{m/s}$, weil die beiden Geschwindigkeitsvektoren entgegengesetzt gerichtet sind.

$$\bar{F} = \frac{\Delta p}{\Delta t} = m \cdot \frac{\Delta v}{\Delta t} \approx 60 \cdot 10^{-3} \cdot \frac{55}{4 \cdot 10^{-3}}\,\mathrm{N} = 825\ \mathrm{N}.$$

Versuch 1.2.19: Impulserhaltungssatz

Wir lenken beim **Newtonpendel** vorerst nur eine einzige Kugel aus und lassen sie auf die anderen los. Danach zwei, drei bzw. vier. Besonders beeindruckend ist es, wenn man beiderseits je eine bzw. zwei Kugeln gleich auslenkt und zur gleichen Zeit loslässt. Auch nicht symmetrische Varianten (eine links und zwei rechts ...) sind spannend.

Beispiel 1.2.29: Unelastischer Stoß

Eine Filzkugel ($m_1 = 200$ g) stößt mit $v_1 = 20$ cm/s völlig unelastisch auf einen ruhenden Filzwürfel ($m_2 = 300$ g). Wir berechnen die Geschwindigkeit u der beiden aneinanderhaftenden Körper nach dem Stoß.

Der **Impulserhaltungssatz** $m_1 \cdot v_1 + m_2 \cdot v_2 = (m_1 + m_2) \cdot u$ liefert

$$u = \frac{m_1 \cdot v_1 + m_2 \cdot v_2}{m_1 + m_2} = \frac{0{,}2 \cdot 20 + 0{,}3 \cdot 0}{0{,}2 + 0{,}3}\,\frac{\mathrm{cm}}{\mathrm{s}} = \frac{4}{0{,}5}\,\frac{\mathrm{cm}}{\mathrm{s}} = 8\,\frac{\mathrm{cm}}{\mathrm{s}}.$$

Beim Eishockey spielt der Kraftstoß eine bedeutende Rolle.

Beim symmetrischen Versuch „Newtonpendel" ist der Gesamtimpuls vor wie nach dem Stoß null. Vor und nach dem Stoß ist die Geschwindigkeit des Schwerpunkts null. Wir erhalten die **Geschwindigkeit des Schwerpunkts,** indem wir den **Gesamtimpuls durch die Gesamtmasse dividieren.**

Beispiele für Massenmittelpunkte

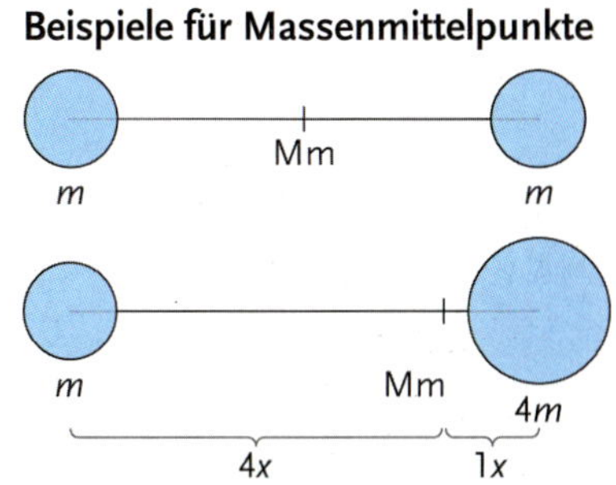

Beispiel 1.2.30: Der Massenmittelpunkt als Bezugssystem

Die Position des Massenmittelpunktes (Mm) zweier Massen m_1 und m_2 an den Positionen x_1 und x_2 berechnet sich als **gewichteter Mittelwert** zu

$$x_{\mathrm{Mm}} = \frac{m_1 \cdot x_1 + m_2 \cdot x_2}{m_1 + m_2}$$

- Für zwei gleiche Massen $m_1 = m_2 = m$ ergibt sich wie erwartet $x_{\mathrm{Mm}} = (x_1 + x_2)/2$, also der arithmetische Mittelwert der Einzelpositionen.
- Für $m_2 = 4 \cdot m_1$ folgt $x_{\mathrm{Mm}} = (m_1 \cdot x_1 + 4 \cdot m_1 \cdot x_2)/(5m_1) = (x_1 + 4 \cdot x_2)/5$.
- Ist zudem $x_1 = 0$, so gilt $x_{\mathrm{Mm}} = 4 \cdot x_2/5$ und man erkennt, dass der Massenmittelpunkt die Entfernung der beiden Einzelmassen im Verhältnis 4 : 1 teilt.

Position x_{Mm} des **Massenmittelpunkts** zweier Einzelmassen m_1 und m_2:

$$x_{\mathrm{Mm}} = \frac{m_1 \cdot x_1 + m_2 \cdot x_2}{m_1 + m_2}$$

Schwerpunktsatz

In einem abgeschlossenen System mit der Gesamtmasse m_{ges} und dem Gesamtimpuls $\vec{p}_{\mathrm{ges}}$ bewegt sich der **Schwerpunkt** stets mit der **konstanten Schwerpunktgeschwindigkeit.**

$$\vec{v}_{\mathrm{s}} = \frac{\vec{p}_{\mathrm{ges}}}{m_{\mathrm{ges}}}$$

Beispiel 1.2.31: Schwerpunktsatz I

Eine Kugel (Masse m, Geschwindigkeit v) stößt zentral und völlig elastisch gegen eine ruhende Kugel (Masse $m/2$).

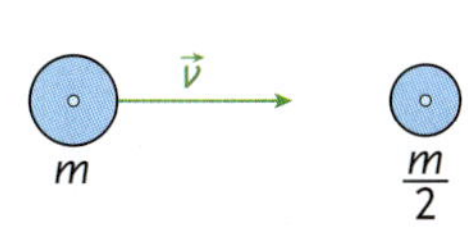

So sieht der Versuch zum Beispiel 1.2.30 Schwerpunktsatz I **von außen betrachtet** aus. Die linke Masse bewegt sich auf die anfangs ruhende rechte Masse zu.

Die nachfolgende Bildsequenz zeigt das Beispiel 1.2.31 Schwerpunktsatz I im **Schwerpunktsystem.**

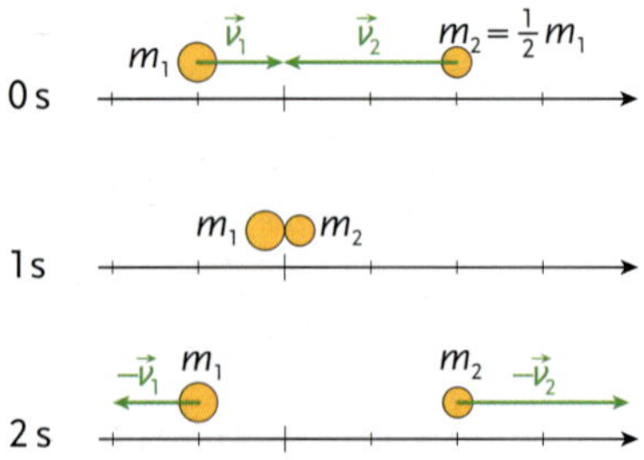

Im Schwerpunktsystem ($v_S = 0$) bewegt sich vor dem Stoß die linke Kugel mit der Masse m mit der Geschwindigkeit $v_1 = v - v_S = v - 2v/3 = v/3$ nach rechts. Die rechte Kugel mit der Masse $m/2$ mit der Geschwindigkeit $v_2 = 0 - v_S = -2v/3$ nach links.

Nach dem **völlig elastischen Stoß** ändern sich im Schwerpunktsystem nur die Richtungen der Geschwindigkeitsvektoren; ihre Beträge bleiben unverändert, weil die Vektorsumme der Impulse null ist.

Die Geschwindigkeit einer Masse im Schwerpunktsystem erinnert uns an die Relativgeschwindigkeit. Vergleichen Sie Kap. B, 1.1.1, Beispiel 1.1.01.

Geschwindigkeiten nach einem völlig elastischen Stoß:
$u_1 = 2 \cdot v_S - v_1$
$u_2 = 2 \cdot v_S - v_2$

Wir berechnen die Geschwindigkeit des Schwer- bzw. Massenmittelpunktes der beiden Massen.

Gemäß dem Schwerpunktsatz erhalten wir für die Schwerpunktgeschwindigkeit

$$\vec{v}_s = \frac{\vec{p}_{ges}}{m_{ges}}.$$

Für unser Beispiel können wir auf die Vektorschreibweise verzichten.

$$v_s = \frac{p_{ges}}{m_{ges}} = \frac{p_1}{m_{ges}} = \frac{m_1 \cdot v_1}{m_1 + m_2} = \frac{m \cdot v}{m + \frac{m}{2}} = \frac{m \cdot v}{\frac{3m}{2}}$$

Nach Kürzen der Masse erhalten wir $v_s = \frac{2 \cdot v}{3}$.

Der Schwerpunkt bewegt sich mit zwei Dritteln der Anfangsgeschwindigkeit nach rechts.

Beispiel 1.2.32: Schwerpunktsatz II

Wir können die Schwerpunktgeschwindigkeit auch mit Analogieüberlegungen zur Massenmittelpunktposition berechnen.

Die **Position** des **Massenmittelpunktes** (Mm) zweier Massen m_1 und m_2 an den Positionen x_1 und x_2 wurde mit dem **gewichteten Mittelwert**

$$x_{Mm} = \frac{m_1 \cdot x_1 + m_2 \cdot x_2}{m_1 + m_2}$$

berechnet.

Analog erhalten wir die **Geschwindigkeit** des **Massenmittelpunktes** (Mm) zweier Massen m_1 und m_2 mit den Geschwindigkeiten v_1 und v_2.

$$\vec{v}_{Mm} = \frac{m_1 \cdot \vec{v}_1 + m_2 \cdot \vec{v}_2}{m_1 + m_2}$$

Auch mit dieser Formel erhalten wir für $v_1 = v$, $v_2 = 0$ m/s und $m_1 = 2\ m_2$ die Schwerpunktgeschwindigkeit $v_S = v_{Mm} = 2v/3$.

Im Schwerpunktsystem ist die Beschreibung eines elastischen Stoßes besonders einfach. Die Geschwindigkeiten ändern nur ihre Richtung. Die Geschwindigkeitsbeträge bleiben gleich, da der Gesamtimpuls null bleibt.

Beispiel 1.2.33: Gerader elastischer Stoß

Eine Kugel ($m_1 = 200$ g) stößt zentral mit $v_1 = 30$ cm/s elastisch auf eine ruhende Kugel ($m_2 = 300$ g). Wir berechnen die Geschwindigkeiten der beiden Kugeln nach dem Stoß.

Zunächst wird die Schwerpunktgeschwindigkeit $v_S = |\vec{v}_S|$ mit dem Schwerpunktsatz ermittelt.
$p_{ges} = m_1 \cdot v_1 + m_2 \cdot v_2 = 0{,}2\ \text{kg} \cdot 0{,}3\ \text{m/s} = 0{,}06\ \text{N} \cdot \text{s}$
$m_{ges} = m_1 + m_2 = 500\ \text{g} = 0{,}5\ \text{kg}.$

$$v_S = \frac{p_{ges}}{m_{ges}} = \frac{0{,}06}{0{,}5}\ \text{m/s} = 0{,}12\ \text{m/s} = 12\ \text{cm/s}.$$

Nun berechnen wir die Geschwindigkeiten der Kugeln nach dem Stoß:
$u_1 = v_S - (v_1 - v_S) = 2 \cdot v_S - v_1 = (2 \cdot 12 - 30)\ \text{cm/s} = -6\ \text{cm/s}$ und
$u_2 = v_S - (v_2 - v_S) = 2 \cdot v_S - v_2 = (2 \cdot 12 - 0)\ \text{cm/s} = 24\ \text{cm/s}.$

Die leichtere Kugel wird mit 6 m/s zurückgestoßen. Die schwerere Masse wird weggestoßen und erhält den Großteil des Anfangsimpulses.

Aus dem Alltag wissen wir, dass es einen Unterschied macht, ob wir uns mit einer Geschwindigkeit v längs einer geraden Strecke bewegen oder ob wir mit der gleichen Geschwindigkeit eine Kreisbahn durchlaufen sollen. Mit den Begriffen **Impuls** und **Drehimpuls** kann man diese beiden Situationen unterscheiden.

Bewegt sich eine Masse m mit der Geschwindigkeit v, so hat sie den Impuls $p = m \cdot v$.

Bewegt sich eine Masse m mit der Geschwindigkeit v auf einer **Kreisbahn** mit dem Radius r, so hat sie den **Drehimpuls** $L = m \cdot v \cdot r$.

Drehimpuls

Der **Drehimpuls** L einer Masse m mit der Geschwindigkeit v im Abstand r vom Drehzentrum ist $L = m \cdot v \cdot r \cdot \sin(\varphi)$.

φ ist der Winkel zwischen $\vec{r}$ und $\vec{v}$.

In Vektorschreibweise $\vec{L} = \vec{r} \times \vec{p}$.

Die Einheit des Drehimpulses ist $[L] = [r] \cdot [p] = 1\ \text{m} \cdot \text{N} \cdot \text{s} = 1\ \text{Nm} \cdot \text{s} = 1\ \text{J} \cdot \text{s}$.

Der obige Sonderfall $L = m \cdot v \cdot r$ für den Drehimpuls einer Masse m mit der Geschwindigkeit v auf einer Kreisbahn mit dem Radius r gilt, weil die Tangentialgeschwindigkeit $\vec{v}$ und der Radiusvektor $\vec{r}$ aufeinander normal stehen. Sie schließen also einen Winkel von 90° ein und $\sin(90°) = 1$. Ersetzt man in der Gleichung $L = m \cdot v \cdot r$ die (Tangential-)Geschwindigkeit v durch $r \cdot \omega$, erhält man $L = m \cdot r \cdot \omega \cdot r = m \cdot r^2 \cdot \omega$. ω ist dabei die Winkelgeschwindigkeit mit $\omega = 2\pi/T$.

Beispiel 1.2.34: Drehimpuls einer Kugel

Wir denken uns eine Kugel von 1 kg Masse, die sich im Schwerpunktabstand von 1 m mit einer Periodendauer von 1 s an einem dünnen Seil um einen festen Punkt dreht.

Die gegebenen physikalischen Größen sind $m = 1$ kg, $r = 1$ m und $T = 1$ s.

Die Tangentialgeschwindigkeit der Kugel ergibt sich als

$$v = \frac{\Delta s}{\Delta t} = \frac{u}{T} = \frac{2 \cdot r \cdot \pi}{T} = \frac{2 \cdot 1 \cdot \pi}{1}\ \frac{\text{m}}{\text{s}} = 2\pi\ \frac{\text{m}}{\text{s}} \approx 6{,}28\ \frac{\text{m}}{\text{s}}.$$

Damit erhalten wir für den **Drehimpuls** der Kugel

$L = p \cdot r = m \cdot v \cdot r = (1\ \text{kg}) \cdot 2\pi\ \text{m/s} \cdot 1\ \text{m} = 2\pi\ \text{kg} \cdot \text{m}^2/\text{s}$,
$L \approx 6{,}28\ \text{J} \cdot \text{s}$.

Beispiel 1.2.35: Hammerwerfen

Eine Hammerwerferin erreiche beim Abwurf eine Tangentialgeschwindigkeit von 30 m/s der Kugel ($m = 4$ kg), die an einem Seil (Länge $l \approx 1{,}2$ m samt Handgriff) befestigt ist.

Wir nehmen eine Armlänge von 70 cm an, sodass wir für den Radius r beim Abwurf näherungsweise den Wert $r \approx 2$ m einsetzen dürfen. Es ist zu bedenken, dass die Hammerwerferin versucht, als Drehachse möglichst die vertikale Körperachse (Wirbelsäule) zu verwenden.

Damit erhalten wir für den **Drehimpuls** der Kugel beim Abwurf

$L = m \cdot v \cdot r \approx 4\ \text{kg} \cdot 30\ \text{m/s} \cdot 2\ \text{m} = 240\ \text{kg} \cdot \text{m}^2/\text{s} = 240\ \text{J} \cdot \text{s}$.

Der Drehimpuls wird auch als Drall bezeichnet. In der Mechanik und anderen technischen Bereichen wird von der Drallerhaltung gesprochen.

Die Athletin versucht, ihre Arme gestreckt zu halten, um eine möglichst große Kreisbahn und damit eine möglichst hohe Abwurfgeschwindigkeit zu erreichen

Die Einheit des Drehimpuls ist Newtonmeter · Sekunde oder Joule · Sekunde.

Beim Billard spielt der Drehimpuls eine fundamentale Rolle

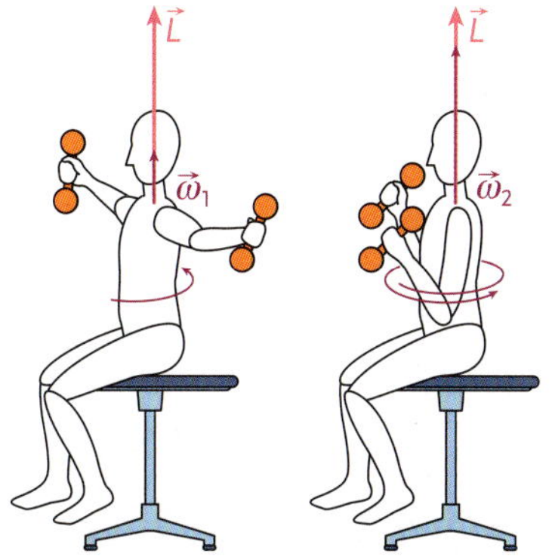

Drehschemel I: Die Winkelgeschwindigkeit wird beim Heranziehen der Massen größer, weil der Drehimpuls erhalten bleibt und das Trägheitsmoment kleiner wird

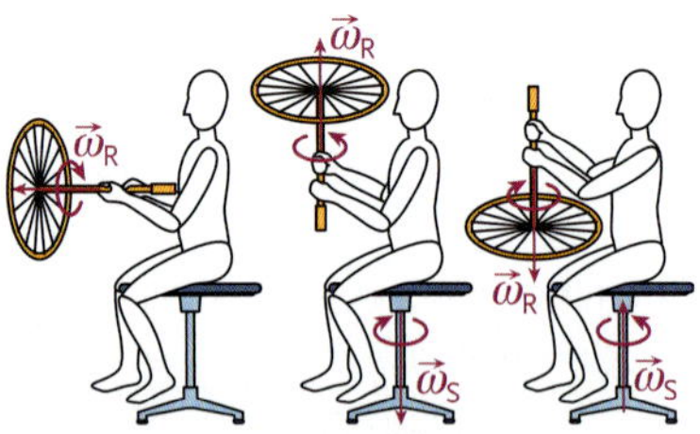

Drehschemel II: Der Schemel dreht sich in die Gegenrichtung zum Rad, damit der Gesamtdrehimpuls null ist

Translation	Rotation
Masse m	Trägheitsmoment J
Geschwindigkeit v	Winkelgeschwindigkeit ω
Impuls p $p = m \cdot v$	Drehimpuls L $L = J \cdot \omega$

Gegenüberstellung von Impuls und Drehimpuls bei Translation und Rotation

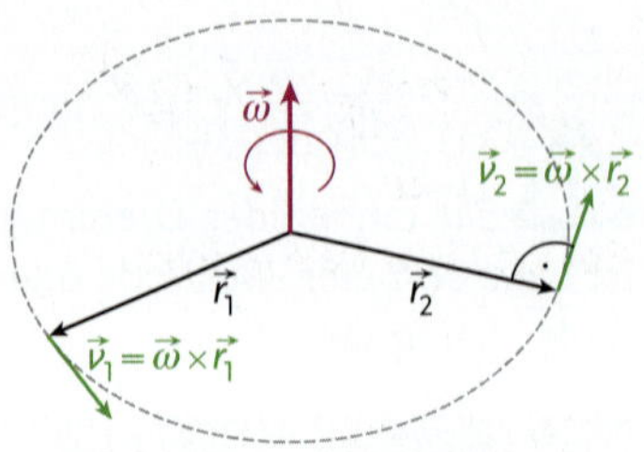

Eine Masse bewegt sich mit konstanter Winkelgeschwindigkeit auf einer Kreisbahn. Der Vektor der Winkelgeschwindigkeit $\vec{\omega}$ steht immer normal auf der Ebene der Rotation. Es gilt: $\vec{v} = \vec{\omega} \times \vec{r}$

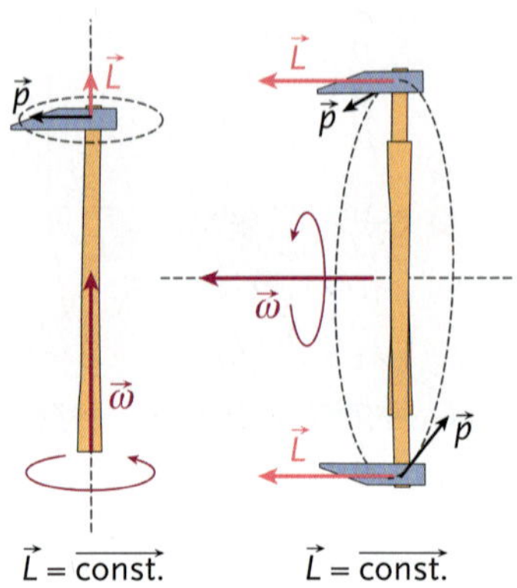

Der Drehimpulsvektor bleibt bei Rotation des Hammers um eine Hauptachse konstant und ist parallel zum Winkelgeschwindigkeitsvektor

Der **Impulserhaltungssatz** wurde bereits ausführlich behandelt. Analog gilt ein entsprechender **Drehimpulserhaltungssatz.**

Drehimpuls(erhaltungs)satz

In einem abgeschlossenen System bleibt die Summe der **Drehimpulse** erhalten.

Versuche 1.2.20: Drehimpulssatz

- **Drehschemel I:** Wir versetzen einen Drehschemel mit einer Person in gleichförmige Rotation. Streckt sie die Arme mit Massenstücken aus, wird die Rotation langsamer. Zieht die Person die Arme wieder an, wird sie schneller.
- **Drehschemel II:** Die Person bekommt nun ein schnell rotierendes Rad mit horizontaler Drehachse. Die Person dreht die rotierende Achse des Rades in die Achsrichtung des Schemels. Der Schemel beginnt sich in der Gegenrichtung zu drehen.

Wir haben nach der Definition des Drehimpulses L bereits die Beziehung $L = m \cdot r^2 \cdot \omega$ für den Drehimpuls einer gedachten Punktmasse bei Drehung um die Achse A im Abstand r gefunden. Ersetzen wir $m \cdot r^2$ durch das Trägheitsmoment J der Punktmasse, erhalten wir $L = J \cdot \omega$. Der Drehimpuls L ist das Produkt aus Trägheitsmoment J und Winkelgeschwindigkeit ω. Allgemein gilt:

Drehimpuls und Trägheitsmoment

Bei einer Rotation eines Körpers mit der Winkelgeschwindigkeit ω um die Achse A ist der Betrag des Drehimpulses $L = J_A \cdot \omega$, wobei J_A das **Trägheitsmoment** des Körpers bei Rotation um die Achse A ist.

Beispiel 1.2.36: Drehimpuls eines Rades

Ein Pkw fahre mit einer konstanten Geschwindigkeit von 126 km/h auf einer Autobahn. Wir berechnen den Drehimpuls eines Rades ($r = 30$ cm, $J = 0{,}6$ kg · m²).

Zuerst berechnen wir die Geschwindigkeit in m/s.
$v = 126$ km/h $= 126/3{,}6$ m/s $= 35$ m/s

Damit erhalten wir den Drehimpuls.
$L = J \cdot \omega = J \cdot v \,/\, r = 0{,}6 \cdot 35 \,/\, 0{,}3$ J · s $=$ 70 J · s

Bei der Translation haben wir den Impuls $\vec{p} = m \cdot \vec{v}$ definiert. Diese Vektorgleichung gilt immer. Der Impulsvektor $\vec{p}$ ist immer das m-Fache des Geschwindigkeitsvektors $\vec{v}$. Beim Drehimpuls gilt $L = J_A \cdot \omega$. Das Trägheitsmoment J_A ist aber nicht konstant. Damit die Vektorgleichheit $\vec{L} = J_A \cdot \vec{\omega}$ gilt, muss die Rotation um eine spezielle Achse (Hauptachse) erfolgen.

Bei einer Rotation um eine Hauptachse ist der Drehimpulsvektor $\vec{L}$ parallel zum Vektor der Winkelgeschwindigkeit $\vec{\omega}$.
In der Randspalte zeigen wir zwei Fälle, bei denen die Vektorgleichheit $\vec{L} = J_A \cdot \vec{\omega}$ gilt und ein Beispiel, für das die Betragsgleichheit $L = J_A \cdot \omega$ gilt.

Versuch 1.2.21: Kreisel

Wird ein Kreisel in schnelle Rotation versetzt und hängt er einseitig an einer Schnur, bleibt eine Hauptachse horizontal.

Beispiel 1.2.37: Kreisel an einer Schnur I

Weil wir den Kreisel in schnelle Rotation versetzt haben, hat er einen großen Drehimpuls $L = J \cdot \omega$.

Der Drehimpulsvektor $\vec{L}$ zeigt in dieselbe Richtung wie der Winkelgeschwindigkeitsvektor $\vec{\omega}$.

Dreht sich der Kreisel im Uhrzeigersinn, zeigt der Winkelgeschwindigkeitsvektor gemäß der Rechte-Hand-Regel waagrecht zum Befestigungspunkt der Schnur.

Die Gewichtskraft $F_G = m \cdot g$ greift im Schwerpunkt des Kreisels an und erzeugt ein Drehmoment M.

Wirkt das Drehmoment eine Zeit Δt, so gilt wegen $M = J \cdot \alpha$
$M \cdot \Delta t = J \cdot \alpha \cdot \Delta t$.

$\alpha \cdot \Delta t$ ist die Änderung der Winkelgeschwindigkeit, sodass wir schreiben können:
$M \cdot \Delta t = J \cdot \Delta\omega$.

$J \cdot \Delta\omega$ ist die Änderung des Drehimpulses L.
$M \cdot \Delta t = \Delta L$

Wir erkennen, dass ein Drehmomentstoß $M \cdot \Delta t$ eine Änderung des Drehimpulses ΔL bewirkt.

Das gilt ganz allgemein und erinnert uns an den Kraftstoß $F \cdot \Delta t$ und die Impulsänderung $\Delta p = F \cdot \Delta t$.

Drehmomentstoß

Die Änderung des Drehimpulses ΔL eines Körpers während der Zeit Δt ist gleich dem einwirkenden **Drehmomentstoß** $M \cdot \Delta t$.

$\Delta L = M \cdot \Delta t$

In Vektorschreibweise: $\Delta\vec{L} = \vec{M} \cdot \Delta t$
Die Änderung des Drehimpulses erfolgt in Richtung des Drehmomentstoßes.

Beispiel 1.2.38: Kreisel an einer Schnur II

Das Drehmoment

$\vec{M} = \vec{r} \times \vec{F} = \vec{r} \times \vec{F}_G = \vec{r} \times m \cdot \vec{g} = m \cdot (\vec{r} \times \vec{g})$

steht senkrecht auf dem Radiusvektor und dem Kraftvektor und zeigt wegen der Rechte-Hand-Regel in der Randspaltenabbildung in die Buchebene hinein.

Der Drehmomentstoß

$\vec{M} \cdot \Delta t$

erteilt damit dem Kreisel eine Drehimpulsänderung

$\Delta\vec{L} = \vec{M} \cdot \Delta t$

in diese Richtung. Daher umläuft der Kreisel die Schnur im Gegenuhrzeigersinn.

Wir fassen unsere Überlegungen in einer Tabelle zusammen:

Translation	s	v	m	p	F	Kraftstoß $F \cdot \Delta t = \Delta p$
Rotation	φ	ω	J	L	M	Drehmomentstoß $M \cdot \Delta t = \Delta L$

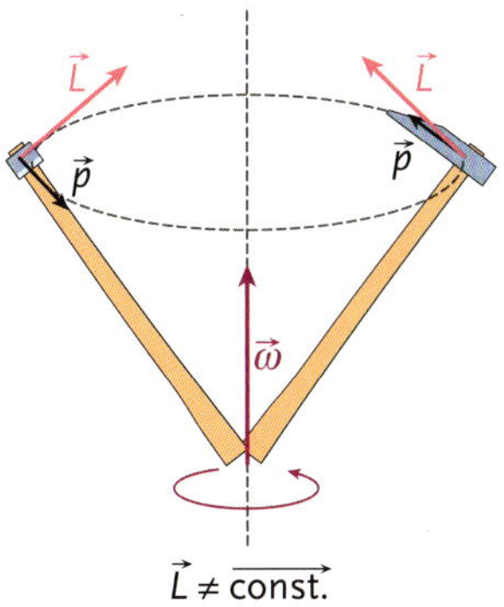

Der Drehimpulsvektor ändert in jedem Augenblick seine Richtung. Sein Betrag bleibt aber gleich. Die Rotation des Hammers erfolgt um keine Hauptachse. Daher ist $\vec{L}$ nicht zu $\vec{\omega}$ parallel.

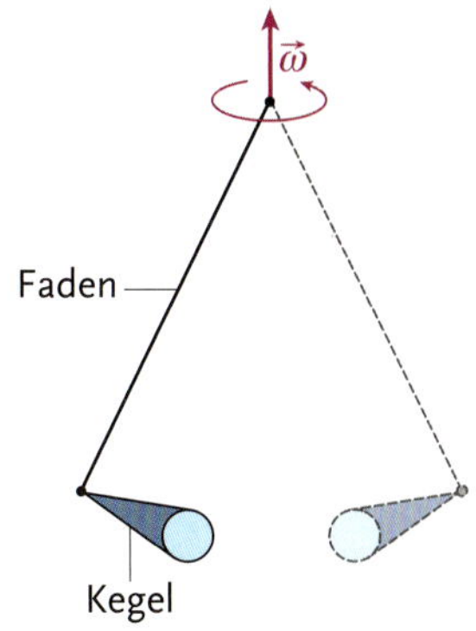

Rotation um freie Achsen

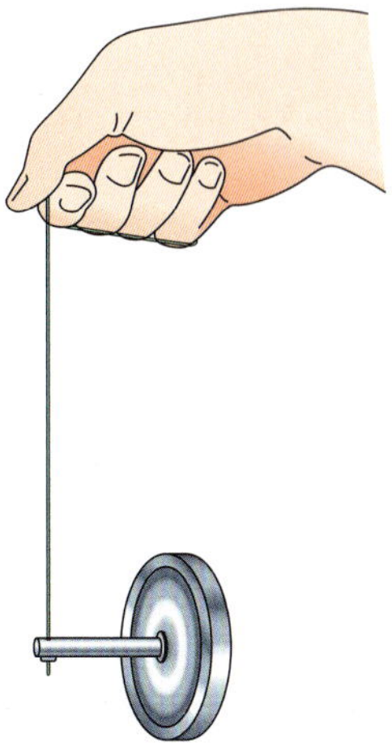
Kreisel an einer Schnur

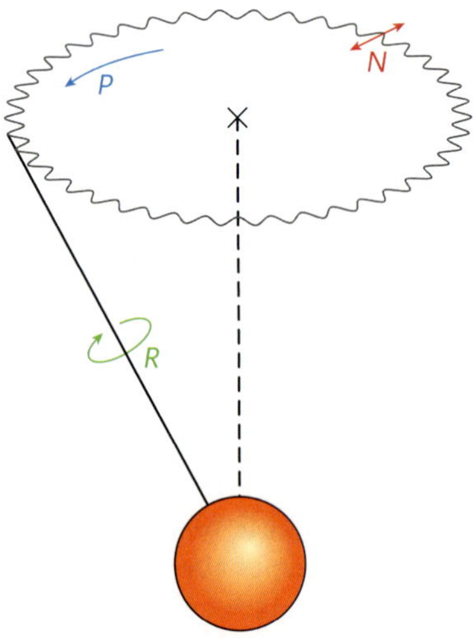

Rotation, Präzession und Nutation eines Kreisels

Für zwei Vektoren $\vec{a}$ und $\vec{c}$ und eine reelle Zahl b gilt
$\vec{a} \cdot (b \cdot \vec{c}) = b \cdot (\vec{a} \cdot \vec{c})$.

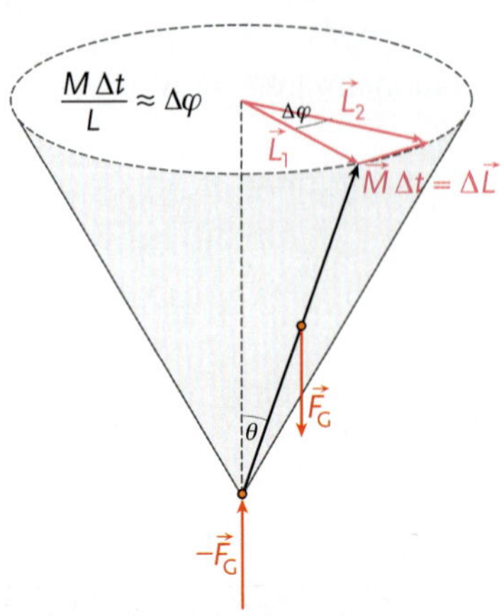

Die Gewichtskraft erzeugt ein Drehmoment. Der Drehmomentstoß bewirkt eine Drehimpulsänderung ΔL.

Der Drehwinkel φ ist als Verhältnis von Bogenlänge b zu Radius r definiert.

Die Drehwinkeländerung $\Delta\varphi$ entsprechend als Quotient von Bogenlängenänderung Δb und Radius r:
$\Delta\varphi = \Delta b \,/\, r$

Kreisel

Ein **Kreisel** ist ein starrer Körper beliebiger Gestalt, der um eine Achse rotiert.

Wenn ein Kreisel im Schwerpunkt gelagert ist, heißt er **kräftefreier Kreisel.** Stoßen wir die Figurenachse (Momentanachse) eines Kreisels von der Seite an, beginnt die Figurenachse um die Drehimpulsachse zu rotieren. Sie präzessiert und beschreibt dabei bei dauerhafter Krafteinwirkung einen **Präzessionskegel.** Die Winkelgeschwindigkeit der Figurenachse nennen wir Präzessionsgeschwindigkeit. Der Öffnungswinkel des Präzessionskegels ist umso kleiner, je schneller der Kreisel rotiert. Wir sprechen von der Achsensteifheit des Kreisels.

Bei kurzer Krafteinwirkung beschreibt die Figurenachse einen **Nutationskegel.**

Da die Erde keine exakte Kugel ist, üben die gravitativen Anziehungskräfte von Sonne und Mond ein Drehmoment auf die Erde aus. Die Erde reagiert darauf mit einer Präzessionsbewegung mit einer Periode von ca. 25 800 Jahren entgegen ihrer Rotationsrichtung.

Ziele erreicht? – „Impuls und Drehimpuls ..."

1.2.61 + Geben Sie die Definition des **Impulses** und des **Kraftstoßes** an.

1.2.62 + Berechnen Sie den **Impuls** einer Lokomotive (m = 86 t), die mit 108 km/h unterwegs ist.

1.2.63 + Ein Eishockeypuck (m = 160 g) gleitet mit 54 km/h auf einen Spieler zu. Ein Eishockeypuck ist eine Hartgummischeibe. Er ist ein Zoll (2,54 cm) hoch und hat einen Durchmesser von drei Zoll. Nach einem Schlagschuss beträgt die Puckgeschwindigkeit 162 km/h. Berechnen Sie den vom Eishockeyspieler ausgeübten **Kraftstoß.** Hinweis: Der Kraftstoß ist gleich der Impulsänderung des Puck.

1.2.64 ++ Eine **Stahlkugel** (m = 100 g) fällt aus einer Höhe von 1 m auf eine Fliese im NAWI-Saal. Die Kugel erreicht beim Zurückschnellen nach dem ersten Aufprall eine Höhe von 80 cm. Berechnen Sie den Kraftstoß, der auf die Stahlkugel wirkt. Begründen Sie Ihre Annahmen.

1.2.65 + Berechnen Sie das **Massenverhältnis** zweier Einzelmassen und geben Sie zwei mögliche Zahlenwertpaare an, wenn die Position des Massenmittelpunktes x_{Mm} = 5 cm beträgt und wenn x_1 = 0 cm und x_2 = 8 cm gilt.

1.2.66 + Berechnen Sie für x_{Mm} = 4 dm, x_1 = 20 cm und x_2 = 1 m das **Massenverhältnis** der beiden Einzelmassen und geben Sie zwei mögliche Zahlenwertpaare an. Skizzieren Sie die Einzelmassen und den Massenmittelpunkt auf einem skalierten Strahl.

1.2.67 + Berechnen Sie den **Massenmittelpunkt** zweier Kugeln gleicher Dichte mit $r_2 = 2r_1$, wenn x_1 = 0 m und x_2 = 10 m.
Fertigen Sie eine Skizze an.

1.2.68 ++ Geben Sie an, wo sich der **Massenmittelpunkt** von **Mond und Erde** befindet. Abstand Erde – Mond rund 384 400 km und Mondmasse rund Erdmasse/81. Was fällt Ihnen auf?

1.2.69 + Geben Sie die Formel für die **Massenmittelpunktgeschwindigkeit (Schwerpunktgeschwindigkeit)** zweier gleichförmig bewegter Massen an.

1.2.70 + Geben Sie die Formeln für die **Geschwindigkeiten** nach einem **völlig elastischen** Stoß an.

1.2.71 + Berechnen Sie die Geschwindigkeit von zwei **Pkws** (m_1 = 1,5 t und m_2 = 2 t) nach einem Frontalzusammenstoß, wenn die beiden vor dem Zusammenstoß mit je 72 km/h unterwegs waren. Begründen und erklären Sie Ihre Annahmen und Voraussetzungen.

1.2.72 + Ein **Pkw** mit einer Masse von 1,4 t fährt mit einer Geschwindigkeit von 90 km/h frontal gegen einen Brückenpfeiler mit 15 t Masse. Berechnen Sie die hypothetische Geschwindigkeit, mit der sich die beiden Massen kurzzeitig bewegen. Nehmen Sie an, dass der Zusammenstoß völlig unelastisch ist. Vergleichen Sie das Beispiel 1.2.29.

1.2.73 + Ein **Güterwagen** mit einer Masse von 12 t wird auf einem Verschiebebahnhof mit 4 m/s gegen einen stillstehenden Wagen mit einer Masse von 28 t gestoßen. Berechnen Sie die Geschwindigkeiten der beiden Wagen, wenn Sie den Stoß aufgrund der Elastizität der Pufferfedern als vollkommen elastisch beschreiben. Vergleichen Sie das Beispiel 1.2.32.

1.2.74 ++ Eine **Rakete** mit einer Masse von 200 t verbrennt pro Minute 18 t Raketentreibstoff. Berechnen Sie die Raketenbeschleunigung, wenn die Ausströmgeschwindigkeit der Verbrennungsgase 972 km/h beträgt.

1.2.75 + Geben Sie die Definition des **Drehimpulses** an.

1.2.76 + Berechnen Sie den **Drehimpuls** eines gedachten Massenpunktes (m = 300 g), der mit v = 36 km/h im Abstand r = 2 m vom Bahnzentrum rotiert. Vergleichen Sie das Beispiel 1.2.33.

1.2.77 + Berechnen Sie den **Drehimpuls** eines Balles (m = 420 g, r_{Ball} = 11 cm), der mit v = 36 km/h im Abstand r = 2 m vom Bahnzentrum rotiert. Vergleichen Sie das Beispiel 1.2.35.

1.2.78 ++ Recherchieren Sie über **Kreiselkompass** und **Kreiselstabilisatoren.**

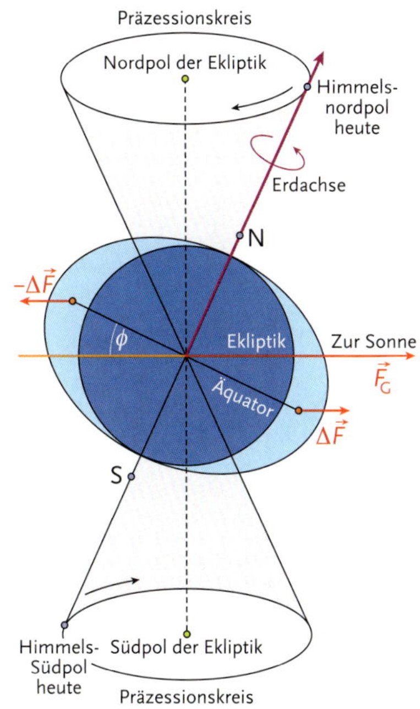

Rotation um eine Hauptachse der Erde

1.3 Statik

Motorräder erreichen bei schnellen Kurvenfahrten oft beängstigende Schräglagen. Dennoch fallen sie nicht um, obwohl alleine die Leermasse eines schweren Motorrades ohne Zuladung und Fahrer über 250 kg betragen kann. In der Statik werden wir Situationen betrachten und analysieren, in denen sich Körper im Gleichgewicht befinden.

Statikos (griechisch): zum Stillstand bringen.

Bei Schräglage des Motorrads halten sich Gewichtskraft und Fliehkraft das Gleichgewicht

1.3.1 Statik starrer Körper

Hebel, Wellrad und Rolle sind die ältesten Hilfsmittel der Menschen, um große Massen zu bewegen. Mit diesen Hilfsmitteln ist es möglich, auch Gegenstände zu heben, die sonst zu schwer wären. Monumentale Bauwerke des Altertums, wie zum Beispiel die Pyramiden, zeugen vom Wissensstand und vom Erfindungsreichtum ihrer Kulturen. Hebel, Wellrad und Rolle bezeichnet man auch als einfache Maschinen.

Meine Ziele

Nach Bearbeitung dieses Kapitels kann ich

- die **Gleichgewichtsbedingungen** in der Statik **angeben;**
- mit Hilfe der **Gleichgewichtsbedingungen** einfache statische **Aufgaben lösen;**
- den Aufbau und die Funktionsweise **einfacher Maschinen** erklären.

In der Statik betrachten und beschreiben wir Körper, die im Ruhezustand verharren, obwohl Kräfte auf sie wirken.

Zwei Kräfte heben sich dann auf, wenn sie **gegengleich** sind

Aus der Dynamik kennen wir die **Kraft** als die **Ursache für eine beschleunigte Translation.** Wirken also Kräfte auf einen Körper und es kommt dennoch zu keiner Beschleunigung, dann ist das nur möglich, wenn sich die Kräfte gegenseitig aufheben. Siehe hierzu die Skizzen in der Randspalte.

Im Kapitel 1.2.5 über das dynamische Grundgesetz der Rotation haben wir das **Drehmoment** als **Ursache für eine beschleunigte Rotation erkannt.** Ergibt sich bei wirkenden Drehmomenten keine Rotation, so kann das nur der Fall sein, wenn sich die wirkenden Drehmomente gegenseitig aufheben.

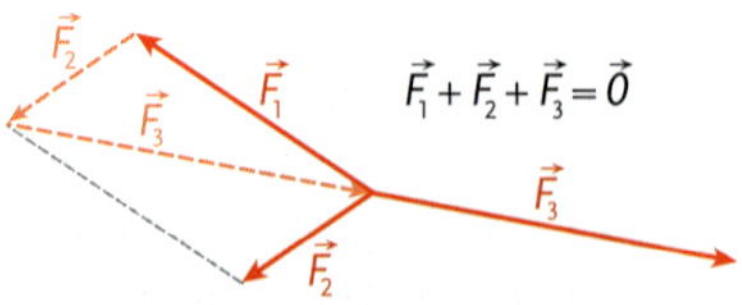

Wirken mehrere Kräfte so heben sie sich dann auf, wenn ihre **Vektorsumme Null** ist

Der einfachste Fall, bei dem sich zwei Drehmomente gegenseitig aufheben, ist der zweiseitige Hebel. Für ihn muss im Fall des **statischen Gleichgewichtes** gelten $\vec{M}_1 = -\vec{M}_2$. Die Richtung der Drehmomentvektoren ist durch die Rechtsschraubenregel (vgl. Kap. 1.2.5) definiert. Vernachlässigt man die Richtung der Drehmomentvektoren und betrachtet nur die zwei gegengleich wirkenden Drehmomente, erhält man die folgende Gesetzmäßigkeit.

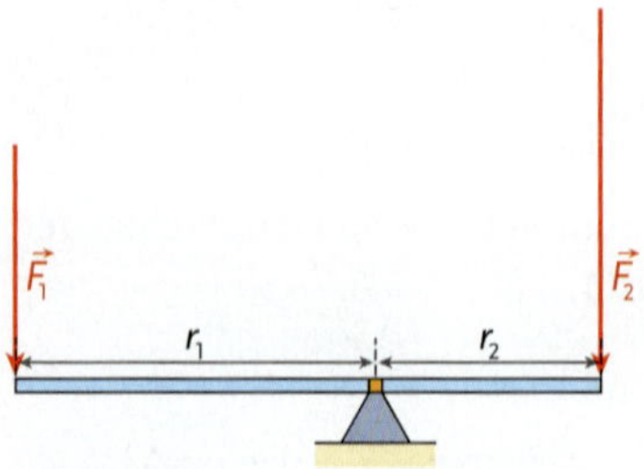

Hebelgesetz

Hebelgesetz

$F_1 \cdot r_1 = F_2 \cdot r_2$

Ein zweiseitiger Hebel ist im Gleichgewicht, wenn das linksdrehende Drehmoment gleich dem rechtsdrehenden Drehmoment ist. Die Summe der Drehmomente ist dann Null.

Ein Körper ist nur dann trotz wirkender Kräfte im Zustand der Ruhe, wenn Folgendes gilt.

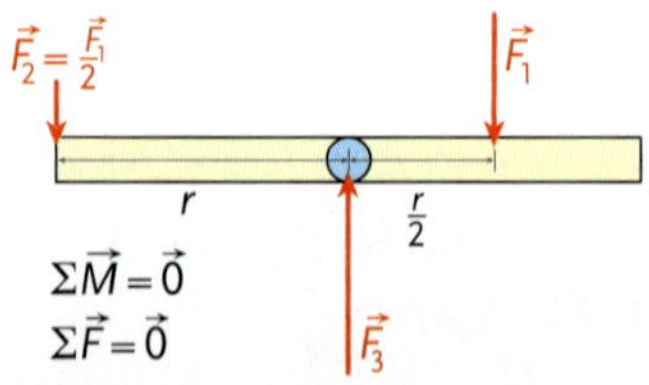

Gleichgewichtsbedingungen: Gleichgewicht von Kräften und Drehmomenten bei einem einfachen beidseitigen Hebel mit Auflagepunkt

Gleichgewichtsbedingungen

Im statischen **Gleichgewicht** verschwindet die Summe aller auf einen **starren Körper** wirkenden Kräfte und Drehmomente:

Kräftegleichgewicht: $\sum_i \vec{F}_i = \vec{F}_1 + \vec{F}_2 + \ldots + \vec{F}_n = \vec{0}$

Drehmomentgleichgewicht: $\sum_i \vec{M}_i = \vec{M}_1 + \vec{M}_2 + \ldots + \vec{M}_n = \vec{0}$

Beispiel 1.3.01: Auflagekräfte eines Balken

Ein Balken ($m = 80$ kg, $l = 5$ m) liegt am linken und rechten Ende auf zwei Lagern. Im Abstand von 1 m vom rechten Ende befindet sich eine Werkzeugkiste mit 20 kg. Wie groß sind die Auflagekräfte links und rechts?

Aus der Gleichgewichtsbedingung folgt nun für das **Kräftegleichgewicht:**

$F_G + F_{G,K} - F_{links} - F_{rechts} = 0 \quad \Rightarrow \quad 784{,}8\text{ N} + 196{,}2\text{ N} - F_{links} - F_{rechts} = 0\text{ N}$
also $\quad F_{links} + F_{rechts} = 981\text{ N}$

Für das **Drehmomentgleichgewicht** gilt:

$2{,}5\text{ m} \cdot F_G + 4\text{ m} \cdot F_{G,K} - 5\text{ m} \cdot F_{rechts} = 0 \quad \Rightarrow \quad 1\,962\text{ Nm} + 784{,}8\text{ Nm} = 5\text{ m} \cdot F_{rechts}$

Für diese Drehmomentgleichung wurde der Drehpunkt willkürlich im linken Auflager gewählt. Man könnte dafür aber auch jeden beliebigen anderen Punkt wählen. Da sich der Balken ja nicht wirklich dreht, ist die Wahl des Drehpunktes gleichgültig.

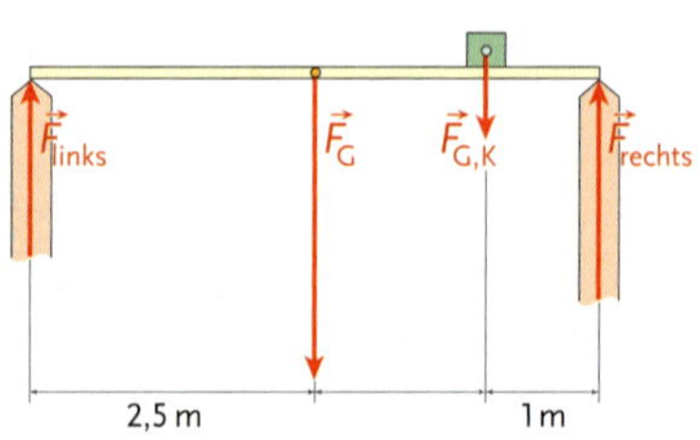

Skizze zum Beispiel 1.3.01

Somit erhält man: $F_{rechts} = \frac{2\,746{,}8\ \text{Nm}}{5\ \text{m}} = 549{,}36\ \text{N}$

$F_{links} = 981\ \text{N} - F_{rechts} = 431{,}64\ \text{N}$

Eng verknüpft mit dem Begriff des Gleichgewichtes ist der des **Schwerpunkts** eines Körpers. Wird ein Körper genau unter seinem Schwerpunkt unterstützt, ist er im Gleichgewicht. Er bleibt in Ruhe. Führt man diesen Gedanken weiter, sieht man, dass man sich im Schwerpunkt eines Körpers seine gesamte Masse vereinigt vorstellen kann. Daher wird der Schwerpunkt auch als **Massenmittelpunkt** bezeichnet.

Der **Schwerpunkt** eines Körpers ist der **Angriffspunkt der gesamten Gewichtskraft** des Körpers.

Versuche mit einer **drehbaren, exzentrisch gelagerten Kunststoffscheibe** zeigen, dass es **verschiedene Formen des Gleichgewichtes** gibt.

Versuch 1.3.01: Gleichgewichtsarten

- **Labiles Gleichgewicht:** Wir drehen die Kunststoffscheibe vorsichtig so, dass der Schwerpunkt der Scheibe oberhalb des Lagers zu liegen kommt. Die Scheibe bleibt in Ruhe. Aber schon eine kleine Auslenkung genügt, und sie kippt nach unten.
- **Stabiles Gleichgewicht:** Nachdem die Scheibe nach unten gekippt ist, verharrt sie nun in Ruhe. Lenken wir sie wiederum ein Stück aus, kehrt sie umgehend in die Mittellage zurück. Der Schwerpunkt liegt nun unterhalb des Lagers.
- **Indifferentes Gleichgewicht:** Die Scheibe wird an ihrer Bohrung durch den Mittelpunkt aufgehängt. Sie lässt sich nun in eine beliebige Lage drehen und bleibt in dieser immer in Ruhe.

Die Erklärung der drei Versuche ist einfach. Im **labilen Gleichgewicht** ist der Schwerpunkt zwar **lokal am höchsten.** Die im Schwerpunkt angreifende Schwerkraft aber zeigt genau in Richtung des Drehpunktes und somit ergibt sich daraus kein Drehmoment. Die kleinste Abweichung aus dieser Lage verursacht aber ein Drehmoment in Richtung eines niedriger liegenden Schwerpunktes.

Beim **stabilen Gleichgewicht** ist der Schwerpunkt **lokal am tiefsten.** Jede Auslenkung aus dieser Lage hebt den Schwerpunkt an und verursacht ein Drehmoment zurück in die Ausgangslage.

Im **indifferenten Gleichgewicht** ändert sich bei Verdrehung der Scheibe die Lage des Schwerpunktes nicht. Sie bleibt auch in der neuen Lage in Ruhe, da der Schwerpunkt und der Drehpunkt identisch sind. Es tritt nie ein Drehmoment auf, das die Lage der Scheibe verändern würde.

Die **drei beschriebenen Arten des Gleichgewichtes** lassen sich auch mithilfe einer **Kugel** zeigen, die sich auf einer geformten **Oberfläche frei bewegen** kann.

Fasst man die bisherigen Überlegungen zum Gleichgewicht zusammen, lässt sich erkennen:

Ein Körper nimmt immer die **Lage** ein, in der sein **Schwerpunkt möglichst tief** liegt.

Ein Körper bewegt sich also so, dass seine **Lageenergie (potenzielle Energie) minimiert** wird. Im Kapitel über Energieerhaltung wird uns dieses Minimalprinzip noch einmal begegnen. Nicht nur in der Mechanik, sondern auch in anderen Teilbereichen der Physik (z. B. Optik, Thermodynamik, Quantenmechanik) gibt es Gesetzmäßigkeiten, die einem Minimalprinzip folgen.

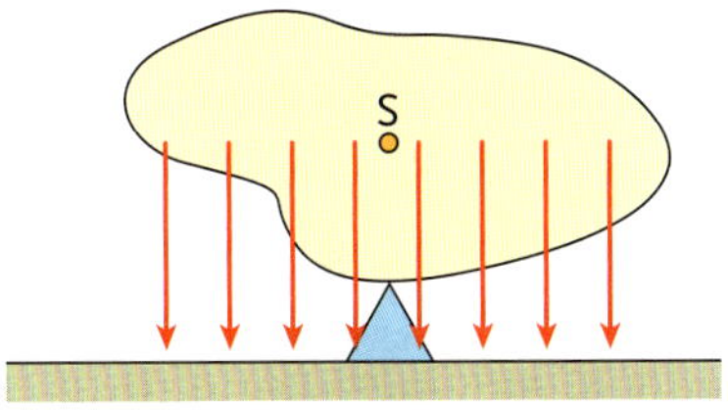

Die über einen Körper **verteilt gedachten Teilgewichtskräfte** verursachen kein Drehmoment, wenn der Körper im Schwerpunkt unterstützt wird. Man kann sich die gesamte Masse *m* im Schwerpunkt S vereint vorstellen.

Abbildung zum Versuch **Labiles Gleichgewicht**

Abbildung zum Versuch **Stabiles Gleichgewicht**

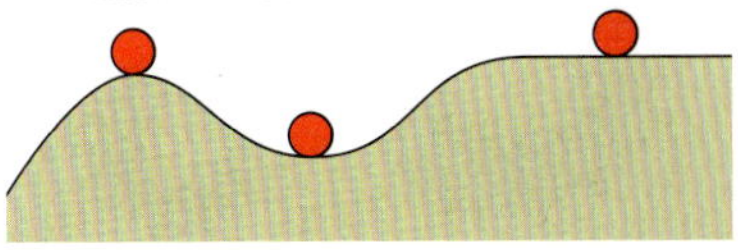

Arten des Gleichgewichtes anhand einer Kugel auf einer Oberfläche

B

Ein Nussknacker ist eine einfache Anwendung eines Hebels

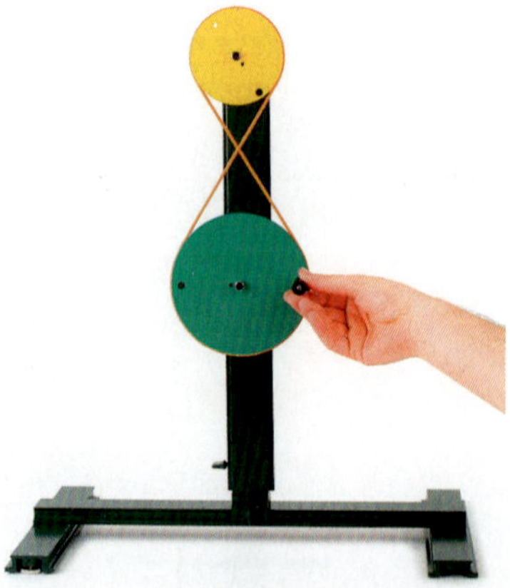

Abbildung zum **Riemenantrieb mit gekreuztem Riemen**

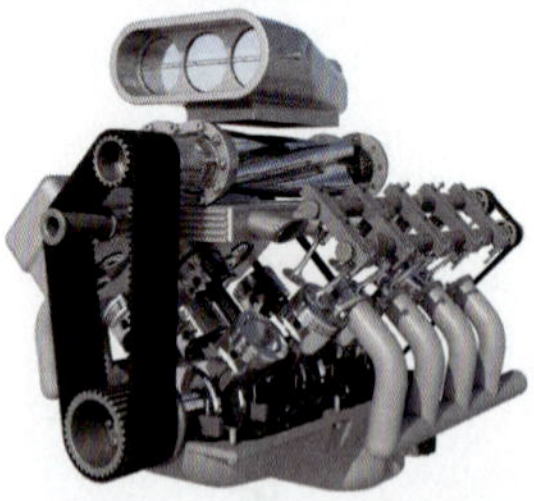

Beim Motor treibt die Kurbelwelle (unten) über einen **Zahnriemen** die Nockenwelle (links) an. Bei diesem Modell eines V8-Motors wird auch noch (ganz oben) ein Kompressor betrieben.

Die **Anzahl der Zähne** eines Zahnrades ist **direkt proportional** zu seinem Umfang und somit zu seinem **Radius**

Wir werden nun die **Anwendung des Gleichgewichts** von Kräften und Drehmomenten anhand einfacher mechanischer Vorrichtungen, in der Folge als einfache Maschinen bezeichnet, genauer analysieren.

Einfache Maschinen: Hebel

Beispiel 1.3.02: Nussknacker

Mit einer Kraft $F = 30$ N wird am hinteren Hebel ($r = 15$ cm) eines Nussknackers gedrückt. Mit welcher Kraft wirkt der vordere Hebel ($r_{Nuss} = 4$ cm) auf eine Nuss?

Nach dem Hebelgesetz gilt: $F \cdot r = F_{Nuss} \cdot r_{Nuss} \quad \Leftrightarrow \quad F_{Nuss} = F \cdot \frac{r}{r_{Nuss}}$.

Der Nussknacker drückt mit einer Kraft von $F_{Nuss} = 30\text{ N} \cdot (15/4) = 112{,}5$ N auf die Nuss. Es sei angemerkt, dass diese berechnete Kraft nur gilt, wenn der vordere Hebel mit seiner Außenkante (ganze Hebellänge) punktuell auf die Nuss wirkt.

Einfache Maschinen: Riemenantrieb, Zahnrad, Getriebe

Versuch 1.3.02: Riemenantrieb

- **Riemenantrieb I:** Wir verbinden zwei Riemenscheiben, deren Radien sich wie 1 : 2 verhalten, mit einem Treibriemen. An die größere Scheibe hängen wir eine Masse und messen mit einer Federwaage die notwendige Haltekraft an der kleineren Scheibe. Sie ist gleich der Gewichtskraft der angehängten Masse.
- **Riemenantrieb II:** Wir markieren Scheiben durch Punkte am Scheibenrand. Nach einer Umdrehung der großen Scheibe hat sich die kleine zweimal gedreht.

Bei einem Riemenantrieb sind zwei Räder mit den Radien r_1 und r_2 durch den Riemen verbunden. Sie haben daher die gleiche Tangentialgeschwindigkeit $v = v_1 = v_2$. Daraus folgt, dass ihre **Winkelgeschwindigkeiten** und damit auch die Drehzahlen n_1 und n_2 umgekehrt **proportional zu den Radien** sind.

$$v = \omega_1 \cdot r_1 = \omega_2 \cdot r_2 \quad \Leftrightarrow \quad \frac{\omega_1}{\omega_2} = \frac{n_1}{n_2} = \frac{r_2}{r_1}$$

Nach dem Wechselwirkungsgesetz sind die **Kräfte,** die tangential über den Riemen auf den Rand der Scheiben wirken, **gleich groß:**

$$\frac{M_1}{r_1} = F = \frac{M_2}{r_2}$$

Wird der Riemen **einfach über die Räder** gelegt, so laufen die Räder im **gleichen Umlaufsinn.** Bei **gekreuztem Riemen** (siehe Randspalte) drehen sich die Räder gegengleich.

Drehmomentübersetzung

Ein Riemenantrieb übersetzt Drehmomente proportional und Drehzahlen indirekt proportional zu den Radien:

$$\frac{M_1}{M_2} = \frac{r_1}{r_2} = \frac{\omega_2}{\omega_1} = \frac{n_2}{n_1}$$

Die Tangentialkräfte auf die Scheiben bleiben konstant.

Eine Schwachstelle des Riemenantriebes ist der Riemen, der bei Beanspruchung reißen oder über die Antriebsräder rutschen kann. Die erste Verbesserung ist ein **Zahnriemen.** Die effektivste Weiterentwicklung des Riemenantriebes stellen aber die Zahnräder dar.

Für die **Zahnräder eines Getriebes** gelten die gleichen Überlegungen wie beim Riemenantrieb. Der Riemen wird dabei durch den direkten Kontakt der Räder über die Zähne ersetzt. Dabei wird tangential von Zahnrad zu Zahnrad dieselbe Kraft übertragen. Wie beim gekreuzten Riemenantrieb **wechselt** aber jeweils die **Drehrichtung** der Zahnräder.

Übersetzung eines Getriebes

Ein Getriebe übersetzt Drehmomente proportional und Drehzahlen indirekt proportional zur **Anzahl der Zähne Z:**

$$\frac{M_1}{M_2} = \frac{r_1}{r_2} = \frac{Z_1}{Z_2} = \frac{\omega_2}{\omega_1} = \frac{n_2}{n_1}$$

Die Tangentialkräfte zwischen den Zahnrädern sind konstant.

Beispiel 1.3.04: Drehmomentübersetzung eines Autos

Der Motor eines Sportwagens mit Heckantrieb weist bei einer Drehzahl von 5 000 min^{-1} ein Drehmoment von M_{Motor} = 320 N · m auf. Die Achsübersetzung beträgt 3,88 : 1. Die Übersetzung des Getriebes im zweiten Gang ist 2,05 : 1.

Wie groß ist im zweiten Gang das Drehmoment eines Antriebsrades M_{Rad} bei der oben angegebenen Drehzahl? Welche Drehzahl hat dann ein Antriebsrad?

Die **Drehzahl** wird von n_{Motor} = 5 000 min^{-1} auf

$$n_{Rad} = \frac{5\,000\ min^{-1}}{3{,}88 \cdot 2{,}05} \approx 628\ min^{-1}$$

transformiert (übersetzt). Das Gesamtdrehmoment an der Hinterachse ist daher $M_{Achse} = 3{,}88 \cdot 2{,}05 \cdot M_{Motor} \approx 2\,545$ N · m.

Bei gleicher Drehmomentverteilung auf die beiden Antriebsräder erhält man so

$$M_{Rad} = \frac{M_{Achse}}{2} \approx 1\,273\ N \cdot m.$$

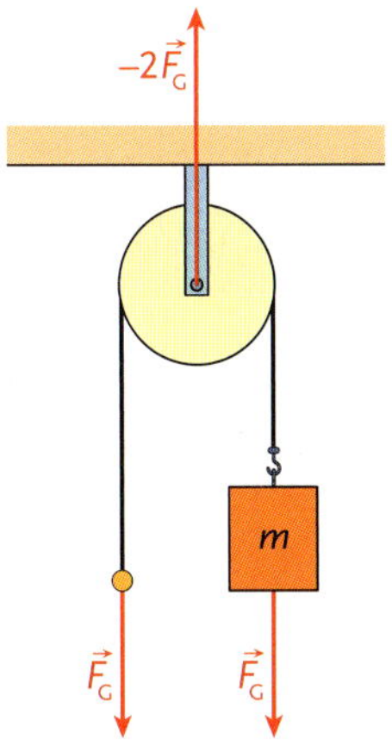

Kräfteverteilung an einer **festen** Rolle

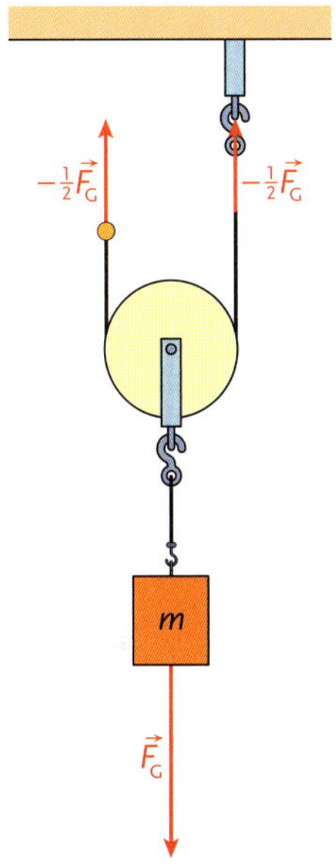

Kräfteverteilung an einer **losen** Rolle

Einfache Maschinen: Rolle, Wellrad

Versuch 1.3.03: Rollen

- **Feste Rolle:** Eine Rolle wird an einer Stativstange nach unten hängend befestigt. Über die Rolle wird eine Schnur gelegt, an deren einem Ende eine Masse hängt. Am anderen Ende der Schnur messen wir die benötigte Haltekraft mit einer Federwaage. Sie entspricht immer der Gewichtskraft der Masse.
- **Lose Rolle:** Wir befestigen nun ein Ende der Schnur am Stativ und halten das andere mit einer Federwaage fest. Die Masse wird nun an der Rolle befestigt und diese in die Schnur eingehängt. Der Kraftmesser zeigt nur mehr die halbe Gewichtskraft der Masse an.
- **Faktorenflaschenzug:** Wir hängen dieselbe Masse an einen Faktorenflaschenzug mit vier Rollen auf. Dabei messen wir nur mehr ein Viertel der Gewichtskraft der Masse.

Abbildung zum Versuch **Faktorenflaschenzug** ($n = 4$); der Faktorenflaschenzug ist eine Kombination von festen und losen Rollen

Eine **feste Rolle** bringt keinerlei Kraftersparnis. Sie **lenkt** lediglich die **Richtung** der aufzubringenden Kraft **um.** Man beachte aber, dass die Aufhängung der Rolle mit einer Kraft belastet wird, die größer ist als die wirkende Gewichtskraft.

Eine **lose Rolle** verringert den Kraftaufwand **auf die Hälfte der Gewichtskraft.** Man beachte hier, dass die Aufhängung die andere Hälfte der Gewichtskraft trägt.

Kranhaken mit loser Rolle

Die Grundelemente eines Flaschenzuges sind die lose und die feste Rolle. Die **feste Rolle lenkt** die wirkende **Kraft** nur **um.** Die **lose Rolle** dagegen kann auch als einseitiger Hebel betrachtet werden, an dem die Masse im halben Hebelabstand hängt. Sie **verteilt** die **Gewichtskraft** der Last **zur Hälfte** auf die beiden **Seilanteile.**

Beim **Faktorenflaschenzug** ist daher die notwendige Zugkraft F_{Zug} gleich der Last F_{Last} dividiert durch die Anzahl n der hebenden Seilstränge $F_{Zug} = \frac{F_{Last}}{n}$.

Die verschiedensten Arten von Kränen werden für den Bau von Häusern und den Transport großer Lasten verwendet. Gemeinsam ist ihnen allen aber, dass zum Heben der Last zumindest eine **lose Rolle** Anwendung findet. Dies bringt zwar keine geringere Belastung des Kranarmes; am Kranarm hängt die gesamte Gewichtslast und in diesem Falle sogar noch die Zusatzlast des Kranseils und der Heberolle. Die Kraft, die der Motor zum Heben der Last aufbringen muss, ist dadurch aber nur mehr halb so groß wie die Gewichtskraft am Kranarm.

Versuch 1.3.04: Wellrad

Wir messen bei einem Wellrad das Verhältnis der Radien. Sodann belasten wir es beiderseits mit Massen (tangential auf je einem der Räder; siehe Randspalte). Bei welchem Massenverhältnis ergibt sich ein Gleichgewicht? Vergleichen Sie das Massenverhältnis mit dem Verhältnis der Radien!

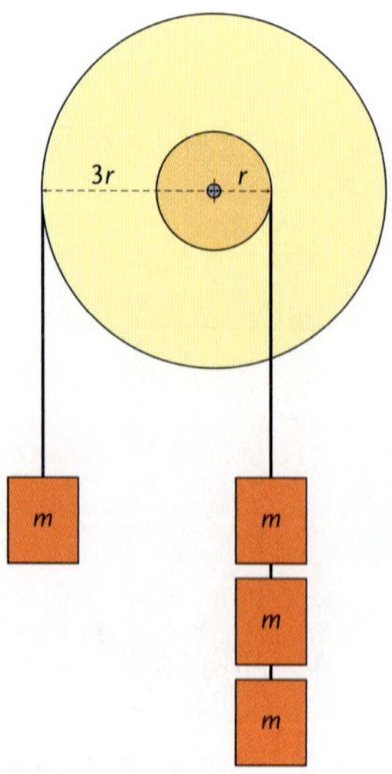

Abbildung zum Beispiel 1.3.06, **Brunnenwellrad,** beim Radienverhältnis 1 : 3 benötigt man nur ein Drittel der Kraft

Aus dem Versuch ergibt sich, dass das Produkt aus Radius und angehängter Masse konstant ist. Um diesen Zusammenhang besser zu verstehen, betrachten wir folgende Aufgabenstellung.

Beispiel 1.3.06: Brunnenwellrad

Welche Kraft benötigt man für das Heben von 12 kg Wasser aus einem Brunnen, wenn am Brunnenwellrad das Radienverhältnis Kurbel : Welle gleich 3 : 1 ist?

Es liegt ein (zweiseitiger) Hebel vor. Daher gilt:

$$F_{Kurbel} \cdot r_{Kurbel} = F_{Welle} \cdot r_{Welle} \quad \Leftrightarrow \quad F_{Kurbel} = F_{Welle} \cdot \frac{r_{Welle}}{r_{Kurbel}}$$

Einsetzen der Werte ($g \approx 10\ \mathrm{ms^{-2}}$) ergibt: $F_{Kurbel} = 120\ \mathrm{N} \cdot (1/3) = 40\ \mathrm{N}$.

Brunnenwellrad in einer Konstruktionszeichnung aus dem Jahre 1860

Aus dem Beispiel ersehen wir, dass ein Wellrad ein **Drehmoment** von einem Rad zum anderen Rad konstant **überträgt. Übersetzt** wird beim Wellrad die **Kraft** indirekt proportional zu den Radien. Vergleichen Sie hierzu auch noch einmal das Verhalten eines Riemenantriebes oder Getriebes. Dort ist die übertragene Kraft konstant und das Drehmoment wird übersetzt. Anwendungen des Wellrades sind alle Formen von Kurbeln. Auch ein Schraubenzieher ist ein Wellrad. Je größer der Durchmesser des Griffes ist, umso geringer ist der benötigte Kraftaufwand zum Anziehen oder Lösen einer Schraube.

Ziele erreicht? – „Statik starrer Körper"

1.3.01 + Geben Sie an, welche Zugkraft man bei einem **Faktorenflaschenzug** mit sechs Rollen benötigt, um eine Last von 3 000 N zu heben.

1.3.02 + Zwei zueinander parallele Kräfte (10 N, 20 N) greifen normal in einem Abstand von 40 cm an einem masselosen starren Balken an. Wo muss dieser unterstützt werden, damit keine Drehung auftritt?

1.3.03 + Eine Masse von 15,29 kg wird mit einem Wellrad unter einem Kraftaufwand von 30 N gehoben. Wie muss das Verhältnis der Radien sein?

1.3.04 + Geben Sie an, welche Last man mit einer Muskelkraft von 400 N mit einer **Scheibtruhe** transportieren kann, wenn man im Abstand von 1,5 m von der Radachse angreift. Der Schwerpunkt der Last liegt in einem Abstand von 60 cm hinter der Achse.

1.3.05 + Zwei Räder mit den Radien 15 cm und 20 cm sind durch einen **Treibriemen** verbunden. Wie schnell läuft das kleinere Rad, wenn das größere mit einer Drehzahl von 400 U/min läuft? Wie werden die Drehmomente übersetzt?

1.3.06 + **Kombizange:** Mit welcher Kraft wird ein Werkstück in der Einkerbung einer Kombizange gehalten, wenn die Zangengriffe (Länge 12 cm) an ihrem Ende mit einer Kraft von 10 N zusammengedrückt werden. Die Einkerbung ist 3 cm vom Zangengelenk entfernt.

1.3.07 ++ **Einseitig befestigter Balken:** Berechnen Sie die Kräfte und das Drehmoment für einen horizontal fest eingespannten Balken ($m = 200$ kg, $l = 5$ m), an dessen Ende eine Kraft F von 3 kN im Winkel $\varphi = -30°$ angreift ($g \approx 10\ \text{ms}^{-2}$).

1.3.08 + **Schwerpunkt eines flachen Körpers:** Schneiden Sie aus einem festen Kartonblatt eine beliebige Form aus. Bestimmen Sie dann möglichst exakt die Lage des Schwerpunktes. Recherchieren Sie zur Lösung der Aufgabe im Internet. Bringen Sie in Erfahrung, was eine Schwerlinie ist und wie sie bestimmbar ist.

1.3.09 ++ Erklären Sie Aufbau und Funktionsweise eines **Stehaufmännchens.**

1.3.10 + Eine kleine **Brücke** hat eine Länge von 15 m und eine Masse von 3 500 kg. Im Abstand von 6 m vom linken Ende der Brücke steht ein Auto mit einer Masse von 900 kg. Der angegebene Abstand bezieht sich auf den Schwerpunkt des Fahrzeuges. Wie groß sind die Kräfte im linken und im rechten Auflagepunkt der Brücke?

1.3.11 ++ Bei welcher **Hangneigung** kippt ein Traktor seitlich um? Finden Sie einen Zusammenhang zwischen der Höhe des Schwerpunktes und der Spurbreite des Traktors.

1.3.12 + Erklären Sie die drei **Gleichgewichtsarten** mithilfe der Lage des Schwerpunktes eines Körpers.

1.3.13 ++ Berechnen Sie, welche **Übersetzung** von Drehzahl und Drehmoment sich ergibt, wenn man vier Zahnräder mit 60, 150, 30 und 90 Zähnen hintereinander verbindet. In welche Richtung dreht sich das letzte Zahnrad, wenn man es mit der Drehrichtung des ersten vergleicht?

Skizze zur Aufgabe 1.3.06, die Einkerbung der **Kombizange** dient zum besseren Halten des Werkstückes

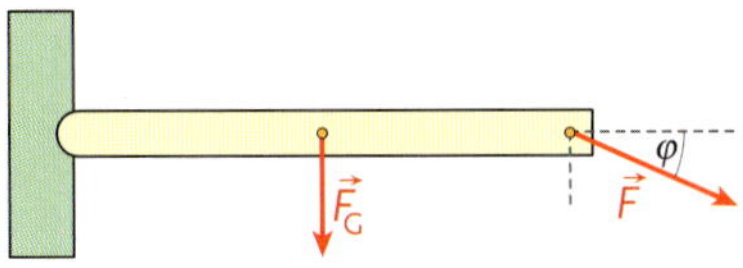

Skizze zur Aufgabe 1.3.07

Bild zu Aufgabe 1.3.09, **Stehaufmännchen**

1.3.2 Hydrostatik

Wir alle kennen die Bilder von Tauchern, die scheinbar schwerelos durch das Wasser schweben. Tatsächlich wissen wir aus eigenem Empfinden, dass wir beim Schwimmen nur mehr einen Teil unseres eigenen Körpergewichtes verspüren. Wenn man sich mit etwas Können auf dem Rücken ins Wasser legt, bedarf es keiner Bewegung, um an der Wasseroberfläche zu schwimmen. Das Wasser scheint uns zu tragen. Umgekehrt verdrängt man mit dem Körper eine bestimmte Wassermenge.

Ein Taucher schwebt scheinbar schwerelos durchs Wasser

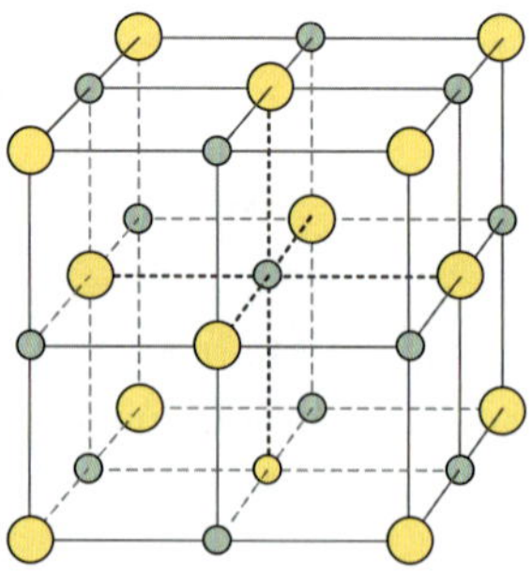

Modell eines Kochsalzkristalls: Werden weitere Würfel hinzugefügt, werden das Volumen und die Masse entsprechend vergrößert

Dichte siehe Kap. B, 1.2.2.

1 bar = 10^5 Pa = 10^5 N/m^2, das entspricht ungefähr dem Umgebungsluftdruck.

Meine Ziele

Nach Bearbeitung dieses Kapitels kann ich

- die Definition des **Drucks** nennen und seine **Ausbreitung in Flüssigkeiten** angeben;
- den in Flüssigkeiten herrschenden **hydrostatischen Druck** berechnen;
- das **Gesetz des Archimedes** ableiten und anwenden.

Jeder Körper besteht aus einer sehr großen Anzahl von Atomen. Diese wiederum setzen sich aus Elektronen, Protonen und Neutronen zusammen. Diese Atome nehmen insgesamt ein bestimmtes Volumen ein, das von den äußeren Bedingungen (Druck, Temperatur) abhängt. Verdoppelt man die Anzahl der Atome, verdoppelt sich auch die Masse und weiters das Volumen. Das Verhältnis von Masse zu Volumen, die **Dichte, bleibt** aber **konstant.**

Bisher haben wir immer Situationen betrachtet, bei denen Kräfte an einem einzigen Punkt angreifen. Bei einem Kontakt ausgedehnter Körper wirken jedoch die Kräfte in jedem Kontaktpunkt. Sie sind über die Fläche verteilt.

Druck

Der Druck p auf einen Körper ist die senkrecht auf dessen Oberfläche wirkende Kraft F_N (Normalkraft) pro Fläche A: $p = \frac{F_N}{A}$

Die Einheit des Drucks ist $[p] = \left[\frac{F_N}{A}\right] = \frac{1\ \text{N}}{1\ \text{m}^2} = 1$ Pascal (1 Pa).

Bei Flüssigkeiten ist die Unterscheidung zwischen Normalkraft und Tangentialkraft ganz wesentlich. Tangentiale Kräfte bewirken ausschließlich eine Verschiebung der Atome an der Flüssigkeitsoberfläche. Sie verändern das Volumen nicht. Kräfte, die normal auf die Oberfläche wirken, pressen die Atome bzw. Moleküle auf ein kleineres Volumen zusammen.

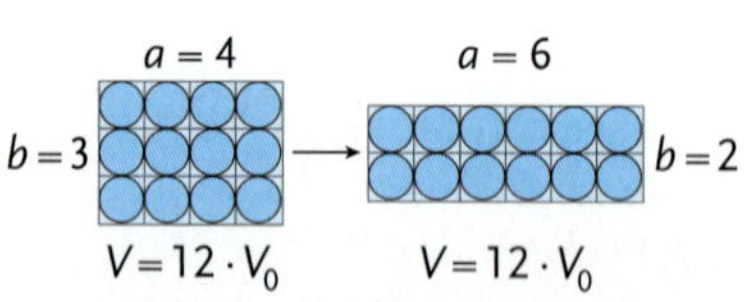

Modell einer idealen Flüssigkeit: Die Teilchen sind dicht gepackt und verschiebbar. Das Volumen bleibt konstant.

Kolbendruck

Mit einem Kolben kann man auf eine Flüssigkeit einen Druck ausüben. Wie aber stellen wir uns die ideale Flüssigkeit vor?

Modell einer idealen Flüssigkeit

Eine ideale Flüssigkeit ist masselos, ohne innere Reibung zwischen den Flüssigkeitsteilchen und nicht komprimierbar.

Beispiel 1.3.07: Kolbendruck

Wir füllen Wasser in einen runden Zylinder mit einem Querschnitt von 2 cm^2 und pressen einen Kolben mit einer Kraft von 20 N darauf.

Dadurch ergibt sich ein Druck von $p = \frac{20\ \text{N}}{0{,}000\,2\ \text{m}^2} = 100\,000\ \text{Pa} = 100\ \text{kPa}$

Das entspricht 1 bar, dem Druck der Umgebungsluft.

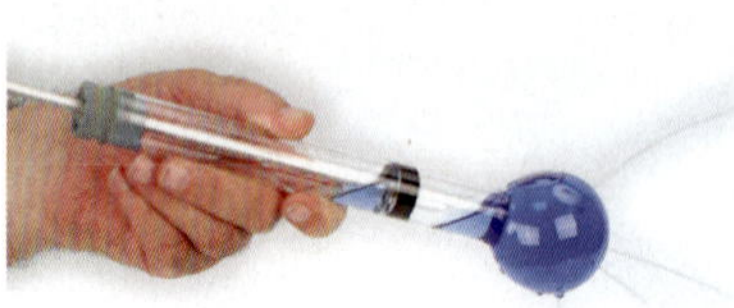

Versuch zur Druckausbreitung in Flüssigkeiten

Versuch 1.3.05: Kolbendruck

Wir füllen einen Zylinder, der an seinem Ende mehrere kleine Löcher hat, mit Wasser. Dann üben wir mit einem Kolben darauf Druck aus. Wir sehen, dass das Wasser gleichzeitig aus allen Öffnungen gleich stark austritt.

Für die Druckausbreitung in einer Flüssigkeit gilt das Gesetz von Pascal.

Abbildung zum Versuch **Bodendruckapparat.** Der Druck ist nur von der Tiefe, nicht aber von der Form des Gefäßes abhängig.

Gesetz von Pascal

In einer Flüssigkeit breitet sich ein ausgeübter Druck **nach allen Richtungen gleichmäßig** aus.

Schweredruck

Keine reale Flüssigkeit ist masselos. Die Masse der weiter oben befindlichen Flüssigkeitsschichten bewirkt durch ihre Gewichtskraft einen Druck auf die darunter befindlichen Schichten der Flüssigkeit. Der Druck steigt mit der Tiefe.

Beispiel 1.3.08: Druck am Boden eines Quaders

Wie groß ist der Druck am Boden eines Quaders ($a = 1$ dm, $h = 2$ dm), wenn man ihn 20 cm hoch mit Wasser ($\rho_{H_2O} = 1\ \text{kg/dm}^3$, $g \approx 10\ \text{m/s}^2$) füllt?

Das Volumen des Wassers beträgt $V = A \cdot h = 1\ \text{dm}^2 \cdot 2\ \text{dm} = 2\ \text{dm}^3$
Dieses Volumen hat eine Masse von $m = \rho_{H_2O} \cdot V = 1\ \text{kg/dm}^3 \cdot 2\ \text{dm}^3 = 2\ \text{kg}$.

Auf den Boden des Zylinders wirkt durch die Masse des Wassers ein Druck von

$$p = \frac{m \cdot g}{A} = \frac{\rho_{H_2O} \cdot A \cdot h \cdot g}{A} = \rho_{H_2O} \cdot h \cdot g \approx 1\,000\ \text{kg/m}^3 \cdot 0{,}2\ \text{m} \cdot 10\ \text{m/s}^2 = 20\ \text{hPa}$$

20 hPa entsprechen 0,02 bar bei einer Tiefe von 20 cm. Pro 10 m Wassertiefe ergibt sich also ein zusätzlicher Schweredruck von 1 bar.
Durch die Masse einer Flüssigkeit ergibt sich ein tiefenabhängiger Druck.

Abbildung zum Versuch Aufdruck

Hydrostatischer Druck

Für den Schweredruck p in der Tiefe h einer inkompressiblen, reibungsfreien Flüssigkeit gilt: $p = \rho \cdot g \cdot h$.

Versuch1.3.06: Hydrostatischer Druck

- **Bodendruckapparat:** Der hydrostatische Druck an der verformbaren Membran am Boden dieser Vorrichtung wird über einen langen Hebel angezeigt. Wir verwenden Gefäße von verschiedener Form und stellen fest, dass der Druck nur von der Wasserhöhe abhängt.
- **Aufdruck:** Ein unten plan geschliffenes Glasrohr verschließen wir mit einer Glasplatte und senken es in einen Becher mit Wasser. Langsam gießen wir entlang der Wand des Rohres gefärbte Flüssigkeit. Die Glasplatte bleibt gegen den Zylinder gepresst, bis die Flüssigkeitssäule gleich der Wasseroberfläche ist.

Die Gießkanne ist ein kommunizierendes Gefäß

Wenn wir eine Flüssigkeit in **zwei miteinander verbundene Gefäße** leeren, stellt sich ein Gleichgewicht ein. Der **Flüssigkeitsspiegel** steht in beiden Gefäßen **gleich hoch.** Somit ist der hydrostatische Druck gleich. Die Flüssigkeit ist dem auftretenden Druckunterschied so lange gefolgt, bis die Druckkräfte aus beiden Gefäßen gleich waren.

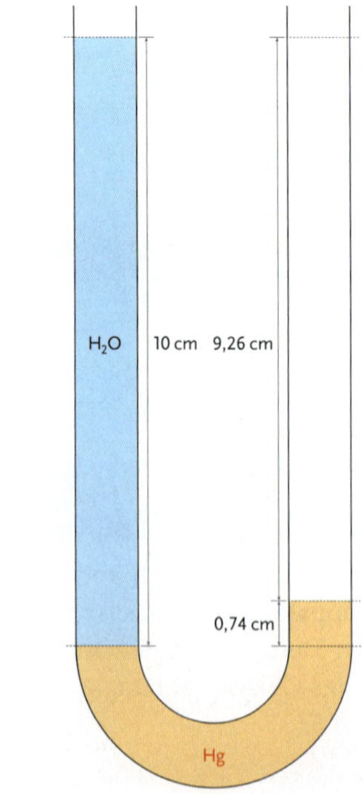

Abbildung zum Beispiel **Kommunizierendes Gefäß**

Beispiel 1.3.09: Kommunizierendes Gefäß

In ein U-förmiges Rohr wird Quecksilber ($\rho_{Hg} = 13{,}55\ kg/dm^3$) und eine Wassersäule mit der Höhe 10 cm eingefüllt. Wie hoch steht die Wasseroberfläche über der des Quecksilbers?

Der hydrostatische Druck beider Flüssigkeiten an ihrer Berührungsfläche muss gleich groß sein. Daher gilt:

$\rho_{Hg} \cdot g \cdot h_{Hg} = \rho_{Hg} \cdot g \cdot h_W \quad \Leftrightarrow \quad \rho_{Hg} \cdot h_{Hg} = \rho_W \cdot h_W.$

Die Höhe der Oberfläche der Quecksilbersäule beträgt somit:

$h_{Hg} = (\rho_W / \rho_{Hg}) \cdot h_W = (1/13{,}55)\ 10\ cm \approx 0{,}74\ cm$

Die Oberfläche der Wassersäule befindet sich damit 10 cm – 0,74 cm = 9,26 cm über der Oberfläche des Quecksilbers.

Mit einem U-Rohr lassen sich somit **Druckmessungen auf Längenmessungen** zurückführen.

Eine weitere Anwendung kommunizierender Gefäße ist die **hydraulische Presse.** Dabei sind zwei Zylinder mit den Querschnitten A_1 und A_2 durch eine Zuleitung mit Ventilen und eine Ableitung über ein Vorratsgefäß verbunden. Da die Drücke $p_1 = \frac{F_1}{A_1}$ und $p_2 = \frac{F_2}{A_2}$ gleich sind, verhalten sich die Kräfte wie die Flächen: $\frac{F_1}{F_2} = \frac{A_1}{A_2}$. Die Hubwege ergeben sich aus der Gleichheit der umgepumpten Volumina.

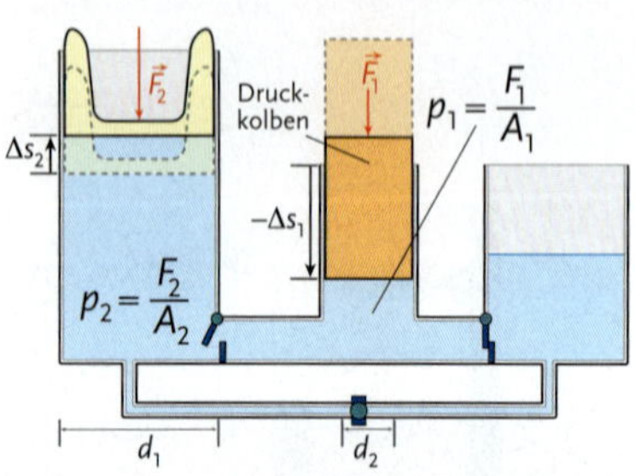

Prinzip der **hydraulischen Presse**

Beispiel 1.3.10: Hydraulische Presse

Eine Hebebühne für Autos arbeitet mit Zylindern, die Kolbenflächen von $A_1 = 20\ cm^2$ und $A_2 = 60\ cm^2$ haben (siehe Skizze in der Randspalte). Welcher Druck tritt beim Heben eines Autos mit $m = 1\,500$ kg auf ($g \approx 10\ m/s^2$)?

$$p_2 = \frac{m \cdot g}{A_2} = \frac{1\,500\ kg \cdot 10\ N}{0{,}006\ m^2} = 25 \cdot 10^5\ Pa = 25\ bar$$

Der Druck in beiden Zylindern beträgt also 25 bar. Mit welcher Kraft muss dann auf den anderen Kolben gedrückt werden?

$F_1 = p_1 \cdot A_1 = p_2 \cdot A_1 = 2\,500\,000\ Pa \cdot 0{,}00\,2\ m^2 = 5\,000\ N$

Diese Kraft entspricht einem Drittel der Gewichtskraft des Autos.

Auftriebskraft

Um die Auftriebskraft in Flüssigkeiten zu verstehen, betrachten wir einen vollständig eben eingetauchten Quader mit dem Volumen V und der Grundfläche A. Auf seine Oberseite wirkt dann eine Kraft $F_{ob} = p_{ob} \cdot A_{ob} = \rho_{Fl} \cdot g \cdot h_{ob} \cdot A$. Auf die Unterseite drückt die Kraft $F_{un} = p_{un} \cdot A = \rho_{Fl} \cdot g \cdot h_{ob} \cdot A$. Die Summe der vertikalen Kräfte ist daher: $F_G - \rho_{Fl} \cdot g \cdot (h_{un} - h_{ob}) \cdot A$. Die Schwerkraft wird also um die Auftriebskraft $F_A = -\rho_{Fl} \cdot g \cdot V_{Quader}$ reduziert. Daraus ersieht man das Gesetz des Archimedes.

Gesetz des Archimedes

Die Auftriebskraft F_A ist gleich der Gewichtskraft F_G der verdrängten Flüssigkeit.

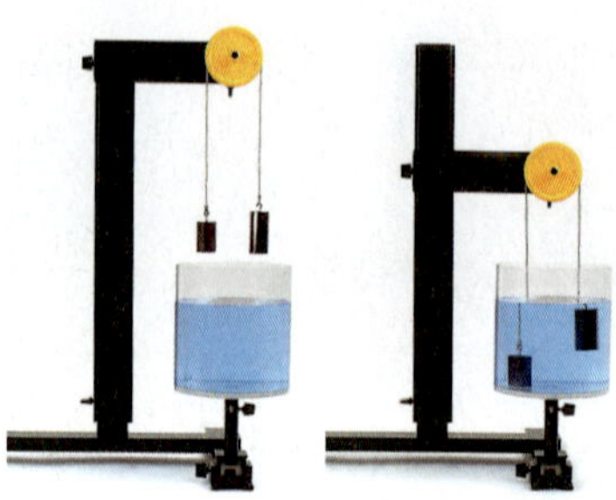

Abbildung zum Versuch **Auftrieb**

Versuch 1.3.07: Auftrieb

Auftrieb: Zwei Körper mit gleicher Masse, aber unterschiedlichem Volumen hängen an einer Rolle. Werden die Körper in Wasser getaucht, sinkt der Körper mit dem kleineren Volumen ab.

Beispiel 1.3.11: Eintauchtiefe eines Körpers in Wasser

Wie tief taucht ein Quader (10 cm x 5 cm x 4 cm) aus Holz mit der Dichte $\rho_H = 0{,}6\ \text{g/cm}^3$ in Wasser ein?

Aus dem Kapitel 1.3.1 wissen wir, dass die Eintauchlage mit dem **tiefsten Schwerpunkt** die stabilste ist. Die Masse des Quaders beträgt

$m = \rho_H \cdot V_H = 0{,}6\ \text{g/cm}^3 \cdot 200\ \text{cm}^3 = 120\ \text{g} = 0{,}12\ \text{kg}.$

Es wird also ein Volumen von $0{,}12\ \text{dm}^3$ Wasser verdrängt. Die Eintauchtiefe h_{ET} beträgt daher

$$h_{ET} = \frac{V_W}{A_W} = \frac{120\ \text{cm}^3}{10\ \text{cm} \cdot 5\ \text{cm}} = 2{,}4\ \text{cm}$$

Berechnet man den Sachverhalt formal mit Variablen, findet man $h_{ET} = h \cdot \frac{\rho}{\rho_{Fl}}$.

Ein Körper schwimmt also, wenn seine Dichte kleiner ist als die der Flüssigkeit. Ist sie größer, sinkt er. Und er schwebt, wenn die Dichten übereinstimmen. Umgekehrt können wir aus der Eintauchtiefe von **Senkspindeln (Aräometern)** die Dichte der Flüssigkeit ermitteln.

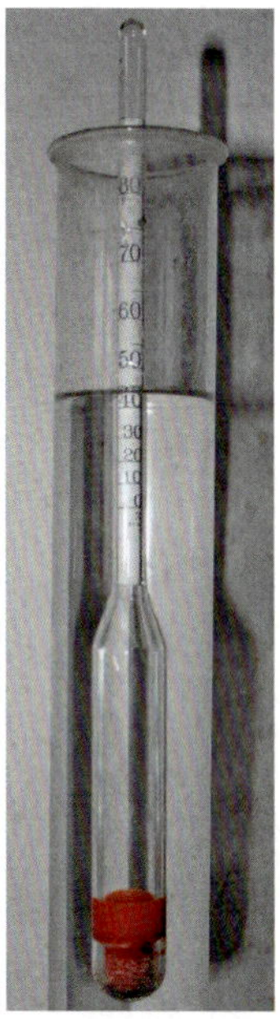

Aräometer zur Messung der Dichte von Flüssigkeiten

Beispiel 1.3.12: Dichtemessung mit dem Aräometer

Eine Senkspindel taucht in einer Flüssigkeit um 25 % tiefer ein als in Wasser. Wir bestimmen daraus nun die Dichte dieser Flüssigkeit.

Der Auftrieb kompensiert die Gewichtskraft, d. h.

$\rho_W \cdot g \cdot A \cdot h_W = \rho_{Fl} \cdot g \cdot A \cdot h_{Fl}.$

Daraus ergibt sich $\rho_{Fl} = \rho_W \cdot \frac{h_W}{h} = 1\,\frac{\text{kg}}{\text{dm}^3} \cdot \frac{1}{1{,}25} = 0{,}8\,\frac{\text{kg}}{\text{dm}^3}$

Ziele erreicht? – „Hydrostatik“

1.3.14 + Geben Sie an, wie groß der **Druck** einer Nadelspitze (Auflagefläche $A = 0{,}05\ \text{mm}^2$) bzw. der Druck eines Holzstäbchens ($A = 5\ \text{mm}^2$) ist, wenn beide mit einer Kraft von 4 N auf eine Oberfläche gedrückt werden.

1.3.15 + Berechnen Sie den **hydrostatischen Druck** in einer Wassertiefe von 55 m. Wie groß ist der Gesamtdruck in dieser Tiefe, wenn der Luftdruck genau 1 bar beträgt?

1.3.16 + Geben Sie an, wie tief ein Quader aus Fichtenholz (3 cm x 4 cm x 6 cm) in Wasser ein sinkt.

1.3.17 + Geben Sie an, wie groß die **Druckkraft** auf eine Fläche ($A = 25\ \text{dm}^2$) ist, wenn ein Druck von 2 bar wirkt.

1.3.18 + Geben Sie an, welcher **Druck** sich in einem Zylinder ergibt, wenn auf den Kolben mit einer Fläche von $4\ \text{cm}^2$ eine Kraft von 200 N drückt.

1.3.19 ++ Ein Aräometer sinkt in Wasser um 8 cm ein. Wie groß ist die Dichte einer Flüssigkeit, wenn dasselbe Aräometer darin um 9 cm einsinkt.

1.3.20 + Berechnen Sie, wie groß Druck und Druckkraft sind, wenn eine Kraft $F = 200$ N im Winkel von 60° zur Normalen auf eine Fläche $A = 50\ \text{cm}^2$ einwirkt.

Zur Aufgabe 1.3.21: Das Kreuzfahrtschiff **Queen Mary 2** hat eine Masse von 76 000 Tonnen

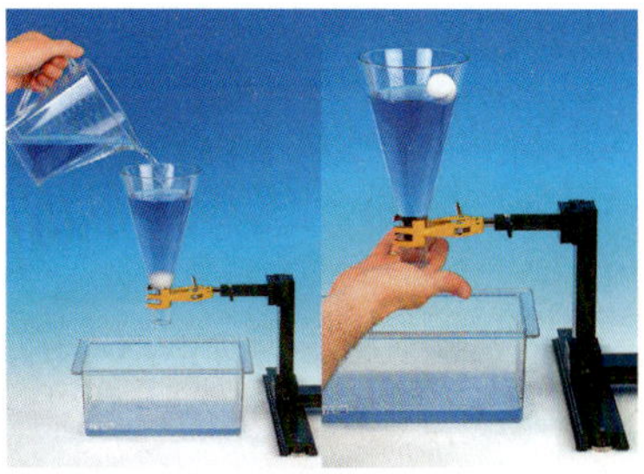

Zur Aufgabe 1.3.24: Die Styroporkugel schwimmt erst, nachdem man ihr einen kleinen Schubs gegeben hat

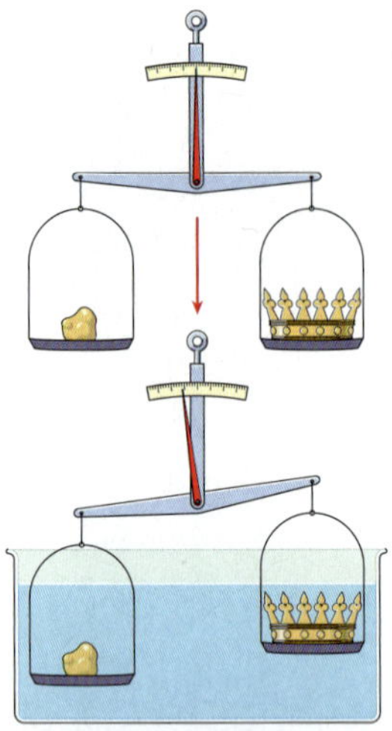

Zur Aufgabe 1.3.26: In Luft war die Waage im Gleichgewicht, in Wasser nicht

1.3.21 ++ Berechnen Sie, wie viel Liter Wasser das Kreuzfahrtschiff **Queen Mary 2** (vgl. Randspalte auf der vorigen Seite) verdrängt. Schätzen Sie auch den Tiefgang des Schiffes ab. Die Queen Mary 2 ist 345 m lang und 41 m breit.

1.3.22 ++ Berechnen Sie, wie tief ein zylindrischer Eisberg (ρ_{Eis}= 950 kg/m^3) unter die Wasseroberfläche reicht, wenn er 10 m aus dem Meer ragt. Die Dichte des Meerwassers betrage $\rho_{Meerwasser}$ = 1 050 kg/m^3.

1.3.23 + Erklären Sie, was man über die **Dichte** einer Flüssigkeit aussagen kann, wenn ein Körper in dieser Flüssigkeit weniger tief einsinkt als in Wasser.

1.3.24 + Begründen Sie, warum die **Styroporkugel** im Bild in der Randspalte zuerst nicht schwimmt. Sie wird zuerst in den Trichter gelegt und dann vorsichtig mit Wasser übergossen.

1.3.25 + Bringen Sie das Funktionsprinzip eines **kartesischen Tauchers** in Erfahrung und erläutern Sie es detailliert.

1.3.26 ++ Erklären Sie, wie Archimedes die Echtheit der **Krone** des König von Syrakus **aus reinem Gold** durch Eintauchen in Wasser überprüfen konnte. Er verglich das Gewicht der Krone mit der eines Goldklumpens in Luft und in Wasser.

1.3.27 ++ Die Masse eines Körpers betrage 1 kg. Wenn man ihn an einer Federwaage in Wasser zur Gänze eintaucht, misst man nur 0,3 kg. Wie groß ist die **Dichte** dieses Körpers? Welches **Volumen** hat er?

1.3.3 Aerostatik

Mit einem Höhenmesser können wir beim Bergwandern, Klettern oder Skitourengehen die erreichte Seehöhe ermitteln.
Für Flugzeuge ist die Verwendung eines Höhenmessers von größter Bedeutung für die Sicherheit. Nur so kann bei schlechter Sicht eine Kollision mit anderen Flugzeugen oder mit hohen Gebirgsketten ausgeschlossen werden.
Autoreifen, die nicht den korrekten Innendruck haben, stellen ein Risiko für das Fahrverhalten des Fahrzeuges dar.

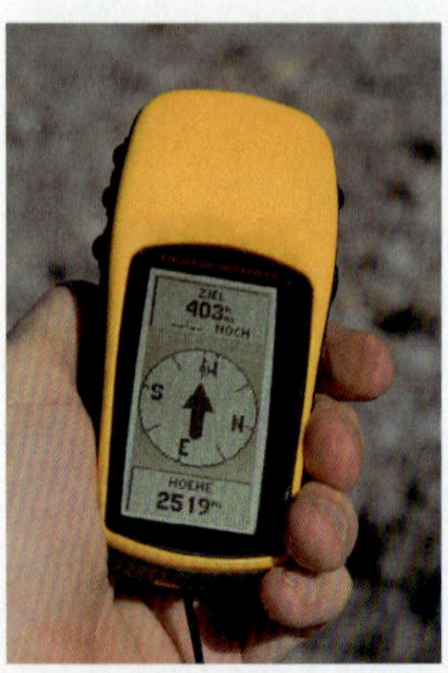

Ein Outdoor-GPS **mit barometrischem Höhenmesser** ermittelt die aktuelle Seehöhe durch Luftdruckmessung genauer als ein GPS. Allerdings muss das Gerät auf die bekannte Ausgangshöhe kalibriert (eingestellt) werden

Meine Ziele

Nach Bearbeitung dieses Kapitels kann ich
- verschiedene **Auswirkungen des Luftdrucks** angeben;
- die **barometrische Höhenformel** nennen und anwenden;
- den **aerostatischen Auftrieb** erklären und berechnen.

Zwischen den Atomen oder Molekülen eines Gases wirken nur geringe Kräfte. Das tatsächliche Volumen der Gasteilchen ist gering im Vergleich zum Volumen, das von den Teilchen erfüllt ist. Sie können sich daher relativ frei bewegen. Diese Bewegung ist ungeordnet und ihre Geschwindigkeit nur von der Temperatur des Gases abhängig. Aufgrund dieser **Eigenbewegung** der Gasteilchen **prallen sie auf Gegenstände,** die sich im Gas befinden oder auch auf die Wände von Gefäßen, die das Gas enthalten. Diese Kraftwirkung pro Fläche bezeichnen wir als den **Druck des Gases.** Vernachlässigt man die Größe der Gasteilchen und die Kraftwirkung zwischen ihnen, so spricht man von einem idealen Gas. Im Gegensatz zu Flüssigkeiten ist Gas komprimierbar, da der Abstand zwischen den Teilchen sehr groß ist. Ein **ausgeübter Druck pflanzt sich** jedoch wie in der Flüssigkeit **nach allen Richtungen gleichmäßig fort.**

Die Windschutzscheibe eines Autos wird mit einem Griff mit Saugnäpfen gewechselt

Versuche 1.3.08: Auswirkungen des Luftdrucks

- **Auftrieb einer Styroporkugel:** Eine Styroporkugel ist an einem Hebel mit einem kleinen Gegengewicht austariert. Evakuiert man eine darübergestülpte Vakuumglocke, sinkt die Styroporkugel zu Boden.
- **Glas mit Wasser:** Man füllt ein Glas mit Wasser und legt ein Stück Papier eben auf das Glas. Sodann dreht man das Glas um und hält mit der Hand das Papier noch immer auf das Glas. Nimmt man nun die Hand weg, fließt das Wasser nicht aus. Der Luftdruck hält das Papier nach wie vor auf dem umgedrehten Glas.
- **Magdeburger Halbkugeln:** Zwei Halbkugeln werden plan aufeinandergesetzt und in ihrem Inneren wird ein Unterdruck erzeugt. Mit Muskelkraft sind die beiden Halbkugeln nicht mehr zu trennen.

Magdeburger Halbkugeln (Stich): Otto von Guericke demonstrierte damit 1654 die Wirkung des Luftdrucks

Wie in der Hydrostatik gibt es auch in Gasen eine auf Körper wirkende Auftriebskraft. Sie wird durch die Gewichtskraft des verdrängten Gases verursacht. Grundsätzlich gilt für den Auftrieb in Luft:

- Ist die Dichte eines Körpers **größer** als die Dichte der Luft, **sinkt** er zu Boden.
- Ist die Dichte eines Körpers **kleiner** als die Dichte der Luft, **steigt** er hoch.
- Sind die Dichten des Körpers und der Luft **gleich, schwebt** der Körper.

Beispiel 1.3.13: Auftrieb in Luft

Wie groß ist die auf eine Styroporkugel ($r = 5$ cm, $\rho_S = 15$ kg/m^3) wirkende Auftriebskraft in Luft ($\rho_L = 1{,}29$ kg/m^3)? Welche Kraft muss der Hebel im Versuch 1.3.08 (erster Punkt) zum Halten der Kugel in Luft aufbringen?

$F_{Auftrieb} = \rho_L \cdot g \cdot V = \rho_L \cdot g \cdot 4\pi/3 \cdot r^3 = 1{,}29 \cdot 9{,}81 \cdot 4 \cdot \pi/3 \cdot (0{,}05)^3 \approx 0{,}006\,63$ N

$F_{Hebel} = F_G - F_A = (\rho_S - \rho_L) \cdot g \cdot V = (\rho_S/\rho_L - 1) \cdot F_A \approx (11{,}6 - 1) \cdot 0{,}006\,63 \text{ N} \approx 0{,}066\,8$ N

Versuch: Auftrieb in Luft

Die Annahme, die im Beispiel 1.3.13 getroffen wurde, dass die Schwerkraft der Luft nur vom Produkt der konstanten Dichte, vom Volumen und von der Schwerebeschleunigung abhängt, ist eine Näherung. Sie gilt nur in geringer Höhe.

Der **Luftdruck** in einer bestimmten Höhe wird durch die **Schwerkraft** der darüberliegenden Luftschichten verursacht. Die **Dichte** der Luft ist im Unterschied zur Dichte von Flüssigkeiten **nicht konstant** und **vom Druck unabhängig.** Weiters nimmt die **Schwerkraft** auf die Luftteilchen **mit steigender Höhe ab.** Den höhenabhängigen Druck in der Atmosphäre kann man mit der barometrischen Höhenformel berechnen.

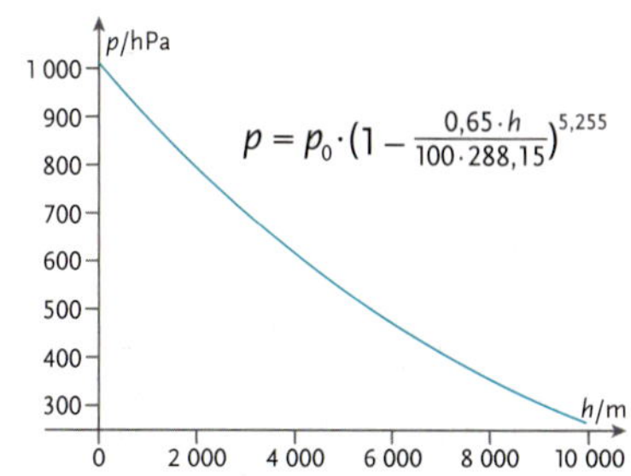

Der Luftdruck in Abhängigkeit von der Höhe wird mit der barometrischen Höhenformel berechnet

Barometrische Höhenformel (in der Standardatmosphäre)

Die Temperatur der Luft nimmt in der Standardatmosphäre **je 100 m um 0,65 °C ab.** Für den Luftdruck $p(h)$ in hPa gilt dann:

$$p(h) = p_0 \cdot \left(\frac{1 - 0{,}006\,5 \cdot h}{288{,}15}\right)^{5{,}255} \quad \text{mit } p_0 = 1\,013 \text{ hPa und } h \text{ in Metern.}$$

Diese barometrische Höhenformel wird zur Höhenmessung verwendet.

Beispiel 1.3.14: Luftdruck auf dem Matterhorn

Wie groß ist der Luftdruck auf dem Matterhorn ($h = 4\,478$ m) in der Standardatmosphäre?

$p = 1\,013 \cdot (1 - (0{,}006\,5 \cdot 4\,478)/\,288{,}15)^{5{,}255} \approx 579$ hPa

Die Geräte zum Nachfüllen des Reifendrucks an der Tankstelle bestehen aus einem Druckgefäß mit Manometer (Druckmesser). Sie werden über den Griff an einer Druckluftleitung aufgefüllt.

Ziele erreicht? – „Aerostatik“

1.3.28 + Geben Sie an, wie groß die Auftriebskraft in Luft (ρ = 1,3 kg/m^3) für einen kugelförmigen Ballon (r = 10 m) ist.

1.3.29 + Berechnen Sie den Luftdruck in der Standardatmosphäre auf dem Großglockner (3 798 m), dem Mount Everest und dem Dachstein (2 995 m).

1.3.30 ++ Berechnen Sie die Nutzlast, die ein Heliumballon (ρ_{He} = 0,179 kg/m^3) mit einem Volumen von 1 000 m^3 in Bodennähe (ρ_L = 1,29 kg/m^3) maximal tragen kann.

1.3.31 ++ Beschreiben Sie, was beim Aufstieg eines geschlossenen Ballons, dessen Hülle sich noch ausdehnen kann, passiert. Wodurch wird die Steighöhe begrenzt?

Elastische Verformung des Stabes beim Stabhochsprung

Elastische Verformung siehe auch Kap. B, 1.2.4.

Schraubenfedern der Radaufhängung ermöglichen beim Auto ein elastisches Reagieren des Fahrwerkes auf Fahrbahnunebenheiten. Die im Vordergrund abgebildeten **Stoßdämpfer** verhindern ein **Nachschwingen** der Federn nach einem Stoß und ein damit verbundenes instabiles Fahrverhalten.

1.3.4 Elastostatik

Beim Stabhochsprung benutzt der Athlet/die Athletin die Elastizität eines Stabes, um große Sprunghöhen zu erreichen. Der Stab biegt sich kurz nach dem Absprung auf beängstigende Weise durch. Im Regelfall bricht er aber nicht, sondern federt nach dem Loslassen wieder in seine ursprüngliche gerade Form zurück.

Meine Ziele

Nach Bearbeitung dieses Kapitels kann ich

- die Begriffe **mechanische Spannung** und **mechanische Dehnung** definieren;
- **elastische Formänderungen** aus den wirkenden Spannungen berechnen;
- das **Dehnungsverhalten** von Körpern mit einem Diagramm interpretieren.

Aus unserer Erfahrung im Alltag kennen wir das Auftreten von Verformungen von Körpern unter Krafteinwirkung. Wir nennen eine Verformung **elastisch,** wenn sie nach Ende der Krafteinwirkung wieder zur Gänze **zurückgeht.** Eine elastische Verformung ist **reversibel.** Sie bildet sich zurück. Tut sie das nicht mehr, wird die Verformung als **plastisch** bezeichnet. Sie ist in diesem Falle **irreversibel (nicht umkehrbar).**

Den einfachsten Fall einer in der Regel reversiblen Verformung kennen wir von einer **Schraubenfeder** unter Belastung, sie dehnt sich. Bei Beendigung der Kraftwirkung zieht sich die Feder wieder in ihren Ausgangszustand zurück. Dieses Verhalten der Feder wurde bereits mit dem **hookeschen Gesetz oder linearen Kraftgesetz** beschrieben.

Bei ausgedehnten Körpern greifen Kräfte in der Regel nicht an einem Punkt, sondern über eine ganze Fläche an. Es wird also ein Druck auf den Körper ausgeübt und dieser reagiert mit Verformung. Der von außen angreifende Vektor der Spannung lässt sich unterteilen in eine Komponente **normal zur Oberfläche,** die **Normalspannung** σ, und eine Komponente **parallel zur Oberfläche,** die **Schubspannung** τ. Zuerst betrachten wir die Normalspannung, in der Folge nur als mechanische Spannung bezeichnet. Auf Auswirkungen der Schubspannung gehen wir erst später ein.

Mechanische Spannung

Der **Druck,** den eine Kraft auf einen Körper ausübt, bezeichnet man als **mechanische Spannung** σ. Sie ist der Quotient aus der wirkenden Kraft F und der Angriffsfläche A.

$$\sigma = \frac{F}{A} \qquad [\sigma] = \left[\frac{F}{A}\right] = \frac{1\ \text{N}}{1\ \text{m}^2} = 1\ \text{Pascal (Pa)}$$

Die von außen wirkende mechanische Spannung breitet sich auch innerhalb des Körpers in gleichem Ausmaß über seine gesamte Länge aus.

Versuche 1.3.09: Verformung und hookesches Gesetz

- **Dehnung:** Ein sehr dünner **Kupferdraht** ($d < 1$ mm) wird an einem Ende fest aufgehängt und am unteren Ende mit angehängten Massestückchen belastet. Kleine Ausdehnungen (< 1 %) sind linear zur Belastung durch die Gewichtskräfte. Bei weiterer Belastung ergibt sich eine markante plastische (irreversible) Ausdehnung („Fließen") des Drahtes. Bei weiterer Erhöhung der Gewichtslast reißt er.
- **Biegung:** Eine einseitig eingespannte **Blattfeder** wird an ihrem anderen Ende mit der Gewichtskraft von Massestücken belastet. Kleine Auslenkungen sind direkt proportional zur belastenden Gewichtskraft.
- **Verdrehung:** Ein dünner **Rundholzstab** wird an seinem Ende eingespannt. Über einen am anderen Ende befestigten Hebel wird er mit angehängten Massestücken durch ein Drehmoment belastet. Kleine Verdrehungen des Stabes sind proportional zum wirkenden Drehmoment.

Blattfedern werden bei der Eisenbahn zur Federung der Achsen von Schienenfahrzeugen verwendet

Wenn die wirkende Spannung den Körper auf Dehnung belastet, spricht man von **Zugspannung.** Wird der Köper durch die einwirkenden Kräfte zusammengedrückt, bezeichnet man dies als **Druckspannung.** In beiden Fällen reagiert der Körper innerhalb gewisser Grenzen mit einer Formänderung. Es tritt eine **Längenänderung** ein. Da sich aber das Volumen des Körpers nur wenig verändern kann, ist damit auch eine **Änderung seines Durchmessers** verbunden.

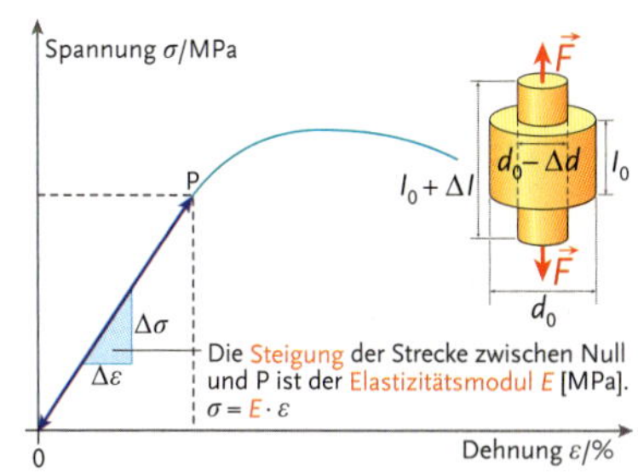

Spannungs-Dehnungs-(σ-ε-) Diagramm eines Körpers bei einem Zugversuch: Es kommt zu einer Längendehnung bei gleichzeitiger Verkleinerung des Durchmessers

Dehnung

Unter der **Dehnung** ε versteht man die **Längenänderung** Δl eines Körpers im Vergleich zu seiner **ursprünglichen unbelasteten Länge** l_0.

$$\varepsilon = \frac{\Delta l}{l_0} \qquad [\varepsilon] = \left[\frac{\Delta l}{l_0}\right] = \frac{1\ \text{m}}{1\ \text{m}} = 1\ \text{(Verhältniszahl!)}$$

Für die Dehnung eines Körpers unter Spannung gilt eine Gesetzmäßigkeit analog zum hookeschen Gesetz für Schraubenfedern.

Hookesches Gesetz für die Dehnung

Die **Dehnung** ε ist **direkt proportional** zur wirkenden **Spannung** σ. Die Proportionalitätskonstante wird als **Elastizitätsmodul** E (E-Modul) bezeichnet.

$$\sigma = E \cdot \varepsilon \qquad \text{Einheit des Elastizitätsmoduls: } [E] = \left[\frac{\sigma}{\varepsilon}\right] = \frac{1\ \text{Pa}}{1}$$

Stoff	***E*/GPa**
Aluminium	70
Stahl	210
Kupfer	115
Holz längs	7 ... 20
Holz quer	0,2 ... 1,3
Spanplatten	2 ... 4
Gummi	0,01 ... 0,1
Diamant	1 100

Elastizitätsmodule von Festkörpern sind in der Größenordnung einiger GPa.

Das σ-ε-Diagramm in der Randspalte zeigt das Dehnungsverhalten eines Festkörpers. Wie bei der Feder gilt auch hier das hookesche Gesetz nur für kleinere Auslenkungen bis zur sogenannten **Proportionalitätsgrenze.** Bis zur **Streckgrenze** bleibt der Körper **elastisch.** Größere Spannungen verursachen dann plastische Verformungen. Bei Erreichen der **Zugfestigkeit** beginnt sich der Körper einzuschnüren. Der tatsächliche Querschnitt an der Einschnürungsstelle nimmt ab. Die **wahre Spannung** σ_{wahr} im verringerten Querschnitt steigt, weil sich die **nominelle Spannung** σ_{nominell} auf eine kleinere Fläche verteilt. Die nominelle Spannung bezieht sich immer auf den Ausgangsquerschnitt. Bei weiterer Spannungserhöhung bricht das Material schließlich.

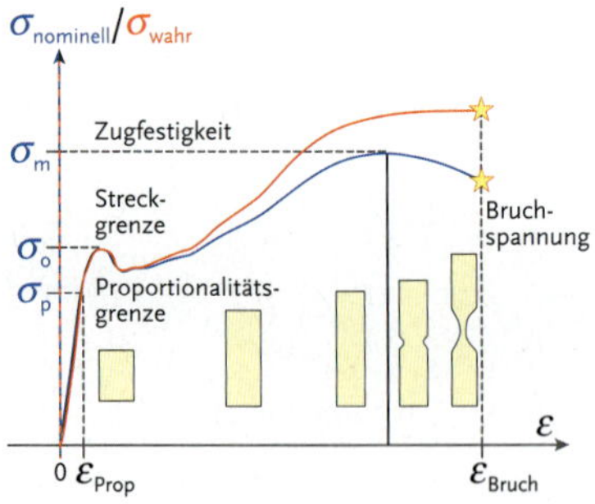

Wahre und nominelle Spannung beim Zugversuch

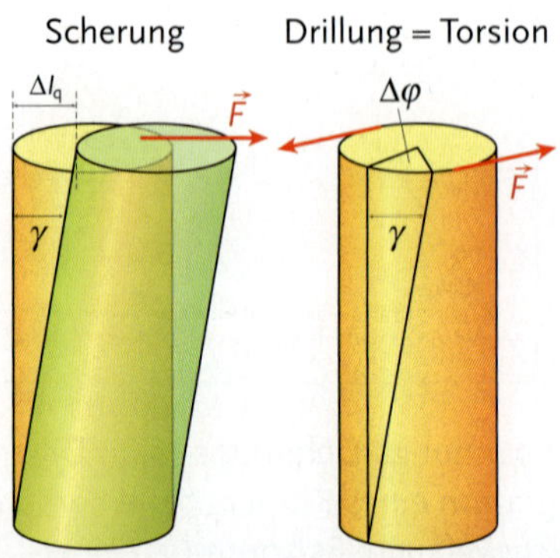

Auswirkung einer Schubspannung: $\gamma = \tau \,/\, G$

Eine Schubspannung bewirkt im einfachsten Fall eine **Scherung.** Wenn die Schubspannung ein **Drehmoment** auf den Körper verursacht, kommt es zu einer Torsion.

Beispiel 1.3.15: Dehnung eines Kupferdrahtes

Welche Kraft dehnt einen dünnen Kupferdraht ($d = 0{,}4$ mm) um 1 ‰?

$$\sigma = \frac{F}{A} = E \cdot \varepsilon \quad \Leftrightarrow$$

$$F = \sigma \cdot A = E \cdot \varepsilon \cdot A = 115 \cdot 10^9\ \text{Pa} \cdot 10^{-3} \cdot (2 \cdot 10^{-3}\ \text{m})^2 \cdot \pi \approx 14{,}5\ \text{N}$$

Wirkt eine **Schubspannung τ** auf einen Körper, werden zur Oberfläche parallele Flächen im Abstand l_0 gegeneinander um eine Länge Δl_q in Querrichtung verschoben. Der Tangens des **Neigungswinkels der Verformung (Schubwinkel γ)** ist gegeben durch das Verhältnis der Verschiebung zur Gesamtlänge $\frac{\Delta l_q}{l_0}$. Für kleine Verschiebungen gilt $\frac{\Delta l_q}{l_0} = \tan(\gamma) \approx \gamma$. Somit erhält man für Scherungsverformungen folgendes Gesetz.

Hookesches Gesetz für die Scherung

Der **Schubwinkel γ** ist **direkt proportional** zur **Schubspannung τ:** Die Proportionalitätskonstante wird als **Schub- oder Torsionsmodul G** (G-Modul) des Körpers bezeichnet. $[G] = 1$ Pascal (Pa)

$\tau = G \cdot \gamma$ Einheit des Schubmoduls: $[G] = \left[\frac{\tau}{\gamma}\right] = \frac{1\ \text{Pa}}{1}$

Als Torsion bezeichnet man eine **Verdrehung des Materials in sich.** Für die Torsion gilt bei kleinen Verdrehungen ein **linearer Zusammenhang zwischen Drehmoment und Verdrehung.** Es gilt auch hier ein lineares hookesches Gesetz. Die Proportionalitätskonstante zwischen Drehmoment und Verdrehung (Torsion) ist hier wieder der oben genannte **Torsionsmodul G.**

Ziele erreicht? – „Elastostatik“

1.3.32 + Geben Sie an, welche Kraft einen kreisrunden Stab aus Stahl bzw. Holz mit einem Durchmesser von $d = 1$ mm um 0,1 % dehnt.

1.3.33 + Ein Stahlträger wird mit 20 kN auf Zug belastet. Wie klein darf der Querschnitt des Trägers höchstens sein, wenn er maximal mit einer Spannung von 90 MPa belastet werden darf?

1.3.34 + Ein Stahlseil dehnt sich bei einer Belastung um 2,5 mm. Welche Dehnung würde es unter gleichen Bedingungen bei doppelt so großem Durchmesser erfahren?

1.3.35 ++ Skizzieren Sie ein Spannungs-Dehnungs-Diagramm für einen Zugversuch mit einer Materialprobe und erläutern Sie detailliert.

1.4 Energie, Leistung und Wirkungsgrad

Die Begriffe Energie, Leistung und Wirkungsgrad sind aus der Alltagssprache nicht wegzudenken. Lebensmittelkonzerne werben mit Energydrinks und Lebensmittel sind mit Nährwertinformationen – oft in Kilojoule pro 100 Gramm – versehen.

Leistungen bis 250 kW sind bei Pkws keine Seltenheit

1.4.1 Mechanische Arbeits- und Energieformen

Meine Ziele

Nach Bearbeitung dieses Kapitels kann ich

- die Begriffe **Arbeit und Energie** anhand von Alltagsbeispielen erklären und die **Definitionsgleichungen und Einheiten von Arbeit und Energie** angeben;
- die verschiedenen **Formen von Arbeit und Energie** unterscheiden;
- anspruchsvolle Beispiele aus der Welt der Technik berechnen.

In Physik und Technik verwendet man für die **Arbeit,** englisch **work,** das Symbol ***W*.**

Um einen Körper über dem Boden zu **halten,** ist eine der **Gewichtskraft** betragsmäßig gleiche, aber entgegengesetzt gerichtete Kraft nötig. Muss man eine große Masse halten, gelingt dies im Allgemeinen nur mit mehr oder weniger starken Auf-und-Ab-Bewegungen, weil man stets etwas mehr oder weniger Kraft aufwenden kann als die Gewichtskraft selbst. Um einen Körper **anzuheben,** ist eine **Arbeit (= Kraft mal Weg)** nötig.

Arbeit und Energie

- ***Arbeit*** *W = Kraft in Wegrichtung · zurückgelegter Weg*
  $W = F_s \cdot s$
  Die **Einheit der Arbeit** W leitet sich als
  $[W] = [F_s \cdot s] = [F_s] \cdot [s] = 1\ \text{N} \cdot 1\ \text{m} = 1\ \text{Nm} = 1\ \text{kg} \cdot \text{m}^2 \cdot \text{s}^{-2} =$ **1 Joule (1 J)**
  ab.
- Energie ist die Fähigkeit eines Systems, Arbeit zu verrichten.
  Kurz: **Energie = Arbeitsfähigkeit.**
  Die **Einheit der Energie** ist damit ebenfalls **1 Joule.**

James Prescott Joule, 1818 bis 1889, englischer Physiker

Arbeit

- Weil Kraft und Weg Vektoren sind, ist die Arbeit als **Skalarprodukt** der beiden definiert, wobei φ der Winkel zwischen Kraft- und Wegvektor ist; für eine konstante Kraft gilt für die (Teil)Arbeit ΔW
  $\Delta W = \vec{F} \cdot \Delta\vec{s} = F \cdot \Delta s \cdot \cos(\varphi)$.
- Wenn die Kraft in Wegrichtung zeigt, ist das der Sonderfall $\varphi = 0°$. Dann ergibt sich $\Delta W = F \cdot \Delta s \cdot \cos(0°) = F \cdot \Delta s$ bzw. die Definitionsgleichung $W = F_s \cdot s$.
- Die Gesamtarbeit W ist dann die Summe aller Teilarbeiten ΔW längs aller Wegabschnitte $\Delta\vec{s}$, also
  $W = \sum \vec{F} \cdot \Delta\vec{s}$.
- Man verrichtet also eine Arbeit von einem Joule, wenn man mit einer konstanten Kraft F von einem Newton eine Verschiebung eines Körpers um einen Meter erreicht.

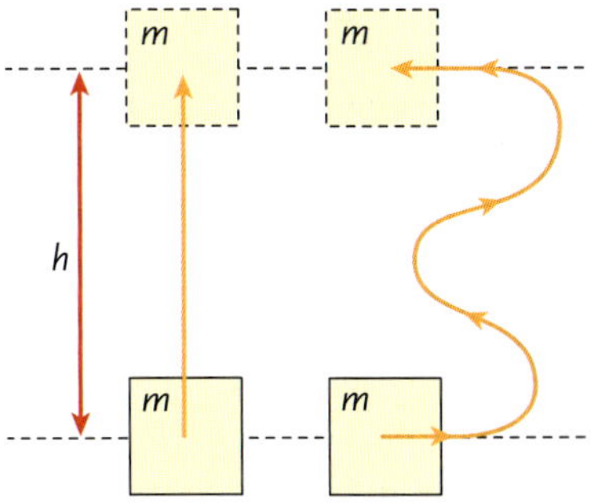

Die Hubarbeit $W_{Hub} = m \cdot g \cdot h$ ist notwendig, um eine Masse m im Schwerefeld der Erde um die Höhe h zu heben. Wie die Masse gehoben wird, spielt dabei keine Rolle.

Hubarbeit

Wird ein Körper der Masse m auf der Erdoberfläche mit der konstanten Kraft F_G um die Höhe h angehoben, ist dazu Hubarbeit erforderlich.

Gabelstapler verrichten Hubarbeit

Beim Fallschirmspringen wird ständig potenzielle Energie in andere Energieformen umgewandelt. Die Umwandlung erfolgt dabei hauptsächlich in kinetische und in innere Energie, die nachfolgend behandelt werden.

Dehnungsarbeit kann offensichtlich Freude bereiten

s-t-Diagramm:
Fläche = zurückgelegter Weg
F-s-Diagramm:
Fläche = verrichtete Arbeit

Hubarbeit

- $W_{Hub} = F_{Hub} \cdot s_{Hub} = F_G \cdot h = m \cdot g \cdot h$
- Die am Körper verrichtete **Hubarbeit** ist im Körper als **Lageenergie = potenzielle Energie $E_{pot} = m \cdot g \cdot h$** gespeichert.

Goldene Regel der Mechanik
Der Kraftaufwand kann z. B. durch Verwendung einfacher Maschinen verringert werden. Allerdings muss dazu der zurückgelegte Weg vergrößert werden, sodass die Arbeit gleich bleibt.

Beispiel 1.4.01: Hubarbeit

Marlene hebt ihre Schultasche mit einer Masse von rund 4 kg um einen Meter an und verrichtet dabei eine Hubarbeit von

$W_{Hub} = 4\ \text{kg} \cdot 10\ \text{m} \cdot \text{s}^{-2} \cdot 1\ \text{m} = 40$ Joule.

Wenn Marlene das 30-mal an einem Schultag macht, verrichtet sie eine Arbeit von 1 200 J = 1,2 kJ.

In der um rund einen Meter angehobenen Schultasche von 4 kg Masse ist also eine potenzielle Energie von 40 Joule gespeichert.

Lässt Marlene ihre Schultasche unabsichtlich fallen, wird die potenzielle Energie in andere Energieformen umgewandelt.

Die Hubarbeit ist jedem Menschen aus dem Alltag wohlvertraut. Dehnungsarbeit wird vor allem in Fitnesscentern, bei vielen Sportarten und von vielen Maschinen in der Fertigung, Produktion und beim Verpacken verrichtet.

Dehnungsarbeit

Wird eine Feder gedehnt, ist die dafür aufzuwendende Kraft im Gegensatz zum Hochheben eines Körpers der Masse m nicht konstant, sondern nimmt linear mit der Dehnung s zu. Die Dehnungsarbeit ergibt sich als Fläche im **Arbeitsdiagramm** (F-s-Diagramm).

Dehnungsarbeit

- $W_{Dehn} = \frac{F_{Dehn} \cdot s_{Dehn}}{2} = \frac{D \cdot s \cdot s}{2} = \frac{D \cdot s^2}{2}$
- Diese an einer Feder (einem elastischen Seil ...) verrichtete **Dehnungsarbeit** ist in der Feder (im Seil ...) als **elastische Energie E_{el}** $= \frac{D \cdot s^2}{2}$ gespeichert.

Beispiel 1.4.02: Krafttraining

Paula dehnt beim Krafttraining einen fünffachen Expander um jeweils 50 cm. Wenn der Expander einer Längenänderung um 1 m eine Widerstandskraft von 1 kN entgegensetzt, so verrichtet Paula bei einer einzigen Dehnung eine Dehnungsarbeit von
$W_{Dehn} = D \cdot s^2/2 = 1\,000\ \text{N/m} .\ (0{,}5\ \text{m})^2/2 = 125$ J.

D ist die Federkonstante mit $D = \Delta F_{Dehn}/\Delta s = 1\,000\ \text{N}/\ (1\text{m}) = 1\ \text{kN/m}$.
Bei 20 Dehnungen verrichtet Paula 2,5 kJ.

Der Divisor 2 tritt bei der Dehnungsarbeit auf, weil die Federkraft nach dem **hookeschen Gesetz** mit der Dehnung s linear wächst.

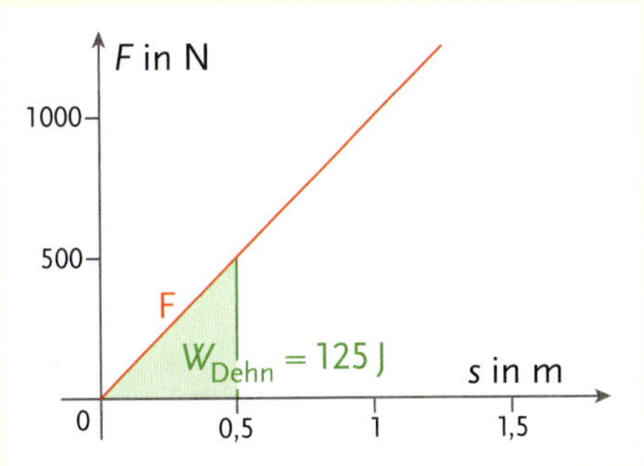

Zur Veranschaulichung dient das Kraft-Weg-Diagramm. Die Fläche im Kraft-Weg-Diagramm bzw. **Arbeitsdiagramm** ist $F_{Dehn} \cdot s/2 = D \cdot s \cdot s/2 = D \cdot s^2/2$, also $W_{Dehn} = D \cdot s^2/2$.

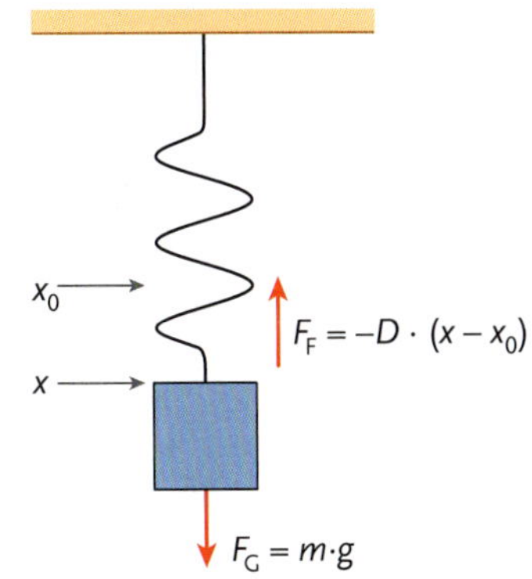

Federpendel: die Auslenkung der Masse m aus der Ruhelage ist $x - x_0$. Die zugehörige Rückstellkraft ist die Federkraft $F_F = -D \cdot (x - x_0)$.

Die Beschleunigungsarbeit für den Sonderfall einer konstanten Beschleunigung tritt im Alltag im Allgemeinen nur für sehr kurze Zeitintervalle auf. Beispielsweise beim Starten von Läufern und Radrennfahrern, beim Beschleunigen von Fahrzeugen ohne Schaltvorgänge und bei Wurfbewegungen.

Beschleunigungsarbeit

Wird ein Körper der Masse m aus dem Stillstand gleichmäßig auf die Endgeschwindigkeit v beschleunigt, ist dazu Beschleunigungsarbeit erforderlich.

Zur Beschleunigungsarbeit: In der Kinematik der Translation haben wir die **zeitfreie Gleichung** $s = v^2/(2a)$ für a = konstant abgeleitet. Daher gilt $a \cdot s = v^2/2$.

Beschleunigungsarbeit

- $W_a = F_a \cdot s = m \cdot a \cdot s = m \cdot a \cdot \frac{v^2}{2a} = m \cdot \frac{v^2}{2}$
- Diese am Körper verrichtete **Beschleunigungsarbeit** ist im Körper als **Bewegungsenergie = kinetische Energie** $E_{kin} = \frac{m \cdot v^2}{2}$ gespeichert.

Beispiel 1.4.03: Formel 1

In der Formel 1 werden Geschwindigkeiten von 360 km/h innerhalb von wenigen Sekunden erreicht. Um aus dem Stillstand auf eine Geschwindigkeit v gleichmäßig zu beschleunigen, ist eine Beschleunigungsarbeit $W_a = m \cdot v^2/2$ nötig, sodass sich für m = 1 t und v = 100 m/s

$W_a = 1\,000 \text{ kg} \cdot (100 \text{ m/s})^2/2 = 5\,000\,000 \text{ J} = 5 \text{ MJ}$ ergibt.

In der Formel 1 werden sehr große Beschleunigungsarbeiten von Verbrennungsmotoren und Bremssystemen verrichtet

Beispiel 1.4.04: Kinetische Energie von Motorrad, Pkw und Lkw

Wir vergleichen die kinetische Energie E_{kin} eines Motorrades (180 kg), eines Pkw (1,5 t) und eines Lkw (40 t) für v = 90 km/h.

Beim Motorrad ist die Masse des Fahrers wesentlich. Wir nehmen 80 kg an.

$E_{kin,\,Motorrad}$	$= (180 + 80) \text{ kg} \cdot (25 \text{ m/s})^2/2$	= 81 250 J	= 81,25 kJ
$E_{kin,\,Pkw}$	$= (1\,500 + 80) \text{ kg} \cdot (25 \text{ m/s})^2/2$	= 493 750 J	= 493,75 kJ
$E_{kin,\,Lkw}$	$= (40\,000 + 80) \text{ kg} \cdot (25 \text{ m/s})^2/2$	= 12 525 000 J	= 12,525 MJ

In vielen Fällen wird Hub- und Beschleunigungsarbeit zugleich verrichtet. Beispielsweise wenn zum Heben eines Körpers mehr Kraft aufgewendet wird, als sein Gewicht beträgt.

Der Antrieb eines Aufzugs verrichtet Hub- und Beschleunigungsarbeit

Beispiel 1.4.05: Aufzug

Ein Aufzug (m = 1 t) soll in drei Sekunden gleichmäßig beschleunigt aus dem Stillstand zehn Meter Höhe überwinden.

Die dazu notwendige Arbeit setzt sich aus einer Hub- und einer Beschleunigungsarbeit zusammen:

$$W_{gesamt} = W_{Hub} + W_a \approx 1\,000\text{ kg} \cdot 10\text{ m/s}^2 \cdot 10\text{ m} + 1\,000\text{ kg} \cdot 20\text{ m/}(3 \cdot \text{s})^2 \cdot 10\text{ m} = 100\,000\text{ J} + 2\,222{,}2\text{ J} = 102\,222{,}2\text{ J} \approx 102\text{ kJ}.$$

Beispiel 1.4.06: Freier Fall

Beim freien Fall wird die beim Hochheben verrichtete Hubarbeit, die als potenzielle Energie gespeichert ist, in Bewegungsenergie umgewandelt.

$$W_{Hub} = E_{kin}$$
$$m \cdot g \cdot h = m \cdot v^2/2$$
$$v = \sqrt{2gh}$$

Das ist die Geschwindigkeit nach dem Durchfallen einer Strecke h ohne Berücksichtigung des Luftwiderstandes.

Die Fallgeschwindigkeit $v(h) = \sqrt{2gh}$ haben wir bereits in der Kinematik beim freien Fall und den Würfen abgeleitet.

Reibungsarbeit

Im Alltag treten stets Reibungsverluste auf. Wenn eine konstante Reibungskraft F_R bei der Verschiebung um eine Strecke s überwunden werden muss, ist dafür Reibungsarbeit erforderlich. Die Reibungskraft F_R ist proportional zur Normalkraft F_N.

Zur Reibung siehe Kap. B, 1.2.4.

Reibungsarbeit

- $W_R = F_R \cdot s = \mu \cdot F_N \cdot s$, μ ist der Reibungskoeffizient.
- Die verrichtete **Reibungsarbeit** ist als **innere Energie *U*** gespeichert.

Die innere Energie wird uns in der Thermodynamik wieder begegnen.

Beispiel 1.4.07: Reibungsarbeit

Julia verschiebt einen ihrer Kästen (m = 50 kg) auf waagrechter Unterlage um zwei Meter.

Die Normalkraft ist gleich der Gewichtskraft F_G.

Wenn wir einen Holzkasten auf einem Holzboden annehmen, ergibt sich ein Reibungskoeffizient μ von rund 0,65. Julia verrichtet eine Reibungsarbeit von

$$W_R = F_R \cdot s = \mu \cdot F_N \cdot s = \mu \cdot m \cdot g \cdot s \approx 0{,}65 \cdot 500\text{ N} \cdot 2\text{ m} = 650\text{ J}.$$

Julia kann eventuell eine geringe Erwärmung sowie Verformungsspuren und Lärm feststellen. Alle drei beschriebenen Energieformen tragen zur inneren Energie U bei.

Material	μ_{Haft}
Holz / Holz	0,65
Stahl / Stahl	0,15
Metall / Holz	0,5 ... 0,6

Haftreibungskoeffizienten

Beispiel 1.4.08: Pkw-Anhänger

Ein Pkw-Anhänger (m_{ges} = 1 t) wird für eine Transportstrecke von 20 km benötigt. Der Rollreibungsbeiwert (= Rollreibungskoeffizient) betrage 0,02.

Die (maximal) nötige Rollreibungsarbeit ergibt sich als

$$W_{Rollreibung} = \mu \cdot F_N \cdot s = \mu \cdot m \cdot g \cdot s \approx 0{,}02 \cdot 1\,000 \cdot 10 \cdot 20\,000\text{ J} = 4\,000\,000\text{ J} = 4\text{ MJ}.$$

Beispiel 1.4.09: Reibungsarbeit – Schiefe Ebene

Ein Körper der Masse m = 100 kg befindet sich auf einer **schiefen Ebene** mit $l = 10$ m und $h = 4$ m. $\mu = 0{,}4$ ist der Reibwert.

- Die **Gewichtskraft** $\vec{F}_G$ mit $F_G = m \cdot g \approx 100\,\text{kg} \cdot 10\,\text{m/s}^2 = 1\,000\,\text{N} = 1\,\text{kN}$ greift im Schwerpunkt des Körpers an und zeigt zum Erdmittelpunkt.
- Wir zerlegen $\vec{F}_G$ mittels **Kräfteparallelogramms** in **zwei Teilkräfte.**
- Die **Parallelkraft (Hangabtriebskraft)** $\vec{F}_P$ und die **Normalkraft** $\vec{F}_N$.
- Die **Parallelkraft** $\vec{F}_P$ versucht den Körper parallel zur Oberfläche zu beschleunigen, was ihr bei entsprechend kleiner Reibung auch gelingt.
- Mit der **Normalkraft** $\vec{F}_N$ drückt der Körper auf die Unterlage.
- Mit dem **Strahlensatz** gilt: $F_P : F_G = h : l = 4\,\text{m} : 10\,\text{m} = 2 : 5 = 0{,}4$.
- $F_P = F_G \cdot h/l = 1\,\text{kN} \cdot 0{,}4 = 400\,\text{N}$.
- Mit Pythagoras erhalten wir: $F_N = \sqrt{F_G{}^2 - F_P{}^2} \approx 917\,\text{N}$.
- Die Reibungsarbeit beträgt $W_R = \mu \cdot F_N \cdot s \approx 0{,}4 \cdot 917 \cdot 10\,\text{J} = 3\,668\,\text{J}$.
- Die Verschiebungsarbeit (ohne Berücksichtigung der Reibung) ergibt sich als $W_v = F_P \cdot l = 400 \cdot 10\,\text{J} = 4\,000\,\text{J} = W_{Hub} = m \cdot g \cdot h$.
- Die gesamte Arbeit ist $W_{ges} = W_v + W_R \approx 3{,}7\,\text{kJ} + 4\,\text{kJ} = 7{,}7\,\text{kJ}$.

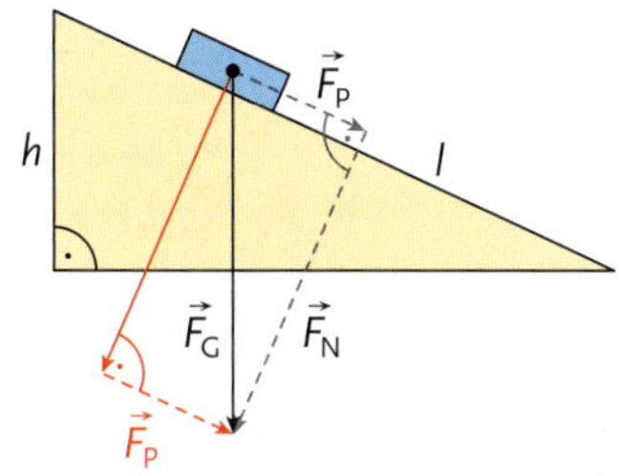

Auf der schiefen Ebene wird die Gewichtskraft in zwei Komponenten zerlegt.

Gewichtskraft $\vec{F}_G$
$\vec{F}_G$ ... Gewichtskraft(vektor)
F_G ... Betrag der Gewichtskraft
$F_G = |\vec{F}_G|$

Bisher haben wir die Arbeit bei Translationen (= Verschiebungen) berechnet. Nun untersuchen wir reine Rotationen (= Drehungen). Arbeit und Energie bei Translation und Rotation gemeinsam, z. B. das Rollen eines Rades, wird im Kapitel 1.4.2 behandelt.

Das Analogiedenken ist auch bei der verrichteten Arbeit hilfreich:
Translation: Arbeit $W = F_s \cdot s$
Rotation: Arbeit $W = M \cdot \varphi$

Rotationsarbeit

Um einen Körper der Masse m konstant mit a zu beschleunigen, ist die **Kraft** $\boldsymbol{F = m \cdot a}$ nötig. Um einem Körper mit Massenträgheitsmoment J eine konstante Winkelbeschleunigung zu erteilen, ist das **Drehmoment** $\boldsymbol{M = J \cdot \alpha}$ erforderlich.

Das **Massenträgheitsmoment** J gibt den Widerstand gegen eine Winkelbeschleunigung α an. Vgl. Sie Kap. B, 1.2.5.

Wird dabei der Körper von 0 rad/s auf die Endwinkelgeschwindigkeit ω beschleunigt, ist dafür die Rotationsarbeit $J \cdot \omega^2/2$ aufzuwenden.

Rotationsarbeit

- $W_{Rot} = M \cdot \varphi = J \cdot \alpha \cdot \varphi = J \cdot \alpha \cdot \dfrac{\omega^2}{2\alpha} = \dfrac{J \cdot \omega^2}{2}$
- Die verrichtete **Rotationsarbeit** ist als **Rotationsenergie** $E_{Rot} = \dfrac{J \cdot \omega^2}{2}$ gespeichert.

Zur Rotationsarbeit:
In der Kinematik der Rotation haben wir die zeitfreie Gleichung $\varphi = \omega^2/(2 \cdot \alpha)$ für eine konstante Winkelbeschleunigung abgeleitet. Daher gilt $\alpha \cdot \varphi = \omega^2/2$.

Beispiel 1.4.10: Rotationsarbeit

Jakob beschleunigt ein Drehrad mit $J = 20\,\text{kg} \cdot \text{m}^2$ auf eine Drehzahl n von 120 U/min. Die Winkelgeschwindigkeit beträgt

$\omega = \Delta\varphi/\Delta t = n \cdot 2\pi/\Delta t = 120 \cdot 2\pi\,\text{rad}/(60\,\text{s}) = 4\pi\,\text{rad/s}$.

Jakob verrichtet also eine Rotationsarbeit von

$W_{Rot} = \dfrac{J \cdot \omega^2}{2} = 20\,\text{kg} \cdot \text{m}^2 \cdot (4\pi\,\text{rad/s})^2/2 = 160 \cdot \pi^2\,\text{J} \approx 1\,579\,\text{J}$.

Diese Energie von rund 1 579 J ist als Rotationsenergie im Drehrad gespeichert.

Beispiel 1.4.11: Turbine

Eine Turbine mit einem Massenträgheitsmoment von $2\ t \cdot m^2$ wird von 1 200 U/min = 20 U/s in den Stillstand verzögert.

Die gespeicherte Rotationsenergie muss als Reibungsarbeit aufgebracht werden.
$E_{Rot} = J \cdot \omega^2/2 = J \cdot (n \cdot 2\,\pi)^2/2 = 2\,000 \cdot (20 \cdot 2\,\pi)^2/2 \approx 1{,}58 \cdot 10^7\ J$.

Bei Windkraftanlagen wandeln Turbinen kinetische Energie in elektrische Energie um

Energieformen im Überblick

- Potenzielle Energie $E_{pot} = m \cdot g \cdot h$
- Elastische Energie $E_{el} = \frac{D \cdot s^2}{2}$
- Kinetische Energie $E_{kin} = \frac{m \cdot v^2}{2}$
- Innere Energie U = Reibungsarbeit
- Rotationsenergie $E_{Rot} = \frac{J \cdot \omega^2}{2}$

Bei Achterbahnfahrten wird potenzielle Energie in kinetische Energie und innere Energie umgewandelt

Ziele erreicht? – „Mechanische Arbeits- und Energieformen"

1.4.01 + Geben Sie die Formel für die **Hubarbeit** an.

1.4.02 + Um welche Höhe muss ein **Astronaut** einen Körper mit 150 kg Masse auf der Mondoberfläche anheben, um eine Hubarbeit von 1 kJ zu verrichten? Hinweis: $g_{Mond} \approx g_{Erde}/6$.

1.4.03 + Ein **Fallschirmspringer** (m = 100 kg samt Ausrüstung) löst seinen Schirm erst bei v = 180 km/h. Um welchen Betrag hat seine potenzielle Energie abgenommen und wie lange ist er bereits gefallen, wenn Sie den Luftwiderstand vernachlässigen?

1.4.04 + Wie weit kann Alexandra eine **Feder** mit einer Federkonstante von 5 N/cm dehnen, wenn Sie kurzzeitig eine Maximalkraft von 300 N aufbringen kann? Welche Dehnungsarbeit verrichtet Alexandra dabei? Fertigen Sie das zugehörige Arbeitsdiagramm an.

1.4.05 + Ein **Federpendel** (D = 250 N/m, m_{Feder} vernachlässigbar gegen $m_{Zusatzkörper}$) wird um 20 cm aus der Gleichgewichtslage ($F_G = F_{Feder} = F_F$) ausgelenkt. Welche elastische Energie ist dadurch in der Feder gespeichert?

1.4.06 + Geben Sie die Formeln für $\boldsymbol{E_{pot}}$, $\boldsymbol{E_{el}}$ und $\boldsymbol{E_{kin}}$ an.

1.4.07 ++ Berechnen Sie, wie viel **Treibstoff** man ungefähr im Beispiel 1.4.03 benötigt, wenn Sie annehmen, dass nur rund 30 % der Verbrennungsenergie genutzt werden können und der Heizwert von Benzin rund 43 MJ/kg beträgt.

Brennendes Ölfeld in Kuwait. Pro Kilogramm Erdöl (Rohöl) werden rund 41 MJ Verbrennungsenergie freigesetzt.

1.4.08 + Ein Pkw (m = 1,5 t) beschleunige innerhalb von zehn Sekunden gleichmäßig auf 108 km/h. Welche **Beschleunigungsarbeit** wurde aufgewendet und wie weit ist der Pkw dabei gekommen? Hinweis: $s = v \cdot t/2$.

1.4.09 + Ein Sportwagen (m = 1,2 t) beschleunige zehn Sekunden lang mit $5\ m/s^2$. Welche **kinetische Energie** ist am Ende des Beschleunigungsvorgangs gespeichert und wie weit fährt der Sportwagen innerhalb der zehn Sekunden? Hinweis: $s = \frac{a}{2} \cdot t^2$.

1.4.10 + Berechnen Sie die **Aufprallgeschwindigkeit** beim freien Fall aus der Höhe h_0 ohne Luftwiderstand und andere Reibungsverluste durch Energieumwandlung von potenzieller Energie in kinetische Energie. Vergleichen Sie Beispiel 1.4.06.

1.4.11 + Viele Urvölker nutzten seit jeher **schiefe Ebenen** um große Massen verschieben zu können. Berechnen Sie für eine sehr flache schiefe Ebene mit $h = 5\ \%$ von l (= Hypotenuse) den Betrag der Parallelkraft F_P als Teil von F_G. Skizzieren Sie das zugehörige Kräfteparallelogramm.

1.4.12 + Auf eine sehr steile **schiefe Ebene** mit $h = 80\ \%$ von l (= Hypotenuse) wird ein Körper der Masse m gelegt. Berechnen Sie den Betrag der Normalkraft F_N als Teil von F_G. Skizzieren Sie das zugehörige Kräfteparallelogramm. Bestimmen Sie, wie viel Prozent der Gewichtskraft die Normalkraft beträgt.

1.4.13 + Eine Masse von 200 kg wird auf einer **schiefen Ebene** ($l = 10$ m = Hypotenuse, $h = 2{,}5$ m) hochgeschoben. Welche Arbeit ist mindestens nötig, wenn der Gleitreibungskoeffizient mit 0,4 angenommen wird? Fertigen Sie eine beschriftete Skizze mit allen wirkenden Kräften an und vergleichen Sie die nötige Verschiebungsarbeit mit der Hubarbeit.

1.4.14 + Ein Pkw mit $m = 1{,}5$ t und $v = 144$ km/h soll auf ebener, rutschiger Fahrbahn zum Halten gebracht werden. Berechnen Sie den **Bremsweg,** wenn Sie vereinfachend die kinetische Energie der Gleitreibungsarbeit (mit μ_{Gleit} rund 0,2) gleichsetzen. Bestimmen Sie, wie viel Prozent der Gewichtskraft die Normalkraft beträgt.

1.4.15 ++ **Bremsweg** auf einer stark abschüssigen Bergstraße mit einer Steigung von 15 %: Ein Lkw mit $m = 40$ t und $v = 54$ km/h soll in den Stillstand verzögert werden. Welcher Bremsweg ergibt sich, wenn Sie vereinfachend die kinetische und potenzielle Energie der Gleitreibungsarbeit (mit μ_{Gleit} rund 0,2) gleichsetzen? Wie lange dauert der Bremsvorgang?

1.4.16 ++ Eine **Turbine** mit $J = 1\ \text{t} \cdot \text{m}^2$ wird innerhalb von einer Minute gleichmäßig auf 240 U/min beschleunigt. Berechnen Sie die nötige Rotationsarbeit und die Anzahl der Umdrehungen. Skizzieren Sie das ω-t- und das φ-t-Diagramm für den Beschleunigungsvorgang.

1.4.17 + **Millionenrad:** Welche Rotationsarbeit wird verrichtet, wenn das Rad ein Massenträgheitsmoment J von etwa $2\ \text{kg} \cdot \text{m}^2$ hat und innerhalb von 2 s aus dem Stillstand gleichmäßig auf 60 U/min beschleunigt wird? Welcher Drehwinkel wurde dabei überstrichen?

1.4.18 + Ein **Schleifstein** rotiere gleichmäßig mit 240 U/min. Welche Rotationsarbeit wird verrichtet, wenn der Stein einen Durchmesser von 2 Metern und ein Massenträgheitsmoment J von $50\ \text{kg} \cdot \text{m}^2$ hat und bei abgekuppeltem Motor durch eine Bremskraft von 80 N durch das angedrückte Werkstück zum Stillstand gebracht wird? Welches Drehmoment wirkt dabei?

Zur Kraftskizze der Aufgabe 1.4.11 vergleichen Sie die Kräftezerlegung in der Randspalte beim Beispiel 1.4.09.

Reibung vgl. Sie Kap. B, 1.2.4.

Zur Darstellung von Rotationen in Diagrammen vgl. Sie Kap. B, 1.1.3.

B

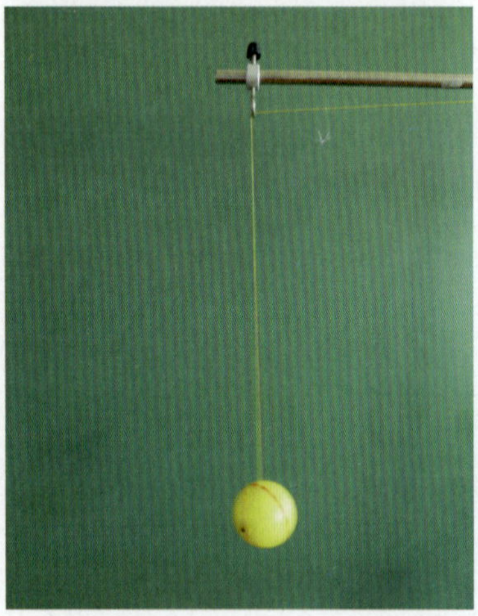

Fadenpendel

Ein abgeschlossenes System ist in den Naturwissenschaften ein häufig verwendetes Modell. In der Praxis bedeutet das, dass vorhandene Wechselwirkungen vernachlässigbar klein sind.

Energieerhaltung für einen Massenpunkt:
$E_{kin} + E_{pot} = \text{konstant}$
$m \cdot \frac{v^2}{2} + m \cdot g \cdot h = konstant,$
obwohl $v = v(t)$ und $h = h(t)$

1.4.2 Erhaltung der Energie

Lässt man ein Fadenpendel reibungsfrei schwingen, so wird fortwährend potenzielle in kinetische Energie umgewandelt und umgekehrt. Wir denken uns das Pendel von seiner Umgebung isoliert.

Meine Ziele

Nach Bearbeitung dieses Kapitels kann ich
- die **Energieerhaltung** anhand von Alltagsbeispielen erklären;
- **abgeschlossene von nicht abgeschlossenen Systemen** unterscheiden;
- die **Energieerhaltung** für ein abgeschlossenes System analysieren.

Abgeschlossenes System

- Ein **System** heißt **abgeschlossen,** wenn Energie weder nach außen abgegeben noch von außen aufgenommen werden kann. Deshalb tritt ein abgeschlossenes System **nicht in Wechselwirkung** mit anderen Körpern der Umgebung.
- Die **Energieformen** können innerhalb des Systems ineinander umgewandelt werden.

In abgeschlossenen Systemen gelten **Erhaltungssätze.**

Erhaltungssatz

Als **Erhaltungssatz** bezeichnet man in der Physik die Aussage, dass sich eine Größe – die Erhaltungsgröße – in einem abgeschlossenen System nicht mit der Zeit ändert.

Erhaltungsgrößen lassen sich aus den Größen berechnen, die den Zustand eines Systems beschreiben, beispielsweise Orte und Geschwindigkeiten von Teilchen.

Während sich die Zustandsgrößen bei Bewegung mit der Zeit ändern, bleiben die daraus berechneten Erhaltungsgrößen zeitlich konstant.

Beispiel 1.4.12: Energieerhaltung für einen Massenpunkt

Die Energie eines Massenpunktes der Masse m hängt von seiner Geschwindigkeit $v(t)$ und seiner Position $h(t)$ ab.

Obwohl sich die Geschwindigkeit und die Position im Laufe der Zeit t ändern, bleibt die Gesamtenergie zeitlich unverändert.

Weil ein Massenpunkt keine Ausdehnung hat, kann er keine Rotation ausführen und unterliegt keiner Reibung.

Energieerhaltungssatz der Mechanik für reibungsfreie Translationsvorgänge ohne Dehnung

In einem abgeschlossenen System bleibt die Gesamtenergie konstant.

$$E_{ges} = E_{pot} + E_{kin} = \text{konstant}$$

$$E_{ges} = m \cdot g \cdot h + \frac{m \cdot v^2}{2} = \text{konstant}$$

Beispiel 1.4.13: Loopingbahn I

Auf welche Höhe h muss ein reibungsfrei gleitender Körper mindestens gebracht werden, um eine kreisförmige Loopingbahn mit Radius r ohne äußeren Antrieb und ohne Anfangsgeschwindigkeit zu durchrollen?

Wir legen den tiefsten Punkt der Kreisbahn mit $h = 0$ m fest und überlegen uns, dass der Körper am höchsten Punkt der Kreisbahn ($h = 2r$) mindestens eine Geschwindigkeit v_{Zp} besitzen muss, sodass die Zentripetalbeschleunigung a_{zp} gleich der Gravitationsbeschleunigung ist.

$a_{zp} = v_{Zp}^2/r = g$ also $v_{Zp}^2 = g \cdot r$
Die anfängliche potenzielle Energie (E_{kin} ist anfangs null)

$E_{pot}(h) = m \cdot g \cdot h$
wird im höchsten Punkt der Kreisbahn ($h = 2r$) in

$E_{pot}(2r) + E_{kin}(2r) = m \cdot g \cdot 2r + m \cdot v_{Zp}^2/2 = 2m \cdot g \cdot r + m \cdot g \cdot r/2 = 5m \cdot g \cdot r/2$
umgewandelt:

$E_{pot}(h) = E_{pot}(2r) + E_{kin}(2r)$
$m \cdot g \cdot h = 5m \cdot g \cdot r/2.$

Damit ergibt sich die nötige anfängliche Höhe
$h = 5r/2 = 2{,}5r$

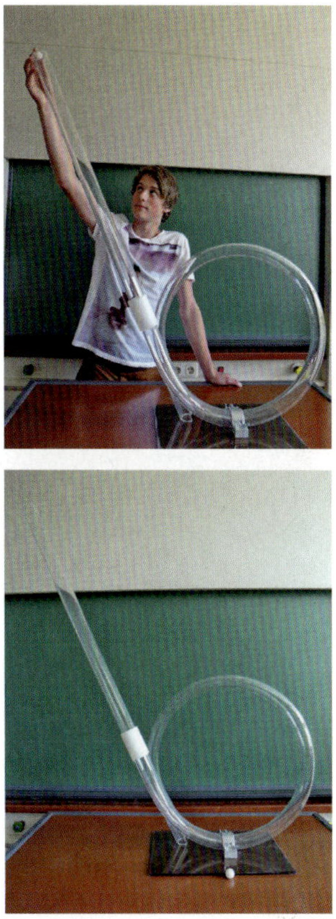

Loopingbahn

Wenn wir nun eine Kugel für den Loopingbahnversuch verwenden, muss die anfänglich verrichtete Hubarbeit, die in der Kugel als Lageenergie gespeichert ist, nicht nur für die Translationsbeschleunigungsarbeit, sondern auch für die Rotationsarbeit (Rotationsbeschleunigungsarbeit) aufkommen.

Die Zentripetalbeschleunigung

$a_{Zp} = \frac{v^2}{r}$

haben wir im Kap. B, 1.2.5 schon kennengelernt.

Wir haben mit einer rollenden starren Kugel – unter Vernachlässigung der Reibung – ein typisches Beispiel für ein mechanisches System mit potenzieller, kinetischer und Rotationsenergie.

Energieerhaltungssatz der Mechanik für reibungsfreie Vorgänge ohne Dehnung

In einem abgeschlossenen System bleibt die Gesamtenergie konstant.

$E_{ges} = E_{pot} + E_{kin} + E_{rot} = \text{konstant}$

$$E_{ges} = m \cdot g \cdot h + \frac{m \cdot v^2}{2} + \frac{J \cdot \omega^2}{2} = \text{konstant}$$

Die Gleichheit der Energien

$E_{pot}(h) = E_{ges}(2r)$

ist der Energieerhaltungssatz für das betrachtete Loopingbahnsystem.

Beispiel 1.4.14: Loopingbahn II

Auf welche Höhe h muss eine reibungsfrei rollende Kugel ($J = 2 \cdot m \cdot r_{Kugel}^2/5$) mindestens gebracht werden, um eine kreisförmige Loopingbahn mit Radius r ohne äußeren Antrieb und ohne Anfangsgeschwindigkeit zu durchgleiten?

Die anfängliche potenzielle Energie
$E_{pot}(h) = m \cdot g \cdot h$

wird im höchsten Punkt der Kreisbahn in
$E_{pot}(2r) + E_{kin}(2r) + E_{rot}(2r) = m \cdot g \cdot 2r + m \cdot v_{Zp}^2/2 + J \cdot \omega_{Zp}^2/2$
umgewandelt.

Wenn man $J \cdot \omega_{Zp}^2$ unter Verwendung von $\omega_{Zp} = v_{Zp}/r_{Kugel}$ vereinfacht, ergibt sich damit die nötige anfängliche Höhe $h = 27 \cdot r/10 = 2{,}7r$.

Es leuchtet ein, dass die Kugel aus einer höheren Anfangsposition als der gleitende Körper im Loopingbahnbeispiel I starten muss, weil ein Teil der anfänglichen potenziellen Energie in Rotationsenergie umgewandelt wird.

Das Massenträgheitsmoment J einer Kugel mit dem Radius r_{Kugel} und der Masse m ist
$J = 2 \cdot m \cdot r_{Kugel}^2/5.$

Bei einem reibungsfrei schwingenden Federpendel muss die elastische Energie der Feder berücksichtigt werden.

Energieerhaltungssatz der Mechanik für reibungsfreie Vorgänge

In einem abgeschlossenen System bleibt die Gesamtenergie konstant.

$$E_{ges} = E_{pot} + E_{kin} + E_{rot} + E_{el} = \text{konstant}$$

$$E_{ges} = m \cdot g \cdot h + \frac{m \cdot v^2}{2} + \frac{J \cdot \omega^2}{2} + \frac{D \cdot s^2}{2} = \text{konstant}$$

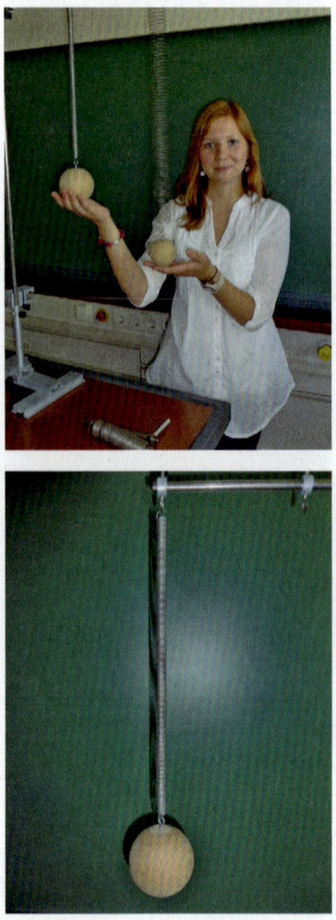

Federpendel

Beispiel 1.4.15: Federpendel

Ein Federpendel (Federkonstante $D = 1$ N/dm, Masse des Zusatzkörpers = 250 g, Federmasse vernachlässigbar gegen 250 g) wird um $s = 10$ cm aus der Gleichgewichtslage ausgelenkt.

Wenn wir Reibung und Rotation vernachlässigen, gilt:

$$E_{ges} = E_{el} + E_{kin} = E_{el,max} = E_{kin,max}$$

$$\frac{D \cdot s^2}{2} = \frac{m \cdot v_{max}^2}{2}$$

$$v_{max}^2 = \frac{D \cdot s^2}{m}$$

$$v_{max} = \sqrt{\frac{D}{m}} \cdot s = \sqrt{10/0{,}25} \cdot 0{,}1 = (40)^{1/2} \cdot 0{,}1 \approx 0{,}63 \text{ m/s} = 6{,}3 \text{ dm/s}$$

Wenn wir Reibung berücksichtigen, erhöht sich die innere Energie U. Dadurch steigt die Temperatur des abgeschlossenen mechanischen Systems.

Energieerhaltungssatz der Mechanik

In einem abgeschlossenen System bleibt die Gesamtenergie konstant.

$$E_{ges} = E_{pot} + E_{kin} + E_{rot} + E_{el} + U = \text{konstant}$$

$$E_{ges} = m \cdot g \cdot h + \frac{m \cdot v^2}{2} + \frac{J \cdot \omega^2}{2} + \frac{D \cdot s^2}{2} + F_R \cdot s = \text{konstant}$$

In NAWI III/IV wird uns bei Schwingungen und Pendeln die Beziehung

$$v_{max}^2 = \frac{D \cdot s^2}{m}$$

wieder begegnen.

s ist dabei die maximale Auslenkung aus der Gleichgewichtslage.

Beispiel 1.4.16: Luft- und Rollwiderstand

Ein Pkw ($m = 1{,}5$ t) verlangsame sich von 108 km/h auf 90 km/h, während er 200 m auf horizontaler Straße ausgekuppelt vorwärtsrolle. Welche Reibungskraft wirkt?

Ohne Kenntnis der Massenträgheitsmomente der Räder und ihrer Radien müssen wir uns mit der kinetischen Energie begnügen.

$$E_{ges} = E_{kin}(v_1) = E_{kin}(v_2) + U = E_{kin}(v_2) + F_R \cdot s$$

$$F_R = (E_{kin}(v_1) - E_{kin}(v_2))/s = \frac{m}{2} \cdot (v_1^2 - v_2^2)/s$$

$$F_R = \frac{1\,500}{2} \cdot (30^2 - 25^2)/200 \text{ N} = 1\,031{,}25 \text{ N} \approx 1 \text{ kN}$$

Beispiel 1.4.17: Luft- und Rollwiderstand (Fortsetzung)

Wenn wir einen Rollreibungsbeiwert von 0,02 voraussetzen, ergibt sich $F_{Rollreibung} \approx 0{,}02 \cdot 1\,500 \cdot 10$ N = 300 N, sodass sich der Luftwiderstand $F_{Luftwiderstand} \approx (1\,031{,}25 - 300)$ N = 731,25 N ergibt.

Wir erkennen, dass bereits bei Landstraßengeschwindigkeit der Luftwiderstand größer als die Rollreibung ist.

Das Verhältnis von Luftwiderstand zu Rollreibung ergibt $\frac{F_{Luftwiderstand}}{F_{Rollreibung}} \approx 2{,}4$.

Der Luftwiderstand ist um rund 140 % größer als der Rollreibungswiderstand.

Wenn **äußere Kräfte** an einem System Arbeit verrichten, bleibt die **Gesamtenergie nicht mehr konstant.**

Perpetuum mobile erster Art

Es gibt keine Maschine, die dauernd Arbeit verrichtet, ohne dass man von außen Energie zuführt.
Es gibt kein Perpetuum mobile erster Art.

Energiesatz im nicht abgeschlossenen System

Die Änderung der Gesamtenergie ist gleich der Arbeit der äußeren Kräfte.
$\Delta E_{ges} = W_a$

Ein Rad setzt einer Translationsbeschleunigung a seine Masse m und einer Winkelbeschleunigung α sein Massenträgheitsmoment J entgegen

Perpetuum: lateinisch für ununterbrochen, fortlaufend, ewig (eigentlich: „durchgehend").

Mobilis: lateinisch für beweglich, biegsam, schnell, flink.

Ziele erreicht? – „Erhaltung der Energie"

1.4.19 + Geben Sie den **Energieerhaltungssatz** der Mechanik für ein abgeschlossenes System an.

1.4.20 + Berechnen Sie, welche Geschwindigkeit sich beim **Loopingbahnbeispiel I** (1.4.13) im höchsten Punkt der Kreisbahn ergibt, wenn der Körper aus einer Höhe $h = 3r$ startet.

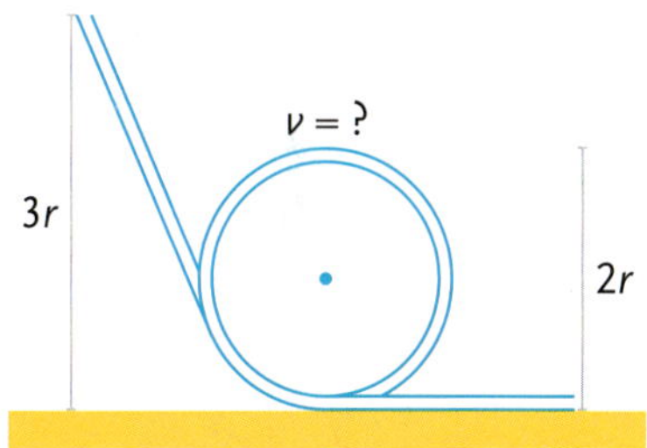

Skizze zur Aufgabe 1.4.20

1.4.21 ++ Berechnen Sie, welche Anfangshöhe sich ergibt, wenn Sie beim **Loopingbahnbeispiel I** (1.4.13) im höchsten Punkt der Bahn eine zusätzliche innere Energie von zehn Prozent der anfänglichen potenziellen Energie vorsehen.

1.4.22 ++ Berechnen Sie, welche Anfangshöhe sich ergibt, wenn Sie beim **Loopingbahnbeispiel II** (1.4.14) im höchsten Punkt der Kreisbahn eine zusätzliche innere Energie von zehn Prozent der anfänglichen potenziellen Energie vorsehen.

1.4.23 ++ Berechnen Sie, wie weit ein **Rad** von 20 kg Masse und 50 cm Durchmesser rollen würde, wenn es sich bei einer Geschwindigkeit von 108 km/h von der Achse eines Pkw löst. Das Massenträgheitsmoment des Rades betrage 1 kg · m^2 und die gesamte Reibungskraft näherungsweise vier Prozent der Gewichtskraft des Reifens. Schreiben Sie den Energieerhaltungssatz an, wenn Sie die gesamte Reibungskraft vereinfachend als konstant betrachten.

1.4.24 + Ein **Stickstoffmolekül** besitze auf Meeresniveau in der Luft eine durchschnittliche kinetische Energie der Translation von $6{,}2 \cdot 10^{-21}$ J. Seine Masse betrage $4{,}7 \cdot 10^{-26}$ kg. Wie weit könnte sich das Molekül maximal nach oben bewegen? Welche Anfangsgeschwindigkeit hat es? Begründen Sie Ihre Berechnungen.

1.4.25 ++ Ein **Auto** ($m = 1{,}5$ t) verlangsame sich von 72 km/h auf 54 km/h, während es 50 m auf horizontalem Untergrund vorwärtsrolle. Berechnen Sie die Reibungskraft, wenn Sie E_{rot} vernachlässigen. Vergleichen Sie Beispiel 1.4.16.

1.4.26 + Ein **Pkw** mit 1,2 t Masse rolle aus dem Stand eine um 20° gegen die Horizontale geneigte und 15 Meter lange Garageneinfahrt hinab. Berechnen Sie die Fahrzeuggeschwindigkeit am unteren Ende der Einfahrt, wenn a) Sie die Reibung vernachlässigen und b) eine Reibungskraft von drei Kilonewton die Bewegung hemmt.

1.4.27 ++ Ein **Aufzug** mit einer Masse von zwei Tonnen bewege sich gleichmäßig beschleunigt aus der Ruhe in ein höher gelegenes Stockwerk. Welche Arbeit verrichtet der Aufzugsmotor, wenn nach 25 Metern die Momentangeschwindigkeit drei Meter pro Sekunde beträgt und eine konstante Reibungskraft von 500 N wirkt? Fertigen Sie das h-t-Diagramm an.

Bugatti Veyron 16.4 Super Sport,
Leistung: 882 kW (1 200 PS)
bei 6 400 U/min.
Preis: 1.650.000,00 Euro (+Steuern).

- Der Super Sport bremst mit maximal 2,0 g. Der bewegliche Heckflügel unterstützt als Luftbremse.
- Der Super Sport braucht 2,5 s von 0 auf 100.
- Nur 35 Stück werden gebaut.

„Die Presse", Printausgabe, 5. 11. 2010

JAMES WATT, 1736 BIS 1819, SCHOTTISCHER PHYSIKER

Als Veranschaulichung für eine Hubleistung von einem Watt (P_{Hub} = 1 W) kann das Hochheben einer 100-g-Tafel Schokolade um rund einen Meter in einer Sekunde auf der Erde dienen.

1.4.3 Leistung

Es ist oft entscheidend, in welcher Zeit eine bestimmte Arbeit verrichtet wird. Beim Sport findet man die Unterscheidung zwischen Leistungs- und Breitensport. Bei der Vergabe von (Bau-)Projekten ist der vorgesehene Zeitplan eine wesentliche Entscheidungsgrundlage. Wir behandeln nachfolgend ausführlich die mechanische Leistung.

Meine Ziele

Nach Bearbeitung dieses Kapitels kann ich

- den Begriff Leistung anhand von Alltagsbeispielen erklären und die Definitionsgleichung und die Einheit der Leistung wiedergeben;
- **Leistungen berechnen;**
- anspruchsvolle Beispiele aus der Welt der Technik berechnen.

Wenn eine Arbeit von verschiedenen Personen in unterschiedlichen Zeiten ausgeführt wird, leisten diese Personen unterschiedlich viel. Die Leistung ist umso größer, je kürzer die benötigte Zeit für die gleiche Arbeit ist.

Leistung

Wird eine Arbeit ΔW in einer Zeitspanne Δt verrichtet, wird die **mittlere Leistung**

$$\text{mittlere Leistung} = \frac{\text{verrichtete Arbeit}}{\text{benötigte Zeit}}$$

$$\bar{P} = \frac{\Delta W}{\Delta t}$$

erbracht.

Einheit der (mittleren) Leistung:

$$[\bar{P}] = \frac{[\Delta W]}{[\Delta t]} = \frac{1\ \text{J}}{1\ \text{s}} = 1\ \text{Watt (1 W)}$$

Beispiel 1.4.17: Hubleistung

Eine Hubleistung von einem Watt wird erbracht, wenn man eine Masse von 100 Gramm (= 0,1 kg) in einer Sekunde auf der Erdoberfläche um rund einen Meter anhebt.

Eine Hubleistung von 1 000 W = 1 kW ergibt sich für das Hochheben von 100 kg in rund einer Sekunde um einen Meter.

Beispiel 1.4.18: Treppenlauf

Das Empire-State-Building-Run-up ist das bekannteste Treppenlauf-Wettrennen weltweit. Es findet seit 1978 im Empire State Building in New York City statt.

Zu bewältigen sind 1 576 Treppenstufen bzw. 320 Höhenmeter. Das Ziel ist auf der Aussichtsplattform im 86. Stockwerk.

Beim 29. Empire-State-Building-Run-up stellte die Oberösterreicherin Andrea Mayr mit 11 Minuten und 23 Sekunden einen neuen Frauenstreckenrekord auf.

Frau Mayr ($m \approx 60$ kg) erbrachte dabei eine mittlere mechanische Hubleistung von

$$\overline{P}_{\text{Hub}} = \frac{m \cdot g \cdot \Delta h}{\Delta t} \approx 60 \cdot 10 \cdot 320/683\ \text{W} \approx 262\ \text{W}$$

Dieses Beispiel zeigt, dass auch Spitzensportlerinnen bei Ausdauerleistungen im Bereich von wenigen hundert Watt liegen.

Im Spitzensport werden kurzzeitig Leistungen von mehreren PS erbracht.

Vor Einführung des internationalen Einheitensystems wurden Leistungen auch in der Einheit Pferdestärke (1 PS) angegeben.

Leistungseinheiten PS, W und J/s

- $1\ \text{PS} \approx 735\ \text{W} = 0{,}735\ \text{kW}$
- Aus $1\ \text{J/s} = 1\ \text{W}$ folgt: **1 J = 1 Ws**
  Eine Wattsekunde wird daher auch als Einheit der Arbeit verwendet.
- $1\ \text{kWh} = 1\ 000\ \text{Wh} = 1\ 000 \cdot 3\ 600\ \text{Ws} = 3{,}6\ \text{MWs} = 3{,}6\ \text{MJ}$

Einige Küchengeräte liefern typische elektrische Leistungen im Haushalt:

Geschirrspüler:	$P \approx 2{,}3$ kW
E-Herd:	$P \approx 3{,}6$ kW
Kühlschrank:	$P \approx 230$ W

Beispiel 1.4.19: Stromrechnung

Wenn ein Haushalt in einem Jahr 5 844 kWh elektrische Energie verbraucht, ergibt sich ein mittlerer täglicher Energieverbrauch von
5 844 kWh : 365,25 d = 16 kWh/d.

Leistung bei Bewegung mit konstanter Geschwindigkeit

Im Alltag erfolgen viele Bewegungen, beispielsweise das Fahren auf Autobahnen, für bestimmte Zeitintervalle mit konstanter Geschwindigkeit.
Wir überlegen uns daher die mittlere mechanische Leistung für den Sonderfall einer gleichförmigen Translation.

Aus der Leistungsformel

$$\overline{P} = \frac{\Delta W}{\Delta t} = F \cdot \frac{\Delta s}{\Delta t}$$

folgt bei konstant wirkender Kraft F für $\frac{\Delta s}{\Delta t} = v = \textit{konstant}$: $\overline{P} = F \cdot v$

Lastkräne erbringen große Hubleistungen

Beispiel 1.4.20: Kran

Ein Lastkran soll eine Masse von 10 Tonnen um zwei Meter pro Sekunde gleichförmig hochheben.

Die nötige mittlere Leistung ist
$\overline{P} = F \cdot v = m \cdot g \cdot v \approx 10\ 000 \cdot 10 \cdot 2\ \text{W} = 200\ \text{kW}$

Die Formel $\overline{P} = F \cdot v$ liefert für den Luftwiderstand $F_W = \frac{\rho \cdot c_W \cdot A \cdot v^2}{2}$ für bestimmte Geschwindigkeiten damit eine Proportionalität zur dritten Potenz von v.

c_W ist der Strömungswiderstandskoeffizient. Für einen Pinguin ist $c_W \approx 0{,}03$. Für einen stehenden Mensch rund 0,78.

$\overline{P} = F \cdot v$

Mittlere Leistung = Kraft · Geschwindigkeit

Diese Formel benötigen Sie für die meisten der nebenstehenden Aufgaben.

Ziele erreicht? – „Leistung"

1.4.28 + Eine **Pumpe** fördere Wasser in einen Speicher 200 m über einem See. Berechnen Sie, welche Leistung die Pumpe erbringt, wenn sie pro Stunde 10 m^3 schafft.

1.4.29 + Berechnen Sie, welche **Leistung** eine Maschine mindestens abgeben muss, um einen Körper mit 500 kg Masse in einer Minute um 20 m auf a) der Erde, b) dem Mond nach oben zu ziehen.

1.4.30 + Berechnen Sie, wie groß der **Fahrtwiderstand** ist, wenn ein Motor 30 kW leistet und damit einen Pkw auf ebener Straße mit 54 km/h antreibt.

1.4.31 ++ Berechnen Sie die zumindest erforderliche **Leistung** in kW und PS, damit ein Pkw mit 1,5 t Masse mit 30 m/s eine Steigung von 3 % bewältigen kann, wenn Sie eine gesamte Reibungskraft von 3 kN annehmen.

1.4.32 + Berechnen Sie, welche Masse eine **40-PS-Maschine** entlang einer ebenerdigen Straße mit einer konstanten Geschwindigkeit von 54 km/h höchstens ziehen kann, wenn der Reibungskoeffizient mit 0,15 angenommen und der Luftwiderstand vernachlässigt werden kann.

1.4.33 ++ Ein **Pkw** mit 1,3 t Masse soll aus dem Stillstand innerhalb von 12 Sekunden auf 108 km/h beschleunigt werden, wobei eine konstante Steigung von 15° überwunden werden soll. Welche Leistung ist mindestens erforderlich, wenn Sie eine konstante Beschleunigung voraussetzen,
a) ohne Reibung rechnen und
b) zumindest einen Rollreibungskoeffizienten von 0,04 berücksichtigen?
c) Fertigen Sie für den Fall a) das h-t-Diagramm an.

Hinweis: Weg-Zeit-Diagramme werden im Kapitel Kinematik ausführlich behandelt. Ein h-t-Diagramm haben wir beim lotrechten Wurf erstellt.

1.4.4 Energieumwandlung und Wirkungsgrad

Bei Energieumwandlungen treten immer Verluste auf. Entscheidend ist das Verhältnis von nutzbarer zu aufgewendeter Energie. In Zeiten knapp werdender Ressourcen wird im Allgemeinen größeres Augenmerk auf die Vermeidung von unnötigen Verlusten gelegt.

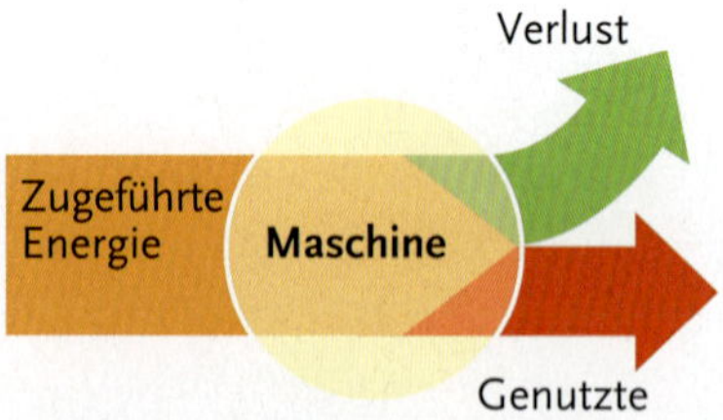

$$\eta = \frac{W_{Nutz}}{W_{zu}} = \frac{P_{Nutz}}{P_{zu}}$$

Vergleich von typischen Wirkungsgraden:

Dieselmotor:	$\eta \approx 34\ \%$
Benzinmotor:	$\eta \approx 31\ \%$
Elektromotor:	$\eta \approx 90\ \%$

Der **Gesamtwirkungsgrad** ergibt sich als Produkt der einzelnen Wirkungsgrade.
Treibt ein Elektromotor ($\eta = 90\ \%$) eine Maschine mit einem Wirkungsgrad von 80 % an, so werden $0{,}9 \cdot 0{,}8 = 0{,}72 = 72\ \%$ der dem Elektromotor zugeführten Leistung genutzt.

Meine Ziele

Nach Bearbeitung dieses Kapitels kann ich

- den Begriff **Wirkungsgrad** anhand von Alltagsbeispielen erklären und die **Definitionsgleichungen und Einheiten des Wirkungsgrades** wiedergeben;
- Wirkungsgrade berechnen.

Wirkungsgrad

Der **Wirkungsgrad** ist das Verhältnis von genutzter zu zugeführter Arbeit:

$$\eta = \frac{W_{Nutz}}{W_{zu}} = \frac{P_{Nutz}}{P_{zu}}$$

Der Wirkungsgrad η ist eine dimensionslose Verhältniszahl und wird daher gerne in Prozent angegeben: $0 \leqslant \eta < 1$ bzw. $0\ \% \leqslant \eta < 100\ \%$.

Beispiel 1.4.21: Nutzleistung und Wirkungsgrad

Ein Pkw besitze einen Wirkungsgrad von rund 30 %.

Wenn dem Pkw eine Leistung von 100 kW zugeführt wird, beträgt die Nutzleistung nur 30 kW.

$P_{Nutz} = P_{Zu} \cdot \eta = 100\ \text{kW} \cdot 0{,}3 = 30\ \text{kW} \approx 30/0{,}735\ \text{PS} \approx 40{,}8\ \text{PS}$

Beispiel 1.4.22: Nennleistung und Wirkungsgrad

Ein Elektromotor besitze einen Wirkungsgrad von 90 %.

Um eine Maschine mit einer Nennleistung von 18 kW anzutreiben, entnimmt der Elektromotor der Versorgungsleitung

$P_{Versorgung} = 18/0{,}9\ \text{kW} = 20\ \text{kW}.$

Ziele erreicht? – „Energieumwandlung und Wirkungsgrad"

1.4.34 + Ein Elektromotor gibt bei einer Leistungsaufnahme von 10 kW eine Leistung von 9,5 kW ab. Berechnen Sie den **Wirkungsgrad** dieses Elektromotors.

1.4.35 ++ Wasser fließe von einem Staubecken mit einem Massenstrom von 9 t/min zu einer 120 m tiefer befindlichen **Turbine.** Berechnen Sie die maximale Leistungsabgabe der Turbine, wenn Sie einen Wirkungsgrad von 80 % voraussetzen.

1.4.5 Erhaltungssätze in der Mechanik

Viele Sportarten wie Bodenturnen, Turmspringen, Eiskunstlauf usw. verwenden die Pirouette. Bei einer Pirouette spielt der Drehimpuls als Produkt aus Massenträgheitsmoment und Winkelgeschwindigkeit eine entscheidende Rolle.

Biellmann-Pirouette
Die **Pirouette** (von französisch „pirouetter": sich im Kreis drehen) bezeichnet eine zentrierte einfache oder mehrfache Drehung um die eigene Körperachse, die meist auf einem Bein ausgeführt wird.

Meine Ziele

Nach Bearbeitung dieses Kapitels kann ich

- **Erhaltungssätze** anhand von Alltagsbeispielen erklären;
- mit Erhaltungssätzen **unelastische Stoßprozesse** berechnen;
- mit Erhaltungssätzen **elastische Stoßprozesse** analysieren.

Die **Energieerhaltung** der mechanischen Energieformen haben wir im Kapitel B, 1.4.2 behandelt.

In der **Mechanik** werden zusätzlich der **Impuls- und der Drehimpulserhaltungssatz** verwendet. Siehe dazu Kap. B, 1.2.6.

Impulserhaltung

Der **Gesamtimpuls (Vektorsumme aller Impulse)** eines abgeschlossenen Systems bleibt konstant.

Eine Feuerwerksrakete, die genau im Umkehrpunkt ($v = 0$ m/s) birst, erzeugt aufgrund der Impulserhaltung eine punktsymmetrische Teilchenkaskade. Dadurch heben sich die einzelnen Impulse der Raketenbruchstücke in Summe auf, sodass der Gesamtimpuls auch nach der Detonation null ist.

Impulserhaltungsbeispiele siehe auch Kap. B, 1.2.6.

Beispiel 1.4.23: Impuls- und Energieerhaltung

Eine Kugel (Masse m, Geschwindigkeit v) stößt zentral und völlig elastisch gegen eine ruhende Kugel (Masse 2 m).

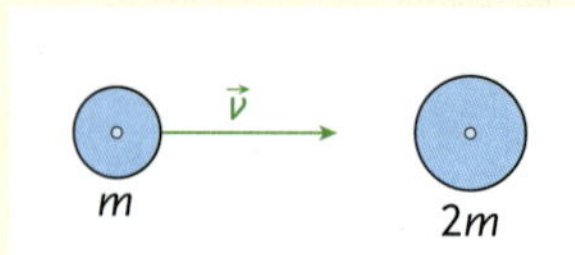

Welche Geschwindigkeiten u_1 und u_2 ergeben sich nach dem Stoß?

Mit den Formeln aus Kap. B, 1.2.6 erhalten wir

$$u_1 = 2 \cdot v_s - v_1 = 2 \cdot \frac{m \cdot v}{m + 2m} - v = 2\frac{v}{3} - v = -\frac{v}{3} \text{ und}$$

$$u_2 = 2 \cdot v_s - v_2 = 2 \cdot \frac{v}{3} - 0 = \frac{2v}{3}.$$

Ein alternativer Lösungsweg ergibt sich durch das Lösen der beiden folgenden Gleichungen.

Impulserhaltung: $m \cdot v = m \cdot u_1 + 2 \cdot m \cdot u_2$

Energieerhaltung: $\frac{m \cdot v^2}{2} = \frac{m \cdot {u_1}^2}{2} + \frac{2m \cdot {u_2}^2}{2}$

Die erste, leichtere Kugel bewegt sich nach dem Zusammenstoß mit der ruhenden Kugel der doppelten Masse in entgegengesetzter Richtung.

Wir stellen die beiden Situation vor und nach dem völlig elastischen Zusammenstoß zeichnerisch gegenüber.

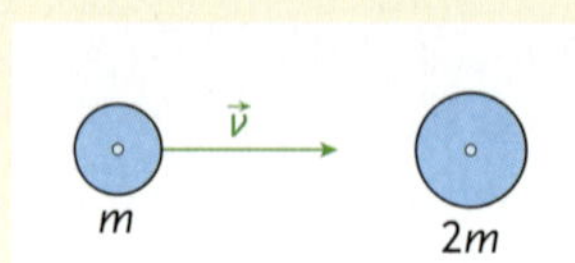

Die anfänglich nur in der ersten Kugel gespeicherte kinetische Energie $mv^2/2$ teilt sich im Verhältnis

$$m \cdot \frac{\left(\frac{v}{3}\right)^2}{2} \text{ zu } \frac{2m \cdot \left(\frac{2v}{3}\right)^2}{2}, \quad \text{also} \quad \frac{v^2}{18} \text{ zu } \frac{8v^2}{18}$$

und damit im Verhältnis 1 : 8 auf die beiden Kugeln auf.

Damit wurden acht Neuntel der kinetischen Energie der ersten Kugel mit Masse m auf die zweite Kugel mit der doppelten Masse übertragen.

Explodiert die Rakete mit einer Restgeschwindigkeit, ist das Teilchenmuster nicht punktsymmetrisch, weil der Gesamtimpuls auch nach der Detonation dem Impuls vor der Detonation gleich sein muss. Im Bild erfolgte die Explosion vor Erreichen des Umkehrpunktes.

Beispiel 1.4.24: Völlig unelastischer Stoß – Auffahrunfall

Eine Kugel (Masse m, Geschwindigkeit v) stößt zentral und völlig unelastisch gegen eine ruhende Kugel (Masse $2m$).

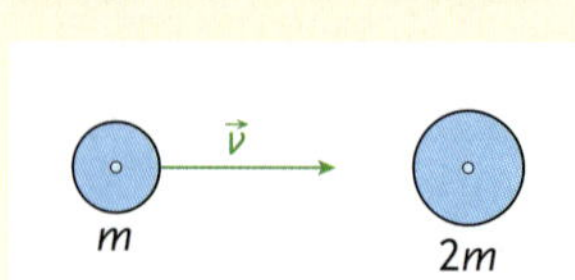

Welche Geschwindigkeit u der verkeilten Kugeln ergibt sich nach dem Stoß?

In der Praxis verkeilen sich Pkws bei unterschiedlichen Achshöhen besonders leicht und am folgenschwersten bei Frontalzusammenstößen.

Die Impulserhaltung
$m \cdot v = (m + 2m) \cdot u$

liefert die Geschwindigkeit nach dem unelastischen Stoß als
$u = v/3$.

Wir stellen die beiden Situation vor und nach dem völlig unelastischen Zusammenstoß zeichnerisch gegenüber.

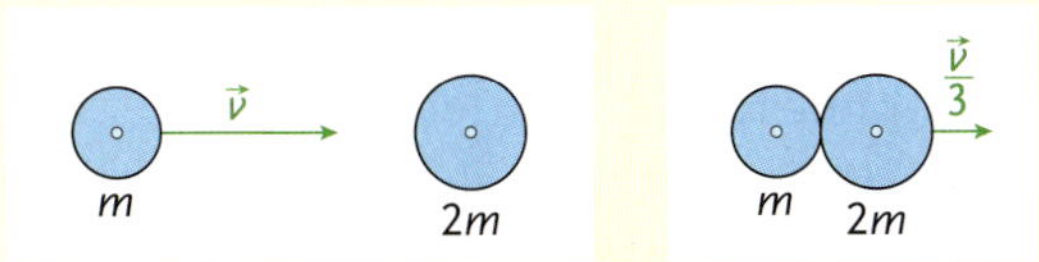

Energieerhaltung: $m \cdot v^2/2 = (m + 2m) \cdot u^2/2 + U$

Die innere Energie ergibt sich als

$U = m \cdot v^2/2 - (m + 2m) \cdot (v/3)^2/2$

$U = m \cdot v^2/2 \cdot \{1 - 3/9\} = m \cdot v^2/2 \cdot \{1 - 1/3\} = \frac{m \cdot v^2}{3}$.

Die anfänglich nur in der ersten Kugel gespeicherte Energie $\frac{m \cdot v^2}{2}$ teilt sich nun im Verhältnis

$(m + 2m) \cdot (v/3)^2/2$ zu $\frac{m \cdot v^2}{3}$, also $\frac{3v^2}{18}$ zu $\frac{v^2}{3}$,

also im Verhältnis 1 : 2, auf kinetische und innere Energie auf.

Damit wurden zwei Drittel der kinetischen Energie der ersten Kugel in innere Energie umgewandelt.

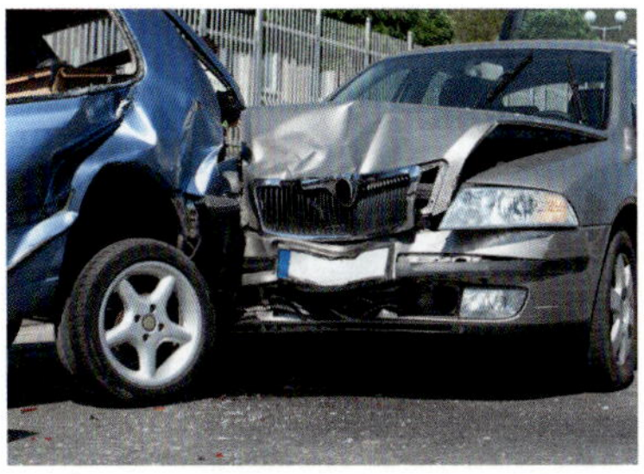

Bewegungsenergie wurde in Verformungsarbeit umgewandelt

Drehimpulserhaltung

Der **Gesamtdrehimpuls (= Vektorsumme aller Drehimpulse)** bleibt in abgeschlossenen Systemen konstant.

In Kap. B, 2.1, Elektrostatik, werden wir uns ausführlich mit der **Ladungserhaltung** – die elektrische Ladung bleibt konstant – beschäftigen.

Beispiel 1.4.25: Pirouette – Drehimpulserhaltung

Verkleinert man das Massenträgheitsmoment J z. B. durch Anziehen der Arme und/oder Beine, ergibt sich aufgrund der Drehimpulserhaltung

$L_{ges} = J \cdot \omega =$ konstant

eine höhere Winkelgeschwindigkeit.

$J_1 \cdot \omega_1 = J_2 \cdot \omega_2$
$\omega_1 : \omega_2 = J_2 : J_1$

Wird das Massenträgheitsmoment vervierfacht, sinkt die Winkelgeschwindigkeit auf ein Viertel des ursprünglichen Werts.

Ziele erreicht? – „Erhaltungssätze in der Mechanik"

1.4.36 + Eine Kugel (Masse m, Geschwindigkeit v) stößt **zentral** und **völlig elastisch** gegen eine ruhende Kugel (Masse $m/2$). Berechnen Sie die Geschwindigkeiten nach dem Zusammenstoß sowie den Energieübertrag.

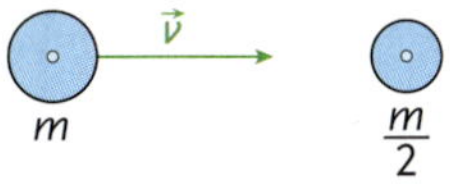

1.4.37 ++ Eine Kugel (Masse m, Geschwindigkeit v) stößt zentral und völlig elastisch gegen eine Kugel (Masse $3m$, Geschwindigkeit $v/2$). Berechnen Sie die Geschwindigkeiten nach dem Zusammenstoß sowie den **Energieübertrag.**

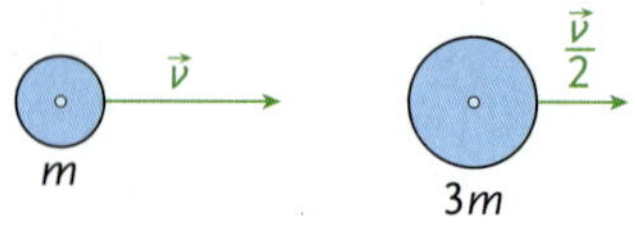

Beim völlig elastischen Stoß ergeben sich die Geschwindigkeiten nach dem Stoß gemäß

$u_1 = 2 \cdot v_s - v_1$ und
$u_2 = 2 \cdot v_s - v_2$

mit der Schwerpunktgeschwindigkeit v_s.

1.4.38 + Eine Kugel (Masse m, Geschwindigkeit v) stößt zentral und völlig elastisch gegen eine entgegenkommende Kugel gleicher Masse mit gleichem Geschwindigkeitsbetrag. Berechnen Sie die Geschwindigkeiten nach dem Zusammenstoß sowie den **Energieübertrag.**

1.4.39 + Schreiben Sie den **Impulserhaltungssatz** für einen völlig unelastischen Stoß zweier Massen an.

1.4.40 + Ein Lkw ($m = 20$ t, $v = 54$ km/h) fährt bei starkem Nebel auf einen ruhenden Pkw ($m = 1{,}5$ t) auf. Berechnen Sie die Geschwindigkeit der beiden **verkeilten Kraftfahrzeuge** nach dem völlig unelastisch angenommenen Unfall sowie die innere Energie U.

1.4.41 ++ Ein Pkw ($m = 1{,}4$ t, $v = 108$ km/h) schleudert auf regennasser Fahrbahn in einen entgegenkommenden Kleintransporter ($m = 2{,}5$ t, $v = 90$ km/h). Berechnen Sie die Geschwindigkeit der beiden verkeilten Kraftfahrzeuge nach dem völlig **unelastisch** angenommenen **Frontalzusammenstoß.** Welcher Anteil der kinetischen Energien von Pkw und Kleintransporter wird in Deformationsarbeit, Erwärmung, Schallenergie ... umgewandelt?

1.4.42 + Geben Sie an, auf welchen Wert man ein **Massenträgheitsmoment** J ändern muss, um die Winkelgeschwindigkeit zu verdoppeln.

Bei der Lösung der Aufgabe 1.4.42 kann Ihnen der Drehschemelversuch aus Kap. B, 1.2.6 helfen.

1.5 Gravitation

Die Gravitation(skraft) ist die struktur- und formgebende Kraft im Universum. Unser Universum (Kosmos) wird in zahlreiche Objektklassen – wie Galaxien, Sternhaufen, Sterne, Kometen, Planeten ... – eingeteilt.

1.5.1 Keplersche Gesetze (geo- und heliozentrisches Weltbild)

Meine Ziele

Nach Bearbeitung dieses Kapitels kann ich

- das geo- und das heliozentrische Weltbild nachvollziehen;
- die **drei Gesetze von Johannes Kepler** angeben und interpretieren sowie mit dem dritten keplerschen Gesetz rechnen.

Geos (griechisch): Erde.
Helios (griechisch): Sonne.

Das astronomische Wissen des Altertums wurde von **Claudius Ptolemäus** (ca. 87 bis 165 n. Chr.) in seinem Werk „Almagest“ zusammengefasst. Die Grundgedanken des **geozentrischen Weltbildes** waren:

Geozentrisches Weltbild

- Die **Erde** steht im **Mittelpunkt** des Universums.
- Die Himmelskörper bewegen sich mit konstanter Geschwindigkeit auf **kreisförmigen Bahnen** um die Erde.

Diese Lehre bildete bis ins 16. Jahrhundert die Grundlage der Astronomie.
Nach **Aristarch von Samos** (320 bis 250 v. Chr.) stellte **Nikolaus Kopernikus** (1473 bis 1543) die wichtigsten Gedanken des **heliozentrischen Weltbildes** zusammen.

Die Aufgabe des Sonnengottes **Helios** war es, den **Sonnenwagen** täglich über den Himmel zu lenken

Heliozentrisches Weltbild

- Die **Sonne** ist der ruhende **Mittelpunkt** des Universums.
- Die Erde bewegt sich wie **alle Planeten** auf einer **Kreisbahn** um die Sonne.
- Die **Erde** dreht sich einmal täglich um sich selbst.

Galileo Galilei (1564 bis 1642) veröffentlichte 1632 sein Werk „Dialog über die beiden Weltsysteme“, in dem er die Ergebnisse seiner vierzigjährigen Arbeit zusammenfasste und wichtige Argumente für die Lehre von Kopernikus lieferte.

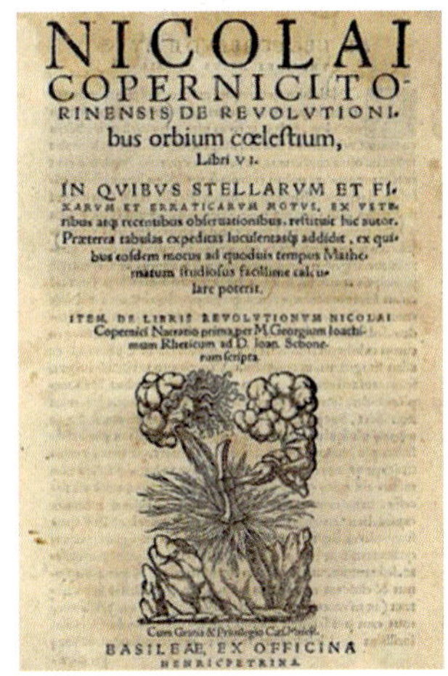

NICOLAI COPERNICI TORINENSIS DE REVOLVTIONIbus orbium cœlestium, Libri VI.

IN QVIBVS STELLARVM ET FIXARVM ET ERRATICARVM MOTVS, EX VETEribus atq; recentibus obseruationibus, restituit hic autor.

BASILEAE, EX OFFICINA HENRICPETRINA

„De revolutionibus orbium coelestium libri VI“ (Über die Kreisbewegungen der Himmelskörper) ist das Hauptwerk von Nikolaus Kopernikus

Keplersche Gesetze

Johannes Kepler (1571 bis 1630) ermittelte aus genauen Beobachtungen von **Tycho Brahe** (1546 bis 1601) folgende Gesetzmäßigkeiten:

Keplersche Gesetze

1. Die Planeten bewegen sich auf **Ellipsenbahnen,** in deren einem gemeinsamen **Brennpunkt** die Sonne steht.
2. Der von der Sonne zu einem Planeten gezogene Fahrstrahl überstreicht in gleichen Zeiten gleiche Flächen **(Flächensatz).**

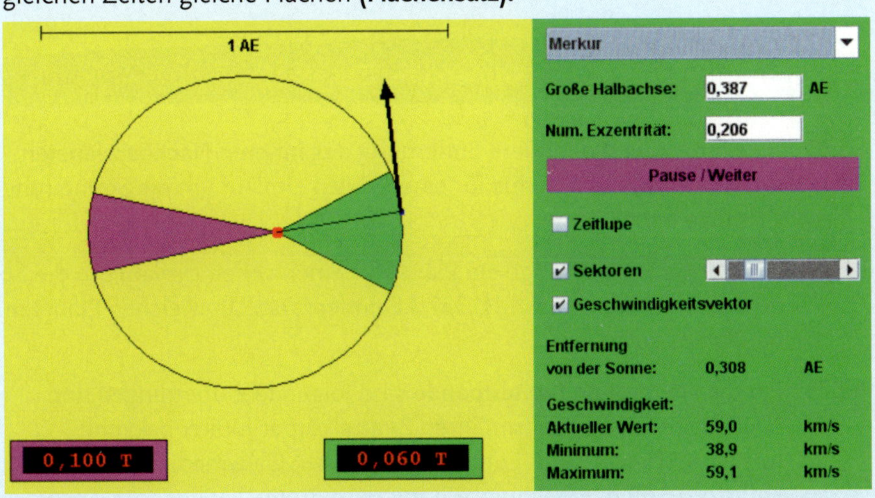

3. Die **Quadrate der Umlaufzeiten** T_1 und T_2 zweier Planeten verhalten sich wie die **Kuben** (dritten Potenzen) **der großen Halbachsen** a_1 und a_2 ihrer Bahnellipsen.

$$\frac{T_1^2}{T_2^2} = \frac{a_1^3}{a_2^3}$$

Anders formuliert: $T_1^2 : a_1^3 = T_2^2 : a_2^3 = \ldots =$ konstant

In dieser künstlerischen Darstellung umkreisen die Planeten **Johannes Kepler.** Von 1612 bis 1626 war er in Linz in Oberösterreich tätig.

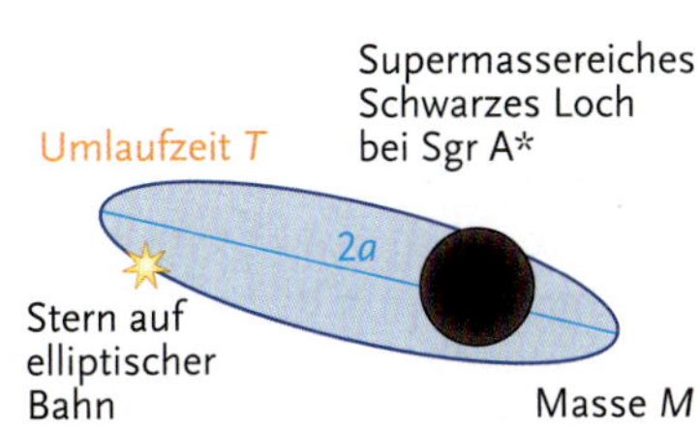

$$\frac{T^2}{a^3} = \frac{4\pi^2}{GM} = \text{const}$$

Auch eine Möglichkeit, das dritte keplersche Gesetz darzustellen

Bemerkungen zu den keplerschen Gesetzen

1. Das Auffinden der **Ellipsenbahnen** durch Kepler ist sehr bemerkenswert, da die damals bekannten Planetenbahnen nur wenig von Kreisbahnen abweichen.
2. Aus dem **Flächensatz** folgt: In Sonnennähe bewegt sich ein Planet schneller als in Sonnenferne.

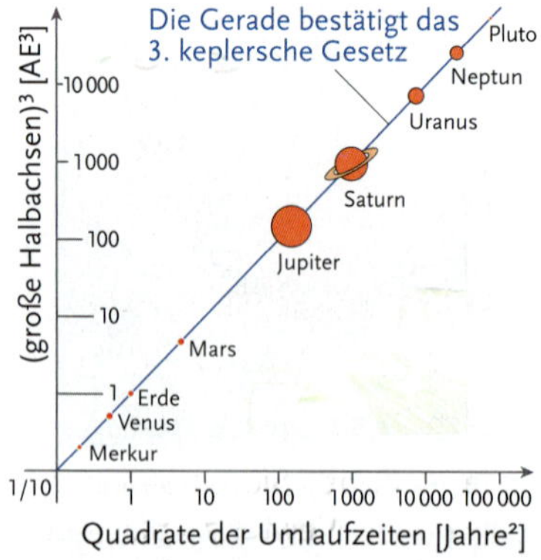

So – doppellogarithmisch – kann man Keplers drittes Gesetz auch darstellen

3. Die gleichen Gesetze gelten
   a) auch für andere **Planetensysteme** und
   b) auch für **Monde** und **Satelliten** in Bezug auf ihre Planeten.
4. Mit dem **dritten keplerschen Gesetz** war erstmals eine experimentelle Bestimmung von Entfernungen im Kosmos aus den gemessenen Umlaufzeiten der Planeten möglich. Man setzte die **mittlere Entfernung Erde – Sonne** mit einer **astronomischen Einheit (AE)** fest und gab alle anderen Entfernungen als Vielfaches einer AE an. Für die erdinneren Planeten Merkur und Venus ergaben sich naturgemäß Teile einer AE.

Beispiel 1.5.01: Jupiter und das dritte keplersche Gesetz

Für Jupiter kennt man die **Umlaufzeit** um unsere Sonne mit rund 11,86 Jahren. Damit ergibt sich für den Abstand von Jupiter zur Sonne

$$a_{\text{Jupiter}} = a_{\text{Erde}} \cdot \sqrt[3]{\left(\frac{T_{\text{Jupiter}}}{T_{\text{Erde}}}\right)^2} = 1\text{ AE} \cdot \sqrt[3]{\left(\frac{11{,}86 \cdot \text{a}}{1 \cdot \text{a}}\right)^2} \approx 5{,}2\text{ AE}$$

Der berechnete Wert von 5,2 AE für die **Jupiterbahn** stimmt ausgezeichnet mit dem Literaturwert von 5,203 AE überein.

Bezeichnungen

Aphel = sonnenfernster Punkt einer Planetenbahn.
Perihel = sonnennächster Punkt einer Planetenbahn.

Beispiel 1.5.02: Aphel und Perihel des Planeten Mars

Für unseren Nachbarplaneten **Mars** findet man folgende Angaben:
- große Halbachse: 1,524 Astronomische Einheiten (AE)
- Aphel: 1,666 AE
- Perihel: 1,381 AE
- siderische Umlaufzeit (Zeit für eine vollständige Umrundung des Zentralkörpers) rund 687 Tage

In der allgemeinen **Relativitätstheorie** wird uns die **Periheldrehung** des Merkur erneut begegnen.

Ziele erreicht? – „Keplersche Gesetze"

1.5.01 + Berechnen Sie die mittlere Entfernung des **inneren Nachbarplaneten unserer Erde,** wenn **Venus** für einen vollen Umlauf um die Sonne rund 225 Tage benötigt.

1.5.02 + Berechnen Sie, wie lange ein Planet für einen vollen Umlauf um die Sonne benötigt, wenn er rund 0,387 AE entfernt ist. Um welchen **Planeten** handelt es sich?

1.5.03 ++ Für die vier großen **Jupitermonde** sind folgende Entfernungen und Umlaufzeiten von bzw. um ihren Zentralkörper Jupiter bekannt:
Io: 421 800 km, 1,77 d; Europa: 671 100 km; Ganymed: 7,16 d und Kallisto: 16,69 d. Berechnen Sie mit dem dritten keplerschen Gesetz
a) die fehlenden Größen,
b) das Verhältnis der vier Umlaufzeiten und der vier Entfernungen sowie
c) das Verhältnis von T^2/a^3 für jeden der vier Monde.
Verwenden Sie für die großen Halbachsen $4{,}218 \cdot 10^8$ m ...

1.5.04 + Die **Titius-Bode-Relation: $a = 0{,}4 + 0{,}3 \cdot 2^n$,** wobei a der mittlere Abstand eines Planeten von der Sonne in AE ist und n die Werte $-\infty$, 0, 1, 2, 3 ... annimmt. Kontrollieren Sie mit dieser Folge die bisher angegeben numerischen Werte.

Galileo Galilei entdeckte **1610** die vier großen **Jupitermonde** Io, Europa, Ganymed und Kallisto.

Die **Titius-Bode-Relation** ist eine von **Johann Daniel Titius** empirisch gefundene und von **Johann Elert Bode** bekannt gemachte numerische Beziehung, nach der sich die Abstände der meisten Planeten von der Sonne näherungsweise allein aus der Nummer ihrer Reihenfolge herleiten lassen. Planetenabstand a in AE: $a = 0{,}4 + 0{,}3 \cdot 2^n$, $n = -\infty, 0, 1, 2, 3 \ldots$

1.5.2 Newtonsches Gravitationsgesetz

Mein Ziel

Nach Bearbeitung dieses Kapitels kann ich

- das **Gravitationsgesetz** von Isaac Newton angeben und verstehen sowie auf verschiedene Aufgabenstellungen anwenden.

Isaac Newton hat bei einem durch die Pest erzwungenen Aufenthalt in seinem Heimatort das nach ihm benannte **Gravitationsgesetz** aufgestellt, das beschreibt, mit welcher **Kraft** zwei Punktmassen m_1 und m_2 im Abstand r einander anziehen.

- Die Kraft ist umso größer, je größer die beiden Massen sind, also
  $F_{\text{Gravitation}}$ proportional zu m_1 und
  $F_{\text{Gravitation}}$ proportional zu m_2 und damit
  $F_{\text{Gravitation}}$ proportional zum Produkt der beiden Massen.
- Die gegenseitige Anziehung nimmt mit zunehmendem Abstand ab.
- Dass es gerade mit der zweiten Potenz des Abstands geschieht, ist typisch für Kräfte mit unendlicher Reichweite.

Newtonsches Gravitationsgesetz

Zwei Punktmassen m_1 und m_2 im Abstand r ziehen einander mit der Kraft

$$F_{\text{Gravitation}} = G \cdot \frac{m_1 \cdot m_2}{r^2}$$

an.

Die Konstante G ist die **universelle Gravitationskonstante.**

$G \approx 6{,}67 \cdot 10^{-11}\ \text{m}^3/(\text{kg} \cdot \text{s}^2)$.

Beispiel 1.5.03: Gravitationskraft mal 3

Um ein Gefühl für die **Größenordnung** der newtonschen Gravitationskraft im Alltag zu bekommen, berechnen wir:

a) Die **Gravitationskraft** zwischen zwei nebeneinander sitzenden Schülerinnen. Wenn m_1 rund 60 kg und m_2 rund 50 kg beträgt und r rund 0,5 m gilt, so ergibt sich:

$$F_{\text{Gravitation}} = \frac{G \cdot m_1 \cdot m_2}{r^2} = \frac{6{,}67 \cdot 10^{-11} \cdot 60 \cdot 50}{0{,}5^2}\ \text{N} \approx 8 \cdot 10^{-8}\ \text{N}$$

Das ist nicht sehr viel, aber es gibt bekanntlich Menschen mit sehr ausgeprägtem Sensorium.

b) Die **Gravitationskraft** zwischen zwei 40-Tonnen-Lkws mit einem Schwerpunktabstand von drei Metern ergibt

$$F_{\text{Gravitation}} = \frac{6{,}67 \cdot 10^{-11} \cdot 40\,000 \cdot 40\,000}{3^2}\ \text{N} \approx 1{,}2 \cdot 10^{-2}\ \text{N}$$

c) Die **Gravitationskraft** zwischen unserer Erde und einem Pkw mit einer Masse von einer Tonne ergibt für einen Erdradius von rund 6 370 km und einer Erdmasse von rund $6 \cdot 10^{24}$ kg

$$F_{\text{Gravitation}} = \frac{6{,}67 \cdot 10^{-11} \cdot 6 \cdot 10^{24} \cdot 1\,000}{6\,370\,000^2}\ \text{N} \approx 10^4\ \text{N}$$

Das ist die aus dem Alltag bekannte **Gewichtskraft** einer Masse von 1 000 kg, die wir im folgenden Beispiel allgemein für eine Masse m ableiten.

Vielleicht haben Sie schon von der Legende mit **Newtons Apfelbaum** gehört. Das erste Logo des Computerherstellers Apple hatte diese Legende zum Inhalt.

$$G = 6{,}67 \cdot 10^{-11}\ \frac{\text{m}^3}{\text{kg} \cdot \text{s}^2} = 6{,}67 \cdot 10^{-11}\ \frac{\text{N} \cdot \text{m}^2}{\text{kg}^2}$$

Die zweite Einheit $\frac{\text{N} \cdot \text{m}^2}{\text{kg}^2}$ lässt uns sofort erkennen, dass sich bei Multiplikation von G mit zwei Massen jeweils in Kilogramm und Division durch eine Länge in Metern zum Quadrat eine Kraft in Newton ergibt.

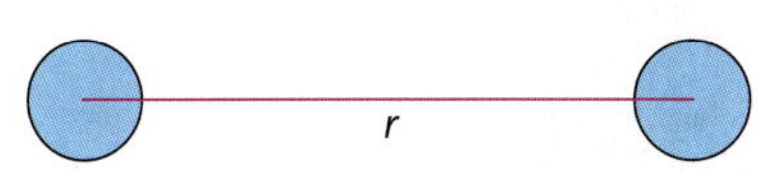

Zwei Kugeln (Massen m_1 und m_2) im Abstand r ziehen sich immer mit der Gravitationskraft

$$F_{\text{Gravitation}} = G \cdot \frac{m_1 \cdot m_2}{r^2}$$

an.

Laut aktuellen Theorien spielt gewöhnliche Materie im Universum eine untergeordnete Rolle. Es dominieren unsichtbare Dunkle Materie und Dunkle Energie.

Ein schönes Paar:

Der **Erdmond** ist mit einem Durchmesser von 3 476 km der fünftgrößte Mond des Sonnensystems. Er umkreist die Erde im Verlauf von durchschnittlich 27,3 Tagen im gleichen Drehsinn, mit dem die Erde um ihre eigene Achse rotiert.

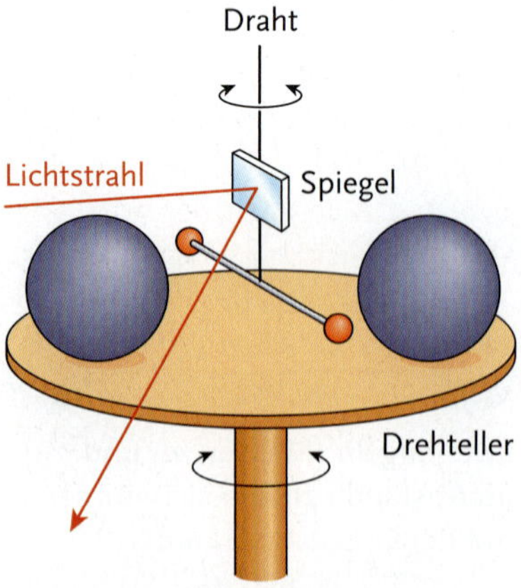

Die berühmte Cavendish-Waage zur Ermittlung der Gravitationskonstante

Die **universelle Gravitationskonstante** G wurde von **Henry Cavendish** (1731 bis 1810) bereits 1798 mit einer Drehwaage sehr genau bestimmt.

Beispiel 1.5.04: Die Gewichtskraft als Sonderfall der Gravitationskraft

Welche Kraft wirkt auf einen Körper der Masse m (in Kilogramm) auf der Erdoberfläche? Mit den Zahlenwerten von Beispiel 1.5.03 c) erhalten wir

$$F_{\text{Gravitation}} = G \cdot \frac{m_E \cdot m}{r_E^2} = \frac{6{,}67 \cdot 10^{-11} \cdot 6 \cdot 10^{24} \cdot m}{6\,370\,000^2}\ \text{N/kg} \approx 10\, m \cdot \text{N/kg}$$

Die Konstante

$$G \cdot \frac{m_E}{r_E^2}$$

bezeichnen wir als **Gravitationsbeschleunigung g** der Erde:

$$g = G \cdot \frac{m_E}{r_E^2} \approx 9{,}81\ \frac{\text{m}}{\text{s}^2}.$$

Beispiel 1.5.05: Gravitationsbeschleunigung auf dem Mond

Die Gravitationsbeschleunigung an der Mondoberfläche beträgt etwa ein Sechstel der Gravitationsbeschleunigung auf der Erdoberfläche.

Wenn wir im Term

$$G \cdot \frac{m_E}{r_E^2}$$

die Erdmasse durch die Mondmasse und den Erdradius durch den Mondradius ersetzen, erhalten wir die Gravitationsbeschleunigung auf der Mondoberfläche:

$$g_{\text{Mond}} = G \cdot \frac{m_{\text{Mond}}}{r_{\text{Mond}}^2} = \frac{6{,}67 \cdot 10^{-11} \cdot 7{,}35 \cdot 10^{22}}{1\,738\,000^2} \cdot \frac{\text{m}}{\text{s}^2} \approx 1{,}6 \cdot \frac{\text{m}}{\text{s}^2} \approx \frac{g_{\text{Erde}}}{6}$$

Beispiel 1.5.06: Kepler und Newton

Für einen **Planeten** der Masse m auf einer **kreisförmigen Bahn** mit Radius r um seinen Zentralkörper mit der Masse m_Z können wir bei Vernachlässigung aller anderen kosmischen Körper die einfache **Kräftegleichheit** $F_{\text{Zentripetal}} = F_{\text{Gravitation}}$ anschreiben.

$$F_{\text{Zentripetal}} = F_{\text{Gravitation}}$$

$$\frac{m \cdot v^2}{r} = G \cdot \frac{m \cdot m_Z}{r^2}$$

$$v^2 = G \cdot \frac{m_Z}{r}$$

$$\left(\frac{u}{T}\right)^2 = G \cdot \frac{m_Z}{r}$$

$$\left(\frac{2r\pi}{T}\right)^2 = G \cdot \frac{m_Z}{r}$$

$$\frac{4r^2\pi^2}{T^2} = G \cdot \frac{m_Z}{r}$$

$$\frac{r^3}{T^2} = G \cdot \frac{m_Z}{4\pi^2} = \text{konstant} \Leftrightarrow \frac{T^2}{r^3} = \frac{4\pi^2}{G} \cdot \frac{1}{m_Z} = \text{konstant}$$

Damit haben wir das **dritte keplersche Gesetz für kreisförmige Bahnen** abgeleitet.

Ziel erreicht? – „Newtonsches Gravitationsgesetz“

1.5.05 + Berechnen Sie die **Gravitationsbeschleunigung** auf unserem äußeren Nachbarplaneten, wenn m_{Mars} rund $6{,}42 \cdot 10^{23}$ kg und der Marsdurchmesser rund 6 790 km beträgt.

1.5.06 + Berechnen Sie, welche **Masse** ein Körper mit $r = 1$ km besitzen müsste, um eine Gravitationsbeschleunigung von einem Promille von g_{Erde} zu haben.

1.5.07 + Berechnen Sie die **Gravitationskraft** zwischen zwei Nachbarhäusern. Schätzen Sie dazu realistische Werte ab.

1.5.08 ++ Berechnen Sie, welche **Masse** zwei identische Körper haben müssen, um einander mit einer Kraft von 0,1 nN bei einem Schwerpunktsabstand von 1 cm anzuziehen. Welche **Dichte** haben diese Körper näherungsweise? Begründen Sie Ihre Berechnung.

1.5.09 ++ Berechnen Sie, welchen **Schwerpunktsabstand** Körper mit identischer Masse von jeweils 100 kg besitzen müssen, um einander mit einer Kraft von 10 μN anzuziehen. Geben Sie auch an, welche **Dichte** diese Körper näherungsweise haben könnten.

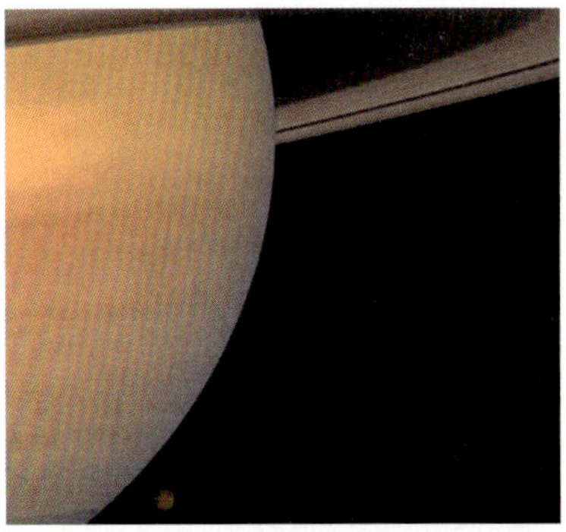

Titan geht hinter dem Saturn unter

- Titan ist mit einem Durchmesser von 5 150 km der größte Mond des Planeten Saturn.
- Er ist nach Ganymed – dem größten Jupitermond – der zweitgrößte Mond im Sonnensystem und der einzige, der eine dichte Gashülle hat.
- Titan wurde 1655 durch den niederländischen Astronomen Christiaan Huygens entdeckt.

1.5.3 Sonnensystem

Im Jänner 2005 schwebte die Landekapsel Huygens nach der Trennung von der Orbitersonde Cassini an Fallschirmen auf den größten Saturnmond Titan zu. Titan ist größer als der innerste Planet Merkur, aktiver als unser äußerer Nachbarplanet Mars und dichter als die Erde.

Beispiel 1.5.07: MVEMJSUN

Kennen Sie den schönen Spruch: „**M**ein **V**ater **e**rklärte **m**ir **j**eden **S**onntag **u**nsere **N**achbarplaneten“?
Merkur, Venus, Erde, Mars, Jupiter, Saturn, Uranus und Neptun sind die Protagonisten dieses Satzes.

Die Diskussion darüber, ob Pluto überhaupt die Bezeichnung „Planet“ verdiene, begann bereits, als man außer seiner stark elliptischen und sehr geneigten Umlaufbahn auch seine geringere Größe erkannt hatte. Seit September 2006 ist Pluto als Zwergplanet (Kleinplanet) klassifiziert.

Meine Ziele

Nach Bearbeitung dieses Kapitels kann ich

- die **Sonne** als **Zentralgestirn unseres Sonnensystems** beschreiben;
- die **Solarkonstante** angeben und mit ihr rechnen;
- die **inneren Planeten** Merkur, Venus, Erde und Mars als **Gesteinsplaneten** charakterisieren;
- die **äußeren Planeten** Jupiter, Saturn, Uranus und Neptun als **Gasplaneten** identifizieren;
- nachvollziehen, dass es im Universum eine **Vielfalt von kosmologischen Objekten** gibt.

- Mit bloßem Auge sind am gesamten Himmel je nach Luftgüte und Umgebungshelligkeit im besten Fall bis zu 6 000 Sterne zu erkennen.
- Im Zentrum unseres Sonnensystems befindet sich die Sonne als Zentralstern.
- Weitere Begleiter der Sonne sind neben den acht Planeten und zahlreichen Zwergplaneten Millionen von Asteroiden und Kometen.
- Die Sonne ist mit ihren Begleitern und mindestens 100 Milliarden weiteren Sternen Teil des Sternsystems (Galaxie) der Milchstraße. Die Anzahl der Sterne in unserer Galaxie ist damit vergleichbar mit der Anzahl der Neuronen im Gehirn eines Menschen.
- Die Milchstraße ist eine Balkenspiralgalaxie mit einem Durchmesser von etwa 100 000 Lichtjahren.

Venus wird auch als Morgen- bzw. Abendstern bezeichnet

Sonne

Die Sonne hat etwa die 330 000-fache Erdmasse und den 190-fachen Erddurchmesser und ist das **Gravitationszentrum** unseres Sonnensystems.

Nachdem das Volumen von der dritten Potenz des Durchmessers abhängt, erkennen wir wegen $200^3 = 8\,000\,000$, dass die Sonne eine wesentlich kleinere Dichte als die Erde hat. Sie besteht zu rund 75 % aus Wasserstoff und 23 % aus Helium. Der Rest verteilt sich auf die übrigen chemischen Elemente.

Die **Strahlungsleistung** der Sonne beträgt momentan ca. $3{,}8 \cdot 10^{26}$ Watt und wird sich aufgrund der Kernfusion noch weitere fünf Milliarden Jahre aufrechterhalten. Die Kernfusion (hauptsächlich von Wasserstoff zu Helium) hat Temperaturen von ca. $15 \cdot 10^6$ °C im Inneren und 5 500 °C an der Oberfläche zur Folge.

Die theoretische Ableitung der **Strahlungsleistung** (von schwarzen Körpern) durch Max Planck im Jahr 1900 gilt als Beginn der Quantenmechanik.

Unsere Sonne ist hinsichtlich Größe, Masse und Leuchtkraft ein gewöhnlicher **Durchschnittsstern,** der wegen seiner relativen irdischen Nähe alles andere überstrahlt. Die auf der Erde eintreffende Strahlungsleistung pro Quadratmeter beträgt rund 1 367 W und wird als **Solarkonstante** $S = 1\,367$ W/m² bezeichnet.
Die Sonne erscheint uns mit scharf begrenztem Rand, obwohl sie eine **Gaskugel** ist. Das sichtbare Licht stammt zu mehr als 99 % aus der **Fotosphäre** (Lichtschicht), die nur rund 400 km dick ist. Oberhalb der Fotosphäre befindet sich die **Chromosphäre** (Farbschicht), an die die **Korona** (Strahlenkranz) anschließt, die weit in den interplanetaren Raum hineinreicht.

Die wichtigsten charakteristischen Eigenschaften unserer acht Planeten sowie von Pluto, die alle in mathematisch positivem Drehsinn (gegen den Uhrzeigersinn) um die Sonne laufen, sind im Folgenden angeführt.

Das Ringsystem des **Saturn** wurde 1610 von **Galileo Galilei** mit einem der ersten Teleskope entdeckt. Der holländische Astronom **Christiaan Huygens** beschrieb die Ringe 45 Jahre später: „Der Saturn ist von einem dünnen, flachen Ring umgeben, der ihn nirgends berührt und der zur Ekliptik geneigt ist.“ **Giovanni Domenico Cassini** vermutete als erster, dass die Ringe aus einzelnen Partikeln bestehen, und entdeckte 1675 die markanteste Lücke im Ringsystem, die nach ihm benannte Cassinische Teilung.

Merkur

Er rast in rund 88 Tagen in etwa 0,39 AE mit einer mittleren Geschwindigkeit von 48 km/s um die Sonne. Die Temperatur auf der Oberfläche beträgt wegen der sehr dünnen Atmosphäre bei Tag etwa 430 °C und in der Nacht rund –180 °C. Die Albedo (das Rückstrahlungsvermögen) von Merkur hat mit nur 0,096 den geringsten Wert aller Planeten, sodass Merkur der dunkelste Wandelstern ist. Der Durchmesser des Merkur beträgt rund ein Drittel des Erddurchmessers. Er hat wie Venus keinen Mond.

Venus

Sie ist nach **Sonne und Mond das hellste Gestirn** am irdischen Firmament und übertrifft an Glanz bei Weitem auch die hellsten Fixsterne. Unser sonnennäherer Nachbarplanet hat einen Durchmesser von 95 % des Erddurchmessers und ist von einer undurchsichtigen Atmosphäre aus CO_2, etwas Stickstoff und Spuren von Edelgasen umgeben. Kleinere Partikel verdampfen vollständig beim Eindringen in die Venusatmosphäre, sodass Krater unter drei Kilometer Tiefe auf Venus fehlen. Die Umlaufzeit um die Sonne in 0,72 AE Entfernung beträgt 224,7 Tage. Die Temperatur auf der Oberfläche beträgt etwa 475 °C bei einem Druck von ca. 90 bar. Galileo Galilei entdeckte 1610, dass Venus Phasen zeigt wie unser Erdmond.

Die acht Planeten und ihre Monde

Planet	Zahl der Monde
Merkur	0
Venus	0
Erde	1
Mars	2
Jupiter	mindestens 63
Saturn	mindestens 32
Uranus	mindestens 21
Neptun	mindestens 11

Erde

Ihre **Kugelgestalt** lehrte bereits Thales von Milet (628 bis 546 v. Chr.). Am bekanntesten ist der Nachweis der **Erddrehung** (T rund 23 Stunden 56 Minuten 4 Sekunden) durch den Foucaultschen Pendelversuch 1851. Die Äquatorebene ist zurzeit um 23,5° gegen die Bahnebene um die Sonne geneigt und bedingt die Ausprägung der Jahreszeiten. Die Umlaufzeit um die Sonne beträgt ca. 365,25 Tage.

Die **Erdatmosphäre** absorbiert den überwiegenden Teil der aus dem Weltall einfallenden elektromagnetischen Strahlung. Nur im schmalen Frequenzbereich des sichtbaren Lichtes und im Bereich der Radiostrahlung ist die Erdatmosphäre einigermaßen durchlässig. Physiker/innen sprechen vom „optischen Fenster" und vom „Radiofenster". Die Astronomie im Raumfahrzeitalter seit 1957 ermöglicht erst die Beobachtung des gesamten elektromagnetischen Spektrums.

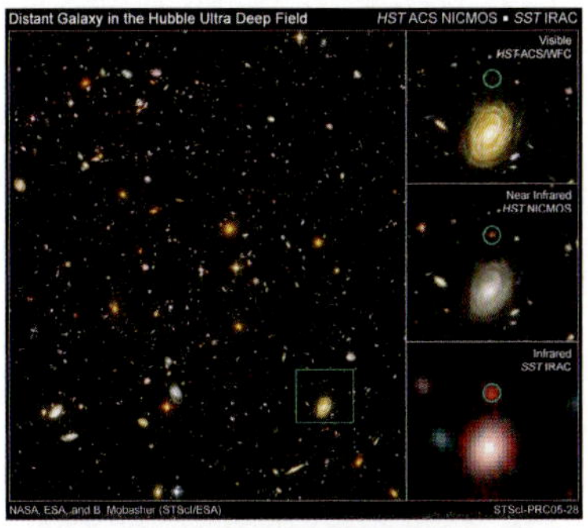

Eine Aufnahme des Weltraumteleskops Hubble zeigt Galaxien verschiedenen Alters, verschiedener Größe und verschiedener Form. Die kleinsten, rotesten Galaxien, ungefähr 100 an der Zahl, gehören zu den am weitesten entfernten derzeit bekannten Galaxien. Gemäß der Theorie vom **Urknall** vor ca. 13,7 Milliarden Jahren sind diese Galaxien in einem Stadium zu sehen, als das Universum erst 800 Millionen Jahre alt war.

B

Die **Gravitationskräfte** von Sonne und Mond üben ein Drehmoment auf die Erde aus, das versucht, die Erdachse aufzurichten. Gemäß den **Kreiselgesetzen** weicht die Erde rechtwinkelig aus, wobei die Neigung (Schiefe der Ekliptik) im Wesentlichen konstant bleibt. Die Erdachse selbst bleibt nicht raumfest, sondern beschreibt im Lauf von 25 784 Jahren (einem platonischen Jahr) einen doppelten Kegelmantel. Das globale **Erdmagnetfeld** ist mit etwa einem halben Gauß (0,05 Millitesla) schwach, schützt uns aber vor dem **Sonnenwind.**

Der **Erdmond** ist mit einem Durchmesser von 3 476 km der fünftgrößte Mond des Sonnensystems. Der Mond beschreibt gemäß dem ersten keplerschen Gesetz eine **Ellipse** mit einer mittleren Entfernung von 384 401 km um die Erde. Der größte Erdabstand wird im Apogäum (Erdferne) mit 406 700 km eingenommen. Am nächsten ist uns der Mond im Perigäum (Erdnähe) mit rund 356 500 km. Der Schwerpunkt des Systems Erde – Mond, das **Baryzentrum,** liegt innerhalb der Erdkugel und bewegt sich auf einer Keplerellipse um die Sonne.

Schon die ältesten Kulturvölker schenkten den **Mondphasen** große Aufmerksamkeit und nutzten sie zur Zeiteinteilung. Das **Mondvolumen** beträgt etwa ein Fünfzigstel des Erdvolumens. Da die **Mondmasse** nur 1/81 der Erdmasse beträgt, ergibt sich eine mittlere **Monddichte** von nur 60 % der Erddichte. Er ist der einzige fremde Himmelskörper, der bisher von Menschen betreten wurde. Sein astronomisches Symbol ☾ ist die von der irdischen Nordhalbkugel aus betrachtete abnehmende Mondsichel.

Dem Urknall bzw. den kosmologischen Modellen werden wir in NAWI III/IV wieder begegnen.

Mars

Er ist nach dem griechischen Kriegsgott Ares benannt, der bei den Römern Mars hieß. Der **rote Planet** hat eine dünne Atmosphäre und zwei kleine Monde, die 1877 entdeckt wurden: Deimos (griech.: Furcht) und Phobos (griech.: Schrecken).
Die Umlaufzeit um die Sonne beträgt 687 Tage in einem Abstand von 1,52 AE.

Das Hubble-Weltraumteleskop (engl. Hubble Space Telescope, kurz HST) für sichtbares Licht, Ultraviolett- und Infrarotstrahlung umkreist die Erde in einer Höhe von 575 Kilometern innerhalb von 96 Minuten einmal.

Die äußeren Planeten Jupiter, Saturn, Uranus und Neptun sind **Gasplaneten** und haben daher keine feste Oberfläche.

Jupiter

Jupiter ist nach Sonne, Mond und Venus das vierthellste Objekt am Himmel. Nur Mars ist noch heller, wenn er sich der Erde nähert. Der **größte und massereichste Planet** unseres Sonnensystems mit einem Durchmesser von ca. 142 800 km umrundet in etwa 11,86 Jahren die Sonne in ca. fünffachem Erdabstand. Er hat eine dichte Atmosphäre, deren Wolkenbänder als Streifen in Teleskopen sichtbar sind. Auf der Südhalbkugel zeigt sich der berühmte **Große Rote Fleck,** dessen linearer Längsdurchmesser rund 40 000 km beträgt. Jupiter hat 79 bekannte Monde.

Der **Große Rote Fleck** ist ein Wirbelsturm, der schon Galilei bekannt war.

Unser Universum	
Ausdehnung	$78 \cdot 10^9$ Lj
Masse	$\approx 10^{53}$ kg
Mittlere Dichte	$\approx 4{,}7 \cdot 10^{-30}$ g/cm³
Hauptbestandteile der Materie	Wasserstoff 80 %
Alter	$\approx 13{,}75 \cdot 10^9$ a
Galaxien	$100 \cdot 10^9$
Temperatur der Hintergrundstrahlung	2,7 K

Die Daten unseres Universums sind sehr eindrucksvoll. Die Begriffe „dunkle Masse" und „dunkle Energie" stellen die Physikerinnen und Physiker aber noch vor viele ungelöste Fragen.

Saturn

Er ist der **zweitgrößte Planet** unseres Sonnensystems mit einem Durchmesser von 115 630 km. Er ist der äußerste Planet, der mit bloßem Auge problemlos erkennbar ist, und läuft in rund 9,6 AE Entfernung in etwa 29,5 Jahren um die Sonne. Von ihm kennt man derzeit 62 Monde. Der größte ist Titan. Saturn hat ein ausgeprägtes Ringsystem aus festen Teilchen und wird daher als „Herr der tausend Ringe" bezeichnet.

Uranus

Er wurde 1781 von **Wilhelm Herschel** entdeckt und ist nach dem griechischen Himmelsgott Uranos benannt. Sein Durchmesser beträgt etwa das Vierfache des Erddurchmessers und Uranus ist damit der **drittgrößte Planet.** Sein Lauf um die Sonne in rund 19,3 AE Entfernung dauert etwa 84,7 Jahre.

Neptun

Neptun wurde im Jahr 1846 im Sternbild Wassermann entdeckt, nachdem Bahnstörungen des Uranus seine Existenz nahegelegt hatten. Er ist nach Uranus der **viertgrößte Planet** des Sonnensystems. Neptun benötigt für eine Sonnenumrundung in rund 30,1 AE circa 165,5 Jahre.

Pluto

Pluto benötigt für eine Sonnenumrundung in einer mittleren Entfernung von etwa 39,48 AE rund 247,7 Jahre. Er hat die größte Exzentrizität, also die stärkste Abweichung von einer Kreisbahn: Aphel rund 49,3 AE und Perihel rund 29,66 AE. Pluto wurde im Jahr 1930 von **Clyde W. Tombaugh** auf einer fotografischen Aufnahme entdeckt.

Plutos Mond Charon ist mit einem Durchmesser von 1 207 km sehr groß im Vergleich zu Pluto (Durchmesser rund 2 390 km) und umkreist Pluto in rund 6,4 Tagen in einer Entfernung von ca. 20 000 km. Der Astronom **James Walter Christy** vom United States Naval Observatory in Washington D.C. entdeckte bei der Auswertung von fotografischen Platten Charon im Juni 1978.

Bedingt durch das Masseverhältnis von gut 8 : 1 und einen hinreichend großen Abstand liegt der gemeinsame Schwerpunkt, das **Baryzentrum** des Systems Pluto – Charon, außerhalb von Pluto, während das Baryzentrum von Erde – Mond innerhalb der Erde liegt.

Nochmals die Titius-Bode-Relation: Die große Halbachse a der Keplerellipse ist in Astronomischen Einheiten (AE) angegeben.

Planet	$a_{T\text{-}B}$	$a_{gemessen}$
Merkur	0,4	0,39
Venus	0,7	0,72
Erde	1,0	1,00
Mars	1,6	1,52
	2,8	
Jupiter	5,2	5,21
Saturn	10	9,58
Uranus	19,6	19,3

Man erkennt die Lücke bei 2,8 AE, die erst durch die Entdeckung von Ceres geschlossen wurde.

Die Planetoiden

Die Titius-Bode-Relation $a = 0{,}4 + 0{,}3 \cdot 2^n$ liefert für $n = 3$ einen mittleren Sonnenabstand von 2,8 AE. Diese Lücke zwischen Mars (1,52 AE) und Jupiter (5,21 AE) wurde in der Neujahrsnacht von 1800 auf 1801 mit der Entdeckung des Planetoiden **Ceres** geschlossen. Man kennt mittlerweile mehr als 6 000 Planetoiden, von denen Ceres mit einem Durchmesser von ca. 950 km der größte ist.

Ziele erreicht? – „Sonnensystem"

1.5.10 + Berechnen Sie mithilfe der Solarkonstanten S die **Strahlungsleistung** der Sonne. Setzen Sie eine konstante Sonne-Erde-Distanz voraus.

1.5.11 + Berechnen Sie die mittlere Entfernung des **Erdmondes** von der Erde, wenn die Umrundungszeit etwa 27,3 Tage beträgt und wenn Sie eine Kreisbahn voraussetzen.

1.5.12 ++ Berechnen Sie die große Halbachse der **Erdmondbahn,** wenn die Umrundungszeit etwa 27,3 Tage beträgt. Verwenden Sie die Näherungsformel

$$\frac{T^2}{a^3} = \frac{4 \cdot \pi^2}{G \cdot (m_{\text{Erde}} + m_{\text{Mond}})}$$

1.5.13 + Nennen Sie jeweils den **Planeten,** auf den der Name jeweils zutrifft:
a) Der rote Planet,
b) der Herr der tausend Ringe,
c) der blaue Planet,
d) der hellste und
e) der dunkelste Planet.

1.5.14 + Nennen Sie den **größten Planeten** und geben Sie an, wie viele **Monde** derzeit bekannt sind.

1.5.15 + Erklären Sie, was die **Solarkonstante** angibt, wie groß sie ist und welche physikalische Größe man mit ihrer Hilfe berechnen kann.

1.5.16 + Beschreiben Sie, was das **optische Fenster** ist.

1.5.17 + Berechnen Sie die **mittlere Entfernung** des Plutomondes Charon von Pluto, wenn seine Umrundungszeit etwa 6,4 Tage beträgt und wenn Sie eine Kreisbahn voraussetzen. Verwenden Sie die folgenden Massen $m_{\text{Pluto}} = 1{,}25 \cdot 10^{22}$ kg, $m_{\text{Charon}} = (1{,}52 \pm 0{,}06) \cdot 10^{21}$ kg.

1.5.18 ++ Berechnen Sie die **große Halbachse** der Charonbahn um Pluto, wenn die Umrundungszeit etwa 6,4 Tage beträgt. Verwenden Sie die entsprechende Näherungsformel aus Aufgabe 1.5.12.

Der Herr der Ringe – eine Anspielung auf einen Planeten?

Elektrische Entladung

2 Elektrizitätslehre

In unserer Alltagswelt werden wir häufig mit Erscheinungen und Anwendungen von ***Elektrizität*** *und* ***Magnetismus*** *konfrontiert. Meist sind sie für uns ganz selbstverständlich.*

2.1 Elektrostatik

Sie kennen die folgende Situation: Sie gehen auf einem Teppichboden und beim Griff nach einer Türklinke oder einem Geländer aus Metall erhalten Sie einen elektrischen Schlag. Was Sie in dieser Situation am eigenen Leib verspüren, ist die Entladung von Reibungselektrizität.

2.1.1 Elektrische Ladung

Der Begriff Elektrizität stammt aus dem Griechischen (elektron: Bernstein). Kenntnisse der Elektrostatik wurden schon dem Naturphilosophen ***Thales von Milet*** *zugeschrieben.*

THALES VON MILET, UM 624 V. CHR. BIS UM 546 V. CHR.

Meine Ziele

Nach Bearbeitung dieses Kapitels kann ich

- **zwei Arten von Ladungen** nennen;
- Protonen und Elektronen als **elementare Ladungsträger** angeben;
- erklären, dass **Ladung** in abgeschlossenen Systemen **erhalten bleibt.**

Reibungselektrizität

Versuch 2.1.01: Reibungselektrizität

Reibt man einen Gummistab mit einem Fellstück (künstlich oder echt) oder einen Glasstab mit einem Seidentuch, werden der Gummi- bzw. der Glasstab elektrisch aufgeladen. Die geladenen Stäbe können Haare, kleine Papierschnitzel oder einen dünnen Wasserstrahl anziehen.

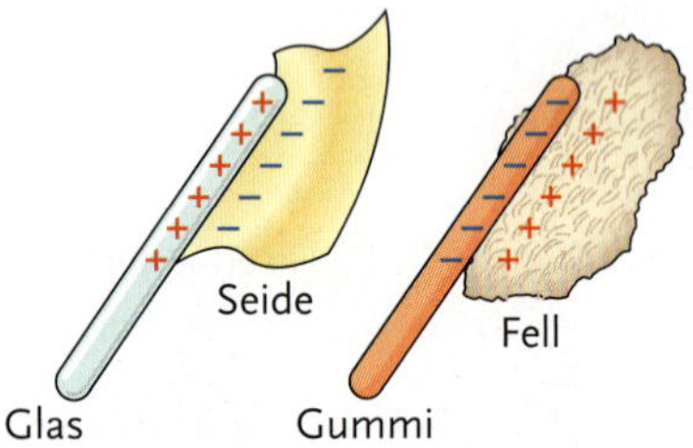

Skizze zum Versuch 2.1.01.

Verschiedene Stoffe wie Hartgummi, Glas, Kautschuk, Kunststoffe, Paraffin usw. können durch Reibung aufgeladen werden.

Bei der Reibung zwischen den Oberflächen zweier Körper können geladene Teilchen von dem einen abgelöst und vom anderen Körper aufgenommen werden.

Aus obiger Erklärung ergibt sich:

Die elektrische Ladung eines abgeschlossenen Systems bleibt erhalten.

Ladungen können zwar von einem Ort zum anderen transportiert werden, jedoch kann man Ladungen weder erzeugen noch vernichten.

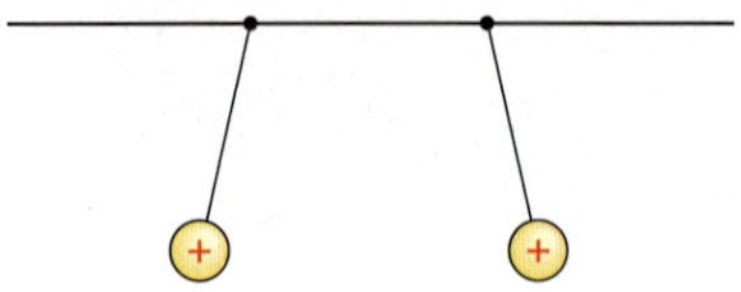

Geladene Kugeln an einer Schnur

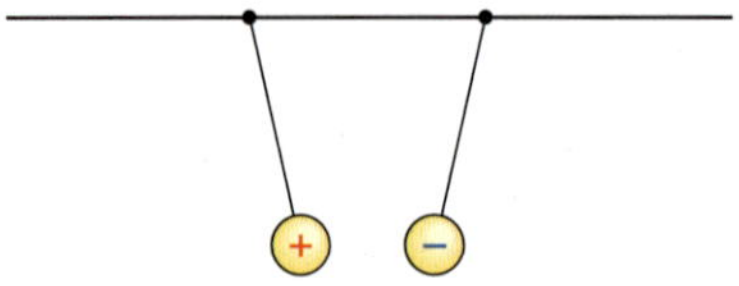

Skizze zum Versuch 2.1.02: Kraftwirkung zwischen geladenen Kugeln

Versuch 2.1.02: Kraftwirkung zwischen Ladungen

Nähert man einander zwei aufgeladene Körper, tritt zwischen ihnen eine anziehende oder abstoßende Kraftwirkung auf. Aus dieser Beobachtung kann man schließen:

- Ladungen üben aufeinander Kräfte aus.
- Es gibt zwei Arten von Ladung, die wir entweder als **positiv** oder als **negativ** bezeichnen.
- Gleichartige Ladungen stoßen einander ab, ungleichartige ziehen einander an.

SI-Einheiten siehe Kap. A, 2; Gleichstrom siehe Kap. B, 2.2.

Wir betrachten eine für uns **neue abgeleitete physikalische Größe:**

Elektrische Ladung *Q*

Maßeinheit der elektrischen Ladung:	$[Q] = 1$ Coulomb (1 C)
oder in SI-Basiseinheiten:	$[Q] = 1\ \text{A} \cdot 1\ \text{s} = 1$ Amperesekunde (1 As)

Bohrsches Atommodell siehe Kap. D, 2.1.

Die Einheit Coulomb ist nach **Charles Augustin de Coulomb** (1736 bis 1806) benannt.
1 Coulomb ist eine sehr große Ladungsmenge. Durch Reibung sind zum Beispiel nur Ladungsmengen von 1 nC aufbringbar.

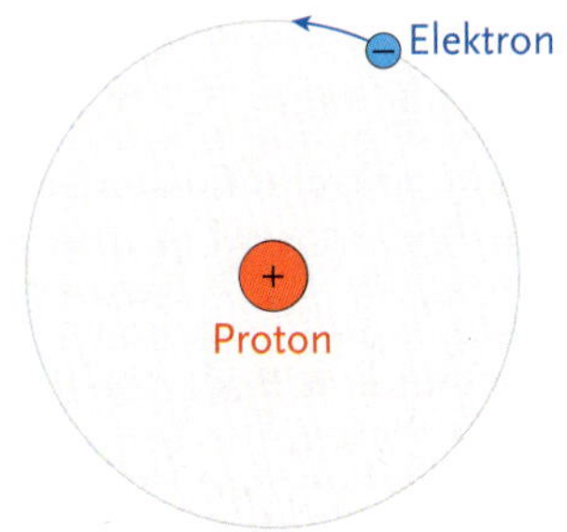

Wasserstoffatom

Um die Ursache von elektrischer Ladung zu verstehen, betrachten wir unsere Modellvorstellung von Materie. Im Kern eines Atoms befinden sich ungeladene Neutronen und positiv geladene Protonen. Die Elektronen in der Atomhülle sind negativ geladen. Die Ladung des Elektrons ist die kleinste vorkommende Ladungsmenge und sie ist betragsmäßig gleich der Ladungsmenge des Protons. Man bezeichnet sie als **Elementarladung *e*.**

Elementarladung: $\quad e = 1{,}602\,2 \cdot 10^{-19}\ \text{C}$

Wenn ein Körper elektrisch ungeladen erscheint, bedeutet das nur, dass er gleich viele positive und negative Ladungen enthält.

Zum Messen einer elektrischen Aufladung wird ein **Elektroskop** verwendet. Es besteht aus zwei Metallplättchen, die an einem metallischen Halterungsteil befestigt sind. Auf diesen werden die Ladungen aufgebracht und sie verteilen sich über die gesamte Vorrichtung. Die gleichartig geladenen Blättchen stoßen einander ab.

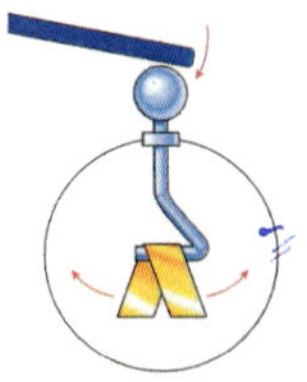
Versuch: Elektroskop

Je nach der Fähigkeit eines Stoffes, elektrische Ladungen zu leiten, wird er entweder als **Leiter, Nichtleiter** (Isolator, Dielektrikum), **Halbleiter** oder **Supraleiter** bezeichnet.

Ziele erreicht? – „Elektrische Ladung"

2.1.01 + Zählen Sie die Arten von Ladungen auf.
2.1.02 + Nennen Sie die elementaren Ladungsträger.
2.1.03 + Erklären Sie, was für die Ladung in einem abgeschlossenen System gilt.

Charles Augustin de Coulomb, 1736 bis 1806, französischer Physiker und Ingenieuroffizier

2.1.2 Coulombsches Gesetz, elektrisches Feld

Meine Ziele

Nach Bearbeitung dieses Kapitels kann ich

- die **Stärke und Richtung** der **Kraftwirkung** zwischen Ladungen angeben;
- das **elektrische Feld** als abstrakte Beschreibung einer möglichen **Kraftwirkung** deuten;
- das **Feldlinienbild** einer Ladung interpretieren;
- die Bedeutung der **Grundgleichung der Elektrostatik** erklären.

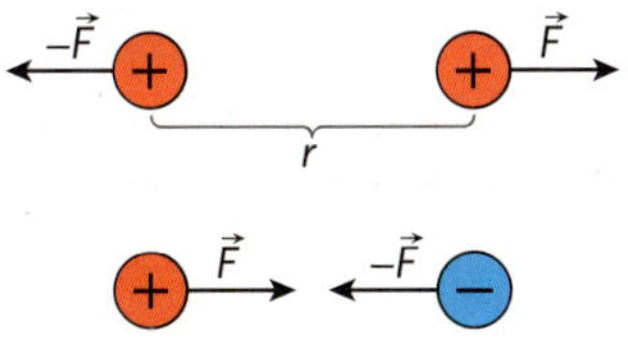

Kraftwirkung zwischen Ladungen

Der französische Physiker **Charles Coulomb** maß 1785 mithilfe eines Torsionspendels die Kräfte zwischen elektrischen Ladungen. Er formulierte die folgende Gesetzmäßigkeit.

Coulombsches Gesetz

Der Betrag der Kraft zwischen zwei punktförmigen Ladungen ist direkt proportional zum Produkt der beiden Ladungen $Q_1 \cdot Q_2$ und indirekt proportional zum Quadrat ihres Abstandes r.

$$F = \frac{1}{4\pi \cdot \varepsilon_0} \cdot \frac{Q_1 \cdot Q_2}{r^2}$$

Dabei ist ε_0 die Dielektrizitätskonstante des Vakuums mit dem Wert

$$\varepsilon_0 = 8{,}854 \cdot 10^{-12}\ \mathrm{A^2 s^2 N^{-1} m^{-2}}$$

Die Richtung der Kraftwirkung liegt auf der Verbindungslinie der beiden Ladungen.

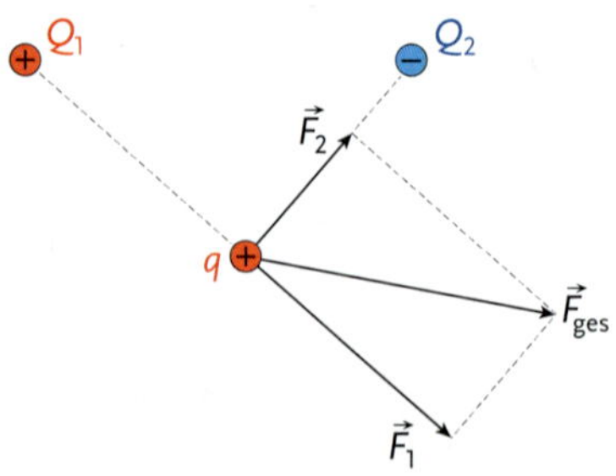

Addition mehrerer Coulombkräfte
$|Q_1| > |Q_2|$

Sind mehr als zwei Ladungen vorhanden, gilt das **Superpositionsprinzip.** Die insgesamt wirkende Kraft auf eine Ladung ergibt sich aus der vektoriellen Addition der einzelnen wirkenden Coulombkräfte.

Um die Kraftwirkung einer Ladung Q auf eine sich in ihrer Umgebung befindende Ladung q zu beschreiben, verwendet man ein Vektorfeld. Dies stellt eine mathematische Zuordnung eines Kraftvektors zu jedem Punkt des Raumes dar. Dieses Feld einer ruhenden Ladung Q wird als **elektrostatisches Feld** bezeichnet.

Die **elektrische Feldstärke *E*** in einem bestimmten Punkt des Raumes ist die Kraft auf eine Ladung q in diesem Punkt pro Größe der Ladung q

$$\textit{Feldstärke} = \frac{\textit{Kraft}}{\textit{Ladung}} \qquad \vec{E} = \frac{\vec{F}}{q} \qquad [\vec{E}] = 1\frac{\mathrm{N}}{\mathrm{C}} = 1\frac{\mathrm{N}}{\mathrm{As}}$$

Die **Richtung der Feldstärke** ist definiert durch die **Richtung der Kraft,** die auf eine **positive Probeladung *q*** wirken würde.

Feldlinienbilder

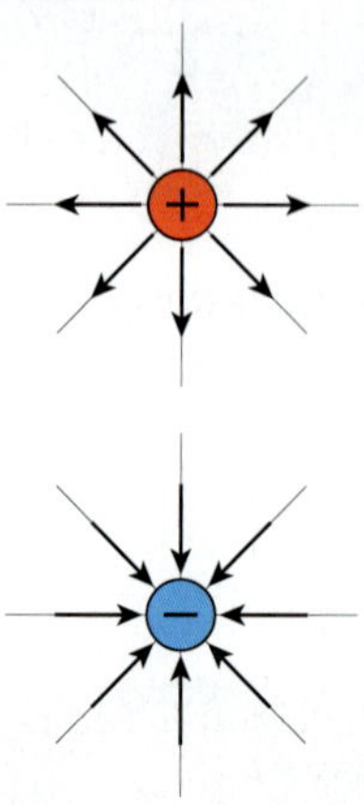

Felder von Punktladungen

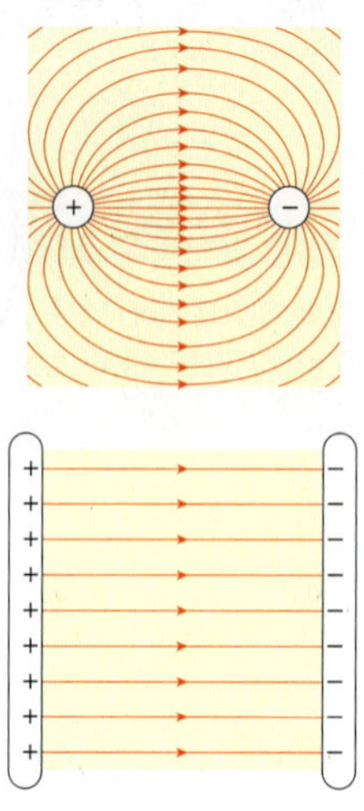

Felder von Ladungsverteilungen

Um elektrostatische Felder von Ladungen darzustellen, verwenden wir **Feldlinienbilder.** Diese Feldlinienbilder weisen folgende Eigenschaften auf:

- Die Feldlinien weisen von positiven Ladungen weg **(Quellen)** und zu negativen Ladungen hin **(Senken).**
- Sie verlaufen in der Richtung der wirkenden Kraft.
- Sie stehen senkrecht zur Oberfläche des geladenen Körpers.
- Die Feldstärke (und damit die Kraftwirkung) ist proportional zur Dichte der Feldlinien.

Beispiel 2.1.01: Elektrisches Feld einer Punktladung

Der Betrag des elektrischen Feldes einer Punktladung der Größe Q in einer Entfernung von r ist zu berechnen.

$$E(r) = \frac{F(r)}{q} = \frac{1}{4\pi \cdot \varepsilon_0} \cdot \frac{Q \cdot q}{r^2} \cdot \frac{1}{q} = \frac{1}{4\pi \cdot \varepsilon_0} \cdot \frac{Q}{r^2}$$

Den elektrischen Fluss erklären wir nun als Summe der Feldlinien, die, ausgehend von einer Punktladung im Mittelpunkt einer gedachten Kugel, senkrecht zur Oberfläche durch ein Teilstück dieser Kugeloberfläche treten.

Elektrischer Fluss

$$\Phi_E = E \cdot A \qquad [\Phi_E] = \frac{1\,\text{Nm}^2}{\text{C}}$$

Beispiel 2.1.02: Elektrischer Fluss einer Ladung

Der elektrische Gesamtfluss einer Ladung Q durch eine Kugeloberfläche mit Radius r, deren Mittelpunkt sich in der Ladung Q befindet, ist zu ermitteln.

$$\Phi_E = E \cdot A = \frac{1}{4\pi \cdot \varepsilon_0} \cdot \frac{Q}{r^2} \cdot 4\pi \cdot r^2 = \frac{Q}{\varepsilon_0}$$

Für eine geschlossene Oberfläche um eine Ladung Q gilt die **Grundgleichung der Elektrostatik:**

$$Q = \varepsilon_0 \cdot \Phi_E$$

Verallgemeinert gilt, dass der Fluss durch eine beliebig geformte geschlossene Oberfläche nur von der darin eingeschlossenen Ladung abhängt.

Elektrischer Fluss

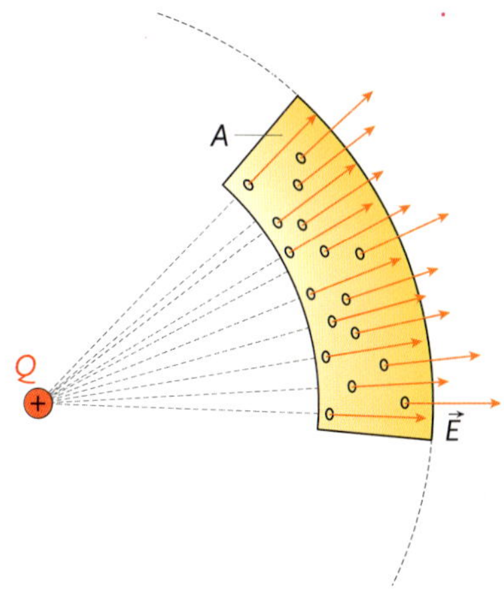

Grundgleichung der Elektrostatik
(einfache Formulierung der ersten Maxwellgleichung)

Ziele erreicht? – „Coulombsches Gesetz, elektrisches Feld“

2.1.04 + Berechnen Sie die Kraft zwischen zwei kleinen Kugeln, die jeweils eine Ladung von 1 C tragen und einen Mittelpunktsabstand von 1 m haben.

2.1.05 + Zwei kleine geladene Kugeln üben bei einem Mittelpunktsabstand von 35 cm eine abstoßende Kraft von 250 N aufeinander aus. Ihre Ladungen verhalten sich wie 3 : 7. Berechnen Sie die Größe der jeweiligen Ladungen.

2.1.06 + Berechnen und vergleichen Sie die Größe der Gravitations- und der Coulombkraft zwischen dem Elektron und dem Proton in einem Wasserstoffatom (benötigte Werte: siehe Randspalte).

2.1.07 ++ Zwei punktförmige Ladungen ($Q_1 = +10\ \mu C$, $Q_2 = -6\ \mu C$) haben zueinander einen Abstand von 85 cm. Nun wird eine Probeladung der Größe $q = +5$ nC auf der Verbindungslinie von Q_1 und Q_2 in einer Entfernung von 40 cm von Q_1 platziert. Berechnen Sie Richtung und Größe der Feldstärke am Ort der Ladung q. Berechnen Sie Richtung und Größe der Kraft auf die Ladung q.

2.1.08 ++ Zwei kleine gleichartig geladene Kugeln mit der Masse 3 g werden jeweils an einem Faden mit der Länge 20 cm an einem gemeinsamen Aufhängepunkt befestig. Aufgrund der Coulombabstoßung haben sie einen Mittelpunktsabstand von 16 cm. Berechnen Sie die Größe der Ladung.

James Clerk Maxwell, 1831 bis 1879, schottischer Physiker

Das Wasserstoffatom
Protonenmasse
$m_p \approx 1{,}673 \cdot 10^{-27}$ kg

Elektronenmasse
$m_e \approx 9{,}109 \cdot 10^{-31}$ kg

Abstand Elektron – Proton
$r \approx 5{,}3 \cdot 10^{-11}$ m

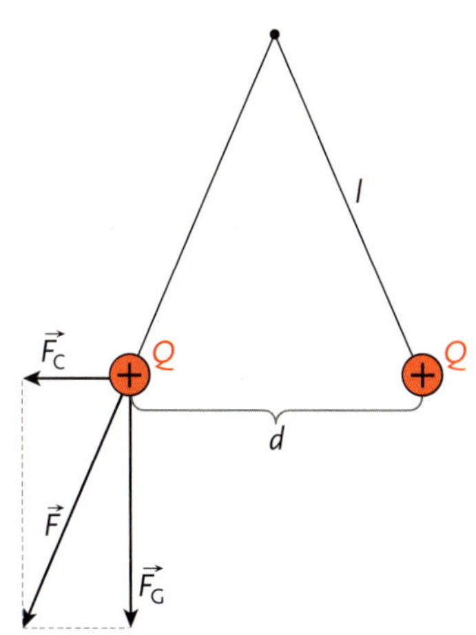

Skizze zur Aufgabe 2.1.08

2.1.3 Influenz

*Der Begriff Influenz wurde von **Alessandro Volta** geprägt. Er konstruierte einen elektrostatischen Generator zur Trennung von Ladungen und das Elektroskop.*

Mein Ziel

Nach Bearbeitung dieses Kapitels kann ich

- erklären, was man unter **Influenz** versteht.

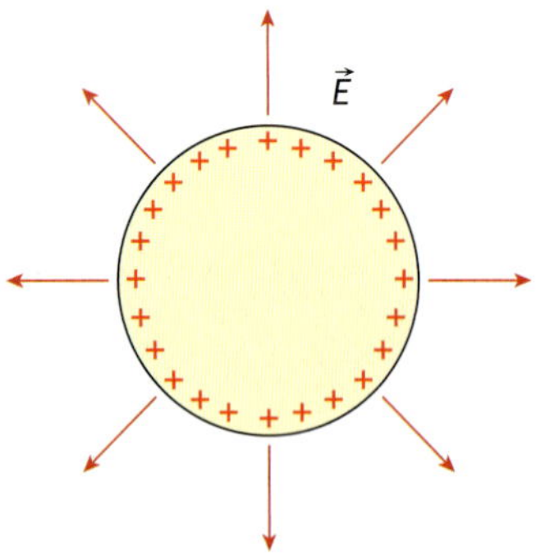

Ladungen verteilen sich über die Oberfläche eines geladenen Leiters, das Innere bleibt feldfrei

In elektrisch leitenden Körpern können sich Ladungen innerhalb des Körpers bewegen. Das gilt sowohl für Ladungen, die von außen aufgebracht werden, als auch für die beweglichen Elektronen des Körpers. Bringt man einen elektrisch leitenden Körper in die Nähe einer äußeren Ladung, kommt es im Körper zu einer Verschiebung seiner Ladungen.

Die **Trennung von Ladungen** durch ein elektrisches Feld nennt man **Influenz.**

Die **Erde** kann als sehr **großer Leiter** betrachtet werden. Bei Körpern, die mit der Erde leitend verbunden sind, tritt immer ein Ladungsausgleich bis hin zum ungeladenen Zustand auf. Solche Körper werden als geerdet bezeichnet.

Schaltsymbol für Erdung: ⏚

Die Ladungen eines elektrisch geladenen Körpers verteilen sich wegen der Coulombkräfte über die **Oberfläche** des Körpers, sein **Inneres bleibt feldfrei.** Eine elektrisch leitende Umhüllung hält infolge der Influenz ihr Inneres feldfrei, auch wenn von außen ein elektrostatisches Feld einwirkt. Dies ist das Prinzip des **Faradaykäfigs.** Es wird bei der Abschirmung empfindlicher elektronischer Geräte und Leitungen angewandt, beim **Van-de-Graaff-Generator,** beim Mikrowellenherd und beim Blitzschutz.

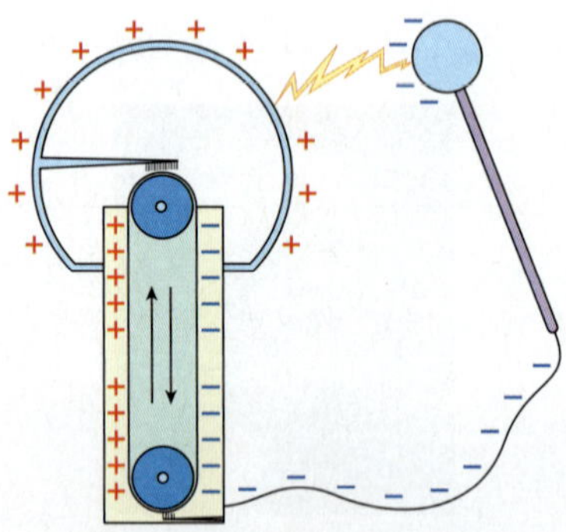

Van-de-Graaff-Generator zur Erzeugung von Hochspannungen (nach **Robert Van de Graaff,** einem amerikanischen Physiker): Ein Band aus Gummi läuft über eine Walze aus Metall (unten) und eine aus Kunststoff (oben). Ein geerdeter Metallkamm streift unten Elektronen vom Band, das positiv geladen nach oben läuft und dort an einem weiteren Kamm Elektronen von der isolierten Halbkugel aufnimmt. Diese laufen am Band nach unten und die Halbkugel wird positiv aufgeladen.

Ziel erreicht? – „Influenz"

2.1.09 + Erklären Sie, was man unter dem Begriff Influenz versteht.

2.1.4 Potenzial und Spannung

Auf fast jedem Elektro- oder Netzgerät findet sich eine Plakette, die die Betriebsspannung angibt. Die Abkürzung für die elektrische Spannung U leitet sich vom lateinischen urgere (treiben, drängen, drücken) ab.

Meine Ziele

Nach Bearbeitung dieses Kapitels kann ich

- das **Potenzial** als die Energie beschreiben, die nötig ist, um eine Probeladung von 1 C aus dem Unendlichen an eine bestimmte Stelle des elektrischen Feldes zu führen;
- die **Spannung** als Arbeit erklären, die nötig, ist um eine Probeladung von 1 C zwischen zwei Punkten des elektrischen Feldes zu bewegen;
- die **Energie** zum Durchqueren einer Potenzialdifferenz für eine beliebige Ladungsmenge berechnen.

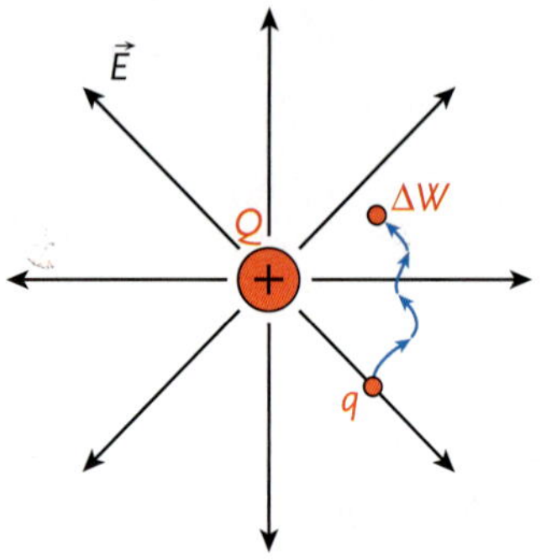

Zum Verschieben einer Ladung im elektrischen Feld wird Arbeit benötigt

Würden wir eine Probeladung q innerhalb eines elektrischen Feldes um eine bestimmte Wegstrecke **verschieben,** wäre dazu eine **Kraft** notwendig oder die Ladung bringt selbst eine Kraft auf. Daraus folgt, dass für diese Verschiebung **Arbeit** aufzuwenden ist oder die Verschiebung Arbeit leistet.

Wenn das **Feld homogen** (gleichmäßig in seiner Richtung und Stärke) ist und der Weg in Kraft- beziehungsweise in Feldrichtung weist, gilt:

$$\textit{Arbeit} = \textit{Kraft} \cdot \textit{Weg} = \textit{Ladung} \cdot \textit{Feldstärke} \cdot \textit{Weg}$$
$$W = F \cdot s = q \cdot E \cdot s \quad \textit{oder vektoriell:} \quad W = \vec{F} \cdot \vec{s} = q \cdot \vec{E} \cdot \vec{s}$$

Etwas schwieriger wird die Situation, wenn die **Probeladung q im Feld einer Punktladung Q** verschoben wird. Nehmen wir an, dass eine kleine Verschiebung von einem Abstand r_1 bis zu einer Distanz von r_2 zur Ladung Q erfolgt. Für die Arbeit ergibt sich dann für r_1 größer r_2 näherungsweise:

$$W = F(r_1) \cdot (r_1 - r_2) = q \cdot E(r_1) \cdot (r_1 - r_2)$$

Dabei tritt das Problem auf, dass die Kraft bzw. das **elektrische Feld** über die Wegstrecke **nicht mehr konstant** ist, sondern mit dem Quadrat der Entfernung (also prozentuell) abnimmt. Eine brauchbare Näherung ist die Verwendung des geometrischen Mittelwerts der Kräfte zwischen Anfangs- und Endpunkt. Dazu verwenden wir das geometrische Mittel der Abstände: $\bar{r} = \sqrt{r_1 \cdot r_2}$.

$$W = F(\bar{r}) \cdot (r_1 - r_2) = q \cdot \frac{1}{4\pi\varepsilon_0} \cdot \frac{Q}{r_1 \cdot r_2} \cdot (r_1 - r_2)$$

Nach Zusammenfassung ergibt sich daraus:

$$W = Q \cdot \frac{q}{4\pi\varepsilon_0} \cdot \left(\frac{1}{r_2} - \frac{1}{r_1}\right)$$

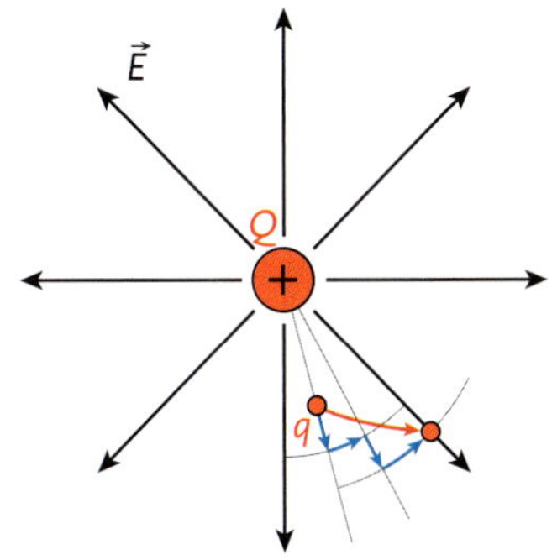

Jeder Weg einer Ladung im elektrischen Feld einer Punktladung ist in kleine axiale ($\Delta W \neq 0$) und radiale Anteile ($\Delta W = 0$) zerlegbar

Das Vorzeichen des errechneten Wertes gibt an, ob Arbeit zu verrichten ist (positiv) oder ob Arbeit gewonnen werden kann (negativ).

Aus der obigen Herleitung folgt, dass die aufzuwendende **Arbeit** nur von der Distanz des **Anfangs- und Endpunkts** zur Punktladung abhängt, **nicht** jedoch **vom gewählten Weg** zwischen diesen Punkten. Die Skizze zeigt, dass ein gewählter Weg in sehr kleine Abschnitte zerlegt werden kann. Wegabschnitte entlang einer Feldlinie ergeben einen Arbeitsanteil ΔW nach obiger Formel, Wegabschnitte normal zu den Feldlinien liefern einen Arbeitsanteil $\Delta W = 0$.

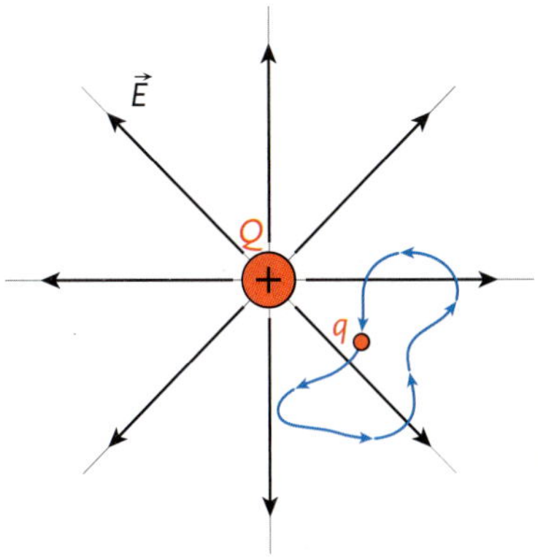

Geschlossener Weg in einem Potenzialfeld ($\Delta W = 0$)

Eine weitere Folgerung aus dieser Überlegung ergibt, dass bei einem beliebigen **geschlossenen Weg** (Anfangspunkt ist Endpunkt) in einem elektrischen Feld die aufzuwendende Arbeit $W = 0$ ist. Das bedeutet, dass das Feld keinerlei Energie aufnimmt bzw. leistet. Ein solches Kraftfeld bezeichnet man auch als **konservatives Kraftfeld** oder **Potenzialfeld.**

Jedem Punkt im elektrischen Feld kann man den Wert der Arbeit zuordnen, die benötigt wird, um eine positive Ladungseinheit (+1 C) aus dem Unendlichen an diesen Ort zu verschieben. Diese Arbeit pro Ladungseinheit nennt man auch das Potenzial V.

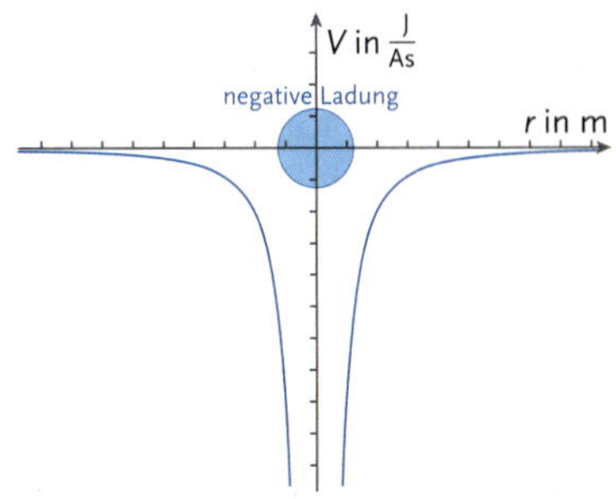

Potenzial einer **negativen Ladung**

Positive Probeladungen bewegen sich auf der Potenzialkurve nach unten, negative nach oben.

Potenzial

$$Potenzial = \frac{Arbeit}{Ladung}$$

$$V = \frac{W}{Q} \qquad [V] = \left[\frac{W}{Q}\right] = \frac{1\,\text{J}}{1\,\text{C}} = 1\ \text{Volt (1 V)}$$

Die **Potenzialdifferenz** zwischen zwei Punkten des elektrischen Feldes wird als **Spannung U** bezeichnet.

$$U = \Delta V \qquad [U] = [\Delta V] = 1\ \text{Volt (1 V)}$$

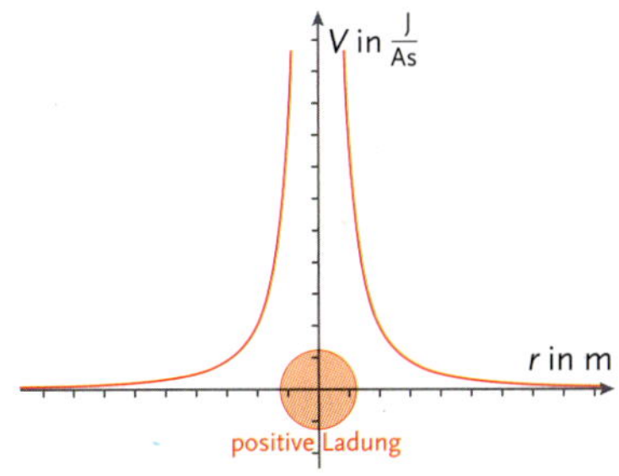

Potenzial einer **positiven Ladung**

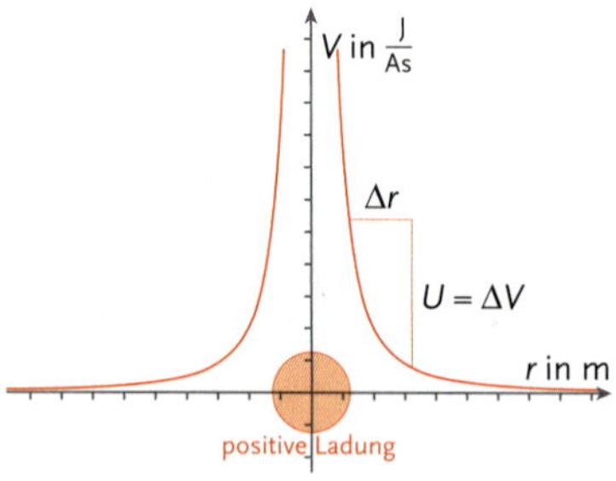

Potenzialdifferenz zwischen zwei Punkten im elektrischen Feld einer Ladung

Tunnel des LHC (Large Hadron Collider) am europäischen Kernforschungszentrum CERN bei Genf; es sollen **Teilchenenergien** von **bis zu 14 TeV** erreicht werden.

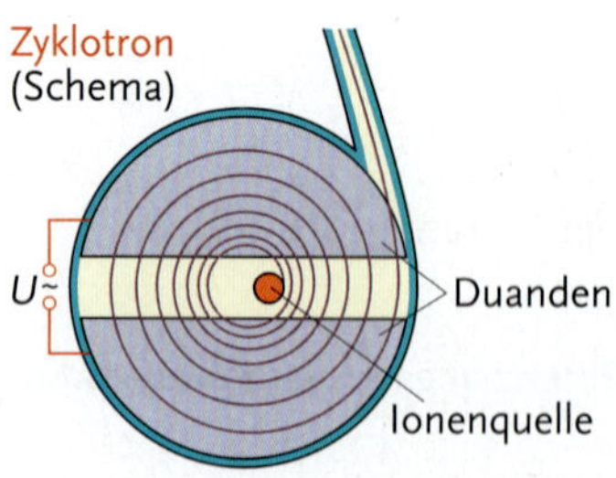

Schema eines Zyklotrons. Bei den Duanden handelt es ich um hohle, halbkreisförmige Metallkammern.

Ein **Zyklotron** beschleunigt geladene Teilchen durch ein wechselndes elektrisches Feld. Ein Magnetfeld hält sie auf einer Kreisbahn. Zyklotrone finden Verwendung in der Teilchenforschung und zur Herstellung von Radionukliden für die Medizin.

Beispiel 2.1.03: Potenzial einer Punktladung

Wir berechnen das Potenzial einer Punktladung Q in einem Abstand r.

$$V = \frac{W}{q} \quad \text{und} \quad W = \frac{Q \cdot q}{4\pi\varepsilon_0} \cdot \left(\frac{1}{r_2} - \frac{1}{r_1}\right)$$

Mit $r_2 = r$ und $r_1 \to \infty$ ergibt sich

$$\lim_{r_1 \to \infty} W(r,r_1) = \frac{Q \cdot q}{4\pi\varepsilon_0 \cdot r}$$

und somit erhält man für das Potenzial der Punktladung Q:

$$V = \frac{Q}{4\pi\varepsilon_0 \cdot r}$$

Das Potenzial von Punktladungen lässt sich entsprechend den Grafiken darstellen. Spontane Bewegungen von Ladungen erfolgen auf diesen Potenzialoberflächen. Dabei bewegen sich positive Ladungen zu Punkten niedrigeren Potenzials und negative Ladungen zu Punkten höheren Potenzials.

Beispiel 2.1.04: Energie eines Elektrons

Wir berechnen a) die zugeführte Energie und b) die Endgeschwindigkeit eines Elektrons nach dem Durchlaufen einer Potenzialdifferenz von 1 Volt. Die Masse eines Elektrons beträgt $9{,}109\,4 \cdot 10^{-31}$ kg.

a) Das Elektron besitzt nach Durchlaufen der Potenzialdifferenz eine Energie von

$$W = q \cdot U = 1{,}602\,2 \cdot 10^{-19}\,\text{As} \cdot 1\,\text{V} = 1{,}602\,2 \cdot 10^{-19}\,\text{J} = 1\ \text{Elektronvolt (1 eV)}$$

b) Für die kinetische Energie einer Masse m gilt: $E = \frac{1}{2} m v^2$

Das Elektron hat somit eine Endgeschwindigkeit von

$$v = \sqrt{\frac{2E}{m}} = \sqrt{\frac{2 \cdot 1{,}602\,2 \cdot 10^{-19}\,\text{J}}{9{,}109\,4 \cdot 10^{-31}\,\text{kg}}} \approx 5{,}931 \cdot 10^5\,\text{m/s}$$

In der Atom-, Kern- und Teilchenphysik wird das **Elektronvolt** als praktische **Einheit für die Energie** häufig benutzt.

$$1\ \text{Elektronvolt} = 1{,}602\,2 \cdot 10^{-19}\,\text{J}$$

Ziele erreicht? – „Potenzial und Spannung“

2.1.10 + Berechnen Sie die Spannung zwischen den zwei Punkten, die sich in einer Entfernung von 1,2 m bzw. 65 cm von einer Ladung der Größe 85 mC befinden.

2.1.11 ++ In zwei Eckpunkten eines gleichseitigen Dreiecks mit der Seitenlänge $a = 5$ cm befinden sich die Ladungen $Q_1 = +45$ nC und $Q_2 = -75$ nC. Berechnen Sie das Potenzial im dritten Eckpunkt C sowie im Mittelpunkt M zwischen den beiden Ladungen. Welche Spannung herrscht zwischen den Punkten C und M?

2.1.12 + Ein ruhendes Elektron wird über eine Potenzialdifferenz von 1 200 V beschleunigt. Welche Endgeschwindigkeit erreicht es?

2.1.5 Kondensator

Ein Kondensator (lat. condensare: verdichten) ist ein elektrisches Bauelement zur Speicherung von Ladungen bzw. von Energie. Man findet ihn in sehr vielen elektrischen Geräten wie Handy, Computer, Radio, Fernseher oder zur Funkentstörung von Elektromotoren.

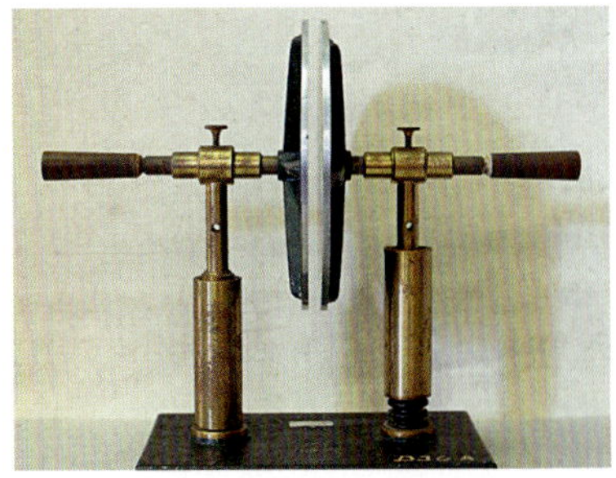

Einfacher Plattenkondensator aus dem Unterrichtsinventar

Meine Ziele

Nach Bearbeitung dieses Kapitels kann ich

- die Gesetzmäßigkeit der **Kondensatorgleichung** erklären;
- die Abhängigkeit der **Kapazität** von der **Bauform** des Kondensators beschreiben;
- die in einem Kondensator gespeicherte **Energie** berechnen;
- die **Gesamtkapazität** von **Kondensatorschaltungen** ermitteln.

Jeder leitende Körper kann Elektronen aufnehmen, er ist aufladbar. Die Ladungsmenge Q, die er aufnimmt, ist proportional zur angelegten Spannung U bezüglich eines Referenzniveaus (z. B. Erde). Die Proportionalitätskonstante bezeichnet man als **Kapazität C.** Es gilt die sogenannte Kondensatorgleichung.

MICHAEL FARADAY,
1791 BIS 1867,
ENGLISCHER NATURFORSCHER

Kondensatorgleichung: $Q = C \cdot U$ $\quad$ C: Kapazität des Kondensators

$$[C] = \left[\frac{Q}{U}\right] = \frac{1\ \text{As}}{1\ \text{V}} = 1\ \text{Farad (1 F)}$$

Die Einheit Farad ist nach **Michael Faraday (1791 bis 1867)** benannt. Sie erweist sich in der Praxis als zu groß; gängige Werte reichen von 1 µF bis 1 pF.

Beispiel 2.1.05: Ladung eines Kondensators

Wir berechnen die Ladung eines Kondensators mit einer Kapazität von $C = 47$ nF, an den eine Spannung von 12 V gelegt wird.

$Q = C \cdot U = 47 \cdot 10^{-9}\ \text{F} \cdot 12\ \text{V} = 5{,}64 \cdot 10^{-7}\ \text{C} = 564\ \text{nC}$

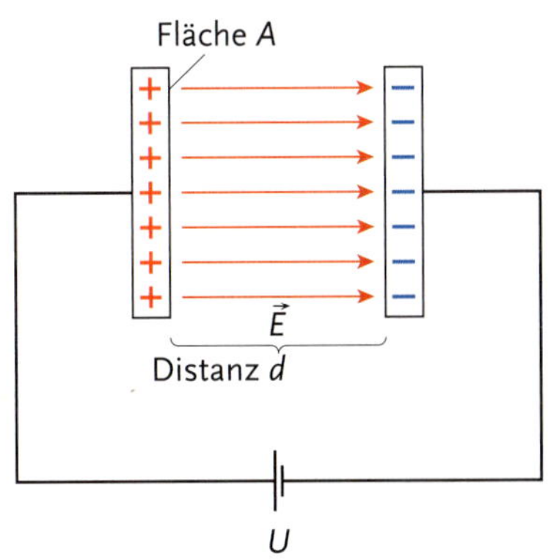

Schematische Darstellung eines **Plattenkondensators**

Die einfachste Bauform eines Kondensators ist ein **Plattenkondensator** (siehe Schema). Dabei stehen einander zwei ebene leitende Platten mit jeweils der Fläche A parallel in einem Abstand d gegenüber.

Wie hängt die Kapazität eines **Plattenkondensators** von seiner **Bauform** ab?
Die Anwendung der Grundgleichung der Elektrostatik ergibt

$$C = \frac{Q}{U} = \frac{\varepsilon_0 \cdot \Phi_E}{U}$$

Mit der Näherung, dass das elektrische Feld homogen den Zwischenraum der Kondensatorplatten erfüllt und außerhalb der Platten kein Feld austritt, folgt ein elektrischer Fluss von $\Phi_E = E \cdot A$ für eine geschlossene Oberfläche um jeweils eine Kondensatorplatte. Weiters benötigt der Transport einer Ladung q von einer Platte zur anderen einen Energieaufwand von $W = q \cdot U = F \cdot d = E \cdot q \cdot d$. Also gilt $U = E \cdot d$. Daraus ergibt sich $C = \frac{\varepsilon_0 \cdot E \cdot A}{E \cdot d}$.

Und damit erhalten wir für die **Kapazität des Plattenkondensators**

$$C = \frac{\varepsilon_0 \cdot A}{d}$$

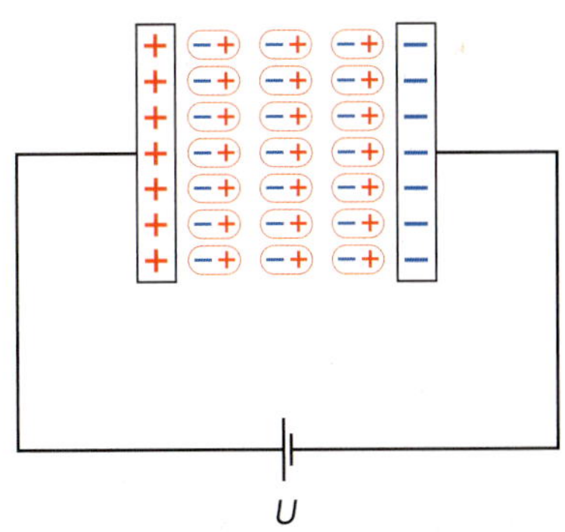

Ein mit einem **Dielektrikum** gefüllter **Kondensator.** Beim Anlegen einer äußeren Spannung wird das Dielektrikum entgegen dem äußeren Feld polarisiert. Dies schwächt das elektrische Feld im Kondensator ab. So wird eine **stärkere Aufladung** der Platten ermöglicht.

Material	ε_r
Vakuum	1
Luft	1,000 59
Paraffin	2,2
Benzol	2,28
Trafoöl	2,2 – 2,5
Gummi	2,5 – 3
Glas	6 – 8
Wasser	80,1
Keramische Stoffe	1 000 – 8 000
Bariumtitanat	1 000 – 10 000

Relative Dielektrizitätszahlen verschiedener Stoffe (Bariumtitanat ist ein sehr effektives Dielektrikum aus der Klasse der Elektrokeramiken)

Beispiel 2.1.06: Kapazität eines Plattenkondensators

Die Platten eines Kondensators sind kreisförmig mit Radius $r = 5$ cm und haben einen Abstand von $d = 8$ mm. a) Berechnen Sie seine Kapazität. b) Welche Ladung tragen die Platten, wenn der Kondensator an eine Spannung von 220 V angeschlossen wird? c) Wie stark ist in diesem Fall das elektrische Feld zwischen den Platten?

a) $C = \frac{\varepsilon_0 \cdot A}{d} = \frac{8{,}854 \cdot 10^{-12}\,\mathrm{A^2s^2N^{-1}m^{-2}} \cdot (0{,}05\,\mathrm{m})^2 \cdot \pi}{0{,}008\,\mathrm{m}} = 8{,}69 \cdot 10^{-12}\,\mathrm{F} = 8{,}69\,\mathrm{pF}$

b) $Q = C \cdot U = 8{,}69 \cdot 10^{-12}\,\mathrm{F} \cdot 220\,\mathrm{V} \approx 1{,}91 \cdot 10^{-9}\,\mathrm{As} = 1{,}91\,\mathrm{nAs}$

c) $E = \frac{U}{d} = \frac{220\,\mathrm{V}}{0{,}008\,\mathrm{m}} = 27\,500\,\frac{\mathrm{V}}{\mathrm{m}}$

Füllt man den Zwischenraum der Platten mit einem polarisierbaren (elektrisch ausrichtbaren) nicht leitenden Material, so schwächt die Polarisierung die Feldstärke im Kondensator um einen Faktor ε_r ab und ermöglicht dadurch eine höhere Aufladung der Platten bei gleicher Bauform. Der Faktor ε_r ist nur vom Dielektrikum abhängig (vgl. Werte in der Tabelle).

Der Kondensator mit Dielektrikum weist nun eine Kapazität von

$$C = \frac{\varepsilon_0 \cdot \varepsilon_r \cdot A}{d}$$

auf. Dabei ist ε_r **die relative Dielektrizitätszahl** des Materials.

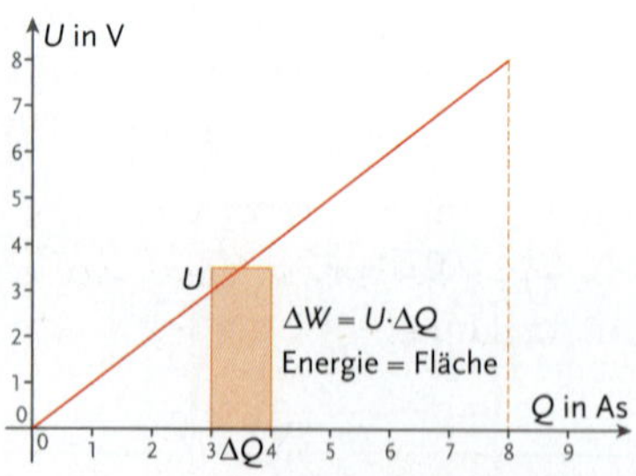

Die im Kondensator **gespeicherte Energie** ist die Fläche unter dem Graph von U im U-Q-Diagramm

Beispiel 2.1.07: Kapazität eines gefüllten Kondensators

Wie groß ist die Kapazität des Plattenkondensators aus dem Beispiel 2.1.06, wenn der Spalt zwischen den Platten mit Bariumtitanat gefüllt ist?

Wir nehmen den optimalen Fall $\varepsilon_r = 10\,000$ an und erhalten:

$C = \frac{\varepsilon_0 \cdot \varepsilon_r \cdot A}{d} = 10^4 \cdot 8{,}69 \cdot 10^{-12}\,\mathrm{F} = 8{,}69 \cdot 10^{-8}\,\mathrm{F} = 86{,}9\,\mathrm{nF}$

Die Füllung erhöht die Kapazität um den Faktor ε_r in diesem Fall also um den Faktor 10 000.

Verschiedene **Bauformen** von Kondensatoren

Elektrische Energie des Kondensators

Um Ladung von der einen zur anderen Kondensatorplatte zu transportieren, muss Arbeit aufgewendet werden. In einem aufgeladenen Kondensator ist also Energie gespeichert. Aus einem U-Q-Diagramm erkennt man, dass für den weiteren Transport einer kleinen Ladungsmenge ΔQ auf eine der Platten eine Arbeit von $\Delta W = \Delta Q \cdot U$ nötig ist.

Für die gesamte im geladenen Kondensator **gespeicherte elektrische Energie** ergibt sich daher

$$E_{el} = \frac{Q \cdot U}{2} = \frac{C \cdot U^2}{2}$$

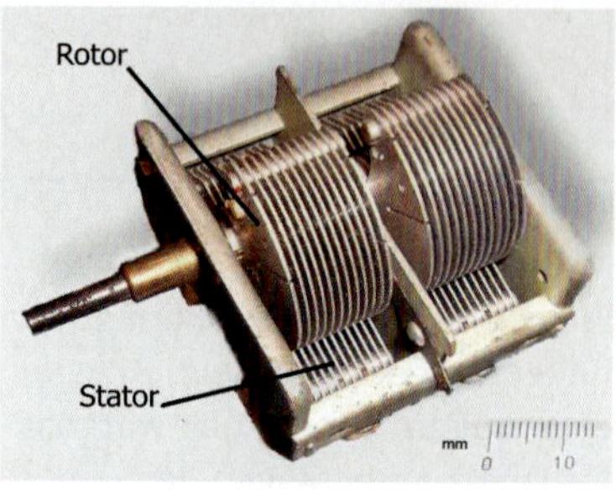

Drehkondensator (ein Plattenkondensator mit variabler Fläche)

Bauformen von Kondensatoren

Kondensatoren dienen in Schaltungen hauptsächlich zur Speicherung von Ladungen (Energie- oder Informationsspeicher) sowie zur Frequenzfilterung (z. B. Schwingkreis).

Schaltsymbol eines Kondensators: 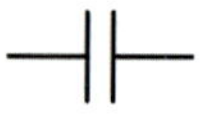

Es gibt eine Vielzahl von verschiedenen Bauformen von Kondensatoren. Grundsätzlich unterscheidet man zwischen Kondensatoren mit fester Kapazität (z. B. Keramikkondensatoren, Kunststofffolienkondensatoren, Metallpapierkondensatoren, Elektrolytkondensatoren, Doppelschichtkondensatoren) und solchen mit einstellbarer Kapazität (Drehkondensatoren, Trimmer).

Schaltung von Kondensatoren

a) Parallelschaltung

Bei dieser Schaltung liegen beide Kondensatoren an derselben Spannung $U = U_1 = U_2$ und für die Gesamtladung gilt $Q = Q_1 + Q_2$.

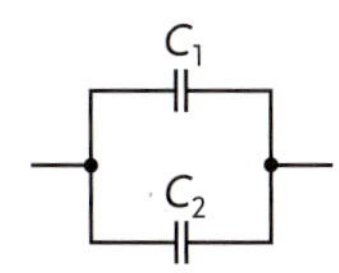

Schaltbild: **Parallelschaltung** von Kondensatoren

Die Gesamtkapazität beträgt $C = \frac{Q}{U} = \frac{Q_1 + Q_2}{U} = C_1 + C_2$.

Die einzelnen Kapazitäten addieren sich zur Gesamtkapazität bei der

Parallelschaltung:	$C_{ges,p} = \sum_i C_i$

b) Serienschaltung

Schaltbild: **Serienschaltung** von Kondensatoren

Bei dieser Schaltung tragen die beiden Kondensatoren dieselbe Ladung $Q = Q_1 = Q_2$, da der Leiterteil zwischen den Kondensatoren von der Spannungsquelle isoliert ist und dort Ladung nur durch Influenz trennbar ist. Die Teilspannungen addieren sich zur Gesamtspannung $U = U_1 + U_2$. Es gilt also

$$U = \frac{Q}{C} = \frac{Q}{C_1} + \frac{Q}{C_2} = U_1 + U_2.$$

Die Kehrwerte der einzelnen Kapazitäten addieren sich zum Kehrwert der Gesamtkapazität bei der Serienschaltung.

Serienschaltung:	$\frac{1}{C_{ges,s}} = \sum_i \frac{1}{C_i}$

Eine solche Kondensatorschaltung verringert die Gesamtkapazität, erhöht aber die Spannungsfestigkeit einer Serienschaltung.

Beispiel 2.1.08: Gesamtkapazität einer Schaltung von Kondensatoren

Wir berechnen die Gesamtkapazität der nebenstehenden Schaltung.

$$\frac{1}{C_{g1}} = \frac{1}{C_2} + \frac{1}{C_3} = \frac{1}{2\text{ nF}} + \frac{1}{3\text{ nF}} \Rightarrow C_{g1} = 6/5\text{ nF}$$

$$C_{g2} = C_{g1} + C_4 = 1{,}2\text{ nF} + 10\text{ nF} = 11{,}2\text{ nF}$$

$$\frac{1}{C_{ges}} = \frac{1}{C_{g2}} + \frac{1}{C_1} = \frac{5}{56\text{ nF}} + \frac{1}{4\text{ nF}} = \frac{5}{56\text{ nF}} + \frac{14}{56\text{ nF}} = \frac{19}{56\text{ nF}}$$

Die Gesamtkapazität beträgt $C_{ges} = \frac{56}{19}\text{ nF} \approx 2{,}95\text{ nF}$.

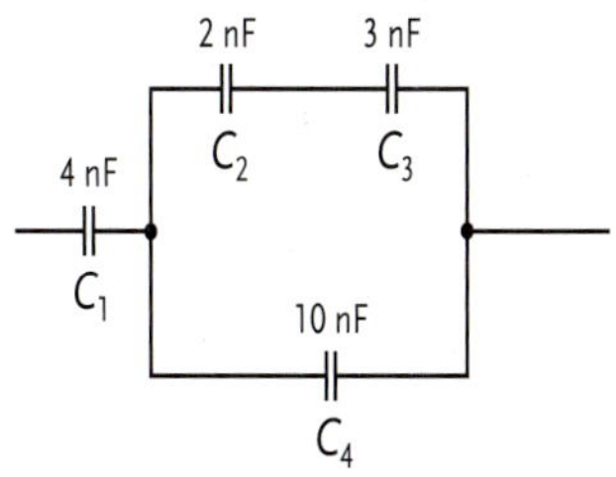

Schaltbild zum Beispiel 2.1.08

Ziele erreicht? – „Kondensator"

2.1.13 + Berechnen Sie die Gesamtkapazität der Schaltung in der Randspalte.

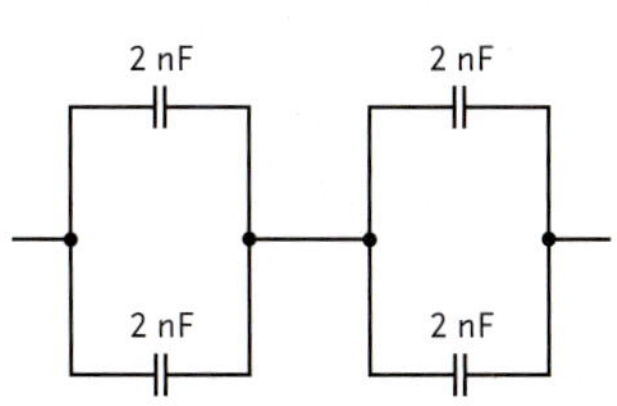

Schaltbild zur Aufgabe 2.1.13

Kondensatoren werden auch in **Blitzgeräten** verwendet, da sie die gespeicherte Energie wesentlich schneller (höhere Leistung) abgeben können als eine Batterie

2.1.14 + Ein Kondensator ($C = 10\ \mu F$) wird mit einer Spannung von 70 V aufgeladen. a) Welche Ladung trägt jeweils eine der Platten? b) Welche Energie ist dann im Kondensator gespeichert?

2.1.15 + Der Kondensator ($C = 150\ \mu F$) eines Blitzgerätes wird mit einer Spannung von 1 000 V aufgeladen. Welche Leistung hat das Blitzgerät, wenn der Blitz 25 ms dauert?

2.1.16 ++ Welchen Kapazitätsbereich kann man durch Schaltung zweier Drehkondensatoren abdecken, die sich jeweils in einem Bereich von 12 nF bis 24 nF verstellen lassen?

2.1.17 ++ Ein Plattenkondensator mit quadratischen Platten der Seitenlänge 3 cm, die einen Abstand von 1 mm haben, wird an eine Spannung von 100 V angeschlossen. a) Berechnen Sie seine Kapazität. b) Welche Feldstärke herrscht zwischen den Platten? c) Mit welcher Kraft ziehen sich die Platten an?

2.1.18 ++ Zwei Kondensatoren mit $C_1 = 40$ nF und $C_2 = 25$ nF werden mit $U_1 = 40$ V bzw. $U_2 = 60$ V aufgeladen. Nach Aufladung werden sie wieder von der Spannungsquelle getrennt. Die geladenen Kondensatoren werden mit gleicher Polarität zusammengeschaltet. Welche Spannung bzw. Aufladung ergibt sich an den Enden einer a) Serienschaltung bzw. b) Parallelschaltung der beiden Kondensatoren?

André Marie Ampere, 1775 bis 1836, französischer Physiker und Mathematiker; die SI-Basiseinheit für den elektrischen Strom ist nach ihm benannt

2.2 Gleichstrom

Ganz selbstverständlich schalten wir in Räumen das Licht ein oder stecken das Ladegerät des Handys an eine Steckdose. Eine Vielzahl von Elektrogeräten erleichtert unseren Alltag. Ende des 19. Jahrhunderts trat der elektrische Strom seinen Siegeszug mit der Beleuchtung der Städte an. Aus dem modernen Leben ist der elektrische Strom heute nicht mehr wegzudenken.

2.2.1 Elektrischer Strom

Redoxreaktionen siehe Kap. F, 2; Elektrochemie siehe Kap. F, 3.

Meine Ziele

Nach Bearbeitung dieses Kapitels kann ich

- den **elektrischen Strom** als Bewegung von Ladungen erklären;
- **die technische und die physikalische Stromrichtung** angeben;
- die **Stromstärke** aus dem Fluss von Ladungen pro Zeit berechnen.

Durch eine Reihe physikalischer Effekte können Ladungen in elektrischen Leitern in Bewegung versetzt werden:

- durch chemische **Redoxreaktionen** (Batterie, Akku),
- durch **Coulombkräfte** in Influenzmaschinen (elektrostatischen Generatoren) und Kondensatoren,
- durch **Lorentzkräfte** in (elektrodynamischen) Generatoren.

Ernst Werner Siemens, 1816 bis 1892, deutscher Elektrotechniker und Erfinder; er entdeckte 1866 das dynamoelektrische Prinzip und konstruierte einen Generator zur Stromerzeugung

Wenn sich die Ladungen konstant in nur eine Richtung des Leiters bewegen, bezeichnen wir das als **Gleichstrom.**

Das Kapitel Elektrostatik behandelte nur stationäre Ladungen. Werden die Ladungen bewegt, benötigt man zur Beschreibung eine neue physikalische Größe, die elektrische Stromstärke. Sie gibt an, wie viel Ladung pro Zeit bewegt wird.

$$\text{Stromstärke} = \frac{\text{Ladung}}{\text{Zeit}}$$

$$I = \frac{\Delta Q}{\Delta t} \qquad [I] = \left[\frac{\Delta Q}{\Delta t}\right] = 1\,\frac{\text{C}}{\text{s}} = 1\,\frac{\text{As}}{\text{s}} = 1 \text{ Ampere (1 A)}$$

Die Stromstärke ist eine Grundgröße und das Ampere somit eine SI-Basiseinheit.

SI-Grundeinheiten siehe Kap. A, 2.

Voraussetzung für eine Bewegung elektrischer Ladungen ist das Vorhandensein einer Spannung (Potenzialdifferenz) zwischen zwei Orten. In der Praxis wird dies als Spannungsquelle (oder Stromquelle) bezeichnet. Die bewegten Ladungen sind im Falle eines metallischen Leiters die Elektronen.

Eine Spannungsquelle hat einen **Minuspol,** an dem ein **Elektronenüberschuss** herrscht, und einen **Pluspol** mit **Elektronenmangel.**

Schaltsymbol einer Spannungsquelle: —|⊢—

Die **technische Stromrichtung** ist definiert vom Pluspol zum Minuspol (historisch bedingt).
Die **physikalische Stromrichtung** (Strom der Elektronen) weist vom Minus- zum Pluspol.

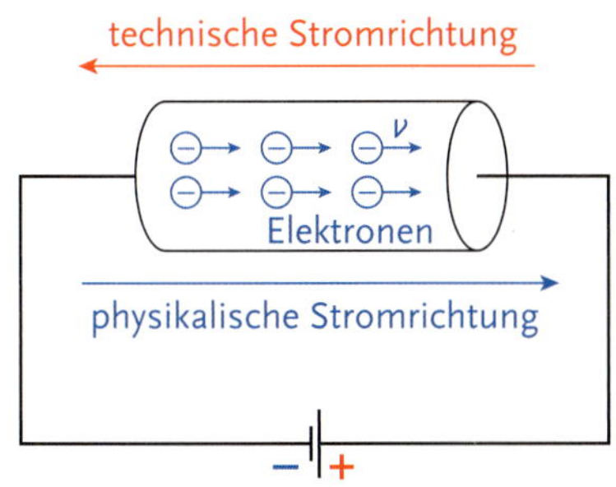

Physikalische und technische Stromrichtung sind entgegengesetzt

Betrachten wir den Stromfluss in einem Leiter auf mikroskopischer Ebene:

Die Ladungen, die während einer Zeit Δt durch einen Leiterquerschnitt A fließen, sind die Ladungen, die sich innerhalb einer Distanz $d = \nu \cdot \Delta t$ vor dem Querschnitt befinden. Dabei ist ν die Geschwindigkeit der Ladungen, die wir als konstant annehmen, und n die Ladungsdichte (Anzahl der Ladungen / Volumen). Für den Strom ergibt sich also:

$$I = \frac{\Delta Q}{\Delta t} = \frac{A \cdot d \cdot n \cdot e}{\Delta t} = \frac{A \cdot \nu \cdot \Delta t \cdot n \cdot e}{\Delta t} = A \cdot \nu \cdot n \cdot e$$

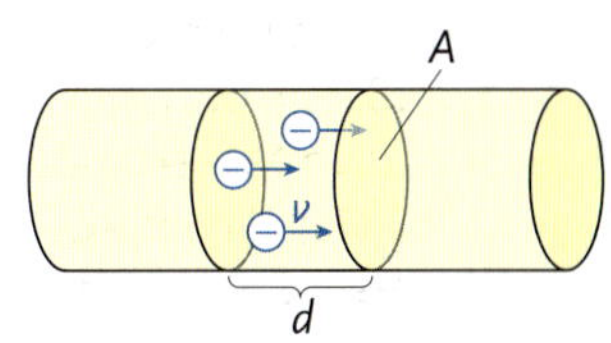

Ladungen im stromdurchflossenen Leiter (vgl. Berechnung der Stromstärke nach dem mikroskopischen Modell)

Ist die Annahme einer konstanten Geschwindigkeit realistisch? Ladungen in einem elektrischen Feld erfahren eine ständige Kraftwirkung und würden durch die dauernde Beschleunigung immer schneller. In der Realität stoßen die Elektronen an die Atomrümpfe des Metalls und werden dadurch wieder gebremst. Ein weiterer Effekt, der dabei auftritt, ist die Erwärmung des Metalls.

Beispiel 2.2.01: Geschwindigkeit von Leitungselektronen

Berechnen wir die Geschwindigkeit der Elektronen in einem Kupferkabel mit einem Querschnitt von 2,5 mm², das von einem Strom von $I = 2$ A durchflossen wird. Die Elektronendichte von Kupfer beträgt $8{,}47 \cdot 10^{28}\ \text{m}^{-3}$.

Nach dem oben hergeleiteten Zusammenhang gilt

$$\nu = \frac{I}{A \cdot n \cdot e} = \frac{2}{2{,}5 \cdot 10^{-6} \cdot 8{,}47 \cdot 10^{28} \cdot 1{,}6 \cdot 10^{-19}}\,\frac{\text{m}}{\text{s}} \approx 5{,}9 \cdot 10^{-5}\,\frac{\text{m}}{\text{s}}$$

also ergibt sich eine Geschwindigkeit von ca. **0,06 mm/s** oder **3,6 mm/min.**

Georg Simon Ohm, 1789 bis 1854, deutscher Physiker

Wenn man eine Lampe einschaltet, leuchtet sie aber augenblicklich. Dies kann man analog zu einer Wasserleitung verstehen. Wenn Wasser am einen Ende hineinfließt, tritt sofort am anderen Ende die gleiche Menge aus, auch wenn der einzelne Tropfen lange durch die gesamte Leitung unterwegs ist.

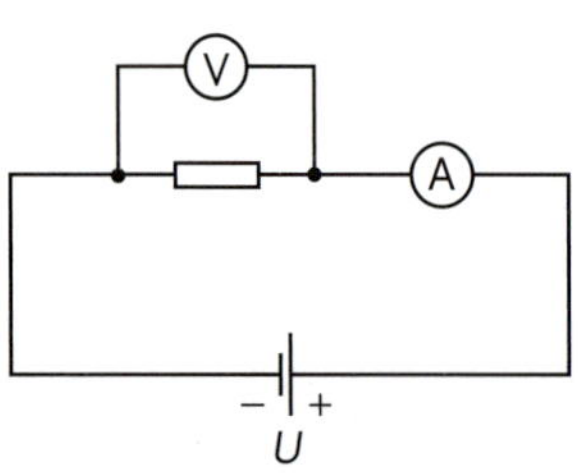

Versuchsaufbau zum Versuch 2.2.01: ohmsches Gesetz

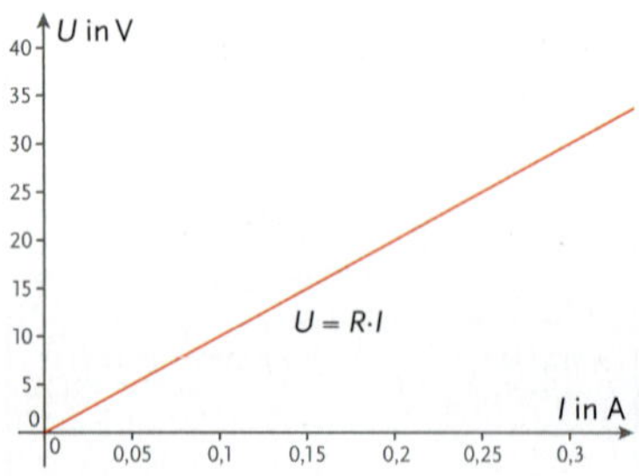

Messkurve zum Versuch 2.2.01

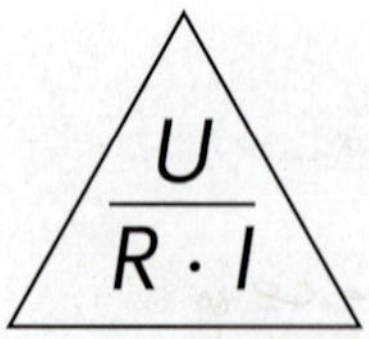

Das **magische URI-Dreieck;** es dient zur kompakten Darstellung aller möglichen Umformungen des ohmschen Gesetzes. Wenn man die zu berechnende Größe abdeckt, sieht man die Formel zu ihrer Berechnung.

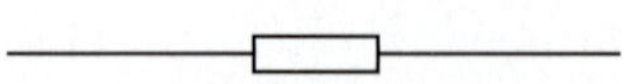

Schaltsymbol für einen Widerstand mit nicht veränderbarem Wert

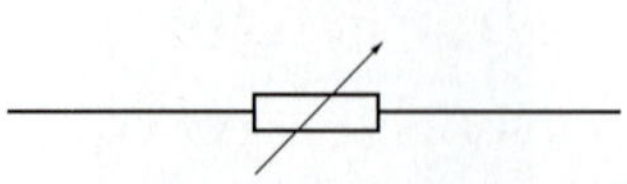

Schaltsymbol für einen regelbaren Widerstand

Ziele erreicht? – „Elektrischer Strom"

2.2.01 + Erklären Sie, was man unter der elektrischen Stromstärke versteht.

2.2.02 + Welche Definitionen der Stromrichtung gibt es? Beschreiben Sie diese detailliert.

2.2.03 + Erläutern Sie Stromfluss, Widerstand und resultierende Erwärmung eines Leiters anhand der Modellvorstellung von Materie.

2.2.2 Ohmsches Gesetz

Georg Simon Ohm, der Entdecker des ohmschen Gesetzes, widmete sich als Professor an der Königlichen Polytechnischen Schule und der Universität in München hauptsächlich der damals noch unerforschten Elektrizitätslehre.

Meine Ziele

Nach Bearbeitung dieses Kapitels kann ich

- das **ohmsche Gesetz** erläutern und die SI-Einheit für den elektrischen Widerstand nennen;
- den elektrischen **Leitwert** erklären und seine Maßeinheit angeben.

Versuch 2.2.01: Ohmsches Gesetz

Messen Sie die durch einen elektrischen Widerstand fließende Stromstärke bei verschiedenen Spannungen. Tragen Sie die Messwerte in eine Tabelle ein und stellen Sie sie grafisch dar. Die Messkurve ist eine Gerade und es zeigt sich, dass der Quotient U/I immer einen konstant bleibenden Wert ergibt.

Dieser Proportionalitätsfaktor zwischen Spannung U und Stromstärke I wird elektrischer Widerstand genannt.

Es gilt das **ohmsche Gesetz:** $U = R \cdot I$

Dabei ist der Widerstand R nur von der Art und Form des Bauteils abhängig.

$$[R] = \left[\frac{U}{I}\right] = 1\,\frac{\text{V}}{\text{A}} = 1\text{ Ohm } (1\,\Omega)$$

Der Kehrwert des elektrischen Widerstandes R ist ein Maß dafür, wie gut ein Gegenstand den elektrischen Strom leitet. Er wird als elektrischer Leitwert G bezeichnet.

Leitwert: $G = \frac{1}{R}$ $\quad [G] = \left[\frac{1}{R}\right] = \frac{1}{1\,\Omega} = 1\text{ Siemens } (1\text{ S})$

Ziele erreicht? – „Ohmsches Gesetz"

2.2.04 + Geben Sie an, woran Sie die Größe des Widerstandes in der I-U-Messkurve erkennen.

2.2.05 + Berechnen Sie, wie groß ein elektrischer Widerstand ist, wenn bei Erhöhung seiner Versorgungsspannung um 3 V der Strom um 0,2 A steigt.

2.2.06 + Berechnen Sie, wie groß der elektrische Widerstand in einem Stromkreis zu wählen ist, wenn bei einer Versorgungsspannung von 12 V ein Strom mit der Stärke 0,3 A fließen soll.

2.2.3 Elektrischer Widerstand

Meine Ziele

Nach Bearbeitung dieses Kapitels kann ich

- die Größe des **Widerstandes eines Leiters** aus einem bestimmten Material unter Berücksichtigung seiner **Form** berechnen;
- die **Abhängigkeit** des Widerstandes **von der Temperatur** eines Leiters erklären.

Der Widerstand eines elektrischen Leiters hängt von Länge, Querschnittsfläche, Temperatur und Material des Leiters ab.

Er ist direkt proportional zur Länge l und indirekt proportional zur Querschnittsfläche A des Leiters. Der vom Material abhängige Proportionalitätsfaktor wird als spezifischer Widerstand ρ bezeichnet.

$$R = \rho \cdot \frac{l}{A} \qquad [\rho] = \left[\frac{R \cdot A}{l}\right] = 1\,\frac{\Omega \cdot \text{m}^2}{\text{m}} = 1\,\Omega \cdot \text{m} = 1\,\frac{\text{V}}{\text{A}} \cdot \text{m}$$

In Tabellen findet man für ρ auch häufig die Einheit $\frac{\Omega \cdot \text{mm}^2}{\text{m}}$, da dies in der Elektrotechnik zur Widerstandsberechnung sehr praktisch ist. Die Länge eines Leiters ist dann in Meter und der Querschnitt in Quadratmillimeter einzusetzen.

Leiter	$\rho/(\Omega \cdot \text{mm}^2 \cdot \text{m}^{-1})$
Silber	0,016
Leitungskupfer	0,017 8
Gold	0,022
Aluminium	0,026 5
Wolfram	0,055
Eisen	0,10 – 0,15
Konstantan	0,5
Grafit	8,00
Bürstenkohle	40
Isolatoren	$\rho/(\Omega \cdot \text{m})$
Wasser	1 – 100
Wasser, destilliert	$10^4 - 4 \cdot 10^4$
Erde, feucht	$> 10^6$
Glas	$> 10^{11}$
Holz, trocken	$> 10^9 - 10^{13}$
Bakelit	10^{14}

Spezifische Widerstände $\left(\rho = \frac{R \cdot A}{l}\right)$ bei **20 °C**

Widerstände in Form von Bauelementen dienen in der Elektrotechnik und Elektronik zur Regulierung des Stroms.

Die gängigen **Bauformen** von Widerständen sind:

- **Schichtwiderstände** aus einem Isolatormaterial mit einer dünnen Leiterschicht (die gängigste Bauform wird als Keramikzylinder ausgeführt),
- **Massewiderstände** aus einem massiven Körper aus schlechter leitendem Material,
- **Drahtwiderstände** aus einem Isolatorkern mit einer aufgebrachten Drahtwicklung (Sonderform: Schiebewiderstand),
- **regelbare Widerstände,** wo ein dreh- oder verschiebbarer Schleifkontakt auf einer Leiterbahn die aktive Leiterlänge verändert.

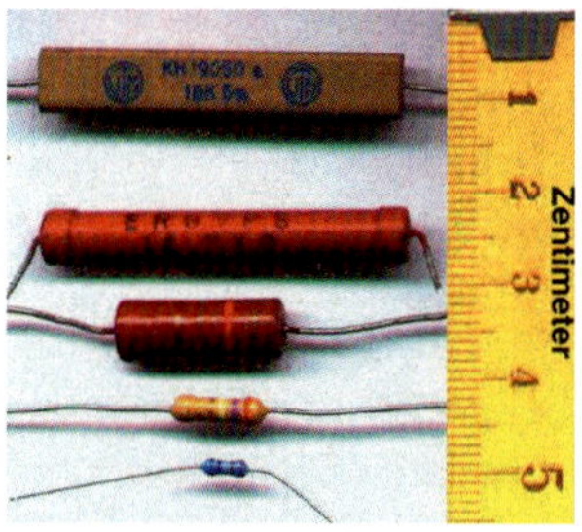

Verschiedene Widerstandsbauformen (von oben: Drahtwiderstand, verschiedene Schichtwiderstände)

Bei den gängigsten Formen der Schichtwiderstände wird der Widerstandswert mittels eines Farbcodes in Ringen auf das Bauteil gedruckt (siehe Randspalte).

Ein **Potenziometer** kann als regelbarer Widerstand geschaltet werden

Farbcode für Schichtwiderstände

Farbe	1. Ring	2. Ring	3. Ring	4. Ring
Schwarz	0	0	10^0	
Braun	1	1	10^1	
Rot	2	2	10^2	± 2 %
Orange	3	3	10^3	
Gelb	4	4	10^4	
Grün	5	5	10^5	
Blau	6	6	10^6	
Violett	7	7	10^7	
Grau	8	8	10^8	
Weiß	9	9	10^9	
Gold			10^{-1}	± 5 %
Silber			10^{-2}	± 10 %

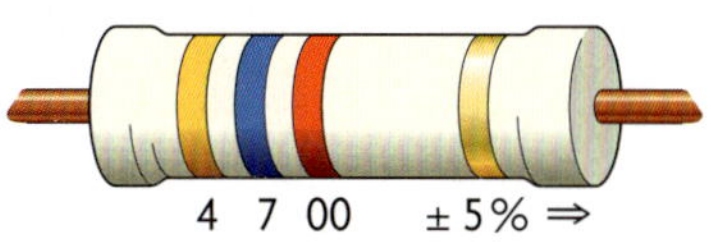

4 700 Ω ± 5 % = 4,7 kΩ ± 235 Ω

Ermittlung eines Widerstandswertes anhand des Farbcodes

Material	$\alpha / °C^{-1}$
Konstantan	0,000 03
Silber	0,003 8
Aluminium	0,003 8
Kupfer	0,003 9
Gold	0,003 9
Wolfram	0,004 5
Eisen	0,006 1

Temperaturkoeffizienten verschiedener Leiter

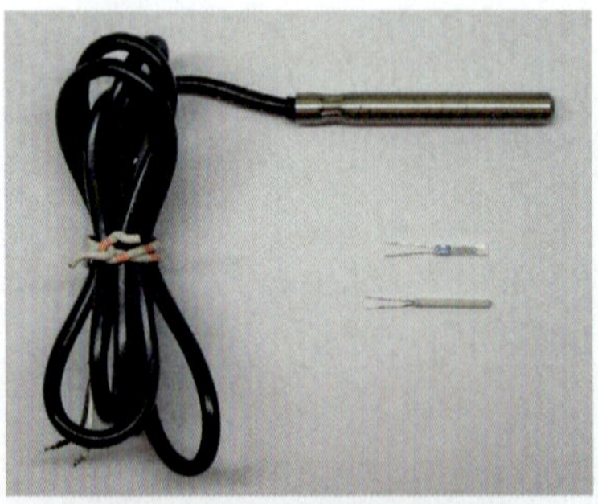

Verschiedene Pt100-Messwiderstände für Widerstandsthermometer. Sie bestehen aus Platindraht mit 100 Ω Widerstand. Innerhalb eines Temperaturbereichs von 0 °C bis 100 °C zeigen sie annähernd lineares Temperaturverhalten des Widerstands.

Kabel für Teilchenbeschleuniger am CERN jeweils für einen Strom von 12 500 A. Hinten: normales Kabel für LEP (Large Electron-Positron Collider), vorne: supraleitendes Kabel für LHC (Large Hadron Collider).

Beispiel 2.2.02: Widerstand eines Drahtes

Ein Eisendraht von 2,5 km Länge hat einen Widerstand von 50 Ω. a) Welche Querschnittsfläche hat der Draht? b) Welche Querschnittsfläche hat ein Kupferdraht mit gleicher Länge und gleichem Widerstand? c) Um wie viel leichter ist der Kupferdraht? (Benötigte Dichten: $\rho_{Cu} = 8\,900\ kg/m^3$, $\rho_{Fe} = 7\,800\ kg/m^3$.)

a) $A = \rho \cdot \frac{l}{R} = 0{,}1\ \frac{\Omega \cdot mm^2}{m} \cdot \frac{2\,500\ m}{50\ \Omega} = 5\ mm^2$

b) $A = \rho \cdot \frac{l}{R} = 0{,}017\,8\ \frac{\Omega \cdot mm^2}{m} \cdot \frac{2\,500\ m}{50\ \Omega} = 0{,}89\ mm^2$

c) $m_{Fe} = \rho_{Fe} \cdot V_{Fe} = 7\,800\ kg\ /\ m^3 \cdot 2{,}5 \cdot 10^3\ m \cdot 5 \cdot 10^{-6}\ m^2 = 97{,}5\ kg$
$m_{Cu} = \rho_{Cu} \cdot V_{Cu} = 8\,900\ kg\ /\ m^3 \cdot 2{,}5 \cdot 10^3\ m \cdot 89 \cdot 10^{-8}\ m^2 = 19{,}8\ kg$

Die Kupferleitung ist um 77,7 kg leichter.

Elektrische Leiter weisen bei **höherer Temperatur** einen höheren **Widerstand** auf. Dies erklärt sich daraus, dass höhere Temperatur eine stärkere Wärmebewegung der Atomrümpfe im Metall bedeutet. Dies erhöht die Stoßwahrscheinlichkeit zwischen Elektronen und Atomrümpfen und reduziert die Beweglichkeit der freien Elektronen. Der Widerstand steigt über einen begrenzten Bereich annähernd linear mit der Temperaturerhöhung.

Für die **Temperaturabhängigkeit** des Widerstandes gilt:

$R(T) = R(T_0) \cdot (1 + \alpha \cdot (T - T_0))$

Dabei ist α der **Temperaturkoeffizient** des Materials ($[\alpha] = 1 \cdot K^{-1}$). Als Referenztemperatur T_0 werden in der Regel 20 °C (293,15 K) verwendet.

Die lineare Temperaturabhängigkeit des Widerstandes gilt nur innerhalb eingeschränkter Temperaturbereiche.

Halbleiter zeigen ein genau umgekehrtes Temperaturverhalten. Der Widerstand sinkt mit zunehmender Temperatur, bis bei zu hoher Temperatur (> 130 °C) die Halbleiterstruktur zerstört wird.

Bei **Supraleitern** sinkt der Widerstand unterhalb einer kritischen Sprungtemperatur auf null. Hier wiederum bewirken zu große Stromstärken oder Magnetfelder das Zusammenbrechen des supraleitenden Zustands.

Beispiel 2.2.03: Temperaturabhängiger Widerstand

Ein Draht aus Wolfram hat bei 20 °C einen Widerstand von 10 Ω. Welche Temperatur hat dieser Draht, wenn ein Widerstand von 15 Ω gemessen wird?

$R(T) = R(20\ °C) \cdot (1 + \alpha \cdot (T - 20\ °C))$

$$T = \frac{\frac{R(T)}{R(20\ °C)} - 1}{\alpha} + 20\ °C = \frac{\frac{15\ \Omega}{10\ \Omega} - 1}{0{,}004\,5\ °C^{-1}} + 20\ °C = 131{,}1\ °C$$

Ziele erreicht? – „Elektrischer Widerstand"

2.2.07 + Berechnen Sie den Widerstand einer 50 m langen (einfache Länge) Kupferleitung mit 1,5 mm^2 Querschnitt zu einem Elektrogerät.

2.2.08 ++ Berechnen Sie den spezifischen Widerstand eines Leiters, der bei einer Länge von 100 m einen Gesamtwiderstand von 14 Ω hat. Die Querschnittsfläche des Leiters ist kreisförmig mit einem Durchmesser von 0,8 mm.

2.2.09 ++ Berechnen Sie, um wie viel Prozent sich der Widerstand einer Kupferleitung im Vergleich zu 20 °C verändert, wenn die Leitung eine Betriebstemperatur von 55 °C erreicht.

2.2.10 ++ Ein Silberdraht wird im Dauerbetrieb von einem Strom von 1,5 A durchflossen. Berechnen Sie, welche Temperatur er hat, wenn beim Einschalten bei 20 °C ein Strom von 1,8 A fließt.

Der Wolframglühfaden einer konventionellen Glühlampe erreicht eine Temperatur von **2 700 K.** Der **Wirkungsgrad** beträgt lediglich **5 %.**

2.2.4 Schaltung von Widerständen

Der Widerstand als passives Bauelement dient in elektrischen und elektronischen Schaltungen zum Begrenzen des Stroms, zum Aufteilen eines Stroms und zur Spannungsteilung.

Meine Ziele

Nach Bearbeitung dieses Kapitels kann ich

- den **Gesamtwiderstand von Serien- und Parallelschaltung** von Widerständen herleiten und berechnen;
- das Verhalten einer **realen Spannungsquelle** bei Belastung beschreiben und berechnen.

Wie beim Kondensator betrachten wir auch hier die beiden möglichen Schaltungen zweier Widerstände.

Serienschaltung

Bei der Serienschaltung werden beide Widerstände vom gleichen Strom durchflossen, die angelegte Gesamtspannung teilt sich in zwei Spannungsabfälle.
Aus $U = U_1 + U_2$ und dem ohmschen Gesetz $U = R \cdot I$ folgt $I \cdot R = I \cdot R_1 + I \cdot R_2$.

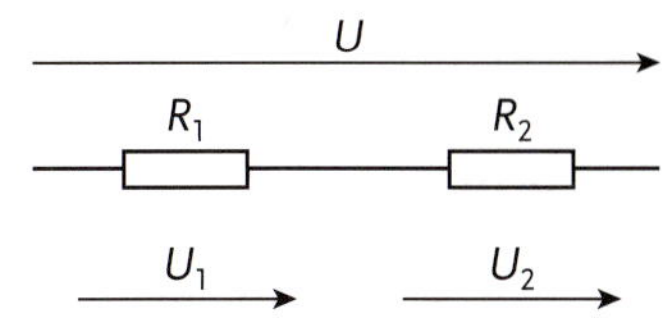

Eine Serienschaltung von zwei Widerständen teilt die Versorgungsspannung U

Für den **Gesamtwiderstand *R* der Serienschaltung** gilt also

$R = R_1 + R_2$ oder allgemein: $R = \sum_i R_i$

Die Serienschaltung kann als Spannungsteiler verwendet werden. Die gesamte anliegende Spannung U teilt sich im Verhältnis $\frac{U_1}{U_2} = \frac{R_1}{R_2}$.

Parallelschaltung

Bei der Parallelschaltung liegt die gegebene Spannung an beiden Widerständen an. Der Gesamtstrom teilt sich in zwei Teilströme auf die Widerstände auf.

Aus dem ohmschen Gesetz $I = \frac{U}{R}$ und $I = I_1 + I_2$ folgt $\frac{U}{R} = \frac{U}{R_1} + \frac{U}{R_2}$

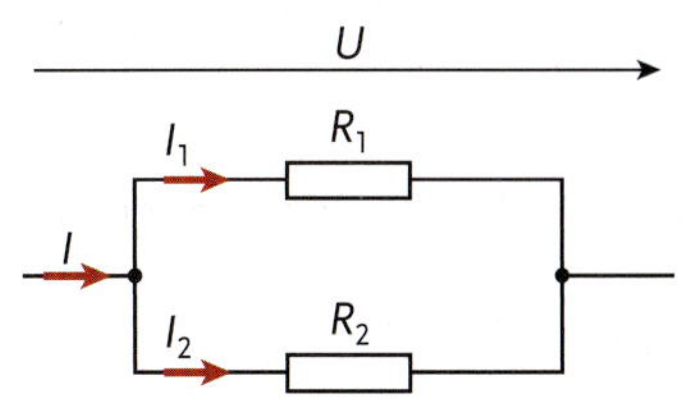

Eine Parallelschaltung von Widerständen teilt den Strom

Für den **Gesamtwiderstand *R* der Parallelschaltung** gilt also

$\frac{1}{R} = \frac{1}{R_1} + \frac{1}{R_2}$ oder allgemein: $\frac{1}{R} = \sum_i \frac{1}{R_i}$

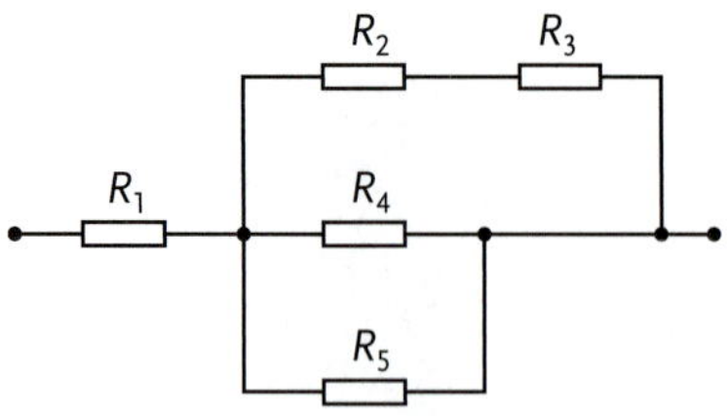

Schaltbild zum Beispiel 2.2.04

Reale Stromquellen liefern unter Belastung nicht mehr die Nennspannung

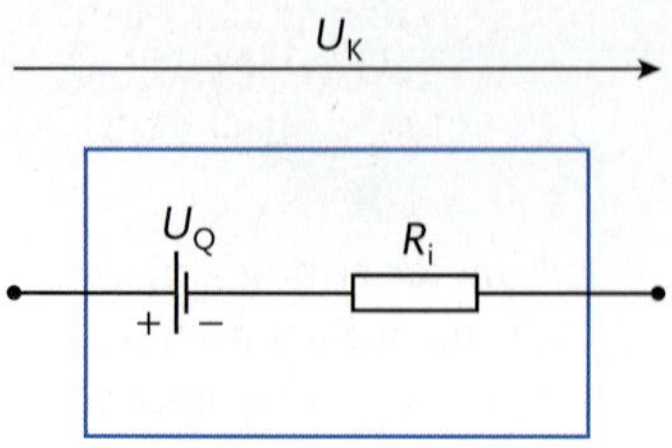

Ersatzschaltbild für eine **reale Spannungsquelle.** Bei Stromfluss fällt am Innenwiderstand ein Teil der Quellenspannung ab.

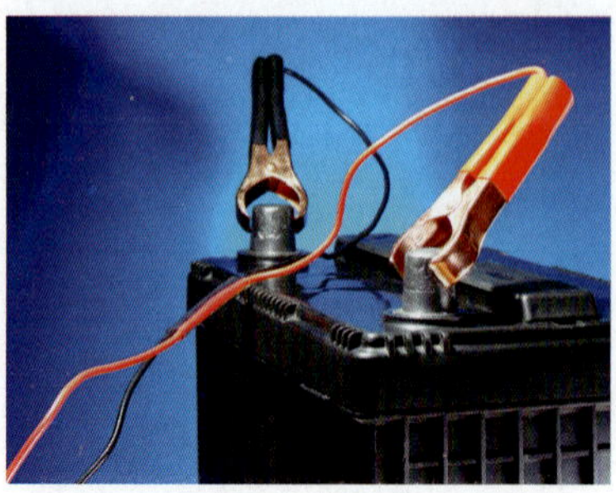

Der Innenwiderstand eines Akkumulators ist ein Maß für seine Güte bzw. seinen Alterungszustand

Die Parallelschaltung kann als Stromteiler verwendet werden. Der gesamte fließende Strom I teilt sich im Verhältnis $\frac{I_1}{I_2} = \frac{R_2}{R_1}$.

Beispiel 2.2.04: Schaltung von Widerständen

Wir ermitteln den Gesamtwiderstand der in der Randspalte dargestellten Schaltung. Für die Widerstände gilt: $R_1 = 100\ \Omega$, $R_2 = 50\ \Omega$, $R_3 = 20\ \Omega$, $R_4 = R_5 = 70\ \Omega$.

$$R_{g1} = R_2 + R_3 = 50\ \Omega + 20\ \Omega = 70\ \Omega$$

$$\frac{1}{R_{g2}} = \frac{1}{R_{g1}} + \frac{1}{R_4} + \frac{1}{R_5} = \frac{1}{70\ \Omega} + \frac{1}{70\ \Omega} + \frac{1}{70\ \Omega} = \frac{3}{70\ \Omega} \Leftrightarrow R_{g2} = \frac{70}{3}\ \Omega$$

$$R_g = R_1 + R_{g2} \approx 100\ \Omega + 23{,}3\ \Omega = 123{,}3\ \Omega$$

Innerer Widerstand einer Spannungsquelle

Eine ideale Spannungsquelle liefert auch bei noch so starker Belastung (Strom) immer die angegebene Nennspannung. Im Realfall sinkt aber bei jeder Spannungsquelle mit steigender Strombelastung die Klemmenspannung linear. Dieses Verhalten ist mit einem Ersatzschaltbild erklärbar. Eine reale Spannungsquelle besteht aus einer idealen Spannungsquelle und einem seriell geschalteten Innenwiderstand. Mit steigender Strombelastung fällt am Innenwiderstand immer mehr Spannung ab.

Die **Klemmenspannung U_K einer realen Spannungsquelle** mit der Quellenspannung U_Q bei einem Strom I erhält man durch:

$$U_K(I) = U_Q - R_i \cdot I$$

Je besser die Spannungsquelle ist, umso geringer ist ihr Innenwiderstand R_i.

Im Extremfall einer kurzgeschlossenen Spannungsquelle fließt der maximal mögliche Strom. Dabei fällt die gesamte Quellenspannung am Innenwiderstand ab.

Für den Fall eines Kurzschlusses erhält man aus der oberen Formel

$$U_K = 0 = U_Q - R_i \cdot I_K$$

Somit beträgt der maximal fließende **Kurzschlussstrom I_K**

$$I_K = \frac{U_Q}{R_i}$$

Beispiel 2.2.05: Klemmenspannung einer belasteten Spannungsquelle

An eine Batterie mit einer Quellenspannung von 12 V wird ein Verbraucher mit einem Widerstand von 4,5 Ω angeschlossen. Dabei sinkt die Klemmenspannung auf 9 V. a) Welchen Innenwiderstand weist die Batterie auf? b) Wie groß wäre ihr Kurzschlussstrom?

a) $I = \frac{U_K}{R} = \frac{9\ \text{V}}{4{,}5\ \Omega} = 2\ \text{A}$ $\qquad R_i = \frac{U_Q - U_K}{I} = \frac{12\ \text{V} - 9\ \text{V}}{2\ \text{A}} = \frac{3\ \text{V}}{2\ \text{A}} = 1{,}5\ \Omega$

b) $I_K = \frac{U_Q}{R_i} = \frac{12\ \text{V}}{1{,}5\ \Omega} = 8\ \text{A}$

Es lohnt sich, für eine reale Spannungsquelle mit einer Quellenspannung von 12 V und einen Innenwiderstand von 1 Ohm das Klemmenspannung-Strom-Diagramm, die sogenannte Kennlinie der realen Spannungsquelle zu zeichnen, und den Punkt im Diagramm zu markieren, der sich für einen Außenwiderstand von 11 Ohm ergibt.

Ziele erreicht? – „Schaltung von Widerständen“

2.2.11 + Berechnen Sie den Gesamtwiderstand der Schaltung in der Randspalte. Es gilt: $R_1 = 2\ \Omega$, $R_2 = 4\ \Omega$, $R_3 = 6\ \Omega$, $R_4 = 8\ \Omega$, $R_5 = 6\ \Omega$ und $R_6 = 8\ \Omega$.

2.2.12 + Eine Autobatterie hat eine Quellenspannung von 12 V und einen Innenwiderstand von 0,04 Ω. a) Berechnen Sie die Klemmenspannung, wenn der Anlasser einen Strom von 120 A benötigt. b) Welche Kurzschlussstromstärke weist diese Batterie auf?

2.2.13 ++ Berechnen Sie, welchen Widerstand ein Elektromotor hat, wenn durch seine 100 m lange (einfache Länge) Zuleitung aus Kupferdraht mit 1,5 mm² Querschnitt bei einer Versorgungsspannung von 220 V ein Strom von 5 A fließt.

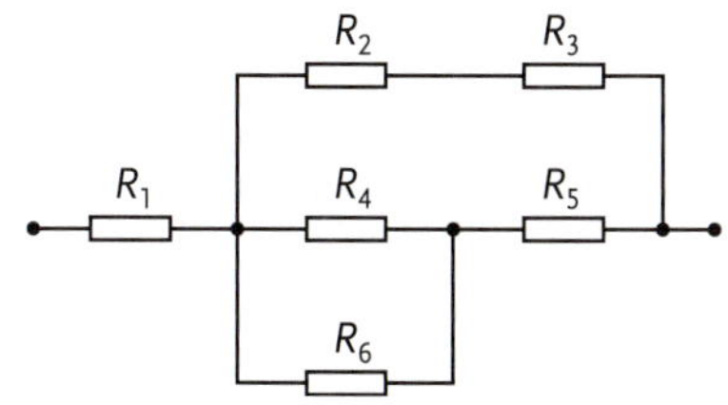

Schaltbild zur Aufgabe 2.2.11

2.2.5 Schaltung von Messgeräten

Meine Ziele

Nach Bearbeitung dieses Kapitels kann ich

- ein **Volt- und Amperemeter** zu Messzwecken **in eine elektrische Schaltung** korrekt einbauen;
- die **idealen Eigenschaften** von Messgeräten begründen und angeben.

Klemmt man ein Messgerät an eine elektrische Schaltung, so wird es sich wie ein weiteres Bauteil der Schaltung verhalten. Das bedeutet aber, die Messung verändert genau die Situation, die man messen möchte. Da das Messgerät den Wert der Messung möglichst nicht beeinflussen soll, ergeben sich die folgenden Anforderungen.

Ein **Multimeter** ermöglicht sowohl Strom- als auch Spannungsmessung mit nur einem Gerät

Spannungsmessung

Bei der Messung eines **Spannungsabfalls** ist die Potenzialdifferenz zwischen zwei Punkten der Schaltung zu ermitteln. Ein **Voltmeter** muss also **parallel** zum Spannungsabfall geschaltet werden. Um den Gesamtwiderstand nicht zu verändern, muss ein Voltmeter einen **sehr hohen Innenwiderstand** R_i haben.

Strommessung

Zur **Strommessung** ist ein **Amperemeter seriell** in den Stromkreis einzubringen. Damit das Messgerät den Gesamtwiderstand der Schaltung möglichst nicht beeinflusst, muss sein **Innenwiderstand** R_i **so klein wie möglich** sein.

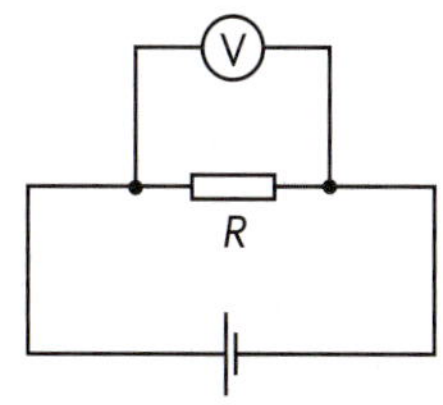

Parallel zum Verbraucher geschaltetes **Voltmeter**

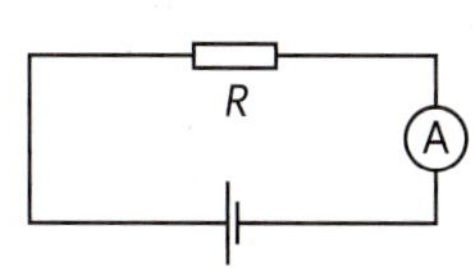

Seriell zum Verbraucher geschaltetes **Amperemeter**

Ziele erreicht? – „Schaltung von Messgeräten“

2.2.14 + Erklären und begründen Sie, wie ein Voltmeter in eine Schaltung einzubauen ist, um einen Spannungsabfall zu messen.

2.2.15 + Erklären und begründen Sie, wie ein Amperemeter in eine Schaltung einzubauen ist, um einen Stromfluss zu messen.

2.2.6 Kirchhoffsche Regeln

Um die Berechnung von Strömen und Spannungen in komplexeren elektrischen Stromkreisen zu erleichtern, formulierte Robert Kirchhoff 1845 zwei Regeln.

Gustav Robert Kirchhoff, 1824 bis 1887, deutscher Physiker

Meine Ziele

Nach Bearbeitung dieses Kapitels kann ich
- die **beiden kirchhoffschen Regeln** nennen und erklären;
- die kirchhoffschen Regeln zur **Berechnung von Strömen und Spannungen** in einem elektrischen Netzwerk anwenden.

Erste kirchhoffsche Regel (Knotenregel)

Ein Punkt, in dem sich drei oder mehrere Leitungen treffen, wird als Knoten bezeichnet. Aufgrund der Ladungserhaltung gilt für jeden Knoten.

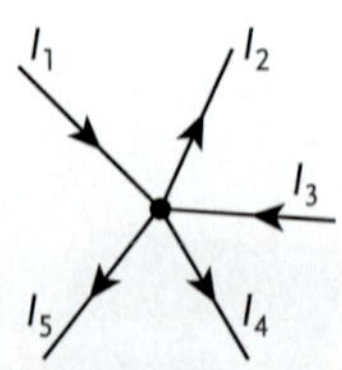

Knotenregel: Die Summe aller Ströme in einem Knoten ist null.

Die Summe aller zu einem Knoten zufließenden Ströme (positiv) ist gleich der Summe aller von diesem Knoten wegfließenden Ströme (negativ). Somit ist die **Summe aller mit Vorzeichen versehenen Ströme in einem Knoten gleich null.**

$$\sum_i I_i = 0\ \text{A}$$

Zweite kirchhoffsche Regel (Maschenregel)

Ein beliebiger geschlossener Weg mit definierter Umlaufrichtung im Netzwerk wird als Masche bezeichnet.

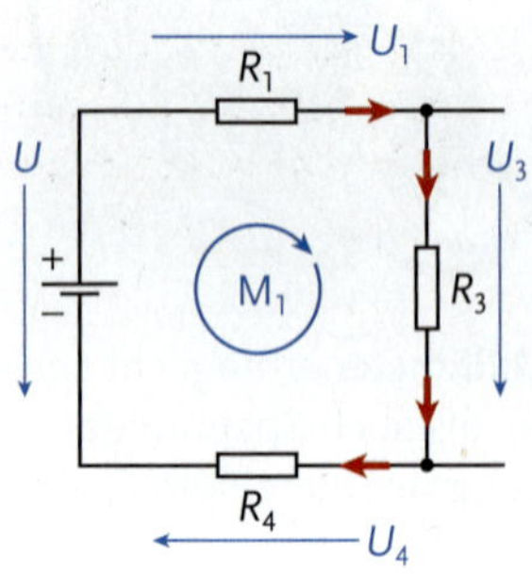

Maschenregel: Die Summe aller Spannungen entlang eines Durchlaufes eines geschlossenen Weges ist null.

Beim Durchlaufen einer Masche ist die Summe aller Potenzialanstiege (positiv) gleich der Summe aller Potenzialabfälle (negativ). Somit ist die **Summe aller mit Vorzeichen versehenen Spannungen in einer Masche gleich null.**

$$\sum_i U_i - \sum_j R_j \cdot I_j = 0\ \text{V}$$

Beispiel 2.2.06: Ströme und Spannungen in einer Widerstandsschaltung

Wir berechnen die Ströme I_1, I_2 und I_3 sowie die Spannungsabfälle U_1, U_2 und U_3 an den Widerständen der in der Randspalte gegebenen Schaltung. Die Versorgungsspannung U beträgt 10 V und die Widerstandswerte lauten $R_1 = 5\ \Omega$, $R_2 = 10\ \Omega$ und $R_3 = 20\ \Omega$.

Knoten: $I_1 - I_2 - I_3 = 0\ \text{A}$

1. Masche: $U - R_1 \cdot I_1 - R_2 \cdot I_2 = 0\ \text{V} \Rightarrow 10 - 5 \cdot I_1 - 10 \cdot I_2 = 0\ \text{V}$

2. Masche: $U - R_1 \cdot I_1 - R_3 \cdot I_3 = 0\ \text{V} \Rightarrow 10 - 5 \cdot I_1 - 20 \cdot I_3 = 0\ \text{V}$

Wir haben nun ein Gleichungssystem in drei Variablen:

(1) $I_1 - I_2 - I_3 = 0\ \text{A}$ (2) $I_1 + 2 \cdot I_2 = 2\ \text{A}$ (3) $I_1 + 4 \cdot I_3 = 2\ \text{A}$

Als Lösungen erhalten wir: $I_1 = 0{,}857\ \text{A}$ $I_2 = 0{,}571\ \text{A}$ $I_3 = 0{,}286\ \text{A}$
$U_1 = 4{,}29\ \text{V}$ $U_2 = 5{,}71\ \text{V}$ $U_3 = 5{,}71\ \text{V}$

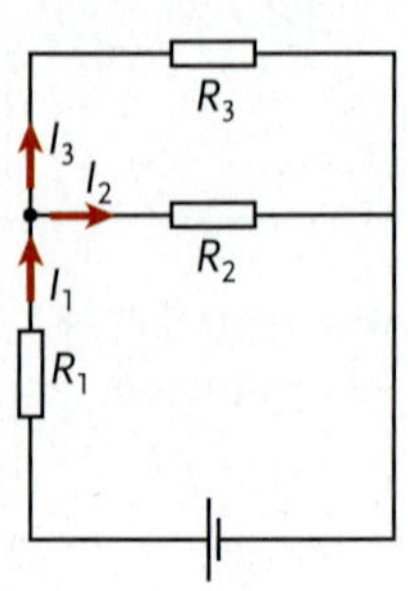

Schaltbild zum Beispiel 2.2.06

Ziele erreicht? – „Kirchhoffsche Regeln“

2.2.16 + Nennen und erklären Sie die beiden kirchhoffschen Regeln.

2.2.17 ++ Berechnen Sie die Ströme und Spannungsabfälle aller Widerstände sowie den von der Spannungsquelle gelieferten Gesamtstrom der in der Randspalte gegebenen Schaltung. Die Versorgungsspannung U beträgt 30 V. Die Widerstandswerte sind: $R_1 = 10\ \Omega$, $R_2 = 30\ \Omega$, $R_3 = 20\ \Omega$ und $R_4 = 10\ \Omega$.

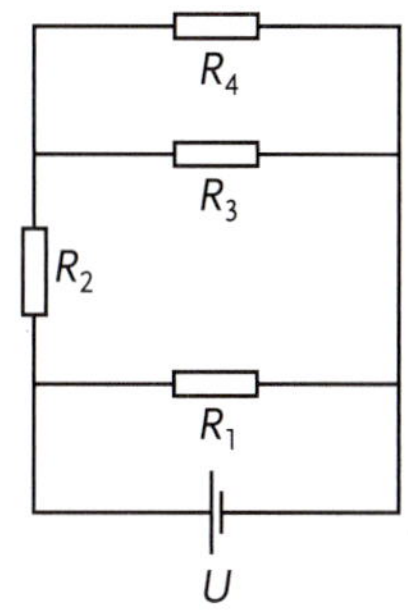

Schaltbild zur Aufgabe 2.2.17

2.2.7 Elektrische Arbeit und Leistung

Meine Ziele

Nach Bearbeitung dieses Kapitels kann ich

- den Zusammenhang zwischen **Strom, Spannung** und **elektrischer Leistung** erklären;
- die **elektrische Arbeit** berechnen und ihre **Einheiten** angeben.

Gängige Leuchtstofflampen haben bei gleicher Helligkeit eine bis zu 90 % geringere elektrische Leistung als vergleichbare Glühbirnen und verbrauchen somit weniger Energie

Im Kapitel über Spannung und Potenzial haben wir gelernt, dass der Transport von Ladungen über eine Potenzialdifferenz (Spannung) Arbeit benötigt oder Arbeit liefert.

Bei einem **stationären Gleichstrom** erhält man für die **elektrische Arbeit**

$$W = U \cdot Q = U \cdot I \cdot t = R \cdot I^2 \cdot t$$

$$[W] = 1\ \text{V} \cdot 1\ \text{A} \cdot 1\ \text{s} = 1\ \text{J} = 1\ \text{Wattsekunde (1 Ws)}$$

Die Umrechnung zwischen kWh und Ws ergibt sich aus:
$1\ \text{kWh} = 1\,000 \cdot 60 \cdot 60\ \text{Ws} = 3{,}6 \cdot 10^6\ \text{Ws} = 3{,}6\ \text{MJ}$

Für die **elektrische Leistung** bei **stationärem Gleichstrom** gilt:

$$P = \frac{W}{t} = U \cdot I = \frac{U^2}{R} = R \cdot I^2$$

$$[P] = \left[\frac{W}{t}\right] = \frac{1\ \text{J}}{1\ \text{s}} = 1\ \text{V} \cdot 1\ \text{A} = 1\ \text{Watt (1 W)}$$

Die maximale Leistung von Geräten im Haushalt liegt bei drei Kilowatt. Der jährliche Stromverbrauch eines europäischen Familienhaushaltes bewegt sich um 4 000 kWh. Der durchschnittliche amerikanische Haushalt verbraucht derzeit rund 11 000 kWh pro Jahr.

Das **Donaukraftwerk Ybbs-Persenbeug** in Niederösterreich erbringt eine Leistung von 236,5 MW und verrichtet eine Regelarbeit von 1 335,9 GWh/Jahr

Beispiel 2.2.07: Stromverbrauch im Haushalt

In einem Haushalt gibt es 10 Glühbirnen mit einer Leistung von je 100 W. Diese sind im Schnitt 5 Stunden pro Tag in Betrieb. Welche monatliche Energieersparnis ergibt sich, wenn man sie durch Leuchtstofflampen mit jeweils 20 W ersetzt?

$E_{\text{Glühbirnen}} = 10 \cdot 100\ \text{W} \cdot 5\ \text{h} \cdot 30\ \text{d} = 150\,000\ \text{Wh} = 150\ \text{kWh}$

$E_{\text{Leuchtstofflampen}} = 10 \cdot 20\ \text{W} \cdot 5\ \text{h} \cdot 30\ \text{d} = 30\,000\ \text{Wh} = 30\ \text{kWh}$

Die Energieersparnis beträgt 120 kWh.

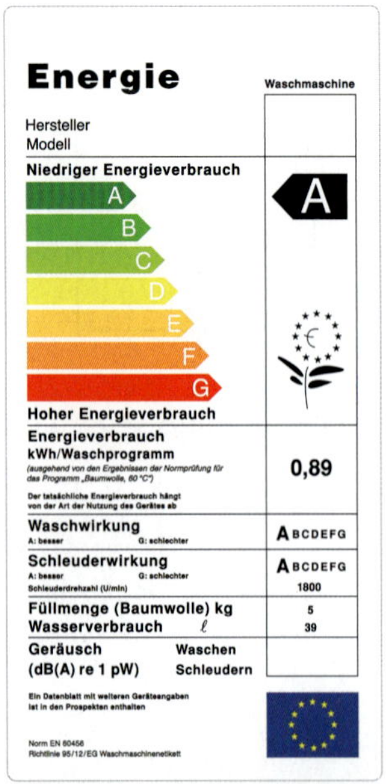

Das Label für die **Energieeffizienzklasse** ist eine Bewertungsskala für Haushaltsgeräte nach EU-Vorschrift

Natürlicher Magneteisenstein (Magnetit) aus Sachsen; Vorkommen: Südafrika, Deutschland, Russland, Schweden, USA

Der Kompass, wie wir ihn heute kennen, entstand in Europa um 1200

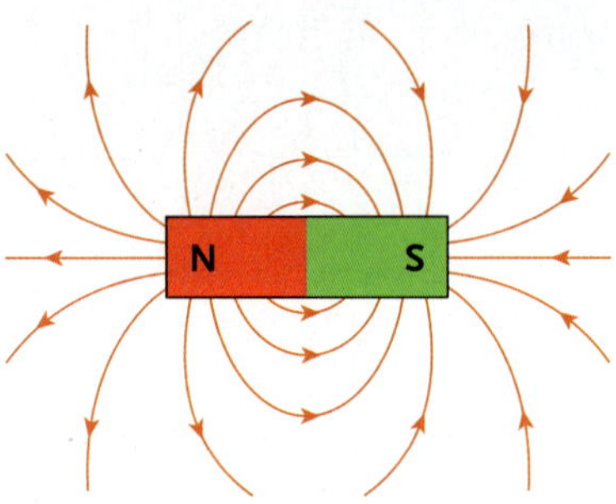

Magnetfeld eines Permanentmagnets

Ziele erreicht? – „Elektrische Arbeit und Leistung“

2.2.18 + Ein elektrisches Heizgerät ist an eine Spannung von 220 V angeschlossen und hat eine Leistung von 1 400 W. Wie viel Strom fließt durch die zuführende Leitung? Welchen Widerstand hat das Heizgerät?

2.2.19 ++ Berechnen Sie die Leistung des Elektromotors aus Aufgabe 2.2.13.

2.2.20 + Haushaltsstromkreise (230 V) werden zum Schutz vor Überlastung bzw. Überhitzung (Brandgefahr) mit Sicherungen für Maximalströme von a) 10 A bzw. b) 16 A versehen. Wie hoch ist dann die zulässige Maximalleistung der angeschlossenen Geräte? Wie viele Heizgeräte mit einer Leistung von 1 kW könnte man in einem derartigen Stromkreis betreiben?

2.2.21 ++ Ein elektrischer Reisefön mit einer Geräteleistung von 850 W soll mittels eines zuschaltbaren Widerstands bei 110 V und 220 V betreibbar sein. Wie groß ist dieser Widerstand zu wählen?

2.3 Magnetismus

2.3.1 Magnetismus, magnetische Stoffe

Magnetismus wurde vermutlich vor über 2 500 Jahren in Griechenland entdeckt. Ein Erzgestein mit magnetischen Eigenschaften, das eine Kraftwirkung auf Eisen ausübte, wurde wahrscheinlich nach dem Fundgebiet Magnesia in Thessalien benannt.

Meine Ziele

Nach Bearbeitung dieses Kapitels kann ich

- einen Magnet als **Dipol** mit einem **Nord- und einem Südpol** angeben;
- die **Kraftwirkung** zwischen Magneten beschreiben;
- zwischen **Permanent- und Ferromagneten** unterscheiden und eine Modellvorstellung ihres mikroskopischen Aufbaus erklären.

Umgangssprachlich versteht man unter einem Magnet einen sogenannten **Dauer- oder Permanentmagnet.** Er besteht aus Legierungen von Eisen, Nickel und Aluminium mit Cobalt, Mangan und Kupfer. Besonders starke Dauermagnete werden aus Neodym, Eisen und Bor erzeugt.

Versuch 2.3.01: Kraftwirkung zwischen zwei Magneten

Versuche mit zwei Magneten zeigen, dass je nach Ausrichtung der Magnete eine anziehende oder abstoßende Kraftwirkung zwischen ihnen auftritt. Jeder Magnet weist zwei unterschiedliche Pole auf.

Zerbricht man Magnete in kleinere Stücke, so bleibt die Charakteristik mit zwei verschiedenen Polen trotzdem erhalten.

Magnete sind im Gegensatz zu elektrischen Ladungen keine Monopole, sondern **Dipole.** Sie bestehen immer aus zwei nebeneinander befindlichen unterschiedlichen Polen. Diese bezeichnet man als magnetischen **Nord- und Südpol.**

Magnetisierbare Substanzen wie Eisen werden als **ferromagnetisch** bezeichnet.

Versuch 2.3.02: Kraftwirkung zwischen Magneten und Ferromagneten

Zwischen einem Magnet und einer Büroklammer herrscht immer eine anziehende Kraft, egal, wie man die Büroklammer oder den Magnet dreht. Mit einer magnetisierten Büroklammer kann man eine weitere Büroklammer anziehen. Setzt man die magnetisierte Klammer einer starken Erschütterung, einem wechselnden Magnetfeld oder Hitze aus, verliert sie ihre magnetische Anziehungskraft.

In der Modellvorstellung ist eine ferromagnetische Substanz aus vielen kleinen drehbaren **Elementarmagneten** aufgebaut, die ungeordnet sind. Beim Anlegen eines äußeren Magnetfeldes richten sich die Elementarmagnete aus und verbleiben in dieser Lage, da sie sich gegenseitig stabilisieren. Erst eine starke mechanische Erschütterung oder Teilchenbewegung infolge hoher Temperatur kann diese Ordnung wieder zerstören.

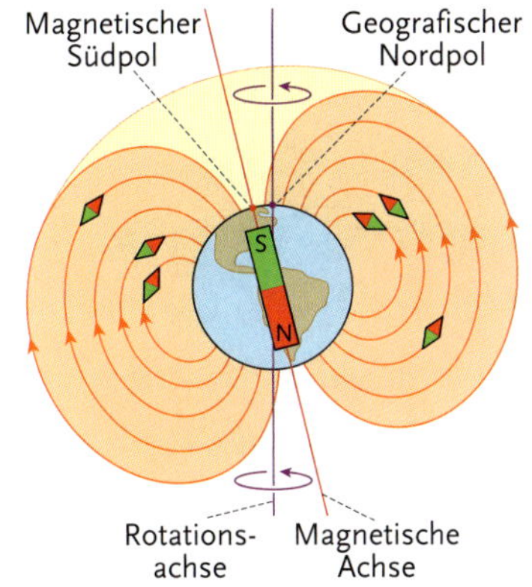

Magnetfeld der Erde (die Achse der Erdrotation ist nicht mit der Achse des Magnetfeldes identisch)

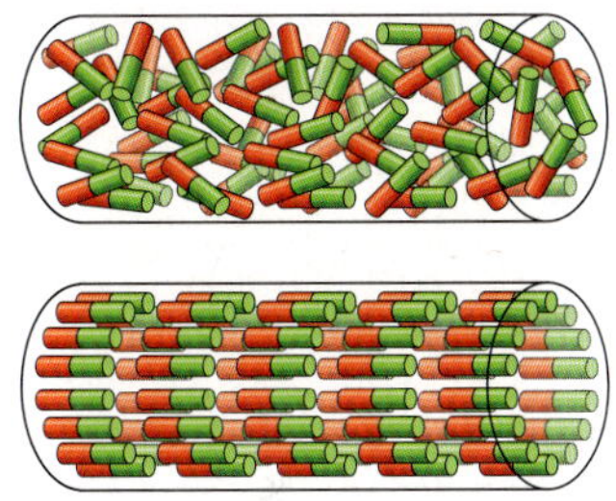
Modellvorstellung eines Ferromagneten (oben: ungeordnete, unten: geordnete Elementarmagnete)

Ziele erreicht? – „Magnetismus, magnetische Stoffe“

2.3.01 + Erklären Sie die Modellvorstellung eines Ferromagnets. Skizzieren Sie die Polarität und den Feldverlauf.

2.3.02 + Geben Sie an, welcher magnetische Pol einer Kompassnadel zum magnetischen Nordpol der Erde weist.

2.3.03 ++ Sie haben zwei Stäbe. Einer davon ist ein Permanentmagnet, der andere ein Ferromagnet. Durch welchen Versuchsvorgang ohne weitere Hilfsmittel können Sie die beiden eindeutig identifizieren? (Hinweis: Betrachten Sie dazu das Feldlinienbild.)

2.3.2 Magnetisches Feld

Meine Ziele

Nach Bearbeitung dieses Kapitels kann ich

- die **Regeln** zur Darstellung der Kraftwirkung eines Magnets durch **Magnetfeldlinien** nennen;
- den **magnetischen Fluss und die magnetische Flussdichte** erklären und deren Einheiten herleiten;
- das **elektrodynamische Grundgesetz** zur quantitativen Beschreibung der Kraftwirkung von Magneten anwenden.

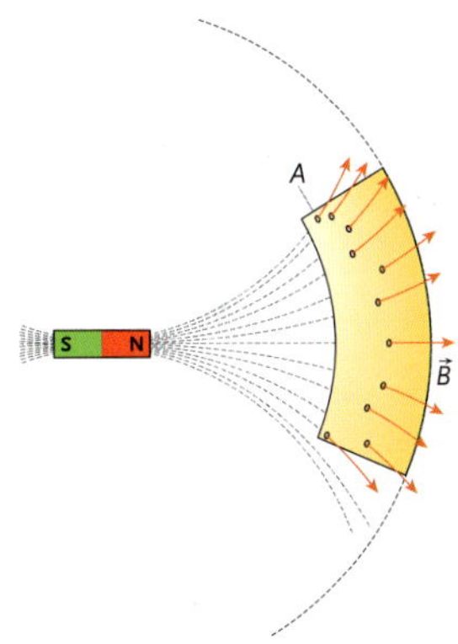

Der **magnetische Fluss** ist die Summe aller Feldlinienanteile, die senkrecht durch eine Fläche treten

Ein Magnet übt auf andere Magnete oder magnetisierbare Substanzen eine Kraftwirkung aus. Auch hier lässt sich diese Kraftwirkung abstrakt durch ein Kraftfeld beschreiben. Man bezeichnet es als magnetisches Feld. Die Eigenschaften der Darstellung der Kraftwirkung durch Feldlinien sind dieselben wie in der Elektrostatik.

Regeln für die Darstellung der Kraftwirkung durch ein Magnetfeld

- Die **Feldlinien** verlaufen außerhalb des Magnets **vom Nord- zum Südpol.**
- Sie verlaufen **in Richtung der Kraftwirkung** auf einen anderen Magnet.
- Die **Feldstärke** (und damit die Kraftwirkung) ist **proportional zur Feldliniendichte.**
- Neu ist Folgendes: Da der Magnet immer ein Dipol ist, sind **Magnetfeldlinien immer geschlossen.**

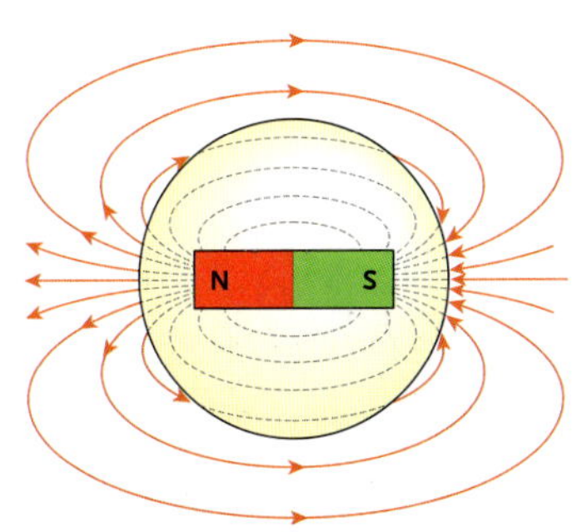

Die **Summe** aller durch eine geschlossene Oberfläche tretenden Magnetfeldlinien ist **null** (zweite Maxwellgleichung)

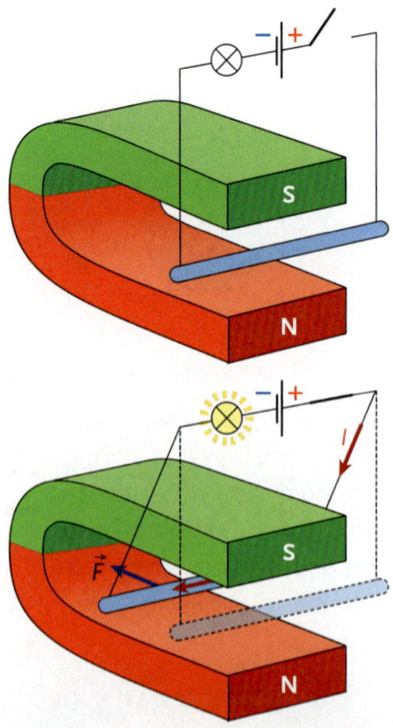

Skizze zum Versuch 2.3.03

Wie beim elektrostatischen Feld ist auch beim magnetischen Feld die Kraftwirkung proportional zur Dichte der magnetischen Feldlinien.

Das Maß für den Betrag der Kraftwirkung des Feldes ist die **magnetische Flussdichte *B*:**

$$B = \frac{\Phi_B}{A}$$

Dabei ist **Φ_B der magnetische Fluss.** Das ist die Summe aller **senkrechten** Anteile der magnetischen Feldlinien, die durch eine Oberfläche der Größe A treten. Auch diese Definition des Flusses ist analog zum elektrischen Fluss Φ_E. Es gilt also auch:

$$\Phi_B = B \cdot A$$

Da die beiden Größen B und Φ_B intuitiv und analog zum elektrischen Feld eingeführt wurden und wir noch keinen Zusammenhang mit der Stärke der Kraftwirkung haben, werden wir deren Einheiten erst später herleiten.

Mit einem Versuch ist feststellbar, dass ein Magnetfeld nicht nur auf andere Magnetfelder, sondern auch auf bewegte Ladungen eine Kraftwirkung ausübt.

Versuch 2.3.03: Leiterschaukel

Man hängt einen elektrischen Leiter quer zwischen die Pole eines Hufeisenmagnets. Die Feldstärke ist dort relativ homogen. Bei Stromdurchfluss von einigen Ampere durch den Leiter wird dieser je nach Stromrichtung in den Magnet hineingezogen oder aus ihm herausgestoßen.

Wertet man diesen Versuch quantitativ aus, dann ergibt sich daraus das elektrodynamische Grundgesetz.

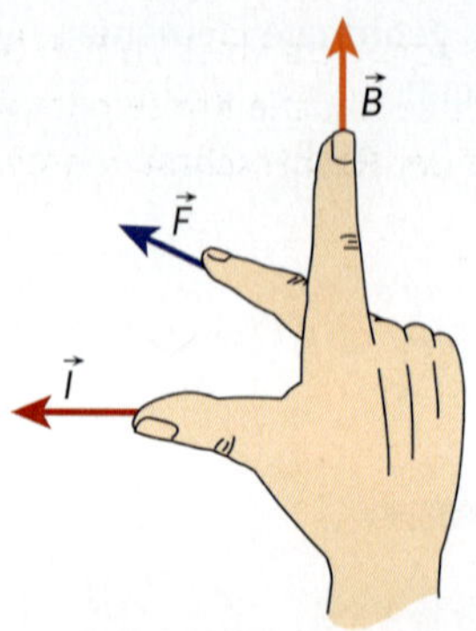

Rechte-Hand-Regel: Wenn der Daumen in Richtung $\vec{I}$ und der Zeigefinger in Richtung $\vec{B}$ weist, zeigt der Mittelfinger in Kraftrichtung.

Elektrodynamisches Grundgesetz: $F = l \cdot I \cdot B$ (wenn $\vec{I}$ senkrecht auf $\vec{B}$ steht) oder vektoriell $\vec{F} = l \cdot \vec{I} \times \vec{B}$

Dabei ist l die Länge des Leiters innerhalb des Magnetfelds und I die Stromstärke. Mithilfe des Winkels φ zwischen Feldlinien und Stromrichtung lässt sich die obige Gleichung auch mittels der Betragswerte schreiben.

$$F = l \cdot I \cdot B \cdot \sin(\varphi)$$

Die Richtung der Kraftwirkung ist mit der **Rechte-Hand-Regel** beziehungsweise mit der **Rechtsschraubenregel** zu ermitteln.

Nun können wir die magnetische Flussdichte und den magnetischen Fluss über diese Kraftwirkung erklären und deren Einheiten herleiten. Es wurde ein Winkel von 90° zwischen den Richtungen von I und B angenommen.

Magnetische Flussdichte: $B = \frac{F}{l \cdot I}$

$$[B] = \frac{1\,\text{N}}{1\,\text{A} \cdot \text{m}} = 1\,\frac{\text{J}}{\text{A} \cdot \text{m}^2} = 1\,\frac{\text{V} \cdot \text{A} \cdot \text{s}}{\text{A} \cdot \text{m}^2} = 1\,\frac{\text{V} \cdot \text{s}}{\text{m}^2} = 1\,\text{Tesla (1 T)}$$

Magnetischer Fluss: $\Phi_B = B \cdot A$

$$[\Phi_B] = 1\,\frac{\text{V} \cdot \text{s}}{\text{m}^2} \cdot 1\,\text{m}^2 = 1\,\text{V} \cdot \text{s} = 1\,\text{Weber (1 Wb)}$$

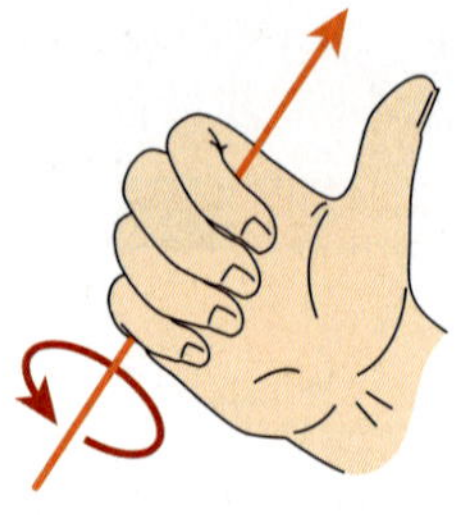

Rechtsschraubenregel: Dreht man $\vec{I}$ über den kleineren Winkel Richtung $\vec{B}$, zeigt $\vec{F}$ in Richtung der Bewegung einer Rechtsschraube.

Ziele erreicht? – „Magnetisches Feld"

2.3.04 + Berechnen Sie die Kraft auf einen 15 cm langen Draht, der von einem Strom von 1,6 A senkrecht zu einem homogenen Magnetfeld von 0,5 T durchflossen wird.

2.3.05 + Berechnen Sie analog zu Aufgabe 2.3.04 die Kraftwirkung, wenn der Draht einen Winkel von 30° zu den Magnetfeldlinien einschließt.

2.3.06 ++ Eine um die Mitte zweier gegenüberliegender Seiten drehbare quadratische Leiterschleife mit Seitenlänge 3 cm befindet sich in einem homogenen Magnetfeld von 0,2 T. Welches maximale Drehmoment wirkt, wenn ein Strom von 1,6 A durch die Schleife normal zu den Feldlinien fließt?

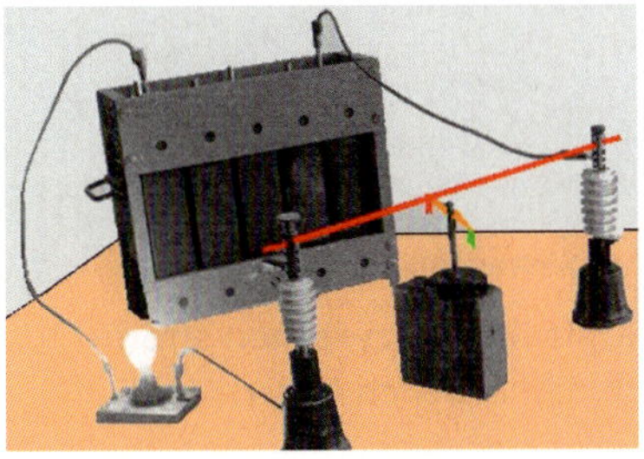

Der Versuch von Œrsted (2.3.04)

2.3.3 Elektromagnetismus

Hans Christian Œrsted *entdeckte 1820 als Erster, dass nicht nur bestimmte Materialien, sondern auch stromdurchflossene (bewegte Ladungen) Leiter von Magnetfeldern umgeben sind.*

Meine Ziele

Nach Bearbeitung dieses Kapitels kann ich

- **bewegte Ladungen** als Ursache eines **magnetischen Feldes** nennen;
- die **Form des Magnetfeldes** eines Leiters, einer Leiterschleife und einer Spule bei Stromdurchfluss skizzieren;
- die **Kraftwirkung** eines Magnetfeldes **auf eine bewegte Ladung** berechnen.

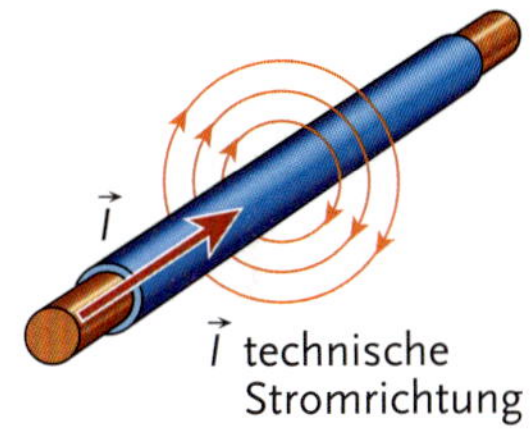

Das Magnetfeld eines Leiters bildet konzentrische Kreise entsprechend der Rechtsschraubenregel

Versuch 2.3.04: Versuch von Œrsted

In der Nähe eines stromdurchflossenen Drahtes wird eine Magnetnadel abgelenkt. Die Richtung der Ablenkung (Richtung der Kraftwirkung) hängt von der Position der Magnetnadel zum Draht sowie von der Richtung des Stromflusses ab. Man erkennt, dass sich das Magnetfeld konzentrisch um den Draht aufbaut und mit steigender Entfernung vom Draht schwächer wird.

Bewegte elektrische Ladungen erzeugen ein magnetisches Feld.

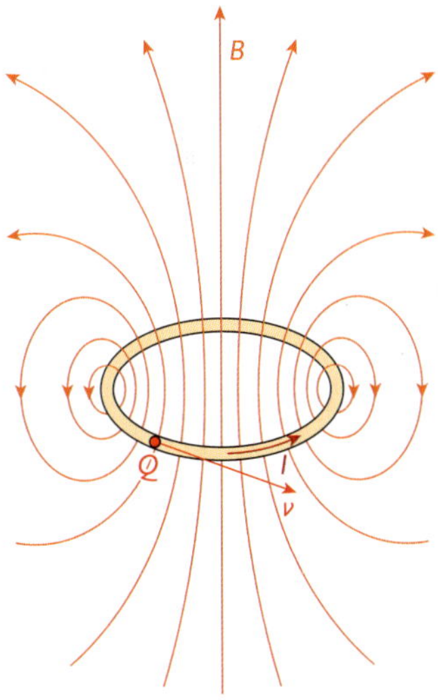

Magnetfeld einer Leiterschleife

Bei verschiedenen Geometrien des elektrischen Leiters ergeben sich interessante Spezialfälle des erzeugten magnetischen Feldes. So sieht man, dass eine stromdurchflossene Spule aus vielen Leiterschleifen ein ähnliches Magnetfeld wie ein Permanentmagnet entwickelt.

Versuch 2.3.05: Kräfte zwischen stromdurchflossenen Leitern

Werden zwei parallele Leitungsdrähte von einem starken Strom in gleicher Richtung durchflossen, ziehen sie sich an. Fließen die Ströme in entgegengesetzter Richtung, stoßen sich die Drähte ab.

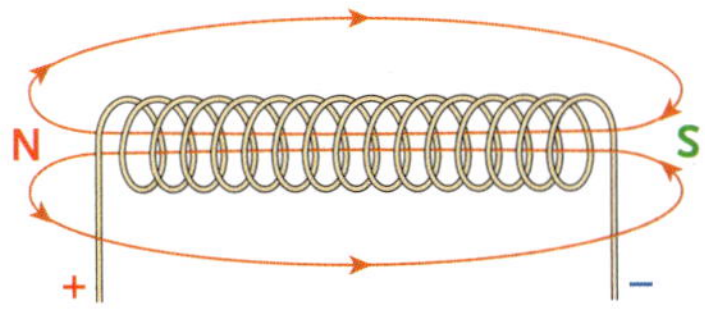

Das Magnetfeld einer Spule weist dieselbe Form auf wie das eines Stabmagnets

Diese Beobachtung bietet die Möglichkeit, die **Stromstärke von 1 Ampere** über die auftretende **Kraftwirkung von $2 \cdot 10^{-7}$ N pro 1 m Länge** der Drähte **bei einem Abstand von 1 m** zu definieren.

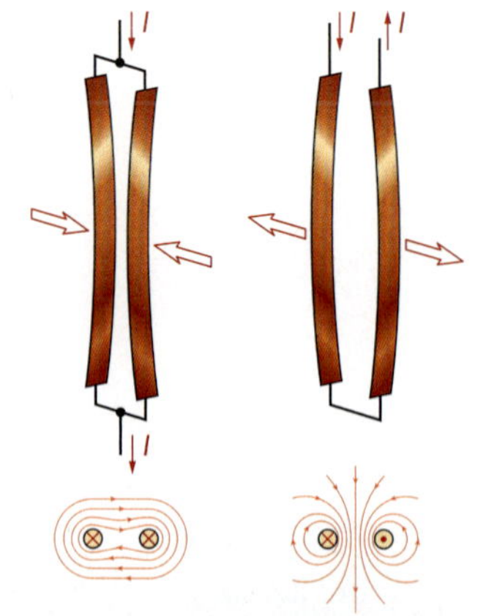

a) gleiche Stromrichtung b) entgegengesetzte Stromrichtung

Kraftwirkung zwischen stromdurchflossenen Leitern

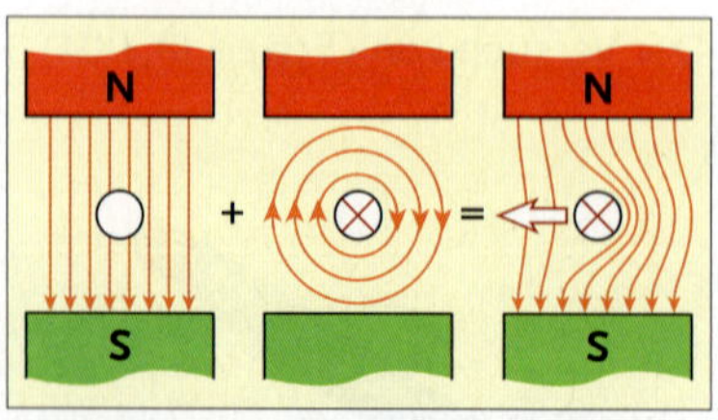

Kraftwirkung auf einen stromdurchflossenen Leiter im Magnetfeld

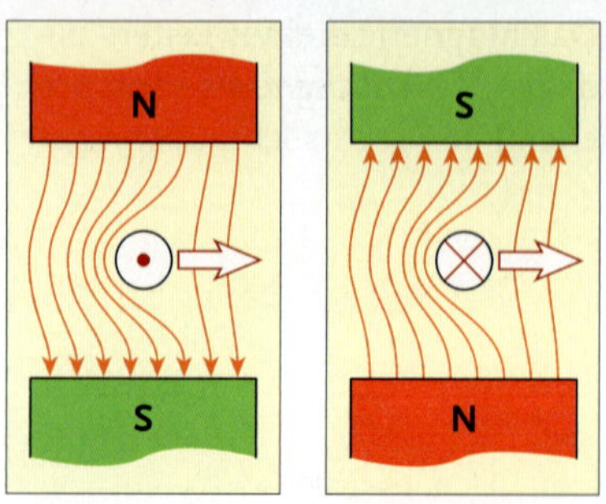

Die Richtung der Kraftwirkung hängt von der Magnetfeld- und der Stromrichtung ab

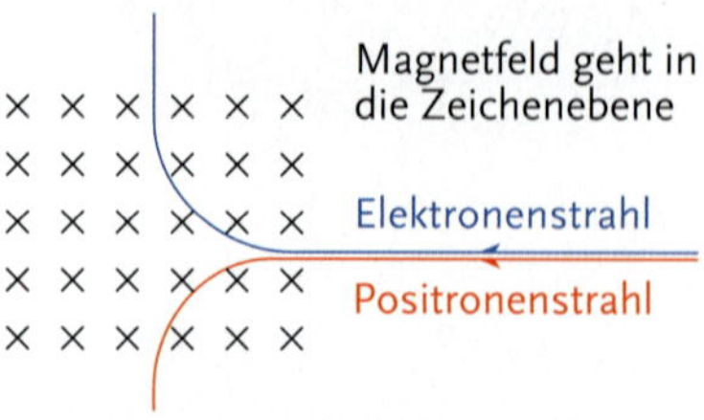

Ablenkung von geladenen Teilchen durch die Lorentzkraft

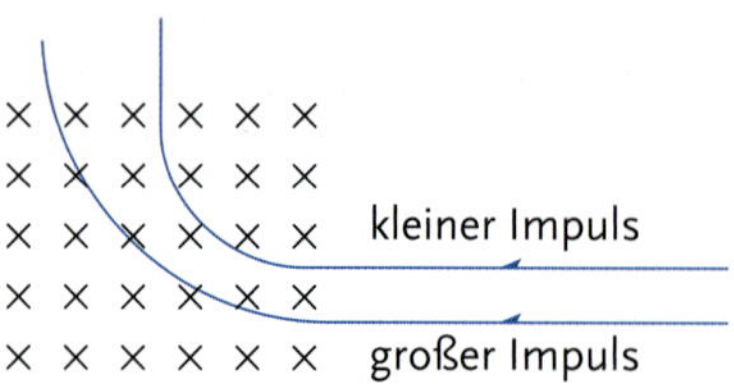

Neben der Magnetfeldstärke bestimmt auch der Impuls des Teilchens das Ausmaß der Ablenkung (vgl. Aufgaben 2.3.08 – 2.3.11)

Nach dem elektrodynamischen Grundgesetz wirkt bei einem Stromfluss eine Kraft auf einen Leiter im Magnetfeld. Da der Strom aus bewegten Ladungen besteht, kann man dieses Gesetz auf die Kraftwirkung auf einen einzelnen bewegten Ladungsträger reduzieren.

Beispiel 2.3.01: Kraftwirkung auf einen stromdurchflossenen Leiter im Magnetfeld

Wir ermitteln die Kraftwirkung auf eine mit der Geschwindigkeit v in einem Magnetfeld der Stärke B bewegte Ladung Q.

Nach dem elektrodynamischen Grundgesetz gilt:

$$\vec{F} = l \cdot \vec{I} \times \vec{B} \qquad \text{mit} \qquad \vec{I} = A \cdot n \cdot e \cdot \vec{v}$$

Vergleichen Sie hierzu die mikroskopische Beschreibung des elektrischen Stromes in 2.2.1. Daraus folgt nun

$$\vec{F} = l \cdot A \cdot n \cdot e \cdot \vec{v} \times \vec{B} = Q \cdot \vec{v} \times \vec{B}$$

Die Kraftwirkung auf eine bewegte Ladung im Magnetfeld nennt man **Lorentzkraft.**

$$F = Q \cdot v \cdot B \quad (\text{wenn } \vec{v} \text{ senkrecht auf } \vec{B} \text{ steht})$$

$$\text{oder vektoriell } \vec{F} = Q \cdot \vec{v} \times \vec{B}$$

Die **Richtung** der Kraft ergibt sich wieder aus der **Rechte-Hand-Regel** (bzw. **Rechtsschraubenregel).**

Ziele erreicht? – „Elektromagnetismus“

2.3.07 + Erklären Sie mittels der Lorentzkraft die Richtung der Kraftwirkung zwischen zwei in gleicher (gegengleicher) Richtung vom Strom durchflossenen parallelen Drähten. Machen Sie hierzu eine Skizze.

2.3.08 + Ein Elektron wird über eine Potenzialbarriere von 2,3 kV beschleunigt und dann senkrecht zu den Feldlinien in ein homogenes Magnetfeld der Stärke 0,7 T geschossen. Berechnen Sie die Kraft, die auf das Elektron wirkt. In welche Richtung zeigt sie?

2.3.09 + Geben Sie an, welche Bahn das Elektron aus Aufgabe 2.3.08 beschreibt.

2.3.10 ++ Welchen Bahnradius hat ein Elektron mit der Energie von 1 MeV in einem Zyklotron mit einer magnetischen Flussdichte von 0,7 T? Erklären Sie, wodurch der Bahnradius des Elektrons beeinflusst wird.

2.3.11 ++ Berechnen Sie die benötigte Frequenz der Beschleunigungsspannung für ein Proton, das in einem Zyklotron mit der magnetischen Flussdichte von 0,6 T beschleunigt wird. Erläutern Sie auch, welche Parameter die Umlaufzeit beeinflussen.

2.3.4 Magnetische Feldstärke

Im vorigen Kapitel haben wir die Stärke eines Magnetfeldes über die magnetische Flussdichte B erklärt. Was ist nun, wenn wir in eine stromdurchflossene Spule, die ja ein Magnetfeld verursacht, einen ferromagnetischen Eisenstab einbringen? Da der Eisenstab magnetisiert wird, wird sich die magnetische Flussdichte vergrößern. Im Beisein von Materie kann sich so eine andere Feldstärke ausbilden, als der Strom alleine verursacht hätte. Wir werden nun eine Größe definieren, die die „Ursache“ eines auftretenden Magnetfeldes unabhängig von anwesender Materie beschreibt.

Meine Ziele

Nach Bearbeitung dieses Kapitels kann ich

- die **Durchflutung** und die **magnetische Feldstärke** als Ursache der magnetischen Flussdichte nennen und ihre SI-Einheiten angeben;
- das **amperesche Gesetz** angeben und es zur Berechnung der Feldstärken in Spulen anwenden;
- das **Verhalten magnetisierbarer** Materie beschreiben.

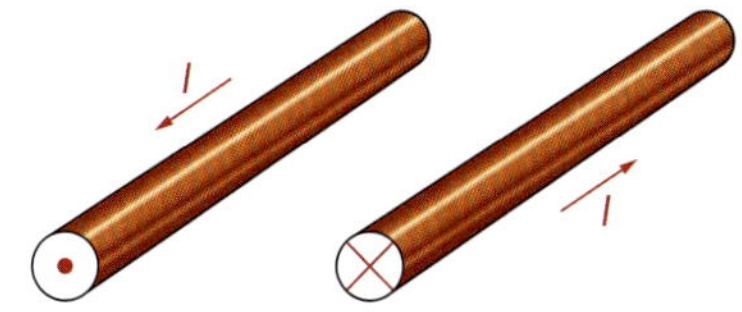

Stromrichtung im Leiter

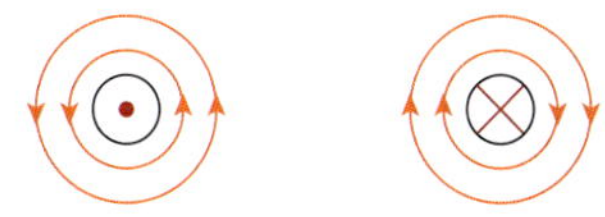
Richtung des Magnetfeldes

Magnetfelder in der Umgebung von stromdurchflossenen Leitern

Versuche mit **stromdurchflossenen Leitern** zeigen, dass die **magnetische Flussdichte** des auftretenden Feldes direkt proportional zur Stromstärke I und indirekt proportional zur Länge l einer Feldlinie ist.

$$B \sim \frac{I}{l} = \frac{\text{Stromstärke}}{\text{Feldlinienlänge}}$$

Die Proportionalitätskonstante wird als **magnetische Feldkonstante μ_0** bezeichnet. Es gilt also für den Betrag der Flussdichte eines geraden Leiters:

$$B = \mu_0 \frac{I}{l} = \mu_0 \frac{I}{2\pi \cdot r}$$

mit $\mu_0 = 4\pi \cdot 10^{-7}\,\frac{\text{Vs}}{\text{Am}} = 1{,}256\,6 \cdot 10^{-6}\,\frac{\text{Vs}}{\text{Am}}$ (magnetische Feldkonstante bzw. absolute Permeabilität)

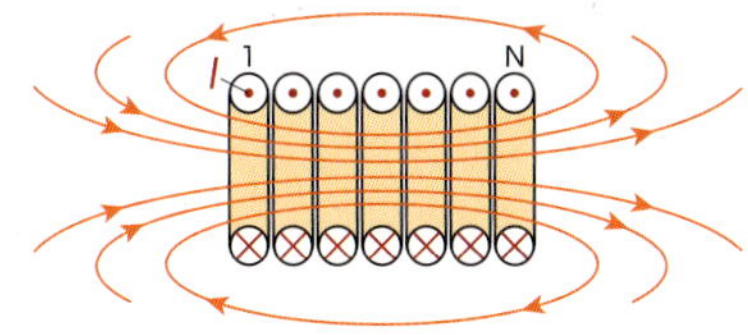

Die **Durchflutung** einer geschlossenen Magnetfeldlinie ist die **Summe der Ströme,** die durch die umschlossene Fläche fließen. Sie bestimmt die Magnetfeldstärke auf dieser Linie. Die Durchflutung wird auch **als magnetische Spannung** bezeichnet (siehe Kap. B, 3.3.5 Magnetischer Kreis).

Die Ursache der magnetischen Flussdichte stellt der Quotient I/l dar. Wir definieren nun eine neue Größe für die Ursache der magnetischen Flussdichte, die magnetische Feldstärke.

Magnetische Feldstärke: $H = \frac{I}{l}$

mit der Einheit $[H] = 1\,\frac{\text{A}}{\text{m}}$

Der Zusammenhang zwischen dem Betrag der magnetischen Flussdichte und der magnetischen Feldstärke ist **im Vakuum** gegeben durch

$$B = \mu_0 \cdot H$$

Die magnetische Feldstärke wurde früher auch als **magnetische Erregung** bezeichnet.

Erweitert man die Vorstellung des Magnetfeldes eines stromdurchflossenen Leiters, ergibt sich, dass die **Summe der magnetischen Feldstärken entlang einer geschlossenen Magnetfeldlinie von der Summe der Ströme abhängt,** die diese umschlossene Fläche durchfließen. Die Summe der Ströme stellen wir uns vereinfacht als N Leiterdrähte mit jeweils einem Strom I vor. Man kann nun die **Durchflutung Θ** der umschlossenen Fläche definieren als

$$\Theta = N \cdot I \qquad [\Theta] = 1\text{ A}$$

Der oben formulierte Zusammenhang wird als **amperesches Gesetz** (oder **Durchflutungssatz)** bezeichnet.

Das **amperesche Gesetz** stellt eine vereinfachte Form der **4. Maxwellgleichung** dar.

$$\Theta = N \cdot I = H \cdot l = U_m \quad (= \text{magnetische Spannung})$$

In der Folge werden wir das Magnetfeld von Spulen mithilfe des ampereschen Gesetzes berechnen.

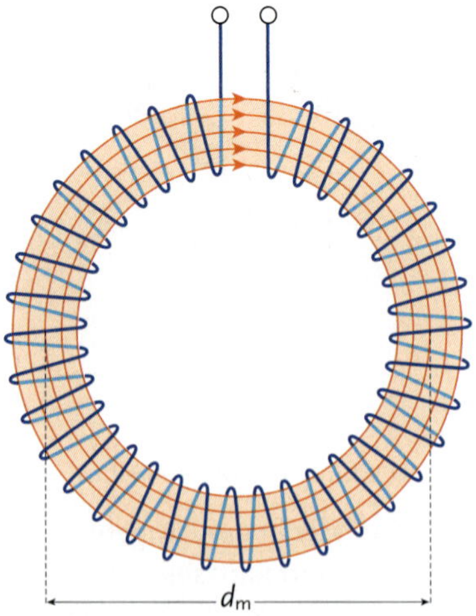

Skizze der Feldlinien in einer Ringspule mit einem mittleren Durchmesser d_m

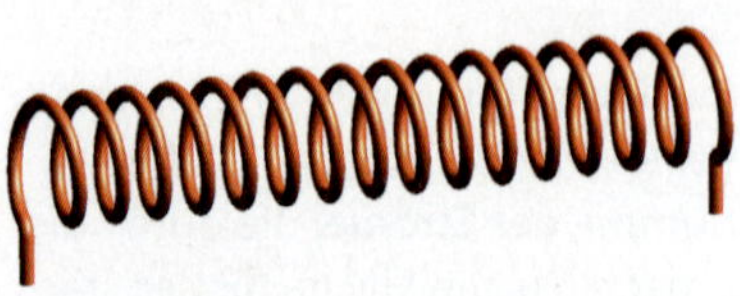

Zylinderspule

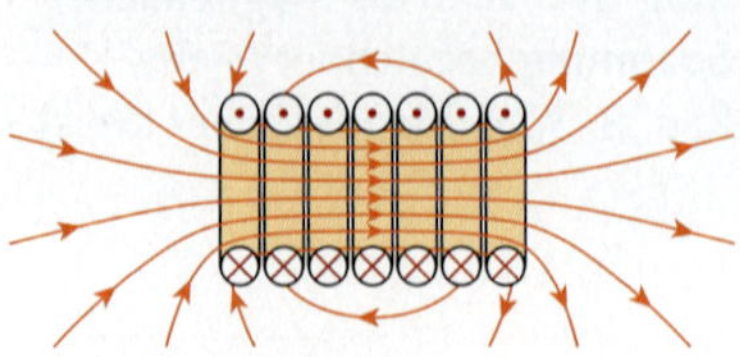

Verlauf der Feldlinien in einer stromdurchflossenen Zylinderspule

Stoff	Permeabilität μ_r
Ferromagnetische Stoffe	
Gusseisen	500
Eisen	6 000
Permalloy (Ni, Mo)	70 000
Eisen-Nickel-Legierungen	bis 300 000
Paramagnetische Stoffe	
Luft	1,000 000 4
Aluminium	1,000 020 8
Diamagnetische Stoffe	
Wasser	0,999 991
Kupfer	0,999 990
Zink	0,999 988

Tabelle mit Permeabilitätszahlen

Magnetfeld einer Ringspule

Beispiel 2.3.02: Magnetfeld im Inneren einer Ringspule

Wir ermitteln die magnetische Feldstärke in der Mitte des Inneren einer Ringspule, deren Außendurchmesser 18 cm und deren Innendurchmesser 14 cm beträgt. Die 850 Windungen der Spule werden von einem Strom der Stärke 0,4 A durchflossen.

$$H = \frac{N \cdot I}{l} = \frac{N \cdot I}{2\pi \cdot r} = \frac{850 \cdot 0{,}4\ \text{A}}{2\pi \cdot 0{,}08\ \text{m}} = 676{,}4\ \frac{\text{A}}{\text{m}}$$

Für die magnetische Feldstärke in der Mitte des Inneren einer Ringspule gilt

$$H = \frac{N \cdot I}{l} = \frac{N \cdot I}{2\pi \cdot r}$$

Dabei ist N die Anzahl der Windungen und r der mittlere Radius des Spulenrings.

Magnetfeld einer Zylinderspule

Beispiel 2.3.03: Magnetfeld im Inneren einer Zylinderspule

Wir ermitteln die magnetische Feldstärke im Inneren einer Zylinderspule, die eine Länge von $l = 8$ cm aufweist und deren Wicklungsdurchmesser 1 cm beträgt. Die 600 Windungen der Spule werden von einem Strom der Stärke 0,5 A durchflossen. Nach dem Durchflutungssatz gilt:

$$N \cdot I = H \cdot l + H_a \cdot l_a$$

In dieser Formel ist l_a die Teillänge einer Magnetfeldlinie außerhalb der Spule und H_a die dort herrschende Magnetfeldstärke. Dies stellt eine bewusste Vereinfachung dar, weil die Magnetfeldstärke außerhalb keinen konstanten Wert hat. Allerdings ist sie im Vergleich zum Inneren der Spule vernachlässigbar klein, so dass wir den Durchflutungssatz in guter Näherung schreiben können als:

$$N \cdot I = H \cdot l$$

Und für die magnetische Feldstärke im Inneren der Spule gilt:

$$H = N \cdot I / l = \frac{600 \cdot 0{,}5\ \text{A}}{0{,}08\ \text{m}} = \frac{3\,750\ \text{A}}{\text{m}}$$

Der Wicklungsdurchmesser der Spule ist nur insofern nötig, als die gemachte Näherung nur dann zulässig ist, wenn der Spulendurchmesser klein im Vergleich zur Spulenlänge ist.

Für das Magnetfeld im Inneren einer Zylinderspule (mit $d << l$) gilt

$$H = \frac{N \cdot I}{l}$$

Dabei ist N die Anzahl der Windungen und l die Länge des Spulenzylinders.

Magnetisierung von Materie

In magnetisierbarer Materie wird die magnetische Flussdichte verändert. Wir definieren die **Permeabilitätszahl (relative Permeabilität)** als

$$\mu_r = B / B_0$$

mit: B Flussdichte in der Materie, B_0 Flussdichte im Vakuum

Wir können nun zusammenfassen und die magnetische Flussdichte B in Abhängigkeit von der magnetischen Feldstärke H angeben.

$$B = \mu_r \cdot B_0 = \mu_r \cdot \mu_0 \cdot H$$

Man kann sich die vorhandene magnetische Flussdichte vorstellen als die Summe der Flussdichte im Vakuum, verursacht durch die magnetische Feldstärke und den Beitrag der **Magnetisierung *M*** der Materie.

$$B = \mu_0 \cdot (H + M) = \mu_0 \cdot \left(1 + \frac{M}{H}\right) \cdot H$$

Die Permeabilitätszahl kann man also auch schreiben als

$$\mu_r = 1 + \frac{M}{H}$$

Magnetisches Verhalten der Materie wird durch die elementaren magnetischen Momente wie Bahndrehimpuls und Spin der Elektronen sowie von Kreisströmen verursacht.

Spin, Bahndrehimpuls siehe NAWI III/IV, E, 2.3, Atom- und Kernphysik.

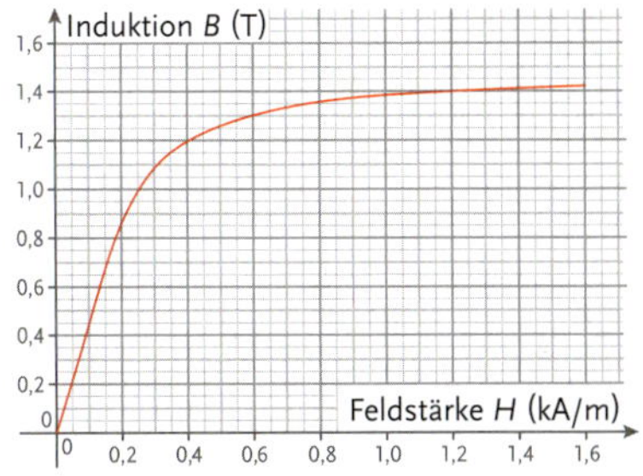

Neumagnetisierungskurve von Eisen

Pierre-Ernest Weiss, 1865 bis 1940, französischer Physiker

Verhalten magnetisierbarer Substanzen

Unter Magnetfeldeinfluss kann man bei Materie hauptsächlich nachfolgende magnetische Verhaltensvarianten unterscheiden.

Diamagnetismus

In Diamagneten sind die magnetischen Dipole gleichmäßig verteilt ausgerichtet. Ein äußeres Magnetfeld induziert Kreisströme, die nach der lenzschen Regel dem **äußeren Feld entgegenwirken** und es somit **abschwächen. Supraleiter** sind unterhalb ihrer kritischen Temperatur **ideale Diamagneten.** Dies ist erklärbar durch den verschwindenden Widerstand für die induzierten Kreisströme.

Paramagnetismus

Bei paramagnetischen Substanzen erfolgt unter Einwirkung eines äußeren Magnetfeldes eine **Ausrichtung der elementaren magnetischen Dipole** in der Materie. Sie verstärkt das Feld nur **schwach** und wird durch Wärmebewegung gleich wieder zerstört.

Ferromagnetismus

Innerhalb eines Ferromagnets sind Bereiche ausgebildet, in denen durch Wechselwirkung zwischen den **magnetischen Momenten einheitliche Ausrichtung** der Magnetisierung herrscht. Man nennt diese Bereiche **weissche Bezirke.** Sie sorgen auch für eine verbleibende Restmagnetisierung des Materials. Bei Anlegen eines äußeren Feldes richten sich die weissschen Bezirke immer mehr parallel aus. Erst bei einer relativen hohen Temperatur, der **Curietemperatur,** wird die **magnetische Ordnung zerstört.** Die Magnetisierung und Entmagnetisierung erfolgen entsprechend einer Hysteresekurve.

Bei magnetisierbaren Materialien unterscheidet man auch zwischen **hart- und weichmagnetischen** Stoffen. Hartmagnetische Substanzen weisen eine hohe **Remanenz** (siehe Hysteresekurve) auf. Bei Verschwinden des äußeren Magnetfeldes bleibt dabei im Material eine starke Magnetisierung bestehen. Bei weichmagnetischen Stoffen ist diese Magnetisierung nur mehr gering.

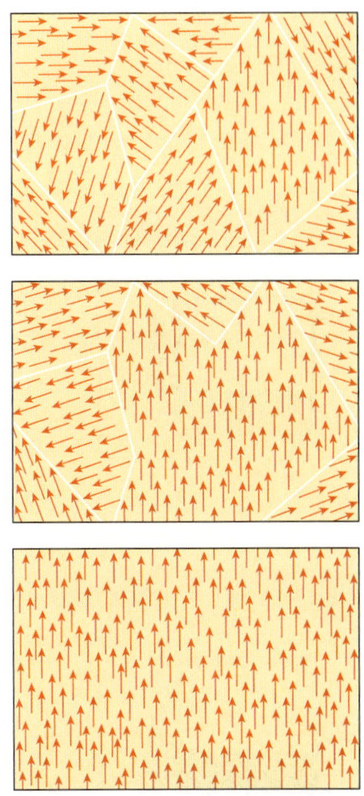

Die **weissschen Bezirke in Ferromagneten** werden bei zunehmendem Magnetfeld immer größer und richten sich immer stärker nach dem äußeren Feld aus

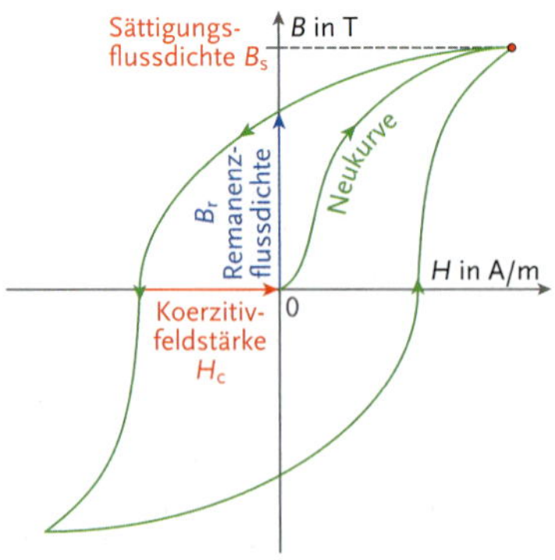

Hysteresekurve eines ferromagnetischen Materials: Magnetisierung *B* des Materials in Abhängigkeit von der angelegten Feldstärke *H*

Ziele erreicht? – „Magnetische Feldstärke"

2.3.12 + Skizzieren Sie eine stromdurchflossene Spule und zeichnen Sie den Verlauf und die Richtung der magnetischen Feldlinien ein.

2.3.13 + Geben Sie an, welche magnetische Feldstärke in einem geschlossenen Trafokern aus Eisen eine Flussdichte von 1,2 T erzeugt.

2.3.14 + Berechnen Sie, wie groß die magnetische Flussdichte eines mit 3 A durchflossenen Leiters in einem Abstand von 1 m ist.

2.3.15 + Bei einer luftgefüllten Spule bzw. bei einer Spule mit Eisenkern werden die Amperewindungen verdoppelt. Wie verändert sich die magnetische Flussdichte im Inneren?

2.3.16 ++ Berechnen Sie die maximal mögliche magnetische Flussdichte im Inneren einer Ringspule mit 30 000 Windungen, einem Außendurchmesser $d_a = 20$ cm und einem Wicklungsdurchmesser von $d_w = 2$ cm, wenn der Wicklungsdraht mit einer Stromstärke von 0,8 A belastbar ist.

2.3.17 ++ Wie viele Windungen müssen auf ein Papprohr mit der Länge 15 cm und dem Durchmesser von 3 cm gewickelt werden, damit im Inneren der Spule eine Feldstärke von 500 A/m erreicht wird. Der Wicklungsdraht ist mit maximal 0,75 A belastbar.

2.3.18 ++ Eine eisengefüllte Spule der Länge 70 cm hat 400 Windungen und wird von einem Strom der Stärke 0,6 A durchflossen. Berechnen Sie die magnetische Flussdichte im Eisenkern.

2.3.5 Anwendungen des Magnetismus

Moderne Computerfestplatten weisen eine Speicherkapazität im Bereich von ***Terabyte*** *auf. Die Speicherung derart riesiger Datenmengen (1 TB = 2^{40} Bytes) erfolgt auf einer Festplatte auf magnetischem Wege.*

Meine Ziele

Nach Bearbeitung dieses Kapitels kann ich
- magnetische Speichermedien nennen und ihren Aufbau angeben;
- das Phänomen der **Induktion** erklären;
- das Prinzip von **Generator, Motor und Lautsprecher** verstehen.

Induktion

Versuch 2.3.06: Induktionsspannung in einer Spule

An eine Zylinderspule mit möglichst vielen Windungen wird ein Voltmeter angeschlossen. Dann schiebt man einen Permanentmagnet in die Spule. Dabei zeigt das Voltmeter einen Spannungsimpuls. Dieser tritt nur auf, wenn der Magnet bewegt wird, nicht aber, wenn er in der Spule ruht. Das Auftreten dieser sogenannten Induktionsspannung wird dadurch verursacht, dass sich der magnetische Fluss in der Spule zeitlich ändert.

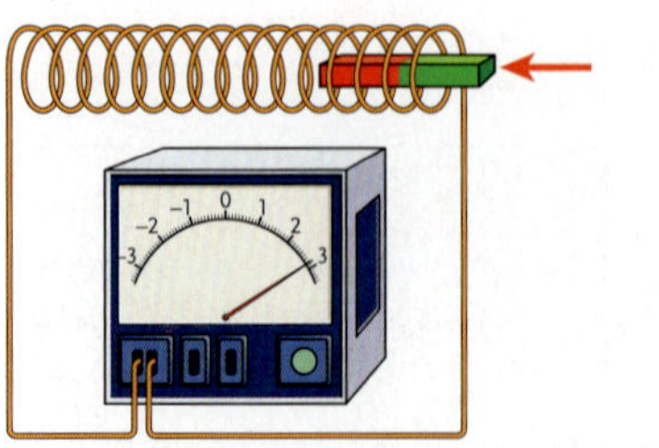

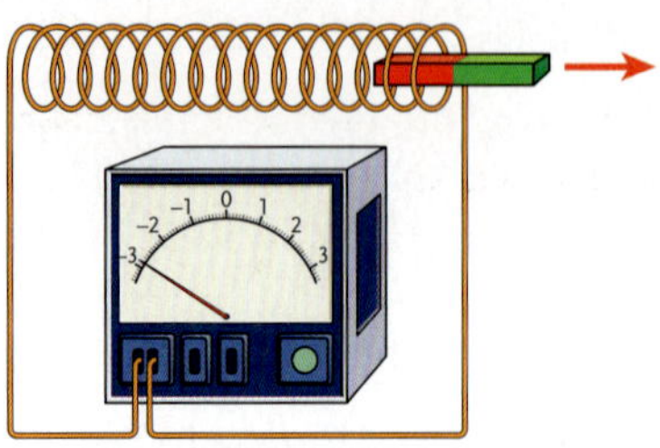

Skizze zum Versuch 2.3.06: Das Auftreten einer Induktionsspannung hängt von der zeitlichen Änderung des magnetischen Flusses in einer Spule ab.

Für den Betrag der auftretenden **Induktionsspannung** gilt

$$U_{\text{ind}} = \frac{\Delta\Phi_B}{\Delta t}$$ für **eine** Leiterschleife bzw.

$$U_{\text{ind}} = N \cdot \frac{\Delta\Phi_B}{\Delta t}$$ für eine Spule mit ***N* Windungen**

Mit dieser auftretenden Spannung wird auch ein Stromfluss durch die Spule induziert.

Die **Induktivität *L*** einer Spule ist der Wert, der angibt, wie sich der Strom in der Spule bei einer bestimmten Induktionsspannung zeitlich ändert.

$$U_{\text{ind}} = L \cdot \frac{\Delta I}{\Delta t}$$

$$[L] = 1\,\frac{\text{V s}}{\text{A}} = 1 \text{ Henry (1 H)}$$

Der Wert der Induktivität einer Spule ist nur von ihrer Bauform abhängig. Die Induktion findet Anwendung in **Generatoren** (siehe Randspalte) zur Stromerzeugung. Dabei wird auf mechanischem Weg das Magnetfeld in einer Spule ständig verändert. Dadurch kommt es zu einer Induktionsspannung an den Spulenenden. In der Randspalte ist die Spule durch eine einzige Leiterschleife vereinfacht. Aus der obigen Gesetzmäßigkeit zur Induktionsspannung sieht man, dass sie umso höher ist, je mehr Windungen die Spule hat.

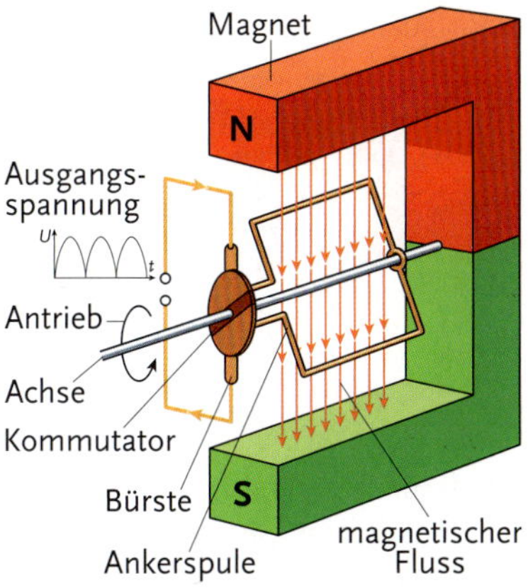

Beim einfachen **Gleichstromgenerator** wird eine Leiterschleife im Magnetfeld gedreht. Eine Änderung der Polarität der Spannung wird durch das Mitdrehen des Kommutators verhindert.

Elektromotor

Der Elektromotor kehrt das Prinzip des Generators um. Der Stromfluss durch eine drehbare Spule **(Rotor)** erzeugt ein Magnetfeld. Die Permanentmagneten des **Stators** (siehe Randspalte) üben dadurch eine Kraft auf die Spule aus. Sie dreht sich weiter. Ein zeitgerechtes Umpolen der Stromrichtung und somit des Magnetfeldes des Rotors passiert durch die Schleifkontakte **(Bürsten)** am **Kommutator.**

Der Permanentmagnet des Stators ist ersetzbar durch eine Spule mit einem passend geformten Eisenkern, an die eine dauerhafte Gleichspannung angelegt wird. Das erzeugt ein Magnetfeld, das dem eines Permanentmagneten vergleichbar ist.

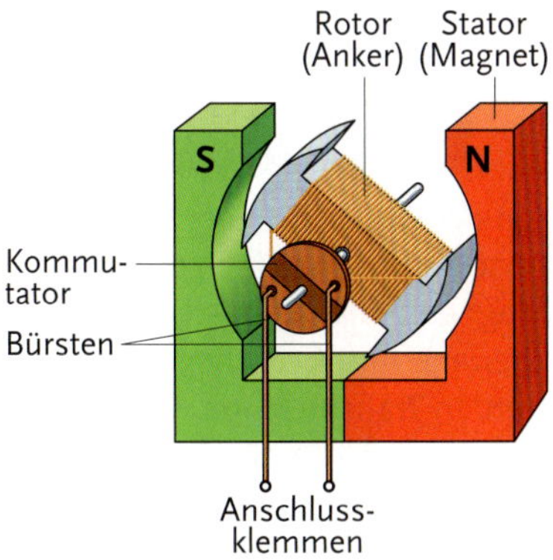

Einfacher **Gleichstrommotor**

Lautsprecher, Mikrofon

Beim **Lautsprecher** wird eine bewegliche Spule, die an einer Membran befestigt ist, in einen Ringmagneten abgesenkt. Die Lage der Spule wird durch die sogenannte Spinne fixiert. Legt man nun an die Anschlüsse der Spule ein Wechselspannungssignal, so bildet sich in der Spule ein wechselndes magnetisches Feld aus. Das führt zu einer wechselnden Kraftwirkung mit dem Ringmagneten, der die Spule umgibt.

Die **Spule** mit der daran befestigten Membran beginnt zu **schwingen.** Die Membran erzeugt daher **Schwingungen der Luft** entsprechend dem eingespeisten Tonsignal der Spannung. Um eine vernünftige Schallleistung des Lautsprechers zu erreichen, ist in den meisten Fällen eine Verstärkerstufe vonnöten, die den Lautsprecher mit höherer elektrischer Leistung versorgt, als dies die tonerzeugende Elektronik machen würde. Lediglich bei Ohr- und Kopfhörern sind die benötigten Leistungen gering.

Beim **Mikrofon** wird das **Funktionsprinzip des Lautsprechers umgekehrt.** Schall führt zu einer Schwingung der Membran. In die Schwingspule wird dann eine der Schallschwingung entsprechende Wechselspannung induziert.

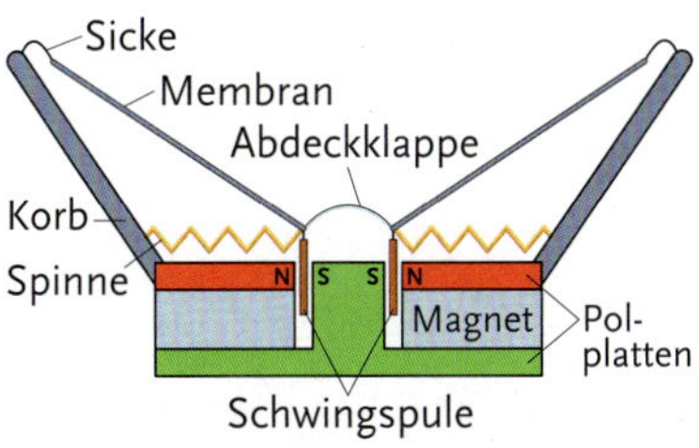

Aufbau eines elektrodynamischen **Lautsprechers**

Moderne Festplatten bestehen aus einem **Stapel** magnetisierbarer **Scheiben.** Links im Bild erkennt man den schwenkbaren Schreib-/Lesekopf.

Datenaufzeichnung

Magnetisierung eines geeigneten Materials als Möglichkeit der Datenspeicherung ist eine der gängigsten Formen von Datenaufzeichnung. Grundsätzlich kann man zwischen analoger und digitaler Aufzeichnung unterscheiden.
Analoge Speichermedien sind **Tonband und Videokassette.** Die digitalen Speichermedien entwickelten sich vom **Magnetband über Computerdisketten bis zur Festplatte.**
Das Grundprinzip ist jedoch bei allen diesen Datenträgern das gleiche. Ein Trägerkörper (Band oder Scheibe) wird mit einem **hartmagnetischen Material** beschichtet. Dieses hat durch seine Remanenz die Fähigkeit einen Magnetisierungszustand langfristig zu speichern. Die Magnetisierung stellt die codierte Information dar. Das Aufbringen und Auslesen der Magnetisierung erfolgt in der Regel mit einem Schreib-/Lesekopf dessen Hauptbestandteil eine Leiterschleife bzw. Spule ist. Sie wandelt Ströme in Magnetfelder bzw. Magnetfelder in Ströme um.
Häufige Anwendung finden auch **Magnetstreifen,** wie sie auf jeder Kredit- oder Bankomatkarte zu finden sind.

Auf der **Rückseite** jeder Bankomatkarte findet man einen dunklen **Magnetstreifen** zur Datenspeicherung. Aus Sicherheitsgründen werden **Transaktionen** aber nur über den gesicherten **Chip** auf der Vorderseite abgewickelt.

Ziele erreicht? – „Anwendungen des Magnetismus“

2.3.19 + Was beschreibt die Induktivität? Geben Sie ihre Einheit an.

2.3.20 + Erklären Sie, wann bei einer Spule eine Induktionsspannung auftritt. Geben Sie auch an, wovon die Größe der Induktionsspannung abhängt.

2.3.21 ++ Beschreiben Sie das Funktionsprinzip eines Gleichstromgenerators. Fertigen Sie hierzu eine Skizze an.

2.3.22 ++ Beschreiben Sie das Funktionsprinzip eines Gleichstrommotors. Fertigen Sie hierzu eine Skizze an. Benennen Sie die einzelnen Bauteile mit den korrekten Fachbegriffen.

2.3.23 + Skizzieren und erklären Sie einen elektrodynamischen Lautsprecher.

2.3.24 + Zählen Sie verschiedene magnetische Speichermedien auf. Nennen Sie deren Aufbauprinzip.

3 Optik

Das Wort Optik kommt aus dem Griechischen und bedeutet Lehre vom Licht. Die Optik ist eine der ältesten Wissenschaften und war anfangs oft mit Magie vermischt. Euklid fasste bereits 58 optische Theoreme zusammen.
*Optikfachgeschäfte sind in jeder Stadt zu finden. Viele Menschen verwenden Sehhilfen, Fotoapparate oder Filmkameras. Wir werden in den folgenden Kapiteln einige Phänomene beim Umgang mit **Spiegeln, Linsen** und **Kameras** vorstellen.*

Moderne Digitalkameras machen das Fotografieren auch ohne Fachwissen einfach

3.1 Reflexion von Licht

Spiegel in allen möglichen Bauarten sind aus unserem Alltag nicht wegzudenken. Im Badezimmer, in der Garderobe, im Friseursalon und im Zahnambulatorium, in den Naturwissenschaften und der Technik, in der Medizin und im Verkehr sind sie unverzichtbar.

Meine Ziele

Nach Bearbeitung dieses Kapitels kann ich
- das **Reflexionsgesetz** angeben und **reelle** und **virtuelle Bilder** unterscheiden;
- die **Abbildungsgleichung** bei Spiegeln anwenden;
- die **Abbildungsgleichung** für Spiegel ableiten und interpretieren.

Wir beschäftigen uns in diesem Kapitel mit drei Arten von Spiegeln.

Ebener Spiegel, sphärischer Spiegel und Parabolspiegel

- Der verspiegelte Teil einer ebenen Fläche wird **ebener Spiegel** genannt.
- Den verspiegelten Teil einer Kugel (Sphäre) bezeichnet man als **sphärischen Hohl-** oder **sphärischen Wölbspiegel,** je nachdem, welche Seite beleuchtet wird.
- Der verspiegelte Teil eines **Paraboloids** wird **Parabolspiegel** genannt.

Versuch 3.1.1: Reflexionsgesetz am ebenen Spiegel

Wird ein schmaler, nicht auseinanderlaufender Laserstrahl auf einen ebenen Spiegel gerichtet, so wird dieser Lichtstrahl reflektiert. Der Einfallswinkel ist gleich dem Reflexionswinkel.

Reflexionsgesetz

Der **Reflexionswinkel** β ist bei sehr glatten Oberflächen gleich dem **Einfallswinkel** α.

Beispiel 3.1.1: Ebener Spiegel

Wir bestimmen die minimale Höhe h eines ebenen Spiegels, in dem man sich von Kopf bis Fuß sehen kann.
Dazu denken wir uns eine Person der Größe G im Abstand g vor einem Spiegel. Die Skizze in der Randspalte zeigt, dass die Spiegelhöhe h rund die halbe Körpergröße G sein muss, weil gemäß dem Reflexionsgesetz $\alpha = \beta$. Wir haben vereinfachend nur den Strahl von der Fußspitze zum Auge eingezeichnet. Ebenso müsste man einen Strahl vom Scheitel zum Auge einzeichnen.

Das Spiegelbeispiel zeigt, dass bei einem ebenen Spiegel das (Ab-)Bild eines Gegenstandes aufrecht, seitenvertauscht und gleich groß hinter dem Spiegel gedacht wird. Es ist ein **virtuelles Bild.** Man kann es nicht auf einem Schirm auffangen.

Virtuelles und reelles Bild

- Schneiden sich nicht die Sehstrahlen selbst, sondern nur deren gedachte Verlängerungen, entsteht ein virtueller Bildpunkt bzw. ein **virtuelles Bild.** Ein virtuelles Bild kann man mit dem Auge sehen, aber es kann nicht auf einem Schirm abgebildet werden.
- Treffen sich die Sehstrahlen bei einer optischen Abbildung, so erhält man einen reellen Bildpunkt bzw. ein **reelles Bild.** Ein reelles Bild kann auf einem Schirm aufgefangen werden.

Dass sich Licht in einem homogenen Medium geradlinig ausbreitet, wird auch durch eine **Lochkamera** demonstriert. Ein beleuchtetes oder selbst leuchtendes Objekt steht vor einer durchbohrten Wand. Ein dahinterstehender Schirm fängt das auf dem Kopf stehende Bild auf.

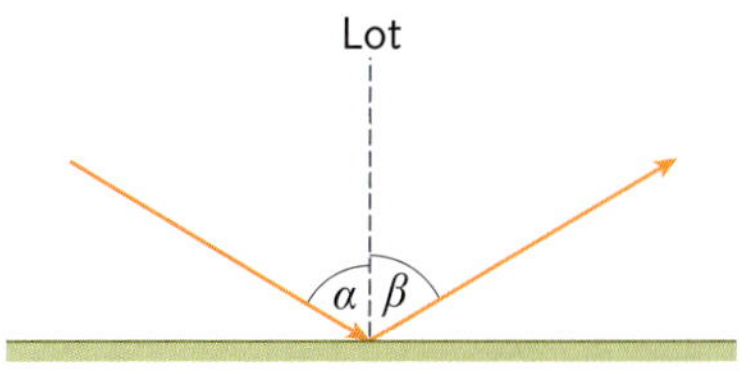

Zum Versuch 3.1.1: Die Abbildung zeigt das Reflexionsgesetz an einem ebenen Spiegel, Einfallswinkel α = Reflexionswinkel β

Die beiden Winkel α und β werden immer zum Lot gemessen.

Ein **Paraboloid** entsteht durch Drehung einer Parabel um ihre Symmetrieachse.

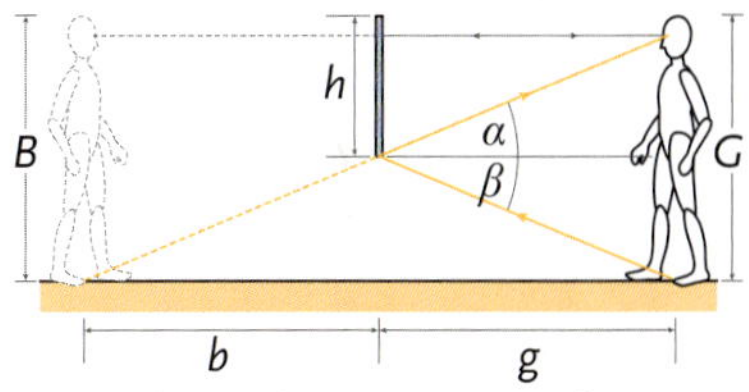

Zum Beispiel 3.1.1: Beim ebenen Spiegel entsteht ein virtuelles, seitenvertauschtes und aufrechtes Bild

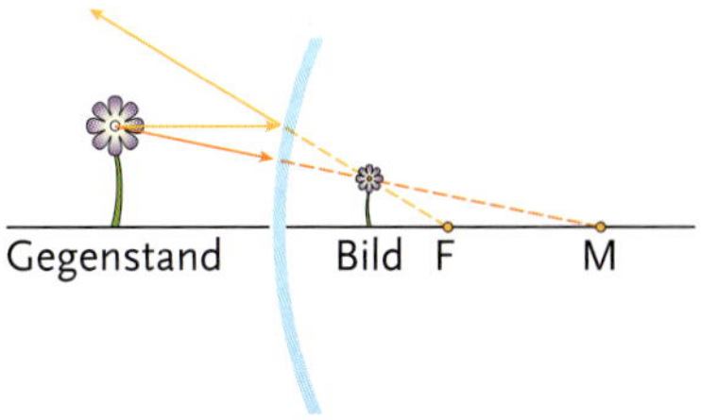

Erst die Verlängerungen der eingezeichneten Lichtstrahlen schneiden einander. Ein Wölbspiegel erzeugt ein **virtuelles** und **aufrechtes Bild.**

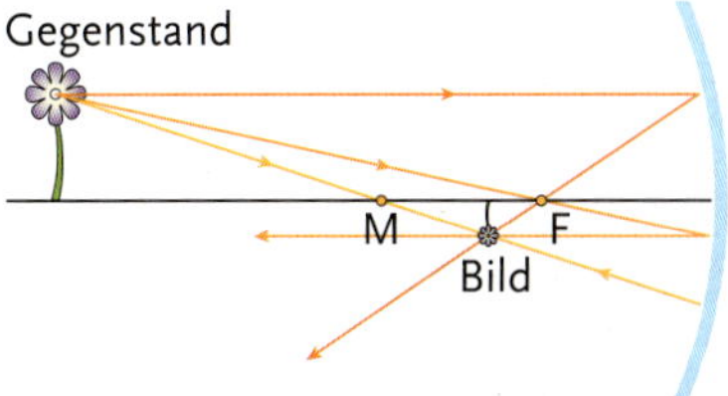

Die eingezeichneten Lichtstrahlen legen nach der Reflexion am Hohlspiegel die Bildspitze fest. Hohlspiegel liefern **reelle Bilder.**

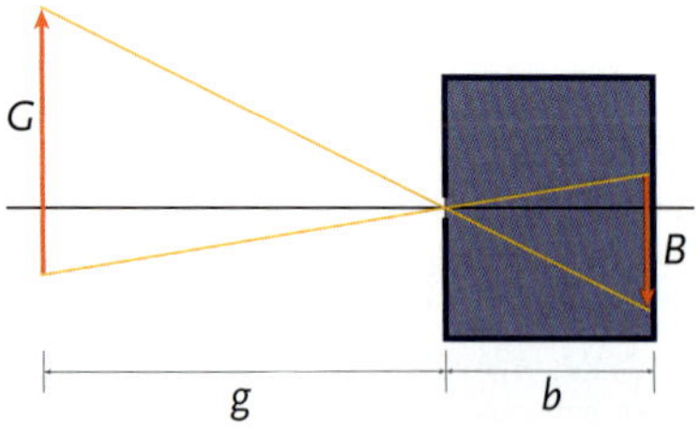

Aufgrund der Ähnlichkeit der beiden Dreiecke gilt

$$\frac{G}{B} = \frac{g}{b}$$

Die Lichtstrahlen breiten sich durch das Loch in einer Lochkamera geradlinig aus

g ... Gegenstandsweite
b ... Bildweite
G ... Gegenstandsgröße
B ... Bildgröße

Die Verbindungslinie vom Scheitelpunkt S zum Mittelpunkt M eines Spiegels heißt **optische Achse.**

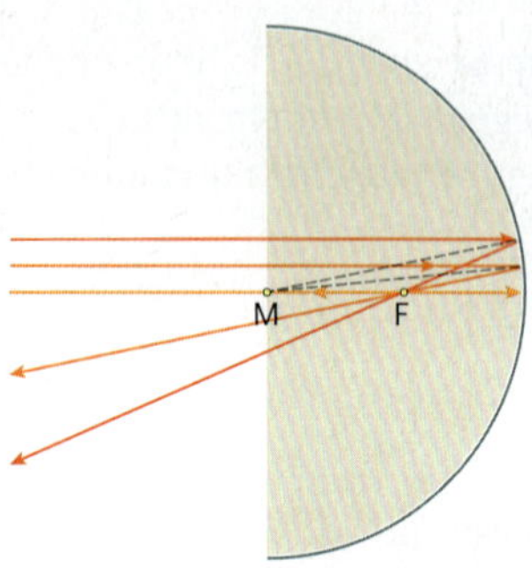

Zum Versuch 3.1.2: Nur bei achsennahen Strahlen werden die Parallelstrahlen zur optischen Achse im Brennpunkt bei $\frac{r}{2}$ gesammelt. Das Lot verläuft stets durch den Kugelmittelpunkt.

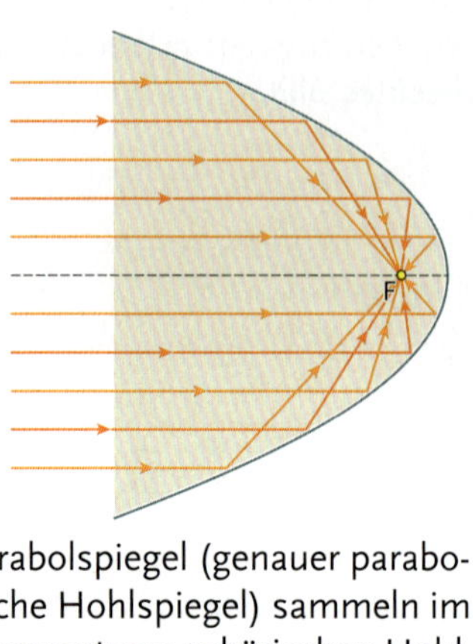

Parabolspiegel (genauer parabolische Hohlspiegel) sammeln im Gegensatz zu sphärischen Hohlspiegeln alle achsenparallelen Strahlen im Brennpunkt F

In der Randspalte ist eine **Lochkamera** als Rechteck (Quader) skizziert.

Die vertikale Größe eines Gegenstandes wird als **Gegenstandsgröße** G, sein Abstand von der Lochkamera als **Gegenstandsweite** g bezeichnet. Die **Bildgröße** bezeichnet man als B und der Abstand des Bildes vom Eintrittsloch wird **Bildweite** b genannt. Die Bezeichnungen G, g, B und b behält man in der gesamten Optik bei. Gleichgültig, ob die Abbildung durch eine Kamera, einen Spiegel, eine Linse oder ein anderes optisches Gerät erfolgt.

Beispiel 3.1.2: Lochkamera I

Wir berechnen die **Bildgröße *B*** eines 15 Meter hohen Baumes. Der Baum wird in einer Entfernung von 15 m mit einer Lochkamera abgebildet. Der Schirm ist zehn Zentimeter vom Eintrittsloch für die Lichtstrahlen entfernt.

Die gegebenen physikalischen Größen sind $G = 15$ m, $g = 15$ m und $b = 10$ cm.

Weil sich die Lichtstrahlen geradlinig ausbreiten, liegen zwei ähnliche Dreiecke mit den Seiten g und G sowie b und B vor.

Der Strahlensatz liefert: $\frac{G}{B} = \frac{g}{b}$.

Auflösen nach der Bildgröße B liefert:

$$B = G \cdot \frac{b}{g} = 15 \cdot \frac{0{,}1}{15}\ \text{m} = 10\ \text{cm}.$$

Das Abbild des Baumes hat eine Höhe von 10 cm.

Abbildungsmaßstab

Das Verhältnis von Bildgröße B zu Gegenstandsgröße G wird als **Abbildungsmaßstab** M bezeichnet.

$$M = \frac{B}{G}$$

Beispiel 3.1.3: Lochkamera II

Der **Abbildungsmaßstab** M der Lochkamera aus Beispiel 3.1.2 ergibt sich als

$$M = \frac{B}{G} = \frac{10\ \text{cm}}{15\ \text{m}} = \frac{1}{150}.$$

Die Lochkamera verkleinert also mit dem Faktor 1 : 150.

Versuch 3.1.2: Hohl-, Wölb- und Parabolspiegel

- **Hohl- bzw. Sammelspiegel:** Zur optischen Achse parallele Strahlen ergeben einen gemeinsamen Schnittpunkt, wenn der Abstand von der Achse gering ist. Der gemeinsame Schnittpunkt ist der Brennpunkt F (Fokus).
- **Wölb- bzw. Zerstreuungsspiegel:** Zur optischen Achse parallele Strahlen laufen nach der Reflexion auseinander. Die Verlängerungen schneiden sich **hinter dem Spiegel** in einem gemeinsamen Punkt, wenn der Abstand von der Achse gering ist. Dieser Punkt ist der Brennpunkt F des Wölbspiegels.
- **Parabolspiegel:** Alle zur optischen Achse parallelen Strahlen ergeben einen gemeinsamen Schnittpunkt **vor dem Spiegel,** den Brennpunkt F des Parabolspiegels.

Bei der Bildkonstruktion von sphärischen Spiegeln verwendet man in der Strahlenoptik folgende Konstruktionsstrahlen.

Konstruktionsstrahlen

- Ein **Haupt-** oder **Mittelpunktstrahl** geht durch den Mittelpunkt und wird in sich selbst reflektiert.
- Ein **Brennpunktstrahl** verläuft durch den Brennpunkt F und fällt nach der Reflexion parallel zur optischen Achse aus.
- Ein **Parallelstrahl** trifft parallel zur optischen Achse auf den Spiegel und verläuft nach der Reflexion durch den Brennpunkt.

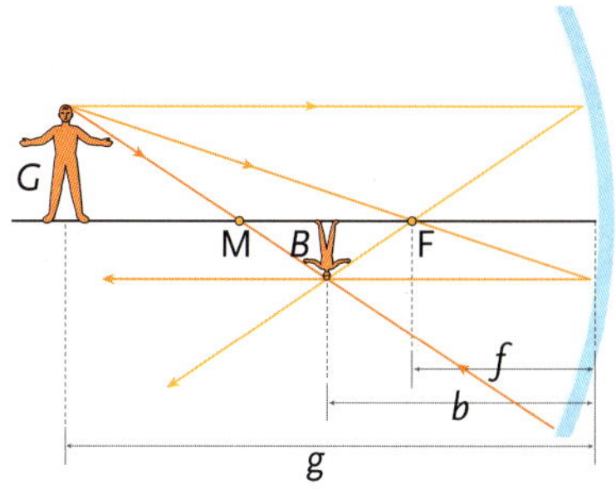

Bildkonstruktion: **Brennstrahlen** gehen über in **Parallelstrahlen** und umgekehrt, **Mittelpunktstrahlen** werden in sich reflektiert.

Brennweite von sphärischen Spiegeln

Der Abstand des Brennpunkts F vom Scheitelpunkt S eines Spiegels ist die **Brennweite** f. Für achsennahe Parallelstrahlen gilt

$$|f| = \frac{r}{2}.$$

Dabei bezeichnet r den **Krümmungsradius** des sphärischen Spiegels.

- Sphärischer Hohlspiegel
  Brennweite $f = \frac{r}{2}$
- Sphärischer Wölbspiegel
  Brennweite $f = -\frac{r}{2}$

Im Alltag verwendet man **Hohlspiegel** beispielsweise für

- Rasierspiegel und
- Autoscheinwerfer.

Eine technische Anwendung von Hohlspiegeln sind Sonnenöfen. **Wölbspiegel** werden im Straßenverkehr eingesetzt.

Beispiel 3.1.4: Hohl- und Wölbspiegel

- Bei einem **Hohlspiegel** mit einem Krümmungsradius $r = 10$ cm ist die **Brennweite** $f = \frac{r}{2} = 5$ cm. Parallelstrahlen werden vom Hohlspiegel so reflektiert, dass sie sich in 5 cm Entfernung vom Scheitel schneiden.
- Bei einem **Wölbspiegel** mit $r = 5$ cm ist die **Brennweite** $f = -\frac{r}{2} = -2{,}5$ cm. Parallelstrahlen werden vom Wölbspiegel so reflektiert, dass sich ihre Verlängerungen in 2,5 cm Entfernung vom Scheitel hinter dem Wölbspiegel schneiden.

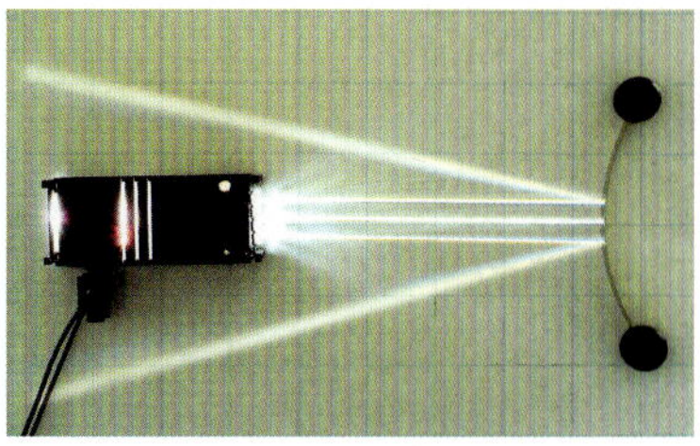

Zum Beispiel 3.1.4: Die gedachten Verlängerungen der reflektierten Strahlen schneiden sich hinter dem Wölbspiegel. Ihr Schnittpunkt ist der Brennpunkt F. Der Abstand vom Brennpunkt zum Scheitel des Wölbspiegels ist die Brennweite f.

In der Praxis interessiert man sich für den funktionellen Zusammenhang der drei physikalischen Größen f, g und b. Man kann dann einerseits beantworten, welche Bildweite sich für eine vorgegebene Brennweite und Gegenstandsweite ergibt. Andererseits kann man für eine vorgegebene Bildweite (z. B. beim Fotografieren) und eine gegebene Gegenstandsweite die nötige Brennweite ermitteln. Bei Geräten mit automatischer Fokussierung übernimmt diese Berechnung und die entsprechende Einstellung die Software des Gerätes.

Aus der Abbildung in der Randspalte erkennt man mithilfe des Strahlensatzes, dass

$$\frac{B}{2f - b} = \frac{G}{g - 2f}.$$

Wir bringen die Gegenstandsgröße G durch Division auf die linke Seite und den linken Nenner mit Multiplikation nach rechts.

$$\frac{B}{G} = \frac{2f - b}{g - 2f}$$

Die linke Seite ist der Abbildungsmaßstab. Aufgrund des Strahlensatzes können wir wegen $B/G = b/g$

$$\frac{b}{g} = \frac{2f - b}{g - 2f}$$

schreiben.

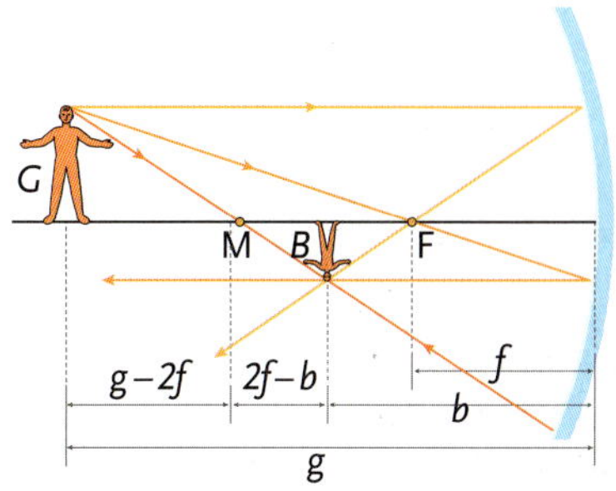

Zur Ableitung der Abbildungsgleichung

Kreuzweises Ausmultiplizieren, Zusammenfassen der gleichartigen Terme und Division durch $2 \cdot b \cdot f \cdot g$ liefern schließlich die leicht zu merkende Gleichung

$$\frac{1}{f} = \frac{1}{g} + \frac{1}{b}.$$

Abbildungsgleichung des sphärischen Hohl- und Wölbspiegels

Befindet sich ein Gegenstand im Abstand g von einem Spiegel mit der Brennweite f, so ergibt sich die Bildweite b aus der **Abbildungsgleichung**

$$\frac{1}{f} = \frac{1}{g} + \frac{1}{b}.$$

In den Naturwissenschaften treten Gleichungen in der Form der Abbildungsgleichung, in der nur Kehrwerte vorkommen, öfter auf. In der Elektrizitätslehre haben wir eine derartige Kehrwertgleichung bei der Parallelschaltung von zwei Widerständen kennengelernt. Werden mehrere Kehrwerte addiert, spricht man allgemein vom Kehrwert eines harmonischen Mittelwerts.

Der Ersatzwiderstand R_p bei der Parallelschaltung von zwei Widerständen R_1 und R_2 berechnet sich nach der Gleichung

$$\frac{1}{R_p} = \frac{1}{R_1} + \frac{1}{R_2}.$$

Der **harmonische Mittelwert** $\bar{x}_{harmonisch}$ zweier Größen x_1 und x_2 berechnet sich gemäß

$$\frac{2}{\bar{x}_{harmonisch}} = \frac{1}{x_1} + \frac{1}{x_2}.$$

Blank polierte Löffel, Kochlöffel und große Kochschöpfer eignen sich als Hohl- und Wölbspiegel.

Spiegel inspirieren auch viele Künstler. Recherchieren Sie beispielsweise über Maurits Cornelis Escher.

Beispiel 3.1.5: Wölbspiegel im Straßenverkehr

Ein Pkw ist 21 m von einem sphärischen Wölbspiegel entfernt. Wir berechnen die Bildweite, wenn der Krümmungsradius des Wölbspiegels drei Meter beträgt.

Die gegebenen physikalischen Größen sind $g = 21$ m und $r = 3$ m.

Die Brennweite ist: $f = -\frac{r}{2} = -\frac{3\text{ m}}{2} = -1{,}5$ m.

Die Bildweite b erhalten wir aus der Abbildungsgleichung: $\frac{1}{f} = \frac{1}{g} + \frac{1}{b}$.

Auflösen nach b liefert: $b = \frac{g \cdot f}{g - f} = \frac{21 \cdot (-1{,}5)}{21 - (-1{,}5)}\text{ m} = \frac{-31{,}5}{22{,}5}\text{ m} = -1{,}4\text{ m}$

Die negative Bildweite bedeutet, dass das Abbild des Pkw virtuell und aufrecht ist.

Ziele erreicht? – „Reflexion von Licht"

3.1.01 + Geben Sie die Definition eines **reellen** und eines **virtuellen Bildes** an.

3.1.02 + Eine Schülerin befindet sich 3,5 m vor einer Lochblende. Die Lochblende mit einem 15 cm dahinter befindlichen Schirm dient als **Lochkamera.** Berechnen Sie die Bildgröße, wenn die (von der Sonne beleuchtete) Schülerin 1,65 m groß ist. Fertigen Sie eine maßstäbliche Skizze des Abbildungsvorganges an und tragen Sie die beiden wichtigsten Strahlen in Ihre Skizze ein. Begründen Sie, warum das Bild **reell** ist.

3.1.03 ++ Planen Sie einfache **physikalische Experimente** zur **Lochkamera,** zum **Hohl-** und zum **Wölbspiegel.** Führen Sie sie durch und protokollieren Sie Ihre Ergebnisse.

3.1.04 + Berechnen Sie den Krümmungsradius eines sphärischen **Verkehrsspiegels,** wenn die Bildweite zwei Meter betragen soll und die Gegenstandsweite 20 m beträgt. Begründen Sie, welche Art von Spiegeln im Straßenverkehr sinnvoll ist.

3.1.05 + Ein Schüler steht in einer Entfernung von zehn Metern vor einem sphärischen **Hohlspiegel.** Berechnen Sie die Bildgröße und die Bildweite, wenn der Schüler 1,80 m groß ist und der Krümmungsradius des Hohlspiegels fünf Meter beträgt. Begründen Sie, warum das Bild **reell** ist. Fertigen Sie eine maßstäbliche Skizze an und tragen Sie einen Parallel-, einen Mittelpunkt- und einen Brennstrahl ein.

3.1.06 + Recherchieren Sie über **Parabolspiegel.**

3.1.07 ++ Leiten Sie die **Abbildungsgleichung** für sphärische Spiegel ab.

3.2 Brechung von Licht

Kaum ein Mensch kann sich der Faszination eines Regenbogens entziehen. Das Schimmern von Perlmutt oder einer CD begeistert auch viele. Wir werden in diesem Kapitel untersuchen, wie sich Licht beim Übergang von Luft in Wasser oder allgemeiner beim Übergang von einem in ein anderes Medium verhält.

Meine Ziele

Nach Bearbeitung dieses Kapitels kann ich

- die Definition der **Brechzahl** und der **Brechkraft** angeben;
- das **Brechungsgesetz von Snellius** anwenden und das Phänomen der **Totalreflexion** erklären;
- die **Abbildungsgleichung** für Linsen ableiten und den Lichtweg für **planparallele Platten** und **Linsen** analysieren.

Im Kapitel 3.1 haben wir uns mit der geradlinigen Ausbreitung innerhalb eines homogenen Mediums und der Reflexion an einer verspiegelten Oberfläche beschäftigt. Die geradlinige Ausbreitung innerhalb eines homogenen Mediums behalten wir bei. Die verspiegelte Oberfläche ersetzen wir durch eine lichtdurchlässige Grenzschicht zwischen zwei Medien.

Versuch 3.2.1: Brechungsgesetz

Ein schmaler, nicht auseinanderlaufender Laserstrahl wird unter einem Winkel α (Einfallswinkel) auf eine Grenzschicht zwischen Luft und Wasser gerichtet. Der Winkel β, unter dem der Laserstrahl in das Wasser eindringt, wird gemessen. Wir nennen diesen Winkel **Brechungswinkel.**

Licht ändert beim Übergang in ein anderes Medium seine Richtung. Der Lichtstrahl wird gebrochen. Die Erklärung dieses physikalischen Phänomens liegt in der unterschiedlichen **Ausbreitungsgeschwindigkeit** von Licht in verschiedenen Medien und einem **Minimalprinzip.** Licht wählt den zeitlich kürzesten Weg zwischen zwei Punkten.

Das Verhältnis der Vakuumlichtgeschwindigkeit c_0 zur Ausbreitungsgeschwindigkeit von Licht in einem Medium wird als Brechzahl des Mediums definiert.

Brechzahl

Die **Brechzahl** n eines Mediums ist das Verhältnis der Vakuumlichtgeschwindigkeit c_0 zur Ausbreitungsgeschwindigkeit c von Licht in diesem Medium.

$$n = \frac{c_0}{c}$$

Beispiel 3.2.1: Brechzahl von Wasser

In Wasser breitet sich Licht mit rund 75 % der Vakuumlichtgeschwindigkeit aus. Die Brechzahl von Wasser ergibt sich daher zu

$$n_{\text{Wasser}} = \frac{c_0}{\frac{3}{4} \cdot c_0} = \frac{4}{3} \approx 1{,}333.$$

Brechzahlen sind immer größer gleich eins, weil sich Licht im Vakuum am schnellsten ausbreitet.

Haupt- und Nebenregenbogen. An den Schatten der Bäume (vgl. im Bild rechts unten) erkennt man, dass das Sonnenlicht an Wassertröpfchen und anderen Schwebeteilchen umgelenkt (gebrochen) werden musste, um ins Auge zu gelangen.

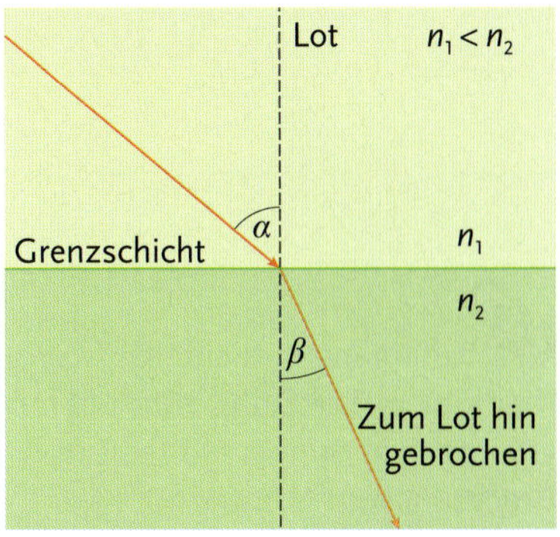

Zum Versuch 3.2.1: Der Lichtstrahl wird beim Übergang von Luft in Wasser zum Lot gebrochen

⚠ Der Winkel zwischen dem einfallenden Strahl und dem Lot auf die Grenzschicht ist der **Einfallswinkel.** Der Winkel zwischen dem gebrochenen Strahl und dem Lot ist der **Brechungswinkel.**

Brechzahl *n*: englisch number

Medium	Brechzahl
Vakuum	1
Luft	1,000 3
Wasser	1,333
Äther	1,353
Plexiglas	1,49
Leichtes Kronglas	1,515
Flintglas	1,66
Schweres Kronglas	1,752
Diamant	2,42

Einige Brechzahlen für Licht mit einer Wellenlänge von rund 590 nm

Einfalls- und Brechungswinkel werden immer **zum Lot** gemessen. Das **Lot** steht **senkrecht auf der Grenzfläche** der beiden homogenen Medien.

Medium 1 ist optisch dichter als Medium 2, wenn die Brechzahl n_1 größer ist als die Brechzahl n_2. Ist $n_1 < n_2$, ist das Medium 1 optisch dünner als das Medium 2.

Übergang in dichteres Medium ⇒ Brechung zum Lot hin
Übergang in dünneres Medium ⇒ Brechung vom Lot weg

Die Beziehung $c = \lambda \cdot f$ haben wir bereits in der Kinematik aus

$$v = \frac{s}{t}$$

für gleichförmige Bewegungen gewonnen.

$$c = \frac{s}{t} = \frac{\lambda}{T} = \lambda \cdot \frac{1}{T} = \lambda \cdot f$$

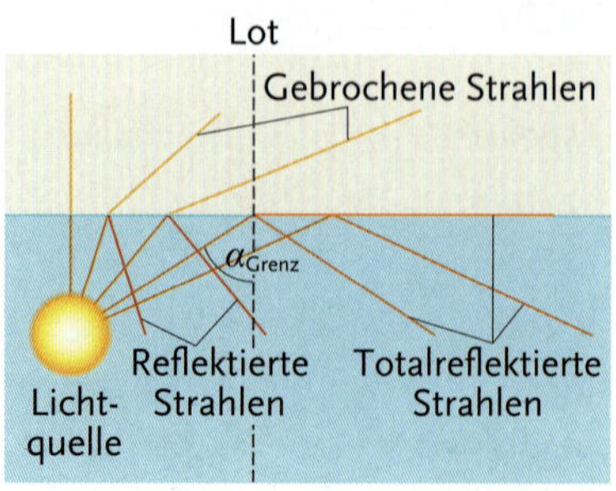

Zum Versuch 3.2.2: Je größer der Einfallswinkel α, umso größer ist auch der Brechungswinkel β. Das Lot ist nur für den Grenzwinkel α_{Grenz} eingezeichnet. Ist der Einfallswinkel kleiner als α_{Grenz}, wird ein Teil der Strahlen gebrochen (gelb) und ein Teil reflektiert (rot).

Wenn wir von den gemessenen Winkelwerten aus dem Versuch 3.2.1 jeweils den Sinuswert bilden und die Sinuswerte des Winkels β mit 1,333 multiplizieren, erhalten wir näherungsweise die Gleichung

$$\sin(\alpha) \approx 1{,}333 \cdot \sin(\beta) \quad \text{bzw.} \quad \sin(\alpha) \approx n_{\text{Wasser}} \cdot \sin(\beta).$$

Für den Übergang von Licht zwischen zwei Medien gilt allgemein das Brechungsgesetz von Snellius.

Brechungsgesetz von Snellius

Der Sinus des **Brechungswinkels** β ist direkt proportional zum Sinus des **Einfallswinkels** α.

$$\sin(\beta) = \frac{n_1}{n_2} \cdot \sin(\alpha)$$

In der Form

$$n_1 \cdot \sin(\alpha) = n_2 \cdot \sin(\beta) \quad \text{bzw.} \quad \frac{\sin(\alpha)}{\sin(\beta)} = \frac{n_2}{n_1}$$

kann man sich das Brechungsgesetz leichter einprägen.

Beispiel 3.2.2: Plexiglas

Wir berechnen den Brechungswinkel, wenn Licht unter einem Winkel von 60°, gemessen zum Lot, auf Plexiglas trifft.

Aus der Tabelle entnehmen wir $n_1 = n_{\text{Luft}} = 1{,}000\,3$, $n_2 = n_{\text{Plexiglas}} = 1{,}49$, $\alpha = 60°$.

Der Brechungswinkel ergibt sich aus $\sin(\beta) = \frac{n_1}{n_2} \cdot \sin(\alpha)$

durch Anwenden der Umkehrfunktion, also des Arkussinus.

$$\beta = \arcsin\left(\frac{n_1}{n_2} \cdot \sin(\alpha)\right) = \arcsin\left(\frac{1{,}000\,3}{1{,}49} \cdot \sin(60°)\right) = \arcsin\left(\frac{1{,}000\,3}{1{,}49} \cdot \frac{\sqrt{3}}{2}\right) \approx \arcsin(0{,}58) \approx 35{,}5°$$

Der Lichtstrahl wird also um einen Winkel von 24,5° zum Lot hin gebrochen.

Wenn wir die Definition der Brechzahl $n = \frac{c_0}{c}$ in das Brechungsgesetz einsetzen, erhalten wir die Form

$$\frac{c_0}{c_1} \cdot \sin(\alpha) = \frac{c_0}{c_2} \cdot \sin(\beta)$$

Kürzen der Vakuumlichtgeschwindigkeit c_0 liefert $\frac{\sin(\alpha)}{\sin(\beta)} = \frac{c_1}{c_2}$.

Mit den Beziehungen $c_1 = \lambda_1 \cdot f$ und $c_2 = \lambda_2 \cdot f$ ergibt sich $\frac{\sin(\alpha)}{\sin(\beta)} = \frac{c_1}{c_2} = \frac{\lambda_1}{\lambda_2}$.

Das Brechungsgesetz liefert damit auch ein schönes Beispiel dafür, dass Licht mithilfe von Teilchen mit der Geschwindigkeit c oder als Welle mit der Wellenlänge λ beschrieben werden kann. Über die beiden **Modellvorstellungen** von Licht als Teilchen und als Welle werden wir im Kapitel 3.3 noch mehr erfahren.

Versuch 3.2.2: Totalreflexion

Ein schmaler, nicht auseinanderlaufender Lichtstrahl wird unter einem Winkel α (Einfallswinkel) auf eine Grenzschicht zwischen Wasser und Luft gerichtet. Der Winkel β, unter dem der Lichtstrahl das Wasser verlässt, wird gemessen. Ab einem Grenzwinkel α_{Grenz} verlässt der Lichtstrahl das Wasser nicht mehr. Der Lichtstrahl wird an der Grenzschicht zwischen Wasser und Luft **total reflektiert.**

Wird Licht bei einem Übergang in ein dünneres Medium vom Lot gebrochen, tritt es ab einem Grenzwinkel α_{Grenz} nicht mehr aus dem ursprünglichen Medium aus. Für diesen Grenzfall ist der Brechungswinkel 90°. Weil der Sinus von 90° gleich eins ist, vereinfacht sich das Brechungsgesetz von Snellius.

Einsetzen des Grenzwinkels und des zugehörigen Brechungswinkels in das Brechungsgesetz liefert

$$\frac{\sin(\alpha_{\text{Grenz}})}{\sin(90°)} = \frac{n_2}{n_1} \quad \text{und damit} \quad \frac{\sin(\alpha_{\text{Grenz}})}{1} = \sin(\alpha_{\text{Grenz}}) = \frac{n_2}{n_1}.$$

Totalreflexion

Licht wird ab einem **Grenz(einfalls)winkel** α_{Grenz} vollständig (total) reflektiert. Der Grenzwinkel α_{Grenz} berechnet sich als

$$\alpha_{\text{Grenz}} = \arcsin\left(\frac{n_2}{n_1}\right).$$

n_1 ist die Brechzahl des optisch dichteren und n_2 die Brechzahl des optisch dünneren Mediums. $n_1 > n_2$

Beispiel 3.2.3: Totalreflexion beim Übergang von Wasser nach Luft

Wir berechnen den Grenzwinkel, wenn Licht von Wasser in Luft übergeht.

$$\alpha_{\text{Grenz}} = \arcsin\left(\frac{1{,}000\,3}{1{,}333}\right) \approx 48{,}6°$$

Wenn man taucht und unter einem Winkel von mehr als 48,6°, gemessen zum Lot, auf die Grenzfläche zwischen Wasser und Luft sieht, kann man die Umwelt außerhalb des Wassers nicht wahrnehmen.

Die brechende Wirkung von Glas wird auch bei Linsen genützt.

Versuch 3.2.3: Konvexlinse

Achsenparallele Strahlen werden auf eine dünne, symmetrische **konvexe Linse** gestrahlt. Der Abstand des Schnittpunktes der gebrochenen Strahlen von der Mittelebene (Hauptebene) der Linse ist die Brennweite f.

Die wichtigste Kenngröße einer dünnen Linse ist ihre reziproke Brennweite, die **Brechkraft.**

Brechkraft und Dioptrie

Der Kehrwert der Brennweite f heißt **Brechkraft.**

$$D = \frac{1}{f}$$

Die Einheit der Brechkraft D ist $[D] = \left[\frac{1}{f}\right] = \frac{1}{[f]} = \frac{1}{\text{m}} = 1$ **Dioptrie** (1 dpt).

Beispiel 3.2.4: Dünne Linsen

Eine dünne, symmetrische Sammellinse hat eine Brennweite f von $\frac{2}{3}$ m. Wir berechnen die Brechkraft.

$$D = \frac{1}{\frac{2}{3}\,\text{m}} = \frac{3}{2} \cdot \frac{1}{\text{m}} = 1{,}5\ \text{dpt}$$

Die Brechkraft der Sammellinse beträgt 1,5 Dioptrie.

Die Totalreflexion wird in der Informationstechnologie zur Datenübertragung verwendet. **Lichtleiter** sind wegen ihrer geringen Dichte und ihrer geringen Dämpfung aus der modernen Kommunikation nicht mehr wegzudenken.

Lichtleiter und Totalreflexion siehe auch NAWI III/IV.

Die **optische Achse** einer Linse ist die Gerade durch den Scheitel- und den Mittelpunkt der Linse.

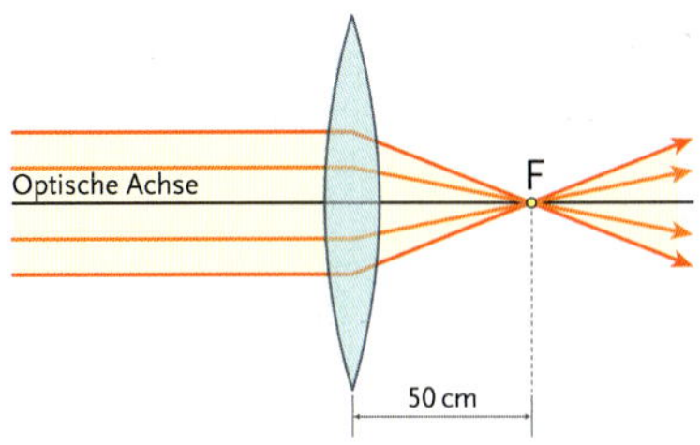

Zum Versuch 3.2.3: Eine symmetrische **Sammellinse** mit einer Brennweite von ½ m sammelt das achsenparallel einfallende Licht ½ m von der Symmetrieebene entfernt im Brennpunkt F

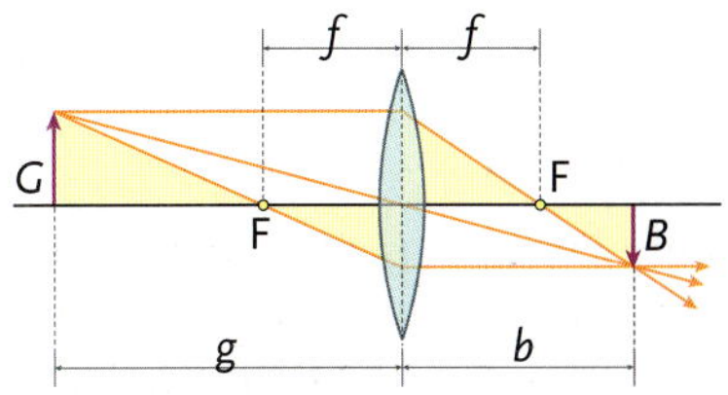

Eine **bikonvexe Linse** erzeugt von einem Gegenstand, der weiter als die doppelte Brennweite entfernt ist, ein reelles, umgekehrtes und verkleinertes Bild

Damit bei einem Feldstecher aufrechte Bilder erzeugt werden, verwendet man die Totalreflexion. Mit ihrer Hilfe wird mit Prismen eine **Bildumkehr** geschafft.

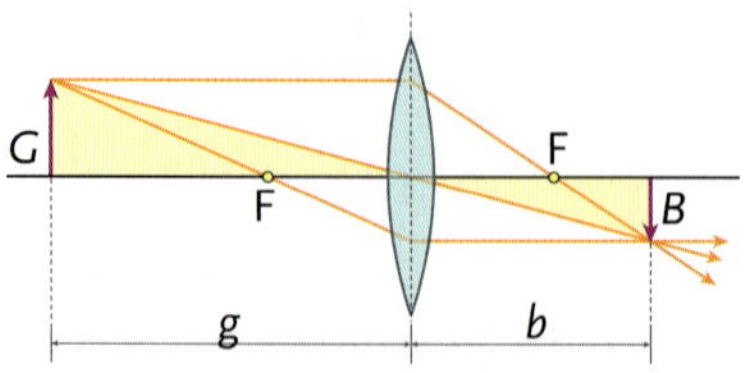

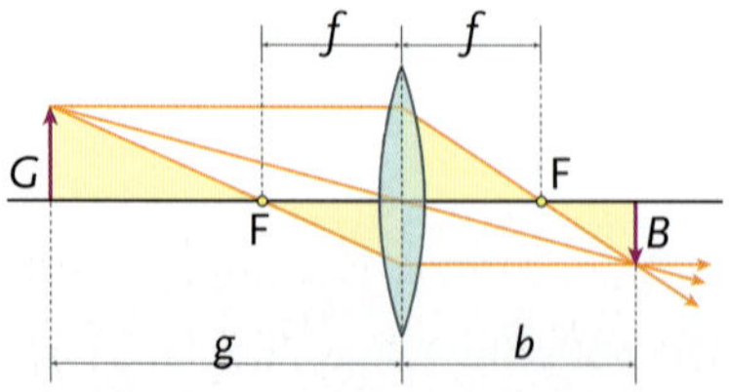

Die beiden oberen gelben Dreiecke symbolisieren den Abbildungsmaßstab

$M = \frac{B}{G} = \frac{b}{g}.$

Die beiden unteren gelben Dreiecke setzen die Brennweite, die Bildweite und die Gegenstandsweite mit der Bildgröße und der Gegenstandsgröße in Beziehung.

In NAWI III/IV, Kap. A, 2.3.6 Linsen, führen wir eine systematische Untersuchung aller Abbildungsfälle für eine Sammellinse in Abhängigkeit von der Gegenstandsweite g durch.

Dem menschlichen Auge ist in NAWI III/IV, Kap. A, 2.3 Geometrische und Wellenoptik, ein Kapitel gewidmet. Kurz- und Weitsichtigkeit werden dort auch behandelt. Der Durchmesser des menschlichen Auges liegt bei rund 2,4 cm.

Bei den sphärischen Spiegeln wird zwischen Hohl- und Wölbspiegeln unterschieden. Analog unterscheidet man bei Linsen zwischen

- **Sammellinsen** = Konvexlinsen = Positivlinsen mit positiver Brennweite und
- **Zerstreuungslinsen** = Konkavlinsen = Negativlinsen mit negativer Brennweite.

Wir beschränken uns auf sehr dünne Linsen. Für diese kann die Parallelversetzung des Mittelpunktstrahls vernachlässigt werden, so dass wir Mittelpunktstrahlen ungebrochen in den Strahlengang einzeichnen können.

In der Randspalte wird das für einen Mittelpunktstrahl gezeigt. Ebenso wie bei Spiegeln wird ein Parallelstrahl zu einem Brennstrahl und umgekehrt.

Aufgrund der Ähnlichkeit der Dreiecke, die in der Randspalte gelb markiert sind, kann in Analogie zur Abbildungsgleichung für Spiegel die Abbildungsgleichung für Linsen gewonnen werden.

Abbildungsgleichung für Linsen

Befindet sich ein Gegenstand im Abstand g von einer Linse mit der Brennweite f, so ergibt sich die Bildweite b aus der **Abbildungsgleichung**

$$\frac{1}{f} = \frac{1}{g} + \frac{1}{b}.$$

Die Bildgröße B berechnet sich mit dem Abbildungsmaßstab $M = \frac{B}{G} = \frac{b}{g}$.

$$B = M \cdot G = \frac{b}{g} \cdot G$$

G ist die Gegenstandsgröße.

Beispiel 3.2.5: Menschliches Auge

Das menschliche Auge hat eine maximale Brechkraft von rund 59 Dioptrien. Wir berechnen die Bildgröße einer 168 cm großen Schülerin, die wir in einer Entfernung von zwei Metern beobachten, wenn die momentane Brechkraft 42 dpt beträgt.

Die gegebenen physikalischen Größen sind $D = 42\ \text{m}^{-1}$, $G = 1{,}68$ m und $g = 2$ m.

Die Abbildungsgleichung $\frac{1}{f} = \frac{1}{g} + \frac{1}{b}$ lösen wir nach der Bildweite b auf.

$$b = \frac{f \cdot g}{g - f} = \frac{\frac{1}{42} \cdot 2}{2 - \frac{1}{42}}\ \text{m} = \frac{\frac{2}{42}}{\frac{84}{42} - \frac{1}{42}}\ \text{m} = \frac{2}{83}\ \text{m} \approx 2{,}4\ \text{cm}$$

Die Bildgröße ergibt sich als $B = \frac{b}{g} \cdot G \approx \frac{2{,}4\ \text{cm}}{200\ \text{cm}} \cdot 168\ \text{cm} \approx 2\ \text{cm}$.

Bei allen Grafiken mit Linsen wurde vereinfachend eine einzige Brechung in der Symmetrieebene eingezeichnet. Tatsächlich wird jeder Lichtstrahl aber beim Übergang von der Luft in die Linse zum Lot und beim Austritt aus der Linse in Luft vom Lot gebrochen. Nachfolgend wird der Sonderfall für den Lichtdurchgang durch eine planparallele Platte vorgestellt.

Beispiel 3.2.6: Planparallele Platte

Ein Lichtstrahl trifft unter dem Einfallswinkel α auf eine planparallele Platte der Dicke d. Der Austrittswinkel β_{Austritt} aus der Platte ist genau so groß wie der Einfallswinkel α.

Wenn die Brechzahlen der Medien n_1 und n_2 sind, gilt $\frac{\sin(\alpha)}{\sin(\beta)} = \frac{n_2}{n_1}$.

Der Brechungswinkel β der ersten Brechung ist für den zweiten Brechungsvorgang der Einfallswinkel, sodass das Brechungsgesetz von Snellius folgende Gleichung liefert.

$$\frac{\sin(\alpha)}{\sin(\beta_{\text{Austritt}})} = \frac{n_2}{n_1}.$$

Diese Gleichung ist die Kehrwertgleichung für den ersten Brechungsvorgang. Daher ist der Austrittswinkel β_{Austritt} gleich dem Einfallswinkel α.

Der einfallende und der gebrochene austretende Lichtstrahl sind beim Durchgang durch eine planparallele Platte parallel verschoben.

Die Parallelverschiebung ist proportional der Plattendicke d. Auch die Brechzahlen und der Einfallswinkel gehen in die Formel für die Parallelverschiebung ein.

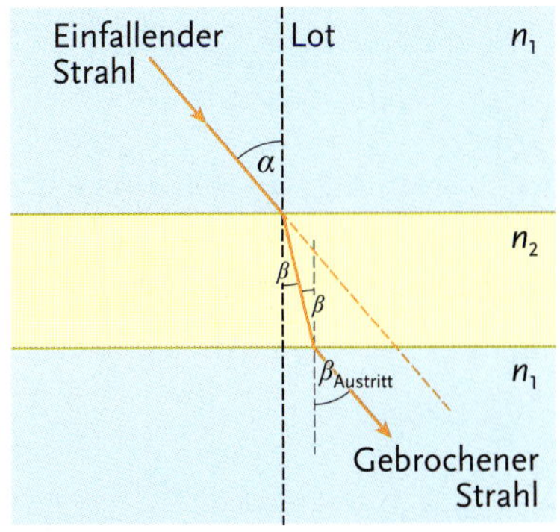

Zum Beispiel 3.2.6: Lichtdurchgang durch eine planparallele Platte

Beim Lichtdurchgang durch eine planparallele Platte kommt es zu einer **Parallelversetzung** des Lichtstrahls.

Bisher haben wir homogene Medien vorausgesetzt. Bei ihnen ist die Dichte und damit die Brechzahl überall gleich groß. In der Praxis treten auch **inhomogene** Medien auf, bei denen die Brechzahl innerhalb des Mediums variiert.

Die bekanntesten Anwendungen sind
- Lichtleiter,
- Luftschichten über flirrend heißen Straßenoberflächen,
- Fata Morganen,
- Schlieren,
- Übersichtweiten, bei denen man hinter den Horizont sehen kann, und
- Brechungsphänomene bei Spritzgussteilen aus Kunststoff.

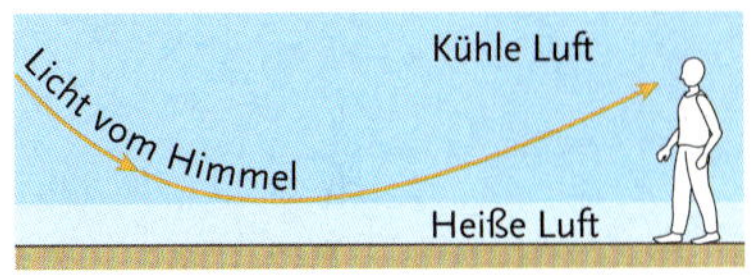

Fata Morgana

In **Lichtleitern** nimmt die Brechzahl radial nach außen ab. Daher wird das Licht (die elektromagnetische Welle) entlang der Lichtleiterachse geführt.

Fluide sind Flüssigkeiten, Gase und Dämpfe. Fluide siehe Kap. B, Mechanik, 1.2.4.

Bei **heißen Straßenoberflächen** und bei einer **Fata Morgana** ist die Luft in Bodennähe durch starke Bodenerwärmung dünner als in den darüberlagernden Schichten. Licht wird daher nach oben gebrochen, weil es sich um eine Brechung vom Lot handelt. Das Auge sieht ein reflektiertes Bild des Himmels. Das ähnelt aufgrund der Dichteinhomogenitäten einer bewegten Wasseroberfläche.

Schlieren entstehen im Inneren inhomogener Fluide, beispielsweise, wenn eine Flüssigkeit erwärmt wird. Die Inhomogenitäten brechen Licht unterschiedlich stark.

Zur Übersichtweite vergleichen Sie die barometrische Höhenformel.

Die Dichte ruhender Luft nimmt über einer horizontalen Fläche stetig nach oben ab. Ein anfangs horizontaler Lichtstrahl wird daher kontinuierlich nach unten gebrochen, weil es sich um eine Brechung zum Lot handelt. Man kann daher hinter den Horizont sehen. Es existiert eine **Übersichtweite.**

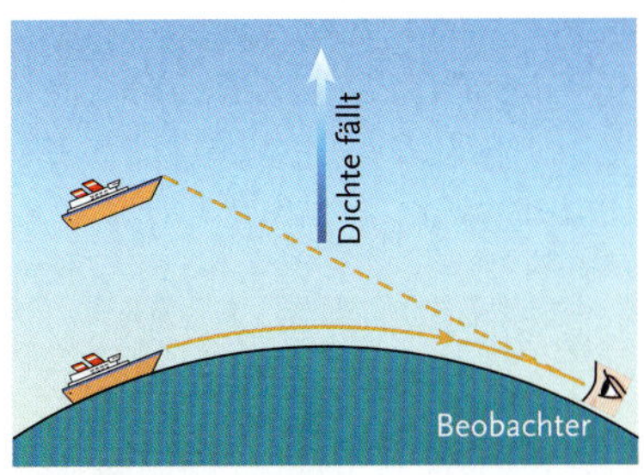

Übersicht

Dichteinhomogenitäten treten auch beim **Spritzgussverfahren** auf. Beim Einspritzen kühlt die Flüssigkeit an den Wänden des Hohlkörpers stärker ab als innen. Die wärmere und dünnflüssigere innere Schicht überholt dann die äußere Schicht. Dies lässt feine Dichteinhomogenitäten in präziser periodischer Abfolge entstehen. Daher zeigen auch Geodreiecke und Flugzeugfenster sowie andere mit dem Spritzgussverfahren gefertigte durchsichtige Kunststoffgegenstände Brechungsphänomene.

Abschließend halten wir fest, dass Reflexion und Brechung bei allen Wellen auftritt. Insbesondere werden **Schallwellen** stark gebrochen, weil die Schallgeschwindigkeit in verschiedenen Medien stark variiert.

Wellenphänomene siehe NAWI III/IV, Kap. A, 2 Schwingungen und Wellen.

Brechung von weißem Licht (an einem Prisma) siehe NAWI III/IV, Kap. A, 2.3.4 Dispersion.

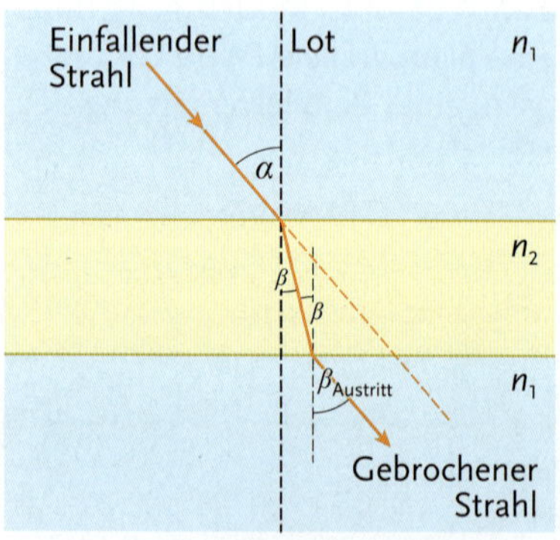

Zur Aufgabe 3.2.09: $n_2 > n_1$, weil eine Brechung zum Lot statt findet.

Ziele erreicht? – „Brechung von Licht"

3.2.01 + Geben Sie die Definition der **Brechzahl** und das **Brechungsgesetz von Snellius** an.

3.2.02 + Begründen Sie, warum **Brechzahlen** größer oder gleich 1 sind und warum die Brechzahl von Vakuum 1 ist.

3.2.03 ++ Begründen Sie, warum eine **Brechung zum Lot** nur stattfinden kann, wenn der Übergang von einem optisch dünneren in ein optisch dichteres Medium erfolgt. Denken Sie z. B. an den Übergang von Luft in Wasser.

3.2.04 + Geben Sie die Formel zur Berechnung des **Grenzwinkels** für eine **Totalreflexion** an.

3.2.05 ++ Begründen Sie, warum eine **Totalreflexion vom Lot weg** nicht stattfinden kann, wenn der Übergang von einem optisch dünneren in ein optisch dichteres Medium erfolgt.

3.2.06 ++ Planen Sie **physikalische Experimente** zur **Brechung** und zur **Totalreflexion.** Führen Sie sie durch und protokollieren Sie Ihre Ergebnisse.

3.2.07 + Eine **Kleinbildkamera** hat ein Objektiv mit einer Brennweite von 50 mm. Berechnen Sie, um welche Strecke das Objektiv verschoben werden muss, wenn ein Gegenstand in 10 m Entfernung fotografiert werden soll und die Kamera auf 1 m eingestellt ist.

3.2.08 ++ Leiten Sie die **Abbildungsgleichung** für Linsen ab.

3.2.09 ++ Recherchieren Sie über die **Parallelverschiebung** von **einfallendem** und **gebrochenem Lichtstrahl** beim Durchgang von Licht durch eine planparallele Platte der Dicke *d*.

Öl auf Wasser kann zu sehr eindrucksvollen Farben führen

3.3 Licht als Welle

Ein Regenbogen, ein sonnenbeschienener Ölfilm, das Schimmern von Perlmutt oder einer CD können mit der Brechung alleine nicht erklärt werden. Dass das Sonnenlicht bei diesen Vorgängen in verschiedenen Wellenlängen also Farben auftritt, muss mit einem Wellenmodell erklärt werden. Wir werden in diesem Kapitel die beiden Lichtmodelle von Isaac Newton und Christiaan Huygens einander gegenüberstellen.

Meine Ziele

Nach Bearbeitung dieses Kapitels kann ich

- die beiden **Modelle** von **Newton** und **Huygens** für Licht angeben;
- die **Wellenlänge** und die **Frequenz** einer Lichtwelle berechnen;
- die **Intensität** einer Lichtwelle erklären.

Regenbogenfarben auf einer CD

Isaac Newton stellte sich **Licht als Teilchen** vor.

- Die Reflexion von Licht kann man sich dann wie das Zurückprallen einer Billardkugel an der Bande vorstellen.
- Das Brechungsgesetz erklärte Newton mit der unterschiedlichen Ausbreitungsgeschwindigkeit. Denken Sie z. B. an einen Rettungsschwimmer, der in einiger Entfernung vom Ufer die Badenden beobachtet. Wenn der Rettungsschwimmer

eine Gefahr erkennt, wird er geradlinig zum Ufer laufen. Auch im Wasser wird er geradlinig auf die gefährdete Person zuschwimmen. Die Uferposition wird er intuitiv so wählen, dass er in möglichst kurzer Zeit die gefährdete Person erreicht.

Christiaan Huygens hingegen wählte zur Beschreibung von Licht ein **Wellenmodell.** Wasserwellen kennt jeder und das fordernde Spiel mit Wasserwellen erfreut viele Wassersportbegeisterte.

Wenn man sich auf einem Surfbrett oder einer Luftmatratze regelmäßigen Wellen stellt, spürt man die Hub- und Sinkbewegungen.

In der Randspalte ist eine Sinuskurve eingezeichnet. **Huygens** stellte sich **Licht als eine sinusförmige (harmonische) Welle** vor.

- Die höchsten Punkte der Welle sind die **Wellenberge** und die tiefsten die **Wellentäler.**
- Den Abstand zwischen zwei benachbarten Wellenbergen (oder zwei benachbarten Wellentälern) nennt man die **Wellenlänge** λ.
- In der Mitte zwischen den Wellenbergen und den Wellentälern liegt die Symmetrieachse.
- Der Abstand zwischen Wellenberg und Symmetrieachse sowie zwischen Wellental und Symmetrieachse ist die **Amplitude** r einer Welle.
- Die Zeit, in der sich eine Welle um eine ganze Wellenlänge ausbreitet, heißt die **Periodendauer** T der Welle.
- Der Kehrwert der Periodendauer T ist die **Frequenz** f. Damit ergibt sich der folgende Zusammenhang.

$$c = \frac{\Delta s}{\Delta t} = \frac{\lambda}{T} = \lambda \cdot \frac{1}{T} = \lambda \cdot f$$

Wellenlänge, Frequenz und Ausbreitungsgeschwindigkeit einer Welle

Der Abstand zwischen zwei benachbarten Wellenbergen einer Welle heißt **Wellenlänge** λ. Breitet sich die Welle mit der Geschwindigkeit c aus, ist ihre **Frequenz** $f = \frac{c}{\lambda}$.

Die Einheit der Frequenz ist ein Hertz.
$[f] = 1/\text{s} = 1\ \text{Hertz} = 1\ \text{Hz}$

Beispiel 3.3.1: Grünes Licht

Das menschliche Auge hat eine besondere Empfindlichkeit für grünes Licht. Wir berechnen die Frequenz von grünem Licht mit einer Wellenlänge von 530 nm im Vakuum.

Die Vakuumlichtgeschwindigkeit beträgt $c_0 = 299\,792\,458\ \text{m/s}$.

$$f = \frac{c_0}{\lambda} = \frac{299\,792\,458\ \frac{\text{m}}{\text{s}}}{530 \cdot 10^{-9}\ \text{m}} \approx 5{,}656 \cdot 10^{14}\ \frac{1}{\text{s}} = 565{,}6 \cdot 10^{12}\ \text{Hz} = 565{,}6\ \text{THz}$$

Sichtbares Licht hat eine sehr hohe Frequenz.

Das sichtbare Licht deckt nur einen winzigen Ausschnitt aus der ganzen Fülle der elektromagnetischen Wellen ab. Als Beispiel betrachten wir die Sendefrequenz von Ö3.

In NAWI III/IV, Kap. A, 2.3 Geometrische und Wellenoptik, wird der Wellenoptik gebührender Raum zur Verfügung gestellt.

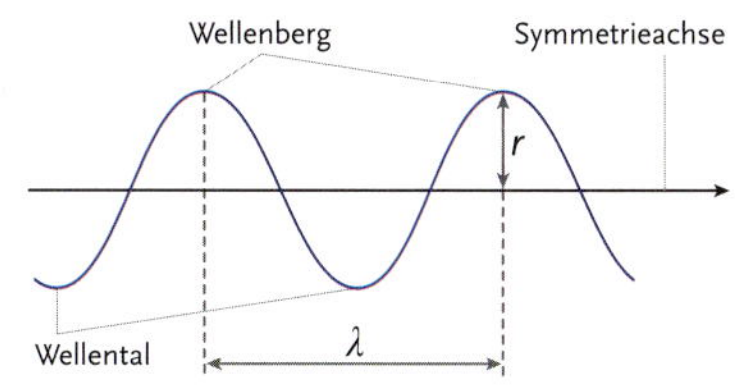

Huygens stellte sich Licht auch als Welle vor. Hier sind die physikalischen Größen Wellenlänge λ und Amplitude r markiert.

In der Zeitspanne Δt bewegt sich die Welle um die Strecke $\Delta x = c \cdot \Delta t$ fort, wenn ihre Ausbreitungsgeschwindigkeit c beträgt.

Die Wellenlänge wird mit dem kleinen griechischen l also mit lambda (λ) bezeichnet.

Nachtsichtgeräte benützen meist grünes Licht.

Die **Einheit der Frequenz** wird zu Ehren des deutschen Physikers Heinrich Hertz als ein **Hertz** (1 Hz) bezeichnet.

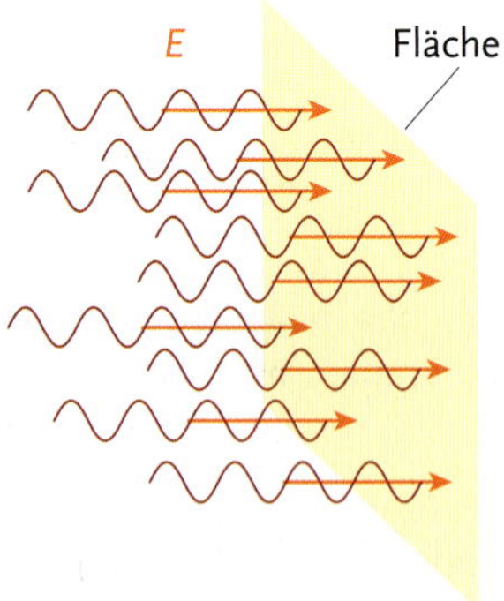

In einer Zeitspanne Δt transportiert eine Welle die Energie E durch eine Fläche A. Die Energie pro Flächen- und Zeiteinheit ist die Intensität I der Welle.

Beispiel 3.3.2: Ö3 – elektromagnetische Welle

Der Radiosender Ö3 verwendet eine Frequenz von 88,8 MHz. Wir berechnen die zugehörige Wellenlänge im Vakuum.

$$\lambda = \frac{c_0}{f} = \frac{299\,792\,458\ \frac{\text{m}}{\text{s}}}{88{,}8 \cdot 10^6\ \frac{1}{\text{s}}} \approx 3{,}376\ \text{m}$$

Radiowellen haben eine Wellenlänge in der Größenordnung von einigen Metern.

Eine Sinuskurve kann in einer zweidimensionalen Ebene (auf einem Zeichenblatt) leicht dargestellt werden. Um dreidimensionale Phänomene zu beschreiben, stellte sich Huygens Licht aus **Elementarwellen** zusammengesetzt vor.

Elementarwelle

Eine **Elementarwelle** ist eine Welle, die sich von einem einzigen (Anregungs-) Punkt aus kugelförmig ausbreitet.

Wir können an eine winzige kugelförmige Lichtquelle denken, die Licht in alle Raumrichtungen sendet.
Mit diesem Bild einer kugelförmigen Welle fällt auch die Berechnung der **Intensität** einer Kugelwelle leicht.
Bei der Intensität einer Welle hilft die Vorstellung einer Solarzellenfläche. Wenn wir voraussetzen, dass die Sonne die gleiche Leistung innerhalb einer bestimmten Zeit abstrahlt, dann erhalten wir umso mehr Energie, je länger wir die Solarzellen der Sonnenstrahlung aussetzen und je größer die Solarzellenfläche ist. Die **Energie** erhalten wir also als **Produkt** aus **Intensität, Fläche und Zeit.**

Dass Wellen Energie transportieren, wird immer wieder durch Detonations- und Riesenwellen (Tsunamis) vor Augen geführt.

Energie und Intensität

Energie = Intensität · Fläche · Zeit

$E = I \cdot A \cdot t$

Die **Intensität** I einer Welle ist die Energie E, die in der Zeit t durch eine normal zur Ausbreitungsrichtung der Welle stehende Fläche A transportiert wird.

$$I = \frac{E}{A \cdot t}$$

Die Einheit der Intensität ergibt sich damit aus

$$[I] = \left[\frac{E}{A \cdot t}\right] = \frac{[E]}{[A] \cdot [t]} = \frac{1\ \text{J}}{1\ \text{m}^2 \cdot 1\ \text{s}} = 1\ \frac{\text{J}}{\text{m}^2 \cdot \text{s}}.$$

Um sich einer möglichst geringen Intensität einer ortsfesten Wellenquelle auszusetzen, entfernt man sich so weit als möglich von der Quelle.
Das gilt bei Schallquellen (Lautsprechern) genauso wie bei Lichtquellen (Scheinwerfern) und allen anderen Wellenquellen.

Schreibt man den Bruch $\frac{E}{A \cdot t}$ als Produkt $\frac{1}{A} \cdot \frac{E}{t}$, so ist der Zusammenhang mit der Leistung $P = \frac{E}{t}$ offenkundig.

$$I = \frac{E}{A \cdot t} = \frac{1}{A} \cdot \frac{E}{t} = \frac{1}{A} \cdot P$$

Leistung und Intensität

Die **Intensität** I ist die Leistung pro Flächeneinheit.

$$I = \frac{P}{A}$$

P bezeichnet dabei die (Strahlungs-)**Leistung** (einer Lichtquelle).

Die Einheit der Intensität ergibt sich damit zu

$$[I] = \left[\frac{P}{A}\right] = \frac{[P]}{[A]} = 1\ \frac{W}{m^2}.$$

Beispiel 3.3.3: Intensität einer Kugelwelle

Eine Kugelwelle(nfront) führt eine Energie von 6,4 Joule mit sich. Wir berechnen die **Intensität** der Kugelwelle in einem Abstand von einem Meter, wenn die Frequenz der Welle 2 Hertz beträgt. Energieverluste bei der Ausbreitung vernachlässigen wir.

Wir schreiben die gegebenen physikalischen Größen an.
$E = 6{,}4\ J$, $r = 1\ m$ und $f = 2\ Hz$.

Aus der Frequenz f erhalten wir die Periodendauer T, in der die Welle(nfront) die Energie E durch eine Kugeloberfläche A transportiert.

$$T = \frac{1}{f} = \frac{1}{2\frac{1}{s}} = 0{,}5\ s,\ A = 4 \cdot r^2 \cdot \pi$$

Damit ergibt sich die Intensität

$$I = \frac{E}{A \cdot t} = \frac{E}{4 \cdot r^2 \cdot \pi \cdot t} = \frac{6{,}4\ J}{4 \cdot (1\ m)^2 \cdot \pi \cdot 0{,}5\ s} = \frac{3{,}2}{\pi} \cdot \frac{W}{m^2} \approx 1\ \frac{W}{m^2}.$$

Die Intensität einer Kugelwelle nimmt mit dem Quadrat der Entfernung ab, weil sich die abgestrahlte Leistung gleichmäßig auf eine Kugeloberfläche verteilt.

Ziele erreicht? – „Licht als Welle“

3.3.01 + Führen Sie die Lichtmodelle von **Isaac Newton** und **Christiaan Huygens** an.

3.3.02 + Skizzieren Sie eine harmonische Welle und tragen Sie die **Wellenlänge** und die **Amplitude** ein.

3.3.03 ++ Skizzieren Sie eine sinusförmige Welle zur Zeit t und eine Zeitspanne Δt später. Leiten Sie damit den Zusammenhang zwischen **Geschwindigkeit, Wellenlänge** und **Frequenz** ab.

3.3.04 + Berechnen Sie die **Wellenlänge** der vom Radiosender FM4 verwendeten Wellen in Luft. Recherchieren Sie die Frequenz von FM4 von einem Sender in der Nähe Ihres Wohnortes. Schätzen Sie die Wellenlänge im Vakuum ab und berechnen Sie die Differenz auf Millimeter genau.

3.3.05 + Geben Sie die Definition und die Einheit der **Intensität** an.

3.3.06 ++ Berechnen Sie die **Intensität** im Brennfleck einer Lupe. Nehmen Sie dazu an, dass der Durchmesser der Lupe fünf Zentimeter beträgt. Der von der Lupe erzeugte Brennfleck hat einen Durchmesser von zwei Millimetern. Die Sonnenintensität betrage 800 Watt pro Quadratmeter.

3.3.07 ++ Planen Sie ein **Experiment** zur vorangestellten Berechnung der Intensität im Brennfleck einer Lupe. Führen Sie das Experiment durch und protokollieren Sie Ihre Ergebnisse.

3.3.08 ++ Eine Kugelwelle hat in einem Meter Abstand von ihrem Erregungszentrum eine Intensität von 50 Watt pro Quadratmeter. Berechnen Sie die **Intensität** in einer Entfernung von zwei Metern vom Erregungszentrum. Begründen Sie, wie die Intensität von der Entfernung vom Erregungszentrum abhängt. Erklären Sie damit, wie sich die Intensität ändert, wenn der Abstand verdoppelt, verdreifacht bzw. verzehnfacht wird.

Immer wieder wird von **Schädigungen des Augenlichtes** durch Höhenstrahlung berichtet. UV-Brillen bieten Schutz. Entsprechend gibt es auch **Schädigungen des Hörapparates** bei Rock- und anderen Konzerten. Hier hilft eine Entfernung von den Schallquellen am besten, wenn man auf Ohrstöpsel oder andere Schutzvorkehrungen verzichten will.

Das Verwenden von Kopfhörern kann bei Jugendlichen zu einer gefährlichen Lärmbelastung führen. Der Abstand der Schallquelle vom Ohr ist hier auf ein Minimum reduziert.

$$I = \frac{E}{A \cdot t} = \frac{E}{4 \cdot r^2 \cdot \pi \cdot t}$$

Die Intensität einer Kugelwelle ist proportional zu 1 durch r^2.
Wird der Abstand r verdoppelt, fällt die Intensität auf ein Viertel des ursprünglichen Wertes ab.

Der Graph einer Funktion f mit $y = \frac{k}{x^2}$ ist eine zur y-Achse symmetrische Hyperbel. k ist eine reelle Konstante. Die x-Achse ist eine Asymptote dieser Hyperbelfunktion. Die Intensität ist immer größer als null. Bei genügend großer Entfernung sinkt die Intensität aber unter die Wahrnehmbarkeitsschranke.

4 Grundlagen der Thermodynamik

In der evolutionären Entwicklung der Menschheit stellt der kontrollierte Gebrauch von Feuer einen markanten Meilenstein dar. Historiker datieren ihn aufgrund von Funden von Verbrennungsspuren an Knochen vor etwa 1,5 Mio. Jahren.

Die Beherrschung des Feuers war ein markanter Schritt in der Evolution

4.1 Temperatur und Teilchenbewegung

Unsere Erfahrungen mit dem Begriff Temperatur stammen aus dem Bereich der ***Wahrnehmung*** *unserer Umwelt. In einer klaren Winternacht bezeichnen wir unseren Sinneseindruck als kalt und an einem sonnigen Sommertag nennen wir den Sinneseindruck warm. Das menschliche Temperaturempfinden funktioniert aber nicht absolut wie ein Thermometer, sondern reagiert sehr stark auf Veränderung der aktuellen Temperatur. Bei sich nicht weiter verändernder Temperatur tritt nach und nach eine Gewöhnung ein. Der menschliche Körper weist einen komplizierten Regelmechanismus auf, der unsere Körpertemperatur auf einem Wert zwischen 36 und 37 °C hält.*

Wärmeempfindungen werden im Vergleich zur Körpertemperatur wahrgenommen

4.1.1 Temperatur

Der Begriff der Temperatur entzieht sich momentan noch einem tieferen Verständnis. Wir können noch nicht erklären, was Temperatur ist. Um Temperatur dennoch zu messen, betrachten wir die Veränderung von bisher bekannten physikalischen Größen bei Veränderung des Wärmeeindrucks.

Anders Celsius, 1701 bis 1744, schwedischer Astronom, Mathematiker und Physiker

Meine Ziele

Nach Bearbeitung dieses Kapitels kann ich

- mithilfe des nullten Hauptsatzes der Thermodynamik den Begriff **Temperatur** erklären;
- **Methoden und Geräte zur Messung** der Temperatur erklären;
- verschiedene **Messskalen** für die Temperatur nennen und die Temperatur zwischen ihnen umrechnen.

Wie bereits in der Einleitung ausgeführt, basiert unsere Vorstellung von Temperatur auf einem Vergleich mit der Körpertemperatur. Dies erklärt die Begriffe heiß und kalt. Um mit einem Temperaturmessgerät, einem Thermometer, die Temperatur eines Körpers zu messen, muss man das Messgerät in thermischen Kontakt mit dem zu messenden Körper bringen. Dann tritt etwas ein, was eine wesentliche physikalische Eigenschaft der Temperatur ist. Die beiden Körper nehmen nach ausreichend **langer Zeit die gleiche Temperatur** an. Diese Tatsache ist unabhängig von der Beschaffenheit der Körper und der Art des thermischen Kontaktes. Diesen beschriebenen Zustand bezeichnet man als **thermodynamisches Gleichgewicht.**

Nullter Hauptsatz

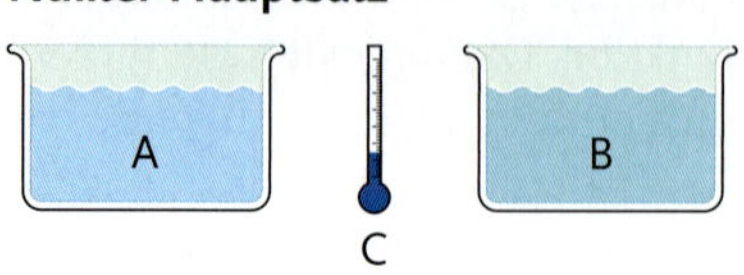

Wenn das Thermometer C im Gleichgewicht mit dem Wärmebad A und auch mit dem Wärmebad B ist, dann sind die beiden Wärmebäder A und B zueinander im Gleichgewicht

Nullter Hauptsatz der Thermodynamik

Wenn zwei Systeme A und B mit einem dritten System C im thermodynamischen Gleichgewicht stehen, stehen sie auch zueinander im Gleichgewicht.

Die Aussage des nullten Hauptsatzes lässt auf die Existenz einer physikalischen Zustandsgröße schließen, die zum Vergleich der Systeme herangezogen werden kann und als **empirische Temperatur** bezeichnet wird.

Wenn zwei Systeme im thermodynamischen Gleichgewicht stehen, dann haben sie dieselbe **Temperatur *T*.**

Betrachten wir unseren Vergleich von Wärmeempfindungen zu Kapitelbeginn noch einmal, so erkennen wir, dass dies eigentlich nur eine andere Sicht des eben formulierten nullten Hauptsatzes ist.
Zum **Messen der Temperatur** eignet sich **jede messbare physikalische Größe, die sich mit ihr verändert** (z. B. das Volumen, der Druck, der elektrische Widerstand, die thermoelektrische Spannung).

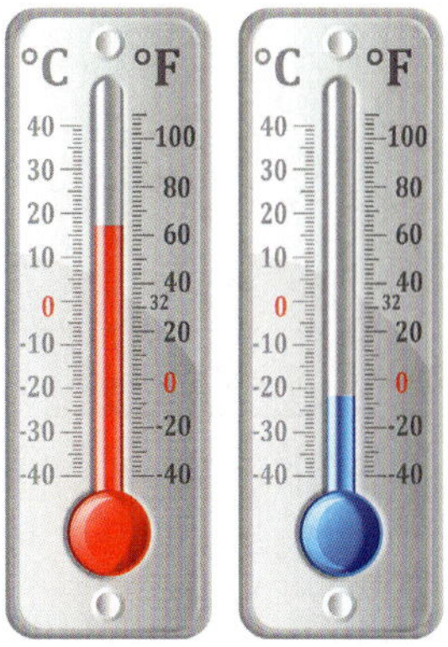

Der Flüssigkeitsstand in einem versiegelten Glasröhrchen zeigt die Temperatur an.
Seit den 1970-er-Jahren werden Thermometer für den Alltagsgebrauch nicht mehr mit giftigem Quecksilber gefüllt.

Das Flüssigkeitsthermometer

Beim Flüssigkeitsthermometer nutzt man zur Temperaturmessung die **Differenz der Ausdehnung der Volumina einer Flüssigkeit und von Glas.** Heute wird meist nicht mehr Quecksilber, sondern gefärbter Alkohol verwendet, da dieser ungiftig ist. Die mit dem Thermometer eng verbundene Temperaturskala ist die Celsiusskala. Sie ist willkürlich definiert und orientiert sich an den Phasenübergängen von Wasser, einem für alle Organismen sehr wichtigen Grundstoff.

Die **Celsiusskala** (Einheitenzeichen °C) ist bei einem **Druck von 1 013 Hektopascal** definiert.
Schmelztemperatur von Wasser: $\boldsymbol{\theta_s = 0\,°C}$
Siedetemperatur von Wasser: $\boldsymbol{\theta_v = 100\,°C}$

Die Fahrenheitskala (Einheitenzeichen °F) ist heute nur mehr in den USA und einigen anderen englischsprachigen Ländern in Verwendung.

Umrechnungen

Celsius in Fahrenheit

$\frac{9}{5} \cdot \theta / °C + 32 = \theta / °F$

Fahrenheit in Celsius

$\frac{5}{9} \cdot (\theta / °F - 32) = \theta / °C$

Celsius in Kelvin

$\theta / °C + 273{,}15 = T / K$

Kelvin in Celsius

$T / K - 273{,}15 = \theta / °C$

Das Gasthermometer

Beim Gasthermometer wird der Druck einer in einem Behälter eingeschlossenen Gasmenge (z. B. Stickstoff oder Helium) gemessen. Bei einem **idealen Gas** ist dieser **Druck direkt proportional zur Temperatur.** Bei einem realen Gas ist die Linearität dieses Zusammenhangs leider nicht gegeben. Stellt man den Druck eines idealen Gases als Funktion der Temperatur (z. B. in der Celsiusskala) dar, ergibt dies eine gerade Eichlinie. Mit abnehmender Temperatur wird der Druck immer geringer. Extrapolieren wir die Gerade dieser Messwerte, so schneidet die Gerade bei $T = -273{,}15$ °C die Temperaturachse. Das Gas übt bei dieser Temperatur keinen Druck mehr auf seine Umgebung aus. Mithilfe dieser Beobachtung ist die Kelvinskala definiert.

Der **absolute Nullpunkt** der Temperatur liegt bei einer Temperatur von **0 Kelvin.** Dies entspricht einer Temperatur von –273,15 °C. Die SI-konforme Einheit für die Temperatur ist das Kelvin.

$$[T] = 1 \text{ Kelvin (K)}$$

Die Temperaturdifferenz von 1 Kelvin entspricht genau der Temperaturdifferenz von 1 °C. $[\Delta T] = 1\,K = 1\,°C$

Somit liegt der Schmelzpunkt von Wasser unter Normbedingungen bei 273,15 K und der Siedepunkt bei 373,15 K.

Beispiel 4.1.01: Umrechnung zwischen den Temperaturskalen

Wir rechnen den Wert der Temperatur von 36,5 °C um in die Temperatur in der Fahrenheit- und der Kelvinskala.

a) $\left(\frac{9}{5} \cdot 36{,}5 + 32\right)°F = 97{,}7\,°F$

b) $(36{,}5 + 273{,}15)\,K = 309{,}65\,K$

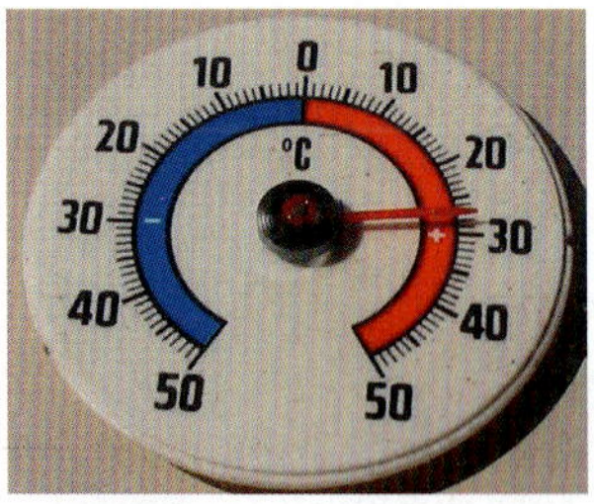

Bimetallthermometer mit Spirale (siehe Mitte!)

Das Bimetallthermometer

Es besteht aus zwei verschiedenen Metallstreifen, die flächig fest miteinander verbunden und zu einer Spirale gebogen sind. Bei Erwärmung dehnen sich die beiden Metalle unterschiedlich stark aus. Dies verändert die Krümmung der Spirale und damit die Position eines daran befestigten Zeigers.

Das Digitalthermometer

Die Temperaturberechnung erfolgt dabei über die Messung des elektrischen Widerstandes des Messsensors. Vergleiche hierzu die Temperaturabhängigkeit des elektrischen Widerstandes (Kap. B, 2.2 Gleichstrom).

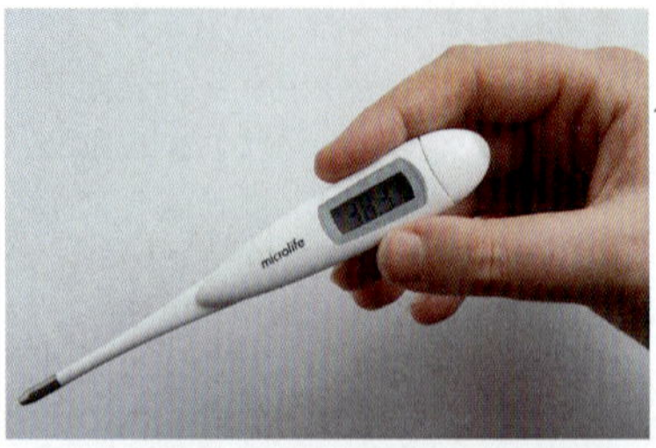

Beim Digitalthermometer wird der Widerstand des elektrisch leitenden Messkopfes ermittelt und daraus die Temperatur errechnet

Ziele erreicht? – „Temperatur“

4.1.01 + Nennen Sie die Berechnungsformeln für die Umrechnung von Celsius in Fahrenheit und Kelvin.

4.1.02 + Nennen Sie mehrere Thermometer und erklären Sie ihr Funktionsprinzip.

4.1.03 + Leiten Sie aus den Berechnungsformeln aus 4.1.01 die Umkehrungsformeln für die Berechnung von Celsius aus angegebenen Temperaturen in Fahrenheit und Kelvin her. Rechnen Sie folgende Temperaturen in die beiden anderen Einheiten um: 710 °C, 96 K, 310 °F.

4.1.04 ++ Erklären Sie die Begriffe „thermodynamisches Gleichgewicht“ und „Temperatur“.

Robert Brown, 1773 bis 1858, schottischer Botaniker

4.1.2 Längen- und Volumsänderung

*Der schottische Botaniker **Robert Brown** entdeckte im Jahre 1827 unter dem Mikroskop eine Bewegung von Pollen in einem Wassertropfen. Brown interpretierte diese Entdeckung als eine „Manifestation der Lebenskraft der Pollen“. Als er diesen Effekt auch an unbelebten Staubkörnern feststellte, verwarf er seine ursprüngliche Theorie. Erst **Christian Wiener,** einem deutschen Mathematiker und Physiker, gelang 1863 ein experimenteller Nachweis, dass die obige brownsche Teilchenbewegung durch thermische Bewegung der Moleküle des Wassers verursacht wird.*

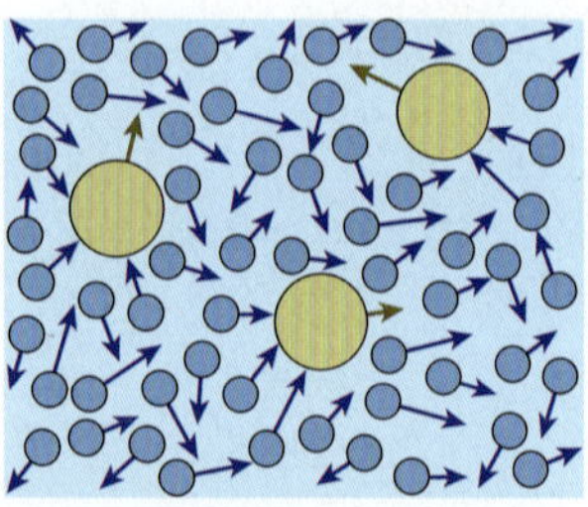

Skizze zum Versuch 4.1.01: Die Wärmebewegung der Wassermoleküle wird durch Stöße auf die Fetttröpfchen übertragen. Sie bewegen sich zufällig.

Meine Ziele

Nach Bearbeitung dieses Kapitels kann ich

- **Längen- und Volumsausdehnung** anhand eines **Teilchenmodells** der Materie erklären;
- die **Temperaturabhängigkeit der Dichte** herleiten;
- die **Anomalie des Wassers** als einen wichtigen physikalischen Effekt in unserer Umwelt nennen.

Versuch 4.1.01: Brownsche Molekularbewegung

Auf einen Objektträger wird ein kleiner Tropfen Milch aufgebracht, mit Wasser verdünnt und fein verteilt (kein Deckglas aufsetzen). Bei mehr als 500-facher Vergrößerung sind kleine Kügelchen (Fetttröpfchen) sichtbar. Betrachten und protokollieren Sie ihre Bewegung.

Originalmikroskop von Brown

Die im Versuch festgestellte Bewegung der kleinen Teilchen beruht im Wesentlichen auf einer Bewegung der nicht sichtbaren Moleküle des Wassers. Diese stoßen zufällig verteilt gegen die Fetttröpfchen, sodass sich diese in Bewegung setzen.

Mit zunehmender Temperatur wird diese Bewegung immer intensiver.

Temperatur ist ein Maß für die Bewegung der **mikroskopischen Bauteile** (Atome und Moleküle) der Materie.

Bei höherer Temperatur benötigen die Teilchen der Materie (egal, ob Festkörper, Flüssigkeit oder Gas) mehr Raum für ihre Bewegung. Bei Erwärmung kommt es zur Ausdehnung der Materie, bei Abkühlung zum Zusammenziehen (Ausnahme: Anomalie des Wassers und von Helium).

Mikroskopische Modelle der Aggregatzustände

Festkörper

Die Atome der Materie sind durch chemische Bindungen aneinandergekettet. Sie ordnen sich in definierten geometrischen Strukturen (Kristallgittern) an. Die Bindung der Atome aneinander ist nicht starr. Dadurch können die Atome um ihre Ruhelage schwingen. Je höher die Temperatur, umso stärker ist die Bewegung. Dies ist die Wärmebewegung im Festkörper.

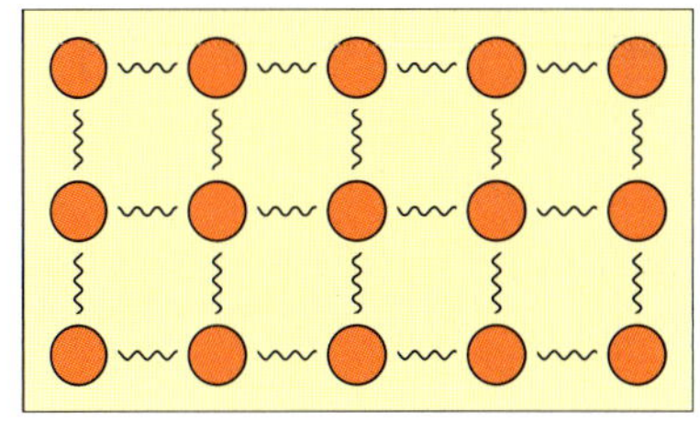

Festkörpermodell: mittels chemischer Bindung regelmäßig angeordnete Atome

Flüssigkeit

In einer Flüssigkeit sind die Atome oder Moleküle nicht mehr aneinandergebunden und bewegen sich bei steigender Temperatur immer schneller. Sie unterliegen aber noch in kurzer Reichweite schwachen Anziehungskräften. Diese Van-der-Waals-Kräfte entstehen durch Anziehung von elektrisch neutralen Molekülen, die sich gegenseitig polarisieren. Sind die Moleküle polar, treten die stärkeren Wasserstoffbrückenbindungen auf. Die mittlere freie Weglänge eines Moleküls liegt in der Größenordnung des Moleküldurchmessers. Unter der mittleren freien Weglänge versteht man die Distanz, die ein Teilchen im Schnitt zurücklegt, ohne mit einem anderen in Wechselwirkung zu treten.

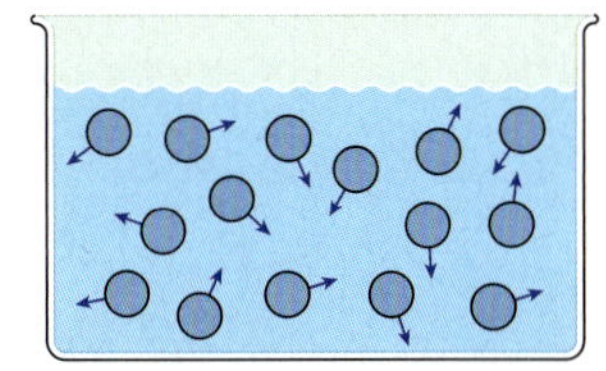

Flüssigkeitsmodell: miteinander in Wechselwirkung tretende bewegliche Atome (Moleküle)

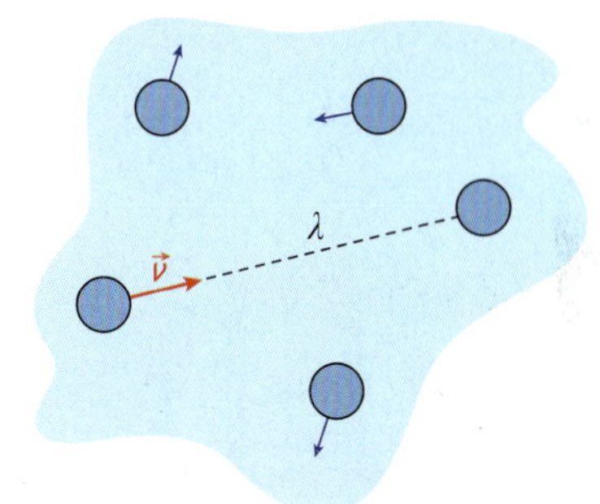

Mittlere freie Weglänge λ

Gas

Beim idealen Gas bewegen sich die Moleküle oder Atome in großem Abstand zueinander völlig frei. Auch hier steigt mit der Temperatur die Geschwindigkeit der Teilchen. Die einzig auftretende Wechselwirkung sind Stöße zwischen den Teilchen. In realen Gasen treten noch sehr schwache Van-der-Waals-Kräfte oder Wasserstoffbrückenbindungen auf.

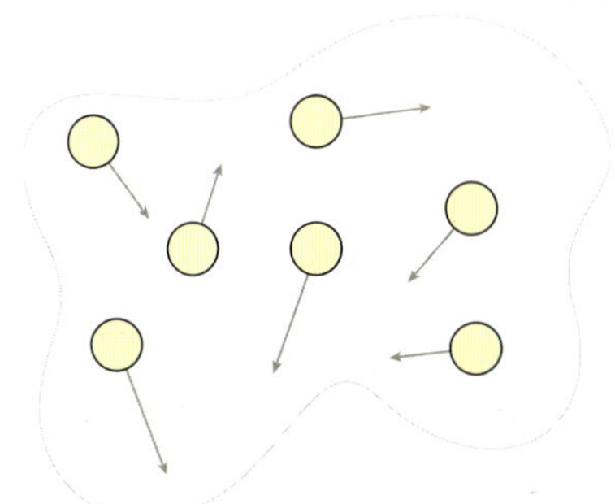

Gasmodell: frei bewegliche Atome (Moleküle)

Längenausdehnung

Versuch 4.1.02: Längenausdehnung einer Metallstange

Mithilfe eines Stativträgers wird eine Metallstange einseitig eingespannt und auf der anderen Seite auf eine drehbare Rolle mit einem daran befestigten Zeiger gedrückt. Bei Erwärmung der Stange mit einem Gasbrenner dehnt sie sich aus und die Rolle dreht sich, was an einem Zeigerausschlag bemerkbar ist.

Skizze zum Versuch 4.1.02

Eine Stange aus einem bestimmten Material weist innerhalb eines nicht allzu großen Temperaturbereiches ($\Delta T < 100$ K) eine lineare Dehnung mit steigender Temperatur auf.

Material	α / ($10^{-5} \cdot K^{-1}$)
Blei	2,9
Aluminium	2,38
Kupfer	1,65
Eisen	1,21
Beton	1,2
Stahlbeton	1,2
Stahl	1,15
Glas	0,76

Längenausdehnungskoeffizient bei 20 °C

Es gilt für diese **Längenausdehnung** Δl eines Stabes

$$\Delta l = \alpha \cdot l_0 \cdot \Delta T$$

Dabei ist l_0 die ursprüngliche Länge bei der Temperatur T_0 und ΔT die Temperaturzunahme relativ zum Anfangswert T_0. Somit errechnet sich die **Gesamtlänge** l nach der Erwärmung aus

$$l = l_0 + \Delta l = l_0 + \alpha \cdot l_0 \cdot \Delta T = l_0 \cdot (1 + \alpha \cdot \Delta T)$$

Der lineare **Ausdehnungskoeffizient** α ist materialabhängig.

$$[\alpha] = \frac{1}{1\ K} = 1\ K^{-1}$$

Die Längenausdehnung ist in der Technik (Dehnfugen bei Brücken, Gebäuden, Durchhang elektrischer Leitungen) zu berücksichtigen und hat auch Anwendungen wie das Aufschrumpfen von Materialien in Maschinenbau und Elektrik.

Dehnungsfugen einer Brücke

Beispiel 4.1.02: Längenausdehnung einer Hochspannungsleitung

Wir berechnen, um welchen Prozentsatz sich eine Hochspannungsleitung im Temperaturbereich von –10 °C bis 30 °C ausdehnt.

$$\frac{\Delta l}{l_0} = \alpha \cdot \Delta T = 1{,}65 \cdot 10^{-5} \frac{1}{K} \cdot 40\ K = 0{,}000\ 66 = 0{,}066\ \%$$

Wie groß ist die absolute Dehnung, wenn der Draht zwischen zwei Masten eine Länge von 250 Metern hat?

$$\Delta l = l_0 \cdot \alpha \cdot \Delta T = 250\ m \cdot 0{,}000\ 66 = 0{,}165\ m = 16{,}5\ cm$$

Volumsänderung

Steigende Temperatur verursacht sowohl bei Festkörpern als auch bei Flüssigkeiten eine Zunahme des Volumens. Für viele Stoffe ist sie innerhalb eines nicht allzu großen Temperaturbereichs linear ($\Delta T < 100$ K). Eine Ausnahme ist Wasser in einem kleinen Bereich oberhalb des Schmelzpunktes.

Stoff	γ / ($10^{-3} \cdot K^{-1}$)
Aceton	1,43
Ethanol	1,1
Benzin	1,06
Dieselkraftstoff	0,95
Wasser	0,21
Quecksilber	0,182

Volumsausdehnungskoeffizienten bei 20 °C

Für die **Volumsausdehnung** ΔV eines Festkörpers oder einer Flüssigkeit gilt

$$\Delta V = \gamma \cdot V_0 \cdot \Delta T$$

Der **Volumsausdehnungskoeffizient** γ ist wie α materialabhängig.

$$[\gamma] = \frac{1}{1\ K} = 1\ K^{-1}$$

Das **gesamte Volumen** nach Erwärmung ist berechenbar als

$$V = V_0 + \Delta V = V_0 + \gamma \cdot V_0 \cdot \Delta T = V_0 \cdot (1 + \gamma \cdot \Delta T)$$

Dabei ist V_0 das ursprüngliche Volumen bei der Temperatur T_0 und ΔT die Temperaturzunahme relativ zum Anfangswert T_0.

In homogenen Festkörpern gibt es einen beachtenswerten Zusammenhang zwischen dem linearen Ausdehnungskoeffizienten α und dem Volumsausdehnungskoeffizienten γ. Ein Würfel dehnt sich gleichmäßig nach allen drei Richtungen aus. Für sein Volumen gilt:

$$V = l^3 = l_0^3 \cdot (1 + \alpha \cdot \Delta T)^3 = V_0 \cdot (1 + 3 \cdot \alpha \cdot \Delta T + 3 \cdot \alpha^2 \cdot (\Delta T)^2 + \alpha^3 \cdot (\Delta T)^3).$$

Da der Wert von α sehr klein ist, können die höheren Potenzen von α vernachlässigt werden und es gilt in guter Näherung $V \approx V_0 \cdot (1 + 3 \cdot \alpha \cdot \Delta T)$.

In homogenen Festkörpern hat der Volumsausdehnungskoeffizient den **dreifachen Wert** des linearen Ausdehnungskoeffizienten. $\gamma = 3 \cdot \alpha$

Beispiel 4.1.03: Ausdehnung von Ethanol

Ein einseitig geschlossenes Glasröhrchen mit einem Innendurchmesser von 2 mm ist mit 2 ml Ethanol gefüllt. Um welche Höhe steigt das Ethanol bei einer Erwärmung um 10 °C im Röhrchen an?
Als erstes berechnen wir die Volumsänderung des Ethanols:
$\Delta V = \gamma \cdot V_0 \cdot \Delta T = 1{,}1 \cdot 10^{-3}\ \mathrm{K}^{-1} \cdot 2\ \mathrm{ml} \cdot 10\ \mathrm{K} = 0{,}022\ \mathrm{ml}$

Der Radius des Glasröhrchens nach der Erwärmung beträgt:
$r = r_0 + \Delta r = 1\ \mathrm{mm} + 1\ \mathrm{mm} \cdot 0{,}76 \cdot 10^{-5}\ \mathrm{K}^{-1} \cdot 10\ \mathrm{K} = 1{,}000\,076\ \mathrm{mm}$

Die Anstiegshöhe beträgt somit:

$$\Delta h = \frac{\Delta V}{r^2 \cdot \pi} = \frac{22\ \mathrm{mm}^3}{(1{,}000\,076\ \mathrm{mm})^2 \cdot \pi} \approx 7\ \mathrm{mm}$$

Dichteänderung

Da die Dichte ρ über den Quotienten von Masse und Volumen definiert ist, ändert sich mit der Temperatur eines Körpers auch seine Dichte. Mithilfe der obigen Volumsausdehnung erhalten wir für die **temperaturabhängige Dichte:**

$$\rho(T) = \frac{m}{V(T)} = \frac{m}{V_0 \cdot (1 + \gamma \cdot (T - 293{,}15\ \mathrm{K}))} = \frac{m}{V_0 \cdot (1 + \gamma \cdot \Delta T)} = \frac{\rho_0}{1 + \gamma \cdot \Delta T}$$

Dabei ist ρ_0 die Dichte des Körpers bei 20 °C.

Aus dieser Formel folgt unmittelbar, dass die Dichte eines Materials mit steigender Temperatur immer mehr abnimmt.

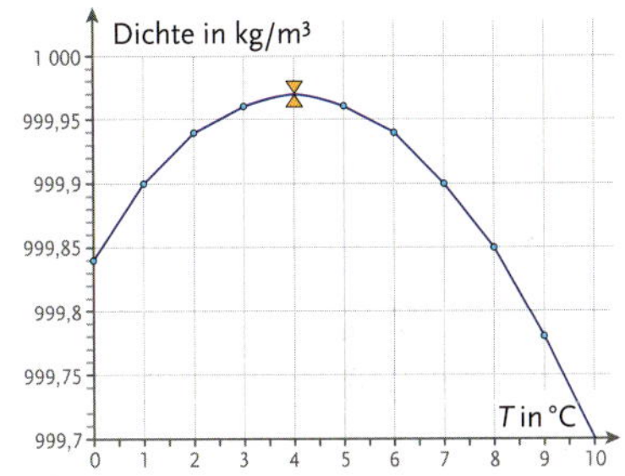

Dichteanomalie des Wassers

Anomalie des Wassers

Eine Ausnahme beim temperaturabhängigen Dichteverhalten ist das Wasser.

Versuch 4.1.03: Volumsausdehnung von gefrierendem Wasser

Füllen Sie ein Glasgefäß vollständig mit kaltem Wasser und verschließen Sie es. Stellen Sie das Gefäß an einen Ort, an dem Temperaturen unter der Gefriergrenze herrschen. Sie werden feststellen, dass das Glas gesprengt wird, wenn das Wasser einfriert. Wasser dehnt sich also bei Temperaturerniedrigung aus.

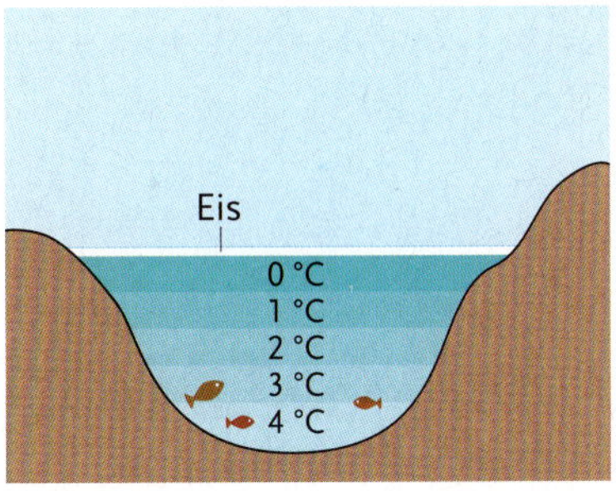

Schichtung der Wassertemperatur in einem Teich

Schuld an diesem anomalen Verhalten des Wassers ist die sogenannte **Wasserstoffbrückenbindung,** eine elektrostatisch anziehende Bindung zwischen den Dipolenden der Wassermoleküle. In der Nähe des Phasenübergangs benötigen die Wassermoleküle dann im festen Zustand mehr Raum als im flüssigen Zustand, da sie nicht mehr beweglich sind und nicht so dicht gepackt werden können.

Diese Dichteanomalie ist wichtig für jedes **Leben in Gewässern kälterer Klimazonen.** Wasser mit einer Temperatur von unter 4 °C sinkt nicht unter wärmere Wasserschichten ab, sondern schwimmt auf. So entsteht eine **Isolationsschicht aus kaltem Wasser oder Eis,** die ein weiteres Abkühlen der Gewässer hemmt.

Schwimmender Eisberg: Wasser ist schwerer als Eis

Bei Pflanzen oder im Bauwesen kann dieses anomale Verhalten des Wassers zu **Frostschäden** führen. Weiters ist es eine Ursache für die Gesteinserosion.

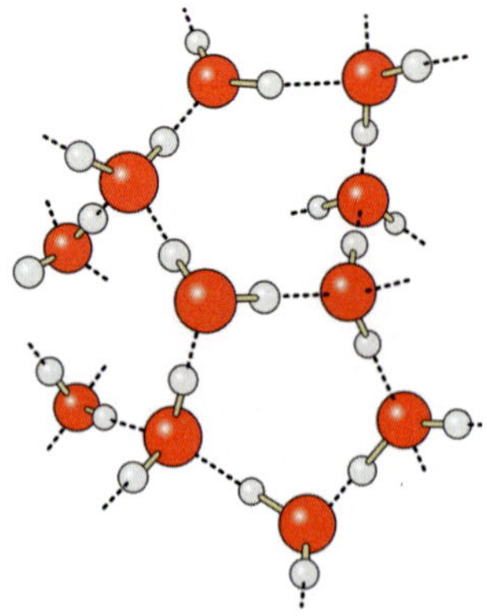

Wasserstoffbrückenbindung: Negative O- und positiv geladene H-Atome im H_2O-Molekül ziehen andere Wassermoleküle an. Die Brückenbindung ordnet die Wassermoleküle zu einem Festkörpergitter, das mehr Volumen benötigt als die Flüssigkeit.

Wasserstoffbrückenbindung und Anomalie des Wassers siehe Kap. D, 2.4.5, Vergleich von Bindungstypen.

Abbildung zur Aufgabe 4.1.09: Die hohe Druckfestigkeit des Betons und die hohe Zugfestigkeit von Stahl ergeben im Materialverbund einen Werkstoff für anspruchsvolle Bauarbeiten

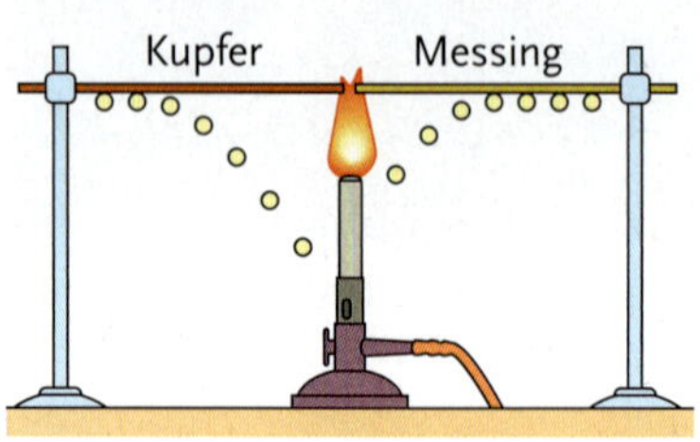

Skizze zum Versuch 4.1.04

Ziele erreicht? – „Längen- und Volumsänderung"

4.1.05 + Erklären Sie die Anomalie des Wassers.

4.1.06 + Erläutern Sie, wie Längen- und Volumenausdehnung in Festkörpern zusammenhängen.

4.1.07 + Erklären Sie den Begriff Temperatur auf Teilchenebene. Was versteht man unter brownscher Bewegung?

4.1.08 + Ein Metallstab aus Kupfer weist bei einer Temperatur von 23 °C eine Länge von 23,5 cm auf. Wie lang ist er bei 4 °C?

4.1.09 + Erklären Sie, warum in der Bautechnik die Verwendung von armiertem Beton (Beton mit eingegossenen Stahlgittern) kein technisches Problem darstellt.

4.1.10 ++ Ein Glasgefäß mit einem Füllvolumen von 2,6 Litern ist bei 20 °C eben mit Wasser gefüllt. Stellen Sie fest, wie viel Wasser ausfließt, wenn das Gefäß auf 90 °C erwärmt wird.

4.1.11 ++ Berechnen Sie, um wie viel Prozent die Dichte von Aluminium sinkt, wenn es um 55 °C erwärmt wird.

4.1.3 Wärmetransport

Wenn wir Gegenstände mit Umgebungstemperatur berühren, können unsere Wärmeempfindungen sehr unterschiedlich sein. Ein Stück Metall wird bei 20 °C durchaus als kalt empfunden, ein Stück Holz bei derselben Temperatur würden wir als warm bezeichnen. Der Grund für diese unterschiedliche Wahrnehmung liegt in der Fähigkeit der Materialien, unsere Körperwärme vom Ort der Berührung abzuleiten. Grundsätzlich empfinden wir gute Wärmeleiter in dieser Situation als kalt, da sie sich lokal bei Berührung nicht erwärmen, sondern die ganze Wärmeenergie vom Berührungspunkt wegtransportieren.

Meine Ziele

Nach Bearbeitung dieses Kapitels kann ich

- die einzelnen **Formen des Wärmetransportes** (Wärmeleitung, Konvektion, Wärmestrahlung) nennen;
- die **Gesetzmäßigkeiten** der einzelnen Formen des **Wärmetransports** nennen und ihre **Abhängigkeit** von anderen **physikalischen Größen** angeben;
- verschiedene Formen des **Wärmetransports berechnen** und **Anwendungsfälle in der Umwelt** erklären.

Wärmeleitung

Versuch 4.1.04: Wärmeleitung von Metallstäben

Ein Kupfer- und ein Messingstab werden waagrecht an einem Ende mittels Stativs festgeklemmt. An den Metallstäben drückt man äquidistant an der Unterseite kleine Wachskügelchen fest. Erwärmt man zeitgleich die beiden Stäbe am freien Ende mit einem Gasbrenner, fallen die Kügelchen nacheinander, beim erwärmten Ende beginnend, herunter. Beim Kupferstab geht dies schneller vor sich als beim Messingstab.

Die Geschwindigkeit des **Transports einer Wärmemenge ΔQ (Wärmeenergie)** ist vom Material und von der Temperaturdifferenz ΔT zwischen kalten und warmen Stellen abhängig. Für den mittleren **Wärmestrom I** von warmen nach kalten Stellen gilt:

$$I = \frac{\Delta Q}{\Delta t} = \lambda \cdot A \cdot \frac{\Delta T}{l}$$

Dabei ist λ die Wärmeleitfähigkeit (eine temperaturabhängige Materialeigenschaft), l die Distanz zwischen den beiden Stellen mit der Temperaturdifferenz ΔT und A die Fläche, durch die der Wärmestrom fließen kann.

$$[\lambda] = \left[\frac{\Delta Q \cdot l}{\Delta t \cdot A \cdot \Delta T}\right] = \frac{1\ \text{J} \cdot 1\ \text{m}}{1\ \text{s} \cdot 1\ \text{m}^2 \cdot 1\ \text{K}} = 1\ \frac{\text{W}}{\text{m} \cdot \text{K}}$$

Wärmeleitung gibt es in festen, flüssigen und gasförmigen Stoffen. Es wird dabei **Energie,** aber es werden **keine Teilchen** transportiert.

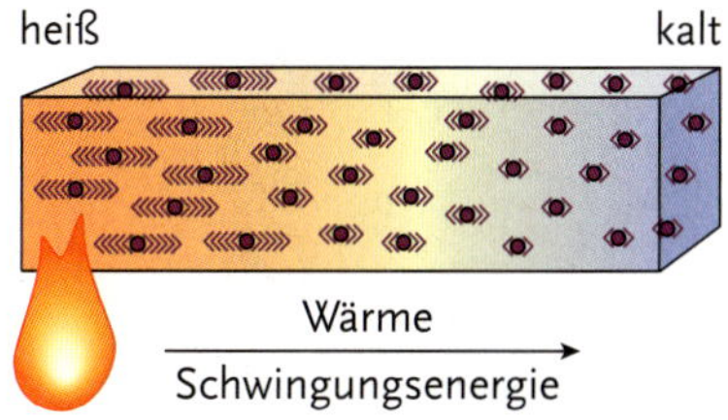

Skizze zur Wärmeleitung: Atome geben via Stoß oder Bindungskopplung Bewegungsenergie weiter

Stoff	λ / (W · m^{-1} · K^{-1})
Silber	407
Kupfer	384
Stahl	45
Beton	1,0
Ziegelstein	0,6
Wasser	0,6
Holz	0,2
Hartschaum (EPS oder XPS)	0,035 bis 0,040
Luft	0,026

Wärmeleitfähigkeit bei 20 °C

Die Bewegungsenergie der Atome wird von einem Teilchen zum nächsten weitergegeben. Je nach Material und Aggregatzustand kann der Mechanismus der Weitergabe von Bewegungsenergie unterschiedlich sein.

Beispiel 4.1.04: Wärmestrom durch eine Ziegelmauer

Wie groß ist der Wärmestrom durch 1 m² einer 20 cm dicken Ziegelmauer bei einer Innentemperatur von 20 °C und einer Außentemperatur von 5 °C?

$$I = \lambda \cdot A \cdot \frac{\Delta T}{l} = 0{,}6\ \frac{\text{W}}{\text{m} \cdot \text{K}} \cdot 1\ \text{m}^2 \cdot \frac{15\ \text{K}}{0{,}2\ \text{m}} = 45\ \text{W}$$

Wie viel Energie geht dabei in einem Tag bei einer Gesamtfläche von 120 m² verloren?

$$\Delta Q = I \cdot \Delta t = 120 \cdot 45\ \text{W} \cdot 24\ \text{h} = 129{,}6\ \text{kWh}$$

Wärmeströmung (Konvektion)

Versuch 4.1.05: Konvektion in einem Wasserglas

In ein hitzefestes Glas mit Wasser bringt man vorsichtig (Vermischung vermeiden) eine kleinere Menge Lebensmittelfarbe oder Tinte ein. Bei Erhitzen des Glases über einem Teelicht sieht man an der Bewegung und Durchmischung der Farbe die entstehende Wärmeströmung im Wasser.

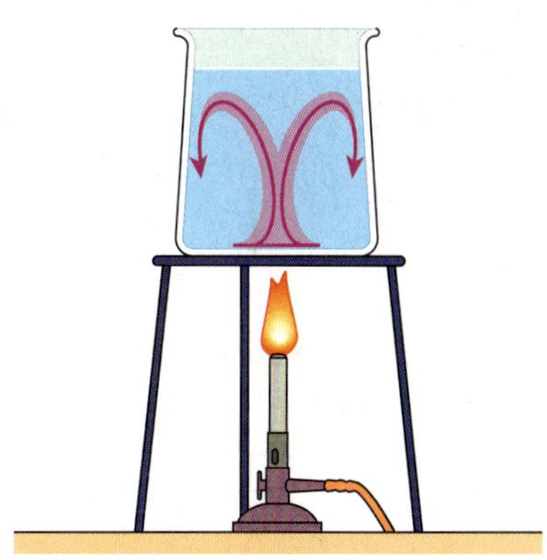

Skizze zum Versuch 4.1.05: Wasser mit Farbe wird von unten erwärmt

Konvektion ist der Transport von Wärme durch **geordnete Bewegung** von Teilchen.

Konvektion kann aus diesem Grunde nur in Flüssigkeiten und Gasen vorkommen. Der Grund für die Wärmeströmung ist die **temperaturabhängige Dichte.** Wärmere Flüssigkeits- oder Gasmengen steigen aufgrund der im Vergleich zu ihrer Umgebung niedrigeren Dichte auf. In Natur und Technik ist die Konvektion eine sehr häufige Form des Wärmetransportes. Die von der Meteorologie betrachteten **Bewegungen von Luftmassen** oder **Meeresströmungen** basieren fast ausschließlich auf Effekten der Konvektion. In der Heiztechnik sorgt Konvektion für die Erwärmung der Raumluft durch einen Heizkörper. In einem Kamin sorgt Konvektion für einen raschen Abzug der Verbrennungsabgase.
Erzwungene Konvektion ist ein in der Technik häufig angewandtes Kühlungsprinzip (Lüfter eines Computers, Kühler eines Kraftfahrzeuges). Die erzwungene Bewegung der Gase oder Flüssigkeiten sorgt für einen effektiveren Wärmetransport.

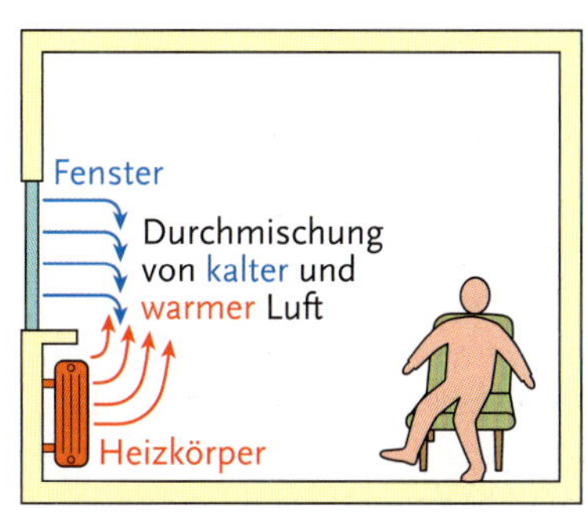

Heizkörper arbeiten mit dem Prinzip der Konvektion

Ludwig Boltzmann, 1844 bis 1906, österreichischer Physiker, fand gemeinsam mit Josef Stefan das nach ihnen benannte Strahlungsgesetz

Wärmestrahlung

Wärmestrahlung ist elektromagnetische Strahlung, die von jedem Körper temperaturabhängig abgestrahlt wird. Meist wird nur die **Infrarotstrahlung (IR)** mit Wellenlängen größer als im Bereich des sichtbaren Lichtes (> 800 nm) als Wärmestrahlung bezeichnet. Jeder Körper mit einer Temperatur über 0 K emittiert Wärmestrahlung. Der dabei auftretende **mittlere Wärmestrom *I*** folgt dem **Stefan-Boltzmann-Gesetz:**

$$I = \frac{\Delta Q}{\Delta t} = A \cdot \varepsilon \cdot \sigma \cdot T^4$$

Dabei ist A die Oberfläche, die die Wärme abstrahlt, T die absolute Temperatur (in Kelvin), ε der Emissionsgrad und σ die **Stefan-Boltzmann-Konstante.**

$$\sigma = 5{,}670\,51 \cdot 10^{-8}\,\frac{\text{W}}{\text{m}^2 \cdot \text{K}^4}$$

Der Emissionsgrad ist eine einheitenlose Größe, die von der Oberflächenbeschaffenheit des Strahlers abhängt. Ihr Wert liegt zwischen 1 (schwarzer Körper) und 0.

Die Einstrahlungsleistung der Sonne auf die Erde beträgt 174 PW (= $174 \cdot 10^{15}$ W)

Bei nicht zu hohen Temperaturen emittiert ein Körper Infrarotstrahlung. Bei Temperaturen ab 800 °C erscheint ein Körper rot glühend, ab 3 000 °C weiß glühend.

Jeder Wärmeübergang ist meist eine **Mischform** der oben aufgezählten Transportmechanismen.

Ziele erreicht? – „Wärmetransport“

4.1.12 (+) Erklären Sie die verschiedenen Formen des Wärmetransports und zählen Sie auf, wovon dabei der mittlere Wärmestrom jeweils abhängt.

4.1.13 (+) Begründen Sie, warum poröse Materialien eine niedrigere Wärmeleitfähigkeit haben.

4.1.14 (++) Berechnen Sie den Wärmestrom durch eine 16 cm dicke XPS-Hartschaum-Schicht mit einer Fläche von 10 m^2 bei einer Temperaturdifferenz von 15 °C zwischen Innen- und Außenwandung.

Glühende Grillkohle kann bei Einblasen eines Luftstromes Temperaturen bis zu 1 000 °C erreichen

4.1.4 Aggregatzustände und Phasenübergänge

Bei der Schneeballschlacht muss eine Handvoll Schnee rasch zu einem Ball geformt werden, sonst zerrinnt sie. Das Wasser in einem Glas, das man lange offen stehen lässt, wird von selbst immer weniger.

Vom festen zum flüssigen und vom flüssigen zum gasförmigen Zustand nimmt jeweils das Ausmaß der Bindung zwischen den Atomen oder Molekülen ab und deren Abstand zu. Die treibende Kraft dafür ist die Wärmebewegung der Teilchen, die mit steigender Temperatur immer intensiver wird.

Modell eines Kristallgitters
Die Atome sind im Festkörper regelmäßig angeordnet und über chemische Bindungen miteinander verbunden. Diese Bindungen sind aber nicht starr, sodass die Atome um ihre Ruhelage schwingen können. Häufig findet man die Modellvorstellung einer Verbindung mit Spiralfedern.

Meine Ziele

Nach Bearbeitung dieses Kapitels kann ich

- die **Phasenübergänge** zwischen den einzelnen Aggregatzuständen aufzählen und **benennen;**
- die **Phasenübergangswärme** (latente Wärme) **erklären und berechnen;**
- den Tripelpunkt und den kritischen Punkt eines Stoffes anhand eines **Phasendiagramms** erklären.

Prinzipiell gibt es zwischen beliebigen zwei der drei Aggregatzustände, die auch als feste, flüssige und gasförmige Phase bezeichnet werden, unter bestimmten Bedingungen einen Übergang.

Dieser **Phasenübergang** verläuft **immer** unter **Aufnahme oder Abgabe von Wärme.** Dabei **ändert sich** jedoch die **Temperatur** des Stoffes **nicht.**

Die gesamte beim Phasenübergang zugeführte Wärme wird zum Aufbrechen des jeweiligen anziehenden Bindungsmechanismus benötigt. Umgekehrt wird beim Ausbilden der anziehenden Bindung diese Energie frei und als Wärme abgegeben.

Diese aufgenommene oder abgegebene Wärme wird auch als **latente Wärme** bezeichnet, weil sie eben zu keiner Änderung der Temperatur führt.

Latent (lateinisch): verborgen

B

Übersicht der Phasenübergänge zwischen den Aggregatzuständen

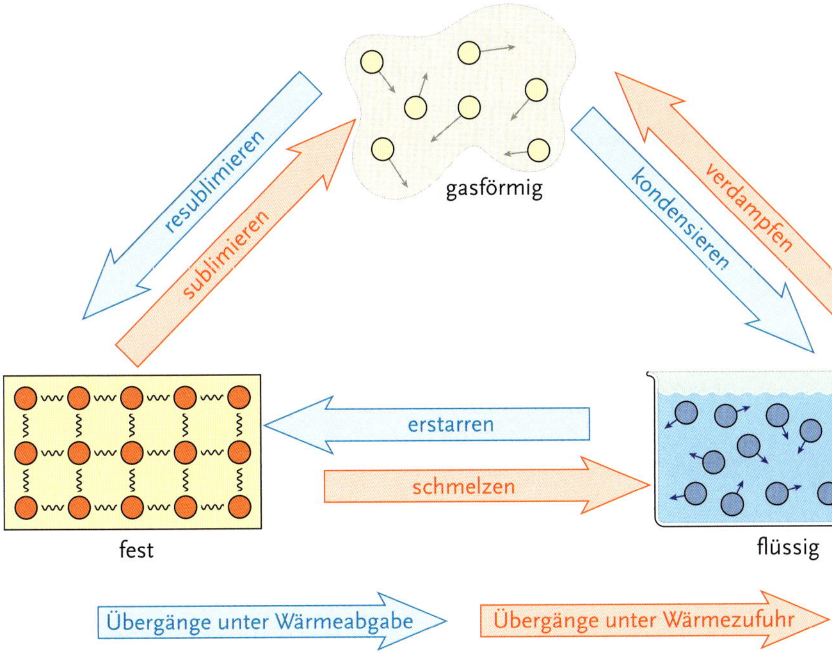

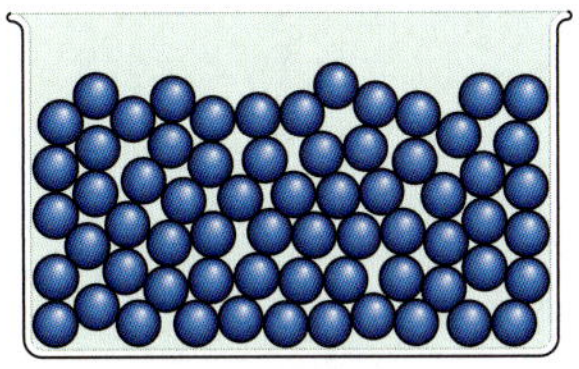

In Flüssigkeiten kann man sich die Atome oder Moleküle dicht geschichtet mit schwacher anziehender Bindung vorstellen. Aus diesem Grund sind Flüssigkeiten auch kaum kompressibel.

Schmelzen und Erstarren

Versuch 4.1.06: Schmelzen von Eis

In ein hitzefestes Glas mit sehr kaltem Wasser gibt man Eiswürfel. Mit einem Thermometer überprüft man unter Umrühren der Mischung, ob man 0 °C erreicht hat. Sodann beginnt man die Wasser-Eis-Mischung zu erwärmen. Die Eiswürfel schmelzen, ohne dass die Temperatur der Mischung ansteigt.

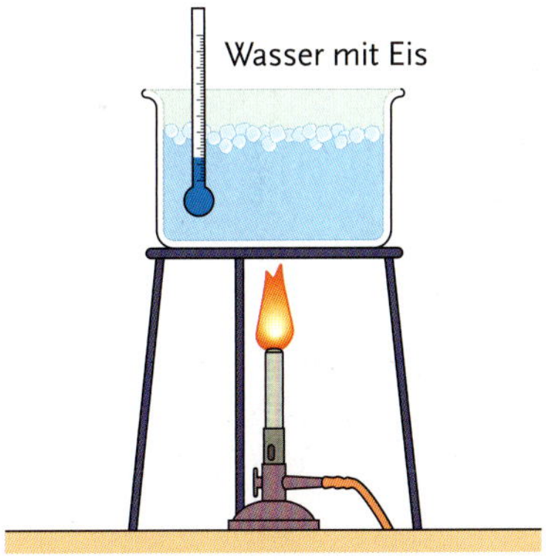

Skizze zum Versuch 4.1.06

Im mikroskopischen Modell beginnen im Kristallgitter die Atome bei Wärmezufuhr immer stärker um ihre Ruhelage zu schwingen. Bei ausreichender Bewegungsenergie wird die Bindung zwischen den Atomen aufgebrochen. Die Atome sind nicht mehr an ihren Ort im Kristallgitter gebunden, der Stoff schmilzt.
Nicht nur die Temperatur, bei der ein Stoff schmilzt (Schmelzpunkt), sondern auch die Wärmemenge, die zum Schmelzen einer bestimmten Stoffmenge nötig ist, ist vom Stoff abhängig.

Als **spezifische Schmelzwärme q_S** (auch Schmelzenthalpie) bezeichnet man die Wärmemenge, die nötig ist, um 1 kg eines Stoffes zu schmelzen.
Schmelzwärme: $Q_S = m \cdot q_S$

Beim Erstarren wird genau die gleiche Wärmemenge frei.

Stoff	T_S / K	q_S / (kJ · kg^{-1})
Sauerstoff	55	13
Wasser	273,155	333,5
Wachs	328	176
Zinn	504	59
Silber	1 234	105
Kupfer	1 357	210
Eisen	1 809	268

Tabelle der Schmelzpunkte und der **spezifischen Schmelzwärmen** verschiedener Stoffe bei **1 013 hPa** (Normdruck)

Stahlwerke haben bei der Verhüttung der Erze einen enormen Energiebedarf.

Stoff	T_v / K	q_v / (kJ · kg^{-1})
Helium	4,22	20,6
Sauerstoff	90,2	213
Stickstoff	77,36	201
Wasser	373,15	2 257
Ethanol	351,5	840
Zinn	2 963	2 450
Silber	2 453	2 350
Kupfer	2 863	4 790

Tabelle der **Siedepunkte** und der **spezifischen Verdampfungswärmen** verschiedener Stoffe bei **1 013 hPa** (Normdruck)

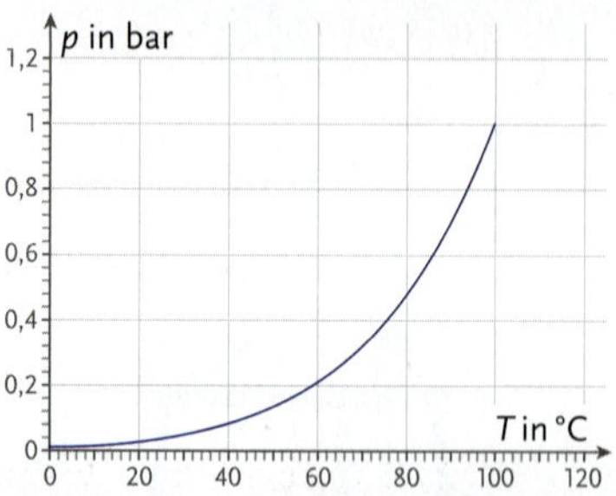

Kurve des Sättigungsdampfdrucks von Wasser

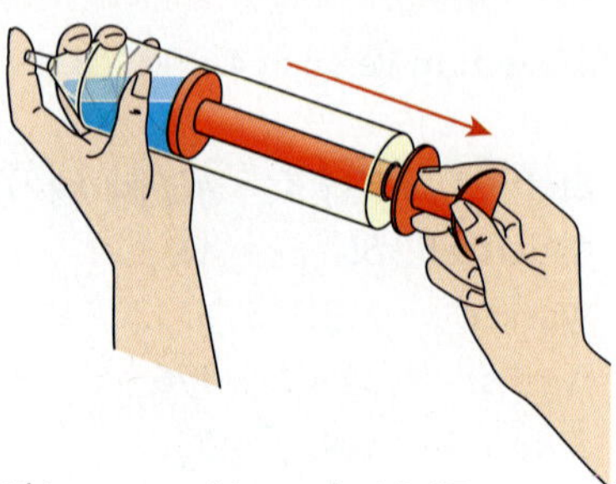

Skizze zum Versuch 4.1.07

Beispiel 4.1.05: Schmelzen von Eisen

Wir berechnen den Energiebedarf, um eine Tonne Eisen unter Normdruck zu schmelzen.

$$Q_S = m \cdot q_S = 1\,000\ \text{kg} \cdot 268\ \frac{\text{kJ}}{\text{kg}} = 268\ \text{MJ}$$

Beachten Sie, dass diese Energiemenge nur für den Phasenübergang benötigt wird und noch keine Energie zur Erwärmung enthält.

Verdampfen und Kondensieren

Beim Verdampfen einer Flüssigkeit müssen die Atome oder Moleküle die schwache Anziehung, die zwischen ihnen in der flüssigen Phase herrscht, aufgrund ihrer Bewegungsenergie überwinden. Dies ist auf zwei Arten möglich.

- Die Bewegungsenergie der Teilchen in der Flüssigkeit ist aufgrund der ständigen Stoßvorgänge zwischen den Flüssigkeitsteilchen nicht gleich verteilt. Es gibt immer Teilchen, die sich **schneller** bewegen als andere. Diese sind in der Lage, den **Flüssigkeitsverband zu verlassen.** Man nennt dies **verdunsten.**
- Bei **Zuführung von Wärmeenergie** werden alle Teilchen schneller, überwinden die anziehende Wechselwirkung in der flüssigen Phase und die Flüssigkeit **siedet.**

Nicht nur die Temperatur, bei der eine Flüssigkeit verdampft (Siedepunkt), sondern auch die Wärmemenge, die zum Verdampfen einer bestimmten Stoffmenge nötig ist, ist vom Stoff und vom Druck abhängig.

Als **spezifische Verdampfungswärme q_v** (auch Verdampfungsenthalpie) bezeichnet man die Wärmemenge, die nötig ist, um 1 kg eines Stoffes bei Normdruck zu verdampfen.
Verdampfungswärme: $Q_v = m \cdot q_v$

Verdampft eine Flüssigkeit in ein geschlossenes Volumen, so geht dies **so lange** vonstatten, bis der Dampf über der Flüssigkeit den sogenannten **Sättigungsdampfdruck erreicht** hat. In diesem Zustand verdunsten gleich viele Moleküle wie wieder in die Flüssigkeit zurückkondensieren.

Der Sättigungsdampfdruck ist **abhängig vom Stoff und von der Temperatur,** nicht jedoch vom Dampfvolumen. Der **Siedepunkt** ist nun jene Temperatur, bei der der Dampfdruck gleich dem Umgebungsdruck ist.

Der Siedepunkt ist somit druckabhängig.

Versuch 4.1.07: Kochen von Wasser bei Unterdruck

Wir erwärmen Wasser, bis es sehr heiß wird. Dann ziehen wir etwas heißes Wasser in einer großen durchsichtigen Spritze auf und verschließen sie vorne. Ziehen wir nun den Kolben nach hinten, beginnt das Wasser darin aufgrund des Unterdruckes zu sieden.

Beispiel 4.1.06: Verdampfen von Wasser

Wir berechnen den Energiebedarf, um ein Kilogramm Wasser mit 100 °C unter Normdruck zu verdampfen.

$$Q_v = m \cdot q_v = 1\ \text{kg} \cdot 2\,257\ \frac{\text{kJ}}{\text{kg}} = 2{,}257\ \text{MJ}$$

Beachten Sie die große Energiemenge. Deshalb ist Wasserdampf so gefährlich und fügt bei Kontakt massive Verbrühungen zu.

Sublimieren und Resublimieren

Unter passenden Bedingungen (niedriger Druck, hohe Temperatur) existiert kein flüssiger Zustand. Der Phasenübergang kann dann direkt vom festen in den gasförmigen Zustand und retour erfolgen.

Der direkte Übergang zwischen Feststoff und Gas wird als **Sublimation bzw. Resublimation (oder Deposition)** bezeichnet, die benötigte Wärme als Sublimationswärme.

Es handelt sich dabei um die Energiemenge, die notwendig ist, die Bindung im Festkörper völlig aufzubrechen. Anwendung findet die Sublimation beim Schneiden von Werkstoffen mit Laser, bei Trockeneis (gefrorenes Kohlenstoffdioxid wird bei Erwärmung sofort zu Gas) und bei der Gefriertrocknung. Dabei wird das einer Substanz entzogene Eis sofort verdampft. Eine Anwendung der Resublimation ist PVD („physical vapour deposition") zur Beschichtung von Materialien.

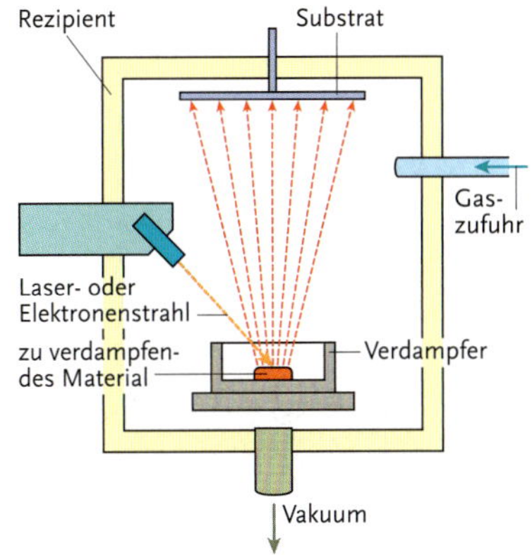

Schema eines PVD-Reaktors

Zustandsdiagramm eines Stoffes (Phasendiagramm)

Der Aggregatzustand eines Stoffes ist in komplexer Weise von den Zustandsgrößen Druck, Temperatur und Volumen abhängig. Dieser Zusammenhang ist am übersichtlichsten in einem Phasendiagramm darstellbar. In einfacher Form sind die Phasen in Abhängigkeit von Temperatur und Druck dargestellt. Die Kurven im Diagramm beschreiben Zustände des Gleichgewichts zweier Phasen. Als besonderer Punkt sei der **Tripelpunkt** erwähnt. An diesem Punkt sind **alle drei Phasen im Gleichgewicht** und nebeneinander existent. Jenseits des **kritischen Punktes** (bei höherem Druck oder höherer Temperatur) ist eine **Unterscheidung zwischen flüssigem und gasförmigem Zustand nicht mehr möglich.** Die Dichte beider Phasen wird identisch. Die Darstellung der Phasen in einem Diagramm in Abhängigkeit von Druck, Volumen und Temperatur ergibt dreidimensionale Phasengrenzflächen. Das Druck-Temperatur-Phasendiagramm ist ein zweidimensionaler Schnitt durch das **p-V-T-Diagramm** bei gegebenem Volumen.

Phasendiagramme beschreiben die Existenz der verschiedenen Phasen in Abhängigkeit von Temperatur und Druck

Stoff ohne Anomalie

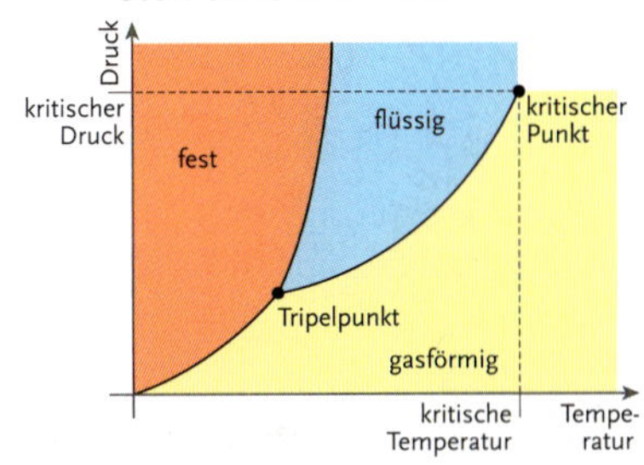

Stoff mit Anomalie (z. B. Wasser)

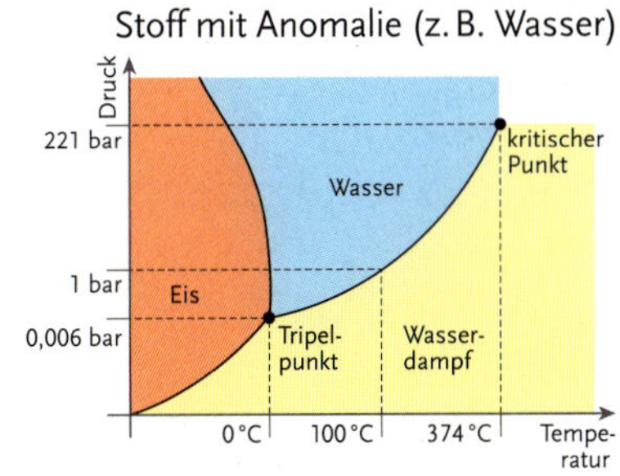

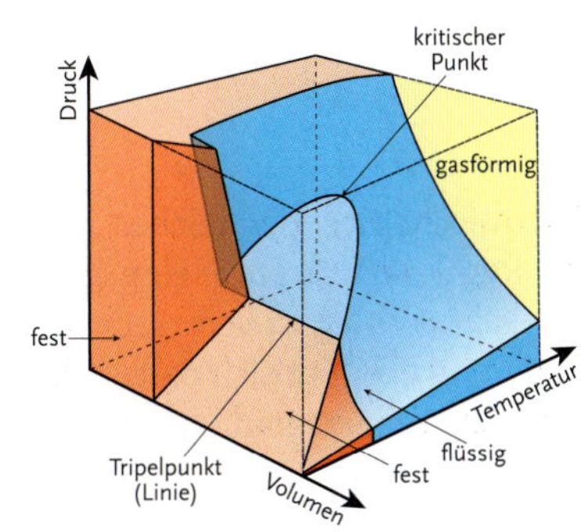

p-V-T-Diagramm

Plasma

Das manchmal als vierter Aggregatzustand der Materie bezeichnete Plasma wird im Kap. C, 1.1.2 behandelt.

Ziele erreicht? – „Aggregatzustände und Phasenübergänge"

4.1.15 + Zählen Sie die möglichen Phasenübergänge zwischen den Aggregatzuständen auf und benennen Sie diese korrekt.

4.1.16 + Beschreiben Sie, warum der Siedepunkt eines Stoffes von Temperatur und Druck abhängig ist.

4.1.17 ++ Erklären Sie, was aus einem p-V-T-Diagramm ablesbar ist.

4.1.18 + Berechnen Sie die zum Schmelzen von 25 dag Wachs benötigte Wärme.

4.1.19 + Berechnen Sie die Wärme, die beim Kondensieren von 10 dag Wasserdampf frei wird.

4.1.20 ++ Erklären Sie, warum bei Phasenübergängen latente Wärme auftritt. Beziehen Sie sich dabei auf mikroskopische Modellvorstellungen der Materie.

4.1.21 ++ Zeichnen Sie ein Phasendiagramm für einen Stoff ohne Anomalieverhalten und interpretieren Sie es. Erklären Sie die besonderen Punkte und gehen Sie auch auf den Sättigungsdampfdruck ein.

4.2 Wärmekapazität und Energie

4.2.1 Temperatur und Energie

Die Kalorimetrie befasst sich mit der Messung von zugeführten Wärmemengen und den damit verbundenen Temperaturänderungen bei verschiedenen Stoffen. Der Begründer dieser wissenschaftlichen Methodik war Joseph Black, ein schottischer Physiker und Chemiker. Er entdeckte die latenten Wärmen bei Phasenübergängen.

Joseph Black, 1728 bis 1799, schottischer Physiker und Chemiker

Meine Ziele

Nach Bearbeitung dieses Kapitels kann ich
- die **Temperatur** als die Zustandsgröße für die mittlere **Energie** nennen, die in der Bewegung der Teilchen eines Körpers steckt;
- die möglichen **Freiheitsgrade** in den einzelnen Aggregatzuständen erklären;
- angeben, dass sich im thermischen Gleichgewicht die **Bewegungsenergie** über alle Freiheitsgrade gleich verteilt;
- die **Anzahl der Freiheitsgrade** der Atome oder Moleküle eines Stoffes ermitteln.

In den vorigen Kapiteln haben wir bereits erfahren, dass die thermische Energie die Energie ist, die in der Bewegung der Atome oder Moleküle der Materie steckt. Sie ist damit ein Teil der **inneren Energie.** Diese besteht aus der Summe der Wärmen und der Arbeit, die einem System zugeführt wird.

Die **Zustandsgröße Temperatur** beschreibt, wie groß die **mittlere mit der Bewegung der Teilchen verbundene Energie** eines Stoffes ist.

Bringt man Körper mit unterschiedlicher Temperatur zueinander in Kontakt, stellt sich nach ausreichend langer Zeit ein thermisches Gleichgewicht ein.

Körper sind dann im **thermischen Gleichgewicht,** wenn ihre Teilchen die **gleiche mittlere mit der Bewegung verbundene Energie** haben.

Bereits beim Verdunsten einer Flüssigkeit haben wir erwähnt, dass die Bewegungsenergie der Atome oder Moleküle auch bei einer Substanz im thermischen Gleichgewicht nicht gänzlich gleich verteilt ist. Diese Abweichungen der Energie einzelner Teilchen vom Mittelwert ergeben sich aus der Wechselwirkung zwischen den Teilchen und der Tatsache, dass dabei immer Energie übertragen wird.

Je nach Aggregatzustand der Materie haben die Atome oder Moleküle verschiedene Möglichkeiten der Bewegung. Im **Festkörper** kann man die Atome im Kristallgitter als dreidimensionale schwingungsfähige Körper (Oszillatoren) betrachten. Die Temperatur ist ein Maß für die Bewegungsenergie dieser Schwingung. Eine Betrachtung einer **Flüssigkeit** werden wir zugunsten der ähnlichen aber idealeren Situation bei Gasen vernachlässigen. Beim **Gas** haben die Atome oder Moleküle mehr Möglichkeiten der Bewegung. Einerseits ist eine **Translation in drei Raumrichtungen** möglich. Besteht das Gas aus **Molekülen,** dann können diese je nach Geometrie ihres Aufbaus auch um verschiedene Achsen **rotieren.** Die letzte Bewegungsmöglichkeit besteht bei Molekülen in einer **Schwingung** der gebundenen Atome gegeneinander. Die Bindung zwischen ihnen fungiert dabei als eine Art Feder. In vielen Fällen kann die Schwingung nicht thermisch angeregt werden. Man nennt diese dann einen „eingefrorenen Freiheitsgrad“.

Die Anzahl der Möglichkeiten für unterschiedliche Bewegungen eines Moleküls bezeichnet man als die **Anzahl der Freiheitsgrade** des Moleküls.

Freiheitsgrade eines zweiatomigen Moleküls
Jedes Atom oder Molekül kann eine **Translation** in drei voneinander unabhängige Raumrichtungen vornehmen **(drei Freiheitsgrade).**

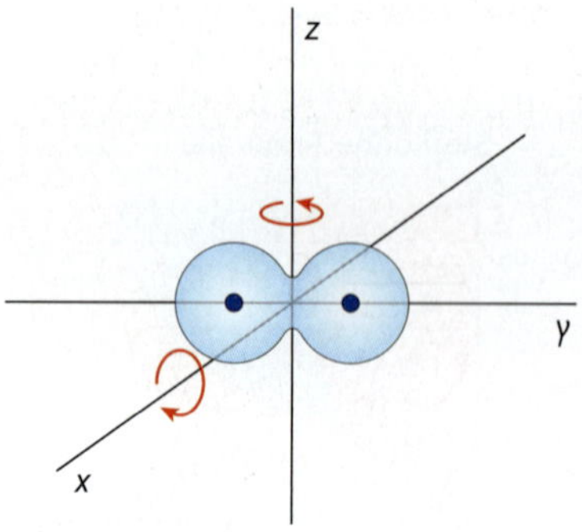

Für die **Rotation** gibt es **zwei Möglichkeiten.** Eine Rotation um die y-Achse (Spin des Moleküls) liefert keinen weiteren Freiheitsgrad, da sie über einen Stoßvorgang nicht anregbar ist.

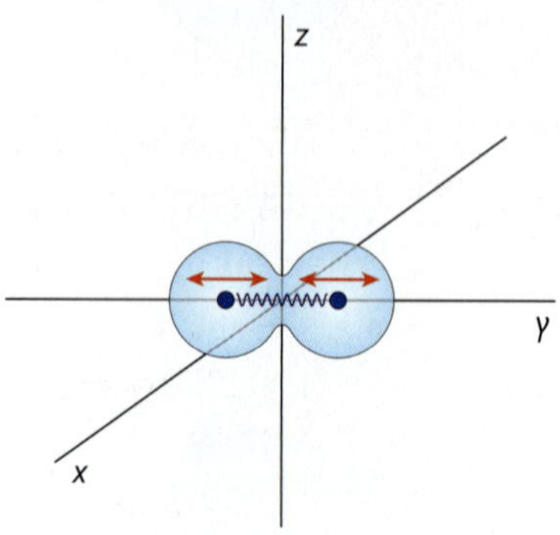

Thermische Energien reichen in der Regel nicht aus, um eine Molekülschwingung zu verursachen. In der Regel ergibt sich daher **kein weiterer Freiheitsgrad.**

Werden bestimmte Freiheitsgrade eines Gases stärker angeregt, stellt sich auch hier nach ausreichender Zeit ein thermisches Gleichgewicht zwischen den einzelnen Freiheitsgraden ein.

Gleichverteilungssatz: Im **thermischen Gleichgewicht** bei einer bestimmten Temperatur hat **jeder Freiheitsgrad dieselbe Energie.**

Eine Anwendung der Aussagen des Gleichverteilungssatzes stellt der Mikrowellenherd dar. Die Mikrowellen regen eine Rotation von Molekülen des Kochgutes an. Die so zugeführte Energie verteilt sich dann gleichmäßig über alle Freiheitsgrade. Dadurch wird die Speise erwärmt.

Beispiel 4.2.01: Freiheitsgrade von Gasen

a) Wir überlegen, wie viele **Freiheitsgrade** ein **einatomiges Gas** hat.
Ein einzelnes Atom hat drei Richtungen für eine Translation. Eine Eigenrotation des Atoms stellt keinen weiteren Freiheitsgrad dar, da bei Stößen zwischen Atomen die Energie dieser Bewegung nicht übertragen werden kann. Somit hat ein einzelnes Atom **drei Freiheitsgrade.**

b) Wie viele **Freiheitsgrade** hat ein **zweiatomiges Molekül?**
Aus der vorigen Darstellung eines zweiatomigen Moleküls in der Randspalte ersehen wir, dass es auch hier drei Freiheitsgrade der Translation gibt. Weiters gibt es **zwei** Möglichkeiten der Molekülrotation, die nicht einer Drehung um die Verbindungsachse der beiden Atome entsprechen. Dieses Molekül hat also **fünf Freiheitsgrade.**

In Band NAWI III/IV, Kap. E, 1.1 Kinetische Gastheorie, werden die Beiträge der Freiheitsgrade zur Temperatur eines Stoffes detaillierter betrachtet.

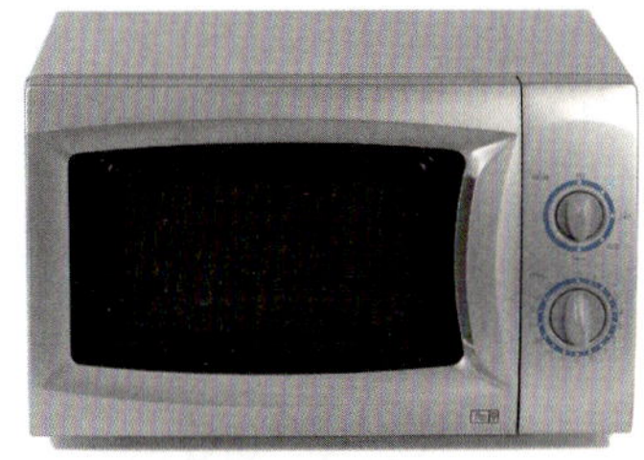

In einem Mikrowellenherd werden Molekülrotationen angeregt, deren Energie sich auf alle Freiheitsgrade der Moleküle verteilt

Ziele erreicht? – „Temperatur und Energie“

4.2.01 + Erklären Sie, wie die Bewegungsenergien der Teilchen zweier Körper im thermischen Gleichgewicht zusammenhängen.

4.2.02 + Erklären Sie, was der Gleichverteilungssatz besagt.

4.2.03 + Nennen Sie die Anzahl der Freiheitsgrade eines Atoms im He-Gas.

4.2.04 ++ Nennen Sie die Zahl der Freiheitsgrade von gasförmigem Sauerstoff O_2.

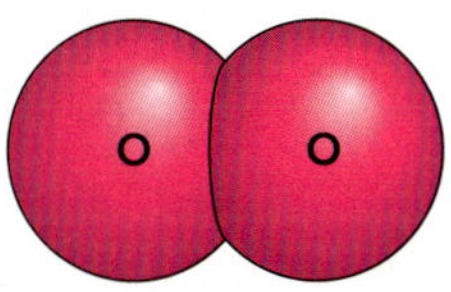

Skizze zur Aufgabe 4.2.04: Sauerstoff bildet ein Molekül aus zwei Atomen

4.2.2 Spezifische Wärmekapazität

Wie viel Wärme ein Stoff aufnehmen muss, um seine Temperatur (mittlere Bewegungsenergie) zu erhöhen, hängt vom molekularen Aufbau und damit von der Anzahl der Freiheitsgrade des Stoffes ab.

Meine Ziele

Nach Bearbeitung dieses Kapitels kann ich

- erklären, was man unter **spezifischer Wärmekapazität** versteht;
- die spezifische Wärmekapazität eines Stoffes aus Messdaten **errechnen** und ihre **Einheit** herleiten;
- **Temperaturkurven** eines Stoffes bei Wärmezufuhr zeichnen und erläutern.

Die **spezifische Wärmekapazität *c*** bei bestimmter Temperatur ist definiert als die Wärmemenge, die man 1 kg eines Stoffes zuführen muss, um eine Temperaturerhöhung von 1 K zu erreichen.

$$c = \frac{\Delta Q}{m \cdot \Delta T}$$

$$[c] = \left[\frac{\Delta Q}{m \cdot \Delta T}\right] = 1\,\frac{\text{J}}{\text{kg} \cdot \text{K}}$$

Feststoff	c / (kJ · kg^{-1} · K^{-1})
Aluminium	0,896
Beton	0,879
Blei	0,129
Eis	1,377 bis 2,1
Eisen	0,439
Glas	0,6 bis 0,8
Kupfer	0,381
Nickel	0,444
Wachs	2,931
Zinn	0,230

Spezifische Wärmekapazitäten von **Feststoffen** bei 1 013 hPa und 20 °C

Flüssigkeit	c / (kJ · kg⁻¹ · K⁻¹)
Ethanol	2,428
Aceton	2,160
Benzol	1,738
Glyzerin	2,428
Maschinenöl	1,675
Quecksilber	0,139
Terpentinöl	1,800
Wasser	4,187

Spezifische Wärmekapazitäten von **Flüssigkeiten** bei 1 013 hPa und 20°C

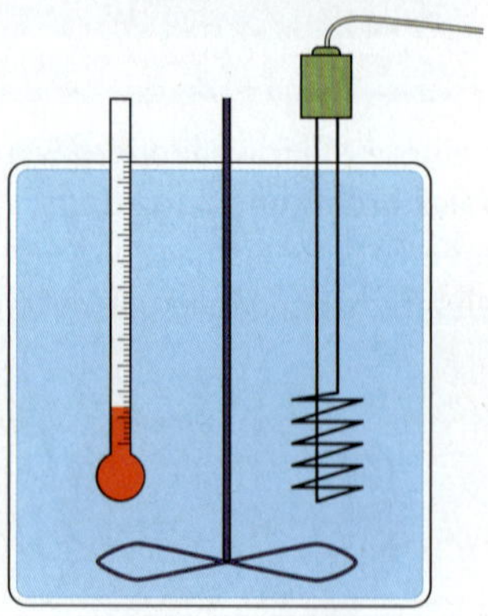

Schema eines **Kalorimeters** für Flüssigkeiten. Im gut isolierten, mit der Flüssigkeit gefüllten Gefäß befinden sich ein Thermometer, ein Heizstab für die Wärmezufuhr und ein Rührer zur Durchmischung der Flüssigkeit.

Gas	c_p / (kJ · kg⁻¹ · K⁻¹)	c_v / (kJ · kg⁻¹ · K⁻¹)
Ammoniak	2,160	1,655
Chlor	0,745	0,552
Ethan	1,729	1,455
Helium	5,23	3,21
Kohlendioxid	0,837	0,647
Luft	1,005	0,717
Sauerstoff	0,917	0,656
Stickstoff	1,038	0,741
Wasserstoff	14,32	10,17

Spezifische Wärmekapazitäten von **Gasen** bei 20 °C bei konstantem Druck bzw. konstantem Volumen

Bei Gasen ist wegen der starken Ausdehnung bei Erwärmung zwischen der spezifischen Wärme bei konstantem Druck c_p und bei konstantem Volumen c_v zu unterscheiden. Im Falle eines konstanten Drucks verrichtet das Gas mechanische Ausdehnungsarbeit. Ein Teil der zugeführten Wärme geht sofort in mechanische Arbeit über. In dieser Situation ist dann die spezifische Wärme größer. Bei Flüssigkeiten und Festkörpern ist die Volumenänderung bei Temperaturveränderung sehr gering, der Unterschied zwischen c_p und c_v ist vernachlässigbar.

Beispiel 4.2.02: Spezifische Wärmekapazität von Eisen

Eine Probe aus reinem Eisen mit einer Masse von 525 g erwärmt sich unter Normbedingungen bei Zufuhr einer Wärmemenge von 1,2 kJ um 5,2 K.

Damit berechnen wir die spezifische Wärmekapazität von Eisen.

$$c = \frac{\Delta Q}{m \cdot \Delta T} = \frac{1{,}2\ \text{kJ}}{0{,}525\ \text{kg} \cdot 5{,}2\ \text{K}} = 0{,}44\ \frac{\text{kJ}}{\text{kg} \cdot \text{K}}$$

Skizziert man die **Temperatur *T*** eines festen Stoffes in **Abhängigkeit** von einer **zugeführten Wärmemenge ΔQ** über einen Phasenübergang zur Flüssigkeit hin, so ergibt sich der folgende Verlauf.

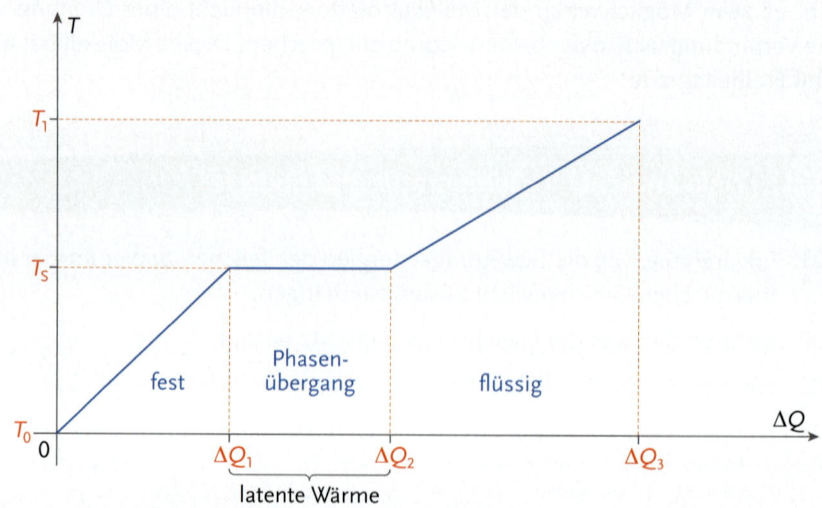

Zu beachten ist, dass während des Phasenübergangs bei der Schmelztemperatur T_S die zugeführte Wärme für das Aufbrechen der Festkörperstruktur verwendet wird und zu keiner Erwärmung des Stoffes führt.

Ziele erreicht? – „Spezifische Wärmekapazität"

4.2.05 + Erklären Sie, was man unter spezifischer Wärmekapazität versteht.

4.2.06 + Geben Sie die Definitionsgleichung der spezifischen Wärmekapazität an und leiten Sie daraus ihre Einheit ab.

4.2.07 ++ Erklären Sie, warum die spezifische Wärmekapazität eines Gases bei konstantem Druck höher als bei konstantem Volumen ist.

4.2.08 + Berechnen Sie, welche Energiemenge nötig ist, um einen Liter Wasser um 25 °C zu erwärmen.

4.2.09 + Berechnen Sie, welche Energie benötigt wird, um 300 g Eis mit –2 °C zu Wasser mit 15 °C zu schmelzen.

4.2.10 ++ Berechnen Sie, welche Temperatur ein Eisenstück mit 0,5 kg Masse hatte, wenn sich bei Eintauchen in 2 Liter Kühlwasser mit 20 °C das thermische Gleichgewicht bei 23 °C einstellt.

C

C Naturwissenschaften, Umwelt und Gesellschaft I

Auch wenn man es nicht immer bewusst wahrnimmt, so zeigen sich die Naturwissenschaften andauernd in alltäglichen Situationen. In diesem Zusammenhang werden Ihnen hier nun sowohl historische Kontexte als auch aktuelle Problemkreise und nachhaltige Entwicklungen vorgestellt.

In diesem Kapitel werden dazu die Energieversorgung mit der zugrunde liegenden Technik sowie die Auswirkungen bzw. Untersuchungen der Naturwissenschaften in Zusammenhang mit Wetter und Klima näher betrachtet.

1 Physik und ihre gesellschaftlichen Auswirkungen

Aristoteles, griechischer Philosoph, 384 bis 322 v. Chr., begründete oder beeinflusste viele wissenschaftliche Disziplinen wie Logik, Biologie, Physik, Ethik, Wissenschaftstheorie und Staatslehre

Die modernen Naturwissenschaften Biologie, Chemie und Physik haben nicht nur unser tägliches Leben verändert, sondern auch die Art und Weise, wie wir denken und die Welt betrachten. Sie haben ihre Wurzeln in der Naturphilosophie der Antike. Während des gesamten Mittelalters stagnierte die Weiterentwicklung der Naturwissenschaften. Erst im Spätmittelalter mit Bacon und am Beginn der Neuzeit mit Kopernikus, Galilei und Kepler kam es zu neuen Ansätzen. Beobachtung, Messung und Experiment stellen die neue Basis für eine theoretische Betrachtung der Natur dar.

Mein Ziel

Nach Bearbeitung dieses Kapitels kann ich
- verschiedene **Bereiche der gesellschaftlichen Bedeutung** der Physik nennen.

Die Naturwissenschaften im Allgemeinen und die Physik im Besonderen weisen **verschiedene Bereiche gesellschaftlicher Bedeutung** auf.

Leonardo da Vinci wirkte im 16. Jahrhundert als Künstler, Ingenieur und Naturphilosoph. Seine Arbeiten sind ein bedeutender Beitrag zu unserer Kultur.

Kulturelle Bedeutung

Seit Beginn der Neuzeit geht die Entwicklung der Physik Hand in Hand mit der **Entwicklung unserer Gesellschaft.** Sie ist wie die Kunst und Philosophie ein Teil unseres **kulturellen Erbes.** In unserem Verständnis für die uns umgebende Welt ist sie in einer nicht mehr wegzudenkenden Art verwurzelt. Unsere Zivilisation in der heutigen Form ist ohne unsere naturwissenschaftlichen Erkenntnisse nicht vorstellbar. Computer und leistungsfähige Handys haben außerdem unser Kommunikationsverhalten massiv beeinflusst und verändert.

Schweißroboter in einer Autofabrik; Technologie stellt den Motor unserer Wirtschaft dar

Ökonomische Bedeutung

Erkenntnisse der Physik stellen häufig die **Grundlage für technische Innovationen** und neue **Technologien** dar. Sie sind ein Motor unserer Wirtschaft und damit eine Säule unserer Wohlstandsgesellschaft. Es ist aber auch nötig, dass es in unserer Gesellschaft ausreichend naturwissenschaftlich ausgebildete Menschen gibt. Nur sie sind in der Lage, Technologien und Innovationen voranzutreiben und industriell umzusetzen.

Technische Innovationen haben neue wirtschaftliche Zentren hervorgebracht (z. B. Silicon Valley mit IT-Firmen wie Google).

Sozialpolitische Bedeutung

Die Fähigkeit, technologische Entwicklungen im Hinblick auf ihren **Nutzen,** aber auch ihr **Risiko für die gesamte Gesellschaft** zu bewerten, ist ein wichtiges Merkmal für die Reife und Entwicklungsfähigkeit einer Gesellschaft. Man denke hier nur an die Bedeutung der **Informationstechnologien** für unsere demokratischen Systeme. Auch ist die Fähigkeit zu **rationalem Denken** unabdingbar nötig, um nicht von Pseudowissenschaften, wie Esoterik, Okkultismus oder Astrologie, vereinnahmt und gegängelt zu werden.

Unter diesen gesellschaftlichen Rahmenbedingungen fällt in nächster Zeit den Naturwissenschaften eine Schlüsselrolle dabei zu, Lösungen für die drängenden Probleme wie Energie, Klima sowie Gesundheit und Umwelt zu finden.

In diesem Buch wollen wir die Problembereiche näher betrachten, die mit den behandelten Grundlagenthemen dieses Bandes zusammenhängen.

Ziel erreicht? – „Physik und ihre gesellschaftlichen …“

1.01 + Zählen Sie Bereiche gesellschaftlicher Bedeutung der Physik auf und erläutern Sie sie detailliert.

2 Energieversorgung

Bei der Entwicklung der Energieversorgung hatten die großen Städte Europas und Amerikas eine Vorreiterrolle. Von Beginn bis Mitte des 19. Jahrhunderts baute man in Großstädten die Infrastruktur für die Gasversorgung aus, die zuerst primär der Beleuchtung diente. Nach der Entwicklung der Glühbirne in einer alltagstauglichen Form durch Edison verdrängte die Elektrizität Ende des 19. Jahrhunderts in kürzester Zeit das Gas für Beleuchtungszwecke, da sie billiger und einfacher in der Anwendung war. Ein technisches Problem bei der Handhabung des Gases war auch die Ursache des Ringtheaterbrandes am 8. Dezember 1881 in Wien. Dieses Unglück war mit 384 Toten die größte Brandkatastrophe in Österreich-Ungarn. Bald wurde die Elektrizität nicht nur zur Stadtbeleuchtung, sondern auch für Kleingeräte des Haushalts genutzt.

Thomas Alva Edison, 1847 bis 1931, US-amerikanischer Erfinder

Meine Ziele

Nach Bearbeitung dieses Kapitels kann ich

- die Begriffe **primäre und sekundäre Energiequellen** sowie **Endenergie** erklären und Beispiele dafür nennen;
- die Bedeutung der **Sonne als unsere Hauptenergiequelle** erläutern;
- Kenndaten **der österreichischen Energieversorgung** nennen.

Ein Foto von der Tennessee Centennial Exposition 1897, mit dem für elektrische Beleuchtung spektakulär geworben wurde

Unter dem Begriff Energieversorgung versteht man die Belieferung von **privaten, gewerblichen und industriellen Verbrauchern** mit Nutzenergie. Das beginnt bei Energie zum **Heizen** von Häusern und Gebäuden, Energie für **Kleingeräte** des täglichen Bedarfs, geht über den Bedarf für **Transport** bis hin zum Energiebedarf für **große Maschinen und Anlagen** in der Industrie. Da Energie **nicht erzeugt, sondern nur umgewandelt** werden kann, ist der Begriff der Energiequelle im Sinne dieser Umwandlung und nicht im Sinne von Erzeugung zu verstehen.

Man unterscheidet zwischen **primären Energieträgern,** das sind Energieträger, die in der **Natur** zur Verfügung stehen, und **sekundären Energieträgern,** die erst **durch Umwandlung** von primärer Energie entstehen.

Primäre Energiequellen

- Fossile Energie (Erdöl, Erdgas, Kohle, Torf)
- Regenerative Energie (Wasserkraft, Sonnenenergie, Windenergie, Geothermie, Biomasse)
- Kernenergie

Sekundäre Energiequellen

- Strom aus fossiler Energie (über Wärmekraftwerke)
- Aufbereitete fossile Energieträger (Benzin, Heizöl, Koks, Briketts)
- Wasserstoff (und alle zur Speicherung generierten Energieträger)

Die **Endenergie** ist die Energie, die nach Verlusten bei einer eventuellen Umwandlung und beim Transport beim Verbraucher ankommt.

Wichtige Faktoren in der Energiewirtschaft sind auch der **Wirkungsgrad** der Umwandlung sowie des Transportes und die Möglichkeit der **Speicherung** primärer oder umgewandelter Energieformen. Interessante und vielversprechende Technologien zur Energiespeicherung sind Wasserstofftechnologie und die Brennstoffzelle.

Betrachtet man die Erde unter dem Aspekt der **Energieerhaltung,** dann erkennt man, dass **Energiezufuhr und -verlust über Strahlungsenergie** erfolgen. Die Sonne ist unsere Energiequelle, die durch Kernfusion im Tagesdurchschnitt eine Leistung von etwa 165 W/m^2 einstrahlt. Dabei sind Verluste in der Atmosphäre schon berücksichtigt. Umgekehrt strahlt die Erde Wärme ins Weltall ab.

Fossile Energieträger sind aus **Abbauprodukten vorzeitlicher Lebewesen** (Pflanzen und Tiere) entstanden. Diese wiederum benötigten für ihr Wachstum die **Sonnenenergie.** Wir müssen uns also bewusst sein, dass der Verbrauch dieser Energieträger einen Zugriff auf in der Vorzeit angesparte Energie bedeutet. Von der Energiebilanz der Sonne entkoppelt ist nur die Energie, die in der Materie selbst steckt. Die Nutzung der **Kernenergie** ist allerdings in der Handhabung aufwendig und sehr problematisch.

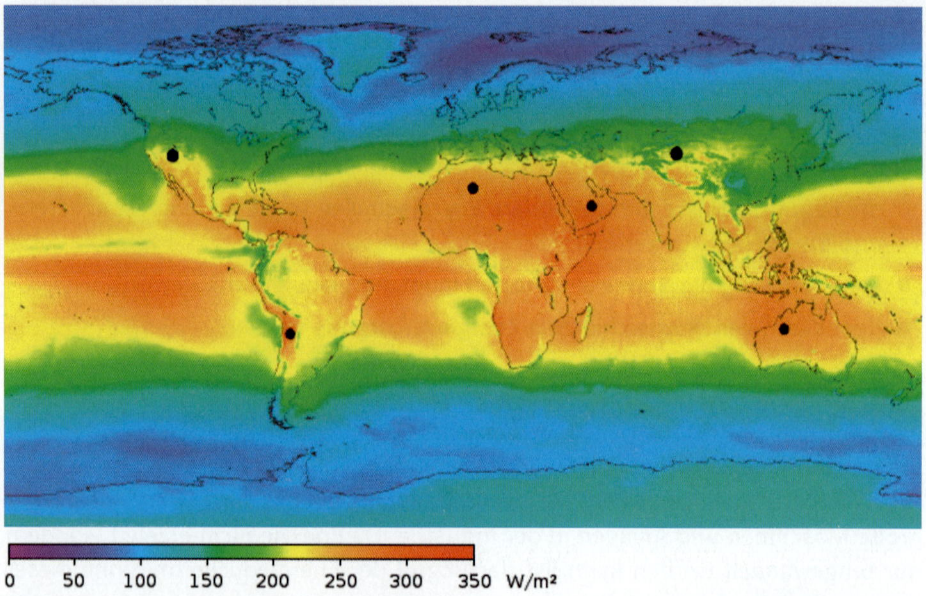

Die Karte zeigt eine zeitlich gemittelte Darstellung der Einstrahlungsleistung der Sonne. Die dunklen Flecken zeigen eine Fläche, die zur Deckung des aktuellen Primärenergiebedarfs der Welt ausreichend wäre. Berechnet wurde dies mit einem Wirkungsgrad von 8 % für die Umwandlung.

Der **österreichische Energieverbrauch 2014** betrug **1 381 Petajoule.** Er wurde zu 65,2 % mit Energie aus fossilen Brennstoffen und zu 30,2 % aus erneuerbaren Energiequellen (inklusive Wasserkraft) gedeckt. Der Rest wurde durch Abfallverbrennung und Stromimporte aufgebracht.

37,1 % der oben angeführten Energie stammten **aus dem Inland,** davon waren
- 77,9 % erneuerbare Energie,
- 8,9 % Erdgas und
- 7,6 % Erdöl.

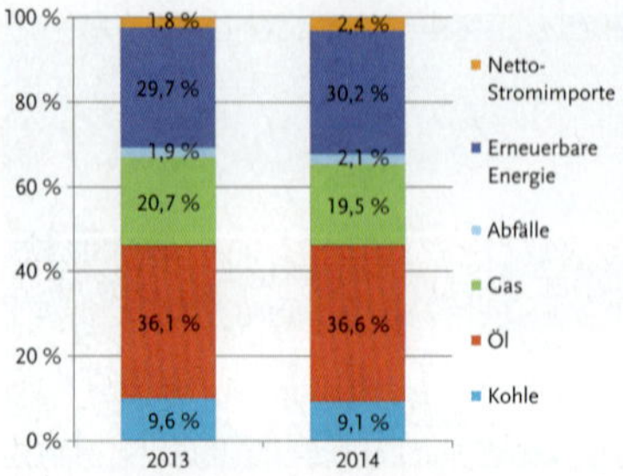

Bruttoinlandsverbrauch an Energie

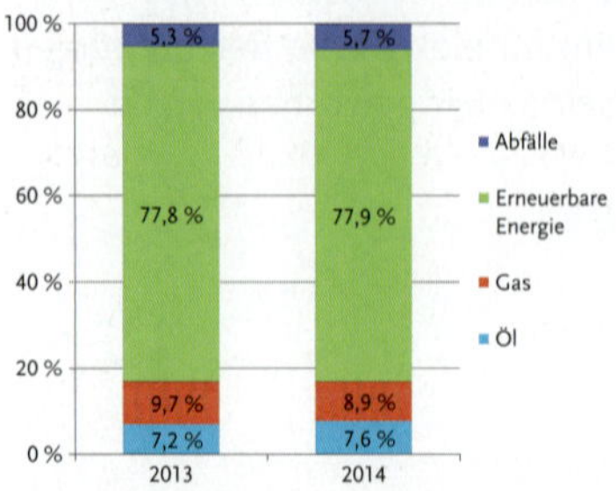

Anteile der Energiegruppen an der Energieproduktion in Österreich

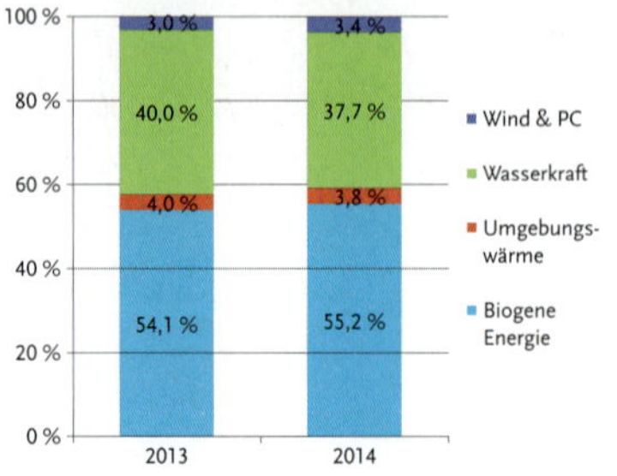

Anteile erneuerbarer Energieträger an der Energieproduktion

Wasserkraft

In den Zeiten starken wirtschaftlichen Wachstums wurde in Österreich für die Energieversorgung der Bau von Wasserkraftwerken bis in die 1980er-Jahre stark vorangetrieben. Je nach Kraftwerkstyp unterscheidet man zwischen **Laufkraftwerken** (sie nutzen das Gefälle eines Flusses) und **Speicherkraftwerken** (die Höhendifferenz zwischen einem Speicherbecken und dem Kraftwerk wird genutzt). Da die Verfügbarkeit von Strom aus Wasserkraft jahreszeitlichen Schwankungen unterliegt, kann Wasserkraft den Bedarf nicht allein decken. Begleitend müssen für die Zeiten niedriger Kapazität Wärmekraftwerke geschaffen werden.

Wärmekraft (Kohle, Erdöl)

Wärmekraftwerke dienen in Österreich hauptsächlich zur Überbrückung von Leistungseinbrüchen der Wasserkraftwerke in der trockenen und kalten Jahreszeit (Winter und Übergangszeit). Befeuert mit Kohle, Öl oder Gas, treibt in ihnen **Wasserdampf die Dampfturbinen zur Stromerzeugung** an.

Erneuerbare Energieträger

Unter erneuerbaren Energieträgern versteht man Energieträger, die sich **kurzfristig selbst regenerieren** oder deren Nutzung die **Quelle nicht erschöpft.** Das sind Sonnenenergie (thermisch und fotovoltaisch), Gezeiten- und Windenergie, Erdwärme und Biomasse (brennbare Stoffe aus nachwachsenden Rohstoffen, z. B. Holz). Der Anteil an erneuerbaren Energieträgern nimmt in Österreich jährlich zu und beträgt zurzeit mehr als 33 %. Auch die Wasserkraft gehört eigentlich zu den erneuerbaren Energien. Wir haben sie aber wegen ihrer zentralen Rolle in der österreichischen Energiewirtschaft gesondert behandelt.

Aufwindkraftwerk in Manzanares, Spanien

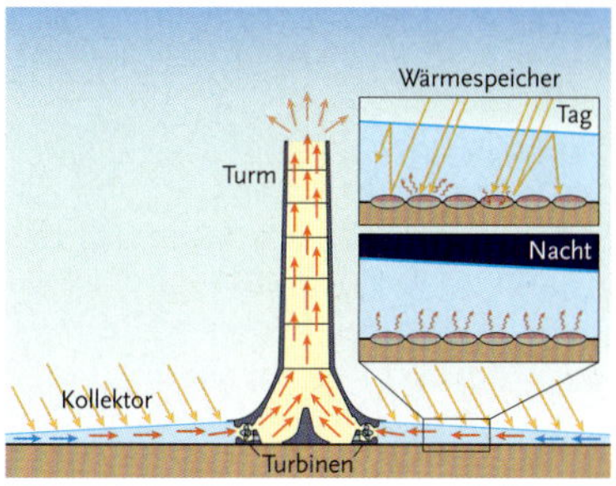

Funktionsschema eines Thermikkraftwerkes

Atomkraft

Kernkraftwerke nutzen die bei der Spaltung schwerer Atome frei werdende Kernbindungsenergie zur Erzeugung von Strom über Dampfturbinen. In Österreich wurde der Betrieb des bereits errichteten Kernkraftwerkes Zwentendorf durch eine Volksabstimmung am 5. November 1978 abgelehnt. Das **„Bundesverfassungsgesetz für ein atomfreies Österreich"** aus dem Jahr 1999 **untersagt** den **Betrieb von Kernkraftwerken** in Österreich. Dennoch landet in den österreichischen Stromnetzen über Stromimporte ein Anteil von 6–10 % Atomstrom.

Ein Fusionsreaktor mit der Bezeichnung ITER wird von einer Gemeinschaft großer Industriestaaten in Cadarache in Südfrankreich errichtet und soll um 2050 den Betrieb aufnehmen. Im Gegensatz zu Spaltreaktoren sollen dabei leichte Atomkerne zu schwereren Atomen verschmolzen werden. Dies ist auch das Funktionsprinzip der Sonne.

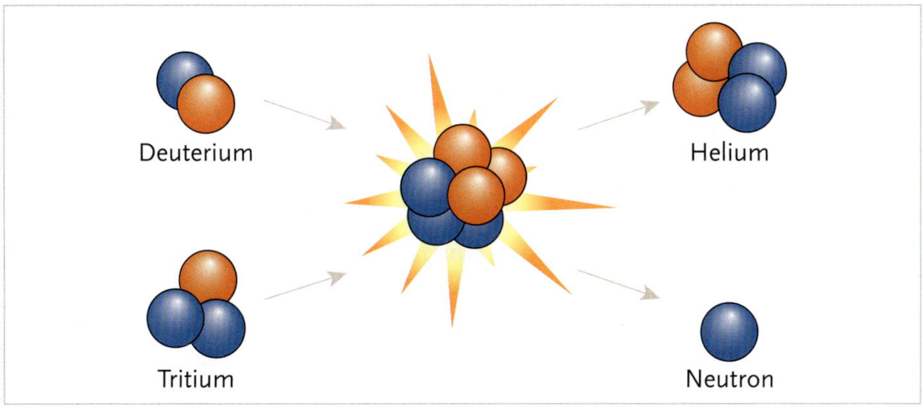

Ziele erreicht? – „Energieversorgung“

2.01 + Nennen Sie einige primäre und sekundäre Energieträger.

2.02 + Erläutern Sie die Bedeutung der Sonne als Energielieferant. Was ist die Quelle der Sonnenenergie?

2.03 + Nennen Sie die wichtigsten Energieträger in Österreich.

2.04 + Wie viele Kraftwerke mit der Leistung des Laufkraftwerkes Abwinden-Asten wären mindestens nötig, um den österreichischen Energieverbrauch (von 2008) zu decken? Warum ist diese Anzahl derzeit weder nötig noch realistisch? Interpretieren Sie dazu die angegebene Energieverbrauchsstatistik Österreichs.

3 Wärmetransport in der Umwelt

*In der **Meteorologie** und **Hydrologie** basieren viele klimatische Vorgänge auf verschiedenen Formen des Wärmetransportes. Luft- und Wasserbewegungen entstehen häufig durch Konvektion aufgrund unterschiedlich eingestrahlter Sonnenenergie. Dabei werden sowohl **lokal als auch global** große Mengen an **Wärme** aufgrund von eingestrahlter Sonnenenergie **transportiert.** Dieser Wärmetransport spielt eine entscheidende Rolle für unser globales Klima.*

Meine Ziele

Nach Bearbeitung dieses Kapitels kann ich

- die **Thermik** als eine durch Konvektion bedingte **lokale Windsituation** nennen und Faktoren, die ihre Entstehung begünstigen, aufzählen;
- die Entstehung von **Winden** aus **Druckverteilungen** der Luft erklären und ihre Drehrichtung angeben;
- die Entstehung von Meeresströmungen aus Temperatur- und Salzgehaltsunterschieden angeben;
- **Meeresströmungen** als wichtigen **Wärmetransportmechanismus** des Weltklimas nennen.

Thermik

Thermik ist ein **Aufwind,** der **durch** starke **Sonneneinstrahlung** entsteht. Die Sonne erwärmt dabei den Erdboden mit der darüber befindlichen Luft. Diese steigt dann wegen ihrer höheren Temperatur und somit geringeren Dichte auf **(Konvektion)** und verursacht einen Aufwind.

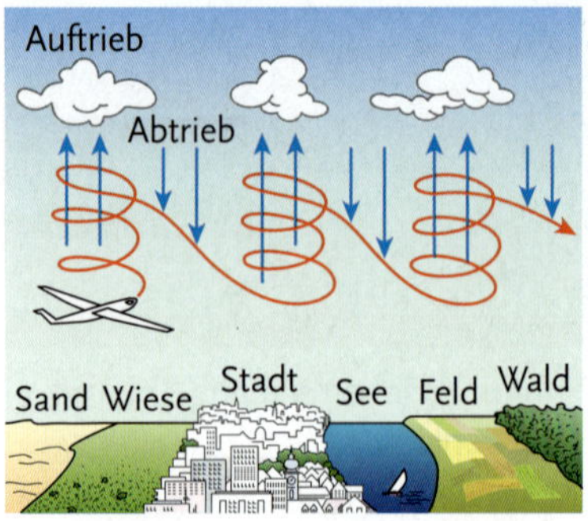

Segelflugzeuge nutzen zum Erreichen von größerer Höhe thermische Aufwinde über bestimmten Bodenflächen. Sie fliegen also mit Sonnenenergie.

Begünstigend für Thermik sind Böden, die

- wenig Sonne zurückstrahlen,
- wenig Wasser verdunsten und
- wenig Wärme in den Boden ableiten (sodass er sich stärker erwärmt).

Thermik verursacht **lokale Windsituationen,** zum Beispiel Winde zwischen Land und Wasser oder auch Aufwinde vor Bergen. Diese sind nicht zu verwechseln mit Aufwinden an einer Bergseite, die durch die vorherrschende Hauptwindrichtung entstehen. Thermik wird von manchen Vögeln für ihren Flug, aber auch von Segel- und Gleitschirmfliegern genutzt. In bevorzugten Gegenden (z. B. in Spanien, Australien, Namibia sowie China und den USA) sind sogar Thermikkraftwerke, eine besondere Form von alternativen Kraftwerken, realisiert worden oder in Planung.

Eine besondere **Windsituation** ergibt sich an **größeren Gewässern.** Wegen der geringeren spezifischen Wärmekapazität erwärmt sich **tagsüber** bei Sonneneinstrahlung die Landfläche schneller als das Wasser. Durch aufsteigende Luft über Land entstehen **auflandige** Winde (siehe Randspalte **Skizze A). Nachts** kühlt die Landfläche schneller als das Wasser ab. Diesmal steigt die Luft also über der Wasserfläche auf, es entsteht ein **ablandiger Wind (Skizze B).**

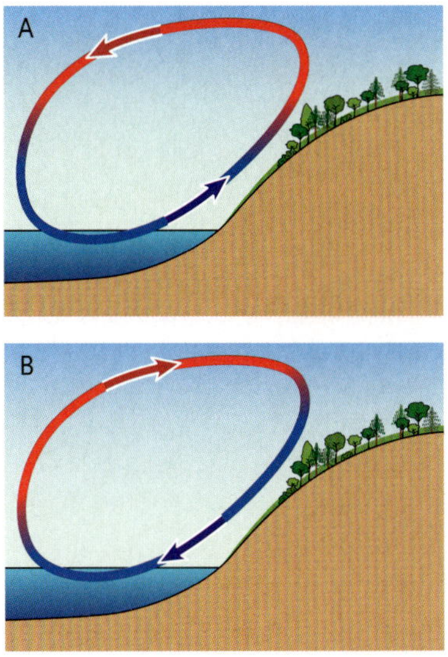

Auf- und ablandiger Wind infolge von Thermik

Luftströmungen

Ein weiterer Transporteur von Wärme ist der **Wind.** Auch Luftströmungen hängen in komplexer Weise von den Temperaturverhältnissen auf der Erde ab.

Wind ist ein **Strom von Luftteilchen,** der von Gebieten höheren Luftdrucks (Hochdruckgebiet) zu Gebieten niedrigeren Luftdruckes (Tiefdruckgebieten) führt.

Die Hauptwindrichtung weht dabei entsprechend einer Drehbewegung aus den Druckgebieten heraus oder hinein. Die Richtung der Drehung wird durch die Eigenrotation der Erde verursacht **(Corioliskraft).** Auf der **Nordhalbkugel** drehen die Winde um ein **Hochdruckgebiet im Uhrzeigersinn** und um ein **Tiefdruckgebiet gegen den Uhrzeigersinn.** Auf der **Südhalbkugel** sind die Drehrichtungen **genau umgekehrt.**

Corioliskraft: Siehe auch Kap. B, 1.2.5, Die Rotation und ihr dynamisches Grundgesetz.

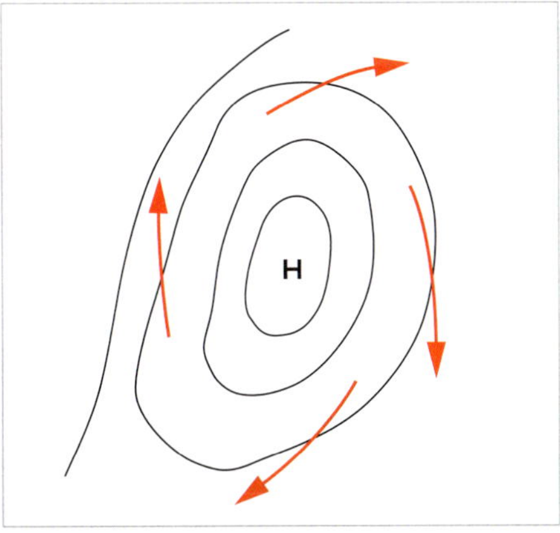

Hochdruckgebiete drehen auf der Nordhalbkugel **im Uhrzeigersinn**

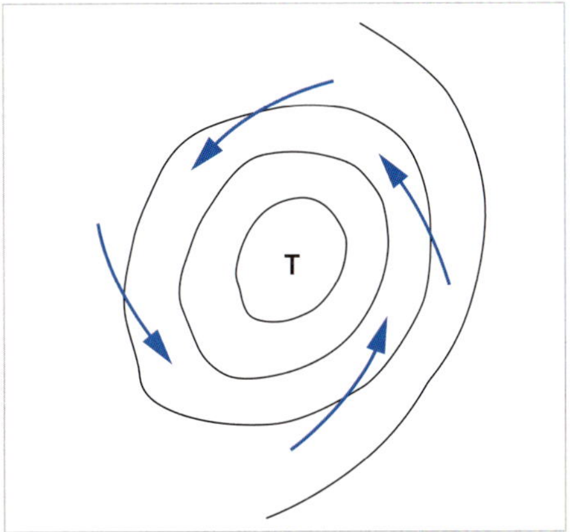

Tiefdruckgebiete drehen auf der Nordhalbkugel **gegen den Uhrzeigersinn**

Meeresströmungen

Meeresströmungen sind Bewegungen **großer Massen an Meerwasser.** Man unterscheidet dabei zwischen vertikalen **Gefällströmungen** und horizontalen **Driftströmungen.**

Die großräumigen Meeresströmungen folgen dabei meist einem **jahreszeitlichen Rhythmus,** der somit von der Sonneneinstrahlung abhängt. Der Antrieb ist auch hier ein Unterschied in den Wasserdichten der einzelnen Regionen. Anders als bei den Winden variiert die **Wasserdichte** aber nicht nur mit der **Temperatur,** sondern auch mit dem **Salzgehalt.**

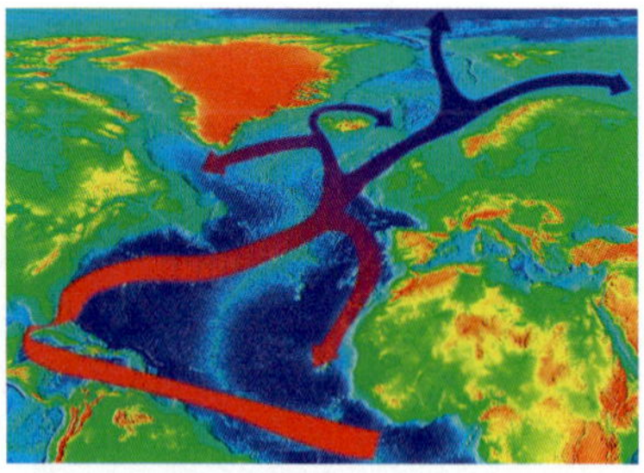

Verlauf des Golfstromes

Eine der größten und für Europa wichtigsten Meeresströmungen ist der Golfstrom. Er beginnt im Golf von Mexiko und durchläuft den Atlantik bis nördlich von Skandinavien. Ab den Britischen Inseln wird er als Nordatlantikstrom bezeichnet. Durch diese Strömung haben West- und Nordeuropa ein wesentlich wärmeres Klima. Auf der Höhe von Florida transportiert der Golfstrom $30 \cdot 10^6\ m^3$ Wasser mit einer Geschwindigkeit von rund 1,8 m/s. Sein Wärmestrom entspricht einer Leistung von **1,5 Petawatt** ($1{,}5 \cdot 10^{15}$ W). Dies ist etwa die Leistung von **zwei Millionen Kernkraftwerken.** Das lässt erahnen, von welch immenser Bedeutung er für das Klima in Europa ist.

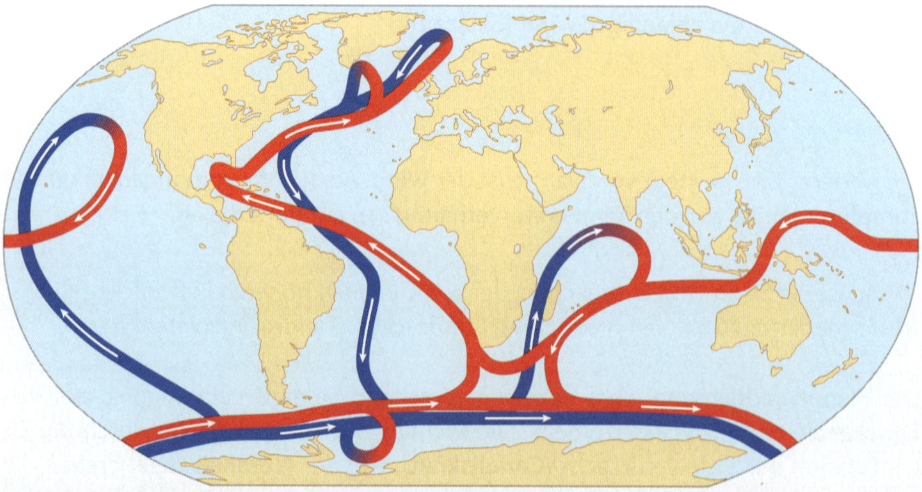

Darstellung des sogenannten **globalen Förderbandes,** einer Kombination von warmen und kalten Meeresströmungen, die sich über die Ozeane erstrecken

Ziele erreicht? – „Wärmetransport in der Umwelt“

3.01 + Erklären Sie Thermik und zählen Sie begünstigende Faktoren auf.

3.02 + Erklären Sie das Entstehen von auf- bzw. ablandigen Winden an größeren Gewässern im Tagesverlauf.

3.03 + Nennen Sie die Ursache für die Entstehung von Winden und erklären Sie ihre Richtung.

3.04 + Nennen Sie Ursachen für die Entstehung von Meeresströmungen.

3.05 ++ Erklären Sie, warum die großen Meeresströmungen ein wichtiger Klimafaktor sind.

D Grundlagen der Chemie

Warum ist Wasser flüssig? Man könnte die Tatsache als gegeben hinnehmen und eine Beantwortung der Frage als nutzlos bewerten. Aber erstens ist der Mensch von Natur aus neugierig und zweitens bringen Erkenntnisse naturwissenschaftlicher Grundlagen indirekt wieder Fortschritt und Nutzen mit sich. Aufbauend auf die Systematik von Mendelejew und Meyer konnten viele Elemente entdeckt werden. Erst die Grundlagenforschungen von Guldberg, Waage und Arrhenius ermöglichten die Ammoniaksynthese und damit die Düngemittelherstellung. Ohne die Erkenntnisse von Faraday und Arrhenius ist die Produktion vieler Metalle nicht denkbar.

Die Chemie verwendet keine Geheimschrift, sondern international gültige Symbole und Formeln zur Beschreibung von Vorgängen in Natur und Technik. In diesem Kapitel beschäftigen wir uns damit, die Stoffe einzuteilen, zu beschreiben und fachlich richtig zu benennen. Um Stoffeigenschaften verstehen und vorhersagen zu können, ist die Kenntnis des atomaren Aufbaus eine wichtige Voraussetzung. Damit werden die bei chemischen Reaktionen ablaufenden Massen- und Energieumsätze verständlich.

1 Grundbegriffe und Arbeitsweise der Chemie

1.1 Aufbau der Materie

Was bedeutet dieses Symbol?

Gefahrensymbole siehe Kap. Sicherheit.

Zeichensprache der Chemie siehe Kap. D, 1.3.

ARISTOTELES, 365 BIS 323 V. CHR., GRIECHISCHER PHILOSOPH

Elementsymbole der Altphilosophen

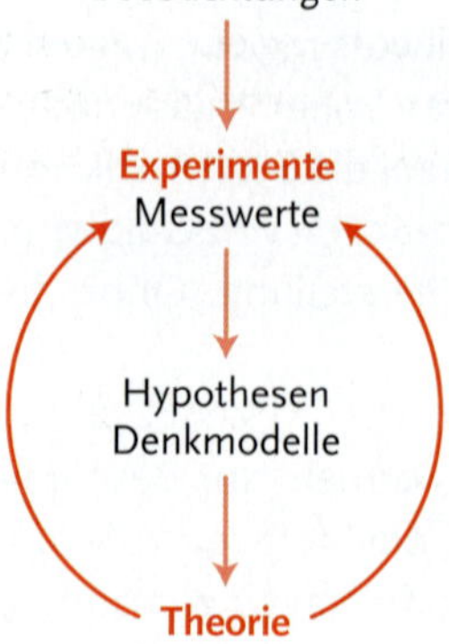

Bis etwa 600 v. Chr. dominierten die Handwerkskünste (Erzeugung von Werkstoffen, Kleidung, Heilmitteln, Lebensmitteln). Sie beruhten auf praktischer Erfahrung. Die griechischen Philosophen versuchten die Natur theoretisch zu verstehen. So prägte ***Demokrit*** *im 5. Jahrhundert v. Chr. den Begriff „atomos" für die kleinsten Teilchen, die Atome, aus denen alle Stoffe aufgebaut sind. Demgegenüber versuchte* ***Aristoteles*** *den Aufbau der Stoffe mithilfe von vier Grundelementen zu erklären. Aus der Verschmelzung von Philosophie und den Handwerkskünsten entstand die* ***Alchemie,*** *deren wesentlichstes Ziel die Umwandlung gewöhnlicher Metalle in Gold war. Daraus entwickelte sich im 16. und 17. Jahrhundert die medizinisch orientierte Iatrochemie, deren bekanntester Vertreter* ***Paracelsus*** *war. Mit* ***Robert Boyle*** *(„The Sceptical Chymist") begann im 17. Jahrhundert die wissenschaftliche Chemie; als Ergebnis von Experimenten entwickelten* ***Antoine Lavoisier*** *und* ***John Dalton*** *ein neues Verständnis der Begriffe „Element" und „Atom".*

Meine Ziele

Nach Bearbeitung dieses Kapitels kann ich
- die **Materie,** also das, was uns umgibt und woraus wir selbst aufgebaut sind, mit Fachbegriffen beschreiben;
- erklären, was die Chemie unter **Stoffen** versteht und wie man sie einteilt;
- das Teilchenmodell auf die **Aggregatzustände** anwenden.

Die Chemie ist neben der Physik und der Biologie jene **Naturwissenschaft,** die sich mit der Materie, der Kennzeichnung, Zusammensetzung und Umwandlung von Stoffen beschäftigt.

Die Chemie ist die Lehre von den Stoffen und ihren Umwandlungen.

Im Zentrum der Chemie steht also die stoffliche Veränderung, aber auch physikalische und biologische Prozesse spielen eine große Rolle. In den modernen Naturwissenschaften sind die Übergänge zwischen den Disziplinen fließend geworden.

Zur Erforschung naturwissenschaftlicher Vorgänge werden **Experimente** durchgeführt. Ausgangspunkt dafür ist meist eine **Beobachtung** in der Natur und eine unbewiesene naturwissenschaftliche Annahme **(Hypothese).** Durch eine Vielzahl von Experimenten lassen sich **Gesetze** ableiten, die in eine **Theorie** münden. Da viele naturwissenschaftliche Vorgänge nicht direkt beobachtbar sind, werden **Denkmodelle** konstruiert, die einen Teil der Natur beschreibend abbilden.

Die Chemie beschäftigt sich mit der **Materie.**

Materie: die Gesamtheit aller Stoffe
Stoff: das Material – die Substanz –, aus dem etwas besteht

Ein Stoff wird definiert durch seine physikalischen und chemischen Eigenschaften.

Welche Stoffbegriffe kennen Sie aus dem Alltag?

Physikalische Eigenschaften eines Stoffes	Chemische Eigenschaften eines Stoffes
Schmelzpunkt	Geruch und Geschmack
Siedepunkt	ätzende Wirkung
Aggregatzustand	Giftigkeit (Toxizität)
Dichte	Brennbarkeit
Farbe	Verhalten gegen Luft, Wasser, Säuren, Basen ...
Glanz	
Härte	
Leitfähigkeiten	
magnetische Eigenschaften	
physikalische Löslichkeit	

Jede **Stoffportion** hat ein bestimmtes **Volumen *V*** und eine **Masse *m*.** Die Masse ist ein Maß für die Trägheit eines Körpers, d. h. seinen Widerstand gegenüber der Änderung seines Bewegungszustandes (Einheit: kg). Dagegen ist seine Gewichtskraft jene Kraft, mit der der Körper durch die Gravitation angezogen wird (Einheit: N). Aus der Masse und dem Volumen einer Stoffportion lässt sich die **Dichte** des Stoffes berechnen.

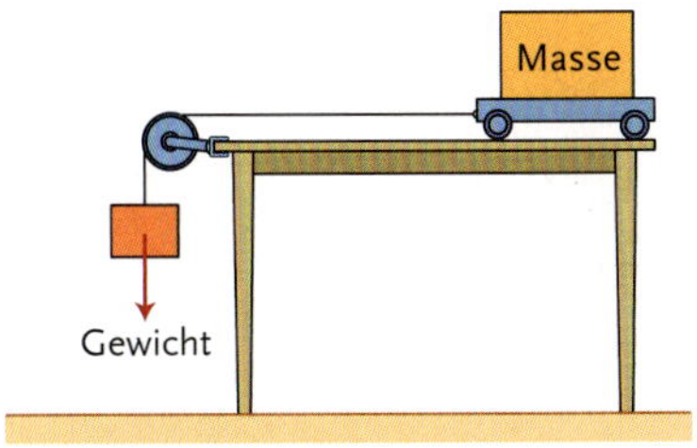

$$\text{Dichte} = \frac{\text{Masse}}{\text{Volumen}} \qquad \rho = \frac{m}{V}$$

Beispiel Wasser:
1 Liter Wasser hat bei 4 °C eine Masse von 1 kg (Einheit: kg/L).
Dichte in SI-Einheiten: 1 000 kg/m^3!

Gravitation siehe Kap. B, 1.5.

Atommodelle siehe Kap. D, 2.1.

Die Dichte ist eine äußere, gut messbare Eigenschaft eines Stoffes. Anfang des 19. Jahrhunderts hat der englische Naturwissenschaftler **John Dalton** experimentell eine weitere Eigenschaft der Materie gefunden, die sich auf den inneren Aufbau der Stoffe bezieht.

Jeder Stoff ist aus kleinsten Teilchen – den Atomen – aufgebaut.

Im Verlaufe der historischen Entwicklung der Chemie ist es gelungen, die Vielfalt der uns bekannten Materie auf wenige genau definierbare Bausteine, die chemischen Elemente, zurückzuführen. Aus diesen wenigen Bausteinen baut sich durch vielfältige Kombination die gesamte belebte und unbelebte Materie auf. Zusätzlich lassen sich neue Stoffe herstellen, die man in der Natur nicht findet.

1.1.1 Energie – Wärme – Temperatur

Die in einem Körper (also Materie!) gespeicherte Fähigkeit, Arbeit zu verrichten, nennt man **Energie.** Sie kommt in verschiedenen Formen vor, z. B. als Wärmeenergie, elektrische Energie, chemische Energie und kinetische Energie.

Energie kann weder erzeugt noch vernichtet werden. Sie kann nur von einem Körper auf einen anderen übertragen werden oder von einer Form in eine andere umgewandelt werden.

Die Gesamtheit der Bewegungsenergie aller Teilchen in einem Stoff wird als **innere Energie** bezeichnet. Als **Wärme** bezeichnet man jene Energie, die zwischen Körpern unterschiedlicher Temperatur ausgetauscht wird.

Energieerhaltungssatz siehe Kap. B, 1.4.2.

Die **Temperatur** gibt den Wärmezustand eines Stoffes an. Sie ist ein Maß für die durchschnittliche Bewegungsenergie der Stoffteilchen.

Temperatur siehe Kap. B, 4.1.

Energie *E* (Einheit Joule, J) ist die Fähigkeit, Arbeit zu verrichten.
Wärme *Q* (Einheit Joule, J) ist die übertragene Energie zwischen Körpern.
Temperatur *T* bzw. *t* (Einheiten: Kelvin, K, bzw. Grad Celsius, °C) beschreibt die Wärmebewegung der Teilchen eines Stoffes.
Exotherme Reaktionen verlaufen unter Energieabgabe.
Endotherme Reaktionen verlaufen unter Energieaufnahme.

Ist eine Explosion ein exothermer oder ein endothermer Vorgang?

Energie bei chemischen Reaktionen siehe Kap. D, 3.1.

Bei chemischen Reaktionen erfolgt der Energieumsatz meist in Form von Wärmeenergie.

Aggregatzustände und Phasenübergänge siehe Kap. B, 4.1.4.

1.1.2 Zustände der Materie

Materie kommt in drei physikalischen Zuständen vor: **gasförmig, flüssig und fest.** Die drei Bereiche der Materie werden auch als **Phasen** bezeichnet (siehe 1.1.3 Einteilung der Materie).

Plasma in einer Plasmalampe

Als vierter Aggregatzustand wird oft das Plasma bezeichnet, bei dem die Stoffteilchen nicht erhalten bleiben, sondern in Bruchstücke zerfallen. Plasma ist ein Gas, das aus freien Ionen und Elektronen (ionisierte Materie) besteht.

Flüssige Kristalle sind ein Zwischenzustand zwischen fest und flüssig. Die Teilchen sind wie in einem Kristall geordnet, können sich aber wie in einer Flüssigkeit bewegen. Große Bedeutung haben LCD-Anzeigen (Liquid Crystal Display).

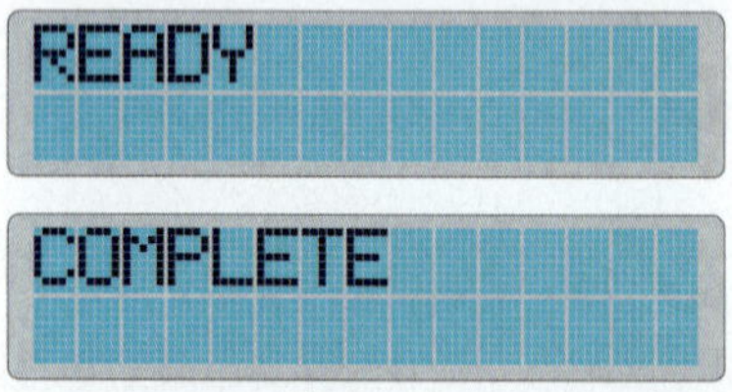

LCD-Anzeige

Fester Zustand

Feste Körper (Festkörper) haben bei Normbedingungen ein bestimmtes Volumen und eine bestimmte Gestalt.

Zwischen den Teilchen wirken sehr starke Anziehungskräfte, die sie an bestimmte Plätze binden. Ist die Anordnung (Struktur) regelmäßig, weisen Festkörper eine **Gitterstruktur** (Raumgitter, Kristallgitter) auf. Sie ist die Ursache für die regelmäßigen Formen der Kristalle. Häufig bildet derselbe Stoff verschiedene Kristallgitter. Unterschiedliche Erscheinungsformen ein und desselben Stoffes werden als **Modifikation** bezeichnet. Eine unregelmäßige Anordnung ist eine **amorphe Struktur.**

Quarzkristall

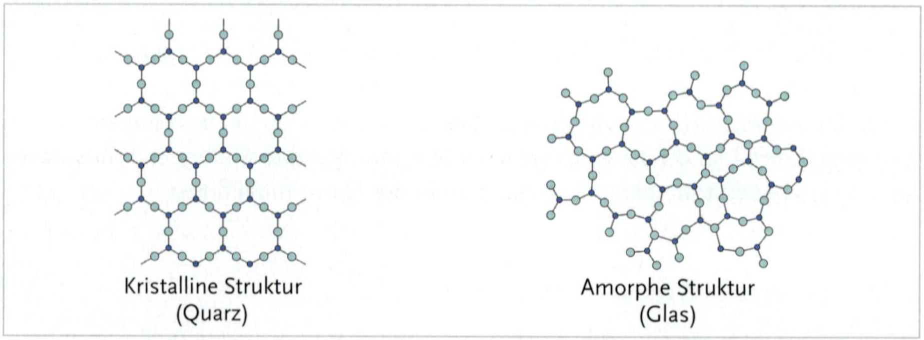

Führt man einem Festkörper Wärmeenergie zu, nehmen die Bewegungen der Teilchen immer mehr zu, bis sie so stark sind, dass die Gitterkräfte die Teilchen nicht mehr auf den Plätzen halten können.

Der **Schmelzpunkt** t_m (Schmelztemperatur) eines Festkörpers ist jene Temperatur, bei der das Gitter zusammenbricht.

Auch der Schmelzpunkt eines Stoffes ist geringfügig vom Druck abhängig.

Flüssiger Zustand

Der Luftdruck auf Meeresniveau beträgt 1,013 bar.

Flüssigkeiten besitzen bei Normbedingungen (T = 273,15 K, t = 0 °C und p = 101 325 Pa = 1,013 bar) ein definiertes Volumen, aber keine bestimmte Gestalt.

Zwischen den Teilchen wirken zwischenmolekulare Anziehungskräfte. Sie sind zu schwach, um die Teilchen auf bestimmten Plätzen festzuhalten. Deshalb können sie sich nach allen Richtungen bewegen.

Die **zwischenmolekularen Kräfte** sind Ursache der **Oberflächenspannung.** Ein Teilchen im Inneren der Flüssigkeit wird von den Teilchen in seiner Umgebung nach allen Seiten gleich stark angezogen. Die Teilchen an der Oberfläche erfahren aber nur eine Anziehung in das Innere der Flüssigkeit. Diese einseitige Anziehung hat zur Folge, dass eine Flüssigkeit ihre Oberfläche möglichst klein hält. Flüssigkeitstropfen versuchen deshalb, eine kugelförmige Gestalt anzunehmen.

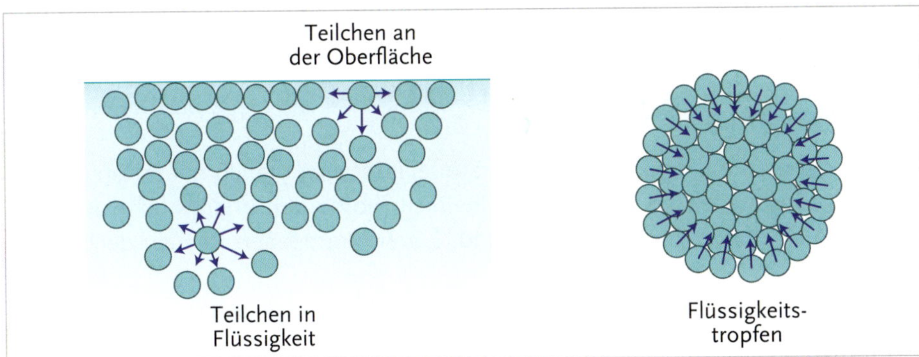

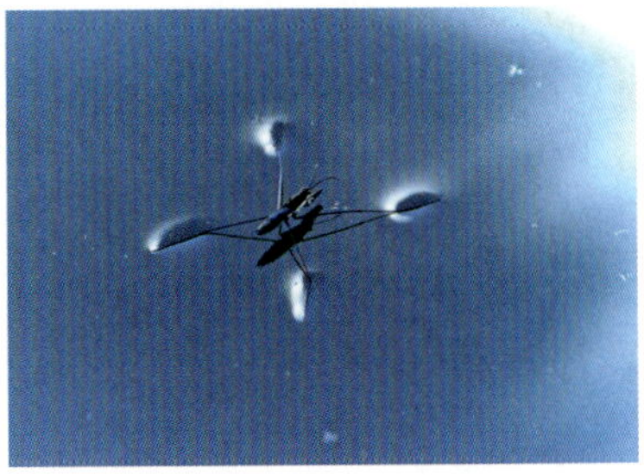

Wasserläufer

Zwischenmolekulare Kräfte siehe Kap. D, 2.4.5.

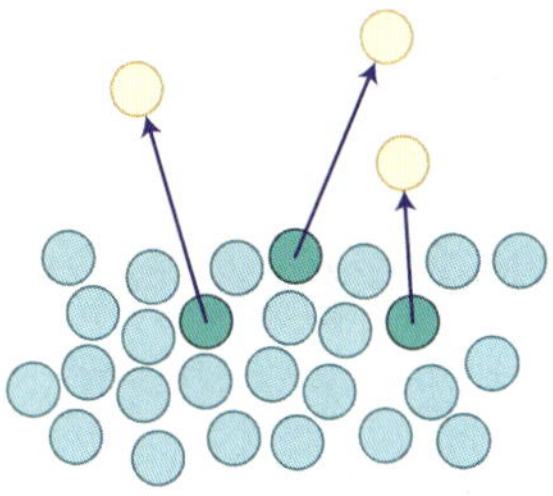

Hochenergetische Teilchen verlassen den Flüssigkeitsverband.

Die Bewegungsenergie der einzelnen Flüssigkeitsteilchen ist infolge ständiger Zusammenstöße verschieden, sodass es Teilchen mit hoher Bewegungsenergie gelingt, die zwischenmolekularen Kräfte zu überwinden und den Flüssigkeitsverband zu verlassen. Die Flüssigkeit verdampft.

Der Druck des Dampfes, der sich bei gegebener Temperatur im Gleichgewicht mit einer Flüssigkeit befindet, ist der **Dampfdruck.**

Der **Siedepunkt** t_b (Siedetemperatur) einer Flüssigkeit ist jene Temperatur, bei der der Dampfdruck der Flüssigkeit dem Außendruck (meist dem Luftdruck) entspricht.

Die Temperatur einer siedenden reinen Flüssigkeit bleibt konstant, bis die gesamte Flüssigkeitsmenge verdampft ist. Der Siedepunkt ist stark vom Außendruck abhängig. Erhöht sich der Außendruck (z. B. beim Druckkochtopf), so erhöht sich der Dampfdruck und somit auch der Siedepunkt des Wassers.

Siedendes Wasser

Womit sind die Blasen in siedendem Wasser gefüllt?

Gasförmiger Zustand

Gase füllen jeden zur Verfügung stehenden Raum vollständig aus. Sie haben kein bestimmtes Volumen und keine bestimmte Gestalt.

Die Teilchen sind so weit voneinander entfernt, dass sie keine Kräfte (ideales Gas) oder fast keine Kräfte (reales Gas) aufeinander ausüben und deshalb frei beweglich sind. Sie stoßen dabei immer wieder miteinander und mit den Gefäßwänden zusammen. Durch die Stöße gegen die Gefäßwände entsteht ein Druck, den jedes Gas auf seine Behälterwände ausübt. Je häufiger und stärker diese Stöße erfolgen, desto größer ist der Druck. Er wirkt nach allen Richtungen in gleicher Stärke.

Der **Druck** p (Einheit: Pascal, Pa, oder Bar, bar) ist von der Anzahl der Gasteilchen im Volumen und von der Temperatur abhängig.

Gase füllen zur Verfügung stehenden Raum vollständig aus

Gasgesetze, siehe Kapitel D, 1.3.3.

Wird bei konstanter Temperatur das Volumen des Gases verkleinert, erhöht sich der Druck, da sich die Zahl der Zusammenstöße der Teilchen mit der Gefäßwand erhöht. Führt man einem Gas Wärmeenergie zu, erhöht sich die Geschwindigkeit der Teilchen und die Zusammenstöße mit der Behälterwand erfolgen häufiger und heftiger. Dadurch steigt ebenfalls der Druck.

$$\frac{p_1 \cdot V_1}{T_1} = \frac{p_2 \cdot V_2}{T_2} = \text{konstant}$$

Die Beziehung zwischen Volumen (V), Temperatur (T) und Druck (p) eines idealen Gases wird durch das **allgemeine Gasgesetz** wiedergegeben:

$$\frac{p \cdot V}{T} = \text{konstant}$$

Die Größe der Konstante ist von der Gasmenge abhängig.

Kochsalz ist ein einphasiger Stoff

1.1.3 Einteilung der Materie

Untersucht man die Eigenschaften der Stoffe, lässt sich manchmal schon mit bloßem Auge feststellen, dass manche einheitlich (homogen) und manche aus mehreren Stoffen (heterogen) aufgebaut sind. Einen homogenen Bereich der Materie bezeichnet man als **Phase.**

Phase: ein homogener Stoffbereich

Granit ist ein mehrphasiger Stoff (bestehend aus Feldspat, Quarz und Glimmer)

In der Natur kommen sowohl einheitliche Stoffe (z. B. Kochsalz) als auch (im überwiegenden Fall) uneinheitliche Stoffe vor (z. B. Granit).

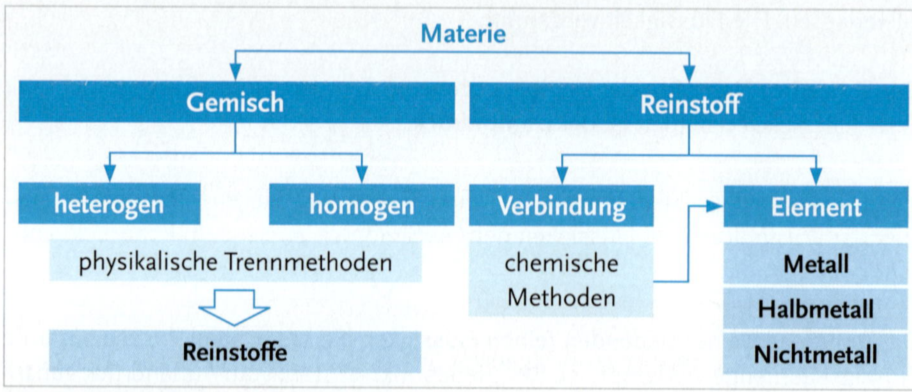

Einteilung stofflicher Systeme

Heterogener Nebel: fein verteilte Wassertröpfchen in Luft (Aerosol)

Gemisch: Stoff aus verschiedenen Teilchensorten, physikalisch trennbar

Bei Gemischen hängen die physikalischen und chemischen Eigenschaften von der Zusammensetzung ab. Gemische haben einen Schmelz- und Siedebereich.

Man spricht von **heterogenen Stoffgemischen,** wenn die Bestandteile mit dem freien Auge oder unter einem Lichtmikroskop zu unterscheiden sind.

Die feinste Verteilung von zwei nicht mischbaren Flüssigkeiten nennt man **Emulsion** (z. B. Milch), von einem Feststoff in einer Flüssigkeit **Suspension** (z. B. Schlamm).

Weißwein – ein typisch homogenes Stoffgemisch

Bei **homogenen Stoffgemischen** lassen sich die Bestandteile optisch nicht mehr unterscheiden. Sie können sich nicht selbstständig entmischen. Flüssige homogene Gemische werden als **Lösungen** bezeichnet.

Reinstoff: Stoff aus einer einzigen Teilchensorte, der durch physikalische Verfahren nicht weiter zerlegt werden kann

Reinstoffe haben spezifische physikalische und chemische Eigenschaften, z. B. einen exakten Schmelz- und Siedepunkt.

Verbindung: ein Reinstoff, der mit chemischen Methoden zerlegbar ist

Verbindungen sind Stoffe, die aus zwei oder mehreren Elementen zusammengesetzt sind. Sie sind durch chemische Vorgänge (Synthesen) entstanden. Die spezifischen Eigenschaften der Ausgangsstoffe haben sich dabei verändert. Viele chemische Verbindungen bestehen aus **Molekülen,** andere Verbindungen bilden **Gitter.**

Molekül: zwei- oder mehratomiges Teilchen
Gitter: sehr viele Teilchen in regelmäßiger Anordnung

Ist ein Reinstoff durch chemische Methoden nicht weiter zerlegbar, liegt ein **Element** vor.

Element: chemischer Grundstoff, der weder durch übliche physikalische noch durch chemische Verfahren in andere Stoffe zerlegt werden kann

Bevor die spezifischen Eigenschaften verschiedener Stoffe festgestellt werden können, muss man sie durch **Trennverfahren** aufbereiten und reinigen.

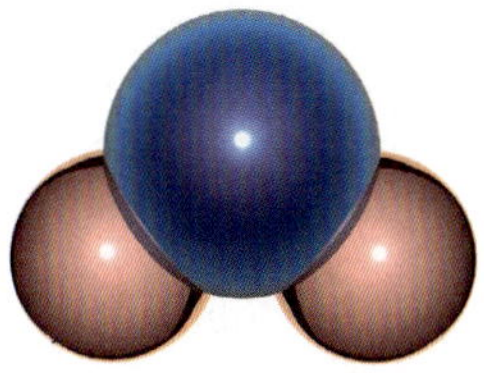

Wassermolekül (Kugelmodell)

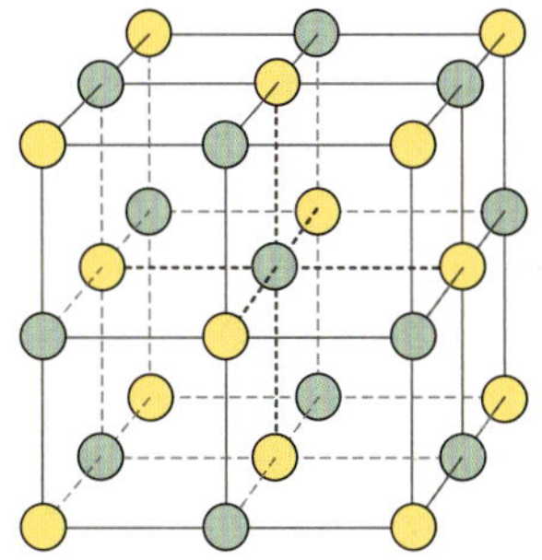

Gitterstruktur von Kochsalz

Trennverfahren siehe Kap. D, 1.2.

Ziele erreicht? – „Aufbau der Materie“

1.01 + Begründen Sie, warum das Schmelzen von Eis und das Verdunsten von Wasser physikalische Vorgänge sind.

1.02 + Nennen Sie einige chemische Vorgänge aus dem täglichen Leben.

1.03 + Erklären Sie, woran man einen chemischen Vorgang erkennen kann.

1.04 + Prüfen Sie, ob folgende Vorgänge mehr chemischer oder mehr physikalischer Natur sind:
a) Ein Faden wird zerrissen. b) Der Auspuff eines Autos rostet. c) Zucker löst sich in Wasser. d) Zucker verkohlt auf der Herdplatte. e) Wasser gefriert.

1.05 + Nennen Sie Beispiele für Gegenstände des täglichen Bedarfs, die von der chemischen Industrie hergestellt werden.

1.06 ++ Begründen Sie, warum kristalline Festkörper eine bestimmte Gestalt haben, während Flüssigkeiten und Gase die Form ihres Behälters annehmen.

1.07 ++ Geben Sie an, worin der Unterschied in der Art und Weise besteht, wie sich Flüssigkeiten und Gase der Form ihres Behälters anpassen.

1.08 ++ Erklären Sie, was man unter dem Dampfdruck einer Flüssigkeit versteht.

1.09 ++ Erklären Sie, wie der Dampfdruck mit dem Siedepunkt der Flüssigkeit zusammenhängt.

1.10 + Bestimmen Sie den Aggregatzustand der Stoffe bei –20 °C, 30 °C, 100 °C (bei konstantem Luftdruck).

Stoff	**–20 °C**	**30 °C**	**100 °C**
Benzen (= Benzol) t_m = 5,5 °C, t_b = 80,1 °C			
Sauerstoff t_m = –219 °C, t_b = –183 °C			
Kalium t_m = 64 °C, t_b = 760 °C			
Ethanol t_m = –114 °C, t_b = 78 °C			

1.11 + Geben Sie charakteristische Stoffeigenschaften von Eisen bzw. Kochsalz an.

1.12 ++ Ein Stoff hat den Schmelzpunkt $t_m = 660$ °C, er ist silbrig glänzend, nicht magnetisch, hat die Dichte $\rho = 2{,}7$ kg/dm³ und ist sehr gut leitfähig. Um welchen Stoff könnte es sich handeln?

1.13 + Geben Sie an, ob es sich bei folgenden Stoffen um ein chemisches Element oder um eine Verbindung handelt: a) Kohlenstoffdioxid, b) Schwefel, c) Silber, d) Sauerstoff, e) Wasser, f) Kochsalz, g) Schwefelsäure.

1.14 + Geben Sie an, ob es sich bei folgenden Substanzen um ein chemisches Element, eine Verbindung oder ein Gemisch handelt:
a) Wasser, b) Eisen, c) Schwefel, d) Luft, e) Leitungswasser, f) Traubenzucker, g) Wein.

1.15 + Geben Sie an, ob es sich bei folgenden Stoffen um homogene oder um heterogene Stoffgemische handelt: a) Sand in Wasser, b) Kochsalz, in Wasser gelöst, c) Luft, d) Milch, e) Wein, f) Staub.

1.16 ++ Ordnen Sie folgende Eigenschaften den Stoffkategorien Element, Verbindung und Gemisch zu. Es sind auch Mehrfachzuordnungen möglich:
a) Zusammensetzung ist variabel, b) hat eine chemische Formel, c) durch physikalische Methoden in andersartige Stoffe zerlegbar, d) durch keine Methode in andersartige Stoffe zerlegbar, e) durch chemische Methoden in andersartige Stoffe zerlegbar, f) kann gasförmig sein, g) kann in der Natur vorkommen.

1.2 Trennverfahren

Gold kommt in der Natur als gediegenes Metall vor und war wegen seiner besonderen Eigenschaften stets sehr begehrt. Neben der Korrosionsbeständigkeit ist seine hohe Dichte bemerkenswert. Darauf beruhen die Goldfunde in Flüssen und Bächen, denn Flussläufe führen mit dem Sand und Geröll die durch Verwitterung des Gesteins freigelegten Goldteilchen mit sich. Aus diesem goldhältigen Sand wird mit einem Trennverfahren das Gold gewonnen – man spricht vom Goldwaschen. Dabei wird das Material mit etwas Wasser in eine Waschpfanne gefüllt, in eine leichte Drehbewegung versetzt und geschüttelt. Das dichtere Gold sammelt sich im Zentrum der Pfanne, der weniger dichte Schlamm und Sand am Rand. Durch leichtes Kippen werden die Sedimente über den Rand der Pfanne gespült und das Gold wird von den unerwünschten Materialien getrennt.

Goldwaschen

? Ermitteln Sie durchschnittliche Gesteinsdichten und vergleichen Sie die Daten mit der Dichte von Gold.

Meine Ziele

Nach Bearbeitung dieses Kapitels kann ich
- **Trennverfahren** für homogene und für heterogene Stoffgemische nennen;
- erklären, auf welchem **Trennprinzip** einzelne Verfahren beruhen;
- einfache **Stofftrennungen** planen und durchführen.

Die meisten in der Natur vorkommenden Rohstoffe sind Gemische. Um den Aufbau und die Zusammensetzung dieser Stoffe ermitteln zu können (Analyse) und um entsprechend reine Rohstoffe für chemische Verfahren zu bekommen, müssen diese Gemische aufgetrennt werden. Aber auch bei der Synthese von chemischen Stoffen entstehen in der Regel Stoffgemische, die entsprechend aufgearbeitet werden müssen. Daher spielen die Trennverfahren von Stoffgemischen in der chemischen Technik eine bedeutende Rolle.

Erdöl: ein Gemisch aus vielen Verbindungen

Analyse: Nachweis von Stoffen und Stoffbestandteilen – Ermittlung des Aufbaus von Stoffen (qualitativ: welche Bestandteile sind enthalten; quantitativ: wie viel ist von jeder Komponente vorhanden)
Synthese: Herstellung einer chemischen Verbindung

Trennung heterogener Gemische

Man nutzt die unterschiedlichen physikalischen Eigenschaften der verschiedenen Phasen.

Trennung nach unterschiedlicher Teilchengröße	
Sieben	Die groben Teilchen werden durch das Sieb mit spezieller Maschenweite zurückgehalten.
Filtrieren	Die zu trennende Suspension (Aufschlämmung) läuft durch einen Filter. Die festen Teilchen werden vom Filter festgehalten, die Flüssigkeit (Filtrat) läuft durch.
Trennung nach unterschiedlicher Dichte	
Sedimentieren Dekantieren	Die in der Flüssigkeit aufgeschlämmten Feststoffe (hohe Dichte) setzen sich aufgrund der Schwerkraft ab, die klare Flüssigkeit wird vom abgesetzten Stoff abgegossen (dekantiert).
Zentrifugieren	Bei geringem Dichteunterschied zwischen Feststoff und Flüssigkeit erreicht man durch die von der Drehbewegung hervorgerufene Radialbeschleunigung ein effektiveres Absetzen des Feststoffes.
Sink-Schwimm-Verfahren	Durch entsprechende Wahl der Flüssigkeitsdichte sinken die schweren Stoffe ab und die leichten schwimmen oben (Trennung von Erz und taubem Gestein).
Trennung nach unterschiedlicher Löslichkeit	
Extrahieren	Eine Komponente des Gemisches wird in einem Lösungsmittel gelöst, die andere ist unlöslich. Danach wird die Lösung vom Feststoff durch Dekantieren oder Filtrieren getrennt und das Lösungsmittel abgedampft.
Trennung nach weiteren unterschiedlichen Eigenschaften	
Magnetsortierung	Magnetisierbare Teilchen werden von nicht magnetisierbaren getrennt.
Elektrostatische Trennung	Die negative elektrostatische Aufladung von Teilchen wird zur Staubabscheidung eingesetzt.
Flotation	Die zu trennenden Feststoffe (Roherze, Farbpigmente in Altpapierbrei) werden in eine stark schäumende Flüssigkeit eingebracht. Eine Komponente haftet bevorzugt am Schaum, der abgeschöpft wird.
Adsorption	Gelöste oder gasförmige Stoffe haften an Feststoffen mit sehr großer Oberfläche (Reinigung von Trinkwasser mit Aktivkohle, Adsorption von giftigen Gasen an Aktivkohle in einer Gasmaske)
Fällen + Filtrieren/ Zentrifugieren	Eine chemische Reaktion führt zu einem im vorliegenden Lösungsmittel schwer löslichen Niederschlag. Anschließend wird filtriert oder zentrifugiert.

Trennung homogener Gemische

Man verändert die physikalischen Bedingungen derart, dass unterschiedliche Phasen entstehen:

Trennung nach unterschiedlichem Siedepunkt	
Destillation	Eine Komponente wird zum Sieden gebracht, der entstehende Dampf abgetrennt und kondensiert in einem Kühler (Erdöldestillation, Schnapsbrennen).
Abdampfen	Kochsalzgewinnung aus der Sole.

Filtrieren

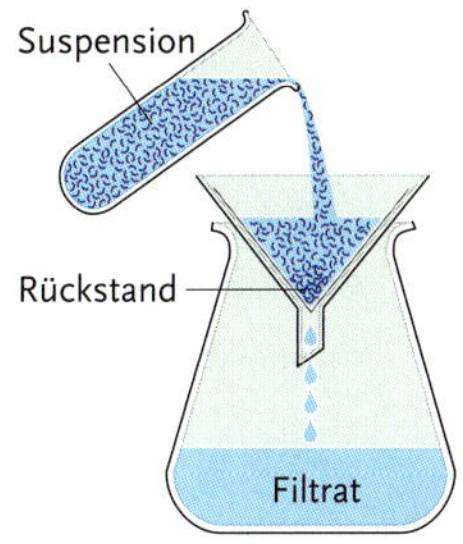

Sedimentieren

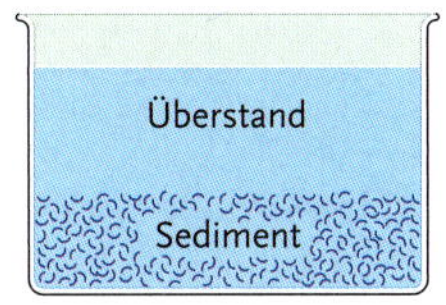

Dekantieren

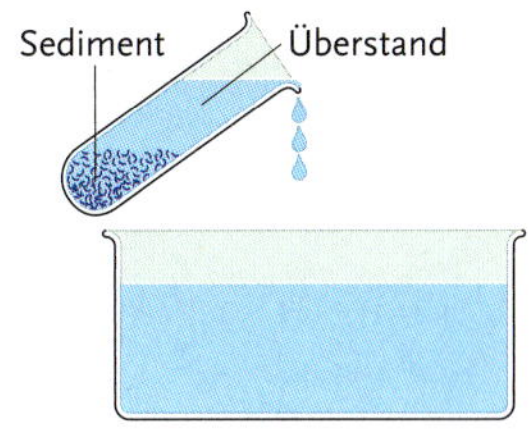

Sink-Schwimm-Verfahren

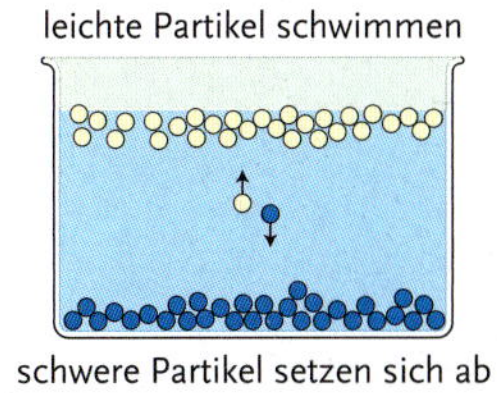

Elektrostatische Trennung

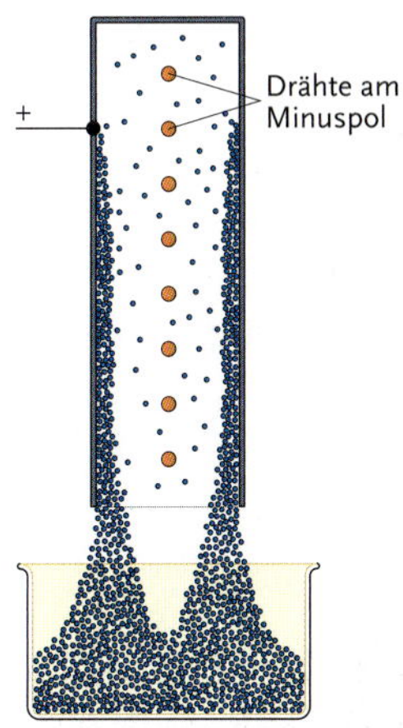

Elektrostatische Staubabtrennung aus Gasen

Flotation

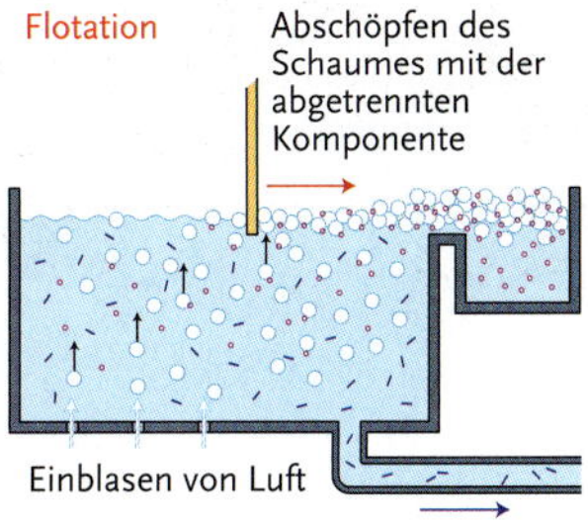

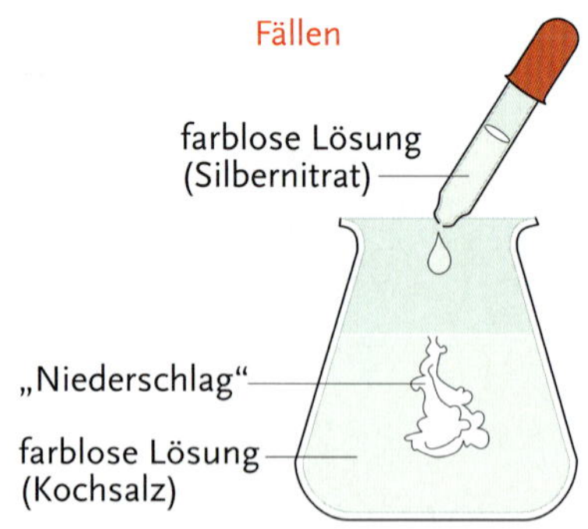

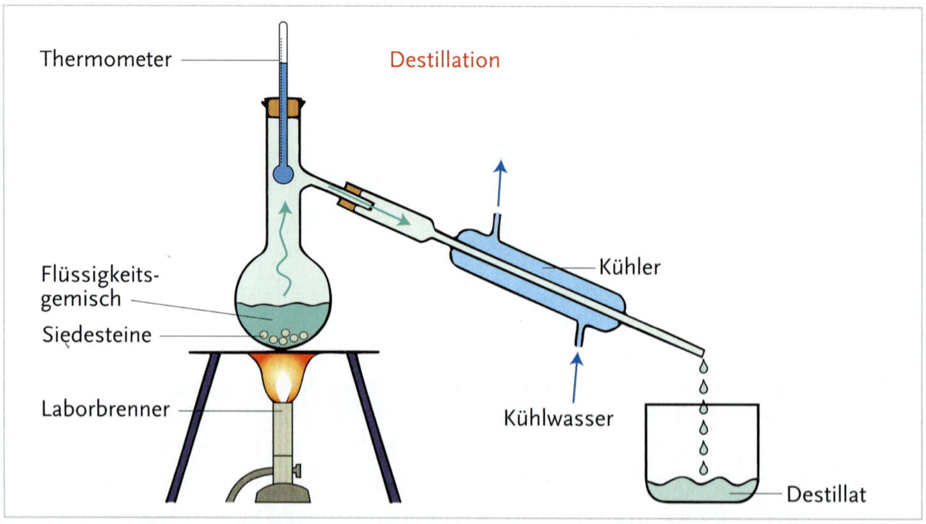

Trennung nach unterschiedlicher Verteilung zwischen zwei Phasen	
Chromatografie	Stoffgemische werden zwischen der **mobilen Phase** (Laufmittel) und der **stationären Phase** (z. B. Papier, Kieselgel) verteilt. Die mobile Phase kann flüssig oder gasförmig, die stationäre fest oder flüssig sein. Während die mobile Phase durch die stationäre Phase fließt, werden die Komponenten des Gemisches von der stationären Phase unterschiedlich stark zurückgehalten und somit aufgetrennt.

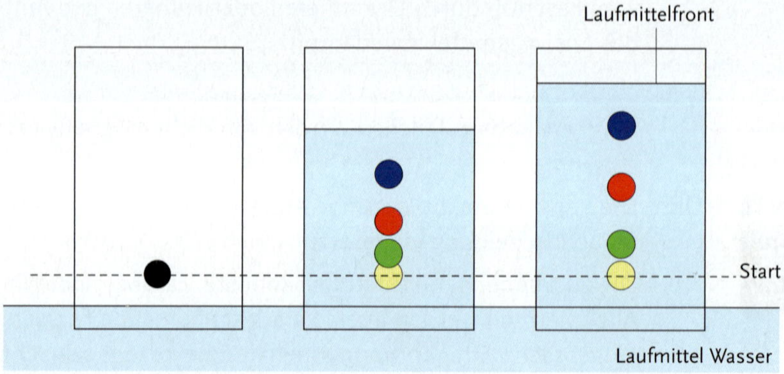

Trennen Sie verschiedene Filzstiftfarben nach dieser Versuchsanordnung.

Auf einem Filterpapierstreifen wird mit einem Filzstift ein Farbpunkt aufgetragen und der Papierstreifen in Wasser getaucht. Das Wasser steigt durch Kapillarwirkung hoch und trennt die Farbkomponenten der Filzstiftfarbe.

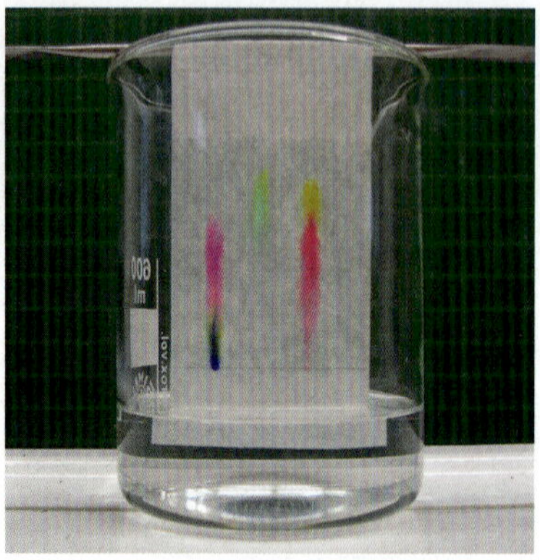
Trennung von Filzstiftfarben

Ziele erreicht? – „Trennverfahren“

1.17 + Durch welche der folgenden Trennmethoden kann eine wässrige Zuckerlösung in Zucker und Wasser getrennt werden?
a) Filtrieren, b) Zentrifugieren, c) Sedimentieren, d) Destillieren,
e) Dekantieren.

1.18 + Beschreiben Sie ein Beispiel für die praktische Anwendung der Extraktion, Filtration und Destillation.

1.19 + Schlagen Sie Wege vor, wie man die Gemische Salz/Pfeffer und Sand/Sägespäne in ihre Bestandteile zerlegen kann.

1.20 ++ Begründen Sie, warum sich Gase immer homogen vermischen.

1.21 + Setzen Sie die fehlenden Begriffe (Auswahl: homogen, heterogen, Reinstoff, Gemisch) ein:

Perlendes Sodawasser ist ein	
Salzwasser ist ein	
Tabakrauch ist ein	
Haushaltszucker ist ein	
Granit ist ein	

1.22 ++ In natürlichen Steinsalzvorkommen ist das Salz innig mit Sand vermischt. Planen und beschreiben Sie alle notwendigen Trennmethoden und Arbeitsschritte zur Gewinnung von trockenem Kochsalz.

1.23 ++ Wählen Sie eine Trennmethoden für die Trennung einer festen Phase von einer Gasphase.
a) Sedimentieren, b) Extrahieren, c) Filtrieren, d) Destillieren,
e) elektrostatische Trennung.

1.3 Masse, Menge und chemische Formelsprache

Wie heißt die Formel für Wasser? Das weiß doch wirklich jeder: „Ha-zwei-O"! Der Erfinder dieser genialen Schreibweise war ***Jöns Jakob Berzelius,*** *einer der bedeutendsten Chemiker seiner Zeit. Ihm waren die damals übliche Formulierung von Reaktionsgleichungen in Worten sowie die Benennung der Stoffe mit ihren oft unklaren Bezeichnungen zu umständlich. Auch konnte er sich nicht mit den von John Dalton vorgeschlagenen Elementsymbolen, die auf alchemistische Zeichen zurückgingen, anfreunden. Die Verwendung der Anfangsbuchstaben der Elementnamen in Kombination mit Zahlen –* H_2O *– war sehr präzise und übersichtlich. Sie machte die chemische Zeichensprache zu einem wichtigen Instrument in der internationalen Verständigung.*

Jöns Jakob Berzelius, 1779 bis 1848, schwedischer Chemiker

Nikolaus Kopernikus, 1473 bis 1543, heliozentrisches Weltbild

Im Februar 2010 wurde der Name des zuletzt entdeckten Elementes offiziell bestätigt.

Heliozentrisches Weltbild siehe Kap. B, 1.5.1.

Meine Ziele

Nach Bearbeitung dieses Kapitels kann ich
- mithilfe der **Elementsymbole** erklären, was eine **chemische Formel** aussagt;
- **Massen- und Mengenangaben** unterscheiden und anwenden;
- **chemische Gleichungen** aufstellen und **chemische Berechnungen** durchführen.

1.3.1 Zeichensprache der Chemie

Der griechische Philosoph **Aristoteles** unterschied die vier Elemente Erde, Feuer, Luft und Wasser. Im Mittelalter verwendeten die Alchemisten eine Bildersprache, um Stoffe und ihre Reaktionen zu beschreiben. Sie erkannten ebenso wenig wie die alten Griechen, welche Stoffe tatsächlich chemische Elemente sind. Erst der Engländer **Robert Boyle** definierte die Elemente in unserem heutigen Sinne als Urstoffe, die sich chemisch nicht weiter zerlegen lassen. Im 18. Jahrhundert erkannte der Franzose **Antoine L. de Lavoisier** die Rolle des Sauerstoffs bei der Oxidation und führte, basierend auf diesen Erkenntnissen, die Definition „Element" in die Chemie ein.

D

Elementsymbole – chemische Formeln

Entwicklung der Elementsymbole

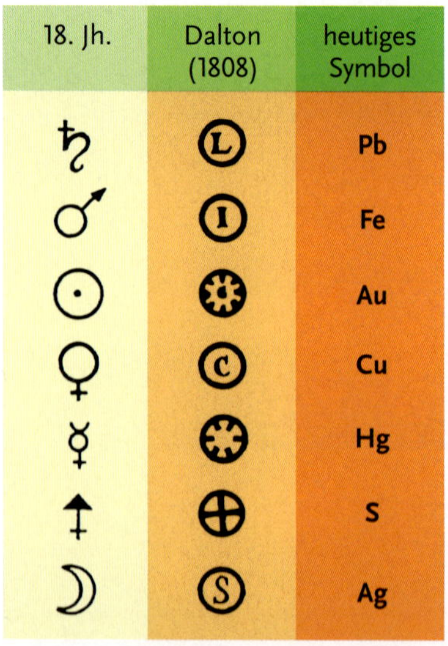

Symbole bezeichnen die Elemente

Der Anfangsbuchstabe wird immer groß geschrieben. Zur Unterscheidung von Elementen mit gleichem Anfangsbuchstaben folgt ein Kleinbuchstabe:

Wasserstoff	**H**ydrogenium	H	Stickstoff	**N**itrogenium	N
Helium		He	**Na**trium		Na
Kohlenstoff	**C**arboneum	C	**Ne**on		Ne
Calcium		Ca	Sauerstoff	**O**xygenium	O

Atome sind die kleinsten Bausteine der Elemente (siehe Kap. D, 1.1 Aufbau der Materie). Atome verschiedener Elemente haben deutlich verschiedene Größen und Massen. Die einzigen Elemente, die aus stabilen Einzelatomen bestehen, sind die Edelgase (z. B. He, Ne, Ar).

Bei vielen anderen Elementen bestehen die kleinsten stabilen Teilchen aus zwei oder mehreren Atomen, die fest miteinander verbunden sind. Sie heißen **Elementmoleküle.** Die Anzahl der miteinander verbundenen Atome wird durch **chemische Formeln** dargestellt. Eine tiefgestellte Zahl (Index) nach dem Elementsymbol gibt an, wie viele Atome beteiligt sind.

Beispiele für Elementmoleküle:

Wasserstoff	H_2	Sauerstoff	O_2	Fluor	F_2
Chlor	Cl_2	Ozon	O_3	Schwefel	S_8

Eine Reihe von Elementen bildet keine Moleküle, sondern ausgedehnte **Gitter,** in denen eine sehr große Zahl von Atomen enthalten ist. Dazu gehören beispielsweise Kohlenstoff, Silicium und alle Metalle. Diese Elemente werden mit dem Elementsymbol ohne Index bezeichnet (C, Si, Fe, Mg usw.).

Die Zusammensetzung von chemischen **Verbindungen,** die aus Molekülen bestehen, wird in analoger Weise angegeben.

CO ≠ Co

Beispiele für Verbindungen, die aus Molekülen bestehen/aufgebaut sind:
Wasser H_2O Kohlenstoffmonooxid CO Kohlenstoffdioxid CO_2

Andere Verbindungen bilden Gitter. Bei ihnen gibt die Formel das Atomzahlenverhältnis im Gitter an. Man spricht von **Formeleinheiten.** Typische Stoffe sind die salzartigen Verbindungen. Sie bilden im festen Zustand ein Ionengitter.

Benennung salzartiger Verbindungen siehe Kap. D, 2.4.1.

Beispiele für salzartige Verbindungen:

Natriumchlorid (Kochsalz) NaCl	Calciumoxid (Branntkalk) CaO
Aluminiumoxid (Tonerde) Al_2O_3	Calciumnitrat (Kalksalpeter) $Ca(NO_3)_2$
Ammoniumsulfat $(NH_4)_2SO_4$	Kupfersulfatpentahydrat $CuSO_4 \cdot 5\ H_2O$
Calciumphosphat $Ca_3(PO_4)_2$	

Bilden zwei Elemente mehr als eine Verbindung, wird die Zahl der in der Formeleinheit auftretenden Atome oft durch folgende Vorsilben angegeben: mono (für eins), di (für zwei), tri (für drei), tetra (für vier), penta (für fünf), hexa (für sechs)...

NO	Stickstoffmonooxid (Stickstoffmonoxid)	SO_2	Schwefeldioxid
N_2O	Distickstoffmonooxid	SF_6	Schwefelhexafluorid

Wie nennt man die Verbindungen $AlCl_3$ und PBr_5?

Reaktionsgleichungen

Eine chemische Reaktion wird durch eine Reaktionsgleichung dargestellt, wobei chemische Formeln und Reaktionspfeile verwendet werden:

Ausgangsstoffe = EDUKTE   Endstoffe = PRODUKTE

$$C + O_2 \rightarrow CO_2$$
$$H_2 + I_2 \rightleftharpoons 2\,HI$$
$$2\,H_2 + O_2 \rightarrow 2\,H_2O$$ „eingerichtete" Gleichung

Gleichgewichtsreaktion siehe Kap. D, 3.3.

Der **Reaktionspfeil** → gibt die Reaktionsrichtung an. Der **Gleichgewichtspfeil** ⇌ beschreibt eine umkehrbare Reaktion (Gleichgewichtsreaktion). Das Wort „Gleichung" bedeutet in diesem Fall, dass die Zahl der Atome jedes vorkommenden Elementes vor und nach der Reaktion gleichbleibt. Daher wird bei der Bildung von Wasser aus den Elementen die Gleichung durch Einfügen von Koeffizienten eingerichtet. Die Formeln der Edukte und der Produkte dürfen nicht verändert werden!

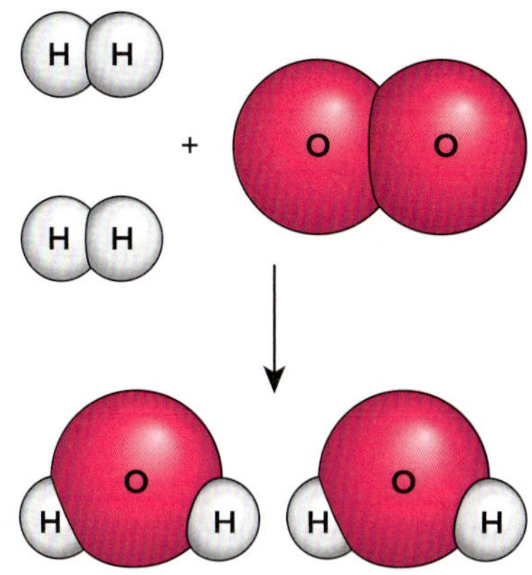

Bildung von Wasser:
$2\,H_2 + O_2 \rightarrow 2\,H_2O$

Gehen Stoffe eine chemische Reaktion ein, können durch sie weder Atome vernichtet noch erzeugt werden.

Gesetz von der Erhaltung der Masse: Bei einer chemischen Reaktion ist die Summe der Massen der Edukte gleich der Summe der Massen der Produkte.

Dieses Massenerhaltungsgesetz wurde 1785 von **Antoine L. de Lavoisier** als allgemeingültiges Naturgesetz formuliert. So selbstverständlich es uns heute erscheint, war es damals ein Meilenstein in der Geschichte der Chemie. Bis zu diesem Zeitpunkt wurde angenommen, dass durch chemische Reaktionen Materie erzeugt oder vernichtet werden könnte. Auch die Erkenntnis von **Albert Einstein,** dass Materie in Energie und umgekehrt Energie in Materie umgewandelt werden kann, ändert nichts an der Gültigkeit des Massenerhaltungsgesetzes. Die bei chemischen Reaktionen auftretenden Energieumsätze sind zu klein, um nachweisbare Massenänderungen hervorzurufen.

Reaktion von Eisen mit Schwefel:

$$7\text{ g Fe} + 4\text{ g S} \rightarrow 11\text{ g FeS}$$

Dabei werden 12,5 kJ Wärme abgegeben.
Dies entspricht einer Masse von $1{,}4 \cdot 10^{-10}$ g.

Was sagt Ihnen in diesem Zusammenhang die Formel $E = m \cdot c^2$?

1.3.2 Ordnungszahl, Massenzahl, Isotope

Die Elementarteilchen Protonen p^+, Neutronen n^0 und Elektronen e^- sind die Bausteine der Materie. In neutralen Atomen ist die Anzahl der Protonen und Elektronen gleich groß. Da die Protonenzahl die Anzahl der positiven Ladungen des Kerns bestimmt, heißt sie Kernladungszahl. Weil man die Elemente nach ihrer Kernladungszahl ordnet, nennt man sie auch Ordnungszahl.

Atomaufbau und Atommodelle siehe Kap. D, 2.1.

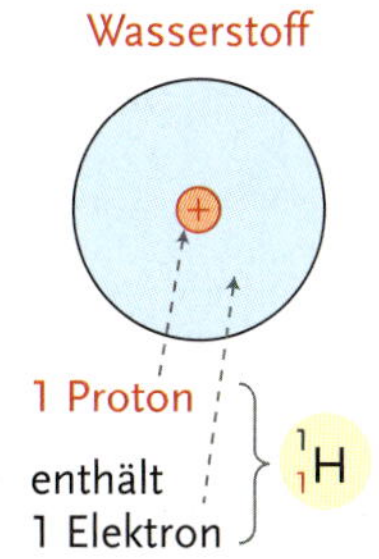

Ordnungszahl = Protonenzahl = Kernladungszahl

Die Protonen und Neutronen bestimmen gemeinsam die Masse eines Atoms. Daher gilt:

Massenzahl (Nukleonenzahl) = Protonenzahl + Neutronenzahl

Isotope des Wasserstoffs

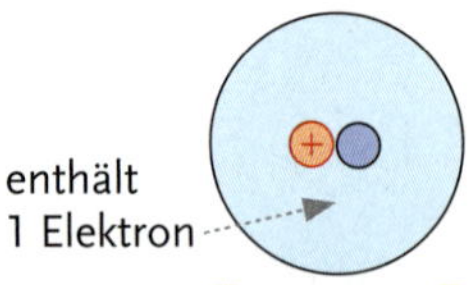

$^{2}_{1}H$ oder $^{2}_{1}D$

schwerer Wasserstoff (Deuterium)

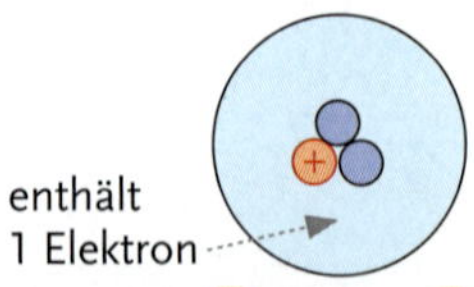

$^{3}_{1}H$ oder $^{3}_{1}T$

radioaktiver Wasserstoff (Tritium)

Welches Kohlenstoffnuklid wird bei der Radiocarbonmethode zur Altersbestimmung herangezogen?

Massenzahl ≠ Atommasse

1 u ist $\frac{1}{12}$ der Masse eines Atoms des Kohlenstoffnuklids ^{12}C. ($1\ u = 1{,}6605 \cdot 10^{-24}$ g)

Bestimmung von Atommassen mithilfe der Massenspektrometrie siehe Kap. F, 4.5.

Wenn bei einem Atom Massenzahl und Ordnungszahl bekannt sind, bezeichnet man es als **Nuklid** und symbolisiert es in folgender Weise:

Massenzahl (Nukleonenzahl)
Ordnungszahl
Elementsymbol

Die Neutronenzahl im Atomkern kann man ausrechnen:

Neutronenzahl = Massenzahl minus Ordnungszahl

Isotope

Nuklide mit derselben Ordnungszahl, aber verschiedener Massenzahl heißen **Isotope.** Sie stehen im PSE (siehe Kap. C, 2.3, Periodensystem der Elemente) am gleichen Ort (griechisch isos = gleich, topos = Ort), da sie zum gleichen Element gehören. Die Isotope eines Elementes unterscheiden sich wegen ihrer verschiedenen Neutronenzahl in ihren Massenzahlen.

Isotope eines Elementes haben gleiche chemische, aber verschiedene physikalische Eigenschaften.

Elemente, die in der Natur nur in einer **stabilen** Nuklidart vorkommen, bezeichnet man als „Reinelemente" (z. B. F, Na, Al, I). Man hat festgestellt, dass die meisten auf der Erde vorkommenden Elemente Isotopengemische sind (Mischelemente). Jedes Element enthält seine Isotope in einem bestimmten Mengenverhältnis. Viele Nuklide sind instabil und senden radioaktive Strahlung aus.

1.3.3 Massen- und Mengenangaben

Relative Atom- und Molekülmasse

Die Masse *m* eines Körpers wird im täglichen Leben in der SI-Einheit kg angegeben. Diese Einheit ist aber zur Messung von sehr kleinen Teilchen (Atomen, Molekülen) unpraktisch. Daher lag es nahe, ein Atom als Standard auszuwählen, und mit diesem Atom die Masse aller anderen Atome zu vergleichen.

Heute wird als Standard das Kohlenstoffnuklid $^{12}_{6}C$ verwendet. Aus praktischen Gründen nimmt man nur ein Zwölftel dieser Masse. Dieser Standard wird als „Atommasseneinheit" bezeichnet und erhält das Symbol u (Unit).

Die Atommasse *m* (Einheit u) gibt an, um wie viel Mal die Masse eines Atoms größer ist als die Atommasseneinheit u.

Die Massenzahl ist annähernd gleich der Atommasse, da Proton und Neutron die Masse von je etwa 1 u haben. Die Masse des Elektrons kann vernachlässigt werden, da sie nur ca. $\frac{1}{2000}$ u beträgt.

Aufgrund des natürlichen Isotopen-Mischungsverhältnisses der Elemente ist es zweckmäßig, einen gewichteten Durchschnittswert der Atommassen gemäß ihrer natürlichen Verteilung zu verwenden und im Periodensystem als Atommasse anzugeben.

Nuklide	m (u)		Anteil an Vorkommen	
^{35}Cl	34,97	mal	0,7553	26,413
^{37}Cl	36,95	mal	0,2447	9,042
			Durchschnittswert =	**35,455**

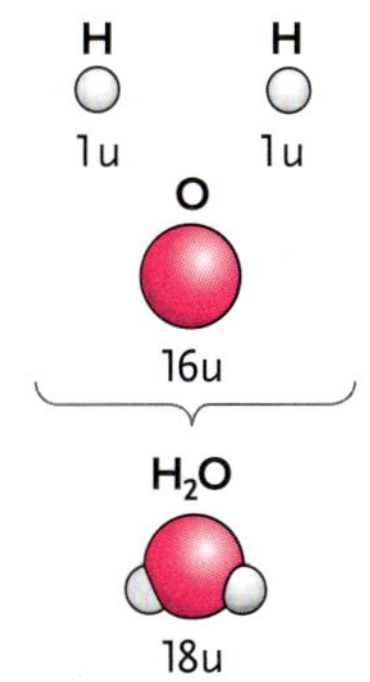

Molekülmasse von H_2O

Wird die Masse einer Molekülverbindung in der Atommasseneinheit u angegeben, spricht man von der **Molekülmasse.** Besteht eine Verbindung nicht aus Molekülen, sondern bildet ein Gitter, wird der Begriff **Formelmasse** verwendet. Zur Ermittlung der Molekülmasse müssen die Massen der Atome eines Moleküls summiert werden.

Ein abgegrenzter Stoffbereich (z. B. ein Stück Holz) wird als Stoffportion bezeichnet. Sie kann aus einem oder mehreren Stoffen bestehen.

Jede **Stoffportion** besitzt eine bestimmte **Masse** m, ein bestimmtes **Volumen** V und eine bestimmte **Stoffmenge** n.

Stoffmenge

Die Stoffmenge n ist eine Grundgröße im Internationalen Maßsystem (SI). Sie gibt an, wie viele Teilchen N (Atome, Moleküle, Ionen) in einer bestimmten Stoffportion enthalten sind. Die Stoffmenge wird im täglichen Leben mit den Einheiten Dutzend (zwölf Einzelteile) oder Paar (zwei Einzelteile) häufig verwendet.

In einer Stoffmenge von drei Dutzend Eiern sind 36 Eier enthalten.
Stehen in einem Skistall 13 Paar Ski, so sind 26 Einzelski vorhanden.
Zwei Dutzend Äpfel und zwei Dutzend Birnen bestehen aus je 24 Einzelstücken.

Zwei Stoffportionen bestehen aus derselben Stoffmenge, wenn sie dieselbe Teilchenanzahl haben.

Josef Loschmidt, 1821 bis 1895, österreichischer Physiker und Chemiker

Die Loschmidtkonstante N_L gibt die Anzahl der Moleküle pro Volumeneinheit eines idealen Gases unter Normalbedingungen an. Sie hängt mit der Avogadrokonstante N_A über das molare Volumen eines idealen Gases unter Normalbedingungen (22,4 L/mol) nach $N_L = N_A/22,4$ zusammen.

Im Internationalen Maßsystem wird als **Einheit der Stoffmenge** das **Mol** (Formelzeichen: mol) festgelegt. In einem Mol eines Stoffes sind $6,022 \cdot 10^{23}$ definierte Einzelteilchen enthalten. Diese Zahl wird als die Zahl von Avogadro N_A bezeichnet.

In 12 g des reinen Kohlenstoffnuklids ^{12}C sind $6,022 \cdot 10^{23}$ Kohlenstoffatome enthalten. Diese Stoffportion entspricht daher einer Stoffmenge von 1 mol.

Mol: ist die Menge eines Stoffes, die aus ebenso vielen Teilchen besteht, wie Atome in 12 g des Kohlenstoffnuklids ^{12}C enthalten sind ($6,022 \cdot 10^{23}$ Teilchen)

Aus dieser Definition ergibt sich der Zusammenhang zwischen der Masse m einer Stoffportion und deren Stoffmenge n, wie im folgenden Abschnitt erläutert wird.

Molare Masse (Molmasse)

Die Masse, die ein Mol einer Stoffportion hat, wird als **molare Masse M** bezeichnet. Sie wird in der Einheit g/mol angegeben.

Mit 18 g Wasser gefülltes Glas

Wie viele Moleküle sind in 18 g Wasser enthalten?

Ist die Stoffmenge (Anzahl der Mole) bekannt, wird die Masse der Stoffportion wie folgt berechnet: $m(X) = M(X) \cdot n(X)$

Zusammenhang zwischen der Atommasse *m* und der molaren Masse *M*:

$$m(C) = 12\ u \quad m(H) = 1\ u$$

Wenn in einer Stoffportion Kohlenstoff und in einer Stoffportion Wasserstoff die Anzahl der C-Atome und H-Atome gleich ist, ergibt sich ein Massenverhältnis von 12 : 1. Dieses Verhältnis ist erfüllt, wenn wir genauso viele Gramm nehmen, wie es dem Wert der Atommassen entspricht.

Massenangaben für Atome bzw. Moleküle in „u" haben denselben Zahlenwert wie die molare Masse in „g/mol".

Beispiel 1.3.01: Berechnung der molaren Masse

m(H-Atom) = 1 u, m(O-Atom) = 16 u, m(Na-Atom) = 23 u, m(Cl-Atom) = 35,5 u

$m(H_2O$-Molekül$) = 18$ u	$M(H_2O) = 18$ g/mol
$m(O_2$-Molekül$) = 32$ u	$M(O_2) = 32$ g/mol
m(NaCl-Gitterausschnitt) = 58,5 u	$M(NaCl) = 58{,}5$ g/mol

Zusammenhang zwischen Masse und Stoffmenge

Ist die Masse *m* einer Stoffportion bekannt, lässt sich aus der Division der Masse durch ihre molare Masse die Stoffmenge *n* berechnen:

$$n(X) = \frac{m(X)}{M(X)}$$

$n(X)$: Stoffmenge des Stoffes X
$m(X)$: Masse des Stoffes X
$M(X)$: **Molare Masse** des Stoffes X

Beispiel 1.3.02: Berechnung der Stoffmenge

Wie viel Mol sind:
1 kg Wasser .... $n(H_2O) = \frac{1\,000}{18} = 55{,}6$ mol
36 g Traubenzucker (Glucose) .... $n(C_6H_{12}O_6) = \frac{36}{180} = 0{,}2$ mol

Beispiel 1.3.03: Berechnung der Masse der Stoffportion

Wie viel Gramm sind:
5 mol Eisen ($M(Fe) = 55{,}9$ g/mol) .... $m(Fe) = 55{,}9 \cdot 5 = 279{,}5$ g
0,05 mol Ethanol .... $m(C_2H_5OH) = 46 \cdot 0{,}05 = 2{,}3$ g

Berechnungen bei Formeln und Gleichungen

Beispiel 1.3.04: Berechnung einer Summenformel aus Analysenwerten

Die Analyse eines Stoffes ergibt folgende Zusammensetzung: 69,59 % Ba, 6,09 % C und 24,32 % O. 100 g des Stoffes enthalten 69,59 g Ba, 6,09 g C und 24,32 g O.

$$n(Ba) = \frac{69{,}59\ g}{137{,}3\ g/mol} = 0{,}5068\ mol \quad : 0{,}5068 = 1{,}000 \qquad M(Ba) = 137{,}3\ g/mol$$

$$n(C) = \frac{6{,}09\ g}{12\ g/mol} = 0{,}5075\ mol \quad : 0{,}5068 = 1{,}001 \qquad M(C) = 12\ g/mol$$

$$n(O) = \frac{24{,}32\ g}{16\ g/mol} = 1{,}52\ mol \quad : 0{,}5068 = 2{,}999 \qquad M(O) = 16\ g/mol$$

Das Atomverhältnis ist 1 : 1 : 3, die Formel daher $\mathbf{BaCO_3}$ (Bariumcarbonat).

$$n(X) = \frac{m(X)}{M(X)}$$

Beispiel 1.3.05: Chemische Berechnung

Wie viel Gramm Eisen sind zur vollständigen Umsetzung von 9 g Schwefel zu Eisensulfid notwendig?

Reaktionsgleichung: $Fe + S \rightarrow FeS$ $\quad M(Fe) = 55{,}9$ g/mol, $M(S) = 32{,}1$ g/mol

$n(X) = \frac{m(X)}{M(X)}$ $\quad$ 9 g Schwefel sind $\frac{9}{32{,}1} = 0{,}2804$ mol

Die Reaktionsgleichung sagt aus, dass zur Umsetzung von 1 mol Eisen 1 mol Schwefel notwendig ist.

$m(X) = M(X) \cdot n(X)$ $\quad$ 0,2804 mol Eisen sind $0{,}2804 \cdot 55{,}9 = 15{,}67$ g

Es sind 15,67 g Eisen notwendig.

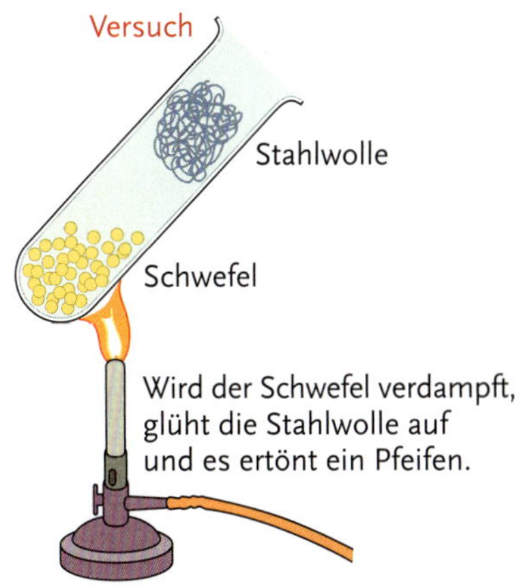

Beispiel 1.3.06: Chemische Berechnung

Wie viel Tonnen Kaliumcarbonat (K_2CO_3) können theoretisch aus 550 t Kaliumhydrogencarbonat ($KHCO_3$) hergestellt werden?

Reaktionsgleichung: $KHCO_3 \rightarrow K_2CO_3 + CO_2 + H_2O$
Reaktionsgleichung richtig gestellt: $\mathbf{2}\ KHCO_3 \rightarrow K_2CO_3 + CO_2 + H_2O$

550 t $KHCO_3$ sind $\frac{550.000 \text{ kg}}{100{,}1 \text{ kg/kmol}} = 5\,494{,}506$ kmol

Laut Reaktionsgleichung entsteht aus 2 mol $KHCO_3$ 1 mol K_2CO_3, bzw. aus 1 mol entstehen 0,5 mol.

$5\,494{,}506 \text{ kmol} \cdot 138{,}2 \text{ g/mol} \cdot 0{,}5 = 379\,670 \text{ kg} = 379{,}7 \text{ t}$

Es können 379,7 t Kaliumcarbonat hergestellt werden.

$M(KHCO_3) = 100{,}1$ g/mol
$M(K_2CO_3) = 138{,}2$ g/mol

$n(X) = \frac{m(X)}{M(X)}$

$m(X) = M(X) \cdot n(X)$

Molvolumen

Vergleicht man zwei Ballone verschiedener Gase mit gleichem Druck, gleicher Temperatur und gleichem Volumen, so enthalten sie die gleiche Anzahl von Teilchen.

AMEDEO AVOGADRO, 1776 BIS 1856

Diese Gesetzmäßigkeit fand 1811 der italienische Physiker Amedeo Avogadro.

Gesetz von Avogadro: Gleiche Volumina verschiedener Gase enthalten bei gleichem Druck und gleicher Temperatur die gleiche Anzahl von Teilchen.

In Kap. D, 1.1.2 wurde festgestellt, dass bei Gasen folgender Zusammenhang zwischen Druck, Volumen und Temperatur besteht:

Allgemeines Gasgesetz: $\frac{p \cdot V}{T} = \text{konstant}$

Der Wert der Konstante hängt nur von der Gasmenge und nicht von der Art des Gases ab. Liegt ein Mol eines Gases vor, hat diese Konstante einen bestimmten Wert. Sie wird mit R bezeichnet:

Allgemeine Gaskonstante: $R = 0{,}083144\ \text{L} \cdot \text{bar} \cdot \text{K}^{-1} \cdot \text{mol}^{-1}$

Für n Mole eines Gases muss die Konstante R mit n multipliziert werden.

Allgemeines Gasgesetz für n Mole eines Gases: $\boldsymbol{p \cdot V = n \cdot R \cdot T}$

Das **Molvolumen V_M eines Gases** beträgt bei einer Temperatur von 0 °C und einem Druck von 1,013 bar (bei Normbedingungen) **22,4 L/mol.**

Berechnung des Gasvolumens von 1 mol Gas bei Normbedingungen mithilfe des allgemeinen Gasgesetzes:

$$V = \frac{n \cdot R \cdot T}{p} = \frac{1\ \cancel{\text{mol}} \cdot 0{,}083144\ \text{L} \cdot \cancel{\text{bar}} \cdot 273{,}15\ \cancel{\text{K}}}{1{,}013\ \cancel{\text{bar}} \cdot \cancel{\text{K}} \cdot \cancel{\text{mol}}} = 22{,}42\ \text{L}$$

Welches Gas hat die geringste Dichte? Berechnen Sie diese Dichte für Normbedingungen.

Beispiel 1.3.07: Berechnung der Dichte von CH_4 (unter Normbedingungen)

Welche Dichte hat Methan (CH_4) unter Normbedingungen?
$M(CH_4) = 16$ g/mol

1 mol Methan hat unter Normbedingungen ein Volumen von 22,4 L. Aus Masse und Volumen lässt sich die Dichte berechnen:

$$\rho = \frac{m}{V} = \frac{M(CH_4)}{V_M} \qquad \rho = \frac{16\ \text{g/mol}}{22{,}4\ \text{L/mol}} = 0{,}714\ \text{g/L}$$

Die Dichte von CH_4 ist unter Normbedingungen 0,714 g/L.

Beispiel 1.3.08: Berechnung der Dichte von Luft (unter Normbedingungen)

Zusammensetzung der (idealisierten) Luft: 80 % Stickstoff, 20 % Sauerstoff

$$\rho = \frac{m}{V} = \frac{M(N_2)}{V_M} \qquad \rho = \frac{m}{V} = \frac{M(O_2)}{V_M}$$

$$\text{Dichte von } N_2 = \frac{28\ \text{g/mol}}{22{,}4\ \text{L/mol}} = 1{,}25\ \text{g/L}$$

$$\text{Dichte von } O_2 = \frac{32\ \text{g/mol}}{22{,}4\ \text{L/mol}} = 1{,}43\ \text{g/L}$$

80 % von 1,25 + 20 % von 1,43 = 1,25 · 0,8 + 1,43 · 0,2 = 1,286 g/L

Die Dichte von Luft ist unter Normbedingungen gerundet 1,29 g/L.

$V_{M,0} = 22{,}4$ L/mol
$T_0 = 273{,}15$ K
$p_0 = p = 1{,}013$ bar

Beispiel 1.3.09: Berechnung des Molvolumens unter Nichtnormbedingungen

Welche Dichte hat Helium bei 100 °C und 1,013 bar?
Berechnung des Molvolumens für 100 °C und 1,013 bar:

$$\frac{p \cdot V_M}{T} = \frac{p_0 \cdot V_{M,0}}{T_0} \qquad V_M = \frac{p_0 \cdot V_{M,0} \cdot T}{T_0 \cdot p}$$

$$V_{M,100\,°C} = \frac{1{,}013 \cdot 22{,}4 \cdot 373{,}15}{273{,}15 \cdot 1{,}013} = 30{,}6\ \text{L/mol}$$

$$\rho = \frac{m}{V} = \frac{M(He)}{V_{M,100\,°C}} \qquad \rho = \frac{4\ \text{g/mol}}{30{,}6\ \text{L/mol}} = 0{,}13\ \text{g/L}$$

Die Dichte von Helium bei 100 °C beträgt 0,13 g/L.

Ziele erreicht? – „Masse, Menge und chemische Formel…"

1.24 + Eine Formeleinheit besteht aus zwei Atomen Eisen (Fe) und drei Sulfatgruppen. Eine Sulfatgruppe besteht aus einem Atom Schwefel (S) und vier Atomen Sauerstoff (O). Geben Sie die chemische Formel dieser Verbindung an.

1.25 + Eine Formeleinheit besteht aus einem Atom Magnesium (Mg) und zwei Nitratgruppen. Eine Nitratgruppe besteht aus einem Atom Stickstoff (N) und drei Atomen Sauerstoff (O). Geben Sie die chemische Formel dieser Verbindung an.

1.26 ++ Füllen Sie in folgender Tabelle die leeren Kästchen aus:

Kationen	Anionen	Summenformel	Name der Verbindung
Mg^{2+}	NO_3^-	$Mg(NO_3)_2$	
Ca^{2+}	Cl^-	$CaCl_2$	
			Natriumsulfat
		$(NH_4)_3PO_4$	
Rb^+	N^{3-}		
Al^{3+}	S^{2-}		

1.27 + Überprüfen Sie die folgenden Reaktionsgleichungen. Stellen Sie die falschen richtig:
$N_2 + 3\ H_2 \rightarrow 2\ NH_3$
$4\ NH_3 + 5\ O_2 \rightarrow 4\ NO + 5\ H_2O$
$CH_4 + 2\ O_2 \rightarrow CO_2 + H_2O$

1.28 + Ergänzen Sie folgende Reaktionsgleichungen:

Verbrennung von Methan
$CH_4 + O_2 \rightarrow CO_2 + H_2O$

Neutralisation von Schwefelsäure mit Natronlauge
$H_2SO_4 + NaOH \rightarrow H_2O + Na_2SO_4$

Reaktion von Aluminium mit Chlor
$Al + Cl_2 \rightarrow AlCl_3$

Zersetzung von Kaliumchlorat beim Erhitzen
$KClO_3 \rightarrow KCl + O_2$

Gleichung der Fotosynthese
$CO_2 + H_2O \rightarrow C_6H_{12}O_6 + O_2$

1.29 + Geben Sie an, wie viel Gramm je 1 mol Schwefeltrioxid, Calciumoxid und Kohlenstoffdioxid sind.

1.30 + Geben Sie an, wie viel Mol je 95,4 g Wasser, 16,8 g Kohlenstoffmonooxid und 76,8 g Schwefeldioxid sind.

1.31 ++ Berechnen Sie, wie viel Gramm Chlor theoretisch zur Überführung von 18 g Phosphor(III)-chlorid PCl_3 in Phosphor(V)-chlorid PCl_5 erforderlich sind.
$PCl_3 + Cl_2 \rightarrow PCl_5$

1.32 ++ Berechnen Sie, wie viel Gramm Silbernitrat $AgNO_3$ und Kaliumchromat K_2CrO_4 zur Herstellung von 100 g Silberchromat Ag_2CrO4 erforderlich sind.
$2\ AgNO_3 + K_2CrO_4 \rightarrow Ag_2CrO_4 + 2\ KNO_3$

1.33 ++ Berechnen Sie, wie groß die Zunahme der Masse bei der Umwandlung von 10 g Eisenpulver in Eisen(III)-oxid Fe_2O_3 ist.

D

1.34 ++ Berechnen Sie, wie viel Gramm Zink in 212 g reinem Zinksulfat $ZnSO_4$ enthalten sind.

1.35 ++ Eine Kalksteinprobe besteht aus 84 % Calciumcarbonat $CaCO_3$. Wie viel Kilogramm Calciumoxid CaO sind in 2 t dieses Materials enthalten?

1.36 ++ In einer Heizung werden pro Stunde 10 m^3 Methan verbrannt. Welches Luftvolumen braucht man dafür?

1.37 ++ Berechnen Sie bei Normbedingungen die Dichten von Wasserstoffgas und von Etherdampf (CH_3OCH_3). Wie verhalten sich diese Gase, wenn sie aus einem offenen Gefäß austreten?

1.38 ++ Ein Wetterballon wird mit 300 L Wasserstoff bei Normbedingungen (0 °C, 1,013 bar) gefüllt. Er soll 17 km hoch steigen, wo die Temperatur –55 ° C und der Druck 0,1013 bar beträgt. Welches Volumen wird der Ballon in 17 km Höhe haben?

1.39 ++ Die Dichte eines Gases beträgt (bei 0 °C und 1,013 bar) 3,7411 g/L. Berechnen Sie, um welches Gas es sich handelt.

1.40 ++ Es sollen nach dem Haber-Bosch-Verfahren 350 kg Ammoniak hergestellt werden. Stellen Sie die Reaktionsgleichung richtig und berechnen Sie die benötigten Massen an Wasserstoff und Stickstoff.
$H_2 + N_2 \rightarrow NH_3$

2 Vom Atombau zu den Stoffeigenschaften

2.1 Atommodelle

JOHN DALTON, 1766 BIS 1844, ENGLISCHER NATURFORSCHER

Die griechischen Naturphilosophen Leukippos und Demokrit postulierten bereits im 5. Jahrhundert v. Chr., dass die gesamte Natur aus kleinsten unteilbaren Einheiten – den Atomen – zusammengesetzt sei. Sogar die Seele sei aus (besonders feinen, glatten, runden) Atomen aufgebaut. In der Folge setzte sich die Annahme von Aristoteles, dass die vier „Elemente" Erde, Wasser, Feuer und Luft alles aufbauen, durch. Erst im 18. Jahrhundert kam es zu einer Wiederbelebung des Atombegriffes – diesmal auf der Grundlage von Beobachtung und Experiment. Der Schöpfer dieser ersten modernen Atomtheorie war John Dalton. Hätte Dalton später gelebt, wäre er vermutlich mit dem Nobelpreis ausgezeichnet worden. Die Wichtigkeit der Atommodelle für Physik und Chemie erkennt man daran, dass für Forschungen über dieses Thema etwa 70 Nobelpreise vergeben wurden.

Meine Ziele

Nach Bearbeitung dieses Kapitels kann ich

- den **Aufbau der Atome** mithilfe verschiedener **Atommodelle** beschreiben;
- verstehen, dass die Chemie **Modelle zur Erklärung** wissenschaftlicher Erkenntnisse einsetzt.

Entwicklung der Atommodelle

Dalton 1808: kompakte Kugel

Laut **John Dalton** sind Atome winzige kompakte Kugeln. Atome eines bestimmten Elementes sind untereinander gleich, d. h., sie haben die gleiche Größe und Masse. Wenn sich Atome verbinden, geschieht dies in einfachen ganzzahligen Verhältnissen.

Dalton: Atome sind massive, unteilbare Kugeln.

Daltons Modell war revolutionär und hilft uns auch heute noch – aber es kann die chemische Bindung nicht erklären. Um immer mehr und immer besser erklären zu können, wurden immer kompliziertere Atommodelle entwickelt. Der Preis für mehr Erklärungsmöglichkeiten ist aber oft eine geringere Anschaulichkeit und auch ein höherer mathematischer Aufwand.

Modelle sind nicht wahr oder falsch, sondern sie versuchen, die Natur so anschaulich wie möglich zu erklären.

Die Tatsache, dass Atome negative Strahlen aussenden können, veranlasste den Engländer **Joseph Thomson** (1856 bis 1940; Entdecker des Elektrons 1897; Physik-Nobelpreis 1906) zur Entwicklung seines „Rosinenkuchenmodells", wonach die negativen Elektronen in eine positive Masse eingebettet sind.

Die Atomstruktur wurde durch den „Streuversuch" des Neuseeländers **Ernest Rutherford** (1871 bis 1937; Chemienobelpreis 1908) deutlicher. Er schoss mit den positiven Alphastrahlen (Heliumkernen) auf eine Goldfolie. Dabei gingen die meisten α-Teilchen unbeeinflusst durch die Goldfolie, einzelne wurden abgelenkt und ganz selten wurde ein α-Teilchen zurückgeworfen. *Rutherford: „... es war beinahe so unglaublich, als wenn man mit einer 15-Zoll-Granate auf ein Stück Seidenpapier schießt und die Granate zurückkommt und einen selber trifft."* Daraus schloss Rutherford, dass die (positive) Masse in einem Kern vereint sei, während die (negative) Hülle fast masselos sei.

Rutherford: Atome bestehen aus einem winzigen, positiv geladenen, massereichen Kern und einer negativ geladenen Hülle.

Wenn man für das Rutherfordmodell annimmt, dass die Elektronen planetenartig um den Kern kreisen, müssten die Elektronen nach der klassischen Physik ständig leicht an Energie verlieren und letztendlich in den Kern stürzen. Da dies nicht der Fall ist, übernahm **Niels Bohr** die Quantentheorie von **Max Planck,** wonach Energie nur in bestimmten Mindestportionen (Quanten) ausgetauscht werden kann. Elektronen können demnach nicht kontinuierlich strahlend Energie verlieren, sondern verbleiben im Normalfall auf ganz bestimmten Kreisbahnen.

Bohr: Elektronen kreisen auf definierten Bahnen (Schalen) um den Atomkern.

Heute arbeiten wir vorwiegend mit folgenden Elementarteilchen: Protonen p^+ (im Kern), Neutronen n^0 (im Kern) und Elektronen e^- (in der Hülle).

Teilchen	Masse (kg)	Masse (u)	Ladung (As)	Ladungszahl
p^+	$1{,}672\,6 \cdot 10^{-27}$	etwa 1	$+1{,}6 \cdot 10^{-19}$	+1
n^0	$1{,}674\,9 \cdot 10^{-27}$	etwa 1	0	0
e^-	$0{,}91 \cdot 10^{-30}$	etwa 0,000 5	$-1{,}6 \cdot 10^{-19}$	−1

Die Ladung $Q = 1{,}6 \cdot 10^{-19}$ As ist nicht teilbar und wird daher als Elementarladung bezeichnet. Neutrale Atome enthalten die identische Anzahl von Protonen und Elektronen.

Das Bohrmodell lässt sich ohne Probleme auf das Wasserstoffatom anwenden, bei dem die berechneten möglichen Bahnen des Elektrons gut mit den experimentellen Befunden übereinstimmen. Bei Helium und anderen Atomen mit mehr Elektronen klaffen Berechnung und Wirklichkeit hingegen auseinander. Durch verbesserte Experimente hoffte man, den Elektronenbahnen auf die Spur zu kommen. Die Beobachtung von Elektronen stößt aber auf die Schwierigkeit, dass so kleine Teilchen

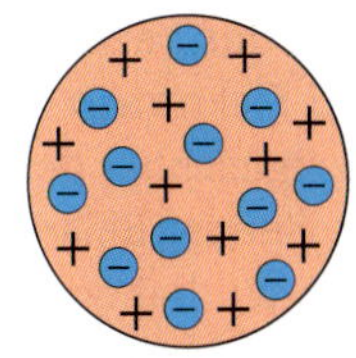

Thomson 1903: Elektronen wie Rosinen in positiver Kuchenmasse

„Streuversuch" 1909:

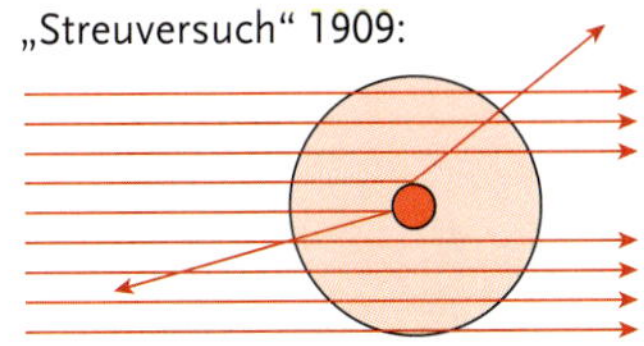

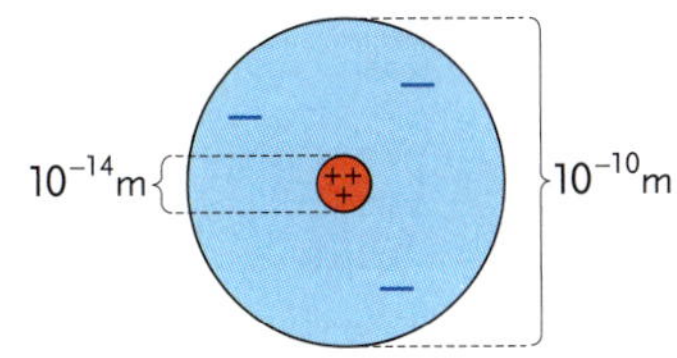

Rutherford 1911: positiver Kern und negative Hülle

Max Planck, 1858 bis 1947, deutscher Physiker, Physiknobelpreis 1918

Vergleich: Eier kommen quantenhaft in den Handel, d. h., man kann keine halben Eier kaufen.

Niels Bohr, 1885 bis 1962, dänischer Physiker, Physiknobelpreis 1922

Wir befinden uns bei der Beobachtung der Elektronen in einer Situation vergleichbar der Vermessung rollender Billardkugeln im Dunkeln: Wir haben keine Blitzlicht-Motorkamera, sondern nur unsere Hände, um die Kugeln zu ertasten – wodurch wir zwangsläufig Ort und Impuls verändern.

WERNER HEISENBERG, 1901 BIS 1976, DEUTSCHER PHYSIKER, PHYSIKNOBELPREIS 1932

mit der relativ langen Wellenlänge des sichtbaren Lichtes in einem Mikroskop nicht erfassbar sind. Und kürzere Wellenlängen haben den Nachteil, dass sie infolge ihrer hohen Energie das Elektron nicht nur beobachten, sondern massiv beeinflussen. Der deutsche Physiker **Werner Heisenberg** (1901 bis 1976; Physiknobelpreis 1932) lieferte die theoretische Begründung, dass Ort und Geschwindigkeit (genauer: Impuls) eines Elektrons nicht gleichzeitig exakt ermittelbar sind.

Heisenbergsche Unschärfebeziehung: Man kann für die negative Ladung lediglich Aufenthaltswahrscheinlichkeiten angeben.

Einen Ausweg lieferte der Ansatz des Franzosen **Louis de Broglie** (1892 bis 1987; Physiknobelpreis 1929). Er erstellte auf der Basis der Arbeiten von Planck und Einstein eine Formel, mit deren Hilfe man kleinen, schnellen Teilchen Wellennatur zuweisen und auch ihre Wellenlänge berechnen kann. Ebenso wie bei Licht, das als Teilchen oder als Welle aufgefasst werden kann, gilt für Elektronen ein Welle-Teilchen-Dualismus.

De Broglie: Schnelle Teilchen (Elektronen) haben die Eigenschaften von Wellen.

Da Elektronen am Atom lokalisiert sind, muss es sich um stehende Wellen handeln. Eindimensionale stehende Wellen (z. B. einer Gitarrensaite) können leicht gezeigt werden. Es existieren dabei neben der Grundschwingung (Länge der Saite = eine halbe Wellenlänge) auch Oberschwingungen, deren Wellenlängen nicht beliebig sind, sondern gegenüber der Grundschwingung halbiert oder gedrittelt etc. sind. Damit ergibt sich ganz von selbst eine Quantenbedingung für die Energie (halbierte Wellenlänge ≡ doppelte Frequenz ≡ doppelte Energie)!

Berechnung von Wellenlängen nach de Broglie.

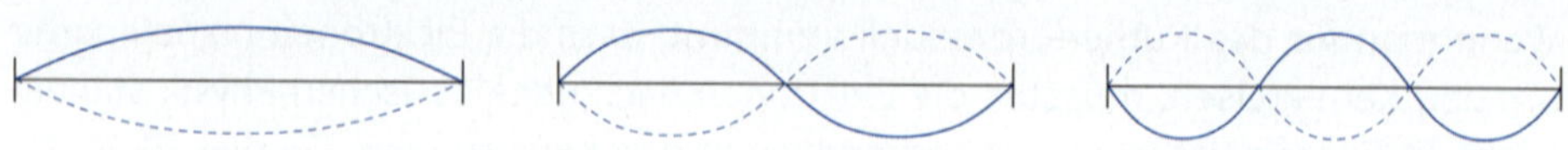

Grundschwingung | 1. Oberschwingung | 2. Oberschwingung

Orte, an denen die Schwingung ruht, nennt man Knoten. Mehr Knoten bedeuten mehr Energie.

Auch zweidimensionale Schwingungen (z. B. einer Trommelmembran) sind gut vorstellbar. Bei der Grundschwingung schwingt die komplette Membran nach oben bzw. unten. Oberschwingungen zeigen gerade oder kreisförmige Knotenlinien. In der Skizze stellt f_1 den Grundriss der Grundschwingung dar. Die weiteren Abbildungen zeigen Oberschwingungen mit den sich quantenmechanisch ergebenden Vielfachen der Grundschwingungsfrequenz f_1. Die Abbildungen der zweidimensionalen Schwingungen kann man auch als Schnitte durch dreidimensionale Schwingungen auffassen.

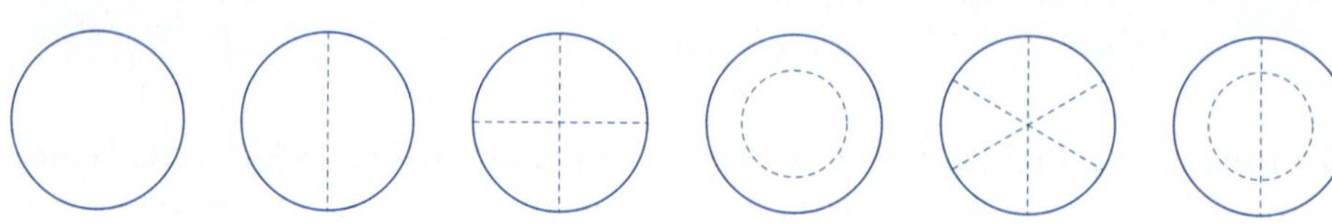

f_1 | $1{,}59f_1$ | $2{,}14f_1$ | $2{,}30f_1$ | $2{,}65f_1$ | $2{,}92f_1$

Ordnen Sie die beiden Schwingungen der rechts stehenden Skizze zu.

a) 

b) 

Wellenmechanisches Atommodell (Orbitalmodell): Dreidimensionale Schwingungen sind schwerer vorstellbar und nur mit hohem mathematischem Aufwand berechenbar. Der österreichische Physiker **Erwin Schrödinger** hat mithilfe der Wellenmechanik solche Schwingungen für das Elektron berechnet. Mit seinem Modell sind alle Bindungsarten erklärbar. Dreidimensionale Schwingungsräume nennt man Orbitale. Die Knoten der Orbitale können Ebenen oder andere Flächen sein.

Die Grundschwingung hat die Bezeichnung 1s, wobei die Ziffer 1 als Hauptquantenzahl *n* bezeichnet wird und der ersten Elektronenschale des Bohrmodells entspricht; höhere Zahlen bedeuten größere Orbitale. Die Hauptquantenzahl ist die fortlaufende ganze Zahl, die grob das Energieniveau angibt. Der Buchstabe s gibt die Kugelform des Orbitals an.

Erwin Schrödinger, 1887 bis 1961, österreichischer Physiker, Physiknobelpreis 1933

Die Schwingung mit nächsthöherer Energie ist die 2s-Schwingung. Der Knoten im Inneren der Kugel – die Grenze zwischen Orange und Blau in der Abbildung – ist kugelschalenförmig (vgl. Membranschwingung mit 2,30f_1).
Noch höhere Energien haben die 2p-Orbitale, die hantelförmig sind und drei Orientierungen im Raum entsprechend den Achsenrichtungen x, y und z einnehmen können.
Die Bezeichnungen + bzw. – sind keine Ladungsangaben (Elektronen sind immer negativ!), sondern entsprechen Berg bzw. Tal einer eindimensionalen transversalen Schwingung. Zwischen + und – befindet sich die auf der Achse senkrecht stehende Knotenebene.

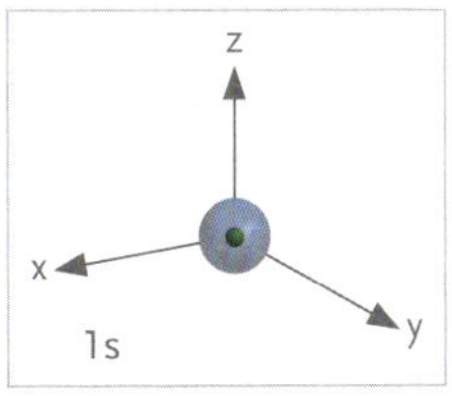

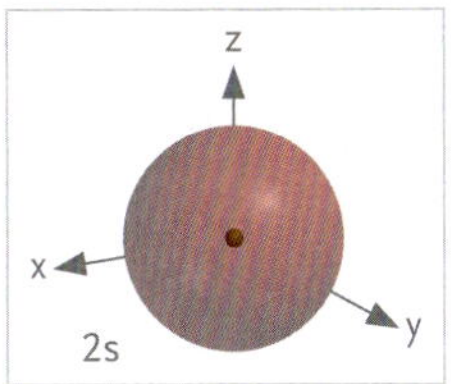

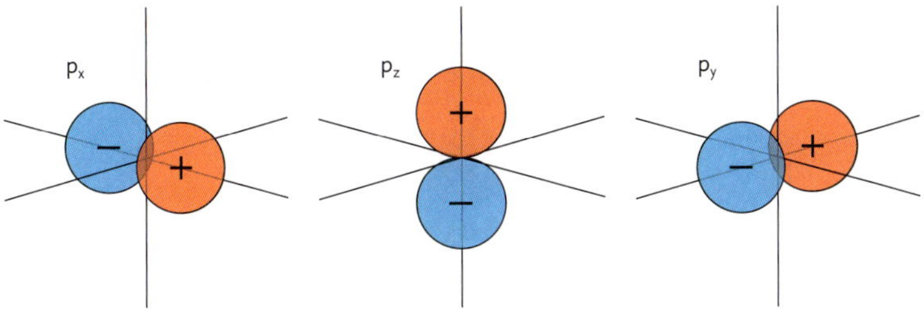

Die d-Orbitale sind rosettenförmig und zeigen fünf mögliche Orientierungen im Raum. Die f-Orbitale haben noch kompliziertere Formen in sieben möglichen Orientierungen. Die Orbitalenergien steigen mit der Hauptquantenzahl und zusätzlich in der Reihe s, p, d, f an.

Schrödinger: Elektronen verhalten sich wie dreidimensionale, stehende Wellen. Nur ganz bestimmte Schwingungszustände sind erlaubt. Schwingungsräume für Elektronen nennt man Orbitale.

Proben von verschiedenen Salzen werden mit Platindraht oder Magnesiastäbchen in die entleuchtete Flamme des Brenners gehalten. Bei Verwendung eines Handspektroskops kann die beobachtete Flamme noch besser einem Element zugeordnet werden.

Natrium verrät sich durch seine gelbe Flammenfärbung

Ein Beweis für die quantenhafte Aufnahme und Abgabe von Energie durch Elektronen ist die **Flammenfärbung:** Die Energie der Flamme erhöht die Energie eines Elektrons. Wenn dieses die Energie wieder abgibt, wird Licht ganz bestimmter Wellenlänge und damit Energie ausgestrahlt.

Das elfte Elektron (das Außenelektron) des Natriumatoms geht durch die Flammenenergie vom Schwingungszustand 3s in den energiereicheren Zustand 4s über. Wenn es wieder auf den Zustand 3s zurückgeht, wird die Energiedifferenz zwischen 4s und 3s in Form von gelbem Licht (Wellenlänge λ = 588 nm) abgestrahlt.

Die Abbildung rechts zeigt für das Wasserstoffatom (von rechts nach links) die in einem Spektroskop beobachteten Energieabgaben der Übergänge von 3s auf 2s, von 4s auf 2s, von 5s auf 2s und von 6s auf 2s.

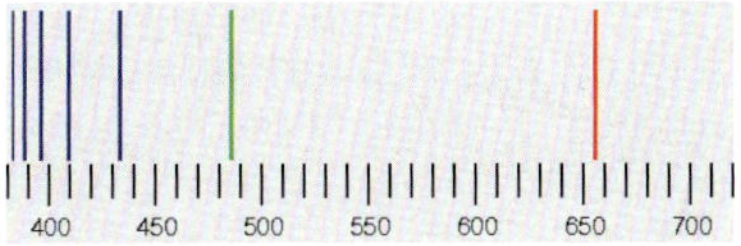

Wasserstoffspektrum (Ausschnitt)

Die auf **Robert Bunsen** (1811 bis 1899; entwickelte den Bunsenbrenner) zurückgehende Identifikation eines Elements aufgrund seines charakteristischen Linienspektrums bezeichnet man als **Spektralanalyse.**

Wenn man die Orbitale nach steigender Energie ordnet, ergibt sich die Reihenfolge (siehe PSE, Elektronenkonfiguration): 1s, 2s, 2p, 3s, 3p, 4s, 3d, 4p ...

Wie lautet die Fortsetzung der nebenstehenden Reihe?

Neue Hauptquantenzahlen fangen an, bevor vorherige enden (3d kommt z. B. aufgrund leicht höherer Energie nach 4s).

WOLFGANG PAULI, 1900 BIS 1958, ÖSTERREICHISCHER PHYSIKER, PHYSIKNOBELPREIS 1945

Schreibweise der Elektronenkonfiguration (der Anzahl und Energie der Elektronen) am Beispiel eines Stickstoffatoms N (Hochzahlen geben die Anzahl der Elektronen in den jeweiligen Orbitalen an):

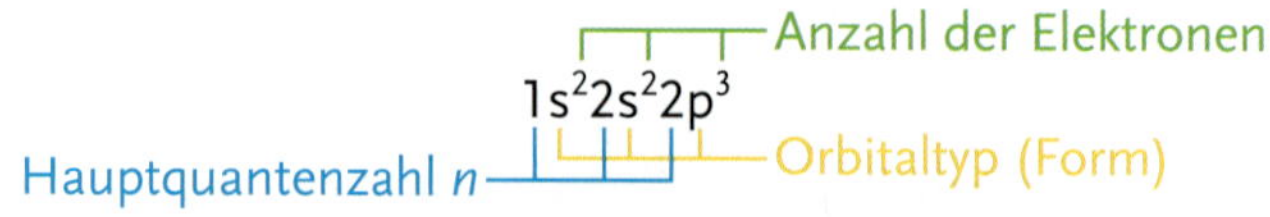

Pauliprinzip (benannt nach **Wolfgang Pauli**): In einem Orbital können maximal zwei Elektronen existieren. Diese müssen sich im Spin (Eigendrehimpuls) unterscheiden. Der unterschiedliche Spin ermöglicht über magnetische Anziehungskräfte (jede bewegte elektrische Ladung baut ein Magnetfeld auf), dass sich die beiden negativen Ladungen im Orbital „vertragen".

Regeln für die Besetzung der Orbitale mit Elektronen:

- Zustände niedrigerer Energie werden zuerst besetzt.
- **Pauliprinzip:** Jedes Orbital kann maximal zwei Elektronen (mit unterschiedlichem Spin) aufnehmen.
- **Hundsche Regel:** Energetisch gleichwertige Orbitale werden zunächst einfach besetzt.
- Maximale Anzahl an Elektronen für eine Hauptquantenzahl: $2n^2$.

Im Periodensystem ist die Elektronenkonfiguration ablesbar.

Beispiel Schwefel

Elektronenkonfiguration = $1s^2 2s^2 2p^6 3s^2 3p^4$ = $[Ne] 3s^2 3p^4$

Die zusammengezählten Hochzahlen der höchsten Hauptquantenzahl ergeben die Anzahl der Außenelektronen (Valenzelektronen): 2 + 4 = 6

Da die außen liegenden Elektronen mehr Energie als die inneren haben, sind sie für das chemische Verhalten verantwortlich.

Wenn in einer chemischen Gleichung die Elektronen der Elemente angeschrieben werden sollen, genügt es, dem Symbol die Außenelektronen hinzuzufügen. Ein Punkt symbolisiert ein Einzelelektron, ein Strich ein Elektronenpaar.

Mithilfe der im Periodensystem (PSE) angegebenen Elektronenkonfiguration werden einige Elemente mit Außenelektronen dargestellt:

H·							He|
Li·	|Be	|B·	|Ċ·	|Ṅ·	|Ȯ·	|F̄·	|N̄e|
Na·	|Mg	Al	Si	|Ṗ·	S	Cl	|Ār|
K							Kr

Ergänzen Sie in der Tabelle die Außenelektronen der Elemente mit gelb unterlegtem Feld.

Statt eines Strichs darf auch ein Doppelpunkt gezeichnet werden:
·Ö·

Kohlenstoff teilt das Elektronenpaar bei geringer Energiezufuhr in Einzelelektronen; daher auch möglich: C-Symbol mit vier Punkten:
·Ċ·

Entsprechend den genannten Regeln können für die einzelnen Elemente Energieniveauschemata aufgestellt werden. Dabei werden Elektronen als Pfeile dargestellt bzw. Elektronenpaare dem unterschiedlichen Spin entsprechend mit Pfeilen in unterschiedlicher Richtung.

Energieniveauschema von Schwefel

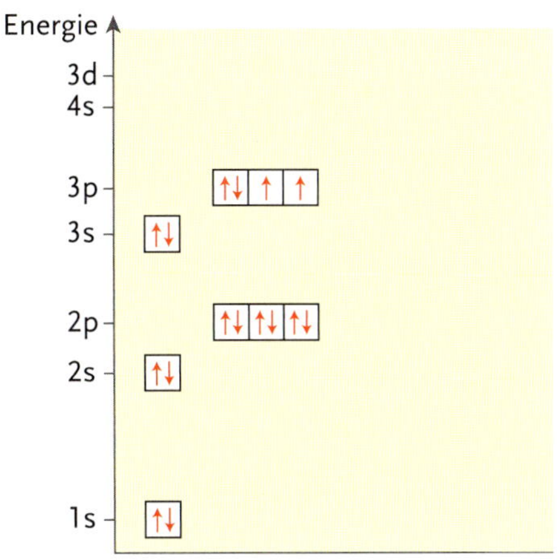

Energieniveauschema von Eisen

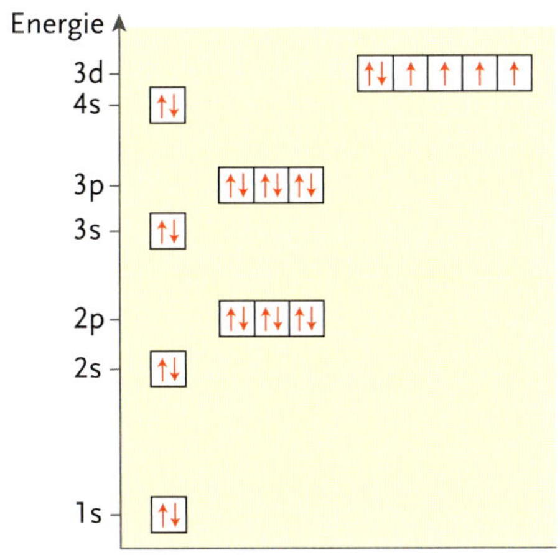

Die hundsche Regel ergibt bei Schwefel, dass die 3p-Orbitale nicht mit zwei Elektronenpaaren, sondern mit einem Paar und zwei Einzelelektronen besetzt sind. Aus dem gleichen Grund zeigt das Eisenatom in 3d vier ungepaarte Elektronen.

Die beiden ungepaarten Elektronen des Schwefelatoms deuten darauf hin, dass Schwefel bevorzugt zweibindig ist.

Der Spin verursacht ein Magnetfeld. Bei Elektronenpaaren heben sich die Magnetfelder auf. Die vier ungepaarten Elektronen des Eisenatoms bewirken, dass das Atom deutlich magnetisch ist. In metallischem Eisen geben die Eisenatome je drei Elektronen in das Elektronengas ab, wodurch der Magnetismus noch gesteigert wird. Siehe Kap. D, 2.4.2 und im digitalen Zusatzpaket, bei den Antworten zu Kap. G, die Antwort zur Frage warum NO_2 magnetisch ist.

Ziele erreicht? – „Atommodelle“

2.01 + Stellen Sie fest, um welchen Faktor das Gesamtatom größer ist als der Atomkern.

2.02 + Vergleichen Sie Ladung und Masse von Protonen, Neutronen und Elektronen.

2.03 + Geben Sie an, wie viele Elektronen für die dritte Hauptquantenzahl möglich sind.

2.04 + Nennen Sie das Element mit der Elektronenkonfiguration $1s^2 2s^2 2p^6 3s^2 3p^2$.

2.05 + Zeichnen Sie Energieniveauschemata der Elemente Phosphor und Mangan.

2.06 + Erklären Sie, wie viele Kästchen in einem Energieniveauschema für die 4f-Orbitale zu zeichnen sind.

2.07 + Stellen Sie das Elementsymbol inklusive Außenelektronen dar für: Rubidium, Xenon, Barium, Arsen, Brom.

2.08 ++ Suchen Sie eine Erklärung für die Tatsache, dass weißglühendes Eisen ein kontinuierliches Spektrum (die Regenbogenfarben) aussendet, während die Flammenfärbung von Eisen ein Linienspektrum darstellt.

2.09 ++ Erklären Sie, welches Atommodell richtiger ist – das bohrsche Atommodell oder das Orbitalmodell.

2.10 ++ Begründen Sie, warum man Denkmodelle oder Modellvorstellungen benutzt. Wo liegen ihre Grenzen?

2.2 Kernreaktionen und Radioaktivität

Atompilz

Diskutieren Sie, ob es den „gerechten Krieg" gibt, der den Einsatz von Kernwaffen rechtfertigt.

Marie Curie, 1867 bis 1934, Physiknobelpreis 1903, Chemienobelpreis 1911

Die radioaktive Strahlung ist nicht sichtbar, aber zum Teil sehr energiereich. Einige Forscher aus den Entdeckerzeiten erlitten dadurch schwere Gesundheitsschäden. Ebenso wurden Zivilpersonen und Soldaten durch Atombombentests in Mitleidenschaft gezogen.

Gefahrenzeichen „Radioaktivität" (ionisierende Strahlung)

Zweiter Weltkrieg, 6. August 1945, 8:15 Uhr in Hiroshima (Japan): Menschen kommen nach einem Alarm wieder aus den Luftschutzkellern und gehen ihrer Arbeit nach – ein einzelnes amerikanisches Flugzeug lässt eine vier Tonnen schwere Uranbombe fallen, die 45 Sekunden nach dem Abwurf in einer Höhe von 600 m über dem Boden explodiert – der Feuerball hat eine Million Grad Celsius, am Boden immer noch 5 000 °C – der Atompilz erreicht 13 km Höhe – ein Lichtblitz mit allen Strahlungsarten durchdringt die Stadt – Zehntausende sterben sofort – die Druckwellen vernichten 80 % der Innenstadthäuser, ein Großbrand vernichtet den Rest – der Bomberpilot meldet, dass er seinen Job erledigt habe – schwarzer, radioaktiver Regen fällt auf die Überlebenden – Rettungspersonal, das nach Hiroshima eilt, erkrankt an der Strahlenkrankheit – die Bomberbesatzung wird ausgezeichnet – inklusive Spätfolgen (z. B. Krebs) sterben 240 000 Personen (98 % der Einwohner). Am 9. August 1945 wurde über Nagasaki eine Plutoniumbombe abgeworfen. Die Verantwortlichen für die Atombombenabwürfe mussten sich nie rechtfertigen.

Meine Ziele

Nach Bearbeitung dieses Kapitels kann ich
- natürliche und künstliche **Kernreaktionen** nennen;
- verschiedene **Arten radioaktiver Strahlung** unterscheiden und ihre Gefährlichkeit einschätzen;
- erkennen, dass bei **Kernreaktionen** wesentlich größere Energieumsätze auftreten als bei chemischen Reaktionen.

Kerne mit ungünstigem Protonen-Neutronen-Verhältnis sowie überschwere Kerne sind nicht stabil: Sie zerfallen und senden dabei radioaktive Strahlung aus. Natürlich vorkommende Elemente tun dies in Form von Alpha- oder Beta- sowie zusätzlich auftretender Gammastrahlung.

Die entscheidenden Forschungen auf diesem Gebiet erfolgten durch die Franzosen **Henri Becquerel** und **Pierre Curie** sowie seine aus Polen stammende Gattin **Marie Curie.** Alle erhielten 1903 den Physiknobelpreis. Marie Curie erhielt 1911 zusätzlich den Chemienobelpreis und ist damit (neben Linus Pauling) die Einzige, die auf zwei verschiedenen Gebieten mit Nobelpreisen ausgezeichnet wurde.

α-Strahlung	Heliumkerne He^{2+}
β^--Strahlung	Elektronen e^- (aus dem Kern, nicht aus der Hülle; siehe unten)
γ-Strahlung	kurzwellige elektromagnetische Strahlung (ähnlich Röntgenstrahlung).

Von diesen Strahlungsarten hat die γ-Strahlung das größte Durchdringungsvermögen. Sie kann schwere gesundheitliche Schäden bewirken und nur durch dicke Schichten Beton oder Blei gut abgeschirmt werden. Bei der Nahrungsaufnahme verschluckte α- oder β^--Strahler sind ebenfalls sehr gefährlich.

Eine Kernumwandlung ist gleichzeitig eine Elementumwandlung.
Ein **α-Strahler** „magert ab", d. h., der Kern verliert je zwei Protonen und Neutronen.

Zerfall von ^{238}U: $^{238}_{92}U \rightarrow {}^{234}_{90}Th + {}^{4}_{2}He$

Der **β^--Strahler** wandelt im Kern ein Neutron in ein Proton und ein Elektron um:
$^{1}_{0}n \rightarrow {}^{1}_{1}p + {}^{0}_{-1}e^-$ (das Proton verbleibt im Kern, das Elektron wird abgestoßen)

Zerfall von ^{14}C: $^{14}_{6}C \rightarrow ^{14}_{7}N + ^{0}_{-1}e^{-}$

Wenn Teilchen mit sehr hoher Energie aufeinander geschossen werden, können neue Nuklide entstehen. Häufig sind diese künstlichen Kerne radioaktiv, d. h., nicht stabil. Bei ihrem Zerfall kommen außer α- und β^{-}-Zerfall auch andere Strahlungsarten vor. Elemente mit mehr Protonen im Kern als Plutonium können nur durch künstliche Kernreaktionen hergestellt werden. Sowohl bei der natürlichen als auch bei der künstlichen Radioaktivität stammen die frei werdenden großen Energiebeträge aus dem Verlust geringer Massen.

Radioaktivität: Strahlung bei Kernumwandlung

Manche Kerne (z. B. ^{235}U, ^{239}Pu) lassen sich durch Beschuss mit Neutronen in stabilere mittelgroße Kerne spalten. Die erste **Kernspaltung** gelang dem Deutschen **Otto Hahn** 1938 (Chemienobelpreis 1944). Eine wichtige Mitarbeiterin war die Österreicherin **Lise Meitner,** nach der das Element 109 benannt wurde. Das Experiment war für Hahn nicht gefährlich, weil die bei der Spaltung frei werdenden Neutronen nicht in ausreichendem Maß unversehrte ^{235}U-Kerne trafen. Erst wenn die Uranmasse „überkritisch" ist, d. h., wenn die bei der Spaltung freigesetzten Neutronen so viele weitere Urankerne treffen, dass sich die Kettenreaktion steigert, kommt es zur (Atombomben-)Explosion.

Beispiel für eine Spaltungsreaktion: $^{235}_{92}U + ^{1}_{0}n \rightarrow ^{89}_{36}Kr + ^{144}_{56}Ba + 3\,^{1}_{0}n$

Der Atomreaktor fußt auf dem gleichen Prinzip. Dabei wird dafür gesorgt, dass die Kernreaktion nicht anschwillt, sondern pro gespaltenem Kern immer nur ein neuer Neutronentreffer erzielt wird. Neben der Gefahr von Unfällen ist das größte Problem der Kernkraftwerke der radioaktive Abfall, dessen Lagerung umstritten ist.

Kernspaltung: Schwere Kerne werden zu mittelgroßen Kernen gespalten.

Die **Kernfusion** liefert noch mehr Energie als die Kernspaltung. Dabei werden vorzugsweise Wasserstoffnuklide zu Helium vereinigt. Dieser Prozess findet in der Sonne statt. Auch der Mensch „nutzt" die Kernfusion in Form der Wasserstoffbombe. Die friedliche Nutzung ist bis jetzt nicht gelungen, denn man muss für die Einleitung der Fusion noch mehr Energie bereitstellen, als man durch die Reaktion erhält.

Beispiel für eine Fusionsreaktion der Sonne: $^{3}_{1}H + ^{1}_{1}H \rightarrow ^{4}_{2}He$

Beispiel für eine Fusionsreaktion der H-Bombe: $^{6}_{3}Li + ^{2}_{1}H \rightarrow 2\,^{4}_{2}He$

Kernfusion: Leichte Kerne verschmelzen zu stabileren Kernen.

Es bleibt die Frage: Woher kommen die hohen Energiebeträge der Kernreaktionen? Die Antwort gibt uns der Schweizer **Albert Einstein** (geboren in Deutschland, mehrere Staatsbürgerschaften, darunter zeitweise die österreichische) mit seiner berühmten Formel: $\boldsymbol{E = mc^2}$ (Energie = Masse x Lichtgeschwindigkeit zum Quadrat). Schon geringe Masseverluste, wie sie bei Kernreaktionen auftreten, führen aufgrund des großen Wertes der quadrierten Lichtgeschwindigkeit zu hohen Energiebeträgen.

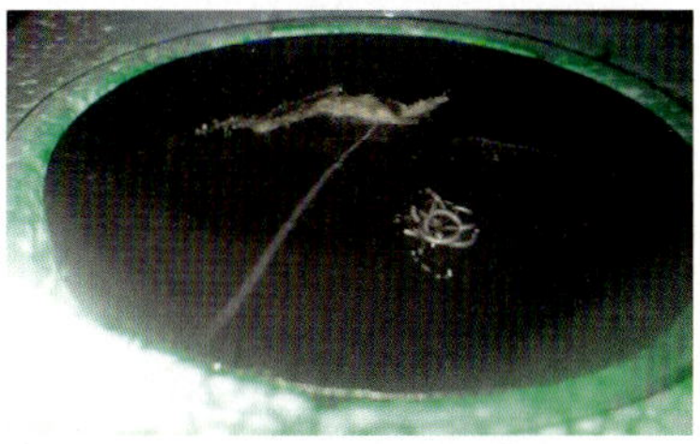

Kondensstreifen eines β^{-}-Teilchens in der Nebelkammer

Otto Hahn, 1879 bis1968, deutscher Kernforscher, Chemienobelpreis 1944

D

Kernspaltung

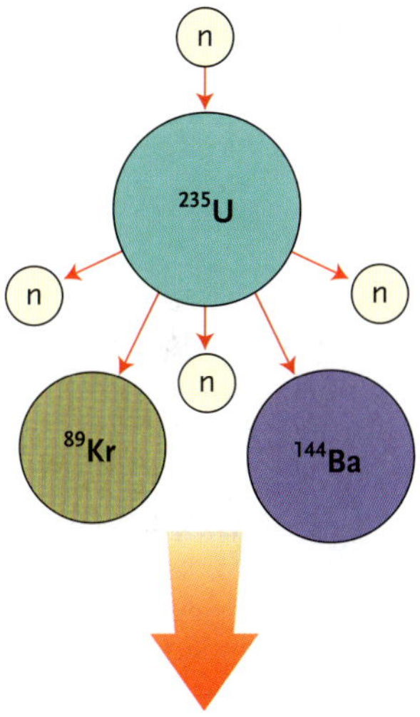

Wärme: treibt die Wärmekraftmaschine im Kernkraftwerk an.

Diskutieren Sie, was für und was gegen Kernreaktoren spricht.

ALBERT EINSTEIN, 1879 BIS 1955, PHYSIKNOBELPREIS 1921

Beispiel 2.01: Fusion von 1 mol Helium aus Protonen und Neutronen

2p .... 2 · 1,007277 u ..... 2,01455 u
2n .... 2 · 1,008665 u ..... 2,01733 u — 4,03188 u
Masse eines ^{4}He-Kerns: 4,00151 u
Massendifferenz Δm bei einem Kern: 0,03037 u
Masseverlust bei 1 mol He-Kerne: 0,03037 g

$E = m \cdot c^2 = 0{,}03037 \cdot 10^{-3}\ \text{kg} \cdot (3 \cdot 10^8\ \text{m/s})^2 = 2{,}73 \cdot 10^{12}\ \text{J}$

Der Masseverlust von etwa 0,03 g entspricht damit etwa dem Energieinhalt von 100 t Steinkohle.

Ziele erreicht? – „Kernreaktionen und Radioaktivität"

2.11 + Vergleichen Sie Ladung und Teilchenmasse von α-, β^- und γ-Strahlung.

2.12 ++ Erstellen Sie die Gleichungen für den Zerfall von ^{3}H bzw. von ^{226}Ra (Strahlungsart: siehe PSE).

2.13 + Geben Sie an, welches Element neben ^{131}Xe entsteht, wenn ein ^{239}Pu-Kern von einem Neutron getroffen wird.

2.14 ++ Begründen Sie, warum die Kernfusion mehr Energie als die Kernspaltung liefert.

2.15 + Berechnen Sie, wie viel Energie bei einem Masseverlust von 1 g frei wird.

2.3 Periodensystem der Elemente (PSE)

1869 waren 63 Elemente bekannt. ***Dmitri Mendelejew*** *reihte die Elemente nach der Atommasse, wobei er eine neue Zeile anfing, wenn dadurch Elemente ähnlicher Eigenschaften untereinander zu stehen kamen.*

DMITRI I. MENDELEJEW, 1834 BIS 1907, RUSSISCHER CHEMIKER

Таблица II.

Вторая попытка Менделѣева найти естественную систему химическихъ элементовъ. Перепечатана безъ измѣненій изъ „Журнала Русскаго Химическаго Общества", т. III, стр. 31 (1871 г.).

		Группа I.	Группа II.	Группа III.	Группа IV.	Группа V.	Группа VI.	Группа VII.	Группа VIII, переходъ къ группѣ I.
		H=1							
Типическіе элементы.		Li=7	Be=9,4	B=11	C=12	N=14	O=16	F=19	
1-й періодъ.	Рядъ 1-й.	Na=23	Mg=24	Al=27,3	Si=28	P=31	S=32	Cl=35,5	
	— 2-й.	K=39	Ca=40	?=44	Ti=50?	V=51	Cr=52	Mn=55	Fe=56, Co=59 Ni=59, Cu=63
2-й періодъ.	— 3-й.	(Cu=63)	Zn=65	?=68	?=72	As=75	Se=78	Br=80	
	— 4-й.	Rb=85	Sr=87	Yt?=88?	Zr=90	Nb=94	Mo=96	– =100	Ru=104, Rh=104 Pd=104, Ag=108
3-й періодъ.	— 5-й.	(Ag=108)	Cd=112	In=113	Sn=118	Sb=122	Te=128?	J=127	
	— 6-й.	Cs=133	Ba=137	—=137	Ce=138?	—	—	—	— — — —
4-й періодъ.	— 7-й.	—	—	—	—	—	—	—	
	— 8-й.	—		—	—	Ta=182	W=184	—	Os=199?, Ir=198? Pt=197, Au=197
5-й періодъ.	— 9-й.	(Au=197)	Hg=200	Tl=204	Pb=207	Bi=208	—	—	
	—10-й.		—	—	Th=232	—	Ur=240	—	
Высшая соляная окись		R_2O	R_2O_2 или RO	R_2O_3	R_2O_4 или RO_2	R_2O_3	R_2O_6 или RO_3	R_2O_7	R_2O_8 или RO_4
Высшее водородное соединеніе . . .				(RH_3)	RH_4	RH_3	RH_2	RH	

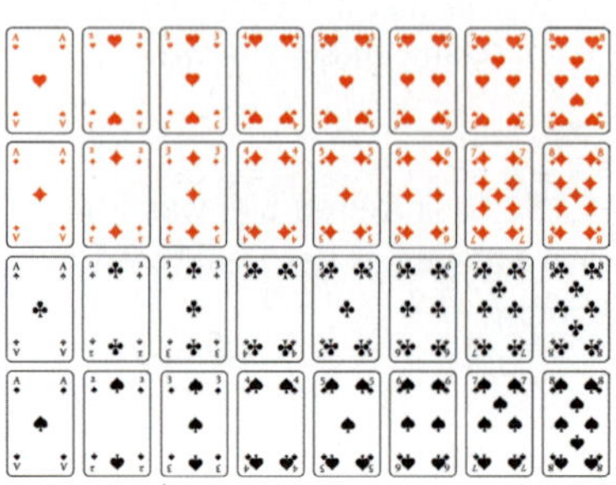

Vergleich mit Patience-Kartenspiel (Mendelejew liebte dieses Spiel)

Für noch nicht entdeckte Elemente hielt er Lücken frei, wobei er aufgrund der Stellung in seiner Tabelle deren Eigenschaften recht genau vorhersagte. Beispielsweise beschrieb Mendelejew das in der vierten Hauptgruppe zwischen Silicium und Zinn fehlende Element mit der Masse 72 so präzise, dass es 1885 von Clemens Winkler entdeckt werden konnte. Es erhielt den Namen Germanium (Ge).

Meine Ziele

Nach Bearbeitung dieses Kapitels kann ich
- ein Element aufgrund seiner Stellung im **Periodensystem** charakterisieren;
- die **periodischen Änderungen** der Kenndaten von Elementen interpretieren.

Ordnungsprinzipien des PSE: Die Elemente sind nicht nach steigender Atommasse, sondern nach zunehmender **Protonenzahl** (Ordnungszahl, Kernladungszahl) angeordnet. Die waagrechten Zeilen heißen **Perioden.** Innerhalb einer Periode sind Elemente mit der gleichen Anzahl von Elektronenschalen zusammengefasst, wobei es allerdings Verwerfungen gibt. Beispielsweise kommt 4s vor 3d.

Chemisch ähnliche Elemente sind untereinander in **Gruppen** angeordnet. Dabei unterscheidet man Hauptgruppen mit den Spaltennummern 1, 2 und 13 bis 18 sowie Nebengruppen mit den Nummern 3 bis 12. In den Hauptgruppen entspricht die Einerstelle der Gruppennummer der Anzahl der Außenelektronen.

Schwefel steht in der 16. Gruppe des PSE. Ein Schwefelatom hat daher sechs Außenelektronen.

Den Hauptgruppen wurden zum Teil einprägsame Namen gegeben:
1. Wasserstoff und Alkalimetalle
2. Erdalkalimetalle
13. Erdmetalle
14. Kohlenstoffgruppe
15. Stickstoffgruppe
16. Chalkogene (Erzbildner)
17. Halogene (Salzbildner)
18. Edelgase

Gruppe: Elemente mit gleicher Anzahl von Außenelektronen (Ausnahme He)
Periode: Elemente mit gleicher Anzahl von „Elektronenschalen“

Wenn sich die zuletzt eingebauten Elektronen in s- oder p-Orbitalen befinden, handelt es sich um Hauptgruppenelemente. Wenn sie sich in d- oder f-Orbitalen befinden, um Nebengruppenelemente. Man spricht von entsprechenden Blöcken im PSE.

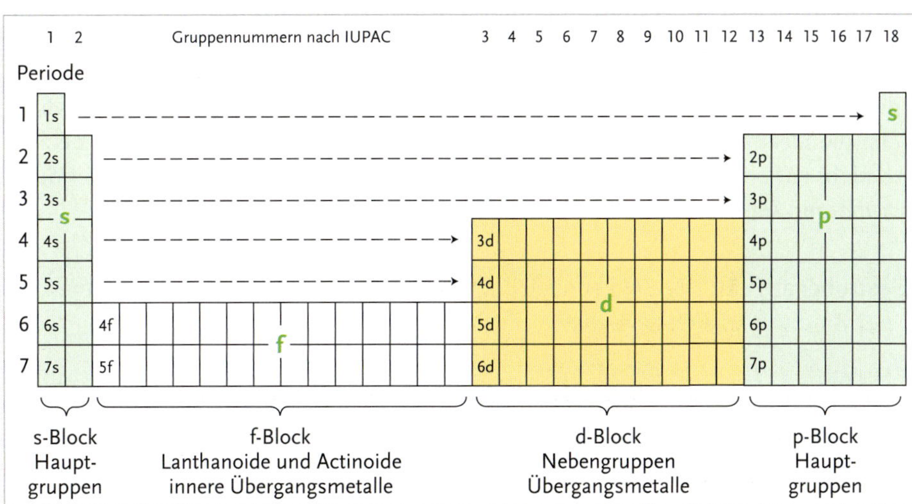

Welche Gruppe fehlt im PSE von Mendelejew? Was ist der Grund dafür?

Wo im PSE sind Abweichungen vom System steigender Atommassen feststellbar? Begründen Sie, warum an diesen Stellen Mendelejew intuitiv richtig anordnete, obwohl ihm die Protonenzahl nicht bekannt war.

Welche Gruppen des Periodensystems enthalten die reaktivsten Elemente? Welche Gruppen würden Sie als reaktionsträge bezeichnen?

Vergleichen Sie die Reaktivitäten: Natrium mit Wasser; Magnesium mit Wasser; Magnesium verbrennen; Versuch, ein Stück Aluminium zu verbrennen.

Rastertunnelmikroskop der TU Wien

Oberfläche eines Atomgitters im Rastertunnelmikroskop

D

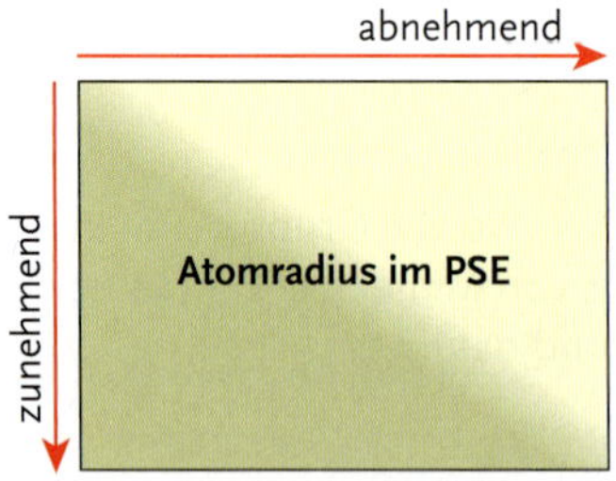

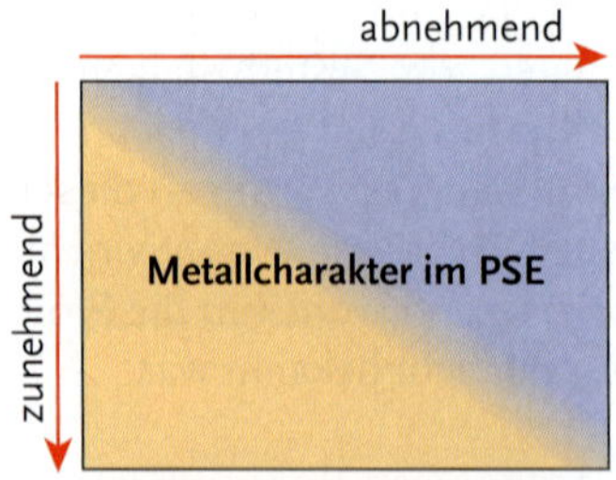

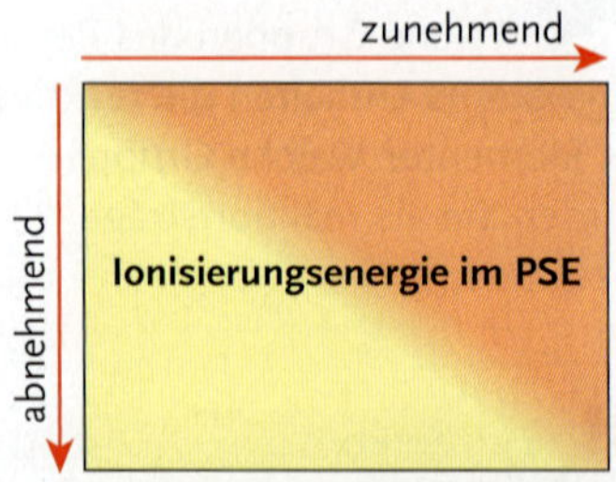

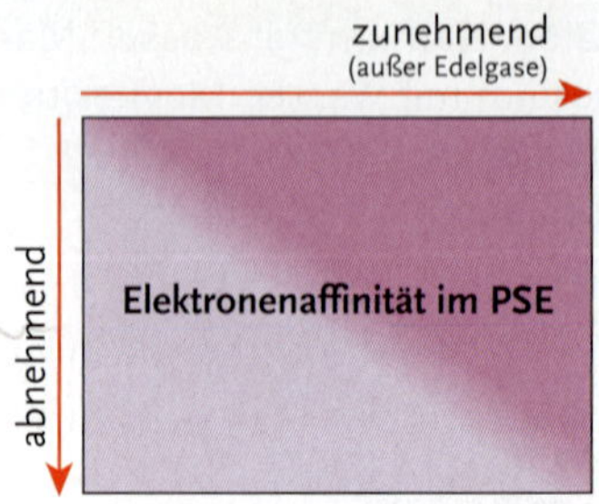

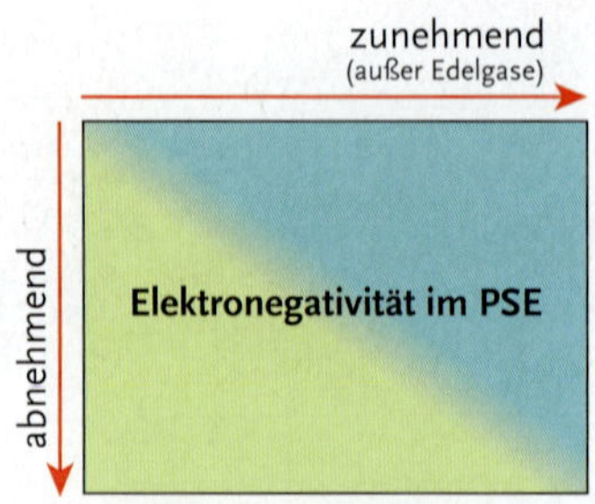

Linus Pauling, 1901 bis 1994, US-amerikanischer Chemiker, Chemienobelpreis 1954 und Friedensnobelpreis 1962

Im f-Block befinden sich untereinander sehr ähnliche Elemente. Um das PSE weniger breit zu gestalten, wird der f-Block meistens nach unten herausgenommen. Diese Lanthanoide und Actinoide haben keine eigenen Gruppennummern. Wasserstoff und Helium passen zu ihren Gruppen nur bedingt und nehmen daher eine gewisse Sonderstellung ein.

Der **Atomradius** ist entscheidend für die Periodizität der Eigenschaften der Elemente. Er nimmt im PSE von oben nach unten zu, weil mit jeder neuen Periode eine neue Elektronenschale (d. h. größere Orbitale) angefangen wird. Von links nach rechts nimmt der Atomradius ab, obwohl die Elektronenzahl zunimmt. Der Grund für die Abnahme ist, dass die vorhandenen Orbitale durch die steigende Protonenzahl des Kerns immer mehr zusammengezogen werden.

Atomradien sind schon längere Zeit indirekt beobachtbar, z. B. durch Messung der Röntgenbeugung von Kristallgittern. 1981 gelang es dem Deutschen **Gerd Binnig** und dem Schweizer **Heinrich Rohrer,** das Rastertunnelmikroskop zu konstruieren (Physiknobelpreis 1986). Mit ihm kann man Oberflächen abtasten und damit die Größe von Atomen bestimmen.

Andere Eigenschaften wie der **Metallcharakter** lassen sich vom Atomradius ableiten. Metalle sind Elemente mit hoher Leitfähigkeit. Dazu müssen die Außenelektronen locker sitzen. Dies ist bei den größeren Atomen der Fall. Ihre Außenelektronen sind weit vom positiven Kern entfernt (elektrische Anziehungskräfte nehmen mit der Entfernung stark ab). Im PSE findet man die Metalle daher eher links bzw. unten. Im s-Block (Ausnahme Wasserstoff), d-Block und f-Block finden sich nur Metalle. Im p-Block verläuft eine imaginäre Grenzlinie zwischen Metall und Nichtmetall vom Bor zum Astat, entlang der die typischen Halbmetalle (B, Si, Ge, As, Se, Sb, Te, At) zu finden sind.

Als Messgröße eignet sich die **Ionisierungsenergie:** Das ist jene Energie, die zum Abtrennen eines Elektrons vom Atom benötigt wird. Sie ist eine Funktion von Kernladung und Größe des Atoms. Bei großen Atomen (den Metallen) lassen sich Elektronen relativ leicht wegreißen. Die höchsten Ionisierungsenergien finden sich rechts oben im PSE.

Der gegensätzliche Begriff ist die **Elektronenaffinität.** Dies ist jene Energie, die man benötigt oder erhält, wenn einem Atom ein Elektron hinzugefügt wird. Die höchste Elektronenaffinität hat das aus kleinen Atomen bestehende Fluor. Die im PSE rechts davon stehenden Edelgase haben aufgrund ihrer kompletten Elektronenschalen (s- bzw. auch p-Orbitale sind mit Elektronen vollständig aufgefüllt) keine Tendenz, ein zusätzliches Elektron aufzunehmen.

Ein Mischbegriff aus der Ionisierungsenergie und (vor allem) der Elektronenaffinität ist die Elektronegativität *EN* (vgl. Skala auf der übernächsten Seite). Sie bezieht sich nicht auf einzelne Atome, sondern auf Atome, die sich bereits in einer Bindung mit anderen Atomen befinden.

Elektronegativität: Die *EN* kennzeichnet das Bestreben der Atome, Elektronen in einer Bindung an sich zu ziehen.

In der EN-Skala des amerikanischen Chemikers **Linus Pauling** ist das Element Fluor willkürlich mit dem Wert 4 festgelegt. Alle anderen Elemente haben geringere Werte. Die im PSE rechts oben stehenden Elemente (außer Edelgase) werden als elektronegativ bezeichnet, die Metalle mit ihren niedrigen EN-Werten als elektropositiv.

Ziele erreicht? – „Periodensystem der Elemente (PSE)"

2.16 + Geben Sie an, woher sich der Name des Elements Nr. 31 ableiten dürfte.

2.17 + Finden Sie antworten auf folgende Fragen zum Element Chlor: In welcher Periode bzw. welcher Gruppe befindet es sich? Handelt es sich um ein Metall oder Nichtmetall? Ist Chlor eine elektropositives oder elektronegatives Element?

2.18 + Nennen Sie die Anzahl der Außenelektronen von Atomen eines Elements der 15. Gruppe.

2.19 + Geben Sie an, ob das Element, das 56 Protonen im Kern hat, ein Metall oder ein Nichtmetall ist. Ist es elektropositiv oder elektronegativ?

2.20 + Begründen Sie, welches Element Sie für reaktiver halten: Natrium oder Kalium.

2.21 + Begründen Sie, welches Element eine niedrigere erste Ionisierungsenergie hat: Natrium oder Kalium.

2.22 + Im PSE gibt es „Schrägbeziehungen" ähnlicher Eigenschaften, z. B. von Lithium mit Magnesium. Wie ist dies begründbar?

2.23 + Ordnen Sie die Elemente Mg, K, O, Cl und Li nach steigender Elektronenaffinität.

2.24 + Suchen Sie im PSE das elektropositivste Element.

2.25 + Erklären Sie, welche Elektronegativität dem Element Neon zukommt.

D

2.4 Chemische Bindungen

Warum haben Kochsalz, Wasserstoff und Eisen so unterschiedliche Eigenschaften?

Warum kommen Edelgase atomar vor, während alle anderen Elemente Verbindungen eingehen? Antworten auf diese beiden Fragen setzen Kenntnisse über den Aufbau der Atome voraus. Sind es doch nur die Elektronen der äußersten Schale, die an chemischen Bindungen beteiligt sind!

Solange die Valenzelektronen nicht bekannt waren, richtete man sich nach gemeinsamen physikalischen und chemischen Eigenschaften, um Stoffe in Gruppen zusammenzufassen. Wir wissen jedoch nun, dass die unterschiedlichen chemischen Bindungen der Atome der Schlüssel zum Verständnis unterschiedlicher Erscheinungsformen sind.

Natriumchloridkristalle

Meine Ziele

Nach Bearbeitung dieses Kapitels kann ich
- die **Ionenbindung,** die **Metallbindung** und die **Atombindung** charakterisieren;
- die **Wechselwirkungskräfte** zwischen Molekülen erklären;
- mithilfe des Periodensystems die **Bindungstypen** von Verbindungen festlegen;
- aus dem Bindungstyp Stoffeigenschaften ableiten und so die Brücke zwischen **Mikrokosmos und Makrokosmos** herstellen.

Chemische Bindungen entstehen, da Atome einen energiearmen Zustand einnehmen wollen und daher eine Edelgaskonfiguration anstreben. Die Edelgase (ausgenommen Helium) haben eine stabile Außenschale mit **acht** Elektronen. Somit fasst man dieses Streben als **Oktettregel** zusammen.

Mit Wasserstoff gefülltes Luftschiff

Eisen als Konstruktionswerkstoff

Diskutieren Sie die unterschiedlichen Eigenschaften der abgebildeten Stoffe. Suchen Sie Analogien zu anderen Stoffen.

EN und Ionisierungsenergie

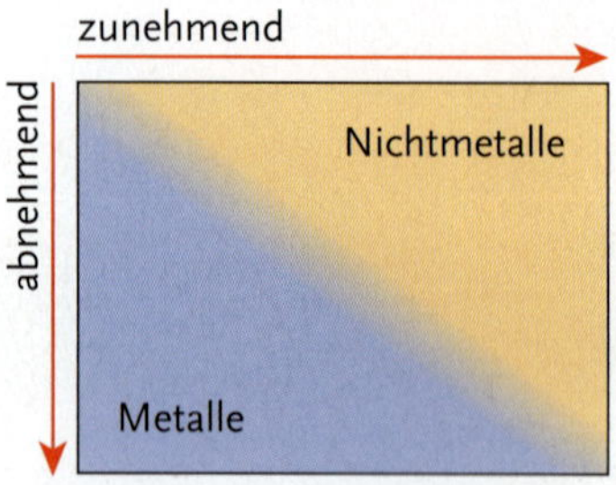

Unter der Ionisierungsenergie versteht man die zur Abspaltung eines Elektrons nötige Energie.

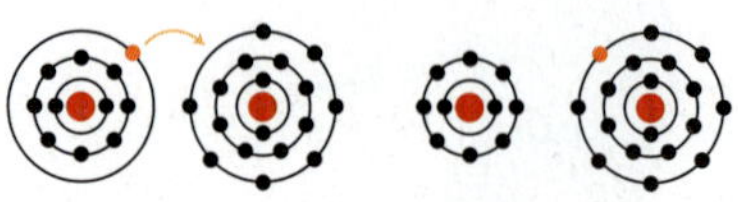

$Na + Cl \longrightarrow Na^+ + Cl^-$

Bindungsmechanismus: Elektronenübertragung

Die Oktettregel kann auf drei Arten erfüllt werden:

Metallbindung	Die Valenzelektronen der Metalle werden abgegeben und bilden ein Elektronengas.	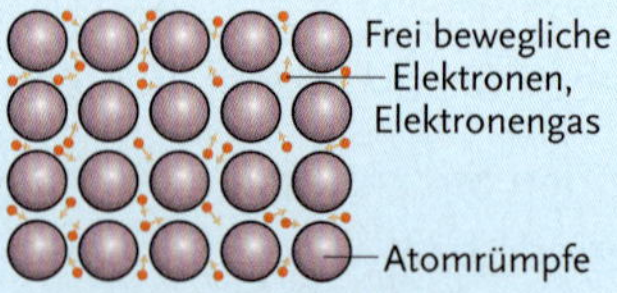
Ionenbindung	Metalle übertragen ihre Valenzelektronen an Nichtmetalle.	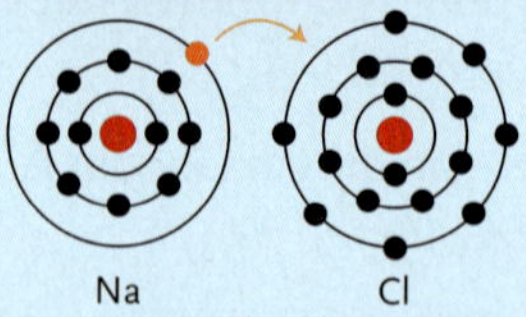
Atombindung	Nichtmetalle benutzen ihre Valenzelektronen gemeinsam.	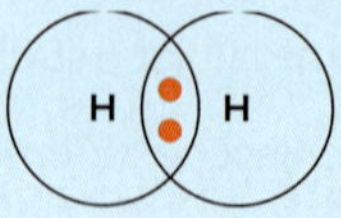

Auch am Unterschied der Elektronegativitäten der Bindungspartner (ΔEN) ist zu erkennen, welcher Bindungstyp vorliegt. Dabei gilt als Richtlinie:

$\Delta EN > 1{,}7$ ... **Ionenbindung** (Metall + Nichtmetall)
$\Delta EN = 0$ ... **Metallbindung** (Metall + Metall)
$\Delta EN = 0$ ... **unpolare Atombindung** (Nichtmetall + Nichtmetall)
$\Delta EN < 1{,}7$ ... **polare Atombindung** (Nichtmetall 1 + Nichtmetall 2)

	1	2	3	4	5	6	7
1	**H** 2,1						
2	**Li** 1,0	**Be** 1,5	**B** 2,0	**C** 2,5	**N** 3,0	**O** 3,5	**F** 4,0
3	**Na** 0,9	**Mg** 1,2	**Al** 1,5	**Si** 1,8	**P** 2,1	**S** 2,5	**Cl** 3,0
4	**K** 0,8	**Ca** 1,0	**Ga** 1,7	**Ge** 1,8	**As** 2,0	**Se** 2,4	**Br** 2,8
5	**Rb** 0,8	**Sr** 1,0	**In** 1,7	**Sn** 1,8	**Sb** 1,9	**Te** 2,1	**I** 2,4
6	**Cs** 0,7	**Ba** 0,9	**Tl** 1,8	**Pb** 1,8	**Bi** 1,9	**Po** 2,0	**At** 2,2
7	**Fr** 0,7	**Ra** 0,9					

Elektronegativität der Hauptgruppenelemente (nach Pauling)

2.4.1 Ionenbindung

Stoffe, die den Bindungstyp Ionenbindung aufweisen, werden **Salze** genannt.

Wegen ihrer größeren Elektronegativität entreißen die Nichtmetalle den Metallen ihre Valenzelektronen. Neutrale Atome werden so zu geladenen Teilchen, den **Ionen:** $\sum e^- \neq \sum p^+$

Bindungspartner	Valenzelektronen	Ion	Ionenladung
Metall	werden abgegeben	**Kation**	so vielfach **positiv,** wie e^- abgegeben wurden
Nichtmetall	werden aufgenommen	**Anion**	so vielfach **negativ,** wie e^- aufgenommen wurden

Aufgrund ihrer ungleichnamigen Ladungen und in alle Richtungen wirkenden elektrostatischen Anziehungskräfte ziehen sich Anionen und Kationen an. Die sich bildende regelmäßige Anordnung wird **Ionengitter** oder **Kristallgitter** genannt.

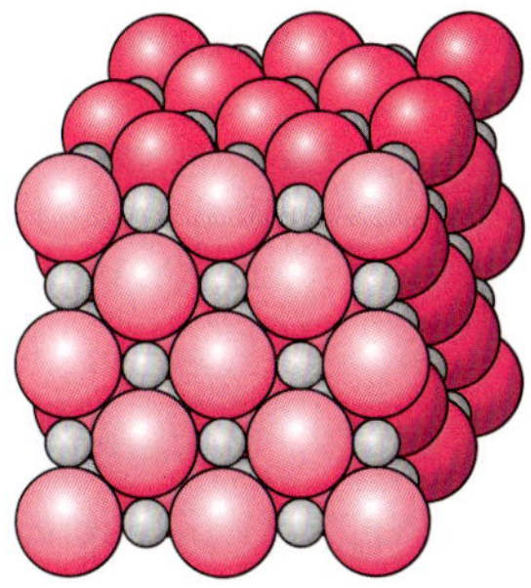

a) Die kugelförmigen Ionen sind dicht gepackt wie im realen Salzkristall (größere Anionen rosa, kleinere Kationen grau).

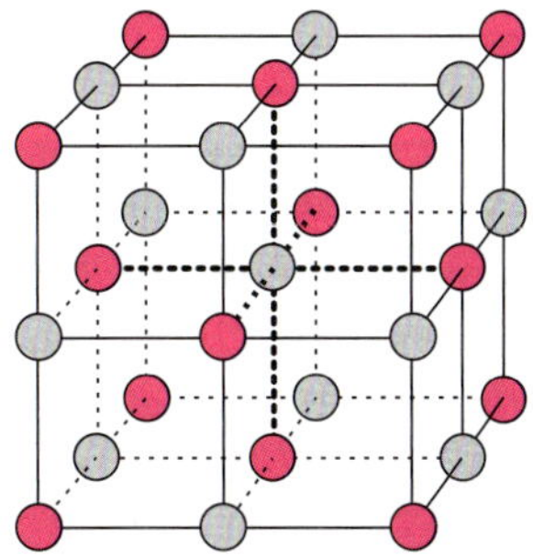

b) Schematische Darstellung des aufgeweiteten Kristallgitters – jedes Ion ist oktaedrisch von sechs Ionen entgegengesetzter Ladung umgeben.

Die Summenformel beschreibt das Atomzahlenverhältnis im Kristall, sie heißt **Formeleinheit.** Eine Formeleinheit ist elektrisch neutral.
Die Ladungszahl (Ionenwertigkeit) gibt an, wie viele positive oder negative Ladungen ein Ion trägt.

Beispiel 2.02: Übertragung der Elektronen

In dieser Elektronenschreibweise entspricht •• –. Alle Elektronenpaare sind gleichwertig!

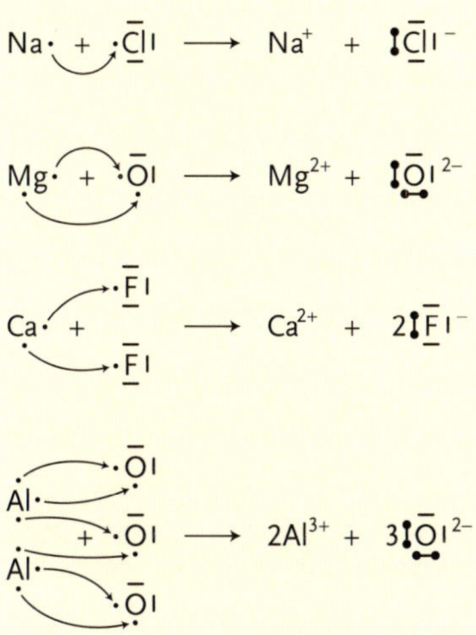

NaCl Natriumchlorid

MgO Magnesiumoxid

CaF_2 Calciumfluorid

Al_2O_3 Aluminiumoxid

Zeigen Sie für MgO, CaF_2 und Al_2O_3 mithilfe der Elektronenkonfigurationen, wie beide Bindungspartner eine stabile Außenschale mit acht Elektronen erreichen.

Beispiel: Natriumchlorid
$Na\ (3s^1) + Cl\ (3s^2 3p^5) \rightarrow$
$Na^+\ (2s^2 2p^6) + Cl^-\ (3s^2 3p^6)$

Nomenklatur: binäre – komplexe Verbindungen

Salze aus zwei Elementen heißen **binäre** Verbindungen.

Das Metall wird unverändert an erster Stelle genannt, an den Namen des Nichtmetalls oder an seine Wortwurzel wird die Endung **-id** angehängt.

	Metall	Kation	Nichtmetall	Anion	Metall/Nichtmetall/id
MgO	Magnesium	Mg^{2+}	**Ox**ygenium	O^{2-}	Magnesiumox**id**
CaF_2	Calcium	Ca^{2+}	Fluor	F^-	Calciumfluor**id**
Al_2O_3	Aluminium	Al^{3+}	**Ox**ygenium	O^{2-}	Aluminiumox**id**

Die systematischen Namen binärer anorganischer Verbindungen sind in Normen festgelegt. Weiters sind zahlreiche Trivialnamen üblich:

NaCl – Natriumchlorid, Kochsalz, Steinsalz, Streusalz, Meersalz

$CaCO_3$ – Calciumcarbonat, Kalkstein, Kreide, Marmor

Salze mit mehratomigen Ionen werden **komplexe** Verbindungen genannt.

Wieder bleibt der Metallname unverändert, die komplexen Anionen erhalten die Endung **-at:** Um Formeln übersichtlich zu machen, werden mehratomige Ionen, wenn sie mehr als einmal in der Formeleinheit vorkommen, in Klammern gesetzt.

	Metall	Kation	Komplexion		Metall/Komplexion
$Al_2(SO_4)_3$	Aluminium	Al^{3+}	Sulf**at**	SO_4^{2-}	Aluminiumsulf**at**
$NaNO_3$	Natrium	Na^+	Nitr**at**	NO_3^-	Natriumnitr**at**
$CaCO_3$	Calcium	Ca^{2+}	Carbon**at**	CO_3^{2-}	Calciumcarbon**at**
K_3PO_4	Kalium	K^+	Phosph**at**	PO_4^{3-}	Kaliumphosph**at**

Vorsilben für in der Formeleinheit mehrfach vorkommende Atome oder Komplexionen:
mono (für eins), di (für zwei), tri (für drei), tetra (für vier), penta (für fünf), hexa (für sechs)

$CuSO_4 \cdot 5\ H_2O$
Kupfersulfat**penta**hydrat

Verschiedene Salzkristalle enthalten pro Formeleinheit eine bestimmte Anzahl von Wassermolekülen, das Kristallwasser (Hydratwasser). Es wird durch einen Punkt von der Formeleinheit abgetrennt.

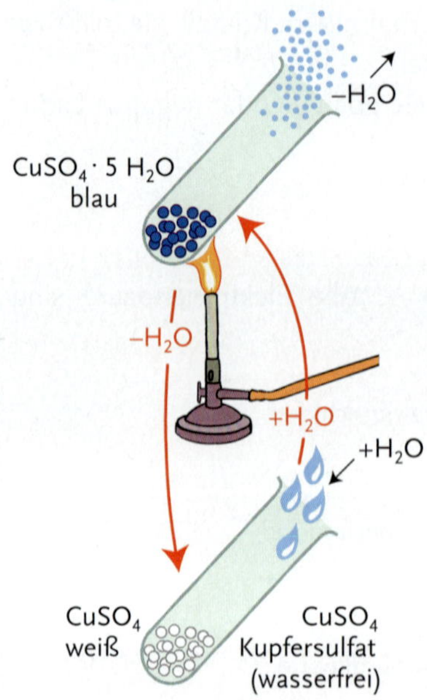

Versuch:

Das **Kristallwasser** wird bei der Kristallisation aus wässriger Lösung in die Kristallstruktur eingebaut. Es füllt vorhandene Hohlräume optimal aus. Wird das Wasser durch Erwärmen ausgetrieben, bricht meistens die Kristallstruktur zusammen.

Aus dem leuchtend blauen Kupfersulfatpentahydrat $CuSO_4 \cdot 5\ H_2O$ wird so weißes Kupfersulfat $CuSO_4$.

Bei neuerlicher H_2O-Zugabe tritt wieder Blaufärbung auf.

Eigenschaften von Salzen

Aus der Anziehungskraft zwischen Anionen und Kationen und der daraus resultierenden Gitterstruktur lassen sich die Eigenschaften der Salze ableiten:

- Bei Raumtemperatur sind alle Salze **fest.**
- Stabile Ionengitter bedingen hohe **Schmelzpunkte.**
- Ionen werden im Gitter festgehalten, daher sind feste Salze elektrische Isolatoren.
- Im **flüssigen Zustand** sind die Ionen beweglich, somit sind Salzlösungen und -schmelzen **gute elektrische Leiter** (elektrische Leiter zweiter Klasse, Ionen als Ladungsträger).
- Bei Krafteinwirkung (Verformung) kommen gleichartig geladene Ionen übereinander zu liegen und stoßen sich ab. Salze splittern daher leicht, sie sind **spröde.**

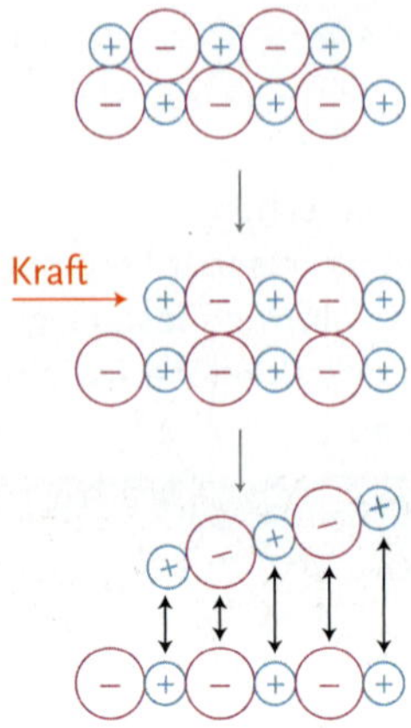

Verformung führt zur Abstoßung benachbarter Gitterebenen

Ziele erreicht? – „Ionenbindung"

2.26 + Erklären Sie, welchen Edelgasen die Elektronenstruktur von Li^+, Na^+, F^- und Cl^- entspricht.

2.27 ++ Schreiben Sie in Elektronenschreibweise die Bildung von Natriumfluorid und Magnesiumchlorid auf.

2.28 + Geben Sie die Summenformel von Salzen an, die aus folgenden Ionen gebildet werden: Ca^{2+} und Cl^-, Na^+ und O^{2-}, Al^{3+} und F^-.

2.29 ++ Finden Sie heraus, bei welchen der folgenden Salze die Elektronenhüllen von Kation und Anion gleich aufgebaut sind: a) Lithiumfluorid, b) Natriumfluorid, c) Kaliumbromid, d) Kaliumchlorid, e) Bariumiodid, f) Aluminiumfluorid.

2.4.2 Metallbindung

Metalle besitzen wenige Valenzelektronen, die sie leicht abgeben. Die zurückbleibenden Atomrümpfe ordnen sich regelmäßig in einem sogenannten Metallgitter an. Die Valenzelektronen sind an keinen Platz im Gitter gebunden, relativ frei beweglich (delokalisiert) und bilden das Elektronengas.

Starke Anziehungskräfte zwischen den **Kationen** und dem **Elektronengas** halten das Metallgitter zusammen.

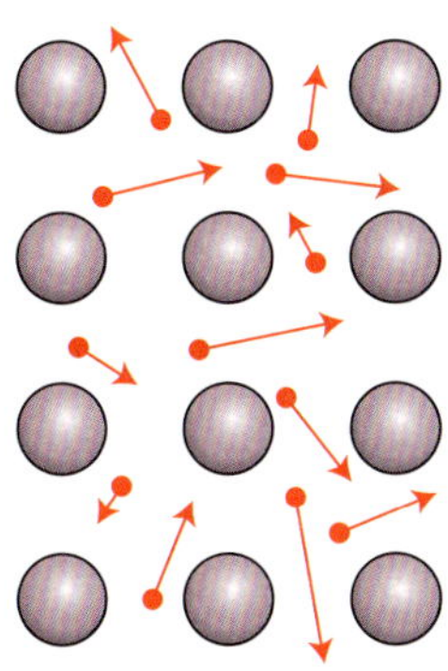

Die Elektronen sind im Metallgitter frei beweglich.

Eigenschaften von Metallen

- Aus dem sehr stabilen Gitter folgt, dass Metalle bei Raumtemperatur **fest sind;** Ausnahme Hg.
- Die delokalisierten Elektronen sind frei beweglich, daher sind Metalle sehr **gute elektrische Leiter** (elektrische Leiter erster Klasse; Elektronen als Ladungsträger).
- Ohne dass sich die Anziehungskraft zwischen ihnen ändert, gleiten Gitterebenen übereinander, somit sind Metalle **mechanisch verformbar** (duktil).
- Atome im Metallgitter können ausgetauscht oder in Gitterlücken eingebaut werden, auf diese Art bilden Metalle **Legierungen.**

Ein Metallstück besteht aus vielen kleinen voneinander abgegrenzten Kristallen, deren Ausrichtung und Größe von den Erstarrungsbedingungen abhängen.

Legierung: Mischung von verschiedenen Metallen.

Alufelge

Welche Gebrauchsmetalle sind Ihnen bekannt? Ordnen Sie ihren spezifischen Einsatz nach den bestimmenden Eigenschaften.

Bei einigen Metallen werden auch Elektronen mit niedrigerer Hauptquantenzahl ins Elektronengas abgegeben!

$Fe \rightarrow Fe^{3+} + 3\ e^-$

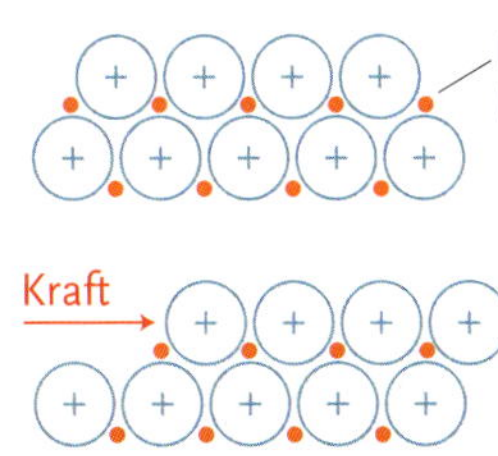

Zinn-Bronze, Schliffbild, optisches Mikroskop

Recherchieren Sie, welche Legierungen für Münzen und Schmuck eingesetzt werden.

„Big Phil" ist die größte Euromünze mit einem Nennwert von 100 000 Euro

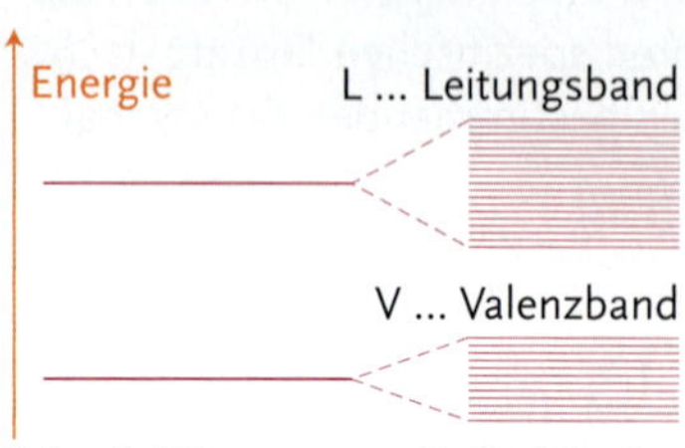

Energiezustände der Elektronen in einem Atom und in einem Kristall

p- und n-Halbleiter, Silicium siehe Kap. G, 2.4.

In Legierungen sind mindestens zwei Metalle oder Metalle und Nichtmetalle im festen Zustand ineinander gelöst. Wegen der Verschiedenheit der einzelnen Metallgitter ändern sich die ursprünglichen Metalleigenschaften wie Härte, Elastizität, Duktilität, Schmelztemperatur oder Korrosionsverhalten (rostfreier Stahl).

Legierung	Zusammensetzung in Massen-%	Beispiel
Messing	Kupfer mit bis zu 40 % Zink	
Bronze	Kupfer mit ca. 10 % Zinn und 5 % Blei	
Weichlot	Zinn mit bis zu 38 % Blei	
Rostfreier Stahl	Eisen mit über 12 % Chrom	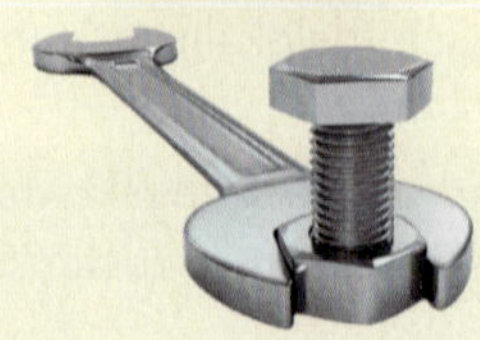

Elektrische Leitfähigkeit:
- Man unterscheidet zwischen Leitern, Halbleitern und Isolatoren.
- Elektrische Leiter erster Klasse: Elektronen als Ladungsträger
- Elektrische Leiter zweiter Klasse: Ionen als Ladungsträger, dazu muss das Salz gelöst oder geschmolzen vorliegen.

Zur Erklärung der elektrischen Eigenschaften gibt es ein weiteres Modell, das **Bändermodell.**

Bändermodell der elektrischen Leitfähigkeit

Im Metall (a) können Elektronen direkt vom Valenz- ins Leitungsband ($\Delta W = 0$)

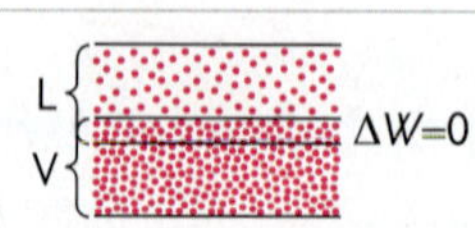

a Metall

Im Halbleiter (b) genügt eine kleinere Energiezufuhr ΔW, um Elektronen ins Leitungsband zu heben.

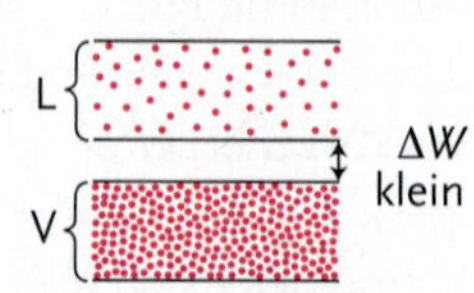

b Halbleiter

Im Isolator (c) gelangen keine Elektronen ins Leitungsband, weil ΔW zu groß ist.

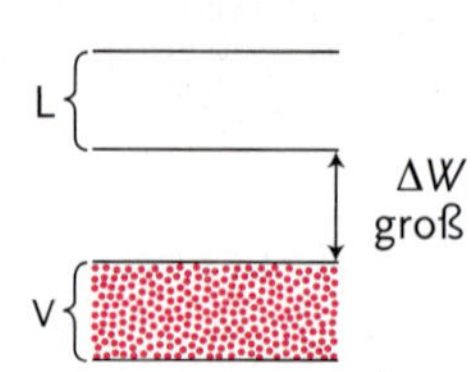

c Isolator

L = Leitungsband, V = Valenzband

2.4.3 Atombindung

Das Orbitalmodell beschreibt das Zustandekommen einer Bindung zwischen zwei Nichtmetallatomen so, dass die Orbitale mit ungepaarten Valenzelektronen einander durchdringen und eine doppelt besetzte Elektronenwolke bilden, die beide Atomkerne umhüllt. Diese negative Ladungswolke hält die positiven Atomkerne (oder Atomrümpfe) zusammen. Durch diese konstruktive Überlagerung und die damit verbundene Verstärkung ist dieses neue, in sich geschlossene Teilchen energieärmer und somit stabiler als die getrennten Atome. Durch gemeinsame Elektronenpaare erreichen alle Atome die Edelgaskonfiguration.

Aus wellenmechanischer Betrachtung handelt es sich um die Überlagerung zweier stehender Wellen und es kommt zu verstärkender Interferenz.

Bindende Elektronenpaare entstehen durch die Überlappung einfach besetzter Orbitale benachbarter Atome. Sie sind Elektronenpaare mit entgegengesetztem Spin. **Nicht bindende, freie Elektronenpaare** bestimmen die räumliche Anordnung der Atome und die Wechselwirkungen zwischen benachbarten Molekülen. Durch gemeinsame Elektronenpaare entsteht ein in sich geschlossenes Teilchen, ein Molekül.

Summenformel	Name	Elektronenschreibweise
Cl_2	Chlor	$|\overline{\underline{Cl}} - \overline{\underline{Cl}}|$
HCl	Hydrogenchlorid (Chlorwasserstoff)	$H - \overline{\underline{Cl}}|$
H_2O	Wasser	$H - \overline{\underline{O}} - H$
NH_3	Ammoniak	$H - \overline{N} - H$ | H
CH_4	Methan	H | H – C – H | H

Die Form eines Moleküls wird durch die gegenseitige Abstoßung der freien und der bindenden Elektronenpaare bestimmt.

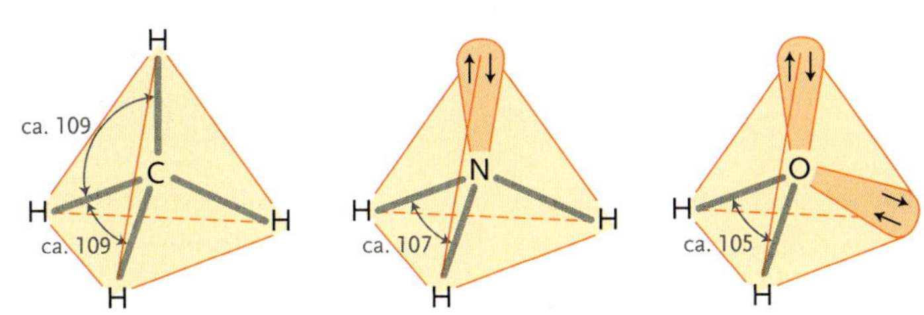

Tetraeder Verzerrte Tetraeder

Allgemeine Eigenschaften der Atombindung

- Bei Raumtemperatur gibt es Beispiele für Stoffe im **festen, flüssigen und gasförmigen Aggregatzustand** (Zucker, Wasser, Kohlenstoffdioxid).
- Moleküle sind elektrisch neutral, also **Isolatoren** (Ausnahme: Grafit – Atomgitter).
- **Niedrige Schmelz- und Siedepunkte** (Ausnahme: Gitter).

Atombindungen führen nicht nur zur Bildung von Molekülen, bei denen eine begrenzte Anzahl von Atomen miteinander verbunden ist, sondern es können sich auch Atomgitter ausbilden. Dabei verknüpfen sich unbegrenzt viele Atome.

Atommodelle siehe Kap. D, 2.1.

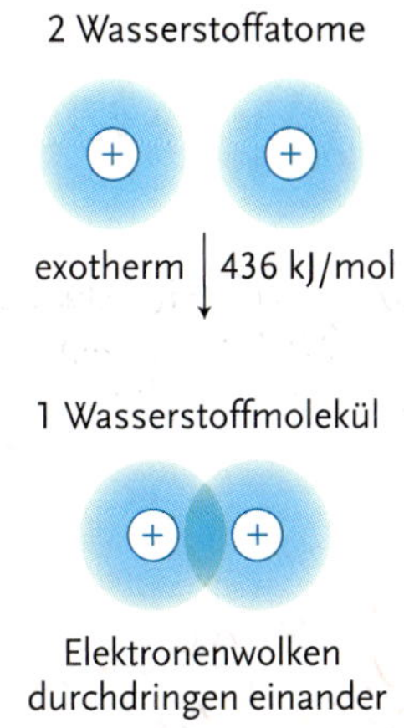

H· + H· → H··H
H–H

[↑] + [↑] → [↑↓]

$1s^1 + 1s^1 \rightarrow 1s^2$

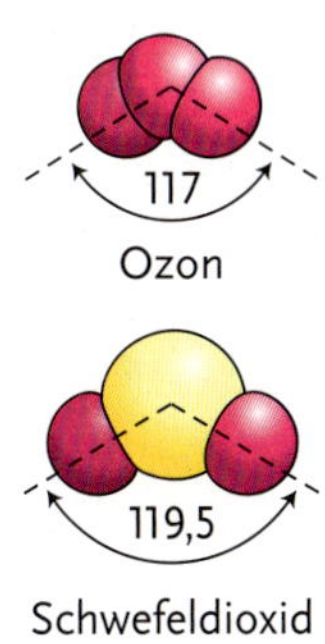

Gewinkelte Moleküle

Wasser, H_2O – das Molekül, das unser Leben bestimmt

Ein Beispiel dafür, wie die in einem solchen Gitter herrschenden Kräfte die Eigenschaften eines Stoffes bestimmen, zeigen die Modifikationen (Erscheinungsformen) Grafit und Diamant des Elementes Kohlenstoff.

Die dritte Modifikation des Elementes Kohlenstoff sind die Fullerene, siehe Kap. E, 1.2.

Bezeichnung	Grafitgitter	Diamantgitter

Aufbau	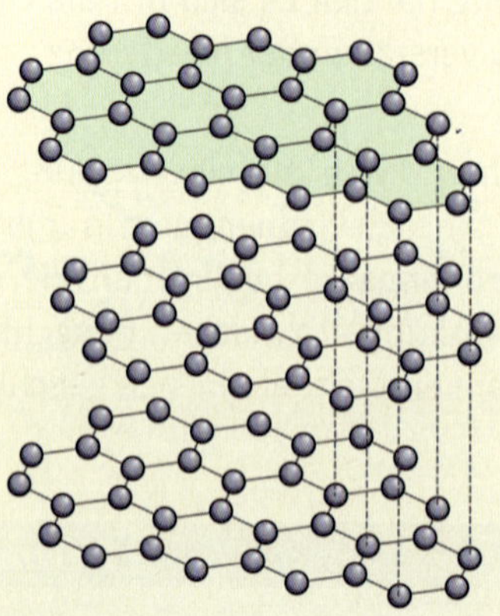	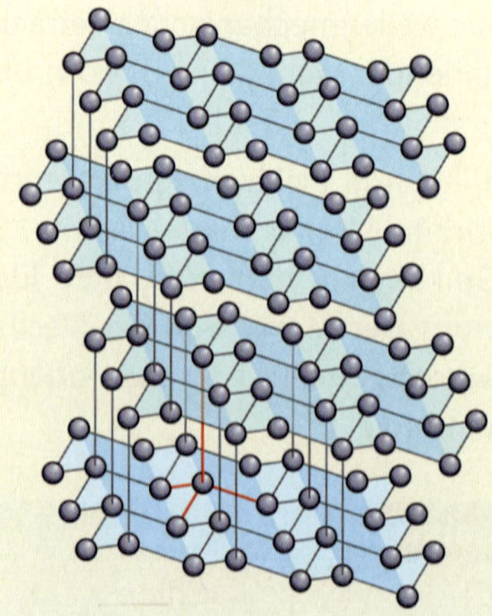
Struktur	Schichtstruktur	Kristallstruktur
Farbe	grauschwarz glänzend	farblos, durchsichtig stark lichtbrechend
Härte	sehr weich abreibbar und in Blättchen spaltbar	sehr hart (Härte 10 nach der Härteskala von Mohs) schwer spaltbar
Dichte	2,26 g/cm^3	3,51 g/cm^3
Elektrische Leitfähigkeit	gute elektrische Leitfähigkeit, da drei Valenzelektronen fest innerhalb der Schichten, das vierte jedoch locker zwischen den Schichten gebunden ist	Isolator, da alle vier Valenzelektronen im Gitter gebunden sind
Schmelztemperatur	kein Schmelzpunkt, plastisch verformbar oberhalb von 2 500 °C	wandelt sich bei sehr hohen Temperaturen in Grafit um; t_m = 3 550 °C
Verwendung	Elektrodenmaterial Bleistiftminen Schmiermittel Hochtemperaturwerkstoff	Schmuckstein (Brillant) Bohrkronen Schleifsteine

Zu den diamantartigen Stoffen gehören z. B. Silicium, Carbide, Nitride und Quarz.

Hybridorbitale siehe Kap. F, 4.1.

Wenn mithilfe von Einfachbindungen die Edelgaskonfiguration nicht erreicht wird, kommt es zur Ausbildung von **Doppel- und Dreifachbindungen.**

$$\overline{\underline{O}}=C=\overline{\underline{O}}$$

Kohlenstoffdioxid enthält vier bindende und vier nicht bindende (freie) Elektronenpaare.

Mehrfachbindungen sind kürzer und nicht doppelt bzw. dreifach so stark wie Einfachbindungen.

Moleküle mit Doppelbindungen sind oft nicht durch eine einzige Strukturformel beschreibbar.

Grenzstrukturen für Ozon O_3

und Schwefeldioxid SO_2

Mesomerie (Resonanz) bedeutet, dass ein Molekül einen Zwischenzustand zwischen darstellbaren Grenzstrukturen einnimmt.

Der Zwischenzustand ist stabiler als die Grenzstrukturen.

Unpolare und polare Atombindung

Moleküle mit symmetrischer Elektronen- und damit Ladungsverteilung sind unpolar.

- Unpolare Moleküle entstehen aus Atomen des gleichen Elementes:

$\Delta EN = 0$

$\Delta EN = 0$

- Verbinden sich Atome mit unterschiedlicher Elektronegativität zu einem symmetrisch gebauten Molekül, liegt der Schwerpunkt der negativen und der positiven Teilladungen im gemeinsamen Mittelpunkt; das Molekül selbst ist unpolar. Methan: Vier Teildipole heben sich auf

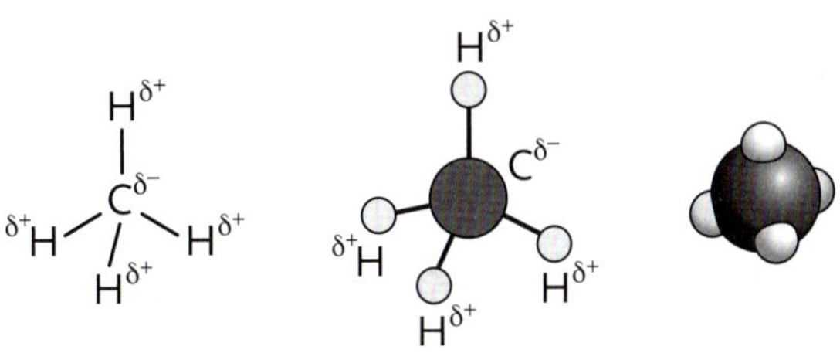

Unpolare Stoffe zeigen nach außen keine Ladung und sind deshalb in Wasser schwer löslich, sie heißen daher **hydrophob** (wasserfeindlich).

Atome unterschiedlicher Elektronegativität mit unsymmetrischem Aufbau bilden **polare** Moleküle.

Hydrogenchlorid

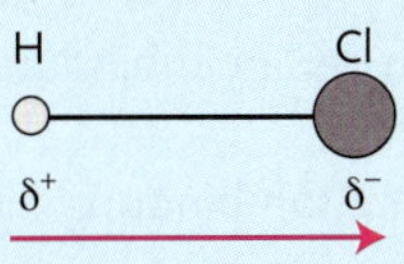

Wasser

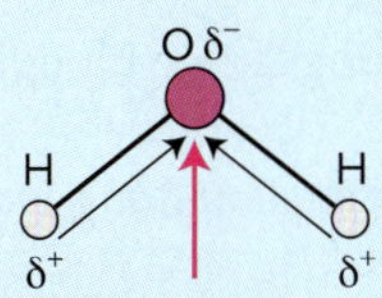

Ein elektrischer **Dipol** enthält eine positive Teilladung und eine gleich große negative Teilladung in einem bestimmten Abstand.

Polare Stoffe sind in Wasser löslich, sie heißen daher **hydrophil** (wasserfreundlich).

Komplexe Ionen

Sind in einer Verbindung mehrere Bindungsarten beteiligt, nennt man diese Komplexverbindungen.

Es gibt auch mesomeriestabilisierte komplexe Ionen, z. B. NO_3^-

Mesomerie

Die Ladungen in einem Molekül entstehen durch eine Verschiebung der Elektronen zum Atom mit der größeren Elektronegativität und werden als Teilladungen δ^+ und δ^- bezeichnet.
Im Unterschied dazu entstehen Ionenladungen durch gänzliche Übertragungen von Elektronen!

Lösungen siehe Kap. D, 2.5.

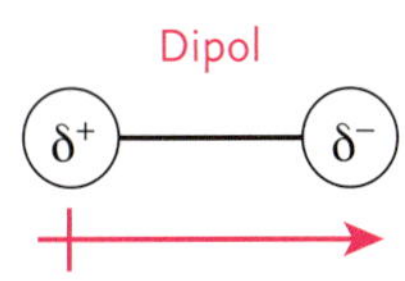

Ein Dipol dargestellt als Pfeil (zur negativen Teilladung gerichtet)

Die Größe der Teilladungen hängt vom Elektronegativitätsunterschied der beteiligten Atome ab.

Lösungen siehe Kap. D, 2.5.

D

⚠ Das Oxoniumion wird in der chemischen Literatur auch als Hydroniumion bezeichnet.

Oxoniumion

H_3O^+

Hydroxidion

OH^-

Die Ausbildung von Hydrathüllen bei der Auflösung eines Salzes in Wasser ist eine Komplexbildungsreaktion.
Lösungen siehe Kap. D, 2.5.

$[Fe(CN)_6]^{4-}$

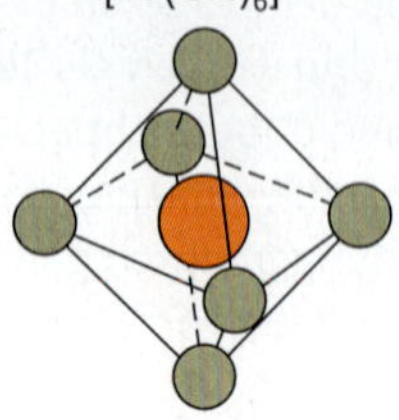

6 Liganden oktaedrisch um das Fe^{2+} angeordnet

Eine Lösung des gelben Blutlaugensalzes $[Fe(CN)_6]^{4-}$ bildet mit Eisen (III)salzen den Farbstoff „Berliner Blau" $KFe[Fe(CN)_6]$. Dieser wird für dokumentenechte Kugelschreiber eingesetzt.

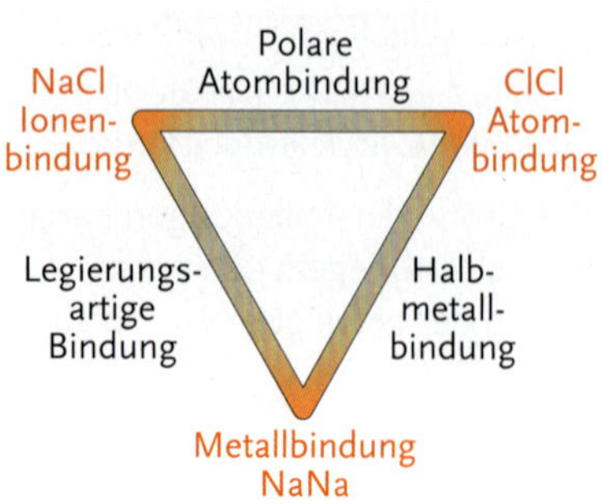

Komplexbildung am Nichtmetallatom liegt vor bei:

H_3O^+	Oxoniumion	CO_3^{2-}	Carbonation
OH^-	Hydroxidion	SO_4^{2-}	Sulfation
NH_4^+	Ammoniumion	PO_4^{3-}	Phosphation
NO_3^-	Nitration	ClO_4^-	Perchloration

Weil Komplexbindungen an freien Elektronenpaaren entstehen, also einer der Partner beide Bindungselektronen zur Verfügung stellt, spricht man auch von dativer Bindung (Spenderbindung).

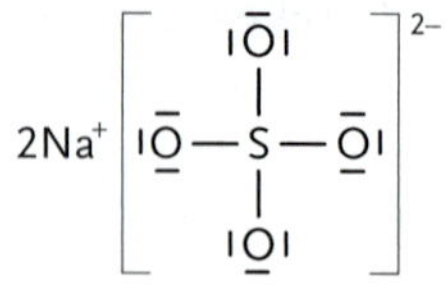

2.4.4 Komplexe

Um ein **Zentralatom** ordnen sich sogenannte **Liganden** (Atome, Moleküle, Ionen) an.

Komplexbildung am Metallion – Komplexionen im engeren Sinne:

Komplexionen werden als Indikatoren und für Nachweisreaktionen eingesetzt:

- Bestimmung der Wasserhärte mit dem Komplexbildner EDTA (Ethylendiamintetraacetat)
- Analysen zahlreicher mehrwertiger Metallionen mit EDTA (Komplexometrie)
- Wasserenthärtung mit Polyphosphat $[Ca_2P_3O_{10}]^-$
- Cyanidlaugerei zur Goldgewinnung $[Au(CN)_2]^-$
- Fixieren von Filmen $[Ag(S_2O_3)_2]^{3-}$
- Bildung natürlicher und künstlicher Farbstoffe (Mg^{2+} im Chlorophyll, Fe^{2+} im Häm, Cu^{2+} im Phthalocyanin)
- $[CoCl_4]^{2-}$ Tetrachlorocobaltat(II)-ion (blau) ist ein Feuchtigkeitsindikator und wandelt sich mit Wasser in $[Co(H_2O)_6]^{2+}$ Hexaaquacobalt(II)-ion (rosa) um (siehe „Wettereule").

2.4.5 Vergleich von Bindungen, Haupt- und Nebenvalenzen

Die drei Grundtypen der chemischen Bindung sind Grenzfälle, die nicht immer in reiner Form auftreten.

- Die polare Atombindung ist ein Übergang von der Ionenbindung zur Atombindung.
- Die legierungsartige Bindung ist ein Übergang von der Ionenbindung zur Metallbindung.
- Die Halbmetallbindung ist ein Übergang von der Atombindung zur Metallbindung.

Hauptvalenzen – Nebenvalenzen

Die Kräfte, die zur Bildung von Ionengittern, Metallgittern, Atomgittern und Molekülen führen, werden **Hauptvalenzbindungen** genannt.

Kräfte, die den Zusammenhalt der Moleküle untereinander bewirken, nennt man **Nebenvalenzbindungen oder zwischenmolekulare Kräfte.** Sie sind wesentlich schwächer als die Hauptvalenzbindungen.

Kräfte	Stärke in kJ/mol	Wechselwirkung
Ionenbindung	300 – 900	+ −
Atombindung	200 – 400	+ : +
Wasserstoffbrücken	20 – 40	δ^-O Hδ^+ δ^-O Hδ^+
zwischen Ionen und Dipolen	10 – 20	+ δ^- δ^+
zwischen ständigen Dipolen	1 – 5	δ^- δ^+ δ^- δ^+
Van-der-Waals-Kräfte (zeitweilige Dipole)	0,05 – 2	

Zwischenmolekulare Kräfte bestimmen die Schmelz- und Siedetemperaturen und das Lösungsverhalten von Molekülen.

Dipol-Dipol-Wechselwirkung

Diese Kräfte wirken zwischen Dipolmolekülen, ihre Wirkung hängt von der Stärke des Dipols ab.

Wasserstoffbrückenbindung

Sie ist eine besondere Art der Dipol-Dipol-Wechselwirkung. Sie tritt zwischen einem positiv polarisierten Wasserstoffatom und einem nicht bindenden Elektronenpaar eines negativ polarisierten Atoms auf. Je mehr der Wasserstoff polarisiert ist, umso stärker halten die Wasserstoffbrücken benachbarte Moleküle zusammen.

Wegen der Ausbildung von Wasserstoffbrücken ist der Siedepunkt t_b von Wasser, Hydrogenfluorid und Ammoniak viel höher als der des vergleichbar großen Methans.

Verbindung	Molmasse [g/mol]	Siedepunkt [°C]
Methan CH_4	16,0	−161
Ammoniak NH_3	17,1	−33
Hydrogenfluorid HF	19,9	+19,5
Wasser H_2O	18,0	+100

Auch bei den Verbindungen von Wasserstoff mit den Elementen der 16. Gruppe bewirken die Wasserstoffbrücken einen deutlich höheren Siedepunkt von H_2O, obwohl in dieser Reihe H_2O die kleinste Molekülmasse aufweist. Es ist allerdings das Molekül mit der stärksten Polarität!

Verbindung	Molmasse [g/mol]	Siedepunkt [°C]	ΔEN
H_2O	18	+100	1,24
H_2S	34	−60,4	0,4
H_2Se	81	−41,3	0,3
H_2Te	130	−2,2	0

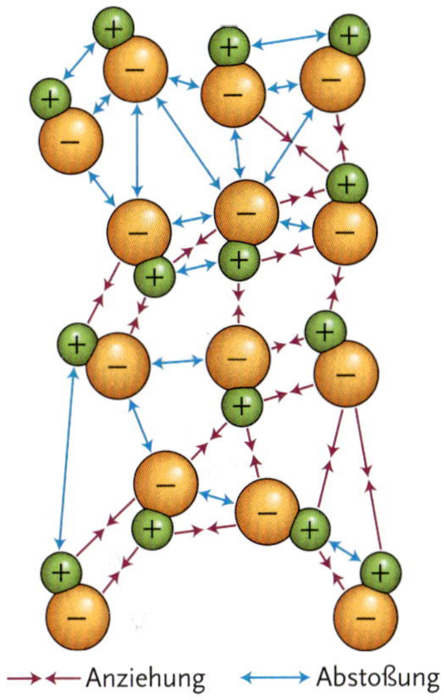

Wasserstoffbrückenbindungen im Wasser

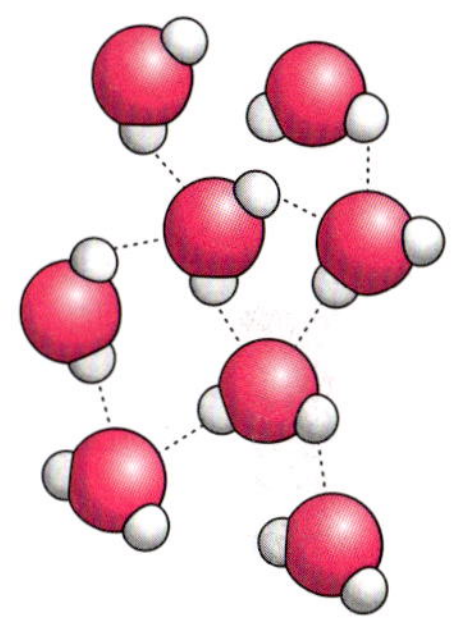

2 Brücken pro Sauerstoff

Wasserstoffbrückenbindungen im Hydrogenfluorid

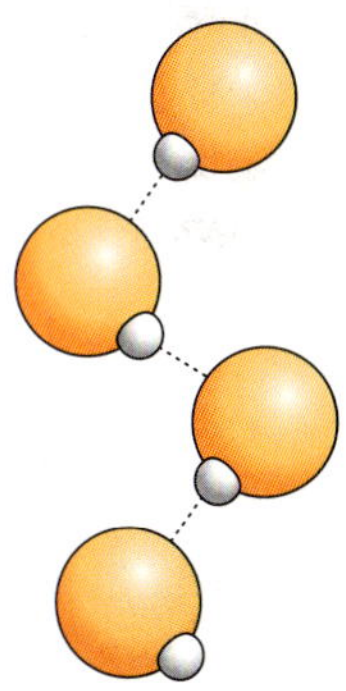

1 Brücke pro Fluor

Wasserstoffbrückenbindungen im Ammoniak

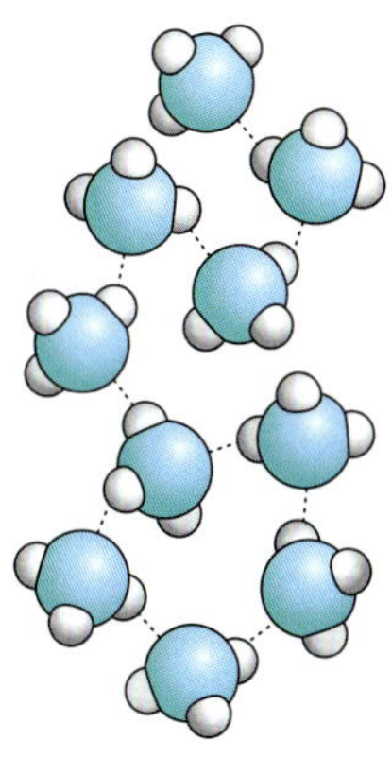

1 Brücke pro Stickstoff

D

Johannes Van der Waals, 1837 bis 1923, holländischer Physiker, Nobelpreis für Physik 1910

Van-der-Waals-Kräfte

Durch die Elektronenbewegungen kommt es zu einer kurzfristigen Ladungsverschiebung der Elektronenhülle. Diese temporäre Ausbildung von Dipolen ruft bei Nachbarmolekülen ebenfalls eine Polarisierung hervor. Die Wechselwirkungen zwischen spontanen und induzierten Dipolen bezeichnet man als **Van-der-Waals-Kräfte.**

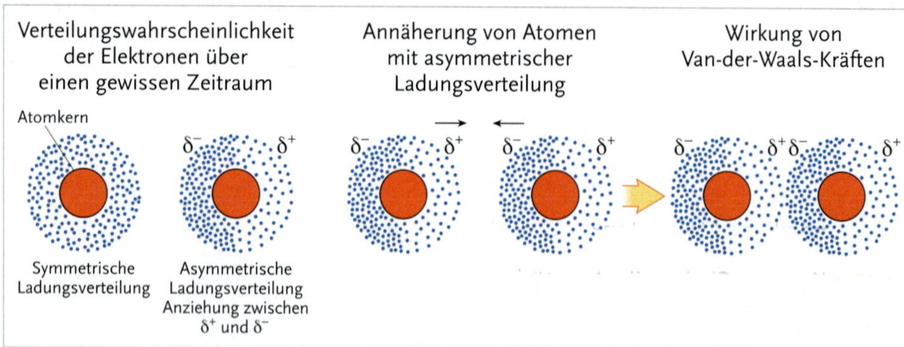

Je größer das Atom oder Molekül ist, desto stärker sind die Van-der-Waals-Kräfte. Zwischen gestreckt gebauten Molekülen wirken stärkere Kräfte als zwischen gleich schweren kugelförmigen.

Ethan
$t_b = -42\,°C$

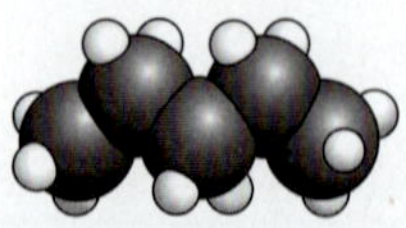

Pentan
$t_b = 36\,°C$

Methylbutan
$t_b = +28\,°C$

Dimethylpropan
$t_b = 9\,°C$

Überblick über die chemischen Bindungen

Bindungstyp und Gittertyp	Stoffart	Bausteine	wirkende Kräfte
Atombindung Molekülgitter Atomgitter	leicht flüchtig durch Hitze zersetzbar diamantartig	kleine Moleküle (H_2, H_2O, CH_4) große Moleküle ($C_6H_{12}O_6$) Atome (C)	Interferenz; zusätzliche zwischenmolekulare Kräfte: Dipol-Dipol-Anziehung; H-Brücken; Van-der-Waals-Kräfte
Ionenbindung Ionengitter mit unterschiedlichen Gittertypen	Salze	Kationen und Anionen	elektrostatische Anziehung zwischen positiv und negativ geladenen Ionen
Metallbindung Metallgitter	Metalle	positive Atomrümpfe, delokalisierte Elektronen	Atomrümpfe werden durch das Elektronengas zusammengehalten

Die Gittertypen bestimmen die Stoffeigenschaften

- **Ionengitter:** spröde, weiter Härtebereich, hohe Schmelzpunkte, im festen Zustand Isolatoren; als Lösung und Schmelze elektrisch leitend
- **Molekülgitter:** meist weich, niedrige Schmelzpunkte, Isolatoren
- **Atomgitter:** sehr hart (außer Grafit), sehr hohe Schmelzpunkte bis unschmelzbar, Isolatoren (Si und Ge sind Halbleiter)
- **Metallgitter:** weiter Härtebereich, kalt verformbar, große Unterschiede bei Schmelzpunkten, elektrische Leiter im festen und flüssigen Zustand

Ziele erreicht? – „Chemische Bindungen“

2.30 + Erklären Sie, warum sich Metalle mechanisch verformen lassen, Salze aber nicht.

2.31 + Geben Sie an, ob in folgenden Stoffen Atombindung (A) oder Ionenbindung (I) vorliegt: CsCl, H_2, $BaCl_2$, Cl_2

2.32 + Erklären Sie, warum neben den Metallen auch Grafit ein elektrischer Leiter erster Klasse ist.

2.33 + Erklären Sie, warum reines Wasser ein schlechter elektrischer Leiter ist, Meerwasser dagegen ein guter.

2.34 + Schreiben Sie die Grenzstrukturen für das Carbonation auf. Welchen räumlichen Bau hat das CO_3^{2-}-Ion?

2.35 ++ Entstehen Ionenbindungen bei allen Atomen in gleicher Weise oder zwischen Nichtmetall- und Nichtmetallatomen, Metall- und Metallatomen, Metall- und Nichtmetallatomen oder zwischen elektronegativen und elektropositiven Elementen?

2.36 + Kreuzen Sie jeweils das stärker elektronegative Element Ca/As, F/I, Be/Sr, O/H und die Dipole unter folgenden Molekülen an: HF, F_2, CH_4, H_2O, CO_2.

2.37 + Geben Sie die Elektronenschreibweise für folgende Moleküle an: CH_4, PCl_3, NH_3, H_2S.

2.38 ++ a) Zeichnen Sie die Strukturformel des Ammoniumions NH_4^+ und des Perchlorations ClO_4^- mit allen bindenden und freien Elektronenpaaren.
b) Diskutieren Sie das Zustandekommen der Ladungen 1+ bzw. 1– und den räumlichen Bau dieser Ionen.

D

2.5 Lösungen

„Können Sie mir eine Lösung anbieten?“, fragte der Personalchef mit strenger und zugleich erwartungsvoller Miene. „Selbstverständlich, ich habe ja hier eine vor mir stehen!“, antwortete der Bewerber und rührte gelassen in seinem Kaffee, der ihm zu Beginn des Einstellungsgespräches angeboten worden war. Humor? Frechheit? Chemisches Fachwissen auf alle Fälle!

Meine Ziele

Nach Bearbeitung dieses Kapitels kann ich

- angeben, wie gelöste Stoffe die **Eigenschaften der Lösung** verändern;
- verstehen, warum sich Kochsalz trotz starker Ionenbindung im Wasser löst;
- abschätzen, welche Stoffe sich in einem **bestimmten Lösungsmittel** lösen;
- Gehaltsangaben von Lösungen berechnen.

Lösungen sind homogene (einphasige) Mischungen aus zwei oder mehreren Komponenten. Die meisten Lösungen sind flüssig. Es gibt aber auch feste Lösungen wie Legierungen. Bei Lösungen, die sich aus einer Flüssigkeit und einem Gas oder einem festen Stoff zusammensetzen, wird die flüssige Komponente gewöhnlich als Lösungsmittel bezeichnet, die andere Komponente ist dann der gelöste Stoff. Bei Lösungen von zwei Flüssigkeiten wird die Komponente, die im Überschuss vorkommt, als Lösungsmittel bezeichnet.

Lösung = Lösungsmittel + gelöster Stoff

Bestimmte Stoffe sind in jedem Verhältnis miteinander mischbar. Die meisten Stoffe sind jedoch in einem gegebenen Lösungsmittel nur begrenzt löslich.

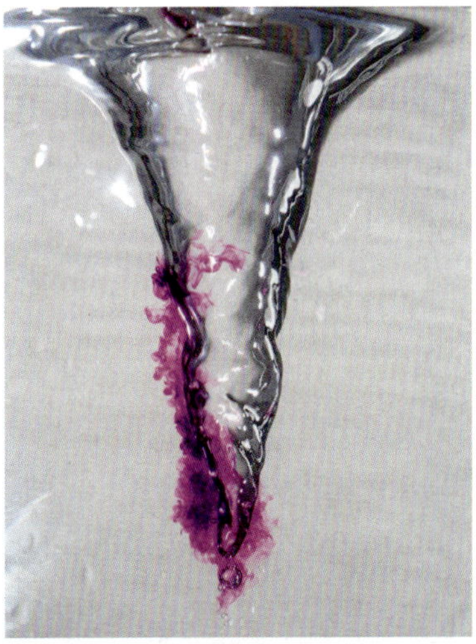

Permanganat löst sich in Wasser. Die gelösten Teilchen befinden sich in regelloser translatorischer Bewegung.

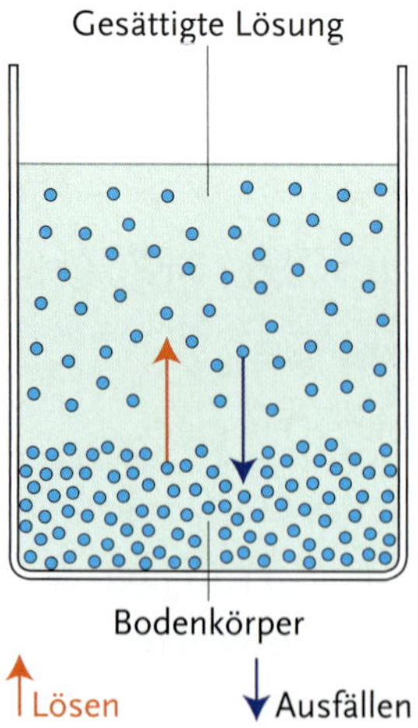

Der Bodensatz kennzeichnet eine gesättigte Lösung

Der Alkoholgehalt wird in Vol% angegeben

? Informieren Sie sich, welche Begrenzungen des Alkoholgehaltes von Getränken das Jugendschutzgesetz in Ihrem Bundesland für Ihre Altersgruppe und die STVO für Führerscheinbesitzer vorsieht.

Löslichkeit: Wie viel Gramm reiner wasserfreier Stoff können von hundert Gramm Lösungsmittel maximal gelöst werden?
Gesättigte Lösung: Die Konzentration des gelösten Stoffes bleibt konstant.
Ungesättigte Lösung: Das Lösungsmittel kann noch zu lösenden Stoff aufnehmen.

Eine gesättigte Kochsalzlösung enthält bei 20 °C 36 g Kochsalz auf 100 g Wasser, eine gesättigte Zuckerlösung sogar 204 g Zucker auf 100 g Wasser.

Die Löslichkeit von Stoffen ist temperaturabhängig. Bei Feststoffen nimmt die Löslichkeit mit steigender Temperatur häufig zu. Gase sind bei höherer Temperatur weniger gut löslich.

Gehaltsgrößen

Die Gehaltsgröße **Massenanteil** einer Komponente $w(\text{Ko})$ gibt an, wie viel Gramm gelöster reiner Stoff (Ko) in hundert Gramm Lösung (Lsg) enthalten sind:

$$w(\text{Ko}) = \frac{m(\text{Ko})}{m(\text{Lsg})}$$

Die Masse der Lösung setzt sich aus der Masse der Komponente und der Masse des Lösungsmittels (Lsm) zusammen: $m(\text{Lsg}) = m(\text{Ko}) + m(\text{Lsm})$

Beispiel 2.03: Kochsalzlösung herstellen

Es sind 600 g einer fünfprozentigen Kochsalzlösung herzustellen. Wie viel Gramm Kochsalz und Wasser sind dazu notwendig?

5 % bedeutet, dass der Massenanteil w von NaCl in der Lösung 0,05 beträgt.
$w(\text{NaCl}) = 0{,}05$ und $m(\text{Lsg}) = 600$ g

$$w(\text{NaCl}) = \frac{m(\text{NaCl})}{m(\text{Lsg})} \qquad m(\text{NaCl}) = w(\text{NaCl}) \cdot m(\text{Lsg})$$
$$m(\text{NaCl}) = 0{,}05 \cdot 600\ \text{g} = 30\ \text{g}$$

$$m(H_2O) = m(\text{Lsg}) - m(\text{NaCl}) = 600\ \text{g} - 30\ \text{g} = 570\ \text{g}$$

Die Gehaltsgröße **Massenkonzentration** gibt an, wie viel Masse des gelösten reinen Stoffes in einem Liter Lösung enthalten sind.

Die Gehaltsgröße **Volumenkonzentration** gibt an, wie viel Milliliter des gelösten reinen Stoffes in einem Liter Lösung enthalten sind. Diese Gehaltsgröße ist bei Lösungen von Flüssigkeiten in Flüssigkeiten, besonders von Alkohol in Wasser, gebräuchlich.

Die Gehaltsgröße **Stoffmengenkonzentration** (Molarität) c gibt an, wie viel Mol gelöster reiner Stoff in einem Liter Lösung enthalten sind. Diese Gehaltsangabe wird im Chemielabor am häufigsten verwendet.

Beispiel 2.04: Stoffmengenkonzentration einer Lösung berechnen

10 g reine Schwefelsäure werden langsam in rund 500 ml Wasser eingerührt. Anschließend wird mit Wasser bis zu einem Endvolumen von 750 ml Lösung verdünnt. Welche Molarität hat diese Lösung?

Zuerst wird berechnet, wie viel Mol Schwefelsäure 10 g reine Schwefelsäure sind:

$m(H_2SO_4) = 10$ g
$M(H_2SO_4) = 98{,}1$ g/mol

$$n(H_2SO_4) = \frac{m(H_2SO_4)}{M(H_2SO_4)} = \frac{10}{98{,}1}\ \text{mol}$$

$$V(\text{Lsg}) = 0{,}75\ \text{L}$$

$$c(H_2SO_4) = \frac{n(H_2SO_4)}{V(\text{Lsg})} = \frac{m(H_2SO_4)}{M(H_2SO_4) \cdot V(\text{Lsg})} = \frac{10}{98{,}1 \cdot 0{,}75}\ \text{mol/L} = 0{,}316\ \text{mol/L}$$

Die Lösung enthält 0,316 mol/L H_2SO_4.

Vorsicht!
Das Mischen von Schwefelsäure und Wasser ist exotherm. Wird Wasser in Schwefelsäure geschüttet, beginnt es zu sieden und die Säure spritzt.

„Zuerst das Wasser, dann die Säure, sonst geschieht das Ungeheure!"

Lösungsvorgang

In Bezug auf die Löslichkeit eines Stoffes in einem bestimmten Lösungsmittel muss der **Lehrsatz von Paracelsus** beachtet werden:

Ähnliches wird durch Ähnliches gelöst.

Polare Substanzen lösen sich gut **in polaren, unpolare** Substanzen in **unpolaren** Lösungsmitteln.

Polare Flüssigkeiten (vor allem Wasser) dienen als Lösungsmittel für viele Stoffe mit Ionenbindung. Dabei dringt das Lösungsmittel in den zu lösenden Stoff ein. Die Ionen der Verbindung und die polaren Lösungsmittelmoleküle ziehen einander an. In der Nähe von positiven Ionen (Kationen) richten sich die Dipole des Lösungsmittels so aus, dass ihr negativer Pol zum Kation hin und ihr positiver Pol vom Kation weg gerichtet ist. In der Nähe von negativen Ionen (Anionen) ist der positive Pol zum Anion hin und der negative Pol vom Anion weg gerichtet. Die Anziehungskräfte sind so stark, dass die Ionen den Kristall verlassen und in die flüssige Phase überwechseln.

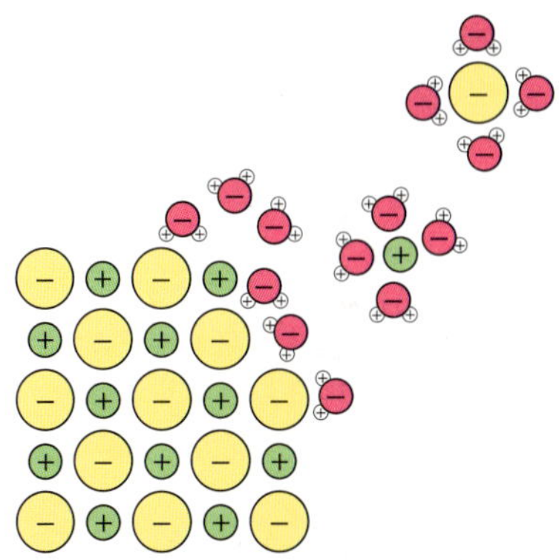

Lösen eines Salzkristalls in Wasser – Bildung der Hydrathülle

Solvatation: In einem polaren Lösungsmittel üben die Lösungsmitteldipole Kräfte auf die Ionen aus und umhüllen diese.
Hydratation: Spezialfall der Solvatation mit Wasser als Lösungsmittel

Bestimmte Moleküle mit starkem Dipolcharakter lösen sich in Wasser unter Bildung von Ionenlösungen. Dabei treten die Moleküle mit den Wassermolekülen in Wechselwirkung, die polaren Atombindungen werden geöffnet, es bilden sich bewegliche Ionen. Dieser Vorgang wird oftmals als **elektrolytische Dissoziation** bezeichnet. Die entstandenen Ionen sind hydratisiert.

Wenn man eine wässrige Lösung deutlich machen will, werden die betreffenden Teilchen mit dem Zusatz (aq) versehen.

Wässrige Kochsalzlösung:
$Na^+(aq) + Cl^-(aq)$

Salze und viele polare Stoffe dissoziieren in wässriger Lösung in Ionen. Um die Ionen bildet sich eine Hydrathülle.

Der Lösungsvorgang kann beschleunigt werden durch:

Zerkleinern des zu lösenden Stoffes	Die dem Lösungsmittel ausgesetzte Oberfläche wird vergrößert.
Umrühren, Schütteln	An der Oberfläche des Kristalls bereits hydratisierte Ionen werden abtransportiert und verteilt.
Erwärmen	Die Wärmebewegung unterstützt den Lösungsvorgang.

Beim Erwärmen von Wasser scheidet sich das darin gelöste Gas in Form kleiner Bläschen ab

Die Löslichkeit ist bei festen Stoffen bei höheren Temperaturen meist besser, bei Gasen jedoch immer schlechter.

Um welches Gas handelt es sich dabei?

Die Moleküle einer unpolaren Substanz werden durch Van-der-Waals-Kräfte zusammengehalten. Die Anziehung der polaren Lösungsmittelmoleküle (H_2O-Dipole) untereinander ist viel größer als die Anziehung zwischen einem Wassermolekül und einem unpolaren Molekül. Es werden daher die unpolaren Moleküle aus dem Wasser quasi herausgedrängt, die beiden Substanzen bilden ein Zweiphasensystem.

Polare und unpolare Substanzen sind im Allgemeinen nicht mischbar.

Lösungswärme

1. Ammoniumchlorid in Wasser lösen → Abkühlung
2. Natriumhydroxid in Wasser lösen → Erwärmung
3. Natriumchlorid in Wasser lösen → keine Temperaturänderung

Lösungsvorgänge sind **endotherm,** wenn für die Zerstörung des Kristallgitters oder das Öffnen von Bindungen mehr Energie benötigt wird, als durch die Solvatation (Hydratation) geliefert wird.

Lösungsvorgänge sind **exotherm,** wenn für die Zerstörung des Kristallgitters oder das Öffnen von Bindungen weniger Energie benötigt wird, als durch die Solvatation (Hydratation) geliefert wird.

Lösungswärme: beim Lösen entweder aufgenommene oder abgegebene Wärme

Siedepunktserhöhung und Gefrierpunktserniedrigung von Lösungen

Das Schmelzen von Glatteis durch Streuen von Natriumchlorid und die Wirkung von Frostschutzmitteln für die Scheibenwaschanlage oder das Kühlwasser eines Autos zeigen, dass Lösungen ein anderes Gefrierverhalten aufweisen als das reine Wasser.

Gefrierpunktserniedrigung: Lösungen gefrieren bei tieferen Temperaturen als das reine Lösungsmittel.

Berechnung der Gefrierpunktserniedrigung und Siedepunktserhöhung, Dampfdruckkurve, Berechnung von *M*

Beim Gefrieren ordnen sich die Teilchen des Lösungsmittels zu einer Gitterstruktur an, da sich die Teilchen nicht mehr frei bewegen können. Dabei sind die Teilchen des gelösten Stoffes Fremdkörper, die den Aufbau des Kristallgitters stören. Erst bei niedrigeren Temperaturen, also bei noch geringeren Wärmebewegungen, kann sich die regelmäßige Struktur des festen Zustandes bilden.

Andererseits befinden sich an der Flüssigkeitsoberfläche einer Lösung nichtflüchtige Teilchen, die nicht verdunsten. Zwischen den Teilchen des Lösungsmittels und des gelösten Stoffes treten Anziehungskräfte auf, die verhindern, dass das Lösungsmittel die Flüssigkeit verlassen kann. Erst bei höheren Temperaturen werden diese Kräfte überwunden.

Siedepunktserhöhung: Lösungen sieden bei höheren Temperaturen als das reine Lösungsmittel.

Ziele erreicht? – „Lösungen"

2.39 + Unterscheiden Sie gesättigte und ungesättigte Lösungen.

2.40 + Erklären Sie die elektrolytische Dissoziation von Stoffen.

2.41 + Mit welchen Maßnahmen kann man das Lösen von z. B. Zucker in Tee verbessern? Geben Sie jeweils eine Begründung an!

2.42 + Berechnen Sie, welche Konzentration in mol/L eine Magnesiumchloridlösung hat, wenn sie in einem Liter 161,87 g $MgCl_2$ enthält.

2.43 + Berechnen Sie, wie viel Gramm Kochsalz man abwiegen muss, wenn man 0,5 Liter einer Kochsalzlösung mit $c = 1$ mol/L herstellen will.

2.44 + Berechnen Sie, wie viel Gramm H_2SO_4 in einem Liter verdünnter Schwefelsäure mit $c = 0{,}5$ mol/L gelöst sind.

2.45 + Berechnen Sie die Stoffmengenkonzentration einer Salzsäure, die in 50 mL 17 g HCl enthält.

2.46 ++ Erklären Sie, warum Lösungen einen höheren Siedepunkt haben als das reine Lösungsmittel.

2.47 ++ Erklären Sie, warum bei manchen Salzen der Lösungsvorgang exotherm ist, bei anderen endotherm.

3 Grundlagen zu chemischen Reaktionen

3.1 Triebkräfte der Natur

Mit dem Satz von der Erhaltung der Energie stellt sich die Frage, warum es für die Menschheit überhaupt zu Energiekrisen kommen kann. Naiv gedacht: Wenn Energie nicht verloren geht, braucht man keine neue Energie zu erzeugen. Entscheidende Antworten gab ***Ludwig Boltzmann.*** *Er erkannte, dass die Energie in Zusammenhang mit der Ordnung bzw. Unordnung von Zuständen gesehen werden muss. Er führte dafür eine Größe ein, die die Wahrscheinlichkeit (die Möglichkeiten) von Zuständen beschreibt.*

Energieerhaltungssatz siehe Kap. B, 1.4.2.

LUDWIG BOLTZMANN, 1844 BIS 1906, ÖSTERREICHISCHER PHYSIKER

Meine Ziele

Nach Bearbeitung dieses Kapitels kann ich
- chemische Reaktionen als **endotherm** oder **exotherm** charakterisieren;
- abschätzen, ob eine chemische Reaktion **freiwillig** abläuft oder **erzwungen** werden muss.

Man unterscheidet Reaktionen, die Energie abgeben (z. B. Verbrennungen), und solche, die Energie benötigen (z. B. Elektrolyse).

Reaktionen, die ständige Energiezufuhr benötigen, nennt man **endotherm.** Die aufgenommene Energie wird in den Produkten gespeichert. Der Energieinhalt der Produkte ist daher höher als jener der Edukte. Man sagt, die Enthalpiedifferenz ΔH (Differenz der Energieinhalte) ist positiv.

Enthalpie H: vereinfachte Beschreibung des Energieinhaltes von Stoffen [$kJ \cdot mol^{-1}$]
Enthalpiedifferenz ΔH: $\Delta H = H_{Produkte} - H_{Edukte}$

Fotosynthese:
$6\,CO_2 + 12\,H_2O \rightarrow C_6H_{12}O_6 + 6\,O_2 + 6\,H_2O \qquad \Delta H = +2\,820$ kJ/mol

Aus den stabilen Stoffen Kohlenstoffdioxid und Wasser werden mithilfe von Lichtenergie die energiereichen Stoffe Traubenzucker (Glucose) und Sauerstoff erzeugt.

Die Angabe ΔH bezieht sich immer auf so viele Mole, wie die Gleichung zeigt. Im Beispiel der Fotosynthese gilt der Betrag daher für den Verbrauch von 6 mol CO_2 bzw. für die Entstehung von 1 mol Traubenzucker.

Energie liefernde Reaktionen nennt man **exotherm.** Die Produkte sind energieärmer (stabiler) als die Edukte. Die Enthalpiedifferenz ΔH ist negativ.

Berechnung des ΔH einer Reaktion aus einzelnen ΔH-Werten.

D

Atmung:
$C_6H_{12}O_6 + 6\ O_2 \rightarrow 6\ CO_2 + 6\ H_2O \qquad \Delta H = -2\,820\ kJ/mol$

Wenn unser Körper Glucose mithilfe des eingeatmeten Sauerstoffs zu Kohlenstoffdioxid und Wasser umwandelt, wird die für den Betrieb unseres Körpers notwendige Energie freigesetzt.

endotherm: Reaktion, die ständige Energiezufuhr benötigt; $\Delta H > 0$
exotherm: Reaktion, bei der Energie freigesetzt wird; $\Delta H < 0$

Vergleichen Sie die Lösungsvorgänge von Ammoniumnitrat bzw. Natriumhydroxid in Wasser.

Zündet man ein Blatt Papier an, so läuft die Verbrennungsreaktion ab, bis kein brennbares Material mehr vorhanden ist. Man sagt, die Reaktion ist spontan bzw. freiwillig – vom Anzündvorgang abgesehen. Diese Beobachtung gilt für die meisten exothermen Vorgänge. Umgekehrt erfolgen endotherme Vorgänge meist nicht freiwillig. Sobald die Energiezufuhr gestoppt wird, hört auch die Reaktion auf.

Soll man einen lebenden Menschen als entropiereich oder als entropiearm bezeichnen? Wie ändert sich die Entropie nach seinem Tod?

Offenbar ist das **Streben zum Energieminimum** eine Triebkraft in der Natur. So, wie eine Kugel freiwillig nach unten rollt, so streben alle Stoffe zu einem stabilen Zustand geringerer Energie. Dies kann aber nicht die einzige Triebkraft der Natur sein, denn es sind auch endotherme Vorgänge bekannt, die völlig freiwillig verlaufen (z. B. viele Lösungsvorgänge).

Die zweite, mindestens ebenso wichtige Triebkraft der Natur ist das Streben zu mehr Unordnung. Dies ist auch das Streben zu mehr Wahrscheinlichkeit, denn unordentliche Zustände sind wahrscheinlicher als geordnete. Als Maß für die Wahrscheinlichkeit wird die Entropie als Größe definiert. Die zweite Triebkraft ist daher das **Streben zum Entropiemaximum.** Dies gilt für alle Naturvorgänge. Man kann sagen, das Weltall strebt zum Entropiemaximum.

(s) ... solid = fest
(l) ... liquid = flüssig
(g) ... gaseous = gasförmig

Entropie S: Maß für die Unordnung eines Systems $[J \cdot mol^{-1} \cdot K^{-1}]$
Entropiedifferenz ΔS: $\Delta S = S_{Produkte} - S_{Edukte}$

Feste Stoffe besitzen wenig Entropie, da der Gitterzustand hochgeordnet ist. Hingegen sind Flüssigkeiten und vor allem Gase entropiereicher.

Man mischt etwa gleiche Teile Bariumhydroxid und Ammoniumchlorid in einem schmalen Becherglas mithilfe eines Thermometers.

Gleichung:
$Ba(OH)_2(s) + 2\ NH_4Cl(s) \rightarrow BaCl_2(\text{gelöst}) + 2\ NH_3(g) + 2\ H_2O(l)$

Wenn im Verlaufe eines Vorganges die Teilchenzahl steigt, steigt die Entropie, da mehr Teilchen auch mehr Möglichkeiten (Wahrscheinlichkeiten) an Unordnung besitzen.

Was wird dabei beobachtet? Wie ist die Freiwilligkeit erklärbar?

Die zwei grundlegenden Triebkräfte der Natur:
Streben zum Energieminimum – Streben zum Entropiemaximum

Verbrennung von Kohlenstoff (Kohle):
$C + O_2 \rightarrow CO_2$

Die Verbrennung von Kohlenstoff erfolgt (nach dem Anzünden) aus zwei Gründen freiwillig: Erstens, weil die Reaktion exotherm ist (Kohlenstoffdioxid ist stabiler als Kohle und Sauerstoff). Und zweitens, weil die Reaktion zu mehr Unordnung führt (ein fester Stoff wird in ein Gas umgewandelt).

Beurteilungskriterien für die Freiwilligkeit chemischer Reaktionen

- Exotherme und gleichzeitig zu Unordnung führende Reaktionen sind sicher spontan (freiwillig).
- Endotherme und gleichzeitig zu mehr Ordnung führende Reaktionen sind sicher unfreiwillig, das heißt, sie müssen mit Energieeinsatz erzwungen werden. Das Bereitstellen von Energie bedeutet wiederum, dass an anderer Stelle (z. B. im Kraftwerk) Unordnung produziert wird.
- Exotherme Prozesse, bei denen die Entropie abnimmt, sowie endotherme Prozesse, bei denen die Entropie zunimmt, müssen berechnet werden. Die Berechnung zeigt, ob der Prozess spontan verläuft oder nicht.

Berechnungen zur Spontaneität nach der Gibbs-Helmholtz-Gleichung $\Delta G = \Delta H - T \cdot \Delta S$

Ziele erreicht? – „Triebkräfte der Natur"

3.01 + Nennen Sie die beiden Prinzipien, die den Ablauf chemischer Reaktionen steuern.

3.02 ++ Geben Sie an, warum es unwahrscheinlich (aber nicht völlig unmöglich!) ist, dass sich ein zerbrochenes Glas wie in einem rückwärts ablaufenden Film von selbst wieder zusammensetzt.

3.03 + Erklären Sie, warum manche chemischen Vorgänge von selbst ablaufen.

3.04 + Geben Sie an, ob der Sprengstoff TNT einen hohen oder einen geringen Energieinhalt hat.

3.05 + Geben Sie an, ob die Elektrolyse einer Kochsalzlösung exotherm oder endotherm ist.

3.06 + Erklären Sie, warum sich Kochsalz in kaltem Wasser löst, obwohl die Ionenbindung im Kochsalzgitter als ausgesprochen stabil gilt.

3.07 ++ Begründen Sie, warum nachstehende Reaktion sicher freiwillig abläuft:
$C_3H_8(g) + 5\ O_2(g) \rightarrow 3\ CO_2(g) + 4\ H_2O(g) \quad \Delta H = -2\,043$ kJ/mol
(alle beteiligten Stoffe sind Gase, da Wasser dabei als Wasserdampf entsteht)

3.2 Kinetik und Katalyse

Die Luft in den österreichischen Städten ist, wie die Messungen zeigen, seit etwa 1980 laufend besser geworden. Die Konzentration etlicher Luftschadstoffe wurde entscheidend gesenkt. Kein Zufall, dass sich dieser Befund zeitmäßig mit der verpflichtenden Ausrüstung von Benzinfahrzeugen mit Autoabgaskatalysatoren deckt.

Autoabgaskatalysator

Meine Ziele

Nach Bearbeitung dieses Kapitels kann ich

- beurteilen, wie man die **Geschwindigkeit chemischer Reaktionen** beeinflussen kann;
- erkennen, wie man die durch den **Verkehr** verursachte **Umweltbelastung** herabsetzt.

Die Reaktionsgeschwindigkeit (*RG* bzw. *v*) gibt den Stoffumsatz pro Zeiteinheit an. Eine mögliche Einheit ist daher „Mol pro Sekunde" (mol/s). Dabei muss immer angegeben werden, auf welches Edukt oder Produkt sich die Angabe bezieht.

Einfluss der Verteilung: Versuch, Dieselöl in einer Schale zu entzünden bzw. durch die Flamme zu sprühen.

Bei der Reaktion $2\ H_2 + O_2 \rightarrow 2\ H_2O$ hat die Geschwindigkeit der Wasserstoffabnahme einen doppelt so hohen Wert wie die Geschwindigkeit des Sauerstoffverbrauchs.

Ergebnis: Dieselöl lässt sich in der Schale nicht entzünden, wohl aber in verteilter Form

Reaktionsgeschwindigkeit: Änderung einer Stoffmenge in der Zeiteinheit

Verschiedene Einflüsse können die Reaktionsgeschwindigkeit verändern.

- Der **Verteilungszustand:** Eine Vergrößerung der Oberfläche (z. B. Pulver statt grober Körner) erhöht die Anzahl der Teilchen, die reagieren können.
- Der **Druck *p*** bzw. die **Konzentration *c*:** Mehr Teilchen auf engerem Raum bedeuten mehr Zusammenstöße und damit mehr Reaktionen.
- Die **Temperatur *T*:** Höhere Geschwindigkeit der Teilchen bedeutet mehr und vor allem energiereichere Zusammenstöße. Die RGT-Regel besagt, dass eine Temperatursteigerung um 10 °C die *RG* etwa auf das Doppelte erhöht.

Eine gewisse Mindesttemperatur ist notwendig, damit eine ausreichende Anzahl an Teilchen bei entsprechend kräftigen Zusammenstößen aufgebrochen wird. Beispielsweise werden Moleküle aufgebrochen und die entstandenen Atome vereinigen sich dann zu neuen Molekülen. Das Vorhandensein der einzelnen Atome wird aktivierter Zustand genannt; um ihn zu erreichen, wird die **Aktivierungsenergie E_A** benötigt.

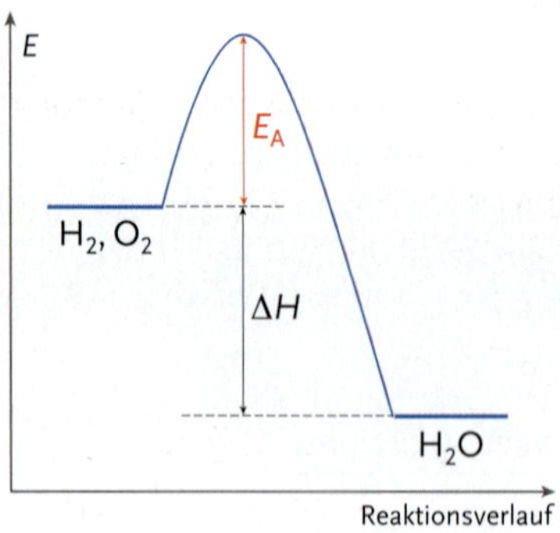

Die Abbildung links zeigt das **Energiediagramm der Verbrennung von Wasserstoff** (Knallgasreaktion) nach der Gleichung:

$2\,H_2(g) + O_2(g) \rightarrow 2\,H_2O(l) \quad \Delta H = -570\ kJ/mol$

Die Reaktion ist – am negativen ΔH ersichtlich – exotherm. Um die Reaktion in Gang zu setzen, ist das Anzünden notwendig (Zufuhr von Aktivierungsenergie E_A).

Wenn die ΔH-Messung vor der Kondensation des Wasserdampfes gemacht wird, lautet die Gleichung:

$2\,H_2(g) + O_2(g) \rightarrow 2\,H_2O(g) \quad \Delta H = -484\ kJ/mol$

Die Differenz von 86 kJ zu obigem Ansatz ist die Verdampfungswärme von 2 mol Wasser.

Man kann die Reaktion auch mit halbiertem Ansatz anschreiben:

$H_2(g) + \frac{1}{2}\,O_2(g) \rightarrow H_2O(g) \quad \Delta H = -242\ kJ/mol$

Der hohe Wert von 242 kJ wird von lediglich 2 g Wasserstoff erreicht. Daher wird Wasserstoff von Großraketen als Treibstoff verwendet. In der Luftfahrt spielt er aufgrund seiner Gefährlichkeit keine Rolle mehr.

6. Mai 1937: brennendes Luftschiff LZ 129 „Hindenburg"

Die Abbildung in der Randspalte zeigt das **Energiediagramm der Elektrolyse von Wasser.** Die Gleichung dieser endothermen Reaktion lautet entsprechend:

$2\,H_2O \rightarrow 2\,H_2 + O_2 \quad \Delta H = +570\ kJ/mol$

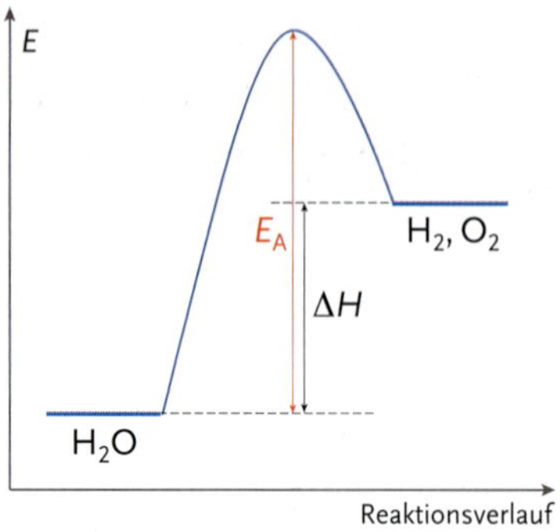

Hält man bei der Verbrennung von Wasserstoff statt des Anzündens lediglich ein leicht angewärmtes Platinblech in eine Wasserstoff-Sauerstoff-Mischung, so startet die Reaktion offenbar durch Zufuhr von weit weniger Aktivierungsenergie. Der Grund ist, dass bei Anlagerung des Wasserstoffs an Platin die Bindung im Wasserstoffmolekül gespalten wird. Man kann die an Platin angelagerten H-Atome als Zwischenprodukt auffassen, das mit wesentlich weniger Aktivierungsenergie erreichbar ist. Platin wird dabei als Katalysator bezeichnet.

Katalysatoren ermöglichen Reaktionen bei milderen Temperaturen.

Ein **Katalysator** setzt durch Bildung eines Zwischenproduktes die Aktivierungsenergie herab und beschleunigt dadurch die Reaktion. Er wird zwar vorübergehend verändert, aber nicht verbraucht.

Allgemeine Formulierung: Eine Reaktion A + B → AB wird durch einen Katalysator K in zwei Teilschritte (mit dem Zwischenprodukt AK) zerlegt.

a) A + K → AK

b) AK + B → AB + K (K ist damit wieder bereit für Schritt a)

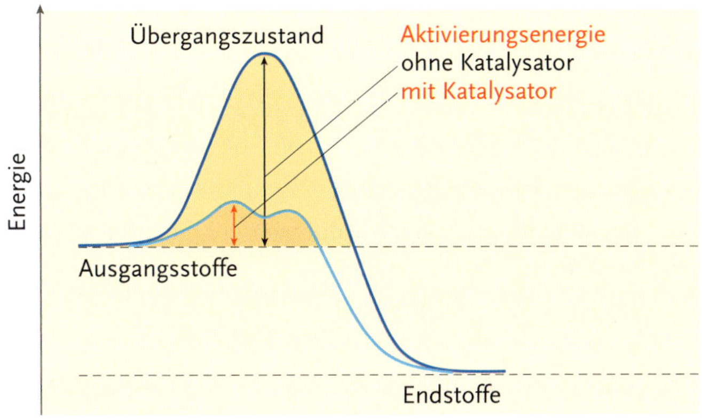

Einfluss eines Katalysators auf das Energiediagramm einer exothermen Reaktion

Der bei Benzinmotoren in einem Auspufftopf eingebaute Autoabgaskatalysator (Drei-Wege-Katalysator) besteht aus Edelmetallen und katalysiert die drei Reaktionen

$2\,CO + 2\,NO \rightarrow N_2 + 2\,CO_2$

$CO + \frac{1}{2}\,O_2 \rightarrow CO_2$

sowie die Nachverbrennung unverbrannten Treibstoffs C_xH_y zu CO_2 und H_2O.

Damit wird durch Entfernung von Stickstoffoxiden, Kohlenstoffmonooxid und Kohlenwasserstoffen eine über 90%ige Entgiftung der Autoabgase erreicht.

Auch bei biologischen Vorgängen spielen Katalysatoren eine entscheidende Rolle. Meist handelt es sich dabei um Proteine (Eiweiß). Diese **Enzyme** ermöglichen beim Menschen Stoffwechselvorgänge bei einer „Betriebstemperatur" von knapp 37 °C. Jede Zelle hat etwa tausend verschiedene Enzyme, die einerseits die Reaktionen bei Körpertemperatur ermöglichen und andererseits steuernd wirken.

Enzyme: in unseren Zellen und Körperflüssigkeiten tätige Biokatalysatoren

Ziele erreicht? – „Kinetik und Katalyse"

3.08 (+) Geben Sie an, wie sich die Reaktionsgeschwindigkeit bei Erniedrigung der Temperatur um 20 °C ändert sowie bei Erhöhung um 30 °C.

3.09 (+) Zeichnen Sie ein Energiediagramm der Reaktion
$N_2 + O_2 \rightleftharpoons 2\,NO \quad \Delta H = +176$ kJ/mol

3.10 (++) Komplettieren Sie die Verbrennungsgleichung für den Kohlenwasserstoff Octan: $C_8H_{18} + O_2 \rightarrow CO_2 + H_2O \quad \Delta H = -5\,114$ kJ/mol
und geben Sie an, für wie viel Gramm Octan bzw. Kohlenstoffdioxid die Angabe der Enthalpiedifferenz gilt. Zeichnen Sie auch ein Energiediagramm der Reaktion.

3.11 (++) Beim Schweißen wird Ethin (Acetylen, C_2H_2) verbrannt. 10 g Ethin liefern dabei 500 kJ. Erstellen Sie die chemische Gleichung und geben Sie die Enthalpiedifferenz der Reaktion dazu an.

3.12 (+) Erklären Sie, warum das Energiediagramm einer Reaktion mit Katalysator eine Eintiefung zeigt.

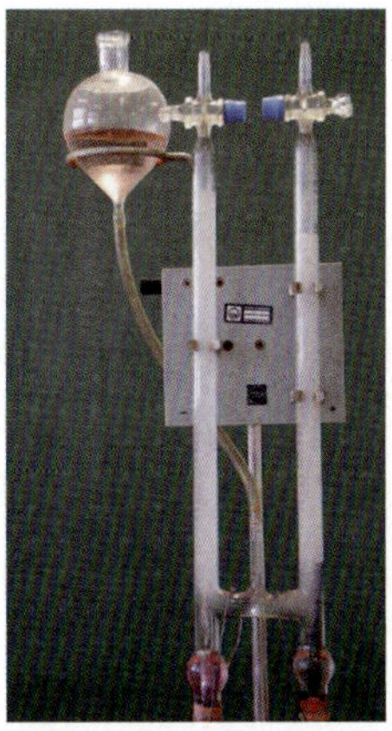

Elektrolyse von Wasser; Anode (+) links, Katode (–) rechts

Ein Autoabgaskatalysator ist kein Filter.

C_xH_y = formelähnliche Abkürzung für Kohlenwasserstoffe (Hauptbestandteile von Benzin und Dieseltreibstoff)

Man gießt Lösungen von Kaliumdichromat und Wasserstoffperoxid zusammen. Die Dunkelfärbung zeigt ein Zwischenprodukt an. Der entstehende Sauerstoff wird mit dem glimmenden Span nachgewiesen.

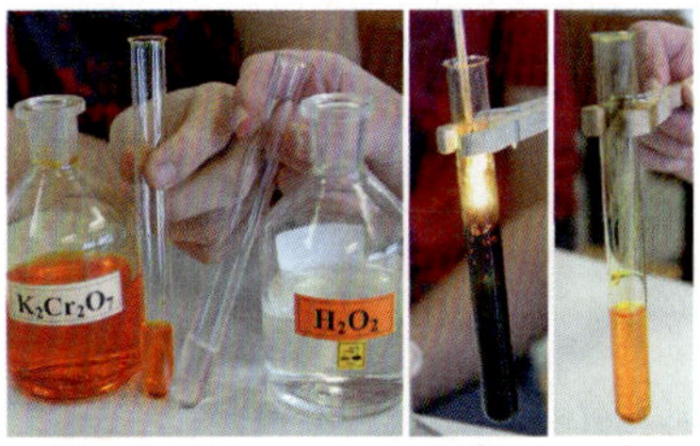

1 2 3

Welcher Stoff hat den Sauerstoff abgegeben, welcher war der Katalysator?

Versuche:
Braunstein + H_2O_2
Zucker + Asche
„Elefantenzahnpasta"

3.3 Chemisches Gleichgewicht – Massenwirkungsgesetz

Es war ein Meilenstein für das Verständnis der Chemie, als die Norweger Guldberg und Waage erkannten, dass man die Vollständigkeit chemischer Reaktionen berechnen und beeinflussen kann.

CATO GULDBERG, 1836 BIS 1902, UND PETER WAAGE, 1833 BIS 1900, NORWEGISCHE CHEMIKER

Meine Ziele

Nach Bearbeitung dieses Kapitels kann ich

- zusätzlich zu **Freiwilligkeit** und **Geschwindigkeit** auch die **Vollständigkeit** chemischer Reaktionen einschätzen;
- beurteilen, wie man die **Wirtschaftlichkeit** industrieller Prozesse steigern kann.

Manche Reaktionen verlaufen nahezu vollständig zu den Produkten; bei den meisten Reaktionen ist dies aber nicht der Fall. Reaktionen, bei denen ein deutlicher Teil der Edukte (Ausgangsstoffe) nicht reagiert, werden mit einem Gleichgewichtspfeil angeschrieben. Er besagt, dass die Reaktion reversibel (umkehrbar) ist, das heißt, sie kann auch in der Gegenrichtung verlaufen.

Bildung von Hydrogeniodid aus den Elementen nach der Gleichung:

$$H_2 + I_2 \rightleftharpoons 2\,HI$$

Wenn man Wasserstoff und Iod im Mengenverhältnis 1 : 1 bei 40 °C mischt, reagieren etwa ein Drittel davon zu Hydrogeniodid (umgekehrt zerfällt Hydrogeniodid bei gleichen Bedingungen zu zwei Dritteln in die Elemente).

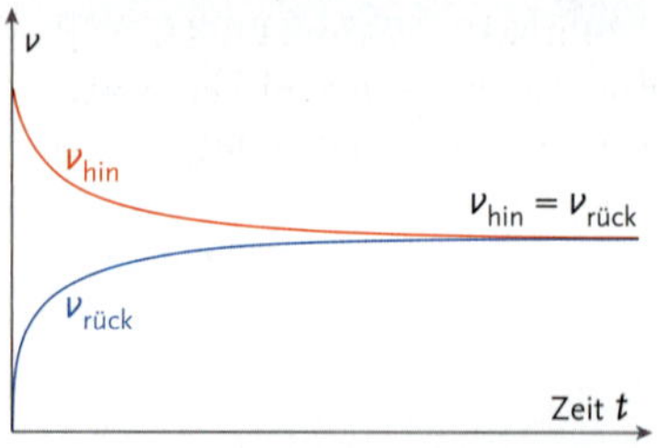

Die Geschwindigkeit der Reaktion nach rechts in Richtung Produkte (v_{hin}) ist abhängig von den Konzentrationen c der Edukte und der Geschwindigkeitskonstante k_{hin} (die wiederum von der Größe der Aktivierungsenergie abhängig ist):

$$v_{hin} = k_{hin} \cdot c(H_2) \cdot c(I_2)$$

Wenn sich immer mehr Hydrogeniodid bildet (und gleichzeitig die Konzentrationen an Wasserstoff und Iod kleiner werden), wird es immer öfter vorkommen, dass HI-Moleküle zusammenstoßen und zurück zu den Elementen reagieren. Die Geschwindigkeitsgleichung für die Reaktion nach links Richtung Edukte lautet entsprechend:

$$v_{rück} = k_{rück} \cdot c^2(HI)$$

Weil mit der Zeit immer weniger Wasserstoff und Iod vorhanden sind, erlahmt die Hinreaktion. Hingegen wird die Geschwindigkeit der Rückreaktion infolge steigender HI-Konzentration größer. Sobald v_{hin} und $v_{rück}$ gleich groß geworden sind, entsteht permanent gleich viel HI wie zerfällt. Für einen Beobachter ist dies schwer erkennbar, weil die Konzentrationen in diesem chemischen Gleichgewicht konstant bleiben. Man spricht von einem dynamischen Gleichgewicht.

Dynamisches Gleichgewicht: Die Geschwindigkeit der Hinreaktion ist gleich der Geschwindigkeit der Rückreaktion.

Im Gleichgewicht ist das Konzentrationsverhältnis von Produkten und Edukten konstant. Diese Gesetzmäßigkeit soll wiederum am Beispiel des Hydrogeniodid-Gleichgewichtes abgeleitet werden.

Für $v_{hin} = v_{rück}$ werden die Geschwindigkeitsgleichungen eingesetzt (siehe oben):

$$k_{hin} \cdot c(H_2) \cdot c(I_2) = k_{rück} \cdot c^2(HI)$$

Die Konstanten werden nach links, die Konzentrationen nach rechts gebracht:

$$\frac{k_{hin}}{k_{rück}} = \frac{c^2(HI)}{c(H_2) \cdot c(I_2)}$$

Der Quotient $k_{hin}/k_{rück}$ ist folgerichtig auch konstant und wird **Gleichgewichtskonstante *K*** genannt.

Für eine allgemeine Gleichung, bei der A mit B zu C und D reagiert

$$aA + bB \rightleftharpoons cC + dD$$

(wobei a, b, c und d die stöchiometrischen Koeffizienten sind), gilt daher:

$$K = \frac{c^c(C) \cdot c^d(D)}{c^a(A) \cdot c^b(B)}$$

Diese Beziehung wird **Massenwirkungsgesetz MWG** genannt.

MWG: Gleichgewichtskonstante $K = \frac{\text{Produkt der Produktkonzentrationen}}{\text{Produkt der Eduktkonzentrationen}}$

Für die Gleichung $N_2 + 3\,H_2 \rightleftharpoons 2\,NH_3$ formuliert man den Bruch nach dem MWG:

$$K = \frac{c^2(NH_3)}{c(N_2) \cdot c^3(H_2)}$$

Reaktionen, bei denen K einen großen Wert hat, verlaufen eher vollständig (zeigen gute Ausbeute). Reaktionen, bei denen K einen kleinen Wert hat, sind unvollständig (ergeben wenig Produkt).

Ziel industrieller Prozesse ist, möglichst viel Produkt zu erhalten. Bei typischen Gleichgewichtsreaktionen stehen dafür verschiedene Methoden zur Verfügung:

- Wenn Druck ausgeübt wird, wird das Volumen verkleinert. Druckerhöhung ist sinnvoll, wenn die Produkte weniger Raum benötigen als die Edukte.
- Exotherme Prozesse geben Energie ab. Endotherme Prozesse benötigen Energie. Temperaturerhöhung ist nur dann sinnvoll, wenn eine endotherme Reaktion zum Produkt führt.
- Erhöhte Konzentration der Edukte führt zu mehr Zusammenstößen der Teilchen. Mehr Reaktion nach rechts bedeutet erhöhte Ausbeute an Produkt. Sinnvollerweise wird man vor allem die Konzentration jenes Edukts erhöhen, das billiger ist.
- Die Entfernung von Produkt aus dem Gleichgewicht (z. B. durch Abdestillieren) ist ebenfalls zielführend. Produktentfernung stört das Gleichgewicht. Damit dem Wert der Gleichgewichtskonstanten (dem Quotient Produkt/Edukt) wieder entsprochen wird, wird Reaktion zum Produkt stattfinden müssen.

Katalysatoren verändern die Lage des Gleichgewichtes nicht, denn sie beschleunigen durch Erniedrigung der Aktivierungsenergie sowohl die Hin- als auch die Rückreaktion.

Bei der Erzeugung von Ammoniak (siehe Kap. G, 1.3) müssen die Methoden zur Verschiebung des Gleichgewichtes eingesetzt werden.

Man vereinigt Lösungen von Anthracen (A) und Pikrinsäure (P) in Chloroform. Es entsteht rotes Anthracenpikrat (AP). Wie bzw. warum verändert sich die Lage des Gleichgewichtes beim Erwärmen? Wie bzw. warum verändert es sich bei Zugabe des billigeren Eduktes Anthracen?

Eisen wird durch Reduktion von Eisenoxid mithilfe von Kohlenstoffmonooxid CO erzeugt. Durch die hohen Temperaturen im Hochofen wird viel CO bereitgestellt (Boudouard-Gleichgewicht im Hochofen siehe Kap. G, 2.1).

Wenn im **Boudouard-Gleichgewicht** nach der Gleichung

$$C(s) + CO_2(g) \rightleftharpoons 2\,CO(g) \qquad \Delta H = +172\ kJ/mol$$

möglichst viel Kohlenstoffmonooxid entstehen soll, so muss

a) der **Druck niedrig** sein, denn auf der Eduktseite steht nur 1 mol Gas, während auf der Produktseite 2 mol Gas aufscheinen (das Volumen des festen Kohlenstoffs spielt gegenüber den Gasen eine untergeordnete Rolle),

b) die **Temperatur hoch** sein, da die Reaktion Energie benötigt.

Bei Standardbedingungen (Luftdruck 1,013 bar; 25 °C) liegt daher das Gleichgewicht auf der linken Seite der Gleichung; bei Steigerung der Temperatur auf 700 °C liegt etwa gleich viel an CO_2 und CO vor; bei 1 000 °C liegt das Gleichgewicht fast vollständig auf der Seite des Kohlenstoffmonooxids.

Die **Erzeugung von Methanol** erfolgt nach der Gleichung

$$CO(g) + 2\,H_2(g) \rightleftharpoons CH_3OH(g) \qquad \Delta H = -92\ kJ/mol$$

Für eine wirtschaftliche Produktion ist es erforderlich, möglichst hohen Druck (in der Praxis 340 bar) anzuwenden, da auf der linken Seite der Gleichung 3 mol Gas stehen, hingegen auf der rechten Seite nur 1 mol Gas.

Die Temperatur soll 380 °C nicht überschreiten, weil ansonsten die endotherme Rückreaktion zu stark auftritt. Um trotzdem eine brauchbare Reaktionsgeschwindigkeit zu erzielen, wird die Reaktion mithilfe eines Katalysators beschleunigt. Das Reaktionsgemisch wird abgezogen, das gasförmige Methanol durch Abkühlen kondensiert und dem Gleichgewicht entzogen. Die nicht umgesetzten Gase Kohlenstoffmonooxid und Wasserstoff werden in den Reaktionsdruckbehälter zurückgeführt.

Ziele erreicht? – „Chemisches Gleichgewicht – Massenwirkungsgesetz"

3.13 ++ Formulieren Sie für die Reaktion $2\,CO + 2\,NO \rightleftharpoons N_2 + 2\,CO_2$ den Bruch nach dem Massenwirkungsgesetz. Die zugehörige Gleichgewichtskonstante K hat bei üblichen Abgastemperaturen den Wert 10^{32}. Kann man davon sprechen, dass die Reaktion vollständig verläuft?

3.14 + Berechnen Sie die Gleichgewichtskonstante K für die Gleichung $H_2 + I_2 \rightleftharpoons 2\,HI$, wenn folgende Gleichgewichtskonzentrationen bekannt sind: $c(H_2) = 0{,}005$ mol/L, $c(I_2) = 0{,}0015$ mol/L, $c(HI) = 0{,}020$ mol/L.

3.15 + Schreiben Sie den Bruch nach dem MWG für die Reaktion an: $CO + Cl_2 \rightleftharpoons COCl_2$

a) Was bedeutet der Wert $K = 133$ für die Lage des Gleichgewichtes?

b) Erklären Sie den Einfluss des Druckes auf die Gleichgewichtslage.

3.16 ++ Geben Sie an, in welche Richtung sich das Gleichgewicht entwickelt:

a) $CaCO_3(s) \rightleftharpoons CaO(s) + CO_2(g)$ (bei Druckerhöhung)

b) $CO_2 + H_2 \rightleftharpoons CO + H_2O \quad \Delta H = +41$ kJ/mol (bei Temperaturerhöhung)

c) $CH_3OH + HCOOH \rightleftharpoons HCOOCH_3 + H_2O$ (bei Abdestillieren des $HCOOCH_3$ bzw. bei Einsatz von Schwefelsäure als Katalysator)

3.17 ++ Geben Sie für die Reaktion $N_2 + O_2 \rightleftharpoons 2\,NO \quad \Delta H = +176$ kJ/mol das Massenwirkungsgesetz an. Die Gleichgewichtskonstante hat den Wert 10^{-5}.

a) Sind die Edukte stabiler oder instabiler als das Produkt?

b) Liegt das Gleichgewicht auf der Seite der Edukte oder des Produkts?

c) Welche Auswirkung hat eine Erhöhung der Temperatur?

d) Erhält man bei Druckerhöhung mehr Produkt?

e) Welche Auswirkung hat der Einsatz eines geeigneten Katalysators?

E Anorganische Rohstoffe & Produkte: Nichtmetalle, technische Gase

Die chemische Industrie produziert bzw. verarbeitet eine Vielzahl an anorganischen Rohstoffen. Ein wichtiger Teil der dafür verwendeten Grundstoffe zählt zur Gruppe der Nichtmetalle.

Als technische Gase werden industriell hergestellte und eingesetzte Gase bezeichnet. Diese stehen im Gegensatz zu natürlich geförderten Gasen (z. B. Erdgas).

Sie erhalten in diesem Kapitel nun einen Überblick über Vorkommen, Ursprung, Herstellung sowie Nutzung von Nichtmetallen und technischen Gasen.

E

1 Nichtmetalle

Hennig Brand, um 1630 bis 1692 (Gemälde von Joseph Wright of Derby, 1771)

„Als die Sonne über dem Land aufgegangen und Lot in Zoar angekommen war, ließ der Herr auf Sodom und Gomorra Schwefel und Feuer regnen, vom Herrn, vom Himmel herab (Genesis 19,24)."

Man sieht, dass selbst zwischen zwei so fremden Disziplinen wie Religion und Chemie Querverbindungen bestehen. Das Zitat aus dem ersten Buch Mose des Alten Testamentes zeigt uns, dass in vorchristlicher Zeit bereits das Nichtmetall ***Schwefel*** *bekannt war. Im 17. Jahrhundert entdeckte der Apotheker und Alchemist Hennig Brand den* ***Phosphor.*** *Beim Experimentieren mit Metallen und Säuren entdeckte im Jahre 1766 der englische Chemiker Henry Cavendish den* ***Wasserstoff.*** *Er nannte ihn wegen seiner Brennbarkeit „brennbare Luft". Kurz darauf fand der schwedische Chemiker Carl Wilhelm Scheele heraus, dass Luft aus* ***Sauerstoff*** *(„Feuerluft") und* ***Stickstoff*** *(„verdorbener Luft") besteht. Scheele entdeckte auch das Nichtmetall* ***Chlor.***

Mit Ausnahme von Kohlenstoff und Schwefel wurden die Nichtmetalle vergleichsweise spät entdeckt. Die ***Edelgase*** *konnte man aufgrund ihrer sehr geringen Reaktivität erst gegen Ende des 19. Jahrhunderts entdecken.*

Meine Ziele

Nach Bearbeitung dieses Kapitels kann ich

- die **Eigenschaften und Verwendung der Nichtmetalle** beschreiben;
- die **technische Durchführbarkeit von Herstellungsverfahren** nachvollziehen und dazu einfache Berechnungen durchführen;
- die **Bedeutung der Nichtmetalle** als Grundstoffe der chemischen Industrie und bei der Herstellung von Massengütern beurteilen.

1.1 Wasserstoff

84 Massenprozent der Sonne sind Wasserstoff

Im heute bekannten Universum ist Wasserstoff das häufigste Element als Hauptbestandteil der Sonne und anderer Fixsterne. Auf der Erdhülle (den obersten 16 km Erdkruste einschließlich der Wasser- und Lufthülle) steht er mit etwa 0,9 Massenanteilen in Prozent erst an neunter Stelle der Häufigkeitstabelle der Elemente. Nur verschwindend kleine Mengen kommen elementar, d. h. als Elementmolekül H_2, in den äußersten Schichten der Atmosphäre und in Vulkangasen vor. In gebundener Form kommt der Wasserstoff im Wasser, in Säuren, Basen und manchen Salzen sowie in allen organischen Verbindungen vor.

⚠ Die **kritische Temperatur** ist jene Temperatur, oberhalb derer ein Gas durch Druck nicht verflüssigt werden kann.

Eigenschaften von Wasserstoff

- Elementmolekül H_2
- Farbloses, geruchloses und geschmackloses Gas
- $t_b = -252{,}8$ °C, $t_m = -259{,}2$ °C
- Kritische Temperatur: –240 °C
- Leichtestes Gas (ein Liter wiegt bei 0 °C und 1,013 bar 0,08988 g)
- 14,4-mal leichter als Luft
- Wasserstoff bildet mit Alkali- und Erdalkalimetallen salzartige Hydride (Hydridion H^-)
- Wasserstoff bildet mit Übergangsmetallen Einlagerungsverbindungen. Palladium kann z. B. das 900-fache Eigenvolumen an Wasserstoff einlagern

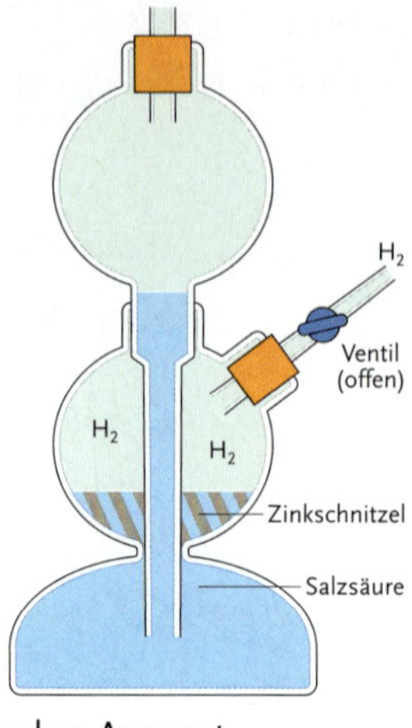

Kippscher Apparat

Herstellung von Wasserstoff

Im **Laboratorium** kann man Wasserstoff im kippschen Apparat durch Reaktion von Salzsäure mit Zink oder durch Elektrolyse verdünnter Säuren oder Basen herstellen.

In der **Technik** stehen mehrere Verfahren zur Verfügung:

Umsetzung von Wasserdampf mit Methan oder Kohlenstoff

Wasserdampf und Methan werden an Katalysatoren zur Reaktion gebracht:

$$H_2O + CH_4 \xrightarrow[900\,°C]{Ni} CO + 3\,H_2 \qquad \Delta H > 0$$

Dieser Prozess wird Steam-Reforming genannt und dient zur Herstellung großer Wasserstoffmengen aus Erdgas.

Wasserdampf wird über glühende Kohle oder glühenden Koks geleitet:

$$C + H_2O \xrightarrow[1\,200\,°C]{} CO + H_2 \qquad \Delta H > 0$$

Ein Gemisch aus Wasserstoff und Kohlenstoffmonooxid nennt man Synthese- oder Wassergas. Häufig ist es notwendig, das Kohlenstoffmonooxid zu entfernen. Dazu wird es an Katalysatoren in Kohlenstoffdioxid umgewandelt, das aus dem Gasgemisch ausgewaschen werden kann:

$$CO + H_2O \xrightarrow[400\,°C]{Fe_2O_3} CO_2 + H_2 \qquad \Delta H < 0$$

Beispiel 1.1.01: Berechnung der Wasserstoffausbeute der Synthesegasherstellung

Welches Volumen an Wasserstoff (in Kubikmetern; bei 20 °C und 1,013 bar) lässt sich theoretisch aus 1 t Koks (Kohlenstoffgehalt 96 %) gewinnen? Laut Reaktionsgleichung (siehe oben) entsteht aus 1 mol Kohlenstoff 1 mol Wasserstoff.

960 kg Kohlenstoff sind $\frac{960}{12} = 80$ kmol Kohlenstoff

$$V_{M,20°C} = \frac{p_0 \cdot V_{M,0} \cdot T}{T_0 \cdot p} = \frac{1{,}013 \cdot 22{,}4 \cdot 293{,}15}{273{,}15 \cdot 1{,}013} = 24{,}04 \text{ L/mol}$$

80 kmol H_2 entsprechen $80 \cdot 24{,}04 = 1\,923{,}2$ m³ H_2

Die theoretische Ausbeute beträgt 1 923,2 m³ Wasserstoff.

Cracken von Kohlenwasserstoffen

In Raffinerien werden zur Gewinnung von Treibstoffen langkettige Kohlenwasserstoffe aus Erdöl in kleinere Moleküle gespalten. Dabei entsteht Wasserstoff als Nebenprodukt.

Elektrolyse von Wasser, das durch Natriumhydroxid leitfähig gemacht wurde. Gleichzeitig wird dabei Sauerstoff gewonnen:

$$\begin{array}{rcl} 4\,H_2O + 4\,e^- & \rightarrow & 2\,H_2 + 4\,OH^- \\ 4\,OH^- & \rightarrow & O_2 + 2\,H_2O + 4\,e^- \\ \hline 2\,H_2O & \rightarrow & 2\,H_2 + O_2 \end{array}$$

Vorsicht bei der Arbeit mit Wasserstoff: Wasserstoff ist brennbar. Wasserstoff-Luft-Gemische (Knallgas) sind in einem weiten Bereich (4 bis 76 % Wasserstoff) explosiv.

Welcher Rohstoff besteht zu nahezu 100 % aus Methan?

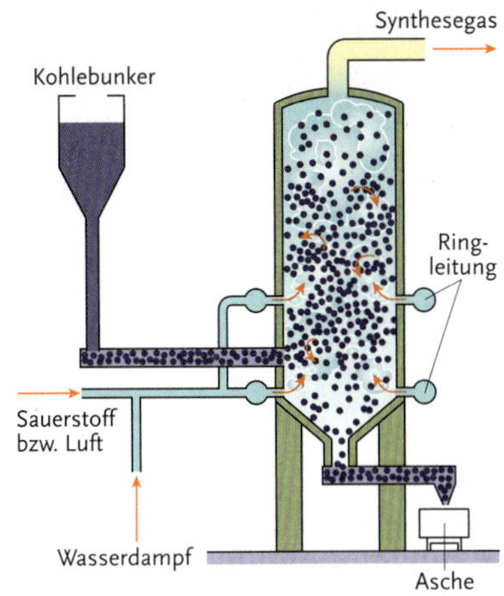

Winklergenerator zur Synthesegasherstellung

Synthesegas dient neben der Verwendung als Heizgas auch als Ausgangsprodukt zur Herstellung von Methanol CH_3OH.

Chemisches Rechnen siehe Kap. D, 3.3.

Cracken siehe NAWI III/IV, Kap. B, 2.

Chloralkali-Elektrolyse siehe Kap. G, 1.1.

Chloralkalielektrolyse
Die Elektrolyse einer Kochsalzlösung liefert die technisch sehr wichtigen Rohstoffe Wasserstoff, Chlor und Natronlauge.

In den Handel kommt Wasserstoff in roten Stahlflaschen mit Linksgewinde, damit ein falsches Anschließen verhindert wird.

Wasserstoff-Gasflasche

Technische Bedeutung von Wasserstoff

- Als Energieträger
  - Beim autogenen Schweißen wird eine Temperatur von 2 000 °C erreicht (Knallgasgebläse). Eine besondere Konstruktion des Brenners verhütet eine Explosion.
  - Raketentreibstoff
  - Treibstoff für Kraftfahrzeuge
- Als Reduktionsmittel bei der Verhüttung von Metallerzen, insbesondere zur Gewinnung von sehr reinen Metallen (z. B. Wolfram)
- Herstellung von Ammoniak mit dem Haber-Bosch-Verfahren
- Zur Erzeugung von Treibstoffen (Kohlehydrierung)
- Zur Speisefetthärtung (Speiseöle werden in streichfähige gehärtete Fette umgewandelt)
- Früher zur Füllung von Zeppelinen und Gasballonen

Recherchieren Sie im Internet: Welche Rolle wird Wasserstoff als Energieträger und Energiespeicher in Zukunft spielen?

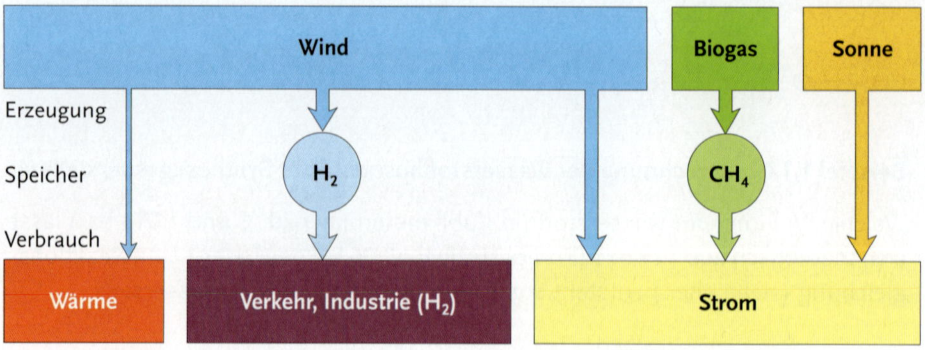

Eine zukünftige Rolle von Wasserstoff als Energieträger und Energiespeicher

Ziele erreicht? – „Wasserstoff"

1.01 + Beschreiben Sie, wie man Wasserstoff in Labor und Technik herstellen kann.

1.02 + Schreiben Sie die Gleichung für die Verbrennung von Wasserstoff an.

1.03 + Geben Sie an, warum und wie man die Verwendung von Wasserstoff als Brennstoff auszuweiten versucht.

1.04 + Nennen Sie die physikalische Eigenschaft, die Wasserstoff zu einem geeigneten Traggas für Ballone macht.

1.05 ++ Nennen und erklären Sie die Nachteile bei der Verwendung von Flüssigwasserstoff.

1.06 ++ Erklären Sie, warum Wasserstoffgas in der Atmosphäre nur in sehr geringen Konzentrationen vorkommt.

1.07 ++ Die Dichte von flüssigem Wasserstoff beträgt 71 kg/m³. Berechnen Sie für das Beispiel 1.1.01 das Volumen der Ausbeute von flüssigem Wasserstoff.

1.2 Kohlenstoff

Kohlenstoff wird auch das Element der Lebewesen genannt. Er ist die Basis aller organischen Verbindungen. Reiner Kohlenstoff kann in mehreren Formen vorkommen, als **Diamant, Grafit** (Graphit), **Graphen** oder in Form der **Fullerene.** Man nennt diese Formen eines Elementes **allotrope Modifikationen.** Sie sind auf die verschiedene Anordnung der Atome im Gitter oder Molekül zurückzuführen.

Siehe Kap. F, 4, Einführung in die organische Chemie.

Eigenschaften von Diamant
- Farblos, stark lichtbrechend
- t_m = 3 550 °C
- Sehr hart (Mohshärte 10)
- Elektrischer Nichtleiter
- Sehr gute Wärmeleitfähigkeit
- Dichte 3,51 g/cm³
- Die Masse wird in Karat angegeben (1 Kt = 0,2 g)

Geschliffener Diamant

Der Diamant bildet Kristalle, in denen jedes Atom durch tetraedrisch gerichtete Atombindungen mit vier anderen Atomen verbunden ist. Die Härte ist daher sehr groß. Da infolge der Atombindungen keine frei beweglichen Ionen oder Elektronen vorhanden sind, leitet der Diamant den elektrischen Strom nicht. Etwa ein Drittel der Weltproduktion an Diamanten sind Naturdiamanten. Zwei Drittel werden bereits synthetisch aus Grafit unter hohen Drücken und Temperaturen hergestellt bzw. in der Halbleiterindustrie als sehr dünne Schichten auf Silicium abgeschieden.

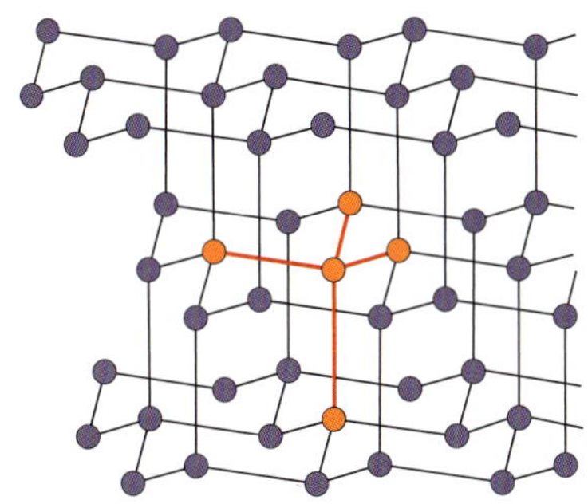
Modifikation Diamant

Eigenschaften von Grafit
- Grauschwarz, undurchsichtig
- Kein Schmelzpunkt, plastisch verformbar oberhalb von 2 500 °C
- Sehr weich (Mohshärte 1 – 2)
- Guter elektrischer Leiter
- Schlechte Wärmeleitfähigkeit
- Dichte 2,1 bis 2,3 g/cm³

Van-der-Waals-Kräfte siehe Kap. D, 2.4.5.

Grafit besteht aus locker übereinanderliegenden, wabenförmigen Schichten, die durch Van-der-Waals-Kräfte zusammengehalten werden. In einer Schicht ist jedes Kohlenstoffatom an drei weitere Kohlenstoffatome gebunden. Das vierte Valenzelektron jedes Kohlenstoffatoms ist delokalisiert und daher nicht an einen bestimmten Platz im Gitter gebunden. Diese Elektronen können leicht Energie aufnehmen und sich parallel zur Netzebene bewegen. Das ist die Ursache der schwarzen Farbe von Grafit und der guten elektrischen Leitfähigkeit in Richtung der Schichten.

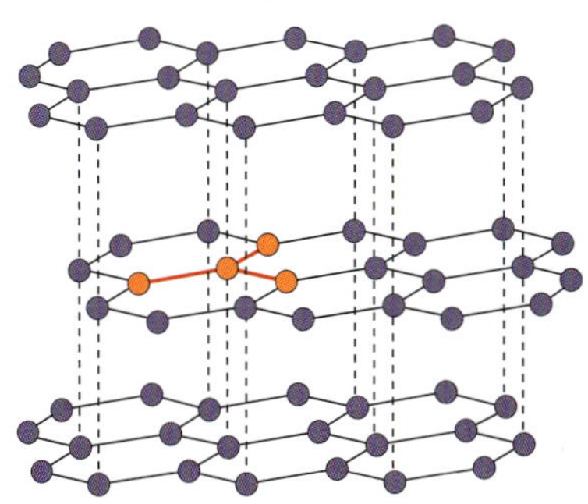
Modifikation Grafit

Zwischen den Netzebenen bestehen schwache Bindungen. Daher sind die Schichten leicht verschiebbar. Der Grafit ist dadurch weich und blättrig spaltbar. Neben natürlichen Vorkommen wird Grafit synthetisch durch Erhitzen kohlenstoffreicher Materialien unter Luftabschluss hergestellt.

Ruß ist feinkristalliner Grafit. Er entsteht leicht bei einer unvollkommenen Verbrennung kohlenstoffreicher Verbindungen.
Kohle ist ein schwarzes Sedimentgestein, das durch Carbonisierung von Pflanzenresten entstanden ist. Kohle besteht vorwiegend aus ringförmigen und kettenförmigen Kohlenwasserstoffen mit den Fremdatomen Sauerstoff, Stickstoff und Schwefel.
Koks entsteht bei der Kohleentgasung. Er kommt dem reinen Kohlenstoff am nächsten.
Aktivkohle entsteht bei der Zersetzung bestimmter organischer Stoffe unter Luftabschluss bei Gegenwart von Wasserdampf. Sie hat noch den Zellaufbau und daher eine sehr große innere Oberfläche: 1 g ungefähr 800 m².

Kohle siehe NAWI III/IV, Kap. B, 1.1.

Erhitzen Sie Coca-Cola oder verdünnte Tinte mit Aktivkohle. Nach dem Filtrieren ist die Flüssigkeit farblos.

Technische Bedeutung von Diamant
- Für Bohr-, Schneid- und Schleifwerkzeuge
- Für Polierpasten
- Beschichtung von Silicium-Wafern zur besseren Kühlung der mikroelektronischen Bauteile

Bleistiftmine aus Grafit

Technische Bedeutung von Grafit
- Bleistiftminen
- Für Schmierstoffe
- Elektroden in Primärbatterien, Lichtbogenöfen und in der Aluminiumindustrie
- Gleitkontakte (Kohlebürsten) in Motoren und Generatoren
- Als Moderator in Kernreaktoren
- Für thermisch hoch belastete Formen und Auskleidungen

Modell einer Graphenschicht

Graphen ist eine zweidimensionale Modifikation, die man sich wie einzelne Grafitschichten vorstellen kann. Während im Grafit das vierte Valenzelektron des Kohlenstoffs die Verbindung zwischen den Schichten herstellt, verbleibt beim Graphen dieses Elektron in der Schicht.
2010 wurde für Untersuchungen an Graphen der Nobelpreis für Physik an **Konstantin Novoselov** und **Andre Geim** vergeben. An einer neuen Transistorengeneration auf der Basis von Graphen wird derzeit gearbeitet. Weiters erhofft sich die Werkstofftechnologie, extrem zugfeste Materialien mithilfe eingerollter Graphenschichten erzeugen zu können. Die Zugfestigkeit von Graphen ist die höchste, die je ermittelt wurde.

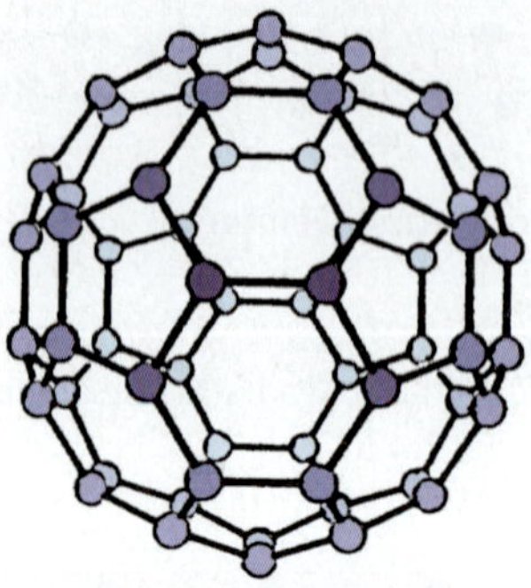

Modifikation Buckminsterfulleren C_{60} (auch Buckyball genannt)

Fullerene sind käfigartige Moleküle, die 1985 von den Forschern **Robert F. Curl, Harald W. Kroto** und **Richard E. Smalley** erstmals hergestellt wurden. Sie erhielten dafür 1996 den Nobelpreis für Chemie. 1990 stellte der deutsche Astronom **Wolfgang Krätschmer** Fullerene in größeren Mengen her. Das wichtigste Molekül ist das C_{60} (Buckminsterfulleren nach dem amerikanischen Architekten **Buckminster Fuller** benannt), das die Form eines Fußballes besitzt. Daneben gibt es analog gebaute sphärische und schlauchförmige Moleküle (Nanotubes).

Eigenschaften der Fullerene
- Braunschwarze Pulver, undurchsichtig
- Metallisch glänzend
- Teilweise löslich in organischen Lösungsmitteln (z. B. in Toluen)

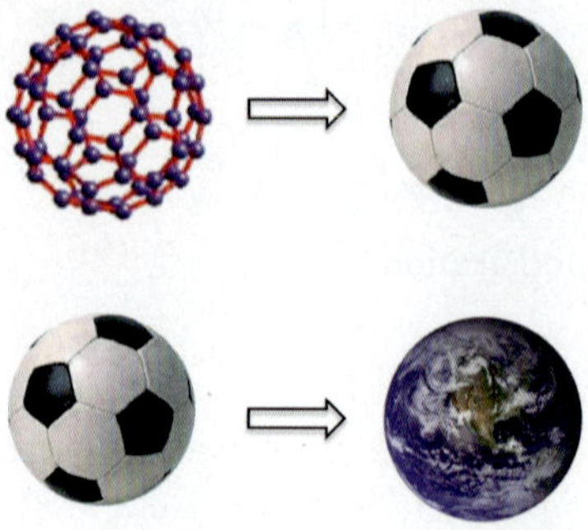

Das kugelförmige Molekül hat einen Durchmesser von ca. 0,7 nm (Größenvergleich: Molekül – Fußball – Erde)

Fullerene bilden sich beim Verdampfen von Grafit in Heliumatmosphäre. Durch gezielte Verunreinigungen kann man aus dem Isolator C_{60} Halbleiter, metallische Leiter und Supraleiter herstellen. Eine Reihe von nanotechnologischen Anwendungen der Fullerene auf dem Gebiet der Medizin (als Radikalfänger) wird derzeit erforscht. Die schlauchförmigen Nanotubes übertreffen an Zugfestigkeit alle Fasern, die bisher bekannt sind. Damit könnte man Verbundwerkstoffe herstellen, die leichter und wesentlich fester als Stahl sind.

Oxide von Kohlenstoff siehe Kap. H, 2.1.

Ziele erreicht? – „Kohlenstoff“

1.08 + Erklären Sie in Worten und mit einer Skizze den Aufbau des Diamantgitters.

1.09 + Erklären Sie anhand des Diamantgitters, warum der Diamant ein Isolator ist.

1.10 + Erklären Sie in Worten und mit einer Skizze den Aufbau des Grafitgitters.

1.11 + Erklären Sie anhand des Grafitgitters, warum Grafit den elektrischen Strom leitet.

1.12 ++ Erklären Sie die extrem unterschiedlichen Eigenschaften der allotropen Modifikationen des Kohlenstoffs Diamant und Grafit.

1.13 + Unterscheiden Sie Ruß, Kohle, Koks und Aktivkohle voneinander.

1.14 ++ Fulleren C_{60} wird in Kosmetikprodukten (Anti-Aging-Cremes) eingesetzt. Analysieren Sie, warum dieser Einsatz problematisch ist, und begründen Sie Ihre Meinung. Recherchieren Sie dazu im Internet.

1.15 ++ Recherchieren Sie im Internet die aktuellen nanotechnologischen Forschungen auf dem Gebiet der Fullerene.

1.3 Stickstoff

Stickstoff ist mit 78 Volumsprozent der Hauptbestandteil der Luft. Anorganisch gebunden kommt Stickstoff in der Erdkruste selten vor. Bedeutsam sind die Salpetervorkommen (Chilesalpeter $NaNO_3$). In organischen Stoffen ist Stickstoff das wesentliche Element der Eiweißstoffe und der Erbanlagen. Er ist daher für alle Lebewesen von großer Bedeutung.

Kurzes Bad bei –196 °C in flüssigem Stickstoff. Der verdampfende Stickstoff umgibt die Hand und schützt die Haut vor der extremen Kälte (Leidenfrosteffekt).

Eigenschaften von Stickstoff
- Elementmolekül N_2
- Farbloses, geruchloses und geschmackloses Gas
- $t_b = -195{,}8$ °C, $t_m = -209{,}9$ °C
- Kritische Temperatur: –146,9 °C
- Nicht brennbar
- Sehr reaktionsträge

Gewinnung von Stickstoff

Technisch reinen Stickstoff gewinnt man durch Destillation der flüssigen Luft, die mit dem Lindeverfahren hergestellt wurde.

Flüssige Luft – Lindeverfahren
Luft lässt sich durch wiederholtes Verdichten und Entspannen auf etwa –200 °C abkühlen, sodass sie flüssig wird. Dabei macht man sich den **Joule-Thomson-Effekt** zunutze. Es bildet sich eine blassblaue Flüssigkeit, die zur Erzeugung tiefer Temperaturen und zur Herstellung von Stickstoff, Sauerstoff und Argon benutzt wird.

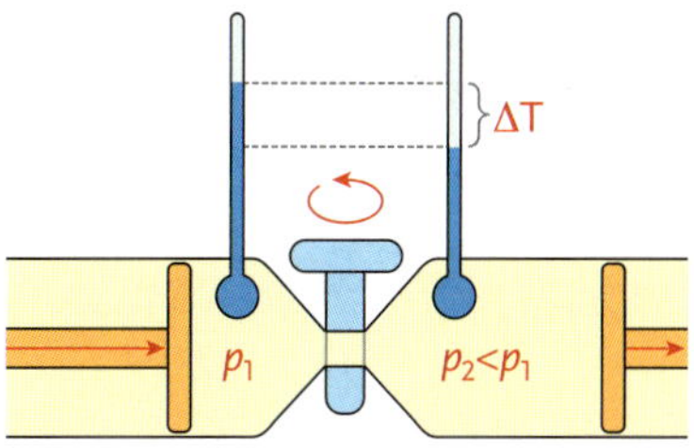

Wird komprimierte Luft durch eine enge Düse entspannt, kühlt sie ab.

Dieser Effekt wurde in den Jahren 1852 bis 1862 von **James Prescott Joule** und **William Thomson (Lord Kelvin)** untersucht.

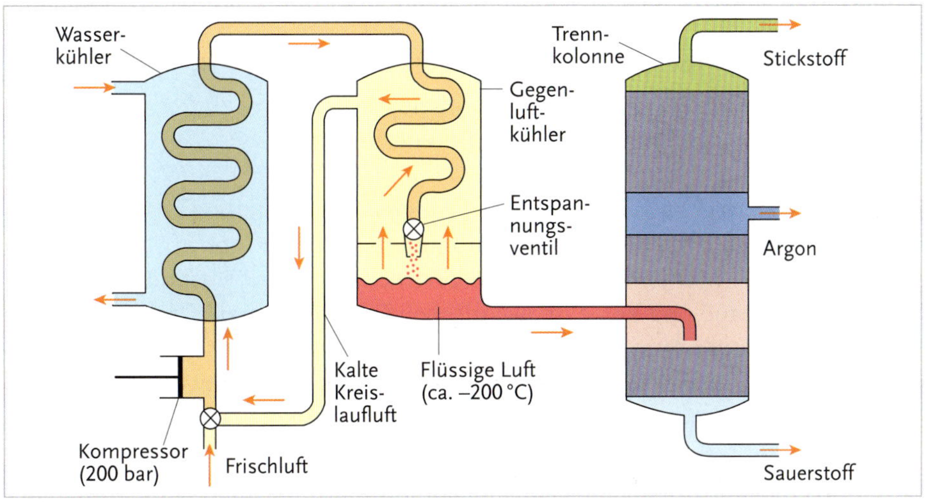

Schema des Lindeverfahrens – Luftverflüssigung und fraktionierte Destillation

Patenturkunde des Lindeverfahrens

Da der flüssige Stickstoff bei −195,8 °C, der flüssige Sauerstoff bei −183 °C siedet, ist es möglich, Stickstoff und Sauerstoff der Luft voneinander zu trennen.

Technische Bedeutung von Stickstoff

- Herstellung von Ammoniak mit dem Haber-Bosch-Verfahren
- Synthese der Salpetersäure und in der Folge Herstellung von Düngemitteln und Sprengstoffen
- Schutzgas bei Lebensmittelverpackungen
- Schankgas für Getränke
- Flüssigstickstoff als Kältemittel für Lebensmittel (Schockfrostanlagen) und für medizinische Anwendungen

Ziele erreicht? – „Stickstoff"

1.16 + Geben Sie die Zusammensetzung von trockener, reiner Luft in Volumsprozenten an.

1.17 + Schreiben Sie die Gleichung für die Herstellung von Ammoniak aus den Elementen an.

1.18 ++ Berechnen Sie das erforderliche Luftvolumen bei Normbedingungen (0 °C, 1,013 bar, Dichte der Luft 1,2857 g/L) zur Herstellung von einem Liter flüssiger Luft (Dichte 870 g/L).

1.4 Phosphor

Roter Phosphor

Wegen seiner großen Reaktionsfähigkeit kommt Phosphor nicht frei in der Natur vor, gebunden aber in größeren Mengen in einigen Gesteinen (Apatit, Phosphorit), in kleineren Mengen in fast allen Gesteinen und Erzen. Infolge der Verwitterung gelangen die Phosphate in den Boden, wo sie von den Pflanzen aufgenommen werden. Phosphor ist ein notwendiger Bestandteil aller Pflanzen- und Tierzellen.

Man kennt vier allotrope Modifikationen des Phosphors:

Modifikation	Dichte g/cm³	Entzündungstemperatur	Struktur	Eigenschaften
weiß	1,82	50 °C	tetraedisch P_4-Moleküle	sehr giftig, leuchtet an der Luft
rot	2,0–2,4	435 °C	amorph	ungiftig, leuchtet nicht an der Luft
schwarz	2,67		Schichtgitter	
violett	2,35		dreidimensional vernetzte Struktur	

Weißer Phosphor
Ein tetraedisches Molekül

Weißer Phosphor liegt als tetraedrisches P_4-Molekül vor. Aufgrund des kleinen Bindungswinkels zwischen den Phosphoratomen herrscht ein hoher Spannungszustand im Molekül. Weißer Phosphor wird durch Erhitzen von Phosphorit oder Knochenasche mit Sand und Kohle im elektrischen Ofen gewonnen. Der abdestillierte Phosphor wird unter Wasser aufgefangen und in Stangen gegossen. Dieser Phosphor leuchtet im Dunkeln in Gegenwart von Sauerstoff. Man nennt die Erscheinung Chemolumineszenz (durch chemische Vorgänge verursachte Lichterscheinung).

Technische Bedeutung von Phosphor

- Roter Phosphor
  - Herstellung von Reibflächen für Zündholzpackungen
  - Flammschutzmittel in Kunststoffen
  - Nebelmunition
- Weißer Phosphor
  - Herstellung von Phosphorpentoxid für Phosphorsäure
  - Phosphorbomben (Brandbomben) und Nebelgranaten

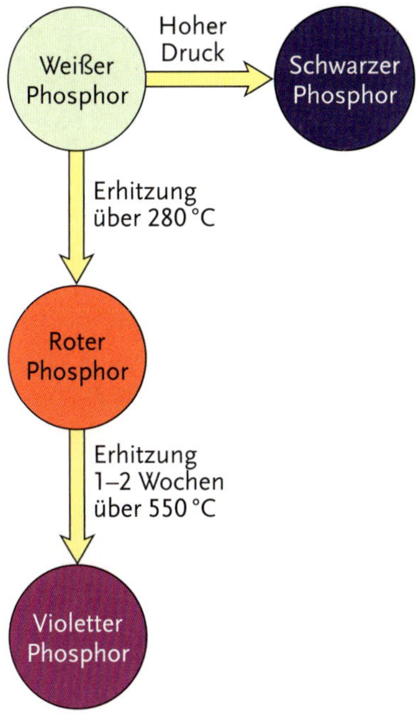

Modifikationen von Phosphor

Ziele erreicht? – „Phosphor"

1.19 + Beschreiben Sie die allotropen Modifikationen des Phosphors.

1.20 + Beschreiben Sie die Chemolumineszenz.

1.21 ++ Erklären Sie die hohe Reaktionsfähigkeit des weißen Phosphors.

1.22 + Schreiben Sie die Gleichung für die Verbrennung von weißem Phosphor zu Phosphorpentoxid P_4O_{10} an.

1.23 ++ Erstellen Sie die Gleichung für die Erzeugung von sehr reiner (für die Waschmittelproduktion benötigter) Phosphorsäure aus P_4O_{10} und Wasser.

1.24 ++ Begründen Sie, warum sich ein Sicherheitszündholz nur an der Reibfläche der Zündholzschachtel und nicht an einer beliebigen rauen Oberfläche entzündet.

1.25 ++ Recherchieren Sie im Internet: Welche Funktion hat der rote Phosphor bei Sicherheitszündhölzern?

1.5 Sauerstoff

Sauerstoff ist mit rund 49 Massenprozent das häufigste Element der Erdhülle. Man findet ihn elementar als O_2-Molekül in der Atmosphäre, vor allem aber in Verbindungen, z. B. mit Wasserstoff verbunden im Wasser sowie in oxidischen Erzen und Mineralien. Sauerstoffatome können miteinander zwei verschiedene Moleküle bilden: das gewöhnliche Sauerstoffmolekül O_2 und die sehr unbeständige Sauerstoffmodifikation Ozon O_3.

Oxidationsvorgänge siehe Kap. F, 2.2.

Eigenschaften von Sauerstoff

- Elementmolekül O_2
- Farbloses, geruchloses und geschmackloses Gas
- $t_b = -183$ °C, $t_m = -218{,}4$ °C
- Kritische Temperatur: –118,8 °C
- Dichte: 1,429 g/dm³ (etwas schwerer als Luft)
- Verbindet sich mit fast allen Elementen (außer den Edelgasen)
- Als gängigstes Oxidationsmittel ermöglicht Sauerstoff die meisten natürlichen und technischen Oxidationsvorgänge (z. B. Verbrennung, Korrosion, Atmung)

Der Nachweis von Sauerstoff im Labor erfolgt mit der Glimmspanprobe. Da die Bindungsenergie im Sauerstoffmolekül verhältnismäßig hoch ist, verbindet sich Sauerstoff bei normaler Temperatur nicht ohne Zufuhr von Aktivierungsenergie. Trotzdem sind die Gefahren zu beachten, die bei der Verwendung von technisch reinem Sauerstoff in Gegenwart brennbarer Stoffe auftreten. Es ist daher verboten, Armaturen und Absperrhähne, die mit Sauerstoff aus der Sauerstoffflasche in Berührung kommen, mit Fett zu schmieren.

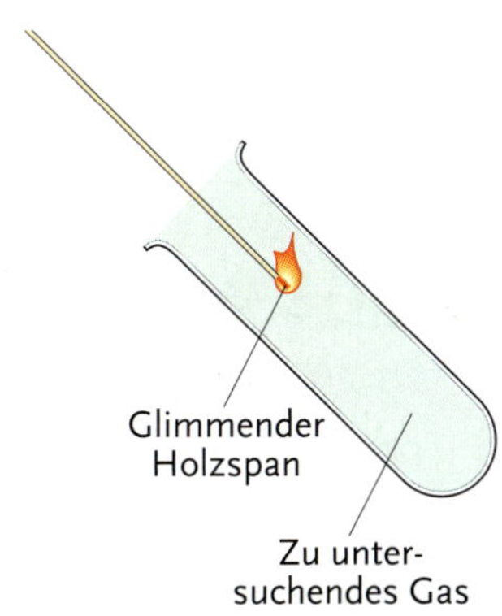

Glimmspanprobe: Ein glimmender Holzspan entflammt bei Vorhandensein von Sauerstoff.

Gewinnung von Sauerstoff

Im technischen Ausmaß gewinnt man Sauerstoff durch fraktionierte Destillation der flüssigen Luft (siehe Kap. E, 1.3, Lindeverfahren), ferner durch Elektrolyse wässriger Lösungen, meist von verdünnter Natronlauge. In den Handel kommt Sauerstoff in blauen Stahlflaschen mit weißer Schulter.

Das Sauerstoffmolekül O_2 besitzt keine Doppelbindung sondern ist ein Biradikal (was auch seine Reaktivität erklärt).
$\cdot\overline{\underline{O}}-\overline{\underline{O}}\cdot$

Technische Bedeutung von Sauerstoff
- In der Metallurgie (Herstellung von Roheisen nach dem Corex-Verfahren und von Stahl nach dem LD-Verfahren)
- Beim Schweißen und Schneiden von Stahl
- Oxidationsmittel für Raketentreibstoff
- Bei vielen technischen Oxidationsprozessen (z. B. Herstellung von Schwefelsäure, Salpetersäure) in Form von Luft

Ozon

Geringe Ozonmengen entstehen überall dort, wo durch Energiezufuhr, z. B. durch Blitzschlag oder durch UV-Strahlen unter Höhensonnen, atomarer Sauerstoff aus dem allgegenwärtigen O_2 entsteht, der dann mit O_2 zu O_3 reagiert.

$O_2 \rightarrow 2\,O$ $\quad$ $O + O_2 \rightarrow O_3$

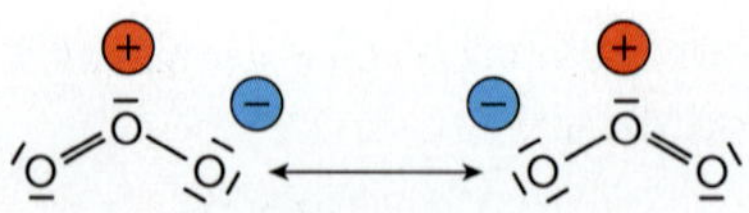

Mesomere Grenzstrukturen von Ozon siehe Kap. C, 2.4.3.

Eigenschaften von Ozon
- Formel O_3
- Farbloses, giftiges, unangenehm stechend riechendes Gas
- $t_b = -112{,}4\ °C$, $t_m = -193\ °C$
- Sehr reaktive Verbindung, wandelt sich leicht in O_2 um: $2\,O_3 \rightarrow 3\,O_2$

Unter dem Einfluss des ultravioletten Teiles des Sonnenlichtes entsteht auch in der Atmosphäre immer – in den untersten Schichten allerdings nur in äußerst geringen Mengen – Ozon, dessen Konzentration in rund 25 km Höhe ein Maximum erreicht. Diese Ozonschicht schützt uns auf der Erde vor der schädlichen UV-Strahlung. Am Boden entsteht Ozon durch Ozonvorläufersubstanzen (z. B. Stickstoffoxide) und Sonnenlicht und wirkt als Luftschadstoff.

Ökosystem Luft siehe Kap. H, 2.

Technische Bedeutung von Ozon
- Als Oxidationsmittel bei der Trinkwasser- und Abwasseraufbereitung
- Desinfektion von Schwimmbadwasser
- Luftdesinfektion
- Papierbleiche (chlorfreies Papier)

Ziele erreicht? – „Sauerstoff"

1.26 ++ Erklären Sie, warum Ozon reaktionsfähiger ist als Sauerstoff.

1.27 ++ Erklären Sie, warum man in der Technik bei Oxidationsvorgängen die Luft durch technisch reinen Sauerstoff ersetzt. Was ist zu beachten?

1.28 ++ Erklären Sie, warum man die Knallgasprobe auf Wasserstoff mit der Reagenzglasmündung nach unten, die Glimmspanprobe auf Sauerstoff hingegen mit der Mündung nach oben durchführt.

1.29 ++ Erklären Sie, warum bei der Verwendung von älteren Kopiergeräten ein unangenehmer Geruch wahrnehmbar ist. Recherchieren Sie, welche Substanz hier wahrgenommen wird und warum dieser Effekt bei modernen Kopierern nicht auftritt.

1.6 Schwefel

Aufgrund seines elementaren Vorkommens in vulkanischen Gegenden ist der Schwefel der Menschheit seit langer Zeit bekannt. Mit etwa 0,05 Massenprozent ist er das fünfzehnthäufigste Element der Erdhülle.

Im Gegensatz zu Sauerstoff zeigt Schwefel eine stark ausgeprägte Neigung, mit sich selbst eine Vielzahl von Schwefelmodifikationen zu bilden. Davon ist aber bei Raumtemperatur nur eine einzige Form, der α-Schwefel, beständig. In diese Form lagern sich alle möglichen Schwefelformen mehr oder weniger rasch um. Der α-Schwefel ist aus S_8-Ringen aufgebaut. Diese S_8-Ringe haben eine Kronenform.

Schwefel

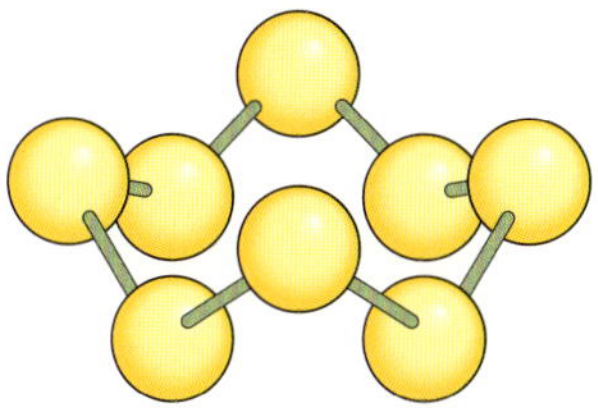
Kronenform der S_8-Ringe

Eigenschaften von α-Schwefel
- Formel S_8
- Gelber, spröder Feststoff
- Unlöslich in Wasser
- t_m = ca. 119 °C, t_b = 445 °C
- Bei ca. 250 °C entzündet sich Schwefel an der Luft und verbrennt mit blauer Flamme zu SO_2

Bei rund 119 °C schmilzt Schwefel zu einer klaren, hellgelben, dünnflüssigen Schmelze. Die Schmelze enthält bis 159 °C im Wesentlichen S_8-Ringe. Zwischen 160 °C und 200 °C färbt sie sich rotbraun, wird undurchsichtig, zunehmend zähflüssig und schlagartig fest wie ein Harz. Bei 160 °C werden nämlich die meisten Ringe thermisch gespalten und es entstehen miteinander verfilzte Ketten, die bei etwa 200 °C Kettenlängen bis zu 10^6 S-Atome erreichen. Bei weiterer Temperatursteigerung werden diese Ketten gespalten. Beim Siedepunkt von 445 °C ist die Schmelze wieder dünnflüssig und besteht aus kleineren Bruchstücken. Gießt man die dünnflüssige Schmelze in kaltes Wasser, bilden sich elastische Fäden oder eine gelbbraune, zähe Masse (plastischer Schwefel). Nach einiger Zeit wandelt sich der plastische Schwefel allmählich wieder in den α-Schwefel um.

Schmelzen und Abkühlen von Schwefel:

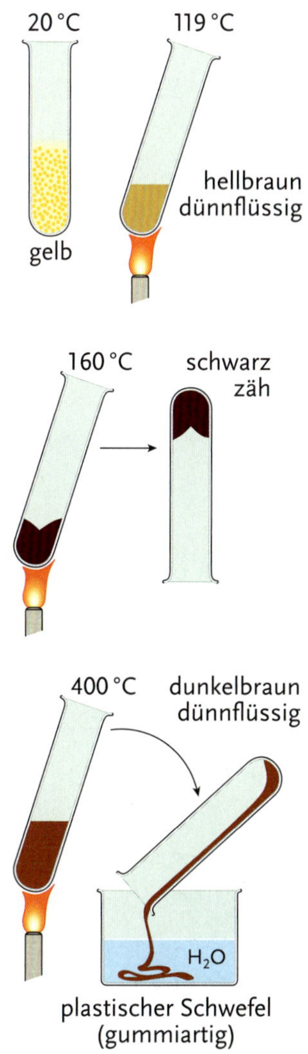

Schwefel fällt heute in großen Mengen bei der Entschwefelung von Erdöl (Clausprozess, NAWI III/IV, Kap. B, 1.2) an. Andere Gewinnungsmöglichkeiten, wie z. B. das Ausschmelzen von elementarem Schwefel aus unterirdischen Lagerstätten (Fraschverfahren), verlieren deshalb allmählich an Bedeutung.

Schwefel kommt gebunden in sulfidischen Erzen und in Sulfaten vor:

Kiese	Pyrit (Eisenkies, Schwefelkies) FeS_2, Kupferkies $CuFeS_2$
Glanze	Bleiglanz PbS, Kupferglanz Cu_2S
Blenden	Zinkblende ZnS
Sulfate	Anhydrit $CaSO_4$, Gipsstein $CaSO_4 \cdot 2\ H_2O$

Die Erze sind wichtige Rohstoffe für die Metall- und Schwefelgewinnung, die Calciumsulfate wichtige Baumaterialien.

Technische Bedeutung von Schwefel
- Herstellung von Schwefelsäure
- Vulkanisation von Kautschuk
- Herstellung von Schwarzpulver, Zündhölzern, Feuerwerkskörpern
- Bei der Herstellung von Papier und Farbstoffen
- Konservierungsmittel für Wein und Trockenobst
- Als Kontaktfungizid gegen den Echten Mehltau (Pilzerkrankung von Weinreben)

Saurer Regen siehe Kap. H, 2.1.

Da Schwefel in fast allen Brennstoffen vorhanden ist, entsteht bei ihrer Verbrennung in der Umwelt Schwefeldioxid, das mit Wasser schweflige Säure und Schwefelsäure gibt: den sauren Regen.

Ziele erreicht? – „Schwefel“

1.30 + Schreiben Sie die Gleichungen an für
a) die Verbrennung von Schwefel,
b) die Weiterreaktion von Schwefeldioxid mit Wasser zu schwefliger Säure.

1.31 + Erklären Sie, warum der Schwefelgehalt von Erdölprodukten von den Behörden ständig kontrolliert wird.

1.32 ++ Durch Abrösten des Erzes Pyrit FeS_2 (Reaktion mit Luftsauerstoff bei höherer Temperatur) wird Schwefeldioxid SO_2 für die Herstellung von Schwefelsäure gewonnen: $2\ FeS_2 + 5{,}5\ O_2 \rightarrow 4\ SO_2 + Fe_2O_3$

10 t Pyrit mit 62,0 % FeS_2 werden abgeröstet. Berechnen Sie (bei vollständiger Umsetzung),
a) welche Masse an SO_2 gewonnen wird, wenn verfahrensbedingt 1,5 % verlorengehen;
b) welche Masse an Fe_2O_3 der Abbrand enthält.

1.33 ++ In einer Heizsaison wurden 1 500 kg Steinkohle mit einem Schwefelgehalt von 3 % verbrannt. Berechnen Sie (bei vollständiger Umsetzung),
a) wie viel Kilogramm SO_2 von dieser Heizungsanlage emittiert wurden;
b) welches Volumen das emittierte gasförmige SO_2 bei einer Abgastemperatur von 190 °C und 1,013 bar Druck hatte.

1.7 Halogene

Herstellung von Chlor (im Abzug!)

Chlor ist giftig!

Die Elemente der 17. Gruppe, Fluor, Chlor, Brom, Iod und Astat, werden Halogene genannt. Mit Ausnahme des Astats kommen die Salze dieser Elemente häufig in der Natur, vor allem im Meerwasser, vor. Halogene sind aufgrund des Aufbaus ihrer Elektronenhülle sehr reaktive Stoffe und liegen elementar als Elementmoleküle vor. Sie sind Oxidationsmittel und bilden mit Metallen Salze. Daher kommt auch die Bezeichnung „Halogen“, die aus dem Griechischen stammt und Salzbildner bedeutet.

Eigenschaften der Halogene

	Fluor	Chlor	Brom	Iod
Formel	F_2	Cl_2	Br_2	I_2
Farbe	blassgelb	gelbgrün	rotbraun	violett
Schmelzpunkt (°C)	–220	–101	–7	114
Siedepunkt (°C)	–187	–34	59	184

Das bedeutendste Halogen ist Chlor. Es ist wie auch alle anderen Halogene giftig und es reizt die Schleimhäute stark. Sein eigentümlich stechender Geruch macht schon auf Spuren aufmerksam. Die Grundchemikalie Chlor zählt zu den meistproduzierten Stoffen der Welt.

Im **Laboratorium** wird Chlor durch Reaktion von konzentrierter Salzsäure mit Kaliumpermanganat hergestellt. **Technisch** wird es durch verschiedene elektrochemische Verfahren gewonnen.

Chlor lässt sich leicht verflüssigen. Es greift in trockenem Zustand Eisen nicht an, sodass es in Stahlflaschen und Stahlfässern aufbewahrt werden kann.

Chloralkali-Elektrolyse siehe Kap. G, 1.1.

Technische Bedeutung von Chlor

- Herstellung von Lösungsmitteln, z. B. Tetrachlormethan CCl_4
- Herstellung von Salzsäure
- Chlorierung organischer Verbindungen für die Herstellung von
  - Polyvinylchlorid (PVC)
  - Arzneistoffen
  - Pestiziden
- Zum Bleichen in der Textil- und Zellstofffabrikation
- Als Desinfektionsmittel
- Zum Chloren von Schwimmbadwasser

Reaktion von glühender Stahlwolle mit Chlorgas:

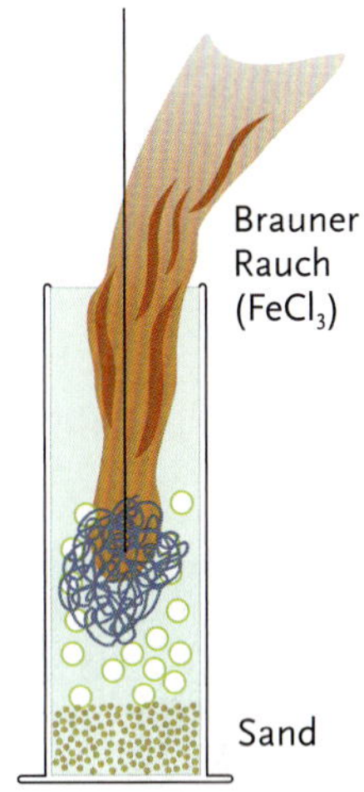

Stahlwolle auf Draht befestigen, im Brenner erhitzen und ins Chlor tauchen.

Ziele erreicht? – „Halogene“

1.34 ++ Erstellen Sie die Gleichung für die Reaktion von Eisen mit Chlor (das Eisen gelangt durch die Oxidationswirkung des Chlors in seine höhere Oxidationsstufe).

1.35 + Erklären Sie, warum die Halogene sehr reaktive Stoffe sind und mit Metallen leicht Salze bilden.

1.36 ++ Belegen Sie mit Beispielen, dass die Bezeichnung Salzbildner für die Halogene gerechtfertigt ist.

2 Edelgase

Die sechs Elemente der 18. Gruppe des Periodensystems Helium, Neon, Argon, Krypton, Xenon und Radon heißen Edelgase. Sie nehmen eine Sonderstellung unter allen Elementen ein, denn sie kommen nur atomar vor. Es existieren daher keine Edelgasmoleküle. Diese Tatsache lässt sich aus dem Bau ihrer Elektronenhülle verstehen (Edelgaskonfiguration). Zwischen den Atomen herrschen nur schwache Van-der-Waals-Kräfte. Bei den Heliumatomen reichen diese Kräfte nicht einmal in der Nähe des absoluten Nullpunktes aus, um die Atome in einem Atomgitter fest zusammenzuhalten. Helium ist das einzige bekannte Element, das allein durch Abkühlen nicht in den festen Aggregatzustand überführt werden kann. Es wird bei 0,9 K erst unter einem Druck von rund 25 bar fest.

Edelgaskonfiguration siehe Kap. D, 2.4.
Van-der-Waals-Kräfte siehe Kap. D, 2.4.5.

Helium wird bei –269 °C flüssig. Kühlt man flüssiges Helium weiter ab, wird es bei –271 °C superfluid, d. h., es verliert seine Viskosität – die Flüssigkeit verliert ihre innere Reibung. In diesem Zustand kann das superfluide Helium entgegen der Schwerkraft Gefäßwände „hochkriechen“ (Onneseffekt).

Superfluides Helium „kriecht“ die Gefäßwand hoch

Früher wurde angenommen, Edelgase könnten sich nicht mit anderen Elementen verbinden. Das ist aber nicht der Fall. Xenon bildet mit Fluor verschiedene Verbindungen (z. B. Xenonhexafluorid XeF_6).

William Ramsay, 1852 bis 1916, Engländer, 1904 Nobelpreis für Chemie für Forschungen auf dem Gebiet der Edelgase

Eigenschaften der Edelgase

Symbol	He	Ne	Ar	Kr	Xe	Rn
t_m (°C)	$-272_{(25\ bar)}$	−249	−189	−157	−112	−71
t_b (°C)	−269	−246	−186	−153	−108	−61
Vorkommen in Luft (Vol.-%)	0,0005	0,0015	0,94	0,00011	0,000009	geringste Spuren

Edelgase leuchten in Gasentladungsröhren in charakteristischen Farben

- Helium: gelb
- Neon: rot
- Argon: violett
- Krypton: hellblau
- Xenon: blau

Die Edelgase kommen in der Erdatmosphäre vor, allerdings – abgesehen von Argon – nur in relativ geringen Mengen. Sie fallen als Nebenprodukte bei der Gewinnung von Sauerstoff und Stickstoff an (Lindeverfahren siehe Kap. E, 1.3). Helium wird überwiegend aus Erdgas gewonnen.

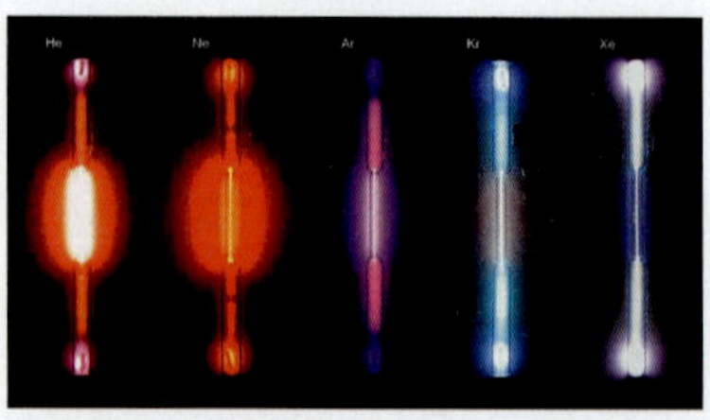

Edelgase in Gasentladungsröhren

Gaschromatografie siehe Kap. F, 4.5.

Technische Bedeutung der Edelgase

Helium

- Erzeugung tiefster Temperaturen
- Füllgas für Luftschiffe und Luftballone
- Gemischt mit Sauerstoff als Taucherluft
- Inertgas beim Schweißen
- Kühlgas in Kernreaktoren
- Trägergas in der Gaschromatografie

Argon

- Schutzgas beim Elektroschweißen oder bei der Herstellung und Verarbeitung wertvoller Metalle
- Füllgas für Glühlampen, mit 10 % Stickstoff gemischt
- Argonlaser

Die übrigen, teureren Edelgase finden in der Beleuchtungsindustrie Verwendung zur Füllung von Neonröhren, hoch leistungsfähigen Glühlampen (Xenonscheinwerfer) oder Blitzlichtröhren.

Ziele erreicht? – „Edelgase“

2.01 + Geben Sie an, warum es berechtigt ist, dass Helium (mit zwei Elektronen in der Hülle des Atoms) in der 18. Gruppe des PSE steht.

2.02 + Recherchieren Sie, warum übliche Leuchtstoffröhren (sogenannte „Neonlampen“) nicht orangerotes, sondern weißes Licht aussenden.

2.03 ++ Die Xenonlampe eines Autoscheinwerfers wird bei der Herstellung bei einer Temperatur von 20 °C mit Xenon gefüllt. Dabei beträgt der Fülldruck 25 bar. Der Druck der Xenon-Edelgasfüllung steigt im Betrieb der Lampe von 25 bar auf 95 bar. Berechnen Sie die mittlere Temperatur im Glaskolben der Lampe.

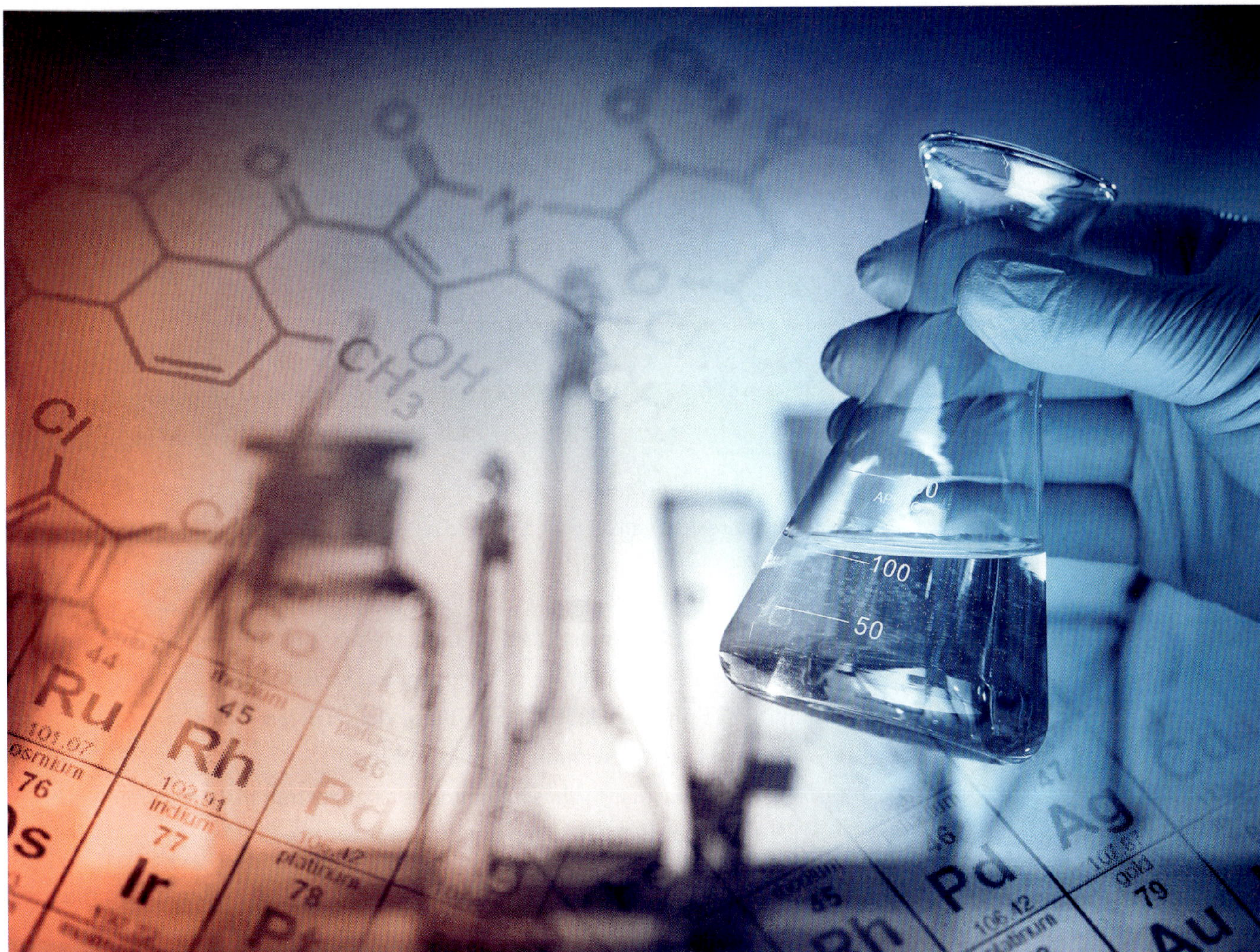

F Chemische Reaktionen & organische Chemie

Egal, ob eine Pflanze gerade den lebensnotwendigen Sauerstoff mittels Fotosynthese produziert, in Ihrem Körper die Leber in komplizierten chemischen Reaktionen essenzielle Eiweißstoffe produziert bzw. Giftstoffe abbaut oder in einem biochemischen Betrieb Arzneimittel synthetisiert werden – chemische Reaktionen gibt es ununterbrochen überall in und um uns herum und ohne sie gäbe es auch kein Leben.

Bei der organischen Chemie handelt es sich um jenes – ebenfalls für das Leben zentrale – Teilgebiet der Chemie, das sich mit den Verbindungen von Kohlenstoff (C) beschäftigt. Sie ist die Grundlage für eine Vielzahl von organischen technischen Produkten, u. a. Kunststoffen, Treibstoffen, Lacken bis hin zu Medikamenten. Sie sehen also: Die organische Chemie hat unseren Alltag vollkommen durchdrungen und spielt sich nicht nur im Labor ab.

ANTOINE L. DE LAVOISIER, 1743 BIS 1794, FRANZÖSISCHER CHEMIKER

1 Säure-Base-Reaktionen

„Allerliebstes bäsle häsle! …iezt wünsch ich eine gute nacht, scheissen sie ins beet daß es kracht …“, mit diesem etwas, naja, nennen wir es aus heutiger Sicht „derben“ Worten wendet sich 1777 Wolfgang Amadeus Mozart in einem seiner berühmten Briefe an seine Base Anna Maria Thekla Mozart, die Tochter eines Bruders seines Vaters Leopold. Zeitgenossen berichten, dass sie ob dieser Worte keinesfalls sauer war! Im gleichen Jahr definierte Antoine Lavoisier Säuren als Stoffe, die Sauerstoff enthalten, weil sie aus Oxiden von Nichtmetallen entstehen. Und unter einer Base versteht man in der Chemie keinesfalls eine Cousine, möge sie noch so reizend sein …

Meine Ziele

Nach Bearbeitung dieses Kapitels kann ich

- **Protolysereaktionen** formulieren und das **konjugierte Säure-Base-Konzept** anwenden;
- das **Massenwirkungsgesetz** für Säuren und Basen formulieren;
- das **Massenwirkungsgesetz** auf Säuren und Basen anwenden;
- angeben, welche Reaktionen zur **Bildung von Salzen** führen;
- mithilfe des **pH-Wertes** Stoffe des Alltags klassifizieren;
- einfache **pH-Wert-Berechnungen** durchführen;
- die **Titration** als analytisches Verfahren zur Konzentrationsbestimmung nachvollziehen und auswerten.

Zitronen enthalten Citronensäure

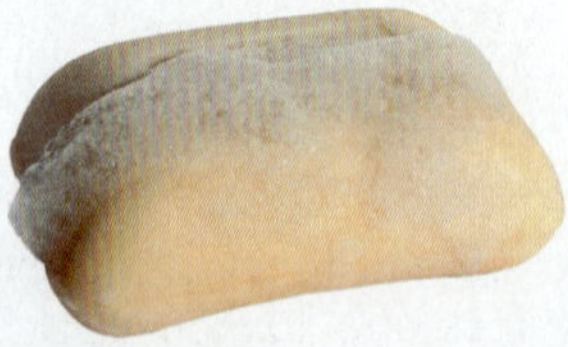

Seifenlauge

Säuren greifen auch in verdünnter Form die Haut an, machen sie rau und rissig (Vorsicht!). Basen quellen die Haut und machen sie glitschig (Seifenlauge).

Alltagserfahrungen und experimentell beobachtete Eigenschaften bestimmten die ersten Bemühungen, Säuren und Basen zu charakterisieren.

Da das Kosten von Chemikalienlösungen grundsätzlich abzulehnen ist, kann dieses Kennzeichen nicht verwendet werden (Ausnahmen: Lebensmittel).

Säuren und Basen verändern bestimmte Farbstoffe. So färbt sich z. B. Rotkraut beim Kochen rot, wenn man Essig (Säure) zusetzt. Wäscht man anschließend das Kochgeschirr mit einem Geschirrspülmittel ab (Base), so färbt sich das Abwaschwasser blau. Solche Farbstoffe nennt man Säure-Base-Indikatoren.

Rotkraut

Verschiedene Vorstellungen über das Wesen von Säuren und Basen führten zu folgenden **Theorien,** von denen jede für ein vorgegebenes Problem unter bestimmten Umständen ausreichend und daher am geeignetsten erscheint:

1777	**A. Lavoisier**	Säuren enthalten Sauerstoff, weil sie aus Oxiden von Nichtmetallen entstehen.
1816	**H. Davy**	Säuren enthalten Wasserstoff.
1834	**M. Faraday**	Säuren, Basen und Salze sind Elektrolyte. In ihren wässrigen Lösungen müssen daher Ionen vorhanden sein.
1838	**J. Liebig**	Säuren enthalten Wasserstoff, der durch ein Metall ersetzt werden kann.
1884	**S. Arrhenius**	Säuren sind Stoffe, die in wässriger Lösung die Wasserstoffionen-(H^+-Ionen-, Protonen-)Konzentration erhöhen. Basen sind Stoffe, die in wässriger Lösung die Hydroxidionen-(OH^--Ionen-)Konzentration erhöhen.
1923	**J. Brönsted**	Säuren sind Protonendonatoren (Geber). Basen sind Protonenakzeptoren (Empfänger).

Im Zusammenhang mit Säure-Base-Reaktionen versteht man unter Protonen nicht einzelne Kernbausteine, sondern elektrisch positiv geladene Wasserstoffionen H^+.

1.1 Protolyse

Die Reaktion einer Säure mit einer Base besteht in einer Protonenübertragung von der Säure zu der Base. Sie wird als **Protolyse** bezeichnet und ist die charakteristische Reaktion dieser Substanzen.

Protolyse: Übertragung von Protonen (H^+-Ionen)

Die Brönsted-Theorie definiert Säuren als Substanzen, die Protonen abgeben können, und Basen als Substanzen, die Protonen aufnehmen können. Diese Definitionen schließen den Säure-Basen-Begriff nach Arrhenius ein, sind aber unabhängig vom Lösungsmittel.

Säuren: sind Protonendonatoren (H^+-Geber)
Basen: sind Protonenakzeptoren (H^+-Empfänger)

Eine **Säure** HA besteht aus dem sogenannten „Säurewasserstoff H“ und dem sogenannten „Säurerest A“. Eine **Base** wird ungeachtet ihres Aufbaus mit B bezeichnet. Abgeleitet werden diese Bezeichnungen von den englischen Vokabeln „acid“ für Säure und „base“ für Base.

Beim Lösen einer Säure in Wasser bilden sich **Säurerestionen** und **Oxoniumionen** $\mathbf{H_3O^+}$. Somit wirkt die Säure gegenüber den Wassermolekülen als **Protonendonator.** Da die Wassermoleküle wiederum von der Säure die Protonen aufnehmen, wirken sie gegenüber der Säure als **Protonenakzeptoren:**

Säure	+	Wasser	→	Säurerestanion	+	Oxoniumion
HA	+	H_2O	→	A^-	+	H_3O^+

Das Oxoniumion wird in der chemischen Literatur gelegentlich auch als Hydroniumion bezeichnet.

Teilreaktionen:
Protonenabgabe mit der Säure als Protonendonator: $HA \rightarrow A^- + H^+$
Protonenaufnahme mit H_2O als Protonenakzeptor: $H_2O + H^+ \rightarrow H_3O^+$

Lösen von Hydrogenchlorid HCl in Wasser

HCl	+	H_2O	→	H_3O^+	+	Cl^-
Säure	+	Wasser	→	Oxoniumion	+	Chloridion

Das Wasser wirkt als Base = Protonenakzeptor!

„HCl“ wird vereinfacht gerne als Formel für die „Salzsäure“ angeschrieben. Korrekterweise bezeichnet „Salzsäure“ eine saure Lösung von Hydrogenchloridgas in Wasser.

Beim Lösen einer Base in Wasser bildet jeweils mindestens ein freies Elektronenpaar der Basenteilchen mit den von den Wassermolekülen abgegebenen Protonen eine Elektronenpaarbindung. Die Wassermoleküle wirken gegenüber den Basenteilchen als **Protonendonatoren.** So entstehen neben den protonierten Basenteilchen aus den H_2O-Molekülen **Hydroxidionen** $\mathbf{OH^-}$. Gegenüber den Wassermolekülen wirken die Basenteilchen als **Protonenakzeptoren:**

Base	+	Wasser	→	Basenkation	+	Hydroxidion
B	+	H_2O	→	HB^+	+	OH^-

Teilreaktionen:
Protonenaufnahme mit der Base als Protonenakzeptor: $B + H^+ \rightarrow HB^+$
Protonenabgabe mit Wasser als Protonendonator: $H_2O \rightarrow H^+ + OH^-$

Lösen von Ammoniak NH_3 in Wasser

H_2O	+	NH_3	→	NH_4^+	+	OH^-
Wasser	+	Base	→	Ammoniumion	+	Hydroxidion

Das Wasser wirkt als Säure = Protonendonator!

Allgemein lässt sich das **Protolysegleichgewicht** wie folgt beschreiben:

$$HA + B \rightleftharpoons BH^+ + A^-$$

$$\text{Säure (1)} + \text{Base (2)} \rightleftharpoons \text{Säure (2)} + \text{Base (1)}$$

Bei Protonenübertragungsreaktionen sind immer zwei Säure-Base-Paare beteiligt, die man „konjugiert" nennt.

Stoffe, die sich gegenüber einer basisch wirkenden Substanz als Säure und gegenüber einer sauer wirkenden Substanz als Base verhalten, nennt man Ampholyte. H_2O und Hydrogenanionen sind Ampholyte, sie verhalten sich amphoter.

Ampholyt: Ein und derselbe Stoff wirkt je nach Reaktionspartner als Säure oder als Base.

Wichtige Säuren und Basen

Oxide der Nichtmetalle reagieren mit Wasser zu sauren Lösungen.

Bildungsreaktion der Schwefelsäure H_2SO_4

$$SO_3 + H_2O \rightarrow 2\,H^+\,(aq) + SO_4^{2-}\,(aq)$$

Wichtige Säuren und ihre konjugierten Basen:

Säure		konjugierte Base (auch Säurerest)	
Name	**Formel**	**Formel**	**Name des Anions**
Salzsäure	HCl	Cl^-	Chlorid
Flusssäure	HF	F^-	Fluorid
Salpetersäure	HNO_3	NO_3^-	Nitrat
Salpetrige Säure*	HNO_2	NO_2^-	Nitrit
Blausäure	HCN	CN^-	Cyanid
Schwefelsäure	H_2SO_4	HSO_4^-	Hydrogensulfat
(Hydrogensulfat)	HSO_4^-	SO_4^{2-}	Sulfat
Schweflige Säure*	H_2SO_3	HSO_3^-	Hydrogensulfit
(Hydrogensulfit)	HSO_3^-	SO_3^{2-}	Sulfit
Kohlensäure*	H_2CO_3	HCO_3^-	Hydrogencarbonat
(Hydrogencarbonat)	HCO_3^-	CO_3^{2-}	Carbonat
Phosphorsäure	H_3PO_4	$H_2PO_4^-$	Dihydrogenphosphat
(Dihydrogenphosphat)	$H_2PO_4^-$	HPO_4^{2-}	Hydrogenphosphat
(Hydrogenphosphat)	HPO_4^{2-}	PO_4^{3-}	Phosphat

Herstellung, Eigenschaften und Verwendung technisch wichtiger Säuren siehe Kap. G, 1.

* Als Reinstoff nicht isolierbar

Kann eine Säure nur ein Proton abgeben, wird sie als einprotonig bezeichnet. Mehrprotonige Säuren bilden entsprechend der jeweiligen Säurewasserstoffanzahl mehrere Säurerestanionen.

Bildungsreaktion der Säurerestanionen

Die zweiprotonige Schwefelsäure bildet zwei Säurerestanionen:

$$H_2SO_4 \xrightarrow{-H^+} HSO_4^- \xrightarrow{-H^+} SO_4^{2-}$$

Die dreiprotonige Phosphorsäure bildet drei Säurerestanionen:

$$H_3PO_4 \xrightarrow{-H^+} H_2PO_4^- \xrightarrow{-H^+} HPO_4^{2-} \xrightarrow{-H^+} PO_4^{3-}$$

Oxide der Metalle reagieren mit Wasser zu basischen Lösungen.

Bildungsreaktion der Natronlauge NaOH

$$Na_2O + H_2O \rightarrow 2\ Na^+\ (aq) + 2\ OH^-\ (aq)$$

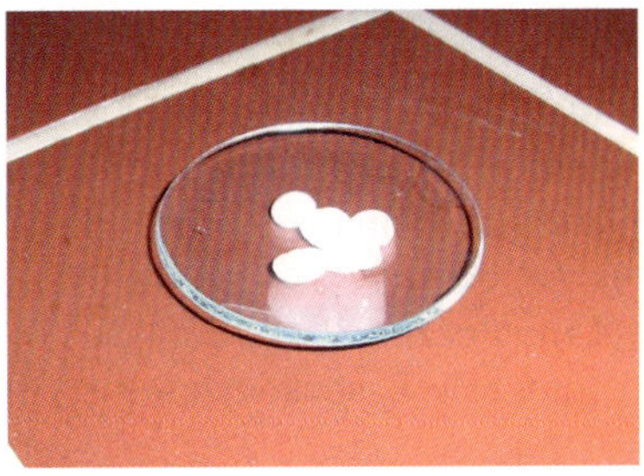

Natronlauge in fester Form: Ätznatron

Wichtige Basen:

Base	Formel	Name der Lösung
Natriumhydroxid	$NaOH$	Natronlauge, in fester Form: Ätznatron
Kaliumhydroxid	KOH	Kalilauge, in fester Form: Ätzkali
Calciumhydroxid	$Ca(OH)_2$	Kalklauge, in fester Form: Löschkalk, in Wasser suspendiert: Kalkmilch
Ammoniumhydroxid*	NH_4OH	Ammoniaklauge, Salmiakgeist

Nicht alle Säuren und Basen lassen sich von Oxiden ableiten, wie z. B. die Salzsäure (HCl) und die Ammoniaklauge (NH_4OH).

* Als Reinstoff nicht isolierbar

1.2 pK- und pH-Wert

Wässrige Lösungen von Säuren und Basen können als Systeme im dynamischen Gleichgewicht betrachtet werden, damit lässt sich die Protolyse durch das Massenwirkungsgesetz darstellen. Zur Vereinfachung wird die Konzentration des Wassers als konstant angenommen, da die Stoffmenge, die zur Bildung der Oxoniumionen bzw. Hydroxidionen nötig ist, im Vergleich mit der Stoffmenge der vorliegenden Wassermoleküle sehr klein ist. Somit kann die Konzentration des Wassers mit 55,5 mol/L in die Gleichgewichtskonstante mit einbezogen werden.

Massenwirkungsgesetz siehe Kap. D, 3.3.

Herleitung der Säurekonstante K_a:

$$K_1 = \frac{c(H_3O^+) \cdot c(A^-)}{c(HA) \cdot c(H_2O)} \qquad K_a = K_1 \cdot c(H_2O) = \frac{c(H_3O^+) \cdot c(A^-)}{c(HA)}$$

Herleitung der Basenkonstante K_b:

$$K_2 = \frac{c(BH^+) \cdot c(OH^-)}{c(B) \cdot c(H_2O)} \qquad K_b = K_2 \cdot c(H_2O) = \frac{c(BH^+) \cdot c(OH^-)}{c(B)}$$

Die **Säurekonstante K_a** und die **Basenkonstante K_b** sind ein Maß für die Stärke einer Säure bzw. Base.

Im Gegensatz zu den K_a- und K_b-Werten (Einheit: mol/L) sind die pK_a- und pK_b-Werte dimensionslos.

Zur besseren Übersichtlichkeit werden die Werte der negativen dekadischen Logarithmen der K_a- und K_b-Werte verwendet.

$$pK_a = -\lg K_a \text{ und } pK_b = -\lg K_b$$

Die Multiplikation der K_a- und K_b-Werte eines konjugierten Säure-Basen-Paares entspricht dem Ionenprodukt des Wassers: $K_a \cdot K_b = K_W = 10^{-14}$

Bei einem konjugierten Säure-Base-Paar gilt: $pK_a + pK_b = 14$

Da der dekadische Logarithmus den Exponenten zur Basis 10 angibt, kann man vereinfachend sagen, dass der pK-Wert die mit –1 multiplizierte Hochzahl der Säure- bzw. Basenkonstante ist.

$K_a = 10^{-3} \rightarrow pK_a = -1 \cdot (-3) = 3$

Stärke einiger Säuren und ihrer korrespondierenden Basen:

Säure	pK_a	Konjugierte Base	pK_b
Salzsäure HCl	–6	Cl^-	20
Schwefelsäure H_2SO_4	–3	HSO_4^-	17
Salpetersäure HNO_3	–1,32	NO_3^-	15,32
Phosphorsäure H_3PO_4	2,12	$H_2PO_4^-$	11,88
Flusssäure HF	3,14	F^-	10,86
Kohlensäure H_2CO_3	6,52	HCO_3^-	7,48
Hydrogencarbonat HCO_3^-	10,40	CO_3^{2-}	3,60

K_b und pK_b von Ammoniumhydroxid NH_4OH

$$NH_3 + H_2O \rightleftharpoons NH_4^+ + OH^- \qquad K = \frac{c(NH_4^+) \cdot c(OH^-)}{c(NH_3) \cdot c(H_2O)}$$

$$\text{Mit } c(H_2O) = \text{konstant: } K \cdot c(H_2O) = K_b = \frac{c(NH_4^+) \cdot c(OH^-)}{c(NH_3)} \qquad pK_b = -\lg K_b$$

Die pK-Werte dienen zur Bestimmung der Säure- bzw. Basenstärke:

Je **kleiner der pK_a-Wert,** umso **stärker** ist die Säure.
Je **kleiner der pK_b-Wert** ist, umso **stärker** ist die Base.

Für die Einteilung der Säuren und Basen nach ihren pK_a- bzw. pK_b-Werten gilt:

pK-Wert	Bezeichnung
$pK < -1,74$	sehr stark
$-1,74 < pK < 4,5$	mittelstark
$4,5 < pK < 9,5$	schwach

Mithilfe der pK-Werte kann man voraussagen, welche Reaktion abläuft.

Carbonate siehe Kap. G, 1.5.

Kohlensäure H_2CO_3 wirkt auf Calciumcarbonat $CaCO_3$ ein

H_2CO_3 ist mit dem kleineren $pK_a = 6,52$ die stärkere Säure als HCO_3^- mit $pK_a = 10,4$ und gibt daher ein Proton an das Carbonation ab.

$$\underset{\text{Säure (1)}}{H_2CO_3} + \underset{\text{Base (2)}}{Ca^{2+} + CO_3^{2-}} \rightarrow \underset{\text{Base (1)}}{Ca^{2+}(aq) + HCO_3^-(aq)} + \underset{\text{Säure (2)}}{HCO_3^-(aq)}$$

$Ca(HCO_3)_2$ ist leichter in Wasser löslich als $CaCO_3$. Dieser Vorgang ist die Reaktion der **Kalkverwitterung.**

Autoprotolyse

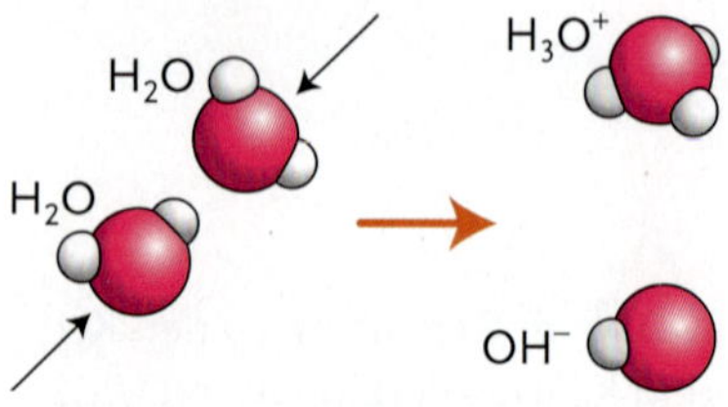

Auch für Wasser lässt sich die Säurekonstante bestimmen, da in wässriger Lösung die sogenannte **Autoprotolyse des Wassers** stattfindet:

$$H_2O + H_2O \rightleftharpoons H_3O^+(aq) + OH^-(aq)$$

In einer wässrigen Lösung ist die H_3O^+-Konzentration gleich der OH^--Konzentration. Sie beträgt bei 25 °C jeweils 10^{-7} mol/L.

Für die Gleichgewichtskonstante gilt:

$$K_a = c(H_3O^+) \cdot c(OH^-) = 10^{-14}\ (mol/L)^2 = K_W$$

K_W wird als **Ionenprodukt des Wassers** bezeichnet.

Als Maß für die saure oder basische Reaktion einer Lösung hat man die Oxoniumionenkonzentration gewählt. Aus Zweckmäßigkeitsgründen nimmt man allerdings wieder den negativen dekadischen Logarithmus der Oxoniumionenkonzentration.

pH-Wert: negativer dekadischer Logarithmus der H_3O^+-Konzentration in wässriger Lösung

$$pH = -\lg c(H_3O^+)$$

Da in reinem Wasser die Oxoniumionenkonzentration gleich der Hydroxidionenkonzentration (10^{-7} mol/L) ist, hat es einen pH-Wert von 7. Man nennt dieses Wasser neutral. Bei Säuren steigt die Oxoniumionenkonzentration, der pH-Wert wird daher kleiner als 7. In Basen sinkt die Oxoniumionenkonzentration, der pH-Wert wird daher größer als 7.

Die pH-Skala liegt daher üblicherweise zwischen 0 und 14

← zunehmend sauer | neutral ↓ (bei 7) | zunehmend basisch →

pH	0	1	2	3	4	5	6	7	8	9	10	11	12	13	14
H_3O^+	10^0	10^{-1}	10^{-2}	10^{-3}	10^{-4}	10^{-5}	10^{-6}	10^{-7}	10^{-8}	10^{-9}	10^{-10}	10^{-11}	10^{-12}	10^{-13}	10^{-14} mol/L
OH^-	10^{-14}	10^{-13}	10^{-12}	10^{-11}	10^{-10}	10^{-9}	10^{-8}	10^{-7}	10^{-6}	10^{-5}	10^{-4}	10^{-3}	10^{-2}	10^{-1}	10^0 mol/L

Der pH-Wert kann mit Papieren, die mit **Indikatoren** getränkt sind, sehr einfach bestimmt werden. Man taucht die Papierstreifen in die Prüflösung und vergleicht die Farbe mit einer beigegebenen Farbskala.

Säure-Base-Indikatoren: sind Stoffe, deren Farbe vom pH-Wert abhängig ist

Als Indikatoren werden industriell hergestellte Indikatoren verwendet, bei denen es sich meist um schwache organische Säuren handelt.

Häufig in Labors verwendete Indikatoren:

Indikator	pH-Bereich	Grenzfarbe sauer	Grenzfarbe basisch
Kongorot	3,0 bis 5,1	Violett	Rot
Methylorange	3,1 bis 4,4	Rot	Orange
Bromkresolgrün	4,0 bis 5,5	Gelb	Blau
Methylrot	4,2 bis 6,3	Rot	Gelb
Lackmus	5,8 bis 8,0	Rot	Blau
Bromthymolblau	6,0 bis 8,0	Gelb	Blau
Phenolrot	6,2 bis 8,2	Gelb	Rot
Neutralrot	7,0 bis 8,0	Violett	Rot
Thymolblau	8,0 bis 9,6	Gelb	Blau
Phenolphthalein	8,3 bis 10,0	Farblos	Rot
Thymolphthalein	9,5 bis 10,5	Farblos	Blau

Aber auch **in Pflanzen enthaltene Indikatoren** eignen sich zur Abschätzung des pH-Bereiches. Der im Blaukraut enthaltene Farbstoff, der mit den Ionen der zu untersuchenden Lösung reagiert, ist das Petunidin. Es gehört zu den Anthocyan-Farbstoffen. Diese sind in zahlreichen Blüten, wie in Dahlien, Pelargonien, roten Rosen und Kornblumen, und in Früchten wie Kirschen, Zwetschgen und Holunderbeeren vorhanden und sorgen für Farbtöne von Rot bis Blau.

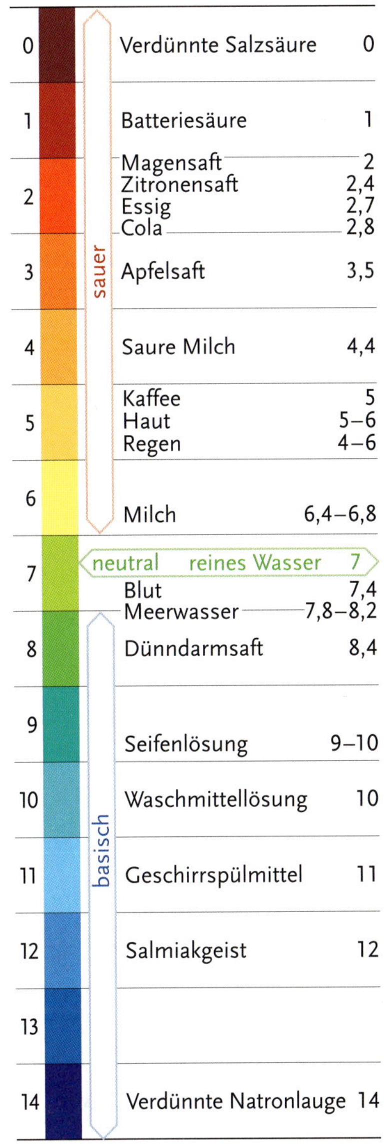

Beispiele für saure und basische Lösungen

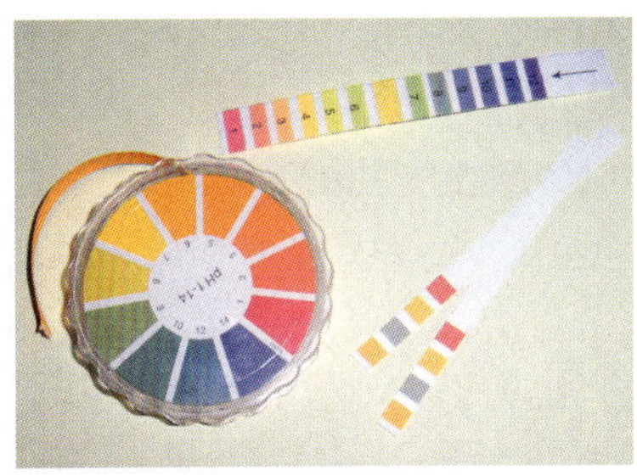

Universalindikatoren ermöglichen die Abschätzung in einem breiten pH-Bereich. Sie sind Gemische mehrerer Indikatoren mit verschiedenen Umschlagbereichen.

Lackmus ist ein in einer Flechtenart enthaltener blauvioletter Farbstoff.

Versuch: Abschätzung des pH-Bereiches mit Blaukrautsaft

Rohes Blaukraut wird fein geschnitten und einige Minuten in heißes Wasser gelegt. Man erhält eine dunkelviolette Flüssigkeit.

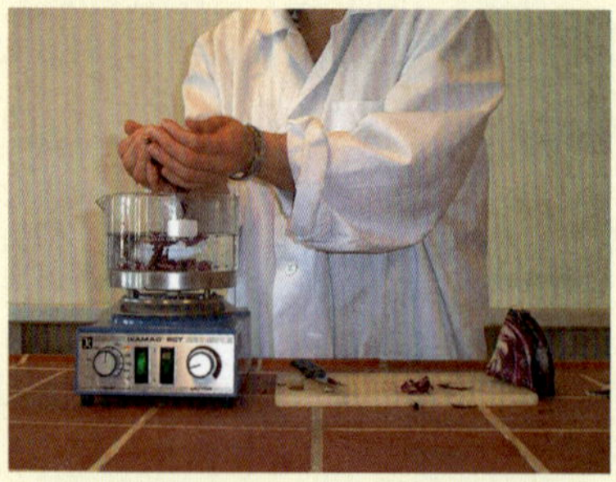

Der Indikator wird für die Versuchsreihe vorgelegt, das heißt in Schnappgläschen oder Reagenzgläser mit einigen Millilitern Blaukrautsaft wird die zu untersuchende Probe eingetropft.

Welchen pH-Wert weisen sogenannte hautneutrale Kosmetikprodukte, Kaffee und Cola auf?

Folgende Farben sind auf der Blaukrautskala möglich:

pH-Wert*	Farbe	sauer/basisch
0 – 1	Rot	stark sauer
2 – 3	Rosa	mittelstark sauer
4	Violett	mittelstark sauer
5 – 6	Blau / Violett	schwach sauer
7	Blau	neutral
8 – 9	Grün	schwach basisch
12	Hellblau / Hellgrün	mittelstark basisch
14	Gelb	stark basisch

* Mit Vergleichsmessungen ermittelt.

Blaukrautfarbskala

Mit Indikatoren führt man durch Farbvergleich eine Abschätzung, keine Messung durch!

Mit **pH-Metern** lässt sich der pH-Wert auf elektrischem Wege sehr genau messen. Dabei bildet sich an einer Glaselektrode eine Spannung aus, die vom pH-Wert abhängig ist. Diese Spannung misst man mit einem hochohmigen Voltmeter, das in pH-Einheiten kalibriert ist.

Bedeutung des pH-Wertes in der Praxis

Durch das Verbrennen von fossilen Brennstoffen gelangen laufend große Mengen an Gasen in die Atmosphäre, die mit Wasser Säuren bilden. So entsteht der sogenannte saure Regen, der auf Gewässer und Boden, aber auch auf Metallkonstruktionen und Bauten einwirkt und zu Übersäuerung, Verwitterung oder Korrosion führt. In der Landwirtschaft beeinflusst der pH-Wert des Bodens den Ertrag. Kartoffeln werden beispielsweise bevorzugt in schwach sauren Böden angebaut, die Gerste jedoch benötigt neutrale bis schwach basische Böden.

Die Entwicklung von Mikroorganismen hängt ebenfalls vom pH-Wert ab. In saurer Umgebung gedeihen bevorzugt Pilze, in neutralen und schwach basischen Nährböden entwickeln sich vorwiegend Bakterien.

In Schwimmbädern misst man ständig den pH-Wert, weil Desinfektionsmittel nur innerhalb eines bestimmten pH-Bereiches wirksam sind. Gegebenenfalls muss der pH-Wert durch Zugabe von Säuren oder Basen korrigiert werden.

In Aquarien und in der Fischzucht muss der pH-Wert des Wassers in dem für die jeweiligen Fischarten optimalen Bereich gehalten werden.

Die chemischen Vorgänge im menschlichen Organismus hängen ebenfalls vom pH-Wert ab. In der Medizin weist somit ein Abweichen des pH-Werts des Blutes von 7,4 auf eine etwaige Erkrankung hin. pH-Werte des Blutes unter 6,8 und über 7,7 schädigen den Organismus und können zum Tod führen.

pH-Meter zur Messung des pH-Wertes

Puffer

Nicht nur in der Biochemie sind konstante pH-Werte wichtig. Der pH-Wert des Blutes wird beim gesunden Menschen durch den Kohlensäure-Hydrogencarbonat-Puffer auf 7,40 ± 0,05 gehalten. Auch Proteine wie das Hämoglobin wirken als Puffer.

Puffer halten den pH-Wert des Blutes konstant.

Puffer: halten bei Zusatz kleiner Mengen von Säuren oder Basen den pH-Wert konstant

Auch in der Technik ist es erforderlich, den pH-Wert einer Lösung über einen längeren Zeitraum konstant zu halten. Oft ist dies aber schwierig. Kommt die Lösung nämlich mit Luft in Berührung, absorbiert sie Kohlenstoffdioxid und wird sauer. Bewahrt man die Lösung in einem Glasgefäß auf, dann können aus dem Glas herausgelöste alkalische Bestandteile den pH-Wert ändern. Um trotz dieser Umstände den pH-Wert unverändert zu halten, verwendet man auch hier Pufferlösungen.

Ein Puffer kann aus einer schwachen Säure (oder einer schwachen Base) und einem Salz der schwachen Säure (oder schwachen Base) hergestellt werden.

Pufferlösung aus Essigsäure und Natriumacetat

Pufferlösung: Gemisch (1 : 1) aus Essigsäure CH_3COOH und Acetat CH_3COO^-

a) Säurezugabe
Die H_3O^+-Ionen der protolysierten zugesetzten Säure reagieren mit den Acetationen und bilden Essigsäuremoleküle.

$$H_3O^+ + CH_3COO^- \rightarrow CH_3COOH + H_2O$$

Die Acetationen fangen die Protonen der zugesetzten Säure ab, wodurch der pH-Wert der Lösung konstant bleibt.

b) Basenzugabe
Die OH^--Ionen der zugesetzten Base reagieren mit den H^+-Ionen der Essigsäure zu H_2O.

$$OH^- + CH_3COOH \rightarrow CH_3COO^- + H_2O$$

Die zugesetzte Base wird von dem Puffersystem „abgepuffert“.

Auf diese Weise wird das Gleichgewicht zwischen Hydroxidion und Oxoniumion erhalten, solange noch Essigsäure bzw. Acetat in der Lösung vorhanden sind. Der pH-Wert bleibt mit 4,8 annähernd konstant. Die beste Pufferleistung liegt im Bereich des pK_a-Wertes.

Organische Säuren wie die Essigsäure enthalten die Carboxygruppe (–COOH) (siehe Kap. F, 1 und NAWI III/IV, Kap. B, 6).

1.3 Neutralisation und andere Salzbildungen

Neutralisationsreaktion

In Wasser bilden Säuren und Basen Ionen. Die dabei aus der Säure entstandenen Oxoniumionen und die Hydroxidionen aus der Base reagieren miteinander und bilden Wassermoleküle. Die Säurerestanionen und die Metallkationen sind an der Reaktion nicht beteiligt, bilden jedoch nach Verdampfen des Wassers ein Ionengitter.

Neutralisation: Säure-Base-Reaktion, bei der Oxoniumionen und Hydoxidionen unter Bildung von Wasser reagieren. Säurerestanionen und Metallkationen bilden ein Salz.

Neutralisationsreaktion von Salzsäure HCl und Natronlauge NaOH

Protolyse der Säure in Wasser: $HCl + H_2O \rightarrow H_3O^+ + Cl^-$
Lösen der Base in Wasser: $NaOH \rightarrow Na^+(aq) + OH^-(aq)$

Neutralisationsreaktion

$H_3O^+ + Cl^-$	+	$Na^+ + OH^-$	$\rightarrow$	$2\ H_2O$	+	$Na^+ + Cl^-$
Salzsäure		Natriumhydroxid		Wasser		Natriumchlorid (NaCl)

Nach Verdampfen des Wassers liegen die Na^+- und Cl^--Ionen geordnet im Kochsalz-Ionengitter vor.

Die Neutralisationsreaktion verläuft exotherm, die bei der H_2O-Bildung freigesetzte Wärme nennt man Neutralisationswärme.

Neutralisationsreaktion von Schwefelsäure H_2SO_4 und Kalilauge KOH

Protolyse der Säure in Wasser: $H_2SO_4 + H_2O \rightarrow H_3O^+ + HSO_4^-$
Lösen der Base in Wasser: $KOH \rightarrow K^+(aq) + OH^-(aq)$

Neutralisationsreaktion

$H_3O^+ + HSO_4^-$	+	$K^+ + OH^-$	$\rightarrow$	$2\ H_2O$	+	$K^+ + HSO_4^-$
Schwefelsäure		Kaliumhydroxid		Wasser		Kaliumhydrogensulfat $KHSO_4$

Das Hydrogensulfation HSO_4^- reagiert ebenfalls als Säure und gibt sein Proton ab:

$K^+ + HSO_4^-$	+	$K^+ + OH^-$	$\rightarrow$	H_2O	+	$2\ K^+ + SO_4^{2-}$
Kaliumhydrogensulfat		Kaliumhydroxid		Wasser		Kaliumsulfat K_2SO_4

Somit verläuft die Neutralisationsreaktion als Stufenreaktion!

Vereinfacht: **Neutralisation:** Säure + Base → Wasser + Salz

Salzbildungsreaktionen, an denen Anhydride beteiligt sind

Anhydride sind chemische Verbindungen, die aus Säuren und Basen durch Entzug von Wasser entstehen. Ein Metalloxid kann als Basenanhydrid und ein Nichtmetalloxid als Säureanhydrid aufgefasst werden, daher sind auch hier Neutralisationsreaktionen möglich. Wieder führen sie nach Verdampfen des Wassers zur Bildung von Ionengittern.

Metalloxid (Basenanhydrid) + Säure → Wasser + **Salz**

Salzbildung aus Calciumoxid CaO und Schwefelsäure

CaO ist das Basenanhydrid zu $Ca(OH)_2$.

CaO	+	H_2SO_4	$\rightarrow$	H_2O	+	$CaSO_4$
Calciumoxid		Schwefelsäure		Wasser		Calciumsulfat

Nichtmetalloxid (Säureanhydrid) + Base → Wasser + **Salz**

Salzbildung aus Kohlenstoffdioxid CO_2 und Calciumhydroxid $Ca(OH)_2$

CO_2 ist das Säureanhydrid zu H_2CO_3.

CO_2	+	$Ca(OH)_2$	→	H_2O	+	$CaCO_3$
Kohlenstoffdioxid		Calciumhydroxid		Wasser		Calciumcarbonat

Metalloxid (Basenanhydrid) + Nichtmetalloxid (Säureanhydrid) → **Salz**

Salzbildung aus Calciumoxid CaO und Kohlenstoffdioxid CO_2

CaO ist das Basenanhydrid zu $Ca(OH)_2$ und CO_2 ist das Säureanhydrid zu H_2CO_3.

CaO	+	CO_2	→	$CaCO_3$
Calciumoxid		Kohlenstoffdioxid		Calciumcarbonat

Weitere Salzbildungsreaktionen

Unedle Metalle werden von starken Säuren unter heftiger Wasserstoffentwicklung aufgelöst.

Metall + Säure → **Salz** + Wasserstoff

Salzbildung aus Zink Zn und Salzsäure HCl

Zink ist ein unedles Metall, die Salzsäure eine starke Säure.

Zn	+	2 HCl	→	$ZnCl_2$	+	H_2
Zink		Salzsäure		Zinkchlorid		Wasserstoff

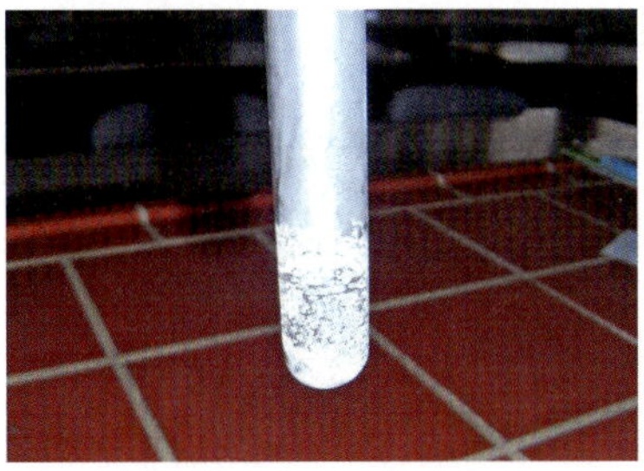
Zink reagiert heftig mit Salzsäure

Metall + Nichtmetall → **Salz**

Salzbildung aus elementarem Gold und Chlor

2 Au	+	3 Cl_2	→	2 $AuCl_3$
Gold		Chlor		Goldchlorid

Protolyse von Salzlösungen

Zahlreiche Ionen sind Säuren bzw. Basen. Sie können Protonen abgeben bzw. aufnehmen. Beim Lösen von Salzen, die aus solchen Ionen bestehen, tritt deshalb neben der Ausbildung der Hydrathülle noch eine Protolyse ein.

⚠ Salzlösungen, die Endprodukte einer Neutralisationsreaktion sind, können durchaus sauer oder basisch sein.

Lösen von Ammoniumchlorid in Wasser

Ammoniumchlorid NH_4Cl ist das Salz der starken Salzsäure HCl und der schwachen Base Ammoniumhydroxid NH_4OH.

In der wässrigen Lösung liegen NH_4^+-Ionen vor, die eine stärkere Säure als Wasser sind und daher Protonen an die Wassermoleküle abgeben:

$$NH_4^+ + H_2O + Cl^- \rightarrow H_3O^+ + NH_3 + Cl^-$$

Die Lösung reagiert sauer.

Natriumcarbonat als Bestandteil vieler Putzmittel reagiert basisch

Lösen von Natriumcarbonat in Wasser

Natriumcarbonat Na_2CO_3 ist das Salz der schwachen Kohlensäure H_2CO_3 und der starken Base Natriumhydroxid NaOH.

In der wässrigen Lösung liegen CO_3^{2-}-Ionen vor, die starke Basen sind. Sie entziehen den Wassermolekülen Protonen und setzen so OH^--Ionen frei.

$$2\ Na^+ + CO_3^{2-} + 2\ H_2O \rightarrow 2\ Na^+ + H_2CO_3 + 2\ OH^-$$

Die Lösung reagiert basisch. Die unbeständige H_2CO_3 zerfällt in H_2O und CO_2.

Lösen von Natriumchlorid in Wasser

$$NaCl \rightarrow Na^+\ (aq) + Cl^-\ (aq)$$

NaCl kann als Salz der starken Natronlauge NaOH und der starken Salzsäure HCl betrachtet werden. Die hydratisierten Na^+-Ionen sind so schwache Protonendonatoren, dass sie gegenüber Wasser nicht sauer reagieren. Andererseits sind die Cl^--Ionen so schwach basisch, dass sie aus dem Lösungsmittel keine Protonen aufnehmen können. Die Lösung reagiert neutral.

Salze starker Säuren und schwacher Basen reagieren **sauer.**
Salze schwacher Säuren und starker Basen reagieren **basisch.**
Salze starker Säuren und starker Basen reagieren **neutral.**

1.4 Titration

Die Titration ist ein analytisches Verfahren zur Bestimmung der Konzentration eines Stoffes in einer Lösung. Dabei wird der Lösung unbekannter Konzentration (Probelösung) portionsweise so lange eine Lösung bekannter Konzentration (Maßlösung, Titer) zugegeben, bis eine dadurch hervorgerufene Reaktion einen erwünschten Endpunkt erreicht. Aus dem Volumen der Maßlösung und ihrer Konzentration lässt sich bei Kenntnis der Reaktionsgleichung die Stoffmenge oder die Konzentration des untersuchten Stoffes berechnen.

Titration: ein Analyseverfahren zur Konzentrationsbestimmung

Um das Volumen der Maßlösung exakt messen zu können, verwendet man Büretten. Büretten sind lange, zylindrische Glasröhren, die am unteren Ende einen regulierbaren Ablauf haben. Der zylindrische Teil hat eine Millilitereinteilung. Büretten sind auf Ablauf geeicht.

Ablauf einer Titration

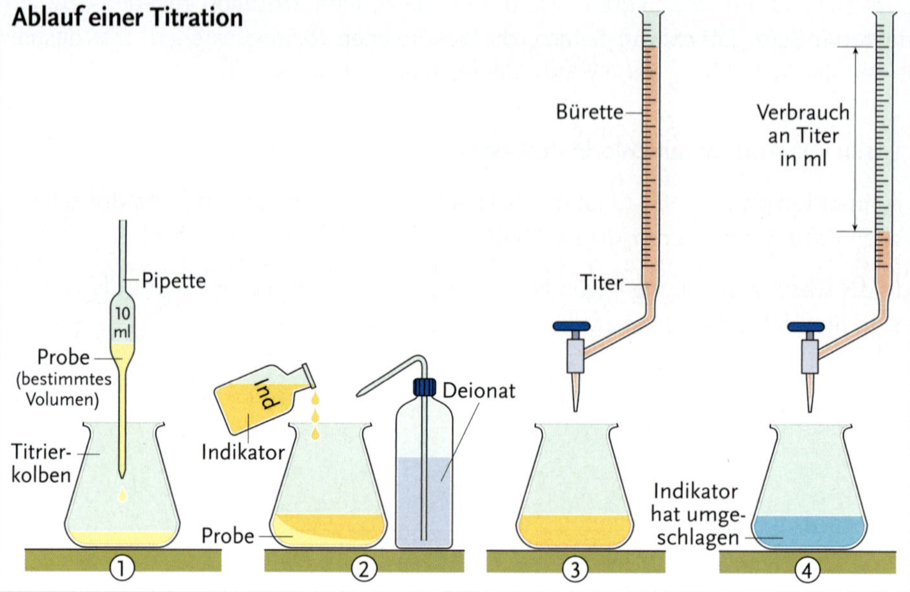

Je nach Art der chemischen Reaktion, die bei der Titration abläuft, werden vier Verfahren unterschieden:

Säure-Base-Titration	Protonenübergänge , Neutralisationsreaktion
Redoxtitration	Elektronenübergänge
Fällungstitration	Ionen bilden mit Ionen einer anderen Sorte einen schwer löslichen Niederschlag
Komplexbildungstitration	Ionen bilden mit Molekülen oder Ionen anderer Sorte lösliche Komplexe

Um eine Titration durchführen zu können, müssen drei Forderungen erfüllt sein:

- Die der Titration zugrunde liegende chemische Reaktion muss schnell, quantitativ und eindeutig in der Weise ablaufen, wie die Reaktionsgleichung angibt.
- Es muss möglich sein, Maßlösungen definierter Konzentration herzustellen oder die Konzentration der Lösung auf geeignetem Wege exakt zu bestimmen.
- Der Endpunkt der Titration muss eindeutig zu erkennen sein. Die dritte Forderung verlangt in der Regel zusätzliche Maßnahmen. Oft wird der Endpunkt durch Zusatz eines Indikators kenntlich gemacht. Darunter versteht man einen Hilfsstoff, den man der Titrationslösung zusetzt und der durch eine auffällige optische Veränderung (Farbumschlag, Auftreten oder Verschwinden einer Trübung usw.) das Ende der Titration anzeigt. Der Endpunkt kann auch elektrochemisch mittels pH-Meters oder Leitfähigkeitsmessung bestimmt werden.

Titrationskurve: grafische Darstellung einer Titration. Der Wendepunkt der Kurve ist der Endpunkt (Äquivalenzpunkt).

Titrationskurve

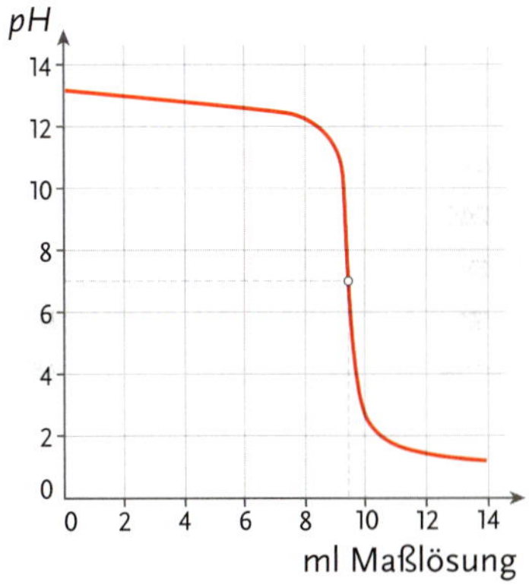

Bei einer Säure-Base-Titration wird der pH-Wert der Lösung gegen die Milliliter verbrauchter Maßlösung (Säure oder Base) aufgetragen. Der Wendepunkt der Kurve ist der Äquivalenzpunkt.

Konzentrationsbestimmung einer Salzsäurelösung

Bei der Titration von 10,0 ml Salzsäure werden bis zum Endpunkt 14,0 ml Natronlauge benötigt. Konzentration der Natronlauge: $c(NaOH) = 1{,}00$ mol/L

Am Endpunkt (Äquivalenzpunkt) gilt:
$n(H_3O^+) = n(OH^-)$

Mit $n = c \cdot V$ erhält man die Konzentration der Probelösung.
$n = c(HCl) \cdot V(HCl) = c(NaOH) \cdot V(NaOH)$

Daraus folgt $c(HCl) = (c(NaOH) \cdot V(NaOH)) / V(HCl)$
$c(HCl) = 1 \cdot 14/10 = 1{,}40$ mol/L

Titrationen können schnell und einfach durchgeführt werden, die Ergebnisse sind genau und ergeben quantitative Aussagen.

Für Wasseruntersuchungen sind zahlreiche vereinfachte Titrationssets auf dem Markt. Bei der Bestimmung der Wasserhärte werden z. B. nur die Tropfen bis zum Farbumschlag gezählt.

Aus der Bürette tropft Natronlauge zur Salzsäure. Phenolphthalein dient als Indikator.

F

Ziele erreicht? – „Säure-Base-Reaktionen“

1.01 + Definieren Sie den Begriff Oxoniumionen.

1.02 + Schreiben Sie die Protolysegleichungen für Salpetersäure bzw. Phosphorsäure auf.

1.03 + Benennen Sie folgende Verbindungen: CH_3COOH, NH_4OH, Na_2SO_3, $Ca(HCO_3)_2$, KOH.

1.04 + Geben Sie die chemischen Formeln von folgenden Verbindungen an: Salpetersäure, Natronlauge, Kaliumsulfat, Natriumnitrit, Salmiakgeist, Natriumsulfit.

1.05 + Geben Sie die chemischen Formeln von Calciumphosphat, Calciumhydrogenphosphat und Calciumdihydrogenphosphat an.

1.06 + Was versteht man unter Neutralisation? Schreiben Sie die Reaktionsgleichung der Neutralisation von Schwefelsäure mit Natronlauge.

1.07 + Stellen Sie folgende Neutralisationsgleichungen richtig:
$Ca(OH)_2 + HNO_3 \rightarrow H_2O + Ca(NO)_3$
$KOH + H_3PO_4 \rightarrow H_2O + K_3PO_4$

1.08 + Es sollen die Reaktionsgleichungen für die vollständige Neutralisation folgender Stoffe aufgestellt und die Namen der entsprechenden Salze genannt werden:
Magnesiumhydroxid + Salpetersäure
Aluminiumhydroxid + Schwefelsäure

1.09 + Geben Sie die Reaktionsgleichung für die Herstellung von Calciumhydroxid aus Calciumoxid an.

1.10 + Geben Sie die Reaktionsgleichungen für die Herstellung von schwefliger Säure aus Schwefel an.

1.11 + Was sagt die Säure-Base-Theorie von Brönsted aus? Schreiben Sie die Formeln eines konjugierten Säure-Base-Paars auf.

1.12 + Beschreiben Sie, was man unter Ampholyten versteht.

1.13 + Geben Sie an, was Säure- oder Basekonstante aussagen. Wie hängen sie zusammen?

1.14 + Indikatoren sind schwache organische Säuren (oder Basen), deren undissoziierte Form anders gefärbt ist als das dazugehörige Ion. Phenolphthalein ist in Säuren farblos, in Basen rot. Welche Farbe zeigt die Säureform, welche Farbe zeigt das Säurerestion? HP (Säureform); $H^+ + P^-$ (Säurerest)

1.15 + Zeigen Sie mithilfe des Ionenproduktes des Wassers, dass neutrales Wasser den pH-Wert 7 hat.

1.16 + Berechnen Sie den pH-Wert jeder der folgenden Konzentrationen:
a) $c(H_3O^+) = 10^{-4}$mol/L
b) $c(OH^-) = 10^{-3}$mol/L

1.17 + Berechnen Sie den pH-Wert von Salzsäure der Konzentration $c = 10^{-4}$ mol/L und von Natronlauge der Konzentration $c = 10^{-6}$ mol/L.

1.18 + Berechnen Sie den K_a- und pK_a-Wert für Essigsäure HAc mit einer Konzentration $c = 0{,}01$ mol/L. Bei 25 °C ist die Essigsäure zu 4,16 % dissoziiert.

2 Redoxreaktionen

Seit Jahrtausenden ist der Menschheit die Eisengewinnung bekannt. So wurde um Christi Geburt (La-Tène-Zeit) in einfachen, aus Lehm gebauten Schmelzöfen Eisen aus Eisenerz und Holzkohle hergestellt. Die Rolle der Holzkohle – nicht nur als Brennstoff, sondern auch als ***Reduktionsmittel*** *– wurde allerdings erst im 19. Jahrhundert als Fortführung der Überlegungen Lavoisiers zur Oxidation aufgeklärt.*

Meine Ziele

Nach Bearbeitung dieses Kapitels kann ich

- die Vorgänge **Oxidation** und **Reduktion** erkennen;
- **Redoxreaktionen** als Elektronenübertragungen interpretieren;
- die **Wirkung von Oxidationsmitteln** und die damit verbundenen Gefahren (Brand, Explosion) abschätzen sowie **Sprengstoffe** charakterisieren.

Nachbildung eines Schmelzofens zur Eisengewinnung (La-Tène-Zeit)

Oxidation ist im ursprünglichen Sinn die Aufnahme von Sauerstoff. Die gebildeten Stoffe nennt man Oxide; die Reaktion ist exotherm ($\Delta H < 0$).

$C + O_2 \rightarrow CO_2$		Kohlenstoffdioxid
$Mg + ½ O_2 \rightarrow MgO$		Magnesiumoxid

Reduktion ist im ursprünglichen Sinn der Entzug von Sauerstoff, meist die Rückführung eines Metalloxids in ein Metall; die Reaktion ist üblicherweise endotherm ($\Delta H > 0$). Bei Oxiden edler Metalle (z. B. Silberoxid) führt schon das Erhitzen zur Abspaltung des Sauerstoffs. Bei Oxiden unedler Metalle (z. B. Blei oder Eisen) muss der Sauerstoff durch ein Reduktionsmittel (z. B. Magnesium oder Kohlenstoff) gebunden werden.

Eisen- und Stahlerzeugung siehe Kap. G, 2.1.

$Ag_2O \rightarrow 2\,Ag + ½\,O_2$
$PbO + Mg \rightarrow Pb + MgO$
$Fe_2O_3 + 3\,C \rightarrow 2\,Fe + 3\,CO$

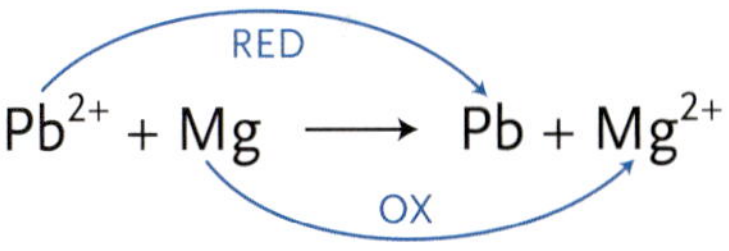

Die Reaktion von Magnesium mit Sauerstoff führt zu einem Salz (Ionenbindung!):

$Mg| + \cdot\bar{O}| \longrightarrow Mg^{2+} + |\bar{\underline{O}}|^{2-}$

Oxidation: $Mg - 2\,e^- \rightarrow Mg^{2+}$
Reduktion: $O + 2\,e^- \rightarrow O^{2-}$

Bei der Verbrennung von Magnesium mit Chlorgas entsteht ebenfalls ein Salz:

$\mathbf{Mg + Cl_2 \rightarrow MgCl_2}$
Oxidation: $Mg \rightarrow Mg^{2+} + 2\,e^-$
Reduktion: $Cl_2 + 2\,e^- \rightarrow 2\,Cl^-$

Reaktion von Magnesium mit Chlorgas

Sowohl bei der Verbrennung von Magnesium als auch bei seiner Reaktion mit Chlor gibt Magnesium Elektronen ab, wobei Mg^{2+} entsteht.

$$Mg \underset{\text{Reduktion}}{\overset{\text{Oxidation}}{\rightleftharpoons}} Mg^{2+} + 2\,e^-$$

Man verallgemeinert:

Oxidation: Abgabe von Elektronen
Reduktion: Aufnahme von Elektronen

Ein Stoff kann bei chemischen Reaktionen nur dann Elektronen abgeben, wenn ein anderer Stoff sie aufnimmt. Oxidation und Reduktion laufen also gekoppelt ab, man nennt sie Redoxreaktionen.

Analog zu den konjugierten Säure-Base-Paaren (Brönsted-Theorie siehe Kap. F, 1) spricht man von konjugierten Redoxpaaren.

Redoxreaktionen: chemische Reaktionen mit Elektronenübertragung
Oxidationsmittel: nehmen gerne Elektronen auf und werden selbst reduziert.
Reduktionsmittel: geben gerne Elektronen ab und werden selbst oxidiert.

Elektronegativität siehe Kap. D, 2.3.

F

	1	2	13	14	15	16	17
1	H 2,1						
2	Li 1,0	Be 1,5	B 2,0	C 2,5	N 3,0	O 3,5	F 4,0
3	Na 0,9	Mg 1,2	Al 1,5	Si 1,8	P 2,1	S 2,5	Cl 3,0
4	K 0,8	Ca 1,0	Ga 1,7	Ge 1,8	As 2,0	Se 2,4	Br 2,8
5	Rb 0,8	Sr 1,0	In 1,7	Sn 1,8	Sb 1,9	Te 2,1	I 2,4
6	Cs 0,7	Ba 0,9	Tl 1,8	Pb 1,8	Bi 1,9	Po 2,0	At 2,2
7	Fr 0,7	Ra 0,9					

Starke Oxidationsmittel

Starke Reduktionsmittel

Ob ein Stoff ein starkes Oxidationsmittel oder ein starkes Reduktionsmittel ist, hängt von seiner Stellung im Periodensystem, seiner Elektronegativität (*EN*) ab.

Typische Oxidationsmittel sind Nichtmetalle mit hoher *EN* (Sauerstoff, Halogene). Typische Reduktionsmittel sind Metalle mit geringer *EN* (Alkalimetalle) und Wasserstoff.

Historisches Verfahren zur Herstellung von Aluminium:

Friedrich Wöhler verwendete 1827 Aluminiumchlorid und metallisches Kalium als Reduktionsmittel:

$$4\ AlCl_3 + 3\ K \rightarrow Al + 3\ KAlCl_4$$

Mengenmäßig das bedeutendste Reduktionsmittel ist wegen seiner leichten Verfügbarkeit Kohlenstoff bzw. Kohlenstoffmonooxid!

Spannungsreihe siehe Kap. F, 3.2.

Die Stärke eines Reduktions- bzw. Oxidationsmittels wird durch sein Standardpotenzial festgelegt. Eine Redoxreaktion findet freiwillig nur dann statt, wenn sich die jeweils schwächeren Oxidationsmittel und Reduktionsmittel bilden.

Elektrolyse siehe Kap. F, 3.1.

Redoxreaktionen können auch durch Zu- und Abfuhr von Elektronen (z. B. durch eine Gleichspannungsquelle) erzwungen werden; man spricht dann von Elektrolyse. An den beiden Elektroden finden die Redoxreaktionen statt.

Anode: Ort der Oxidation; bestes Oxidationsmittel (Abfuhr von Elektronen)
Katode: Ort der Reduktion (Zufuhr von Elektronen)

2.1 Oxidationszahlen

Mithilfe von Oxidationszahlen lassen sich Redoxreaktionen besser beschreiben; sie machen klar, welche Stoffe bei Redoxreaktionen oxidiert und welche reduziert werden. Die Oxidationszahl wird heute anstelle des Begriffes „Wertigkeit" verwendet.

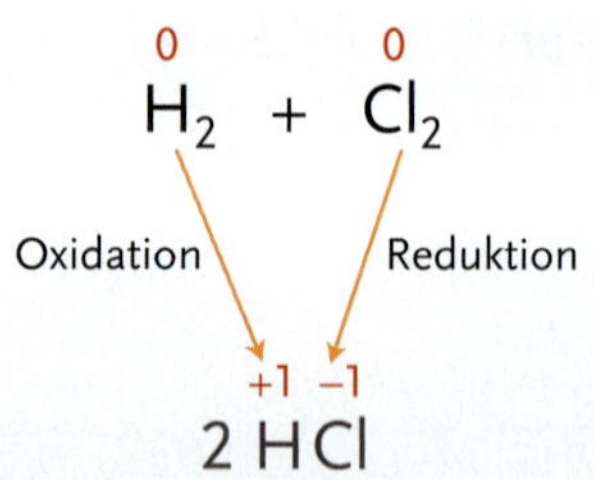

Oxidationszahl: Zahl über dem Element mit dem jeweiligen Vorzeichen vor der Zahl

Oxidationszahl: ist die formale Ionenladung eines Atoms in einem Molekül bzw. die tatsächliche Ladung einatomiger Ionen.

In Molekülen oder Komplexionen erhält man die Oxidationszahlen der einzelnen Atome, indem man gedanklich die einzelnen Elektronenpaare jeweils dem stärker elektronegativen Atom zurechnet und dann die formale Ladung der auf diese Weise entstandenen Ionen feststellt.

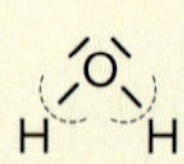

$\overset{+1}{H_2}\overset{-2}{O}$

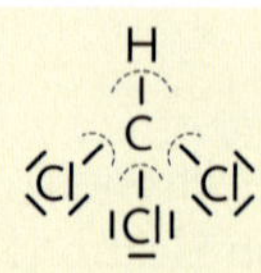

$\overset{+2}{C}\overset{+1}{H}\overset{-1}{Cl_3}$

Die strichlierte Linie zeigt die Zuordnung der bindenden Elektronenpaare zum elektronegativeren Partner.

$\overset{+2}{Ca}\overset{+4}{C}\overset{-2}{O_3}$ $\overset{+1}{H_2}\overset{+6}{S}\overset{-2}{O_4}$ $\overset{+1}{K}\overset{+5}{N}\overset{-2}{O_3}$ $\overset{+2}{Ca}\overset{-1}{Cl_2}$

Welcher Typ der chemischen Bindung zeichnet sich durch bindende Elektronenpaare aus?

$\overset{+1}{H_2}S\overset{-2}{O_4}$

Man beginnt mit sicheren Oxidationszahlen und erhält durch Ergänzen auf null die fehlende Oxidationszahl:

$\overset{+1}{H_2}\overset{+6}{S}\overset{-2}{O_4}$

Bei der Bestimmung der Oxidationszahlen helfen folgende Regeln:
1. Elemente haben die Oxidationszahl Null.
2. Die Summe der Oxidationszahlen einer chemischen Verbindung ist immer null.
3. Bei einfachen Ionen ist die Oxidationszahl gleich der Ionenladung.

4. Bei zusammengesetzten Ionen ist die Summe der Oxidationszahlen gleich der Ionenladung.
5. Alle Metalle haben in Verbindungen positive Oxidationszahlen (Alkalimetalle immer +1, Erdalkalimetalle immer +2).
6. Bor und Silicium sind immer positiv, außer in Verbindung mit Metallen.
7. Fluor hat immer –1, die übrigen Halogene haben (außer in Verbindungen mit Sauerstoff) immer –1.
8. Wasserstoff hat meist +1 (Ausnahme Metallhydride –1).
9. Sauerstoff hat meist –2 (Ausnahme Peroxide –1).

+1 +6 –2	+1 +7 –2	+2 –1	+3 –1	+1 –1	+1 –1
$K_2Cr_2O_7$	$KMnO_4$	$FeCl_2$	$FeCl_3$	H_2O_2	NaH

Redoxreaktionen und Oxidationszahl:
Bei der **Oxidation** nimmt die Oxidationszahl **zu.**
Bei der **Reduktion** nimmt die Oxidationszahl **ab.**

Beispiel 3.5.01: Einrichten von Redoxreaktionsgleichungen

$$KMnO_4 + HCl \rightarrow KCl + MnCl_2 + Cl_2 + H_2O$$

Erster Schritt: Alle Oxidationszahlen anschreiben:

$$\overset{+1}{K}\overset{+7}{Mn}\overset{-2}{O_4} + \overset{+1}{H}\overset{-1}{Cl} \rightarrow \overset{+1}{K}\overset{-1}{Cl} + \overset{+2}{Mn}\overset{-1}{Cl_2} + \overset{0}{Cl_2} + \overset{+1}{H_2}\overset{-2}{O}$$

Zweiter Schritt: Die beteiligten Redoxpaare werden festgestellt. Man bestimmt, welche Elemente oxidiert und welche reduziert werden.

oxidiert: Cl (–1 → 0), reduziert: Mn (+7 → +2)

Die Teilreaktionen einrichten, sodass die Zahl der abgegebenen und aufgenommenen Elektronen gleich ist:

Oxidation	$2\,Cl^-$	→	$Cl_2 + 2\,e^-$	| x 5
Reduktion	$Mn^{+7} + 5\,e^-$	→	Mn^{+2}	| x 2
	$2\,Mn^{+7} + 10\,Cl^-$	→	$2\,Mn^{+2} + 5\,Cl_2$	

Dritter Schritt: Die im zweiten Schritt erhaltenen stöchiometrischen Zahlen in die Gesamtgleichung einsetzen:

$$2\,KMnO_4 + \ldots\,HCl \rightarrow \ldots\,KCl + 2\,MnCl_2 + 5\,Cl_2 + \ldots\,H_2O$$

Vierter Schritt: Fehlende stöchiometrische Zahlen ergänzen:

$$2\,KMnO_4 + 16\,HCl \rightarrow 2\,KCl + 2\,MnCl_2 + 5\,Cl_2 + 8\,H_2O$$

Beispiel 3.5.02: Reduktion von Eisenoxid mit Wasserstoff

$$\overset{+3}{Fe_2}\overset{-2}{O_3} + \overset{0}{H_2} \longrightarrow \overset{0}{Fe} + \overset{+1}{H_2}\overset{-2}{O}$$

oxidiert: H (0 → +1), reduziert: Fe (+3 → 0)

Oxidation:			$\overset{0}{H_2}$	⟶	$2\overset{+1}{H}$	+	$2\,e^-$	x 3
Reduktion:	$2\overset{+3}{Fe}$	+	$6\,e^-$	⟶	$2\overset{0}{Fe}$			
	$2\overset{+3}{Fe}$	+	$3\overset{0}{H_2}$	⟶	$2\overset{0}{Fe}$	+	$6\overset{+1}{H}$	
	Fe_2O_3	+	$3\,H_2$	⟶	$2\,Fe$	+	$3\,H_2O$	

In $KMnO_4$ hat Mangan die ungewöhnlich hohe Oxidationszahl +7 und ist daher ein starkes Oxidationsmittel.

$$2\,\overset{0}{H_2} + \overset{0}{O_2} \rightarrow 2\,\overset{+1}{H_2}\overset{-2}{O}$$

Knallgasreaktion: Wasserstoff wird oxidiert, Sauerstoff reduziert!

Richten Sie folgende Redoxreaktionsgleichungen ein:

$CH_4 + Cl_2 \rightarrow CCl_4 + HCl$

$H_2S + O_2 \rightarrow SO_2 + H_2O$

$KMnO_4 \rightarrow K_2O + MnO_2 + O_2$

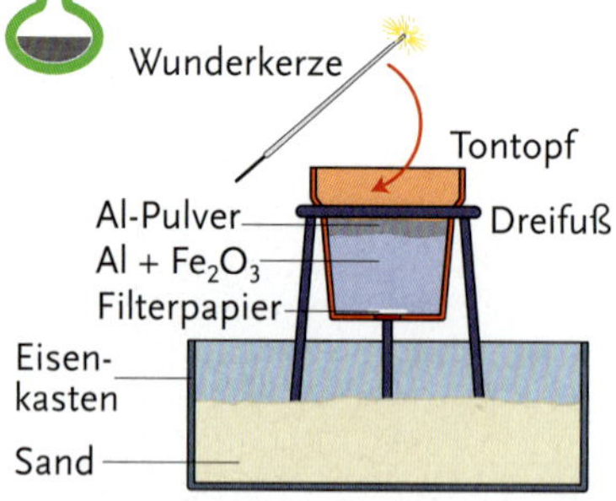

Thermitreaktion

Brennstoffzelle siehe Kap. F, 3.3 und NAWI III/IV, Kap. C, 1.

Knallgasprobe
(Nachweis von Wasserstoff)

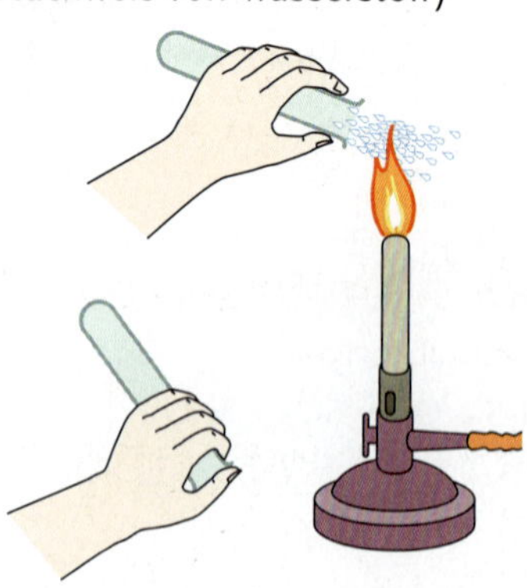

Stille Oxidation

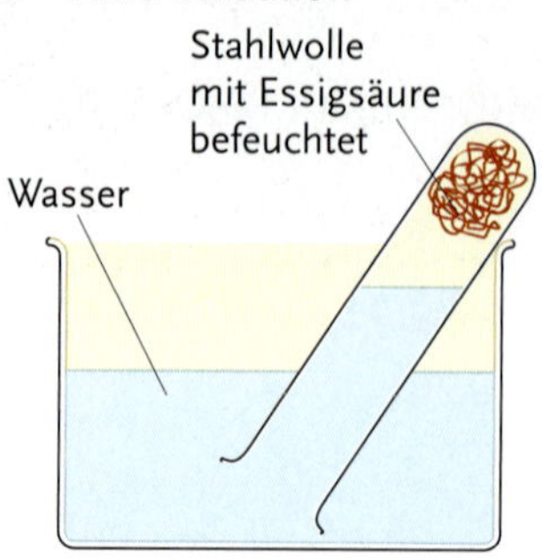

Stahlwolle rostet. Durch Sauerstoffverbrauch steigt Wasser in das Reagenzglas.

2.2 Redoxreaktionen in Natur, Alltag und Technik

Redoxreaktionen sind wichtige Vorgänge in Natur, Alltag und Technik, wobei sich die Klassifizierung als Oxidations- oder Reduktionsreaktion auf die betrachtete Substanz bezieht (parallel findet stets eine Reduktion bzw. Oxidation statt!).

Typische Reduktionsreaktionen sind alle Verhüttungsprozesse, bei denen aus Erzen Metalle hergestellt werden, und der wichtigste Vorgang der Biologie, die Fotosynthese, bei der aus Kohlenstoffdioxid und Wasser Kohlenhydrate entstehen.

Typische Reduktionsmittel sind Kohlenstoff, Kohlenstoffmonooxid, Wasserstoff, unedle Metalle und die Katode bei der Elektrolyse, d. h. Stoffe, die leicht Sauerstoff aufnehmen oder Elektronen abgeben können.

$3\ CO + Fe_2O_3 \rightarrow 3\ CO_2 + 2\ Fe$	Reduktion von Eisenerz im Hochofen
$2\ Al + Fe_2O_3 \rightarrow Al_2O_3 + 2\ Fe$	Thermitverfahren
$3\ H_2 + WO_3 \rightarrow 3\ H_2O + W$	Herstellung von Wolfram
$Al_2O_3 \xrightarrow[\text{elektrische Energie}]{} \frac{3}{2}\ O_2 + 2\ Al$	Herstellung von Aluminium durch Schmelzelektrolyse
$6\ H_2O + 6\ CO_2 \xrightarrow[\text{Lichtenergie}]{} 6\ O_2 + C_6H_{12}O_6$	Fotosynthese

Typische Oxidationsreaktionen sind alle Verbrennungen, Explosionen und Korrosionsvorgänge, in der Biologie die Atmung und die Essigsäuregärung.

Typische Oxidationsmittel sind Sauerstoff (O_2), Ozon (O_3), Halogene (F_2, Cl_2), sauerstoffreiche Verbindungen (H_2O_2 Wasserstoffperoxid, $KMnO_4$ Kaliumpermanganat, Säuren u. a.) und die Anode bei der Elektrolyse, also Stoffe, die leicht Sauerstoff abgeben oder Elektronen aufnehmen können.

$2\ H_2 + O_2 \rightarrow 2\ H_2O$	Verbrennung von Wasserstoff (Knallgas)
$H_2 + Cl_2 \rightarrow 2\ HCl$	Chlorknallgasreaktion
$Fe + 2\ HCl \rightarrow FeCl_2 + H_2$	Säurekorrosion von Eisen
$C_6H_{12}O_6 + 6\ O_2 \rightarrow 6\ CO_2 + 6\ H_2O$	Glucoseabbau durch Atmung
$CH_3CH_2OH + O_2 \rightarrow CH_3COOH + H_2O$	Essigsäuregärung
$2\ C_2H_2 + 5\ O_2 \rightarrow 4\ CO_2 + 2\ H_2O$	Autogenschweißen mit Acetylen

Oxidationsvorgänge

Langsame Oxidationsvorgänge	Schnelle Oxidationsvorgänge
▪ stille Oxidation ▪ Korrosion von Metallen ▪ gebildete Wärme reicht nicht als Aktivierungsenergie für eine Verbrennung aus ▪ bei der Atmung gebildete Wärme dient zur Aufrechterhaltung der Körpertemperatur	▪ durch Zufuhr der Aktivierungsenergie erreicht man die Entzündungstemperatur ▪ die Verbrennung läuft von selbst weiter ▪ es entstehen Flammen (glühende Gase) ▪ bei schnellen Oxidationsvorgängen unterscheidet man je nach Ausbreitungsgeschwindigkeit der Stoßwelle ▸ Deflagration (100 m/s) ▸ Explosion (bis 1 000 m/s) ▸ Detonation (1 000 – 10 000 m/s)

Deflagration – Explosion – Detonation

Das sind schnelle, stark exotherme Verbrennungsreaktionen. Es entstehen große Mengen an Verbrennungsgasen, die einen plötzlichen Druckanstieg auf kleinem Raum verursachen. Diese plötzliche Volumenerweiterung verursacht eine Druckwelle.

Sauerstoffbilanz und Normalgasvolumen: Die Sauerstoffbilanz gibt an, ob genug Sauerstoff zur vollständigen Oxidation des Sprengstoffes zur Verfügung steht. Als Normalgasvolumen bezeichnet man das bei der Reaktion von 1 Kilogramm des Sprengstoffes entstehende Gasvolumen unter Normalbedingungen (Molvolumen: 22,4 L/mol).

Glyceroltrinitrat („Nitroglycerin"): sauerstoffreiche Verbindung, die sich selbst oxidiert:

$$4\ C_3H_5(NO_3)_3 \rightarrow 6\ N_2 + O_2 + 12\ CO_2 + 10\ H_2O$$

Aus 4 mol Glyceroltrinitrat entstehen 29 mol (!) Gase, was einer enormen Volumenvergrößerung entspricht.

Beispiel 3.5.03: Sauerstoffbilanz und Normalgasvolumen von Glyceroltrinitrat

$$M_{\text{Glyceroltrinitrat}} = 227\ \text{g/mol} \qquad V_M = 22{,}4\ \text{L/mol}$$

Bei der Reaktion wird 1 mol Sauerstoff frei: 32/227 · 100 % = 14,1 %

positive Sauerstoffbilanz = + 14,1 %

1 kg Glyceroltrinitrat sind 4,41 mol; laut Reaktionsgleichung entstehen aus 4 mol Glyceroltrinitrat 29 mol Gas (H_2O liegt gasförmig vor!). Daher entstehen aus 4,41 mol Glyceroltrinitrat 31,97 mol Gas; 31,97 · 22,4 = 716 L

Normalgasvolumen = 716 L/kg

Dynamit: 1867 mischte Alfred Nobel das sehr schlagempfindliche, flüssige Glyceroltrinitrat (75 %) mit 25 % Kieselgur; der sicher zu handhabende Sprengstoff Dynamit entsteht. Den Gewinn aus der industriellen Herstellung von Dynamit verwendete Nobel zur Stiftung der Nobelpreise. Heutige Sprengstoffe sind frei von Glyceroltrinitrat. Sie bestehen aus Ammoniumnitrat und einer Ölkomponente.

Airbag: Ein gefalteter Nylonsack wird durch den Zerfall von Natriumazid (NaN_3) innerhalb von sechs bis acht Millisekunden aufgeblasen. Die Füllung des Sackes beruht auf der Umwandlung der Feststoffe Natriumazid/Kaliumnitrat/Sand in Gase nach folgenden Reaktionsgleichungen:

(1) $2\ NaN_3 \rightarrow 2\ Na + 3\ N_2$
(2) $10\ Na + 2\ KNO_3 \rightarrow K_2O + 5\ Na_2O + N_2$
(3) $K_2O + Na_2O + SiO_2 \rightarrow K_2Na_2SiO_4$

Vermehrt finden auch Treibsätze auf der Basis von Nitroguanidin ($CH_4N_4O_2$) und Kaliumperchlorat ($KClO_4$) Verwendung.

Brandgefahr, Brandbekämpfung siehe Kap. Sicherheit.

Alfred Nobel, 1833 bis 1896

GHS-Piktogramm

Dynamitstangen

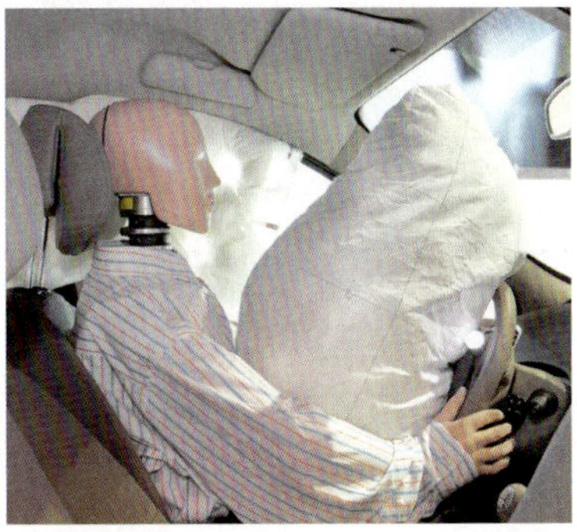

Geöffneter Airbag

Ziele erreicht? – „Redoxreaktionen“

2.01 + Geben Sie für jede der folgenden Reaktionsgleichungen jeweils an:

den Stoff, der oxidiert wird,
den Stoff, der reduziert wird,
das Oxidationsmittel,
das Reduktionsmittel.

a) $C_2H_5OH + O_2 \rightarrow CH_3COOH + H_2O$
b) $2\ Al + 3\ Fe^{2+} \rightarrow 2\ Al^{3+} + Fe$
c) $Mg + 2\ HCl \rightarrow H_2 + MgCl_2$
d) $FeO + C \rightarrow Fe + CO$

2.02 + Geben Sie die Oxidationszahl von Schwefel in schwefliger Säure (H_2SO_3) und in Schwefelsäure (H_2SO_4) an.

2.03 + Schreiben Sie über alle Elemente die Oxidationszahlen und finden Sie die richtigen Koeffizienten für folgende Reaktionsgleichungen:

a) $H_2 + O_2 \rightarrow H_2O$
b) $Mg + Cl_2 \rightarrow MgCl_2$
c) $Fe + Cl_2 \rightarrow FeCl_3$
d) $HgS + Fe \rightarrow FeS + Hg$

2.04 ++ Formulieren Sie die direkte (mit C) und die indirekte (mit CO) Reduktion im Hochofen, ausgehend von Eisen(III)-oxid, und geben Sie die jeweiligen Oxidationszahlen an.

2.05 + Geben Sie für alle Atome in den folgenden Substanzen die Oxidationszahlen an: Ameisensäure (HCOOH), Perchlorsäure ($HClO_4$), Chlor (Cl_2), Kaliumchlorid (KCl), Formaldehyd (HCHO), Kaliumpermanganat ($KMnO_4$).

2.06 + Geben Sie zu allen Atomen in folgender Gleichung die zugehörigen Oxidationszahlen an und geben Sie an, welche Substanz oxidiert und welche reduziert wird:

$H_2SO_4 + 3\ H_2S \rightarrow 4\ S + 4\ H_2O$

2.07 ++ Aluminium reagiert mit Brom zu Aluminiumbromid. Formulieren Sie die Reaktionsgleichung und geben Sie an, welches Element oxidiert und welches reduziert wird.

2.08 ++ Wählen Sie aus den folgenden Reaktionen die Redoxreaktion(en) aus.

a) $2\ Na + 2\ H_2O \rightarrow 2\ NaOH + H_2$
b) $Ba(NO_3)_2 + H_2SO_4 \rightarrow BaSO_4 + 2\ HNO_3$
c) $2\ Ag^+ + H_2S \rightarrow Ag_2S + 2\ H^+$
d) $CaO + H_2O \rightarrow Ca(OH)_2$

2.09 ++ Purpurfarbene Schwefelbakterien verwenden Lichtenergie, um Kohlenstoffdioxid mit Schwefelwasserstoff zu Kohlenhydraten und Schwefel umzusetzen:

$6\ CO_2 + 12\ H_2S \rightarrow (CH_2O)_6 + 12\ S + 6\ H_2O$

Welcher Stoff wird oxidiert, welcher reduziert? Wer ist das Oxidationsmittel, wer das Reduktionsmittel?

2.10 ++ Diskutieren Sie das Wie (Reaktionsgleichung), das Wo (Anwendungsbeispiel) und das Warum (Begründung der Anwendung) des Thermitschweißens.

2.11 ++ Stellen Sie eine Reaktionsgleichung für die Verbrennung von Octan (C_8H_{18}) im Ottomotor auf. Diskutieren Sie, welche Zusammensetzung des Treibstoff-Luft-Gemisches optimal ist.

2.12 ++ Bestimmen Sie in den Reaktionen (1), (2) und (3) des Airbags die Oxidationszahlen. Sind alle drei Reaktionen Redoxreaktionen? Wenn nein, welche nicht? (Anleitung: Geben Sie dem Azidion N_3^- die Oxidationszahl –1.)

2.13 ++ Berechnen Sie die Sauerstoffbilanz und das Normalgasvolumen des Sprengstoffes Tetranitromethan:

Reaktionsgleichung: $CN_4O_8 \rightarrow CO_2 + 2\ N_2 + 3\ O_2$

2.14 ++ Das Salz Ammoniumnitrat zerfällt beim schnellen Erhitzen folgendermaßen: $2\ NH_4NO_3 \rightarrow 4\ H_2O + 2\ N_2 + O_2$. Bestimmen Sie die Sauerstoffbilanz und das Normalgasvolumen. Gemische mit Mineralölen ergeben den Sprengstoff ANFO, Gemische mit Aluminium ergeben den Sprengstoff GRG-1.

Argumentieren Sie: Warum hat Ammoniumnitrat große Sprengkraft und warum erhöht die Mischung mit Mineralölen bzw. mit Metallen die Sprengkraft?

3 Elektrochemie

Der italienische Arzt und Naturforscher ***Luigi Galvani*** *(1737 – 1798) gilt als Entdecker der Elektrizität. Der Zufall kam ihm dabei zu Hilfe. Gerade als er mit einem Messer dabei war, die Nerven eines Froschschenkels freizulegen, erzeugte sein Assistent mit einer Elektrisiermaschine einen Funken, worauf der Froschschenkel zuckte. Galvani tat das, was einen guten Naturforscher auszeichnet: Er ärgerte sich nicht über die Störung seiner Arbeit, sondern untersuchte die Erscheinung mit naturwissenschaftlicher Gründlichkeit. Die Wirkung trat auf, wenn Funken in der Nähe seiner Arbeit waren oder wenn der Froschschenkel an einem Messinghaken aufgehängt war und er mit einem Messer aus Eisen arbeitete. Für die Erzeugung von Strom waren daher zwei verschiedene Metalle und eine leitende Flüssigkeit (das Salzwasser im Froschschenkel) notwendig. Die Froschschenkel waren dabei nicht nur für die Stromerzeugung wichtig, sondern sie zeigten mit den Zuckungen ihrer Nerven den Strom auch an.*

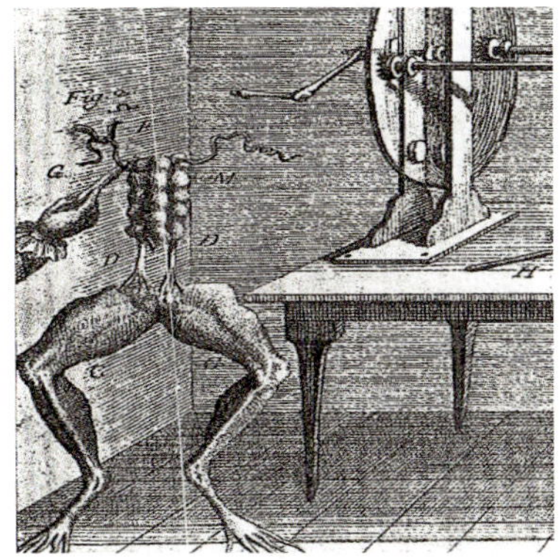

Experiment von Galvani: Die Proportionen der Elektrisiermaschine, der Froschschenkel sowie der Nerven mit dem Rückenmark sind in der Abbildung wohl ein wenig verzerrt.

Meine Ziele

Nach Bearbeitung dieses Kapitels kann ich

- den Aufbau von **Elektrolysezellen** und **elektrochemischen Spannungsquellen** beschreiben;
- den Zusammenhang zwischen **Spannungsreihe** und dem Ablauf von Redoxreaktionen verstehen;
- die Bedeutung von **Korrosion** und **Korrosionsschutz** einschätzen.

3.1 Elektrolyse

Lösungen oder Schmelzen, die Ionen enthalten, sind leitfähig. Solche Flüssigkeiten nennt man **Elektrolyte** bzw. Leiter zweiter Klasse (im Unterschied zu den Metallen, die man wegen der hochbeweglichen Elektronen als Leiter erster Klasse bezeichnet).

Metallbindung siehe Kap. D, 2.4.2.

Wenn man eine wässrige Kupfer(II)-chlorid-Lösung mit Gleichstrom geringer Spannung elektrolysiert, erhält man metallisches Kupfer und das Gas Chlor. Da dabei mit Elektronen „gehandelt" wird, findet eine Redoxreaktion statt.

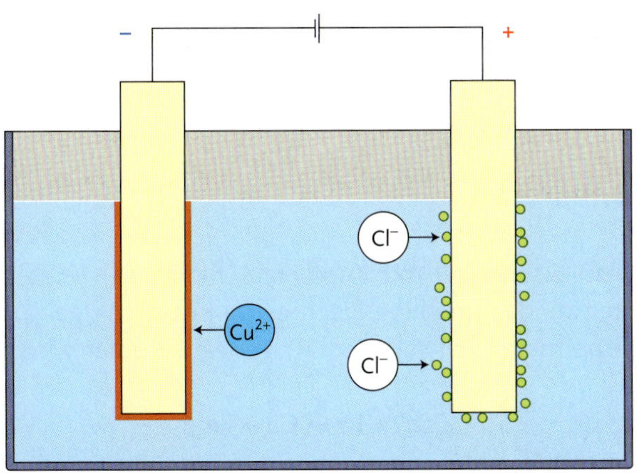

$Cu^{2+} + 2\,e^- \longrightarrow Cu$ Reduktion

$2\,Cl^- \longrightarrow Cl_2 + 2\,e^-$ Oxidation

Gesamtreaktion: $CuCl_2 \longrightarrow Cu + Cl_2$

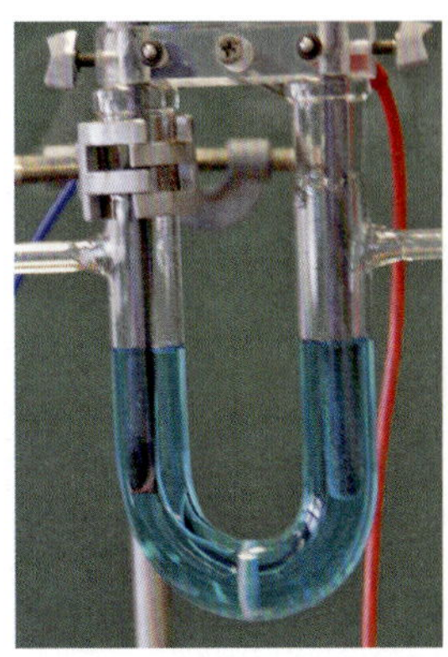

Elektrolyse von $CuCl_2$: Man erkennt links die Cu-Abscheidung und rechts die Chlorgasentwicklung

Anode und Katode werden nicht über das Vorzeichen der Ladung definiert, sondern als Orte der **Oxidation (Anode)** bzw. der **Reduktion (Katode).**

Bei einer Elektrolyse findet die Reduktion immer am Minuspol (Katode) statt, die Oxidation am Pluspol (Anode). Die Pole einer Elektrolyse nennt man Elektroden.

F

MICHAEL FARADAY, 1791 BIS 1867, ENGLISCHER CHEMIKER UND PHYSIKER

Der Betrag von **96 485 As/mol** wird als **Faradaykonstante *F*** bezeichnet.

Elektrolyse:	mit Gleichstrom erzwungene Redoxreaktion
Katode:	Ort der Reduktion (Minuspol der Elektrolyse)
Anode:	Ort der Oxidation (Pluspol der Elektrolyse)

Die Substanzmengen, die bei einer Elektrolyse entstehen, wurden erstmals von **Michael Faraday** bestimmt. Die **Stromstärke *I*** ist jene Ladungsmenge, die pro Zeiteinheit durch einen Leiter fließt.
Die durch einen Elektrolyten geflossene **Ladung *Q*** (Elektrizitätsmenge) ergibt sich daher aus Stromstärke mal Zeit: $Q = I \cdot t$
Als Einheit der Ladung ist damit die **Amperesekunde (As)** festgelegt.

Ein einzelnes Elektron trägt eine negative Ladung von $1{,}6 \cdot 10^{-19}$ As. Für die Berechnung von Elektrolysen wird die Ladung von 1 mol Elektronen benötigt:

$$1{,}6 \cdot 10^{-19}\ \text{As} \cdot 6{,}02 \cdot 10^{23}\ \text{mol}^{-1} = 96\,485\ \text{As/mol}$$

Beispiel 3.6.01: Berechnung der für eine Elektrolyse notwendigen Ladung

Wie viel Ladung benötigt man, um aus einer Kupfersalzlösung 1 kg Kupfer herzustellen?
1 mol Cu^{2+} (= 63,5 g) benötigt zur Entladung 2 mol Elektronen (= 2 · 96 485 As).
1 000 g Cu benötigen daher 1 000 · 192 970 / 63,5 ≈ $3{,}04 \cdot 10^6$ As.
Diese Ladung könnte beispielsweise bereitgestellt werden, indem man mit 10 A 304 000 s (≈ 84,4 h) lang elektrolysiert.

Beispiel 3.6.02: Berechnung der bei einer Elektrolyse abgeschiedenen Masse

Wie viel Silber kann ein Strom von 10 A in 20 s aus einer Silbersalzlösung abscheiden?
Silbersalze enthalten das Ion Ag^+. 1 mol Ag entsteht daher durch 1 *F*.

108 g .... 96 485 As
x .... 200 As
$x = 108 \cdot 200 / 96\,485 \approx 0{,}22$ g Ag

Beispiel 3.6.03: Berechnung der für eine Elektrolyse erforderlichen Stromstärke

Welche Stromstärke benötigt man, wenn man aus einer Silbersalzlösung in 30 Minuten 54 g Silber erhalten will?
54 g = ½ mol Ag benötigt ½ *F* = 48 242,5 As
$I = Q/t = 48\,242{,}5$ As / 1 800 s ≈ 26,8 A

3.2 Spannungsreihe

Warum reagiert ein Eisennagel mit Kupfersalz, nicht aber Kupfer mit Eisensalz? Offenbar deshalb, weil das unedlere Eisen gerne in Lösung geht (bleibt) bzw. das edlere Kupfer gerne metallisch (elementar) vorliegt. Kupfer wird dabei reduziert, Eisen oxidiert:

$$Cu^{2+} + Fe \rightarrow Cu + Fe^{2+}$$

Ähnlich kann mit dem Paar Silber/Kupfer experimentiert werden. Damit ist feststellbar, welches Metall edler bzw. unedler ist. Je leichter ein Metall in Lösung geht, desto unedler ist es. Vergleichende Versuchsreihen ergeben damit eine Metallreihe, in der der Edelmetallcharakter steigt:

Na, Mg, Al, Zn, Fe, Pb, H, Cu, Ag, Au

Man stelle ein Kupferblech in eine Eisensalzlösung, einen Eisennagel in eine Kupfersalz-Lösung, ein Kupferblech in eine Silbersalzlösung.

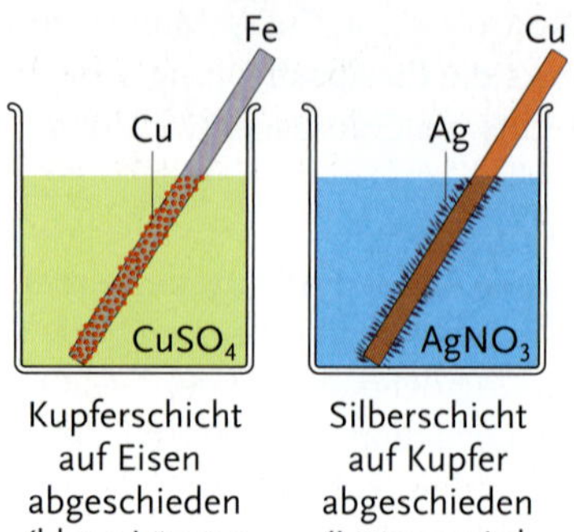

Kupferschicht auf Eisen abgeschieden (blaue Lösung wird gelbgrün) — Silberschicht auf Kupfer abgeschieden (Lösung wird langsam blau)

Eine besondere Rolle spielt der Wasserstoff. Er hat in der Metallreihe seine Berechtigung, weil er wie Metalle zur Bildung von Kationen neigt: H^+-Ionen (bzw. H_3O^+-Ionen) sind das Merkmal von sauren Lösungen.

Reaktivitätsreihe der Metalle: Links vom **Wasserstoff** finden sich die **unedlen** Metalle (löslich in Salzsäure), rechts die **edlen** Metalle.

Wenn ein Kupfersalz mit Eisen reagiert, fließen Elektronen vom Fe zum Cu. Der Elektronenfluss wird nicht genützt (man kann von einem Kurzschluss sprechen). Soll der Elektronenfluss genutzt werden, baut man ein galvanisches Element.

Galvanisches Element: Anordnung, bei der die Elektronen einer Redoxreaktion gezwungen werden, über einen Draht zu fließen und dabei Arbeit zu verrichten.

Galvanische Elemente bestehen immer aus zwei Halbelementen; beispielsweise einem Zinkstab in Zinksulfatlösung, kombiniert mit einem Kupferstab in Kupfersulfatlösung. Die Vermischung der Salzlösungen wird durch eine halb durchlässige Membran verhindert (ansonsten würden Kupferionen mit dem Zinkstab einen Kurzschluss ergeben).

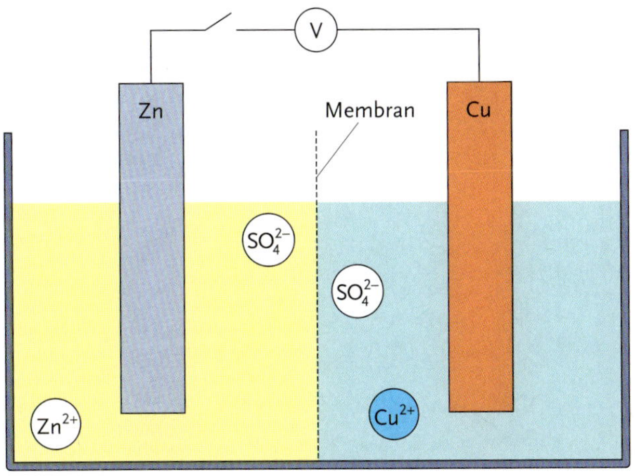

Nach Schließen des Stromkreises laufen folgende Vorgänge ab:

1. Das unedle Zink geht in Lösung: $Zn \rightarrow Zn^{2+} + 2\,e^-$
   Dies ist eine Oxidation, daher ist Zink die Anode. Der Zinkstab wird negativ.
2. Die freigesetzten Elektronen wandern zum edleren Kupfer (können dabei Arbeit verrichten) und ziehen dort Cu^{2+}-Ionen an.
3. Die Kupferionen werden reduziert: $Cu^{2+} + 2\,e^- \rightarrow Cu$
   Der Kupferstab ist die (positive) Katode.
4. Die Sulfationen wandern durch die Membran und gleichen die Ladungsunterschiede wieder aus. Der Stromkreis ist damit geschlossen.

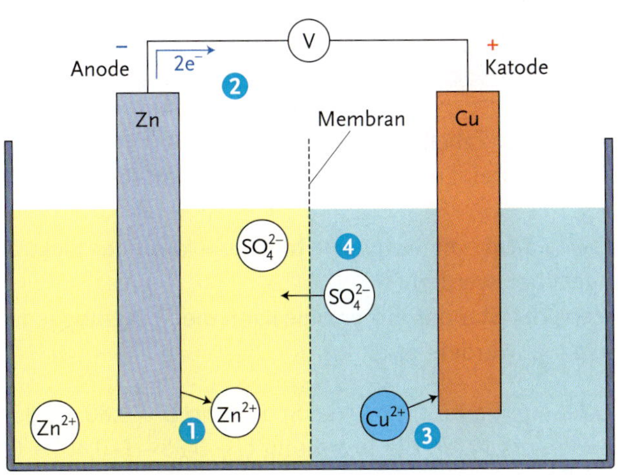

Halb versilberte Kupfermünze

Wie lautet die Gleichung für die Reaktion eines Silbersalzes mit Kupfer? Welcher Stoff wird oxidiert, welcher reduziert?

Nachbau des nebenstehenden Cu-Zn-Elements (Daniell-Elements).

Man beachte, dass im Unterschied zur Elektrolyse die Katode nun positiv, die Anode negativ ist.

Was könnte zur Steigerung der Spannung beitragen: eine Erhöhung der Zinksulfatkonzentration oder eine Erhöhung der Kupfersulfatkonzentration?

Welches Element dürfte mehr Spannung liefern: Kupfer/Zink oder Gold/Zink?

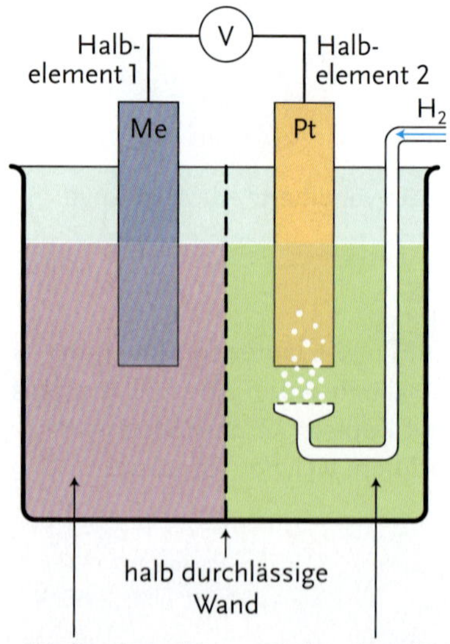

Spannungsmessung mit zwei Halbelementen:
Halbelement 1: beliebiges Metall
Halbelement 2: Standardwasserstoffelektrode
Die poröse Trennwand verhindert die Vermischung der beiden Elektrolytlösungen

Ein Metall (links) wird gegen die Standard-Wasserstoffelektrode (rechts) gemessen.

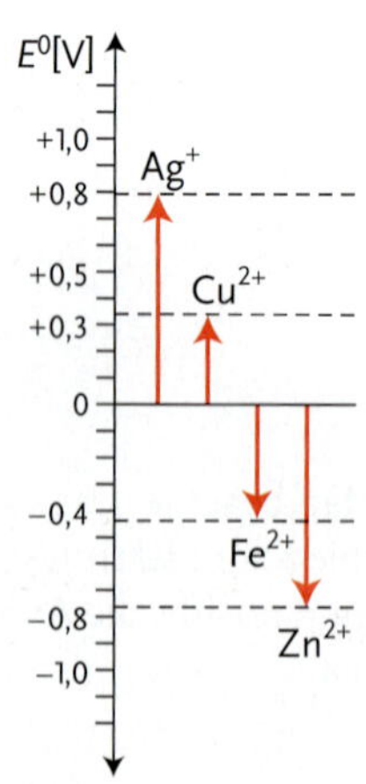

Welche Spannung ist von einem Silber-Zink-Element zu erwarten?

Durch Änderung der Standardkonzentrationen von 1 mol/L kann die Spannung variiert werden (Nernstgleichung).

Die Spannung eines Kupfer-Zink-Elements liegt bei $U = 1{,}11$ V, womit ausgedrückt wird, wie sehr sich Kupfer und Zink bezüglich edel/unedel unterscheiden.

Allgemein: Die Spannung U ergibt sich aus der Differenz der Metallpotenziale E.
$U = E(\text{„edel"}) - E(\text{„unedel"})$

Die Spannung eines einzelnen Metalls kann nicht angegeben werden. Um die Metalle doch vergleichen zu können, wird das Potenzial des Wasserstoffs willkürlich gleich null gesetzt. Alle Metalle werden dann gegen eine solche Standard-Wasserstoffelektrode (siehe Abbildung) vermessen. Sie besteht aus wasserstoffgesättigtem Platin und Salzsäure (c = 1,00 mol/L). „Standard" bedeutet, dass der Druck 1 bar, die Konzentration 1 mol/L und die Temperatur 25 °C betragen.

Wenn Elektronen vom (unedleren) Metall zur Wasserstoffhalbzelle fließen, bekommt dieses Metall in der Tabelle der Standardpotenziale ein negatives Vorzeichen. Wenn Elektronen von der Wasserstoffelektrode zum (edleren) Metall fließen, ein positives Vorzeichen.

Spannungsreihe (Standardpotenziale E^0):

Oxidationskraft nimmt zu ↓ | Reduktionskraft nimmt zu ↑

Oxidationsmittel				Reduktionsmittel		E^0 [V]
Li^+	+ e^-		→	Li		−3,04
K^+	+ e^-		→	K		−2,92
Na^+	+ e^-		→	Na		−2,71
Mg^{2+}	+ 2 e^-		→	Mg		−2,36
Al^{3+}	+ 3 e^-		→	Al		−1,66
Zn^{2+}	+ 2 e^-		→	Zn		−0,76
Fe^{2+}	+ 2 e^-		→	Fe		−0,40
Ni^{2+}	+ 2 e^-		→	Ni		−0,23
Sn^{2+}	+ 2 e^-		→	Sn		−0,14
Pb^{2+}	+ 2 e^-		→	Pb		−0,13
2 H^+	+ 2 e^-		→	H_2		0
S	+ 2 H^+	+ 2 e^-	→	H_2S		+0,17
Cu^{2+}	+ 2 e^-		→	Cu		+0,35
½ I_2	+ e^-		→	I^-		+0,58
O_2	+ 2 H^+	+ 2 e^-	→	H_2O_2		+0,63
Fe^{3+}	+ e^-		→	Fe^{2+}		+0,75
Ag^+	+ e^-		→	Ag		+0,80
Hg^{2+}	+ 2 e^-		→	Hg		+0,85
NO_3^-	+ 4 H^+	+ 3 e^-	→	NO	+ 2 H_2O	+0,96
½ Br_2	+ e^-		→	Br^-		+1,09
½ O_2	+ 2 H^+	+ 2 e^-	→	H_2O		+1,23
½ Cl_2	+ e^-		→	Cl^-		+1,36
Au^{3+}	+ 3 e^-		→	Au		+1,50
MnO_4^-	+ 8 H^+	+ 5 e^-	→	Mn^{2+}	+ 4 H_2O	+1,51
H_2O_2	+ 2 H^+	+ 2 e^-	→	2 H_2O		+1,77
Pb^{4+}	+ 2 e^-		→	Pb^{2+}		+1,80
½ F_2	+ e^-		→	F^-		+2,87

Was lässt sich aus dieser Tabelle ablesen?

- Man kann Metalle miteinander vergleichen, d. h. feststellen, welches edler bzw. unedler ist.
- Für jede Redoxreaktion – nicht nur für Metalle – kann der Elektronendruck (das Potenzial) angegeben werden.
- Aus der Differenz der Standardpotenziale kann die Spannung jedes galvanischen Elements berechnet werden.

▸ Ein Ag-Cu-Element erbringt nur die Spannung $U = 0{,}80 - 0{,}35 = 0{,}45$ V.
▸ Ein Cu-Fe-Element liefert die Spannung $U = 0{,}35 - (-0{,}40) = 0{,}75$ V.

- Es ist direkt feststellbar, welche Stoffe bei üblichen Konzentrationen miteinander reagieren können.
  - Ein Magnesiumsalz kann nicht mit metallischem Kupfer reagieren, wohl aber ein Kupfersalz mit Magnesium.
  - Die Salpetersäure (in wässriger Lösung: H^+-Ionen und NO_3^--Ionen) kann mit ihrer Oxidationskraft von +0,96 V unedle Metalle sowie Kupfer und Silber auflösen – nicht aber Gold.
  - Elementares Fluor greift sämtliche Metalle an.

Galvanische Elemente liefern keine hohen Spannungen. Eine Vervielfachung der Spannung ist immerhin durch die Serienschaltung solcher Elemente erreichbar. Eine Parallelschaltung von Elementen erhöht nicht die Spannung, aber die Energie (die Kapazität). Die Zusammenschaltung von galvanischen Elementen ergibt eine Batterie. Umgangssprachlich werden sowohl einzelne Zellen als auch Akkumulatoren als Batterien bezeichnet.

Warum werden in der Technik keine Lithium-Fluor-Zellen eingesetzt?

3.3 Technisch nutzbare galvanische Elemente

Da sich beim Entladen die Konzentrationen laufend ändern, sinkt die Spannung kontinuierlich ab. In der Technik eingesetzte Elemente sorgen meist dafür, dass die Konzentrationen und damit die Spannung während der Nutzungsdauer relativ konstant bleiben.

Primärelement: galvanisches Element mit irreversiblem elektrochemischem Vorgang (nicht wieder aufladbar)

Das **Leclanché-Element** ist das im Handel am meisten verbreitete galvanische Element. Spannung $U = 1{,}5$ V.

Leclanché-Ausführung als Zink-Kohle-„Batterie“:

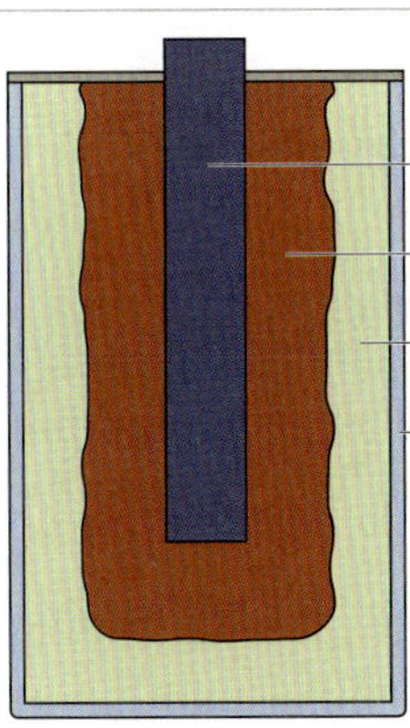

Anode (–): $Zn \rightarrow Zn^{2+} + 2\,e^-$ (Oxidation).
Katode (+): Das Mn(IV) des Mangandioxids geht in Mn(III) über (Reduktion).

Leclanché-Ausführung als **Alkali-Mangan-Zelle:** Kalilauge als Elektrolyt; Stahlbecher statt Zinkbecher; Zinkpulver als Gel im Inneren.

Knopfzellen haben eine höhere Spannung und eine längere Lebensdauer: Die Silberoxid-Zink-Zelle erbringt 1,55 V, die Lithium-Mangandioxid-Zelle bis zu 3,5 V.

Sekundärelement: galvanisches Element mit reversiblem elektrochemischem Vorgang (Akkumulator)

Welches Innenleben hat eine 9-Volt-Blockbatterie?

Durch Ammoniumchlorid werden die Konzentrationen günstig beeinflusst.

Knopfzelle

Andere „Batterien“

F

Die „Autobatterie" ist eigentlich ein Akkumulator!

Welche Spannung liefert eine Autobatterie? Wie viele Zellen sind dabei wie angeordnet?

Der Pb-Akku hält die Spannung sehr gut, sodass ein schlechter Ladezustand eher an der Dichte der Flüssigkeit ablesbar ist. Warum?

Sollte man beim Anschließen eines Pb-Akkus an ein Ladegerät Minus an Minus oder aber Minus an Plus klemmen?

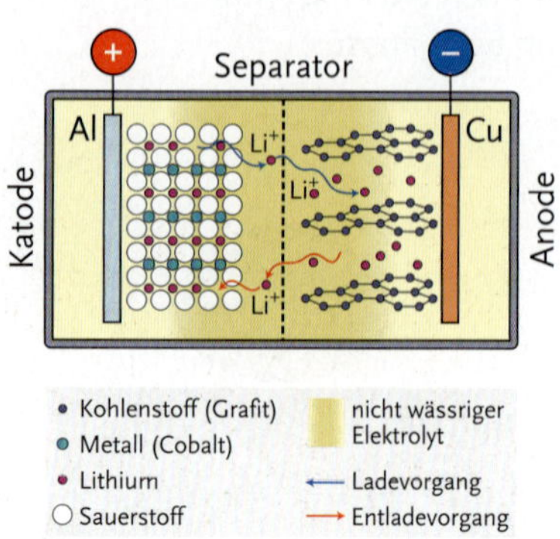

Lithium-Ionen-Akkumulator

Andere Akku-Typen

Bleiakkumulator („Autobatterie"):
Schwefelsäure als Elektrolyt. Spannung $U = 2$ V

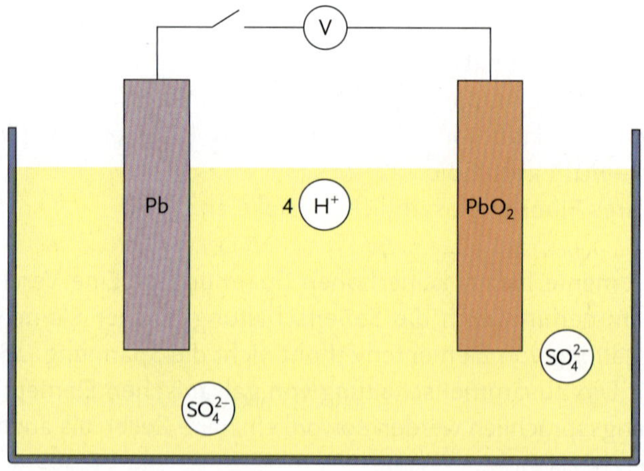

1. Anode (–): $Pb \rightarrow Pb^{2+} + 2\,e^-$
2. Die Elektronen gehen über den Draht zum Blei(IV)-oxid.
3. Katode (+): $Pb^{4+} + 2\,e^- \rightarrow Pb^{2+}$
4. Pb^{2+}-Ionen ergeben mit den Sulfationen eine an beiden Elektroden anhaftende, schwer lösliche Kruste von Bleisulfat $PbSO_4$.
5. Die O^{2-}-Ionen des Pb(IV)-oxids liefern mit den Protonen der Schwefelsäure Wasser.

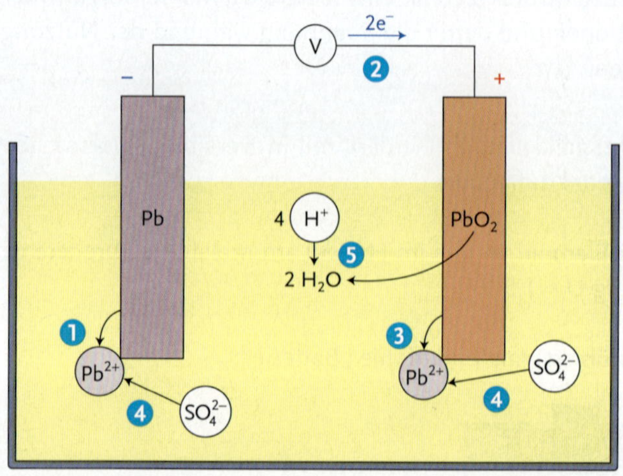

Gesamtgleichung für den Bleiakkumulator:

$$Pb + PbO_2 + 2\,H_2SO_4 \rightleftharpoons 2\,PbSO_4 + 2\,H_2O$$

Die Hinreaktion entspricht dem Entladen, die Rückreaktion dem Ladevorgang.

Nickel-Metallhydrid-Akkumulator
In einem Hydrid hat der Wasserstoff die Oxidationsstufe –1 und ist damit ein perfektes Reduktionsmittel. Die Katode wird von Ni^{3+} gebildet.
Einsatzmöglichkeiten: Kameras, Bohrmaschinen, Hybridautos.

Lithium-Ionen-Akkumulator
Beim Entladen geben Li-Atome an der Anode Elektronen ab. An der Katode reduzieren diese Elektronen Co- oder Mn-Ionen. Lithiumzellen müssen mit einem wasserfreien Elektrolyten betrieben werden. Sie liefern eine hohe Spannung und werden u. a. für Mobiltelefone verwendet.

Brennstoffzelle
Wenn Wasserstoff mit Sauerstoff verbrannt wird, kann die thermische Energie in elektrische Energie umgewandelt werden. Dabei erleidet man aber hohe Verluste an Energie; der Wirkungsgrad liegt bei lediglich 30 %.

Wenn hingegen Wasserstoff an der Anode einer galvanischen Zelle oxidiert wird, während gleichzeitig Sauerstoff an der Katode reduziert wird, beträgt der Wirkungsgrad um die 60 %. Man arbeitet in Kalilauge KOH.

$$\text{Anode: } H_2 + 2\,OH^- \rightarrow 2\,H_2O + 2\,e^-$$
$$\text{Katode: } \tfrac{1}{2}\,O_2 + H_2O + 2\,e^- \rightarrow 2\,OH^-$$

Derartige Knallgaszellen werden neben Solaranlagen in der Raumfahrt genutzt. Statt Wasserstoff kann beispielsweise auch Methanol oxidiert werden.

Brennstoffzelle: Die chemische Energie der laufend zugeführten Stoffe wird direkt in elektrische Energie umgewandelt.

3.4 Korrosion

Jährlich werden ein bis zwei Prozent des Stahls durch Korrosion (lat. corrodere = zernagen) zerstört.

Korrosion: ungewollte, von der Oberfläche ausgehende Zerstörung eines Werkstoffes

Die Korrosion betrifft in erster Linie Eisen und Stahl. Aber auch nichtmetallische Werkstoffe wie Beton oder Holz sind der Korrosion ausgesetzt.

Arten der Korrosion:

- Chemische Korrosion (z. B. direkter Angriff von Luftsauerstoff)
- Metallphysikalische Korrosion (z. B. Versprödung durch Wasserstoff oder Licht)
- Elektrochemische Korrosion (an der Berührungsstelle verschiedener Metalle)

Beispiel für elektrochemische Korrosion: Wenn bei einem verchromten Eisenblech die Chromschicht verletzt wird, kommt es zur Ausbildung eines Lokalelements.

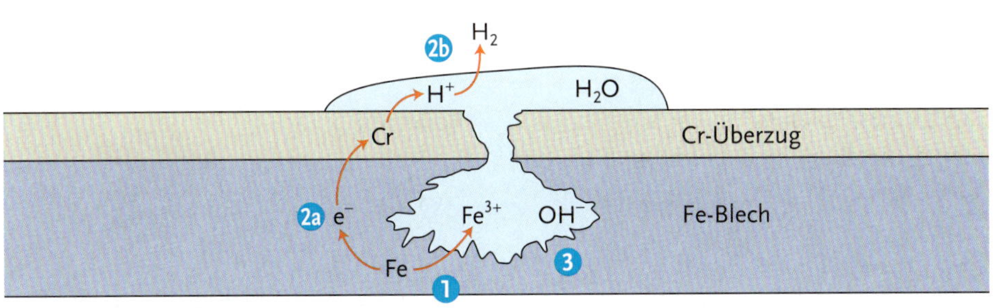

1 Eisen löst sich: $Fe \rightarrow Fe^{3+} + 3\,e^-$
2a Die Elektronen werden vom edleren Chrom angezogen und
2b an H^+ weitergegeben: $3\,H^+ + 3\,e^- \rightarrow 1\tfrac{1}{2}\,H_2$
3 Eisen(III)-hydroxid als erste Stufe von Rost entsteht: $Fe^{3+} + 3\,OH^- \rightarrow Fe(OH)_3$
Beim Trocknen bildet sich als typische Rostsubstanz Eisen(III)-oxid:
$2\,Fe(OH)_3 \rightarrow Fe_2O_3 + 3\,H_2O$

Lokalelement: Kurzgeschlossenes galvanisches Element, das an der Berührungsstelle zur Auflösung des unedleren Metalls führt.

Stahl ist auch ohne Berührung mit edleren Metallen korrosionsanfällig, weil der enthaltene Kohlenstoff und andere Bestandteile Lokalelemente bilden.

In New York gibt es mehrere Notstromkraftwerke auf der Basis von Brennstoffzellen. Vorteil: Sie benötigen keine Anlaufzeiten bis zur vollen Abgabe von elektrischer Energie.

Brennstoffzelle siehe NAWI III/IV, Kap. C, 1.

In diese Richtung verändern sich Autos

Zinkstücke in verdünnter Salzsäure: Das von einem Pt-Draht berührte Stück entwickelt weit mehr H_2

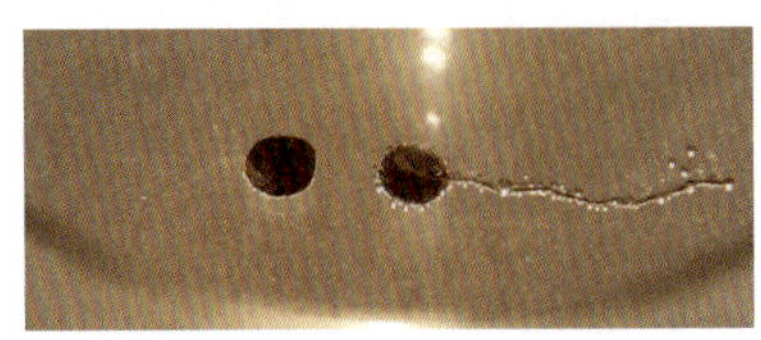

Ein Bleistiftspitzer wird in NaCl-Lösung (mit zwei Tropfen Phenolphthalein-Lösung) gelegt: Das unedlere Mg des Gehäuses löst sich unter H_2-Entwicklung; der Stahl vermittelt die Elektronen.

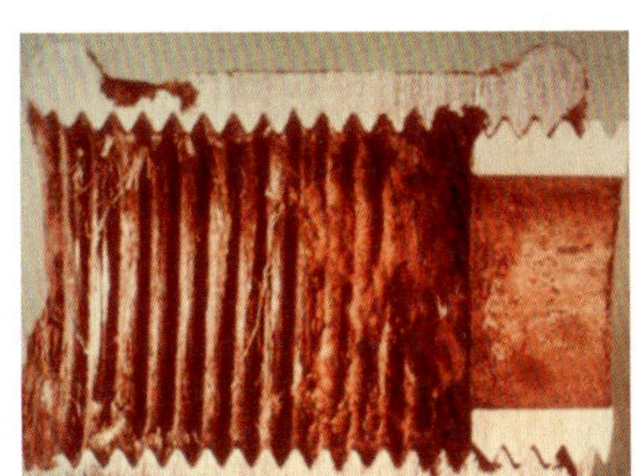

Die Stelle der Verschraubung von zwei Rohren aus verschiedenen Metallen ist besonders korrosionsanfällig

Warum wird es als sehr unangenehm empfunden, wenn man im Bereich einer Amalgam- oder Goldfüllung auf ein Stück Aluminiumfolie beißt?

Aluminium siehe Kap. G, 2.2.

Feuerverzinktes Stahlblech

Autobleche werden durch einen vier- bis siebenschichtigen Aufbau von Zink über Korrosionsschutzgrundierungen bis zu Deck- und Glanzlackierungen geschützt.

Korrosionsschutz

Beim **passiven Korrosionsschutz** wird das Metall durch eine möglichst haltbare Beschichtung gegen Angriffe von außen (Luft, Wasser, Säuren etc.) geschützt. Dazu dienen organische, anorganische, nichtmetallische und metallische Überzüge.

- Die gängigste Art der Beschichtung erfolgt durch meist dekorativ eingefärbte Kunstharze (Lacke).
- Anorganische, nichtmetallische Überzüge sind glasähnliche Schutzschichten wie Emaille oder verstärkte Oxidschichten (z. B. Eloxal bei Aluminium).
- Metallische Überzüge: Eisen kann durch edlere Metalle wie Gold, Chrom, Zinn (Weißblech für Konservendosen), Nickel u. a. sehr gut geschützt werden. Oft müssen Zwischenschichten eingefügt werden, um die Haftung zu verbessern. Bei Verletzung der Schutzschicht bildet sich allerdings ein Lokalement, das die Auflösung des Eisens stark beschleunigt (siehe oben).

Sowohl passiv als auch aktiv wirkt das **Verzinken** von Eisen. Zink kann galvanisch (elektrolytisch) oder durch Feuerverzinken (Eintauchen in Zinkschmelze) aufgebracht werden. Es schützt einerseits dadurch, dass es an seiner Oberfläche eine widerstandsfähige porenfreie Zinkoxidschicht ausbildet. Andererseits schützt es das Eisen bei Verletzung der Beschichtung dadurch, dass es (weil unedler) vor dem Eisen abgebaut werden muss.

Beim **aktiven Korrosionsschutz** werden dem zu schützenden Metall Elektronen zugeführt, womit seine Auflösung (seine Elektronenabgabe) unterbunden wird. Man kann beispielsweise an Schiffsrümpfen **Opferanoden** aus Zink anbringen: Die beim Auflösen des Zinks frei werdenden Elektronen schützen das Eisen.

Beim **katodischen Schutz** wird der Gegenstand ständig unter schwachem Gleichstrom gehalten: Auch hier schützt der Elektronendruck das unedle Metall.

Übersicht über Korrosionsschutzmaßnahmen:

Verfahren	Prinzip	Beispiel	
Lackieren Kunststoffbeschichtung	Metall von Luft und Wasser abschirmen	Autoblech Brücke	
Nicht metallischer anorganischer Überzug	Abschirmung durch glasartigen Überzug	Kochtopf	
Überzug mit edlerem Metall	Edles Metall schirmt unedles ab	Konservendose	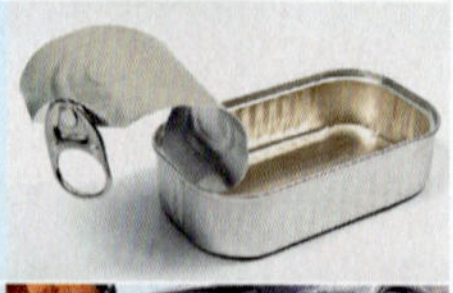
Überzug mit passivem unedlem Metall	Unedles Metall mit porenfreier Oxidschicht schützt	Autoblech	
Opferanode	Unedles Metall opfern, edleres dadurch schützen	Schiffsrumpf	
Katodischer Schutz	Gleichstrom übt Elektronendruck auf das Eisen aus	Pipeline	

Ziele erreicht? – „Elektrochemie"

3.01 + Nennen Sie das edlere Metall: Zink oder Zinn.

3.02 + Schreiben Sie die Halbgleichungen für die Elektrodenvorgänge bei der Elektrolyse von Aluminiumchlorid an.

3.03 + Berechnen Sie, welche Zeit benötigt wird, wenn man mit einer Stromstärke von 20 000 A aus einer Zinksalzlösung eine Tonne Zink herstellen will.

3.04 + Geben Sie an, welches Metall am besten wasserlöslich ist.

3.05 ++ Berechnen Sie, welche Spannung sich aus der Kombination einer Lithiumhalbzelle mit einer Quecksilberhalbzelle erzielen lässt? Nennen Sie Vor- bzw. Nachteile einer derartigen Zelle.

3.06 + Kann das Oxidationsmittel Permanganat MnO_4^- in saurer Lösung aus Natriumchlorid Chlorgas erzeugen?

3.07 + Nennen Sie die Spannungsquelle der 4,5-Volt-Flachbatterie.

3.08 ++ Erklären Sie, was gegen den Einbau von Brennstoffzellen in Personenkraftwagen spricht.

3.09 + Erklären Sie, warum der Zahnarzt darauf achtet, dass sich im Gebiss nicht Gold- und Amalgamfüllungen gegenüberstehen.

3.10 ++ Recherchieren Sie Einsatzgebiete für galvanisch verzinktes bzw. feuerverzinktes Eisen.

4 Einführung in die organische Chemie

„Lieber Herr Professor! Ich will Ihren Brief nicht abwarten, sondern schon wieder schreiben, denn ich kann, sozusagen, mein chemisches Wasser nicht halten und muss Ihnen sagen, dass ich Harnstoff machen kann, ohne dazu Nieren oder überhaupt ein Tier, sey es Mensch oder Hund, nöthig zu haben. ... Diese künstliche Bildung von Harnstoff, kann man sie als ein Beispiel von Bildung einer organischen Substanz aus unorganischen Stoffen betrachten?" (Auszug aus einem Brief von Friedrich Wöhler an den damaligen „Chemiepapst" Jöns Jakob Berzelius; Berlin, 22. Feb. 1828.) Bis zu diesem Zeitpunkt war man der Meinung, dass organische Stoffe nur von Pflanzen oder Tieren mittels einer geheimnisvollen Lebenskraft („vis vitalis") hergestellt werden können.
Heute bezeichnet „Organische Chemie" schlicht die Chemie der Kohlenstoffverbindungen. Derzeit kennt man etwa 30 Millionen chemische Verbindungen, wovon die überwiegende Anzahl synthetisch hergestellte organische Verbindungen sind. Aus historischen Gründen werden das Element Kohlenstoff und einige wenige C-Verbindungen der anorganischen Chemie zugezählt (z. B. die Oxide, Kohlensäure und Carbonate).

Friedrich Wöhler, 1800 bis 1882, deutscher Chemiker

4.1 Systematik der Kohlenstoffverbindungen

Meine Ziele

Nach Bearbeitung dieses Kapitels kann ich
- organische Verbindungen nach ihrem **Kohlenstoffgerüst** einteilen (und in unterschiedlichen Schreibweisen darstellen);
- begründen, warum **Kohlenstoff** wesentlich mehr Verbindungen bildet als jedes andere Element;
- darstellen, welche **Bindungsarten** organische Verbindungen aufweisen.

Es gibt weder ein C^{4+} noch ein C^{4-}, weil C weder zur ersten noch zur 17. Gruppe des PSE eine genügend hohe Δ-*EN* aufbaut. Daher werden keine Ionengitter gebildet.

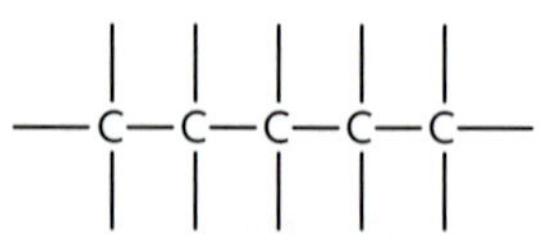

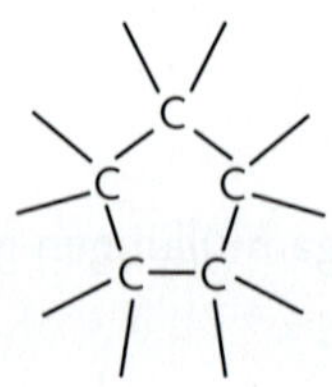

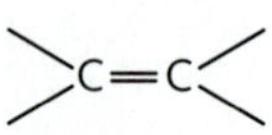

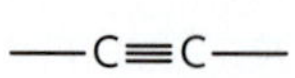

Welcher Bindungstyp liegt in der organischen Chemie vorzugsweise vor?

Erhitzen von Zucker

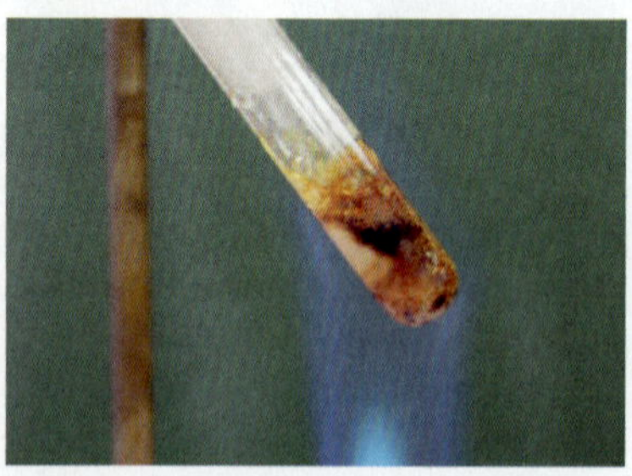

Reaktionsmechanismen siehe Kap. F, 4.4.

Modelldarstellungen:

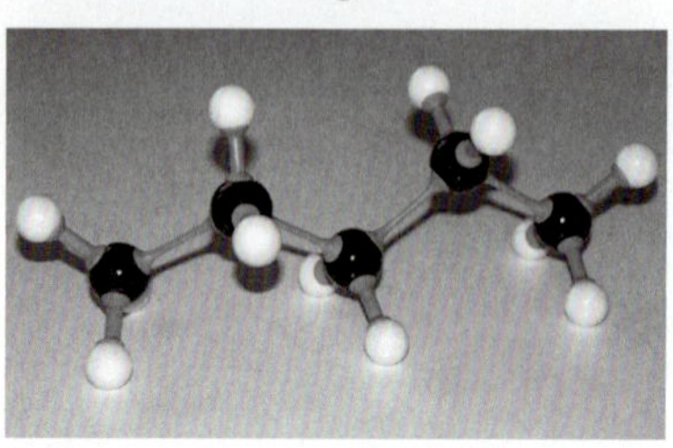

Stäbchenmodell von Pentan (zeigt gut die Bindungen und den räumlichen Bau)

Warum gibt es so viele organische Verbindungen? Worin liegt die Besonderheit des Kohlenstoffs? Warum bildet Silicium nicht ebenso viele Verbindungen?

- Sowohl C als auch Si sind Elemente der 14. Gruppe, haben damit vier Valenzelektronen und sind bevorzugt vierbindig. Damit ist eine große Vielfalt garantiert.
- Das C-Atom hat einen Atomradius von 0,76 nm, das Si-Atom von 1,11 nm. Daher ist die C-C-Bindung kürzer, kompakter und stabiler als die Si-Si-Bindung.
- C hat die Elektronegativität 2,5 und Si 2,0. C kann weder nach links noch nach rechts im PSE eine hohe Δ-*EN* aufbauen. Si bindet sich aufgrund der höheren Δ-*EN* gerne an den Sauerstoff.
- Verbindungen des Typs Si-O-Si haben so hohe Polarität, dass sie gerne Gitter bilden. Gitter zeigen aber nicht so viele Varianten wie Molekülsubstanzen, weil bei Molekülen schon das Hinzufügen eines einzigen Atoms bedeutet, dass man damit einen neuen Stoff erzeugt.

Kohlenstoff-Verbindungen sind meist **Molekül**-Substanzen.
Silicium bildet bevorzugt **Gitter**-Substanzen mit Sauerstoff.

Kohlenstoffatome binden sich gerne aneinander. Auf diese Weise können **Ketten** oder **Ringe** gebildet werden. Das kleine Kohlenstoffatom kann auch problemlos **Doppel-** oder **Dreifachbindungen** eingehen.

Verbindungen ohne Mehrfachbindung werden **gesättigt** genannt, solche mit Mehrfachbindungen **ungesättigt.**

Typisch für die organische Chemie ist:

- Relativ wenige Elemente spielen eine Rolle: C, H, O, N, S, Halogene, P, Fe, Ca ... (fallende Wichtigkeit)
- Geringe thermische Stabilität der Verbindungen (weil Δ-*EN* gering ist)
- Geringe Reaktivität der Verbindungen (weil Δ-*EN* gering ist)
- Überwiegend Gleichgewichtsreaktionen (Maßnahmen zur Verschiebung des Gleichgewichtes notwendig – besonders in der Biochemie)
- Meist geringe Reaktionsgeschwindigkeiten (oft Katalyse notwendig)

Typische **Reaktionsmechanismen** der organischen Chemie:

- Substitutionen (Austausch von Atomen oder Atomgruppen)
- Additionen (Hinzufügen von Atomen oder Atomgruppen)
- Eliminationen (Abspalten von Atomen oder Atomgruppen)
- Umlagerungen (Verschiebungen innerhalb von Molekülen)
- Redoxreaktionen (wie in der anorganischen Chemie)
- Protolysen (wie in der anorganischen Chemie)

Schreibweise bei organischen Verbindungen:
Es ist meist notwendig, die Struktur – vor allem die Bindungen zwischen den Kohlenstoffatomen – zu zeigen.

Beispiel Pentan:

Die ausführliche Strukturformel 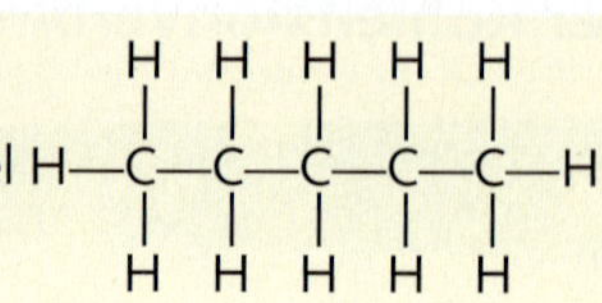 wird selten verwendet.

Kürzer ist die Halbstrukturformel $CH_3–CH_2–CH_2–CH_2–CH_3$

oder man beschränkt sich überhaupt auf die Gerüstformel 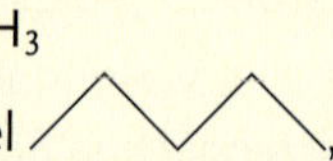,

bei der man nur die Bindungen zwischen den C-Atomen darstellt. Jeder Anfang, jeder Knick und jedes Ende eines Strichs bedeutet ein C-Atom. Die Anzahl der H-Atome ergibt sich aus der Vierbindigkeit des Kohlenstoffs.

Die Summenformel C_5H_{12} ist zu wenig aussagekräftig, weil dafür auch andere Strukturen als die gezeigte möglich sind (Isomerie).

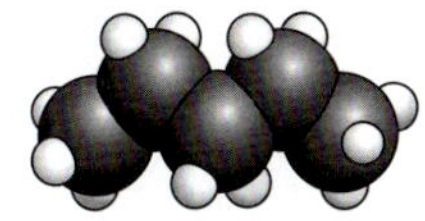

Kalottenmodell von Pentan (zeigt die Raumerfüllung der Atome)

Isomerie siehe Kap. F, 4.2.

Einteilung organischer Verbindungen nach dem Gerüst:
a) Aliphatische Verbindungen (kettenförmig)
b) Cyclische Verbindungen (ringförmig)

Beispiele für aliphatische Verbindungen

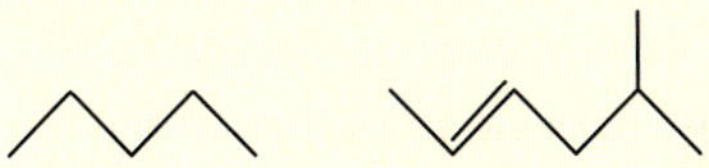

$CH_3—C≡CH$

Beispiele für cyclische Verbindungen

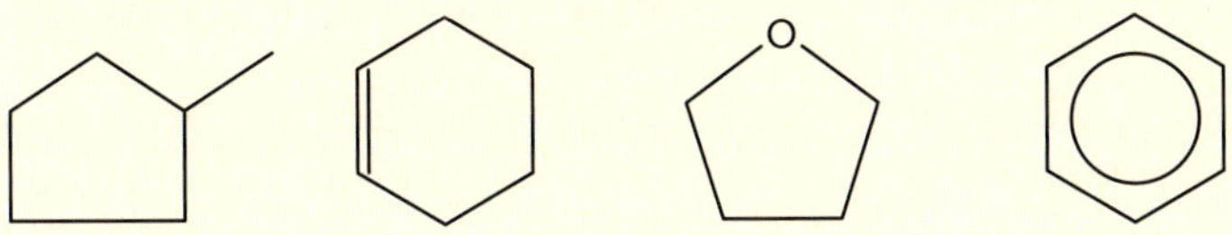

Wie lauten die Summenformeln der nebenstehenden Verbindungen?

Ein Kreis in der Ringstruktur signalisiert ein mesomeriestabilisiertes Ringsystem: Man spricht von einer **aromatischen Verbindung.** Wenn Atome wie N, O oder S als Ringglieder fungieren spricht man von einer **heterocyclischen Verbindung.**

Mesomerie siehe Kap. D, 2.4.3.

Organische Verbindungen, die außer C und H noch andere Elemente enthalten, lassen sich meist nach **funktionellen Gruppen** einteilen. Die bekanntesten funktionellen Gruppen sind die OH-Gruppe der (neutralen) Alkohole, die NH_2-Gruppe der (basischen) Amine und die COOH-Gruppe der (sauren) Carbonsäuren.

$CH_3–CH_2–OH$	$CH_3–NH_2$	$CH_3–COOH$
Ethanol	Methanamin	Ethansäure (Essigsäure)

Funktionelle Gruppen siehe Kap. F, 4.3.

Hybridisierung
In Verbindungen wie Methan CH_4 zeigt das C-Atom vier gleichwertige Bindungen zu den H-Atomen. Dies wäre mit den Energien der Elektronen im Grundzustand des C-Atoms nicht zu erklären.

Energieniveauschemata siehe Kap. D, 2.1.

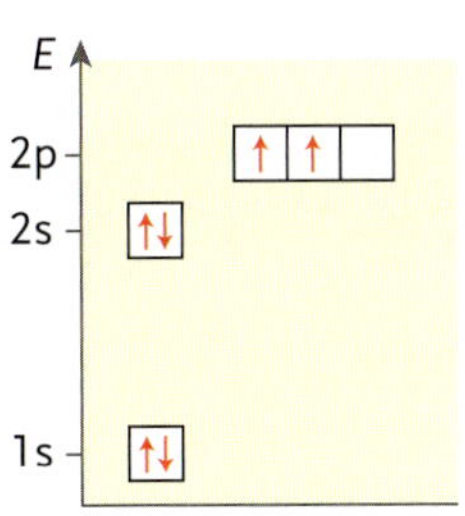

Grundzustand

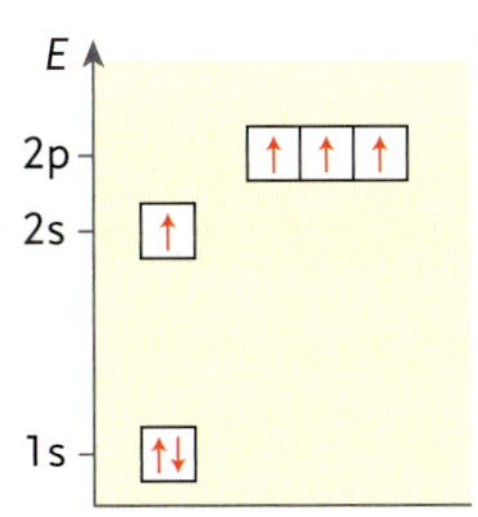

Angeregter Zustand

Bei der Hybridisierung handelt es sich um ein Modell!

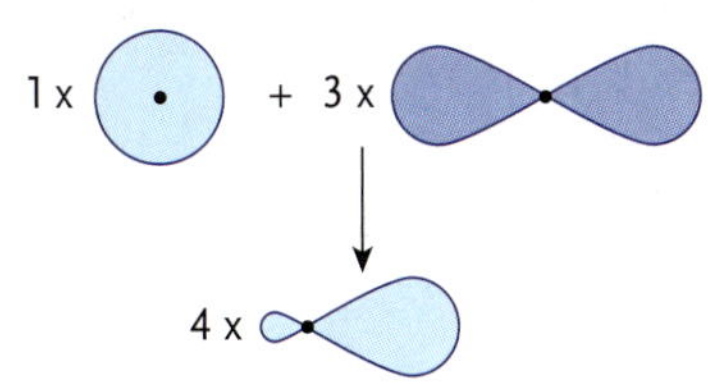

1 x s + 3 x p ergibt 4 x sp^3

Im angeregten Zustand (die Energie, um ein Elektron von 2s auf 2p zu bringen, wird durch den Stabilitätsgewinn bei der Herstellung der Bindungen „finanziert") ist das C-Atom bereit zu vier Bindungen. Diese vier Bindungen sind aber nicht gleichwertig.

Um die tatsächliche Gleichwertigkeit der Bindungen im Modell zu erreichen, werden das 2s-Orbital und die drei 2p-Orbitale mathematisch kombiniert. Die dadurch entstandenen vier sp^3-Hybridorbitale liegen energetisch zwischen 2s und 2p. Infolge der Elektronenabstoßung ordnen sie sich tetraedrisch an. Die sp^3-Hybridisierung erklärt C-Atome mit vier Einfachbindungen.

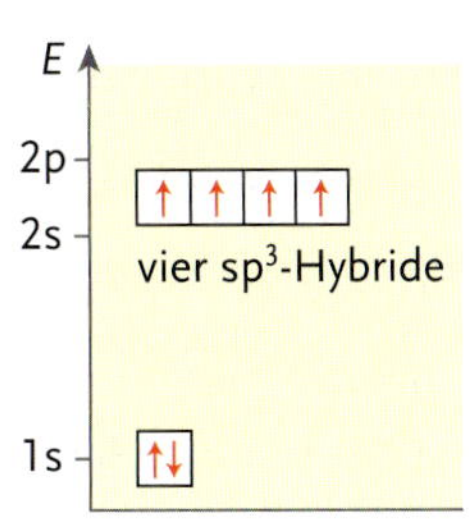

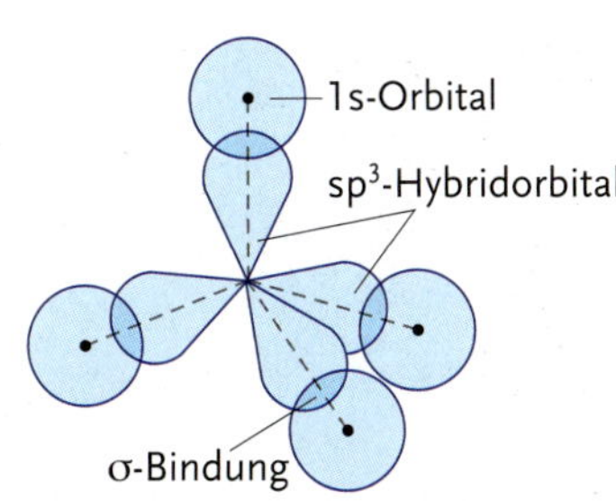

Modell des Methanmoleküls

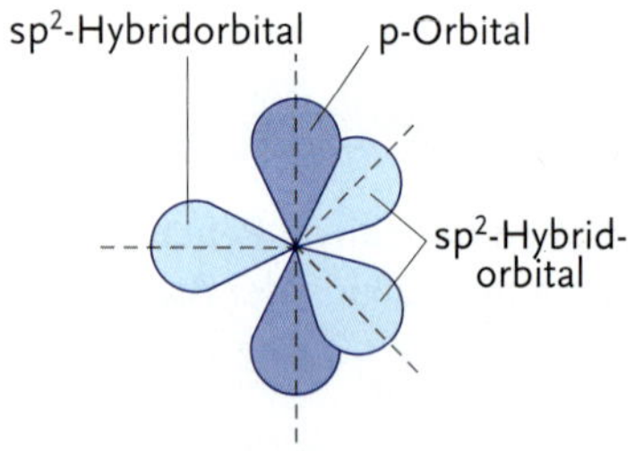

trigonal ebene Anordnung der drei sp^2-Hybride, senkrecht dazu ein p-Orbital

Modell der sp^2-Hybridisierung

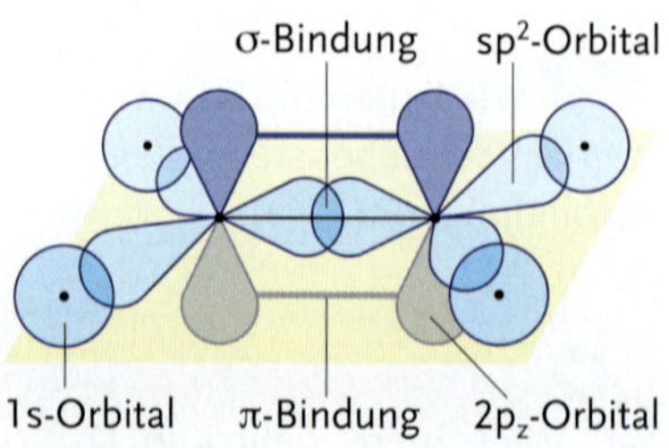

Modell des Ethenmoleküls

Welche Hybridisierung vermuten Sie für die einzelnen C-Atome in Propen $CH_2{=}CH{-}CH_3$?

Daten von Einfach-, Doppel- und Dreifachbindung.

E/Z-Isomerie siehe NAWI III/IV, Kap. B, 2.4.

Hybridisierung: Mathematische Kombination von Atomorbitalen zu Mischorbitalen auf der Grundlage der Quantentheorie von Max Planck.

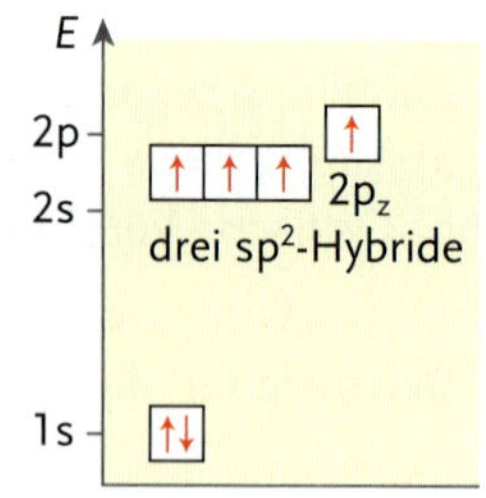

Wenn eine Doppelbindung wie im Ethenmolekül $CH_2{=}CH_2$ vorliegt, muss (ausgehend vom angeregten Zustand) das $2p_z$-Orbital verbleiben, während mit 2s sowie $2p_x$ und $2p_y$ die Hybridisierung zu drei sp^2-Hybridorbitalen durchgeführt wird. Die sp^2-Hybridorbitale bilden eine Ebene, auf der die $2p_z$-Hantel senkrecht steht.

Beim Ethenmolekül liegen alle Atome in einer Ebene. Für eine Doppelbindung müssen sich die C-Atome einander so weit nähern, dass es zwischen den p_z-Orbitalen zu einer schwachen Überlappung kommt. Dadurch entsteht eine oberhalb und unterhalb der Ebene liegende π-Bindung.

Bindungen, die sich entlang der Bindungsachse bilden, nennt man **σ-Bindungen.** Bindungen außerhalb der Bindungsachse nennt man **π-Bindungen.** Doppelbindungen sind kürzer als Einfachbindungen. Einfachbindungen zeigen freie Drehbarkeit um die Bindungsachse. Doppelbindungen sind starr (ein Verdrehen würde zum Reißen der π-Bindung führen).

Da die π-Bindung nur schwache Überlappung der p-Orbitale zeigt, ist die Stabilisierung durch Interferenz gering; die Bindungsenergie ist klein; die Bindung ist leicht zu trennen. Ungesättigte Verbindungen sind daher reaktiv. Die σ-Bindung hält bei Zerstörung der π-Bindung weiterhin, sodass das Kohlenstoffgerüst unverändert bleibt.

Analog zur sp^2-Hybridisierung gilt für die Dreifachbindung, dass lediglich 2s und $2p_x$ hybridisieren, während $2p_y$ und $2p_z$ für zwei π-Bindungen bereitstehen. Die zwei neuen Orbitale nennt man sp-Hybride.

Der Winkel zwischen sp^3-Orbitalen beträgt 109°, der Winkel zwischen sp^2-Orbitalen 120°. Daraus folgt, dass bei cyclischen Verbindungen fünf- und sechsgliedrige Ringe bevorzugt sind, weil sie spannungsfrei und damit stabil sind.

Ziele erreicht? – „Systematik der Kohlenstoffverbindungen"

4.01 ++ Nennen Sie den Bindungstyp einer Si-O-Bindung.

4.02 + Nennen Sie Stoffe mit der Si-O-Bindung (siehe Kap. G, 1.5).

4.03 ++ Ordnen Sie nach fallender thermischer Stabilität: Zucker, Wasser, Feldspat.

4.04 + Schreiben Sie die Halbstrukturformeln an für:

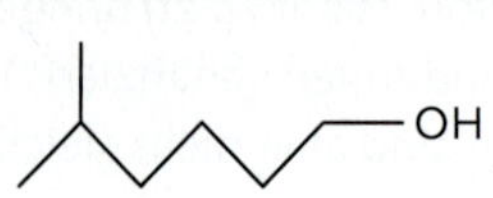

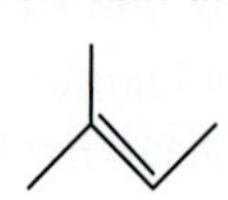

4.05 ++ Schreiben Sie die Summenformeln an für:

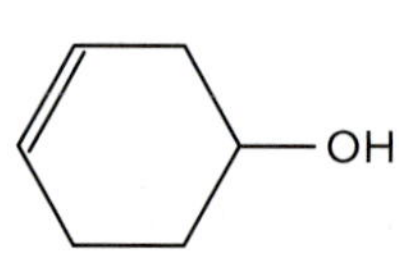

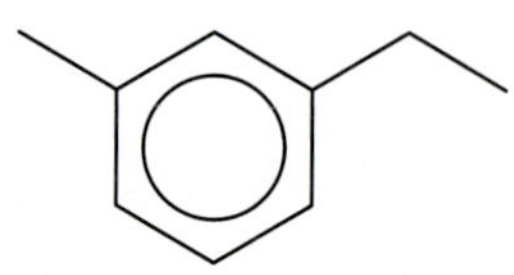

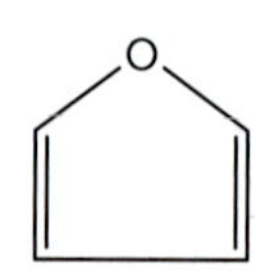

4.06 + Geben Sie bei der zweiten Verbindung der Aufgabe 4.04 für die einzelnen C-Atome die Hybridisierung an.

4.07 ++ Für die Summenformel CH_2Cl_2 könnte man zwei verschiedene Strukturen annehmen:

Diese Verbindungen sind aber identisch. Warum?

4.08 + Liegt bei der C-C-Einfachbindung eine σ- oder π-Bindung vor?

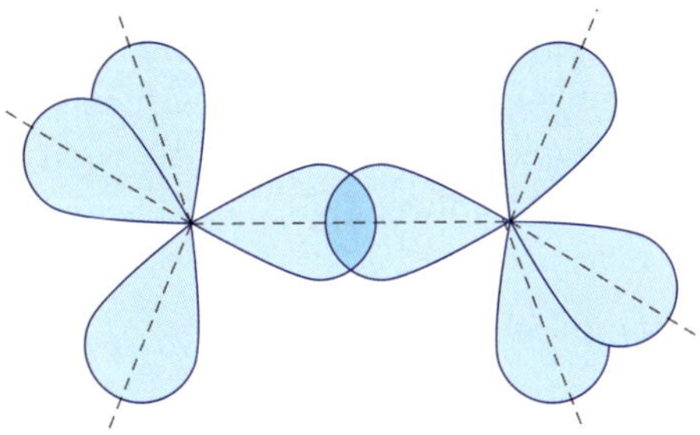

4.09 ++ Für welche Bindungstypen gelten folgende Aussagen (Mehrfachzuordnungen sind möglich)?

Einfachbindung: ______________________

Doppelbindung: ______________________

Dreifachbindung: ______________________

a) sp-Hybride	d) eine σ-Bindung	g) keine π-Bindung
b) sp^2-Hybride	e) eine π-Bindung	h) frei drehbar
c) sp^3-Hybride	f) zwei π-Bindungen	i) starr

4.2 Nomenklatur organischer Verbindungen

Bis zur Mitte des 19. Jahrhunderts herrschte bei den Chemikern Uneinigkeit hinsichtlich der Schreibweise und Benennung organischer Verbindungen. Selbst so einfache Verbindungen wie Essigsäure wurden völlig unterschiedlich dargestellt. 1860 einigte man sich bei einem Kongress in Karlsruhe auf eine einheitliche Formelschreibweise und 1892 in Genf auf eine einheitliche Namensgebung. Diese „Genfer Nomenklatur" gilt im Prinzip noch heute; sie wird laufend aktualisiert und nach der internationalen Kommission IUPAC-Nomenklatur genannt.

IUPAC: International Union of Pure and Applied Chemistry

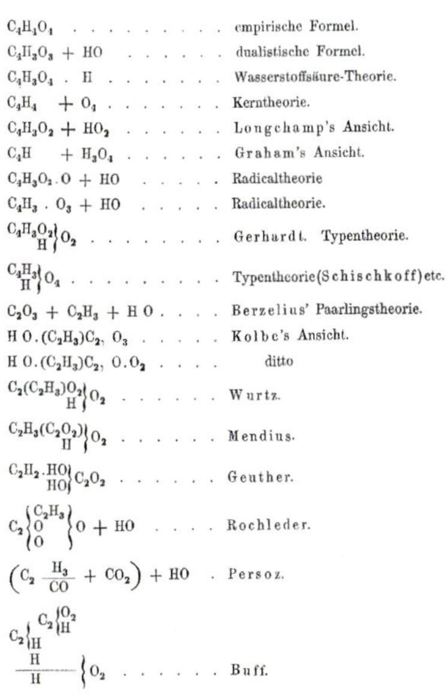

Vielfalt der Schreibweisen um 1860 für ein und dieselbe organische Verbindung

Mein Ziel

Nach Bearbeitung dieses Kapitels kann ich

- organische Verbindungen nach der **systematischen Nomenklatur** benennen.

Es gibt **zwei Systeme der Namensgebung:** erstens jenes mit althergebrachten **Trivialnamen,** bei dem Rückschlüsse auf den Bau der Moleküle kaum möglich sind. Zweitens jenes der systematischen **IUPAC-Nomenklatur,** bei dem der Name baukastenartig zusammengesetzt wird. Trivialnamen sind üblicherweise kürzer und werden meist vom Vorkommen oder von der Entstehung abgeleitet. IUPAC-Namen geben den räumlichen Aufbau (die Struktur) an.

Zahl der C-Atome	Stammname
1	Meth-
2	Eth-
3	Prop-
4	But-
5	Pent-
6	Hex-
7	Hept-
8	Oct-
9	Non-
10	Dec-

Stammnamen einfacher Kohlenwasserstoffe

Mehrfachangabe von Bindungen, Atomen, Atomgruppen etc.:
„di-“ .... zwei
„tri-“ .... drei
„tetra-“ .... vier
„penta-“ .... fünf

Wichtigstes **Präfix:** „cyclo-“ = für ringförmige Verbindungen

Suffixe
„-an“: nur C-C-Einfachbindungen
„-en“: eine Doppelbindung
„-in“ : eine Dreifachbindung
„-dien“: zwei Doppelbindungen
„-yl“: einbindiger Substituent

Wie sieht die Formel von Pent-1-en aus? Gibt es den IUPAC-Namen Pent-3-en?

2- ≠ di-
„2-“ ... ist eine Positionsangabe
„ di-“ ... ist eine Mehrfachangabe

Warum gibt es keine Verbindung mit dem Namen Methen?

Beispiel Milchsäure:

```
       OH
       |
CH3—CH—COOH
```

„Milchsäure“ ist der Trivialname.

Der IUPAC-Name lautet 2-Hydroxy-propansäure: Er gibt an, dass drei (prop) durch Einfachbindungen (an) verknüpfte C-Atome vorliegen, dass eine COOH-Gruppe vorliegt (säure), und dass das zweite C-Atom eine OH-Gruppe (Hydroxy) trägt.

Ein IUPAC-Name besteht zumindest aus einem Stammnamen, der das Gerüst angibt, und einer oder zwei Endungen **(Suffixe),** die Bindungen zwischen C-Atomen angeben oder funktionelle Gruppen anzeigen. Vielfach sind auch noch Vorworte **(Präfixe)** für Gerüst oder funktionelle Gruppen notwendig.

IUPAC-Name: besteht aus (Präfix-)Stamm-Suffix.

Falls notwendig, geben **Lokanten** (Stellungsziffern) die Position von Strukturelementen oder Gruppen an. **Numerische Präfixe** wie „di-“, „tri-“ usw. zeigen an, dass ein Merkmal mehrfach vorliegt.

Die längste durchgehende Kohlenstoff-Kette ergibt den Stammnamen.

CH_3–CH_2–CH_2–CH_2–CH_3 (oder: ) wird **Pentan** genannt. Der Stammname „Pent-“ zeigt an, dass fünf C-Atome zusammenhängen. Die Endsilbe „-an“ gibt an, dass zwischen den C-Atomen nur Einfachbindungen vorliegen.

CH_3–CH=CH_2 (oder: ) heißt **Propen.** Die Doppelbindung kann rechts oder links geschrieben werden.

Bei Notwendigkeit von Lokanten denkt man sich die Stammkette durchnummeriert; dies erfolgt von jener Seite her, die möglichst niedrige Zahlen für die Lokanten ergibt.

CH_3–CH_2–CH=CH–CH_3 (oder: ) ist **Pent-2-en.** Der Lokant „2“ vor der Silbe „-en“ ist notwendig, um die Position der Doppelbindung (vom 2. zum 3. C-Atom) anzugeben.

Die Suffixe für zwei, drei bzw. vier Doppelbindungen lauten „-dien“, „-trien“ bzw. „-tetraen“.

CH_2=CH–CH=CH_2 (oder: ) wird **Buta-1,3-dien** genannt. Die Lokanten zeigen, dass eine Doppelbindung vom ersten (zum zweiten) C-Atom ausgeht, die andere vom dritten (zum vierten). Das eingefügte „a“ dient der besseren Sprechbarkeit.

Wenn für eine bestimmte Summenformel mehrere Strukturen (d. h. verschiedene Verbindungen) möglich sind, spricht man von Isomerie. Verbindungen derselben Summenformel mit unterschiedlicher Struktur nennt man Isomere.

Isomere: Verbindungen mit gleicher Summenformel, aber unterschiedlicher Struktur und daher unterschiedlichen Eigenschaften

Der Name einer Seitenkette wird (inklusive Suffix „-yl“) vor den Stammnamen geschrieben.

Für die Summenformel C_4H_{10} ist einerseits die Struktur $CH_3{-}CH_2{-}CH_2{-}CH_3$ **(= Butan)** denkbar. Es existiert für C_4H_{10} aber auch eine verzweigte Struktur:

$CH_3{-}CH{-}CH_3$ (mit CH_3 am mittleren C) (oder: 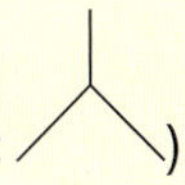)

Name: **Methylpropan** (früher „Isobutan“ bzw. „i-Butan“ genannt).

Butan

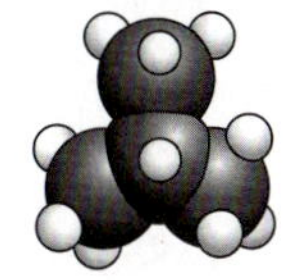

Methylpropan

Isomere für C_6H_{14}:

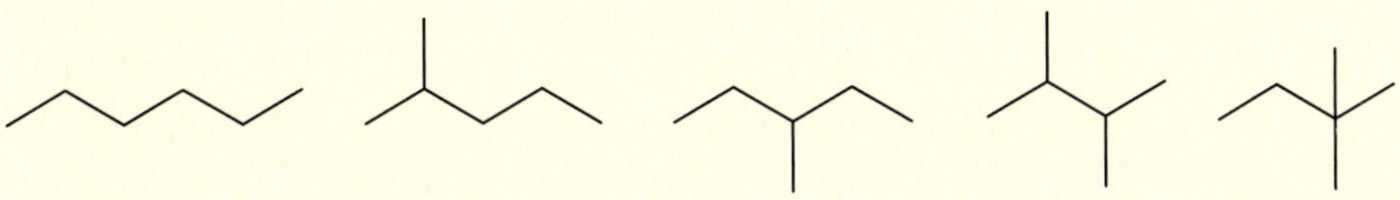

Die IUPAC-Namen lauten:
Hexan, 2-Methylpentan, 3-Methylpentan, 2,3-Dimethylbutan, 2,2-Dimethylbutan

Warum muss für die Methylgruppe bei Methylpropan kein Lokant angegeben werden?

Wenn es der Klarheit dient, dürfen Bindestriche auch vermehrt eingesetzt werden; z. B. 2-Methyl-pentan.

Mehrfachbindungen sind wichtiger als Methylgruppen, daher soll die Zählung so angesetzt werden, dass Mehrfachbindungen niedrigere Lokanten haben.

Stellen Sie mithilfe eines Molekül-Modellbaukastens die C_6H_{14}-Isomere dar.

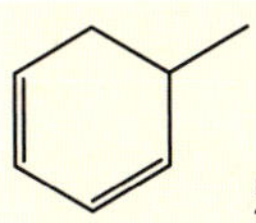

5-Methyl-cyclohexa-1,3-dien (nicht: 1-Methyl-cyclohexa-2,4-dien)

Die längste durchgehende C-Kette muss nicht waagrecht dargestellt werden.

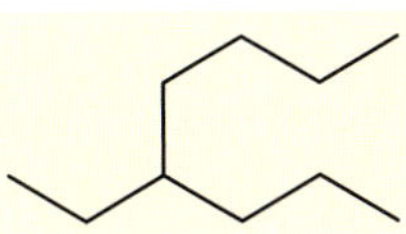

4-Ethyl-octan (nicht: 3-Butyl-hexan)

Bei den bisherigen Beispielen handelt es sich um **Kohlenwasserstoffe,** das heißt um Verbindungen, die nur aus den Elementen C und H bestehen.

Ziel erreicht? – „Nomenklatur organischer Verbindungen“

4.10 + Geben Sie die IUPAC-Namen sowie die Summenformeln an von:

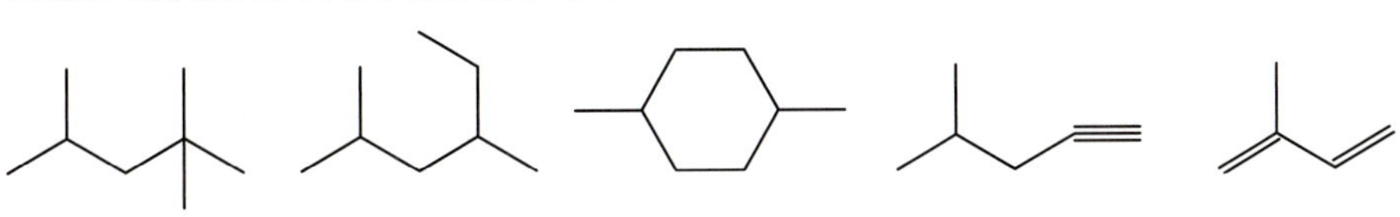

Weitere Übungsbeispiele

4.11 ++ Schreiben Sie Gerüstformeln oder Halbstrukturformeln an für: Propin, 1,2-Dimethylcyclopentan, 2,2,4-Trimethylpentan, 2-Methyl-but-1-en.

4.12 + Schreiben Sie für die Summenformeln C_5H_{12} (drei Isomere) bzw. C_7H_{16} (neun Isomere) die möglichen Strukturen an und benennen Sie diese Formeln.

4.13 ++ C_4H_6 ist die Summenformel des Buta-1,3-dien. Welche aliphatischen Isomere existieren dazu (Namen, Formeln)?

4.14 + Der Name „Ethylbutan“ ist nicht korrekt. Geben Sie den richtigen IUPAC-Namen an.

4.15 ++ Erklären Sie, wie viele unverzweigte Isomere für die Verbindung Chloroctan denkbar sind.

F

4.3 Überblick über funktionelle Gruppen

Anlage zum Bierbrauen in Kleinmengen (Brauerei Obertrum)

Siehe NAWI III/IV, Kap. B, 4 bis 7.

Zu den am längsten bekannten chemischen Prozessen gehört die Herstellung alkoholischer Getränke durch Gärung. Das Bierbrauen war bereits den Sumerern etwa 5 000 v. Chr. bekannt (das Bier dürfte allerdings anders geschmeckt haben als heute). Der babylonische König Hammurabi erließ etwa um 1 700 v. Chr. eigene Biergesetze, in denen u. a. festgelegt war, dass Bierpanscher in ihren eigenen Fässern zu ertränken waren. Ebenso gibt es seit etwa 7 000 Jahren eine Weintradition. Die Griechen hatten mit Dionysos bzw. die Römer mit Bacchus einen eigenen Gott des Weines. Und dass man aus Wein in weiterer Folge Weinessig machen kann, ist ebenso lange bekannt.

Es gibt nicht nur den Alkohol der alkoholischen Getränke, sondern viele Alkohole, deren Gemeinsamkeit eine oder mehrere Hydroxygruppen (–OH) im Molekül sind. Organische Säuren (Carbonsäuren) wie die Essigsäure haben als Gemeinsamkeit die Carboxygruppe (–COOH).

Mein Ziel

Nach Bearbeitung dieses Kapitels kann ich

- organische Verbindungen in **Substanzklassen** einteilen und benennen.

Wenn an einem Kohlenwasserstoff ein oder mehrere H-Atome durch andere Atome oder Atomgruppen ersetzt werden, spricht man von einem Derivat. Enthalten Derivate Heteroatome wie O, N oder S, so werden die Eigenschaften dadurch entscheidend beeinflusst.

Funktionelle Gruppen: Atome oder Atomgruppen, die weitgehend das physikalische und chemische Verhalten der Verbindungen bestimmen

Überblick über die wichtigsten funktionellen Gruppen:
In der Tabelle bezeichnet „R–" (Rest) allgemein einen Stamm, der durch Verlust eines H-Atoms einbindig ist.

Der einfachste Rest ist die Methylgruppe CH_3– (abgeleitet von Methan CH_4). Andere Beispiele: Ethylgruppe (C_2H_5–) oder Cyclohexylgruppe (C_6H_{11}–).

Die Tabelle auf der folgenden Seite zeigt die absteigende Wichtigkeit (Priorität) der Gruppen. Bei mehreren Gruppen im Molekül wird die wichtigere mit dem Suffix, die weniger wichtige mit dem Präfix benannt. Auch die Nummerierung für Lokanten geht von der wichtigsten Gruppe aus.

In der Verbindung HO–CH_2–CH_2–CH_2–COOH ist die Säurefunktion wichtiger als die Alkoholfunktion. Die Nummerierung muss von der Carboxygruppe ausgehen. Korrekter IUPAC-Name daher: 4-Hydroxy-butansäure.

Wenn eine funktionelle Gruppe mehrfach auftritt, so wird dies mit einem Zahlwort vor dem Präfix oder Suffix deutlich gemacht.

Der als Frostschutzmittel dienende zweifache Alkohol Glycol HO–CH_2–CH_2–OH hat den IUPAC-Namen Ethan-1,2-diol.

Substanzklasse	Funktionelle Gruppe	IUPAC-Nomenklatur	Beispiel
Carbonsäuren R–COOH	Carboxygruppe 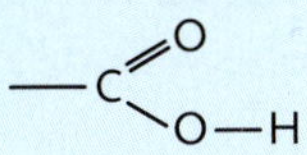	Suffix: „-säure" Präfix: „Carboxy-" Ethansäure CH_3–COOH 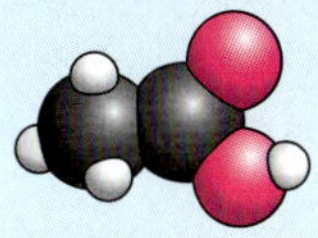	Speiseessig 
Sulfonsäuren R–SO_3H	Sulfogruppe 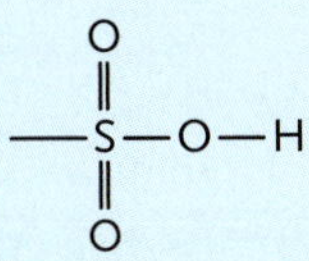	Suffix: „-sulfonsäure" Präfix: „Sulfo-"  Dodecansulfonsäure $C_{12}H_{25}$–SO_3H	Waschmittel enthalten Salze von Sulfonsäuren 
Carbonsäure-ester R–CO–O–R	Estergruppe 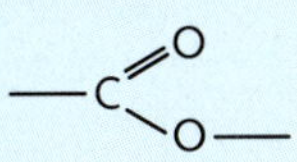	Suffix: „-oat" Präfix: „Oxycarbonyl-" Ethylethanoat CH_3–CO–O–CH_2–CH_3 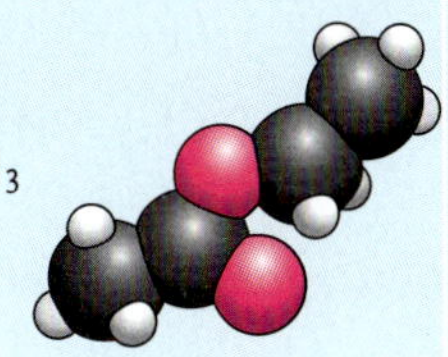	Aromastoffe sind Ester 
Aldehyde R–CO–H	Aldehydgruppe 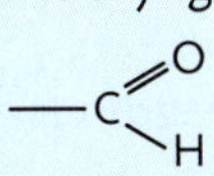	Suffix: „-al" Präfix: „Oxo-" Ethanal CH_3–CO–H 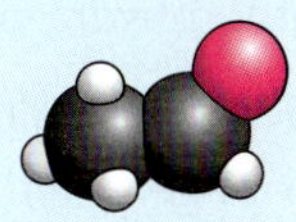	Methanal ist eine Komponente für das Bindemittel in Spanplatten 
Ketone R–CO–R	Ketogruppe 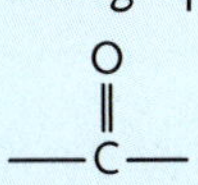	Suffix: „-on" Präfix: „Oxo-" Propanon CH_3–CO–CH_3 	Entfernung von Nagellack mit Ketonen 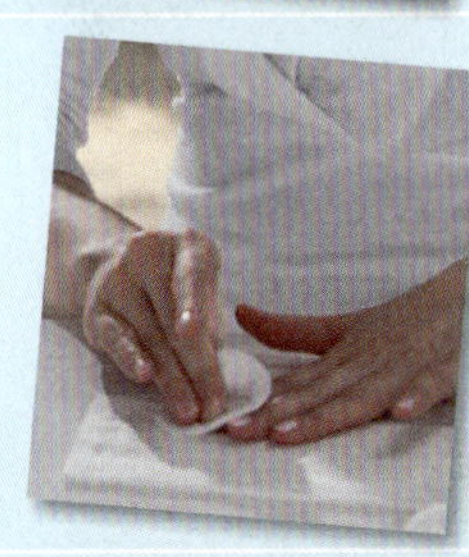
Alkohole R–OH	Hydroxygruppe —O—H	Suffix: „-ol" Präfix: „Hydroxy-" Ethanol CH_3–CH_2–OH 	Alkoholika 
Amine R–NH_2 (auch R–NH–R etc.)	Aminogruppe 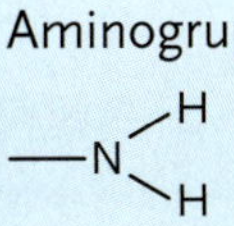	Suffix: „-amin" Präfix: „Amino-" Methanamin CH_3–NH_2 	Amine verursachen den Fischgeruch 

F

Ether (Sauerstoffbrücken) zählen nicht zu den funktionellen Gruppen, z. B. $CH_3–CH_2–O–CH_2–CH_3$ Ethoxyethan (älterer Name: Diethylether)

Übungsbeispiele zur Nomenklatur

Gruppen oder Atome wie $–CH_3$ (Methyl-), $–NO_2$ (Nitro-), –Cl (Chlor) u. a. gelten laut IUPAC nicht als funktionelle Gruppen. Sie haben keine Suffixe, sondern werden immer als Präfixe (in alphabetischer Reihenfolge) dem Stammnamen vorangestellt. Bei der alphabetischen Reihenfolge werden Zahlworte wie „di“, „tri“ etc. nicht berücksichtigt.

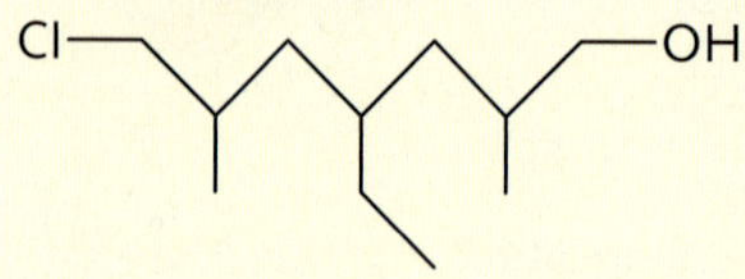

7-Chlor-4-ethyl-2,6-dimethyl-heptan-1-ol

Ziel erreicht? – „Überblick über funktionelle Gruppen“

4.16 + Geben Sie die IUPAC-Namen an:

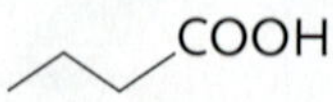

$CH_3–C(=O)–CH_3$

$CH_3–CH_2–NH_2$

$CH_3–SO_3H$

$CCl_3–COOH$

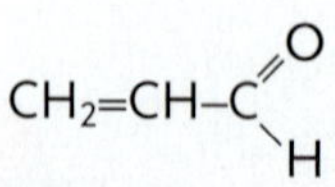

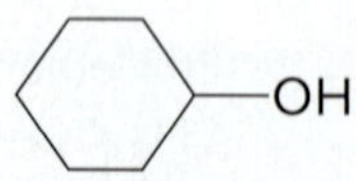

4.17 + Zeichnen Sie Strukturformeln für Butanon, Methylpropensäure, Methylethanoat, Hexan-1,6-diamin und 2,3-Dihydroxypropanal.

4.18 + Nennen Sie die denkbaren Isomeren für Trichlorethan und ihre IUPAC-Namen.

4.19 + Geben Sie an, was die Verbindungen Natriumhydroxid und Ethanol unterscheidet, und begründen Sie Ihre Antwort.

4.20 + Im Normalfall können sich zwei Hydroxygruppen nicht an dasselbe Kohlenstoffatom binden. Der einfachste dreifache Alkohol wird Glycerol (oder Glycerin) genannt. Geben Sie seine Strukturformel und den IUPAC-Namen an.

4.21 + Welche Verbindung erhält man, wenn Nitromethan mit einem Überschuss an Wasserstoff reduziert wird? Hinweis: Wasserstoff entfernt die Sauerstoffatome unter Bildung von Wasser, der Wasserstoffüberschuss lässt eine N-haltige funktionelle Gruppe entstehen.

In den Anfängen der Chemie regierten Zufall und Empirie, heute kann strategisch geplant werden

4.4 Organische Reaktionstypen

Buttersäure riecht unangenehm nach Schweißfüßen und wird sogar für Stinkbomben verwendet. Wenn man diese schwache Säure mit dem giftigen Alkohol Methanol verknüpft, entsteht ein nach Ananas duftender Geruchsstoff für die Lebensmittelindustrie. Mit ähnlichen Säuren und Alkoholen lassen sich andere Aromen herstellen. Die Herstellung von Stoffen mit bestimmten Eigenschaften spielt in vielen Bereichen, z. B. in der pharmazeutischen Chemie, eine große Rolle. Wenn man statt planloser Versuche gezielt vorgehen will, muss man zuvor die Reaktionsmechanismen (die während der Reaktion ablaufenden Schritte) verstanden haben.

Meine Ziele

Nach Bearbeitung dieses Kapitels kann ich

- **Reaktionsmechanismen** der anorganischen Chemie um die der organischen Chemie erweitern;
- **charakteristische Reaktionen** von organischen Verbindungen beschreiben.

Organische Reaktionstypen nennt man auch **Reaktionsmechanismen.**

Prinzipiell unterscheidet man
a) **radikalische Reaktionen** (R), bei denen als Angreifer am Kohlenstoff Radikale (= Teilchen mit ungepaarten Elektronen) auftreten,
b) **elektrophile Reaktionen** (E), bei denen positive Teilchen oder das positive Ende eines Dipols angreifen,
c) **nucleophile Reaktionen** (N), bei denen negative Teilchen oder das negative Ende eines Dipols angreifen.

- **Protolysen**
  Bei Carbonsäuren wird der Wasserstoff der Carboxygruppe als Proton abgelöst und (meist) auf Wasser übertragen.

Protolysen siehe Kap. F, 1.4.

Protolyse bei Ethansäure (Essigsäure):
$CH_3{-}COOH + H_2O \rightleftharpoons CH_3COO^- + H_3O^+$

Neutralisationen verlaufen ebenfalls wie in der anorganischen Chemie.

Herstellung des Geschmacksverstärkers Glutamat aus Glutaminsäure:
$HOOC{-}CH_2{-}CH_2{-}CH(NH_2){-}COOH + NaOH \rightarrow$
$HOOC{-}CH_2{-}CH_2{-}CH(NH_2){-}COO^-Na^+ + H_2O$

Geschmacksverstärker in Speisewürze

Amine übernehmen ein Proton von Wasser oder einer Säure.

Protolyse bei Methanamin:
$CH_3{-}NH_2 + H_2O \rightleftharpoons CH_3{-}NH_3^+ + OH^-$

Redox siehe Kap. F, 2.

- **Redoxreaktionen**
  Die wichtigste Redoxreaktion ist die Verbrennung, d. h. die Übertragung von Elektronen auf Sauerstoff. Kohlenwasserstoffe (bestehen aus C und H) sowie Verbindungen aus C, H und O verbrennen bei ausreichender Sauerstoffzufuhr zu CO_2 und H_2O.

Kohlenwasserstoffe verbrennen zu CO_2 und H_2O

Verbrennung von Erdgas (Hauptbestandteil Methan):
$CH_4 + 2\ O_2 \rightarrow CO_2 + 2\ H_2O$

- **Substitutionen (S)**
  Die Halogenierung von Alkanen (Ersatz eines oder mehrerer H-Atome durch Chlor, Brom oder Iod) verläuft radikalisch nach dem **S_R-Mechanismus.** In der ersten Stufe (1) wird das Halogenmolekül unter Energieeinsatz in Atome gespalten. Diese sind Radikale, die – wie der Name sagt – aggressiv am Kohlenwasserstoff angreifen (2a).

  Die neu entstandenen Radikale der zweiten Stufe bilden erneut Halogenradikale (2b). Es läuft eine rasche Kettenreaktion (nach dem Muster a-b-a-b-a-b-...) so lange ab, bis ein Reaktionspartner verbraucht ist.

Wie lautet die Gleichung für die Verbrennung von Propan C_3H_8?

Chlorierung von Methan:
1. $Cl_2 \rightarrow Cl\cdot + Cl\cdot$ (der Punkt zeigt ein ungepaartes Elektron an)
2. a) $CH_4 + Cl\cdot \rightarrow CH_3\cdot + HCl$
   b) $CH_3\cdot + Cl_2 \rightarrow CH_3Cl + Cl\cdot$

Gesamt: $CH_4 + Cl_2 \rightarrow CH_3Cl + HCl$

Halogenierte Kohlenwasserstoffe dienen als Lösungsmittel (z. B. für Putzereien).

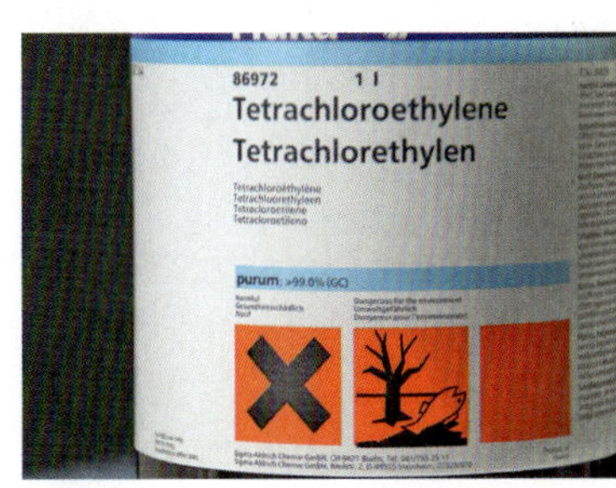

Putzereien verwenden halogenierte Kohlenwasserstoffe

Wie lauten die Gleichungen, wenn stufenweise von Chlormethan weitere H-Atome durch Cl ersetzt werden? Welche Produkte entstehen dabei (Namen)? Wie könnte man das Produktgemisch in die Bestandteile trennen?

S_E am Aromat siehe NAWI III/IV, Kap. B, 2.6.

Kunststoffe siehe NAWI III/IV, Kap. B, 8.2.

Kunststoffe

Basen greifen Halogenverbindungen nucleophil nach dem **S_N-Mechanismus** an. Die Bindung zwischen Kohlenstoff und Halogen ist aufgrund der Elektronegativität des Halogens polar, wobei das C-Atom positiviert ist. Das negative Hydroxidion der Base greift am positivierten C-Atom an.

Herstellung des Alkohols Propan-1-ol aus Chlorpropan und Natronlauge:
$CH_3–CH_2–CH_2Cl + NaOH \rightarrow CH_3–CH_2–CH_2–OH + NaCl$

Substitution: Austausch von Atomen oder Atomgruppen

- **Additionen (A)**
  Wenn die π-Bindung einer Doppel- oder Dreifachbindung aufgerissen wird, kann eine Verbindung angelagert werden. Es handelt sich dabei in den meisten Fällen um den **A_E-Mechanismus,** bei dem ein positives Teilchen elektrophil die negativen Elektronen der π-Bindung angreift.

Petrochemische Herstellung des Alkohols Ethanol aus Ethen und Wasser:
Im säurekatalysierten ersten Schritt wird der Angreifer H^+ an das Ethen angelagert; anschließend addiert sich OH^- an den zweiten Kohlenstoff.
Gesamt: $CH_2{=}CH_2 + H_2O \rightarrow CH_3–CH_2–OH$

Addition: Anlagerung an eine ungesättigte Verbindung

Eine Sonderform der Addition ist die **Polymerisation,** bei der einfache ungesättigte Moleküle (Monomere) aneinander addiert werden. Die Polymerisation verläuft meist nach einem **A_R-Mechanismus.** Es entstehen Kunststoffe (Polymere), die aus Riesenmolekülen (Makromolekülen) aufgebaut sind.

Herstellung des weltweit wichtigsten Kunststoffes Polyethylen (Polyethen):
$n\ CH_2{=}CH_2 \rightarrow -[CH_2–CH_2]_n-$
n ist der Polymerisationsgrad, der angibt, wie viele Ethenmoleküle durchschnittlich unter Kettenbildung aneinander addiert werden.

- **Eliminationen (E)**
  Eliminationen (Eliminierungen) sind die zu den Additionen gegenteiligen Reaktionen.

Abspaltung von Wasser aus Propan-1-ol ergibt Propen:
$CH_3–CH_2–CH_2–OH \rightarrow CH_3–CH{=}CH_2 + H_2O$

- **Umlagerungen**
  Bei der Umlagerung entsteht durch Verschieben eines Atoms oder einer Atomgruppe innerhalb des Moleküls eine isomere Verbindung.

Für die Herstellung von Ethanal kann an Ethin Wasser addiert werden; das entstandene Ethenol lagert sich unter H-Wanderung spontan zu Ethanal um:

$$CH \equiv CH + H_2O \rightarrow CH_2{=}CH–OH \rightarrow CH_3–C\overset{O}{\underset{H}{\diagdown}}$$

Das Lösungsmittel für diesen Klebstoff ist Ethylethanoat

Kondensationen

Kondensationen sind eine Sonderform der Substitutionen. Unter Abspaltung eines kleinen Moleküls (meist Wasser) werden zwei Moleküle miteinander verknüpft.

Das Lösungsmittel eines bekannten Klebstoffes ist Ethylethanoat (Essigester), das durch Kondensation von Ethansäure und Ethanol erzeugt wird.

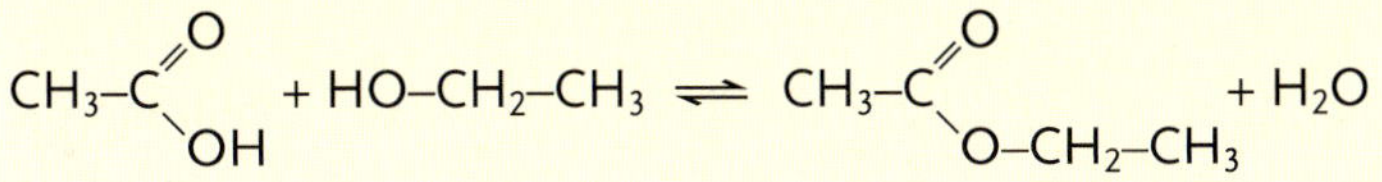

Ziele erreicht? – „Organische Reaktionstypen“

4.22 + Nennen Sie Reaktionsmechanismen, die in der anorganischen Chemie häufig anzutreffen sind.

4.23 + Geben Sie an, welche der folgenden Teilchen Radikale sind: Br, Br_2, He, NO, N_2, O_2.

4.24 + Geben Sie an, welche der folgenden Teilchen nucleophil sind: OH^-, Cl_2, N_2, NH_3, CN^-.

4.25 + Geben Sie an, welche der folgenden Teilchen elektrophil sind: OH^-, Cl_2, H_2, H^+, NO_2^+.

4.26 + Geben Sie den Reaktionsmechanismus an, der zur Entstehung einer π-Bindung führt.

4.27 + Geben Sie an, welcher Reaktionsmechanismus vorliegt:

a) $CH_3-CH=CH_2 + HCl \rightarrow CH_3-CHCl-CH_3$

b) $CH_3-CHO + \frac{1}{2}\,O_2 \rightarrow CH_3-COOH$

c) $CH_3Cl + NH_3 \rightarrow CH_3-NH_2 + HCl$

d) $NH_2-CH_2-COOH \rightarrow NH_3^+-CH_2-COO^-$

e)

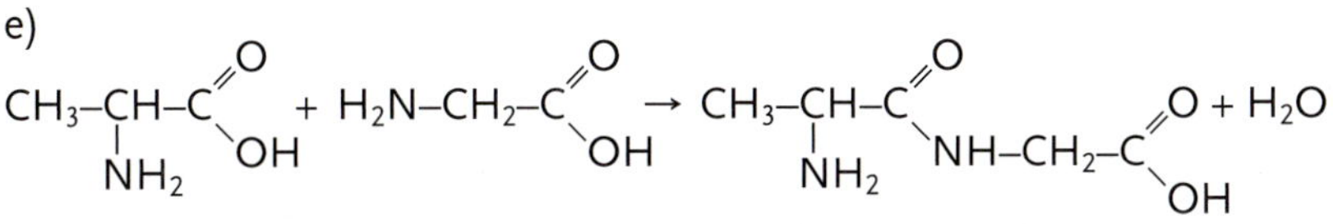

4.28 + Schreiben Sie die Reaktionsgleichung an und nennen Sie den zugehörigen Mechanismus:
a) Propen ergibt mit Wasser Propan-2-ol.
b) Ethan reagiert mit Chlorgas (Cl_2) zu Chlorethan und Hydrogenchlorid.
c) Ethen reagiert mit Chlorgas zu 1,2-Dichlorethan.
d) Ethanol mit Hydrogenbromid liefert Bromethan und ein Nebenprodukt.

4.29 + Geben Sie die IUPAC-Namen der Verbindungen und den Reaktionsmechanismus an:

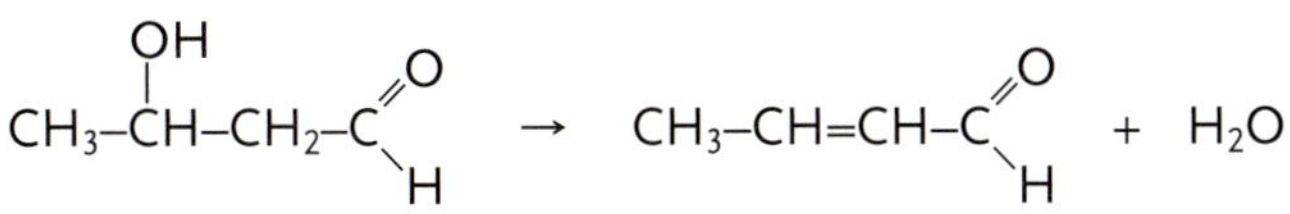

4.5 Organische Analytik

Der Nachweis geringster Mengen von Stoffen oder Stoffbestandteilen ist in den letzten Jahrzehnten möglich geworden. Wenn man ein Stück Würfelzucker im Bodensee auflöst (einmal umrühren nicht vergessen), so kommt man auf eine Zuckerkonzentration von etwa 1 ppq („part per quadrillion"). Dies bedeutet, dass nur ein Billiardstel der Masse auf Zucker entfällt. Derart geringe Spuren können mit heutigen Analysemethoden nachgewiesen werden.

VIKTOR JUSCHTSCHENKO (Narben im Gesicht von Dioxinvergiftung)

Nebenstehendes Foto aus dem Jahr 2004 stellt Viktor Juschtschenko dar, damals Präsidentschaftskandidat in der Ukraine. Er wurde im Wahlkampf vergiftet. Seine Behandlung erfolgte im Wiener Rudolfsspital. Mithilfe der Gaschromatografie wurde festgestellt, dass es sich um eine lebensbedrohliche Vergiftung mit TCDD („Dioxin") handelte. Ein Gramm dieser Substanz kann etwa 1 000 Menschen töten.

Meine Ziele

Nach Bearbeitung dieses Kapitels kann ich

- den Analyseweg von einem **Stoffgemisch** über die **Summenformel** bis zur **Strukturformel** nachvollziehen;
- die **Prinzipien** organischer Analyseverfahren erklären;
- die Wirkung **elektromagnetischer Strahlung** auf Materie abschätzen;
- aufgrund von Analysedaten Aussagen über Substanzen treffen.

Trennverfahren siehe Kap. D, 1.2.

In der Natur findet man kaum Reinsubstanzen, vielmehr handelt es sich bei Naturstoffen meist um komplexe Mischungen. Zum Nachweis von Einzelsubstanzen müssen zunächst Trennverfahren eingesetzt werden. In der organischen Analytik ist die Chromatografie dazu besonders geeignet.

Chromatografische Methoden

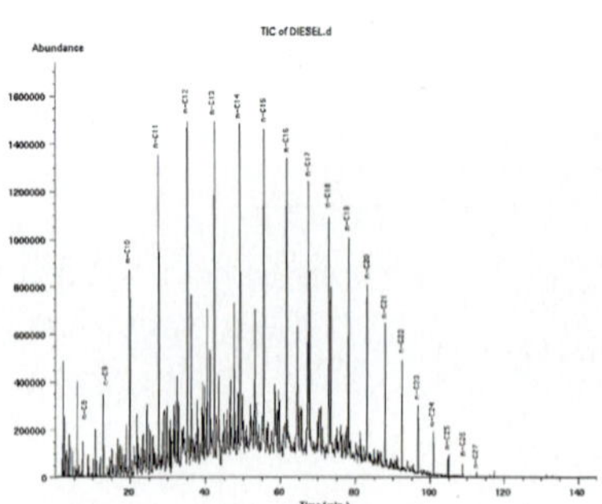

GC-Diagramm von Dieselöl

Prinzip: Es werden Unterschiede der Stoffe hinsichtlich Adsorption (Bindung an eine Oberfläche) oder Löslichkeit zur Trennung genutzt.

Gaschromatografie GC: Ein Trägergas trägt die zu trennenden Stoffe als mobile Phase durch eine mit Trennmittel gefüllte oder beschichtete Säule (stationäre Phase). Die Stoffe werden in der Säule je nach Molekülform und Polarität verschieden stark zurückgehalten.

Wie lauten die IUPAC-Namen der C_4H_9OH-Isomere?

Wenn ein Gemisch der vier C_4H_9OH-Isomere in ein GC-Gerät eingespritzt wird, verlassen die Isomeren das Gerät nach folgendem Muster:

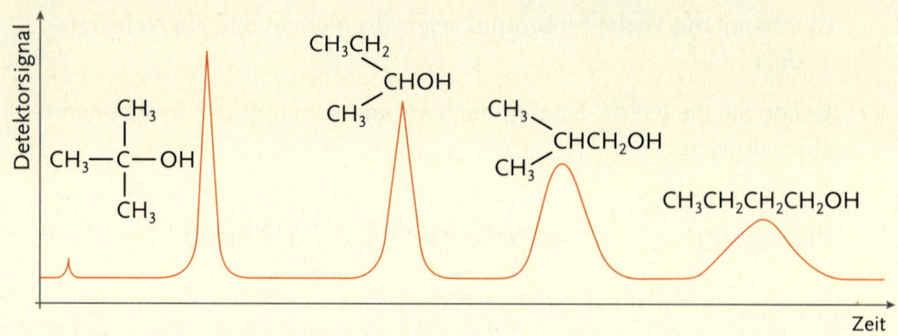

Moleküle mit kugelähnlicher Gestalt werden in der Säule wenig festgehalten.

Hochleistungsflüssigkeitschromatografie HPLC („high performance liquid chromatography"): Bei diesem Verfahren wird eine Flüssigkeit mit dem Stoffgemisch durch die Trennsäule gepumpt.

GC und HPLC werden im analytischen Labor oft mit der Massenspektrometrie MS gekoppelt.

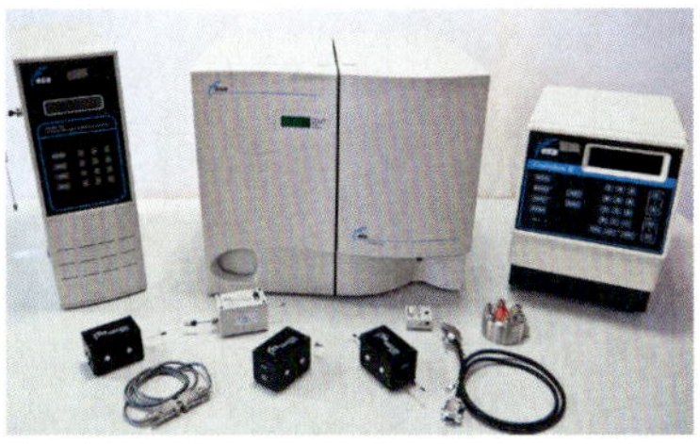

HPLC-Gerät

Elementaranalyse

Beim Nachweis von unbekannten Einzelsubstanzen ist die Bestimmung der Summenformel eine wichtige Voraussetzung für die nachfolgende Ermittlung der Strukturformel. Der Österreicher **Fritz Pregl** entwickelte vor 100 Jahren eine Methode, mit der eine Elementaranalyse schon mit wenigen Milligramm Probe durchführbar ist. Dabei wird die Substanz verbrannt und die Verbrennungsprodukte werden quantitativ nachgewiesen. Mittlerweile haben spektroskopische Methoden die Mikroelementaranalyse von Pregl weitgehend abgelöst.

FRITZ PREGL, 1869 BIS 1930, CHEMIENOBELPREIS 1923

Bestimmung der molaren Masse siehe Kap. D, 1.3.

Die Elementaranalyse einer unbekannten Substanz ergibt 52,2 % C, 13,0 % H und 34,8 % O (w/w). Die molare Masse *M* wurde mit 46 g/mol gemessen.

Vorgangsweise: Aus dem Massenverhältnis erhält man das Atomverhältnis durch Division mit der Atommasse.

$52{,}2/12 = 4{,}35$ C; $13{,}0/1 = 13{,}0$ H; $34{,}8/16 \approx 2{,}18$ O.

Das Atomverhältnis 4,35 : 13,0 : 2,18 wird ganzzahlig, wenn alle Zahlen durch die kleinste der Zahlen (2,18) dividiert werden. Leichtes Runden ist dabei zulässig. Das Resultat 2 : 6 : 1 ist bereits die Summenformel C_2H_6O, da dies mit der molaren Masse 46 g/mol übereinstimmt. Es kann auch sein, dass aufgrund der molaren Masse die Summenformel ein Vielfaches des ganzzahligen Atomverhältnisses ist.

Für C_2H_6O gibt es zwei Möglichkeiten: $CH_3–CH_2–OH$ (den Alkohol Ethanol) oder $CH_3–O–CH_3$ (den Ether Methoxymethan).

Welche der beiden Strukturen zutrifft, wird durch spektroskopische Methoden entschieden.

Spektroskopische Methoden

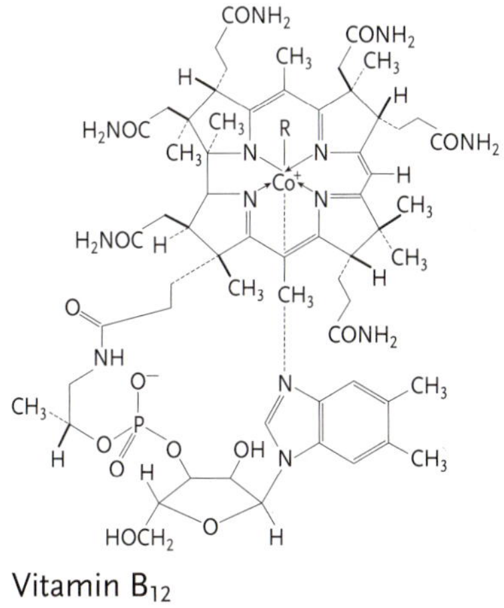

Vitamin B_{12}

Die in jahrelanger Kleinarbeit erfolgreiche Aufklärung der Struktur des Vitamin B_{12} brachte der Engländerin **Dorothy Hodgkin** 1964 den Nobelpreis ein. Die spektroskopischen Methoden ermöglichen heute die Lösung einer solchen Aufgabe innerhalb weniger Tage.

Die spektroskopischen Methoden (außer Massenspektroskopie) nutzen die Wechselwirkung von elektromagnetischen Wellen mit organischen Molekülen zur Strukturaufklärung.

Übersicht (in Zehnerpotenzen) über die elektromagnetischen Wellen:

	Frequenz [Hz]	Wellenlänge [m]
Radiowellen (Langwelle – Ultrakurzwelle)	$10^5 – 10^8$	$10^3 – 1$
Mikrowellen	$10^8 – 10^{11}$	$1 – 10^{-3}$
Infrarotstrahlung IR	$10^{11} – 10^{14}$	$10^{-3} – 10^{-6}$
Sichtbares Licht VIS (rot – violett)	$10^{14} – 10^{15}$	$10^{-6} – 10^{-7}$

DOROTHY HODGKIN, 1910 BIS 1994, CHEMIENOBELPREIS 1964

Ultraviolette Strahlung UV (A, B, C)	$10^{15} - 10^{16}$	$10^{-7} - 10^{-8}$
Röntgenstrahlung	$10^{16} - 10^{19}$	$10^{-8} - 10^{-11}$
Gammastrahlung	$10^{19} - 10^{22}$	$10^{-11} - 10^{-14}$

Das für den Menschen sichtbare Licht macht nur einen sehr kleinen Teil des elektromagnetischen Spektrums aus.

Wellenlänge und Frequenz siehe Kap. B, 3.3.

Ultraviolett- und Visible-Spektroskopie (UV-VIS)

Die UV-Strahlung und sichtbares Licht können äußere Elektronen von Molekülen anregen. Das menschliche Auge empfindet einen Stoff als farbig, der sichtbares Licht ($\lambda \approx 400$ bis 800 nm) absorbiert.

Konjugierte Doppelbindungen: Auf eine Doppelbindung folgt eine Einfachbindung und danach wieder eine Doppelbindung.

In σ-Bindungen gebundene Elektronen sind nur durch harte (energiereiche) UV-Strahlung anzuregen. Wenn in einem Molekül eine π-Bindung vorliegt, sind die Elektronen leichter anregbar (es genügt mittleres UV-Licht). Im Falle von konjugierten Doppelbindungen existiert ein mesomeres π-Elektronensystem, dessen nicht fix gebundene (delokalisierte) Elektronen noch leichter anregbar sind (durch nahes UV-Licht). Sobald sieben miteinander konjugierte Doppelbindungen vorliegen, kann die Anregung durch sichtbares Licht erfolgen. Die dabei erfolgende Absorption von violettem Licht bedeutet, dass der Stoff in der Komplementärfarbe gelb erscheint.

Farbstoffe siehe NAWI III/IV, Kap. B, 10.

λ/ nm	Farbe	Komplementärfarbe
750	purpurrot	grün
650	orangerot	blaugrün
600	orange	blau
550	gelb	indigoblau
510	grün	purpurrot
450	blau	orange
425	indigoblau	gelb
400	violett	grünlichgelb

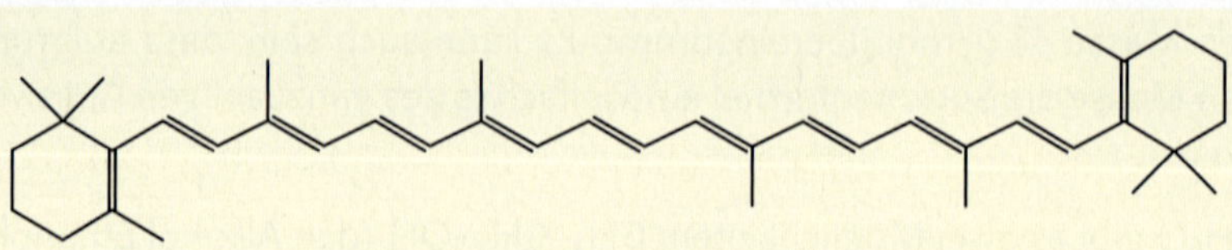

ß-Carotin weist 11 konjugierte Doppelbindungen auf. Diese sorgen für eine Lichtabsorption im blaugrünen Bereich von etwa $\lambda = 460$ nm. ß-Carotin zeigt daher die Komplementärfarbe Orangerot.

Wirkung von **UV-VIS**-Strahlung: Anregung von Außenelektronen

Der Nutzen der UV-VIS-Spektroskopie besteht darin, dass man die Größe konjugierter Systeme abschätzen kann.

Infrarot-Spektroskopie (IR)

IR-Strahlung regt die Bindungen zu mechanischen Schwingungen (vergleichbar einer Feder) an. Die Absorptionsfrequenz (meist angegeben als Wellenzahl = Schwingungen pro Längeneinheit) ist abhängig von der Masse der beteiligten Atome, der Stärke und der Polarität der Bindung. Je stärker die Bindung ist und je kleiner die Massen sind, desto höher ist die Resonanzfrequenz der ziehharmonikaartigen Schwingung zwischen zwei Atomen.

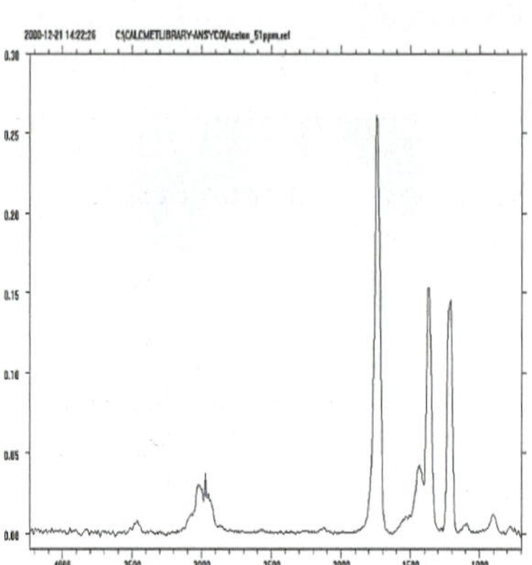

IR-Spektrum von Propanon

Das beispielsweise in der Verbindung Propanon (Aceton) $CH_3—C(=O)—CH_3$ vorkommende Strukturelement $>C=O$ zeigt bei Bestrahlung mit infrarotem Licht immer Absorption im Bereich von 1 600 bis 1 900 cm^{-1}.

Wirkung von **IR**-Strahlung: Anregung von Bindungen zu mechanischen Schwingungen

Für alle wichtigen Strukturelemente kennt man die charakteristischen Absorptionsfrequenzen.

Kernresonanzspektroskopie (NMR)

H-Kerne (Protonen) haben einen Spin und verhalten sich daher wie kleine Magnetnadeln. Radiowellen können den Spin von H-Kernen, die sich in einem starken äußeren Magnetfeld orientiert haben, „umklappen". Die dafür notwendige Energie (Frequenz) ist abhängig von der Umgebung der H-Atome, d. h. davon, wie gut die H-Kerne durch Elektronen abgeschirmt sind. Elektronegative Atome in der Nachbarschaft vermindern die Abschirmung (z. B. das Proton einer Methylgruppe ist gut abgeschirmt, das einer Hydroxygruppe hingegen wenig abgeschirmt, das einer Carboxygruppe noch weniger).

NMR = nuklearmagnetische Resonanz

Die drei Signale des NMR-Spektrums von Ethanol $CH_3–CH_2–OH$ zeigen, dass die Abschirmung von der Nähe des O-Atoms abhängt. Die Aufspaltung eines Signals sagt dem Analytiker, wie viel H-Atome sich am benachbarten C-Atom befinden. Die Fläche unter einem Signal gibt die Anzahl der H-Atome an. Das zum Ethanol isomere Methoxymethan (Dimethylether) $CH_3–O–CH_3$ weist im NMR-Spektrum hingegen nur ein Signal auf, weil alle H-Atome gleichwertig sind.

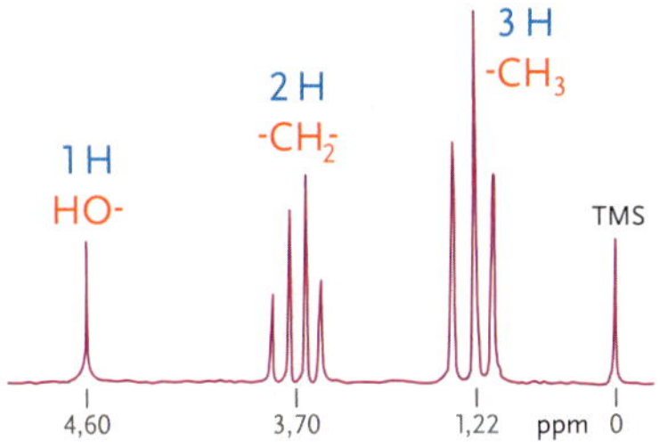

NMR-Spektrum von Ethanol

NMR: Änderung des Spins von H-Atomen in Abhängigkeit von den umgebenden Atomen

Für alle wichtigen Strukturelemente kennt man die Stärke der Abschirmung. Die NMR-Methode ist in der Medizintechnik unter der Abkürzung MRT bekannt.

Massenspektrometrie (MS)

Die MS ist eine spektroskopische Methode, die nicht mit elektromagnetischen Wellen arbeitet. Aus den Molekülen der Untersuchungssubstanz wird mit hoher Energie ein Elektron herausgeschossen. Die entstandenen Kationen werden beschleunigt und in einem elektrischen Feld abgelenkt. Die Stärke der Ablenkung ist aufgrund der Trägheit von der Masse abhängig. Mit der MS kann man nicht nur die Molekülmasse feststellen. Durch die Energieeinwirkung beim Ionisieren entstehen auch Bruchstücke der Substanz, die oftmals charakteristische Massen aufweisen.

Das Massenspektrum der Verbindung Butanon $CH_3–CO–CH_2–CH_3$ zeigt, dass ein Teil der Moleküle unzersetzt bleibt und die Molekülmasse 72 u anzeigt. Die meisten Moleküle zerfallen: Die Bruchstücke Methyl CH_3–(15 u), Ethyl $CH_3–CH_2$–(29 u) und CH_3–CO–(43 u) können nachgewiesen werden.

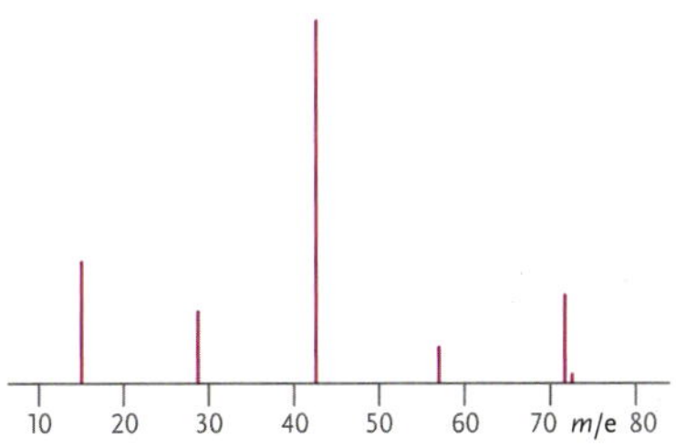

Massenspektrum von Butanon (vereinfacht)

MS: Feststellung der Molekülmasse und der Masse von Molekülbruchstücken durch Ablenkung im elektrischen Feld

Die Massen gängiger Bruchstücke sind in Tabellen nachlesbar.

? Welcher Teil des Moleküls ist für die Masse 57 u verantwortlich?

F

Gesamtanalyse

Nach der Trennung eines Stoffgemisches in Einzelsubstanzen mit GC oder HPLC wird mit den spektroskopischen Methoden der Molekülbau festgestellt. Diese qualitative Analyse (die Ermittlung der Strukturformel) ähnelt einem Puzzle-Spiel: Man stellt die Bausteine fest und überprüft dann, in welcher Art und Weise sie „zusammengesteckt" sind. Nach Feststellung der Identität wird die Substanz in einer Datenbank gespeichert. Für quantitative Analysen wird meist wiederum die GC oder HPLC herangezogen.

Weitere Beispiele für die Ermittlung von Strukturen

Ziele erreicht? – „Organische Analytik"

4.30 + Definieren Sie die Konzentrationsangaben „ppm" bzw. „ppb".

4.31 + Nennen Sie Trennmethoden, die außer der Chromatografie noch eingesetzt werden können.

4.32 ++ Nennen Sie die Prinzipien, auf denen die chromatografischen Trennungen beruhen.

4.33 + Erklären Sie, welche GC-Trennung besser verlaufen dürfte: die Trennung von Octan und Octanol oder von Heptan und Octan.

4.34 ++ Die Elementaranalyse einer Probe ergibt 40,0 % C, 6,7 % H und 53,3 % O. Das MS ergibt eine molare Masse M = 90 g/mol. Ermitteln Sie die Summenformel und machen Sie Vorschläge für die Struktur.

4.35 + Nennen Sie die Farbe, die eine Substanz zeigt, die orangerotes Licht (λ = 650 nm) absorbiert.

4.36 ++ Begründen Sie, warum die Farbe Gelb (wenn man von Chlorophyll absieht) in der Natur so häufig ist.

4.37 ++ Begründen Sie, warum sich IR-Schwingungen von C–H bzw. von C–Cl stark in der Resonanzfrequenz unterscheiden.

4.38 ++ Erklären Sie, welche Protonen im NMR-Spektrum besser abgeschirmt sind: die einer Aldehydgruppe oder jene einer Methylgruppe.

G Chemische Technologie

Säuren, Basen, Salze, Metalle und Halbmetalle sind neben den bereits behandelten Nichtmetallen und den technischen Gasen weitere Grundstoffe im Bereich der chemischen Technologie anorganischer Rohstoffe. Deren Gewinnung und Eigenschaften sowie die Verarbeitung zu unterschiedlichen Produkten werden zusammen mit der Bedeutung dieser Stoffe für Wirtschaft, Technik, Gesellschaft und Umwelt vermittelt. Sie können in diesem Kapitel mit einfachen Experimenten die Kenntnisse zu diesen technologischen Verfahren vertiefen und die Informationsbeschaffung zu den jeweiligen Themen in Form der Internetrecherche sowie deren Präsentation üben.

1 Technische Säuren, Basen, Salze

PVC-Enten

Beim Verbrennen des Kunststoffs Polyvinylchlorid (PVC) kann eine Reihe von Schadstoffen entstehen. Weil eine umweltgerechte Entsorgung nicht immer erfolgt, ist PVC in die Umweltdiskussion geraten.

Seit 1995 wird in Österreich kein PVC mehr erzeugt. Dadurch gab es für die Donau-Chemie in Brückl einen Absatzrückgang für das bei der Kochsalzelektrolyse hergestellte Chlor. Der kaufmännische Leiter des Werkes forderte vom Chemiker eine verringerte Produktion von Chlor, aber eine Produktionssteigerung bei Natronlauge. Worauf ihm der Chemiker antwortete: „Laut chemischer Gleichung entstehen Chlor und Natronlauge im Mengenverhältnis 1 : 2. Dieses Verhältnis kann nicht abgeändert werden." Für diese Aussage ist aber kein Chemiestudium notwendig, sondern nur chemisches Grundwissen und der Blick auf die unten stehende chemische Gleichung der Chloralkalielektrolyse.

1999 wurde die Elektrolyseanlage in Brückl vom (mit giftigem Quecksilber arbeitenden) Amalgamverfahren auf das umweltfreundlichere und auch wirtschaftlichere Membranverfahren umgestellt.

Werk Brückl der Donau-Chemie (im Vordergrund)

Meine Ziele

Nach Bearbeitung dieses Kapitels kann ich

- die Eigenschaften und Verwendungen der wichtigen Säuren, Basen und Salze beschreiben;
- über die **wirtschaftliche Produktion** von Massengütern Auskunft geben;
- chemische Berechnungen für ihre Herstellung durchführen.

Elektrolyse siehe Kap. F, 3.1.

Elektrolyse von Kochsalzlösung (mit Phenolphthalein)

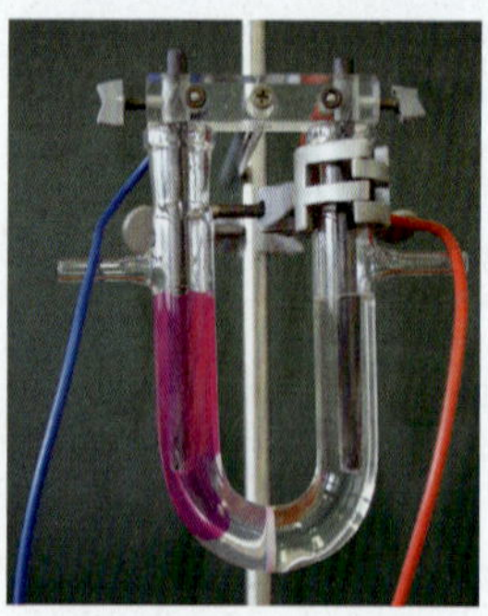

1.1 Chloralkalielektrolyse

Chloralkalielektrolyse ist die Elektrolyse einer wässrigen Kochsalzlösung:

$$2\ NaCl + 2\ H_2O \rightarrow 2\ NaOH + H_2 + Cl_2$$

Natronlauge und Wasserstoff entstehen an der Katode(–), Chlor an der Anode(+). Man arbeitet mit Gleichstrom geringer Spannung (4,5 V) und hoher Stromstärke (z. B. 40 000 A).

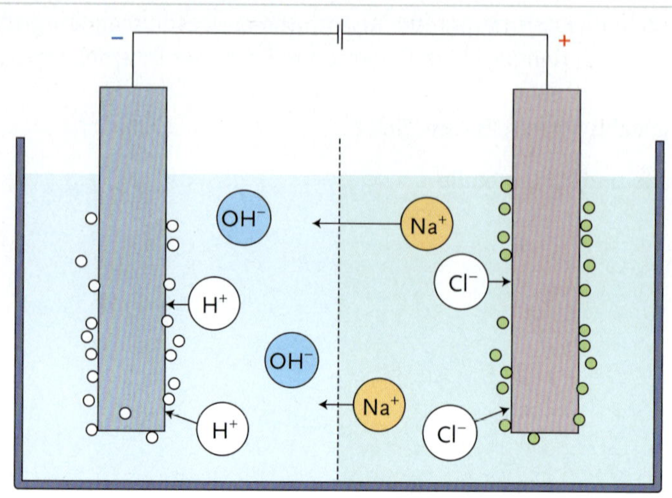

$2\ H^+ + 2\ e^- \longrightarrow H_2$ Reduktion

$2\ Cl^- \longrightarrow Cl_2 + 2\ e^-$ Oxidation

Chloralkalielektrolyse (Zellensaal)

Die Sole (Salzlösung) wird in den Anodenraum gepumpt. Hier werden Chloridionen Cl^- zu **Chlor Cl_2** oxidiert. An der Katode werden entsprechend dem Standardpotenzial nicht die Natriumionen sondern die H_3O^+-Ionen (Oxoniumionen; abgekürzt als H^+) des Wassers an der Katode entladen. Dabei entsteht **Wasserstoff H_2.** Zurück bleiben Hydroxidionen OH^-. Die Kunststoffmembran zwischen den Elektrodenräumen ist undurchlässig für Anionen, lässt aber Natriumionen in den Katodenraum übertreten. Dabei entsteht **Natronlauge NaOH.**

Im HCl-Brenner wird Hydrogenchlorid (Chlorwasserstoff) hergestellt:

$$H_2 + Cl_2 \rightarrow 2\ HCl(g)$$

Die wässrige Lösung des Gases Hydrogenchlorid ist die Salzsäure HCl(aq).

Technische Bedeutung der Produkte
- Natronlauge NaOH für Waschmittel, die Papier- und Kunststoffindustrie
- Wasserstoff H_2 zur Herstellung von Ammoniak und Methanol
- Chlor Cl_2 für den Kunststoff PVC, Lösungsmittel und Pestizide
- Salzsäure HCl für die Metallreinigung, zur Entfernung von Kalk

Die hohe Stromstärke verursacht starke Magnetfelder. Sind diese für die Beschäftigten problematisch?

Auf die Angabe (g) oder (aq) wird meist verzichtet, sodass aus dem Zusammenhang zu entnehmen ist, ob das Gas oder die Salzsäure gemeint ist.

Warum müssen Erdölprodukte entschwefelt werden?

1.2 Schwefelsäure H_2SO_4

Schwefelsäure wird nach dem Kontaktverfahren in drei Schritten hergestellt:

1. Elementarer Schwefel fällt in großen Mengen bei der gesetzlich vorgeschriebenen Entschwefelung von Erdölprodukten an. Er wird verbrannt: $S + O_2 \rightarrow SO_2$
2. Das Schwefeldioxid wird durch Kontakt (daher der Name) mit dem Katalysator Vanadiumoxid V_2O_5 zu Schwefeltrioxid weiteroxidiert: $SO_2 + \frac{1}{2}\ O_2 \rightarrow SO_3$
3. Das Schwefeltrioxid wird mit Wasser zu Schwefelsäure umgesetzt: $SO_3 + H_2O \rightarrow H_2SO_4$

Schwefelsäureanlage der Badischen Anilin- und Sodafabrik. Die BASF ist mit über 100 000 Mitarbeitern der weltgrößte Chemiekonzern.

Alle Reaktionsschritte der Herstellung sind exotherm. Die Abwärme nutzt man für andere Prozesse. Eine Schwefelsäureanlage läuft kontinuierlich. Nicht verbrauchte Zwischenprodukte werden nochmals umgesetzt (Doppelkontaktverfahren). Die Schwefelsäureproduktion ist nahezu emissionsfrei.

Die Rohrleitungen der Anlage wirken so unförmig, weil für die Abwärmenutzung eine gute Isolierung notwendig ist.

Schwefelsäure ist eine sehr starke Säure. Sie wirkt auch oxidierend und ist stark wasseranziehend (hygroskopisch). Die Reaktion von konzentrierter Schwefelsäure mit Wasser ist stark exotherm („Zuerst das Wasser, dann die Säure, sonst geschieht das Ungeheure!"). Im Bestreben zu protolysieren und zu hydratisieren, zerstört Schwefelsäure auch organische Stoffe, indem sie ihnen Wasserstoff und Sauerstoff entzieht. Salze der Schwefelsäure heißen **Sulfate** (alter Name: Vitriole).

Testen Sie verschiedene Materialien mit konzentrierter H_2SO_4. Organische Stoffe verkohlen zumeist (Bild: H_2SO_4/Zucker).

Die weltweite Schwefelsäureproduktion liegt bei über 100 Millionen Tonnen pro Jahr. Sie kommt meist 98%ig in den Handel ($\rho = 1{,}84\ g/cm^3$). Sie kann in Stahlbehältern aufbewahrt und transportiert werden, weil durch die oxidierende Wirkung Eisen passiviert wird (Fe erhält eine schützende Oxidschicht).

Technische Bedeutung von Schwefelsäure
- Herstellung von Säuren (z. B. Flusssäure, Phosphorsäure)
- Herstellung vieler Düngemittel
- Produktion organischer Stoffe (Farbstoffe, Sprengstoffe, Kunststoffe, Waschmittel, Pharmazeutika)
- ca. 25%ig als Elektrolyt im Bleiakkumulator (Autobatterie)

1.3 Ammoniak NH_3 und Salpetersäure HNO_3

Fritz Haber, 1868 bis 1934, Chemienobelpreis 1918

Carl Bosch, 1874 bis 1940, Chemienobelpreis 1931

Knapp vor dem Ersten Weltkrieg gelang Fritz Haber die Ammoniaksynthese aus den Elementen. Carl Bosch setzte sie in die großtechnische Wirklichkeit um. Die schwedische Akademie der Wissenschaften verlieh beiden den Nobelpreis, weil ohne die vom Ammoniak abgeleiteten Düngemittel eine Ernährung der Menschheit unmöglich ist. Andererseits ist Ammoniak der Ausgangsstoff für die Sprengmittelerzeugung. Der Erste Weltkrieg hätte für die Mittelmächte Deutschland und Österreich-Ungarn ohne Ammoniak bereits nach wenigen Wochen geendet, weil die Rohstoffe für die Sprengstofferzeugung bis 1914 in Übersee lagen.

An Fritz Haber zeigt sich besonders deutlich, wie zweischneidig Wissenschaft sein kann. Die Frage, ob die Wissenschaft sich auch in den Dienst des Krieges stellen darf oder soll, beantwortete er mit Ja. Er entwickelte chemische Kampfstoffe (Giftgas) und leitete ihren Einsatz an der Front. Sein persönliches Schicksal ist tragisch. Trotz seiner extrem patriotischen Gesinnung wurde er als preußischer Jude von den Nationalsozialisten ins Exil getrieben.

Forscher aus aller Welt bemühen sich seit Jahren, Ammoniak ohne Hochdruck (z. B. mittels gentechnisch veränderter Bakterien) zu erzeugen. Aber die vor 100 Jahren entwickelte **Haber-Bosch-Synthese** stellt immer noch das Rückgrat der Düngemittelversorgung dar.

Die chemische Gleichung ist einfach:

$$N_2 + 3\ H_2 \rightleftharpoons 2\ NH_3 \qquad \Delta H = -92\ kJ/mol$$

Hingegen ist die technische Umsetzung nicht einfach: Um den trägen Stickstoff zur Reaktion zu zwingen und eine befriedigende Ausbeute an Ammoniak zu erhalten, sind Maßnahmen zur Beeinflussung der Gleichgewichtslage notwendig:

- Auf der linken Seite der Synthesegleichung befinden sich 4 mol Gas, auf der rechten Seite hingegen nur 2 mol Gas. Hoher Druck (ca. 300 bar) fördert die Bildung von Ammoniak.
- Die Reaktion ist exotherm. Hohe Temperatur begünstigt den Zerfall des Ammoniak. Niedrige Temperatur würde aber zu geringe Reaktionsgeschwindigkeit bedeuten. Man arbeitet bei etwa 400 °C und setzt Katalysatoren (Eisen mit verschiedenen Oxiden) zur Beschleunigung ein.
- Kreislaufprinzip: Man entfernt Ammoniak durch Verflüssigen aus dem Gleichgewicht und führt nicht umgesetzte Ausgangsstoffe zurück in den Hochdruckreaktor.

Chemisches Gleichgewicht siehe Kap. D, 3.3.

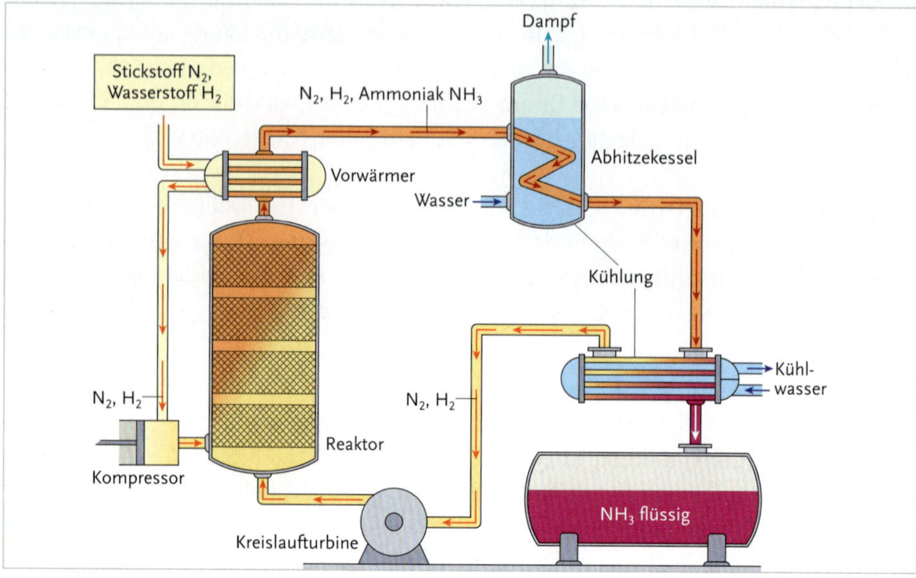

Ammoniakanlage nach dem Haber-Bosch-Verfahren

Salze des Ammoniaks heißen Ammoniumsalze. Sie bilden zusammen mit den Nitraten und dem ebenfalls aus Ammoniak erzeugten Harnstoff die üblichen Stickstoffdünger.

Herstellung des Düngemittels Ammoniumsulfat:

$$2\ NH_3 + H_2SO_4 \rightarrow (NH_4)_2SO_4$$

Technische Bedeutung von Ammoniak
- Verwendung als Kreislaufflüssigkeit in Großkühlanlagen
- Herstellung von Ammoniumsalzen und Harnstoff für die Düngemittel- und Kunststoffindustrie
- Herstellung von Salpetersäure

Ostwaldöfen

Ostwaldverfahren
Um Salpetersäure zu erzeugen, benötigt man Stickstoffoxide. Diese erhält man bei der katalytischen Verbrennung von Ammoniak bei 500 °C.

$$4\ NH_3 + 5\ O_2 \rightarrow 4\ NO + 6\ H_2O \text{ (Platin als Katalysator)}$$

Das entstandene Stickstoffmonoxid wird sofort gekühlt, damit es nicht Gefahr läuft, in Stickstoff und Sauerstoff zu zerfallen. Das giftige Stickstoffmonoxid wird mit Luft zu Stickstoffdioxid weiteroxidiert.

$$2\ NO + O_2 \rightarrow 2\ NO_2$$

Das braune NO_2-Gas ist magnetisch.

Salpetersäureerzeugung
Stickstoffdioxid wird mit Luft gemischt und mit zerstäubtem Wasser im Gegenstrom behandelt.

$$2\ NO_2 + H_2O + \tfrac{1}{2}\ O_2 \rightarrow 2\ HNO_3$$

Beweisen Sie mithilfe der Oxidationszahlen, dass zur Umwandlung von NO_2 in HNO_3 auch Sauerstoff benötigt wird.

Früher gehörten zum Bild einer Salpetersäureanlage die von den Schornsteinen ausgestoßenen rotbraunen Gase (z. B. in Linz). Heutige Anlagen sind umweltfreundlich. Salpetersäure ist eine sehr starke und auch stark oxidierende Säure. Sie löst daher auch edlere Metalle wie Kupfer und Silber.

$$Cu + 4\ HNO_3 \rightarrow Cu(NO_3)_2 + 2\ NO_2 + 2\ H_2O$$

Technische Bedeutung von Salpetersäure
- Herstellung N-haltiger Düngemittel
- Herstellung der meisten Sprengmittel (TNT, Nitroglycerol u. a.)

Salze der Salpetersäure heißen **Nitrate.**

1.4 Düngemittel

Pflanzen benötigen für ein optimales Wachstum Licht, Luft, Wasser sowie Bodensubstanz, die die nötigen Nährstoffe bereitstellt. Zusätzlich bevorzugt jede Pflanze einen für sie typischen geeigneten pH-Bereich des Bodens.

Justus von Liebig, 1803 bis 1873, Begründer der Düngemitteltheorie

Pflanzen bestehen aus Verbindungen der Elemente **C, H, O, N, P, K, S,** Ca, Mg, Fe, Zn und weiterer Spurenelemente. Den Kohlenstoff nehmen Pflanzen in Form von CO_2 aus der Luft auf. Der Bedarf an H und O wird mit Wasser gedeckt. Die weiteren Elemente sollten in einem Volldünger in einem ausgewogenen Verhältnis enthalten sein.

Aufgrund seiner Pflanzenanalysen stellte Justus von Liebig fest, welche Stoffe in einem Düngemittel enthalten sein sollten. Er wurde damit zum berühmtesten Chemiker seiner Zeit. Sein Labor in Gießen war „Pilgerstätte“ für Chemiker aus aller Welt.

Liebiglabor in Gießen

Eines der größten Unglücke der Chemiegeschichte ereignete sich 1921 im BASF-Werk Oppau, als ein Düngemittelsilo mit 4 500 t einer Mischung aus Ammoniumnitrat und Ammoniumsulfat explodierte, was 561 Menschenleben forderte. Die Explosion war im 80 km entfernten Frankfurt deutlich zu hören.

Von der Explosion am 21. 9. 1921 verursachter Krater in Ludwigshafen-Oppau

Recherchieren Sie, wie sich die Eutrophierung auf ein Gewässer auswirken kann.

Liebig beschreibt mit der „Minimumtonne“ bildhaft, dass ein Zuviel einer Düngemittelkomponente kein Mehr an Wachstum bringt, wenn von einer anderen Komponente zu wenig vorhanden ist und dadurch das Wachstum begrenzt wird.

Ein Volldünger enthält vor allem lösliche Verbindungen der Elemente N, P und K, da durch Bodenanalyse meist festgestellt wird, dass dem Boden diese Elemente fehlen. Stickstoff benötigen die Pflanzen zur Herstellung von Eiweiß (Protein), Phosphor zur Produktion der Samen (die DNA enthalten). Kalium dient zur Einstellung des osmotischen Drucks der Pflanzenzellen.

Volldünger enthält lösliche Verbindungen der Elemente N, P, K, S, Ca, Mg, Fe, Zn sowie kleinere Mengen der Spurenelemente.

Pflanzen können den in der Luft enthaltenen Stickstoff N_2 nicht direkt aufnehmen. Wasserlösliche N-Verbindungen und damit von Pflanzen aufnehmbar sind alle Nitrate (sie enthalten das NO_3^--Ion) und Ammoniumsalze (sie enthalten das NH_4^+-Ion) sowie Harnstoff ($H_2N\text{-}CO\text{-}NH_2$).

Ein sehr guter Stickstoffdünger ist Ammoniumnitrat (Ammonsalpeter), weil sowohl das Kation als auch das Anion Stickstoff enthalten. Herstellung:

$$NH_3 + HNO_3 \rightarrow NH_4NO_3$$

Ammoniumnitrat ist aber auch ein ausgezeichnetes Sprengmittel.

Die in der Natur vorkommenden Phosphate sind unlösliche Minerale. Sie müssen mit Säure in eine lösliche Form gebracht werden.

Das Mineral Phosphorit (Calciumphosphat) wird mit Salpetersäure behandelt:

$$Ca_3(PO_4)_2 + 6\ HNO_3 \rightarrow 2\ H_3PO_4 + 3\ Ca(NO_3)_2$$

Die Phosphorsäure wird mit Kalilauge umgesetzt:

$$H_3PO_4 + 2\ KOH \rightarrow K_2HPO_4 + 2\ H_2O$$

Sowohl Kaliumhydrogenphosphat als auch Calciumnitrat sind Düngemittel.

Eine Überdüngung (Eutrophierung) von Böden muss vermieden werden. Überschüssige Düngemittel belasten das Grundwasser und führen in Oberflächengewässern zu übermäßigem Algenwachstum.

1.5 Carbonate und Silicate – Baustoffe

Carbonate

Kohlensäure H_2CO_3 ist eine schwache Säure. Schwach ist sie nicht nur, weil die Protolyse mit Wasser nur zu einem geringen Prozentsatz erfolgt, sondern auch weil sie im Gleichgewicht bei ihrer Entstehung nur zu etwa 0,2 % vorliegt:

$$CO_2 + H_2O \rightleftharpoons H_2CO_3$$

Bei Reaktionen entstehende Kohlensäure zerfällt sofort in Kohlenstoffdioxid und Wasser.

Carbonate sind Salze der Kohlensäure H_2CO_3.

Das wichtigste Carbonat ist der **Kalk $CaCO_3$** (Calciumcarbonat). Kalk ist in Wasser schwer löslich, aber unter Mithilfe von Kohlenstoffdioxid aus der Luft löst er sich unter Bildung von Calciumhydrogencarbonat doch langsam auf.

$$CaCO_3 + CO_2 + H_2O \rightleftharpoons Ca(HCO_3)_2$$

Ca^{2+} und HCO_3^- sind die wichtigsten Ionen des harten Wassers. Die Wasserhärte wird entweder in Grad deutscher Härte (°d) oder in mmol Me^{2+}/L angegeben (mit Me^{2+} sind die Calcium- und Magnesiumionen gemeint).

Der Kalk als gebirgsbildendes Mineral ist billig und kann vielfältig verwendet werden.

Technische Bedeutung von Kalk
- Baustoff
- Füllstoff für Papier, Lacke und Kunststoffe
- Herstellung von gelöschtem Kalk (für Mörtel und Putze)
- Herstellung von Zement
- Herstellung von Soda (für Glas und Reinigungsmittel)
- Herstellung von Glas

Bauwerke aus Kalk sind säureempfindlich. Saurer Regen (enthält verdünnte Schwefelsäure) wandelt Kalk in Gips (wasserhaltiges Calciumsulfat) um. Bauwerke werden dadurch allmählich zerstört.

$$CaCO_3 + H_2SO_4 \rightarrow CaSO_4 + CO_2 + H_2O$$

Starkes Erhitzen (Brennen) von Kalk erzeugt Calciumoxid **(gebrannter Kalk).**

$$CaCO_3 \rightarrow CaO + CO_2$$

Gebrannter Kalk ergibt mit Wasser Calciumhydroxid **(gelöschter Kalk, Löschkalk).**

$$CaO + H_2O \rightarrow Ca(OH)_2$$

Kalkmörtel (Luftkalk) ist eine Mischung von Sand und Löschkalk. Er erhärtet mithilfe von Kohlenstoffdioxid aus der Luft zu Kalk.

$$Ca(OH)_2 + CO_2 \rightarrow CaCO_3 + H_2O$$

Das bei der Reaktion freiwerdende Wasser nennt man Baufeuchte. In Rohbauten stellt man im Winter gerne zur Aushärtung Koksöfen auf. Diese bewirken nicht nur eine raschere Trocknung, sondern stellen auch das Kohlenstoffdioxid in höherer Konzentration bereit. Kalkmörtel ist für Unterwasserbauten nicht geeignet. Kalkputz besteht ebenfalls aus Löschkalk und Sand. Er ist das übliche Material zum Verputzen von Wänden (insbesondere im Innenbereich).

Soda ist Natriumcarbonat Na_2CO_3. Das Solvayverfahren zu seiner Herstellung ist trotz seiner vier Reaktionsstufen wirtschaftlich, weil es von billigen Rohstoffen ausgeht und alle Zwischenprodukte im Prozess gehalten werden:

1. $CaCO_3 \rightarrow CaO + CO_2$
2. $NaCl + CO_2 + NH_3 + H_2O \rightarrow NaHCO_3 + NH_4Cl$
3. $2\ NaHCO_3 \rightarrow Na_2CO_3 + CO_2 + H_2O$
4. $NH_4Cl + CaO \rightarrow CaCl_2 + 2\ NH_3 + H_2O$

Wenn man die zweite Gleichung mit zwei multipliziert und danach die Gleichungen gegeneinander aufrechnet, erkennt man, dass als Gesamtreaktion (die direkt nicht möglich wäre) übrig bleibt:

$$CaCO_3 + 2\ NaCl \rightarrow Na_2CO_3 + CaCl_2$$

Einblasen von CO_2 der Ausatemluft in Wasser mit Universalindikator zeigt durch Gelbgrünfärbung, dass die Kohlensäure schwach ist.

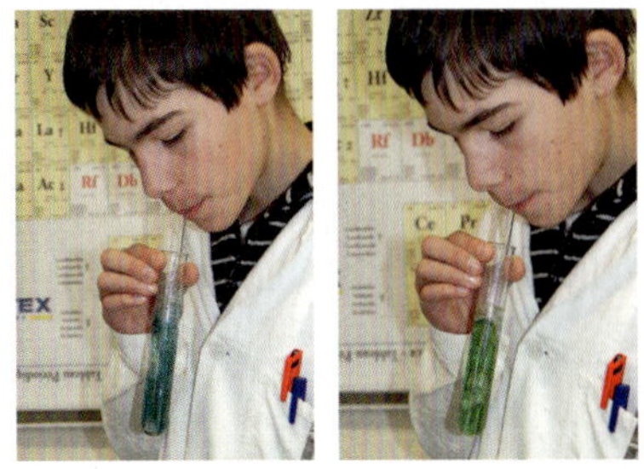

Wasserhärte siehe Kap. H, 3.

Können Sie Bauwerke aus Kalk nennen?

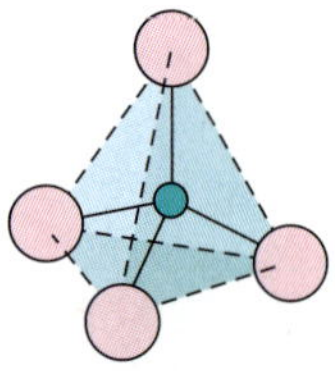

SiO_4^{4-}-Tetraeder
Orthosilication

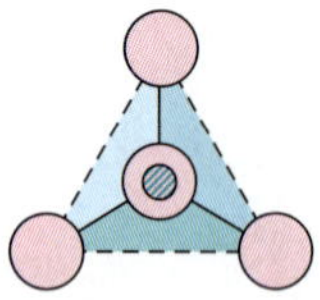

SiO_4^{4-}-Tetraeder
Grundriss

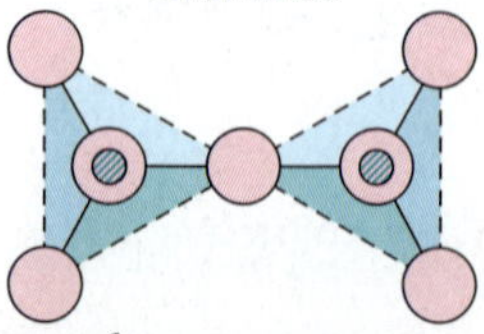

$Si_2O_7^{6-}$-Doppeltetraeder

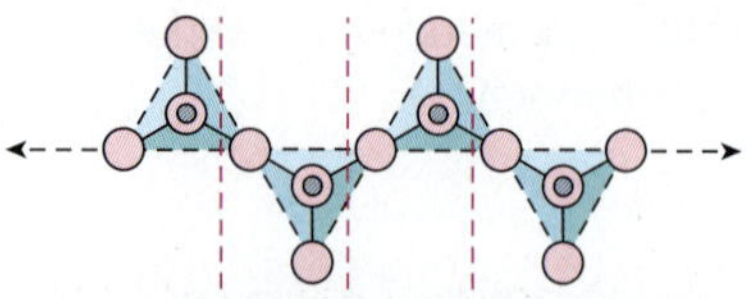

Kettensilicat: $(SiO_3^{2-})_n$

Granat

Asbest

Glimmer

Feldspat

Granit enthält Quarz (hier: Rosenquarz), Feldspat und Glimmer

Silicate

Kieselsäuren sind siliciumhältige Säuren. Es gibt eine enorme Vielfalt davon, die man von der Orthokieselsäure H_4SiO_4 mittels Kondensationsreaktionen ableiten kann.

Silicate sind Salze der verschiedenen Kieselsäuren.

Silicatminerale bauen als sogenanntes Urgestein einen Großteil der Erdkruste auf.

Das H_4SiO_4-Molekül zeigt einen tetraedrischen Bau. Dies gilt auch für das Orthosilication SiO_4^{4-}. Die Kondensation von zwei Molekülen Orthokieselsäure ergibt ein Dikieselsäuremolekül $H_6Si_2O_7$.

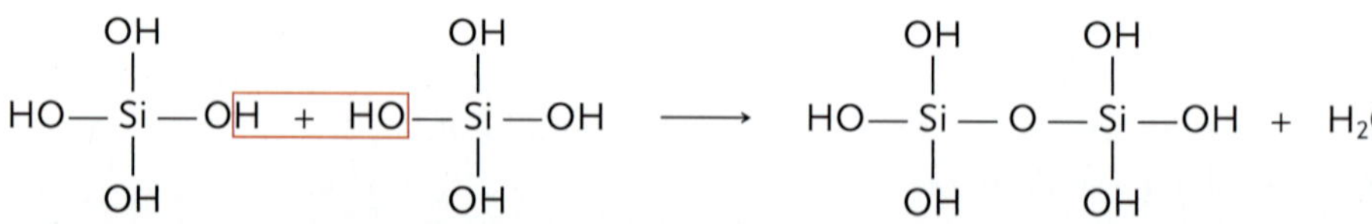

Das zugehörige Disilication $Si_2O_7^{6-}$ hat die Gestalt von zwei Tetraedern, die eine gemeinsame Spitze (d. h. ein gemeinsames O-Atom) besitzen.

Kieselsäuren kondensieren spontan. Dies endet nicht bei der Dikieselsäure, sondern setzt sich durch weitere Kondensationen fort: Aus Dikieselsäure wird Trikieselsäure, aus dieser die Tetrakieselsäure usw. Von all diesen Kieselsäuren leiten sich die unterschiedlichsten Silicatminerale ab.

Einfache Silicate sind u. a. Zirkon, Beryll und Granat.

Wenn die Kondensation weiter fortschreitet, bis nahezu unendlich lange Ketten aneinandergereihter Tetraeder entstehen, liegt ein Kettensilicat vor. Wenn zwei Ketten aneinander kondensiert werden, ergibt sich ein Bandsilicat. Ketten- und Bandsilicate sind äußerlich an ihrer fasrigen Struktur erkennbar. Sie werden als unendlich-eindimensional bezeichnet.

Ketten- bzw. Bandsilicate sind u. a. Serpentin und Asbest.

Wenn viele Ketten durch Kondensation aneinandergefügt werden, ist das Resultat ein Schichtsilicat. Schichtsilicate zeigen eine blättrige Struktur. Sie werden als unendlich-zweidimensional bezeichnet.

Das bekannteste Schichtsilicat ist der Glimmer. Es gibt ihn in etlichen Varianten. Der Volksmund sagt „Katzensilber“ zu diesem Mineral, das neben Quarz und Feldspat ein wesentlicher Bestandteil des Gesteins Granit ist.

Werden Schichten aneinander kondensiert, entstehen unendlich-dreidimensionale Gerüstsilicate. Diese können als **Quarz SiO_2** und seine Abarten aufgefasst werden: Die Kondensation in allen Raumrichtungen (Tetraederrichtungen) bedingt ja, dass nur mehr Si und O vorliegen, womit kein Anion mehr möglich wäre. Dass neben Quarz doch weitere Gerüstverbindungen vorliegen, ist darin begründet, dass Silicium teilweise durch Aluminium ersetzt wird. Für ein Si-Atom (14. Gruppe des PSE) muss zum Al-Atom (13. Gruppe des PSE) noch ein Atom aus der 1. Gruppe hinzukommen, damit die Elektroneutralität gewahrt bleibt.

Wenn jedes vierte Si-Atom in Quarz durch das Paar Al/K ersetzt wird, liegt der Kalifeldspat $AlKSi_3O_8$ vor.

Zement und Beton

Wenn man Kalk und Ton (ein Silicatgemisch) etwa im Verhältnis 2 : 1 in einem Drehrohrofen bei ca. 1 450 °C brennt, erhält man den Zementklinker. Er besteht aus verschiedenen Silicaten, Aluminaten und Ferriten des Calciums (und auch Magnesiums). Um **Zement** zu erhalten, wird der Klinker vermahlen und mit Zuschlagstoffen (Gips, Hochofenschlacke, Flugasche u. a.) versetzt. Die Zuschläge steuern das Abbindeverhalten, die Frostsicherheit und die Dichte.

Zement: hydraulisches (Wasser bindendes) Bindemittel, ergibt mit Sand und Wasser Beton.

Das Erhärten von Zement mit Sand zu **Beton** erfolgt mithilfe von Wasser an der Luft, aber auch unter Wasser. Dabei entstehen nadelförmige Kristalle, die stark miteinander verfilzen und dem Beton die hohe Druckfestigkeit geben. Nach 28 Tagen Aushärtung werden über 90 % der endgültigen Druckfestigkeit erreicht. Die **Druckfestigkeit** beträgt bei der Standardzementsorte (Portlandzement) CEM I 32,5 nach 28 Tagen mindestens 27 MN/m^2, bei der hochfesten Type CEM I 52,5 mindestens 47 MN/m^2. Das Erhärten ist stark exotherm. Daher müssen massive Bauwerke (z. B. Staumauern) in Abschnitte unterteilt errichtet werden, damit die Wärme abfließen kann und Schwundrisse vermieden werden.

Um die Zug- und Biegefestigkeit zu erhöhen, wird Beton mit Stahleinlagen armiert (bewehrt). Dies ist möglich, weil Beton und Stahl einen ähnlich großen Ausdehnungskoeffizienten aufweisen. Der von Beton umschlossene Stahl kann nicht korrodieren, weil Beton basisch ist. Sehr weiches Wasser enthält Kohlensäure und kann damit Beton allmählich angreifen.

Zementfabriken können aufgrund der hohen Temperaturen im Drehrohrofen zur Entsorgung problematischer Stoffe dienen. Beispielsweise werden Altreifen verbrannt. In Beton können auch giftige Schwermetalle in unlöslicher Form gebunden werden.

Drehrohrofen

Spannbetonbrücke

Warum ist Beton basisch?

Der Einbau von Entstaubungsanlagen in Zementwerken erfreute die Anrainer. Aber nicht alle waren zufrieden: Den Bauern entging damit eine Form der Gratisdüngung.

Gips

Das in der Natur vorkommende Mineral Gips $\mathbf{CaSO_4 \cdot 2H_2O}$ wird nicht mehr abgebaut, weil dieser Baustoff in großen Mengen bei der Entschwefelung der Abgase von Kohlekraftwerken anfällt. Die Hauptverwendung liegt im Gebäudeinnenausbau (Gipskartonplatten).

Rauchgasentschwefelung siehe Kap. H, 2.

Wenn man Gips $CaSO_4 \cdot 2H_2O$ brennt, verliert er mehr oder weniger von seinem Kristallwasser. Wenn man drei Viertel des Wassers entfernt, erhält man Stuckgips (gebrannten Gips). Stuckgips erhärtet nach Zugabe von Wasser wieder zu Gips. Er dehnt sich dabei ein wenig aus, sodass mit erhärtendem Gips Formen gut ausgefüllt werden können.

$$CaSO_4 \cdot 2H_2O \underset{\text{Erhärten}}{\overset{\text{Brennen}}{\rightleftharpoons}} \underbrace{CaSO_4 \cdot \tfrac{1}{2} H_2O}_{\text{Gebrannter Gips}} + 1\tfrac{1}{2} H_2O$$

Keramik

Wenn man Silicatgemische brennt (erhitzt) und sintert (durch geringfügiges Schmelzen verdichtet), erhält man keramische Werkstoffe. Die Ausgangsmaterialien sind Tone, Quarz und Feldspate in verschiedenen Mischungsverhältnissen. Je nach Art und Reinheit der Rohstoffe und Höhe der Brenntemperatur (900 bis 1 400 °C) erzielt man unterschiedliche Qualitätsstufen: Tongut, Steingut, Steinzeug, Porzellan.

Inneres eines Brennofens

Welche Art von Keramik ist übliches Küchengeschirr?

Strangpresse

Keramikmesser

Keramische Erzeugnisse sind durch Brennen und Sintern aus Silicatgemischen hergestellte Werkstoffe.

Bei Tongut (Ziegeln, Töpferkeramik) und Steingut ist die Brenntemperatur so niedrig, dass nur geringe Anteile schmelzen und das Erzeugnis porös bleibt. Es kann aber durch Glasieren (Glasüberzug an der Oberfläche) wasserdicht gemacht werden. Steinzeug und Porzellan werden bei höheren Temperaturen gebrannt. Durch das teilweise Schmelzen der Rohstoffe wird das Material dicht. Steinzeug wird für Fliesen und Säurebehälter verwendet. Porzellan wird aus sehr reinem Ton (Kaolin) und weniger Quarz und Feldspat hergestellt. Es wird für Isolatoren und hochwertiges Geschirr verwendet.

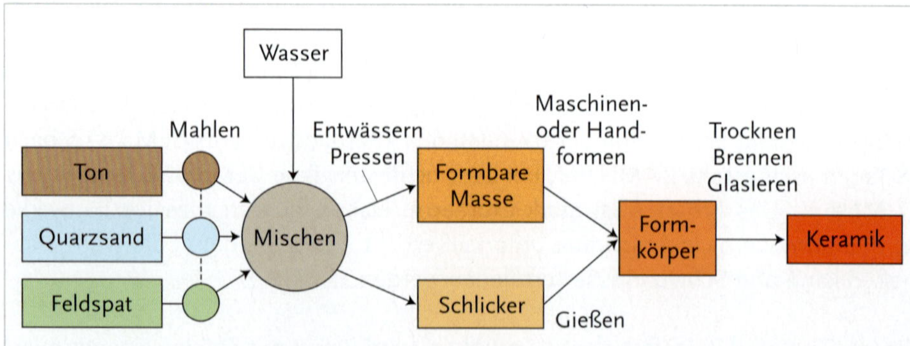

Fließschema der Keramikherstellung

Herstellungsvorgang am Beispiel von Ziegeln:
Geeigneter Lehm oder Ton wird im Tagbau abgebaut, zerkleinert und mit Sägespänen versetzt (damit die Struktur noch poröser wird). Das Material wird durch das Mundstück einer Strangpresse gedrückt. Dadurch erhält der Ziegel sein Format und sein Lochbild. Der Endlosstrang wird in Stücke geschnitten und getrocknet. Anschließend fahren die Stücke durch einen etwa 150 m langen Tunnelofen, in dem sie bei 900 bis 1 000 °C gebrannt werden. Hochwertige Ziegel werden noch auf eine Genauigkeit von 0,5 mm plan geschliffen.

Sonderformen sind die Oxidkeramik und die Metallkeramik:
Oxidkeramik hat als Hauptbestandteil den sehr harten Korund (Aluminiumoxid) sowie weitere Oxide. Oxidkeramik ist korrosionsbeständig und verschleißfest (Verwendung für künstliche Gelenke).
Metallkeramik (Cermets, abgeleitet von „ceramics" und „metals") besteht aus einer sehr harten keramischen Phase (Carbide, Nitride, Boride, Oxide), die mit Hartmetallen zusammengesintert wurde. Cermets besitzen auch bei hohen Temperaturen noch große Härte und Festigkeit (Verwendung für Brennkammern von Düsentriebwerken, aber auch für Messer im Haushalt).

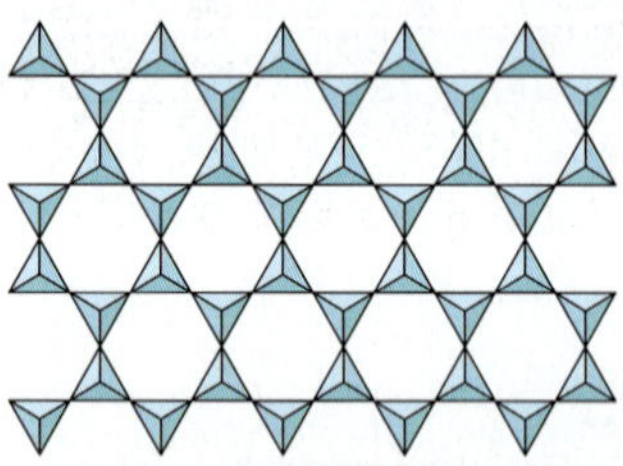
Quarz

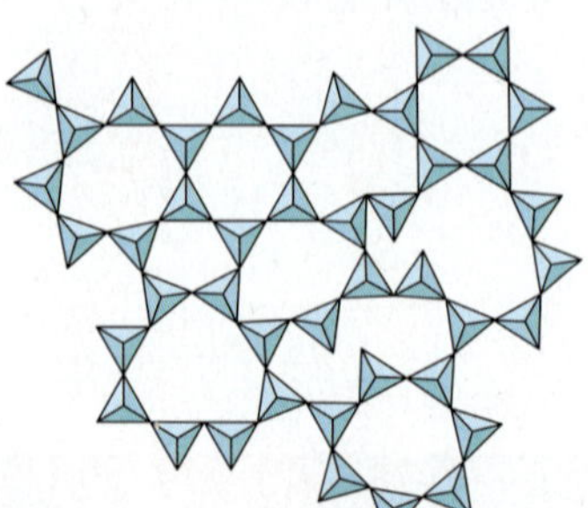
Quarzglas

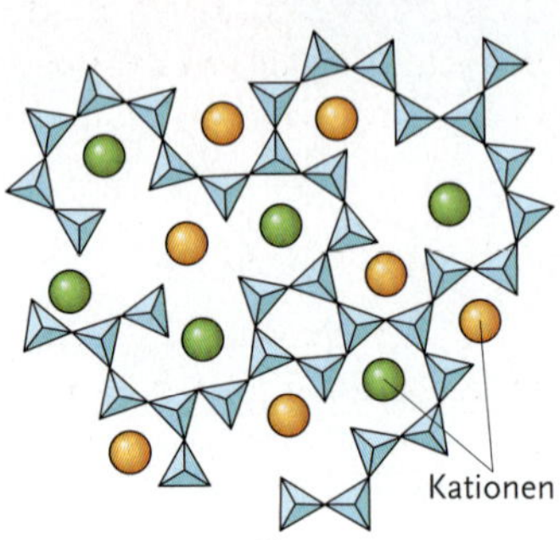

Glas

Glas

Zur Erzeugung von Normalglas werden Quarz, Kalk und Soda zusammen mit Altglas eingeschmolzen. Der etwa 25%ige Anteil von Altglas ermöglicht es, die Schmelztemperatur unter 1 600 °C zu senken. Bei dieser Temperatur geben die Carbonate Kohlenstoffdioxid ab. Es entsteht ein Gemisch unterschiedlicher Natrium- und Calciumsilicate. Durch die Vielfältigkeit der Bestandteile ist es für das Gemisch unmöglich, beim Erstarren zur Regelmäßigkeit eines Gitters zu kommen. Dieser amorphe Zustand ist fest, ohne eine Kristallstruktur zu besitzen. Einen exakten Schmelzpunkt kann man bei Glas nicht (wie sonst bei Gittersubstanzen) angeben.

Glas ist ein Silicatgemisch, das beim Erstarren nicht kristallisiert.

Quarzglas wird aus reinem Quarz hergestellt und ist wegen des hohen Schmelzpunktes von über 1 700 °C teuer. Es ist UV-durchlässig und wegen seines geringen Temperaturausdehnungskoeffizienten sehr temperaturwechselbeständig.

Normalglas hingegen ist sehr wenig UV-durchlässig und springt beim plötzlichen Abkühlen (Abschrecken). Sowohl Quarzglas als auch Normalglas sind sehr chemikalienbeständig. Lediglich Flusssäure und konzentrierte Basen greifen Glas an. Gläser sind schlechte Leiter für Wärme und Elektrizität.

Neben Normalglas (Fensterglas) gibt es eine Reihe weiterer Glassorten für die verschiedenen Verwendungszwecke.

Glassorte	Rohstoffe	Mengen in %	Eigenschaften und Verwendung
Normalglas	SiO_2	65–75	erweicht ab 500 °C
	$CaCO_3$	10–15	nicht laugenbeständig
	Na_2CO_3	12–16	Flach- und Hohlglas
Kaliglas	SiO_2	70	höherer Schmelzbereich
	$CaCO_3$	6–12	chemisch beständiger
	K_2CO_3	8–12	Kristallglas, Laborglas
Borsilicatglas	SiO_2	70–80	geringe Wärmeausdehnung
	Al_2O_3	2–7	laugenbeständig
	B_2O_3	7–13	erweicht ab 1 000 °C
	BaO	0–5	Laborgeräte und Kochgeschirr
	CaO	0–5	(Jenaer Glas, Pyrex u. a.)
Bleiglas	SiO_2	40–70	starke Lichtbrechung
	PbO	18–38	Schmuckglas (Bleikristall)
	K_2CO_3	6–15	optisches Glas (Flintglas)
	Na_2CO_3	5–18	Strahlenschutz

Glasverarbeitung: Teure Hohlgläser werden immer noch mundgeblasen. Billiges Hohlglas wird maschinengeblasen oder gepresst. Flachglas wird gezogen oder nach dem Floatverfahren auf ein Flüssigmetallbad aufgebracht; die Glasmasse schwimmt dabei auf geschmolzenem Zinn. Spiegel werden auf einer Seite mit Silber bedampft.

Färben von Glas: Glas kann durch Metalloxide oder feinstverteilte (kolloide) Metalle gefärbt werden. Verwendet werden Eisen(II)-oxid (grün), Chromoxid (grün), Kupfer(II)-oxid (blaugrün), Cobalt(II)-oxid (blau), Eisen(III)-oxid (braun), Kupfer(I)-oxid (rot), kolloides Gold (rubinrot). Weißes Glas hätte aufgrund der Mitverwendung von Altglas einen Farbstich. Er wird durch Zusatz eines Oxids entfernt, das genau die Komplementärfarbe hat.

Fototrope Gläser werden bei Belichtung dunkler. Sie enthalten Silberchlorid, das bei Lichteinwirkung in die Elemente zerfällt. Das fein verteilte Silber sorgt für eine Braunfärbung des Glases. Der Vorgang ist reversibel (umkehrbar).

$$AgCl \rightleftharpoons Ag + Cl$$

Glasfaser wird als Isoliermaterial, als Verstärkermaterial für Kunststoffe (GFK = glasfaserverstärkter Kunststoff) und als Lichtwellenleiter verwendet. Lichtwellenleitung mit Quarzglas ist zur Informationsübertragung besser geeignet als elektrischer Strom im Kupferkabel. Lichtwellenleiter sind wenig störungsanfällig. Die optischen Signale werden nach dem derzeitigen Stand der Technik etwa alle 40 Kilometer verstärkt.

Warum kann man keine Fernrohre mit sehr großen Linsen bauen?

Untersuchen Sie durch Erhitzen und anschließendes Abschrecken in kaltem Wasser die Temperaturwechselbeständigkeit von Quarzglas und Laborglas.

Glasbläser

Warum kann man für das Färben von Glas keinen der üblichen Textilfarbstoffe verwenden?

Recherchieren Sie, wie in Ihrer Gemeinde Altglas gesammelt wird.

G

Schaumglas enthält Gasblasen. Es isoliert sehr gut und zeigt trotz der geringen Dichte ($\rho = 0{,}13$ bis $0{,}3\ g/cm^3$) eine gute Druckfestigkeit.

Glaskeramik ist eine Mischung von Stoffen, die teils kristallin, teils glasig sind. Die glasigen Teile dehnen sich beim Erwärmen aus, die kristallinen Teile aus Lithium-, Aluminium- und Siliciumoxid (LAS) ziehen sich zusammen. Insgesamt wird ein Ausdehnungskoeffizient von null erreicht. Damit ist dieses für Herdplatten verwendete Material temperaturwechselbeständig. Es verträgt Temperaturschocks bis 750 °C.

Ziele erreicht? – „Technische Säuren, Basen, Salze"

Elektrochemie siehe Kap. F, 3.

Kinetik siehe Kap. D, 3.2; Gleichgewicht siehe Kap. D, 3.3.

Komplementärfarben siehe Kap. F, 4.5.

1.01 + Geben Sie zur chemischen Gleichung der Chloralkalielektrolyse die Oxidationszahlen an. Welcher Reaktionspartner wurde dabei oxidiert, welcher reduziert?

1.02 + Beschreiben Sie, warum die Spannung von 4,5 Volt für die Chloralkalielektrolyse genügt, auch wenn man viele Tonnen Natronlauge herstellen will.

1.03 + Berechnen Sie, wie viele Tonnen Natriumhydroxid bei der Chloralkalielektrolyse bei einer Stromstärke von 40 000 A, einer Stromausbeute von 88 % und einer Spannung von 4,5 V innerhalb eines Tages hergestellt werden können.

1.04 + Geben Sie an, warum die Schwefelsäureproduktion exotherm ist.

1.05 + Erstellen Sie die Gleichung für die Herstellung von Flusssäure aus Flussspat (Calciumfluorid) und Schwefelsäure.

1.06 + Beschreiben Sie, wie der Katalysator auf die Gleichgewichtslage der Ammoniaksynthese wirkt.

1.07 + Berechnen Sie, wie viele Tonnen Wasserstoff notwendig sind, um 10 t Ammoniak zu erzeugen.

1.08 + Erklären Sie, warum Salpetersäure („Scheidewasser") Gold und Silber voneinander trennen kann.

1.09 + Erstellen Sie die Gleichung für die Herstellung von Ammoniumphosphat. Wie nennt man den Reaktionstyp?

1.10 ++ Ein Volldünger soll die Elemente N, P und K in Form geeigneter Verbindungen enthalten. Schlagen Sie je ein Salz vor, das diese Elemente enthält.

1.11 ++ Erstellen Sie die Formel von Kaliumphosphat. Warum ist Kaliumphosphat trotz des Vorhandenseins der Elemente K und P zum Düngen ungeeignet?

1.12 + Carbonate lassen sich durch aufschäumende Reaktion mit Salzsäure meist gut nachweisen. Erstellen Sie die Gleichung für die Reaktion von Kalk mit Salzsäure.

1.13 + Erstellen Sie die Formel des Anions der Trikieselsäure.

1.14 + Erstellen Sie die Formel für Kalkfeldspat (Calciumaluminiumsilicat).

1.15 ++ Erklären Sie, warum eine neu betonierte Fahrbahn einige Wochen lang noch nicht befahren werden darf.

1.16 + Geben Sie an, ob Steinzeug oder Steingut bei höherer Temperatur gebrannt wird.

1.17 ++ Wenn Weißglas für die Fensterglasherstellung einen leichten Grünstich aufweist, muss ein Farbstoff zugegeben werden. Welchen empfehlen Sie?

2 Metalle und Halbmetalle

Eine der faszinierendsten Metallkonstruktionen ist der Eiffelturm, der anlässlich der Pariser Weltausstellung 1889 errichtet wurde. Das Turmfachwerk wiegt etwa 7 300 Tonnen und wurde aus vernieteten Stahlelementen gefertigt. Im 19. Jahrhundert machten die Fortschritte und Entwicklungen in der großtechnischen Produktion von Metallen erstmals eine derart herausragende Konstruktion möglich. Auch das Transportwesen wurde in dieser Zeit durch die Anwendung von Eisen und Stahl für Eisenbahnen revolutioniert.

Eiffelturm in Paris

Meine Ziele

Nach Bearbeitung dieses Kapitels kann ich
- die **Eigenschaften und Verwendung der Metalle und Halbmetalle** beschreiben;
- für die **Verfahren der Metall- und Halbmetallherstellung** chemische Berechnungen durchführen;
- die **Bedeutung der Metalle und Halbmetalle** als Grundstoffe der chemischen Industrie und bei der Herstellung von Massengütern beurteilen.

Metalle

Etwa drei Viertel aller bekannten Elemente sind **Metalle.** Typische Metalleigenschaften sind die leichte Bildung von Kationen, die Kristallgitterbildung, die gute Leitfähigkeit für Wärme und Elektrizität, die Verformbarkeit und die Fähigkeit zur Legierungsbildung.

Die meisten Metalle kommen in der Erdhülle in Form von chemischen Verbindungen vor. Enthalten diese Gesteine oder Minerale ein Metall in abbauwürdiger Form, nennt man sie **Erze.** Die Gewinnung von Metallen aus ihren Erzen und die Bearbeitung der Metalle für den praktischen Gebrauch erfolgt in drei Hauptarbeitsgängen:
- Vorbehandlung (Aufbereitung der Erze)
- Reduktion (Verhüttung)
- Raffination (Reinigung)

Metallische Werkstoffe sind fast ausnahmslos **Legierungen,** die günstigere Eigenschaften als reine Metalle haben. Durch richtige Wahl der Legierungsbestandteile lassen sich Härte, Schmelzpunkt und chemische Beständigkeit den Anforderungen entsprechend verändern. Die Menge der einzelnen Bestandteile beeinflusst ebenfalls die Eigenschaften einer Legierung.

Halbmetalle

Die Halbmetalle haben ihren Platz im Periodensystem zwischen den Metallen und Nichtmetallen. Sie weisen sowohl metallische als auch nichtmetallische Eigenschaften auf und sind Halbleiter. Das technisch wichtigste Halbmetall ist Silicium. Es ist das Basismaterial in der Mikroelektronik und Solartechnologie.

Halbleiter, Bändermodell siehe Kap. D, 2.4.2.

G

Eisenerzabbau am steirischen Erzberg. Das Erz ist das Mineral Siderit $FeCO_3$.

Ferromagnetismus siehe Kap. B, 2.3.1.

Eisenerzpellets

Kohle und Koks siehe NAWI III/IV, Kap. B, 1.1.

Steinkohle (li.) und Koks (re.)

Boudouard-Gleichgewicht siehe Kap. D, 3.3.

2.1 Eisen und Stahl

In der Reihe der Elementhäufigkeit in der Erdhülle steht das Eisen mit etwa 4,7 % an vierter Stelle. In geringem Ausmaß kommt das Eisen gediegen (als reines Element) vor. Die wirtschaftlich bedeutendsten Eisenerze sind Hämatit (Fe_2O_3) und Magnetit (Fe_3O_4).

Eigenschaften von Eisen

- Grauer, metallisch glänzender Feststoff
- $t_b = 2\,861$ °C, $t_m = 1\,535$ °C
- Dichte: 7,874 g/cm³
- Ferromagnetisch
- Die physikalisch-chemischen Eigenschaften von Eisen wie die Festigkeit und Korrosionsbeständigkeit werden sehr stark von den Legierungspartnern beeinflusst.

Herstellung von Eisenwerkstoff (Roheisen)

Eisen, das heute wichtigste Gebrauchsmetall, wird aus eisenreichen Erzen (Hämatit, Magnetit, in Österreich Siderit) durch Kohlereduktion im Hochofen oder durch das Corexverfahren hergestellt.

Eisenerze: Nach dem Abbau werden die Erze weitgehend von unerwünschten Begleitmineralien (Gangart, taubes Gestein) befreit und auf eine einheitliche Korngröße gebracht (Stückerze). Oft werden feinkörnige Erze mit einem Bindemittel (Kalk) versehen, zu Kugeln geformt und gebrannt (Pelletieren und Sintern). Die Pellets mit einheitlicher Korngröße enthalten auch die zur Schlackenbildung im Hochofen nötigen Zuschläge. Dieser Rohstoff wird **Möller** genannt.

Koks: Geeignete Steinkohle wird in einer Kokerei zu Hochofenkoks verarbeitet. Seine hohe Festigkeit und der geringe Asche- und Schwefelgehalt sind entscheidende Qualitätskriterien.

Der **Hochofen** ist ein Schachtofen von 25 bis 60 m Höhe mit einem Gestelldurchmesser von sechs bis 15 m. Er ist mit feuerfesten Steinen ausgemauert. Die Mauer ist bis zu einem Meter dick, wird von einem Stahlpanzer gestützt und von außen mit Wasser gekühlt. Die gesamte Anlage ist rund 100 m hoch. Der Betrieb läuft ununterbrochen bis zu zehn Jahren (Ofenreise).

Schema eines Hochofens

In speziellen Öfen wird Luft auf etwa 1 300 °C erwärmt (Winderhitzer) und über einen Ringkanal in den Hochofen geblasen (Heißwind). Der Brennstoff für die Winderhitzer ist gereinigtes Gichtgas, das etwa 21 % CO und 5 % H_2 enthält. In der Schmelzzone verbrennt bei etwa 2 000 °C der Koks zu CO_2. Das CO_2 reagiert bei diesen Temperaturen mit dem Kohlenstoff des Kokses zu dem Reduktionsmittel CO (Boudouard-Gleichgewicht):

$$C + O_2 \rightarrow CO_2$$
$$CO_2 + C \rightleftharpoons 2\,CO \text{ (Boudouard-Gleichgewicht)}$$

Der Hochofen wird von oben schichtweise mit Koks und Möller beschickt. Die aufsteigenden heißen Gase trocknen und wärmen die Füllstoffe (Vorwärmzone). In der Reduktionszone reagiert das feste Eisenoxid mit dem Reduktionsmittel CO zu festem Eisenschwamm:

$$Fe_2O_3 + 3\,CO \rightarrow 2\,Fe + 3\,CO_2$$

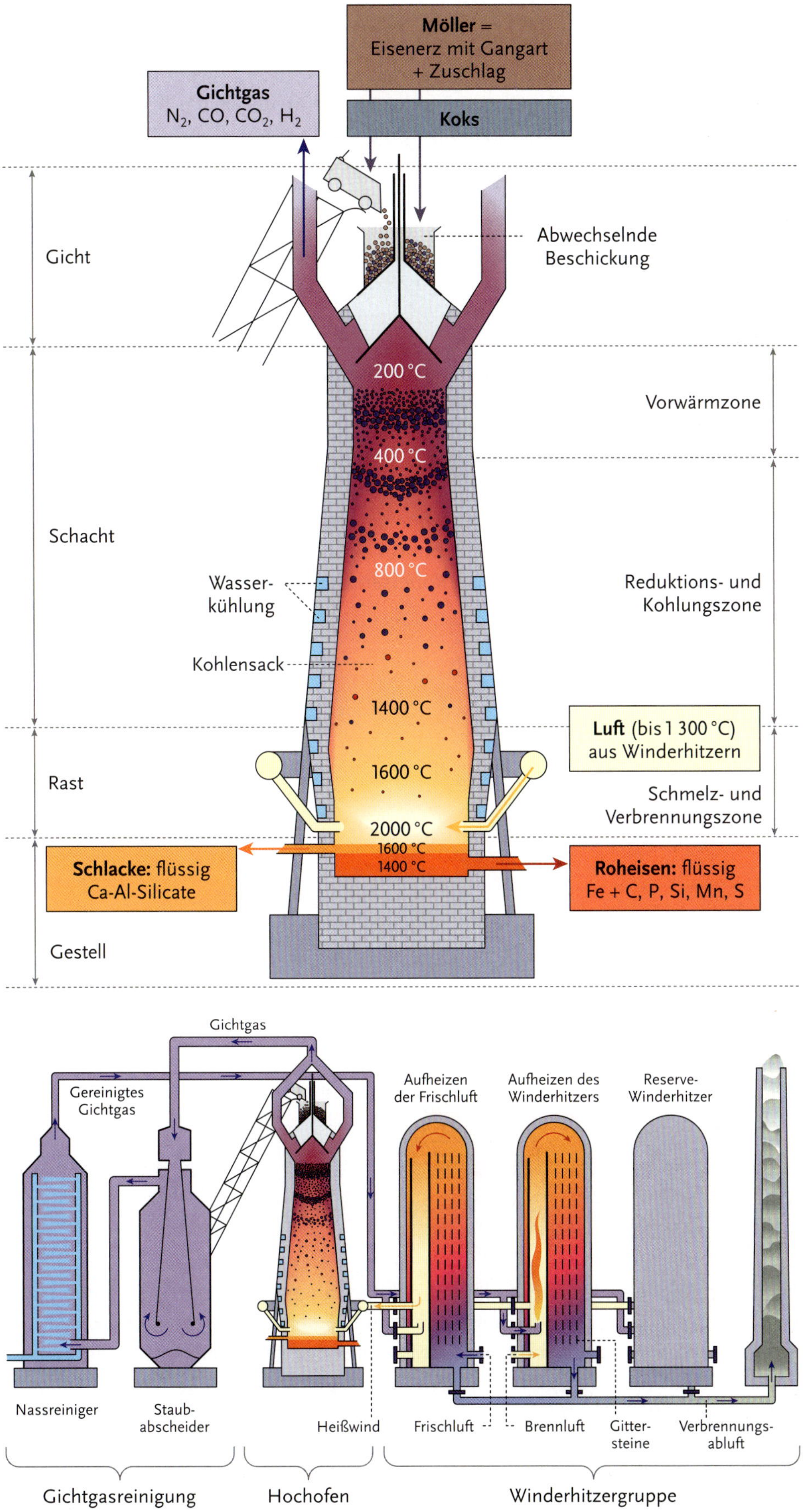

Schema eines Hochofens

Hochofenanlage

Warum kann CO als Brenngas verwendet werden?

Abguss der Hochofenschlacke

Bei etwa 1 500 °C verbinden sich die Zuschläge im Möller mit der noch im Erz enthaltenen Gangart zu einer Schlacke, die auch unerwünschte Begleitelemente (z. B. Schwefel) bindet. Bei etwa 2 000 °C schmelzen der Eisenschwamm und die Schlacke (Schmelzzone). Im Gestell des Hochofens sammeln sich das flüssige Roheisen und die flüssige Schlacke, die auf dem Roheisen schwimmt und das Roheisen vor Oxidation schützt. Roheisen und Schlacke werden in regelmäßigen Abständen abgestochen.

Schlacke enthält vor allem Calcium-Aluminium-Silicate. Die flüssige Schlacke wird zum Erkalten in Schlackengruben gegossen. Sie dient zur Herstellung von Schlackensteinen, Schotter und Zement.

In einer Torpedopfanne wird das Roheisen zum Stahlwerk transportiert

Roheisen: Aufgrund des hohen Kohlenstoffgehaltes von ca. 5 % und weiteren Verunreinigungen an Schwefel, Silicium und Phosphor ist Roheisen für eine direkte Verwendung ungeeignet. Der Großteil wird zu Stahl weiterverarbeitet, ein kleiner Teil zu Gusseisen.

Corexverfahren: Die Herstellung von Roheisen im Hochofen ist sehr aufwendig und umweltbelastend, da Koks aus Steinkohle in einer Kokerei hergestellt werden muss. Das Corexverfahren ermöglicht eine Roheisenproduktion mit Kohle.

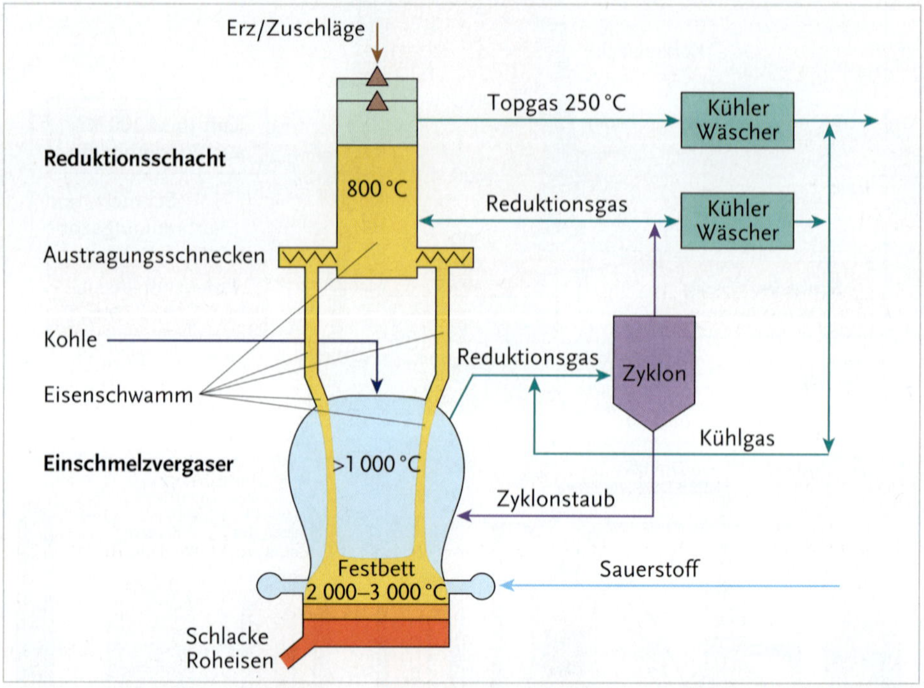

Schema einer COREX-Anlage

Corexanlage Baosteel, China

Produktionsintegrierter Umweltschutz siehe Kap. H, 5.

Im **Einschmelzvergaser** wird Kohle mit reinem Sauerstoff zu einem Reduktionsgas verarbeitet, das nach entsprechender Reinigung Eisenerz im **Reduktionsschacht** zu Eisenschwamm reduziert. Im Einschmelzvergaser werden die Eisenschwamm- und Schlackenteilchen geschmolzen, im Gestell gesammelt und abgestochen. Anstelle von Gichtgas erhält man hochwertiges Topgas, das zur Energieerzeugung und als Synthesegas für die chemische Industrie eingesetzt werden kann.

Einfüllen von Roheisen in den LD-Konverter

Vorteile des Corexverfahrens sind auf ökonomischer Seite die geringeren Investitions- und Produktionskosten und aus ökologischer Sicht weniger Emissionen (nur 10 % der Emissionen von Hochofen und Kokerei). Außerdem kann eine Corexanlage kurzfristig abgestellt werden, ist also flexibler als ein Hochofen, der erst nach mehreren Jahren Ofenreise abgestellt werden kann.

Stahlherstellung

Stahl ist Eisen, das weniger als 2 % Kohlenstoff enthält. Um Stahl zu erhalten, müssen die unerwünschten Begleitelemente aus dem Roheisen und dem mitverwendeten Schrott weitgehend durch Verbrennung entfernt werden (Kohlenstoff, Schwefel, Phosphor u. a.). Den Vorgang nennt man Frischen. Früher wurde im Bessemer- und Thomasverfahren Luft von unten durch die Eisenschmelze hindurch geblasen. Heute wird im Sauerstoffblasverfahren (LD-Verfahren, entwickelt in Linz und Donawitz) in einem Konverter technisch reiner Sauerstoff durch eine wassergekühlte Lanze auf das flüssige Roheisen samt Stahlschrott aufgeblasen. Der Blasvorgang dauert etwa 15 Minuten.

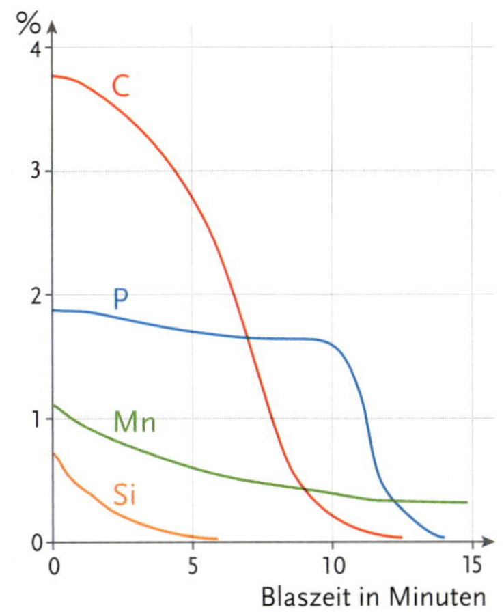

Abnahme der Begleitelemente im Stahl beim Blasvorgang

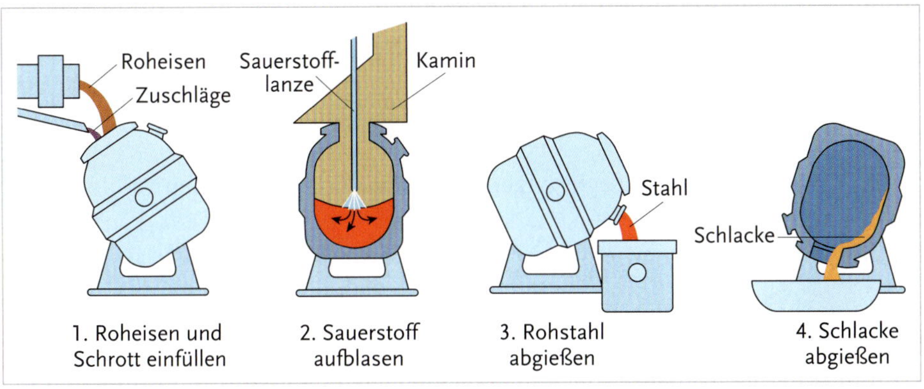

LD-Verfahren

Durch Steuerung des Kohlenstoffgehaltes werden die Eigenschaften des Stahls festgelegt. Für besondere Anwendungen wird Stahl mit Legierungsbestandteilen veredelt (z. B. rostfreier Edelstahl).

Eigenschaften und Verwendung von Stahl

Kohlenstoffgehalt	Eigenschaften	Verwendung
< 0,25 %	weich, gut formbar	Bleche, Drähte
0,25 – 0,7 %	hart, elastisch	Baustahl
0,7 – 1,5 %	sehr hart	Federnstahl

Edelstahl enthält unterschiedliche Mengen an Ni, Cr, Mn, V, Mo, W u. a. zur Verbesserung der mechanischen Eigenschaften und der Korrosionsfestigkeit.

Tafelbesteck aus rostfreiem Edelstahl

Die Bestandteile werden meist im Elektrostahlofen (im elektrischen Lichtbogen zwischen Grafitelektroden) zusammengeschmolzen.

Beispiele Edelstahl

- V2A-Stahl: 0,05 % Kohlenstoff, 18 % Chrom, 10 % Nickel (rostfrei; Haushaltsgegenstände)
- HS-Stahl: bis zu 2 % Kohlenstoff, 6 % Wolfram, 5 % Molybdän, 2 % Vanadium (große Härte, sehr verschleißfest; Bohrer, Werkzeuge)

Bohrer aus HS-Stahl (**HSS = High-Speed-Steel**)

Technische Bedeutung von Eisen und Stahl

- Reineisen
  - In Elektromagneten (Magnetkerne, Polschuhe bei Elektromotoren)
  - Als Dauermagnete
  - Als Eisenbasis für die Herstellung von hochwertigem Edelstahl
  - Als Elektrodenmaterial

G

- Stahl – meistgebrauchter metallischer Werkstoff
  - Automobil- und Nutzfahrzeugindustrie
  - Eisenbahnindustrie
  - Elektroindustrie
  - Rohre und Profile
  - Bauindustrie
  - Maschinenbauindustrie

Ziele erreicht? – „Eisen und Stahl"

2.01 + Nennen Sie die allgemeinen Eigenschaften der Gruppe der Metalle.

2.02 + Geben Sie zumindest zwei Gesichtspunkte an, nach denen Metalle eingeteilt werden können.

2.03 + Unterscheiden Sie Legierungen der Metalle von chemischen Verbindungen.

2.04 ++ Ordnen Sie die Eisenerze Hämatit (Fe_2O_3), Magnetit (Fe_3O_4), Siderit ($FeCO_3$) und Pyrit (FeS_2) nach ihren Eisengehalten.

2.05 ++ Eine Hochofenanlage erzeugt pro Stunde 300 t Roheisen. Berechnen Sie, wie viel Tonnen Eisenerz (Fe_2O_3) pro Stunde (theoretisch) dafür benötigt werden.

2.06 + Schreiben Sie die Reaktionsgleichung für die Reduktion von Magnetit im Hochofen an.

2.07 ++ Hochreines Eisen kann durch Reduktion von Eisenoxid Fe_2O_3 mit Wasserstoff hergestellt werden. Formulieren Sie die Reaktionsgleichung.

2.08 + Recherchieren Sie im Internet: Wo wird derzeit Roheisen nach dem Corexverfahren hergestellt?

Felge aus Aluminium

Rotschlammdeponie im westungarischen Ort Kolontar vor und nach dem Unglück im Oktober 2010

2.2 Aluminium

Obwohl Aluminiumverbindungen in Mineralien und damit in Gesteinen weit verbreitet sind, gewinnt man Aluminium aus **Bauxit,** weil aus ihm am leichtesten reines Aluminiumoxid hergestellt werden kann. Bauxit ist ein Gestein, das etwa 50 % Aluminiumoxid enthält. Der Rest ist ein Gemisch verschiedener Oxide, z. B. von Eisenoxid, Siliciumoxid und Wasser. Aus dem Bauxit gewinnt man nach dem **Bayerverfahren** (**Carl Josef Bayer,** österreichischer Chemiker) reines Aluminiumoxid (Tonerde).

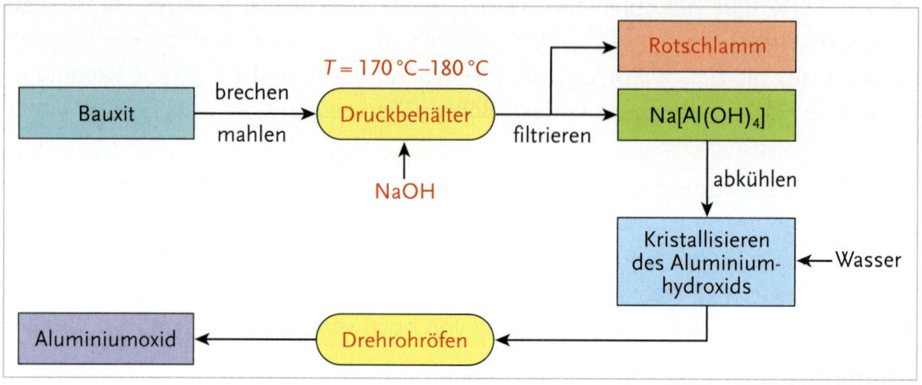

Bayerverfahren

Dazu wird Bauxit gemahlen und in einem Druckbehälter bei ca. 180 °C und 10 bar mit Natronlauge umgesetzt. Es entsteht das wasserlösliche Natriumtetrahydroxoaluminat $Na[Al(OH)_4]$. Die unlöslichen Oxide werden abfiltriert und als Rotschlamm deponiert. Aus der Aluminatlösung wird Aluminiumhydroxid ausgefällt und durch Kalzinieren (Erhitzen) in Tonerde umgewandelt.

Aus Tonerde wird Aluminium durch **Schmelzflusselektrolyse** hergestellt. Tonerde hat einen sehr hohen Schmelzpunkt (t_m = 2 050 °C). Zur Herabsetzung der Arbeitstemperatur wird Tonerde in geschmolzenem **Kryolith** $Na_3[AlF_6]$ gelöst. Die Mischung 18,5 % Tonerde und 81,5 % Kryolith schmilzt bei 935 °C. Bei dieser Temperatur ist der großtechnische Prozess der Schmelzflusselektrolyse wirtschaftlich. Die Durchführung erfolgt mit einer Spannung von etwa 5 V und Stromstärken bis zu 300 kA.

Elektrolyse siehe Kap. F, 3.1

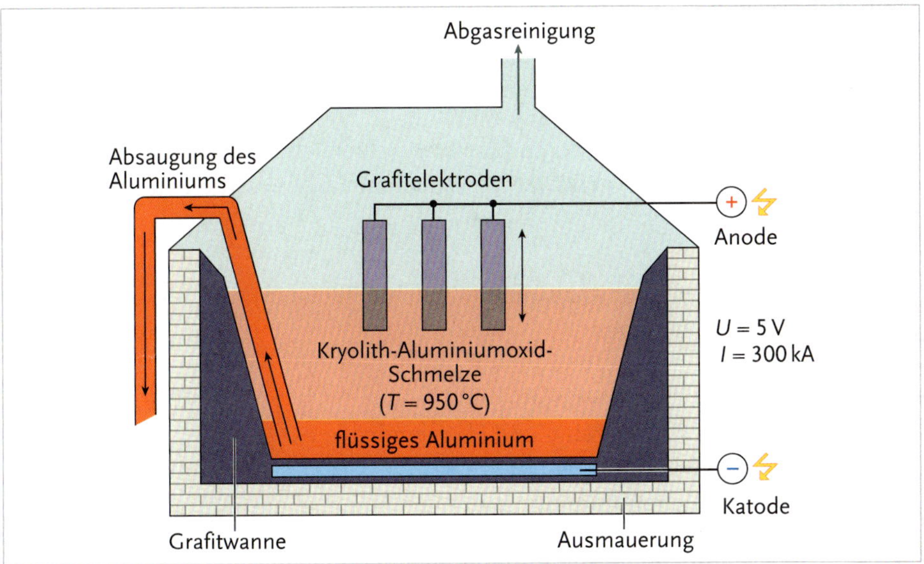

Gewinnung von Aluminium durch Schmelzflusselektrolyse

Aluminiumproduktion

In der Schmelze wandern die frei beweglichen Aluminiumionen zur Katode und werden entladen. Das flüssige Aluminium sammelt sich am Wannenboden und wird in regelmäßigen Abständen abgesaugt. Die Anoden sind beweglich angeordnete Grafitblöcke, die der Katode angenähert werden. An den Anodenblöcken entsteht atomarer Sauerstoff, der mit dem Kohlenstoff zu CO und CO_2 reagiert. Die Anodenblöcke brennen langsam ab und müssen in regelmäßigen Abständen ausgewechselt werden.

$$2\,Al_2O_3 \rightarrow 4\,Al + 3\,O_2$$

$$2\,C + O_2 \rightarrow 2\,CO \qquad C + O_2 \rightarrow CO_2$$

Da bei der Elektrolyse Staub und schädliche Abgase entstehen (CO, Fluorverbindungen), ist die Elektrolysezelle geschlossen und mit einer Gasreinigungsanlage verbunden.

Aus welchem Stoff entstehen die Fluorverbindungen?

Beispiel 2.3.01: Berechnung des theoretisch benötigten Strombedarfs (Energie) in Kilowattstunden zur Herstellung von 1 t Aluminium bei einer Spannung von 5 V

Elektrische Arbeit $W = U \cdot n \cdot z \cdot F$ Spannung $U = 5$ V Al^{3+}-Ion: $z = 3$

$$n = \frac{m}{M} = \frac{1\,000\,000}{27} = 37\,037{,}04 \text{ mol}$$

$$W = 5 \text{ V} \cdot 37\,037{,}04 \text{ mol} \cdot 3 \cdot 96\,485 \text{ As/mol} = 5{,}36 \cdot 10^{10} \text{ Ws}$$

Elektrische Arbeit: $W = U \cdot Q$ (Ws)
$Q = n \cdot z \cdot F$
F = 96 485 As/mol (Faradaykonstante)
n ... Anzahl der Mole
z ... Wertigkeit des Ions
$M(Al)$ = 27 g/mol

Testen Sie das Verhalten von Aluminiumfolie gegenüber Wasser, Salzsäure und konzentrierter Natronlauge.

Welches brennbare Gas entsteht bei der Reaktion von Aluminium mit NaOH?

Eloxal = **el**ektrolytisch **ox**idiertes **Al**uminium

Eloxierte Aluminiumkarabiner

$1\ kWh = 3{,}6 \cdot 10^6\ Ws \qquad W = \frac{5{,}36 \cdot 10^{10}}{3{,}6 \cdot 10^6} = 14\ 889\ kWh$

Der theoretische Strombedarf für die Herstellung von 1 t Aluminium beträgt 14 889 kWh. Der tatsächliche Energiebedarf ist durch Anreicherung, Bayerverfahren und Verluste bei der Elektrolyse deutlich höher. Er liegt bei knapp 18 000 kWh elektrischer Energie, wozu noch etwa 6 000 kWh thermischer Energie kommen.

Eigenschaften von Aluminium

- Silbrig glänzender Feststoff
- $t_b = 2\ 467\ °C$, $t_m = 660{,}3\ °C$
- Dichte: 2,7 g/cm^3
- Weich und zäh
- Gut verformbar (duktil)
- Gute elektrische Leitfähigkeit
- Korrosionsbeständig (aufgrund seiner dichten Oxidschicht)

Die Korrosionsfestigkeit wird durch Eloxieren (Überziehen mit einer dünnen, undurchlässigen Oxidschicht) verstärkt. Verschiedene Farben werden durch Metallsalze im Elektrolyten erreicht.

Technische Bedeutung von Aluminium

- Hochspannungsleitungen
- Rettungsdecken
- Reflektormaterial (Scheinwerfer)
- Leichtbauwerkstoff (Fahrzeug- und Flugzeugbau)
- Fensterrahmen, Beschläge
- Für Wärmeableitungen (Kühlrippen)
- Lebensmittelverpackungen, Haushaltsfolien, Tuben

Ziele erreicht? – „Aluminium“

2.09 + Geben Sie an, wie Aluminium in der Natur vorkommt.

2.10 + Nennen Sie die unterschiedlichen Eigenschaften von Aluminium von Eisen.

2.11 + Erklären Sie, warum bei der Schmelzflusselektrolyse nicht mit reiner Tonerde gearbeitet werden kann.

2.12 ++ Berechnen Sie die benötigte Stromstärke zur Herstellung von 1 t Aluminium in einem Zeitraum von 24 Stunden.

2.13 ++ Formulieren Sie die Reaktionsgleichung für das Auflösen von Aluminium in Salzsäure.

2.14 ++ Formulieren Sie die Reaktionsgleichung für das Auflösen von Aluminium in Natronlauge (Edukte: Al, NaOH, H_2O; Produkte: Natriumaluminat $Na[Al(OH)_4]$ und ein leichtes Gas).

2.15 ++ Finden Sie Argumente, warum Aluminiumrecycling besonders sinnvoll ist.

2.3 Buntmetalle – Kupfer, Zink, Blei

Der Begriff **Buntmetalle** beschreibt nicht eindeutig, welche Metalle gemeint sind. Er leitet sich einerseits von der bunten Farbe der Metallerze, anderseits von der Farbe der Metalle selbst ab. In der Technik werden überwiegend die Stoffe **Kupfer und seine Legierungen, Zink** und **Blei** als Buntmetalle bezeichnet. Das Recycling von Buntmetallen stellt eine wertvolle Rohstoffquelle dar.

Recyclingbuntmetall

Kupfer

Kupfer wird in der Natur sowohl in gediegener Form als auch in sulfidischen und oxidischen Erzen gefunden. Diese Erze enthalten durchschnittlich nur rund 3 – 5 % Cu, das durch Flotationsverfahren angereichert wird. Das wichtigste Erz ist der Kupferkies ($CuFeS_2$).

Flotation siehe Kap. D, 1.2.

Eigenschaften von Kupfer
- Rötlich glänzender Feststoff
- $t_b = 2\,562$ °C, $t_m = 1\,084$ °C
- Dichte: 8,96 g/cm^3
- Relativ weich und dehnbar, gut verformbar (duktil)
- Gute elektrische Leitfähigkeit (nach Silber zweitbester Leiter), gute Wärmeleitfähigkeit
- Korrosionsbeständig, bildet an feuchter Luft eine schützende Patina aus basischem Kupfercarbonat $CuCO_3 \cdot Cu(OH)_2$
- Zu 100 % recycelbar

Kupferdach der Wiener Karlskirche mit Patina

Gewinnung von Kupfer aus $CuFeS_2$:

Verfahren	Reaktionen	Produkte
Vorrösten der Erze	teilweises Entfernen des Schwefels	Röstgut: Cu_2S, FeS, Fe_2O_3
Schmelzen des Röstgutes mit Zuschlägen (Quarz)	Verschlackung des Eisens, Abtrennen der Schlacke	Produkt: flüssiger Kupferstein (Cu_2S, FeS)
Einblasen von Luft	1. Phase: FeS wird zu FeO abgeröstet, mit Quarz verschlackt und abgetrennt 2. Phase: Cu_2S wird teilweise zu Cu_2O oxidiert und reagiert mit restlichem Cu_2S zu Cu und SO_2 $2\,Cu_2O + Cu_2S \rightarrow 6\,Cu + SO_2$	Produkt: Rohkupfer mit 95 % Cu
Feuerraffination mit Zuschlägen	Verunreinigungen werden in der Schlacke gebunden	Produkt: Garkupfer mit 99 % Cu; wird zu Anodenplatten gegossen
Elektrolytische Raffination	Garkupferanode löst sich in schwefelsaurer $CuSO_4$-Lösung auf und reines Kupfer wird an einer Edelstahlkatode abgeschieden	Produkt: Katodenkupfer mit 99,99 % Cu

Katodenkupfer auf Edelstahlkatoden

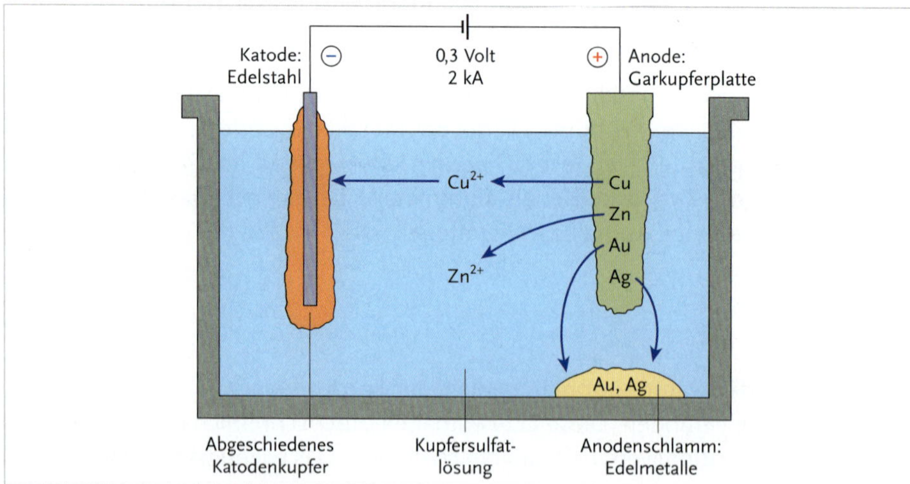

Elektrolytische Kupferraffination

Unedlere Metalle als Kupfer im Anodenmaterial werden ebenfalls oxidiert und gehen in Lösung. An der Katode werden sie nicht abgeschieden. Edlere Metalle als Kupfer werden nicht oxidiert und bilden unter der sich auflösenden Anode den Anodenschlamm. Dieser enthält Ag, Au und Pt.

Kupferlegierungen:

Bronze:	Kupfer-Zinn-Legierung	Zinnanteil: 10 – 22 %
Messing:	Kupfer-Zink-Legierung	Zinkanteil: 10 – 40 %
	Häufig verwendete Messingsorte: CuZn37	Zinkanteil: 37 %

Technische Bedeutung von Kupfer und Kupferlegierungen

- **Katodenkupfer**
  - Elektrische Leitungen, Kabel, Leiterplatten, Spulen
  - Als Wärmeleiter (z. B. in Lötkolben)
  - Baumaterial (Spenglerei)
  - Apparatebau (Destillationsanlagen, Sudkessel in Brauereien)
  - Münzen
- **Bronze**
  - Maschinen- und Werkzeugbau
  - Glocken
- **Messing**
  - Sanitärinstallation
  - Armaturen
  - Gussteile

Sudkessel aus Kupfer in einer Brauerei

Zink

Zink kommt in der Erdhülle nur gebunden vor. Die wichtigsten Mineralien sind Zinkblende ZnS und Zinkspat $ZnCO_3$. Zink überzieht sich an feuchter Luft mit einer dichten, fest haftenden Schicht von basischem Zinkcarbonat $ZnCO_3 \cdot Zn(OH)_2$, die das Metall schützt (Passivität).

Die Gewinnung erfolgt im Trockenverfahren durch Reduktion der Zinkerze mit Kohlenstoff und Kondensation des dampfförmigen Zinks. Beim Nassverfahren wird ZnS zu ZnO geröstet, das ZnO in Schwefelsäure gelöst und Zink elektrolytisch abgeschieden.

Glocke aus Bronze

Eigenschaften und technische Bedeutung von Zink

- Bläulich grauer Feststoff
- t_b = 907 °C, t_m = 419,5 °C
- Dichte: 7,1 g/cm³
- Bei Raumtemperatur spröde, über 100 °C weich
- Hauptverwendung im Korrosionsschutz
  - Verzinken von Stahl (Feuerverzinken, galvanisches Verzinken)
  - Opferanoden
- Elektrodenmaterial in Batterien
- Zinkbleche im Bauwesen
- Legierungsmetall (Messing)
- Zinkdruckgussteile (Gehäuseteile, Modellautos)

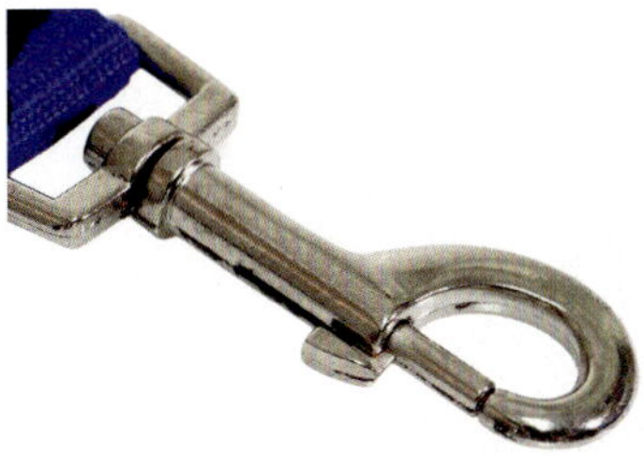

Karabinerhaken aus Zinkdruckguss

Blei

Das wichtigste Bleierz ist Bleiglanz PbS. Trotz seines seltenen Vorkommens in der Erdhülle wurde Blei schon seit der Bronzezeit und besonders von den Römern verwendet. Heute steht Blei nach Aluminium, Kupfer und Zink an vierter Stelle der weltweit produzierten Nichteisenmetalle.

Zur Gewinnung wird Blei im Direktschmelzverfahren – das Rösten und die Reduktion finden parallel in einem Reaktor statt – aus PbS hergestellt.

Eigenschaften und technische Bedeutung von Blei

- Bläulich weißer Feststoff
- t_b = 1 749 °C, t_m = 327,4 °C
- Dichte: 11,3 g/cm³
- Weich
- Blei hinterlässt auf Papier einen grauen Strich (Verwechslung mit Grafit, „Bleistift")
- Bleistäube und -dämpfe sind giftig
- Strahlenschutzmaterial
- Bleiakkumulatoren
- Geschosse
- Historisch: Schriftmetall (Bleilettern)
- Bleigewichte (Angeln, Tauchen; Wuchtblei bei Autorädern ist verboten)
- Legierungsbestandteil
- Bleiglas, Bleikristall

Bleilettern für historischen Buchdruck

Ziele erreicht? – „Buntmetalle – Kupfer, Zink, Blei"

2.16 (+) Beschreiben Sie die große technische Bedeutung von Kupfer.

2.17 (+) Geben Sie zu allen Atomen in der Gleichung 2 Cu_2O + $Cu_2S \rightarrow$ 6 Cu + SO_2 die zugehörigen Oxidationszahlen an und geben Sie an, welche Substanz oxidiert und welche reduziert wird.

2.18 (+) Beschreiben Sie die Bedeutung des „Abfallproduktes" Anodenschlamm.

2.19 (++) Erklären Sie, warum Sudkessel in Brauereien nicht aus Edelstahl, sondern aus Kupfer gefertigt werden.

2.20 (++) Erklären Sie, warum es ein EU-weites Verbot für den Einsatz von Wuchtblei bei Autorädern gibt.

2.21 (++) Geben Sie an, welche drei Metalle die wichtigsten in der Technik sind, und belegen Sie dies mit Anwendungsbeispielen.

G

2.4 Silicium

Bergkristall

Silicium ist mit 25,8 % Massenanteil hinter dem Sauerstoff das zweithäufigste Element in der Erdhülle. Es kommt nicht elementar, sondern nur in Form von silicathaltigen Gesteinen (z. B. Quarzsand, Granit, Feldspat) und Mineralien (z. B. Bergkristall, Amethyst) vor. In der belebten Natur bauen Kieselalgen und Schwämme Siliciumdioxid in ihr Skelett ein. Die Pflanzen Schachtelhalm und Bambus erhalten durch ein Gerüst aus SiO_2 zusätzliche Stabilität.

Die Gewinnung von elementarem Silicium, das man in großen Mengen in hochreiner Form in der Halbleitertechnologie benötigt, erfolgt in mehreren Stufen:

Schachtelhalm oder Zinnkraut, früher wurde diese Pflanze zum Putzen von Zinngeschirr verwendet, daher auch ihr Name

Gewinnung von **Rohsilicium** durch Reduktion von Quarzsand mit Koks im elektrischen Lichtbogenofen bei etwa 2 000 °C:

$$SiO_2 + 2\,C \rightarrow Si + 2\,CO$$

Das Rohsilicium enthält noch etwa 1 – 2 % Verunreinigungen und wird im Siemensprozess weiter gereinigt. Dazu wird fein gemahlenes Rohsilicium in einem Wirbelschichtreaktor mit Hydrogenchlorid HCl zu Trichlorsilan umgesetzt:

$$Si + 3\,HCl \rightarrow H_2 + HSiCl_3$$

Trichlorsilan siedet bei 32 °C und wird durch Destillation gereinigt. Nach diesem Reinigungsschritt wird es bei Anwesenheit von Wasserstoff an der Oberfläche von dünnen Siliciumstäben zu polykristallinem Silicium thermisch zersetzt.

$$H_2 + HSiCl_3 \rightarrow Si + 3\,HCl$$

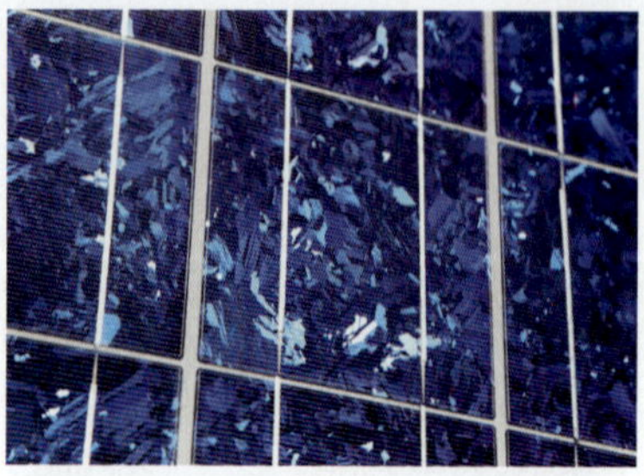

Solarzellen aus polykristallinem Silicium

Das polykristalline **Solarsilicium** eignet sich für die Herstellung von Solarzellen.

Die Mikroelektronik benötigt hochreines monokristallines Silicium **(Halbleitersilicium).** Dazu wird Solarsilicium in Quarztiegeln geschmolzen. Unter Drehen taucht ein monokristalliner Impfkristall in die Schmelze und wird langsam herausgezogen **(Tiegelziehverfahren).** An ihm kristallisiert das Silicium als perfekter Einkristall in hochreiner Form. In der Schmelze verbleiben die Verunreinigungen.

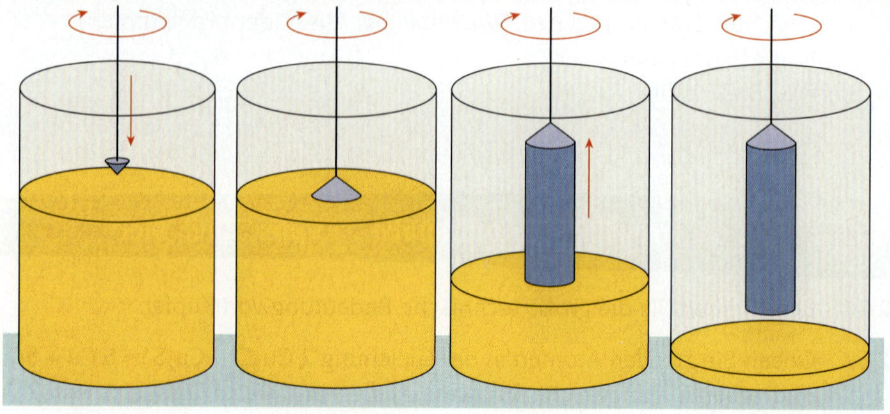

Impfkristall taucht in die Schmelze — Einkristall beginnt zu wachsen — Langsames Herausziehen — Einkristall mit verunreinigter Restschmelze

Siliciumeinkristall

Der Einkristall wird in dünne Scheiben zersägt. Diese Wafer genannten Scheiben bilden die Grundlage für die Herstellung integrierter Schaltungen (ICs bzw. Mikrochips).

Eigenschaften und technische Bedeutung von Silicium

- Dunkelgrauer, metallisch glänzender Feststoff
- $t_b = 2\,477$ °C, $t_m = 1\,410$ °C
- Dichte: 2,33 g/cm^3
- Hart und spröde
- Halbleiter
- **Rohsilicium**
  - Legierungsbestandteil für Stahl, Aluminium und Kupfer
  - Desoxidationsmittel bei der Stahlherstellung
  - Produktion von Siliconen (Sanitärsilicon, Siliconkautschuk)
- **Solarsilicium**
  - Produktion von polykristallinen Solarzellen
- **Halbleitersilicium**
  - Grundmaterial der Halbleiterindustrie (Transistoren, ICs, Mikrochips)
  - Monokristalline Solarzellen (Bluechips)

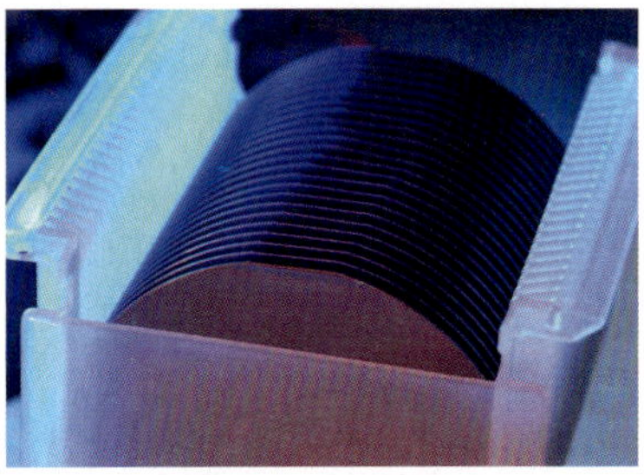
Siliciumwafer

Bluechip-Solarzelle bei der Fertigung

p- und n-Halbleiter

Hochreines Silicium ist bei Raumtemperatur ein Isolator. Durch Einbringen von Fremdatomen in das Kristallgitter wird die Leitfähigkeit gezielt verändert. Diesen Vorgang nennt man **Dotieren.**

Beim Einbringen von fünfwertigen Elementen (z. B. Phosphor) in das Kristallgitter des vierwertigen Siliciums stehen frei bewegliche Elektronen zur Verfügung (n-Dotierung). Werden dreiwertige Elemente (z. B. Bor) in das Kristallgitter eingebaut, entstehen Fehlstellen **(p-Dotierung).** Beim Anlegen einer Spannung wandern diese „Elektronenlöcher" wie positive Ladungsträger durch den Kristall.

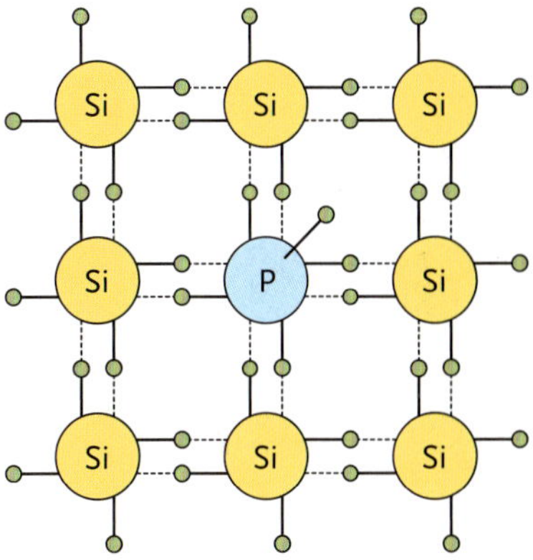

n-Dotierung mit Phosphor

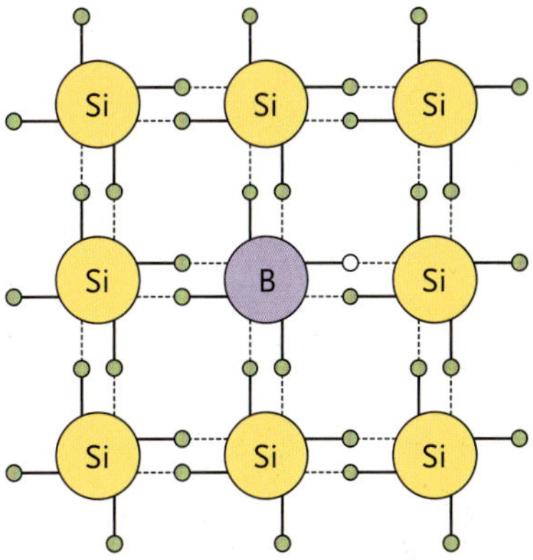

p-Dotierung mit Bor

Das einfachste Bauteil nach dem Prinzip der Kombination einer p- und n-Dotierung ist die **Diode,** die Strom nur in einer Richtung durchlässt. Durch Diffusion entsteht eine Grenzschicht, wobei in die p-Schicht negative Ladungsträger und in die n-Schicht positive Ladungsträger („Elektronenlöcher") eindringen.

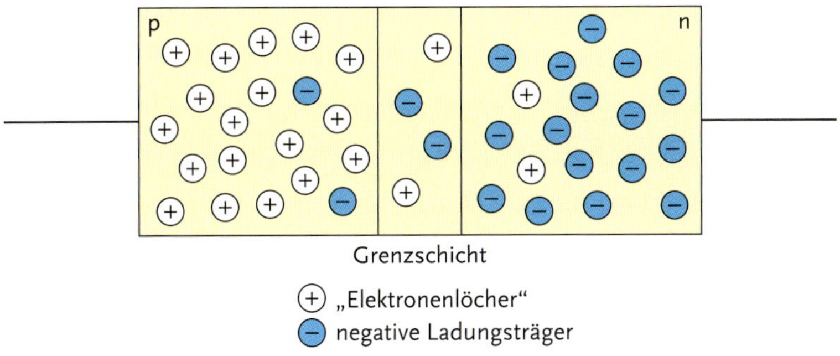

Beim Anlegen einer Gleichspannung entscheidet die Polung über das Durchlassen bzw. Sperren des Stromflusses.

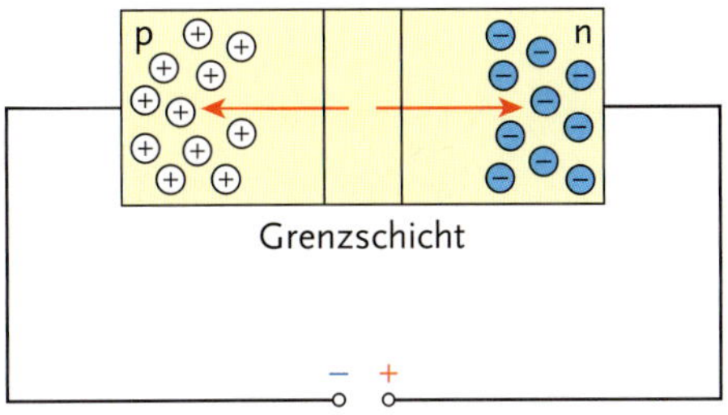

Diode in Sperrrichtung

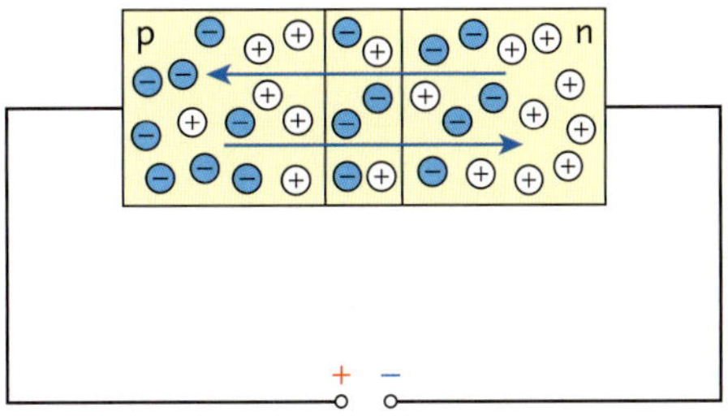

Diode in Durchlassrichtung

Elektronikplatine mit Dioden, Kondensatoren, ICs und anderen Bauteilen

In Sperrrichtung zieht der Minuspol die positiven Löcher der p-Schicht und der Pluspol die Elektronen der n-Schicht an. Die Grenzschicht verarmt an Ladungsträgern, es bildet sich eine ladungsfreie Sperrzone und es kann kein Strom fließen. In Durchlassrichtung treten Löcher in die n-Schicht und Elektronen in die p-Schicht über und es kann Strom fließen.

Die Kombination von p- und n-dotierten Schichten kommt in allen Halbleiterbauteilen (Transistoren, ICs, Mikrochips, Leuchtdioden, Solarzellen) vor.

Ziele erreicht? – „Silicium"

2.22 + Geben Sie an, in welcher Form Silicium in der Erdhülle vorkommt.

2.23 + Zählen Sie auf, wodurch sich ein Halbleiter auszeichnet.

2.24 + Nennen Sie weitere Elemente außer Silicium mit Halbleitereigenschaften.

2.25 ++ Nennen Sie weitere Elemente, die aufgrund ihrer Stellung im Periodensystem zum Dotieren verwendet werden können.

2.26 + Erklären Sie das Funktionsprinzip einer Diode.

2.27 ++ Recherchieren Sie im Internet über den Aufbau und die Funktionsweise einer Leuchtdiode und einer Solarzelle.

2.28 ++ Es wird an einem Pol einer Wechselspannung eine Diode angeschlossen. Welche Art Spannung erhält man?

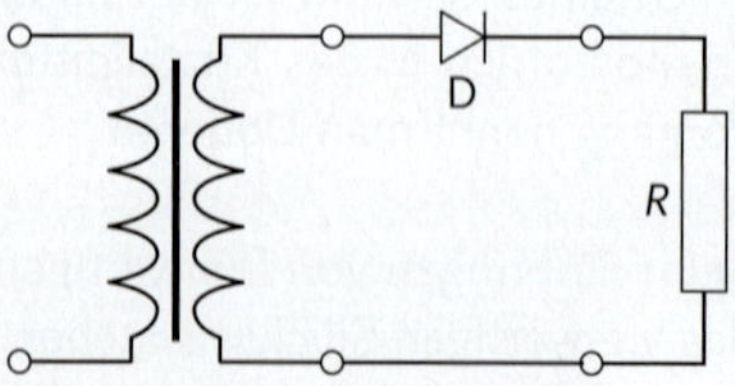

Wechselspannungsquelle mit Diode (D) und Widerstand (R)

H Naturwissenschaften, Umwelt und Gesellschaft II

In diesem Kapitel geht es darum, die kulturelle, ökonomische und sozialpolitische Bedeutung der Naturwissenschaften darzustellen. Neben Grundbegriffen lernen Sie die Abläufe gängiger Verfahren und Konzepte zur Schadstoffverringerung und -vermeidung kennen und werden zu einem verantwortungsvollen Umgang mit Energie- und Rohstoffressourcen angeleitet.

H

Ernst Haeckel, 1834 bis 1919, deutscher Zoologe und Philosoph

1 Grundbegriffe der Ökologie

Was war zuerst? Die Henne oder das Ei? Bei Entdeckungen und Erfindungen: der Nutzen oder der Schaden? Fragen über Fragen! Die Antworten hängen stets vom Standpunkt des Befragten ab. Diesen Standpunkt wiederum bestimmen ethische, moralische, politische und wirtschaftliche Interessen. Die Reihenfolge dieser Interessen ist alphabetisch gewählt, aber keinesfalls bewertend gemeint. Denn andernfalls stellt sich wiederum die Frage: Was ist wichtiger? Die Ethik? Die Moral? Die Politik? Die Wirtschaft? Im Interessenskonflikt Ökologie – Ökonomie zeigt sich deutlich, dass als Bindeglied ethische Überlegungen miteinbezogen werden müssen. Die Ethik ist hier als philosophische Disziplin gefordert, die das gute und gerechte Handeln für ein sinnvolles menschliches Leben in den Mittelpunkt stellt. Konsumenten, Unternehmen und Staaten haben im Sinne der Umweltethik zu bedenken, dass der Mensch nicht alle seine technischen und wirtschaftlichen Möglichkeiten ausnutzen darf. Um die Kosten für den Umweltschutz aufzubringen, ist ein funktionierendes, ökologisches Wirtschaftssystem nötig, das die weltweiten umweltschädigenden Auswirkungen reduziert und gleichzeitig Mittel für den Umweltschutz zur Verfügung stellt.

Sowohl die Ökologie als auch die Ökonomie weisen den gleichen Wortstamm, nämlich das griechische Wort „oikos", auf, das so viel wie „Haushalt" bedeutet. Der Begriff der Ökonomie stammt aus dem 17. Jahrhundert und bezeichnete ursprünglich die Lehre von der Volkswirtschaft. Die Ökologie ist die Lehre von den Wechselbeziehungen zwischen den Lebewesen untereinander und mit ihrer Umwelt. Der Begriff Ökologie wurde von **Ernst Haeckel** 1866 erstmals verwendet. Haeckel war ein Bewunderer und Anhänger der Lehren des englischen Biologen **Charles Darwin,** der mit seinen Werken über die Wechselwirkungen zwischen Tier- und Pflanzenarten die Grundlagen für eine wissenschaftliche Ökologie bereitet hatte.

Meine Ziele

Nach Bearbeitung dieses Kapitels kann ich

- das **Arbeitsgebiet der Ökologie** angeben und **Ökosysteme** beschreiben;
- den **Einfluss von abiotischen und biotischen Faktoren auf Ökosysteme** abschätzen;
- **Stoff- und Energiekreisläufe** nachvollziehen;
- die Maßnahmen **Vermeiden, Vermindern, Verwerten, Entsorgen** anwenden und beurteilen.

Ökologie: Wissenschaft von den wechselseitigen Beziehungen zwischen Organismen und allen Bedingungen ihrer Umwelt

Die Ökologie verknüpft biologische, chemische und physikalische Einzeldaten mit mathematischen Methoden. Sie entwickelt Denkmodelle, die unsere Welt möglichst genau beschreiben.

Umwelt: Umweltfaktoren sind alle auf Organismen einwirkenden Einflüsse. Abiotische (Klima, Boden) entstammen der unbelebten Natur, biotische umfassen alle Einflüsse anderer Lebewesen.

Biotop: Der räumlich begrenzte Lebensraum für jeden Organismus wird von der Summe aller abiotischen Umweltfaktoren bestimmt.

Biozönose: Jeder Organismus lebt in seinem Biotop mit anderen Organismen als biotische Umweltfaktoren (Lebensgemeinschaft).

Das Wort Ökologie hat positiv besetzt Eingang in unsere Alltagssprache gefunden. Hier wird ökologisch gleichbedeutend mit umweltverträglich, sauber und nachhaltig verwendet. Diskutieren Sie die Begriffe Ökobauer, Ökodorf, Ökostrom und Ökomode.

Umwelt ist ein Teil der Umgebung des Organismus, der mit ihm in Verbindung steht.

Recherchieren Sie, welche Gütezeichen den Konsumenten über ökologisch angebaute und fair gehandelte Produkte informieren.

Ökosystem: Bestehen zwischen einem Biotop und einer Biozönose natürliche Wechselwirkungen (Stoff- und Energiekreisläufe), bilden sie ein Ökosystem. Ein Ökosystem enthält Produzenten (grüne Pflanzen) und Destruenten (Zersetzer, z. B. Bakterien, Pilze). Dazwischengeschaltet sind Konsumenten (Verbraucher, z. B. Tiere, Menschen). Abiotische und biotische Umweltfaktoren stehen in einem intakten Ökosystem im Gleichgewicht.

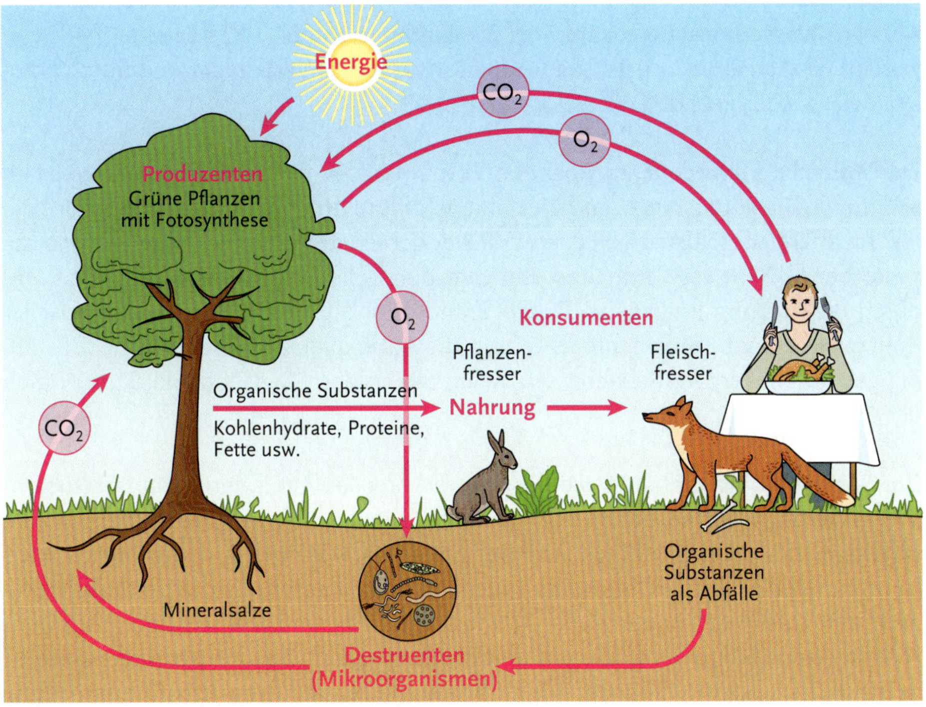

Korallenriff

Regulierter Bachlauf

Natürliche Ökosysteme sind das Meer, ein Korallenriff im Meer, ein See, ein Fluss, ein Bach, eine von Pflanzen, Mikroorganismen und Tieren bewohnte Insel. Sie zeichnen sich durch Selbstregulation und Artenvielfalt aus. Besonders gefährdete natürliche Ökosysteme sind der tropische Regenwald, Hochgebirgszonen, Mischwälder, Naturwiesen und Moore.

Künstliche Ökosysteme sind vom Menschen geschaffen wie intensiv genutzte landwirtschaftliche Anbaugebiete, Nutzholzpflanzungen, land- und forstwirtschaftliche Monokulturen, begradigte Flüsse und Bäche. Sie sind artenarm und haben die Fähigkeit zur Selbstregulation weitgehend verloren.

Biomasse ist die Gesamtheit aller lebenden und toten Organismen eines Ökosystems und der von ihnen stammenden Substanz.

Unsere Umwelt wird in Sphären eingeteilt: die Atmosphäre, die Lufthülle der Erde mit fließender Grenze zum Weltall, die Hydrosphäre aus Ozeanen und anderen Gewässern, die Lithosphäre, die äußeren Gesteinsschichten der Erde. Im Boden durchdringen sich diese drei Sphären.

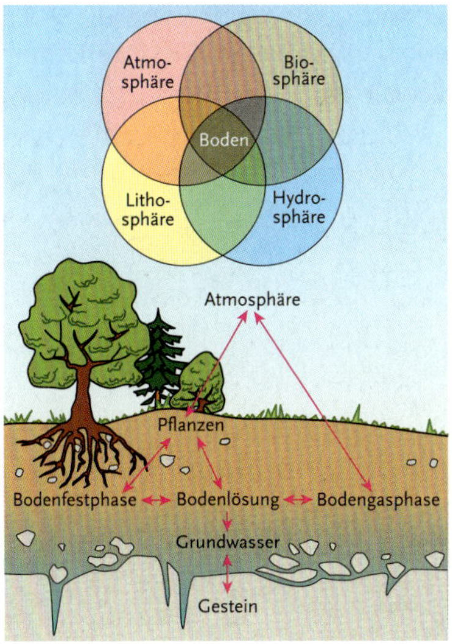

Die **Biosphäre** entwickelt sich in der Atmosphäre, der Hydrosphäre und im Boden.

Ökosysteme sind offene Systeme, die von der Sonne Energie aufnehmen: Bis zu 50 % wird Sonnenlicht von den grünen Pflanzen absorbiert, bis zu 8 % wird es in chemische Energie umgewandelt.

Assimilation ist die Aufnahme von Materie und Energie durch Organismen.

H

Durch die Energie der Sonne und durch die Erdwärme werden Stoffströme zwischen den Sphären aufrechterhalten: Wasser, Sauerstoff, Kohlenstoff, Stickstoff, Phosphor und Schwefel bilden miteinander verknüpfte Kreisläufe.

Im **Wasserkreislauf** bewegen sich durch Verdunstung und Niederschläge jährlich etwa 500 000 km^3 Wasser.

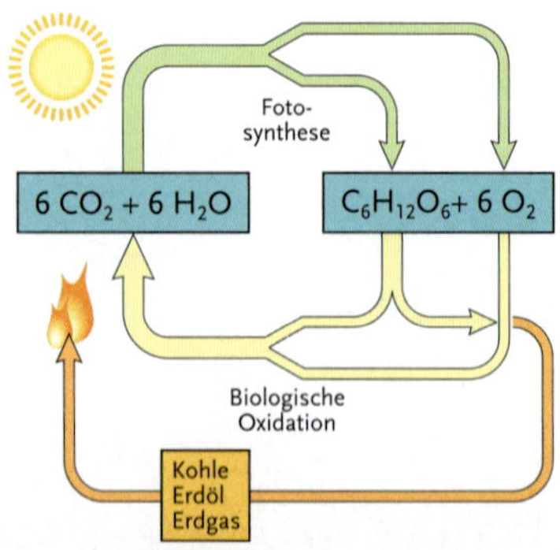

Sauerstoff- und Kohlenstoffkreislauf in der Ökosphäre

Der **Sauerstoffkreislauf** hängt über die Fotolyse des Wassers bei der Fotosynthese mit dem Wasserkreislauf zusammen. Die Lufthülle enthält 10^{15} t Sauerstoff. Davon werden jährlich etwa $3 \cdot 10^{11}$ t für Oxidationsprozesse verbraucht und durch Fotosynthese wieder gebildet.

Der **Kohlenstoffkreislauf** ist über die Fotosynthese mit dem Sauerstoffkreislauf verknüpft. Die Atmosphäre enthält Kohlenstoff in Form von Kohlenstoffdioxid, die Hydrosphäre als gelöstes Kohlenstoffdioxid. Kohlenstoff ist in der lebenden und abgestorbenen Biomasse enthalten und wird durch die Fotosynthese gebunden und durch die Atmung freigesetzt. Durch Brandrodung und die Verbrennung fossiler Rohstoffe gelangt Kohlenstoff als CO_2 in die Atmosphäre und kann nicht vollständig gebunden werden. So steigt seit vielen Jahren der CO_2-Gehalt der Luft jährlich um etwa 0,5 % an.

Der **Stickstoffkreislauf** hängt wie die anderen Kreisläufe mit der Biosphäre zusammen. Alle Organismen brauchen Stickstoff für den Aufbau von Proteinen, Nukleinsäuren und kleineren Molekülen. Der elementare Stickstoff in der Atmosphäre kann von den meisten Organismen nicht genutzt werden. Die Stickstofffixierung geschieht durch die Bildung von Ammoniumsalzen in Bakterien und Blaualgen. Nitrifizierende Bakterien oxidieren Ammoniak zu Nitrat. Denitrifizierende Bakterien oxidieren bei Sauerstoffmangel ihre Nahrung mit Nitrat, wobei wieder elementarer Stickstoff gebildet wird.

Nitrat kann auch von Pflanzen reduziert und in Proteine eingebaut werden. Auch Ammoniumsalze dienen Pflanzen als Stickstoffquelle. Beim Abbau abgestorbener Pflanzen entstehen wieder Ammoniumsalze. Stickstoffhaltige Ausscheidungen (Harnstoff, Harnsäure) werden ebenfalls von verschiedenen Destruenten verwertet.

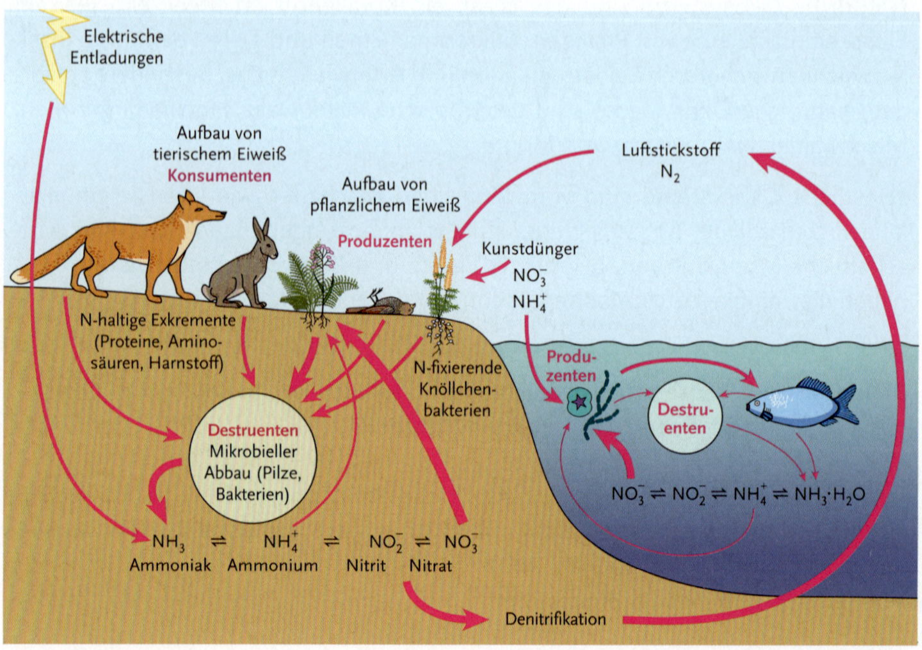

Der **Phosphorkreislauf** spielt sich nur in der Lithosphäre und der Hydrosphäre ab, da sich keine flüchtigen Phosphorverbindungen bilden. In den Organismen ist Phosphor als Baustein der Nukleinsäuren und Lipide enthalten und spielt eine wesentliche Rolle im Energiestoffwechsel. Gespeichert wird chemisch gebundener Phosphor in Knochen und Zähnen.

Der **Schwefelkreislauf** entstand wahrscheinlich schon früh in der Erdgeschichte. H_2S kann durch bakterielle Fotosynthese zu Sulfat oxidiert werden und dieses durch bakterielle Atmung wieder zu H_2S reduziert werden. Andere Bakterien können H_2S zu elementarem Schwefel oxidieren. Am Schwefelkreislauf sind außerdem die Stoffe SO_2, CS_2, COS und $(CH_3)_2S$ und Biomoleküle (z. B. Proteine) beteiligt. Neben anthropogenen Schwefelemissionen gelangen auch Emissionen aus Vulkanausbrüchen in den Kreislauf.

Anthropos, griech.: Mensch.

Ziele erreicht? – „Grundbegriffe der Ökologie"

1.01 + Was versteht man unter einem Ökosystem? Nennen Sie natürliche und künstliche Ökosysteme.

1.02 + Welche der folgenden Einflussgrößen gehören zu den biotischen und welche zu den abiotischen?
a) Destruenten, b) Jahresniederschlagsmenge, c) Bodenbeschaffenheit, d) Vegetation, e) Räuber – Beute, f) zwischenartliche Konkurrenz um Nahrung, g) Seehöhe

1.03 ++ Geben Sie an, warum die Atmosphäre nicht am Phosphorkreislauf teilnimmt.

1.04 + Bewerten Sie, ob es gerechtfertigt ist, wenn in einer Baumarktwerbung ein künstlich angelegter Gartenteich als Biotop bezeichnet wird.

2 Ökosystem Luft

Reine Luft ist aber kein Wunsch unserer Tage! Bereits die Römer beklagten vor mehr als 2 000 Jahren die schlechte Stadtluft, bedingt durch Rauch, Schwefeldioxid und Staub. Wirkungsvolle Maßnahmen werden erst seit vergleichsweise kurzer Zeit ergriffen und es wird versucht, sie international umzusetzen. So fand die erste Klimakonferenz 1992 in Rio de Janeiro statt. Ein für die Industrieländer verbindliches Abkommen wurde mit dem sogenannten Kiotoprotokoll 1997 unterzeichnet, das erst 2005 nach der Ratifizierung durch Russland Gültigkeit erlangte. Als völkerrechtlich verbindliches Ziel wurde darin die Reduktion der Emissionen um 5,2 Prozent bis zum Jahr 2012 festgelegt.

Ein nicht unumstrittener Aspekt des Kyoto-Protokolls ist die Möglichkeit des Emissionshandels: Länder, die ihre Zielvorgaben zur Emissionsreduktion nicht einhalten, können Emissionszertifikate von Ländern erwerben, die ihre Verpflichtungen erfüllen. Auch können Zertifikate aus Projekten in Entwicklungsländern, die selbst keine Reduktionsziele haben, angekauft werden.

Ein für die Industrieländer verbindliches Abkommen wurde mit dem sogenannten Übereinkommen von Paris 2015 unterzeichnet. Als völkerrechtlich verbindliches Ziel wurde darin die Begrenzung der globalen Erwärmung auf deutlich unter 2 °C im Vergleich zum vorindustriellen Zeitalter festgelegt.

Recherchieren Sie, wie sehr Österreich bzw. die wichtigsten Industrienationen die Kyoto-Ziele erreichen konnten.

Diskutieren Sie fächerübergreifend die Vor- und Nachteile des sogenannten Emissionshandels.

Meine Ziele

Nach Bearbeitung dieses Kapitels kann ich

- die **Zusammensetzung der Luft** angeben;
- **Luftschadstoffe** angeben und den Verursachern zuordnen;
- **Luftgütewerte** recherchieren, dokumentieren und beurteilen;
- den **Treibhauseffekt** als naturwissenschaftliches Ereignis darstellen;
- Maßnahmen zur **Verbesserung der Luftgüte** nachvollziehen.

H

Die Sättigungskonzentration ist temperaturabhängig:

Temperatur °C	Sättigung g/m³
–10	2,36
0	4,82
10	9,41
20	17,22
30	30,40
40	55,34
60	149,40
80	351,10
100	760

Luft umgibt die Erde in Form einer Gashülle, die von der Erdanziehungskraft festgehalten wird. Sie hat in der Nähe der Erdoberfläche eine Dichte von 1,29 g/cm³. Die Dichte nimmt mit steigender Seehöhe ab, die Luft wird dünner.

Zusammensetzung trockener reiner Luft: Sauerstoff 20,94 Vol.-%, Stickstoff 78,08 Vol.-%, Edelgase 0,94 Vol.-%, Kohlenstoffdioxid 0,04 Vol.-%

Luft enthält mehr oder weniger unsichtbaren Wasserdampf. Sein Gehalt wird als absolute oder relative Luftfeuchtigkeit angegeben.

Absolute Luftfeuchtigkeit: tatsächlicher Wasserdampfgehalt der Luft in g/m³ Luft
Relative Luftfeuchtigkeit: Wasserdampfgehalt der Luft in Prozenten der Sättigungskonzentration

2.1 Luftgüte, Luftschadstoffe: Folgen und Verminderung

Luft kann feste, flüssige und gasförmige Stoffe aufnehmen. Eine Hauptquelle der Luftverschmutzung sind die Verbrennungsprodukte aus Wohnungsheizungen, Verbrennungskraftwerken und Verbrennungsmotoren in Fahr- und Flugzeugen.

MIK-Wert
Der MIK-Wert gibt die maximale Immissionskonzentration von Schadstoffen an, die derzeit als gesundheitlich unbedenklich für Menschen gilt. Er soll darüber hinaus einen Schutz vor Schadwirkungen an Tieren, Pflanzen und Sachgütern gewährleisten.
Die Angabe erfolgt in Milligramm pro Kubikmeter. Die technische Realisierbarkeit wird nicht berücksichtigt.

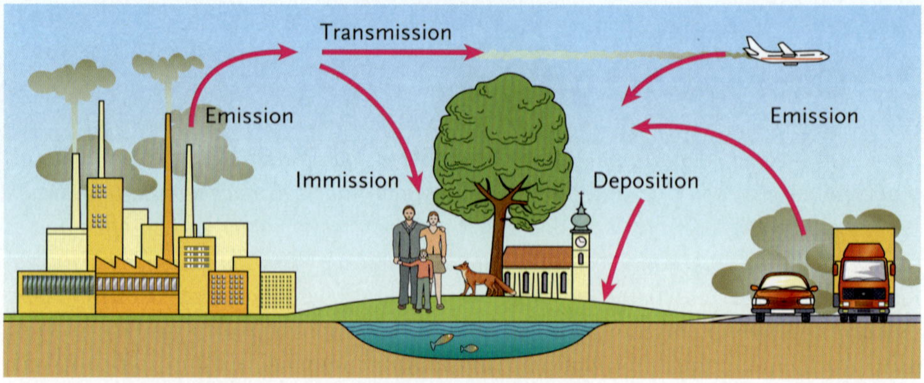

Emission: Ausbringung von Luftschadstoffen als Gase, Dämpfe und Stäube
Transmission: Verfrachtung durch Wind und Wetter
Immission: Einwirken der Emissionen auf Menschen, Tiere, Pflanzen, Gewässer, Böden und Bauten
Deposition: Ablagerung auf Gewässeroberflächen, Böden, Vegetation und Bauten

Im Immissionsschutzgesetz-Luft (IG-L) werden die Luftschadstoffe begrenzt. Für Betriebe mit luftseitigen Emissionen gibt es branchenspezifische Verordnungen (z. B. Gießereiverordnung 2014).

Luftgütewerte werden von zahlreichen betrieblichen und behördlichen Messstellen aufgenommen. Grenzwerte und Maßnahmen im Falle von Überschreitungen sind gesetzlich im Smogalarmgesetz und im Ozongesetz geregelt. Überwacht wird die Luftgüte von Landes- und Bundesbehörden. Die Messdaten aller österreichischen Messstellen werden zentral beim Umweltbundesamt gesammelt und der Öffentlichkeit zur Verfügung gestellt. Einsicht in die Dokumentation aufgenommener Messwerte nehmen kann man mit dem Teletext der ORF-Programme und auf der Homepage des Umweltbundesamtes.

Erheben Sie über www.umweltbundesamt.at die aktuelle Luftgüte Ihres Schulstandortes.

Über die Luftschadstoffe Stickstoffdioxid (NO_2), Feinstaub (PM10), Ozon, Kohlenmonoxid (CO) und Schwefeldioxid (SO_2) wird vom Umweltbundesamt ein täglich aktueller Luftgütebericht erstellt.

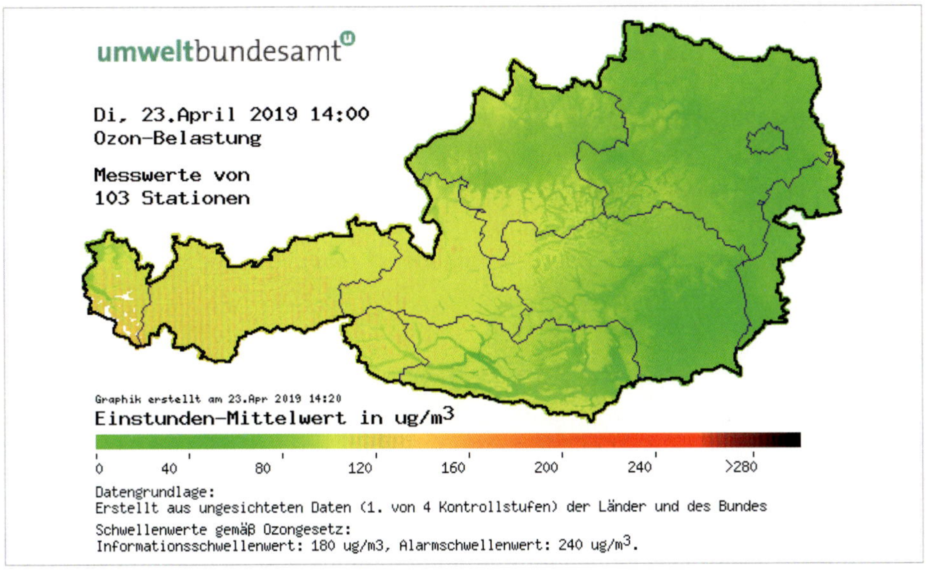

Gasförmige Luftschadstoffe

Schadstoff	Verursacher	Auswirkung
Kohlenstoffmonooxid CO	unvollständige Verbrennung organischer Stoffe (Holz, Kohle, Erdöl, Erdgas, Benzin)	Entstehung von Smog
Kohlenstoffdioxid CO_2	biochemische Oxidation (Atmung, Gärung) der Lebewesen und Verbrennung organischer Stoffe	verstärkter Treibhauseffekt
Schwefeldioxid SO_2	Verbrennung schwefelhaltiger Stoffe (Erdöl, Kohle), industrielle Prozesse	Smog, saurer Regen
Stickstoffoxide NO_X, besonders Lachgas N_2O	Verbrennungen stickstoffhaltiger Stoffe (Kohle, Erdöl, Erdgas, Müll)	Smog, saurer Regen, verstärkter Treibhauseffekt
Methan CH_4	Verdauungsprozess bei Wiederkäuern, Lagerung und Ausbringung von Wirtschaftsdünger (Gülle), aus sumpfigen Reisfeldern, aus Abbauprozessen in Deponien	verstärkter Treibhauseffekt
Ozon O_3	entsteht aus Stickstoffoxiden, wenn die Luft zusätzlich Kohlenwasserstoffe oder Kohlenstoffmonooxid enthält	Smog, verstärkter Treibhauseffekt
Fluorchlorkohlenwasserstoffe FCKW	verwendet als Treibgase, Schäum-, Feuerlösch-, Kälte- und Lösungsmittel	Ozonabbau in der Stratosphäre, verstärkter Treibhauseffekt

Stäube entstehen bei technischen Prozessen wie Mahlen, Sieben, Fördern, Trocknen, Abfüllen und bei Verbrennungen (Asche, Rauch, Ruß).

Feinstäube mit einer Teilchengröße < 10 µm kommen als Schwebstäube oft erst mit den Niederschlägen auf die Erdoberfläche zurück.

Aerosole sind mit Feststoffteilchen oder fein verteilten Flüssigkeitströpfchen angereicherte Luft.

SO_2 reagiert mit der Luftfeuchtigkeit zu schwefliger Säure H_2SO_3 und mit Sauerstoff weiter zu Schwefelsäure H_2SO_4.

Aus den Stickstoffoxiden bilden sich in der Atmosphäre Salpetrige Säure HNO_2 und Salpetersäure HNO_3. Stickstoffoxide begünstigen die Entstehung bodennahen Ozons.

§ **Bodennahes Ozon**
Informationsschwelle: 180 µg/m³ als Einstundenmittelwert
Alarmschwelle: 240 µg/m³ als Einstundenmittelwert
Zielwert: 120 µg/m³ als maximaler Achtstundenmittelwert des Tages (darf an höchstens 25 Tagen pro Kalenderjahr überschritten werden, gemittelt über drei Jahre)

? Seit den 1980er-Jahren gelten in Österreich zahlreiche Verbote für den Einsatz von FCKW. Recherchieren Sie, welche Anwendungen diese Verbote betreffen und welche Alternativen gefunden wurden.

! PM10 (PM = particular matter) gibt jenen Anteil an Feinstaub an, der hauptsächlich bei einem Teilchendurchmesser von 10 µm liegt (vereinfachte Definition).

ADI-Werte (Acceptable Daily Intake, Angaben in Milligramm pro Tag und Mensch [70 kg]):

Quecksilber	0,05
Cadmium	0,07
Blei	0,5

Asbeststaub (Silicatmineralfaser) stammt von Brems- und Kupplungsbelägen älterer Fahrzeuge oder von verwitterndem Spritzasbest und Asbestzement.

Schwermetallhaltige Feinstäube stammen aus Emissionen der metallverarbeitenden Industrie, aus der Müllverbrennung und der Verbrennung fossiler Brennstoffe in Kraftwerken. Eine Vielzahl von Gesundheitsschäden wird von Asbeststäuben (Atemwegskrebs) und schwermetallhaltigen Feinstäuben (Störungen des Nerven- und Immunsystems, Nieren- und Leberschäden, Krebs) verursacht.

Treibhausgase

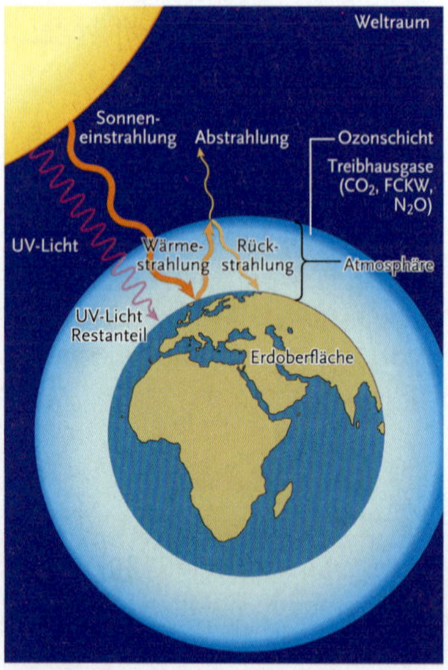

Treibhauseffekt (Größenverhältnisse nicht maßstabgetreu!)

Die kurzwellige Sonnenstrahlung dringt durch die Atmosphäre und erwärmt die Erdoberfläche. Die von der Erde zurückgestrahlte langwellige Wärmestrahlung entweicht nicht vollständig in den Weltraum, sondern wird von den Treibhausgasen der Atmosphäre teilweise absorbiert. Damit wird die untere Schicht der Atmosphäre wie in einem Treibhaus auf eine mittlere Jahrestemperatur von +15 °C aufgeheizt. Ohne diesen **natürlichen Treibhauseffekt** wäre es auf der Erde um mehr als 30 °C kälter und kein Leben möglich.

Der Treibhauseffekt wird durch den menschlichen Einfluss verstärkt. Die zusätzlich zum natürlichen CO_2-Kreislauf durch die Verbrennung fossiler Brennstoffe (Kohle, Erdöl, Erdgas) und durch Brandrodungen anfallenden CO_2-Mengen können nicht in ausreichendem Maße von den Pflanzen und Weltmeeren aufgenommen werden und bleiben in der Atmosphäre. Neben CO_2 tragen auch Methan, FCKW und Distickstoffmonoxid zum **verstärkten Treibhauseffekt** bei. Man nimmt an, dass die zusätzliche Erwärmung der Erdoberfläche zum Abschmelzen der Polkappen, zum Anstieg des Wasserspiegels der Weltmeere und damit zur Überflutung tief gelegener Küstengebiete führen wird.

Verstärkter Treibhauseffekt: durch anthropogenen Einfluss bedingter Anstieg der Treibhausgase Kohlenstoffdioxid, Methan, FCKW und Lachgas verursacht

Treibhauspotenzial (GWP) und Anteil am Treibhauseffekt in % verschiedener Gase
(mit einem Zeithorizont von 100 Jahren)

Stoff	GWP	%
CO_2	1	50
CH_4	21	13
N_2O	310	5
FCKW (CF_4)	6500	5

Das (relative) Treibhauspotenzial (engl: Global Warming Potential, **GWP**) eines Treibhausgases gibt an, um wie viel mal stärker oder schwächer eine bestimmte in die Atmosphäre emittierte Menge des Gases im Vergleich zur gleichen Menge CO_2 zum Treibhauseffekt beiträgt. Gemäß Definition wird die mittlere Erwärmungswirkung über einen bestimmten Zeitraum, meist über 100 Jahre, gemittelt betrachtet (sogenannten Zeithorizont). CO_2 hat laut Definition ein Treibhauspotenzial von 1.

NAWI III/IV Kap. C, 1 sowie Kap. C, 2.

Für Methan beträgt das Treibhauspotenzial z. B. 21, d. h., 1 Kilogramm Methan trägt in diesem Zeitraum 21-mal stärker zum Treibhauseffekt bei als 1 Kilogramm CO_2. Fluorierte Kohlenwasserstoffe wirken einige Tausend Mal stärker als CO_2 und Schwefelhexafluorid SF_6 hat sogar ein GWP von ca. 23 900 (Zeithorizont 100 Jahre). Mit diesem Konzept können bei bekannten Emissionsmengen die unterschiedlichen Beiträge einzelner Treibhausgase verglichen werden.

Brandrodung

Der Gehalt der Atmosphäre an Treibhausgasen soll in den **Bereichen Haushalte, Industrie** und **Verkehr** durch den Einsatz von Technologien, die das Verbrennen der fossilen Energieträger Kohle, Erdgas und Erdöl und somit die Kohlenstoffdioxidemission minimieren, sowie mit Verfahren und Produkten, die die Verwendung von Fluorkohlenwasserstoffen vermeiden, verkleinert werden. In der **Landwirtschaft** zählen die Verringerung der Waldrodung, besonders der Brandrodung, die Aufgabe des Wanderfeldbaus und verstärkte Wiederaufforstung zu den Maßnahmen, die vorteilhaft auf die Zusammensetzung der Atmosphäre einwirken.

Ozon – Ozonloch

Bodennahes Ozon ist giftig, reizt die Schleimhäute und verändert die Lungenzellen. Es entsteht bei starker Sonneneinstrahlung, wenn Stickstoffoxide und Kohlenwasserstoffe in der Luft sind. Auspuffgase der Autos und Abgase von Heizwerken begünstigen die Ozonbildung.

Während **bodennahes Ozon** mit seiner Wirkung als Reizgas als Luftschadstoff anzusehen ist, bildet es im Bereich der **Stratosphäre einen Schutzschild,** der den größten Teil des für die Lebewesen gefährlichen kurzwelligen UV-Anteils der Sonnenstrahlen wegfiltert.

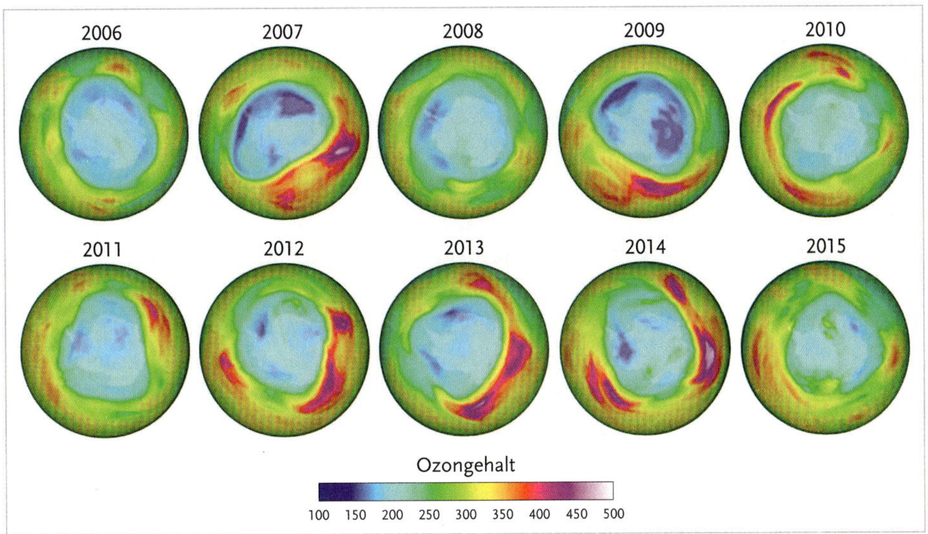

Veränderung der Ozonkonzentration über der Antarktis

Als **Ozonloch** bezeichnet man eine geografisch abgegrenzte starke Abnahme der Ozonschicht.

Die Entstehung des Ozonloches hängt sowohl von meteorologischen und klimatischen Bedingungen ab als auch von chemischen Reaktionen in der Stratosphäre.

Ozonbildung durch Einstrahlung von UV-Licht ($\lambda < 240$ nm)

$$O_2 \rightarrow O + O \qquad \Delta H = +495 \text{ kJ/mol}$$
$$2\,O + 2\,O_2 \rightarrow 2\,O_3 \qquad \Delta H = -206 \text{ kJ/mol}$$
$$3\,O_2 \rightarrow 2\,O_3 \qquad \Delta H = +289 \text{ kJ/mol}$$

Für die Anlagerung eines Sauerstoffatoms an ein Sauerstoffmolekül ist ein dritter Stoßpartner (O_2- oder N_2-Molekül) notwendig, der die überschüssige Energie aufnimmt. Während Sauerstoff kurzwelliges UV-Licht ($\lambda < 240$ nm) stark absorbiert, ist Ozon für die Absorption von UV-Licht zwischen 240 und 310 nm verantwortlich. Darauf beruht seine Schutzwirkung (Ozonschild) für das Leben auf der Erde.

Ein anthropogener Grund für den Abbau des Ozons sind die FCKW. UV-Strahlung ($\lambda < 220$ nm) spaltet das FCKW-Molekül und das dabei freigesetzte Chloratom ist als Radikal ein wirksamer Katalysator:

Ozonabbau durch Einstrahlung von UV-Licht ($\lambda < 220$ nm)

$$CHClF_2 \rightarrow CHF_2 + Cl$$

$$Cl + O_3 \rightarrow ClO + O_2$$
$$ClO + O_3 \rightarrow 2\,O_2 + Cl$$
$$2\,O_3 \rightarrow 3\,O_2$$

Der Gehalt der Atmosphäre an Ozon wird in Dobsoneinheiten (DU) angegeben. 1 DU entspricht einer 0,01 mm dicken Ozonschicht bei 1 bar und 0 °C. Der globale Mittelwert der Ozonmenge ist 322 DU. Würde man das Gas zu einer homogenen, über die Erde verteilten Schicht mit 1 bar und 0 °C komprimieren, wäre die Schicht nur 3,22 mm dick. Sie ist daher gegenüber Störungen sehr empfindlich.

Das Cl-Radikal wird immer zurückgebildet und zersetzt mehrere Tausend O_3-Moleküle.

H

Konzentrationsabhängig kommt es zunächst bei Risikogruppen wie Kleinkindern, Kranken und alten Menschen zu Schleimhautreizungen, Atem- und Kreislaufbeschwerden.

Die Vereinten Nationen bemühen sich im Rahmen ihres Umweltschutzprogramms um die Ozonproblematik. 1985 wurde das **Wiener Abkommen** zum Schutz der Ozonschicht von 21 Staaten unterzeichnet. 1987 wurde das **Protokoll von Montreal** über Stoffe, die den Abbau der Ozonschicht bewirken, ausgearbeitet. 162 Länder haben den vorgeschlagenen Maßnahmen zugestimmt. Seit 1. Oktober 2000 gilt die Verordnung (EU) Nr. 2037/2000 über Stoffe, die zum Abbau der Ozonschicht führen. Die Produktion von teilhalogenierten FCKWs muss schrittweise bis Ende 2025 eingestellt werden. Der Einsatz von Halonen für Feuerlöscher wurde bereits Ende 2003 eingestellt. Ein sofortiges Verbot von FCKW wäre notwendig, lässt sich aber in vielen Industriestaaten nicht durchsetzen, da noch keine vollwertigen Ersatzstoffe verfügbar sind.

Smog

„Smog“ ist ein Kunstwort aus smoke (engl. Rauch) und fog (engl. Nebel) und bezeichnet eine starke Luftverschmutzung durch an Schwebstaub gebundene Schadstoffe.

Smog in einer Großstadt

Der **Wintersmog** ist ein mit Schwefeldioxid und Ruß beladener Nebel, der früher häufig in London auftrat (Londonsmog). Er verstärkt sich in der Nacht durch Abkühlung. Kalte Luft bleibt am Boden liegen. Es entsteht eine Temperaturumkehr (Inversion). Mit der Höhe nimmt zunächst die Temperatur zu. Oberhalb einer Obergrenze nimmt dann die Temperatur wie gewöhnlich mit der Höhe ab. Die Inversionsschicht verhindert den Luftaustausch und damit den Schadstoffabtransport.

Inversion – der Rauch sammelt sich an der Grenzschicht

Neben der Bodeninversion gibt es eine Höheninversion. Eine warme Luftschicht in 100 bis 500 m Höhe verhindert das Aufsteigen der Abgase, die kälter sind und daher keinen Auftrieb erhalten.

Der **Sommersmog** wurde erstmals in Los Angeles beobachtet (Los-Angeles-Smog). Er bildet sich durch fotochemische Reaktionen. Bei Sonneneinstrahlung entstehen aus Stickstoffoxiden, Luft und Kohlenwasserstoffen Oxidationsprodukte wie Ozon, Aldehyde und Peroxyacetylnitrat (PAN). Als Leitsubstanz betrachtet man das bodennahe Ozon. Das heißt, es genügt, dessen Konzentration zu messen, weil die Konzentrationen der anderen Stoffe sich in gleichem Maße verändern. Da die reizend wirkenden Luftschadstoffe zu Entzündungen der Schleimhäute, Husten, Augenreizungen und Kopfschmerzen führen können, wird bei hohen Ozonwerten von körperlicher Anstrengung im Freien abgeraten.

Waldsterben – Saurer Regen

Regen weist wegen des Gehaltes an Kohlenstoffdioxid einen pH-Wert von ca. 6 auf, saurer Regen kann dagegen einen pH-Wert unter 4 haben. Die sich aus Schwefeldioxid und Stickstoffoxiden bildenden Säuren H_2SO_3, H_2SO_4 und HNO_3, Fluorwasserstoff (HF) und Schwermetallverbindungen versäuern die Atmosphäre und schädigen Nadeln und Blätter. Dadurch wird die Wasserverdunstung erhöht, das Bodenleben verarmt, die Wurzeln werden geschädigt und giftige Stoffe werden aufgenommen. In Österreich macht dank der signifikanten Reduktion der Schwefelemissionen durch Rauchgasreinigung und Autoabgaskatalysatoren zurzeit nicht mehr der saure Regen den Bäumen zu schaffen, sondern Trockenperioden, Sturmschäden und Schädlingsbefall als Folgen des globalen Klimawandels.

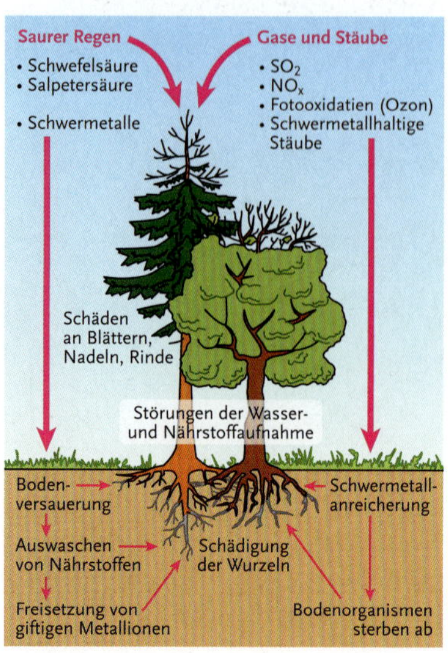

Mögliche Ursachen für das Waldsterben

(Fein-)Staub

Stäube unterschiedlicher Partikelgröße, angefangen von makroskopisch sichtbaren Staub-, Ruß- und Ascheteilchen bis hin zu Nanopartikeln stellen in unserer Atemluft eine erhebliche Gesundheitsgefährdung dar. Beim Hausbrand sind alte, mit Holz oder Kohle betriebene Einzelöfen die Hauptverursacher, beim Verkehr stammt der Großteil von Diesel-Kfz und der Aufwirbelung von Straßenstaub und Rollsplitt. Der Hauptteil der Großstaubbelastung stammt aus der Bauindustrie.

Das Umweltbundesamt erklärt für Grenzwerte gültige Fachbegriffe über „Staub" und „Feinstaub" in Form von erhobenen Daten, Berichten und Studien.

2.2 Abhilfemaßnahmen gegen Luftschadstoffe

Um die Luftverunreinigungen gering zu halten, werden die Anlagen- und Fahrzeugtechnik laufend verbessert. In den 1980er-Jahren wurden zunächst effiziente Verfahren zur Entstaubung, bald danach zur Entschwefelung und anschließend auch zur Entstickung eingeführt, was die Emissionen an Staub, Schwefeldioxid und Stickstoffoxiden deutlich verminderte.

Seit den 1990er-Jahren nehmen zwar die Emissionen von Schwefeldioxid, Kohlenstoffmonooxid und unverbrannten Kohlenwasserstoffen (inkl. Lösungsmittel) weiter ab, die Stickstoffoxid-Emissionen nehmen aber – vor allem wegen des wachsenden Verkehrsaufkommens – teilweise wieder zu.

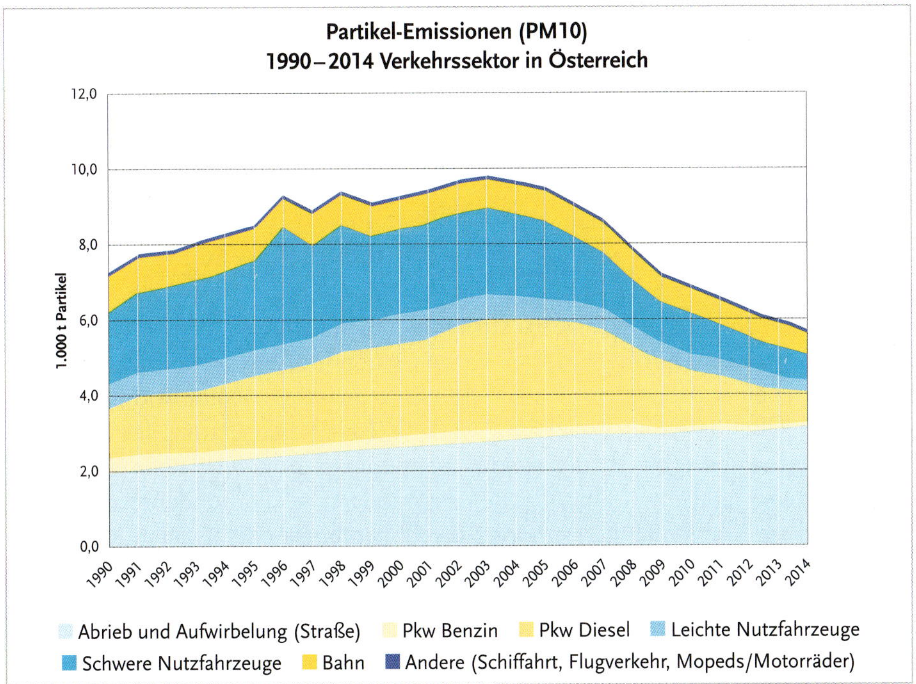

Zahlenwerte können über www.umweltbundesamt.at den Jahresberichten des Umweltbundesamtes entnommen werden.

§ Im Rahmen der europäischen Grenzwertgesetzgebung werden die sogenannten EURO-Klassen festgelegt, welche Emissionsgrenzwerte für Neufahrzeuge festlegen. Danach müssen seit 1. September 2016 neu zugelassene Pkws und Lkws die Kriterien der EURO5-Klasse erreichen. Siehe auch Ökologisierungsgesetz zur Normverbrauchsabgabe.

§ Seit 1. Juli 2008 wird ein Malus für Dieselfahrzeuge ohne Partikelfilter verrechnet, daher gehen mehr und mehr Hersteller zu einem serienmäßigen Einbau über. Auch eine Nachrüstung eines alten Dieselfahrzeugs mit einem Partikelkatalysator ist möglich.

Rauchgasreinigung

Entstaubung: Feste und flüssige Partikel können gleichzeitig durch mehrere Verfahren wie Schwerkraft- und Fliehkraftabscheidung, Nassabscheidung, elektrostatische Abscheidung (Elektrofilter) oder mechanische Abscheidung (Filter aus anorganischen und organischen Geweben) abgeschieden werden.

Entschwefelung: Schwefeldioxid kann durch Trocken- oder Nassverfahren in Rauchgasentschwefelungsanlagen (REA) abgeschieden werden. Durch Einblasen von Kalkmehl in den Verbrennungsraum wird Schwefeldioxid gebunden. Diese trockene Abscheidung ist unvollständig. Durch Adsorption an Aktivkohle oder durch Absorption in Sprühwäschern kann eine vollständigere Abscheidung erreicht werden.

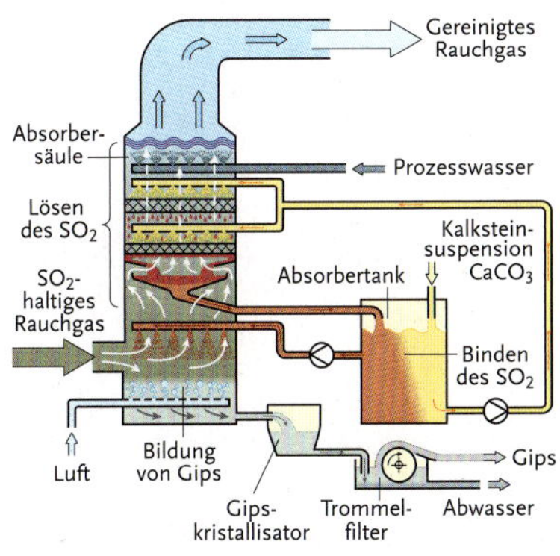

Rauchgasentschwefelung

Reaktionsgleichungen der nassen Abscheidung von SO_2

$SO_2 + Ca(OH)_2 \rightarrow CaSO_3 + H_2O$ $\quad$ $CaSO_3 + \frac{1}{2} O_2 + 2\,H_2O \rightarrow CaSO_4 \cdot 2H_2O$

Der Gips wird aus der Waschlösung abgetrennt und deponiert oder bei genügender Reinheit zu Baustoffen verarbeitet.

Entstickung: Stickstoffoxide werden meistens durch selektive katalytische Reduktion mit Ammoniak in sogenannten Denoxanlagen entfernt.

Reaktionsgleichungen der Entstickung

katalytisch $\quad 4\,NO + 4\,NH_3 + O_2 \rightarrow 4\,N_2 + 6\,H_2O$
bei 300 – 400 °C $\quad NO + NO_2 + 2\,NH_3 \rightarrow 2\,N_2 + 3\,H_2O$

⚠ Unter **Autokatalyse** versteht man in der Chemie eine besondere Form der katalytischen chemischen Reaktion, bei der ein Endprodukt als Katalysator für die Reaktion wirkt. Der Begriff Autokatalysator hat sich allerdings nicht nur umgangssprachlich für den Auto**abgas**katalysator eingebürgert.

Auto(abgas)katalysatoren

Da die Autoabgase einen sehr großen Anteil zur Luftverschmutzung beitragen, haben Autokatalysatoren große Bedeutung für die Reinhaltung der Luft. Sie bestehen aus zwei Hauptteilen:

- dem stahlblechummantelten Träger, einem in Längsrichtung von feinen Kanälen durchzogenen Keramikkörper mit einer Haftschicht (Washcoat),
- der katalytisch aktiven Schicht, aufgedampftem Platin, Rhodium oder Palladium (2 bis 4 g). Der Katalysator ist erst ab 300 °C voll funktionsfähig.

Reaktionsgleichungen der katalytischen Reinigung der Autoabgase:

Umsetzung von Kohlenwasserstoffen KW und Kohlenstoffmonooxid

$C_8H_{18} + \frac{25}{2} O_2 \rightarrow 8\,CO_2 + 9\,H_2O$ $\quad$ $CO + \frac{1}{2} O_2 \rightarrow CO_2$

Reduktion der Stickstoffoxide

$C_8H_{18} + 25\,NO \rightarrow 8\,CO_2 + 9\,H_2O + \frac{25}{2} N_2$ $\quad$ $CO + NO \rightarrow CO_2 + \frac{1}{2} N_2$

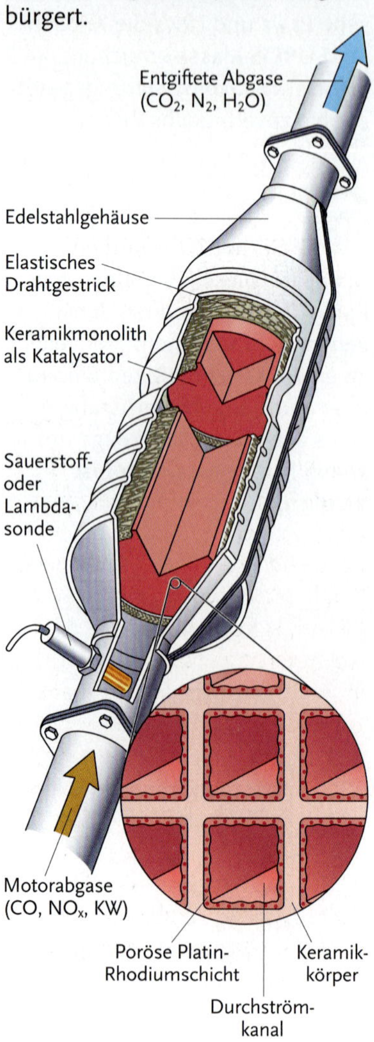

Autoabgaskatalysator

Die optimale Umsetzung erfolgt bei stöchiometrisch richtigem Verhältnis von Benzin und Sauerstoff. Die Sauerstoffrestkonzentration im Abgas wird mit der Lambdasonde bei einer Arbeitstemperatur um 300 °C zwischen Motor und Katalysator gemessen. Über die Sondenspannung wird die Zusammensetzung des Kraftstoff-Luft-Gemisches geregelt. Ist die Sondenspannung zu groß, wird über ein elektronisches Steuergerät die Kraftstoffzufuhr vermindert, ist die Sondenspannung zu klein, wird die Kraftstoffzufuhr erhöht. Sowohl Lambdasonde als auch Katalysator werden durch Blei unwirksam, es muss bleifreies Benzin verwendet werden.

Ziele erreicht? – „Ökosystem Luft“

2.01 + Geben Sie die Zusammensetzung reiner Luft an.

2.02 + Erklären Sie die Begriffe Emission, Transmission, Immission, Deposition.

2.03 + Nennen Sie gasförmige Luftschadstoffe, die a) zum Smog, b) zum Treibhauseffekt und c) zum sauren Regen beitragen.

2.04 + Ordnen Sie den gasförmigen Luftschadstoffen folgende Verursacher zu: a) Verbrennungsmotoren, b) Verbrennen von Kohle und Erdöl und c) Abbauprozesse in Deponien.

2.05 ++ Wodurch gelangen schwermetallhaltige Feinstäube in die Luft und welche Gesundheitsschäden können sie verursachen?

2.06 + Stellen Sie in der chemischen Formelsprache die Entstehung von Schwefelsäure und Salpetersäure aus SO_2 und NO_2 dar.

2.07 + Wie entsteht aus den sogenannten Vorläufersubstanzen CO und NO bodennahes Ozon? Geben Sie die Reaktionsgleichungen an.

2.08 ++ Erheben und dokumentieren Sie über einen längeren Zeitraum die Luftgüte Ihres Schulstandortes. Bewerten Sie, ob und welchen Einfluss das Wetter auf die Schadstoffkonzentrationen nimmt.

2.09 ++ Recherchieren Sie nach Emissionsquellen für Luftschadstoffe im näheren und weiteren Umkreis Ihrer Schule.

2.10 ++ Arbeiten Sie die Unterschiede zwischen bodennahem und bodenfernem Ozon in Hinblick auf die Entstehung und Wirkung aus.

2.11 + Nennen Sie die Luftschadstoffe, über die das Umweltbundesamt täglich einen Luftgütebericht erstellt.

2.12 + Reihen Sie die Treibhausgase a) nach ihrem Treibhauspotenzial und b) nach ihrem Anteil in der Atmosphäre.

2.13 + Erklären Sie die Entstehung von Sommer- und Wintersmog.

2.14 + Beschreiben Sie den Aufbau eines Autoabgaskatalysators.

2.15 + Erklären Sie die Folgen, wenn Sie bei einem Fahrzeug mit Autoabgaskatalysator irrtümlich verbleites Benzin tanken.

3 Ökosystem Wasser

Seit 2014 erscheint der Weltwasserbericht jährlich zum Weltwassertag am 22. März. Er wird vom „Wasser-Bewertungsprogramm" (WWAP) erstellt, in dem die UNESCO federführend mit 31 UN-Organisationen und 37 weiteren Institutionen zusammenarbeitet. Im Weltwasserbericht 2015 zu „Wasser und nachhaltige Entwicklung" heißt es: „Global gesehen wird Wasser nicht nachhaltig genug bewirtschaftet. Die UNESCO fordert deshalb eine besser koordinierte Wasserpolitik, um Herausforderungen wie Armut, Ernährung und Energieversorgung zu lösen." Laut Bericht steigt die Nachfrage nach Wasser, weil die Weltbevölkerung bis 2050 auf rund neun Milliarden Menschen wächst und weil immer mehr Menschen einen höheren Lebensstandard erreichen. Auch künftig wird das meiste Wasser in der Landwirtschaft gebraucht. Zugleich ist gerade in Entwicklungsländern Trinkwasser nicht in ausreichender Qualität vorhanden. Weltweit haben derzeit rund 750 Millionen Menschen keinen Zugang zu sauberem Trinkwasser. Fast 2,5 Milliarden Menschen verfügen nicht über einfache sanitäre Anlagen. Verschmutztes Wasser ist heute eine der Hauptursachen für Krankheiten. Besonders betroffen davon sind arme Bevölkerungsschichten. Wenn arme Haushalte einen Wasseranschluss erhalten, erhöht sich die Einschulung von Kindern signifikant, heißt es in dem Bericht.

Der 22. März als Weltwassertag wurde von UN-Generalversammlung in einer Resolution am 22. Dezember 1992 beschlossen. Sollte er 1993 vor allem dazu dienen, auf den Kampf um das lebenswichtige Nass vor allem in armen Ländern aufmerksam zu machen, nutzen nun neben den UN-Mitgliedsstaaten auch Nichtstaatliche Organisationen, die für sauberes Wasser und Gewässerschutz kämpfen, den Weltwassertag dazu, die öffentliche Aufmerksamkeit auf die kritischen Wasserthemen unserer Zeit zu lenken.

Meine Ziele

Nach Bearbeitung dieses Kapitels kann ich

- Arten von **natürlichem Wasser** und **Nutzwasser** unterscheiden;
- klassifizieren, welchen Umwelteinflüssen das Ökosystem Wasser ausgesetzt ist;
- **Wasseruntersuchungen** nachvollziehen und die Ergebnisse beurteilen;
- die **Wasserhärte** berechnen;
- Maßnahmen der **Abwasserreinigung** beschreiben.

H

Anomalie des Wassers siehe Kap. B, 4.1.2.

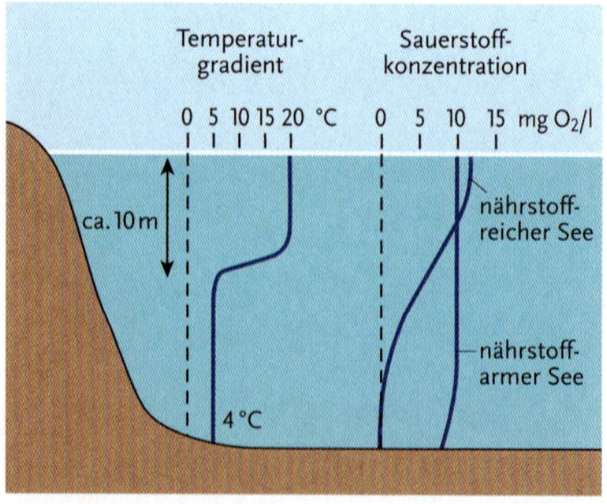

Sauerstoffgehalt und Temperaturverteilung in Seen

Wasser besitzt große chemische Stabilität, geringe Wärmeleitfähigkeit und einen hohen Siedepunkt. Es ist ein guter Wärmespeicher. Wasser hat eine große Oberflächenspannung, es wird deshalb in porösen Böden zurückgehalten und entgegen der Erdanziehungskraft in hohe Baumkronen transportiert. Wasser hat seine größte Dichte bei +4° C.

Wasser löst viele Stoffe in einem großen Temperaturbereich. Bei Erwärmung des Wassers nimmt die Löslichkeit der Gase ab und es scheiden Gasbläschen aus. Gelöster Sauerstoff macht das Leben im Wasser möglich. Bei Sauerstoffmangel sterben die meisten Wasserlebewesen. Sauerstoff ist leichter löslich als Stickstoff, sodass sich im luftgesättigten Wasser das Verhältnis im Vergleich zur Luft umkehrt: $O_2 : N_2$ bis etwa 2 : 1.

Wasser in der Natur

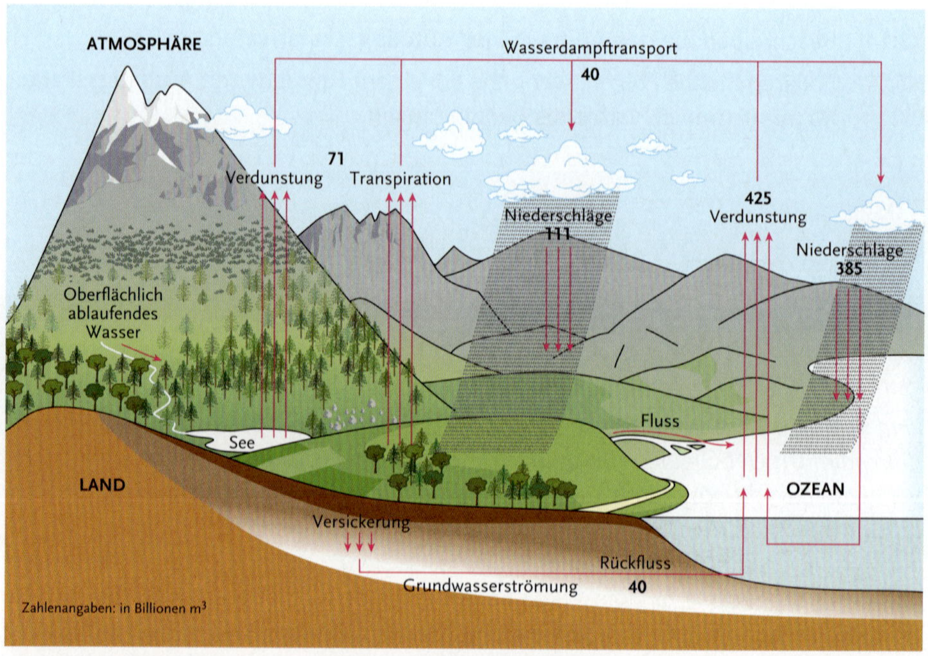

Globaler Wasserkreislauf, Angaben in 1 000 km^3 pro Jahr

Über 70 Prozent der Erdoberfläche sind von Wasser bedeckt. Das in der Natur vorkommende Wasser ist nicht rein. Man unterscheidet:

Regenwasser	enthält gelöste Luft und das gut in Wasser lösliche Kohlenstoffdioxid. Es kann aber auch Schwefeldioxid enthalten, dann wirkt es als schweflige Säure, korrodiert Metalle, zerstört Baustoffe und schädigt die Vegetation.
Grundwasser	sammelt sich als stehendes Grundwasser in unterirdischen Becken oder fließt an undurchlässigen Schichten entlang. Dabei nimmt es mehr oder weniger lösliche Salze und andere Stoffe auf. Es erreicht als Quellwasser die Erdoberfläche.
Oberflächenwasser	ist das Wasser der Bäche, Flüsse und Seen. Es ist eine Mischung aus Grundwasser, Quellwasser und Regenwasser.
Meerwasser	enthält vor allem Natriumchlorid (etwa 0,5 mol/L), daneben kommen Sulfat-, Magnesium-, Calcium-, Kalium- und Hydrogencarbonationen vor. Es ist zum Trinken nicht geeignet.
Mineralwässer	sind Quellwässer oder Grundwässer, die in 1 L Wasser mindestens 1 000 mg gelöste Mineralien oder mindestens 250 mg freies, gelöstes Kohlenstoffdioxid enthalten.

Der Salzgehalt der großen Weltmeere ist annähernd konstant (ca. 3,5 %), kann aber bei kleineren Meeren stark vom Standardwert abweichen (Ostsee ca. 1 %, Rotes Meer ca. 4 %, Totes Meer ca. 30 %)

Trinkwasser ist unser wichtigstes Lebensmittel. Österreich kann im Gegensatz zu vielen anderen Ländern seinen Trinkwasserbedarf fast zur Gänze aus geschützten Grundwasservorkommen decken. Für die gesundheitliche Unbedenklichkeit sorgen das Lebensmittelsicherheits- und Verbraucherschutzgesetz sowie die Trinkwasserverordnung. Darin werden an die Qualität und die Überwachung von Trinkwasser strengste Anforderungen gestellt.

Trinkwasser soll farblos und klar sein. Es soll gut schmecken und darf keine gesundheitsschädlichen Stoffe und keine Krankheitskeime enthalten.

Weil Grundwasser nicht beliebig entnommen werden kann – die Absenkung des Grundwasserspiegels hat schädliche Auswirkungen auf den Pflanzenwuchs –, muss auch Oberflächenwasser verwendet werden. Entsprechend der mit chemischen Parametern bestimmten Wassergüte und je nach Schadstoffgehalt müssen Grund- und Oberflächenwasser als Trinkwasser gezielt aufbereitet werden.

Recherchieren Sie: Welcher Unterschied besteht zwischen Mineral-, Heil- und Tafelquellwasser? Aus welchen Regionen stammen österreichische Produkte?

3.1 Wasserhärte und -enthärtung

Mit Ausnahme des Regenwassers enthalten natürliche Wässer durch ihren Kontakt mit Erde und Gestein gelöste Feststoffe, sehr häufig Erdalkalisalze.

In reinem Wasser sind Calcium- und Magnesiumcarbonate schwer löslich. In Gegenwart von Kohlendioxid (im Regenwasser immer vorhanden) wandeln sie sich in die leichter löslichen Hydrogencarbonate um:

$$CaCO_3 + H_2O + CO_2 \rightleftharpoons Ca(HCO_3)_2$$

Bei Temperaturen um 10 °C, wie sie im Boden herrschen, liegt das Gleichgewicht aufseiten des Hydrogencarbonats. Kalk löst sich. Beim Erhitzen über 60 °C läuft die Reaktion zum Carbonat. Kalk scheidet aus.

Die **Gesamthärte des Wassers *GH*** wird aufgeteilt in die Carbonathärte und die Nichtcarbonathärte. **Carbonathärte** (vorübergehende oder temporäre Härte): verursacht vor allem durch $Ca(HCO_3)_2$ und $Mg(HCO_3)_2$, verschwindet beim Erhitzen über 60 °C. **Nichtcarbonathärte** (bleibende oder permanente Härte), verursacht vor allem durch $CaSO_4$, überdauert das Erhitzen.

Die **Gesamthärte des Wassers *GH*** ist sein Gehalt an gelösten Calcium- und Magnesiumsalzen. $GH = c(Ca^{2+}) + c(Mg^{2+}) = c(Me^{2+})$

Die Wasserhärte wird in der Einheit mmol Me^{2+}/L angegeben. Diese Einheit hat sich jedoch bisher nicht durchgesetzt. Nach wie vor findet man die veraltete Angabe in Grad deutscher Härte (° d), wobei 1° d einer gelösten Menge von 10 mg Calciumoxid oder 7,19 mg Magnesiumoxid pro Liter Wasser entspricht. Die Umrechnung ist: 1° d = 0,178 mmol/L bzw. 1 mmol/L = 5,61° d

Härtebereich	*GH* in mmol/L	*GH* in ° d
weich	0 bis 1,3	0 bis 7,3
mittel	1,3 bis 2,5	7,3 bis 14,0
hart	2,5 bis 3,8	14,0 bis 21,0
sehr hart	über 3,8	über 21,0

H

Berechnen der Wasserhärte des abgebildeten Mineralwassers:

Die auf dem Etikett angegebene Massenkonzentration c_w muss mit $n = m/M$ in die Stoffmengenkonzentration c umgerechnet werden, um in die Formel

$GH = c(Ca^{2+}) + c(Mg^{2+})$ einsetzen zu können: $c = n/V = c_w/M$

mit $M(Ca) = 40$ g/mol und $M(Mg) = 24$ g/mol ergibt sich

$GH = 110{,}5/40 \text{ mmol/L} + 41{,}5/24 \text{ mmol/L} = 4{,}47 \text{ mmol/L}$

Härtebereich: sehr hart

Siehe Kap. F, 1.4, Titration.

Sehr genau lässt sich die Härte durch Titration mit geeigneten Reagenslösungen bestimmen.

Heizstab mit Kesselstein

Beim Trinkwasser ist mäßige Wasserhärte günstig, da hartes Wasser besser als weiches schmeckt (siehe Mineralwässer). Wasser mit einer Härte > 30° d ist als Trinkwasser unbrauchbar. Für andere Verwendungszwecke ist hartes Wasser ungünstig bis ungeeignet: Die Waschwirkung von Seife wird geringer. Wäsche wird durch Ablagerungen steif, Geschirr fleckig. Heizstäbe überziehen sich mit Kesselstein (Mischung aus Carbonaten, Sulfaten und Silicaten), was die Heizwirkung mindert und zur Zerstörung führen kann. Dampferzeuger und Dampfturbinen können durch Kesselsteinbildung schwer beschädigt werden.

Geben Sie zu je 100 ml Leitungswasser bzw. destilliertem Wasser in verschließbaren Flaschen etwas Seifenlösung. Schütteln Sie kräftig. Vergleichen Sie die Schaumbildung.

Methoden zur Wasserenthärtung

Verfahren	Wirkungsgrad; Einsatzbereich
Erhitzen	gering; Abscheidung der temporären Härte
Destillieren	sehr gut; langsam, teuer, häufige Anwendung im Labor, auch zur Meerwasserentsalzung
Ausfällen	mittel bis gut; zur Enthärtung nur mehr selten angewendet, zur Entfernung von Schwermetallen und Anionen wichtig
Ionenaustausch	sehr gut; schnell, häufige Anwendung (z. B. in Geschirrspülern), nur zur Entfernung kleiner Salzmengen – sonst zu teuer
Umkehrosmose	sehr gut; kostengünstiger als andere gleich gute Verfahren, zunehmende Anwendung (z. B. bei der mobilen Trinkwasseraufbereitung)

Siehe Methoden zur Wasserenthärtung.

3.2 Wassergüte, Abwasserwirtschaft

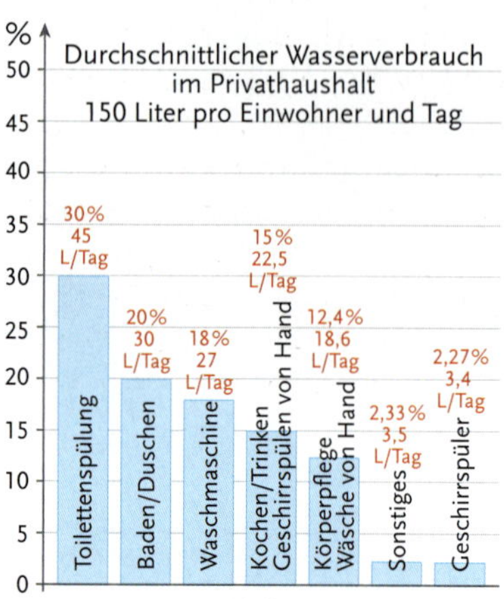

Durchschnittlicher Wasserverbrauch in Österreich pro Tag

In wasserreichen Ländern wie Österreich wird Trinkwasser im Haushalt und in kleineren Betrieben auch zu hygienischen Zwecken (Toilettenspülung), zur Kühlung oder Reinigung verwendet. Es ist fraglich, ob man nicht in Zukunft die Trink- und Nutzwasserversorgung wird trennen müssen, da reines Wasser zu den wertvollsten und beschränkt verfügbaren Lebensmitteln gehört. In Großbetrieben ist diese Trennung aus Kostengründen heute schon üblich, da zum Kühlen billiges, feststoffarmes Flusswasser ausreicht.

Neben der Verschmutzung greift der Mensch durch Grundwasserentnahme, Begradigung von Flüssen, Hochwasserschutzanlagen und Stauseen in den Wasserhaushalt ein. Meere, Flüsse, Bäche und das Grundwasser werden durch private Haushalte, Landwirtschaft, Gewerbe und Industrie unterschiedlich belastet.

Die regional zum Teil beträchtliche Gewässerbelastung durch die Landwirtschaft ist vor allem auf den intensiven Einsatz von Düngemitteln und Pestiziden zurückzuführen.

Belastung durch	Art der Belastung	Hauptverursacher
leicht abbaubare organische Stoffe	Fäkalien, Essensreste	Haushalte, Gewerbebetriebe, Landwirtschaft
schwer abbaubare organische Stoffe	FCKW, bestimmte Pflanzenschutzmittel, Ligninsulfonsäure aus der Papierherstellung	Landwirtschaft und Industrie
Nährstoffe (N- und P-haltige Verbindungen)	Wasch- und Düngemittel, Fäkalien	Haushalte, Gewerbebetriebe, Landwirtschaft
Salze	NaCl, Düngemittel und andere	Streusalz, Landwirtschaft, Bergbau, chemische Industrie
Schwermetalle	Fe-, Zn-, Cu-, Mn-, Sn-, Cr-, Cd-, Pb-, Hg-Verbindungen	chemische und Metall verarbeitende Industrie, Müllverbrennungsanlagen, Deponien
Erwärmung	erwärmtes Kühlwasser	Kraftwerke und Industrieanlagen

Werden **ungereinigte Abwässer** in Gewässer geleitet, werden die organischen Bestandteile von den im Wasser vorhandenen Mikroorganismen (Algen, Phytoplankton) als Nahrungsstoffe verwendet und so mineralisiert. Für ihren Stoffwechsel benötigen diese Kleinlebewesen Sauerstoff (aerober Stoffwechsel), der nur in den obersten Schichten ausreichend vorhanden ist. Sterben die aeroben Organismen ab, sinken sie mit den Verunreinigungen in tiefere Schichten, wo Fäulnis und Verwesung auftreten und den See mit Dihydrogensulfid und Ammoniak vergiften.

Um die ungewollte Düngung und das damit verbundene übermäßige Algenwachstum zu vermeiden, hat die Industrie **phosphatfreie Waschmittel** auf den Markt gebracht. Sie verwenden als Enthärtungsmittel einen Ionentauscher, den künstlichen Zeolith Sasil (**S**odium-**A**luminium-**Sil**icat).

Eutrophierung ist die Anreicherung von Nährstoffen in stehenden oder langsam fließenden Gewässern. Durch Eutrophierung kann ein See „umkippen", er wird in der Folge zum toten Gewässer.

Vier **chemische Kenngrößen,** die den Zustand des Wassers zum Zeitpunkt der Probenentnahme erfassen, sind für die Beurteilung der Wasserqualität besonders wichtig:

- Der **Sauerstoffgehalt** des Wassers, der die Fähigkeit eines Gewässers zur Selbstreinigung bestimmt.
- Der **biochemische Sauerstoffbedarf** (BSB) gibt an, wie viel gelöster Sauerstoff von den Mikroorganismen in einer bestimmten Zeit für den Abbau organischer Verunreinigungen oder Stickstoffverbindungen benötigt wird.
- Der **chemische Sauerstoffbedarf** (CSB) erfasst die Summe aller oxidierbaren Stoffe im Wasser einschließlich der schwer abbaubaren.
- Der **Gehalt an organischem Kohlenstoff** (TOC vom englischen „total organic carbon") in mg/L zeigt die Menge aller organischen Verunreinigungen an.

Den Langzeitzustand beurteilt man mit **biologischen Parametern,** wie z. B. dem Artenreichtum der Wasserorganismen. Damit werden auch Auswirkungen von Stoffen erfasst, die einer chemischen Analyse nicht zugänglich sind. Mit der Gewässerverunreinigung nimmt die Artenzahl der Wasserorganismen ab, aber die Menge einzelner Arten, die von verwesenden Stoffen leben – der Saprobien –, zu. Daher wurde das **Saprobiensystem** geschaffen, das mit Leitorganismen Gewässergüteklassen festlegt:

Diskutieren Sie die nach den vom Öltanker „Exxon Valdez" und der Ölbohrplattform „Deepwater Horizon" verursachten Umweltkatastrophen getroffenen Maßnahmen zur Schadensbegrenzung und -behebung.

Starkes Algenwachstum durch Eutrophierung

Aus Nitraten bilden sich im menschlichen Körper die Folgeprodukte Nitrite (oxidieren Hämoglobin und verhindern so den Sauerstofftransport im Blut) und Nitrosamine (krebserregend). Daher muss dem Nitratgehalt in Lebensmitteln und im Grundwasser besonderes Augenmerk geschenkt werden!

Die Gewässergüte von Fließgewässern und Seen ist wegen verschiedener Beurteilungsmerkmale nicht genau vergleichbar.

H

§ Wichtige gesetzliche Regelungen und Verordnungen zum Wasser sind u. a. folgende:
- Wasserrechtsgesetz
- Indirekteinleiterverordnung
- Allgemeine Abwasseremissionsverordnung
- Branchenspezifische Abwasseremissionsverordnung

Güteklasse	Belastung	Leitorganismen, Saprobien
Güteklasse I	unbelastet bis gering belastet (nährstoffarm und sauerstoffreich)	Insektenlarven sind Nahrung für Edelfische, es gibt kaum Bakterien und Bakterienfresser
Güteklasse II	mäßig belastet	ertragreiches Fischwasser, große Mannigfaltigkeit von Pflanzen und Tieren; Moostierchen und Schwämme treten auf
Güteklasse III	stark verschmutzt	weniger empfindliche Fische (z. B. Karpfen, Aale, Regenbogenforellen) kommen vor; geringe Fischerträge, periodisches Fischsterben ist wahrscheinlich, keine Moostierchen und Schwämme, dafür massenhaft Bakterien, Algen und Wasserpflanzen
Güteklasse IV	übermäßig verschmutzt, sehr geringer Sauerstoffgehalt, H_2S wird gebildet	weder Fische noch Grünalgen, Wasserpflanzen, Moostierchen oder Schwämme; Massenentwicklung von Bakterien, einzelligen Bakterienfressern und Abwasserpilzen

Ökologischer Zustand und ökologisches Potenzial

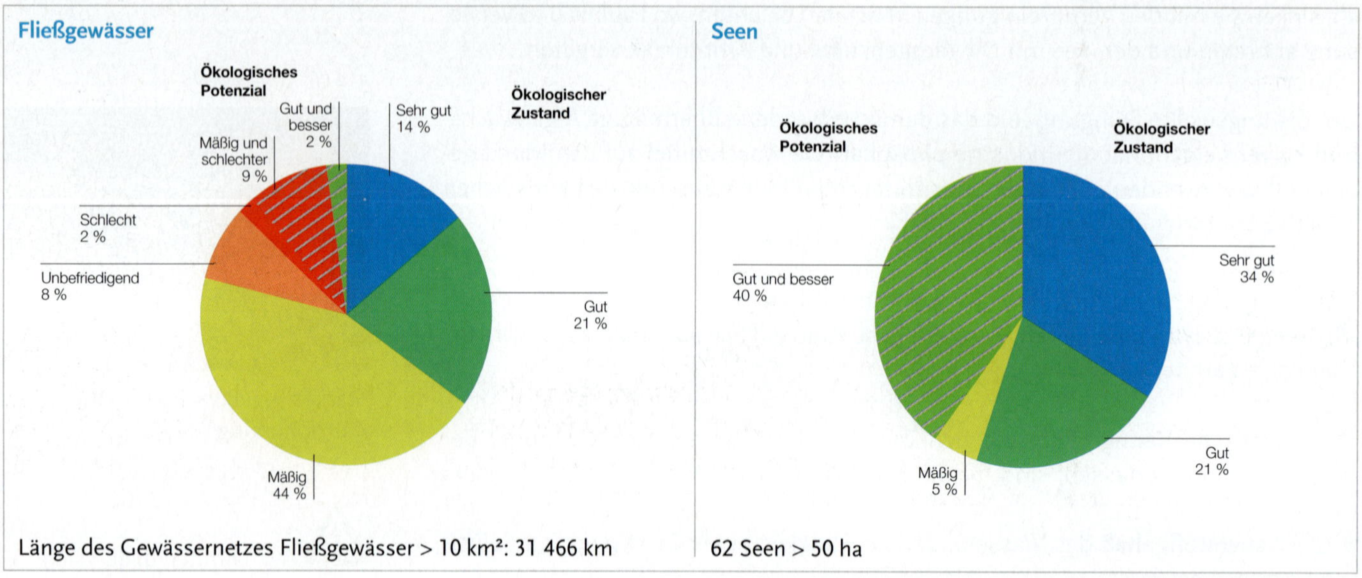

Quelle: Lebensministerium 2011

Die Ergebnisse der österreichischen Wassergüteerhebung werden in Jahresberichten veröffentlicht. Diese sind im Internet auf der Seite des Umweltbundesamtes www.umweltbundesamt.at sowie des Lebensministeriums www.lebensministerium.at zugänglich.

Die Gewässergüte der großen österreichischen Flüsse hat sich durch den Ausbau der Abwasserreinigungsanlagen stark verbessert. Meistens wird die Güteklasse II erreicht, nur in wenigen Abschnitten II – III. Bei Flüssen mit geringer Wasserführung hat sich trotz des Ausbaus der Kläranlagen die Situation nicht durchgehend verbessert.

In Ober- und Niederösterreich, dem Burgenland, der Steiermark und in Vorarlberg gibt es auch Fließgewässer der Güteklasse II–III, im Weinviertel in einigen Abschnitten auch III. Die Papier-, Zellstoff- und Zuckerindustrie haben durch innerbetriebliche Kreisläufe, biologische Kläranlagen und Schließung einiger Standorte zur Verbesserung der Gewässergüte beigetragen.

Abwässerreinigung

Für die Reinigung der Abwässer wurden mechanische, biologische und chemische Verfahren entwickelt. Die **mechanisch-biologische Abwasserklärung** mit **Belebtschlamm** ist das wichtigste Verfahren.

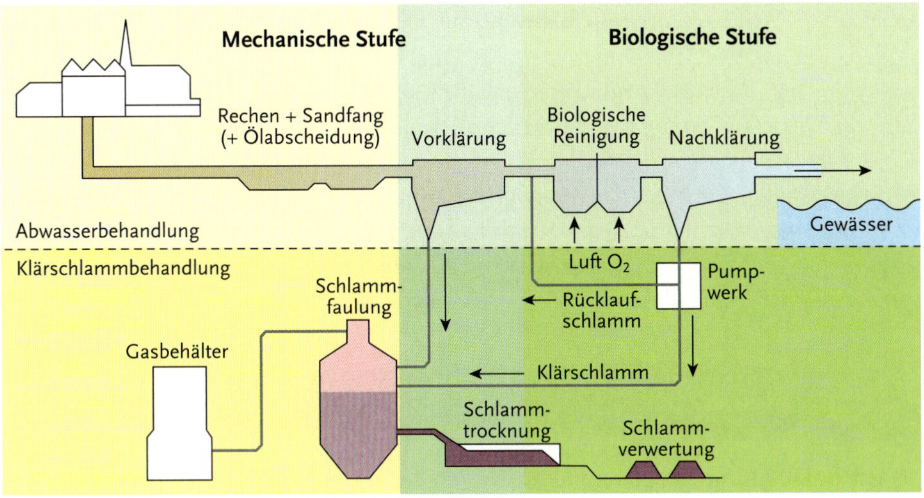

Grobe Sperrstoffe werden an Rechen, Sand im Sandfang und aufschwimmende Stoffe im Ölabscheider zurückgehalten. Bei der biologischen Reinigung im Belebungsbecken dienen gelöste Schmutzstoffe den aeroben Bakterien und Kleinlebewesen als Nahrungsstoffe, sie werden so entfernt. Damit die Mikroorganismen wachsen und sich vermehren können, muss Luft eingeblasen werden, wodurch sich Flocken bilden. Dieser Belebtschlamm setzt sich im Klärbecken ab.

Die Durchlaufzeit des Abwassers beträgt je nach anfallender Menge acht bis zwölf Stunden. In der Stunde werden ca. 30 000 m^3 Luft in die Belebungsbecken eingeblasen.

Der biologische Schlamm, der in der Kläranlage anfällt, besteht zu ca. 99 % aus Wasser. Zur Nachbehandlung wird er zunächst eingedickt (auf ca. 90 % Wasser). Vor der Entsorgung kann der Schlamm anaerob ausgefault werden, wobei der Kohlenstoff in Biogas umgewandelt wird, ein Gemisch aus Methan und Kohlendioxid. Damit kann ein Großteil des Energiebedarfs der Kläranlage gedeckt werden (Pumpen, Pressluftererzeugung, Heizung). Weitere Möglichkeiten der Schlammbehandlung sind Entwässern durch Filterpressen und Verbrennen und der Einsatz als Dünger.

Die Zunahme der Verwendung von Chemikalien in Haushalt, Gewerbe, Industrie, Verkehr und Landwirtschaft schafft neue Probleme.

Bei Kläranlagen, die auch industrielle Abwässer verarbeiten, ist die Anwendung des Klärschlamms als Dünger zu vermeiden, da sich in ihm toxische Schwermetalle und andere Schadstoffe anreichern. Der ausgefaulte Schlamm bzw. die Asche aus der Verbrennung müssen deponiert werden.

Faulturm einer Kläranlage

Ziele erreicht? – „Ökosystem Wasser“

3.01 + Beschreiben Sie die Anomalie des Wassers.
3.02 + Unterscheiden Sie die Arten von natürlich vorkommendem Wasser.
3.03 + Nennen Sie die Anforderungen an Trinkwasser.
3.04 + Nennen Sie die gelösten Stoffe des Grundwassers.
3.05 + Berechnen Sie die Wasserhärte eines Mineralwassers Ihrer Wahl.
3.06 + Finden Sie Maßnahmen zur Senkung des Trinkwasserverbrauchs in einem Haushalt.
3.07 + Erklären Sie, wie es zur Eutrophierung stehender Gewässer kommt und wie sie verhindert werden kann.
3.08 + Zählen Sie Kenngrößen zur Beurteilung der Wasserqualität auf.
3.09 ++ Bewerten Sie die Gewässergüte eines Bachs mit geringen Fischertragen, massenhaft Bakterien, Algen und Wasserpflanzen. Moostierchen und Schwämme kommen nicht vor.

H

4 Ökosystem Boden

www.umweltbundesamt.at

„Natürlich kenne ich Boris! Dreifacher Wimbledonsieger! Aha, nicht dieser Boris. Boris? Nein, kenne ich nicht.“ Noch nicht, muss es heißen, denn BORIS enthält, wie das Umweltbundesamt mitteilt ... Angaben zu Standorten, Bodenprofilen und Daten chemischer, physikalischer und mikrobiologischer Analysen. Insbesondere Daten zu Schadstoffen in Böden wie Schwermetallen (z. B. Quecksilber, Hg [mg/kg]) sind für Österreich verfügbar. Bei allem Stolz auf unseren hohen wissenschaftlich fundierten Standard in der Landwirtschaft dürfen wir die Situation in anderen Ländern nicht vergessen! Wieder einmal stehen vielerorts ökonomische Interessen über ökologischen Gesichtspunkten. Beispiele gefällig? Eines aus der Vergangenheit: Italien, Griechenland und Spanien waren einst dicht bewaldet, bis u. a. der Schiffsbau und der Energiebedarf zur drastischen Abholzung führten. Und eines aus der Gegenwart: Abholzung des tropischen Regenwaldes, um Anbauflächen für Monokulturen zu gewinnen.

Meine Ziele

Nach Bearbeitung dieses Kapitels kann ich

- angeben, welche **Umweltfaktoren** das Ökosystem Boden beeinflussen;
- abschätzen, wie **Düngemitteleinsatz** den Pflanzenertrag verändert;
- den **Einsatz von Pestiziden** kritisch beurteilen.

Der Boden ist der belebte Teil der Erdkruste.

Der Boden ist ein Übergangsbereich zwischen der Gesteinsschicht (Lithosphäre), den Gewässern (Hydrosphäre) und der Luft (Atmosphäre). Er ist ein dreiphasiges System. Etwa 50 bis 70 % des Bodenvolumens bilden die feste Phase aus Mineralien und Humus, der bei der Zersetzung abgestorbener Biomasse entsteht. Der Rest sind Poren, die von der flüssigen Phase der **Bodenfeuchtigkeit** und der gasförmigen Phase der **Bodenluft** erfüllt sind.

Gesunder Boden enthält Mikroorganismen und Kleintiere

Im gesunden Boden leben große Mengen von Mikroorganismen und Kleintieren. Diese beeinflussen die Eigenschaften des Bodens sehr stark. Werden die Mikroorganismen geschädigt, verschlechtern sich die Eigenschaften des Bodens. Im Gegensatz zu Luft und Wasser kann der Boden nicht chemisch gereinigt werden.

Selbst bei guter Gartenerde liegt der Humusanteil nicht über 5 %. Boden besteht in erster Linie aus anorganischen (mineralischen) Bestandteilen.

Eine wesentliche Voraussetzung für die Bodenfruchtbarkeit ist die Fähigkeit des Bodens, Wasser und Ionen festzuhalten (Adsorption). Diese Fähigkeit haben vor allem Tonminerale und Humus. Sie verhindern die Auswaschung der Pflanzennährstoffe. Der Ionenaustausch erfolgt nach dem Mechanismus der Säure-Base-Reaktionen und wird daher vom pH-Wert des Bodens beeinflusst. Der Nährstoffhaushalt hängt aber auch davon ab, ob Stoffe in oxidierter oder reduzierter Form vorliegen, denn ihr Redoxpotential beeinflusst Vorgänge wie die Löslichkeit, die Zersetzungsrate oder die Verwitterung.

Säure-Basen-Reaktionen Kap. F, 1; Redoxreaktionen Kap. F, 2.

Der Boden enthält als Hauptnährstoffe Sauerstoff (elementar in der Bodenluft) und Verbindungen von Kohlenstoff, Wasserstoff, Stickstoff, Phosphor, Kalium, Schwefel, Calcium und Magnesium. Lebensnotwendige Spurenelemente sind Eisen, Mangan, Zink, Kupfer, Bor, Molybdän und Chlor.

Sind Nährstoffe, vor allem **Stickstoff, Phosphor und Kalium,** nicht ausreichend vorhanden, begrenzt dieser Mangel den Pflanzenwuchs und muss durch Düngung ausgeglichen werden. Die **Düngung** ersetzt die Pflanzennährstoffe, die durch die Ernte entfernt werden. Die Nährstoffzufuhr und die Nährstoffabfuhr (Nährstoffbilanz) sollen ausgeglichen sein. Überdüngung schädigt das Bodenleben.

Düngemittel siehe Kap. G, 1.4.

Nicht nur Naturgewalten, Erdbeben, Vulkanausbrüche, Überschwemmungen, Dürrekatastrophen verändern die Erdoberfläche, sondern auch der Mensch hat seit jeher in die Natur eingegriffen: Waldrodung, Weidelandschaften und Überweidung, Flurbereinigung, Bergbau, Gewinnung von Brennmaterial, Einrichtung von Monokulturen (nur eine Pflanzenart wird angebaut): z. B. Getreidefelder, Apfelplantagen.

Belastung des Bodens durch	hervorgerufen von
Bodenversiegelung	steigendem Bedarf an Wohnsiedlungen, Verkehrsflächen und Industrie- und Gewerbegebieten
Bodenerosion	Ackerböden, denen zeitweilig die Pflanzendecke fehlt, brandgerodete Flächen
Immission von Schadstoffen	SO_2, NO_X und anorganischen Halogenverbindungen, sie bewirken eine pH-Veränderung, Schwermetalle und Kohlenwasserstoffe schädigen die Bodenorganismen
landwirtschaftliche Nutzung	unsachgemäßer Düngung und Pestiziden

Ackerboden

Vor allem die konventionelle, industrielle Landwirtschaft stört das biologische Gleichgewicht. Während sich früher der Boden durch die Brache – die Einschaltung einer oder mehrerer Vegetationsperioden ohne Anbau von Nutzpflanzen – erholen konnte, wird er heute durch den gesteigerten Einsatz von Kunstdünger und chemischen Schädlingsbekämpfungsmitteln aus dem Gleichgewicht gebracht.

Methode zur Schädlingsbekämpfung	durchgeführt mit
physikalische Mittel	Flammenwerfern gegen Heuschrecken
chemische Mittel	Pflanzenschutzmitteln, Kontaktgiften, die bei Berührung wirken
ökologische Verfahren	integriertem Pflanzenschutz: Züchtung gegen Hitze/Kälte, bestimmte Schädlinge und Gifte resistenter Kulturpflanzen, Verschlechterung der Lebensbedingungen der Schädlinge
biotechnische Verfahren	integriertem Pflanzenschutz: Anwendung von Lockstoffen, Hormonen

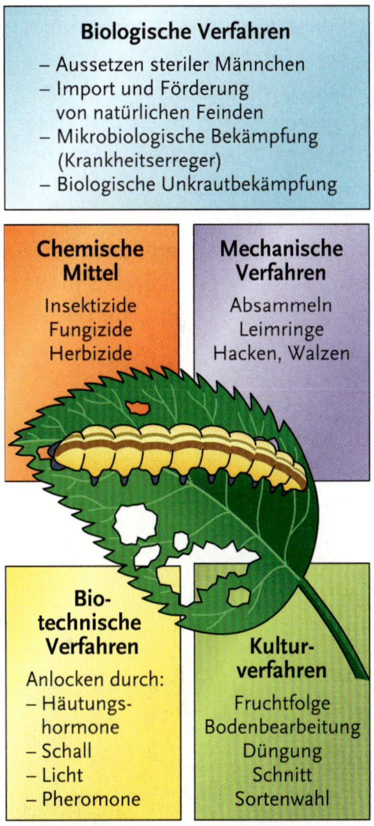

Integrierter Pflanzenschutz

Pestizide (Biozide, Pflanzenschutzmittel) sind chemische Stoffe, die Pflanzen während ihres Wachstums vor Krankheiten und tierischem Schädlingsbefall schützen, die Konkurrenz von Unkräutern unterbinden und Verluste nach der Ernte verhindern sollen. Häufig werden sie gemeinsam mit Düngemitteln eingesetzt.

Schädlingsbekämpfung

Die wichtigsten Gruppen der Pestizide sind die **Insektizide** (Wirkstoffe gegen Insekten), **Herbizide** (Wirkstoffe gegen Unkräuter) und **Fungizide** (Wirkstoffe gegen Pilze). Sie gehören verschiedenen Stoffklassen an.

Welche Substanzen in der EU und somit auch in Österreich zugelassen sind und als Pflanzenschutzmittel verwendet werden dürfen, ist in der **EU-Verordnung über Biozidprodukte** bzw. dem österreichischen Biozid-Gesetz vorgeschrieben. Auch die Chemikalienverbotsverordnung und die BiozidG-Altwirkstoffverordnung regeln diese Stoffe.

Mithilfe der Biozide können etwa zwei Drittel der Welternte eingebracht und sicher gelagert werden. Um dies auch in Zukunft sicherzustellen, ist eine Erhöhung der derzeit produzierten Biozidmengen nicht notwendig.

? Recherchieren Sie den aktuellen Stand bezüglich der in der EU zugelassenen Pestizide (z. B. aus der Gruppe der Phosphorsäureester, der substituierten Phenole, der metallorganischen Verbindungen oder der Harnstoffderivate).

H

Im Jahr 2014 war das Trinkwasser der Stadt Ohlsdorf mit Clopyralid belastet. Informieren Sie sich über dieses Pflanzenschutzmittel und die zum Schutz der Bevölkerung getroffenen Maßnahmen.

Glyphosat ist das weltweit am häufigsten eingesetzte Total-Herbizid und wird als „wahrscheinlich krebserregend" eingestuft. Mögliche Glyphosat-Rückstände in Lebens- und Futtermitteln sowie im Grundwasser führten zu einer heftigen Diskussion über die Zulassung dieses Pestizids. Informieren Sie sich über den derzeitigen Stand der EU-Zulassungsverfahren und die aktuelle Situation in Österreich.

Da Biozide auch für den Menschen giftig sind, ist ihre Verwendung problematisch. Vielfach findet man im Grundwasser Einzelstoffkonzentrationen von über 0,1 mg/L. Bei Verwendung als Trinkwasser muss dann mit Aktivkohle gereinigt werden.

Nachteile der Biozidanwendung: Belastung von Nahrungsmitteln, Rückgang der Artenvielfalt, Vergiftungsunfälle, Rückstände im Boden, Belastung des Wassers

Das **Bienensterben** zeigt, dass bei den Nachteilen der Biozidanwendung mehr und mehr auch der Rückgang der Artenvielfalt bedrohlich wird: Bienen brauchen eine Reihe verschiedener Pflanzen, um ihre Larven zu versorgen. Durch Monokulturen und der damit verbundenen Vernichtung der unerwünschten „Beikräuter" verlieren sie jedoch zunehmend ihre Nahrungsgrundlage. Die Honigbiene steht in diesem Zusammenhang stellvertretend für alle Insekten, die durch ihre Bestäubung die Obst- und Gemüseproduktion sicherstellen.

Ziele erreicht? – „Ökosystem Boden"

4.01 ++ Beschreiben Sie die Optimierung des Düngemitteleinsatzes mithilfe des Minimumgesetzes von Liebig (siehe Kap. G, 1.4).

4.02 + Nennen Sie Belastungen des Ökosystems Boden.

4.03 + Zählen Sie Auswirkungen auf, die der völlige Verzicht auf Biozide auf die weltweiten Getreideernten hätte.

4.04 ++ Recherchieren Sie Beispiele für den Einsatz von Bioziden in Ihrem Bundesland.

5 Abfallwirtschaft

„Es genügt nicht, Recycling zu fördern, man muss einfach weniger Abfall produzieren. Die Menge des täglich produzierten Abfalls ist so gewaltig, dass man neue Strategien finden muss", sagte der für die Müllkrise in Neapel zuständige Unterstaatssekretär Guido Bertolaso 2008. Jahre später stinkt's in Neapel nach wie vor ... Vermeiden – Vermindern – Verwerten – Entsorgen, ein anscheinend einfaches und schlüssiges Rezept, das vielfach erfolgreich angewendet wird. Neapel steht somit stellvertretend für mangelnde Konzepte und eine verfehlte Umweltpolitik, die in immer noch größeren Deponien eine Lösung sieht.

Müllchaos in Neapel

Meine Ziele

Nach Bearbeitung dieses Kapitels kann ich
- die **Ziele des produktionsintegrierten Umweltschutzes** angeben;
- **Arten von Rohstoffen und Abfällen** unterscheiden;
- **Einsatzmöglichkeiten von Recycling** abschätzen;
- beispielhafte **Konzepte zur Abfallvermeidung** erstellen und beurteilen.

Auf die Ökosysteme Luft, Wasser und Boden wirkt die Produktion chemischer Grundstoffe und Produkte ein. Bei der Herstellung und Verwendung von Produkten der chemischen Industrie entsteht immer Abfall in gasförmiger, flüssiger oder fester Form. Um seine Menge möglichst klein zu halten, wird beim **produktionsintegrierten Umweltschutz** die Produktion optimiert und es werden umweltfreundliche Verfahren entwickelt.

Ziele des produktionsintegrierten Umweltschutzes: Verringerung von Emissionen in Luft und Wasser, Reduzierung der Abfallmenge (Entsorgung, Deponierung), Verringerung des Rohstoffverbrauchs, des Einsatzes toxischer Stoffe, Einsparung an Energie

Beispiele für produktionsintegrierten Umweltschutz in Österreich sind in der anorganischen Technologie das COREX-Verfahren, bei dem die Kokerei als Umweltverschmutzer wegfällt, und in der organischen Technologie das Lyocellverfahren. Beim Lyocellverfahren wird die Auflösung des Zellstoffes statt mit Natronlauge und Schwefelkohlenstoff mit einem umweltfreundlicheren Lösungsmittel erreicht.

COREX-Verfahren siehe Kap. G, 2.1.

Lyocellverfahren siehe NAWI III/IV Kap. B, 1.8.1.

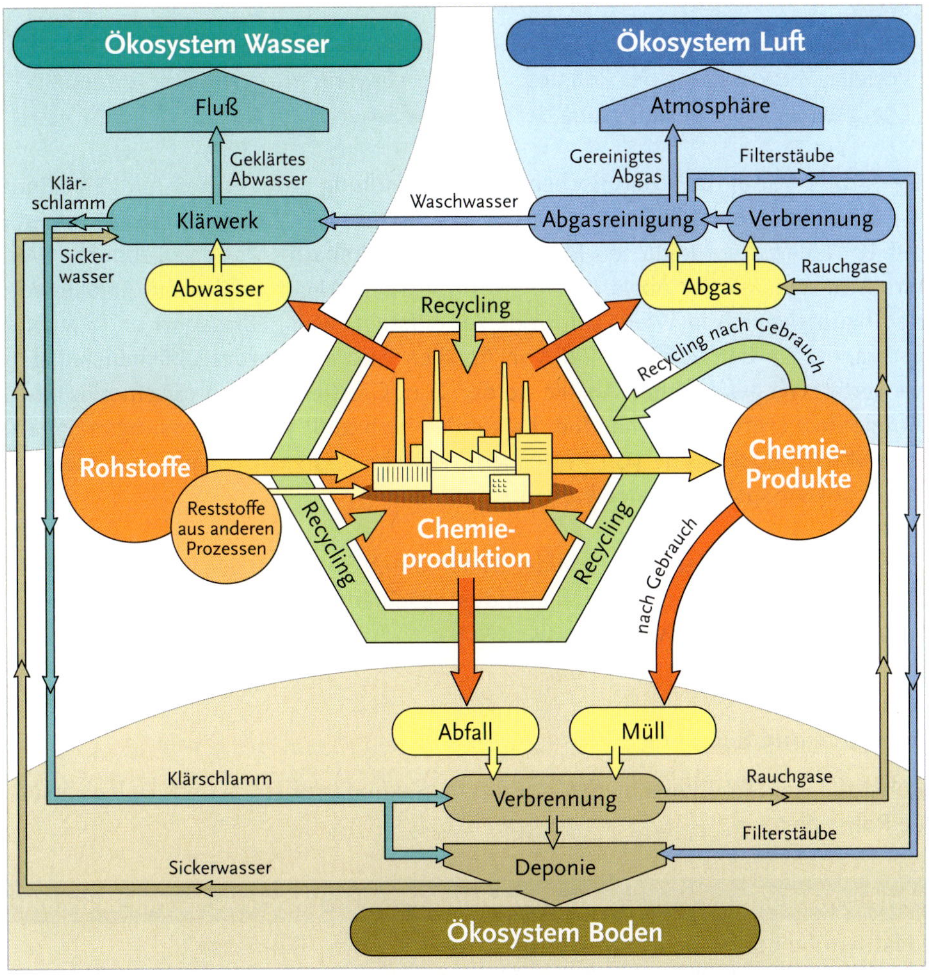

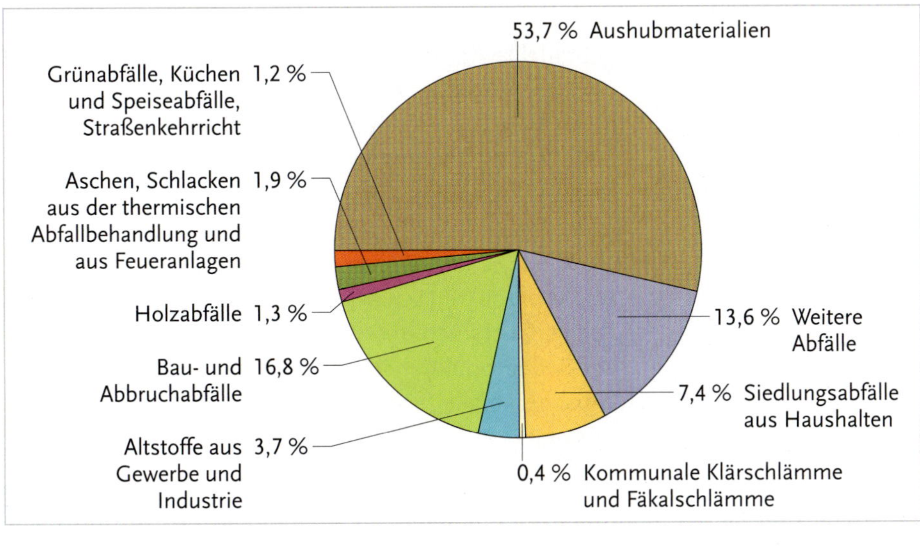

Das Abfallwirtschaftsgesetz (AWG) des Bundes definiert den Begriff „Abfall" und enthält als wichtigen Punkt das Vorsorgeprinzip: „Die Abfallwirtschaft ist danach auszurichten, dass nur solche Abfälle zurückbleiben, deren Ablagerung keine Gefährdung für nachfolgende Generationen darstellt." Zur Abfallentsorgung sagt das AWG: „Abfälle, die nicht verwertbar sind, sind je nach ihrer Beschaffenheit durch biologische, thermische und chemische oder physikalische Verfahren zu behandeln. Feste Rückstände sind möglichst reaktionsarm und ordnungsgemäß abzulagern."
Nähere Details zu den einzelnen Abfallarten sind in der Verordnung zum AWG festgelegt (z. B. Deponieverordnung).

H

Die Abbildung auf der vorigen Seite zeigt beispielhaft das österreichische Abfallaufkommen einschließlich Sekundärabfällen. Das sind Abfälle, die aus der Behandlung von Primärabfällen stammen. Sie machen rund zwei Millionen Tonnen der gesamten 58 Millionen Tonnen aus.

Mülldeponie

Der Weg von der Rohstoffgewinnung über Produktion und Konsum endet beim Abfall. Er führt zu wachsenden Müllbergen oder zu Schadstoffen, die Luft, Gewässer und Boden verunreinigen und sich dort zum Teil anreichern. Der Kreislauf „vom Rohstoff zum Produkt, vom gebrauchten Produkt zum wiederverwertbaren Rohstoff" ist nicht geschlossen.

Je nach Zusammensetzung wird Müll **deponiert oder thermisch oder stofflich recycelt.**
Recycling ist die Wieder- und Weiterverwendung von Abfällen.
Vorteile: Verbesserung der Rohstoffsituation, Verminderung von Emissionen und Energieverbrauch, Verringerung der Deponieflächen

Reststoffbilanz bei der thermischen Behandlung einer Tonne Abfall
260 kg inerte Schlacke
70 kg inerte Asche
3 kg Gips (Rauchgasreinigung)
2 kg Neutralisationsschlamm

Der große Vorteil der **thermischen Abfallbehandlung** (Müllverbrennung) besteht – neben der Unschädlichmachung des Abfalls – in der Reduktion des Volumens auf 10 % des ursprünglichen Platzbedarfs (Platzersparnis auf der Deponie). Weiters kann ein Teil der Abwärme verstromt werden. Nicht gefährliche Abfälle werden hauptsächlich in Wien, Dürnrohr, Arnoldstein, Wels, Niklasdorf und Lenzing verbrannt. Ein beträchtlicher Teil von Abfällen wird in innerbetrieblichen Anlagen verwertet. Die gefährlichen Abfälle werden zum Großteil in Wien (Simmering) und Arnoldstein thermisch behandelt. Es können verbrannt werden: Lösungsmittelabfälle, Altöle, Rückstände von Pestiziden, tierische Reststoffe, infektiöses Material aus Krankenhäusern, Altmedikamente usw.

Vor allem in Industriezonen kann der Boden durch Sonderabfälle verunreinigt sein. Besondere Schwierigkeiten machen Industrieschlämme, verunreinigte Säuren, Altbatterien, radioaktives Material usw.

Rohstoffe und Recycling

Rohstoffe werden unterschieden in Primär-, Sekundärrohstoffe und nachwachsende Rohstoffe:

Primärrohstoffe	Sekundärrohstoffe	Nachwachsende Rohstoffe
Naturstoffe oder durch großtechnische Verfahren hergestellte Stoffe	wiederverwertbare Abfälle	Biomasse
Luft, Wasser, Mineralien und Erze, Erdgas, Erdöl, Kohle, pflanzliche und tierische Stoffe, Metalle, Säuren, Basen und Salze	gebrauchte Konsumgüter (Altpapier, Altglas, Kunststoffabfälle, Alttextilien, Schrott aus Fahrzeugen und Geräten), Verarbeitungsabfälle (Metallspäne, Holzreste), unerwünschte Nebenprodukte (Schlacke, Asche, Calciumchlorid bei der Sodaproduktion), biologische Abfälle (Fäkalien, Jauche)	Holz, Sägeabfälle, Rinde, Waldhackgut, Altholz, Naturfasern, Pflanzenöle, Zucker und Stärke, Rohstoffe tierischer Herkunft (Leder, tierische Fette)

Die Verbrennung von Biomasse verunreinigt zwar wie die von fossilen Brennstoffen die Luft, gilt aber als CO_2-neutral, weil man auf lange Sicht nur so viel Biomasse verbrennen kann, wie man wieder nachwachsen lässt.

Diskutieren Sie die Aussage: „Das Konzept österreichischer Altstoffsammelzentren beruht auf einem Bringsystem."

Folgende Mengen von Sekundärrohstoffen werden in der Produktion eingesetzt: Papier ca. 70 %, Glas 50 – 60 %, Aluminium 35 %, Kunststoffe 6 %. Die Verwendung der Recyclingstoffe hängt von ihrer Qualität, der Verfügbarkeit und dem Preisvorteil gegenüber dem frischen Rohstoff ab. Bei Kunststoffen haben nur Produktionsabfälle ausreichende Qualität.

Die folgenden Beispiele zeigen die Bedeutung der Sekundärrohstoffe:

Schrott
1 t Eisenschrott ersetzt 1,5 t Eisenerz und 0,2 t Koks.
1 t Kupferschrott ersetzt 40 t Kupfererz und 8 t Koks.
1 t Aluminiumschrott ersetzt 4 t Bauxit und ca. 20 000 kWh elektrische Energie.
Je ca. 40 % des Rohstahls und Kupfers stammen aus Schrott, bei Aluminium sind es ca. 35 %.

Papier
Aus 100 t Altpapier kann man je nach Qualität 50 bis 98 % Papierrohstoff zurückgewinnen. Das würde etwa 135 bis 260 Festmeter Holz entsprechen, die nicht aus dem Wald geholt werden müssten.
Der Papier- und Pappeverbrauch in Österreich beträgt ca. 2,4 Mio. t pro Jahr. Darin sind 40 bis 50 % aufgearbeitetes Altpapier enthalten. Von der gesamten verbrauchten Papiermenge landen über 50 % im Abfall.

Auto
Autowracks gelangen zu 95 % über den Schrotthandel in die Verwertung.
Bereifung: Runderneuerung oder Einsatz als Brennstoff bei der Zementerzeugung. Pyrolyse: 38 % verwertbarer Ruß, 21 % aromatische Verbindungen (Benzen, Toluen), 28 % Wasserstoff, Methan, Ethan.

Kunststoff
Kunststoffabfälle werden in der Zementindustrie als Brennstoff eingesetzt.
Pyrolyse zu Gas, Öl. Hydrolyse ergibt Ausgangsstoffe für neue Kunststoffe.
Pyrolyse von Polyethylen bei 720 °C und fünf Stunden: 29,4 % Methan, 28,4 % Ethen, 13,5 % Benzen, 9,88 % Propen, 7 % Ethan, 1,8 % Wasserstoff.

Biogene Abfälle
Kompostierung ist eine wichtige Recyclingmethode für Bioabfall. In zentralen Kompostieranlagen werden Haus- und Küchenabfälle aus der (verpflichtenden) „grünen Tonne" (Biotonne) und andere Bioabfälle verarbeitet.

Computerschrott ist keinesfalls wertlos, denn er enthält Gold, Silber, Palladium und Kupfer

Pyrolyse = thermochemische Spaltung organischer Moleküle.

Hydrolyse = Einwirkung von Wasserdampf, hohem Druck und hoher Temperatur.

Beim sogenannten **Urban Mining** werden städtische Strukturen als Rohstoffminen der Zukunft gesehen, heutige Mülldeponien oder Gebäude als anthropogene Sekundärrohstofflager. Informieren Sie sich über Projekte und Forschungsvorhaben der österreichischen Universitäten, z. B. der Montanuniversität Leoben, der TU Graz oder der TU Wien.

Ziele erreicht? – „Abfallwirtschaft"

5.01 + Beschreiben Sie produktionsintegrierten Umweltschutz.

5.02 + Nennen Sie Vorteile von stofflichem und thermischem Recycling.

5.03 + Ordnen Sie folgende Stoffe den Kategorien a) Primärrohstoffe, b) Sekundärrohstoffe und c) nachwachsende Rohstoffe zu: Holz, Eisenerz, Kupfer, Luft, Asche, Altglas, Zucker

5.04 ++ Schlagen Sie Maßnahmen zur Vermeidung, Verminderung, Verwertung und Entsorgung des Papierverbrauchs im schulischen und privaten Bereich vor und bewerten Sie sie in Hinblick auf ihre Durchführbarkeit.

5.05 ++ Jedes Jahr werden mit der Licht-ins-Dunkel-Aktion „Ö3-Wundertüte" ca. 400 000 gebrauchte Handys gesammelt. Informieren Sie sich darüber, was mit den kaputten und den noch funktionierenden Geräten geschieht.

H

Sicherheit bei naturwissenschaftlichen Experimenten – Antworten

S.01 Sicherung, FI-Schutzschalter, Not-Aus-Schalter

S.02 Bis zu 25 V bei offen liegenden Kontakten

S.03 Siehe Regelauflistung, S. 11

S.04 Klasse 1, 1M und 2

S.05 Nein, bei Klasse 1M dürfen keine optischen Geräte oder Hilfsmittel zur Betrachtung verwendet werden

S.06 Beim Arbeiten mit verdünnten Säuren und Basen ist unbedingt eine Schutzbrille zu tragen. Lediglich beim Arbeiten mit kaltem Wasser kann auf die Schutzbrille verzichtet werden.

S.07 Kleidung entfernen, Haut mit viel Wasser waschen. Notfalls Arzt aufsuchen. Kleidung mit verdünnter Ammoniaklösung behandeln.

S.08 Auge mit viel Wasser spülen. Rettung rufen.

S.09 Salzsäure, konzentriert: ätzend; Essigsäure, verdünnt: je nach Verdünnung ohne Kennzeichnung oder reizend (Achtung); Sauerstoff: oxidierend (ggf.: Gas unter Druck); Benzin: entzündbar/toxisch/umweltschädlich; Kaliumcyanid: akut toxisch/umweltschädlich.

S.10 Kohlenstoffdioxid ist deutlich schwerer als Luft und legt sich über den Brandherd. Stickstoff ist leichter als Luft.

S.11 Das schwere Gas Kohlenstoffdioxid verhindert den Zutritt von Sauerstoff.

S.12 Stoff B.

S.13 Acetylen.

S.14 Schaum.

S.15 „F" und „leicht entzündlich" stimmen für Ethanol, aber das Flammensymbol ist nicht das eines leicht entzündlichen Stoffes, sondern das eines brandfördernden Stoffes (Oxidationsmittel).

A „Grundlegende physikalische Größen und ihre Messung" – Antworten

1 Einführung in die Arbeitsweise der Physik

1.01 Beobachtung, Experiment, Hypothese und Theorie

1.02 Starrer Körper, ideale Flüssigkeit, ideales Gas, bohrsches Atommodell ...

1.03
1. Starre Körper benötigen etwa die gleiche Fallzeit.
2. Messung der Fallzeit.

1.04
1. Je größer die Masse, desto langsamer schwingt das Pendel.
2. Messung der Periodendauer für verschiedene Feder-Massen-Paare.

1.05
1. Je größer die Kraft, umso größer die Dehnung.
2. Messung der Dehnung s bei einer Kraft F.
3. Die Dehnung ist der Kraft proportional.

1.06
1. Je größer die Masse, desto langsamer schwingt das Pendel.
2. Messung der Periodendauer für verschiedene Feder-Massen-Paare.
3. Die Periodendauer ist proportional zu $\sqrt{\frac{m}{D}}$.

2 Das internationale Einheitensystem

2.01 Länge, Zeit, Masse, Temperatur, Stromstärke, Lichtstärke, Stoffmenge, Meter, Sekunde, Kilogramm, Kelvin, Ampere, Candela, Mol

2.02 Geschwindigkeit m/s; Beschleunigung m/s^2; Fläche m^2

2.03 $p = F/A$; $[p] = [F]/[A] = 1\ N\ /\ (1\ m^2) = 1\ kgm/s^2\ /\ (1\ m^2) = 1 kg/(ms^2)$

2.04 Fläche, Volumen, Winkel, Frequenz, Ausdehnungskoeffizient, elektrischer Widerstandstemperaturbeiwert, Avogadrokonstante ...

2.05 $1\ kg/dm^3 = 1\,000\ kg/m^3$

2.06 $5{,}6\ m/s^2$; $6{,}9\ m/s^2$; 3,5 s

2.07 $-2{,}5\ m/s^2$; 10^5 N

2.08 66,93 : 1

2.09 1 km/h = 1 000 m/3 600 s = 1/3,6 m/s

2.10 5 m/s; 15 m/s; 20 m/s; 25 m/s; 30 m/s; 50 m/s

2.11 28,8 km/h; 50,4 km/h; 79,2 km/h; 144 km/h; 360 km/h; 720 km/h

2.12 1 188 km/h

2.13 $2 \cdot 10^8$ m/s = $7{,}2 \cdot 10^8$ km/h

2.14 1 Meile/h rund 1,609 km/h = 1 609 m/ 3 600 s rund 0,447 m/s; 0,62; 2,24

2.15 a) 314 nm = $3{,}14 \cdot 10^2$ nm = $3{,}14 \cdot 10^{-1}$ µm
b) 5 270 ms = $5{,}27 \cdot 10^3$ ms = 5,27 s
c) 100 008 µg = $1{,}000\,08 \cdot 10^5$ µg = $1{,}000\,08 \cdot 10^2$ mg = $1{,}000\,08 \cdot 10^{-1}$ g

2.16 a) 1 205 mm^2 = $1{,}205 \cdot 10^3$ mm^2 = $1{,}205 \cdot 10^1$ cm^2
b) 50,736 m^2 = $5{,}073\,6 \cdot 10^1$ m^2 = $5{,}073\,6 \cdot 10^3$ dm^2
c) 0,004 78 km^2 = $4{,}78 \cdot 10^{-3}$ km^2 = $4{,}78 \cdot 10^3$ m^2

2.17 a) 0,000 452 dm^3 = $4{,}52 \cdot 10^{-4}$ dm^3 = $4{,}52 \cdot 10^{-1}$ cm^3
b) 0,050 1 m^3 = $5{,}01 \cdot 10^{-2}$ m^3 = $5{,}01 \cdot 10^1$ dm^3
c) 178 km^3 = $1{,}78 \cdot 10^2$ km^3 = $1{,}78 \cdot 10^{11}$ m^3

3 Skalare und vektorielle Größen

3.01 0, 2v

3.02 45°

3.03 121,2 Minuten

3.04 26,6°; 63,4°

3.05 6,3 m/s; 71,6°

3.06 2,96 m/s; 9,6°

3.07 2,24 m/s; 41,8°

4 Messfehler

4.01 Ablesefehler bei analogen Messgeräten, Temperatur- und Stromschwankungen

4.02 4 mm; 0,000 2 = 0,02 %

B „Physikalische Phänomene und Methoden“ – Antworten

1.1 Kinematik

1.1.1 Bezugssysteme

1.1.01 Zum Beispiel P(0|0) und P’(5|0)

1.1.02 463,2 m/s; 30 000 m/s

1.1.03 144 s

1.1.04 Nein; v müsste rund 160 km/h betragen

1.1.2 Kinematik der Translation

1.1.05 40 m/s; 120 m; 3 s

1.1.06 $s = v \cdot t$; $s = v \cdot t/2$

1.1.07 12 m/s; 8 s; 13,5 m; 8 s

1.1.08 5 m/s; 0,2 s; 52,5 m; 4 s

1.1.09 Die Fallzeit beträgt rund 2,8 s und der Betrag der Auftreffgeschwindigkeit ca. 28 m/s. Wenn man den Vektorcharakter betonen will, kann man auch –28 m/s schreiben. Damit ergeben sich das v-t- und das h-t-Diagramm.

1.1.10 20 m, 45 m, 80 m

1.1.11 0,005; 0,01; 0,015; 0,02; 0,025; 0,03; 0,035; 0,04; 0,045; 0,05 jeweils in km/s
1,25; 5; 11,25; 20; 31,25; 45; 61,25; 80; 101,25; 125 jeweils in m.

1.1.12 $v(t) = -g \cdot t$; $h(t) = h_0 - g \cdot t^2/2$

1.1.13 $t_B = 6$ s

1.1.14 Gleichförmig bzw. gleichmäßig beschleunigt

1.1.15 3,3 m/s^2; 3,8 m/s^2

1.1.16 t_R rund 1 s; a rund –4 m/s^2

1.1.17 v_0 rund 24,5 m/s

1.1.18 $v_0 = 20$ m/s; t_W rund 4 s

1.1.19 25,2°

1.1.20 Rund 7,9 m/s

1.1.21 $v(t) = v_0 - g \cdot t$; $v_y(t) = -g \cdot t$; $v_y(t) = v_0 \cdot \sin(\alpha) - g \cdot t$;

1.1.22 Bei 45° am größten; bei 30° und 60° gleich

1.1.23 v rund 31,3 m/s

1.1.3 Kinematik der Rotation

1.1.24 145,4 µrad/s; 1,75 mrad/s; π/30 rad/s

1.1.25 72,7 µrad/s

1.1.26 $\varphi(30\text{ s}) = 1\,800\,\pi$ rad

1.1.27 314,2 s

1.1.28 a) 24,2 rad/s^2; b) 33,8; c) 266,5

1.1.29 $\varphi(t) = 2t^2 + 2t + \pi$

1.1.30 $\alpha = -4\pi$ rad/s^2

1.1.31 0,017 Hz

1.1.32 12,6 Hz

1.2 Dynamik

1.2.1 Die newtonschen Gesetze

1.2.01 Als abgeschlossen bezeichnet man ein Bezugssystem auf das von außen keine Kraft einwirkt.

1.2.02 Gravitation, elektromagnetische Wechselwirkung, starke und schwache Wechselwirkung

1.2.03 In der Wiese werden die Rollerblades durch verstärkte Reibung abgebremst, der Körper bewegt sich aber nach dem ersten newtonschen Gesetz gleichförmig weiter. Man kommt zu Sturz.

1.2.04 Zieht man langsam, reißt der obere Faden zuerst. Auf ihn wirkt die Summe der Zugkraft der Hand und der Gewichtskraft der Masse. Zieht man schnell, reißt der untere Faden. Die hohe Beschleunigung der Masse bewirkt eine große Trägheitskraft, die auf den unteren Faden wirkt.

1.2.05 Um das Gedeck nicht mitzureißen, muss die Trägheitskraft auf das Geschirr deutlich größer sein als die Reibungskraft des Tischtuches. Dies ist nur bei sehr hohen Beschleunigungen der Fall.

1.2.06 Man schlägt den Hammer mit dem lockeren Kopf senkrecht stehend mit dem Stiel auf eine feste Unterlage. Die Trägheitskraft drückt den Hammerkopf auf dem Stiel fest.

1.2.07 Die Trägheitskraft des Holzscheites drückt es beim Abbremsen auf dem Hackstock auf die Axtklinge und spaltet es.

1.2.08 Ein Körper bleibt ständig in Bewegung solange keine Kraft auf ihn wirkt (vgl. erstes newtonsches Gesetz).

1.2.09 Die Versuche „Münze ins Glas", „Toilettenpapierrolle abreißen" oder „Stapel von Münzen" sind schnell und sehr einfach durchführbar.

1.2.10 Nein, die beobachtete Beschleunigung könnte auch aus einer Beschleunigung des Bezugsystems resultieren.

1.2.2 Masse, Trägheit und Gewicht

1.2.11 Kraft ist Masse mal Erdschwerebeschleunigung: $F = m \cdot a$ (in geringen Höhen an der Erdoberfläche) oder: $F = G \cdot \frac{m_1 \cdot m_2}{r^2}$ für beliebige Abstände r zwischen zwei Massen.

1.2.12 62,5 kg

1.2.13 24,57 kg

1.2.14 22,22 kg/m^3

1.2.15 Die träge Masse wirkt mit einer Trägheitskraft jeglicher Beschleunigung entgegen. Die schwere Masse verursacht eine anziehende Gravitationskraft (Schwerkraft) zwischen Massen.

1.2.3 Das Grundgesetz der Dynamik

1.2.16 Das dynamische Grundgesetz gilt in Inertialsystemen.

1.2.17 127,5 N

1.2.18 2 207 N

1.2.19 6 000 N

1.2.20 0,344 8 m/s^2

1.2.21 6 410,26 N

1.2.22 $a = 0{,}8\ m/s^2$; $v = 4\ m/s$; $s_{ges} = 10\ m$

1.2.23 Der Faden hält der Belastung gerade noch stand.

1.2.24 680 N

1.2.25 1,01 kg

1.2.26 1 265,63 N

1.2.27 $F_{ges} = 500\ N$; $a = 5\ m/s^2$

1.2.28 Start: $a_0 = 7{,}75\ m/s^2$; Brennschluss: $a_{end} = 34{,}09\ m/s^2$

1.2.29 $F = 3\,148{,}9\ N$

1.2.4 Kräfte und ihre Auswirkungen

1.2.30 **Gesetz von Hooke:** Die elastische Dehnung Δx einer Schraubenfeder (eines Körpers) ist proportional der verformenden Kraft F. $F = D \cdot \Delta x$. Die Proportionalitätskonstante D heißt **Federkonstante** oder **Richtgröße.**
$[D] = 1\ N/m$.

1.2.31 $D_1 = 50\ N/m$, $D_2 = 100\ N/m$

1.2.32 Kraft-Dehnungs-Diagramme: homogene lineare Funktionen; Steigung = Federkonstante.

1.2.33 $[D] = 1\ N/1cm = 1\ N/0{,}01\ m = 100\ N/m$

1.2.34 $\Delta x = F/D = 26\,000/(4 \cdot 60\,000)\ m = 6{,}5/60\ m \approx 10{,}8\ cm$

1.2.35 **Gesetz von Coulomb:** Die **Reibungskraft** $F_{Reibung}$ ist der Verschieberichtung entgegengerichtet, parallel zur Berührungsfläche und proportional der Normalkraft F_N auf die Berührungsfläche. $F_{Reibung} = \mu \cdot F_N$. μ ist die Reibungszahl (der Reibbeiwert).

1.2.36 Haftreibung, weil der Schrank zuerst ruht. $\mu = F/F_N = 500\ N/600\ N = 5/6 \approx 0{,}83$

1.2.38 Trockene waagrechte Fahrbahn: $a_{max} = \mu_H \cdot g = 0{,}8 \cdot 9{,}81\ m \cdot s^{-2} \approx 7{,}85\ m \cdot s^{-2}$
Nasse waagreche Fahrbahn: $a_{max} = \mu_H \cdot g = 0{,}2 \cdot 9{,}81\ m \cdot s^{-2} \approx 1{,}96\ m \cdot s^{-2}$
$t_{Brems} = v/a_{max} \approx v/7{,}85\ s$
$t_{Brems} = v/a_{max} \approx v/1{,}96\ s$
$s_{Brems} = v^2/a_{max} \approx v^2/7{,}85\ m$
$s_{Brems} = v^2/a_{max} \approx v^2/1{,}96\ m$

1.2.39 Annahmen $\mu_H = 0{,}25$ und $F_{Anfahrzugkraft} = F_{Haftreibung} = \mu_H \cdot m \cdot g$
$m = 300\,000/(0{,}25 \cdot 9{,}81)\ kg \approx 122\ t$

1.2.40 $a = g \cdot (\sin(\varphi) - \mu_G \cdot \cos(\varphi))$ mit $\varphi = \arctan(\mu_H)$
Für $\mu_H = 0{,}45$ und $\mu_G = 0{,}3$ ergibt sich $a = 1{,}34\ m/s^2$.

1.2.41 $a_{max} = \mu_H \cdot g \approx 0{,}2 \cdot 9{,}81\ m \cdot s^{-2} \approx 1{,}96\ m \cdot s^{-2}$

1.2.42 $\varphi = \arctan(a/g) = \arctan(2/9{,}81) \approx 11{,}5°$
$\varphi = \arctan(a/g) = \arctan(-4/9{,}81) \approx -22{,}2°$

1.2.43 Gleiten: $a_{max} = \mu_H \cdot g \approx 0{,}3 \cdot 9{,}81\ m \cdot s^{-2} \approx 2{,}94\ m \cdot s^{-2}$
Rollen: $a_{max} = \mu_R \cdot g \approx 0{,}1 \cdot 9{,}81\ m \cdot s^{-2} \approx 0{,}98\ m \cdot s^{-2}$

1.2.5 Die Rotation und ihr dynamisches Grundgesetz

1.2.45 $a_{Zp} = \frac{v^2}{r} = \omega^2 \cdot r$, $a_{Cor} = 2 \cdot \omega \cdot v_r \cdot \sin\beta$

1.2.46 Ablenkung nach rechts (nach Osten).

1.2.47 $a_{Zp} = 15\ m/s^2$

1.2.48 Ca. 170,5 kN

1.2.49 Ca. 377 N

1.2.50 $a_{Zf} = 7\,018\ m/s^2$

1.2.51 127,63 km/h

1.2.52 Der Hub des Fliehkraftpendels hängt von mehreren Variablen ab, insbesondere von der Drehzahl und der Geometrie des Pendels.

1.2.53 Greift eine Kraft $\vec{F}$ mit Kraftarm (Normalabstand) r_N vom Zentrum Z an, so hat sie das **Drehmoment** $M = \pm F \cdot r_N$.

1.2.54 Das Drehmoment ist maximal für einen Winkel von 90°, null für $\alpha = 0°, 180° \ldots$. Der Graph ist eine Sinusfunktion mit einer Amplitude von 60 Nm und einer Periodendauer von 2π Radiant.

1.2.55 Der Schwerpunkt ist der Angriffspunkt der gesamten Gewichtskraft eines Körpers.

1.2.56 Die Summe $\sum m_i \cdot r_i^2$ der mit dem Abstandsquadrat r_i^2 gewichteten Massen m_i heißt das **Trägheitsmoment** J des starren Körpers bezüglich der Achse A.

1.2.57 $3{,}6\ kg \cdot cm^2$; $5{,}85\ kg \cdot cm^2$

1.2.58 $292\ g \cdot cm^2$

1.2.59 Ca. 2 s

1.2.60 $t = \frac{\sqrt{3}}{\sin(\varphi)} \cdot \sqrt{\frac{h}{g}}$

1.2.6 Impuls und Drehimpuls als Erhaltungsgröße

1.2.61 Der **Impuls** $\vec{p}$ eines Körpers ist das Produkt aus seiner Masse m und seiner Geschwindigkeit $\vec{v}$.
Die Impulsänderung $\Delta\vec{p}$ eines Körpers während der Zeit Δt ist gleich dem einwirkenden **Kraftstoß** $\vec{F} \cdot \Delta t$.

1.2.62 2,58 MNs

1.2.63 9,6 Ns

1.2.64 0,84 Ns

1.2.65 3 : 5; 3 g und 5 g; 6 g und 10 g

1.2.66 3 : 1; 3 g und 1 g; 6 g und 2 g

1.2.67 8,9 m

1.2.68 4 688 km; $< r_E$

1.2.69 $\vec{v}_{Mm} = \frac{m_1 \cdot \vec{v}_1 + m_2 \cdot \vec{v}_2}{m_1 + m_2}$

1.2.70 $u_1 = 2 \cdot v_S - v_1$, $u_2 = 2 \cdot v_S - v_2$

1.2.71 $v_S \approx -2{,}86\ m/s = -10{,}30\ km/h$; Pkw 1 ist „von links nach rechts“ unterwegs. Völlig unelastisch.

1.2.72 $v_S \approx 1{,}7\ m/s$

1.2.73 $u_1 = -1{,}6\ m/s$, $u_2 = 2{,}4\ m/s$

1.2.74 $a \approx -0{,}4\ m/s^2$; der Beschleunigungsvektor ist dem Geschwindigkeitsvektor der Gase entgegengerichtet.

1.2.75 Der **Drehimpuls** L einer Masse m mit der Geschwindigkeit v im Abstand r vom Drehzentrum ist
$L = m \cdot v \cdot r \cdot \sin(\varphi)$.

1.2.76 $L = 6\ Js$

1.2.77 $L \approx 8{,}41\ Js$

1.3 Statik

1.3.1 Statik starrer Körper

1.3.01 500 N

1.3.02 26,67 cm von der kleineren Kraft entfernt

1.3.03 Verhältnis 1 : 5

1.3.04 Die 2,5-fache maximale Kraft (1 000 N)

1.3.05 533,3 U/min; Die Drehmomente werden direkt proportional zum Radius übertragen.

1.3.06 40 N

1.3.07 Lagerkraft: $F_{normal} = 3\,500$ N, $F_{parallel} = 2\,598{,}8$ N, Lagermoment: $M = 12\,500$ N · m

1.3.08 Karton an beliebigen Punkt aufhängen und mittels Lot eine Schwerlinie einzeichnen. Mittels einer weiteren Schwerlinie erhält man den Schwerpunkt als Schnittpunkt der Schwerlinien.

1.3.09 Der Schwerpunkt des Stehaufmännchens liegt im gekippten Zustand höher als im stehenden Zustand. Die im Schwerpunkt angreifende Gewichtskraft bewirkt ein Drehmoment um den Auflagepunkt. Dadurch wird der Schwerpunkt abgesenkt und das Männchen aufgestellt.

1.3.10 $F_l = 22\,464{,}9$ N, $F_r = 20\,699{,}1$ N

1.2.11 Wenn der Schwerpunkt in senkrechter Projektion gerade außerhalb der Spur ist. Mit Spurbreite b, Schwerpunktshöhe h und Hangneigungswinkel α fällt der Traktor um wenn gilt: $\tan(\alpha) > b/(2 \cdot h)$.

1.3.12 Siehe Zusammenfassung der Gleichgewichtsarten!

1.3.13 Drehzahlübersetzung: 3 : 2; Drehmomentübersetzung: 2 : 3; viertes Zahnrad dreht in Gegenrichtung des ersten Zahnrades

1.3.2 Hydrostatik

1.3.14 Nadel: 80 MPa (800 bar); Holzstäbchen: 800 kPa (8 bar)

1.3.15 5,4 bar, 6,4 bar

1.3.16 1,5 cm; der Schwerpunkt versucht möglichst tief zu liegen (Eintauchfläche: 4 cm x 6 cm)

1.3.17 50 kN

1.3.18 500 kPa (5 bar)

1.3.19 888,89 kg/m^3

1.3.20 100 N; 20 kPa

1.3.21 76 000 000 L; Tiefgang 5,37 m (real ist etwa mit dem doppelten Wert zu rechnen, da die Schiffsfläche rechteckig mit maximalen Außenmaßen abgeschätzt wurde und auch der Unterwasserkörper nicht quaderförmig ist)

1.3.22 95 m

1.3.23 Die Dichte dieser Flüssigkeit ist größer als die Dichte von Wasser.

1.3.24 Nur wenn sich Flüssigkeit auch unter der Styroporkugel befindet wirkt eine Auftriebskraft.

1.3.25 Ein höherer Druck komprimiert die Luftblase im Inneren des Tauchers und etwas Wasser dringt ein. Damit wird der Taucher etwas schwerer. Dadurch sinkt die Auftriebskraft. Der Taucher sinkt ab.

1.3.26 Der Goldklumpen hat dieselbe Masse wie die Krone. Gold hat im Vergleich zu unedlen Metallen eine relativ große Dichte. Wenn nun die Krone auch aus unedlem Material besteht, ist ihre Dichte geringer als die von Gold. Unter Wasser sinkt also die Waagschale mit dem Goldklumpen ab.

1.3.27 0,7 dm^3, 1 428,57kg/m^3

1.3.3 Aerostatik

1.3.28 53,4 kN

1.3.29 633 hPa, 314 hPa, 701 hPa

1.3.30 111 kg

1.3.31 Solange der Vergrößerung des Volumens fast keine Kraft entgegenwirkt, ist die Ausdehnung durch die Gleichheit von Innen- und Außendruck bestimmt. Dann ändert sich die Dichte innen, wie die Dichte außen. Der Auftrieb ist dann als Produkt des Innendrucks mal dem Volumen des Ballons konstant. Schließlich wirkt einer weiteren Ausdehnung die elastische Kraft des Materials entgegen. Der Auftrieb wird kleiner, bis der Ballon entweder platzt oder bei einer bestimmten Ausdehnung der Auftrieb verschwindet.

1.3.4 Elastostatik

1.2.32 164,93 N; max. 15,71 N (Holz längs); max. 1,02 N (Holz quer)

1.3.33 2,22 cm^2

1.3.34 Doppelter Durchmesser bedeutet vierfache Querschnittsfläche und somit ein Viertel der ursprünglichen Spannung, damit ein Viertel der ursprünglichen Dehnung d. h. 0,625 mm.

1.3.35 Vergleichen Sie hierzu das Spannungs-Dehnungs-Diagramm in der Randspalte.

1.4 Energie, Leistung und Wirkungsgrad

1.4.01 $W_{Hub} = m \cdot g \cdot h$

1.4.02 4 m

1.4.03 0,125 MJ; 5 s

1.4.04 60 cm; 90 J

1.4.05 5 J

1.4.06 $E_{pot} = m \cdot g \cdot h$; $E_{el} = D \cdot s^2/2$; $E_{kin} = m \cdot v^2/2$;

1.4.07 16,7 MJ; 0,39 kg

1.4.08 0,675 MJ; 150 m

1.4.09 1,5 MJ; 250 m

1.4.10 $v = \sqrt{2 \cdot g \cdot h_0}$

1.4.11 0,05

1.4.12 0,6

1.4.13 12,75 kJ; 5 kJ

1.4.14 400 m

1.4.15 56,9 m; 7,6 s

1.4.16 315,8 kJ; 0,42 rad/s²

1.4.17 39,5 J; 360°

1.4.18 15,8 kJ; 80 Nm

1.4.19 $E_{pot} + E_{kin} + E_{rot} + E_{el} + U = konstant$

1.4.20 $\sqrt{2 \cdot g \cdot r}$

1.4.21 $25r/9$

1.4.22 $3r$

1.4.23 2,025 km

1.4.24 513,6 m/s; 13,19 km

1.4.25 2,625 kN

1.4.26 a) 10,1 m/s; b) 5,3 m/s

1.4.27 0,509 MJ

1.4.28 5,6 kW

1.4.29 1,7 kW; 277,8 W

1.4.30 2 kN

1.4.31 90,45 kW; rund 123 PS

1.4.32 1,3 t

1.4.33 a) 99,22 kW; rund 135 PS; b) 105,5 kW; rund 143,5 PS

1.4.34 95 %

1.4.35 144 kW; rund 196 PS

1.4.36 $v/3$; $4v/3$; 8/9

1.4.37 $v/4$; $3v/4$; 15/16

1.4.38 0 m/s; 0 %

1.4.39 $m_1 \cdot v_1 + m_2 \cdot v_2 = (m_1 + m_2) \cdot u$

1.4.40 50,2 km/h; 173 kJ

1.4.41 –18,9 km/h; 48 %

1.4.42 $J/2$

1.5 Gravitation

1.5.01 0,724 AE

1.5.02 87,9 d

1.5.03 a) 3,6 d; 1 071 000 km; 1 883 000 km; b) 0,5; 0,5; 0,4; 0,63; 0,63; 0,57; c) 0,042 4-mal

1.5.04 Titius-Bode: 0,7; 1; 1,6 und 2,8 AE

1.5.05 3,7 m/s^2

1.5.06 $1{,}5 \cdot 10^{14}$ kg

1.5.07 0,42 mN

1.5.08 0,012 kg; 22,9 kg/dm^3

1.5.09 25,8 cm; 5,8 t/m^3

1.5.10 $P = 4 \cdot r^2 \cdot \pi \cdot S \approx 3{,}84 \cdot 10^{26}$ W

1.5.11 0,38 Gm

1.5.12 0,39 Gm

1.5.13 a) Mars; b) Saturn; c) Erde; d) Venus; e) Merkur

1.5.14 Jupiter; 79 Monde

1.5.15 $S = 1\,367$ W/m^2

1.5.16 Die Erdatmosphäre ist für sichtbares Licht durchlässig.

1.5.17 18,62 Mm

1.5.18 19,35 Mm

2.1.1 Elektrische Ladung

2.1.01 Es gibt positive und negative Ladungen.

2.1.02 Protonen (+e) und Elektronen (–e)

2.1.03 In abgeschlossenen Systemen bleibt die Ladung konstant.

2.1.2 Coulombsches Gesetz, elektrisches Feld

2.1.04 $8{,}988 \cdot 10^9$ N

2.1.05 38,21 µC, 89,17 µC

2.1.06 $F_C = 82{,}13 \cdot 10^{-9}$ N, $F_G = 3{,}618 \cdot 10^{-47}$ N

2.1.07 $828 \cdot 10^3$ N/C, $4{,}14 \cdot 10^{-3}$ N

2.1.08 191,3 nC

2.1.3 Influenz

2.1.09 Unter Influenz versteht man die Trennung von Ladungen durch ein elektrisches Feld.

2.1.4 Potenzial und Spannung

2.1.10 538,7 MV

2.1.11 –5,393 kV, –10,79 kV, 5,393 kV

2.1.12 $2{,}055 \cdot 10^7$ m/s

2.1.5 Kondensator

2.1.13 2 nF

2.1.14 700 µC, 24,5 mJ

2.1.15 3 kW

2.1.16 Von 6 nF bis 12 nF und von 24 nF bis 48 nF

2.1.17 a) 7,969 pF; b) 10^5 V/m; c) $39{,}84 \cdot 10^{-6}$ N

2.1.18 a) 100 V, 1,538 µC ; b) 47,69 V, 3,1 µC

2.2.1 Elektrischer Strom

2.2.01 Ladungsfluss pro Zeit

2.2.02 Technisch: von Plus nach Minus; physikalisch: von Minus nach Plus

2.2.03 Fließende Elektronen stoßen an die Atomrümpfe des Leiters ⇒ Anregung von Schwingungen der Rümpfe ⇒ Erwärmung des Leiters

2.2.2 Ohmsches Gesetz

2.2.04 Steigung der Messgeraden = Kehrwert des Widerstandes (Leitwert)

2.2.05 15 Ω

2.2.06 40 Ω

2.2.3 Elektrischer Widerstand

2.2.07 593,3 mΩ

2.2.08 $70{,}372 \cdot 10^{-9}$ Ωm

2.2.09 Zunahme um 13,65 %

2.2.10 72,63 °C

2.2.4 Schaltung von Widerständen

2.2.11 7 Ω

2.2.12 7,2 V, 300 A

2.2.13 41,63 Ω

2.2.5 Schaltung von Messgeräten

2.2.14 Parallel zum Widerstand, um die Potenzialdifferenz zwischen den Enden des Widerstandes zu messen

2.2.15 Seriell, um den Stromdurchfluss zu messen

2.2.6 Kirchhoffsche Regeln

2.2.16 Knotenregel: Summe der Ströme in einem Knoten ist null
Maschenregel: Summe der Spannungen und Spannungsabfälle entlang eines geschlossenen Leiterweges ist null

2.2.17 3,818 A, 3 A, 0,818 A, 0,272 A, 0,545 A; 30 V, 24,55 V, 5,45 V, 5,45 V

2.2.7 Elektrische Arbeit und Leistung

2.2.18 6,36 A , 34,57 Ω

2.2.19 1,041 kW

2.2.20 a) 2 300 W (zwei Geräte); b) 3 680 W (drei Geräte)

2.2.21 14,24 Ω

2.3.1 Magnetismus, magnetische Stoffe

2.3.01 Bestehend aus vielen beweglichen Elementarmagneten, Feldlinienverlauf von Nord nach Süd

2.3.02 Der magnetische Nordpol der Nadel

2.3.03 Ersten Stab mit dem Ende normal zur Mitte des zweiten halten, wird der zweite nicht angezogen, ist er der Magnet.

2.3.2 Magnetisches Feld

2.3.04 0,12 N

2.3.05 0,06 N

2.3.06 $288 \cdot 10^{-6}$ Nm

2.3.3 Elektromagnetismus

2.3.07 Vgl. Skizze oben auf der Seite der Aufgabenstellung

2.3.08 $3{,}057 \cdot 10^{-12}$ N

2.3.09 Kreisbahn

2.3.10 5,03 mm, $r \sim v/B$

2.3.11 9,145 MHz

2.3.4 Magnetische Feldstärke

2.3.12 Vgl. Skizze „Verlauf der Feldlinien …“ in der Randspalte

2.3.13 400 A/m (siehe Neumagnetisierungskurve!)

2.3.14 600 nT

2.3.15 Luftgefüllt: doppelte Flussdichte; Eisenkern: Flussdichte bei doppelter Erregung entsprechend der Magnetisierungskurve

2.3.16 53,33 mT

2.3.17 100 Windungen

2.3.18 342,86 A/m → $B \approx 1{,}15$ T

2.3.5 Anwendungen des Magnetismus

2.3.19 Änderung des Stromes in einer Spule bei bestimmter Induktionsspannung; 1 Henry

2.3.20 Bei Änderung des magnetischen Flusses durch die Spulenwindungen; Anzahl der Spulenwindungen, zeitliche Änderung des Flusses

2.3.21 Vgl. Kapitel Anwendungen des Magnetismus

2.3.22 Vgl. Kapitel Anwendungen des Magnetismus

2.3.23 Vgl. Kapitel Anwendungen des Magnetismus

2.3.24 Magnetband, Diskette, Festplatte, Magnetstreifen; sie bestehen aus Trägermaterial und aufgebrachter hartmagnetischem Material

3.1 Reflexion von Licht

3.1.01 Ein reelles Bild kann auf einem Schirm aufgefangen werden, ein virtuelles nicht.

3.1.02 Rund 7,1 cm; das Bild ist **reell,** weil sich die Abbildungsstrahlen selbst schneiden bzw. weil das Bild auf dem Schirm aufgefangen werden kann.

3.1.03 Bei einer Lochkamera erhält man umgekehrte Bilder. Bei Hohlspiegeln sind die Bilder umgekehrt, wenn die Gegenstandsgröße größer als die Brennweite ist. Bei Wölbspiegeln sind die Bilder aufrecht, wenn die Gegenstandsgröße größer als die Brennweite ist.

3.1.04 Rund –91 cm; weil die Bilder aufrecht sein müssen, sind im Straßenverkehr nur Wölbspiegel sinnvoll.

3.1.05 $B = 60$ cm; $b = 10/3$ m; das Bild ist **reell,** weil sich die Abbildungsstrahlen selbst schneiden bzw. weil das Bild auf dem Schirm aufgefangen werden kann.

3.1.06 Die Brennweite eines Parabolspiegels beträgt p/2, wenn die rotierende Parabel die Gleichung $y^2 = 2px$ hat.

3.1.07 $\frac{1}{f} = \frac{1}{g} + \frac{1}{b}$

3.2 Brechung von Licht

3.2.01 $n = \frac{c_0}{c}$ $\quad \frac{\sin(\alpha)}{\sin(\beta)} = \frac{n_2}{n_1}$

3.2.02 Brechzahlen sind immer größer als oder gleich eins, weil sich Licht im Vakuum am schnellsten ausbreitet. $n_{Vakuum} = 1$ folgt aus der Definition.

3.2.03 Damit der Brechungswinkel kleiner als der Einfallswinkel ist, muss im Brechungsgesetz $\frac{\sin(\alpha)}{\sin(\beta)} = \frac{n_2}{n_1}$ der Term $\frac{n_2}{n_1}$ größer als 1 sein, weil die Sinusfunktion im Intervall [0°; 90°[streng monoton wächst. $\frac{n_2}{n_1} > 1$ ist äquivalent zu $n_1 < n_2$. Das heißt, dass das erste Medium optisch dünner als das zweite Medium ist.

3.2.04 $\alpha_{Grenz} = \arcsin\left(\frac{n_2}{n_1}\right)$

3.2.05 Vergleichen Sie die Begründung in 3.2.03; jetzt muss der Term $\frac{n_2}{n_1}$ kleiner als 1 sein, d. h. $n_1 > n_2$. Das Medium 2 muss also optisch dünner sein als das Medium 1.

3.2.06 Es gilt jeweils das Brechungsgesetz.

3.2.07 Rund 2,38 mm

3.2.08 $\frac{1}{f} = \frac{1}{g} + \frac{1}{b}$

3.3 Licht als Welle

3.3.01 Isaac Newton: Teilchenmodell des Lichts; Christiaan Huygens: Wellenmodell des Lichts.

3.3.02 Den Abstand zwischen zwei benachbarten Wellenbergen nennt man die Wellenlänge λ. Den Abstand zwischen Wellenberg und Symmetrieachse sowie zwischen Wellental und Symmetrieachse nennt man die Amplitude r einer Welle.

3.3.03 $c = \lambda \cdot f$

3.3.04 Luft: 2,868 m; $n_{\text{Luft}} = 1{,}000\,3$; Schätzung: $0{,}000\,3 \cdot 3 \approx 0{,}001\,\text{m}$; Differenz = 1 mm

3.3.05 $I = \frac{E}{A \cdot t}$; $[I] = 1\,\frac{\text{J}}{\text{m}^2 \cdot \text{s}} = 1\,\frac{\text{W}}{\text{m}^2}$

3.3.06 500 000 W/m^2

3.3.07 Ein Blatt Papier kann entzündet werden.

3.3.08 12,5 W/m^2; die Intensität einer Kugelwelle nimmt mit dem Quadrat der Entfernung ab, weil sich die abgestrahlte Leistung gleichmäßig auf eine Kugeloberfläche verteilt.
Abstand verdoppelt ... Intensität geviertelt.
Abstand verdreifacht ... Intensität fällt auf ein Neuntel.
Abstand verzehnfacht ... Intensität fällt auf ein Hundertstel.

4.1.1 Temperatur

4.1.01 Siehe Randspalte, Kap. B, 4.1.1.

4.1.02 Flüssigkeitsthermometer: Dehnung einer Flüssigkeit relativ zur Dehnung von Glas.
Gasthermometer: Druckänderung eines Gases bei konstantem Volumen.
Bimetallthermometer: Dehnungsdifferenz zweier Metallstreifen.

4.1.03 1 310 °F, 983,15 K; –177,15 °C, –286,87 °F; 154,4 °C, 427,6 K

4.1.04 Kein Wärmeübertrag zwischen Systemen; Maß für Wärmeübertrag zu einem Referenzsystem

4.1.2 Längen- und Volumsänderung

4.1.05 Vgl. Kap. 4.1.2: Anomalie des Wassers.

4.1.06 $\gamma = 3 \cdot \alpha$

4.1.07 Maß für die Bewegung der Teilchen; Teilchenbewegung aufgrund von Wärme

4.1.08 23,493 cm

4.1.09 Stahl und Beton dehnen sich beinahe gleich aus.

4.1.10 38 ml

4.1.11 0,39 %

4.1.3 Wärmetransport

4.1.12 Wärmeleitung, Konvektion, Wärmestrahlung (vgl. Kap. B, 4.1.3)

4.1.13 Hoher Luftanteil; Luft leitet Wärme schlecht.

4.1.14 32,8 W

4.1.4 Aggregatzustände und Phasenübergänge

4.1.15 Siehe Bild der Phasenübergänge, Kap. B, 4.1.4.

4.1.16 Höhere Temperatur begünstigt, höherer Druck hemmt den Austritt von Teilchen aus der Flüssigkeit.

4.1.17 Aggregatzustand eines Stoffes bei gegebenem Druck und gegebener Temperatur

4.1.18 44 kJ

4.1.19 225,7 kJ

4.1.20 Beim Phasenübergang muss Energie zum Aufbrechen bindender Kräfte aufgebracht werden (latente Wärme), die Temperatur erhöht sich dabei nicht.

4.1.21 Siehe Randspalte, Kap. B, 4.1.4: Stoff ohne Anomalie.

4.2.1 Temperatur und Energie

4.2.01 Die mittleren Bewegungsenergien der Teilchen sind gleich.

4.2.02 Im thermischen Gleichgewicht hat jeder Freiheitsgrad dieselbe Energie.

4.2.03 Einatomig; drei Freiheitsgrade (der Translation)

4.2.04 Zweiatomig; fünf Freiheitsgrade (Translation: 3, Rotation: 2)

4.2.2 Spezifische Wärmekapazität

4.2.05 Energie zur Erwärmung von 1 kg um 1 K

4.2.06 $[c] = [\Delta Q/(m \cdot \Delta T)] = 1\ \mathrm{J/(kg \cdot K)}$

4.2.07 Bei konstantem Druck wird bei Erwärmung Ausdehnungsarbeit verrichtet (d. h., Wärme geht als mechanische Arbeit nach außen verloren), dies erhöht die spezifische Wärmekapazität.

4.2.08 104,7 kJ

4.2.09 121,4 kJ

4.2.10 137,5 °C

C „Naturwissenschaften, Umwelt und Gesellschaft I" – Antworten

1 Physik und ihre gesellschaftlichen Auswirkungen

1.01 Kulturelle, ökonomische und sozialpolitische Bedeutung: siehe Text im Kap. C.1.

2 Energieversorgung

2.01 Primär: fossile Energie, regenerative Energie, Kernenergie; sekundär: Strom aus fossilen Energieträgern, aufbereitete fossile Energieträger, Wasserstoff

2.02 Hauptenergiequelle; Fusion

2.03 Fossile Brennstoffe, Wasserkraft, erneuerbare Energiequellen

2.04 270; Verkehr benötigt derzeit fossile Brennstoffe; nicht ausreichende Standorteanzahl

3 Wärmetransport in der Umwelt

3.01 Aufsteigen weniger dichter (weil wärmerer) Luft; Böden, die Sonnenlicht absorbieren, wenig Wasser verdunsten und wenig Wärme ableiten

3.02 Tags: Erwärmung des Landes und dortige Thermik auflandiger Wind
Nachts: Abkühlung des Landes, Thermik über Wasser ablandiger Wind

3.03 Von Hochdruck- zu Tiefdruckgebieten

3.04 Wasserdichte in Abhängigkeit von Temperatur und Salzgehalt

3.05 Große Wärmekapazität von Wasser Transport von viel Energie (z. B. Golfstrom)

D „Grundlagen der Chemie" – Antworten

1.1 Aufbau der Materie

1.01 Es verändert sich nur der Aggregatzustand des Wassers. Die Wasserteilchen (Moleküle) und ihre Eigenschaften verändern sich nicht.

1.02 Verbrennen, Rosten, Gären, Härten von Kunststoff

1.03 Es entstehen neue Stoffe mit völlig anderen Eigenschaften.

1.04 Physikalisch: a), c), e)

1.05 Nahrung, Medikamente, Kleidung, Brennstoffe, Baustoffe, Kunststoffe u. a.

1.06 Die Teilchen sind im Festkörper regelmäßig und dicht gepackt. Die gegenseitige Anziehung verhindert den Platzwechsel von Teilchen. In Flüssigkeiten bleiben die Teilchen in Kontakt, sind aber ungeordnet und haben genug Energie für dauernden Platzwechsel. Im Gas bewegen sich die Teilchen unabhängig voneinander durch den sonst leeren Raum.

1.07 Flüssigkeiten füllen aufgrund der Schwerkraft den Behälter von unten nach oben. Flüssigkeitsteilchen sind klebrig, sie haften aneinander und an der Behälterwand. Gasteilchen überwinden durch ihre kinetische Energie diese Anziehungskräfte.

1.08 Der Druck, den der Dampf einer kondensierten Phase (Flüssigkeit oder Festkörper) ausübt, wenn Dampf und kondensierte Phase im Gleichgewicht sind.

1.09 Der Siedepunkt ist jene Temperatur, bei welcher der Dampfdruck gleich dem Außendruck (z. B. dem Luftdruck) ist.

1.10 Benzen: fest/flüssig/gasförmig
Sauerstoff: gasförmig/gasförmig/gasförmig
Kalium: fest/fest/flüssig
Ethanol: flüssig/flüssig/gasförmig

1.11 Eisen: grauer, metallisch glänzender Feststoff, sehr hoher Schmelzpunkt (1 535 °C), hohe Dichte (7,9 g/cm^3), magnetisch, in Wasser unlöslich
Kochsalz: farblose Kristalle, hoher Schmelzpunkt (901 °C), Dichte = 2,1 g/cm^3, nicht magnetisch, in Wasser gut löslich

1.12 Aluminium

1.13 Element: b), c), d)

1.14 Element: b), c); Verbindung: a), f); Gemisch: d), e), g)

1.15 Homogen: b), c), e)

1.16 Element: d), f), g); Verbindung: b), e), f), g); Gemisch: a), c), f), g)

1.2 Trennverfahren

1.17 d)

1.18 Extraktion: Herstellung von Tee (oder Kaffee)
Filtration: Trennung von Kaffee und Kaffeesatz
Destillation: Herstellung von Weinbrand aus Wein

1.19 Salz, (gemahlener) Pfeffer: Salz in Wasser lösen, Pfeffer abfiltrieren.
Sand, Sägespäne: Sägespäne schwimmen auf Wasser, Sand nicht.
Windsichten (Sägespäne werden leichter weggeblasen als Sand).

1.20 Gasteilchen bewegen sich unabhängig voneinander und sehr schnell.

1.21 Perlendes Sodawasser ist ein heterogenes Gemisch. Salzwasser ist ein homogenes Gemisch. Tabakrauch ist ein heterogenes Gemisch. Haushaltszucker ist ein Reinstoff. Granit ist ein heterogenes Gemisch.

1.22 Steinsalzvorkommen mit Wasser vermischen, Sand abfiltrieren, Salzlösung eindampfen.

1.23 c) z. B. Zigarettenfilter, e) z. B. Rauchgasreinigung

1.3 Masse, Menge und chemische Formelsprache

1.24 $Fe_2(SO_4)_3$

1.25 $Mg(NO_3)_2$

1.26

Kationen	Anionen	Summenformel	Name der Verbindung
Mg^{2+}	NO_3^-	$Mg(NO_3)_2$	**Magnesiumnitrat**
Ca^{2+}	Cl^-	$CaCl_2$	**Calciumchlorid**
Na^+	**SO_4^{2-}**	**Na_2SO_4**	Natriumsulfat
NH_4^+	**PO_4^{3-}**	$(NH_4)_3PO_4$	**Ammoniumphosphat**
Rb^+	N^{3-}	**Rb_3N**	**Rubidiumnitrid**
Al^{3+}	S^{2-}	**Al_2S_3**	**Aluminiumsulfid**

1.27 $N_2 + 3\ H_2 \rightarrow 2\ NH_3$
$4\ NH_3 + 5\ O_2 \rightarrow 4\ NO + \mathbf{6}\ H_2O$
$CH_4 + 2\ O_2 \rightarrow CO_2 + \mathbf{2}\ H_2O$

1.28 $CH_4 + \mathbf{2}\ O_2 \rightarrow CO_2 + \mathbf{2}\ H_2O$
$H_2SO_4 + \mathbf{2}\ NaOH \rightarrow \mathbf{2}\ H_2O + Na_2SO_4$
$\mathbf{2}\ Al + \mathbf{3}\ Cl_2 \rightarrow \mathbf{2}\ AlCl_3$
$\mathbf{2}\ KClO_3 \rightarrow \mathbf{2}\ KCl + \mathbf{3}\ O_2$
$\mathbf{6}\ CO_2 + \mathbf{6}\ H_2O \rightarrow C_6H_{12}O_6 + \mathbf{6}\ O_2$

1.29 1 mol SO_3 = 80,1 g 1 mol CaO = 56,1 g 1 mol CO_2 = 44 g

1.30 95,4 g Wasser = 5,3 mol
16,8 g Kohlenstoffmonooxid = 0,6 mol
76,8 g Schwefeldioxid = 1,2 mol

1.31 9,3 g

1.32 102,4 g $AgNO_3$, 58,5 g K_2CrO_4

1.33 4,3 g

1.34 85,9 g

1.35 941,3 kg

1.36 Das Volumenverhältnis $CH_4 : O_2$ ist 1 : 2: Für 10 m^3 CH_4 braucht man 20 m^3 O_2. Da Luft nur ca. 20 % O_2 enthält, braucht man ca. 100 m^3 Luft.

1.37 $\rho(H_2) = 0{,}089$ g/L $\rho(CH_3OCH_3) = 2{,}053$ g/L
Wasserstoff steigt auf, Etherdampf sinkt zu Boden.

1.38 V(bei –55 °C, 0,1013 bar) = 2 395,9 L

1.39 3,741 1 · 22,4 = 83,8 g/mol, Krypton

1.40 $3\ H_2 + N_2 \rightarrow 2\ NH_3$, für 350 kg NH_3 benötigt man 61,8 kg H_2 und 288,2 kg N_2.

2.1 Atommodelle

2.01 10^4

2.02 Die Massen von Protonen und Neutronen sind etwa gleich groß, ein Elektron ist etwa 2 000-mal leichter. Das Neutron trägt keine Ladung; Protonen und Elektronen haben den gleichen Ladungsbetrag mit unterschiedlichem Vorzeichen.

2.03 18

2.04 Si

2.05 Phosphor wie Schwefel, aber ein Elektron (Pfeil) weniger, somit drei ungepaarte Elektronen in 3p.
Mangan wie Eisen, aber in 3d fünf ungepaarte Elektronen.

2.06 7

2.07 Rb: 1 Punkt; Xe: 4 Striche; Ba: 1 Strich; As: 1 Strich, 3 Punkte; Br: 3 Striche, 1 Punkt.

2.08 Das Linienspektrum rührt von Einzelatomen. Im glühenden Block beeinflussen sich die Atome so sehr, dass die Emission von den unterschiedlichsten Niveaus ausgeht.

2.09 Keines ist „richtiger“. Das Bohrmodell ist einfacher und kann weniger erklären. Das wellenmechanische Modell ist weniger anschaulich, schwieriger zu berechnen, kann aber alle Bindungsarten erklären.

2.10 Man benützt Modelle in Bereichen, in denen die Natur schlecht erfassbar, messtechnisch nicht zugänglich oder unanschaulich ist, als Hilfskonstruktion für Erklärungen und Voraussagen. Jedes Modell zeigt Grenzen hinsichtlich seiner Leistungsfähigkeit. Wenn es Ausnahmen erfordert, ist zu klären, ob die Grenzen überschritten wurden.

2.2 Kernreaktionen und Radioaktivität

2.11 α-Strahlen: deutlich schwerer als die anderen Strahlungsarten; zweifach positiv geladene Teilchen. β-Strahlen: leicht; einfach negativ. γ-Strahlen: werden nicht als Teilchen, sondern als Welle aufgefasst; ungeladen.

2.12 $^{3}H \rightarrow {}^{3}He + {}^{0}e^{-}$ bzw. $^{226}Ra \rightarrow {}^{222}Rn + {}^{4}He$

2.13 Zirconium

2.14 Bei der Kernfusion treten höhere Masseverluste auf. Genauer: Der Masseverlust pro Kernbauteilchen ist bei der Bildung von Helium (und mittelschweren Kernen) aus Wasserstoffkernen sehr hoch; bei Uran oder Plutonium existieren Kernbindungskräfte, die bei der Spaltung zunächst zu überwinden sind.

2.15 $9 \cdot 10^{10}$ kJ

2.3 Periodensystem der Elemente

2.16 Frankreich

2.17 3. Periode, 17. Gruppe; Nichtmetall; elektronegativ.

2.18 5

2.19 Metall; elektropositiv.

2.20 Kalium: Größerer Atomradius bedingt leichtere Ablösbarkeit des Außenelektrons.

2.21 Kalium: gleiche Begründung wie bei 2.20.

2.22 Auf schrägen Linien von links oben nach rechts unten im PSE liegen Elemente mit etwa gleichen Atomgrößen.

2.23 K, Li, Mg, Cl, O

2.24 Francium

2.25 Keine (Ne geht keine Verbindungen ein)

2.4 Chemische Bindungen

2.26 Li^+ entspricht He, Na^+ entspricht Ne, F^- entspricht Ne, Cl^- entspricht Ar

2.27 $Na\cdot + \cdot\overline{\underline{F}}| \rightarrow Na^+ + |\overline{\underline{F}}|^-$
$Mg{:} + 2\,\cdot\overline{\underline{Cl}}| \rightarrow Mg^{2+} + 2\,|\overline{\underline{Cl}}|^-$

2.28 $CaCl_2$, Na_2O, AlF_3

2.29 NaF (Ne-Schalen), KCl (Ar-Schalen) BaI_2 (Xe-Schalen), AlF_3 (Ne-Schalen)

2.30 Metall: Verschiebung der Gitterebenen verändert die Anziehung zwischen den Gitterebenen nicht.
Salz: Verschiebung der Gitterebenen führt zur Abstoßung zwischen benachbarten Gitterebenen.

2.31 CsCl (I), H_2 (A); $BaCl_2$ (I), Cl_2 (A)

2.32 Das locker zwischen den Grafitschichten gebundene Valenzelektron übernimmt den Ladungstransport, vergleichbar mit den im „Elektronengas" der Metalle frei beweglichen Elektronen.

2.33 Reines Wasser zerfällt nur sehr wenig in Ionen. Meerwasser dagegen enthält viele Salze.

2.34 Eben wegen Mesomerie

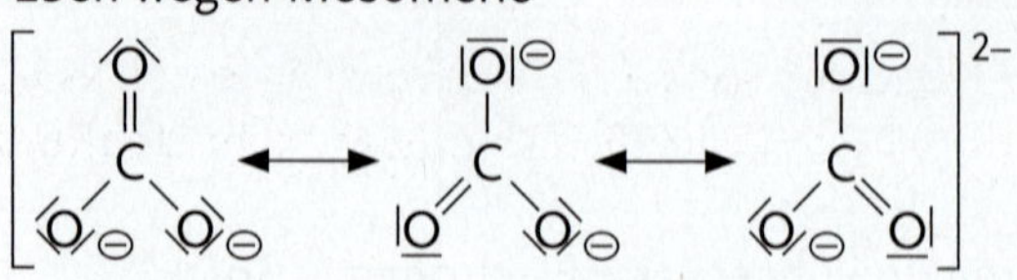

2.35 Ionenbindungen zwischen Metallatomen und Nichtmetallatomen, elektropositiven und elektronegativen Elementen

2.36 Höhere *EN* bei: As, F, Be, O; Dipolmoleküle sind: HF, H_2O

2.37

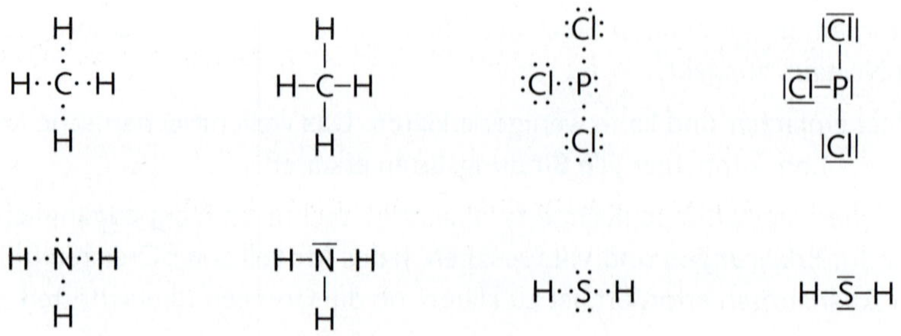

2.38 a)

b) Das NH_4^+-Ion enthält acht Valenzelektronen. Stickstoff und vier Wasserstoffatome haben zusammen neun Valenzelektronen. Das ClO_4^--Ion enthält 32 Valenzelektronen. Chlor und Sauerstoff haben zusammen 31 Valenzelektronen. Beide Ionen sind tetraedisch gebaut.

2.5 Lösungen

2.39 Gesättigte Lösung: Gibt man zum Lösungsmittel mehr Substanz zu, als ihrer Löslichkeit entspricht, so kann sich nicht alles auflösen, es bleibt ein Bodenkörper. Die Konzentration der überstehenden Lösung bleibt konstant. Das Lösungsmittel ist satt an gelöster Substanz.
Ungesättigte Lösung: Sie hat eine geringere Konzentration als eine gesättigte Lösung.

2.40 Zerfall eines gelösten Stoffes in Ionen.

2.41 Zerkleinern: Die dem Angriff des Wassers ausgesetzte Oberfläche wird vergrößert.
Umrühren oder Schütteln: Die hydratisierten Teilchen an der Oberfläche werden weggeschafft und verteilt.
Erwärmen: Der Lösungsvorgang wird durch die Wärmebewegungen unterstützt.

2.42 $c = 1{,}7$ mol/L

2.43 $m(NaCl) = 29{,}22$ g

2.44 $m(H_2SO_4) = 49$ g

2.45 $c = 9{,}3$ mol/L

2.46 Durch einen gelösten, nicht flüchtigen Stoff wird der Dampfdruck des Lösungsmittels erniedrigt. Daher hat die Lösung einen höheren Siedepunkt.

2.47 Exotherm: Hydratisierungsenergie > Gitterenergie.
Endotherm: Hydratisierungsenergie < Gitterenergie.

3.1 Triebkräfte der Natur

3.01 „Streben zu weniger Energie“ und „Streben zu mehr Entropie“.

3.02 Weil Ordnung (geringere Entropie) nicht von selbst entsteht.

3.03 Vorgänge laufen von selbst ab, wenn sie exotherm sind und zu mehr Unordnung führen. Stark exotherme Vorgänge laufen ab, selbst wenn die Unordnung nicht zunimmt. Vorgänge, die zu wesentlich mehr Unordnung führen, können auch ablaufen, wenn sie leicht endotherm sind.

3.04 TNT hat einen hohen Energieinhalt.

3.05 Endotherm (jede Elektrolyse benötigt Energie).

3.06 Die Gitterenergie der Ionenbindung wird durch die Hydratationsenergie aufgewogen. Der Lösevorgang läuft ab, weil die Lösung wesentlich mehr Unordnung hat als das Gitter.

3.07 Für die Freiwilligkeit spricht, dass die Reaktion exotherm ist. Zusätzlich spricht für die Freiwilligkeit, dass auf der linken Seite der Gleichung 6 mol Gas, auf der rechten sogar 7 mol Gas ersichtlich sind (was mehr Unordnung bedeutet).

3.2 Kinetik und Katalyse

3.08 Verlangsamung auf etwa ein Viertel der Geschwindigkeit bzw. Beschleunigung auf etwa das Achtfache der Geschwindigkeit.

3.09 Das Energiediagramm sieht aus, wie das der Elektrolyse von Wasser.

3.10 Die Gleichung $C_8H_{18} + 12\frac{1}{2}\,O_2 \rightarrow 8\,CO_2 + 9\,H_2O$ gilt für 114 g Octan bzw. für 352 g Kohlenstoffdioxid. Das Energiediagramm sieht aus, wie das der Verbrennung von Wasserstoff.

3.11 $C_2H_2 + 2\frac{1}{2}\,O_2 \rightarrow 2\,CO_2 + H_2O \quad \Delta H = -1300$ kJ/mol

3.12 Die Delle im oberen Bereich zeigt das mit dem Katalysator entstehende Zwischenprodukt an.

3.3 Chemisches Gleichgewicht – Massenwirkungsgesetz

3.13 $\frac{c(N_2) \cdot c^2(CO_2)}{c^2(CO) \cdot c^2(NO)} = 10^{32}$
Ja, die Reaktion verläuft vollständig.

3.14 $K = 53{,}3$

3.15 $\frac{c(COCl_2)}{c(CO) \cdot c(Cl_2)} = 133$
Die Reaktion verläuft praktisch vollständig.
Bei Druckerhöhung erhält man mehr $COCl_2$, weil das Endprodukt weniger Volumen benötigt als die Edukte.

3.16 a) Bei Druckerhöhung nach links.
b) Bei Temperaturerhöhung nach rechts.
c) Bei Abdestillieren von Endprodukt nach rechts. Ein Katalysator beschleunigt zwar die Einstellung des Gleichgewichtes, ändert aber die Lage des Gleichgewichtes nicht.

3.17 $\frac{c^2(NO)}{c(N_2) \cdot c(O_2)} = 10^{-5}$
a) stabiler; b) auf Seite der Edukte; c) führt zu mehr NO; d) nein; e) schnellere Reaktion (in beide Richtungen).

E „Anorganische Rohstoffe & Produkte: Nichtmetalle, technische Gase" – Antworten

1.1 Wasserstoff

1.01 Labor: aus Zink und Schwefelsäure; Technik: aus Wasserdampf und Methan oder Kohlenstoff bei hohen Temperaturen

1.02 $H_2 + ½\ O_2 \rightarrow H_2O$ oder $2\ H_2 + O_2 \rightarrow 2\ H_2O$

1.03 Wasserstoff ist ein umweltfreundlicher Brennstoff. Gewinnung durch Elektrolyse mit Solarstrom, Verbrennung zu Wasser. Speicherung ist schwierig (Gas) und gefährlich (explosives Gemisch mit Luft). Versucht wird zur Speicherung die Bindung an Metalle.

1.04 Geringste Dichte aller Gase

1.05 Hoher Energieaufwand bei der Verflüssigung, Spezialbehälter, um den tiefkalten, flüssigen Wasserstoff lagern zu können

1.06 Wasserstoffmoleküle können aufgrund ihrer geringen Größe in den Weltraum entweichen. Wasserstoff reagiert mit dem Luftsauerstoff zu Wasser.

1.07 2,25 m^3 flüssiger Wasserstoff

1.2 Kohlenstoff

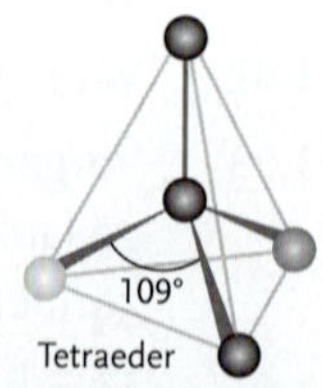

1.08 Der Diamant bildet Kristalle, in denen jedes Kohlenstoffatom durch tetraedrisch gerichtete Atombindungen mit vier anderen Kohlenstoffatomen verbunden ist.

1.09 Alle vier Valenzelektronen des Kohlenstoffs sind am Aufbau des Gitters beteiligt. Es sind keine frei beweglichen Elektronen vorhanden.

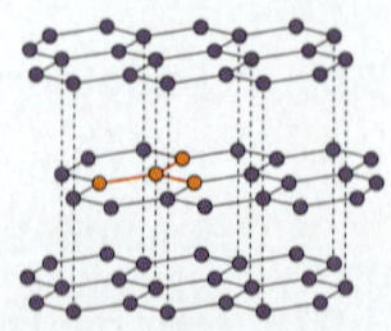

1.10 Die Kohlenstoffatome bilden wabenförmige Schichten, in denen jedes Kohlenstoffatom mit drei anderen Kohlenstoffatomen verbunden ist. Die Schichten werden durch Van-der-Waals-Kräfte locker zusammengehalten.

1.11 Jedes Kohlenstoffatom ist an drei weitere Kohlenstoffatome gebunden. Das vierte Valenzelektron jedes Kohlenstoffatoms ist delokalisiert, daher nicht an einen bestimmten Platz im Gitter gebunden und somit für die elektrische Leitfähigkeit verantwortlich.

1.12 Unterschiedliche Härte: Diamant ist hochsymmetrisch aufgebaut mit starken Bindungen zwischen den Kohlenstoffatomen; die Grafitschichten sind nur locker aneinander gebunden und leicht verschiebbar.
Transparenz: Diamant hat keine delokalisierten Valenzelektronen und ist daher hochtransparent; die delokalisierten Valenzelektronen bei Grafit zeigen starke Wechselwirkung mit Licht, Grafit ist undurchsichtig und metallisch glänzend.

1.13 Ruß ist feinkristalliner Grafit. Kohle ist ein komplexes Gemisch hochmolekularer Kohlenwasserstoffe mit den Fremdatomen Sauerstoff, Stickstoff und Schwefel. Koks entsteht durch Entgasung von Kohle. Aktivkohle entsteht bei der Zersetzung bestimmter organischer Stoffe (z. B. Knochen) unter Luftabschluss bei Gegenwart von Wasserdampf.
Eigenschaften bzw. Verwendung:
Ruß – schwarze Farbe, Bestandteil des Gummis
Kohle – Stoffgemisch (gebunden: O,H,N,S), Brennstoff
Koks – fast reiner Kohlenstoff, Brennstoff, Reduktionsmittel
Aktivkohle – sehr oberflächenreich, zur Reinigung von Gasen und Flüssigkeiten (Adsorptionsmittel)

1.14 Fulleren C_{60} kann aufgrund seines Aufbaus sehr gut Elektronen aufnehmen und wirkt daher als Radikalfänger. Dadurch soll das Molekül freie Radikale, die für den Alterungsprozess der Haut verantwortlich sind, unschädlich machen. Fulleren C_{60} ist jedoch biologisch nicht abbaubar und seine Wirkung in biologischen Systemen unklar.

1.15 Fullerene sind abhängig von der Behandlung Halbleiter, Metalle, Supraleiter und Magnete sowie Ladungsspeicher und Sensormoleküle.

Aktuelle nanotechnologische Forschungen:
- Wasserstoffspeicherung
- Nanotubes als Basis einer zukünftigen Nanoelektronik
- neue Werkstoffe
- Life-Science-Bereiche Pharmazeutika, Lebensmittel, Kosmetikartikel und Pflanzenschutz

1.3 Stickstoff

1.16 Stickstoff 78,08 %, Sauerstoff 20,94 %, Edelgase (hauptsächlich Argon) 0,94 %, Kohlenstoffdioxid 0,04 %.

1.17 $N_2 + 3\,H_2 \rightarrow 2\,NH_3$

1.18 676,7 L Luft.

1.4 Phosphor

1.19 Weißer, roter, schwarzer und violetter Phosphor haben verschiedene Strukturen und daher verschiedene Eigenschaften.

1.20 Chemische Reaktion (meist Oxidation) mit Lichterscheinung: Oxidation von weißem Phosphor, Licht der Leuchtkäfer

1.21 Die hohe Reaktionsfähigkeit beruht auf dem kleinen Bindungswinkel zwischen den Phosphoratomen und dem daraus resultierenden Spannungszustand im Molekül.

1.22 $P_4 + 5\,O_2 \rightarrow P_4O_{10}$

1.23 $P_4O_{10} + 6\,H_2O \rightarrow 4\,H_3PO_4$

1.24 Die Reibfläche enthält roten Phosphor und der Zündkopf des Streichholzes Kaliumchlorat. Erst beim Streichen des Zündkopfes an der Reibfläche kommen die beiden Reaktionspartner zusammen und reagieren.

1.25 Ein Gemisch aus rotem Phosphor und Kaliumchlorat (armstrongsche Mischung) ist hochexplosiv und endzündet sich bereits bei geringem Druck. Roter Phosphor wird durch das starke Oxidationsmittel Kaliumchlorat oxidiert.

1.5 Sauerstoff

1.26 Das O_3-Molekül ist instabil und zerfällt unter Bildung reaktionsfreudiger Sauerstoffatome.

1.27 Um Verunreinigungen durch Stickstoff zu vermeiden (z. B. beim Stahl). Vorsicht beim Umgang mit Sauerstoff und brennbaren Stoffen – erhöhte Entzündungsgefahr.

1.28 Weil Wasserstoff leichter, hingegen Sauerstoff schwerer als Luft ist.

1.29 Ältere Kopiergeräte bzw. Geräte mit hohen Seitenleistungen arbeiten beim Kopiervorgang nach dem Prinzip der Koronadrahttechnologie (elektrische Entladung durch Luftionisation), wobei „Ozongeruch“ entsteht. Dieser Geruch rührt nur indirekt durch das im Gerät gebildete Ozon her. Er entsteht durch Spuren nitroser Gase (NO_X), die durch Reaktion des Ozons mit dem Luftstickstoff gebildet werden. Moderne Kopierer arbeiten ohne Koronadraht. Eine Transferrolle überträgt die einheitliche elektrostatische Ladung auf die Oberfläche des Fotorezeptors.
Literatur: http://www.copyshop-tips.de/druck40.php (April 2017)
http://www.umweltbundesamt.de/tags/laserdrucker (April 2017)
http://www.reformhaus-fachlexikon.de/lexikoneintraege/schadstoffe/eintrag/ozon (April 2017)

1.6 Schwefel

1.30 a) $S + O_2 \rightarrow SO_2$ und b) $SO_2 + H_2O \rightarrow H_2SO_3$

1.31 Beim Verbrennen von schwefelhaltigen Erdölprodukten würde unerwünschtes Schwefeldioxid entstehen, das in der Umwelt zu saurem Regen führen würde.

1.32 Masse an SO_2 = 6 521,6 kg
Masse Abbrand (Fe_2O_3) = 4 123,9 kg

1.33 Masse an SO_2 = 89,9 kg
Volumen SO_2 = 53,3 m^3

1.7 Halogene

1.34 $2\,Fe + 3\,Cl_2 \rightarrow 2\,FeCl_3$

1.35 Halogene sind starke Oxidationsmittel, die leicht das fehlende Elektron zur Vollbesetzung der äußeren Elektronenschale aufnehmen können (hohe Reaktionsfähigkeit). Metalle geben leicht ihre Valenzelektronen ab und bilden mit den Halogenen Salze.

1.36 Natürliche Vorkommen:
- Fluoride: Fluorit (CaF_2), Kryolith (Na_3AlF_6)
- Chloride: Natriumchlorid (NaCl), Kaliumchlorid (KCl)
- Bromide: Bromspat (Bromit; AgBr), Kaliumbromid (KBr)
- Iodide: in der Asche von Meeresalgen, als $Ca(IO_3)_2$ in Chilesalpeter

2 Edelgase

2.01 Helium passt aufgrund seines chemischen Verhaltens (infolge der kompletten Auffüllung des einzigen Orbitals) nur zu den Edelgasen.

2.02 Leuchtstofflampen enthalten üblicherweise Quecksilber und Argon, aber kein Neon. Das weiße Licht stammt von den Spektrallinien des Quecksilbers.

2.03 Mittlere Temperatur im Glaskolben: 840,8 °C

F „Chemische Reaktionen & organische Chemie" – Antworten

1 Säure-Base-Reaktionen

1.01 H_3O^+-Ion (Beispiel eines Komplexions)
Es entsteht aus Wasser und einem Proton.

1.02 $HNO_3 + H_2O \rightarrow H_3O^+ + NO_3^-$
$H_3PO_4 + H_2O \rightarrow H_3O^+ + H_2PO_4^-$
$H_2PO_4^- + H_2O \rightarrow H_3O^+ + HPO_4^{2-}$
$HPO_4^{2-} + H_2O \rightarrow H_3O^+ + PO_4^{3-}$

1.03 CH_3COOH Essigsäure, NH_4OH Ammoniaklauge (Salmiakgeist), Ammoniumhydroxid, Na_2SO_3 Natriumsulfit, $Ca(HCO_3)_2$ Calciumhydrogencarbonat, KOH Kalilauge (Kaliumhydroxid)

1.04 Salpetersäure HNO_3, Natronlauge NaOH, Kaliumsulfat K_2SO_4, Natriumnitrit $NaNO_2$, Salmiakgeist NH_4OH, Natriumsulfit Na_2SO_3

1.05 Calciumphosphat $Ca_3(PO_4)_2$, Calciumhydrogenphosphat $Ca(HPO_4)$, Calciumdihydrogenphosphat $Ca(H_2PO_4)_2$

1.06 Unter einer Neutralisation versteht man die Reaktion einer Säure mit einer Lauge in deren Verlauf ein Salz und Wasser entstehen.
$H_2SO_4 + 2\ NaOH \rightarrow 2\ H_2O + Na_2SO_4$

1.07 $Ca(OH)_2 + 2\ HNO_3 \rightarrow 2\ H_2O + Ca(NO_3)_2$
$3\ KOH + H_3PO_4 \rightarrow 3\ H_2O + K_3PO_4$

1.08 $Mg(OH)_2 + 2\ HNO_3 \rightarrow 2\ H_2O + Mg(NO_3)_2$ Magnesiumnitrat
$2\ Al(OH)_3 + 3\ H_2SO_4 \rightarrow 6\ H_2O + Al_2(SO_4)_3$ Aluminiumsulfat

1.09 $CaO + H_2O \rightarrow Ca(OH)_2$

1.10 $S + O_2 \rightarrow SO_2$
$SO_2 + H_2O \rightarrow H_2SO_3$

1.11 Säuren sind Protonendonatoren, Basen sind Protonenakzeptoren. Die Brönstedtheorie erweitert die Arrheniustheorie auf nicht wässrige Lösungen. Säure HCl – Base Cl^-; Säure NH_4^+ – Base NH_3

1.12 Stoffe, die als Säure und als Base reagieren können.

1.13 Sie sind ein Maß für die Stärke einer Säure bzw. Base. $pK_a + pK_b = 14$

1.14 HP (farblos), P^-(rot); Durch Zugabe einer Säure (Erhöhung der H_3O^+-Ionenkonzentration) verschiebt sich das Gleichgewicht auf die Seite der undissoziierten Säure. HP ist daher farblos. Durch Zugabe einer Lauge (Verminderung der H^+-Ionenkonzentration infolge der Neutralisation) verschiebt sich das Gleichgewicht auf die Seite des Säurerestes. P^- ist daher rot.

1.15 Ionenprodukt des Wassers: $K_W = c(H_3O^+) \cdot c(OH^-) = 10^{-14}\ (mol/L)^2$
Im neutralen Wasser gilt:
$c(H_3O^+) = c(OH^-) \rightarrow K_W = c^2(H_3O^+) \rightarrow c(H_3O^+) = 10^{-7}$ mol/L, $pH = 7$

1.16 $pH = 4$, $pH = 11$

1.17 $c(H_3O^+) = 10^{-4}$ mol/L, $pH = 4$;
$c(OH^-) = 10^{-6}$ mol/L, $c(H_3O^+) = 10^{-8}$ mol/L, $pH = 8$

1.18 $HAc \rightleftharpoons H^+ + Ac^-$
Wenn 4,16 % der Essigsäuremoleküle dissoziiert sind, beträgt $c(Ac^-) = 0{,}041\,6 \cdot 0{,}01$ mol/L $= 0{,}000\,416$ mol/L und $c(HAc) = 0{,}01$ mol/L $- 0{,}000\,416$ mol/L $= 0{,}009\,584$ mol/L.
Da nach der Reaktionsgleichung H^+ und Ac^- in der gleichen Menge entstehen, gilt $c(H^+) = c(Ac^-)$.

$$K_a = \frac{c(H^+) \cdot c(Ac^-)}{c(HAc)} = \frac{c^2(Ac^-)}{c(HAc)} = \frac{0{,}000\,416^2\ mol^2/L^2}{0{,}009\,584\ mol/L} = 0{,}001\,805\,7\ mol/L$$

$$pK_a = -\lg K_a = -\lg(1{,}8 \cdot 10^{-3}) = 2{,}74$$

2 Redoxreaktionen

2.01 Oxidiert wird das Reduktionsmittel a) C_2H_5OH, b) Al, c) Mg, d) C;
reduziert wird das Oxidationsmittel a) O_2, b) Fe^{2+}, c) HCl, d) FeO.

2.02 $H_2\overset{+4}{S}O_3$ $\quad H_2\overset{+6}{S}O_4$

2.03 a) $2\ \overset{0}{H_2} + \overset{0}{O_2} \rightarrow 2\ \overset{+1}{H_2}\overset{-2}{O}$ $\qquad$ b) $\overset{0}{Mg} + \overset{0}{Cl_2} \rightarrow \overset{+2}{Mg}\overset{-1}{Cl_2}$

c) $2\ \overset{0}{Fe} + 3\ \overset{0}{Cl_2} \rightarrow 2\ \overset{+3}{Fe}\overset{-1}{Cl_3}$ $\qquad$ d) $\overset{2+}{Hg}\overset{2-}{S} + \overset{0}{Fe} \rightarrow \overset{+2}{Fe}\overset{-2}{S} + \overset{0}{Hg}$

2.04 $\overset{+3}{Fe_2}\overset{-2}{O_3} + 3\ \overset{0}{C} \rightarrow 2\ \overset{0}{Fe} + 3\ \overset{+2}{C}\overset{-2}{O}$ $\qquad$ $\overset{+3}{Fe_2}\overset{-2}{O_3} + 3\ \overset{+2}{C}\overset{-2}{O} \rightarrow 2\ \overset{0}{Fe} + 3\ \overset{+4}{C}\overset{-2}{O_2}$

2.05 $\overset{+1}{H}\overset{+2}{C}\overset{-2}{O}\overset{-2}{O}\overset{+1}{H}$ $\quad \overset{+1}{H}\overset{+7}{Cl}\overset{-2}{O_4}$ $\quad \overset{0}{Cl_2}$ $\quad \overset{+1}{K}\overset{-1}{Cl}$ $\quad \overset{+1}{H}\overset{0}{C}\overset{+1}{H}\overset{-2}{O}$ $\quad \overset{+1}{K}\overset{+7}{Mn}\overset{-2}{O_4}$

2.06 $H_2\overset{+6}{S}O_4$ $\quad H_2\overset{-2}{S}$ $\quad \overset{0}{S}$ $\qquad$ oxidiert wird H_2S, reduziert wird H_2SO_4

2.07 $2\ \overset{0}{Al} + 3\ \overset{0}{Br_2} \rightarrow \overset{+3}{Al}\overset{-1}{Br_3}$ $\qquad$ Aluminium wird oxidiert, Brom wird reduziert

2.08 a)

2.09 $\overset{+1}{H_2}\overset{-2}{S} \rightarrow \overset{0}{S}$ $\qquad$ oxidiert wird (Reduktionsmittel) H_2S

$\overset{+4}{C}\overset{-2}{O_2} \rightarrow (\overset{0}{C}\overset{+1}{H_2}\overset{-2}{O})_6$ $\qquad$ reduziert wird (Oxidationsmittel) CO_2

2.10 $\overset{+3}{Fe_2}\overset{-2}{O_3} + 2\ \overset{0}{Al} \rightarrow 2\ \overset{0}{Fe} + \overset{+3}{Al_2}\overset{-2}{O_3}$

Zum Verschweißen von Schienen. Unabhängig von Stromquelle oder Gasflasche. Großflächige Verschweißung an schwerz zugänglichen Stellen.

2.11 $C_8H_{18} + 12{,}5\ O_2 \rightarrow 8\ CO_2 + 9\ H_2O$

Für 1 mol Octan braucht man 12,5 mol Sauerstoff, 21 % der Luft sind Sauerstoff. Für 12,5 mol Sauerstoff braucht man 59,5 mol Luft (davon 47 mol Stickstoff). Deren Masse ist 12,5 · 32 + 47 · 28 = 1 716 g Luft. Das Masseverhältnis Benzin zu Luft ist 114 : 1 716 = 1 : 15.

2.12 $2\ \overset{+1}{Na}\overset{-1}{N_3} \rightarrow 2\ \overset{0}{Na} + 3\ \overset{0}{N_2}$ $\qquad$ Redoxreaktion

$10\ \overset{0}{Na} + 2\ \overset{+1}{K}\overset{+5}{N}\overset{-2}{O_3} \rightarrow \overset{+1}{K_2}\overset{-2}{O} + 5\ \overset{+1}{Na_2}\overset{-2}{O} + \overset{0}{N_2}$ $\qquad$ Redoxreaktion

$\overset{+1}{K_2}\overset{-2}{O} + \overset{+1}{Na_2}\overset{-2}{O} + \overset{+4}{Si}\overset{-2}{O_2} \rightarrow \overset{+1}{K_2}\overset{+1}{Na_2}\overset{+4}{Si}\overset{-2}{O_4}$ $\qquad$ keine Redoxreaktion

2.13 Positive Sauerstoffbilanz = + 49 %, Normalgasvolumen = 685,4 L/kg

2.14 Positive Sauerstoffbilanz = + 40 %, Normalgasvolumen = 980 L/kg
Die große Sprengkraft resultiert aus einem sehr großen Normalgasvolumen. Da Ammoniumnitrat stark brandfördernd wirkt, verstärken Mischungen mit Mineralölen bzw. Metallen die Sprengkraft.

3 Elektrochemie

3.01 Zinn ist edler (es hat in der Spannungsreihe den positiveren Wert).

3.02 Katode: $2\ Al^{3+} + 6\ e^- \rightarrow 2\ Al$
Anode: $6\ Cl^- \rightarrow 3\ Cl_2 + 6\ e^-$

3.03 $t = 41{,}2$ h

3.04 Lithium

3.05 $U = 3{,}89$ V; relativ hohe Spannung, aber toxisch.

3.06 Ja, weil Permanganat hat in saurer Lösung das höhere Standardpotenzial (Oxidationskraft) als Chlor.

3.07 Drei Leclanché-Elemente in Serienschaltung.

3.08 Sicherheitsbedenken bzw. die Masse der Ausrüstung bei Verwendung von Sauerstoff und Wasserstoff. Methanol wird im Schwerverkehr bereits getestet.

3.09 Amalgame sind Quecksilberlegierungen; das giftige Quecksilber hat niedrigeres Standardpotenzial als Gold und würde sich daher allmählich auflösen.

3.10 Beide Verzinkungsarten werden für Autoblech angewandt. Beispiele für Anwendungen der Feuerverzinkung: Kleinteile, Leitschienen, Laternen, Brückengeländer, Küchenherde, Waschmaschinen. Beispiele für Anwendungen der galvanischen Verzinkung: Mikrowellenherde, Gehäuse für die Elektronikindustrie.

4.1 Systematik der Kohlenstoffverbindungen

4.01 Polare Atombindung

4.02 Quarz, Kieselsäure(n), Silicate (z. B. Feldspat)

4.03 Feldspat, Wasser, Zucker

4.04 $CH_3{-}CH{-}CH_2{-}CH_2{-}CH_2{-}CH_2{-}OH$ (an CH: CH_3) $\quad$ $CH_3{-}C{=}CH{-}CH_3$ (an C: CH_3)

4.05 $C_6H_{10}O$; C_9H_{12}; C_4H_4O

4.06
sp³ sp² sp² sp³
$CH_3{-}C{=}CH{-}CH_3$
(an C: CH_3 sp³)

4.07 Dichlormethan ist tetraedrisch gebaut (nicht planar).

4.08 σ-Bindung

4.09 Einfachbindung: sp^3-Hybride; eine σ-Bindung; keine π-Bindung; frei drehbar.
Doppelbindung: sp^2-Hybride; eine σ-Bindung; eine π-Bindung; starr.
Dreifachbindung: sp-Hybride; eine σ-Bindung; zwei π-Bindungen; starr.

4.2 Nomenklatur organischer Verbindungen

4.10 2,2,4-Trimethylpentan C_8H_{18}; 2,4-Dimethylhexan C_8H_{18}; 1,4-Dimethylcyclohexan C_8H_{16}; 4-Methyl-pent-1-in C_6H_{10}; Methyl-buta-1,3-dien C_5H_8

4.11

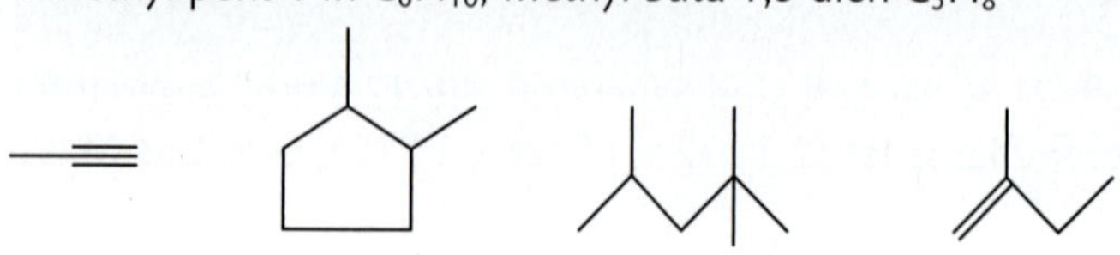

4.12 C_5H_{12}: Pentan, Methylbutan und Dimethylpropan

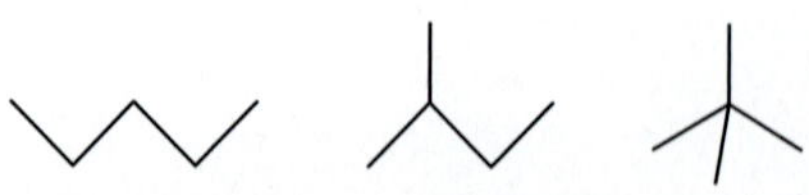

C_7H_{16}: Heptan, 2-Methyl-hexan, 3-Methyl-hexan, Ethylpentan,

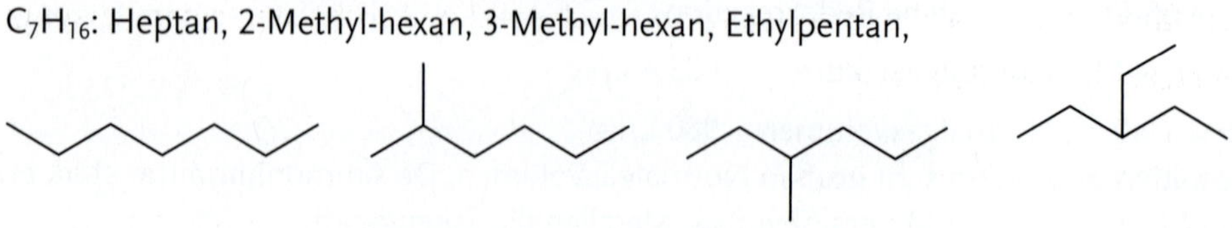

2,2-Dimethyl-pentan, 2,3-Dimethyl-pentan, 2,4-Dimethyl-pentan,

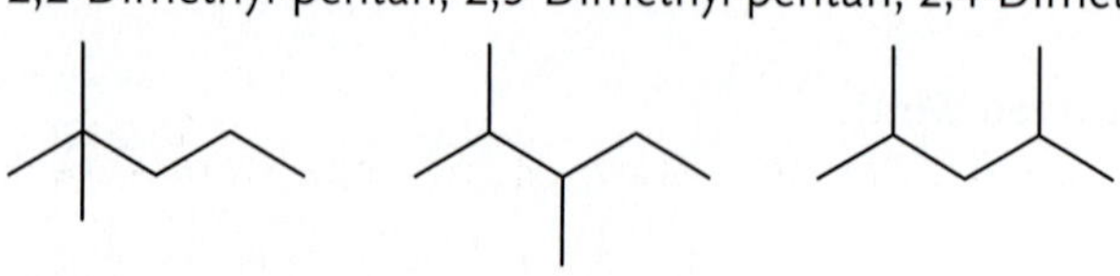

3,3-Dimethyl-pentan, Trimethylbutan

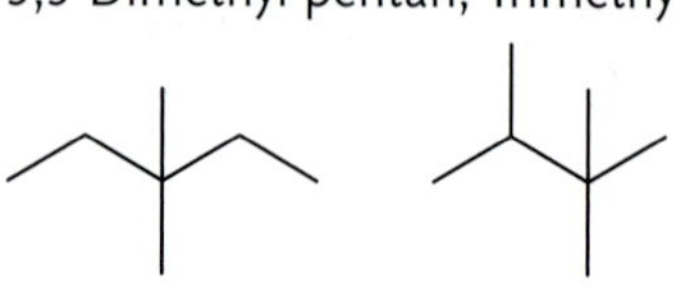

4.13 Buta-1,2-dien ; But-1-in ; But-2-in

$CH_2{=}C{=}CH{-}CH_3 \quad CH{\equiv}C{-}CH_2{-}CH_3 \quad CH_3{-}C{\equiv}C{-}CH_3$

4.14 3-Methyl-pentan

4.15 4

4.3 Überblick über funktionelle Gruppen

4.16 Butansäure, Propanon, Ethanamin, Methansulfonsäure, Trichlorethansäure, Propenal, Cyclohexanol

4.17

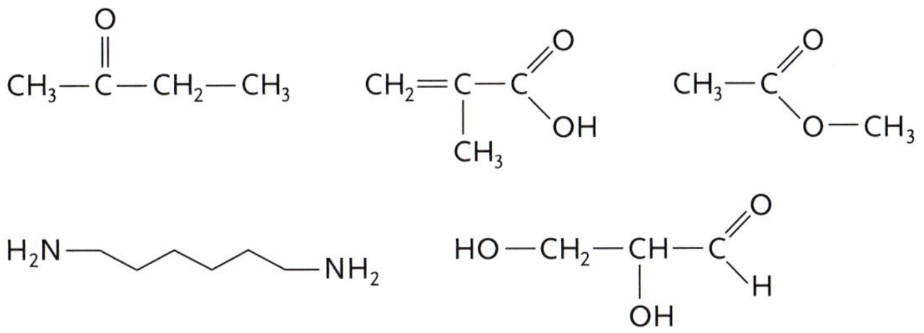

4.18 1,1,1-Trichlorethan und 1,1,2-Trichlorethan
$CCl_3–CH_3$ bzw. $CHCl_2–CH_2Cl$

4.19 Natriumhydroxid ist basisch (Substanz mit dem OH^--Ion);
Ethanol ist neutral (Hydroxygruppe hat polare Atombindung zu C).

4.20 $CH_2(OH)–CH(OH)–CH_2(OH)$ Propan-1,2,3-triol

4.21 Methanamin $CH_3–NH_2$

4.4 Organische Reaktionstypen

4.22 Protolysen und Redoxreaktionen

4.23 Br, NO, O_2

4.24 OH^-, NH_3, CN^-

4.25 H^+ und NO_2^+

4.26 Elimination

4.27 a) A_E; b) Oxidation; c) S_N; d) Protolyse; e) Kondensation

4.28 a) A_E: $CH_3–CH=CH_2 + H_2O \rightarrow CH_3–CH(OH)–CH_3$
b) S_R: $CH_3–CH_3 + Cl_2 \rightarrow CH_3–CH_2Cl + HCl$
c) A_E: $CH_2=CH_2 + Cl_2 \rightarrow CH_2Cl–CH_2Cl$
d) S_N: $CH_3–CH_2–OH + HBr \rightarrow CH_3–CH_2Br + H_2O$

4.29 Elimination von Wasser aus 3-Hydroxybutanal zu But-2-enal.

4.5 Organische Analytik

4.30 Part per million (Millionstel) bzw. part per billion (Milliardstel)

4.31 Destillation, Extraktion, Filtration u. a.

4.32 Unterschiedliche Bindungsfähigkeit an eine Oberfläche bzw. unterschiedliche Löslichkeit in einem Lösungsmittel

4.33 Octan und Octanol (Unterschied in der Polarität)

4.34 $C_3H_6O_3$; z. B.

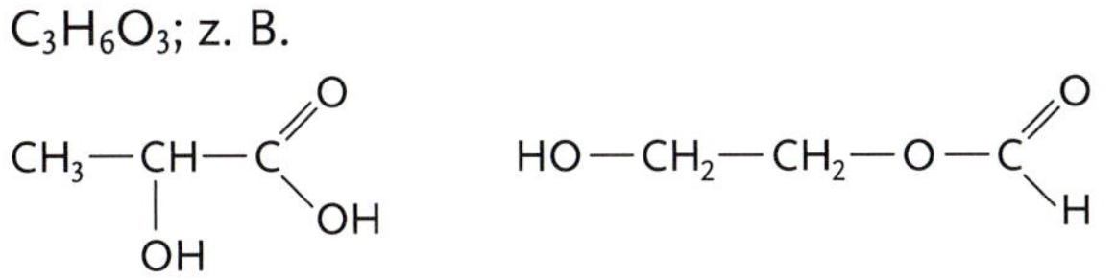

etc.

4.35 Blaugrün

4.36 Weil nur wenige konjugierte Doppelbindungen ausreichen, um violettes Licht zu absorbieren, worauf die Komplementärfarbe Gelb erscheint.

4.37 Chlor ist wesentlich schwerer als Wasserstoff, die Schwingung daher träger.

4.38 Protonen der Methylgruppe.

G „Chemische Technologie“ – Antworten

1 Technische Säuren, Basen, Salze

1.01 $2\ \overset{+1\ -1}{\mathrm{NaCl}} + 2\ \overset{+1\ -2}{\mathrm{H_2O}} \rightarrow 2\ \overset{+1\ -2\ 1}{\mathrm{NaOH}} + \overset{0}{\mathrm{H_2}} + \overset{0}{\mathrm{Cl_2}}$
Chlor wurde oxidiert, Wasserstoff reduziert.

1.02 Die Menge (Masse) ist nur abhängig von der Ladung (Stromstärke · Zeit).

1.03 1,26 t (die Spannung ist für die Berechnung unerheblich)

1.04 Oxide sind stabil, daher sind Verbrennungen exotherm. Zwei Teilschritte der Schwefelsäureproduktion führen zu Oxiden.

1.05 $CaF_2 + H_2SO_4 \rightarrow 2\ HF + CaSO_4$

1.06 Ein Katalysator ändert die Lage des Gleichgewichtes nicht.

1.07 1,8 t

1.08 Siehe Standardpotenziale: Das Potenzial der Salpetersäure ist höher als das von Silber, aber niedriger als das von Gold.

1.09 $3\ NH_3 + H_3PO_4 \rightarrow (NH_4)_3PO_4$; Protolyse

1.10 z. B. Ammoniumsulfat $(NH_4)_2SO_4$, Kaliumhydrogenphosphat K_2HPO_4, Kaliumnitrat KNO_3.

1.11 K_3PO_4. Das Ion PO_4^{3-} (dritte Protolysestufe der Phosphorsäure!) ist außerordentlich basisch.

1.12 $CaCO_3 + 2\ HCl \rightarrow CaCl_2 + CO_2 + H_2O$

1.13 $Si_3O_{10}^{8-}$

1.14 $CaAl_2Si_2O_8$

1.15 Weil Beton etwa 28 Tage lang aushärten sollte.

1.16 Steinzeug

1.17 Ein Oxid mit der Komplementärfarbe, damit sich wieder Weiß ergibt; z. B. Kupfer(I)-oxid; das ebenfalls rote Selenoxid wäre auch möglich.

2.1 Eisen und Stahl

2.01 Leichte Bildung von Kationen, Kristallgitterbildung, gute Leitfähigkeit für Wärme und Elektrizität, Verformbarkeit und Duktilität, Fähigkeit zur Legierungsbildung

2.02 Nach der Spannungsreihe eingeteilt: edel und unedel. Nach der Dichte eingeteilt: Leicht- und Schwermetalle. Nach dem Schmelzpunkt eingeteilt: hoch- und niedrigschmelzende.

2.03 Legierungen können die Komponenten in verschiedenen Mischungsverhältnissen enthalten. Verbindungen haben eine konstante Zusammensetzung.

2.04 Fe_3O_4 . . . . 72,4 %,
Fe_2O_3 . . . . 69,9 %,
$FeCO_3$ . . . . 48,2 %,
FeS_2 . . . . 46,5 %

2.05 428,9 t Eisenerz pro Stunde.

2.06 $Fe_3O_4 + 4\ CO \rightarrow 3\ Fe + 4\ CO_2$

2.07 $Fe_2O_3 + 3\ H_2 \rightarrow 2\ Fe + 3\ H_2O$

2.08 Seit 1989: Arcelor Mittal, Südafrika
Seit 1996: Posco, Korea
Seit 1999: Jindal Steel, Indien
Seit 2001: Jindal Steel, Indien (2. Anlage)
Seit 2011: BaoSteel Shanghai, China
In Bau: BaoSteel Shanghai, China
In Bau: Essar Steel, Indien

2.2 Aluminium

2.09 Als dritthäufigstes Element kommt Aluminium in vielen Mineralien und Gesteinen nur chemisch gebunden vor.

2.10 Aluminium: deutlich niedrigerer Schmelzpunkt, geringere Dichte, nicht magnetisierbar

2.11 Reine Tonerde hat für einen großtechnischen Prozess einen zu hohen Schmelzpunkt.

2.12 Benötigte Stromstärke: 124 080,5 A

2.13 $Al + 3\ HCl \rightarrow AlCl_3 + 1\frac{1}{2}\ H_2$

2.14 $Al + NaOH + 3\ H_2O \rightarrow Na[Al(OH)_4] + 1\frac{1}{2}\ H_2$

2.15 Die Herstellung von Aluminium aus Bauxit ist sehr energieaufwendig. Beim Recyclieren werden bis zu 95 % der bei der Erstproduktion eingesetzten Energie eingespart.

2.3 Buntmetalle – Kupfer, Zink, Blei

2.16 Sehr gute elektrische Leitfähigkeit (Elektroindustrie)
Sehr guter Wärmeleiter (Apparatebau)
Wichtiger Legierungspartner (Messing, Bronze)

2.17 $2\,\overset{+1}{Cu_2}\overset{-2}{O} + \overset{+1}{Cu_2}\overset{-2}{S} \rightarrow 6\,\overset{0}{Cu} + \overset{+4}{S}\overset{-2}{O_2}$

$\overset{+1}{Cu}$ wird zu $\overset{0}{Cu}$ reduziert,

$\overset{-2}{S}$ wird zu $\overset{+4}{S}$ oxidiert.

2.18 Der Anodenschlamm enthält wertvolle Metalle, wie Silber, Gold und Platin.

2.19 Die Temperaturführung bei der Würzebereitung muss sehr genau erfolgen. Die gute Wärmeleitung des Kupfers unterstützt eine genaue Temperaturregelung.

2.20 Nach der EU-Richtlinie 2000/53/EG über Altfahrzeuge ist die Verwendung von Bleigewichten in Fahrzeugbauteilen bei Neufahrzeugen ab 2003 verboten. Blei ist ein toxisches Schwermetall und schädigt das Nervensystem, verändert das Blutbild und führt zu Schäden im Magen-Darm-Bereich und an den Nieren.

2.21 Argumente für:

- Eisen (Stahl): Leicht verfügbar, preiswert, hohe Festigkeit und Zähigkeit, wichtigstes Grundmetall
- Aluminium: geringe Dichte, große Bedeutung im Fahrzeugbau, korrosionsbeständig (Bauwesen, Apparatebau)
- Kupfer: sehr gute elektrische Leitfähigkeit (Elektroindustrie), sehr guter Wärmeleiter (Apparatebau), zur Herstellung von Messing und Bronze (Gebäudetechnik, Glockenguss)

2.4 Silicium

2.22 Silicium kommt in der unbelebten Natur nur in Form von silicathaltigen Gesteinen und Mineralien, in der belebten Natur in Kieselalgen, Schwämmen und bei Pflanzen im Schachtelhalm und im Bambus vor.

2.23 Halbleiter zeichnen sich sowohl durch metallische als auch durch nicht metallische Eigenschaften aus. Anders als bei Metallen nimmt die elektrische Leitfähigkeit mit steigender Temperatur zu.

2.24 Bezogen auf die Bandstruktur des Festkörpers, sind neben dem Silicium folgende Elemente Halbleiter: Bor, Germanium, Selen, Tellur.

2.25 p-Dotierung: Bor, Aluminium, Indium, Gallium
n-Dotierung: Phosphor, Arsen, Antimon

2.26 Diode: Siliciumdiode mit p-n-Übergang. Beim Anlegen einer Gleichspannung entscheidet die Polung über das Durchlassen bzw. Sperren des Stromflusses. In Sperrrichtung zieht der Minuspol die positiven Löcher der p-Schicht und der Pluspol die Elektronen der n-Schicht an. Der Grenzbereich verarmt an Ladungsträgern, es bildet sich eine ladungsfreie Sperrzone und es kann kein Strom fließen. In Durchlassrichtung treten Löcher in die n-Schicht und Elektronen in die p-Schicht über und es kann Strom fließen.

2.27 Die Leuchtdiode (LED) besteht aus einem n-leitenden Grundhalbleiter mit einer sehr dünnen p-leitenden Halbleiterschicht. Beim Anlegen einer Spannung wird die Grenzschicht mit freien Ladungsträgern überschwemmt. Die Elektronen rekombinieren mit den Löchern. Dabei geben die Elektronen ihre Energie in Form von Lichtblitzen frei. Das Licht kann durch die sehr dünne p-Schicht entweichen.
Eine Solarzelle besteht an der Oberfläche aus einer sehr dünnen n-Schicht und einer p-leitenden Schicht. Am p-n-Übergang entsteht ein breites elektrisches Feld. Durch eindringendes Licht werden Elektronen aus dem Halbleiterkristall herausgelöst. Die Elektronen wandern im elektrischen Feld in die n-Schicht des Halbleiters. Gleichzeitig entsteht in der p-Schicht ein Überschuss an positiven Ladungsträgern. Durch die Ladungstrennung entsteht eine Spannungsquelle.

2.28 Es entsteht eine pulsierende Gleichspannung (Einweg-Gleichrichterschaltung).

H „Naturwissenschaften, Umwelt und Gesellschaft II“ – Antworten

1 Grundbegriffe der Ökologie

1.01 Durch Stoff- und Energiekreisläufe im Lebensraum eines Organismus und den Wechselwirkungen mit anderen Organismen entsteht ein Ökosystem. Es enthält Produzenten, Konsumenten und Destruenten.

1.02 Biotische Faktoren: a), d), e) und f); abiotische: b), c) und g)

1.03 Es bilden sich keine flüchtigen Phosphorverbindungen.

1.04 Ja. Der Begriff Biotop bezieht sich auf den Lebensraum für einen Organismus (z. B. Zierfische), der von der Summe aller abiotischen Umweltfaktoren (z. B. Wassertemperatur, pH-Wert, Wasserhärte) bestimmt wird.

2 Ökosystem Luft

2.01 Sauerstoff 20,94 %, Stickstoff 78,08 %, Edelgase 0,94 %, CO_2 0,04 %

2.02 Emission: Ausbringung, Transmission: Verfrachtung, Immission: Einwirkung, Deposition: Ablagerung von Luftschadstoffen.

2.03 a) CO, SO_2, NO_X, O_3; b) CO_2, NO_X, CH_4, O_3, FCKW; c) SO_2, NO_X

2.04 a) CO, CO_2, NO_X; b) CO, CO_2, NO_X, SO_2; c) CH_4

2.05 Sie stammen aus Emissionen der Metall verarbeitenden Industrie, aus der Müllverbrennung und der Verbrennung fossiler Brennstoffe in Kraftwerken und können Störungen des Nerven- und Immunsystems, Nieren- und Leberschäden und Krebs verursachen.

2.06 $SO_2 + H_2O \rightarrow H_2SO_3$ $\quad$ $H_2SO_3 + \frac{1}{2} O_2 \rightarrow H_2SO_4$
$2\,NO_2 + H_2O + \frac{1}{2} O_2 \rightarrow 2\,HNO_3$

2.07 $CO + NO + O_2 \rightarrow NO_2 + CO_2$
$NO_2 \xrightarrow{\text{UV-Licht}} O + NO$ $\quad$ $O + O_2 \rightarrow O_3$

2.08 Individuelle Antworten

2.09 Individuelle Antworten

2.10 Bodennahes Ozon: Reizgas, Entstehung siehe Aufgabe 5.07; bodenfernes Ozon: Schutzschild, Zerfall $2\,O_3 \rightarrow 3\,O_2$

2.11 NO_2, Feinstaub (PM10), O_3, CO und SO_2

2.12 a) FCKW, N_2O, CH_4, CO_2
b) CO_2, CH_4, N_2O, FCKW

2.13 Wintersmog: Die Inversionsschicht verhindert den Luftaustausch und damit den Schadstoffabtransport. Sommersmog bildet sich durch fotochemische Reaktionen. Bei Sonneneinstrahlung entstehen aus Stickstoffoxiden, Luft und Kohlenwasserstoffen Oxidationsprodukte wie Ozon, Aldehyde und Peroxyacetylnitrat (PAN).

2.14 Siehe Abb. Kap. H, 2.2.

2.15 Der Katalysator wird unwirksam.

3 Ökosystem Wasser

3.01 Wasser hat im flüssigen Zustand bei +4 °C die größte Dichte.

3.02 Regen-, Grund-, Oberflächen-, Meer- und Mineralwässer

3.03 Trinkwasser soll farblos und klar sein. Es soll gut schmecken und darf keine gesundheitsschädlichen Stoffe und keine Krankheitskeime enthalten.

3.04 Durch den Kontakt mit Erde und Gestein enthält es gelöste Feststoffe, sehr häufig Erdalkalisalze.

3.05 Individuelle Antworten

3.06 Wasser sparende Haushaltsgeräte, getrennte Nutzwasserversorgung, zur Bewässerung von Gärten Regenwasser sammeln

3.07 Durch die Anreicherung von Nährstoffen kommt es zu übermäßigem Algenwachstum. Mikroorganismen, die abgestorbene Algen oxidieren, verbrauchen viel Sauerstoff, anaerobe Fäulnisbakterien produzieren Methan, Schwefelwasserstoff und Ammoniak. Beschränkung des Einsatzes von phosphathaltigen Dünge- und Waschmitteln.

3.08 Chemische: Sauerstoffgehalt des Wassers, biochemischer Sauerstoffbedarf (BSB), chemischer Sauerstoffbedarf (CSB) und der Gehalt an organischem Kohlenstoff; biologische: Saprobiensystem

3.09 Güteklasse III

4 Ökosystem Boden

4.01 Der Mangel des im Minimum vorhandenen Nährstoffes muss ausgeglichen werden.

4.02 Bodenversiegelung, Bodenerosion, Schadstoffbelastung durch Immission, landwirtschaftliche Nutzung

4.03 Man könnte nur ein Drittel der Ernte unverdorben einbringen

4.04 Aktuelle Beispiele aus den Bereichen Belastung von Nahrungsmitteln, Rückgang der Artenvielfalt, Vergiftungsunfälle, Rückstände im Boden, Belastung des Wassers

5 Abfallwirtschaft

5.01 Produktionsintegrierter Umweltschutz umfasst Maßnahmen zur Verringerung von Emissionen in Luft und Wasser, Reduzierung der Abfallmenge (Entsorgung, Deponierung), Verringerung des Rohstoffverbrauches, des Einsatzes toxischer Stoffe, Einsparung an Energie

5.02 Verbesserung der Rohstoffsituation, Verminderung von Emissionen und Energieverbrauch, Verringerung der Deponieflächen

5.03 a) Eisenerz, Kupfer, Luft, b) Asche, Altglas und c) Holz, Zucker

5.04 Individuelle Antworten

5.05 Individuelle Antworten

Bildnachweis

S. 8: Theophrastus Bombastus (www.paracelsus.uzh.ch); Zapfsäule für Treibstoffe (© Heiner Zechmann); Gefahrensymbole (AUVA, frei)
S. 9: Gefahrensymbole (AUVA, frei); Alte und neue Kennzeichnung; Chemikalien in Lebensmittelgebinden; Tankfahrzeug mit Gefahrentafel (© Heiner Zechmann)
S. 10: Schweißen mit Sauerstoff und Acetylen (© Heiner Zechmann)
S. 13: Geruchsprobe; Pipettieren (© Heiner Zechmann)
S. 14: Etikett – schwerer Fehler (© Heiner Zechmann)
S. 16: 2005 Weltjahr Physik (www.temporalubaapsite.0catch.com); Albert Einstein; Isaac Newton (www.arm.ac.uk); Johannes Kepler (www.floridatoday.com); Fallturm Bremen (http://pressedienst.bremen.de)
S. 17: Niels Bohr und Max Planck (www.mpg-muenchen.de)
S. 23: Urkilogramm (www.spektrum.de)
S. 38: Neil Armstrong (pro-physik.de)
S. 39: Turmspringerin (www.spiegel.de); Acapulco-Springer (www.lohri.ch)
S. 41: Waagrechter Wurf (© Peter Fischer)
S. 42: Thomas Muster (www.op-online.de)
S. 43: Vergleich zweier Bremstechnologien (www.auto-news.de)
S. 44: Federpistole für Experimente (© Peter Fischer)
S. 48: Rudolf Hertz (www.süddeutsche.de)
S. 49: Galileo Galilei (http://www.rainbowskill.com)
S. 50: Starkes Abbremsen eines Autos (http://www.focus.de); Christiaan Huygens (http://upload.wikimedia.org/wikipedia/commons)
S. 51: Fahrbahn mit Wagen (NTL); Tauziehen (NTL)
S. 52: Start einer Saturn-V-Rakete (http://upload.wikimedia.org/wikipedia/commons)
S. 59: Saab 35 Draken (http://upload.wikimedia.org/wikipedia/commons)
S. 64: Haftreibungsmessung (© Peter Fischer)
S. 66: Taurus-Lokomotive der ÖBB (http://de.wikipedia.org)
S. 68: Rollende Landstraße (Urheber unbekannt)
S. 71: Zentrifugalküvette (NTL)
S. 72: Tiefdruckgebiet (http://www.seos-project.eu)
S. 87: Labiles Gleichgewicht; Stabiles Gleichgewicht (NTL)
S. 88: Riemenantrieb mit gekreuztem Riemen (NTL)
S. 89: Faktorenflaschenzug (NTL)
S. 90: Brunnenwellrad in einer Konstruktionszeichnung (Urheber unbekannt)
S. 91: Stehaufmännchen (Urheber unbekannt)
S. 92: Versuch zur Druckausbreitung in Flüssigkeiten
S. 93: Bodendruckapparat (NTL); Aufdruck; Gießkanne (NTL)
S. 94: Auftrieb (NTL)
S. 95: Aräometer (NTL); Bodendruckapparat (NTL)
S. 97: Magdeburger Halbkugeln (Urheber unbekannt); Auftrieb in Luft (NTL)
S. 101: James Prescott Joule (http://upload.wikimedia.org/wikipedia/commons)
S. 106: Brennendes Ölfeld (http://de.academic.ru)
S. 108: Fadenpendel (© Peter Fischer)
S. 109: Loopingbahn; Massenträgheitsmoment einer Kugel (© Peter Fischer)
S. 110: Federpendel (© Peter Fischer)
S. 112: Bugatti (Die Presse, 5. 11. 2010); James Watt (Urheber unbekannt)
S. 115: Bielmann-Pirouette (http://de.wikipedia.org/wiki/Biellmann-Pirouette, Urheber: Jürgen Schreiner; frei)
S. 119: Sonnengott Helios; De revolutionibus (Urheber unbekannt); Kepler mit Planeten (http://www.visualstatistics.net)
S. 120: Jupitermonde (http://www.wissen-news.de)
S. 123: Titan (http://www.heise.de); Pluto (http://www.wissen-news.de)
S. 124: Saturn (http://www.astronomia.de)
S. 125: Galaxien verschiedenen Alters (http://upload.wikimedia.org/wikipedia/commons); Hubble-Weltraumteleskop (http://upload.wikimedia.org/wikipedia/commons)
S. 127: Herr der Ringe (http://www.follow-me-now.de)
S. 128: Thales von Milet (http://www.atopia.tk)
S. 129: Charles Augustin de Coulomb (http://img0.liveinternet.ru)
S. 131: James Clerk Maxwell (http://www.peoplequiz.com)
S. 132: AlessandroVolta (http://upload.wikimedia.org/wikipedia/commons)
S. 134: Tunnel des LHC (http://upload.wikimedia.org/wikipedia/commons)
S. 135: Plattenkondensator (http://upload.wikimedia.org/wikipedia/commons); Michael Faraday (http://upload.wikimedia.org/wikipedia/commons)
S. 136: Drehkondensator (http://upload.wikimedia.org/wikipedia/commons)
S. 138: André Marie Ampere (http://upload.wikimedia.org/wikipedia/commons); Ernst Werner Siemens (http://upload.wikimedia.org/wikipedia/commons)
S. 139: Georg Simon Ohm (http://2.bp.blogspot.com)
S. 141: Widerstandsbauformen (http://upload.wikimedia.org); Potenziometer (http://upload.wikimedia.org/wikipedia/commons)
S. 142: Pt100-Messwiderstände (http://upload.wikimedia.org/wikipedia/commons); Kabel für Teilchenbeschleuniger (http://upload.wikimedia.org/wikipedia/commons)
S. 146: Gustav Robert Kirchhoff (http://upload.wikimedia.org/wikipedia/commons)
S. 147: Donaukraftwerk Ybbs-Persenbeug (http://de.academic.ru)
S. 148: Energieeffizienzklasse (http://de.wikipedia.org); Magneteisenstein (http://upload.wikimedia.org/wikipedia/commons)
S. 151: Versuch von Œrsted (http://www.leifiphysik.de)
S. 154: Zylinderspule (http://upload.wikimedia.org/wikipedia/commons)
S. 155: Pierre-Ernest Weiss (http://chemie.degruyter.de)
S. 161: Verlängerung der reflektierten Strahlen (NTL)
S. 169: night vision device (http://www.garysdetecting.co.uk)
S. 172: Anders Celsius (http://upload.wikimedia.org/wikipedia/commons)
S. 174: Bimetallthermometer (http://upload.wikimedia.org/wikipedia/commons); Robert Brown (http://upload.wikimedia.org/wikipedia/commons); Orginalmikroskop von Brown (http://www.leifiphysik.de)
S. 180: Ludwig Boltzmann (http://www.uni-graz.at); Kristallgitter (http://www.bs-wiki.de)
S. 182: Stahlwerke (http://upload.wikimedia.org/wikipedia/commons)
S. 184: Joseph Black (http://www.oldworldgallery.com)
S. 188: Aristoteles (http://upload.wikimedia.org/wikipedia/commons)
S. 189: Thomas Alva Edison (http://upload.wikimedia.org/wikipedia/commons); Tennessee Centennial Exposition 1897 (http://s3.hubimg.com); Einstrahlungsleistung der Sonne (http://upload.wikimedia.org/wikipedia/commons)

S. 191: Laufkraftwerk Abwinden-Asten (http://upload.wikimedia.org/wikipedia/commons); Wärmekraftwerk Dürnrohr (http://upload.wikimedia.org/wikipedia/commons); Aufwindkraftwerk Manzanares, Spanien (http://upload.wikimedia.org/wikipedia/commons)
S. 194: Verlauf des Golfstromes (http://upload.wikimedia.org/wikipedia/commons);
S. 196: Aristoteles (http://upload.wikimedia.org/wikipedia/commons)
S. 198: Plasma in Plasmalampe (http://de.wikipedia.org); LCD-Anzeige (http://411techsystems.com)
S. 199: Siedendes Wasser (www.sbsbaits.de)
S. 202: Erdöl (www.welt.de)
S. 204: Trennung von Filzstiftfarben (© Johannes Jaklin)
S. 205: Nikolaus Kopernikus (www.derweg.org)
S. 209: Josef Loschmidt (www.austria.lexikon/at)
S. 211: Amedeo Avogadro (http://de.wikipedia.org)
S. 214: John Dalton (www.larousse.fr)
S. 215: Max Planck (www.windows2universe.org); Niels Bohr (www.counterbalance.org)
S. 216: Werner Heisenberg (http://upload.wikimedia.org/wikipedia/commons)
S. 217: Erwin Schrödinger (© Heiner Zechmann); Natrium; Wasserstoffspektrum (© Heiner Zechmann)
S. 218: Wolfgang Pauli (www.unfoldingdestiny.com)
S. 220: Atompilz (www.ad-hoc-news.de); Marie Curie (http://faculty.ssfs.org); Gefahrensymbol (AUVA, frei)
S. 221: Otto Hahn (http://cnx.org/content); Nebelkammer (© Daniel Teppan)
S. 222: Albert Einstein (www.lwl.org./presse); Dmitri I. Mendelejew (Urheber unbekannt)
S. 223: Rastertunnelmikroskop (www.tuwien.ac.at); Oberfläche (www.peoplequiz.com)
S. 224: Linus Pauling (www.peoplequiz.com)
S. 225: Natriumchloridkristalle (www.tgs-chemie.de); Wasserstoff-Luftschiff (www.jedelsky.de)
S. 229: Zinn-Bronze (Montanuniversität Leoben, Department für Metallkunde und Werkstoffprüfung)
S. 230: Big Phil (http://www.muenzen.eu); Weichlot (www.haertle.de)
S. 234: Eulen (© Barbara Schwaiger)
S. 236: Johannes Van der Waals (http://sccscience.files)
S. 241: Ludwig Boltzmann (www.aeiou.at)
S. 243: Autoabgas-Katalysator (www.recyswiss.ch); Diesel anzünden (© Heiner Zechmann)
S. 244: Brennende Hindenburg (www.pilotundluftschiff.de);
S. 245: Elektrolyse von Wasser (© Heiner Zechmann); Sauerstoff – Span (© Heiner Zechmann)
S. 246: Cato Guldenberg und Peter Waage (http://upload.wikimedia.org/wikipedia/commons)
S. 250: Henning Brand (http://upload.wikimedia.org)
S. 252: Wasserstoff-Gasflasche (www.chempage.de)
S. 254: Größenvergleich Molekül – Fußball – Erde – (www.nanopartikel.info/cms)
S. 255: Bad in flüssigem Stickstoff (www.popsci.com)
S. 256: Patenturkunde Lindeverfahren (Urheber unbekannt); Roter Phosphor (http://de.wikipedia.org/wiki)
S. 262: William Ramsay (http://upload.wikimedia.org/wikipedia/commons); Edelgase in Gasentladungsröhren (http://de.wikipedia.org)
S. 264: Antoine Lavoisier (https://reich-chemistry.wikispaces.com)
S. 267: Natronlauge (© Barbara Schwaiger)
S. 270: Blaukrautsaft; Blaukrautfarbskala (© Barbara Schwaiger)
S. 271: pH-Meter (© Barbara Schwaiger)
S. 273: Zink/Salzsäure; Natriumcarbonat (© Barbara Schwaiger)
S. 275: Titrationen (© Johannes Jaklin); Bürette (© Heiner Zechmann)
S. 277: Schmelzofen zur Eisengewinnung (© Johannes Jaklin); Reaktion von Magnesium mit Chlorgas (www.echmeididaktik.uni-wuppertal.de)
S. 280: Thermitreaktion (www.staffelsee-gymnasium.de)
S. 281: Alfred Nobel (www.planet-wissen.de)
S. 283: Experiment von Galvani (www.english.upenn.edu); Elektrolyse von $CuCl_2$ (© Heiner Zechmann)
S. 284: Michael Faraday (www-personal.umich.edu)
S. 285: Kupfermünze (© Heiner Zechmann)
S. 287: Blockbatterie; Knopfzelle (© Heiner Zechmann)
S. 289: Auto (© Heiner Zechmann); Schrott (http://images.ratschlag24.com); Zinkstücke (© Heiner Zechmann); Verschraubung von Rohren (Diaserie des Fonds der Chemischen Industrie, Frankfurt)
S. 290: Feuerverzinktes Stahlblech; Brücke (© Heiner Zechmann); Kochtopf (www.shoppingkarl.at); Pipeline (www.drb-dn.de)
S. 291: Friedrich Wöhler (www.bbaw.de)
S. 292: Erhitzen von Zucker; Stäbchenmodell von Pentan (© Heiner Zechmann)
S. 298: Anlage zum Bierbrauen (http://at.mydays.com)
S. 299: Spanplatte (© Heiner Zechmann)
S. 300: Anfänge der Chemie (www.fk-alchemie.de)
S. 301: Geschmacksverstärker; Redoxreaktion; Kohlenwasserstoffe (© Heiner Zechmann)
S. 302: Kunststoffe (© Heiner Zechmann)
S. 303: Klebstoff (© Heiner Zechmann)
S. 304: Viktor Juschtschenko (www.swissinfo.ch)
S. 305: Fritz Pregl (© Heiner Zechmann); Dorothy Hodgkin (http://nobelprize.org)
S. 310: Werk Brückl (www.brueckl.at); Elektrolyse von Kochsalzlösung (© Heiner Zechmann); Chloralkalielektrolyse (Höchst-Folienserie, Folie K, Frankfurt 1986)
S. 311: Schwefelsäureanlage BASF (www.radiochemnitz.de); Versuch (© Heiner Zechmann);
S. 312: Fritz Haber (www.spektrumdirekt.de); Carl Bosch (www.makingthemodernworld.org.uk)
S. 313: Ostwaldöfen; NO_2-Gas (© Heiner Zechmann); Justus von Liebig (www.roche.de);
S. 314: Liebiglabor in Gießen (http://germanhistorydocs.ghi-dc.org); Explosion Ludwigshafen-Oppau (www.landeshauptarchiv.de)
S. 315: Einblasen von CO_2 (© Heiner Zechmann)
S. 316: Granat, Asbest, Glimmer, Feldspat, Granit (© Heiner Zechmann)
S. 317: Inneres eines Brennofens (Wienerberger, ppt, August 2010)
S. 318: Strangpresse (http://htl.moedling.at); Keramikmesser, Ziegel (© Heiner Zechmann)
S. 319: Glasbläser (www.stangl-taller.at)
S. 322: Erzberg (© Johannes Jaklin); Eisenerzpellets (http://upload.wikimedia.org/wikipedia/commons); Steinkohle, Koks (© Johannes Jaklin)
S. 324: Abguss der Hochofenschlacke (http://cdn.fotocommunity.com); Torpedopfanne (www.drehscheibe-foren.de); Corexanlage Baosteel, China (http://info.industry.siemens.com); Einfüllen von Roheisen (www.voestalpine.com)
S. 326: Rotschlammdeponie in Ungarn (www.spiegel.de); (http://news.orf.at)
S. 327: Aluminiumproduktion (www.wz-newsline.de)
S. 330: Katodenkupfer auf Edelstahlkatoden (Urheber unbekannt)
S. 332: Siliciumeinkristall (Urheber unbekannt)
S. 333: Bluechip-Solarzelle (Urheber unbekannt)
S. 336: Ernst Haeckel (http://upload.wikimedia.org/wikipedia/commons)
S. 337: Regulierter Bachlauf (Urheber unbekannt)
S. 341: Ozonbelastung (Umweltbundesamt Österreich)
S. 351: Brennender Öltanker (http://upload.wikimedia.org/wikipedia/commons)
S. 356: Müllchaos in Neapel (www.n24.de)

Alle weiteren Bilder und Grafiken sind Eigentum der Trauner Verlag + Buchservice GmbH (Grafikerin Gertrud Šimec, Wien) bzw. wurden von Bildagenturen (MEV Verlag GmbH, fotolia.com, stock.xchng) zugekauft.

Stichwortverzeichnis

A

B

C

D

R

S

T